Vorwort zur 7. Auflage

Inhalt

Diesem Lehr- und Aufgabenbuch liegt der ab dem Schuljahr 2012/2013 geltende Lehrplan „Volks- und Betriebswirtschaftslehre" für die Jahrgangsstufen 1 und 2 des Wirtschaftsgymnasiums in Baden-Württemberg zugrunde. Für die vorliegende Auflage wurden alle Texte gründlich geprüft und bei Bedarf überarbeitet.

Gliederung des Buches

Entsprechend den Lehrplanvorgaben ist das Buch in fünf Abschnitte eingeteilt, die farblich voneinander abgehoben sind. Innerhalb dieser Abschnitte sind die Kapitel wie folgt gegliedert:

- **Worum geht es in diesem Kapitel?**
  Mindmaps mit erkenntnisleitenden Fragestellungen geben einen ersten inhaltlichen Überblick und zeigen die Zusammenhänge zwischen den einzelnen Unterkapiteln auf.
- **Sachdarstellung**
  Die Sachdarstellung wird durch zahlreiche Grafiken, Schaubilder, Übersichten und Tabellen ergänzt und veranschaulicht. Wichtige Definitionen und Merksätze sind fett gedruckt und farbig unterlegt. Alle verwendeten Formeln sind zusätzlich in der Formelsammlung auf den letzten Seiten des Buches systematisch dargestellt.
- **Zusammenfassende Übersichten und Abbildungen**
  Die Übersichten am Ende eines jeden Kapitels dienen der Veranschaulichung der Strukturzusammenhänge und können am Anfang, während und am Ende der Unterrichtseinheit eingesetzt werden. Alle diese Übersichten sowie zahlreiche weitere Abbildungen aus dem Buch sind auch als PDF-Dateien auf der Begleit-CD zum Lehrerhandbuch enthalten (siehe unten).
- **Wiederholung des Grundwissens**
  Zu jedem Kapitel gehört ein umfangreicher Katalog mit Aufgabenstellungen zur Kontrolle des Grundwissens. Die Aufgaben lassen sich unmittelbar aus der jeweils vorangehenden Sachdarstellung lösen.
- **Aufgaben und Probleme zur Erarbeitung und Anwendung von Wissen**
  Die zahlreichen realitätsbezogenen Problemstellungen decken unterschiedliche Schwierigkeitsgrade und Anforderungsbereiche ab. Neben der Anwendung und Erschließung von thematischem Wissen ermöglichen sie auch die Einübung unterschiedlicher Arbeitstechniken und Lösungsverfahren sowie die Förderung von Sozial- und Methodenkompetenz. Lehraufgaben, d.h. einführende Aufgaben mit didaktisch gestuften Problemsituationen, die sich für die systematische Erschließung von Unterrichtsinhalten eignen, sind besonders gekennzeichnet.

Anhang und Formelsammlung

Im Anhang finden sich Hinweise zu der im Lehrplan vorgesehenen Anwendung finanzmathematischer Funktionen eines Taschenrechners sowie finanzmathematische Formeln und Tabellen. Am Ende des Buches befindet sich eine Zusammenfassung aller im Buch verwendeten Formeln.

Lehrerhandbuch

Ergänzend zu diesem Lehr- und Aufgabenbuch liegt ein **Lehrerhandbuch** (Best.-Nr. 94223) vor mit ausführlichen Lösungen zu den Aufgaben und Problemen sowie Hintergrund- und Zusatzinformationen. Auf der Begleit-CD befinden sich u.a. Kopiervorlagen für Arbeitsblätter zur Aufgabenlösung, Aufgaben für eine handlungsorientierte Themenbearbeitung und für Lernkontrollen, Abituraufgaben der letzten Jahre mit Lösungen, Zusatzmaterialien zu einzelnen Themen sowie zahlreiche Abbildungen und Übersichten aus dem Buch zur Anfertigung von Folien oder zur Projektion mittels Beamer.

Verfasser und Verlag sind für Verbesserungsvorschläge dankbar.

Freiburg, Sommer 2017

Die Verfasser
E-Mail: luepertz@t-online.de

A Kosten- und Leistungsrechnung

A Kosten- und Leistungsrechnung

Warum ist dieses Kapitel wichtig?

In einer Marktwirtschaft stehen Unternehmen im Wettbewerb miteinander. Ob ein Unternehmen erfolgreicher als seine Mitbewerber ist, hängt u. a. vom Preis der angebotenen Erzeugnisse ab. Ist der Preis für ein bestimmtes Erzeugnis höher als der Konkurrenzpreis eines vergleichbaren Erzeugnisses, so führt das im Normalfall dazu, dass sich dieses Erzeugnis nicht oder nur schwer verkaufen lässt. Der Fortbestand eines Unternehmens ist aber nur gesichert, wenn die Verkaufserlöse langfristig alle mit der Produktion zusammenhängenden Kosten decken und darüber hinaus ein angemessener Gewinn erzielt wird. Der Kosten- und Leistungsrechnung kommt dabei die entscheidende Aufgabe zu, alle Informationen bereitzustellen, die zur Ermittlung des Verkaufspreises sowie zur Beurteilung der Wirtschaftlichkeit der Produktionstätigkeit eines Unternehmens erforderlich sind.

Die Leitfragen zu diesem Abschnitt lauten daher:

Welche Kosten sind für die Produktion der einzelnen Erzeugnisse entstanden und wie werden diese ermittelt?

Wie wird auf der Grundlage der voraussichtlich entstehenden Kosten der Angebotspreis für einen Auftrag ermittelt?

Auf welche Ursachen sind Abweichungen zwischen den kalkulierten und tatsächlich entstandenen Kosten zurückzuführen?

1 Aufgaben und Aufbau des betrieblichen Rechnungswesens

Überblick und Zusammenhänge

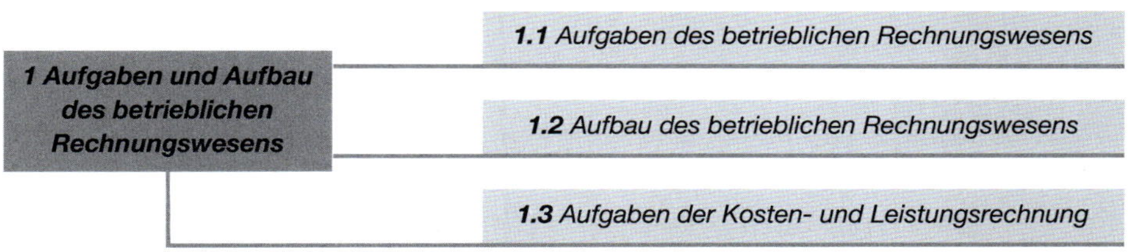

1.1 Aufgaben des betrieblichen Rechnungswesens

Das betriebliche Rechnungswesen hat die Aufgabe, betriebliche Vorgänge zahlenmäßig zu planen, zu erfassen und zu überwachen.

Aufgaben des Rechnungswesens	Beispiele
Dokumentations- und Rechenschaftslegung	▪ Ermittlung der Ein- und Ausgänge von Zahlungsmitteln einer Periode (Liquiditätsrechnung) ▪ Erfassung und Aufbereitung von Zahlungsströmen als Grundlage für die Finanzierungs- und Investitionsrechnung ▪ Ermittlung und Darstellung von Vermögen und Schulden sowie des Unternehmenserfolgs (Gewinn/Verlust) zum Bilanzstichtag ...
Wirtschaftlichkeitskontrolle	▪ Kontrolle der Wirtschaftlichkeit der betrieblichen Prozesse ▪ Kontrolle und Steuerung des Betriebsgeschehens
Entscheidungsgrundlage	▪ Bereitstellung von Informationen für unternehmerische Entscheidungen wie z. B. Preis- und Programmpolitik, Eigen- oder Fremdbezug, Investitionsvorhaben

1.2 Aufbau des betrieblichen Rechnungswesens

In Abhängigkeit der Informationsempfänger lassen sich das **externe** und **interne** Rechnungswesen unterscheiden:

Externes Rechnungswesen	Internes Rechnungswesen
■ Finanzbuchführung ■ Jahresabschlussrechnung	■ Kosten- und Leistungsrechnung ■ Betriebsstatistik ■ Planungsrechnung

Die Aufbereitung und Darstellung der Informationen für die **externen Informationsempfänger** ist an gesetzliche Vorschriften (z. B. HGB, AktG, GmbHG, EStG) gebunden, um eine willkürliche Rechnungslegung auszuschließen. Für das **interne Rechnungswesen** gibt es keine gesetzlichen Vorschriften. Vielmehr stellt es die Informationen nach den jeweiligen Erfordernissen der Informationsempfänger bereit (z. B. die Höhe der Herstellkosten für Zwecke der Preiskalkulation). Das interne Rechnungswesen wird daher auch als **instrumentelles Rechnungswesen** bezeichnet.

1.3 Aufgaben der Kosten- und Leistungsrechnung

Der Kosten- und Leistungsrechnung eines Unternehmens kommen im Wesentlichen folgende Aufgaben zu:

Kosten- und Preiskalkulation	Grundlage für betriebliche Entscheidungen	Ermittlung des Betriebsergebnisses
Ermittlung der Selbstkosten eines einzelnen Erzeugnisses (Kostenträger) und des Preises, zu dem das Erzeugnis angeboten werden kann.	Bereitstellung von Informationen zur Vorbereitung und Kontrolle betrieblicher Produktionsentscheidungen (z. B. ob die Produktion eines bestimmten Erzeugnisses aus Kostengründen eingestellt werden soll).	Berechnung des Betriebsergebnisses (= leistungsbezogenes/betriebsbedingtes Ergebnis) sowie des Beitrags der einzelnen Erzeugnisse hierzu.

Im Mittelpunkt der Kostenrechnung steht die Erfassung der Kosten und deren Verrechnung auf die Erzeugnisse (Kostenträger).

Um die Quellen des Erfolgs eines Unternehmens zu verdeutlichen, wird das **Gesamtergebnis** einer Rechnungsperiode (z. B. Geschäftsjahr) in das **Betriebsergebnis** (leistungsbezogenes/betriebsbedingtes Ergebnis) und das **neutrale Ergebnis** (kein Bezug zu den betrieblichen Leistungen) untergliedert.

Die Informationen hierfür liefert hauptsächlich die Finanzbuchhaltung.

Zusammenfassende Übersicht zu Kap. 1: Aufgaben und Aufbau des betrieblichen Rechnungswesens

Aufgaben

Dokumentations- und Rechenschaftslegung	Wirtschaftlichkeits- kontrolle	Entscheidungs- grundlage

Aufbau

Externes Rechnungswesen	Internes Rechnungswesen
■ Finanzbuchführung ■ Jahresabschlussrechnung	■ Kosten- und Leistungsrechnung ■ Betriebsstatistik ■ Planungsrechnung

Abgrenzung zwischen

Finanzbuchhaltung und **Kosten- und Leistungsrechnung (KLR)**

Rechnungskreis I	Rechnungskreis II	
Gesamtergebnis	**Neutrales Ergebnis**	**Betriebsergebnis**
Gesamte Erträge	Neutrale Erträge	Leistungen
– Gesamte Aufwendungen	– Neutrale Aufwendungen	– Kosten
= Gesamtergebnis	= Neutrales Ergebnis	= Betriebsergebnis

Externes Rechnungswesen	Internes Rechnungswesen
Ziele (Aufgaben) der Buchhaltung:	**Ziele (Aufgaben) der KLR:**
■ Ermittlung des Gesamtergebnisses (Erträge – Aufwendungen) für ein Geschäftsjahr ■ laufende Aufzeichnung (Dokumentation) aller Geschäftsvorfälle ■ Überblick über Vermögen, Schulden und Ertragslage ■ Grundlage für Steuerermittlung ■ Information für Eigentümer und Gläubiger ■ unterliegt gesetzlichen Vorschriften (z. B. HGB, Einkommensteuergesetz, Abgabenordnung)	■ Ermittlung des Betriebsergebnisses (Leistungen – Kosten) für eine Woche, einen Monat oder ein Quartal ■ Erfassung, Verteilung und Zurechnung von Kosten und Leistungen ■ Selbstkostenermittlung (Preiskalkulation) ■ Kontrolle der Wirtschaftlichkeit ■ Grundlage für Planungen und Entscheidungen ■ unterliegt **keinerlei** gesetzlichen Vorschriften

Wiederholung des Grundwissens

zu Kapitel 1 Aufgaben und Aufbau des betrieblichen Rechnungswesens

1. Welche Aufgaben hat das betriebliche Rechnungswesen? Nennen Sie jeweils Beispiele.
2. Unterscheiden Sie externes und internes Rechnungswesen.
3. Welche Aufgaben hat die Kosten- und Leistungsrechnung?

2 Grundbegriffe der Kosten- und Leistungsrechnung

Überblick und Zusammenhänge

2 Grundbegriffe der Kosten- und Leistungsrechnung

- ***2.1*** *Wodurch unterscheiden sich die Begriffe Auszahlung – Aufwand – Kosten?*
- ***2.2*** *Wodurch unterscheiden sich die Begriffe Einzahlung – Ertrag – Leistungen?*

2.1 Auszahlung – Aufwand – Kosten

Auszahlung[1]

Eine Auszahlung liegt vor, wenn liquide Mittel (Kassenbestände und jederzeit verfügbare Bankguthaben) aus dem Unternehmen abfließen (= Minderung des Zahlungsmittelbestandes).

Auszahlungen

- Zum Kauf von Briefmarken werden der Geschäftskasse 40 EUR entnommen.
- Ein Unternehmer entnimmt der Geschäftskasse 1 000 EUR für private Zwecke.

Aufwand – Kosten

Unter Aufwand ist die *gesamte Wertminderung* in einer Abrechnungsperiode zu verstehen, die sich z. B. durch den Ge- und Verbrauch von Sachgütern und Dienstleistungen in einem Unternehmen ergibt. Aufwendungen mindern das Eigenkapital.

Unter Kosten ist die *betrieblich bedingte Wertminderung* in einer Abrechnungsperiode zu verstehen, die sich z. B. durch den Ge- und Verbrauch von Produktionsfaktoren in Form von Sachgütern und Dienstleistungen ergibt und für die Erstellung der betrieblichen Leistungen erforderlich ist.

Der **Aufwand** eines Unternehmens umfasst demnach den **gesamten Verbrauch an Gütern** ohne Rücksicht darauf, ob ein Zusammenhang zur betrieblichen Leistungserstellung besteht. Die **Kosten** eines Unternehmens hingegen umfassen lediglich den **in Zusammenhang mit der Leistungserstellung** angefallenen **Verbrauch an Gütern**.

Kosten sind durch drei Merkmale gekennzeichnet:

1. Es muss ein **Verbrauch** von Gütern (Sachgüter oder Dienstleistungen) vorliegen.
2. Der Zweck des Verbrauchs muss die **Erstellung betrieblicher Leistungen** sein.
3. Der Verbrauch der Güter muss in Geld **bewertbar** sein.

} **Kosten: in Geld bewertbare betriebsbedingte Wertminderung**

---

1 Hiervon ist der Begriff „Ausgabe" zu unterscheiden. Anders als im allgemeinen Sprachgebrauch werden im Rechnungswesen unter Ausgaben nicht nur die Auszahlungen (= zahlungswirksam) verstanden, sondern auch die nicht auszahlungswirksamen Vorgänge „Verringerung der Forderungen" und „Erhöhung der Schulden".

Kosten – Aufwendungen

- Die Shirt-Shop GmbH hat ihrem Arbeitnehmer Kurt Sterner einen Monatslohn von brutto 3 100 EUR gezahlt. Kurt Sterner ist für die Beschriftung von T-Shirts verantwortlich. Bei der Wertminderung in Form der Lohnzahlung handelt es sich um **Aufwand** und **gleichzeitig um Kosten**, weil ein direkter Zusammenhang zur betrieblichen Leistungserstellung besteht.
- Durch einen Brand im Lager der Shirt-Shop GmbH wurden T-Shirts im Wert von 4 200 EUR vernichtet. Die Wertminderung steht **nicht** in Zusammenhang mit der betrieblichen Leistungserstellung. Deshalb handelt es sich bei der Wertminderung zwar um **Aufwendungen**, **nicht** aber **gleichzeitig um Kosten**.

Zweckaufwand und Grundkosten

Stimmen die Beträge, die für einen bestimmten Güterverbrauch in der Finanzbuchhaltung als Aufwendungen erfasst und als Kosten in die Kostenrechnung eingehen, überein, handelt es sich um aufwandsgleiche Kosten bzw. um kostengleichen Aufwand. Aus der Sicht der Finanzbuchhaltung stellt dies einen **Zweckaufwand** dar (weil er dem Betriebszweck dient). Aus Sicht der Kostenrechnung handelt es sich um **Grundkosten**.

Zweckaufwand – Grundkosten

Verbrauch von Textilfarbe: Da ein Güterverbrauch stattfindet, liegen Aufwendungen (Materialaufwand) vor. Der Güterverbrauch steht in direktem Zusammenhang mit der betrieblichen Leistungserstellung (Beschriftung von T-Shirts). Deshalb handelt es sich gleichzeitig um Materialkosten (kostengleicher Aufwand bzw. aufwandsgleiche Kosten).

Neutraler Aufwand

Werden Aufwendungen nicht oder mit einem niedrigeren Betrag aus der Finanzbuchhaltung in die Kosten- und Leistungsrechnung übernommen, so liegt ein neutraler Aufwand vor.

Es lassen sich folgende Arten neutraler Aufwendungen unterscheiden:

Neutrale Aufwendungen

betriebsfremder Aufwand	betrieblich bedingter Aufwand, der aber keine Kosten darstellt		betrieblich bedingter Aufwand, aber Kosten in anderer Höhe
	außerordentlich	periodenfremd	Andersaufwand
Aufwand, der mit dem eigentlichen Betriebszweck nichts zu tun hat	Aufwand, der ungewöhnlich hoch ist oder äußerst selten anfällt	Aufwand, dessen Ursache in einem früheren Geschäftsjahr liegt	Aufwand, der zwar mit Kosten verbunden ist, bei dem aber die Höhe des Aufwands von der Höhe der entsprechenden Kosten abweicht.
Veräußerungsverluste bei Wertpapierverkäufen, Reparaturaufwand an nicht betrieblich genutzten Gebäuden	Außerplanmäßige Abschreibung eines Lkw aufgrund eines Totalschadens	Gewerbesteuernachzahlung für das vorige Geschäftsjahr	Abschreibungen lt. Gewinn- und Verlustrechnung (= bilanzielle Abschreibungen) sind höher oder niedriger als Abschreibungen in der Kostenrechnung (= kalkulatorische Abschreibung)

Kap. A 4.1.3

Zusatzkosten

In gleicher Weise wie es **Aufwendungen** gibt, die **keine Kosten** darstellen **(= neutrale Aufwendungen)**, lassen sich auch **Kosten** unterscheiden, die **keine Aufwendungen** sind **(= Zusatzkosten)**.

Zusatzkosten sind Kosten, denen kein Aufwand gegenüber steht.

Unternehmerlohn als Zusatzkosten

Ein Einzelkaufmann stellt seinem Unternehmen seine Arbeitskraft zur Verfügung. Dafür erhält der Unternehmer jedoch im Gegensatz zu einem Arbeitnehmer keinen Lohn ausbezahlt. Daher liegt auch kein Aufwand vor. Der Verbrauch der Arbeitskraft steht jedoch in direktem Zusammenhang mit der betrieblichen Leistungserstellung. Deshalb entstehen durch die Mitarbeit des Unternehmers **Kosten in Form eines kalkulatorischen**[1] **Unternehmerlohns, der bei der Ermittlung der Gesamtkosten berücksichtigt werden muss, obwohl er nicht ausbezahlt wird und daher keinen Aufwand** darstellt. Es handelt sich um **Zusatzkosten**.

Aufg. 2.1.1 S. 19

Aufwand – Kosten

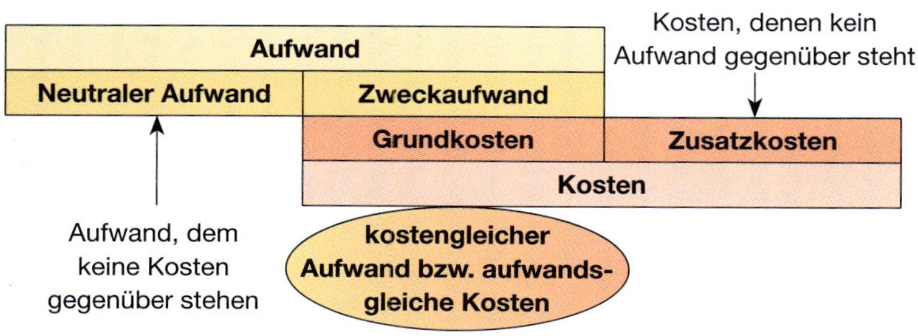

Zusammenfassende Übersicht zu Kap. 2.1: Auszahlung – Aufwand – Kosten

Auszahlung = **Abfluss von Bargeld bzw. Verringerung des jederzeit verfügbaren Bankguthabens**
Aufwand = **in Geld bewerteter Verbrauch an Gütern**
Kosten = **der in Geld bewertete Güterverbrauch, der zur Erstellung der betrieblichen Leistungen erforderlich ist**

Aufwand – Kosten

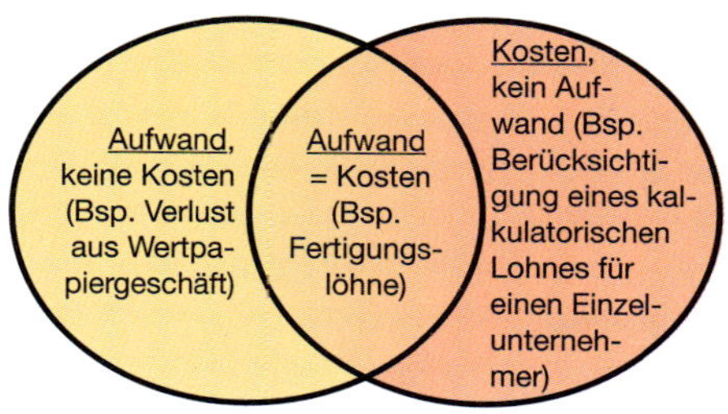

1 kalkulatorisch: bei der Kostenberechnung (Kalkulation) zu berücksichtigen

Wiederholung des Grundwissens

zu Kapitel 2.1 Auszahlung – Aufwand – Kosten

1. Erklären Sie, was jeweils unter Auszahlung, Aufwand und Kosten zu verstehen ist.
2. Welche drei Merkmale müssen erfüllt sein, damit Kosten vorliegen?
3. In welchem Fall wird von Zweckaufwand bzw. von Grundkosten gesprochen?
4. Nennen Sie drei Beispiele für Zweckaufwand bzw. Grundkosten.
5. Erklären Sie, was unter dem Begriff Zusatzkosten zu verstehen ist.
6. Nennen Sie ein Beispiel für Zusatzkosten.
7. In welchem Fall liegt ein neutraler Aufwand vor?
8. Welche Arten von neutralen Aufwendungen lassen sich unterscheiden?

Aufgaben und Probleme

zu Kapitel 2.1 Auszahlung – Aufwand – Kosten

PDF

2.1.1 Beispiele für Auszahlungen, Aufwendungen und Kosten

Manfred Stephan ist alleiniger Inhaber des Unternehmens „Holzwerk Manfred Stephan e. K.". Im laufenden Monat wurden u. a. folgende Vorgänge erfasst.

a) Privatentnahme Manfred Stephan in bar 12 000 EUR
b) Einkauf von Rohstoffen auf Ziel 15 000 EUR
c) Gehaltszahlung an verschiedene Angestellte 40 000 EUR
d) Verbrauch von Rohstoffen, die im vergangenen Monat beschafft und bezahlt wurden 15 000 EUR
e) Der Wert der Arbeitsleistung, die Manfred Stephan seinem Unternehmen zur Verfügung stellt, wird mit 6 000 EUR angesetzt, aber nicht ausbezahlt.
f) Die Eingangsrechnung für den Einkauf der Rohstoffe (vgl. b) in Höhe von 15 000 EUR wird durch Banküberweisung beglichen.

Tragen Sie die Beträge der Vorgänge a) bis f) in die jeweils zutreffende Spalte einer Tabelle nach folgendem Muster ein.

Vorgang	Geschäftsbuchführung		Kosten- und Leistungsrechnung
	Auszahlung	Aufwand	Kosten
a)			
b)			
...	...	...	...

MUSTER

2.2 Einzahlung – Ertrag – Leistung

Einzahlung[1]

Eine Einzahlung liegt vor, wenn dem Unternehmen liquide Mittel (Kassenbestand und jederzeit verfügbare Bankguthaben) zufließen (= Mehrung des Zahlungsmittelbestands).

Einzahlungen

- Ein Unternehmer überweist von seinem privaten Bankkonto auf das Geschäftskonto seines neu gegründeten Unternehmens den Betrag von 20 000 EUR.
- Die Shirt-Shop GmbH verkauft T-Shirts gegen bar in Höhe von 2 500 EUR.

Da sich in beiden Fällen der Bestand an liquiden Mitteln erhöht, handelt es sich um Einzahlungen.

1 Hiervon ist der Begriff „Einnahme" zu unterscheiden. Anders als im allgemeinen Sprachgebrauch werden im Rechnungswesen unter Einnahmen nicht nur Einzahlungen (= zahlungswirksam) verstanden, sondern auch die nicht einzahlungswirksamen Vorgänge „Zugang von Forderungen" und „Verminderung der Schulden".

Ertrag – Leistung

Unter Ertrag ist der *gesamte Wertzuwachs*, den ein Unternehmen in einer Rechnungsperiode erzielt, zu verstehen. Erträge mehren das Eigenkapital.

Unter Leistung ist der *betrieblich bedingte Wertzuwachs* zu verstehen, den ein Unternehmen in einer Rechnungsperiode erzielt.

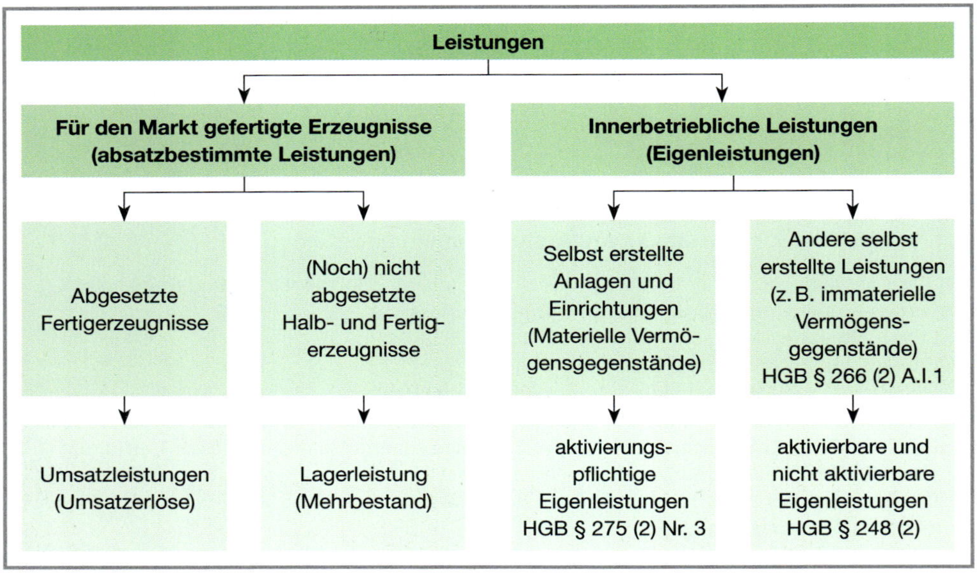

Aufg. 2.2.1 S. 21

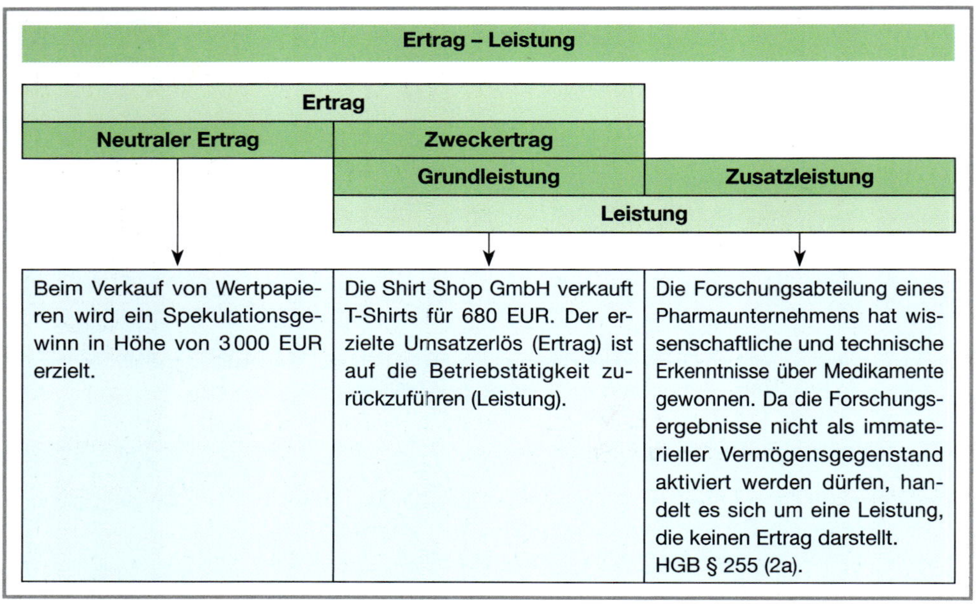

Zusammenfassende Übersicht zu Kap. 2.2: Einzahlung – Ertrag – Leistung

Einzahlung	**= Zufluss von Bargeld bzw. Erhöhung des jederzeit verfügbaren Bankguthabens**
Ertrag	**= in Geld bewerteter Wertzuwachs**
Leistung	**= betrieblich bedingter Wertzuwachs**

Wiederholung des Grundwissens

zu Kapitel 2.2 Einzahlung – Ertrag – Leistung

1. Erklären Sie, was jeweils unter Einzahlungen, Erträgen und Leistungen zu verstehen ist.
2. Wie unterscheiden sich die Begriffe Ertrag und Leistung?
3. Nennen Sie jeweils zwei Beispiele für absatzbestimmte und innerbetriebliche Leistungen.

Aufgaben und Probleme

zu Kapitel 2.2 Einzahlung – Ertrag – Leistung

2.2.1 Beispiele für Erträge, Leistungen, Aufwendungen und Kosten

Wie hoch sind die dem nachstehendem GuV-Konto (Auszug) zu entnehmenden Grundkosten, Leistungen sowie die neutralen Aufwendungen und neutralen Erträge?

GuV-Konto (Auszug)

Soll		Haben	
Rohstoffverbrauch	6400	Umsatzerlöse	14600
Löhne, Gehälter	4200	Mieterträge	610
Strom	1800	Gewinne aus dem Verkauf von Anlagegütern	420
Verlust aus Wertpapierverkäufen	900	Mehrbestand an fertigen Erzeugnissen	380
...		...	

Zusammenfassende Übersicht zu Kap. 2: Grundbegriffe der Kosten- und Leistungsrechnung

Bargeld
\+ Sichtguthaben (Girokonto)
= *Zahlungsmittelbestand* (liquide Mittel)

} Zunahme = Einzahlung; Abnahme = Auszahlung

Begriffe	Erklärung
Auszahlung	= Abfluss liquider Mittel aus dem Unternehmen (Abnahme des Zahlungsmittelbestandes)
Aufwand	= gesamter in Geld bewerteter Verbrauch an Sachgütern und Dienstleistungen (Wertminderung) eines Geschäftsjahres ohne Rücksicht auf den betrieblichen Zweck
Kosten	= durch betriebliche Leistungserstellung verursachter, in Geld bewerteter Verbrauch an Sachgütern und Dienstleistungen (betrieblich bedingte Wertminderung)
Einzahlung	= Zufluss liquider Mittel in das Unternehmen (Zunahme des Zahlungsmittelbestandes)
Ertrag	= Wertzuwachs innerhalb einer Periode sowohl aus betriebsbedingten als auch aus anderen Gründen
Leistung	= Wertzuwachs innerhalb einer Periode aus der Erfüllung des Betriebszwecks (betriebsbedingt)

3 Kosten, Beschäftigung und Gewinn

Überblick und Zusammenhänge

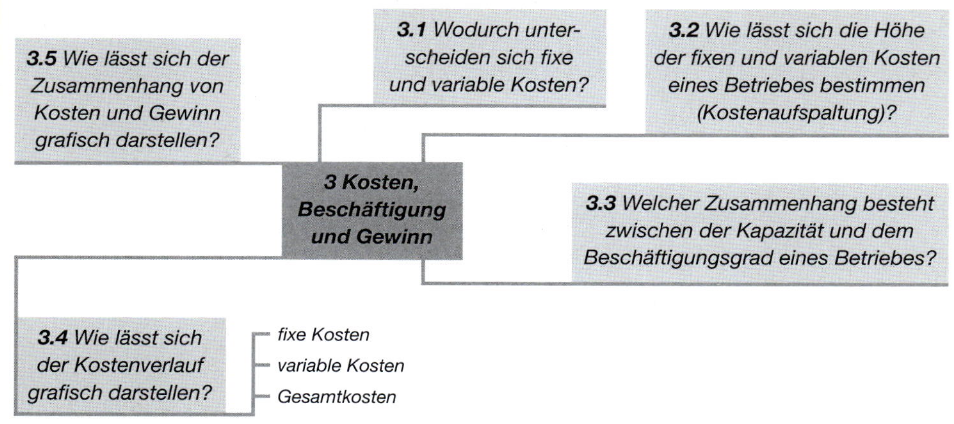

3.1 Fixe und variable Kosten

In Abhängigkeit davon, wie die Kosten auf eine Veränderung der Produktionsmenge reagieren, lassen sich fixe und variable Kosten unterscheiden:

Fixe Kosten

Fixe Kosten (fixe Gesamtkosten, K_f) bleiben bei einer Änderung der Produktionsmenge unverändert.

Absolut fixe Kosten entstehen durch die Existenz des Betriebes (Kosten der Betriebsbereitschaft).

Absolut fixe Kosten

Abschreibungen auf Gebäude und Maschinen, Pacht für eine Lagerhalle, Versicherungsbeiträge und Teile der Personalkosten (z. B. für den Werkschutz)

Sprungfixe Kosten (intervallfixe Kosten, bereichsfixe Kosten) bleiben innerhalb bestimmter Produktionsmengenbereiche (Produktionsintervalle) konstant. Bei Ausweitung der Produktion über diese Bereichsgrenze hinaus steigen sie sprunghaft an.

Sprungfixe Kosten

Für die Monatsproduktion von 50 000 Paar Schuhen genügt in der Fertigungsabteilung einer Schuhfabrik ein Meister mit einem festen Monatsgehalt von 3 000 EUR. Bei Überschreiten dieser Grenze muss ein weiterer Meister mit einem festen Monatsgehalt eingestellt werden.

Variable Kosten

Variable Kosten (variable Gesamtkosten, K_v) ändern sich bei einer Veränderung der Produktionsmenge.

Variable Kosten

Verbrauch von Rohstoffen (z. B. Farbe, Stoffe, Leder), Hilfsstoffen (Klebemittel), Betriebsstoffen (Elektrizität)

Gesamtkosten

Die Gesamtkosten eines Unternehmens setzen sich aus fixen und variablen Kosten zusammen:

Gesamtkosten = fixe Gesamtkosten + variable Gesamtkosten (variable Kosten pro Stück · Stückzahl)

$$K_g = K_f + k_v \cdot x$$

$$K_g = K_f + K_v$$

Zusammenfassende Übersicht zu Kap. 3.1: Fixe und variable Kosten

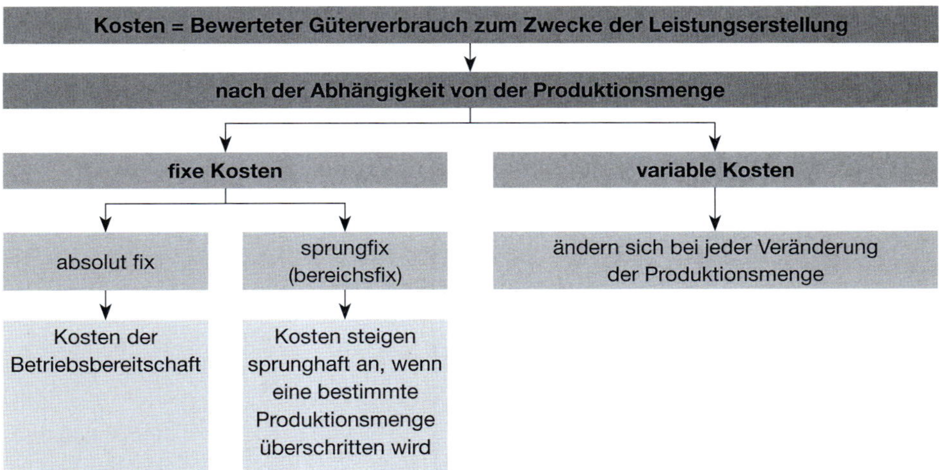

Gesamtkosten (K_G) = fixe Gesamtkosten + variable Stückkosten · Produktionsmenge

$$= K_f + k_v \cdot x$$

$$= K_f + K_v$$

Wiederholung des Grundwissens

zu Kapitel 3.1 Fixe und variable Kosten

1. Wodurch unterscheiden sich fixe und variable Kosten?
2. Nennen Sie jeweils ein Beispiel für absolut fixe, sprungfixe und variable Kosten.

3.2 Kostenauflösung in fixe und variable Kosten

Einige Kostenarten sind in vollem Umfang variabel (z. B. Materialkosten), andere hingegen sind in vollem Umfang fix (z. B. Miete). Zur rechnerischen Bestimmung der Höhe der fixen und variablen Kosten eines Unternehmens werden zunächst die Kosten ermittelt, die für zwei unterschiedliche Produktionsmengen entstanden sind. Dabei wird unterstellt, dass die variablen Kosten je Stück (k_v) unverändert bleiben. Das bedeutet, dass sich bei einer Änderung der Produktion die variablen Gesamtkosten (K_v) im gleichen Verhältnis verändern wie die Ausbringungsmenge (proportionaler Verlauf der Gesamtkosten).
Bei den Kosten, die bei einer Produktionserhöhung steigen, kann es sich nur um variable Kosten handeln, da die fixen Kosten auf eine Veränderung der Produktionsmenge nicht reagieren. Aus der Differenz der Kosten und der beiden Produktionsmengen lassen sich die variablen Kosten pro Produktionseinheit und damit auch die fixen Kosten bestimmen:

Kostenauflösung

Eine Produktionserhöhung von 500 Stück auf 800 Stück hat nebenstehende Kostenerhöhung bewirkt:

Produktionsmenge	Kosten
500 Stück	12 000 EUR
800 Stück	15 000 EUR

Variable Kosten pro Stück (k_v) =

$$\frac{15\,000 - 12\,000}{800 - 500} = 10 \text{ EUR/Stück}$$

Je Stück sind somit 10 EUR variable Kosten entstanden.

Fixe Gesamtkosten (K_f) =
12 000 EUR – (10 EUR/Stück · 500 Stück) =
7 000 EUR **oder**
15 000 EUR – (10 EUR/Stück · 800 Stück) = 7 000 EUR

Grafische Darstellung:

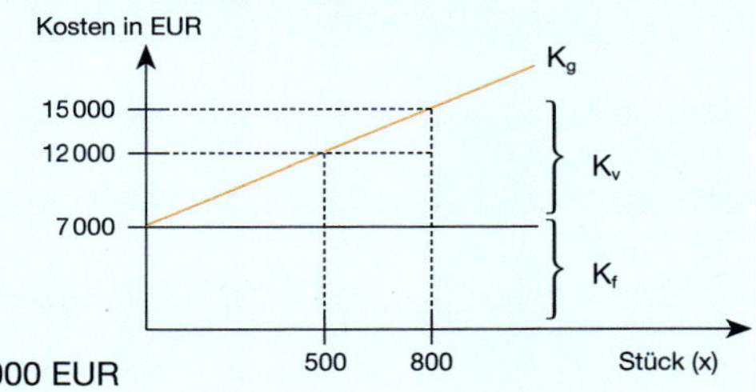

Ergebnis:
Erhöht das Unternehmen seine Produktionsmenge, so verändern sich die Gesamtkosten um 10 EUR/Stück.

Kostenfunktion:
$K_g = K_f + k_v \cdot x$
$K_g = 7000 + 10\,x$

Sind die fixen Gesamtkosten und die variablen Kosten pro Stück bekannt, so lässt sich errechnen, welche Kosten für eine bestimmte Produktionsmenge voraussichtlich entstehen.

Formeln zur Kostenauflösung:

$$\text{Variable Kosten pro Stück} = \frac{\text{Kostenzunahme}}{\text{Produktionszunahme}}$$

$$k_v = \frac{K_2 - K_1}{x_2 - x_1}$$

Aufg. 3.2.1 S. 25

Variable Gesamtkosten = variable Kosten pro Stück · Produktionsmenge

$$K_v = k_v \cdot x$$

Fixe Gesamtkosten = Gesamtkosten – variable Gesamtkosten

$$K_f = K_g - K_v$$

Zusammenfassende Übersicht zu Kap. 3.2: Kostenauflösung in fixe und variable Kosten

Kostenauflösung
(= Aufspaltung der Gesamtkosten in deren fixe und variable Bestandteile)

↓

Verfahren

↓

1. Ermittlung der Gesamtkosten für zwei Beschäftigungsgrade
2. Berechnungen:

$$\text{Variable Kosten pro Stück} = \frac{\text{Kostenzunahme}}{\text{Produktionszunahme}}$$

$$k_v = \frac{K_2 - K_1}{x_2 - x_1}$$

$$\text{Variable Gesamtkosten} = \text{variable Kosten pro Stück} \cdot \text{Produktionsmenge}$$

$$K_v = k_v \cdot x$$

$$\text{Fixe Gesamtkosten} = \text{Gesamtkosten} - \text{variable Gesamtkosten}$$

$$K_f = K_g - K_v$$

Wiederholung des Grundwissens

zu Kapitel 3.2 Kostenauflösung in fixe und variable Kosten

1. Was ist unter Kostenauflösung zu verstehen?
2 Beschreiben Sie das Verfahren der rechnerischen Kostenauflösung.

Aufgaben und Probleme

zu Kapitel 3.2 Kostenauflösung in fixe und variable Kosten

3.2.1 Kostenauflösung in einer Farbenfabrik

In einer Farbenfabrik wurden für die Monate März und April d. J. folgende Zahlen festgestellt:

Monat	Produzierte Menge (t)	Gesamtkosten (K) in EUR
März	6000	1200000
April	9000	1650000

1. Errechnen Sie die Höhe der fixen Kosten, wenn davon auszugehen ist, dass die variablen Kosten je Stück (k_v) unverändert bleiben.
2. Wie lautet die Kostenfunktion?
3. Welche Kosten werden im Monat Mai voraussichtlich entstehen, wenn geplant ist, in diesem Monat 5000 t Farbe zu produzieren?

3.3 Kapazität und Beschäftigungsgrad

Unter Kapazität ist die Produktionsmenge zu verstehen, die ein Betrieb innerhalb einer bestimmten Zeiteinheit (Monat, Quartal, Jahr) höchstens herstellen kann. Der Grad der Ausnutzung der Kapazität wird als Beschäftigungsgrad (Kapazitätsausnutzungsgrad) bezeichnet.

Der Beschäftigungsgrad wird in Prozent der Kapazität ausgedrückt.

Aufg. 3.3.1 S. 26

$$\text{Beschäftigungsgrad} = \frac{\text{tatsächliche Produktionsmenge} \cdot 100}{\text{Kapazität}}$$

Beschäftigungsgrad bei einer Schuhfabrik

In einer Schuhfabrik wird in zwei Schichten gearbeitet. Die Jahresproduktion beträgt 240 000 Paar Schuhe. Würde in der Schuhfabrik in drei Schichten gearbeitet, könnte die Produktionsmenge auf 360 000 Paar Schuhe erhöht werden. Die Kapazität beträgt somit 360 000 Paar Schuhe.

$$\text{Beschäftigungsgrad} = \frac{240\,000 \cdot 100}{360\,000} = 66{,}67\,\%$$

Wenn die Produktionsmenge bei gleich bleibender Kapazität verändert wird, führt dies zu einer **Änderung des Beschäftigungsgrades**.

Zusammenfassende Übersicht zu Kap. 3.3: Kapazität und Beschäftigungsgrad

Kapazität = mögliche Produktionsmenge eines Betriebes in einer bestimmten Zeit (z. B. Monat)

↓

Beschäftigungsgrad = Ausnutzung der Kapazität eines Betriebes in %

$$\text{Beschäftigungsgrad} = \frac{\text{tatsächliche Produktionsmenge} \cdot 100}{\text{Kapazität}}$$

Fragen zur Wiederholung

zu Kapitel 3.3 Kapazität und Beschäftigungsgrad

1. Was ist unter der Kapazität eines Betriebes zu verstehen?
2. Wie lautet die Formel zur Berechnung des Beschäftigungsgrades?

Aufgaben und Probleme

zu Kapitel 3.3 Kapazität und Beschäftigungsgrad

3.3.1 Beschäftigungsgrad – Änderungen des Beschäftigungsgrades

Ein Industriebetrieb stellt ein elektronisches Bauteil her. Die Gesamtkapazität beträgt 30 000 Stück pro Quartal. Derzeit werden 25 000 Stück pro Quartal produziert. Die gesamten Fixkosten betragen derzeit 400 000 EUR pro Quartal. Die variablen Stückkosten belaufen sich auf 50 EUR.

1. Berechnen Sie den derzeitigen Beschäftigungsgrad.
2. Wie hoch sind bei diesem Beschäftigungsgrad die Gesamtkosten und die Stückkosten?
3. Wie würden sich die Gesamtkosten und die Stückkosten verändern, wenn der Beschäftigungsgrad auf 100 % gesteigert werden könnte? Begründen Sie diese Veränderung.

A

3.4 Kostenverläufe

Verlauf der fixen Kosten

Die fixen Kosten (K_f) bleiben bei einer Veränderung des Beschäftigungsgrades unverändert.

Fixe Kosten

Abschreibungen auf Betriebsgebäude, Gehalt eines Geschäftsführers, Kfz-Steuer

Die Kostenkurve der **fixen Kosten** verläuft **parallel** zur Mengenachse. Werden die Fixkosten auf eine Produktionseinheit bezogen **(Fixkosten je Stück)** ergibt sich ein **degressiv fallender** Verlauf. Dies ist darauf zurückzuführen, dass sich bei zunehmender Produktionsmenge die gleich bleibenden Fixkosten auf eine zunehmend größere Stückzahl verteilen. Daher sinkt der Fixkostenanteil je Stück **(Fixkostendegression)**.

Verlauf der fixen Kosten

x	K_f	k_f
1	100	100,0
2	100	50,0
3	100	33,3
4	100	25,0
5	100	20,0

x = Produktionsmenge
K_f = fixe Gesamtkosten
k_f = Fixkosten je Stück

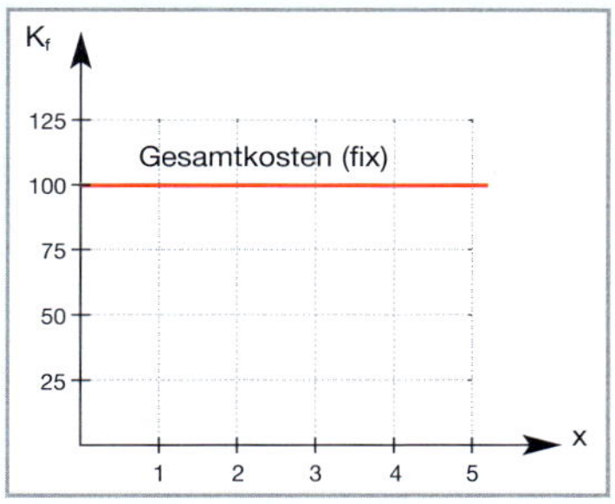

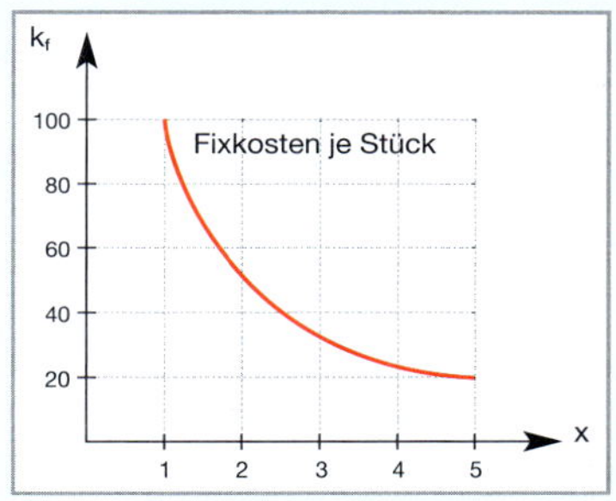

Sprungfixe Kosten

Die **sprungfixen** (intervallfixen) **Kosten** sind innerhalb bestimmter Produktionsmengenbereiche konstant und erhöhen sich bei deren Überschreitung jeweils sprunghaft. Daraus ergibt sich ein treppenförmiger Verlauf.

Verlauf der sprungfixen Kosten

x	K_f	k_f
1	100	100,0
2	100	50,0
3	100	33,3
4	200	50,0
5	200	40,0
6	200	33,3
7	300	43,0
8	300	38,0

x = Produktionsmenge
K_f = sprungfixe Gesamtkosten
k_f = sprungfixe Stückkosten

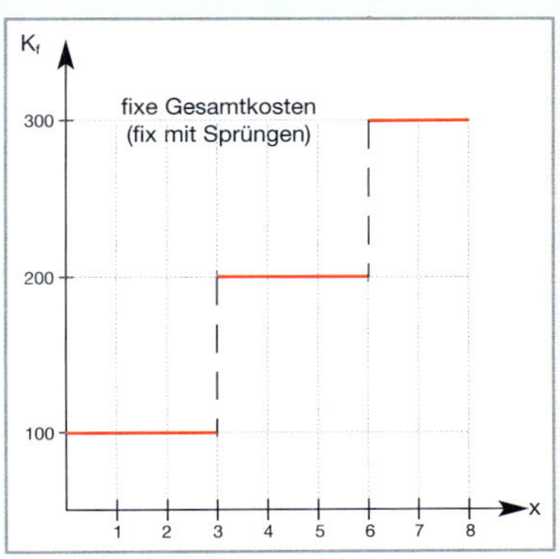

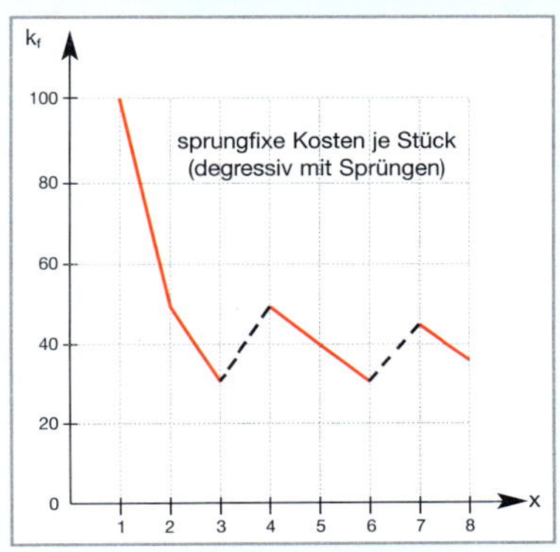

Sprungfixe Kosten (relativ fixe Kosten)

Abschreibungen bei Erweiterungsinvestitionen (Anschaffung zusätzlicher Maschinen)

Die **sprungfixen Kosten je Stück** haben einen degressiven Verlauf, der aber bei den jeweiligen Bereichsgrenzen ebenfalls Sprünge aufweist.

Verlauf der variablen Kosten

Die variablen Gesamtkosten (K_v) ändern sich, wenn sich der Beschäftigungsgrad ändert.

Dabei lassen sich proportionale (lineare), überproportionale (progressive) und unterproportionale (degressive) Kosten und Kurvenverläufe unterscheiden.

Proportionale Kosten ändern sich im gleichen Verhältnis wie der Beschäftigungsgrad.

Bei proportionalem Kostenverlauf führt eine Erhöhung der Produktionsmenge um 10 % zu einer Erhöhung der **variablen Gesamtkosten (K_v)** von ebenfalls 10 %. Die Gesamtkostenkurve verläuft bei proportionalen Kosten linear. Die **variablen Stückkosten (k_v)** bleiben in diesem Fall bei Änderung der Produktionsmenge **konstant**.

x	K_v	k_v
1	100	100
2	200	100
3	300	100
4	400	100
5	500	100

x = Produktionsmenge
K_v = variable Gesamtkosten
k_v = variable Stückkosten

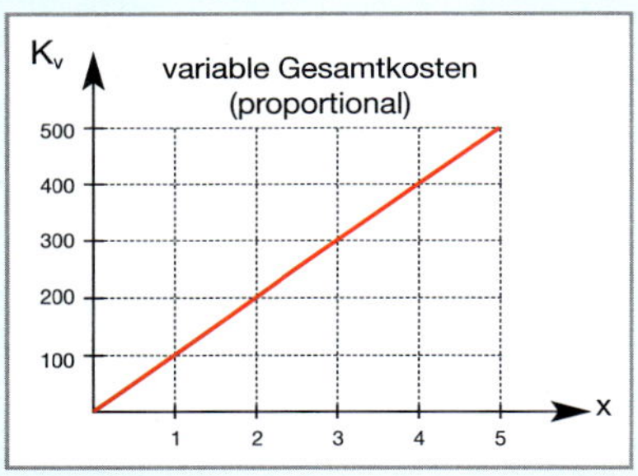

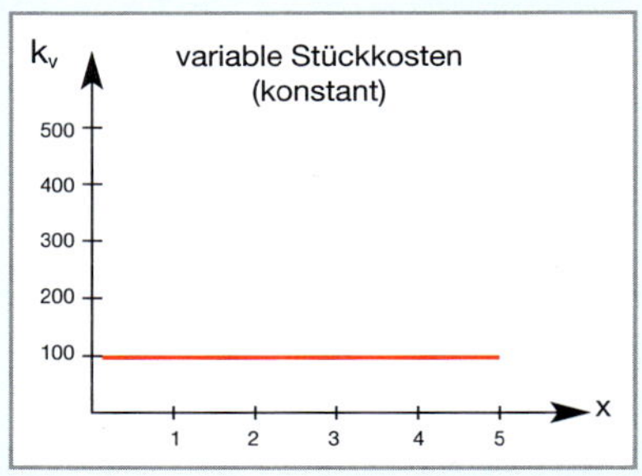

Variable Kosten

Stücklohn, Fertigungsmaterial

Verlauf der Gesamtkosten

Setzen sich die Gesamtkosten (K_g) in einem Betrieb aus fixen Kosten (K_f) und **proportionalen variablen Kosten (K_v)** zusammen, ergibt sich ein **linearer Verlauf** der **Gesamtkosten**. Die Stückkosten (k_g) sinken mit zunehmender Produktionsmenge, weil sich die fixen Kosten auf eine größere Stückzahl verteilen **(Fixkostendegression)**. Somit nähern sich die Stückkosten (k_g) in diesem Fall den variablen Stückkosten (k_v) an. Dieser Effekt ist umso stärker, je höher der Anteil der Fixkosten ist. Diese Entwicklung wird als **Gesetz der Massenproduktion** bezeichnet.

Das Gesetz der Massenproduktion besagt, dass mit zunehmender Produktionsmenge die Stückkosten sinken.

$$\text{Stückkosten} = \frac{\text{fixe Gesamtkosten}}{\text{Produktionsmenge}} + \text{variable Stückkosten}$$

$$k_g = \frac{K_f}{x} + k_v$$

Verlauf der Gesamtkosten und der Stückkosten in einer Schuhfabrik

Eine Schuhfabrik produziert bei einer Auslastung ihrer Kapazität von 66,67 % im Quartal 40 000 Paar Schuhe. Die fixen Kosten in diesem Zeitraum belaufen sich auf 1 000 000 EUR. Bei der Herstellung von einem Paar Schuhe entstehen unabhängig von der Produktionsmenge variable Kosten in Höhe von 20 EUR.

Zusammenhang von Gesamtkosten und Stückkosten

x	K_f	K_v	K_g	k_v	k_g
10 000	1 000 000	200 000	1 200 000	20	120,00
20 000	1 000 000	400 000	1 400 000	20	70,00
30 000	1 000 000	600 000	1 600 000	20	53,33
40 000	1 000 000	800 000	1 800 000	20	45,00
50 000	1 000 000	1 000 000	2 000 000	20	40,00
60 000	1 000 000	1 200 000	2 200 000	20	36,67

x = Produktionsmenge (Paar Schuhe)

K_f = fixe Gesamtkosten in EUR

K_v = variable Gesamtkosten in EUR

K = Gesamtkosten in EUR

k_g = Stückkosten in EUR

k_v = variable Stückkosten in EUR für 1 Paar Schuhe

Aufg. 3.4.1 u. 3.4.2 S. 32

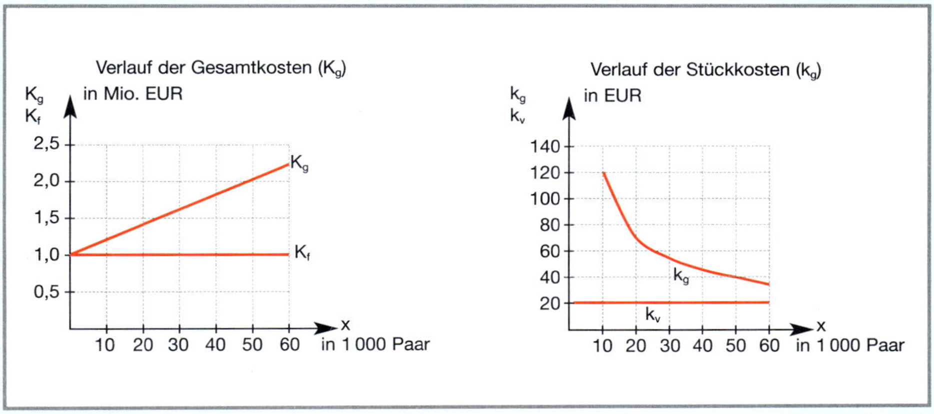

Grenzkosten

Grenzkosten bei Erhöhung der Produktionsmenge

Wird die Produktionsmenge um **1 Paar Schuhe** erhöht, so entstehen im vorliegenden Fall **zusätzliche Kosten** von 20 EUR. Dieser **Kostenzuwachs** bei Erhöhung der Produktionsmenge um **eine Einheit** stellt die **Grenzkosten** (K') dar. Sie geben die Steigung der Gesamtkostenfunktion an (= 1. Ableitung). Sie entsprechen im vorliegenden Fall wegen des linearen Verlaufs der Gesamtkurve (K_g) den konstanten variablen Kosten je Stück ($k_v = 20$). Die Gesamtkostenfunktion lautet:

$$K_g = K_f + k_v \cdot x \qquad K_g = 1\,000\,000 + 20\,x$$

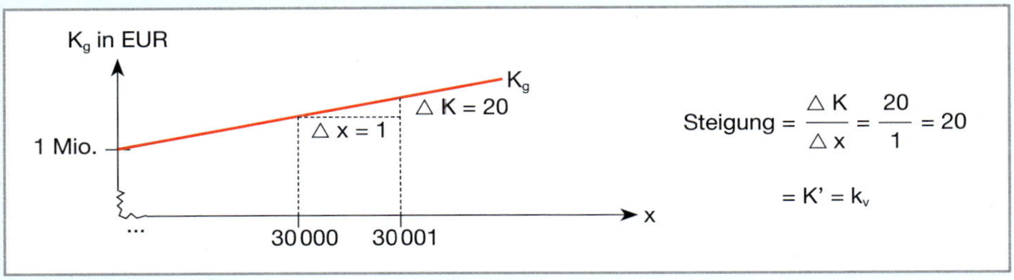

Die Steigung der Kostenkurve gibt an, in welcher Höhe zusätzliche Kosten entstehen, wenn die Produktion um eine Mengeneinheit erhöht wird. Diese zusätzlichen Kosten stellen die **Grenzkosten** (K') dar.

Grenzkosten sind die zusätzlichen Kosten, die entstehen, wenn die Produktionsmenge um eine Einheit erhöht wird (= Zuwachs der Gesamtkosten bei einer Produktionserhöhung um eine Mengeneinheit).

Da bei linearem Kostenverlauf die Steigung konstant ist, sind in diesem Fall auch die Grenzkosten konstant.

Die Grenzkosten (K') sind bei linearem Verlauf der Gesamtkostenkurve konstant. Sie sind genau so groß wie die variablen Kosten pro Stück (k_v).

Kostenremanenz[1]

Bei **rückläufiger Produktion** sinken die Gesamtkosten häufig nicht auf den gleichen Stand wie vor der Produktionserhöhung, sondern verharren auf einem höheren Niveau. Diese Erscheinung wird als **Kostenremanenz** bezeichnet und ist insbesondere bei den **sprungfixen Kosten** zu beobachten. Häufig kann die Kostenanpassung an die Produktionsminderung nur zeitlich verzögert erfolgen (z.B. Abschreibungen für stillgelegte Maschinen). Grafisch ergibt sich dabei eine Gesamtkostenkurve, die über der ursprünglichen Gesamtkostenkurve liegt.

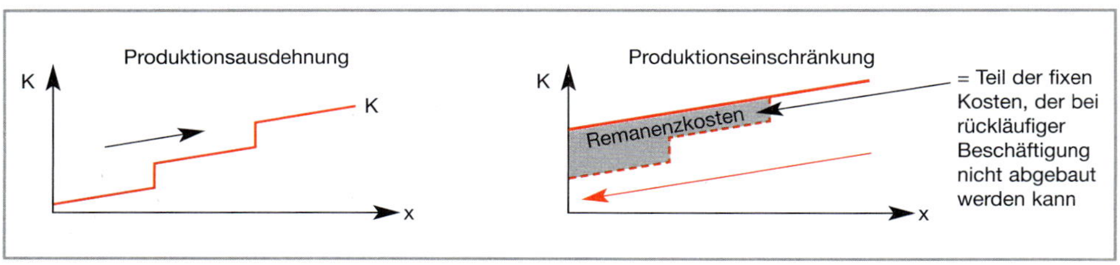

1 remanere *(lat.)*: zurückbleiben

Zusammenfassende Übersicht zu Kap. 3.4: Kostenverläufe

Kostenverläufe

fixe Kosten (K_f)
verändern sich bei Änderung des Beschäftigungsgrades nicht

- **absolut fix**
verändern sich auch bei Überschreitung bestimmter Produktionsmengen nicht

- **sprungfix (relativ fix)**
innerhalb bestimmter Produktionsmengenbereiche konstant; Erhöhung bei Überschreitung bestimmter Produktionsmengen

variable Kosten (K_v)
verändern sich bei Änderung des Beschäftigungsgrades

- **proportionale Kosten**
ändern sich im gleichen Verhältnis wie der Beschäftigungsgrad (k_v = konstant)

- **Grenzkosten (K')**
Zuwachs der Gesamtkosten bei einer Produktionserhöhung um eine Mengeneinheit

bei linearem Gesamtkostenverlauf gilt: kv = K' = konstant

Gesamtkosten (K_g) = fixe Kosten (K_f) + variable Kosten (K_v)

$$K_g = K_f + K_v$$

$$\textbf{Stückkosten } (k_g) = \frac{\textbf{fixe Gesamtkosten } (K_f)}{\textbf{Produktionsmenge } (x)} + \textbf{variable Stückkosten } (k_v)$$

bei zunehmender Beschäftigung: Kosten pro Stück (Stückkosten) werden immer kleiner (Gesetz der Massenproduktion, Fixkostendegression)

Wiederholung des Grundwissens

zu Kapitel 3.4 Kostenverläufe

1. Erklären Sie den Begriff „fixe Kosten je Stück".
2. Skizzieren Sie den Verlauf der Fixkosten und der fixen Kosten je Stück jeweils in einem Koordinatensystem.
3. Erklären Sie den Begriff „Fixkostendegression".
4. Erklären Sie die Begriffe „absolut fixe Kosten" und „sprungfixe Kosten" jeweils anhand einer grafischen Darstellung (Skizze).
5. Erklären Sie, was unter dem Begriff „variable Kosten" zu verstehen ist.
6. Nennen Sie zwei Beispiele (Kostenarten) für variable Kosten.
7. Skizzieren Sie den typischen Verlauf einer Gesamtkostenkurve.
8. Was besagt das Gesetz der Massenproduktion?
9. Skizzieren Sie den typischen Verlauf einer Stückkostenkurve.
10. Was ist unter „Grenzkosten" zu verstehen?
11. Was ist unter dem Begriff „Kostenremanenz" zu verstehen?

Aufgaben und Probleme

zu Kapitel 3.4 Kostenverläufe

3.4.1 Gesamtkosten – Stückkosten – Beschäftigungsgrad

PDF

Die Kapazität einer Elektro-AG beträgt für die Waschmaschinenproduktion monatlich 8000 Stück. Bei Vollbeschäftigung (100 % Auslastung) betragen die variablen Gesamtkosten 5,6 Mio. EUR. Der Fixkostenanteil pro Waschmaschine beträgt bei einer Kapazitätsauslastung von 50 % 400,00 EUR.

1. Ermitteln Sie tabellarisch die jeweiligen monatlichen Gesamtkosten (K_g) und die Stückkosten (k_g) je Waschmaschine, wenn der Beschäftigungsgrad im Febr. 50 %, im März 60 % und im April 75 % beträgt.
2. Stellen Sie die Ergebnisse von 1. grafisch dar.
3. Begründen Sie, worauf die Veränderung der Stückkosten (k_g) bei zunehmender Produktionsmenge zurückzuführen ist.

3.4.2 Gesamtkosten – Stückkosten – Produktionsentscheidung

Ein Betrieb hat 3 801 000 EUR fixe Kosten im Monat. Die variablen Kosten betragen 60,00 EUR je Einheit.

1. Berechnen Sie die Gesamtkosten (K_g), die für die Herstellung von 60 000 Einheiten je Monat entstehen. Wie hoch sind in diesem Fall die Kosten je Produktionseinheit (k_g)?
2. Auf welche Menge muss die Produktion gesteigert werden, wenn die Stückkosten (k_g) 120,00 EUR nicht übersteigen sollen?

3.5 Kosten, Erlöse und Gewinn

Vorrangiges Ziel eines Unternehmens ist es, den größtmöglichen Gewinn zu erzielen. Der größtmögliche Gewinn ist erreicht, wenn die Differenz zwischen den Erlösen und den Kosten am größten ist.

Gewinn (G) = Erlöse (E) – Kosten (K)

Erlöse (E) = Preis (p) · Absatzmenge (x)

Für die Ermittlung der Erlöse wird von einem konstanten Marktpreis (p) für das hergestellte Erzeugnis ausgegangen. In der grafischen Darstellung ergibt sich demnach eine lineare Erlöskurve.

Im Folgenden wird unterstellt, dass die produzierte Menge auch abgesetzt werden kann (keine Lagerhaltung).

Kosten, Erlöse und Gewinn einer Schuhfabrik

Entwicklung von Kosten, Erlösen und Gewinn einer Schuhfabrik mit einer Kapazität von 60 000 Paar Schuhen pro Quartal bei linearem Verlauf von Erlös- und Gesamtkostenkurve:

Marktpreis (p): 70 EUR je Paar, K_f = 1 000 000 EUR, k_v = 20 EUR je Paar

Menge (x)	K_g (EUR)	E = p · x (EUR)	G = E – K (EUR)
10 000	1 200 000	700 000	– 500 000
20 000	1 400 000	1 400 000	0
30 000	1 600 000	2 100 000	+ 500 000
40 000	1 800 000	2 800 000	+ 1 000 000
50 000	2 000 000	3 500 000	+ 1 500 000
60 000	2 200 000	4 200 000	+ 2 000 000

x = Produktionsmenge (Paar Schuhe), K_g = Gesamtkosten in EUR, E = Erlös (p · x) in EUR, G = Gewinn in EUR

Erlöse, Gesamtkosten und Gewinn

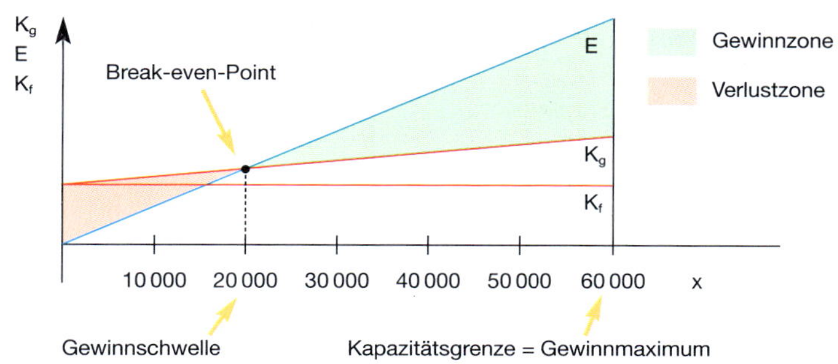

Gewinnschwelle und Gewinnmaximum

Die Produktions- und Absatzmenge (x), bei der die Erlöse die Kosten decken und daher weder ein Gewinn noch ein Verlust entsteht, wird als Gewinnschwelle (Break-even-Point, Kostendeckungspunkt) bezeichnet.

Liegt die tatsächlich produzierte Menge unterhalb der Gewinnschwelle, so entsteht ein Verlust. Eine darüber liegende Menge führt zu einem Gewinn.

Ermittlung der Gewinnschwelle (x_0) für die Schuhfabrik:

Gewinnschwelle (Break-even-Point)

Bedingung für die Gewinnschwelle (x_0) : Erlöse (E) = Gesamtkosten (K)

$p \cdot x = K_f + k_v \cdot x$ $\qquad 70 \cdot x = 1\,000\,00 + 20 \cdot x$

$x \cdot (p - k_v) = K_f$ $\qquad x \cdot (70-20) = 1\,000\,00$

$$x_0 = \frac{K_f}{p - k_v} = \frac{1\,000\,000}{70 - 20} = 20\,000 \text{ Paar Schuhe}$$

Gewinnschwelle (Break-even-Point)

Bedingung: Erlöse (E) = Kosten (K)

Produktionsmenge bei der Gewinnschwelle $x_0 = \dfrac{\textbf{Fixkosten } (K_f)}{\textbf{Preis (p) – variable Stückkosten } (k_v)}$

Bei linearem Verlauf der Erlös- und Gesamtkostenkurve steigt der Gewinn bei einer über die Gewinnschwelle hinausgehenden Produktionsmenge bis zur Kapazitätsgrenze gleichmäßig an (*vgl. Abb. oben*). Der Beschäftigungsgrad (Kapazitätsausnutzungsgrad) beträgt dann 100 %. Im vorliegenden Fall liegt das Gewinnmaximum mit 2 000 000 EUR an der Kapazitätsgrenze von 60 000 Stück.

Das Gewinnmaximum wird erreicht, wenn die Produktionsmenge bis zur Kapazitätsgrenze ausgeweitet wird.

Auch der **Stückgewinn (Stückpreis – Stückkosten)** erhöht sich nach Überschreiten der Gewinnschwelle, da wegen der Fixkostendegression die Stückkosten mit zunehmender Produktionsmenge ständig sinken *(vgl. Abb.)*.

Stückkosten und Stückgewinn

Aufg. 3.5.1, 3.5.2, 3.5.3, 3.5.4, 3.5.5 S. 34 f.

Stückpreis, Stückkosten und Stückgewinn

Menge (x)	k_g (EUR)	p (EUR)	g (EUR)
10 000	120,00	70,00	– 50,00
20 000	70,00	70,00	0
30 000	53,33	70,00	16,67
40 000	45,00	70,00	25,00
50 000	40,00	70,00	30,00
60 000	36,67	70,00	33,33

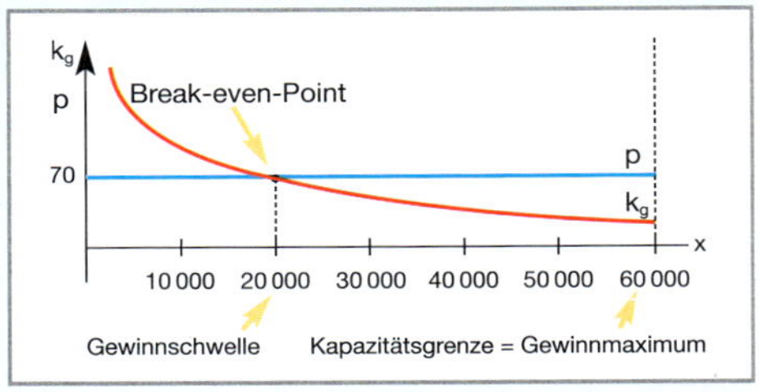

x = Produktionsmenge (Paar Schuhe)
k_g = Stückkosten in EUR
p = Stückpreis in EUR
g = Stückgewinn in EUR

Zusammenfassende Übersicht zu Kap. 3.5: Kosten, Erlöse und Gewinn

Kostenverläufe und besondere Gewinnsituationen bei proportionalen Gesamtkosten (linearer Verlauf der Gesamtkostenkurve)	
Verlauf der Gesamtkosten je Stück: $k_g = k_f + k_v$	degressiv fallend (k_g sind höher als k_v)
Verlauf der variablen Stückkosten (k_v)	konstant ⎤ $k_v = K'$
Grenzkosten (K')	konstant ⎦
Gewinnmaximum	Beschäftigungsgrad 100 % (Kapazitätsgrenze), wenn bei dieser Ausbringungsmenge E größer als K
Gewinnschwelle	Schnittpunkt zwischen Erlös- und Kostenkurve (E = K)

Wiederholung des Grundwissens

zu Kapitel 3.5 Kosten, Erlöse und Gewinn

1. Wodurch ist die Gewinnschwelle (Break-even-Point) gekennzeichnet?
2. In welchem Verhältnis stehen an der Gewinnschwelle (Break-even-Point) Preis und Stückkosten zueinander?
3. Bei welcher Produktions- und Absatzmenge liegt das Gewinnmaximum, wenn Gesamtkosten- und Erlöskurve linear verlaufen?

Aufgaben und Probleme

zu Kapitel 3.5 Kosten, Erlöse und Gewinn

3.5.1 Entwicklung der Stück- und Gesamtkosten – Gewinnschwelle

Die Produktionskapazität eines Herstellers von elektrischen Schlagbohrmaschinen beträgt 8 000 Stück/Monat. Die monatlichen Fixkosten belaufen sich auf 500 000 EUR, die variablen Kosten pro Stück sind konstant und betragen 200 EUR. Die Schlagbohrmaschinen werden für 300 EUR/Stück an den Handel verkauft.

1. Erstellen Sie für die Produktionsmengen bis 8 000 Stück eine Tabelle nach folgendem Muster.

Menge	Gesamtkosten			Stückkosten			Erlöse	Gewinn/Verlust
x	K_f	K_v	K_g	k_f	k_v	k_g	$E = p \cdot x$	$G = E - K$
0								
1 000								
2 000								
...	...							

2. Berechnen Sie die Gewinnschwelle (Break-even-Point) und vergleichen Sie das Ergebnis mit dem in der Tabelle ermittelten Wert.
3. Stellen Sie die Zusammenhänge jeweils in einer Grafik zur Gesamt- und Stückkostenbetrachtung dar.
4. Berechnen Sie den Stückgewinn bei einer Produktionsmenge von 6 000 Stück und bei voller Kapazitätsausnutzung. Interpretieren Sie die Ergebnisse.

3.5.2 Beschäftigungsgrad – Kostentabelle – Gesamtgewinn/-verlust

Ein Eisen verarbeitender Betrieb produziert Zulieferteile für die Automobilindustrie. Die Kapazität von 80 000 Einheiten monatlich ist im Oktober zu 90 %, im November zu 75 % und im Dezember zu 60 % ausgelastet. Die Fixkosten pro Monat betragen 240 000 EUR, die variablen Kosten je Einheit (k_v) 8,00 EUR.

1. Ermitteln Sie Gesamtkosten (K_g) und die Stückkosten (k_g) in den einzelnen Monaten.
2. Ermitteln Sie den monatlichen Gesamtgewinn/-verlust, wenn das Zulieferteil vertragsgemäß zu einem Stückpreis von 12,80 EUR geliefert werden muss.

3.5.3 Stückgewinn und Gewinnschwelle bei unterschiedlicher Kapazitätsauslastung

Ein Industriebetrieb kann bei einer Auslastung von 100 % monatlich 60 000 Einheiten herstellen. Dabei entstehen fixe Kosten (K_f) von 200 000 EUR und variable Kosten (K_v) von 900 000 EUR. Der Verkaufspreis beträgt 20,00 EUR/Einheit.

1. Errechnen Sie den Stückgewinn
   - bei einem Beschäftigungsgrad von 100 %
   - bei einem Beschäftigungsgrad von 80 %.
2. Bei welcher Stückzahl liegt die Gewinnschwelle?

3.5.4 Gewinn/Verlust – Gewinnschwelle – Kostendiagramm

Aufgrund der zur Verfügung stehenden Plandaten rechnet ein Industriebetrieb in der kommenden Periode damit, dass eine Menge von 20 000 Einheiten zu einem Preis von 25 EUR/Stück abgesetzt werden kann. Eine Kostenanalyse ergab, dass die variablen Stückkosten (k_v) 17,50 EUR betragen. Die Fixkosten der Periode belaufen sich auf 100 000 EUR.

1. Mit welchem Gewinn/Verlust wird für die kommende Periode gerechnet?
2. Bei welcher Verkaufsmenge und bei welchem Erlös liegt die Gewinnschwelle? (rechnerische Lösung)
3. Stellen Sie die Kosten- und Erlösentwicklung für eine Produktionsmenge von 0 bis 30 000 Stück in einem Koordinatensystem grafisch dar.
   Kennzeichnen Sie die Gewinnschwelle, den geplanten Erlös und den sich bei diesem Erlös ergebenden Gewinn.

3.5.5 Gewinnschwelle – Gewinnmaximum – Umsatzrentabilität – Anpassung an Nachfrageänderungen

PDF

1. Die Firma Objektmöbel Franz Hummel e. K. produziert Holztische in unterschiedlichen Größen und Ausführungen. Für das im Hauptwerk gefertigte Modell „Kantina“ wurden folgende Werte ermittelt:
   - Auslastungsgrad: 70 %
   - Gesamte variable Kosten (linearer Verlauf der Gesamtkostenkurve): 98 000 EUR
   - Gesamte Fixkosten: 50 000 EUR

   Die Kapazitätsgrenze liegt bei 800 Tischen pro Monat. Der Verkaufspreis pro Tisch beträgt 300 EUR.
   a) Ermitteln Sie rechnerisch die Gewinnschwelle und die Höhe des maximalen Gewinns.
   b) Stellen Sie die Kosten- und Erlössituation grafisch dar. Es ist davon auszugehen, dass die produzierten Tische auch alle abgesetzt werden können.
   Kennzeichnen Sie im Schaubild die Gewinnschwelle und die Gewinn- bzw. Verlustzone.
   c) Die Unternehmensleitung strebt eine Umsatzrentabilität von 20 % an. Die Umsatzrentabilität wird wie folgt ermittelt: Gewinn · 100/Umsatz.
   Bei welcher Stückzahl wird dieses Ziel erreicht?
2. Für das Modell „Latta“, das in einem Zweigwerk gefertigt wird, hat das Unternehmen eine neue kratzfestere Oberflächenbeschichtung entwickelt. Es wird damit gerechnet, dass der Absatz dieses Modells stark zunehmen wird. Der erhöhte Absatz soll durch Überstunden aufgefangen werden. Das führt zu einer Erhöhung der variablen Stückkosten um 35 % für diejenige Produktionsmenge, die über 200 Tische/Monat hinausgeht.
   Die Kapazitätsgrenze (mit Überstunden) liegt im Zweigwerk bei 250 Tischen pro Monat.
   a) Ergänzen Sie die folgende für das Modell „Latta“ geltende Kostentabelle:

Tische pro Monat	K_f	K_v	K_g	k_v	k_g
100			67 000 EUR		
200			109 000 EUR		
210					

   b) Begründen Sie den Verlauf der Stückkosten bei einer Erhöhung der Produktionsmenge von 100 auf 200 und von 200 auf 210 Tische.
   c) Unter welcher Voraussetzung ist es sinnvoll, den gestiegenen Absatz allein durch Überstunden zu decken? Erörtern Sie weitere Möglichkeiten des Unternehmens, den gestiegenen Absatz zu decken.

4 Kostenartenrechnung

Überblick und Zusammenhänge

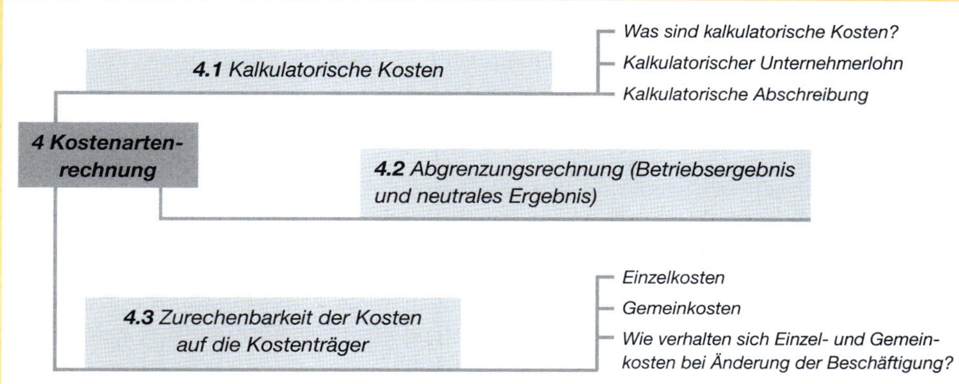

4.1 Kalkulatorische Kosten

4.1.1 Berücksichtigung kalkulatorischer Kosten

Aufg. 4.1.1 S. 41

Die **Finanzbuchhaltung** eines Unternehmens hat u.a. das Ziel, das Ergebnis (Gewinn/Verlust) eines Unternehmens durch die **Gegenüberstellung von Aufwendungen und Erträgen** zu ermitteln. Dabei wird nicht danach gefragt, inwieweit das festgestellte Ergebnis auf **betriebsbedingten** Ursachen beruht. Die Kosten- und Leistungsrechnung hingegen stellt fest, welches Ergebnis ausschließlich auf die Betriebstätigkeit eines Unternehmens zurückzuführen ist. Durch **Gegenüberstellung von Kosten und Leistungen wird das Betriebsergebnis** ermittelt.

Das Betriebsergebnis (Betriebsgewinn/Betriebsverlust) ergibt sich durch Gegenüberstellung von Kosten und Leistungen.

Bei der Ermittlung von Kosten und Leistungen greift die Kosten- und Leistungsrechnung auf die in der Finanzbuchhaltung bereits erfassten Werte zurück. Es gibt aber Kostenarten, die in der Finanzbuchhaltung überhaupt nicht oder in anderer Höhe als Aufwand berücksichtigt werden. In der Kostenrechnung ist jedoch eine Berücksichtigung **aller Kosten** erforderlich, weil nur dann der in direktem Zusammenhang mit der Produktionstätigkeit eines Unternehmens stehende Güterverbrauch erfasst wird.

Kosten, denen in der Finanzbuchhaltung gar kein Aufwand oder ein Aufwand in anderer Höhe gegenübersteht, werden als kalkulatorische Kosten bezeichnet.

Zusatzkosten – Anderskosten

Kalkulatorische Kosten	
Zusatzkosten	**Anderskosten (unechte Zusatzkosten)**
= Kosten, denen in der Finanzbuchhaltung kein Aufwand entspricht.	= Kosten, die zwar mit Aufwendungen verbunden sind, in ihrer Höhe aber nicht mit den entsprechenden Aufwendungen in der Finanzbuchhaltung übereinstimmen.
kalkulatorischer Unternehmerlohn	kalkulatorische Abschreibungen

Kap. A 2.1

4.1.2 Kalkulatorischer Unternehmerlohn

Bei Einzelunternehmen bzw. bei den im Unternehmen mitarbeitenden Gesellschaftern einer Personengesellschaft stellt die **Gegenleistung für den persönlichen Arbeitseinsatz keinen Aufwand** dar. Für diese erbrachte Arbeitsleistung wird kein Lohn- oder Gehalt bezahlt. Vielmehr erfolgt die entsprechende Vergütung über (Gewinn-)Entnahmen.

Unternehmerlohn: Verzichtskosten und Zusatzkosten

Bd. 1 Kap. A 1.1.2

Aus kostenrechnerischer Sicht stellt dieser Personenkreis dem Unternehmen jedoch u. a. den Produktionsfaktor Arbeit zum Zwecke der betrieblichen Leistungserstellung zur Verfügung. Dessen Verbrauch stellt **Kosten** dar. Es handelt sich dabei um so genannte **„Verzichtskosten"** (Opportunitätskosten). Diese entstehen dadurch, dass ein Einzelunternehmer oder ein Gesellschafter im eigenen Unternehmen seine Arbeitskraft einsetzt und dafür auf das Entgelt verzichtet, das er bei Tätigkeit für ein anderes Unternehmen hätte verdienen können. Deshalb muss bei Einzelunternehmen und Personengesellschaften ein entsprechender **kalkulatorischer Unternehmerlohn** in der Kostenrechnung berücksichtigt werden[1]. Der kalkulatorische Unternehmerlohn stellt in vollem Umfang **Zusatzkosten** dar, weil in der Gewinn- und Verlustrechnung für diesen Posten überhaupt kein Aufwand ausgewiesen wird (*siehe Abb. S. 18*). Die Höhe des anzusetzenden kalkulatorischen Unternehmerlohns richtet sich nach dem Gehalt eines leitenden Angestellten, das z. B. ein Unternehmen gleicher Größe und Branche für die Geschäftsführung zu entrichten hätte. Vergleichsgrundlage sind z. B. der Umsatz, die Zahl der Mitarbeiter, die Bilanzsumme.

4.1.3 Kalkulatorische Abschreibungen

Bilanzielle Abschreibungen

Der in der Gewinn- und Verlustrechnung eines Unternehmens ausgewiesene Abschreibungsbetrag **(= bilanzielle oder buchhalterische Abschreibung)** enthält den Aufwand für den im laufenden Geschäftsjahr eingetretenen Werteverlust für Vermögensgegenstände (z. B. Maschinen). Der Abschreibungsbetrag wurde dabei durch Schätzung der **voraussichtlichen betriebsgewöhnlichen Nutzungsdauer** bzw. auf der Grundlage der von der Finanzverwaltung herausgegebenen **AfA-Tabellen** (Abschreibungstabellen) ermittelt. Gesetzliche Grundlagen der bilanziellen Abschreibungen sind das **Handelsgesetzbuch** (HGB) und das **Einkommensteuergesetz** (EStG). Diese Gesetze schreiben vor, dass die **Anschaffungskosten** als Abschreibungsgrundwert nicht überschritten werden dürfen.

HGB § 253 (1)	***EStG § 6 (1), Satz 1***
Vermögensgegenstände sind höchstens zu den Anschaffungs- oder Herstellungskosten vermindert um Abschreibungen ... anzusetzen.	Wirtschaftsgüter des Anlagevermögens, die der Abnutzung unterliegen, sind mit den Anschaffungs- oder Herstellungskosten, vermindert um die Absetzung für Abnutzung ... anzusetzen.

Die Summe der bilanziellen (buchhalterischen) Abschreibungsbeträge am Ende der Nutzungsdauer entspricht den ursprünglich für das Anlagegut angefallenen Anschaf-

1 Bei anderen Unternehmensformen erhalten die Leiter (z. B. Geschäftsführer einer GmbH, Vorstandsmitglieder einer AG) dagegen Gehaltszahlungen, so dass sich in diesen Fällen die Berücksichtigung eines kalkulatorischen Unternehmerlohns erübrigt.

fungskosten. Diese bilanziellen Abschreibungen können von der tatsächlichen Wertminderung der Anlagegüter im Produktionsprozess erheblich abweichen.

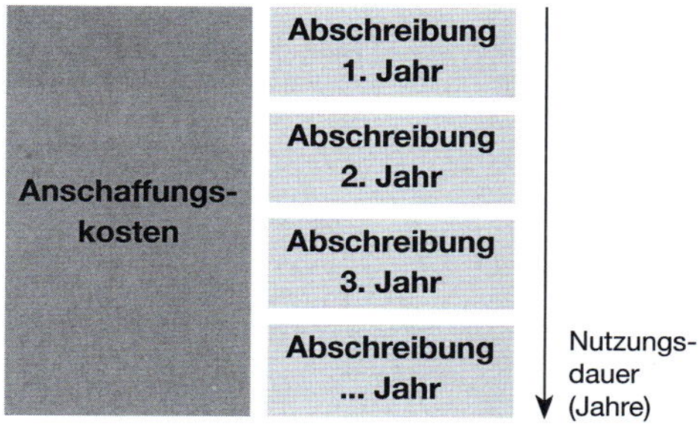

Kalkulatorische Abschreibungen

Finanzbuchhaltung und Kosten- und Leistungsrechnung haben unterschiedliche Zielsetzungen. Der Betrag, der in der Finanzbuchhaltung als Abschreibungsaufwand ermittelt wurde, kann nicht in gleicher Höhe in die Kosten- und Leistungsrechnung übernommen werden, da er nicht die **tatsächliche Wertminderung** der Anlagegüter widerspiegelt.

In der Kostenrechnung werden die Wertminderungen als Abschreibungen berücksichtigt, die in ursächlichem Zusammenhang mit der betrieblichen Leistungserstellung stehen (= kalkulatorische Abschreibungen).

Bilanzielle und kalkulatorische Abschreibung einer Poliermaschine

Eine mobile Poliermaschine (Anschaffungskosten 210 000 EUR) wird aufgrund gesetzlicher Vorschriften in der Finanzbuchhaltung über 6 Jahre mit jährlich gleich bleibenden Beträgen abgeschrieben. Nach einer vorliegenden Schätzung ist damit zu rechnen, dass sich die Wiederbeschaffungskosten der Maschine am Ende der Nutzungsdauer auf 280 000 EUR belaufen und die **tatsächliche** Nutzungsdauer 7 Jahre beträgt.

HGB § 253 (1) EStG § 6 (1) S. 1

Bilanzielle Abschreibung

$$\frac{210\,000 \text{ EUR}}{6 \text{ Jahre}} = 35\,000 \text{ EUR/Jahr}$$

Kalkulatorische Abschreibung

$$\frac{280\,000 \text{ EUR}}{7 \text{ Jahre}} = 40\,000 \text{ EUR/Jahr}$$

Die Selbstkosten sind die Grundlage für den Angebotspreis:

Selbstkosten + Gewinnzuschlag = kalkulierter Angebotspreis.

Werden in die Selbstkosten lediglich die auf den Anschaffungskosten beruhenden Abschreibungen einbezogen, würden beim Verkauf der Erzeugnisse zum kalkulierten Angebotspreis nur höchstens 210 000 EUR über die Umsatzerlöse in das Unternehmen zurückfließen. Damit würden dem Unternehmen bei der Ersatzbeschaffung nur die **ursprünglichen Anschaffungskosten in Höhe von 210 000 EUR (= Anschaffungskosten)**, nicht jedoch das tatsächlich **benötigte Kapital** in Höhe von 280 000 EUR **(= Wiederbeschaffungskosten)** zur Verfügung stehen.

Wird – wie bei den kalkulatorischen Abschreibungen – in der Aufwandsrechnung ein anderer Betrag angesetzt als in der Kostenrechnung, so handelt es sich bei dieser Kostenart um Anderskosten.

Problem: Wiederbeschaffungskosten und Ersatzbeschaffung

Die in der Kostenrechnung anzusetzende **kalkulatorische Abschreibung** ist in ihrer Höhe so zu bemessen, dass sichergestellt ist, dass **auch bei steigenden Wiederbeschaffungskosten** die Ersatzbeschaffung aus der Summe aller zurückgeflossenen Abschreibungsbeträge gesichert ist **(Substanzerhaltung, reale Kapitalerhaltung)**. Sinnvolle Bemessungsgrundlage für die Kostenrechnung sind somit die **Wiederbeschaffungskosten**, die gleichmäßig – **also linear** – auf die **tatsächliche** Nutzungsdauer zu verteilen sind. Dabei kann die tatsächliche Nutzungsdauer von der gewöhnlichen Nutzungsdauer, wie sie in der für steuerliche Zwecke anzuwendenden Abschreibungstabelle (AfA-Tabelle) angegeben ist, abweichen.

Unter der Voraussetzung, dass neben allen anderen Kosten auch die **kalkulatorischen Abschreibungen** in die Ermittlung der Selbstkosten und des kalkulierten Verkaufspreises einbezogen wurden und der Marktpreis die gesamten Selbstkosten deckt, fließen über die Verkaufserlöse entsprechende Beträge für die kalkulatorische Abschreibung in das Unternehmen zurück. Am Ende der Nutzungsdauer reichen diese Beträge für eine Ersatzbeschaffung aus.

Aufg. 4.1.2, 4.1.3 S. 41

Vergleich bilanzielle und kalkulatorische Abschreibung

	Bilanzielle Abschreibung (= Abschreibung in der Buchhaltung)	**Kalkulatorische Abschreibung** (= Abschreibung in der Kostenrechnung)
Abschreibungszeitraum	abhängig von der **„betriebsgewöhnlichen“** Nutzungsdauer lt. AfA-Tabelle	abhängig von der **tatsächlichen** (voraussichtlichen) Nutzungsdauer
Berechnungsgrundlage	Anschaffungs- bzw. Herstellungskosten	Voraussichtliche Wiederbeschaffungskosten
Zweck	nominale Kapitalerhaltung	reale Kapitalerhaltung (Substanzerhaltung)
Abschreibungsmethode	Alle nach den entsprechenden Bilanzierungsvorschriften zulässigen Methoden sind möglich (z. B. linear, degressiv, Abschreibung nach Leistung).	im Normalfall lineare Abschreibung (konstante Abschreibungsbeträge)
Gesetzliche o. ä. Vorschriften	Beachtung der Bilanzierungsvorschriften nach HGB, IAS, EStG.	Keine Vorschriften

Zusammenfassende Übersicht zu Kap. 4.1: Kalkulatorische Kosten

Zweck der Ermittlung kalkulatorischer Kosten

↓

Erfassung des mit der betrieblichen Leistungserstellung verbundenen **tatsächlichen Werteverbrauchs.** Die Aufwendungen lt. Gewinn- und Verlustrechnung geben diesen Werteverbrauch entweder gar nicht oder nur unvollständig wieder.

Kalkulatorische Kosten

↓ ↓

Zusatzkosten (kein Aufwand in der GuV)	**Anderskosten (= unechte Zusatzkosten)** (Aufwand in der GuV ≠ Kosten in KLR)

Ausgewählte Arten kalkulatorischer Kosten

↓ ↓

Kalkulatorischer Unternehmerlohn (= Zusatzkosten)	**Kalkulatorische Abschreibung (= Anderskosten)**
Zielsetzung: Erfassung des Wertes der Arbeitsleistung eines Einzelunternehmers oder von Gesellschaftern bei Personengesellschaften.	**Zielsetzung:** Erfassung der tatsächlichen Wertminderung, die in ursächlichem Zusammenhang mit der Produktionstätigkeit eines Betriebes steht.
Berechnung: Gehalt eines vergleichbaren leitenden Angestellten.	**Berechnung:** Lineare Abschreibung von den Wiederbeschaffungskosten, Berücksichtigung der tatsächlichen Nutzungsdauer.

Wiederholung des Grundwissens

zu Kapitel 4.1 Kalkulatorische Kosten

4.1.1 Berücksichtigung kalkulatorischer Kosten

1. Wodurch unterscheiden sich Gewinn- und Verlustrechnung und Betriebsergebnisrechnung?
2. Nennen Sie zwei Arten kalkulatorischer Kosten.

4.1.2 Kalkulatorischer Unternehmerlohn

1. Weshalb wird in der Kostenrechnung eines Einzelunternehmens oder einer Personengesellschaft kalkulatorischer Unternehmerlohn verrechnet?
2. Warum wird in der Kostenrechnung einer GmbH kein kalkulatorischer Unternehmerlohn für den Geschäftsführer angesetzt?

4.1.3 Kalkulatorische Abschreibung

1. Welche Zielsetzung wird mit der Berücksichtigung kalkulatorischer Abschreibung verfolgt?
2. Erklären Sie den Unterschied von nominaler und realer Kapitalerhaltung.
3. Warum wird die kalkulatorische Abschreibung von den Wiederbeschaffungskosten berechnet?

Aufgaben und Probleme

zu Kapitel 4.1 Kalkulatorische Kosten

LA

4.1.1 Zweck und Notwendigkeit kalkulatorischer Kosten

Anton Brucker ist Inhaber eines Sportgeschäfts und bietet seinen Kunden u.a. auch die Beflockung von T-Shirts an. Obwohl sich zwischenzeitlich am selben Ort die „Shirt-Short GmbH" niedergelassen hat, fürchtet er beim Verkauf beflockter T-Shirts keinen Umsatzrückgang. Er ist der Meinung, die beflockten T-Shirts aus nachstehenden Gründen kostengünstiger als die Shirt-Short GmbH anbieten zu können:

- Da er das Sportgeschäft ausschließlich zusammen mit seiner Frau und seinem Sohn betreibt, entstehen keine Aufwendungen für Fremdpersonal.
- Da die Betriebseinrichtung vollständig mit Eigenkapital finanziert ist, fallen keine Fremdkapitalzinsen an.
- Da sich das Sportgeschäft im Wohnhaus von Herrn Brucker befindet, fällt keine Miete an.

1. Nehmen Sie Stellung zu der Meinung von Herrn Brucker, dass sein Betrieb kostengünstiger produzieren kann als die Shirt-Short GmbH.
2. Welche Auswirkungen hat die Berücksichtigung eines kalkulatorischen Unternehmerlohnes auf das Betriebsergebnis und auf das Gesamtergebnis?

4.1.2 Kalkulatorische Abschreibung von den Wiederbeschaffungskosten

Ein Industriebetrieb beschafft im Januar des laufenden Jahres eine vollautomatische Drehbank, deren Anschaffungskosten 780000 EUR betragen (Nutzungsdauer lt. amtlicher Abschreibungstabelle 6 Jahre). Es wird erwartet, dass die Wiederbeschaffungskosten am Ende der tatsächlichen Nutzungsdauer von 7 Jahren auf 945000 EUR ansteigen werden.

1. Berechnen Sie die bilanzmäßigen und die kalkulatorischen Abschreibungen für das erste Nutzungsjahr, wenn jeweils linear abgeschrieben wird.
2. Wie hoch sind im vorliegenden Fall die Grundkosten, der Zweckaufwand sowie die Zusatzkosten?
3. Unter welcher Voraussetzung ist bei der kalkulatorischen Abschreibung auf die Wiederbeschaffungskosten die reale Kapitalerhaltung gesichert?

4.1.3 Bilanzielle und kalkulatorische Abschreibung

PDF

In der Bilanz zum 31.12.17 eines Reiseunternehmens ist das Anlagevermögen insgesamt in Höhe von 1,8 Mio. EUR ausgewiesen. Darunter befindet sich ein Omnibus, der im Januar 2015 angeschafft wurde (für die bilanziellen Abschreibungen zu Grunde gelegte Nutzungsdauer 6 Jahre). Der Omnibus wurde bilanziell linear abgeschrieben. Zum 31.12.17 betrug der Buchwert 192000 EUR.

1. Berechnen Sie die Anschaffungskosten des Omnibusses.
2. Welche kalkulatorische Abschreibung (lineare Abschreibung) ist für die Jahre 2015 bis 2017 jeweils anzusetzen, wenn davon auszugehen ist, dass die Wiederbeschaffungskosten jährlich um 5 % steigen und die kalkulatorische Nutzungsdauer des Omnibusses 9 Jahre beträgt?
3. Wie hoch sind in den einzelnen Nutzungsjahren jeweils Grundkosten, Zusatzkosten, Zweckaufwand und neutraler Aufwand?
4. Welche Änderungen würden sich im Vergleich zur linearen Abschreibung bei 3. ergeben, wenn die bei 1. ermittelten Anschaffungskosten geometrisch degressiv mit 25 % abgeschrieben würden?

4.2 Abgrenzungsrechnung

Die Kosten- und Leistungsrechnung (KLR) greift bei der Datenbeschaffung auf die in der Finanzbuchhaltung erfassten Werte zurück. Hierdurch werden Mehrfacharbeiten in der Datenerfassung vermieden.

Das Ziel der **Finanzbuchhaltung** besteht u. a. darin, durch Gegenüberstellung von **Aufwendungen** und **Erträgen** das **Gesamtergebnis** (Unternehmensergebnis) zu ermitteln. Die **KLR** weist hingegen durch Gegenüberstellung von **Kosten** und **Leistungen** das **Betriebsergebnis** aus. Dazu müssen die aus der Finanzbuchhaltung übernommenen Daten in folgender Weise überprüft und ggf. korrigiert werden:

- Handelt es sich bei den aus der Finanzbuchhaltung übernommenen **Aufwendungen** teilweise oder in vollem Umfang gleichzeitig auch um **Kosten**?
- Handelt es sich bei den aus der Finanzbuchhaltung übernommenen **Erträgen** teilweise oder in vollem Umfang gleichzeitig auch um **Leistungen**?

Diese Abgrenzung zwischen Aufwendungen und Kosten einerseits und Erträgen und Leistungen andererseits geschieht im Rahmen der **Abgrenzungsrechnung**.

> **Ziel der Abgrenzungsrechnung ist es, auf der Basis der aus der Finanzbuchhaltung übernommenen Aufwendungen und Erträge die Höhe der Kosten und Leistungen zu ermitteln.**

Verhältnis zwischen Aufwendungen und Kosten: Vier Möglichkeiten

Bei der Abgrenzung zwischen **Aufwendungen** und **Kosten** lassen sich vier **Grundfälle** unterscheiden:

Mögliches Verhältnis zwischen Höhe der Aufwendungen und Höhe der Kosten			
Aufwand = Kosten ↓	Aufwendungen, aber keine Kosten ↓	Kosten, aber keine Aufwendungen ↓	Kosten ≷ Aufwendungen ↓
Zweckaufwand = Grundkosten 1.	neutraler Aufwand 2.	Zusatzkosten 3.	Anderskosten/ Andersaufwand 4.

Die Abgrenzungsrechnung kann in **Tabellenform (Ergebnistabelle)** durchgeführt werden. Sie erfolgt üblicherweise in **zwei voneinander getrennten Rechnungskreisen**. Zunächst wird in einem **Rechnungskreis I** (Finanzbuchhaltung) das **Gesamtergebnis (Gewinn/Verlust)** durch Gegenüberstellung von **Aufwendungen** und **Erträgen** festgestellt. In einem **Rechnungskreis II** wird auf der Grundlage des Gesamtergebnisses durch entsprechende Korrekturen festgestellt, welches Ergebnis allein auf **die eigentliche Tätig-**

keit des Betriebes zurückzuführen ist **(Betriebsergebnis)**[1]. Davon zu trennen ist das Ergebnis, welches auf betriebsfremden, periodenfremden oder außergewöhnlichen Einflüssen beruht **(Neutrales Ergebnis)**. Betriebsergebnis und Neutrales Ergebnis ergeben das **Gesamtergebnis**.

Fall	Grundfälle		Beispiele
1.	Aufwandsgleiche Kosten oder kostengleicher Aufwand	Grundkosten = Zweckaufwand Zweckaufwand 3220 Tsd. EUR Grundkosten 3220 Tsd. EUR	Verbrauch von Rohstoffen 3220 Tsd. EUR Kosten für Rohstoffe 3220 Tsd. EUR Aufwendungen für Rohstoffe 3220 Tsd. EUR
2.	Aufwendungen, jedoch keine Kosten	Neutrale Aufwendungen Neutraler Aufwand 80 Tsd. EUR | Zweckaufwand 0 EUR Grundkosten 0 EUR	Zerstörung des Fertigwarenlagers durch einen Brand 80 Tsd. EUR Kosten 0 Tsd. EUR Aufwand (Verluste aus Schadensfällen) 80 Tsd. EUR
3.	Kosten, jedoch keine Aufwendungen	Zusatzkosten Zweckaufwand 0 EUR Grundkosten 0 EUR | Zusatzkosten 120000 EUR	Kalkulatorischer Unternehmerlohn eines Einzelunternehmers 120 Tsd. EUR Kosten 120 Tsd. EUR Aufwand 0 Tsd. EUR
4.	Kosten ungleich Aufwand (Anderskosten bzw. Andersaufwand)	a) Kosten > Aufwand Bilanzielle Abschreibungen (= Andersaufwand) 160000 EUR Zweckaufwand 160000 EUR Grundkosten 160000 EUR | Zusatzkosten 120000 EUR Kalkulatorische Abschreibung (= Anderskosten) 280000 EUR b) Kosten < Aufwand Bilanzielle Abschreibung (= Andersaufwand) 580000 EUR Neutraler Aufwand 100000 EUR | Zweckaufwand 480000 EUR Grundkosten 480000 EUR Kalkulatorische Abschreibung (= Anderskosten) 480000 EUR	a) Kalkulatorische Abschreibung (= Kosten) 280 Tsd. EUR Bilanzielle Abschreibung (= Aufwand) 160 Tsd. EUR b) Kalkulatorische Abschreibung (= Kosten) 480 Tsd. EUR Bilanzielle Abschreibung (= Aufwand) 580 Tsd. EUR

Aufg. 4.2.1 S. 47

1 Das Betriebsergebnis wird häufig auch als operatives Ergebnis bezeichnet.

Abgrenzungsrechnung für die vier Grundfälle

Die Abgrenzungsrechnung für die vier Fälle aus oben stehender Tabelle (*S. 43*) führt zu folgendem Ergebnis:

Fall	Rechnungskreis I	Rechnungskreis II					
	Ergebnisbereich (GuV)	Abgrenzungsbereich				KLR-Bereich	
	Finanzbuchhaltung Kontenklasse 5 bis 7	Unternehmensbezogene Abgrenzungen		Kostenrechnerische Korrekturen		Kosten und Leistungen	
		Neutrale		Verrechnete			
		Aufwendungen	Erträge	Aufwendungen	Kosten	Kosten	Leistungen
1.	Kto. 600 Aufwendungen für Rohstoffe 3220 Tsd. EUR					3220 Tsd. EUR	
2.	Kto. 693 Verluste aus Schadensfällen 80 Tsd. EUR	80 Tsd. EUR					
3.	Kalkulatorischer Unternehmerlohn (GuV nicht betroffen)				120 Tsd. EUR ⟷	120 Tsd. EUR	
4. a)	Kto. 650 Abschreibungen auf Sachanlagen 160 Tsd. EUR			160 Tsd. EUR	280 Tsd. EUR ⟷	280 Tsd. EUR	
b)	Kto. 650 Abschreibung auf Sachanlagen 580 Tsd. EUR			580 Tsd. EUR	480 Tsd. EUR ⟷	480 Tsd. EUR	
	Gesamtergebnis (Unternehmensergebnis)	Ergebnis aus unternehmensbezogenen Abgrenzungen		Ergebnis aus kostenrechnerischen Korrekturen		**Betriebsergebnis**	
		Abgrenzungsergebnis (Neutrales Ergebnis)					

Erläuterungen zu den vier Grundfällen:

Fall	Erläuterung
1.	Der Verbrauch von Rohstoffen stellt sowohl **Kosten** als auch **Aufwand** dar. Im Kosten- und Leistungsbereich und in der Gewinn- und Verlustrechnung (Ergebnisbereich) wird jeweils ein Betrag in gleicher Höhe berücksichtigt.
2.	Die durch einen Brand eingetretene Wertminderung im Fertigwarenlager steht in keinem Zusammenhang zur betrieblichen Leistungserstellung. Deshalb findet der Vorgang im **Kosten- und Leistungsbereich keine Berücksichtigung**. Da es sich aber um eine Wertminderung handelt, liegt ein Aufwand vor, der sich im Ergebnisbereich niederschlägt.
3.	Der Verbrauch des Produktionsfaktors Arbeit steht in unmittelbarem Zusammenhang zur betrieblichen Leistungserstellung. Daher handelt es sich um Kosten (Kosten- und Leistungsbereich). Aufwand liegt nicht vor, da Einzelunternehmer und Gesellschafter von Personengesellschaften kein Gehalt beziehen. Kalkulatorischer Unternehmerlohn stellt demnach in vollem Umfange **Zusatzkosten** („zusätzliche" Berücksichtigung im Kosten- und Leistungsbereich) dar. Im Abgrenzungsbereich (Spalte Kostenrechnerische Korrekturen) muss eine „Ausgleichsbuchung" in gleicher Höhe erfolgen, um die Ergebnisse der Rechnungskreise I und II aneinander anzupassen.

Fall	Erläuterung
4. a)	Die kalkulatorische Abschreibung in Höhe von 280 Tsd. EUR stellt in vollem Umfange Kosten dar (Berücksichtigung im KLR-Bereich). In der Gewinn- und Verlustrechnung darf im vorliegenden Fall aber aufgrund gesetzlicher Bewertungsvorschriften lediglich ein Betrag von 160 Tsd. EUR angesetzt werden. Demnach enthält der Kosten- und Leistungsbereich den an der tatsächlichen Wertminderung orientierten höheren Betrag von 280 Tsd. EUR. Um die Ergebnisse aus Rechnungskreis I und Rechnungskreis II aneinander anzupassen, müssen in der Spalte Kostenrechnerische Korrekturen entsprechende „Ausgleichsbuchungen“ (Saldo des Korrekturbetrages: 120 Tsd. EUR) vorgenommen werden.
b)	Die bilanzielle Abschreibung übersteigt im vorliegenden Fall die kalkulatorische Abschreibung um 100 Tsd. EUR (Aufwand ist größer als Kosten). Demnach muss die Spalte Kostenrechnerische Korrekturen in gleicher Weise wie bei 4. a) einen entsprechenden Korrekturbetrag (Saldo des Korrekturbetrages: 100 Tsd. EUR) enthalten.

Bei der Abgrenzung zwischen **Erträgen und Leistungen** lassen sich in entsprechender Weise die gleichen Grundfälle unterscheiden (z. B. sind Umsatzerlöse *ertragsgleiche Leistungen oder leistungsgleicher Ertrag*).

Abgrenzungsrechnung – Abgrenzungstabelle

Abgrenzungsrechnung

Die Kurt Liebknecht OHG, Stuttgart, stellte im abgelaufenen Geschäftsjahr verschiedene Elektrozubehörteile für die Konsumgüterindustrie her. Die Finanzbuchhaltung schließt das Geschäftsjahr mit folgenden Aufwendungen und Erträgen ab:

Aufwendungen (EUR)		Erträge (EUR)	
Aufwendungen für Rohstoffe	3 220 000	Umsatzerlöse für Fertigerzeugnisse	8 400 000
Aufwendungen für Hilfsstoffe	240 000	Bestandserhöhung	80 000
Aufwendungen für Betriebsstoffe	100 000	Zinsen und ähnliche Erträge	60 000
Fertigungslöhne	1 680 000		
Gehälter für Angestellte	740 000		
soziale Abgaben	420 000		
Abschreibungen auf Sachanlagen	580 000		
Verluste aus dem Abgang von Anlagevermögen (AV)	80 000		
Zinsaufwendungen	160 000		
Steuern (Kostensteuern)	120 000		
Fremdinstandhaltung	290 000		
sonstige Aufwendungen (kostenwirksam)	70 000		
Summen	**7 700 000**		**8 540 000**

Aus der **Kosten- und Leistungsrechnung** liegen folgende Angaben vor:

Kalkulatorische Abschreibungen	500 Tsd. EUR	Kalkulatorischer Unternehmerlohn für die mitarbeitenden Gesellschafter	510 Tsd. EUR

Aus diesen Angaben lassen sich das Gesamtergebnis, das Neutrale Ergebnis (Abgrenzungsergebnis) und das Betriebsergebnis tabellarisch wie folgt darstellen (in 1 000 EUR):

Abgrenzungstabelle (in 1 000 EUR)

Finanzbuchhaltung			Abgrenzungsbereich				KLR-Bereich	
			unternehmensbezogene Abgrenzungen		kostenrechnerische Korrekturen			
			neutrale		verrechnete			
Konten	Aufwendungen −	Erträge +	Aufwendungen −	Erträge +	Aufwendungen −	Kosten +	Kosten −	Leistungen +
Umsatzerlöse		8 400						8 400
Bestandserhöhung		80						80
Zinserträge		60		60				
Aufwendungen für Rohstoffe	3 220						3 220	
Aufwendungen für Hilfsstoffe	240						240	
Aufwendungen für Betriebsstoffe	100						100	
Fertigungslöhne	1 680						1 680	
Gehälter für Angestellte	740						740	
soziale Abgaben	420						420	
Abschreibungen	580				580	500	500	
Verluste aus dem Abgang AV	80		80					
Zinsaufwand[1]	160						160	
Betriebliche Steuern (Kostensteuern)	120						120	
Fremdinstandhaltung	290						290	
sonstige Aufwendungen	70						70	
kalkulatorischer Unternehmerlohn						510	510	
	7 700	**8 540**	**80**	**60**	**580**	**1 010**	**8 050**	**8 480**
Gewinn/Verlust	**840**							
Neutrales Ergebnis				**20**	**430**			
Betriebsergebnis							**430**	
	8 540	**8 540**	**80**	**80**	**1 010**	**1 010**	**8 480**	**8 480**

Gesamtergebnis	=	Neutrales Ergebnis	+	Betriebsergebnis
840	**=**	**410**	**+**	**430**

Erläuterungen zur tabellarischen Abgrenzungsrechnung in drei Schritten:

1. Schritt: Direkte Verrechnung zwischen Ergebnisrechnung und Kosten- und Leistungsrechnung: Aus der Gewinn- und Verlustrechnung werden zunächst alle **Zweckaufwendungen** (z. B. Rohstoffverbrauch) **und Zweckerträge** (z. B. Umsatzerlöse) in die Betriebsergebnisspalte als **Grundkosten** und **Grundleistungen** übertragen.

2. Schritt: Unternehmensbezogene Abgrenzungen: Die **neutralen Aufwendungen und Erträge** (z. B. Zinserträge, Verluste aus Anlageverkäufen unter Buchwert) werden in die Spalte **unternehmensbezogene Abgrenzungen** aus der Gewinn- und Verlustrechnung übernommen.

Aufg. 4.2.2, 4.2.3 S. 48 f.

3. Schritt: Kostenrechnerische Korrekturen: Die **Zusatzkosten** und **Zusatzleistungen werden** in den KLR-Bereich und den Abgrenzungsbereich (Kostenrechnerische Korrekturen) übernommen. Liegen **Aufwendungen vor, deren Höhe von der Höhe der erfassten Kosten abweicht (Anderskosten), werden diese als verrechnete Aufwendungen** erfasst. (Im Beispiel errechnet sich bei den Abschreibungen ein „Mehraufwand" von 80 000 EUR als Differenz zwischen 580 000 EUR verrechneten Aufwendungen und 500 000 EUR verrechneten Kosten.)

1 Im vorliegenden Beispiel wird angenommen, dass der Zinsaufwand gleichzeitig in vollem Umfang auch Kosten darstellt.

Gesamtergebnis	=	Betriebsergebnis +/– Neutrales Ergebnis		
Neutrales Ergebnis (Abgrenzungsergebnis)	=	unternehmensbezogene Abgrenzung	+	kostenrechnerische Korrekturen
Betriebsergebnis	=	Leistungen – Kosten		

Zusammenfassende Übersicht zu Kap. 4.2: Abgrenzungsrechnung

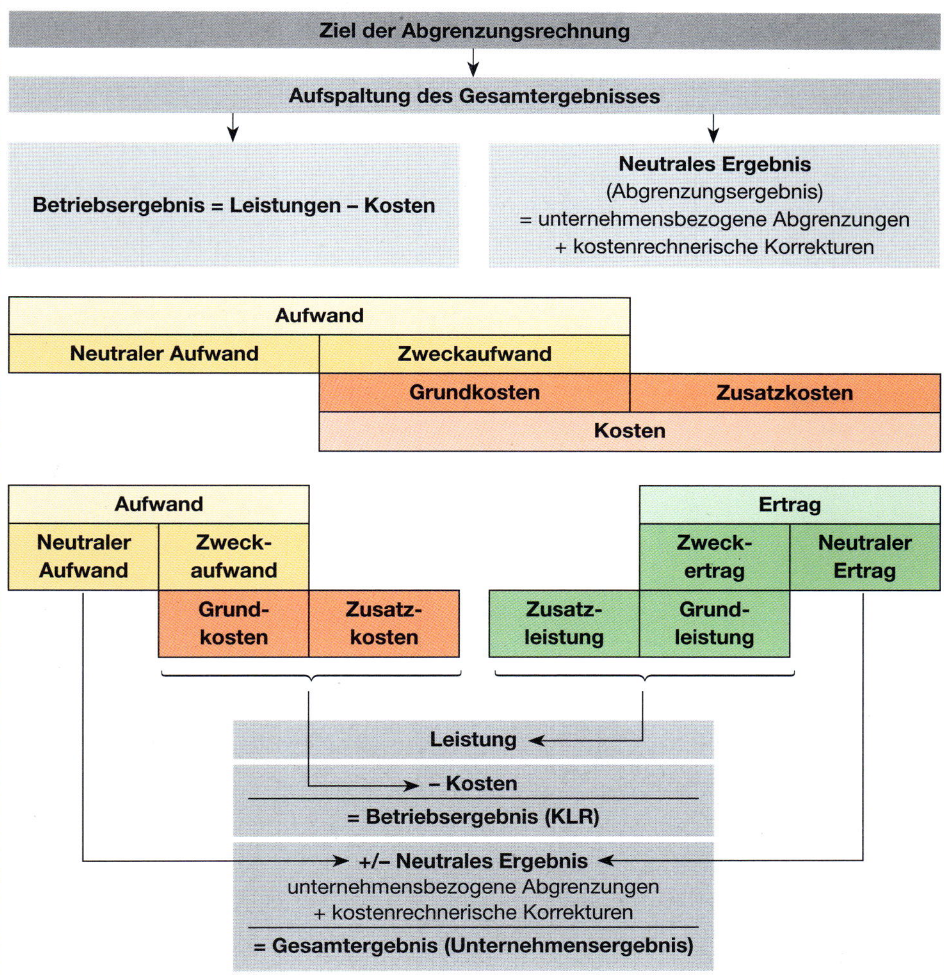

Wiederholung des Grundwissens

zu Kapitel 4.2 Abgrenzungsrechnung

1. Aus welchen Teilergebnissen setzt sich das Gesamtergebnis eines Unternehmens zusammen?
2. Erklären Sie den Unterschied von Betriebsergebnis und Neutralem Ergebnis.
3. Welchem Ziel dient die Abgrenzungsrechnung?
4. Aus welchen Spalten besteht eine Abgrenzungstabelle?
5. Was sind unternehmensbezogene Abgrenzungen?
6. Was sind kostenrechnerische Korrekturen?

Aufgaben und Probleme

zu Kapitel 4.2 Abgrenzungsrechnung

PDF

4.2.1 Kalkulatorische Kosten – Abgrenzungsrechnung

In einem Textilunternehmen sind zum Ende des laufenden Geschäftsjahres noch folgende Abgrenzungen vorzunehmen:

(1) Bilanzielle Abschreibungen:	739 000 EUR
Kalkulatorische Abschreibungen:	675 000 EUR
(2) Diebstahl aus dem Warenlager:	33 820 EUR
(3) Kalkulatorischer Unternehmerlohn:	98 700 EUR

1. Ordnen Sie die oben aufgeführten Sachverhalte mit Beträgen den Begriffen Neutrale Aufwendungen, Zweckaufwand, Grundkosten, Zusatzkosten zu (*Tabelle siehe Arbeitsblatt*).
2. Unterscheiden Sie bilanzielle und kalkulatorische Abschreibungen im Hinblick auf
   - die Bezugsgröße (Bemessungsgrundlage) der jeweiligen Abschreibung
   - den Zweck der Abschreibung und das Abschreibungsverfahren
   - die Nutzungsdauer und
   - die Beachtung gesetzlicher Vorschriften.
3. Erläutern Sie, weshalb eine Trennung zwischen Aufwendungen und Erträgen einerseits bzw. Kosten und Leistungen andererseits für das Unternehmen von Bedeutung ist.

PDF

4.2.2 Auswertung einer Abgrenzungstabelle

Eine OHG erstellt monatlich eine Gewinn- und Verlustrechnung sowie eine Abgrenzungstabelle. Für den Monat Dezember des laufenden Jahres liegt folgendes Ergebnis vor: (Angaben in Tsd. EUR)

Ergebnisbereich der Finanzbuchhaltung			Abgrenzungsbereich				KLR-Bereich	
Konten	Aufwendungen	Erträge	unternehmensbezogene Abgrenzungen		kostenrechnerische Korrekturen		Kosten	Leistungen
			neutrale		verrechnete			
			Aufw.	Erträge	Aufw.	Kosten		
	–	+	–	+	–	+	–	+
Umsatzerlöse		9520						9520
Materialaufwand	5700						5700	
Löhne	2000						2000	
soziale Abgaben	380						380	
Abschreibung	400				400	350	350	
Verlust aus Abgang von Anlagevermögen	90		90					
Fremdinstandhaltung (regelmäßige Wartung)	390						390	
Büromaterialverbrauch	40						40	
Erträge aus der Auflösung von Rückstellungen		70		70				
Zinsaufwand	110						110	
Nachzahlung betrieblicher Steuern	20		20					
Mieterträge		300		300				
kalkulatorischer Unternehmerlohn						20	20	
Summen	**9130**	**9890**	**110**	**370**	**400**	**370**	**8990**	**9520**

1. Ermitteln Sie das Gesamtergebnis, das Betriebsergebnis und das neutrale Ergebnis.
2. Begründen Sie, weshalb für die Positionen Abschreibung und kalkulatorischer Unternehmerlohn kostenrechnerische Korrekturen erforderlich waren.
3. Welche Aussagen lassen sich aus dem Verhältnis der ermittelten Zahlen für das Betriebsergebnis und das neutrale Ergebnis im Hinblick auf die eigentliche betriebliche Tätigkeit machen?

4.2.3 Gesamtergebnis – Betriebsergebnis – Neutrales Ergebnis (Abgrenzungsergebnis)

Die Ergebnisrechnung der Textilfabrik Heinz Konzelmann e.K. weist (z.T. zusammengefasst) für das abgelaufene Quartal folgende Salden aus (in Tsd. EUR):

PDF

Kontenbezeichnung	Aufwendungen in Tsd EUR	Erträge in Tsd EUR
Umsatzerlöse		12696
Mieterträge		18
Aufwendungen für Rohstoffe	2940	
Aufwendungen für Hilfs- und Betriebsstoffe	780	
Fertigungslöhne	3720	
Gehälter und Hilfslöhne	1860	
Abschreibungen auf Sachanlagen	612	
Aufwendungen für Gewährleistung (*in vollem Umfang kostenwirksam*)	18	
Zinsaufwendungen (*in vollem Umfang kostenwirksam*)	12	
sonstige Aufwendungen (*in vollem Umfang kostenwirksam*)	774	

Folgende kalkulatorischen Kosten sind noch zu verrechnen:

Kalkulatorische Abschreibungen	498000 EUR	Kalkulatorischer Unternehmerlohn	36000 EUR

1. Erstellen Sie die Ergebnistabelle.
2. Ermitteln Sie das Gesamtergebnis, das Betriebsergebnis und das neutrale Ergebnis.

4.3 Kostenarten nach der Zurechnung auf die Kostenträger

4.3.1 Einzelkosten

Die von einem Betrieb hergestellten Erzeugnisse (Produkte) werden als Kostenträger bezeichnet.

Nach der **Zurechenbarkeit** der Kosten auf die Kostenträger sind **Einzelkosten und Gemeinkosten** zu unterscheiden.

Einzelkosten sind Kosten, die sich aufgrund von Belegen (Stücklohnberechnung, Stücklisten, Materialentnahmescheine, Fremdrechnungen) ohne allzu großen Arbeitsaufwand dem einzelnen Erzeugnis oder Auftrag direkt zurechnen lassen.

Zu den Einzelkosten gehören:
- Fertigungsmaterial (Rohstoffverbrauch, Verbrauch von Fertigteilen)
- Fertigungslöhne

Sondereinzelkosten lassen sich ebenso wie alle anderen Einzelkosten (z.B. Fertigungsmaterial, Fertigungslöhne) aufgrund von Belegen erfassen. Sie können aber nicht immer jedem einzelnen Kostenträger, sondern meist nur dem jeweiligen Gesamtauftrag oder der gesamten Produktgruppe zugerechnet werden.

- Sondereinzelkosten der Fertigung (Spezialmodelle, Spezialwerkzeuge, Stücklizenzgebühren usw.)
- Sondereinzelkosten des Vertriebs (Spezialverpackung, Luftfrachten, Transportversicherungen, Kosten für produktbezogene Werbekampagne usw.)

Einzelkosten eines Herstellers von Blechbehältern

Materialverbrauch: Für die Herstellung eines Blechbehälters lässt sich anhand der Stückliste genau berechnen, welche Teile in welcher Menge benötigt werden. Da sich der Materialverbrauch genau berechnen und bewerten lässt, handelt es sich um **Einzelkosten**.

Mengenstückliste			
Teile-Nr.: **101**	Bezeichnung: **Blechbehälter**		
Teile-Nr.:	**Bezeichnung**	**Menge**	**Mengeneinheit**
102	Schalen	2	St
103	Scharniere	2	St
104	Nieten	4	St

Fertigungslöhne: In der Fertigung erhalten die Arbeitnehmer pro Blechbehälter einen Betrag von 0,40 EUR. Da sich diese Lohnkosten den einzelnen Blechbehältern direkt zuordnen lassen, handelt es sich um **Einzelkosten**.

4.3.2 Gemeinkosten

Aufg. 4.3.1, 4.3.2 S. 52

Gemeinkosten sind Kosten, die sich nicht oder nur mit großem Arbeitsaufwand unmittelbar einem Kostenträger zurechnen lassen.

Gemeinkosten treten nur in Unternehmen auf, die mehrere verschiedenartige Produkte herstellen (**Mehrproduktunternehmen**).

Gemeinkosten einer Fabrik für Verpackungsmaterial

- Gehalt des Geschäftsführers
- kalkulatorische Abschreibungen für den Fuhrpark
- Gehalt des Leiters der Abteilung Beschaffung
- Maschinenöl (Betriebsstoff)
- Leim (Hilfsstoff)

} fallen für alle Verpackungsmaterialien an und können z. B. nicht einem einzelnen Karton direkt zugerechnet werden

4.3.3 Verhalten von Einzel- und Gemeinkosten bei Änderung der Beschäftigung

Über das Verhalten einzelner Kostenarten (Einzel- und Gemeinkosten) bei Änderungen des Beschäftigungsgrades lässt sich keine allgemeingültige Aussage formulieren. Zwar werden die meisten **Einzelkosten** den **variablen Kosten** zugerechnet. Bei den Einzelkosten des Vertriebs für eine produktbezogene Werbung (z. B. Werbeanzeigen für T-Shirts) ist dies aber beispielsweise nicht der Fall. In gleicher Weise ist die Zurechnung der **Gemeinkosten** zu den fixen oder variablen Kosten jeweils vom Einzelfall abhängig.

	Einzelkosten	Gemeinkosten
variable Kosten	Fertigungsmaterial (z. B. Stoffe bei der Produktion von T-Shirts); Sondereinzelkosten der Fertigung (z. B. Anfertigen eines Musters); Sondereinzelkosten des Vertriebs (z. B. Spezialverpackung)	Betriebsstoffe (z. B. Stromverbrauch als **laufzeitabhängige** Stromkosten der für die Herstellung von T-Shirts eingesetzten Nähmaschinen); Hilfsstoffe (z. B. Schmieröl)
fixe Kosten	*Erzeugnisbezogene fixe Kosten wie beispielsweise Sondereinzelkosten des Vertriebs (z. B. Kosten für die Werbung für T-Shirts = produktbezogene Werbung)*	Betriebsstoffe (z. B. Zählergebühr als **laufzeitunabhängige** Stromkosten der für die Herstellung von T-Shirts eingesetzten Nähmaschinen); Abschreibungen für die Maschinen

Alle Einzelkosten werden im Normalfall als variabel angesehen.
Gemeinkosten können sowohl fixe als auch variable Bestandteile enthalten.

Zusammenfassende Übersicht zu Kap. 4.3:
Kostenarten nach der Zurechnung auf die Kostenträger

Kostenarten nach Ihrer Zurechnung auf die Kostenträger

- **Einzelkosten** (= den Kostenträgern direkt zurechenbare Kosten)
  - **Materialeinzelkosten** → Rohstoffverbrauch
  - **Fertigungseinzelkosten** → Fertigungslöhne
  - **Sondereinzelkosten Fertigung** → Spezialwerkzeuge
  - **Sondereinzelkosten Vertrieb** → Spezialverpackung
- **Gemeinkosten** (= den Kostenträgern nur indirekt zurechenbare Kosten)

Verhalten von Einzel- und Gemeinkosten auf Änderungen der Beschäftigung

variabel		**fix**	
Einzelkosten	Rohstoffverbrauch, Fertigungslöhne	**Einzelkosten**	*einige Sondereinzelkosten des Vertriebs (z. B. Kosten für produktbezogene Werbung)*
Gemeinkosten	Stromverbrauch, Verbrauch von Schmieröl	**Gemeinkosten**	Abschreibungen auf Maschinen

Wiederholung des Grundwissens

zu Kapitel 4.3 Kostenarten nach der Zurechnung auf die Kostenträger

4.3.1 Einzelkosten

1. Erklären Sie den Begriff Einzelkosten.
2. Nennen Sie Beispiele für Kostenarten, die als Einzelkosten zu betrachten sind.
3. Nennen Sie Beispiele für Sondereinzelkosten der Fertigung und Sondereinzelkosten des Vertriebs.

4.3.2 Gemeinkosten

1. Was sind Gemeinkosten?
2. Nennen Sie Beispiele für Kostenarten, die als Gemeinkosten zu betrachten sind.

4.3.3 Verhalten von Einzel- und Gemeinkosten bei Änderung der Beschäftigung

1. Nennen Sie jeweils ein Beispiel für fixe und variable Einzelkosten und für fixe und variable Gemeinkosten.

Aufgaben und Probleme

zu Kapitel 4.3 Kostenarten nach der Zurechnung auf die Kostenträger

4.3.1 Kostenarten – Einzelkosten – Sondereinzelkosten – Gemeinkosten

In der Kostenrechnung eines Industriebetriebs werden u. a. folgende Kostenarten erfasst:

PDF

- Rohstoffverbrauch
- Hilfsstoffverbrauch
- Betriebsstoffverbrauch
- Fertigungslöhne
- Gehälter
- kalkulatorische Abschreibung
- vom Umsatz berechnete Provisionen für Handelsvertreter
- Kosten für produktbezogene Werbung
- Lizenzgebühren (Stücklizenzen)
- Verpackungskosten (Spezialbehälter)
- Instandhaltungskosten

Ordnen Sie diese Kostenarten in das nachfolgende Schema ein (auf einem gesonderten Blatt).

Kostenarten	Kosten nach der Zurechenbarkeit auf die Kostenträger		
	Einzelkosten	Sondereinzelkosten	Gemeinkosten
Rohstoffverbrauch	?	?	?
	...	...	...

4.3.2 Einzel- und Gemeinkosten

Als Ergebnis der Abgrenzungsrechnung wurden in der Metallwarenfabrik Klein e. K. für das zurückliegende Quartal folgende Werte ermittelt:

PDF

Fertigungslöhne	280 200 EUR
Arbeitgeberanteil zur Sozialversicherung (Löhne)	55 480 EUR
Gehälter	70 230 EUR
Arbeitgeberanteil zur Sozialversicherung (Gehälter)	21 280 EUR
Hilfslöhne (einem Kostenträger nicht direkt zurechenbar)	83 450 EUR
Arbeitgeberanteil zur Sozialversicherung (Hilfslöhne)	23 230 EUR
Büromaterialverbrauch	34 870 EUR
kalkulatorische Abschreibungen	57 600 EUR
kalkulatorischer Unternehmerlohn	60 000 EUR
Ausgangsfrachten	55 800 EUR
Rohstoffkosten	380 000 EUR
Hilfs- und Betriebsstoffkosten	40 980 EUR
vom Umsatz berechnete Provisionen für Handelsvertreter	27 500 EUR

Einer Branchenstatistik ist zu entnehmen, dass in dieser Branche der Anteil der Einzelkosten an den Gesamtkosten durchschnittlich 64 % beträgt.

1. Wie hoch ist der Anteil der Einzelkosten an den Gesamtkosten (in %) bei der Metallwarenfabrik Klein e. K.?
2. Vergleichen Sie die in 1. errechnete Lösung mit dem Branchenwert und beurteilen Sie das Ergebnis.

5 Kostenstellenrechnung: Ermittlung von Gemeinkostenzuschlagssätzen

Überblick und Zusammenhänge

5 Kostenstellen-rechnung

- ***5.1** Warum müssen Kostenstellen gebildet werden?*
- ***5.2** Wie werden Gemeinkosten auf die Kostenstellen verteilt (Betriebsabrechnungsbogen)?*
- ***5.3** Wie werden im Betriebsabrechnungsbogen die Gemeinkostenzuschlagssätze ermittelt?*

5.1 Bildung von Kostenstellen

Bei einem **Mehrproduktunternehmen** besteht ein Hauptproblem der Kostenrechnung darin, die **Gemeinkosten**, die für mehrere oder alle Produkte gemeinsam anfallen, dennoch den einzelnen **Kostenträgern** (Produkten) möglichst verursachungsgerecht zuzurechnen. Die Einrichtung von **Kostenstellen** bietet dazu Ansatzmöglichkeiten.

Eine Kostenstelle ist ein räumlich, organisatorisch und verantwortungsmäßig abgegrenzter Teilbereich eines Betriebes, an dem Kosten entstehen und erfasst werden (z. B. Lackiererei eines Metall verarbeitenden Betriebs).

Den einzelnen Kostenstellen werden die dort anfallenden **Gemeinkosten** (z. B. Gehalt des Leiters der Lackiererei, Abschreibungen für die Lackiermaschine) möglichst verursachungsgerecht zugewiesen. Dahinter steht die Absicht, solche Produkte, die bei ihrer Herstellung eine bestimmte Kostenstelle stärker in Anspruch nehmen als andere, auch mit einem entsprechend höheren Anteil der in dieser Kostenstelle anfallenden Gemeinkosten zu belasten. Ohne Kostenstellenrechnung müssten alle Gemeinkosten im gleichen Verhältnis auf die Erzeugnisse verrechnet werden, was aber i. d. R. der tatsächlichen Verursachung nicht entspricht. Außerdem werden durch die Aufgliederung des Betriebs in Kostenstellen überschaubare Verantwortungsbereiche geschaffen, die sich für eine laufende **Kostenkontrolle** eignen. Abweichungen von den geplanten Kosten sind dabei vom Leiter der Kostenstelle (z. B. Werkstattleiter, Abteilungsleiter) zu verantworten.

Aufgabe der Kostenstellenrechnung ist es, in Mehrproduktunternehmen, in denen die Produkte die einzelnen Kostenstellen unterschiedlich stark beanspruchen, eine möglichst verursachungsgerechte Zurechnung der Gemeinkosten auf die Kostenträger vorzubereiten. Außerdem soll eine Kontrolle der Gemeinkosten durch Schaffung von Verantwortungsbereichen ermöglicht werden.

Die Kostenerfassung in den einzelnen Kostenstellen ist umso aussagekräftiger, je überschaubarer die Kostenstellen sind. Insofern wäre die Ermittlung der Gemeinkosten für jeden einzelnen Arbeitsplatz als Kostenstelle die geeignetste Lösung (Platzkostenrechnung). Einer Kostenstellenbildung nach Arbeitsplätzen widersprechen jedoch Wirtschaftlichkeitsüberlegungen. Je mehr Kostenstellen gebildet werden, desto umfangreicher sind auch die damit verbundenen Verrechnungs- und Kontrollarbeiten. Wie stark der Betrieb tatsächlich in einzelne Kostenstellen gegliedert wird, hängt u. a. von der Betriebsgröße und dem Fertigungsprogramm ab.

Der Bildung von Kostenstellen können nachstehende Überlegungen zugrunde gelegt werden:

❶ **Raumorientierte Gesichtspunkte:** Die Bildung der Kostenstellen ist davon abhängig, **an welchen Orten** innerhalb eines Betriebes die Kosten entstanden sind (z. B. Werkstatt I, Werkstatt II, ... Eigenlager, Fremdlager, Werksvertretung Ost, Werksvertretung Süd etc.)

❷ **Rechnungsorientierte Gesichtspunkte:** Zusammenfassung mehrerer Maschinen zu einer Kostenstelle, deren Kostensituation ähnlich ist.

❸ **Funktionsorientierte Gesichtspunkte:** Gleichartige Tätigkeiten werden zu einer Kostenstelle zusammengefasst (z. B. Materialkostenstelle, Verwaltungskostenstelle etc.)

In der Praxis werden die Kostenstellen hauptsächlich nach **Funktionsbereichen** (funktionsorientierte Gesichtspunkte) gebildet, wobei aber auch zusätzlich noch weitere Gesichtspunkte (z. B. Raumorientierung) berücksichtigt werden können. Bei den nach den **vier Funktionsbereichen** Material, Fertigung, Verwaltung und Vertrieb gegliederten Kostenstellen handelt es sich um **Hauptkostenstellen** (Endkostenstellen).

Bildung von Kostenstellen nach Funktionsbereichen			
Material	**Fertigung**	**Verwaltung**	**Vertrieb**

Bei der weit verbreiteten Kostenstellenbildung nach Funktionsbereichen werden im Normalfall folgende vier Hauptkostenstellen unterschieden:
❶ Material ❷ Fertigung ❸ Verwaltung ❹ Vertrieb

Hauptkostenstellen (Endkostenstellen) geben ihre Leistungen und die dabei entstandenen Gemeinkosten in der Regel unmittelbar an die Erzeugnisse (Kostenträger) ab.

Aufgabenbereiche innerhalb der vier Hauptkostenstellen			
Kostenstelle Material	**Kostenstelle Fertigung**	**Kostenstelle Verwaltung**	**Kostenstelle Vertrieb**
▪ Einkauf von Roh-, Hilfs- und Betriebsstoffen ▪ Materialannahme, Materialprüfung ▪ Materiallagerung ▪ Materialausgabe, Materialverwaltung	▪ Arbeitsplanung, Arbeitsvorbereitung ▪ Erstellung von Stücklisten *(vgl. S. 50)* ▪ Maschineneinrichtung ▪ Produktion, Produktionssteuerung/ Produktionsüberwachung	▪ Personaleinstellung, ▪ Personalverwaltung ▪ Lohnabrechnung, Lohnbuchhaltung ▪ Betriebsabrechnung, Kalkulation ▪ Geschäftsleitung	▪ Auslieferung, Versand ▪ Kundenberatung, Kundenbetreuung ▪ Reklamationsbearbeitung ▪ Werbung
Materialgemeinkosten	**Fertigungsgemeinkosten**	**Verwaltungsgemeinkosten**	**Vertriebsgemeinkosten**
= in den vier Hauptkostenstellen anfallende Gemeinkosten			

Zusammenfassende Übersicht zu Kap. 5.1: Bildung von Kostenstellen

Aufgaben von Kostenstellen

Bereitstellung von Informationen für die Kostenträgerrechnung	Ziel: Verteilung der Gemeinkosten auf die Kostenstellen **Bildung von Kostenstellen**	Kontrolle der Gemeinkosten durch Schaffung von Verantwortungsbereichen

↓

Bildung von Kostenstellen nach Funktionsbereichen
Material, Fertigung, Verwaltung, Vertrieb

↓

Kostenstellen nach Funktionsbereichen sind Hauptkostenstellen (Endkostenstellen)
Sie geben Leistungen direkt an **Kostenträger** (Erzeugnisse) ab

Wiederholung des Grundwissens

zu Kapitel 5.1 Bildung von Kostenstellen

1. Welche Aufgaben hat die Kostenstellenrechnung?
2. Warum werden die Gemeinkosten auf die Kostenstellen verteilt?
3. Nennen Sie die vier Hauptkostenstellen.

5.2 Betriebsabrechnungsbogen (BAB)

Der Betriebsabrechnungsbogen ist ein organisatorisches Mittel, um die Gemeinkosten eines Unternehmens auf die Kostenstellen zu verteilen.

Mit Hilfe des Betriebsabrechnungsbogens (BAB) wird die Aufteilung der Gemeinkosten auf die Kostenstellen vorgenommen.

Schematischer Aufbau eines BAB				
Gemeinkostenarten (aus der Betriebsergebnis- und Kostenartenrechnung)	**Kostenstellen**			
	Material	**Fertigung**	**Verwaltung**	**Vertrieb**
… kalkulatorische Abschreibung Miete Gehälter …	↓	↓	↓	↓
Summen der Gemeinkosten	Summe Materialgemeinkosten (MGK)	Summe Fertigungsgemeinkosten (FGK)	Summe Verwaltungsgemeinkosten (VwGK)	Summe Vertriebsgemeinkosten (VtGK)

Werden als Kostenstellen nur die vier Hauptkostenstellen Material, Fertigung, Verwaltung und Vertrieb verwendet, handelt es sich um einen einfachen einstufigen BAB.

Ein **erweiterter BAB** liegt vor, wenn die Hauptkostenstellen weiter aufgegliedert werden (z. B. Aufgliederung der Hauptkostenstelle Fertigung in die Kostenstellen Werkstatt 1: Schweißerei, Werkstatt 2: Lackiererei usw.) Ein **mehrstufiger BAB** liegt vor, wenn neben den Hauptkostenstellen auch noch Hilfskostenstellen berücksichtigt werden.[1]

Vorgehensweise zur Erstellung eines BAB

1. Schritt

Kap. A 4.2

Aufbauend auf der Betriebsergebnisrechnung (Rechnungskreis II: Spalte Kosten- und Leistungsbereich) wird im Rahmen der Kostenartenrechnung eine Trennung in Einzel- und Gemeinkosten vorgenommen. Die entsprechenden **Gemeinkostenarten** werden in die erste Spalte des **BAB** übernommen.

2. Schritt

Die Summen dieser Gemeinkosten werden möglichst verursachungsgerecht auf die Kostenstellen verteilt. Für diese Verteilung sind zwei Verfahren möglich:

❶ Lässt sich genau belegen, welche Kostenstelle welchen Anteil an der jeweiligen Gemeinkostensumme hat, so ist eine **direkte** Verteilung der Gemeinkosten auf die Kostenstellen möglich. Die Kostenverteilung erfolgt dabei anhand von Belegen oder anderen Nachweisen wie Materialentnahmescheinen, Lohn- und Gehaltslisten, Anlagekarteien, Stromzählern oder Fahrtenbüchern. Da sich die Gemeinkosten in diesem Falle direkt einzelnen Kostenstellen zuordnen lassen, wird von **Stelleneinzelkosten** gesprochen.

Stelleneinzelkosten

- Stromkosten, falls der Stromverbrauch für eine bestimmte Kostenstelle aus Stromzwischenzählern abgelesen werden kann
- Abschreibungen für eine Maschine, die nur von einer bestimmten Fertigungsstelle benutzt wird
- Gehalt eines Lagerleiters (Kostenstelle Material) oder Werkstattleiters (Kostenstelle Fertigung)

❷ Lassen sich die Gemeinkosten **nicht** unmittelbar einer Kostenstelle zurechnen, so muss eine Verteilung über **Verteilungsschlüssel** vorgenommen werden. In diesem Fall handelt es sich bei den Gemeinkosten um **Kostenstellengemeinkosten (Schlüsselkosten)**.

Kostenstellengemeinkosten

- Miete oder Abschreibung für ein Betriebsgebäude wird nach m² auf die Kostenstellen Material (Lager), Fertigung (Werkstätten) usw. verteilt
- Heizkosten nach der Zahl der Heizkörper
- kalkulatorische Abschreibungen auf Maschinen und Einrichtungen nach dem Wert des in den einzelnen Kostenstellen investierten Kapitals

---

1 Der Lehrplan sieht nur die Behandlung eines einfachen einstufigen BAB vor.

Kostenstelleneinzelkosten werden direkt auf die Kostenstellen verteilt, Kostenstellengemeinkosten werden mit Hilfe von Verteilungsschlüsseln verrechnet.

Beispiele für Verteilungsschlüssel zur Verteilung der Gemeinkosten						
Gemeinkostenarten	**Gemeinkosten** (EUR)	**Verteilungsschlüssel**	**Kostenstellen**			
			Material	**Fertigung**	**Verwaltung**	**Vertrieb**
Strom	12 000	Zwischenzähler	2 000 kW/h	70 000 kw/h	4 000 kW/h	4 000 kW/h
Gehälter	425 000	Gehaltslisten	25 000 EUR	230 000 EUR	135 000 EUR	35 000 EUR
Miete	11 700	Flächen in m²			600 m²	300 m²
...						

3. Schritt

Ermittlung der Summe der Gemeinkosten insgesamt (Summe Spalte 1) und der Summen in den einzelnen Hauptkostenstellen: Materialgemeinkosten (MGK), Fertigungsgemeinkosten (FGK), Verwaltungsgemeinkosten (VwGK) und Vetriebsgemeinkosten (VtGK).

Betriebsabrechnungsbogen

Gemeinkostenarten	**Gemeinkosten** (EUR)	**Verteilungsschlüssel**	**Kostenstellen**			
			Material (EUR)	**Fertigung** (EUR)	**Verwaltung** (EUR)	**Vertrieb** (EUR)
Strom	12 000	Zwischenzähler	300	10 500	600	600
Hilfsstoffe	200 000	Entnahmescheine		200 000		
Betriebsstoffe	359 000	Maschinenlaufzeiten/ Verbrauchsbelege	30 000	300 000	15 000	14 000
Gehälter	425 000	Gehaltslisten	25 000	230 000	135 000	35 000
Kalkulatorische Abschreibung	290 000	Anlagekartei	30 000	180 000	60 000	20 000
Miete	11 700	Flächen in m²			7 800	3 900
sonstige Kosten	227 000	Belege	9 000	18 000	110 000	90 000
Summe der Gemeinkosten	1 524 700		94 300 MGK	938 500 FGK	328 400 VwGK	163 500 VtGK

Aufg. 5.2.1 S. 59

Zusammenfassende Übersicht zu Kap. 5.2: Betriebsabrechnungsbogen (BAB)

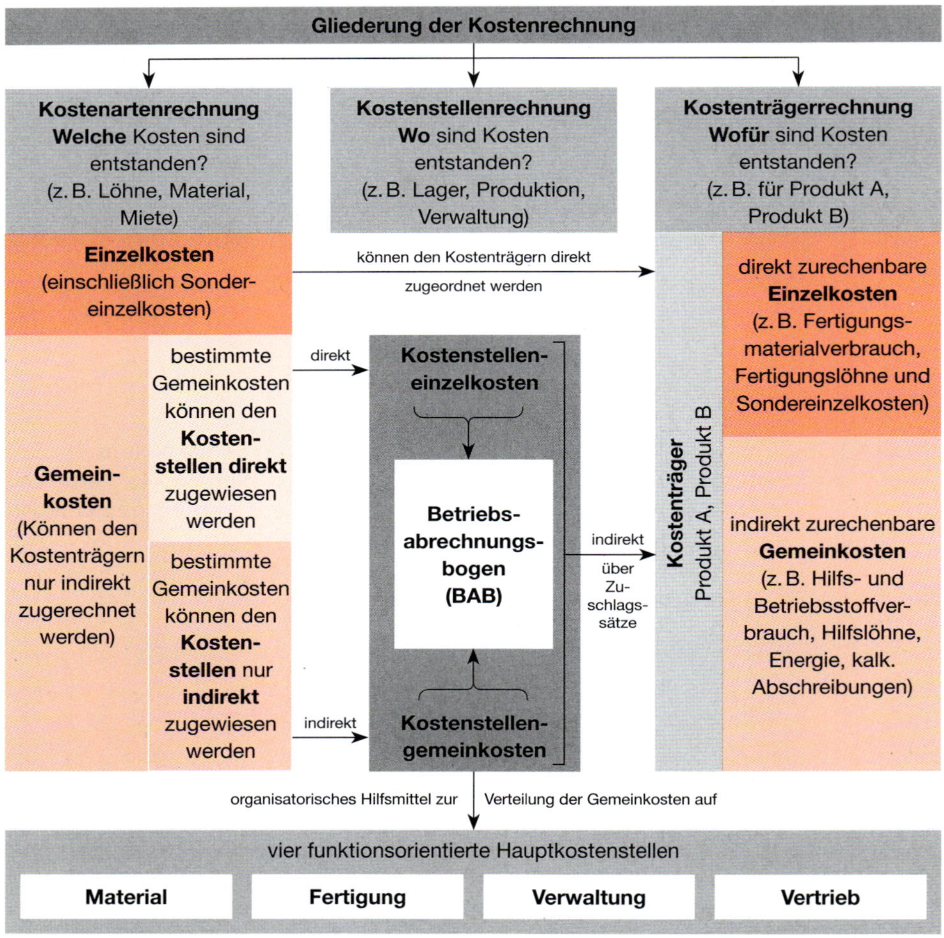

Wiederholung des Grundwissens

zu Kapitel 5.2 Betriebsabrechnungsbogen (BAB)

1. Welche Aufgabe hat ein Betriebsabrechnungsbogen?
2. Wie ist ein Betriebsabrechnungsbogen aufgebaut?
3. Welcher Zusammenhang besteht zwischen der Höhe der Materialeinzel- und Materialgemeinkosten?
4. Nennen Sie Beispiele für Schlüssel zur Verteilung von Gemeinkosten.

Aufgaben und Probleme

zu Kapitel 5.2 Betriebsabrechnungsbogen (BAB)

5.2.1 BAB: Verteilung der Gemeinkosten

Der Abgrenzungstabelle (Auszug) der Möbelfabrik Möschle e. K. für das vergangene Geschäftsjahr sind folgende Zahlen zu entnehmen:

Konten	...	KLR-Bereich	
	...	Kosten (EUR)	Leistungen (EUR)
...			
Rohstoffverbrauch		800000	
Gemeinkostenmaterial		120000	
Stromkosten		32000	
Fertigungslöhne		600000	
Hilfslöhne		60 000	
Gehälter		280 000	
Raumkosten		15 000	
Betriebssteuern		160 000	
Kalkulatorische Abschreibungen		240 000	
Kalkulatorischer Unternehmerlohn		120 000	
Zinsen (in vollem Umfang Kosten)		640 000	

1. Stellen Sie fest, bei welchen der aufgeführten Kosten es sich um Gemeinkosten handelt.
2. Was ist unter Stelleneinzelkosten und Stellengemeinkosten zu verstehen und auf welcher Grundlage werden diese im Betriebsabrechnungsbogen jeweils verteilt?
3. Übertragen Sie die Zahlen aus der Kosten- und Leistungsrechnung in einen BAB und verteilen Sie unter Verwendung der nachstehend aufgeführten Belege und Verteilungsschlüssel die Gemeinkosten auf die vier Kostenstellen.

Gemeinkosten	Zahlen der KLR (EUR)	Kostenstellen			
		Material	Fertigung	Verwaltung	Vertrieb
Stelleneinzelkosten lt. Belegen					
Gemeinkostenmaterial	120000	20000 EUR	90000 EUR	5000 EUR	5000 EUR
Stromkosten	32000	2000 kWh	70000 kWh	4000 kWh	4000 KWh
Gehälter	280000	25000 EUR	142000 EUR	68000 EUR	45000 EUR
Zinsen	640000	80000 EUR	456000 EUR	48000 EUR	56000 EUR
Kalkulatorische Abschreibungen	240000	15000 EUR	190000 EUR	17000 EUR	18000 EUR
Stellengemeinkosten lt. Verteilungsschlüssel					
Raumkosten	15000	400 qm	1800 qm	200 qm	100 qm
Hilfslöhne	60000	1	4	–	1
Betriebssteuern	160000	2	6	1	1
Kalkulatorischer Unternehmerlohn	120000	1	4	2	1

5.3 Ermittlung von Zuschlagssätzen für die Gemeinkosten (Istzuschläge)

Zweck von Gemeinkostenzuschlagssätzen

Während die Einzelkosten den Kostenträgern direkt zugerechnet werden können, erfolgt die Zurechnung der Gemeinkosten über den Umweg der im BAB ausgewiesenen Kostenstellen. Hierzu werden für die Gemeinkosten der einzelnen Kostenstellen Zuschlagssätze berechnet.

Da die Gemeinkosten nicht direkt den Kostenträgern zugerechnet werden können, muss die Zurechnung indirekt erfolgen. Das kann mit Hilfe von Zuschlagssätzen geschehen.

Für die Ermittlung der Zuschlagssätze muss eine Bezugsgröße **(Zuschlagsgrundlage)** gewählt werden. Diese soll gewährleisten, dass die Gemeinkosten den Kostenträgern möglichst **verursachungsgerecht** zugerechnet werden. Das bedeutet, dass die einzelnen Kostenträger (Erzeugnisse) nur mit den Gemeinkosten belastet werden sollen, die sie tatsächlich auch verursacht haben.

Bei der Verwendung von Zuschlagssätzen ist die Wahl der „richtigen" Zuschlagsgrundlage das Hauptproblem für eine möglichst verursachungsgerechte Zurechnung der Gemeinkosten auf die Kostenträger.

Material- und Fertigungsgemeinkosten

Im Material- und Fertigungsbereich werden in der Regel die entsprechenden Einzelkosten als Zuschlagsgrundlage verwendet.

Gemeinkosten	Zuschlagsgrundlage
Materialgemeinkosten	Materialeinzelkosten (Verbrauch an Fertigungsmaterial)
Fertigungsgemeinkosten	Fertigungseinzelkosten (Fertigungslöhne)

Zuschlagssätze

❶ **Materialgemeinkostenzuschlagssatz (MGKZ)**

$$\text{MGKZ} = \frac{\text{Materialgemeinkosten} \cdot 100}{\text{Materialeinzelkosten}}$$

❷ **Fertigungsgemeinkostenzuschlagssatz (FGKZ)**

$$\text{FGKZ} = \frac{\text{Fertigungsgemeinkosten} \cdot 100}{\text{Fertigungseinzelkosten}}$$

Erläuterungen zur Berechnung

Für die **Materialgemeinkosten** wird angenommen, dass sie in ihrer Höhe proportional abhängig sind vom Wert des verbrauchten Fertigungsmaterials (Materialeinzelkosten). Deshalb bilden die **Materialeinzelkosten** die Zuschlagsgrundlage zur Berechnung des Zuschlagssatzes für die Materialgemeinkosten.

Für die **Fertigungsgemeinkosten** wird eine proportionale Abhängigkeit zu den Fertigungslöhnen (Fertigungseinzelkosten) unterstellt. Die **Fertigungseinzelkosten** bilden deshalb die Zuschlagsgrundlage zur Berechnung des Zuschlagssatzes für die Fertigungsgemeinkosten.

Für die Kostenstellen Material und Fertigung werden in der Regel die Einzelkosten (Fertigungsmaterial bzw. Fertigungslöhne) als Zuschlagsgrundlage gewählt.

Bei der Verrechnung der Material- und Fertigungsgemeinkosten mit Hilfe von Zuschlagssätzen wird unterstellt, dass sich diese Gemeinkosten im gleichen Verhältnis (= proportional) wie die als Zuschlagsgrundlage verwendeten Einzelkosten verändern.

Verwaltungs- und Vertriebsgemeinkosten

Im Verwaltungs- und Vertriebsbereich gibt es keine Einzelkosten, die als geeignete Bezugsgröße dienen könnten. Deshalb werden für die Verwaltungs- und Vertriebsgemeinkosten **ersatzweise die Herstellkosten** (= Summe aller Material- und Fertigungskosten) als Zuschlagsgrundlage verwendet.

Gemeinkosten	Zuschlagsgrundlage
Verwaltungsgemeinkosten	Herstellkosten
Vertriebsgemeinkosten	Herstellkosten

Um die Herstellkosten als Bezugsgröße zu ermitteln, muss zunächst eine **Gesamtkalkulation** aller bei der **Herstellung** in der Abrechnungsperiode angefallenen Kosten vorgenommen werden.

Berechnung der Herstellkosten

	Materialeinzelkosten	Materialkosten
+	Materialgemeinkosten	
+	Fertigungseinzelkosten	Fertigungskosten
+	Fertigungsgemeinkosten	
+	Sondereinzelkosten der Fertigung[1]	
=	Herstellkosten	

Zuschlagssätze

❶ **Verwaltungsgemeinkosten-zuschlagssatz (VwGKZ)**

$$\text{VwGKZ} = \frac{\text{Verwaltungsgemeinkosten} \cdot 100}{\text{Herstellkosten}}$$

❷ **Vertriebsgemeinkosten-zuschlagssatz (VtGKZ)**

$$\text{VtGKZ} = \frac{\text{Vertriebsgemeinkosten} \cdot 100}{\text{Herstellkosten}}$$

Erläuterungen zur Berechnung

Verwaltungsgemeinkosten (z. B. Gehälter für die Geschäftsleitung und das Büropersonal) stehen in direktem Zusammenhang mit allen betrieblichen Funktionsbereichen. Die Zuschlagsgrundlage zur Berechnung des Zuschlagssatzes für die Verwaltungsgemeinkosten bilden deshalb alle Kosten, die im Rahmen der Herstellung der Erzeugnisse während einer bestimmten Abrechnungsperiode z. B. Monat, Quartal, Jahr **(= Herstellkosten)** entstanden sind.

Aufg. 5.3.1 S. 64

Für die Berechnung des Zuschlagssatzes der Vertriebsgemeinkosten gilt der gleiche Zusammenhang wie für die Verwaltungsgemeinkosten. Deshalb werden auch in diesem Fall die **Herstellkosten** als Zuschlagsgrundlage verwendet.

1 Beispiele für Sondereinzelkosten der Fertigung: Konstruktionskosten, Speziallackierung eines Pkw

Für die Kostenstellen Verwaltung und Vertrieb werden in der Regel die Herstellkosten als Zuschlagsgrundlage gewählt.

Bei der Verrechnung der Verwaltungs- und Vertriebsgemeinkosten mit Hilfe von Zuschlagssätzen wird unterstellt, dass sich diese Gemeinkosten im gleichen Verhältnis (= proportional) wie die als Zuschlagsgrundlage verwendeten Herstellkosten verändern.

Berechnung der Gemeinkostenzuschläge mit Hilfe des BAB

Gemeinkostenarten (aus der Betriebsergebnis- und Kostenartenrechnung)	**Kostenstellen**			
	Material (EUR)	**Fertigung** (EUR)	**Verwaltung** (EUR)	**Vertrieb** (EUR)
... kalkulatorische Abschreibung Miete Gehälter ...				
Summen der Gemeinkosten (= x %)	Summe Material-gemeinkosten (MGK)	Summe Fertigungs-gemeinkosten (FGK)	Summe Verwaltungs-gemeinkosten (VwGK)	Summe Vertriebs-gemeinkosten (VtGK)
Zuschlagsgrundlagen (= 100%)	Material-einzelkosten (MEK): Kosten für Fertigungs-material (FM)	Fertigungs-einzelkosten (FEK): Fertigungs-löhne (FL)	Herstellkosten (HEKO)	Herstellkosten (HEKO)
Zuschlagssätze	MEK ≙ 100 % MGK ≙ x % MGKZ = $\frac{MGK \cdot 100}{MEK}$	FEK ≙ 100 % FGK ≙ x % FGZ = $\frac{FGK \cdot 100}{FEK}$	HEKO ≙ 100 % VwGK ≙ x % VwGKZ = $\frac{VwGK \cdot 100}{HEKO}$	HEKO ≙ 100 % VtGK ≙ x % VtGKZ = $\frac{VtGK \cdot 100}{HEKO}$

Die aus den Zahlen des BAB ermittelten Zuschlagssätze werden als **Istgemeinkostenzuschlagssätze** bezeichnet, da sie auf den in der vergangenen Periode **tatsächlich angefallenen Kosten** beruhen. Diese Zuschlagssätze aus der **Vergangenheit** werden u. a. dazu benötigt, um **vor** Beginn der Herstellung von Erzeugnissen oder vor Ausführung von Aufträgen die für diese Kostenträger **voraussichtlich** anfallenden **Selbstkosten** zu kalkulieren **(Vorkalkulation)**.

Die aus Vergangenheitswerten ermittelten Istgemeinkostenzuschlagssätze bilden die Grundlage für die Kalkulation der Selbstkosten und für die Erstellung von Kostenvoranschlägen (Kalkulation des Angebotspreises) für Aufträge, die die kommende Periode betreffen.

Werden die bei der Herstellung und dem Vertrieb eines Erzeugnisses voraussichtlich anfallenden Gemeinkosten dem Kostenträger (Erzeugnis) mit Hilfe von Gemeinkostenzuschlagssätzen zugerechnet, so liegt eine Zuschlagskalkulation vor.

Betriebsabrechnungsbogen mit Berechnung der Gemeinkostenzuschlagssätze

Aufg. 5.3.2 u. 5.3.3 S. 64 f.

Gemeinkostenarten	Gemeinkosten (EUR)	Verteilungsgrundlage	Kostenstellen			
			Material (EUR)	**Fertigung** (EUR)	**Verwaltung** (EUR)	**Vertrieb** (EUR)
Strom	12 000	Zwischenzähler	300	10 500	600	600
Hilfsstoffe	200 000	Entnahmescheine		200 000		
Betriebsstoffe	359 000	Maschinenlaufzeiten/Verbrauchsbelege	30 000	300 000	15 000	14 000
Gehälter	425 000	Gehaltslisten	25 000	230 000	135 000	35 000
Kalk. Abschreib.	290 000	Anlagekartei	30 000	180 000	60 000	20 000
Miete	11 700	Flächen in m²			7 800	3 900
sonstige Kosten	227 000	Belege	9 000	18 000	110 000	90 000
Summe der Gemeinkosten	**1 524 700**		**94 300** MGK	**938 500** FGK	**328 400** VwGK	**163 500** VtGK
Zuschlagsgrundlagen (= 100 %)			943 000 **Fertigungsmaterial**	1 173 125 **Fertigungslöhne**	3 148 925[1] **Herstellkosten**	3 148 925[1] **Herstellkosten**
Zuschlagssätze			10 % **Materialgemeinkostenzuschlagssatz**	80 % **Fertigungsgemeinkostenzuschlagssatz**	10,4 % **Verwaltungsgemeinkostenzuschlagsatz**	5,2 % **Vertriebsgemeinkostenzuschlagssatz**

1 HEKO = FM (943 000) + MGK (94 300) + FL (1 173 125) + FGK (938 500) = 3 148 925

Zusammenfassende Übersicht zu Kap. 5.3: Ermittlung von Zuschlagssätzen für die Gemeinkosten (Istzuschläge)

Einzelkosten → **Direkte** Zurechnung auf die Kostenträger

Gemeinkosten → Zurechnung auf die Kostenträger über **Zuschlagssätze**
↓
Berechnung aus den Zahlen im BAB als **Istzuschläge**

Materialgemeinkostenzuschlagssatz (MGKZ) $= \frac{\text{Materialgemeinkosten} \cdot 100}{\text{Materialeinzelkosten}}$

Fertigungsgemeinkostenzuschlagssatz (FGKZ) $= \frac{\text{Fertigungsgemeinkosten} \cdot 100}{\text{Fertigungseinzelkosten}}$

Verwaltungsgemeinkostenzuschlagssatz (VwGKZ) $= \frac{\text{Verwaltungsgemeinkosten} \cdot 100}{\text{Herstellkosten}}$

Vertriebsgemeinkostenzuschlagssatz (VtGKZ) $= \frac{\text{Vertriebsgemeinkosten} \cdot 100}{\text{Herstellkosten}}$

Berechnung der Herstell- und der Selbstkosten

Materialeinzelkosten
+ Materialgemeinkosten
+ Fertigungseinzelkosten
+ Fertigungsgemeinkosten
+ Sondereinzelkosten der Fertigung

= Herstellkosten
+ Verwaltungsgemeinkosten
+ Vertriebsgemeinkosten

= Selbstkosten

Betriebsabrechnungsbogen (BAB)			
vier Hauptkostenstellen			
Material	Fertigung	Verwaltung	Vertrieb

vier Istgemeinkostenzuschlagssätze dienen u. a. zur Kalkulation der Selbstkosten künftiger Aufträge (Vorkalkulation)

Wiederholung des Grundwissens

zu Kapitel 5.3 Ermittlung von Zuschlagssätzen für die Gemeinkosten (Istzuschläge)

1. Wie werden jeweils Einzel- und Gemeinkosten den Kostenträgern zugerechnet?
2. Welche Zuschlagsgrundlagen werden für die Gemeinkosten der vier Kostenstellen jeweils gewählt?
3. Wie werden die Gemeinkostenzuschlagssätze ermittelt?
4. Wie lautet das Schema zur Berechnung der Herstellkosten?
5. Welcher Zusammenhang zwischen den Gemeinkosten und der jeweiligen Zuschlagsgrundlage wird unterstellt?
6. Erklären Sie den Begriff „Istzuschlagssatz" und geben Sie an, wofür diese Zuschlagssätze benötigt werden.

Aufgaben und Probleme

zu Kapitel 5.3 Ermittlung von Zuschlagssätzen für die Gemeinkosten (Istzuschläge)

5.3.1 Gemeinkostenzuschlagssätze

Die Alu-Präzisionsteile GmbH in Schwäbisch Gmünd errechnete für das vergangene Quartal für die Hauptkostenstellen folgende Gemeinkosten:

Material	76 000 EUR
Fertigung	876 800 EUR
Verwaltung	345 480 EUR
Vertrieb	138 192 EUR

Im gleichen Zeitraum wurden für Fertigungslöhne 1 753 600 EUR bezahlt. Der Rohstoffverbrauch belief sich auf 1,9 Mio. EUR.
Ermitteln Sie die Gemeinkostenzuschlagssätze.

5.3.2 Betriebsabrechnungsbogen – Zuschlagssätze

Der Rechnungskreis II eines Industriebetriebes weist für das vergangene Quartal folgende Kosten aus:

PDF

Kostenarten	(EUR)	Kostenarten	(EUR)
Fertigungsmaterial	130 240	Gehälter	85 600
Hilfsstoffe	25 000	Soziale Abgaben	39 000
Betriebsstoffe	7 200	Kalkulatorische Abschreibung	19 200
Fertigungslöhne	133 200	Betriebliche Steuern	8 800
Hilfslöhne	36 000	Sonst. betriebliche Aufwendungen	20 000

1. Erstellen Sie auf der Grundlage der nachstehenden Angaben zur Verteilung der Gemeinkosten einen Betriebsabrechnungsbogen.

Kostenart	Material	Fertigung	Verwaltung	Vertrieb
Kostenstelleneinzelkosten				
Hilfsstoffe	400 EUR	21 400 EUR	–	3 200 EUR
Betriebsstoffe	480 EUR	3 640 EUR	1 720 EUR	1 360 EUR
Hilfslöhne	2 780 EUR	31 460 EUR	560 EUR	1 200 EUR
Gehälter	3 200 EUR	10 800 EUR	40 600 EUR	31 000 EUR
Soziale Abgaben	1 300 EUR	21 100 EUR	11 880 EUR	4 720 EUR
Sonst. betriebl. Aufwendungen	2 120 EUR	4 480 EUR	10 000 EUR	3 400 EUR
Kostenstellengemeinkosten				
Kalk. Abschreibung (Verteilung im Verhältnis der Anlagewerte)	125 000 EUR	175 000 EUR	75 000 EUR	25 000 EUR
Betriebliche Steuern	–	3 :	2	–

2. Errechnen Sie die vier Gemeinkostenzuschlagssätze.
3. Ermitteln Sie das Betriebsergebnis für das zurückliegende Quartal, wenn die Umsatzerlöse 610 000 EUR betragen haben.

5.3.3 Betriebsabrechnungsbogen mit Excel

Ein Industriebetrieb erstellt seinen Betriebsabrechnungsbogen mit Hilfe des Tabellenkalkulationsprogramms Microsoft Excel. Nachstehender Bildschirmauszug enthält die für die Abrechnung wesentlichen Informationen:

EXCEL

D28 =

	A	B	C	D	E	F	G	H	I	J
1	Einstufiger Betriebsabrechnungsbogen									
2										
3	Gemeinkostenarten	Kosten	Verteilungsschlüssel				Kostenstellen			
4							Material	Fertigung	Verwaltung	Vertrieb
5		EUR	M	F	Vw	Vt	EUR	EUR	EUR	EUR
6	Gemeinkostenmaterial	70 000	2	8		1				
7	Energiekosten	35 300	2	6	4	3				
8	Hilfslöhne	42 800	1	7	5	2				
9	Gehälter	74 680		5	6	1				
10	Sozialkosten	10 680	1	12	11	3				
11	Instandhaltungen	32 200	1	5	2	2				
12	Betriebliche Steuern[1]	10 300	1	4	2	1				
13	Werbung	12 800	1		3	5				
14	Kalk. Abschreibungen	24 000	1	9	2	1				
15	Kalk. Zinsen	14 000	1	7	2	1				
16	sonstige Kosten	38 950	2	10	5	3				
17	**Summe Gemeinkosten**	365 710								
18										
19	**Zuschlagsgrundlagen**						240 000	180000		
20										
21	**Zuschlagssätze**									
22										

1. Vervollständigen Sie mit Hilfe eines Tabellenkalkulationsprogramms oder des vorstrukturierten Arbeitsblatts den vorstehenden BAB.
   Hinweis: Die Sozialkosten (Personalzusatzkosten) werden in voller Höhe als Gemeinkosten verrechnet.
2. Aufgrund neuer Tarifabschlüsse erhöhen sich die Personalkosten und die Personalzusatzkosten jeweils um 3,2 %. Ermitteln Sie die Auswirkungen auf die Gemeinkosten-Zuschlagssätze.

1 Betriebliche Steuern: Gewerbesteuer, Kfz-Steuer, Grundsteuer

6 Vollkostenrechnung in Form der Zuschlagskalkulation

Überblick und Zusammenhänge

6 Vollkostenrechnung in Form der Zuschlagskalkulation

- *6.1 Zuschlagskalkulation*
- *6.2 Gesamtkalkulation mit Istkosten*
- *6.3 Kostenträgerstückrechnung als Vorkalkulation: Kalkulation mit Normalgemeinkostenzuschlagssätzen*
  - *Aufgaben der Kostenträgerstückrechnung*
  - *Vorwärts-, Rückwärts- und Differenzkalkulation*
- *6.4 Kostenträgerstückrechnung als Nachkalkulation: Kalkulation mit Istgemeinkostenzuschlagssätzen*
- *6.5 Gesamtkalkulation mit Normal- und Istgemeinkostenzuschlagssätzen*
- *6.6 Kritik an der Vollkostenrechnung in Form der Zuschlagskalkulation*

6.1 Zuschlagskalkulation

Stellt ein Unternehmen mehrere verschiedenartige Produkte her (Mehrproduktunternehmen), müssen die Gemeinkosten den Kostenträgern möglichst verursachungsgerecht zugerechnet werden. Dies wird im Rahmen der **Zuschlagskalkulation** dadurch versucht, indem die **Gemeinkosten** mithilfe von **Zuschlagssätzen** auf die Kostenträger verteilt werden. Die **Einzelkosten** (Fertigungsmaterial, Fertigungslöhne, Sondereinzelkosten) werden dagegen jedem Kostenträger direkt zugerechnet.

Bei einer Zuschlagskalkulation werden die Einzelkosten (Fertigungsmaterial, Fertigungslöhne, Sondereinzelkosten) direkt auf die Erzeugnisse verrechnet. Die Verrechnung der Gemeinkosten erfolgt dagegen mit Hilfe von Zuschlagssätzen.

Voraussetzung für die Anwendung einer Zuschlagskalkulation mit **mehreren Zuschlagssätzen** (= differenzierende Zuschlagskalkulation) ist eine auf einem **BAB** aufbauende **Kostenstellenrechnung**. Die Anzahl der Kostenstellen und die dort gewählten Zuschlagsgrundlagen bestimmen Umfang und Inhalt des Kalkulationsschemas.

Zusammenfassende Übersicht zu Kap. 6.1: Zuschlagskalkulation

Kostenverrechnung bei der Zuschlagskalkulation:
- **Einzelkosten: direkte Verrechnung auf die Erzeugnisse**
- **Gemeinkosten: indirekte Verrechnung auf die Erzeugnisse über Zuschlagssätze**

Wiederholung des Grundwissens

zu Kapitel 6.1 Zuschlagskalkulation

1. Wie werden Einzel- und Gemeinkosten im Rahmen der Zuschlagskalkulation auf die Erzeugnisse verrechnet?
2. Warum ist eine auf einem BAB aufbauende Kostenstellenrechnung Voraussetzung für die Anwendung einer (differenzierenden) Zuschlagskalkulation?

6.2 Gesamtkalkulation mit Istkosten

Ausgangspunkt für die Gesamtkalkulation mit Istkosten sind die in einer Rechnungsperiode (Monat, Quartal, Geschäftsjahr) tatsächlich entstandenen **Einzelkosten**. Wird die Summe der Einzelkosten um die in dieser Rechnungsperiode angefallenen Gemeinkosten vermehrt, ergeben sich die **Selbstkosten**. Davon zu unterscheiden sind die **Herstellkosten**, die lediglich die Einzel- und Gemeinkosten des Material- und Fertigungsbereichs, nicht aber die Verwaltungs- und Vertriebsgemeinkosten umfassen. Die Höhe der einzelnen Gemeinkostenarten (Material-, Fertigungs-, Verwaltungs- und Vertriebsgemeinkosten) ist aus dem BAB ersichtlich. Bei all diesen Einzel- und Gemeinkosten handelt es sich um **Istkosten**, die in der letzten Rechnungsperiode tatsächlich angefallen sind.

Gesamtkalkulation mit Istkosten

Die Abgrenzungstabelle eines Industriebetriebes enthält für das dritte Quartal folgende Einzelkosten (Isteinzelkosten):

Fertigungsmaterial	330 000 EUR
Fertigungslöhne	188 000 EUR

Für den gleichen Zeitraum sind nachstehendem Betriebsabrechnungsbogen (Auszug) folgende Informationen zu entnehmen:

Gemein-kosten	Gesamt-kosten	Kostenstellen			
		Material	Fertigung	Verwaltung	Vertrieb
...	...	...			
...	...	...			
Summe der Gemeinkosten	190 000 EUR	66 000 EUR MGK	94 000 EUR FGK	33 900 EUR VwGK	20 340 EUR VtGK
Zuschlags-grundlagen		330 000 EUR Fertigungs-material	188 000 EUR Fertigungs-löhne	678 000 EUR Herstellkosten	
Istgemein-kostenzu-schlagssätze		20 %	50 %	5 %	3 %

Aus dem vorliegenden Zahlenmaterial lässt sich folgende Gesamtkalkulation erstellen:

Aufg. 6.2.1 S. 68

	Fertigungsmaterial	330 000 EUR
+	Materialgemeinkosten	66 000 EUR
+	Fertigungslöhne	188 000 EUR
+	Fertigungsgemeinkosten	94 000 EUR
=	**Herstellkosten**	**678 000 EUR**
+	Verwaltungsgemeinkosten	33 900 EUR
+	Vertriebsgemeinkosten	20 340 EUR
=	**Selbstkosten**	**732 240 EUR**

Die Gesamtkalkulation mit Istkosten hat die Aufgabe, auf der Grundlage der in einer Rechnungsperiode entstandenen *Isteinzelkosten* und der für diese Periode vorliegenden *Istgemeinkosten* die insgesamt entstandenen *Herstell-* und *Selbstkosten* zu ermitteln.

Zusammenfassende Übersicht zu Kap. 6.2: Gesamtkalkulation mit Istkosten

Schema für eine Gesamtkalkulation mit Istkosten

	Materialeinzelkosten
+	**Materialgemeinkosten**
+	**Fertigungseinzelkosten**
+	**Fertigungsgemeinkosten**
+	**Sondereinzelkosten der Fertigung**
=	**Herstellkosten**
+	**Verwaltungsgemeinkosten**
+	**Vertriebsgemeinkosten**
+	**Sondereinzelkosten des Vertriebs**
=	**Selbstkosten**

Wiederholung des Grundwissens

zu Kapitel 6.2 Gesamtkalkulation mit Istkosten

1. Welche Aufgabe hat eine Gesamtkalkulation auf der Grundlage von Istkosten?
2. Wie lautet das Schema für eine Gesamtkalkulation mit Istkosten?

Aufgaben und Probleme

zu Kapitel 6.2 Gesamtkalkulation mit Istkosten

6.2.1 BAB und Gesamtkalkulation mit Istkosten

PDF

Die Franz Harter OHG stellt für die Zahnmedizin verschiedene Kunststoff-Präzisionsteile her. Für die Betriebsabrechnung stehen folgende Zahlen zur Verfügung:

Fertigungsmaterial	732 800 EUR
Hilfs- und Betriebsstoffe	16 000 EUR
Fertigungslöhne	366 400 EUR
Gehälter	300 000 EUR
Kalkulatorische Abschreibungen	126 000 EUR
Kalkulatorischer Unternehmerlohn	120 000 EUR
Sonstige Gemeinkosten	354 000 EUR

1. Verteilen Sie die Gemeinkosten auf die Kostenstellen Material, Fertigung, Verwaltung und Vertrieb nach folgendem Schlüssel: 2:3:12:8.
2. Berechnen Sie die Gemeinkostenzuschlagssätze.
3. Erstellen Sie eine Gesamtkalkulation und berechnen Sie die Herstellkosten und die Selbstkosten.

6.3 Kostenträgerstückrechnung als Vorkalkulation: Kalkulation mit Normalgemeinkostenzuschlagssätzen

6.3.1 Aufgaben der Kostenträgerstückrechnung – Ermittlung von Normalgemeinkostenzuschlagssätzen

Eine Kostenträgerstückrechnung liegt vor, wenn die Kosten ermittelt werden, die für die Herstellung einer einzelnen Einheit eines Erzeugnisses entstanden sind (= Nachkalkulation) oder voraussichtlich entstehen werden (= Vorkalkulation).

Mit Hilfe der Kostenträgerstückrechnung lassen sich u. a. folgende Fragen beantworten:

❶ Zu welchem Mindestpreis muss ein Produkt angeboten werden, damit alle Kosten gedeckt sind?	❷ Welcher Erlös muss für ein Produkt erzielt werden, damit ein gewünschter Mindestgewinn erwirtschaftet wird?	❸ Wie hoch dürfen die Material-, Fertigungs- und Herstellkosten höchstens sein, wenn der Angebotspreis nicht höher als der der Konkurrenz sein soll?	❹ Deckt der aufgrund einer Vorkalkulation ermittelte Angebotspreis die tatsächlichen Kosten, die in der Nachkalkulation ermittelt wurden?

Die voraussichtlich anfallenden **Einzelkosten** (Fertigungsmaterial, Fertigungslöhne, Sondereinzelkosten) lassen sich anhand von **Stücklisten** (für den Materialverbrauch) und **Arbeitszeitstudien oder Arbeitsplänen** (für die Fertigungslöhne) einfacher ermitteln als die voraussichtlich anfallenden **Gemeinkosten**. Da die Gemeinkosten z. B. aufgrund unterschiedlicher Auslastung eines Betriebes starken Schwankungen unterliegen, reicht es häufig nicht aus, für die **Vorkalkulation** die zuletzt ermittelten **Ist**gemeinkostenzuschlagssätze zu verwenden. Zur Ermittlung der voraussichtlichen Selbstkosten und des Angebotspreises ist das Unternehmen vielmehr darauf angewiesen, auf der Grundlage von Erfahrungen aus der Vergangenheit eine **Vorkalkulation** mit **Normalgemeinkostenzuschlagssätzen (Sollzuschlagssätzen)** zu erstellen. Die mit Normalzuschlagssätzen kalkulierten Gemeinkosten weichen in der Regel von den erst nachträglich feststellbaren Gemeinkosten (Istkosten) ab.

Normalgemeinkostenzuschlagssätze werden in der Regel auf der Basis von Durchschnittswerten der Istgemeinkostenzuschlagssätze zurückliegender Rechnungsperioden ermittelt. Dadurch sollen Zufallsschwankungen ausgeschaltet werden.

6.3.2 Vorwärts-, Rückwärts- und Differenzkalkulation

Aufg. 6.3.1 S. 74

Vorwärtskalkulation

Mit Hilfe der **Vorwärtskalkulation** werden die voraussichtlichen Selbstkosten und der Angebotspreis ermittelt. Die Vorwärtskalkulation wird deshalb auch als **Angebotskalkulation** oder **Verkaufskalkulation** bezeichnet. Es handelt sich um eine **Vorkalkulation**, da mit den **voraussichtlichen Kosten (Normalkosten)** gerechnet werden muss.

In einem ersten Schritt werden durch eine **Zuschlagskalkulation** mit **Normalgemeinkostenzuschlagssätzen** die voraussichtlichen **Selbstkosten** des Kostenträgers ermittelt. Diese **Selbstkostenkalkulation** wird durch die Berücksichtigung eines Gewinnzuschlags und die Einrechnung von Skonto und Rabatt zur **Angebotskalkulation** erweitert. Der **Gewinnzuschlag** ist ein prozentualer Aufschlag auf die Selbstkosten.

Angebotskalkulation einer Büromöbelfabrik

Die Möbelfabrik Bürodesign GmbH hat ermittelt, dass für die Produktion eines Schreibtisches 320,00 EUR für Fertigungsmaterial und 200,00 EUR für Fertigungslöhne entstehen. Das Unternehmen rechnet mit folgenden Normalgemeinkostenzuschlagssätzen: 25 % Materialgemeinkosten, 120 % Fertigungsgemeinkosten, 15 % Verwaltungsgemeinkosten und 10 % Vertriebsgemeinkosten.

Unter Berücksichtigung von 2 % Kundenskonto, 25 % Kundenrabatt, 26 % Gewinnzuschlag und 19 % Umsatzsteuer errechnet sich folgender Listenpreis (Listenverkaufspreis brutto):

1		Materialeinzelkosten		100,0 %	320,00 €		
2	+	Materialgemeinkosten		25,0 %	80,00 €		vom Hundert
3	=	**Materialkosten**			**400,00 €**	**400,00 €**	(1 + 2)
4		Fertigungseinzelkosten	100,0 %		200,00 €		
5	+	Fertigungsgemeinkosten	120,0 %		240,00 €		vom Hundert
6	=	**Fertigungskosten**			**440,00 €**	**440,00 €**	(4 + 5)
7		**Herstellkosten**		100,0 %		**840,00 €**	(3 + 6)
8	+	Verwaltungsgemeinkosten		15,0 %		126,00 €	vom Hundert
9	+	Vertriebsgemeinkosten		10,0 %		84,00 €	vom Hundert
10	=	**Selbstkosten**	100,0 %			**1 050,00 €**	(7 + 8 + 9)
11	+	Gewinn	26,0 %			273,00 €	vom Hundert
12	=	**Barverkaufspreis**		98,0 %		**1 323,00 €**	(10 + 11)
13	+	Kundenskonto		2,0 %		27,00 €	im Hundert
14	=	**Zielverkaufspreis**	75,0 %	100,0 %		**1 350,00 €**	(12 + 13)
15	+	Kundenrabatt	25,0 %			450,00 €	im Hundert
16	=	**Listenverkaufspreis netto**	100,0 %	100,0 %		**1 800,00 €**	(14 + 15)
17	+	Umsatzsteuer		19,0 %		342,00 €	vom Hundert
18	=	**Listenverkaufspreis brutto**				**2 142,00 €**	(16 + 17)

Aufg. 6.3.2 S. 76

Der Listenverkaufspreis wird von Industriebetrieben in aller Regel netto – also ohne Umsatzsteuer – angegeben, weil deren Kunden im Normalfall auch Unternehmen sind, die zum Vorsteuerabzug berechtigt sind. Die Umsatzsteuer stellt für sie daher keine Kosten dar. Lediglich gegenüber Endverbrauchern muss der Listenverkaufspreis brutto angegeben werden. Besonderheiten sind bei der **Angebotskalkulation im Zusammenhang** mit den Preisnachlässen **Kundenrabatt** und **Kundenskonto** zu beachten. Diese beiden Preisnachlässe werden zuvor in den Listenverkaufspreis einkalkuliert und sind keinesfalls als großzügige Kulanz des Verkäufers zu verstehen. Bei der Gewährung von Kundenrabatten werden diese vom Listenverkaufspreis (ohne Umsatzsteuer) berechnet. Von dem verbleibenden **Zielverkaufspreis** kann der Kunde – sofern entsprechende Zahlungsbedingungen vereinbart wurden – bei Rechnungsbegleichung innerhalb der Skontofrist zusätzlich Kundenskonto abziehen.

Kalkulatorische Rückrechnung und Differenzkalkulation

Ergibt sich aus der Vorwärtskalkulation, dass der ermittelte Verkaufspreis auf dem Markt nicht erzielt werden kann, hat ein Unternehmen u. a. folgende Möglichkeiten, wenn es auf den Auftrag nicht verzichten will:

❶ Ermittlung durch Rückwärtsrechnung, um wie viel EUR die Material- und/oder Lohnkosten für einen wettbewerbsfähigen Angebotspreis gesenkt werden müssen.

❷ Verringerung des ursprünglich gewünschten Gewinnzuschlags, so dass der Angebotspreis niedriger ausfällt.

Kap. A 8

Diese beiden Alternativen können mit Hilfe der **kalkulatorischen Rückrechnung** bzw. der **Differenzkalkulation** überprüft werden.

Aufg. 6.3.3 bis 6.3.6 S. 76f.

Kalkulatorische Rückrechnung und Differenzkalkulation einer Büromöbelfabrik

Die Möbelfabrik Bürodesign GmbH (*vgl. Bsp. S. 70*) muss wegen der starken Konkurrenz den Zielverkaufspreis des Schreibtisches auf 1 200,00 EUR senken.

Zuschlagssätze und Fertigungseinzelkosten bleiben unverändert.

Materialgemeinkostenzuschlag:	25 %
Fertigungsgemeinkostenzuschlag:	120 %
Fertigungseinzelkosten:	200 EUR

Verwaltungsgemeinkostenzuschlag 15 %, Vertriebsgemeinkostenzuschlag 10 %, Gewinnzuschlag 26 %, Kundenskonto 2 %.

Die Geschäftsleitung will wissen,

1. wie teuer unter den gegebenen Bedingungen das Fertigungsmaterial höchstens sein darf.
2. wie hoch der verbleibende Gewinnzuschlag ist, wenn trotz intensiver Preisverhandlungen der Preis für das Fertigungsmaterial unverändert bei 320,00 EUR bleibt.

Sowohl die **kalkulatorische Rückrechnung** als auch die **Differenzkalkulation** basieren auf dem aus der Vorwärtskalkulation bekannten Kalkulationsschema. Bei der **Rückwärtskalkulation** sind stufenweise – ausgehend vom Listen- bzw. Zielverkaufspreis – die Materialkosten oder die Fertigungslöhne zu ermitteln.

1. Kalkulatorische Rückrechnung – Ermittlung des Höchstbetrags für das Fertigungsmaterial

1		Fertigungsmaterial	100 %		245,34 EUR	
2	+	Materialgemeinkosten	25 %		61,33 EUR	
3	=	Materialkosten	125 %			306,67 EUR
4		Fertigungslöhne		100 %	200,00 EUR	
5	+	Fertigungsgemeinkosten		120 %	240,00 EUR	
6	=	Fertigungskosten				440,00 EUR
7		Herstellkosten	100 %			746,67 EUR
8	+	Verwaltungsgemeinkosten	15 %			112,00 EUR
9	+	Vertriebsgemeinkosten	10 %			74,67 EUR
10	=	Selbstkosten	125 %	100 %		933,33 EUR
11	+	Gewinnzuschlag		26 %		242,67 EUR
12	=	Barverkaufspreis	98 %	126 %		1 176,00 EUR
13	+	Kundenskonto	2 %			24,00 EUR
14	=	Zielverkaufspreis	100 %			1 200,00 EUR

Die Kosten für das Fertigungsmaterial dürfen höchstens 245,34 EUR betragen.

Bei der **Differenzkalkulation** zur Ermittlung des verbleibenden Gewinnzuschlags werden

- zunächst wie bei der Vorwärtskalkulation die Selbstkosten
- dann wie bei der Rückwärtskalkulation der Barverkaufspreis

ermittelt. Die Differenz zwischen Selbstkosten und Barverkaufspreis ergibt den kalkulierten Gewinn. Wird dieser Betrag als Prozentsatz bezogen auf die Selbstkosten ausgedrückt, ergibt sich der Gewinnzuschlag (bzw. Verlustabschlag).

2. Differenzkalkulation – Ermittlung des verbleibenden Gewinnzuschlags

	Fertigungsmaterial	100 %		320,00 EUR	
+	Materialgemeinkosten	25 %		80,00 EUR	
=	Materialkosten	125 %			400,00 EUR
	Fertigungslöhne		100 %	200,00 EUR	
+	Fertigungsgemeinkosten		120 %	240,00 EUR	
=	Fertigungskosten		240 %		440,00 EUR
	Herstellkosten	100 %			840,00 EUR
+	Verwaltungsgemeinkosten	15 %			126,00 EUR
+	Vertriebsgemeinkosten	10 %			84,00 EUR
=	Selbstkosten	125 %	100 %		1 050,00 EUR
+	Gewinnzuschlag		12 %		126,00 EUR
=	Barverkaufspreis	98 %	112 %		1 176,00 EUR
+	Kundenskonto	2 %			24,00 EUR
=	Zielverkaufspreis	100 %			1 200,00 EUR

Unter den gegebenen Bedingungen lässt sich bei unveränderten Kosten für das Fertigungsmaterial in Höhe von 320,00 EUR ein Gewinn in Höhe von 126,00 EUR erzielen (Gewinnzuschlagssatz: 12 %).

Zusammenfassende Übersicht zu Kap. 6.3: Kostenträgerstückrechnung als Vorkalkulation: Kalkulation mit Normalgemeinkostenzuschlagssätzen

Kostenträgerstückrechnung als Vorkalkulation

- unmittelbare Verrechnung der Einzelkosten auf die Erzeugnisse
- Verrechnung der voraussichtlich anfallenden Gemeinkosten mithilfe von Normalgemeinkostenzuschlagssätzen

Aufgaben der Kostenträgerstückrechnung (Kalkulation)

Ermittlung

- des Mindestangebotspreises (Kostendeckung)
- des Mindestangebotspreises zur Erzielung eines Mindestgewinns
- der Höchstgrenze für Material-, Fertigungs- und Herstellkosten bei vorgegebenem Verkaufspreis

Anwendung der Zuschlagskalkulation

Vorwärtskalkulation (Verkaufskalkulation)
Ermittlung des kalkulierten Verkaufspreises (Angebotspreis)

Rückwärtskalkulation (Kalkulatorische Rückrechnung)
Ermittlung der Kosten, die für das Fertigungsmaterial oder die Fertigungslöhne höchstens anfallen dürfen

Differenzkalkulation
Ermittlung des Gewinns oder Gewinnzuschlags bei gegebenen Kosten und gegebenem Verkaufspreis

Vorwärts-, Rückwärts- und Differenzkalkulation			
	Vorwärtskalkulation (Verkaufskalkulation)	**Rückwärtskalkulation (Kalkulatorische Rückrechnung)**	**Differenzkalkulation**
Ziel	Ermittlung des kalkulierten Verkaufspreises (Angebotspreis)	Ermittlung der Kosten, die für Fertigungsmaterial höchstens anfallen dürfen	Ermittlung des Gewinns oder des Gewinnzuschlags bei gegebenen Kosten und gegebenem Verkaufspreis
Berechnungsschema	Fertigungsmaterial	Fertigungsmaterial	Fertigungsmaterial
	+ Material-gemeinkosten v. H.	+ Material-gemeinkosten a. H.	+ Material-gemeinkosten v. H.
	= **Materialkosten**	= **Materialkosten**	= **Materialkosten**
	Fertigungslöhne	Fertigungslöhne	Fertigungslöhne
	+ Fertigungs-gemeinkosten v. H.	+ Fertigungs-gemeinkosten a. H.	+ Fertigungs-gemeinkosten v. H.
	= **Fertigungskosten**	= **Fertigungskosten**	= **Fertigungskosten**
	= **Herstellkosten**	= **Herstellkosten**	= **Herstellkosten**
	+ Verwaltungs-gemeinkosten v. H.	+ Verwaltungs-gemeinkosten a. H.	+ Verwaltungs-gemeinkosten v. H.
	+ Vertriebs-gemeinkosten v. H.	+ Vertriebs-gemeinkosten a. H.	+ Vertriebs-gemeinkosten v. H.
	= **Selbstkosten**	= **Selbstkosten**	= **Selbstkosten**
	+ Gewinn v. H.	+ Gewinn a. H.	+ Gewinn v. H.
	= **Barverkaufspreis**	= **Barverkaufspreis**	= **Barverkaufspreis**
	+ Kundenskonto i. H.	+ Kundenskonto v. H.	+ Kundenskonto v. H.
	= **Zielverkaufspreis**	= **Zielverkaufspreis**	= **Zielverkaufspreis**
	+ Kundenrabatt i. H.	+ Kundenrabatt v. H.	+ Kundenrabatt v. H.
	= **Listenverkaufspreis netto**	= **Listenverkaufspreis netto**	= **Listenverkaufspreis netto**

Wiederholung des Grundwissens

zu Kapitel 6.3 Kostenträgerstückrechnung als Vorkalkulation: Kalkulation mit Normalgemeinkostenzuschlagssätzen

1. Welche Fragen lassen sich mithilfe der Kostenträgerstückrechnung (Kalkulation) beantworten?
2. Wie werden Normalgemeinkostenzuschlagssätze ermittelt und wofür werden sie benötigt?
3. Erläutern Sie den Grundaufbau einer Zuschlagskalkulation.
4. Wozu ist eine kalkulatorische Rückrechnung erforderlich?
5. Welche Größen sollen mithilfe der Vorwärts-, Rückwärts- und Differenzkalkulation jeweils berechnet werden?
6. Beschreiben Sie jeweils den Aufbau des Schemas einer Vorwärts-, Rückwärts- und Differenzkalkulation.
7. Geben Sie zu jedem unter 6. beschriebenen Schema an, mit welcher Art von Prozentrechnung (vom Hundert, im Hundert, auf Hundert) die einzelnen Zuschläge zu berechnen sind.

Aufgaben und Probleme

zu Kapitel 6.3 Kostenträgerstückrechnung als Vorkalkulation: Kalkulation mit Normalgemeinkostenzuschlagssätzen

LA

PDF

6.3.1 Zuschlagskalkulation – Betriebsabrechnungsbogen

Die Schreinerei **Schwär** hat bisher ausschließlich Holzregale eines bestimmten Typs hergestellt. Die einzelnen Regale können nach dem Baukastensystem kombiniert und zu Regalwänden erweitert werden. Durch das Auftreten mehrerer Billiganbieter besteht inzwischen ein scharfer Wettbewerb in diesem Marktsegment. Aus diesem Grund hat die Schreinerei **Schwär** zu Beginn des laufenden Jahres den Betrieb vergrößert und ihr Produktionsprogramm diversifiziert. Neben insgesamt drei Grundtypen von Regalen werden seitdem auch Spiel- und Sportgeräte aus Holz gefertigt. Die Regale müssen aus Konkurrenzgründen weiterhin besonders günstig angeboten werden.

1. Im letzten Quartal des vergangenen Jahres wurden ausschließlich 3900 gleichartige Regale hergestellt und verkauft. Die Gesamtkosten beliefen sich in diesem Zeitraum auf 131 000 EUR. Wie hoch waren die Selbstkosten je Regal?
2. Warum kann das bisher verwendete Verfahren zu Ermittlung der Selbstkosten nach der Erweiterung des Produktionsprogramms nicht mehr angewandt werden?
3. Zur Ermittlung der Selbstkosten für die einzelnen Erzeugnisse soll künftig eine Zuschlagskalkulation angewandt werden. Die Gesamtkosten während des ersten Quartals des laufenden Jahres betrugen 247 000 EUR. Aus der Lohnbuchhaltung weiß Herr **Schwär**, dass davon 110 000 EUR auf Personalkosten entfielen.
   Aus der Finanzbuchhaltung liegen ihm darüber hinaus Informationen vor, dass im selben Zeitraum 90 000 EUR für die Beschaffung und den Verbrauch von Material (Roh-, Hilfs- und Betriebsstoffe einschließlich Energie und Treibstoff) angefallen sind.
   a) Welche zusätzlichen Informationen benötigt Herr **Schwär** für eine Zuschlagskalkulation und woher kann er sich diese Informationen beschaffen?
   b) Eine Analyse der Material- und Personalkosten ergibt, dass im ersten Quartal des laufenden Jahres die Fertigungslöhne 50 000 EUR und die Kosten für das Fertigungsmaterial 80 000 EUR betragen haben. Herr **Schwär** möchte für Vergleichszwecke die Selbstkosten zunächst mit Hilfe eines einfachen Kalkulationsverfahrens ermitteln. Die Verrechnung **sämtlicher** Gemeinkosten soll dabei durch einen prozentualen Zuschlag auf die Summe aus Fertigungslohn und Fertigungsmaterial erfolgen (Summarische Zuschlagskalkulation). Ermitteln Sie den Zuschlagssatz.
   c) Wie hoch wären bei Anwendung der summarischen Zuschlagskalkulation die Selbstkosten für
      - ein Regal Standardtyp C
        (Fertigungsmaterial: 23,40 EUR; Fertigungslöhne: 5,60 EUR)
      - ein Sportgerät
        (Fertigungsmaterial: 13,00 EUR; Fertigungslöhne: 23,00 EUR)?
   d) Im Vergleich zur Regalproduktion müssen für die Herstellung der Sport- und Spielgeräte mehr Maschinen und mehr Arbeitszeit eingesetzt werden. Andererseits ist der Materialbedarf bei diesen Geräten vergleichsweise geringer als bei den Regalen.
      Warum genügt es im vorliegenden Fall nicht mit einem einzigen Zuschlagssatz zu rechnen?
4. Um die **Gemeinkosten** den Kostenträgern verursachungsgerechter zurechnen zu können, geht Herr **Schwär** von folgender Überlegung aus:
   Zunächst soll festgestellt werden, **wo** die Gemeinkosten im Betrieb entstanden sind. Dazu muss der Betrieb in verschiedene Kostenverursachungsbereiche **(Kostenstellen)** eingeteilt werden. In einem zweiten Schritt soll dann berücksichtigt werden, in welchem Umfang die einzelnen Erzeugnisse die verschiedenen Bereiche beanspruchen und damit zur Entstehung der Gemeinkosten in den einzelnen Kostenstellen beitragen.
   Entsprechend den betrieblichen Grundfunktionen unterscheidet Herr **Schwär** folgende vier Kostenverursachungsbereiche (Kostenstellen):

- **Material** (Beschaffung, Warenannahme, Lagerung)
- **Fertigung** (Vorbereitung, Durchführung und Kontrolle der Fertigung)
- **Verwaltung** (kaufmännische Leitung, Rechnungswesen, Personalabteilung)
- **Vertrieb** (Fertigwarenlager, Werbung, Verkauf, Versand)

In einem Tabellenformular, das als **Betriebsabrechnungsbogen (BAB)** bezeichnet wird, nimmt er die Aufteilung der Gemeinkosten auf die vier Kostenstellen vor. Ziel ist es, anstelle eines einzigen Zuschlagssatzes vier Zuschlagssätze zu ermitteln und somit die Gemeinkosten nicht pauschal in einer Summe, sondern nach Kostenstellen getrennt, den Kostenträgern zuzurechnen (differenzierende Zuschlagskalkulation).

Bei der Verteilung der Gemeinkosten auf die vier Kostenstellen stellt Herr **Schwär** fest, dass einige Gemeinkosten anhand vorliegender Belege den Kostenstellen direkt zugerechnet werden können. Andere Gemeinkosten lassen sich dagegen nur indirekt mit Hilfe eines Verteilungsschlüssels auf die Kostenstellen umlegen.

Für die Verteilung der Gemeinkosten auf die vier Kostenstellen stellt Herr **Schwär** zunächst folgende Daten zusammen:

Gemeinkostenart	Gesamtbetrag (EUR)	Verteilungsgrundlage	Kostenstellen			
			Material	Fertigung	Verwaltung	Vertrieb
Gehälter	40 000	Gehaltslisten	4 000 EUR	12 000 EUR	18 000 EUR	6 000 EUR
Hilfslöhne	20 000	Stunden laut Lohnzettel	350 Std.	800 Std.	60 Std.	40 Std.
Hilfsstoffe	10 000	Entnahmeschein	1 000 EUR	9 000 EUR		
Strom	3 000	kWh	6 000 kWh	14 000 kWh	3 000 kWh	2 000 kWh
Kalkulatorische Abschreibungen	25 000	Verhältnis des investierten Kapitals laut Anlagenkartei	2 000 EUR	19 000 EUR	3 000 EUR	1 000 EUR
Kfz-Kosten	5 000	km	5 050 km	450 km	1 500 km	8 000 km
Reparaturen	2 000	Rechnungen	300 EUR	1 500 EUR	200 EUR	–
Sonstige Gemeinkosten	12 000	direkt	4 000 EUR	5 500 EUR	1 500 EUR	1 000 EUR
Summe	**117 000**					

a) Erstellen Sie den Betriebsabrechnungsbogen nach folgendem Muster:

Gemeinkostenart	Gesamtbetrag (EUR)	Kostenstellen			
		Material	Fertigung	Verwaltung	Vertrieb
Gehälter ... usw.	40 000 ...				
Summe	**117 000**				

b) Ermitteln Sie die vier Gemeinkostenzuschlagssätze unter Berücksichtigung folgender Zuschlagsgrundlagen

Gemeinkostenzuschlagssatz	Zuschlagsgrundlage (Bezugsgrößen)
Materialgemeinkostenzuschlagssatz	Fertigungsmaterial
Fertigungsgemeinkostenzuschlagssatz	Fertigungslöhne
Verwaltungsgemeinkostenzuschlagssatz	Herstellkosten
Vertriebsgemeinkostenzuschlagssatz	Herstellkosten

c) Erläutern Sie die vier ermittelten Zuschlagssätze und prüfen Sie, inwieweit durch deren Verwendung eine verursachungsgerechte Verteilung der Gemeinkosten auf die Kostenträger erfolgt.

d) Ermitteln Sie mit Hilfe der differenzierenden Zuschlagskalkulation die Selbstkosten für ein Regal und ein Sportgerät entsprechend den Angaben in Aufgabe 3c).

e) Vergleichen Sie die Ergebnisse von Aufgabe 4 d) mit denen von Aufgabe 3 c) und erläutern Sie die Unterschiede.

6.3.2 Kalkulation in einer Schulmöbelfabrik

Die Schulleitung des Wirtschaftsgymnasiums Stuttgart-West beabsichtigt, ein Klassenzimmer neu zu bestuhlen. Das Schulverwaltungsamt der Stadt Stuttgart bittet daher die Schulmöbelfabrik Greinacher um ein Angebot für die Lieferung von 30 Stühlen.

PDF

EXCEL

Die Schulmöbelfabrik legt ihrer Kalkulation folgende Daten zugrunde:

Materialeinzelkosten pro Stuhl	30 EUR	Fertigungslöhne pro Stuhl	20 EUR
Materialgemeinkosten	10 %	Fertigungsgemeinkosten	20 %
Verwaltungsgemeinkosten	15 %	Vertriebsgemeinkosten	5 %
Gewinn	8 1/3 %	Kundenrabatt	10 %
Kundenskonto	3 %		

Ermitteln Sie den Angebotspreis (Listenverkaufspreis) für 30 Stühle.

6.3.3 Vorwärtskalkulation – Berechnung von Gewinnzuschlag und Fertigungsmaterial

Die Velolux GmbH Karlsruhe legt der Kalkulation eines Dachfensters folgende Kalkulationswerte zugrunde:

Fertigungsmaterial	220 EUR	Fertigungslöhne	140 EUR
Materialgemeinkosten	12,5 %	Fertigungsgemeinkosten	15 %
Verwaltungsgemeinkosten	10 %	Vertriebsgemeinkosten	8 %
Gewinnzuschlag	25 %	Kundenskonto	2 %
Kundenrabatt	5 %		

PDF

EXCEL

1. Berechnen Sie den Listenverkaufspreis.
2. Ein Konkurrenzunternehmen bietet ein Dachfenster gleicher Größe und Ausstattung zu einem Listenpreis von 650 EUR an. Die Velolux GmbH will diesen Preis des Konkurrenten um 50,00 EUR unterbieten.
   a) Wie hoch ist in diesem Fall der Gewinn in Euro und in Prozent (auf zwei Stellen genau), wenn alle anderen Kalkulationsdaten unverändert bleiben?
   b) Wie hoch dürfen die Kosten für das Fertigungsmaterial höchstens sein, wenn der ursprüngliche Gewinnzuschlag von 25 % und alle anderen Kalkulationsdaten unverändert bleiben sollen?

6.3.4 Berechnung der Zuschlagssätze – Gewinn eines Erzeugnisses

PDF

EXCEL

Der BAB eines kleinen Industriebetriebes enthält folgende Zahlen:

Gemeinkostenarten	Kosten EUR	Material EUR	Fertigung EUR	Verwaltung/ Vertrieb EUR
Summe	134 570	23 725	48 000	62 845

An Einzelkosten wurden ermittelt:

Fertigungsmaterial	182 500 EUR
Fertigungslöhne	60 000 EUR

1. Berechnen Sie die Zuschlagssätze für die Gemeinkosten (Zuschlagssätze ganzzahlig aufrunden).
2. Wie hoch ist der Gewinn des Unternehmens in EUR und Prozent beim Verkauf einer Maschine, für die 4 000 EUR Fertigungsmaterial, 1 000 EUR Fertigungslöhne angefallen sind und für die ein Barverkaufspreis von 9 600 EUR erzielt wurde?
   Es werden die unter 1. ermittelten Zuschlagssätze verwendet.

6.3.5 Rückwärtsrechnung – Berechnung der Kosten für Fertigungsmaterial

PDF

EXCEL

Ein Importeur bietet ein Elektrogerät zum Listenpreis von 1 250 EUR netto an. Wie viel EUR darf das Fertigungsmaterial einen deutschen Elektrogerätehersteller höchstens kosten, wenn mit folgenden Kosten bzw. Zuschlägen kalkuliert wird:
Materialgemeinkosten 10 %, Fertigungslöhne 300,00 EUR, Fertigungsgemeinkosten 132 %, Verwaltungs- und Vertriebsgemeinkosten insgesamt 20 %, Kundenskonto 3 %, Kundenrabatt 10 % und Gewinn 12,5 %?

6.3.6 Angebot einer Maschinenfabrik – Berechnung des Gewinns

Eine Maschinenfabrik erhält eine Anfrage zur Produktion einer Spezialbohrmaschine nach einem vorgegebenen Konstruktionsplan.

1. Erstellen Sie nach folgenden Angaben das Angebot:

   Einzelkosten:

Material	100,00 EUR
Sondereinzelkosten der Fertigung	15,00 EUR
Fertigungslöhne	220,00 EUR

   Gemeinkostenzuschläge:

Materialgemeinkosten	10 %
Fertigungsgemeinkosten	60 %
Verwaltungsgemeinkosten	8 %
Vertriebsgemeinkosten	6 %

   Sonstige Zuschläge:

Gewinn	12,5 %
Kundenskonto	2 %

2. Bei der Fertigstellung der Bohrmaschine ergeben sich folgende Änderungen, die für die Nachkalkulation zu berücksichtigen sind:
   Die Preise für das Fertigungsmaterial haben sich um 4 % erhöht und die Fertigungslöhne sind um 8 % gestiegen. Durch Rationalisierungsmaßnahmen konnten folgende Zuschlagssätze herabgesetzt werden:
   Fertigungsgemeinkosten um 2 Prozentpunkte, Verwaltungsgemeinkosten um 3 Prozentpunkte, Vertriebsgemeinkosten um 0,5 Prozentpunkte.
   Die übrigen Zuschlagssätze blieben unverändert.
   Wie viel Prozent beträgt der tatsächliche Gewinn, wenn die Maschine zum Angebotspreis ausgeliefert wurde?

6.4 Kostenträgerstückrechnung als Nachkalkulation: Kalkulation mit Istgemeinkostenzuschlagssätzen

Die **Vorkalkulation** hat die Aufgabe, die **voraussichtlichen Selbstkosten** und den **Angebotspreis** zu ermitteln. Bestandteile dieser Kalkulation sind die aus den Stücklisten und den Arbeitsplänen (Zeitstudien) zu entnehmenden **Einzelkosten** sowie die **Normalgemeinkostenzuschlagssätze** (Durchschnitt der Istgemeinkostenzuschlagssätze vergangener Perioden).

Nach Beendigung der Produktion und nach Vorliegen der nachträglich ermittelten **Istgemeinkostenzuschlagssätze** wird eine **Nachkalkulation** vorgenommen. Die Nachkalkulation basiert auf den tatsächlich entstandenen Einzelkosten eines Auftrags oder einer Erzeugnisgruppe und den **Istgemeinkostenzuschlagssätzen** aus dem BAB. Ergeben sich bei der Gegenüberstellung von Vor- und Nachkalkulation Abweichungen bei einzelnen Kostenarten, so muss analysiert werden, welche Gründe dafür maßgebend waren. Gegebenenfalls sind entsprechende Maßnahmen zu ergreifen.

> **Die Nachkalkulation hat die Aufgabe, die tatsächlich angefallenen Kosten für einen Auftrag oder eine Erzeugnisgruppe zu ermitteln und den bei der Vorkalkulation berücksichtigten Normalkosten gegenüberzustellen.**

Nachkalkulation eines Schreibtischs *(Fortsetzung Bsp. von S. 70 f.)*

Nach Fertigstellung der Schreibtische wurden folgende Kosten festgestellt:

Tatsächlich angefallene Einzelkosten je Stück (Istkosten)		
Fertigungsmaterial	320,00 EUR	entsprechen den der Stückliste und dem Arbeitsplan entnommenen Werten der Vorkalkulation
Fertigungslöhne	200,00 EUR	

Im Rahmen des BAB wurden für das letzte Quartal folgende **Istgemeinkostenzuschlagssätze** ermittelt:

Gemeinkosten	Istgemeinkostenzuschlagssätze lt. BAB	
Materialgemeinkosten	MKGZ	20 %
Fertigungsgemeinkosten	FGKZ	130 %
Verwaltungsgemeinkosten	VwGKZ	20 %
Vertriebsgemeinkosten	VtGKZ	15 %

	Normalzuschlagssätze, Gewinnzuschlag und Preisnachlässe	Vorkalkulation		Istzuschlagssätze lt. BAB, Gewinnsatz	Nachkalkulation
Fertigungsmaterial lt. Stückliste		320,00 EUR			320,00 EUR
+ Materialgemeinkosten	25,0 %	80,00 EUR		20,0 %	64,00 EUR
= **Materialkosten**			**400,00** EUR		**384,00** EUR
Fertigungslöhne lt. Arbeitsplan		200,00 EUR			200,00 EUR
+ Fertigungsgemeinkosten	120,0 %	240,00 EUR		130,0 %	260,00 EUR
= **Fertigungskosten**			**440,00** EUR		**460,00** EUR
Herstellkosten			**840,00** EUR		**844,00** EUR
+ Verwaltungsgemeinkosten	15,0 %	126,00 EUR		20,0 %	168,80 EUR
+ Vertriebsgemeinkosten	10,0 %	84,00 EUR		15,0 %	126,60 EUR
= **Selbstkosten**			**1 050,00** EUR		**1 139,40** EUR
+ Gewinn	26,0 %		273,00 EUR	**16,1**	183,60 EUR
= Barverkaufspreis			**1 323,00** EUR		**1 323,00** EUR
+ Kundenskonto	2,0 %		27,00 EUR		
= Zielverkaufspreis			1 350,00 EUR		
+ Kundenrabatt	25,0 %		450,00 EUR		
= Listenverkaufspreis netto			**1 800,00** EUR		

Berechnung des Gewinnsatzes

1 139,40 EUR entsp. 100 %
183,60 EUR entsp. x %

x = 16,1 %

Aufg. 6.4.1 u. 6.4.2 S. 79 f.

Ergebnis: Die tatsächlich entstandenen Selbstkosten in Höhe von 1 139,40 EUR sind um 89,40 EUR höher als die im Rahmen der Vorkalkulation ermittelten Selbstkosten von 1 050,00 EUR. Deshalb beträgt der tatsächlich erzielte Gewinn lediglich 183,60 EUR (16,1 % der Selbstkosten) und nicht wie kalkuliert 273,00 EUR. Da die tatsächlich entstandenen Fertigungsgemeinkosten um 10 Prozentpunkte höher sind als die kalkulierten Fertigungsgemeinkosten, muss analysiert werden, worauf die Differenz zurückzuführen ist. Gleiches gilt für die jeweils um 5 Prozentpunkte höheren Verwaltungs- und Vertriebsgemeinkosten.

Kap. A 6.5

Zusammenfassende Übersicht zu Kap. 6.4: Kostenträgerstückrechnung als Nachkalkulation: Kalkulation mit Istgemeinkostenzuschlagssätzen

Kalkulationsarten

Vorkalkulation (Kalkulation mit Normalkosten)
Ermittlung des voraussichtlichen Angebotspreises

Nachkalkulation (Kalkulation mit Istkosten)
Ermittlung der tatsächlich entstandenen Kosten für ein Erzeugnis

Vergleich zwischen Normalkosten und Istkosten

↓

Abweichungsanalyse

Wiederholung des Grundwissens

zu Kapitel 6.4 Kostenträgerstückrechnung als Nachkalkulation: Kalkulation mit Istgemeinkostenzuschlagssätzen

1. Welche Aufgabe hat eine Nachkalkulation?
2. Wie ist eine Nachkalkulation aufgebaut?

Aufgaben und Probleme

zu Kapitel 6.4 Kostenträgerstückrechnung als Nachkalkulation: Kalkulation mit Istgemeinkostenzuschlagssätzen

6.4.1 Vor- und Nachkalkulation in einem Industriebetrieb

Ein Industriebetrieb kalkulierte einen Auftrag unter Berücksichtigung folgender Angaben: Fertigungsmaterial 1 280 EUR, Fertigungslöhne 2 800 EUR, Materialgemeinkosten 12,5 %, Fertigungsgemeinkosten 160 %, Verwaltungs- und Vertriebsgemeinkosten zusammen 25 %, Gewinn 20 %, Kundenskonto 2 %.

1. Ermitteln Sie den Angebotspreis.
2. Vergleichen Sie den in einer Vor- und Nachkalkulation ermittelten Gewinn (in EUR und in Prozent), wenn der Kunde nach Skontoabzug 13 080 EUR bezahlt. Als tatsächliche Kosten sind angefallen: Materialgemeinkosten 120 EUR, Fertigungsgemeinkosten 3 176 EUR, Verwaltungs- und Vertriebsgemeinkosten 1 594 EUR. Bei den Einzelkosten ergaben sich keine Abweichungen.

6.4.2 Vor- und Nachkalkulation für ein Mountainbike – Ermittlung des tatsächlich erzielten Gewinns

Der Fahrradhersteller Speed-Bike erstellt auf der Grundlage der zuvor durch die Fahrradhändler ermittelten Kunden-Messdaten körpergerechte Mountainbikes.

Der Vorkalkulation eines solchen Mountainbikes werden folgende Normalzuschlagssätze zugrunde gelegt:

Materialgemeinkosten	8 %	Verwaltungsgemeinkosten	4 %
Fertigungsgemeinkosten	40 %	Vertriebsgemeinkosten	3 %

Auf der Grundlage der Konstruktionszeichnung wurde für das Fertigungsmaterial ein Betrag von 380 EUR ermittelt. An Fertigungslöhnen fallen laut Arbeitszeitstudien 120 EUR an. Das Unternehmen arbeitet mit einem Gewinnzuschlag von 9 %. Den Kunden wird ein Rabatt in Höhe von 8 % sowie bei Zahlung innerhalb von 14 Tagen ab Rechnungseingang 2 % Skonto gewährt.

Nach Fertigstellung des Mountainbikes konnten dem Betriebsabrechnungsbogen (BAB) nachstehende Ist-Zuschlagssätze für die Istgemeinkosten entnommen werden:

Materialgemeinkosten	6 %
Fertigungsgemeinkosten	38 %
Verwaltungsgemeinkosten	3 %
Vertriebsgemeinkosten	2 %

1. Stellen Sie in einer Übersicht zur Vor- und Nachkalkulation die Normalkosten und die Istkosten einander gegenüber.
2. Berechnen Sie den tatsächlich erzielten Gewinn in EUR und in Prozent (Gewinnsatz).

6.5 Gesamtkalkulation mit Normal- und Istgemeinkostenzuschlagssätzen – Kostenabweichungen

Für die Kostenkontrolle ist es wichtig, in einer **Gesamtkalkulation** folgende Kosten miteinander zu vergleichen:

- innerhalb einer Rechnungsperiode insgesamt **tatsächlich angefallene** Kosten **(Istkosten)**
- für diese Rechnungsperiode im Rahmen der Vorkalkulation den produzierten Erzeugnissen insgesamt **zugerechnete Kosten (Normalkosten)**.

Kostenabweichung zwischen tatsächlichen und verrechneten Gemeinkosten

Kap A 6.4

In gleicher Weise wie beim Vergleich zwischen Vor- und Nachkalkulation bei der Kostenträgerstückrechnung kommt es auch bei der **Gesamtkalkulation** in erster Linie auf die Analyse der **Kostenabweichungen bei den Gemeinkosten** an. Zwar führen Veränderungen bei den Einzelkosten, die zwischen Vor- und Nachkalkulation eingetreten sind (z. B. sinkende Materialpreise, steigende Fertigungslöhne), ebenfalls zu Kostenabweichungen. Wegen der prozentualen Gemeinkostenzuschläge bedingen aber solche Abweichungen bei den Einzelkosten zwangsläufig immer auch Abweichungen bei den Ist- und Normalgemeinkosten. Eine Analyse der Ursachen für die Abweichungen zwischen Ist- und Normal**gemeinkosten** wird dadurch erschwert. In der betrieblichen Praxis werden daher für die Einzelkosten häufig gleichbleibende Verrechnungspreise (= Durchschnittspreise vergangener Perioden) angesetzt, um z. B. Preisschwankungen beim Fertigungsmaterial auszuschalten. Nur wenn die Einzelkosten bei Vor- und Nachkalkulation in gleicher Höhe angesetzt werden, sind die Ursachen für die Abweichungen zwischen Ist- und Normalgemeinkosten **eindeutig** den Gemeinkostenbereichen zuzuordnen.

Die Gegenüberstellung der Ist- und Normalkosten im Rahmen einer Gesamtkalkulation dient dem Zweck, Abweichungen zwischen den insgesamt angefallenen Gemeinkosten und den insgesamt im Rahmen der Vorkalkulation den Kostenträgern zugerechneten Gemeinkosten festzustellen. Dabei wird davon ausgegangen, dass die Einzelkosten zwischen Vor- und Nachkalkulation unverändert geblieben sind.

Gesamtkalkulation in einem Metallbetrieb

Ein Metallbetrieb hat im Monat März drei Kundenaufträge ausgeführt. Für die Vorkalkulation der Aufträge waren den Konstruktionsunterlagen folgende Einzelkosten entnommen worden.

Auftrag / Einzelkosten	Auftrag 1	Auftrag 2	Auftrag 3
Fertigungsmaterial	2000 EUR	1000 EUR	4500 EUR
Fertigungslöhne	3500 EUR	7000 EUR	2000 EUR

Um die Selbstkosten und den darauf basierenden Angebotspreis zu ermitteln, hatte der Betrieb die Gemeinkosten mit Hilfe von Zuschlagssätzen verrechnet. Diese Gemeinkostenzuschlagssätze waren aus dem **Durchschnitt der Ist-Gemeinkostenzuschlagssätze** der letzten Monate gebildet worden. Die sich daraus ergebenden **Normal-Gemeinkostenzuschlagssätze** hatten folgende Höhe:

MGKZ: 15 % FGKZ: 30 % VwGKZ: 8 % VtGKZ: 4 %

Auf der Basis dieser Zahlen ergab sich für die drei Aufträge folgende **Vorkalkulation**:

Kostenart		Auftrag 1	Auftrag 2	Auftrag 3
Fertigungsmaterial		2000 EUR	1000 EUR	4500 EUR
Normal-MGKZ	15 %	300 EUR	150 EUR	675 EUR
Fertigungslöhne		3500 EUR	7000 EUR	2000 EUR
Normal-FGKZ	30 %	1050 EUR	2100 EUR	600 EUR
kalkulierte Herstellkosten		6850 EUR	10250 EUR	7775 EUR
Normal-VwGKZ	8 %	548 EUR	820 EUR	622 EUR
Normal-VtGKZ	4 %	274 EUR	410 EUR	311 EUR
kalkulierte Selbstkosten		7672 EUR	11480 EUR	8708 EUR

Die tatsächlich im Monat März angefallenen Einzelkosten **(Ist-Einzelkosten)** ergeben sich aus der Summe der durch die einzelnen Aufträge verursachten Einzelkosten. Sie stimmen im vorliegenden Beispiel mit den Einzelkosten der Vorkalkulation überein.

Fertigungsmaterial: 2000 EUR + 1000 EUR + 4500 EUR = 7500 EUR
Fertigungslöhne: 3500 EUR + 7000 EUR + 2000 EUR = 12500 EUR

Die für den Monat März nachträglich ermittelten **Istgemeinkosten** sowie die entsprechenden Gemeinkostenzuschlagssätze sind nachstehendem BAB (Auszug) zu entnehmen:

	Material	Fertigung	Verwaltung	Vertrieb
	...	...	...	...
Summe Gemeinkosten	900 EUR	5000 EUR	1813 EUR	1295 EUR
Zuschlags-grundlagen	7500 EUR (FM)	12500 EUR (FL)	HEKO = FM (7500 EUR) + MGK (900 EUR) + FL (12500 EUR) + FGK (5000 EUR) = 25900 EUR	
Gemeinkosten-zuschlagssätze	MGKZ $= \frac{900}{7500} \cdot 100$ = 12 %	FGKZ $= \frac{5000}{12500} \cdot 100$ = 40 %	VwGKZ $= \frac{1813}{25900} \cdot 100$ = 7 %	VtGKZ $= \frac{1295}{25900} \cdot 100$ = 5 %

Zur Feststellung und Analyse von Kostenabweichungen zwischen Normal- und Istkosten wird nachstehende **Gesamtkalkulation** verwendet:

Aufg. 6.5.1 S. 85 f.

Gesamtkalkulation für den Monat März – Ermittlung der Kostenabweichungen					
	Normalkalkulation		**Istkalkulation**		**Kostenabweichung** (Normal-GK – Ist-GK)
	Ist-Einzelkosten u. Normal-Gemeinkosten	Normal-GKZ	Ist-Einzelkosten u. Ist-Gemeinkosten	Ist-GKZ	
Fertigungsmaterial (Ist)	7 500 EUR		7 500 EUR		
Materialgemeinkosten	1 125 EUR	15 %	900 EUR	12 %	225 EUR
Fertigungslöhne (Ist)	12 500 EUR		12 500 EUR		
Fertigungsgemeinkosten	3 750 EUR	30 %	5 000 EUR	40 %	– 1 250 EUR
Herstellkosten	24 875 EUR		25 900 EUR		
Verwaltungsgemeinkosten	1 990 EUR	8 %	1 813 EUR	7 %	177 EUR
Vertriebsgemeinkosten	995 EUR	4 %	1 295 EUR	5 %	– 300 EUR
Selbstkosten	27 860 EUR		29 008 EUR		– 1 148 EUR

Insgesamt ergibt sich bei den Selbstkosten eine **Unterdeckung** in Höhe von 1 148 EUR. Das bedeutet, dass im Monat März tatsächlich 1 148 EUR mehr Gemeinkosten (Ist-Gemeinkosten) angefallen sind als den Aufträgen in diesem Zeitraum unter Verwendung der **Normalgemeinkostenzuschlagssätze** zugerechnet wurden. Vor diesem Hintergrund sollte Ursachenforschung betrieben werden, warum in den einzelnen Kostenstellen die Höhe der tatsächlich angefallenen Gemeinkosten **(Ist-Gemeinkosten)** von der Höhe der mit Hilfe der Normalzuschlagssätze kalkulierten Gemeinkosten **(Normal-Gemeinkosten)** abgewichen ist.

Sind die mit Normalzuschlagssätzen kalkulierten Gemeinkosten (Normalgemeinkosten) höher als die tatsächlichen Gemeinkosten (Istgemeinkosten), so liegt eine Kostenüberdeckung vor. Sind die Normalgemeinkosten dagegen niedriger als die Istgemeinkosten liegt eine Kostenunterdeckung vor.

Bei einer Kostenüberdeckung hat die entsprechende Kostenstelle weniger Gemeinkosten verursacht als normalerweise anfallen. Bei einer Kostenunterdeckung hat die entsprechende Kostenstelle dagegen überdurchschnittlich hohe Gemeinkosten verursacht. Die Ursachen dafür müssen näher untersucht werden.

Kostenüberdeckung: Normalgemeinkosten > Istgemeinkosten
Kostenunterdeckung: Normalgemeinkosten < Istgemeinkosten

Ursachen für Kostenabweichungen

Aufg. 6.5.2 S. 86

Eine Abweichung der **Istgemeinkosten von den Normalgemeinkosten** kann folgende Ursachen haben:

❶ Verbrauchs-/Mengenabweichung: Veränderungen beim Verbrauch von Material des Gemeinkostenbereiches

Zu einer Kostenabweichung kommt es, wenn eine Kostenstelle gegenüber der Ausgangssituation, zu der ein Gemeinkostenzuschlag errechnet wurde, wirtschaftlicher oder unwirtschaftlicher arbeitet. So führt beispielsweise ein sparsamer Umgang mit Hilfsstoffen oder Energie zu einer Überdeckung, weil die am Ende einer Abrechnungsperiode festgestellten Istgemeinkosten geringer sind als die Normalgemeinkosten.

❷ Preisabweichung: Preisänderungen für Material des Gemeinkostenbereichs (z. B. Hilfsstoffe, Betriebsstoffe) oder Änderung von Hilfslöhnen und Gehältern

Preiserhöhungen für Hilfs- und Betriebsstoffe oder Erhöhungen von Hilfslöhnen und Gehältern führen zu einer höheren Belastung der entsprechenden Kostenstelle mit Gemeinkosten und damit zu höheren Zuschlagssätzen. Bei Preissenkungen für diese Güter würden dagegen weniger Gemeinkosten anfallen.

❸ Beschäftigungsabweichungen

Erhöht sich der Beschäftigungsgrad (= Erhöhung der Produktionsmenge), so ist damit eine entsprechende Erhöhung der variablen Kosten verbunden. Für die **Einzelkosten** (z. B. Materialkosten) wird üblicherweise angenommen, dass sich diese im gleichen Verhältnis verändern wie die Produktionsmenge (proportional variable Kosten). Da sich aber die **Gemeinkosten** – anders als die Einzelkosten – sowohl aus fixen als auch aus variablen Bestandteilen zusammensetzen, führt eine Änderung der Produktionsmenge bei diesen Kosten lediglich zu einer Änderung der darin enthaltenen variablen Kosten. Bei der Verwendung von Gemeinkostenzuschlagssätzen wird aber unterstellt, dass sich **alle** Gemeinkosten in gleicher Weise verändern wie die Einzelkosten.

Da sich aber in Wirklichkeit die Gemeinkosten (wegen der darin enthaltenen Fixkosten) langsamer verändern als die Einzelkosten, weichen bei Produktionsmengen, die nicht der Normalbeschäftigung entsprechen, Normal- und Istzuschlagssätze voneinander ab. Bei einer Produktionsausdehnung steigen die Einzelkosten (= Nenner des Bruchs) schneller als die Gemeinkosten (= Zähler des Bruchs), so dass die Istzuschlagssätze sinken. Bei einer Produktionsminderung sinken dagegen die Einzelkosten schneller als die Gemeinkosten, so dass die Istzuschlagssätze steigen.

$$\text{GKZ} = \frac{\text{Gemeinkosten: fixe Kosten = konstant} \mid \text{var. Kosten}}{\text{Einzelkosten = variable Kosten}} \cdot 100$$

Beschäftigungsschwankungen sind daher immer mit Abweichungen der Normalgemeinkosten von den Istgemeinkosten, d. h. mit Kostenüber- oder Kostenunterdeckung verbunden.

Kostenüber- und Kostenunterdeckung bei Beschäftigungsänderung

Kap. A 8.5

Für einen Industriebetrieb wird angenommen, dass für die aus fixen und variablen Kosten bestehenden Gemeinkosten der Kostenstelle Material folgende Kostenfunktion gilt:

MGK = 5 000 + 3 x (K_f = 5 000 EUR, k_v = 3 EUR/Stück)
Die Materialkosten (Einzelkosten) betragen 10 EUR/Stück.

MGK: 8 000 EUR	
K_{fix}	K_{var}
5 000 EUR	3 000 EUR

Das Unternehmen berechnet bei einer Produktionsmenge von 1 000 Stück den Zuschlagssatz für die Materialgemeinkosten, der künftig als Normalzuschlagssatz verwendet werden soll:

Materialeinzelkosten (1 000 Stück à 10 EUR/Stück)	10 000 EUR	
Materialgemeinkosten (MGK = 5 000 + 3 · 1 000)	8 000 EUR	(= 80 %)
Materialkosten	18 000 EUR	

Ergebnis: Der Normalzuschlagssatz für die Materialgemeinkosten beträgt 80 %.

Beträgt die tatsächliche Produktionsmenge in der nächsten Periode aber beispielsweise 2 000 Stück, ergeben sich auf der Grundlage des ermittelten Normalzuschlagssatzes von 80 % folgende Materialgemeinkosten (Normalkosten):

Materialeinzelkosten (2 000 Stück à 10 EUR/Stück)	20 000 EUR
Materialgemeinkosten 80 % (Normalkosten) →	16 000 EUR
Materialkosten auf Normalkostenbasis	36 000 EUR
Tatsächliche Materialgemeinkosten (Istkosten): (MGK= 5 000 + 3 · 2 000) →	11 000 EUR

MGK: 11 000 EUR	
K_{fix}	K_{var}
5 000 EUR	6 000 EUR

Ergebnis: Das Unternehmen unterstellt bei der Berechnung der Materialgemeinkosten (Normalkosten), dass sich die Materialgemeinkosten in gleicher Weise verändern wie die Materialeinzelkosten (Proportionalisierung der in den Gemeinkosten enthaltenen fixen Kosten). Daher führt eine Erhöhung der Beschäftigung (höhere Produktionsmenge) dazu, dass zu viele Gemeinkosten (hier: 16 000 EUR statt 11 000 EUR) verrechnet werden **(Überdeckung)**.

Ursache für Kostenabweichungen aufgrund von Beschäftigungsschwankungen ist die bei der Anwendung von Zuschlagssätzen eintretende Proportionalisierung der in den Gemeinkosten enthaltenen fixen Kosten. Es wird so getan, als ob sich diese fixen Kosten proportional zu den Einzelkosten ändern. In Wirklichkeit bleiben die Fixkosten aber konstant.

Eine zunehmende Beschäftigung führt zu einer Überdeckung (Normalgemeinkosten übersteigen die Istgemeinkosten). Ursache: Die in den Gemeinkosten enthaltenen Fixkosten erhöhen sich nicht, so dass die Istgemeinkosten niedriger als die bei der Vorkalkulation mit Hilfe der Normalzuschlagssätze verrechneten Gemeinkosten sind.

Eine rückläufige Beschäftigung führt zu einer Unterdeckung (Istgemeinkosten übersteigen die Normalgemeinkosten). Ursache: Die in den Gemeinkosten enthaltenen Fixkosten verringern sich nicht, so dass die Istgemeinkosten höher als die bei der Vorkalkulation mit Hilfe der Normalzuschlagssätze verrechneten Gemeinkosten sind.

Aufg. 6.5.3 u. 6.5.4 S. 86

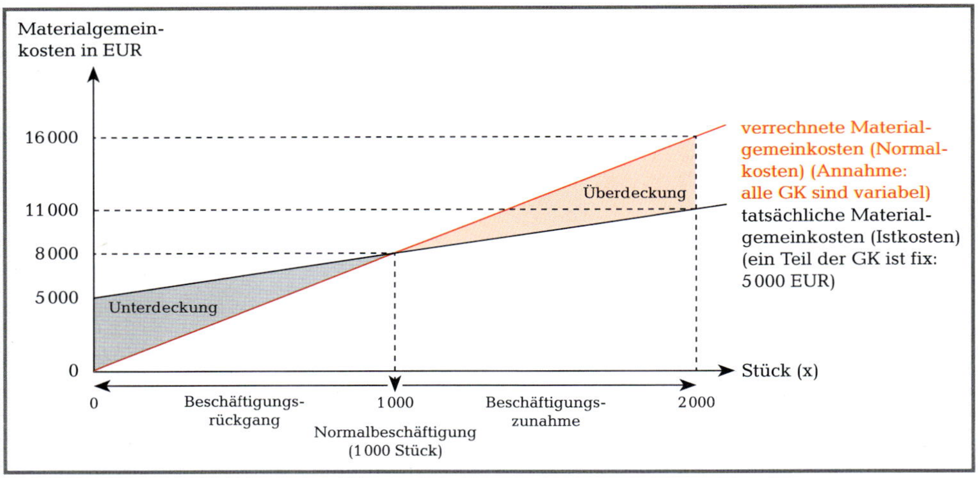

Vergleich Istkostenrechnung – Normalkostenrechnung	
Istkostenrechnung	**Normalkostenrechnung**
▪ ermittelt die tatsächlichen Kosten einer abgelaufenen Rechnungsperiode ▪ ermöglicht keine Angebotskalkulation, da sich Istkosten auf die Vergangenheit beziehen ▪ Kostenkontrolle im Rahmen einer Gesamtkalkulation ist nicht möglich, da Kostenvorgaben fehlen	▪ ermittelt die „normalen" Kosten auf der Grundlage von Durchschnittssätzen aus der Vergangenheit ▪ Angebotskalkulation erfolgt auf der Grundlage von Normalkosten ▪ Vergleich von Ist- und Normalkosten ermöglicht eine Kostenkontrolle

Zusammenfassende Übersicht zu Kap. 6.5: Gesamtkalkulation mit Normal- und Istgemeinkostenzuschlagssätzen – Kostenabweichungen

Aufgabe einer Gesamtkalkulation

↓

Gegenüberstellung der in einem bestimmten Zeitraum angefallenen Istkosten mit den Normalkosten

Ziel einer Gesamtkalkulation

↓

Feststellung und Analyse von Abweichungen der Gemeinkosten

Kostenüberdeckung:	Kostenunterdeckung:
Normalgemeinkosten > Istgemeinkosten	Normalgemeinkosten < Istgemeinkosten

Ursachen

Veränderung der Gemeinkosten durch

Verbrauchs- und Mengenabweichung	Preisabweichung	Beschäftigungsabweichung
Veränderungen beim Verbrauch von Gütern und Diensten des Gemeinkostenbereichs	Preisänderungen für die zur Leistungserstellung erforderlichen Güter des Gemeinkostenbereichs	Schwankung der Produktionsmenge

Wiederholung des Grundwissens

zu Kapitel 6.5: Gesamtkalkulation mit Normal- und Istgemeinkostenzuschlagssätzen – Kostenabweichungen

1. Welches Ziel wird mit einer Gesamtkalkulation verfolgt?
2. Welche Kostenabweichungen zwischen Ist- und Normalkosten werden im Rahmen der Kostenkontrolle untersucht?
3. Erklären Sie, was jeweils unter einer Kostenüber- und Kostenunterdeckung zu verstehen ist.
4. Nennen Sie drei mögliche Gründe für eine Abweichung von Normal- und Istkosten.
5. Warum führt eine zunehmende Beschäftigung im Normalfall zu einer Überdeckung?
6. Warum führt eine rückläufige Beschäftigung im Normalfall zu einer Unterdeckung?

Aufgaben und Probleme

zu Kapitel 6.5: Gesamtkalkulation mit Normal- und Istgemeinkostenzuschlagssätzen – Kostenabweichungen

6.5.1 Normalkalkulation – Istkalkulation

Ein Fertigungsbetrieb für landwirtschaftliche Maschinen kalkuliert mit folgenden Normalzuschlagssätzen:

Materialgemeinkostenzuschlag:	10 %	Fertigungsgemeinkostenzuschlag:	160 %
Verwaltungsgemeinkostenzuschlag:	15 %	Vertriebsgemeinkostenzuschlag:	10 %

EXCEL

Zur Überprüfung dieser Zuschlagssätze werden die Istkosten des letzten Abrechnungszeitraums (Monat Januar) herangezogen:

Fertigungsmaterial	540 000 EUR	Fertigungslöhne	320 000 EUR
Sondereinzelkosten der Fertigung	25 000 EUR	Fertigungsgemeinkosten lt. BAB	532 400 EUR
Materialgemeinkosten lt. BAB	64 200 EUR	Vertriebsgemeinkosten lt. BAB	124 600 EUR
Verwaltungsgemeinkosten lt. BAB	185 000 EUR	Sondereinzelkosten des Vertriebs	18 650 EUR

Ermitteln Sie mit Hilfe eines Tabellenkalkulationsprogramms oder des vorstrukturierten Arbeitsblatts für den Monat Januar

- die Selbstkosten auf Normal- und auf Istkostenbasis,
- die Kostenüber- bzw. Kostenunterdeckung je Kostenstelle,
- die gesamte Kostenüber- bzw. Kostenunterdeckung.

6.5.2 Kostenabweichungen – Gründe für Abweichungen

Der BAB eines Industriebetriebes weist am Ende der Rechnungsperiode folgende Summen auf:

PDF

EXCEL

Kostenarten	Kostenstellen			
	Material (EUR)	Fertigung (EUR)	Verwaltung (EUR)	Vertrieb (EUR)
Summe Einzelkosten	168 000	304 000		
Summe Ist-Gemeinkosten	25 000	72 000	48 000	58 000

Das Unternehmen hat bei der Vorkalkulation folgende Normalzuschlagssätze verwendet: Materialgemeinkosten 13 %, Fertigungsgemeinkosten 28 %, Verwaltungsgemeinkosten 8 %, Vertriebsgemeinkosten 9 %.

1. Ermitteln Sie die Kostenüber- bzw. Kostenunterdeckung je Hauptkostenstelle.
2. Nennen Sie für jede der festgestellten Abweichungen mögliche Gründe.

6.5.3 Ermittlung von Kostenabweichungen

Eine Maschinenfabrik arbeitete im 1. Quartal mit Normalbeschäftigung. Sie hatte für den Fertigungsbereich insgesamt 100 000 EUR Einzelkosten und 120 000 EUR Gemeinkosten ermittelt. Es wird angenommen, dass die Einzelkosten in voller Höhe variable Kosten darstellen. Bei den Gemeinkosten handelt es sich dagegen zu 75 % um fixe Kosten. Im 2. Quartal kalkuliert der Betrieb alle Aufträge mit dem Fertigungsgemeinkostenzuschlag des 1. Quartals.

Da im 2. Quartal ein Beschäftigungsrückgang um 50 % eintrat, sanken die angefallenen Einzelkosten von 100 000 EUR auf 50 000 EUR.

1. Mit welchem FGKZ hat der Betrieb seine Erzeugnisse im 2. Quartal kalkuliert?
2. Ermitteln sie die Höhe der Kostenabweichung, die sich im vorliegenden Fall aufgrund des Beschäftigungsrückgangs bei den Gemeinkosten ergeben hat.
3. Wie hoch hätte der richtige FGKZ im 2. Quartal sein müssen?

6.5.4 Beschäftigungsabweichungen

Für den Verlauf der Ist-Fertigungsgemeinkosten eines Industriebetriebes gilt folgende Gleichung: FGK = 6 000 + 4 x (FGK = Fertigungsgemeinkosten, x = Produktionsmenge)
An Fertigungslöhnen fallen in diesem Betrieb 10 EUR/Stück an.

1. Zeichnen Sie die Kurve der Ist-Gemeinkosten für eine Produktionsmenge von 0 bis 5 000 Stück.
2. Ermitteln Sie den Zuschlagssatz für die Fertigungsgemeinkosten, wenn die derzeitige Produktionsmenge 2 000 Stück beträgt.
3. Zeichnen Sie die Kurve für die verrechneten Gemeinkosten (Normal-Gemeinkosten) unter Verwendung des unter 2. ermittelten Zuschlagsatzes für eine Produktionsmenge von 0 bis 5 000 Stück.
4. Errechnen Sie den Betrag der Kostenabweichung, falls die Produktionsmenge 5 000 Stück beträgt und wenn davon auszugehen ist, dass der in 2. errechnete Zuschlagssatz als Normalzuschlag verwendet wird.
5. Erklären Sie, wie es zu der unter 4. festgestellten Kostenabweichung kommt.

PDF

6.6 Kritik an der Vollkostenrechnung in Form der Zuschlagskalkulation

Die Vollkostenrechnung in Form der Zuschlagskalkulation hat u. a. folgenden Aufgaben:

- Verursachungsgerechte Verteilung der Gemeinkosten auf die Kostenträger
- Ermittlung des Angebotspreises
- Kostenkontrolle

Diese Aufgaben kann die Vollkostenrechnung in Form der Zuschlagskalkulation nur eingeschränkt lösen. Nachstehende Übersicht enthält die wesentlichen Kritikpunkte:

Kritik an der Vollkostenrechnung in Form der Zuschlagskalkulation

- Eine verursachungsgerechte Verteilung bestimmter Gemeinkosten auf die Kostenstellen ist nicht möglich (z. B. Kostenstellengemeinkosten).
- Die bei der Ermittlung der Zuschlagssätze unterstellte Abhängigkeit der Gemeinkosten von den Einzel- bzw. den Herstellkosten trifft häufig nicht zu (z. B. unterstellte Abhängigkeit der Verwaltungsgemeinkosten von den Herstellkosten). Daher ist die Zurechnung der Gemeinkosten auf die Kostenträger mit Hilfe von Zuschlagssätzen nicht immer verursachungsgerecht.
- Eine verursachungsgerechte Zurechnung der Gemeinkosten auf die Kostenträger mit Hilfe von Zuschlagssätzen ist insbesondere dann problematisch, wenn die Gemeinkosten im Verhältnis zu den Einzelkosten sehr hoch (und daher die Zuschlagssätze ebenfalls sehr hoch) sind.
  Lösung: Prozesskostenrechnung (vgl. Kap. A 7)
- Werden dieselben Zuschlagssätze bei unterschiedlichen Beschäftigungsgraden angewandt, wird unterstellt, dass sich nicht nur die variablen Gemeinkosten, sondern auch die fixen Gemeinkosten proportional zur Zuschlagsgrundlage (Einzel- bzw. Herstellkosten) verändern. Dieser Fehler (Proportionalisierung der Fixkosten) führt bei Beschäftigungsänderungen zu Abweichungen zwischen Vor- und Nachkalkulation (Kostenüber-/Kostenunterdeckung).
- Bei Beschäftigungsschwankungen kommt es zu einer nicht marktgerechten Preisgestaltung. Bei abnehmender Beschäftigung steigen die Zuschlagssätze wegen der in den Gemeinkosten enthaltenen Fixkosten. Das führt zu einer Erhöhung der kalkulierten Angebotspreise, obwohl die Marktsituation eher eine Preissenkung erforderlich machen würde. Der umgekehrte Zusammenhang gilt für eine Zunahme der Beschäftigung.
  Lösung: Deckungsbeitragsrechnung (vgl. Kap. A 8.5)

Wiederholung des Grundwissens

zu Kapitel 6.6 Kritik an der Vollkostenrechnung in Form der Zuschlagskalkulation

1. Nennen Sie die wesentlichen Kritikpunkte an der Vollkostenrechnung in Form der Zuschlagskalkulation.
2. „Das Hauptproblem der Zuschlagskalkulation besteht in der Wahl einer geeigneten Zuschlagsgrundlage." Erläutern Sie diese Aussage.
3. Erläutern Sie den Kritikpunkt „Proportionalisierung der Fixkosten".

7 Prozesskostenrechnung

Überblick und Zusammenhänge

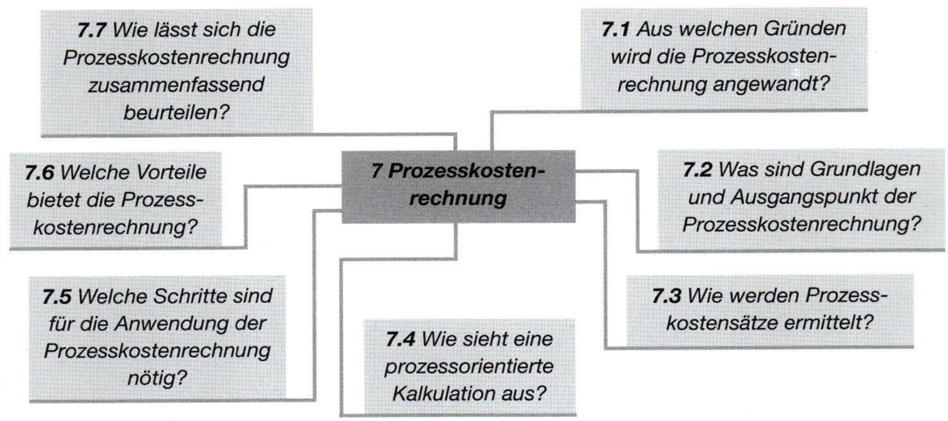

7.1 Grundlagen der Prozesskostenrechnung

Gründe für die Anwendung der Prozesskostenrechnung

Die **Vollkostenrechnung in Form der Zuschlagskalkulation** eignet sich insbesondere für industrielle Fertigungsbetriebe, in denen die Einzelkosten höher als die Gemeinkosten sind. In vielen Unternehmen ist aber die Kostenstruktur inzwischen völlig anders: Die Gemeinkosten übersteigen die Einzelkosten teilweise um das Drei- bis Vierfache. Das hat u. a. folgende Ursachen:

- Anstelle der industriellen Fertigung von Massengütern steht in vielen Industriebetrieben inzwischen die **Auftragsfertigung nach Kundenwünschen** im Vordergrund. Damit gehen steigende Ansprüche in Bezug auf **Qualität** und **Erzeugnisvielfalt** (Produktvarianten) einher.
- Wegen der steigenden **Produktdifferenzierung** kommen in Industriebetrieben zunehmend **automatisierte Fertigungsverfahren** zur Anwendung. Diese verursachen hohe Gemeinkosten.
- Auch für Fertigungsbetriebe werden **Dienstleistungen** (z. B. Kundenberatung und Kundenbetreuung) zunehmend bedeutsamer. Für die Ermittlung der Selbstkosten solcher und anderer Dienstleistungen eignet sich die Zuschlagskalkulation nicht.

Als Folge dieser Entwicklungen werden die Bereiche, die nur **indirekt** einen Beitrag zum Erfolg des Unternehmens leisten (sog. **indirekt produktive Bereiche**) immer wichtiger. Dazu gehören

- sowohl die der Fertigung vorgelagerten Bereiche wie z. B. **Marktforschung, Produktplanung, Forschung und Entwicklung**
- als auch die der Fertigung nachgelagerten Bereiche wie z. B. **Qualitätskontrolle/-sicherung, Kundenservice und Logistik**.

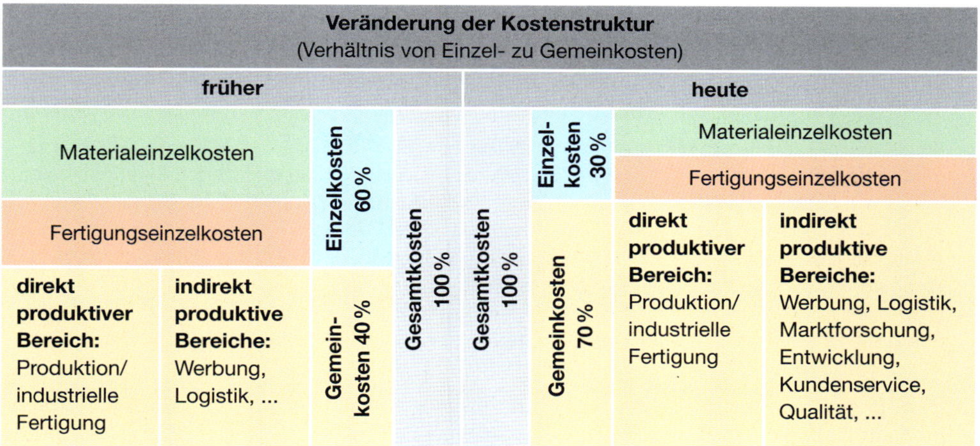

Wegen des erheblich gestiegenen Anteils der Gemeinkosten an den Gesamtkosten vieler Unternehmen hat sich das Problem der möglichst verursachungsgerechten Zurechnung dieser Gemeinkosten auf die Kostenträger erheblich verschärft. Mit der **traditionellen Zuschlagskalkulation**, bei der die **Gemeinkosten mit Hilfe von Zuschlagssätzen proportional zu den Einzelkosten auf die Kostenträger verrechnet** werden, ist dieses Problem nicht mehr lösbar. Angesichts der geänderten Kostenstruktur spiegeln nämlich einerseits die als Zuschlagsgrundlage verwendeten Einzelkosten nicht (mehr) die tatsächliche **Kostenverursachung** eines Produkts oder einer Produktvariante wider. Andererseits werden die Gemeinkostenzuschlagssätze umso höher, je höher die Gemeinkosten im Verhältnis zu den Einzelkosten sind. Dadurch wirken sich Ungenauigkeiten und Fehler bei der proportionalen Umlage der Gemeinkosten durch Zuschlagssätze in besonders hohem Maße aus. Das hat zur Folge, dass den einzelnen Aufträgen entweder zu viele oder zu wenige Gemeinkosten zugewiesen werden. Dieses Problem fehlerhafter – weil nicht verursachungsgerechter – Gemeinkostenzurechnung aufgrund von Zuschlagssätzen tritt insbesondere auch dann auf, wenn es sich um die Kalkulation von Varianten ein und desselben Erzeugnisses handelt.

Auch die Tatsache, dass für viele Vorgänge die anteiligen Gemeinkosten gleich hoch sind, egal ob der Auftrag 10 Stück, 100 Stück oder 1 000 Stück umfasst, kann durch eine Verrechnung der Gemeinkosten mit Hilfe von Zuschlagssätzen nicht berücksichtigt werden.

Bestimmungsfaktoren für die Höhe der Gemeinkosten

Beispielsweise hängt im Materialbereich die Höhe des Bestellaufwands nicht in erster Linie von der Höhe der Materialeinzelkosten ab. Entscheidend ist vielmehr, ob

- für die Ausführung verschiedener Aufträge Material in größeren oder kleineren Mengen bestellt wird,
- für einen Auftrag viele oder wenige Teile zu besorgen sind,
- mit Lieferern Rahmenverträge[1] vereinbart werden oder Einzelbeschaffungen erforderlich sind,
- die Angebote vieler oder weniger Lieferanten zu beurteilen sind,
- viele oder wenige Materialreklamationen zu bearbeiten sind usw.

Auch bei der Kostenkalkulation verschiedener Varianten eines Erzeugnisses wird die Unzulänglichkeit der Zuschlagskalkulation deutlich. Wenn für die beiden Varianten A und B eines

1 Ein Rahmenvertrag im Zusammenhang mit der Materialbeschaffung ist ein Lieferungsvertrag über einen festgelegten Zeitraum (Dauerlieferungsvertrag), bei dem die abzunehmende Gesamtmenge unbestimmt ist. Die jeweilige Höhe der einzelnen Lieferungen wird bei der Bestellung festgelegt. Die im Rahmenvertrag vereinbarten Bedingungen gelten für alle Einzellieferungen.

Erzeugnisses jeweils Fertigungsmaterial in gleicher Art und Menge, allerdings in unterschiedlicher Qualität benötigt wird, ergibt sich bei der Zuschlagskalkulation folgender Effekt:

Benötigtes Fertigungsmaterial der Qualitätsstufe 1 für Produktvariante A: 100,00 Euro je Stück
Benötigtes Fertigungsmaterial der Qualitätsstufe 2 für Produktvariante B: 150,00 Euro je Stück

Bei einem Materialgemeinkostenzuschlagssatz von 15 % werden der Variante A Materialgemeinkosten in Höhe von 15,00 Euro je Stück, der Variante B dagegen Materialgemeinkosten in Höhe von 22,50 Euro je Stück zugerechnet. In Wirklichkeit fallen aber für beide Varianten vermutlich gleich hohe Materialgemeinkosten (z. B. Lagerkosten, Verbrauch an Hilfsstoffen) an. Auch die Höhe der Fertigungsgemeinkosten hängt nicht bzw. nur eingeschränkt von der Höhe der Fertigungslöhne (Fertigungseinzelkosten) ab. Vielmehr werden bestimmte Gemeinkosten im Fertigungsbereich (z. B. Arbeitsvorbereitung, Produktionssteuerung) wesentlich durch die Komplexität und die Variantenvielfalt der herzustellenden Erzeugnisse bestimmt.

Da für die Auftragskalkulation und für andere Zwecke nach wie vor eine **Vollkostenrechnung benötigt** wird, sind zur Lösung der beschriebenen kostenrechnerischen Probleme **neue Bezugsgrößen für die Verrechnung der Gemeinkosten** auf die Kostenträger (Aufträge) nötig. Aus diesem Grunde kommt die **Prozesskostenrechnung** zur Anwendung.

Prozesse als Bezugsgrößen

Bei der **Prozesskostenrechnung** werden für die Verrechnung der Gemeinkosten nicht mehr die Einzelkosten als Zuschlagsgrundlage gewählt. Vielmehr dienen stattdessen **Prozesse als Bezugsgrößen**. Dadurch werden die Ursachen für die Entstehung der Gemeinkosten in den einzelnen Bereichen besser abgebildet.

Ein Prozess ist eine Zusammenfassung von Tätigkeiten, die zu einem gemeinsamen Arbeitsablauf gehören und der Erstellung einer bestimmten Leistung dienen.

Prozesskostenrechnung im Verhältnis zur Zuschlagskalkulation

Bei der **Prozesskostenrechnung** handelt es sich um eine **Vollkostenrechnung**, deren Anwendungsgebiet vornehmlich in den Bereichen liegt, die **hohe Gemeinkosten** aufweisen und dem eigentlichen Fertigungsbereich vor- oder nachgelagert sind (= indirekt-produktive Leistungsbereiche).

Die Prozesskostenrechnung konzentriert sich auf die Gemeinkosten der indirekt-produktiven Bereiche (z. B. Beschaffung, Arbeitsvorbereitung, Logistik, Vertrieb, Rechnungswesen), da diese Gemeinkosten nicht von den traditionellen Bezugsgrößen (z. B. Fertigungslöhne) abhängen, sondern von anderen Größen beeinflusst werden.

Im **Fertigungsbereich** selbst kommt dagegen weiterhin die **Zuschlagskalkulation (= traditionelle Vollkostenrechnung)** mit der Verrechnung der Gemeinkosten über Zuschlagssätze zur Anwendung. Die **Prozesskostenrechnung** stellt somit **eine Ergänzung und Verfeinerung der traditionellen Vollkostenrechnung** dar. Ziel ist es, eine im Vergleich zur Zuschlagskalkulation verursachungsgerechtere Zurechnung der Gemeinkosten auf die Kostenträger zu ermöglichen. Daneben eignet sich die Prozesskostenrechnung insbesondere auch für **Dienstleistungsunternehmen** und hat beispielsweise im Bankenbereich weite Verbreitung gefunden.

Ziel der Prozesskostenrechnung ist es, die tatsächliche Verursachung der Gemeinkosten in den verschiedenen Unternehmensbereichen stärker zu berücksichtigen und damit eine genauere Verrechnung der Gemeinkosten auf die Kostenträger zu erreichen.

Zusammenfassende Übersicht zu Kap. 7.1: Grundlagen der Prozesskostenrechnung

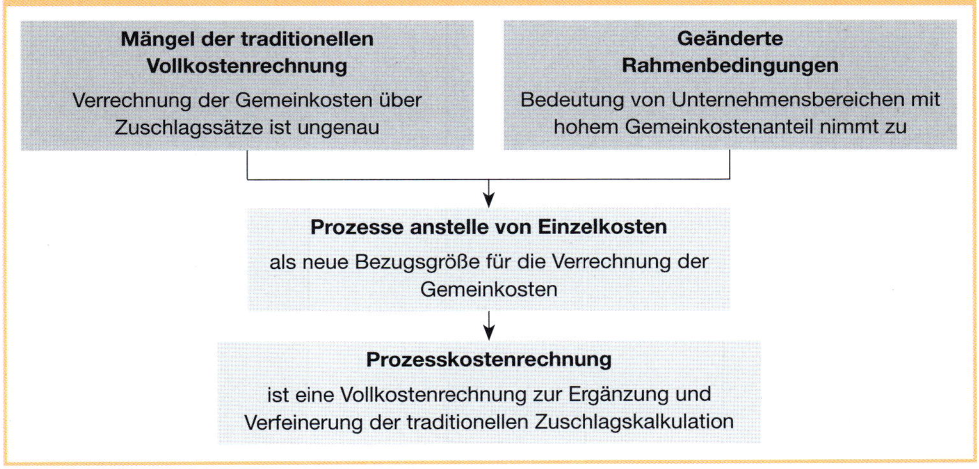

Wiederholung des Grundwissens

zu Kapitel 7.1 Grundlagen der Prozesskostenrechnung

1. Welche Gründe sind für die Einführung einer Prozesskostenrechnung maßgebend?
2. Was ist unter einem Prozess im Sinne der Prozesskostenrechnung zu verstehen?
3. In welchem Verhältnis stehen im industriellen Bereich die traditionelle Vollkostenrechnung (Zuschlagskalkulation) und die Prozesskostenrechnung zueinander?

7.2 Kostenstellen als Ausgangspunkt der Prozesskostenrechnung

7.2.1 Tätigkeitsanalyse

Ausgangspunkt der Prozesskostenrechnung ist die Überlegung, dass die in den **Kostenstellen** ausgeübten **Tätigkeiten** Ursache für die Entstehung von Gemeinkosten sind. Voraussetzung dafür, um in einer Kostenstelle Prozesse, die als Bezugsgröße für die Verrechnung der Gemeinkosten dienen können, ausfindig zu machen, ist eine **Analyse der Tätigkeiten** in den Kostenstellen. Dabei geht es um die Erfassung aller Vorgänge, die im Hinblick auf ein Arbeitsergebnis getätigt werden und Kosten verursachen.

Eine Tätigkeit ist die kleinste erfassbare Einheit eines Vorgangs, der eine betriebliche Leistung erbringt und Kosten verursacht.

Die **Tätigkeitsanalyse** soll insbesondere solche Vorgänge in Kostenstellen erfassen,
- die sich regelmäßig wiederholen (= repetitive[1] Vorgänge),
- bei denen der Anteil der **Gemeinkosten** besonders hoch ist,
- für die sich leicht eine geeignete Bezugsgröße für die Kostenverursachung finden lässt.

Zu den einzelnen Tätigkeiten müssen folgende Fragen beantwortet werden:
❶ Um welchen Vorgang handelt es sich? (Tätigkeitsbeschreibung)
❷ Wie häufig fällt der Vorgang pro Rechnungsperiode an?
❸ Welcher Zeitbedarf ist für den Vorgang erforderlich?

Ergebnis einer Tätigkeitsanalyse (Ausschnitt): Tätigkeitskatalog für die Kostenstelle Einkauf

Nr.	Tätigkeit	Zeitbedarf (Min. pro Tätigkeit)	Menge pro Jahr (Plan)
1	Bestellungen schreiben und kontrollieren (Rahmenvertrag[2])	30	6750
2	Bestellungen schreiben und kontrollieren (Einzelvertrag)	132	1560
3	Bestellungen ausdrucken, speichern, ablegen	8	8310
4	Bestellungen abschicken	10	8310
5	Beschädigte oder fehlerhafte Lieferungen reklamieren, Gewährleistungsrechte geltend machen	240	225
6	Bedingungen für Rahmenverträge mit Lieferern aushandeln und Rahmenverträge abschließen	300	60
...	...	...	...
20	Abteilung Einkauf leiten	–	–

Für jede erfasste Tätigkeit werden die Zahl der Durchführungen pro Periode sowie der hierfür erforderliche Zeitbedarf ermittelt.

1 repetieren *(lat.)*: wiederholen
2 Zur Erläuterung siehe Fußnote 1 S. 89.

Bei der Tätigkeit „Bestellungen schreiben und kontrollieren" muss unterschieden werden, ob es sich um Bestellungen handelt, für die mit einem Lieferer ein **Rahmenvertrag** abgeschlossen wurde oder ob es sich um **Einzelbestellungen** handelt. Für Einzelbestellungen sind die Bearbeitungszeit und damit auch die Bestellkosten wesentlich höher, da die entsprechenden Verträge jeweils gesondert ausgehandelt werden müssen. Bei Bestellungen im Zusammenhang mit Rahmenverträgen brauchen hingegen die Vertragsbedingungen nicht jedes Mal neu ausgehandelt und geprüft werden.

7.2.2 Zusammenfassung von Tätigkeiten zu Teilprozessen[1]

Die in einer Kostenstelle anfallenden Tätigkeiten und die hierdurch verursachten Gemeinkosten sind zu unübersichtlich, um einzeln erfasst und auf die Kostenträger verrechnet zu werden. Daher werden Tätigkeiten, die zu einem gemeinsamen Arbeitsablauf gehören und denen eine gemeinsame Kosteneinflussgröße zugeordnet werden kann, zu **Teilprozessen** zusammengefasst.

Anhand des Verzeichnisses aller Tätigkeiten einer Kostenstelle werden solche Tätigkeiten, die zu einem gemeinsamen Arbeitsablauf gehören und zu einem gemeinsamen Arbeitsergebnis führen, zu Teilprozessen zusammengefasst.

Zu wie vielen Teilprozessen die Tätigkeiten einer Kostenstelle zusammengefasst werden, hängt sowohl vom Grad der Genauigkeit, der für die Kalkulation erreicht werden soll, als auch von Art und Vielfalt der Tätigkeiten der jeweiligen Kostenstelle ab. Die Verdichtung sämtlicher Tätigkeiten einer Kostenstelle zu einem einzigen Prozess erweist sich in der Regel als zu ungenau. Andererseits führt eine sehr hohe Differenzierung mit einer Vielzahl von Teilprozessen zu einem hohen Erfassungs- und Berechnungsaufwand.

Zusammenfassung von Tätigkeiten zu Teilprozessen: Teilprozesse für die Kostenstelle Einkauf

Tätigkeit	Teilprozesse
Bedingungen für Rahmenverträge mit Lieferern aushandeln und Rahmenverträge abschließen	**Rahmenverträge abschließen**
Rahmenverträge: Bestellungen schreiben und kontrollieren Bestellungen ausdrucken und speichern Bestellungen abschicken ...	**Bestellung durchführen (Rahmenverträge)**
Einzelverträge: Bestellungen schreiben und kontrollieren Bestellungen ausdrucken und speichern Bestellungen abschicken ...	**Bestellung durchführen (Einzelverträge)**
... Beschädigte oder fehlerhafte Sendungen reklamieren ...	**Reklamation bearbeiten**
Material disponieren Zu geringe und zu hohe Materialbestände vermeiden Auf Wirtschaftlichkeit der Materialbeschaffung achten Mit vor- und nachgelagerten Abteilungen zusammenarbeiten ...	**Abteilung Einkauf leiten**

1 Der Lehrplan sieht vor, dass die Zusammenfassung von Tätigkeiten zu (Teil-)Prozessen nur nachvollzogen werden soll. Die eigenständige Zusammenfassung von Tätigkeiten zu (Teil-)Prozessen ist somit nicht Gegenstand der schriftlichen Abiturprüfung.

7.2.3 Ermittlung von Kostentreibern und Prozessmengen

lmi-Prozesse und lmn-Prozesse

Bestimmte **Teilprozesse** bestehen aus **Tätigkeiten**, die **wiederholt** werden (= repetitive Tätigkeiten). Die durch sie entstehenden Kosten verhalten sich **proportional zur Häufigkeit der Durchführung dieser Teilprozesse**, d. h. mit jeder Wiederholung des Teilprozesses steigen die damit zusammenhängenden Kosten. Bei solchen Teilprozessen hängt die Häufigkeit der Wiederholung davon ab, welche Leistungsmenge in dieser Kostenstelle erbracht werden soll. Derartige Teilprozesse werden daher als **leistungsmengeninduzierte Teilprozesse** (lmi-Prozesse) bezeichnet. Im vorliegenden Fall sind die vier Teilprozesse „Rahmenverträge abschließen", „Bestellungen durchführen (Rahmenverträge)", „Bestellungen durchführen (Einzelverträge)" und „Reklamationen bearbeiten" **lmi-Prozesse**. Die mit dem Teilprozess „Einkaufsabteilung leiten" zusammenhängenden Tätigkeiten fallen dagegen unabhängig von der insgesamt von der Kostenstelle „Einkauf" zu erbringenden Leistungsmenge an. Es handelt sich daher um einen **leistungsmengenneutralen Teilprozess** (lmn-Prozess).

Leistungsmengeninduzierte (lmi) Teilprozesse bestehen aus Tätigkeiten, die sich wiederholen (= repetitive Tätigkeiten). Die Häufigkeit ihrer Wiederholung hängt davon ab, welche Leistungsmenge in dieser Kostenstelle erbracht werden soll.

Leistungsmengenneutrale (lmn) Teilprozesse bestehen aus Tätigkeiten, die generell anfallen und daher nicht von der Leistungsmenge, die in dieser Kostenstelle erbracht werden soll, abhängen.

Kostentreiber

In einem weiteren Schritt sind die Einflussgrößen zu bestimmen, die für die Höhe der Kosten der ausgeführten Tätigkeiten entscheidend sind. Für die sich wiederholenden Teilprozesse, bei denen sich ein direkter Zusammenhang zwischen der Häufigkeit der Durchführung und der Höhe der dadurch entstehenden Kosten feststellen lässt, wird die Kostenverursachung durch Mengengrößen ausgedrückt. Diese werden als **Kostentreiber** bezeichnet. Dabei kann es sich um Zeiteinheiten (z. B. Fertigungszeiten), Stückzahlen (z. B. Zahl der Bestellungen) oder Flächenangaben (z. B. m^2 Lagerfläche) handeln.

Kostentreiber sind in Mengengrößen ausgedrückte Kosteneinflussgrößen, die die Höhe der Prozesskosten bestimmen.

Wenn einem (Teil-)prozess ein Kostentreiber zugeordnet werden kann, handelt es sich um einen lmi-Prozess. Die Höhe der jeweiligen (Teil-)Prozesskosten ist in diesem Fall abhängig von der Zahl der Prozessdurchführungen.

Kap. A 7.3.2
Aufg. 7.2.1 S. 96

Für Teilprozesse, die nicht aus sich wiederholenden Tätigkeiten bestehen, lässt sich folglich auch kein direkter Zusammenhang zwischen der Anzahl der Wiederholungen und der Höhe der dadurch entstehenden Gemeinkosten feststellen. Da die Kosten dieser Teilprozesse nicht mengenabhängig sind, lassen sich auch keine Kostentreiber feststellen. Es handelt sich dabei um leistungsmengenneutrale Teilprozesse, deren Tätigkeiten aus Leitungs- und Planungsaufgaben bestehen.

Nur bei leistungsmengeninduzierten Teilprozessen kann die Verrechnung der Gemeinkosten mit Hilfe von Kostentreibern erfolgen. Für leistungsmengenneutrale Teilprozesse gibt es keine Kostentreiber. Die Höhe der jeweiligen (Teil-)prozesskosten ist in diesem Fall unabhängig von der Zahl der Prozessdurchführungen.

Zuordnung von Kostentreibern zu den Tätigkeiten der Kostenstelle Einkauf (Ausschnitt)

Tätigkeiten	Teilprozesse	Art	Kostentreiber	
			Art	Menge pro Jahr (Plan)
Bedingungen für Rahmenverträge mit Lieferern aushandeln und Rahmenverträge abschließen	**Rahmenverträge abschließen**	**lmi**	Zahl der Rahmenverträge	60
Rahmenverträge: Bestellungen schreiben und kontrollieren Bestellungen ausdrucken und speichern Bestellungen abschicken ...	**Bestellungen durchführen (Rahmenverträge)**	**lmi**	Zahl der Abrufe/ Bestellungen	6 750
Einzelverträge: Bestellungen schreiben und kontrollieren Bestellungen ausdrucken und speichern Bestellungen abschicken ...	**Bestellungen durchführen (Einzelverträge)**	**lmi**	Zahl der Bestellungen	1 560
... Beschädigte oder fehlerhafte Sendungen reklamieren ...	**Reklamation bearbeiten**	**lmi**	Zahl der Reklamationen	225
Material disponieren Zu geringe und zu hohe Materialbestände vermeiden Auf Wirtschaftlichkeit der Materialbeschaffung achten Mit vor- und nachgelagerten Abteilungen zusammenarbeiten ...	**Abteilung Einkauf leiten**	**lmn**	kein Kostentreiber definierbar	entfällt

Zusammenfassende Übersicht zu Kap. 7.2:
Kostenstellen als Ausgangspunkt der Prozesskostenrechnung

Tätigkeitsanalyse in den Kostenstellen

Zusammenfassung der Tätigkeiten zu Teilprozessen
(= miteinander zusammenhängende Tätigkeiten, die zu einem gemeinsamen Arbeitsablauf gehören und zu einem gemeinsamen Arbeitsergebnis führen)

leistungsmengeninduzierte Teilprozesse (lmi-Prozesse)
= sich wiederholende Tätigkeiten, deren Häufigkeit von der zu erbringenden Leistungsmenge abhängt.

leistungsmengenneutrale Teilprozesse (lmn-Prozesse)
= Tätigkeiten, die nicht von der zu erbringenden Leistungsmenge abhängen.

nur lmi-Prozesse haben Kostentreiber

Bestimmung von Kostentreibern
= in Messgrößen ausgedrückte Verursachungsfaktoren von Gemeinkosten

Fragen zur Wiederholung

zu Kapitel 7.2 Kostenstellen als Ausgangspunkt der Prozesskostenrechnung

7.2.1 Tätigkeitsanalyse

1. Welchem Zweck dient die Tätigkeitsanalyse in einer Kostenstelle?
2. Welche Fragen sind im Zusammenhang mit der Tätigkeitsanalyse zu beantworten?
3. Warum ist bei der Durchführung der Tätigkeitsanalyse mit Widerstand seitens der Mitarbeiter zu rechnen?
4. Nennen Sie Beispiele für Tätigkeiten aus der Kostenstelle Einkauf.
5. Wodurch unterscheidet sich die Tätigkeit „Bestellungen schreiben und kontrollieren" bei einem Rahmenvertrag und bei einer Einzelbestellung?

7.2.2 Zusammenfassung von Tätigkeiten zu Teilprozessen

1. Was ist unter einem Teilprozess zu verstehen und wie entsteht er?
2. Nennen Sie Beispiele für Teilprozesse aus der Kostenstelle Einkauf.
3. Was ist unter einem leistungsmengeninduzierten Teilprozess (lmi-Prozess) zu verstehen? Nennen Sie Beispiele.
4. Was ist unter einem leistungsmengenneutralen Teilprozess (lmn-Prozess) zu verstehen? Nennen Sie Beispiele.

7.2.3 Ermittlung von Kostentreibern

1. Was ist ein Kostentreiber?
2. Warum gibt es bei lmn-Prozessen keine Kostentreiber?
3. Nennen Sie Beispiele für Kostentreiber für lmi-Prozesse aus der Kostenstelle Einkauf.

Aufgaben und Probleme

zu Kapitel 7.2 Kostenstellen als Ausgangspunkt der Prozesskostenrechnung

LA

7.2.1 Materialgemeinkosten – Materialprozesskosten – Tätigkeitsanalyse[1] – Teilprozesse – Kostentreiber

PDF

Ein Industriebetrieb möchte die Materialgemeinkosten so weit wie möglich im Rahmen einer Prozesskostenrechnung den Kostenträgern zurechnen. Die Gemeinkosten der anderen Kostenstellen sollen nach wie vor im Rahmen der traditionellen Zuschlagskalkulation verrechnet werden.

Im Materialbereich fallen u. a. folgende Gemeinkosten an:

Gehälter, Hilfslöhne	Kosten für innerbetriebliche Transportmittel (Abschreibung, Instandhaltung, Energie)
kalkulatorische Abschreibungen auf Gebäude, Büro- und Lagereinrichtung	
Raumkosten (Strom, Heizung u. ä.)	Versicherungsprämie für Gebäude und Lagergüter

Durch die Tätigkeitsanalyse in dem zur Kostenstelle Material gehörenden Lager wird festgestellt, dass im Lager u. a. folgende Tätigkeiten ausgeführt werden:

a) Materialanforderung aus der Produktion entgegennehmen
b) Lieferung entgegennehmen
c) Empfangenes Material auspacken
d) Abteilung leiten (Personaleinsatz organisieren, Wirtschaftlichkeit der Lagerhaltung überwachen, Zusammenarbeit mit anderen Abteilungen koordinieren)
e) Empfangenes Material für Einlagerung vorbereiten
f) von der Produktion angefordertes Material innerbetrieblich transportieren

1 Die Problemstellung der Aufg. 7.2.1 wird in den Aufgaben 7.3.1, 7.3.3 und 7.3.4 fortgeführt. Die zusammenhängenden Aufgaben eignen sich für eine systematische Erschließung wesentlicher Unterrichtsinhalte zur Prozesskostenrechnung.

g) Mängel an empfangenem Material an Einkaufsabteilung melden
h) Lagerort zuweisen
i) Zahl der gelieferten Einheiten (z. B. Paletten, Pakete) mit Lieferschein vergleichen
j) Verpackung auf Beschädigung prüfen
k) Lieferschein mit Bestellschein vergleichen
l) Lagerbestand überwachen
m) von der Produktion angefordertes Material zum innerbetrieblichen Transport bereitstellen
n) empfangenes Material nach Art, Menge, Güte und Beschaffenheit prüfen

1. Stellen Sie fest, welche der genannten Materialgemeinkosten möglicherweise mit den sich regelmäßig wiederholenden Tätigkeiten im Lager in Zusammenhang stehen.
2. Bringen Sie die Tätigkeiten in eine sinnvolle zeitliche Reihenfolge.
3. Fassen Sie die Tätigkeiten zu fünf Teilprozessen zusammen.
4. Wählen Sie für jeden Teilprozess einen geeigneten Kostentreiber.
5. Erläutern Sie, wie die restlichen Materialgemeinkosten, die nicht auf sich regelmäßig wiederholende Tätigkeiten zurückzuführen sind und daher nicht als Materialprozesskosten verrechnet werden können (vgl. 1), den Kostenträgern zugerechnet werden.

7.3 Prozesskostensätze als Grundlage der Prozesskostenkalkulation

7.3.1 Ermittlung und Verteilung von Prozessgemeinkosten[1]

Jedem Teilprozess einer Kostenstelle müssen die durch ihn verursachten Gemeinkosten zugeordnet werden **(= Prozessgemeinkosten)**.
In der Regel werden die Gemeinkosten der Teilprozesse **retrograd** bestimmt. Ausgangspunkt ist ein **Kostenstellenbudget** (= Vorgabe eines bestimmten Betrages zur Deckung der Kosten in der Planungsperiode). Außer dieser Kostenvorgabe muss für alle Teilprozesse angegeben werden,

- wie viel Zeit für die einmalige Durchführung des jeweiligen Teilprozesses benötigt wird **(Vorgabezeit)**
- wie oft die Durchführung des jeweiligen Teilprozesses in der Rechnungsperiode geplant ist **(Prozessmenge)**.

Verteilung von Gemeinkosten nach Arbeitszeitbeanspruchung (Mitarbeiterjahre)[2]

Der Kostenstelle Einkauf eines Betriebes mit hoher Bestellhäufigkeit wird für die Planungsperiode von einem Jahr ein Kostenstellenbudget in Höhe von 420 000 EUR vorgegeben. In der Kostenstelle sind 8 Mitarbeiter beschäftigt, die jeweils 1 800 Stunden pro Jahr arbeiten (= 225 Arbeitstage zu je 8 Stunden). Daraus ergibt sich ein jährliches Kostenstellenbudget pro Mitarbeiterjahr (MJ) von 420 000 EUR : 8 Mitarbeiterjahre = 52 500 EUR/MJ

Kostenstelle: Einkauf		Stellenbudget: 420 000 EUR			Kostenstellenkapazität: 8 MJ		
1	2	3	4	5	6	7	8
Nr.	**Prozess**	**Kostentreiber**	**Vorgabezeit in Stunden**	**Prozessmenge** *(vgl. Bsp. S. 94)*	**Arbeitszeitbeanspruchung in Mitarbeiterjahren (MJ)**	**lmi-Prozesskosten in EUR**	**lmn-Prozesskosten in EUR**
01	Rahmenverträge abschließen	Zahl der Rahmenverträge	6	60	$\frac{6 \cdot 60}{1800}$ **= 0,2**	0,2 · 52 500 = **10 500**	–

1 Der Lehrplan sieht vor, dass die Ermittlung der Prozesskosten nur nachvollzogen werden soll, um dann mit vorgegebenen Prozesskosten weiter zu rechnen.
2 Statt der Bezeichnung Mitarbeiterjahre (MJ) ist auch die Bezeichnung Mannjahre üblich. Die Zahl gibt an, welcher Zeitbedarf sich pro Jahr für bestimmte Tätigkeiten ergibt. Beispielsweise bedeutet 3,6 MJ, dass für die Ausführung dieser Tätigkeit ganzjährig 3,6 Mitarbeiter eingesetzt werden müssen.

Kostenstelle: Einkauf			Stellenbudget: 420 000 EUR			Kostenstellenkapazität: 8 MJ	
1	2	3	4	5	6	7	8
Nr.	Prozess	Kostentreiber	Vorgabezeit in Stunden	Prozessmenge *(vgl. Bsp. S. 94)*	Arbeitszeitbeanspruchung in Mitarbeiterjahren (MJ)	lmi-Prozesskosten in EUR	lmn-Prozesskosten in EUR
02	Bestellungen durchführen (Rahmenverträge)	Zahl der Abrufe/ Bestellungen	0,96	6 750	$\frac{0{,}96 \cdot 6750}{1800}$ **= 3,6**	3,6 · 52 500 = **189 000**	–
03	Bestellungen durchführen (Einzelbestellung)	Zahl der Bestellungen	3	1 560	$\frac{3 \cdot 1560}{1800}$ **= 2,6**	2,6 · 52 500 = **136 500**	–
04	Reklamationen bearbeiten	Zahl der Reklamationen	4,8	225	$\frac{4{,}8 \cdot 225}{1800}$ **= 0,6**	0,6 · 52 500 = **31 500**	–
05	Abteilung Einkauf leiten	–	1 800		$\frac{1800}{1800}$ **= 1,0**		**52 500**
	Summe				**8,00**	**367 500**	**52 500**
						420 000,00	

Durch Multiplikation der Vorgabezeit (Sp. 4) mit der geplanten Prozessmenge (Sp. 5) pro Jahr lässt sich die für diesen Prozess während eines Jahres insgesamt benötigte Zeit bestimmen. Wird diese Zeit ins Verhältnis zur Gesamtarbeitszeit eines Mitarbeiters (Jahresarbeitszeit) gesetzt (Sp. 6), ergibt sich der Zeitbedarf, den ein einzelner Mitarbeiter zur Ausführung dieses Teilprozesses benötigen würde (Mitarbeiterjahre). Die Verteilung der Gemeinkosten auf die Teilprozesse erfolgt in dem Verhältnis, wie die einzelnen Teilprozesse die Arbeitszeit der Mitarbeiter (Mitarbeiterkapazitäten) beanspruchen (Sp. 7).

Die Verteilung der tatsächlichen oder geplanten Gemeinkosten einer Kostenstelle auf die einzelnen Teilprozesse kann in Abhängigkeit vom Umfang erfolgen, in dem die einzelnen Prozesse die Mitarbeiterkapazität in Anspruch nehmen.

$$\text{erforderliche Zeit eines Mitarbeiters in Jahren (Mitarbeiterjahre)} = \frac{\text{Vorgabezeit} \cdot \text{Prozessmenge pro Jahr}}{\text{Verfügbare Stunden pro Mitarbeiter in einem Jahr}}$$

7.3.2 Ermittlung von Teilprozesskostensätzen[1]

Teilprozesskostensatz für lmi-Prozesse

Aufg. 7.3.1 S. 104

Um die Kosten der einzelnen Prozesse den verschiedenen Erzeugnissen zurechnen zu können, müssen Prozesskostensätze errechnet werden. Hierzu werden die jeweiligen Prozesskosten der leistungsmengeninduzierten Teilprozesse durch die jeweilige Prozessmenge dividiert.

1 Der Begriff „Prozesskosten**satz**" ist irreführend. Die Berechnung ergibt keine Prozentsätze, sondern EURO-Beträge.

Teilprozesskostensatz für lmi-Prozesse in EUR = $\frac{\text{Teilprozesskosten des jeweiligen lmi-Prozesses}}{\text{Teilprozessmenge (= Menge des Kostentreibers)}}$

Teilprozesskostensatz für den lmi-Teilprozess „Rahmenverträge abschließen" *(Bsp. S. 97)*

Teilprozesskostensatz „Rahmenverträge abschließen" $= \frac{10\,500 \text{ EUR}}{60} = 175{,}00$ EUR je Rahmenvertrag

Der lmi-Teilprozesskostensatz gibt an, wie viel Euro die einmalige Durchführung des jeweiligen lmi-Teilprozesses kostet.

Teilprozesskostensatz für lmn-Prozesse

Die Gemeinkosten der leistungsmengenneutralen Teilprozesse (= Teilprozesse ohne Kostentreiber) werden **im Verhältnis** der jeweiligen lmn-Teilprozesskosten zur Summe der lmi-Teilprozesskosten der entsprechenden Kostenstelle umgelegt. Jedem lmi-Teilprozess werden anteilig lmn-Prozesskosten zugewiesen.

Prozesskostensatz für lmn-Prozesse in EUR (Umlagesatz in EUR) = $\frac{\text{Teilprozesskosten des jeweiligen lmn-Prozesses}}{\text{Summe der lmi-Teilprozesskosten}} \cdot$ jeweiliger lmi-Teilprozesskostensatz

Stattdessen kann ein **Prozentsatz zur Umlage** der lmn-Prozesskosten auf die lmi-Teilprozesse angewandt werden.

Umlagesatz für lmn-Prozesse in % = $\frac{\text{Teilprozesskosten des jeweiligen lmn-Prozesses}}{\text{Summe der lmi-Teilprozesskosten}} \cdot 100$

Umlagesatz für die Umlage des lmn-Teilprozesses „Einkaufsabteilung leiten" auf den lmi-Teilprozess „Rahmenverträge abschließen" *(Bsp. S. 98)*

(1) Verhältnisrechnung 367 500 EUR ≙ 52 500 EUR
175 EUR ≙ x EUR

Umlagesatz in EUR „Einkaufsabteilung leiten" $= \frac{52\,500 \text{ EUR} \cdot 175{,}00 \text{ EUR}}{367\,500 \text{ EUR}} = 25{,}00$ EUR je Rahmenvertrag

oder

(2) Prozentrechnung 367 500 EUR ≙ 100 %
52 500 EUR ≙ x %

Umlagesatz in % „Einkaufsabteilung leiten" $= \frac{52\,500}{367\,500} \cdot 100 = 14{,}29\,\%$

14,29 % vom lmi-Teilprozesskostensatz „Rahmenverträge abschließen" ergibt:

$$\frac{14{,}29 \cdot 175}{100} = 25{,}00 \text{ EUR je Rahmenvertrag}$$

Der lmn-Umlagesatz gibt an, in welcher Höhe Kosten des lmn-Teilprozesses dem jeweiligen lmi-Teilprozess bei dessen einmaliger Durchführung zugerechnet werden müssen.

Gesamter Teilprozesskostensatz

Der gesamte Prozesskostensatz für einen Teilprozess setzt sich aus dem lmi-Teilprozesskostensatz und dem zugehörigen Umlagesatz zusammen:

Prozesskostensatz eines Teilprozesses in Euro = lmi-Teilprozesskostensatz + lmn-Umlagesatz

Gesamter Prozesskostensatz des Teilprozesses „Rahmenverträge abschließen“

Prozesskostensatz „Rahmenverträge abschließen“ = 175,00 EUR + 25,00 EUR = 200,00 EUR je Rahmenvertrag

Der Teilprozesskostensatz gibt an, wie viel die einmalige Durchführung eines Teilprozesses kostet.

Aufg. 7.3.2 S. 105

Berechnung von Prozesskostensätzen *(Fortsetzung Bsp. S. 97/98)*

1	2	3	4	5	6	7	8	9
Nr.	**Prozess**	**Art**	**Kostentreiber**	**Prozessmenge**	**Teil-Prozesskosten in EUR**	**Imi-Teilprozesskostensatz in EUR**	**Umlagesatz für Imn-Prozesse in EUR**	**Teil-Prozesskostensatz in EUR**
01	Rahmenverträge abschließen	Imi	Zahl der Rahmenverträge	60	10 500	$\frac{10\,500}{60}$ **= 175,00**	$\frac{52\,500 \cdot 175}{367\,500}$ **= 25,00** (= 14,29 % von 175)	**200,00**
02	Bestellungen durchführen (Rahmenverträge)	Imi	Zahl der Abrufe/ Bestellungen	6 750	189 000	$\frac{189\,000}{6\,750}$ **= 28,00**	$\frac{52\,500 \cdot 28}{367\,500}$ **= 4,00** (= 14,29 % von 28)	**32,00**
03	Bestellungen durchführen (Einzelbestellungen)	Imi	Zahl der Bestellungen	1 560	136 500	$\frac{136\,500}{1\,560}$ **= 87,50**	$\frac{52\,500 \cdot 87{,}50}{367\,500}$ **= 12,50** (= 14,29 % von 87,50)	**100,00**
04	Reklamationen bearbeiten	Imi	Zahl der Reklamationen	225	31 500	$\frac{31\,500}{225}$ **= 140,00**	$\frac{52\,500 \cdot 140}{367\,500}$ **= 20,00** (= 14,29 % von 140)	**160,00**
Zwischensumme					**367 500**			
05	Abteilung leiten	Imn	–	–	52 500	Umlagesatz 14,29 %	↑	
Summen					**420 000**			

Die Prozesskostensätze für die Teilprozesse „Bestellungen durchführen“ zeigen folgendes wichtige Ergebnis:

- Liegt einer Bestellung ein Rahmenvertrag zugrunde (Nr. 2), ergeben sich Gemeinkosten in Höhe von 32,00 EUR je Bestellung (Sp. 9). Dieser Betrag setzt sich aus einem Teilprozesskostensatz für den lmi-Prozess „Bestellung durchführen (Rahmenverträge)“ in Höhe von 28,00 EUR (Sp. 7) und einer Umlage für den lmn-Prozess „Abteilung leiten“ in Höhe von 4,00 EUR (Sp. 8) zusammen.
- Liegt dagegen eine Einzelbestellung vor (Nr. 3), ergeben sich Gemeinkosten in Höhe von 100,00 EUR je Bestellung (Sp. 9). Dieser Betrag setzt sich aus einem Teilprozesskostensatz für den lmi-Prozess „Bestellung durchführen (Einzelbestellung)“ in Höhe von 87,50 EUR (Sp. 7) und einer Umlage für den lmn-Prozess „Abteilung leiten“ in Höhe von 12,50 EUR (Sp. 8) zusammen.

Das Beispiel zeigt, dass ein (Standard-)Produkt, dessen Materialien auf der Grundlage bestehender Rahmenverträge beschafft werden können, relativ geringe Bestellkosten verursacht. Handelt es sich jedoch um eine (spezielle) Variante dieses Produktes, für die besondere Materialien im Rahmen von Einzelverträgen mit gesondertem Angebotsvergleich usw. beschafft werden müssen, werden relativ hohe Bestellkosten verursacht. Würde in einem solchen Fall – wie beim traditionellen System der **Vollkostenrechnung in Form der Zuschlagskalkulation** üblich – ein einheitlicher Materialgemeinkostenzuschlagssatz verwendet, würden dem Standardprodukt zu hohe und der Produktvariante zu geringe Materialgemeinkosten zugerechnet. Die Produktvariante würde durch das Standardprodukt subventioniert.

7.3.3 Ermittlung von Hauptprozesskostensätzen

Zusammenfassung von Teilprozessen zu Hauptprozessen

In einem nächsten Schritt werden diejenigen Teilprozesse der verschiedenen Kostenstellen, die sich zu einem typischen betrieblichen Ablauf verknüpfen lassen, zu (i. d. R. kostenstellenübergreifenden) **Hauptprozessen** zusammengefasst (= **Verdichtung** zu Hauptprozessen).

Aufg. 7.3.3 S. 105

Grundsätzlich können Hauptprozesse folgendermaßen gebildet werden:

- Mehrere Teilprozesse unterschiedlicher Kostenstellen bilden einen Hauptprozess.
- Mehrere Teilprozesse einer einzigen Kostenstelle bilden einen Hauptprozess.
- Ein Teilprozess einer Kostenstelle geht in mehrere Hauptprozesse ein.
- Einzelne Teilprozesse einer Kostenstelle sind – ohne weitere Verdichtung – gleichzeitig Hauptprozesse.

Zusammenfassung von Teilprozessen zu Hauptprozessen

Der Prozess **„Material beschaffen (Rahmenvertrag)"** ist ein Hauptprozess, der sich aus mehreren sachlich zusammenhängenden Teilprozessen unterschiedlicher Kostenstellen (z. B. Einkauf, Warenannahme, Lager, Qualitätssicherung) zusammensetzt. Für jeden Teilprozess werden die durch den Hauptprozess in Anspruch genommene Prozessmenge und die dadurch verursachten Gemeinkosten ermittelt. Im folgenden Beispiel hat der Hauptprozess **„Material beschaffen (Rahmenvertrag)"** 6750 mal den Teilprozess „Bestellung durchführen (Rahmenvertrag)" aus der Kostenstelle Einkauf in Anspruch genommen und dadurch Gemeinkosten in Höhe von 6750 (= Prozessmenge) · 32,00 EUR (= Teilprozesskostensatz) = 216000 EUR verursacht.

Teilprozesse im Hauptprozess „Material beschaffen"	Kostenstelle	Kostentreiber	Prozessmenge	Teilprozesskostensatz in EUR	Teilprozesskosten insgesamt in EUR
Bestellung durchführen (Rahmenverträge)	Einkauf	Zahl der Bestellungen	6750 *(vgl. Bsp. S. 100)*	32,00 *(vgl. Bsp. S. 100)*	216000
Material annehmen	Warenannahme	Zahl der Lieferungen	6750	47,00	317250
Materialeingangskontrolle (Stichproben)	Qualitätssicherung	Zahl der zu prüfenden Artikel	4800	40,00	192000
Material einlagern	Lager	Zahl der Materialbewegungen	24990	25,00	624750
Summe					**1350000**

Unter Hauptprozessen sind zusammenhängende (i. d. R. abteilungsübergreifende) Arbeitsabläufe (z. B. Material beschaffen, Kundenauftrag bearbeiten) zu verstehen.

Ermittlung des Hauptprozesskostensatzes

Die Summe der Teilprozesskosten ergibt die Hauptprozesskosten. Für den Hauptprozess muss ebenfalls ein verursachungsgerechter Kostentreiber bestimmt und die erforderliche Prozessmenge ermittelt werden. Aus diesen Größen lässt sich der **Hauptprozesskostensatz** wie folgt ermitteln:

$$\text{Hauptprozesskostensatz in EUR} = \frac{\text{Gesamtkosten des Hauptprozesses (= Summe der Teilprozesskosten)}}{\text{Menge des Kostentreibers des Hauptprozesses (= Prozessmenge des Hauptprozesses)}}$$

Ermittlung des Hauptprozesskostensatzes

Die Kosten des Hauptprozesses **„Material beschaffen“** werden in erster Linie durch die Zahl der durchgeführten Materialbeschaffungen verursacht. Daher wird diese Größe als Kostentreiber gewählt. Der Hauptprozesskostensatz ergibt sich dann wie folgt.

Hauptprozesskosten (= Summe der Teilprozesskosten lt. *Bsp. S. 101*)	1 350 000 EUR
Kostentreiber (cost driver): Zahl der Materialbeschaffungen	6 750
Hauptprozesskostensatz	200,00 EUR

Der Hauptprozesskostensatz gibt an, wie viel Euro die einmalige Durchführung eines Hauptprozesses kostet.

Bei der Verwendung von Prozesskostensätzen wird unterstellt, dass eine Proportionalität zwischen der Kostentreibermenge und der Höhe der Prozesskosten besteht.

Kalkulation mit Materialprozesskosten

Kalkulation mit Materialprozesskosten

Im vorliegenden Beispiel wird der Hauptprozesskostensatz für den Hauptprozess **„Material beschaffen (Rahmenvertrag)“** in Höhe von 200,00 EUR *(Beispiel oben)* wie folgt bei der Kalkulation der Materialkosten berücksichtigt:

Produkt	A	B	C	Summe
Produktionsmenge pro Jahr	20 000	10 000	20 000	
Materialeinzelkosten je Stück	200,00 EUR	130,00 EUR	50,00 EUR	
Materialeinzelkosten insgesamt	4 000 000 EUR	1 300 000 EUR	1 000 000 EUR	6 300 000 EUR
Materialgemeinkosten pro Jahr				1 980 000 EUR
davon: Materialprozesskosten (*vgl. Bsp. S. 101*)				1 350 000 EUR
Rest-Materialgemeinkosten				630 000 EUR
Kostentreiber des Hauptprozesses „Material beschaffen (Rahmenvertrag)“: Zahl der Materialbeschaffungen	2 000	3 000	1 750	6 750

Ermittlung der Materialkosten für die drei Kostenträger

Produkt		A	B	C	Summe
Materialeinzelkosten insgesamt		4 000 000 EUR	1 300 000 EUR	1 000 000 EUR	6 300 000 EUR
Materialgemeinkosten	+ Materialprozesskosten	2 000 · 200 = **400 000 EUR**	3 000 · 200 = **600 000 EUR**	1 750 · 200 = **350 000 EUR**	**1 350 000 EUR**
	+ Rest-Materialgemeinkosten 10 %	400 000 EUR	130 000 EUR	100 000 EUR	630 000 EUR
= Summe der Materialkosten		4 800 000 EUR	2 030 000 EUR	1 450 000 EUR	**8 280 000 EUR**
Materialkosten je Stück		**240,00 EUR**	**203,00 EUR**	**72,50 EUR**	

Zusammenfassende Übersicht zu Kap. 7.3:
Prozesskostensätze als Grundlage der Prozesskostenkalkulation

Verteilung der Gemeinkosten (Budget) einer Kostenstelle auf die Teilprozesse
in Abhängigkeit von der in Anspruch genommenen Mitarbeiterkapazität (Mitarbeiterjahre)

↓

Ermittlung von Teilprozesskostensätzen für den lmi-Prozess
Der lmi-Teilprozesskostensatz gibt an, wie viel die einmalige Durchführung dieses lmi-Prozesses kostet.

↓

Ermittlung von Umlagesätzen zur Verrechnung der lmn-Prozesskosten auf die lmi-Prozesse
Der Umlagesatz gibt an, in welcher Höhe Prozesskosten eines lmn-Prozesses den jeweiligen lmi-Prozessen bei deren einmaliger Durchführung zugerechnet werden müssen.

↓

Ermittlung des gesamten Prozesskostensatzes eines Teilprozesses
= lmi-Prozesskostensatz + lmn-Umlagesatz
Der Teilprozesskostensatz gibt an, wie viel die einmalige Durchführung dieses Teilprozesses kostet.

↓

Zusammenfassung der Teilprozesse (i. d. R. aus verschiedenen Kostenstellen) zu typischen **Hauptprozessen** (z. B. Auftragsbearbeitung)

↓

Bestimmung von **Kostentreibern** für die Hauptprozesse

↓

Ermittlung von Hauptprozesskostensätzen
Der Hauptprozesskostensatz gibt an, wie viel die einmalige Durchführung dieses Hauptprozesses kostet.

Wiederholung des Grundwissens

zu Kapitel 7.3 Prozesskostensätze als Grundlage der Prozesskostenkalkulation

7.3.1 Ermittlung und Verteilung von Prozessgemeinkosten

1. Wie können die Gemeinkosten einer Kostenstelle den Teilprozessen zugeordnet werden?
2. Was ist unter Mitarbeiterjahren (MJ) zu verstehen?

7.3.2 Ermittlung von Teilprozesskosten

1. Wie wird der Teilprozesskostensatz für einen lmi-Prozess ermittelt und was gibt dieser Satz an?
2. Wie wird der Umlagesatz für einen lmn-Prozess ermittelt und was gibt dieser Satz an?
3. Wie wird der gesamte Prozesskostensatz eines Teilprozesses ermittelt und was gibt dieser Satz an?

7.3.3 Ermittlung von Hauptprozesskostensätzen

1. Was ist unter einem Hauptprozess zu verstehen?
2. Wie werden die Hauptprozesskosten ermittelt?
3. Wie wird der Hauptprozesskostensatz ermittelt und was gibt dieser Satz an?
4. Welche Annahme über den Zusammenhang zwischen Prozessmenge (Kostentreibermenge) und Prozesskosten wird bei der Verwendung von Prozesskostensätzen getroffen?

Aufgaben und Probleme

zu Kapitel 7.3 Prozesskostensätze als Grundlage der Prozesskostenkalkulation

LA

7.3.1 Verteilung der Gemeinkosten einer Kostenstelle nach Mitarbeiterjahren – Ermittlung von Teilprozesskosten[1] und Teilprozesskostensätzen

PDF

In der Kostenstelle Material eines Industriebetriebes (vgl. Aufg. 7.2.1) wird für das kommende Geschäftsjahr mit einem Kostenstellenbudget in Höhe von 250 000 EUR geplant. Es werden fünf Mitarbeiter Vollzeit beschäftigt. Das Budget von 250 000 EUR wird gleichmäßig auf die fünf Mitarbeiter aufgeteilt. Die jährlich verfügbare Arbeitszeit eines vollbeschäftigten Mitarbeiters beträgt 1 800 Arbeitsstunden (225 Arbeitstage zu je 8 Stunden).

Folgende Teilprozesse fallen an:

Nr.	Teilprozess	Kostentreiber	Prozessmenge	Vorgabezeit in Stunden
1	Material annehmen	Zahl der Anlieferungen	2 000	0,54
2	Material prüfen und vorsortieren	Liefermenge (Paletten o. Ä.)	8 000	0,36
3	Material einlagern	Zahl der Einlagerungen (Materialbewegungen)	5 000	0,18
4	Material bereitstellen (ausgeben)	Zahl der Aufträge zur Materialausgabe	6 500	0,36
5	*Abteilung leiten*	–	–	1 800

Füllen Sie zur Lösung der folgenden Aufgabe eine Tabelle nach dem Muster auf der nächsten Seite aus:

1. Wie hoch ist das jährliche Kostenbudget je Mitarbeiter (= Kosten eines Mitarbeiterjahres)?
2. Berechnen Sie für alle Teilprozesse den Mitarbeiterbedarf (= in Anspruch genommene Mitarbeiterkapazität).
3. Berechnen Sie die Höhe der Prozesskosten für jeden Teilprozess (Teilprozesskosten).
4. Berechnen Sie die Höhe der lmi-Teilprozesskostensätze.
5. Ermitteln Sie den Umlagesatz für den lmn-Prozess und verteilen sie die Kosten des lmn-Prozesses entsprechend auf die lmi-Prozesse.
6. Ermitteln Sie für jeden der Teilprozesse den Prozesskostensatz insgesamt (lmi-Teilprozesskostensatz + lmn-Umlagesatz).

1 Zu den Lehrplanvorgaben für diese Teilaufgabe siehe Fußnote 1 auf S. 93

KSt: Material	**Kostenstellenbudget: 250 000 EUR**			**Kostenstellenkapazität: 5 MJ[1]**				
	Kostenstellenbudget je MJ:							
Teilprozess	**Kostentreiber**		**Mitarbeiter-bedarf**	**Teilprozess-kosten in EUR**		**Teilprozesskosten-sätze in EUR**		
Bezeichnung	Art	Menge	MJ	lmi	lmn	lmi	lmn	Summe
(1) Material annehmen	Zahl der Anlieferungen	2 000			–			
(2) Material prüfen und vorsortieren	Liefermenge	8 000			–			
(3) Material einlagern	Zahl der Einlagerungen	5 000			–			
(4) Material bereitstellen (ausgeben)	Zahl der Materialausgaben	6 500			–			
Zwischensumme								
(5) Abteilung leiten	–	–		–				
Summe								

7.3.2 Ermittlung von Prozesskostensätzen

Für die Materialkostenstelle eines Industriebetriebes ergeben sich Gemeinkosten in Höhe von 270 000 EUR, die wie folgt auf die einzelnen Prozesse verteilt wurden:

Prozesse	Art	Prozesskosten in EUR	Prozessmenge
Material annehmen	lmi	80 000	2 000
Material einlagern	lmi	120 000	4 000
Material ausgeben	lmi	50 000	500
Materialstelle leiten	lmn	20 000	–
gesamt		270 000	

1. Ermitteln Sie für die entsprechenden Prozesse die lmi-Prozesskostensätze.
2. Ermitteln Sie die auf die einzelnen Teilprozesse entfallende lmn-Umlage.
3. Ermitteln Sie den gesamten Prozesskostensatz für jeden lmi-Teilprozess.

7.3.3 Ermittlung von Hauptprozesskostensätzen

In einem Industriebetrieb (vgl. Aufg. 7.2.1 und 7.3.1) sollen sämtliche mit der Materialbeschaffung zusammenhängenden Teilprozesse zu einem Hauptprozess „Material beschaffen" zusammengefasst werden. Dazu werden folgende fünf Teilprozesse, die teilweise in unterschiedlichen Abteilungen (Kostenstellen) anfallen, berücksichtigt.

1 MJ = Mitarbeiterjahre

Hauptprozess: Material beschaffen			Kostentreiber des Hauptprozesses: Zahl der Bestellungen: 2500		
Teilprozess	**Kostenstelle (Abteilung)**	**Kostentreiber**	**Prozess-menge**	**Teilprozess-kostensatz in EUR**	**Teilprozess-kosten in EUR insgesamt**
Bestellung durchführen	Einkauf	Zahl der Bestellungen	2500	30,00	
Material annehmen	Lager	Zahl der Anlieferungen	2000	18,75	
Material prüfen und vorsortieren	Lager	Liefermenge (Paletten o. Ä.)	8000	12,50	
Material einlagern	Lager	Zahl der Einlagerungen	5000	6,25	
Lieferer-rechnung bearbeiten	Einkauf	Zahl der Rechnungen	2500	10,00	
Summe					

1. Ermitteln Sie die Gesamtkosten des Hauptprozesses „Material beschaffen".
2. Ermitteln Sie den Hauptprozesskostensatz für den Hauptprozess „Material beschaffen".
3. Vom Produkt A werden jährlich 1000 Stück hergestellt. Die Materialeinzelkosten betragen 100,00 EUR je Stück. Bei dieser Produktionsmenge sind jährlich 200 Materialbeschaffungen für das Produkt A nötig. Die restlichen Materialgemeinkosten, die nicht als Prozesskosten verrechnet werden können, werden durch einen (Rest-)Materialgemeinkostenzuschlagssatz in Höhe von 5 % berücksichtigt. Ermitteln sie die jährlichen Materialkosten für das Produkt A.

7.4 Prozessorientierte Kalkulation (Kostenträgerrechnung)

7.4.1 Möglichkeiten zur Verrechnung der Gemeinkosten im Rahmen der Prozesskostenrechnung

Wie die folgende Abbildung zeigt, baut die Prozesskostenrechnung im Industriebetrieb üblicherweise auf einer vorhandenen Kostenstellenrechnung auf. Die in den Kostenstellen erfassten Gemeinkosten können auf verschiedene Weise auf die Kostenträger verrechnet werden.

In der Prozesskostenkalkulation werden neben Einzelkosten und Gemeinkostenzuschlägen auch Hauptprozesskostensätze berücksichtigt. Damit geht eine kostenstellenübergreifende Erfassung von Prozessen und der dadurch verursachten Gemeinkosten einher. Das führt zu einer verursachungsgerechteren Zurechnung der Gemeinkosten auf die Kostenträger als dies bei der traditionellen Zuschlagskalkulation der Fall ist.

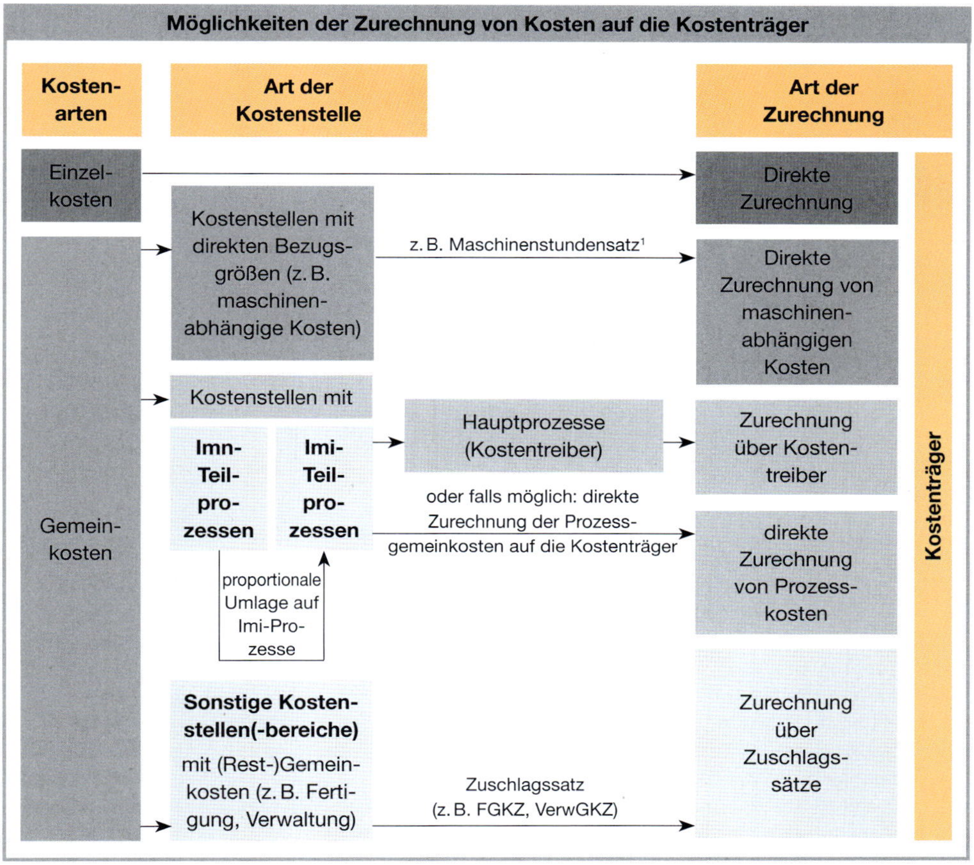

7.4.2 Kalkulation eines Kundenauftrags mit Hilfe von Hauptprozesskostensätzen

Ein Kundenauftrag löst bei seiner Ausführung unterschiedliche Prozesse in den indirekt-produktiven Bereichen (= Gemeinkostenbereiche) aus. Für die Kalkulation der Selbstkosten dieses Auftrags ist es wichtig zu erfassen, ob und ggf. welche Teilprozesse in den einzelnen Stellen wie oft ausgelöst werden. Die Teilprozesse werden im vorliegenden Fall zum Hauptprozess „Kundenauftrag bearbeiten“ verdichtet.

Aufg. 7.4.1, 7.4.2 S. 111 f.

Vergleich: Zuschlagskalkulation – Prozesskostenkalkulation

Informationen zur Kalkulation eines Kundenauftrags bei Zuschlags- u. Prozesskostenkalkulation

Es sind die Selbstkosten eines Kundenauftrags für 20 Metallbehälter (Standardprodukt) zu kalkulieren. Dazu sollen die Selbstkosten je Stück bei einer Auftragsgröße von 10 und von 20 Behältern verglichen werden. Folgende Informationen liegen vor:

Fertigungsmaterial:	100,00 EUR/Stück	Fertigungslöhne:	200,00 EUR/Stück
FGKZ:	150 %		

Die Selbstkosten sind sowohl durch eine Vollkostenkalkulation auf Kostenstellenbasis (= traditionelle Zuschlagskalkulation) als auch durch eine Vollkostenkalkulation auf Prozessbasis (= Prozesskostenrechnung) zu ermitteln. Die Ergebnisse sollen miteinander verglichen werden.

1 Die Behandlung der Maschinenstundensatzrechnung ist im Lehrplan nicht vorgesehen.

Zuschlagskalkulation

Materialgemeinkostenzuschlagssatz: 14 %
Verwaltungsgemeinkostenzuschlagssatz: 15 %
Vertriebsgemeinkostenzuschlagssatz: 5 %

Zuschlagskalkulation für 1 Behälter		
Fertigungsmaterial	100,00	
+ 14 % MGKZ	14,00	
= Materialkosten		**114,00**
Fertigungslöhne	200,00	
+ 150 % FGKZ	300,00	
= Fertigungskosten		**500,00**
Herstellkosten		**614,00**
+ 15 % VwGKZ		92,10
+ 5 % VtGKZ		30,70
Selbstkosten für 1 Behälter		**736,80**

Prozesskostenkalkulation

Die Fertigungsgemeinkosten werden mit Hilfe von Zuschlagssätzen, bezogen auf die Fertigungslöhne, kalkuliert. Die Gemeinkosten in den Stellen Material, Verwaltung und Vertrieb werden prozessbezogen erfasst. Die Erfassung der Teilprozesse in den beteiligten Kostenstellen Material, Verwaltung und Vertrieb (= Gemeinkostenstellen) führt zu dem Ergebnis, dass für die Bearbeitung des Kundenauftrags mit 20 Metallbehältern einige Teilprozesse in den Kostenstellen

- nur einmal anfallen (z. B. Auftragseingang bearbeiten, Versandpapiere erstellen)
- in Abhängigkeit von der Auftragsmenge mehrmals anfallen (z. B. Produkte verpacken)
- gar nicht anfallen (z. B. wird der Teilprozess „Beschaffung durchführen: Einzelverträge" nicht ausgelöst, da es sich bei den Behältern um ein Standardprodukt handelt und alle benötigten Materialien über Rahmenverträge bestellt werden können).

Es wird festgestellt, dass folgende Teilprozesse für die Abwicklung des Hauptprozesses „Kundenauftrag bearbeiten – Metallbehälter" erforderlich sind. Dabei ist zwischen Teilprozessen, die pro Auftrag nur einmal anfallen und Teilprozessen, die für je 10 Erzeugniseinheiten ausgelöst werden, zu unterscheiden.

Hauptprozess: Kundenauftrag bearbeiten – Metallbehälter			
Erforderliche Teilprozesse	**Beteiligte Kostenstellen**	**Gesamtprozesskostensatz je Auftrag in Euro**	**Gesamtprozesskostensatz je 10 Erzeugniseinheiten in EUR**
Auftragseingang bearbeiten	Vertrieb	300,00	
Material bestellen (Rahmenvertrag)	Material		150,00
Material lagern	Material		180,00
Einkauf buchen	Verwaltung	120,00	
Produkte verpacken	Vertrieb		80,00
Transport vorbereiten (Paletten)	Vertrieb		70,00
Versandpapiere erstellen	Vertrieb	40,00	
Verkauf buchen	Verwaltung	100,00	
Hauptprozesskostensatz		**560,00**	**480,00**

Prozesskostenkalkulation: Kundenauftrag (Kosten in EUR)					
	Auftragsgröße:	10 Metallbehälter		20 Metallbehälter	
Materialeinzelkosten	100,00 EUR/St.		1 000,00		2 000,00
+ Fertigungseinzelkosten	200,00 EUR/St.	2 000,00		4 000,00	
Fertigungsgemeinkosten	150 %	3 000,00		6 000,00	
Fertigungskosten			5 000,00		10 000,00
Hauptprozesskostensatz je Kundenauftrag			560,00		560,00
Hauptprozesskostensatz (Basis 10 Stück)			480,00		960,00
Selbstkosten insgesamt			7 040,00		13 520,00
Selbstkosten je Stück			704,00		676,00

Ergebnisse des Vergleiches

❶ Die auf Prozesskostenbasis kalkulierten Selbstkosten für einen Behälter sind deutlich niedriger als bei der traditionellen Zuschlagskalkulation *(vgl. S. 108)*. Dies ist dadurch bedingt, dass bei der Prozesskostenkalkulation dem Kundenauftrag vorrangig diejenigen Gemeinkosten angelastet werden, die dieser Auftrag tatsächlich verursacht hat. Das ist bei der Verwendung von Gemeinkostenzuschlagssätzen nicht der Fall.

❷ Im Gegensatz zur traditionellen Zuschlagskalkulation verändern sich bei der Prozesskostenrechnung die Selbstkosten in Abhängigkeit von der Auftragsmenge **(Degressionseffekt)**. Das ist darauf zurückzuführen, dass bestimmte Prozesse unabhängig von der Auftragsmenge nur einmal anfallen (z. B. Teilprozess „Auftragseingang bearbeiten").

Kap. A 7.6.3

Kalkulationsschema einer Prozesskostenkalkulation

Kalkulationsschema für eine Prozesskostenkalkulation	
Materialeinzelkosten	
+ Materialprozesskosten	z. B. für Einkauf, Wareneingang, Materiallager
+ Materialgemeinkostenzuschlag	für restliche, nicht prozessbezogen verrechenbare Materialgemeinkosten
= Materialkosten (1)	
Fertigungseinzelkosten + Fertigungsunterstützungsprozesskosten	z. B. für Entwicklung, Konstruktion, Arbeitsvorbereitung, Fertigungsplanung, Fertigungssteuerung, Qualitätswesen
+ Fertigungsgemeinkostenzuschlag	für restliche Fertigungsgemeinkosten
+ Sondereinzelkosten der Fertigung	
= Fertigungskosten (2)	
Materialkosten (1) + Fertigungskosten (2)	
= Herstellkosten	
+ Vertriebsprozesskosten	für Marktforschung, Werbung, Verkaufsförderung, Außendienst, Verkaufsbüros, Kundendienst, Fertigwarenlager, Verpackung, Versand, Transport usw.
+ Vertriebsgemeinkostenzuschlag	für restliche Vertriebsgemeinkosten
+ Sondereinzelkosten des Vertriebs	
+ Verwaltungsprozesskosten	
+ Verwaltungsgemeinkostenzuschlag	z. B. für Geschäftsführung, Controlling, Registratur
= Selbstkosten	

Zusammenfassende Übersicht zu Kap. 7.4: Prozessorientierte Kalkulation

Wenn möglich,
Verrechnung der Gemeinkosten anstelle von Zuschlagssätzen mit Hilfe von Hauptprozesskostensätzen

Materialgemeinkostenzuschlag	→	**Materialprozesskosten**
Fertigungsgemeinkostenzuschlag	→	**Fertigungsprozesskosten**
Vertriebsgemeinkostenzuschlag	→	**Vertriebsprozesskosten**
Verwaltungsgemeinkostenzuschlag	→	**Verwaltungsprozesskosten**

Wiederholung des Grundwissens

zu Kapitel 7.4 Prozessorientierte Kalkulation (Kostenträgerrechnung)

7.4.1 Möglichkeiten zur Verrechnung der Gemeinkosten im Rahmen der Prozesskostenrechnung

1. Beschreiben Sie den Aufbau einer Prozesskostenrechnung für einen Industriebetrieb und geben Sie verschiedene Möglichkeiten zur Verrechnung der Gemeinkosten auf die Kostenträger an.

7.4.2 Kalkulation eines Kundenauftrags mit Hilfe von Hauptprozesskostensätzen

1. Welche Besonderheiten können sich bei der Erfassung der von der Bearbeitung eines Kundenauftrags ausgelösten Teilprozesse ergeben?
2. Aus welchen Gründen können die auf Prozesskostenbasis kalkulierten Selbstkosten niedriger sein als die auf Basis der Zuschlagskalkulation ermittelten Selbstkosten?
3. Wie lautet das Kalkulationsschema für die Berechnung der Selbstkosten im Rahmen der Prozesskostenrechnung?

Aufgaben und Probleme

LA

zu Kapitel 7.4 Prozessorientierte Kalkulation (Kostenträgerrechnung)

7.4.1 Vergleich: Zuschlagskalkulation – Prozesskostenrechnung

PDF

Ein Industriebetrieb (vgl. Aufg. 7.2.1, 7.3.1 und 7.3.3) hat das Erzeugnis A im Rahmen der traditionellen Zuschlagskalkulation bisher auf der Basis folgender Zahlen kalkuliert.

Fertigungsmaterial		200,00 EUR
+ Materialgemeinkosten	25 %	50,00 EUR
+ Fertigungslöhne		800,00 EUR
+ Fertigungsgemeinkosten	150 %	1 200,00 EUR
= Herstellkosten		2 250,00 EUR
+ Verw.-/Vertriebsgemeinkosten	20 %	450,00 EUR
= Selbstkosten je Stück		2 700,00 EUR

1. Kalkulieren Sie die Selbstkosten für 1 Stück von Erzeugnis A bei einer Auftragsmenge von 1 Stück und einer Auftragsmenge von 15 Stück. Berücksichtigen Sie dabei die Hauptprozesskostensätze für die nach Einführung der Prozesskostenrechnung ermittelten Hauptprozesse „Material beschaffen" und „Kundenauftrag abwickeln" (siehe S. 111).
2. Vergleichen Sie die Ergebnisse mit denen der traditionellen Zuschlagskalkulation (siehe Tabelle oben) und erläutern Sie die Unterschiede.

Bereich	Hauptprozess	Anzahl der Hauptprozesse je Auftrag bei einer Auftragsmenge von		Hauptprozesskostensatz	Rest-Gemeinkostenzuschlagssatz
		1–10 Stück	11–20 Stück		
Material	Material beschaffen	1	4	107,50 EUR	5 %
Verwaltung/ Vertrieb	Kundenauftrag abwickeln	1	1	300,00 EUR	10 %

7.4.2 Kalkulation mit Prozesskosten

PDF

Ein Unternehmen stellt eine Standardvariante und eine Profivariante eines elektronischen Messgerätes her. Die Profivariante erfordert teurere und zusätzliche elektronische Bauteile sowie einen erhöhten Montageaufwand. Die Standardvariante wird über Kaufhäuser und Baumärkte, die Profivariante nur über den Fachhandel abgesetzt.

Aus der Kostenrechnung liegen folgende Daten vor:

Produkt	Typ Standard	Typ Profi
Produktionsmenge pro Jahr in Stück	3000	2000
Materialeinzelkosten je Stück	30,00 EUR	40,00 EUR
Materialgemeinkosten pro Jahr	85000 EUR	
Fertigungseinzelkosten je Stück	16,00 EUR	20,00 EUR
Fertigungsgemeinkosten pro Jahr	132000 EUR	
Vertriebsgemeinkosten pro Jahr	47500 EUR	
Verwaltungsgemeinkosten pro Jahr	47500 EUR	

1. Ermitteln Sie für beide Typen die Selbstkosten insgesamt und je Stück mit Hilfe der traditionellen Zuschlagskalkulation. Für die vorliegenden Daten ergeben sich folgende Zuschlagssätze:
MGKZ: 50 % FGKZ: 150 % VwGKZ: 10 % VtGKZ: 10 %
2. Die Controllingabteilung hat festgestellt, dass die
   - Materialgemeinkosten durch die beiden Hauptprozesse „Materialeinkauf" und „Vertragsmanagement"
   - Vertriebsgemeinkosten durch den Hauptprozess „Kundenbetreuung" verursacht werden.

   Die Materialgemeinkosten teilen sich wie folgt auf die beiden Hauptprozesse auf:

Materialgemeinkosten pro Jahr: 85000 EUR	Prozesskosten Materialeinkauf	60000 EUR
	Prozesskosten Vertragsmanagement	25000 EUR

   Folgende Prozessmengen werden ermittelt:

Prozessmengen	Standard	Profi	Summe
Hauptprozess „Materialeinkauf" Kostentreiber: Zahl der Bestellungen pro Jahr	50	70	120
Hauptprozess „Vertragsmanagement" Kostentreiber: Zahl der Liefererkontakte pro Jahr	30	70	100
Hauptprozess „Kundenbetreuung" Kostentreiber: Zahl der Kundenkontakte	40	85	125

   Ermitteln Sie die Selbstkosten mit Hilfe einer prozessorientierten Kalkulation.
   Die Fertigungsgemeinkosten werden nach wie vor mit dem FGKZ von 150 % und die Verwaltungsgemeinkosten mit dem VwGKZ von 10 % verrechnet.
3. Erläutern und begründen Sie die unterschiedlichen Ergebnisse bei Anwendung der Zuschlags- und der Prozesskostenkalkulation.

7.5 Zusammenfassung: Vorgehensweise in der Prozesskostenrechnung

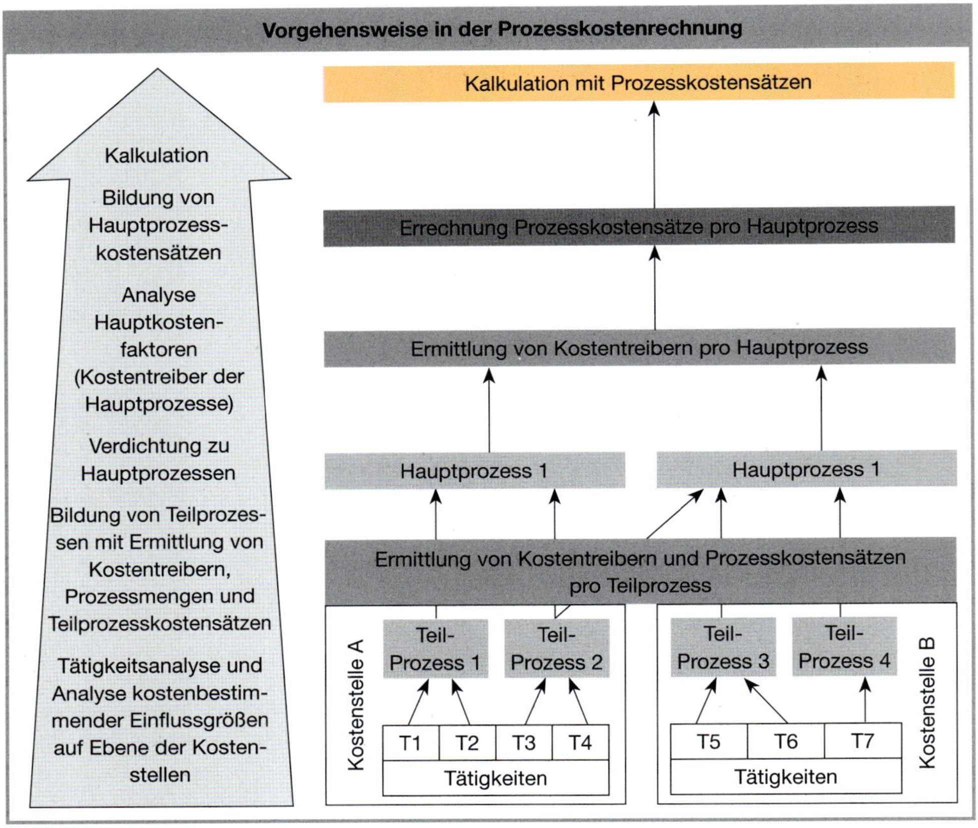

Schritte zur Berechnung der Prozesskosten für ein Produkt:

1. **Tätigkeitsanalyse in den einzelnen Kostenstellen** (vgl. 7.2.1)
2. **Bildung von Teilprozessen** (vgl. 7.2.2)
3. **Bestimmung geeigneter Kostentreiber für die Teilprozesse (= lmi-Prozesse) und Ermittlung der Prozessmengen** (vgl. 7.2.3)
4. **Teilprozesse ohne Kostentreiber als lmn-Prozesse kenntlich machen** (vgl. 7.2.3)
5. **Verteilung der Gemeinkosten der Kostenstellen auf die einzelnen Teilprozesse (z. B. nach der Inanspruchnahme der Mitarbeiterkapazitäten)** (vgl. 7.3.1)
6. **Ermittlung von Teilprozesskostensätzen für die lmi-Prozesse** (vgl. 7.3.2)
7. **Ermittlung des Umlagesatzes für die lmn-Prozesse** (vgl. 7.3.2)
8. **Ermittlung des gesamten Prozesskostensatzes für die Teilprozesse** (vgl. 7.3.4)
9. **Verdichtung der Teilprozesse zu Hauptprozessen** (vgl. 7.3.3)
10. **Bestimmung geeigneter Kostentreiber für die Hauptprozesse und Ermittlung der Prozessmengen** (vgl. 7.3.3)
11. **Ermittlung von Hauptprozesskostensätzen** (vgl. 7.3.3)
12. **Kalkulation mit Hauptprozesskostensätzen** (vgl. 7.3.3)
    - **Gesamtprozesskosten für jede Produktgruppe bestimmen (Gesamtprozesskostensatz · Prozessmenge der Produktgruppe)**
    - **Prozesskosten je Erzeugniseinheit errechnen (Gesamtprozesskosten der Produktgruppe : Stückzahl)**

7.6 Bedeutung und Vorteile der Prozesskostenrechnung

7.6.1 Allokationseffekt

Aufg. 7.6.1 S. 119

Im Rahmen der Prozesskostenrechnung werden die Gemeinkosten nicht auf der Basis wertmäßiger Bezugsgrößen (Materialeinzelkosten, Fertigungslöhne, Herstellkosten), sondern entsprechend der Inanspruchnahme betrieblicher Leistungen verteilt. Die Anzahl der durch die jeweiligen Kostenträger verursachten Prozessmengen bestimmt die Höhe der Prozessgemeinkosten, die diesem Kostenträger zuzurechnen sind. So sind beispielsweise die Kosten, die für die Beschaffung und Lagerung von Fertigungsmaterial entstehen, nicht von der Höhe der Stückpreise der Materialien, sondern von den dafür erforderlichen Prozessen abhängig. Im Vergleich zur traditionellen Zuschlagskalkulation ergeben sich andere Kalkulationsergebnisse. Der Unterschiedsbetrag **(= Kostenverzerrung)** für die zugewiesenen Gemeinkosten, der sich bei der Kalkulation mit Prozesskosten im Vergleich zur traditionellen Zuschlagskalkulation ergibt, wird als **Allokationseffekt** bezeichnet (Allokation = Zuordnung).

Traditionelle Zuschlagskalkulation – Prozesskostenkalkulation

In einem Industriebetrieb wird neben dem Standardprodukt A auch die vom Standardprodukt abweichende Variante B produziert. Damit soll den besonderen Wünschen einzelner Kunden entsprochen werden.

traditionelle Zuschlagskalkulation			Prozesskostenkalkulation				
	Produkt A in EUR	Produkt B in EUR		Produkt A in EUR		Produkt B in EUR	
Material-einzelkosten	240,00	312,00	Material-einzelkosten		240,00		312,00
			Material bestellen (Rahmenvertrag) Material bestellen (Einzelvertrag) Reklamationen bearbeiten Material lagern	33,00 15,50 2,09 19,80		38,50 95,00 16,72 26,40	
Materialgemein-kosten 40%	96,00	124,80	Summe Material-prozesskosten		70,39		176,62
Materialkosten	**336,00**	**436,80**			**310,39**		**488,62**

Der Vergleich der Ergebnisse zeigt, dass bei der traditionellen Zuschlagskalkulation dem Produkt A 25,61 EUR zu viel Materialgemeinkosten zugerechnet wurden, der Variante B hingegen 51,82 Euro zu wenig. Die Produktgruppe A hat die Produktgruppe B subventioniert. Die Ursachen liegen darin, dass bei der Produktvariante B im Vergleich zum Standardprodukt A

- teure Einzelbestellungen erforderlich sind
- mehr Reklamationen zu bearbeiten sind
- die Materiallagerung erheblich mehr Kosten verursacht.

Produkt B müsste mit zusätzlichen Gemeinkosten in Höhe von 51,82 EUR belastet werden, um die tatsächliche Inanspruchnahme der betrieblichen Leistungen im Materialbereich zutreffend widerzuspiegeln. Produkt A müsste dagegen um 25,61 EUR Materialgemeinkosten entlastet werden.

Die Prozesskostenkalkulation weist den einzelnen Kostenträgern Gemeinkosten in anderer Höhe zu als die traditionelle Zuschlagskalkulation. In diesem Unterschiedsbetrag drückt sich der Allokationseffekt der Prozesskostenrechnung aus (Allokation = Zuordnung).

Wenn die zahlenmäßige Abweichung zwischen dem Ergebnis der traditionellen Zuschlagskalkulation und der prozessorientierten Kalkulation in Euro angegeben wird, wird vom **absoluten Allokationseffekt** gesprochen. Die Angabe der Abweichung in Prozent wird als **relativer Allokationseffekt** bezeichnet. Die **Abweichung** kann entweder auf den Unterschied bei den **Gemeinkosten** oder bei den **Selbstkosten** bezogen werden.

absoluter Allokationseffekt = zugerechnete Gemeinkosten (oder Selbstkosten) bei Prozesskostenkalkulation – zugerechnete Gemeinkosten (oder Selbstkosten) bei Zuschlagskalkulation

$$\text{relativer Allokationseffekt} = \frac{\text{absoluter Allokationseffekt}}{\text{traditionelle Gemeinkosten}} \cdot 100$$

Absoluter und relativer Allokationseffekt

Kostenträger	Prozesskostenkalkulation Verrechnete Materialprozesskosten je Stück	Traditionelle Zuschlagskalkulation Verrechnete Materialgemeinkosten	Absoluter Allokationseffekt	Relativer Allokationseffekt
Produkt A	70,39 EUR	96,00 EUR	– 25,61 EUR	– 26,68 %
Produkt B	176,62 EUR	124,80 EUR	+ 51,82 EUR	+ 41,52 %

Bei der traditionellen Zuschlagskalkulation werden im vorliegenden Beispiel Produkt A 26,68 % zu viel und Produkt B 41,52 % zu wenig Materialgemeinkosten zugerechnet.

Der Allokationseffekt zeigt das Ausmaß, in dem die Höhe der Gemeinkosten, die den Kostenträgern zugerechnet werden, voneinander abweicht, wenn anstelle der Zuschlagskalkulation die Prozesskostenkalkulation angewandt wird.

Ist der Allokationseffekt positiv, werden dem Kostenträger bei Anwendung der Prozesskostenkalkulation mehr Gemeinkosten als bei der Zuschlagskalkulation zugerechnet.

Ist der Allokationseffekt negativ, werden dem Kostenträger bei Anwendung der Prozesskostenkalkulation weniger Gemeinkosten als bei der Zuschlagskalkulation zugerechnet.

7.6.2 Komplexitätseffekt[1]

Entwicklung der Gemeinkosten bei komplexen Produkten

Komplexe (= vielfältige) Produkte und Produktvarianten lösen im Vergleich zu Standardprodukten wesentlich mehr Gemeinkosten verursachende Aktivitäten aus. Das gilt z. B. für die Beschaffung, die Fertigungssteuerung und die Qualitätskontrolle. Die Prozesskostenrechnung ermöglicht es, Komplexität und Variantenreichtum der Produkte als kostenbestimmenden Faktor in der Kalkulation verursachungsgerecht zu berücksichtigen.

Die folgende Abb. zeigt, dass bei zunehmender Komplexität eines Produkts die Gemeinkosten überproportional steigen. Die Zuschlagskalkulation unterstellt dagegen nur einen proportionalen Anstieg.

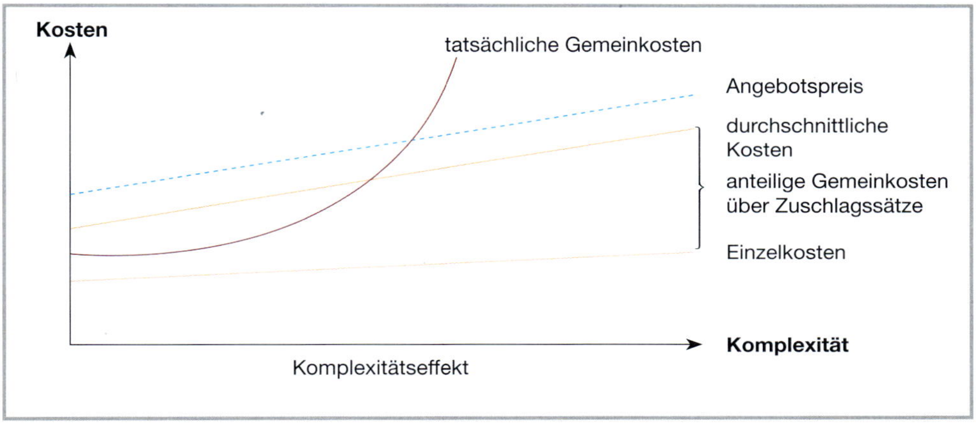

Quelle: A.G. Coenenberg, Kostenrechnung und Kostenanalyse, 1999, S. 237

Fehlkalkulation komplexer Produkte bei Anwendung der Zuschlagskalkulation

Bei Anwendung der **traditionellen Zuschlagskalkulation** kann nicht zwischen Standardprodukten und komplexen Produkten unterschieden werden. Unabhängig von den tatsächlich ausgelösten Aktivitäten für eine Produktgruppe werden dabei fälschlicherweise auch die **komplexitätsbedingten Gemeinkosten proportional** zur jeweiligen wertmäßigen Zuschlagsgrundlage **verrechnet**.

Bei Anwendung der **Zuschlagskalkulation** werden daher einfache Standardprodukte zu teuer und komplexe Varianten zu billig angeboten (*vgl. Bsp. S. 113*). Komplexe Varianten, die scheinbar in erheblichem Maße zur Gewinnerzielung beitragen, werden möglicherweise durch absatzpolitische Maßnahmen gefördert, während die Standardprodukte vernachlässigt werden. Der Absatz dieser einfachen Produkte geht zudem wegen der zu hoch kalkulierten Preise zurück.

1 komplex *(lat.)*: umfassend, vielfältig, verflochten; hier: Produkte, die sich durch eine Vielzahl von Produktvarianten auszeichnen.

Zusammenhang zwischen Komplexitätsgrad und Allokationseffekt

Der Grad der Komplexität lässt sich aus dem absoluten und relativen Allokationseffekt ableiten.

Allokations- und Komplexitätseffekt

(*Fortsetzung Bsp. S. 114*): Der Allokationseffekt für Produkt A wurde absolut mit – 25,61 EUR und relativ mit – 26,68 % festgestellt. Im Vergleich zur traditionellen Zuschlagskalkulation werden dem Produkt A bei Anwendung der Prozesskostenkalkulation somit 26,68% weniger Gemeinkosten zugerechnet. Dies ist ein Hinweis auf die relativ **geringe Komplexität des Produktes A**.

Für Produkt B wurde der Allokationseffekt absolut mit + 51,82 EUR und relativ mit + 41,52 % berechnet. Dem Produkt B werden somit bei Anwendung der Prozesskostenkalkulation 41,52 % mehr Gemeinkosten zugewiesen als bei der traditionellen Zuschlagskalkulation. Dies ist ein Hinweis auf die relativ **hohe Komplexität des Produktes B**.

Ist der Allokationseffekt negativ, wurden in der Prozesskostenrechnung einem Produkt weniger Gemeinkosten zugerechnet als bei der traditionellen Zuschlagskalkulation. Dies ist ein Hinweis auf die relativ geringe Komplexität des Produktes.

Ist der Allokationseffekt positiv, handelt es sich um ein relativ komplexes Produkt. Komplexen Produkten werden in der Prozesskostenrechnung entsprechend höhere Gemeinkosten zugewiesen als einfachen Produkten.

Je höher der Allokationseffekt, desto komplexer ist das Produkt.

Durch die Anwendung der Prozesskostenrechnung wird die Komplexität eines Produktes in der Kalkulation berücksichtigt. Je höher die Komplexität eines Produktes, desto mehr Gemeinkosten treibende Prozesse werden ausgelöst. Daher werden komplexen Produkten relativ mehr Gemeinkosten zugerechnet als einfachen Standardprodukten.

7.6.3 Degressionseffekt

Entwicklung der Stückkosten: Vergleich zwischen traditioneller Zuschlagskalkulation und Prozesskostenkalkulation

Kap. A 7.4.2

Aufg. 7.6.2 S. 120

Wenn Aufträge in höheren Stückzahlen angenommen werden, löst dies nicht zwangsweise mehr Prozesse aus. Ob bei einem Bestellvorgang Materialien für **ein** Stück oder für **zehn** Stück eines gleichartigen Erzeugnisses beschafft werden, löst jeweils ein und denselben Prozess aus. Gleiches gilt für Tätigkeiten im Vertriebsbereich (z. B. Verkaufsgespräche führen, Versandpapiere erstellen) und im Fertigungsbereich (z. B. Maschinen einstellen). Die Höhe der einem Auftrag zuzuweisenden Gemeinkosten hängt somit innerhalb gewisser Grenzen nicht von der bestellten Stückzahl ab.

Bei Anwendung der herkömmlichen Zuschlagskalkulation wird nicht berücksichtigt, dass für viele Vorgänge die Kosten gleich hoch sind, egal ob z. B. ein Stück oder zehn Stück in Auftrag gegeben werden. Bei einer Verrechnung der Gemeinkosten über Zuschlagssätze sind daher die ermittelten Selbstkosten für Aufträge mit geringen Stückzahlen zu niedrig und für Aufträge mit hohen Stückzahlen zu hoch. In Wirklichkeit ergeben sich dadurch, dass die Häufigkeit einzelner Prozesse unabhängig von der produzierten Stückzahl ist, sinkende Stückkosten bei zunehmender Produktionsmenge **(Kostendegression)**.

Bei Anwendung der Prozesskostenrechnung wird dagegen die Kostenentwicklung, die sich bei zunehmender Produktionsmenge ergibt, berücksichtigt. Durch die Erfassung der Zahl der erforderlichen Prozessdurchführungen ergibt sich nämlich, dass höhere Stückzahlen nicht notwendigerweise mehr durchzuführende Prozesse auslösen. Aufgrund solcher Prozesse, die nur einmal ausgelöst werden, sinken daher die auf ein Stück entfallenden Prozesskosten mit zunehmender Produktionsmenge **(Degressionseffekt)**.

Diese Kostenentwicklung entspricht der sich bei zunehmender Produktionsmenge ergebenden **Fixkostendegression**. Kap. A 3.3.1

Die Prozessgemeinkosten je Stück nehmen bei zunehmender Produktionsmenge ab (Degressionseffekt). Dies ist dadurch bedingt, dass einige Prozesse unabhängig von der Produktionsmenge sind und nur einmal anfallen. Bei zunehmender Produktionsmenge sinken daher die auf ein Stück entfallenden Gemeinkosten solcher Prozesse.

Stückkosten bei Anwendung der Prozesskostenrechnung und der traditionellen Zuschlagskalkulation

Die Prozesskosten für die Abwicklung eines Kundenauftrags betragen im Vertriebsbereich (z. B. Warenausgangskontrolle, Versand, Versandpapiere usw.) 600,00 EUR. Diese Kosten fallen unabhängig von der Produktionsmenge an. Ein Vergleich der Stückkosten bei Anwendung der Prozesskostenkalkulation und bei Anwendung der traditionellen Zuschlagskalkulation (VtGKZ 8 %) liefert folgende Ergebnisse:

Auftragsgröße in Stück	Herstellkosten in EUR	Vertriebsgemeinkosten als Zuschlag (8 %)		Vertriebsgemeinkosten als Prozesskosten je Stück in EUR	Degressionseffekt in EUR
		insgesamt in EUR	je Stück in EUR		
1	2 500,00	200,00	200,00	600,00	+ 400,00
3	7 500,00	600,00	200,00	200,00	0,00
5	12 500,00	1 000,00	200,00	120,00	– 80,00
10	25 000,00	2 000,00	200,00	60,00	– 140,00

Die Berechnungen zeigen, dass bei geringen Auftragsgrößen bei der traditionellen Zuschlagskalkulation dem einzelnen Erzeugnis zu wenige Gemeinkosten und bei Aufträgen mit hoher Stückzahl zu viele Gemeinkosten zugewiesen werden. Die auf der Basis von Zuschlagssätzen verrechneten Vertriebsgemeinkosten sind im vorliegenden Beispiel bei einer Auftragsgröße von einem Stück um 400,00 EUR zu niedrig und bei einer Auftragsgröße von zehn Stück um 140,00 EUR je Stück zu hoch. Die Mindestauftragsgröße (= kritische Menge) beträgt im vorliegenden Fall 3 Stück.

Mindestauftragsgröße (kritische Menge)

$$\text{Mindestauftragsgröße (kritische Menge)} = \frac{\text{Prozessgemeinkosten pro Auftrag}}{\text{Konstante Gemeinkosten pro Stück lt. Zuschlagskalkulation}}$$

Die kritische Menge („kritische Masse") gibt an, ab welcher Auftragsgröße (Stückzahl) die Prozessgemeinkosten je Stück niedriger sind als die auf der Basis von Zuschlagssätzen ermittelten Gemeinkosten je Stück.

Mindestauftragsgröße (kritische Menge)

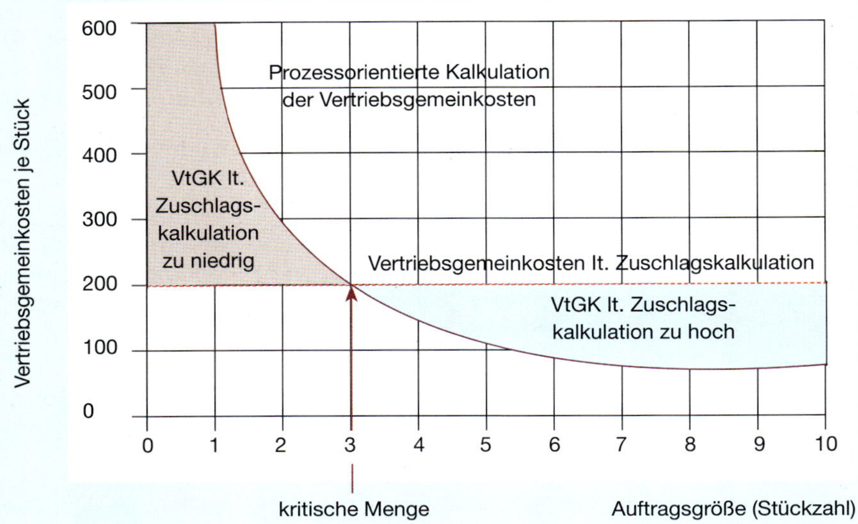

Im vorangehenden Beispiel bleiben die Vertriebsprozesskosten innerhalb einer Auftragsgröße von ein bis zehn Stück unverändert (600,00 EUR). Dies ist insbesondere bei Tätigkeiten wie disponieren, einplanen, bestätigen, versenden, buchen, Papiere prüfen usw. der Fall. Hierdurch ergibt sich der Degressionseffekt bei steigender Produktionsmenge. Aber auch dann, wenn eine steigende Produktionsmenge mit steigenden Prozesskosten verbunden ist, kann in vielen Fällen davon ausgegangen werden, dass die Prozesskosten im Vergleich zur Produktionsmenge nur **unterproportional** steigen. Auch in diesen Fällen ergibt sich ein Degressionseffekt.

Zusammenhang zwischen Auftragsgröße und Degressionseffekt

Aufgrund der **Degressionseffekte** ist es sinnvoll, größere Auftragsmengen anzustreben, da dadurch die Selbstkosten je Stück sinken. Für die Kalkulation von Kundenaufträgen ist in diesem Zusammenhang wichtig zu wissen,

- ob für bestimmte Prozesse die Zahl der erforderlichen Prozessdurchführungen bei zunehmender Produktionsmenge unverändert bleibt,
- ob sich für bestimmte Prozesse die Zahl der erforderlichen Prozessdurchführungen bei zunehmender Produktionsmenge proportional oder unterproportional verändert.

Wenn die Zahl der Prozessdurchführungen weniger stark ansteigt als die Produktionsmenge, sind Degressionseffekte zu erwarten.

Durch Anwendung der Prozesskostenrechnung werden Degressionseffekte bei der Kalkulation der Selbstkosten eines Produktes berücksichtigt. Bei niedrigen Auftragsgrößen werden den einzelnen Erzeugnissen relativ hohe Gemeinkosten, bei hohen Auftragsgrößen relativ niedrige Gemeinkosten zugerechnet.

Zusammenfassende Übersicht zu Kap. 7.6:
Bedeutung und Vorteile der Prozesskostenrechnung

Die Prozesskostenkalkulation liefert besondere Informationen, die für Maßnahmen zur Kostenbeeinflussung genutzt werden können

Allokationseffekt	Komplexitätseffekt	Degressionseffekt
Unterschiedsbetrag, der sich bei der Kalkulation mit Prozesskosten im Vergleich zur traditionellen Zuschlagskalkulation bei der Zurechnung der Gemeinkosten bzw. bei der Ermittlung der Selbstkosten ergibt **Absoluter Allokationseffekt:** Unterschied in EUR **Relativer Allokationseffekt:** Unterschied in %	Komplexen Produkten werden durch die Prozesskostenrechnung höhere Gemeinkosten zugewiesen als einfachen Produkten. Die Komplexität eines Produktes drückt sich in der Höhe des Allokationseffektes aus.	Tritt ein, wenn die Stückzahlen für einen zu bearbeitenden Auftrag steigen, ohne dass entsprechend mehr durchzuführende Prozesse ausgelöst werden. Dadurch ergibt sich bei zunehmender Stückzahl eine Kostendegression, die durch die Prozesskostenrechnung berücksichtigt wird.

↓

Grundlage für die Entwicklung von Strategien
Preispolitik, Produktions- und Absatzprogramm, optimale Auftragsgröße

Wiederholung des Grundwissens

zu Kapitel 7.6 Bedeutung und Vorteile der Prozesskostenrechnung

7.6.1 Allokationseffekt

1. Woran macht sich der Allokationseffekt bemerkbar und worauf ist er zurückzuführen?
2. Was ist unter dem absoluten und dem relativen Allokationseffekt zu verstehen?

7.6.2 Komplexitätseffekt

1. Welcher Unterschied besteht zwischen komplexen und einfachen Produkten hinsichtlich der Kostenverursachung? Worauf ist dieser Unterschied zurückzuführen?
2. Welcher Zusammenhang besteht zwischen dem Allokationseffekt und der Komplexität eines Produktes?

7.6.3 Degressionseffekt

1. Worauf ist der bei der Prozesskostenrechnung deutlich werdende Degressionseffekt zurückzuführen?
2. Welcher Zusammenhang besteht zwischen der Auftragshöhe (Stückzahl) und der Kostendegression?

Aufgaben und Probleme

zu Kapitel 7.6 Bedeutung und Vorteile der Prozesskostenrechnung

7.6.1 Allokations- und Komplexitätseffekt in der Prozesskostenrechnung

PDF

Für die Kostenstelle Material eines Industriebetriebs liegen folgende Informationen vor. Die Prozesse werden nicht zu weiteren Hauptprozessen verdichtet.

	Prozesskosten Produktgruppe A in EUR	Prozesskosten Produktgruppe B in EUR	Prozesskosten Produktgruppe C in EUR
Material beschaffen	17 280,00	47 520,00	21 600,00
Material annehmen, prüfen, reklamieren	29 160,00	68 040,00	32 400,00
Material lagern	12 960,00	21 600,00	19 440,00
Insgesamt	59 400,00	137 160,00	73 440,00
	Summe aller Prozesskosten der Stelle (= Materialgemeinkosten) = 270 000,00		

1. Ermitteln Sie die jeweiligen Prozesskosten für ein Stück von Produkt A, B und C, wenn folgende Mengen produziert werden:

Produkt	A	B	C
Produktionsmenge	2 000 Stück	3 000 Stück	1 000 Stück

2. Ermitteln Sie den Materialgemeinkostenzuschlagssatz und die Materialgemeinkosten für jede Produktgruppe mit Hilfe der traditionellen Zuschlagskalkulation, wenn folgende Materialeinzelkosten vorliegen:

Produkt	A	B	C
Materialeinzelkosten pro Stück	135,00 EUR	150,00 EUR	180,00 EUR

3. Ermitteln Sie den absoluten und relativen Allokationseffekt für je ein Stück der drei Produkte.
4. Ermitteln Sie den absoluten Allokationseffekt für jede der drei Produktgruppen.
5. Unterscheiden Sie die drei Produktgruppen hinsichtlich ihrer Komplexität.

7.6.2 Degressionseffekte in der Prozesskostenrechnung

PDF

1. In einem Industriebetrieb sollen Metallgehäuse beschafft werden. Eine innerbetriebliche Untersuchung hat gezeigt, dass sich die durchschnittlichen Gemeinkosten für die Abwicklung einer Bestellung auf 150,00 EUR belaufen. Bisher wurden diese Gemeinkosten mit einem MGKZ von 25 % auf die Materialeinzelkosten (= 12,00 EUR je Gehäuse) verrechnet
   a) Wie hoch sind jeweils die Materialkosten je Stück,
      - bei Verwendung der traditionellen Zuschlagskalkulation
      - bei Verwendung einer prozessorientierten Kalkulation

      wenn die Bestellaufträge 1 Stück, 10 Stück, 50 Stück, 200 Stück oder 500 Stück umfassen?
   b) Wie hoch ist der Degressionseffekt bei den jeweils unterschiedlichen Bestellmengen?
   c) Stellen Sie die Entwicklung der gesamten Materialkosten je Stück bei den beiden Kalkulationsverfahren für Bestellmengen im Bereich von 1 bis 200 Stück in einem Koordinatensystem grafisch dar. (X-Achse 10 cm, 1 cm = 20 Bestellmengeneinheiten; Y-Achse 10 cm, 1 cm = 5 EUR Materialstückkosten)
   d) Bei welcher Bestellmenge liegt die Mindestgröße eines Bestellauftrags (= kritische Menge)?
   e) Welche Schlussfolgerungen lassen sich aus den Ergebnissen ziehen?
   f) Erläutern Sie, wodurch Degressionseffekte zustande kommen und welche Konsequenzen ein Unternehmen daraus ziehen sollte.
2. Ein Industriebetrieb kalkulierte bisher die Vertriebsgemeinkosten mit einem VtGKZ auf die Herstellkosten. Für das Hauptprodukt Alpha wurden 7 200,00 EUR Herstellkosten pro Stück ermittelt. Auf dieser Grundlage wurden die Vertriebskosten mit einem Zuschlagssatz von 25 % (= 1 800,00 EUR) verrechnet. Nach der Einführung einer Prozesskostenrechnung zeigte sich, dass für den Versand eines jeden aus bis zu 50 Stück des Produkts Alpha bestehenden Auftrages mit Vertriebskosten in Höhe von 63 000,00 EUR zu rechnen ist.
   a) Ermitteln und erläutern Sie die Mindestauftragsgröße (kritische Menge) für das Hauptprodukt „Alpha".
   b) Berechnen Sie den Degressionseffekt bei einer Auftragsgröße von 50 Stück.

7.7 Zusammenfassende Beurteilung der Prozesskostenrechnung

Anwendungsbereich

Die Vorteile der Prozesskostenrechnung durch eine verursachungsgerechtere Zurechnung der Gemeinkosten auf die Kostenträger wirken sich insbesondere in Unternehmen aus, die unterschiedlich komplexe Produkte anbieten und Spezialaufträge ausführen. Werden in einem Unternehmen dagegen nur Produkte erstellt, die die betrieblichen Kapazitäten in nahezu gleicher Weise beanspruchen, führt die Prozesskostenrechnung zu Kalkulationsresultaten, die kaum von den Ergebnissen der traditionellen Zuschlagskalkulation abweichen. Dennoch lassen sich auch dann im Rahmen der Prozesskosten wichtige Informationen für unternehmerische Entscheidungen gewinnen (s. u.).

Industriebetriebe, die die Prozesskostenrechnung einführen, behalten in der Regel ihr bisheriges Kostenrechnungssystem bei und ergänzen oder ersetzen dieses an geeigneten Stellen durch die Prozesskostenrechnung. Dies ist vor allem in den indirekt-produktiven Bereichen (z. B. Beschaffung, Vertrieb, Rechnungswesen) der Fall, in denen hohe Gemeinkosten entstehen und deren Leistungen von den einzelnen Kostenträgern in unterschiedlicher Intensität in Anspruch genommen werden. Die Prozesskostenrechnung eignet sich insbesondere auch für Dienstleistungsbetriebe, da dort die traditionellen Zuschlagsgrundlagen eines Industriebetriebs (z. B. Fertigungsmaterial, Fertigungslöhne) nicht vorliegen und die angebotenen Produkte sehr unterschiedlich sein können.

Kostenstellenübergreifende Betrachtung von betrieblichen Abläufen

Durch die kostenstellenübergreifende Betrachtung von betrieblichen Zusammenhängen, wie dies bei der Bildung von Hauptprozessen geschieht, werden Ansatzpunkte zur Verbesserung betrieblicher Abläufe gewonnen.

Abbildung von Komplexität und Variantenreichtum

Ein entscheidender Vorteil der Prozesskostenrechnung liegt darin, dass die Komplexität eines Produktes und die verschiedenen Produktvarianten als Gemeinkosten bestimmende Faktoren deutlich werden. Damit werden wichtige Informationen für ein Kostenmanagement geliefert.

Informationen durch Analyse des Allokations-, Komplexitäts- und Degressionseffektes

Die Analyse der drei Effekte liefert Informationen, die für die Preispolitik, die Bestimmung des Produktions- und Absatzprogramms (Standardprodukte, Produktvarianten, komplexe Produkte) und für die optimale Auftragsgröße von Bedeutung sind.

Vermeidung von Quersubventionierungen

Der Allokationseffekt deckt Quersubventionierungen von Produkten im Rahmen der traditionellen Zuschlagskalkulation auf.

Bessere Ressourcennutzung – Vermeidung von Überkapazitäten

Die Prozesskostenrechnung liefert Ansatzpunkte, um die Inanspruchnahme betrieblicher Leistungen (= Ressourcennutzung im Betrieb) zu überprüfen. Aus der Berechnung der möglichen Prozessmengen und dem Vergleich mit den realisierten Prozessmengen einer Rechnungsperiode lassen sich Überkapazitäten feststellen, die entweder abzubauen oder anderweitig zu nutzen sind.

Aufdeckung unnötiger Tätigkeiten und Prozesse

Die Überprüfung einzelner Tätigkeiten und Prozesse ermöglicht Rückschlüsse über deren Effizienz und Notwendigkeit. Mehrfachtätigkeiten (z. B. mehrfache Genehmigungen, mehrfache Bearbeitungen), unzulänglicher Informationsaustausch, unnötige oder zu lange Besprechungen, unnötige Prozesse (z. B. überflüssige Kontrollprozesse) werden aufgedeckt. Einzelne Tätigkeiten und Prozesse können dadurch entweder verbessert oder vermieden werden.

Zusammenfassende Übersicht zu Kap. 7.7:
Zusammenfassende Beurteilung der Prozesskostenrechnung

Anwendungsbereiche

Prozesskostenrechnung ist eine Form der Vollkostenkalkulation

Ergänzend zur Zuschlagskalkulation auf Kostenstellenbasis
bei Industrieunternehmen mit komplexen Produkten, Produktvarianten, Auftragsfertigung nach Kundenwünschen

Dienstleistungsbetriebe
ohne traditionelle Zuschlagsgrundlagen, aber mit verschiedenartigen Produkten (z. B. Banken, Versicherungen)

Vorteile der Prozesskostenrechnung

- Kostenstellenübergreifende Betrachtung von betrieblichen Abläufen
- Abbildung von Komplexität und Variantenreichtum
- Aufdeckung unnötiger Tätigkeiten und Prozesse
- Vermeidung von Quersubventionierungen
- Bessere Ressourcennutzung – Vermeidung von Überkapazitäten
- Informationen durch Analyse des Allokations-, Komplexitäts- und Degressionseffektes

Probleme der Prozesskostenrechnung

- Die Prozesskostenrechnung ist eine Vollkostenrechnung. Eine verursachungsgerechte Zurechnung der Fixkosten auf die Erzeugnisse kann nicht erfolgen. Sie ist kein Ersatz für die Deckungsbeitragsrechnung, da sie für kurzfristige Entscheidungen nicht geeignet ist (vgl. Kap. A 8).
- Die Verteilung der Prozessgemeinkosten erfolgt mit Hilfe von Kostentreibern. Dabei wird eine proportionale Veränderung der Gemeinkosten in Abhängigkeit von den Kostentreibern unterstellt. Ähnliches gilt für die proportionale Verteilung der lmn-Kosten auf die lmi-Kosten.
- Viele Prozesse setzten sich aus Teilprozessen unterschiedlicher Kostenstellen zusammen. Für Kostenabweichungen kann daher nicht ein bestimmter Kostenstellenleiter verantwortlich gemacht werden.

Wiederholung des Grundwissens

zu Kapitel 7.7 Zusammenfassende Beurteilung der Prozesskostenrechnung

1. Welches sind die wesentlichen Anwendungsbereiche der Prozesskostenrechnung?
2. Welche wesentlichen Vorteile ergeben sich bei Anwendung der Prozesskostenrechnung gegenüber der traditionellen Zuschlagskalkulation?

8 Teilkostenrechnung in Form der Deckungsbeitragsrechnung[1]

Überblick und Zusammenhänge

8. Teilkostenrechnung in Form der Deckungsbeitragsrechnung

- ***8.1*** *Wodurch unterscheiden sich Voll- und Teilkostenrechnung? Wie ist eine Teilkostenrechnung aufgebaut? Wie wird der pro Stück erzielte Deckungsbeitrag ermittelt?*
- ***8.2*** *Wie wird das pro Periode (z. B. Quartal, Geschäftsjahr) erzielte Ergebnis mit Hilfe einer Deckungsbeitragsrechnung ermittelt?*
- ***8.3*** *Wie lassen sich der Mindestabsatz zur Deckung der Fixkosten und die Gewinnschwelle mit Hilfe der Deckungsbeitragsrechnung ermitteln?*
- ***8.4*** *Welcher Preis muss erzielt werden, damit ein Unternehmen*
  - *kurzfristig*
  - *langfristig*

  am Marktgeschehen teilnehmen kann (kurz- und langfristige Preisuntergrenze)?
- ***8.5*** *Anwendung der Deckungsbeitragsrechnung bei schwankender Beschäftigung – Fehlentscheidungen bei Anwendung der Vollkostenrechnung*
- ***8.6*** *Anwendung der Deckungsbeitragsrechnung bei Produktions- und Absatzentscheidungen*
  - *Welche Produkte sollte das Produktionsprogramm unter Kostengesichtspunkten enthalten?*
  - *Welche Produkte sollen gefördert, welche sollen eliminiert werden?*
  - *Wann soll ein Zusatzauftrag angenommen oder abgelehnt werden?*
- ***8.7*** *Sollen Bauteile oder Erzeugnisse selbst hergestellt oder eher fremdbezogen werden (Make or Buy)?*
- ***8.8*** *Welche Entscheidungen zum optimalen Produktionsprogramm sind zu treffen, wenn das Unternehmen nicht über freie Kapazitäten verfügen kann (Relative Deckungsbeitragsrechnung)?*
  - *Wie ist zu entscheiden, wenn das Unternehmen über freie Kapazitäten verfügt?*
  - *Wie ist zu entscheiden, wenn das Unternehmen die Kapazität erweitern müsste?*
  - *Welche weiteren Kriterien sind – neben Kostengesichtspunkten – noch zu berücksichtigen (qualitative Entscheidungskriterien)?*
- ***8.9*** *Welche Informationen liefert*
  - *eine Vollkostenrechnung,*
  - *eine Deckungsbeitragsrechnung?*

1 Neben der Deckungsbeitragsrechnung gibt es noch weitere Teilkostenrechnungssysteme. Diese sind jedoch nicht Gegenstand des Lehrplanes.

8.1 Deckungsbeitragsrechnung als Stückrechnung

Unterschied zwischen Voll- und Teilkostenrechnung

Im Rahmen der Vollkostenrechnung wird zwischen Einzel- und Gemeinkosten unterschieden. Bei der Vollkostenrechnung werden sämtliche Kosten auf die Kostenträger verrechnet.

Die **Deckungsbeitragsrechnung** als eine Form der **Teilkostenrechnung** gliedert die Kosten in deren fixe und variable Bestandteile. Nur die variablen Kosten werden den einzelnen Produkten (Kostenträgern) zugerechnet. Die **fixen Kosten** fallen dagegen unabhängig von der Produktionsmenge in gleich bleibender Höhe an. Sie stellen Kosten der Betriebsbereitschaft dar und können bei einem Mehrproduktunternehmen nicht verursachungsgerecht auf die einzelnen Kostenträger verteilt werden.

Bei der Deckungsbeitragsrechnung werden nur die variablen Kosten den einzelnen Produkten (Kostenträgern) zugerechnet, da sich nur diese Kosten bei unterschiedlichen Produktionsmengen ändern.

Deckungsbeitrag

In diesem Kostenrechnungssystem spielen **Deckungsbeiträge** eine zentrale Rolle. Der **Deckungsbeitrag je Stück** (db) wird berechnet, indem vom Preis eines Produktes dessen variable Stückkosten abgezogen werden.

	Nettoverkaufspreis je Stück (p)
–	variable Kosten je Stück (k_v)
=	Deckungsbeitrag je Stück (db)

Deckungsbeitragsrechnung einer Fahrradfabrik

Ein Fahrradhersteller produziert Rennräder und Mountainbikes. Aus Wettbewerbsgründen ist er gezwungen, den Barverkaufspreis je Stück, zu dem er die Mountainbikes dem Großhandel anbietet, von 550,00 EUR auf 500,00 EUR zu senken. Die variablen Kosten betragen 300,00 EUR. Kann die Produktion zu den gegebenen Bedingungen zumindest vorübergehend aufrechterhalten werden?

Berechnung des Deckungsbeitrags pro Stück (db)

	Barverkaufspreis (Nettoverkaufspreis)	500,00 EUR
–	variable Kosten	300,00 EUR
=	**Deckungsbeitrag (db)**	**200,00 EUR**

Grafische Darstellung

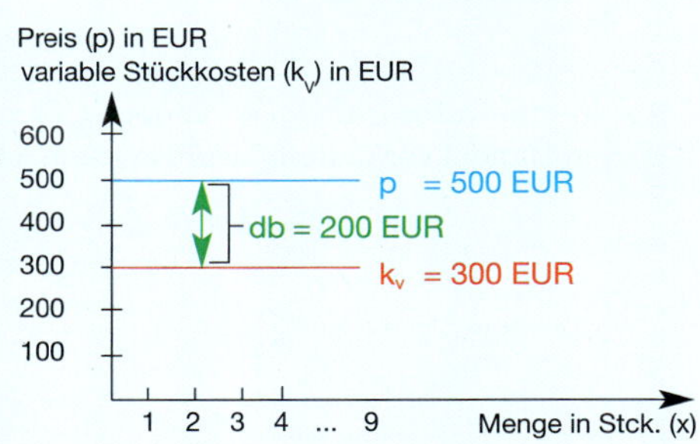

Ergebnis: Der Verkaufspreis eines Stücks (p) übersteigt die variablen Stückkosten (k_v) um 200 EUR (= Deckungsbeitrag db). Damit leistet jedes einzelne verkaufte Stück einen Beitrag zur Deckung der auch ohne Produktion anfallenden fixen Kosten in Höhe von 200 EUR. Demnach kann – zumindest kurzfristig – die Produktion aufrechterhalten werden. Wenn dagegen die Produktion ganz eingestellt wird, entfällt dieser Deckungsbeitrag und es entsteht ein Verlust in Höhe der Fixkosten.

Aufg. 8.1.1 S. 125

In Höhe des Deckungsbeitrags leistet das Produkt einen Beitrag zur Deckung der ohnehin anfallenden fixen Kosten eines Unternehmens.

Zusammenfassende Übersicht zu Kap. 8.1: Deckungsbeitragsrechnung als Stückrechnung

Deckungsbeitragsrechnung (= Form der Teilkostenrechnung)

↓

↓

Verrechnung der variablen Kosten auf die Kostenträger

Deckungsbeitragsrechnung als Stückrechnung:

	Nettoverkaufspreis je Stück (p)
–	variable Kosten je Stück (k_v)
=	Deckungsbeitrag je Stück (db)

Wiederholung des Grundwissens

zu Kapitel 8.1 Deckungsbeitragsrechnung als Stückrechnung

1. Wodurch unterscheiden sich Voll- und Teilkostenrechnung?
2. Welche Kosten werden in der Deckungsbeitragsrechnung den Kostenträgern zugerechnet?
3. Warum werden in der Teilkostenrechnung die fixen Kosten nicht den Kostenträgern zugerechnet?
4. Wie wird der Deckungsbeitrag je Stück ermittelt?
5. Welche Bedeutung hat ein positiver Stückdeckungsbeitrag für das Unternehmen?

Aufgaben und Probleme

zu Kapitel 8.1 Deckungsbeitragsrechnung als Stückrechnung

8.1.1 Produktionsentscheidung eines Herstellers von Garagentoren

Ein Hersteller von Garagentoren produziert monatlich 500 Tore. Dafür fallen 50 000 EUR Fixkosten an. Die variablen Stückkosten betragen 650 EUR.

1. Berechnen Sie die Selbstkosten pro Garagentor.
2. Aus Wettbewerbsgründen kann der Hersteller derzeit die Tore nur zu folgenden Bedingungen an den Handel verkaufen: Listenverkaufspreis (ohne Umsatzsteuer): 800,00 EUR.
   Es muss außerdem ein Kundenrabatt von 10 % und ein Skonto von 2 %, der regelmäßig in Anspruch genommen wird, gewährt werden.
   Ermitteln Sie den Barverkaufspreis (Nettoverkaufspreis) und entscheiden Sie, ob unter diesen Bedingungen die Tore weiterproduziert werden sollen.
3. Welcher Rabatt (in EUR und in %) kann höchstens gewährt werden, wenn davon auszugehen ist, dass der Verkaufspreis mindestens die variablen Kosten decken muss?

8.2 Ergebnisermittlung mit Hilfe der Deckungsbeitragsrechnung

Ergebnisermittlung mit Hilfe der Deckungsbeitragsrechnung in einer Fahrradfabrik

Einem Hersteller von Fahrrädern *(vgl. S. 124)* liegen für das zweite Quartal folgende Daten vor:

Ausgangssituation:

	Mountainbikes	Rennräder
Produktions- und Absatzmenge (x)	6 000 Stück	4 000 Stück
Barverkaufspreis je Stück (p)	500,00 EUR	700,00 EUR
Variable Kosten je Stück (k_v)	300,00 EUR	480,00 EUR
Gesamte fixe Kosten des Betriebes für das zweite Quartal (K_f)	1 280 000 EUR	

Berechnung des Betriebsergebnisses mit Hilfe der Deckungsbeitragsrechnung:

	Mountainbikes	Rennräder
Stückpreis (p) · Menge (x) = Erlöse (E)	500 · 6 000 = 3 000 000 €	700 · 4 000 = 2 800 000 €
– variable Kosten (K_V) = k_v · x	– 300 · 6 000 = 1 800 000 €	– 480 · 4 000 = 1 920 000 €
= Gesamtdeckungsbeitrag (DB) = db · x	200 · 6 000 = 1 200 000 €	220 · 4 000 = 880 000 €
	2 080 000 €	
– Gesamte fixe Kosten des Betriebes (K_f)	– 1 280 000 €	
= Betriebsgewinn	800 000 €	

Ergebnis: Das Produkt Mountainbike leistet einen Beitrag zur Deckung der gesamten fixen Kosten des Betriebes in Höhe von 1 200 000 EUR. Das Produkt Rennräder leistet einen Deckungsbeitrag in Höhe von 880 000 EUR. Da die Gesamtdeckungsbeiträge der beiden Produkte (2 080 000 EUR) die fixen Kosten des Betriebes (1 280 000 EUR) um 800 000 EUR übersteigen, entsteht in dieser Höhe ein Betriebsgewinn.

Zur Ermittlung des **Betriebsergebnisses** auf der Grundlage einer Deckungsbeitragsrechnung müssen die gesamten fixen Kosten des Unternehmens von der Summe der Deckungsbeiträge abgezogen werden.

Ermittlung des Betriebsergebnisses mit Hilfe der Deckungsbeitragsrechnung:

  Erlöse (E)
– gesamte variable Kosten (K_v)
= Deckungsbeiträge (Gesamtdeckungsbeitrag DB)
– fixe Kosten des gesamten Betriebes (K_f)
= Betriebsergebnis

Aufg. 8.2.1 S. 127

Zusammenhang von Umsatzerlösen, Gesamtdeckungsbeitrag und Betriebsergebnis

Erlöse (E) = $p_1 \cdot x_1 + p_2 \cdot x_2 + p_3 \cdot x_3 \ldots\ldots\ldots\ldots + p_n \cdot x_n$

p_1 = Preis Gut_1
x_1 = Menge Gut_1

5 800 000 €

variable Gesamtkosten

($K_v = x_1 \cdot k_{v1} + x_2 \cdot k_{v2} \ldots\ldots + x_n \cdot k_{vn}$)

3 720 000 €

Gesamtdeckungsbeitrag (DB) =
$db_1 \cdot x_1 + db_2 \cdot x_2 \ldots\ldots + db_n \cdot x_n$)
(Summe aller Produktdeckungsbeiträge)

2 080 000 €

gesamte fixe Kosten (K_f)

1 280 000 €

Betriebsergebnis

$G = E - K_v - K_f$

800 000 €

Zusammenfassende Übersicht zu Kap. 8.2: Ergebnisermittlung mit Hilfe der Deckungsbeitragsrechnung

Betriebsergebnis = Erlöse (E) – gesamte variable Kosten (K_v) – gesamte fixe Kosten (K_f)

↓

Betriebsergebnis = Gesamtdeckungsbeitrag (DB) – gesamte fixe Kosten (K_f)

Wiederholung des Grundwissens

zu Kapitel 8.2 Ergebnisermittlung mit Hilfe der Deckungsbeitragsrechnung

1. Wie wird das Betriebsergebnis auf der Grundlage der Deckungsbeitragsrechnung ermittelt?
2. Welcher Zusammenhang besteht zwischen Betriebsergebnis und Gesamtdeckungsbeitrag?

Aufgaben und Probleme

zu Kapitel 8.2 Ergebnisermittlung mit Hilfe der Deckungsbeitragsrechnung

8.2.1 Deckungsbeitrag und Betriebsergebnis

Eine Schuhfabrik produziert u. a. fünf Schuhmodelle, für die die folgenden Daten vorliegen:

Nr.	Modell	Geplante Absatzmenge pro Monat	Stückpreis (EUR)	Variable Stückkosten (EUR)
1	A	420	40	18
2	B	900	20	10
3	C	200	38	28
4	D	600	28	15
5	E	350	30	18

PDF

Die monatlichen Fixkosten betragen 20 000 EUR.

1. Ermitteln Sie den Deckungsbeitrag und das Betriebsergebnis (Gewinn/Verlust), wenn die geplanten Mengen tatsächlich abgesetzt werden können.

2. Die Geschäftsleitung überlegt, das Produktionsprogramm auf drei Modelle zu begrenzen.
   a) Welche beiden Modelle sollten für diesen Fall aus dem Produktionsprogramm gestrichen werden? Begründen Sie Ihre Entscheidung.
   b) Ermitteln Sie den sich nach dieser Entscheidung ergebenden Deckungsbeitrag sowie das Betriebsergebnis.
3. Bei allen drei verbleibenden Modellen besteht genügend Nachfrage, so dass auch erhöhte Produktionsmengen abgesetzt werden könnten. Die durch die Bereinigung des Produktionsprogramms frei werdenden Kapazitäten sollen für die Produktionsausdehnung bei einem der verbleibenden Modelle genutzt werden.
   a) Bei welchem Modell soll die Produktionsmenge ausgedehnt werden?
   b) Ermitteln Sie den sich nach dieser Entscheidung ergebenden Deckungsbeitrag sowie das Betriebsergebnis, wenn die zusätzliche Produktions- und Absatzmenge bei diesem Modell (vgl. a) 550 Paar Schuhe beträgt.

8.3 Mindestabsatz zur Deckung der Fixkosten: Gewinnschwelle

Langfristig muss jedes Unternehmen seine **gesamten Kosten** decken, wenn es am Markt bestehen will. Da aber bei der Deckungsbeitragsrechnung den Produkten nur variable Kosten zugerechnet werden, ergibt sich zwangsläufig die Frage, welche Absatzmenge mindestens erreicht werden muss, damit auch die fixen Kosten gedeckt sind.

Kap. A 3.5

Die Menge, bei der die Erlöse alle Kosten decken, wird als Gewinnschwelle oder Break-even-Point bezeichnet.

Ermittlung der Gewinnschwelle

Bei einem Einproduktunternehmen wird die Gewinnschwelle erreicht, wenn folgende Bedingung erfüllt ist:

Bedingung für Gewinnschwelle: Erlöse (E) = Kosten (K)

$$p \cdot x = K_f + k_v \cdot x$$

Durch Auflösung der Gleichung nach x ergibt sich die Formel zur Berechnung der Gewinnschwelle (x_0):

$$X_0 = \frac{K_f}{p - k_v} = \frac{K_f \text{ (fixe Gesamtkosten)}}{\text{db (Deckungsbeitrag je Einheit)}}$$

Gewinnschwelle eines Industriebetriebs

Die Kapazität eines Industriebetriebs, der nur eine Produktart herstellt, liegt bei monatlich 1 000 Stück. Die Fixkosten je Monat belaufen sich auf 42 000 EUR. Die variablen Stückkosten betragen 250 EUR und der Verkaufserlös je Stück 350 EUR.

Gewinnschwelle:

Verkaufspreis je Stück (p)	350 EUR
– variable Kosten je Stück (k_v)	250 EUR
Deckungsbeitrag je Stück (db)	**= 100 EUR**

$$\textbf{Gewinnschwelle} = \frac{\text{Fixkosten}}{\text{db}} = \frac{42\,000 \text{ EUR}}{100 \text{ EUR/Stück}} = \textbf{420 Stück}$$

Aufg. 8.3.1, 8.3.2 S. 129 f.

Grafische Darstellung

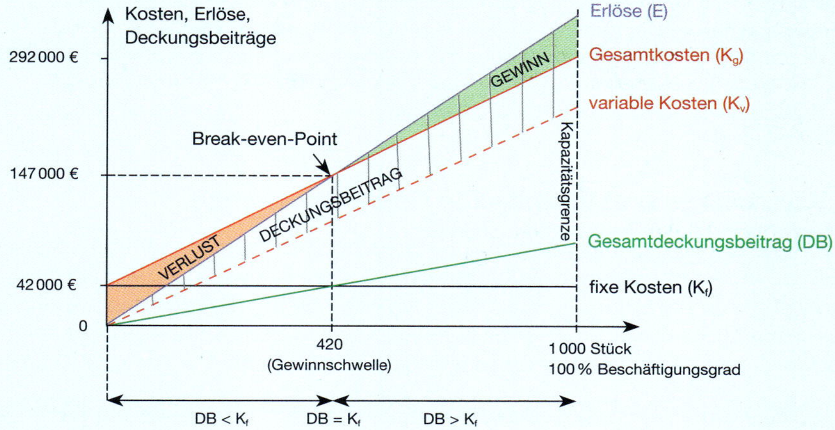

Zusammenfassende Übersicht zu Kap. 8.3: Mindestabsatz zur Deckung der Fixkosten: Gewinnschwelle

Bedingung für Gewinnschwelle: Erlös (E) = Kosten (K)

Ermittlung der Gewinnschwelle x_0

$$x = \frac{K_f}{p - k_v} = \frac{K_f \text{ (fixe Gesamtkosten)}}{\text{db (Deckungsbeitrag je Stück)}}$$

Wiederholung des Grundwissens

zu Kapitel 8.3 Mindestabsatz zur Deckung der Fixkosten: Gewinnschwelle

1. Was ist unter Gewinnschwelle (Break-even-Point) zu verstehen?
2. Wie lässt sich die Gewinnschwelle auf der Grundlage des Stückdeckungsbeitrags berechnen?

Aufgaben und Probleme

zu Kapitel 8.3 Mindestabsatz zur Deckung der Fixkosten: Gewinnschwelle

8.3.1 Gewinnschwelle

Die Kapazitätsgrenze eines Einproduktunternehmens liegt bei einer Ausbringungsmenge von 80000 Stück. Die fixen Kosten betragen 240000 EUR/Monat, die variablen Kosten 14,80 EUR/Stück. Das Produkt wird für 24,40 EUR netto verkauft.

1. Ermitteln Sie die Gewinnschwelle.
2. In der Kostenrechnung wurde ein Stückgewinn von 2,20 EUR ermittelt. Wie viel Stück müssen im kommenden Monat hergestellt werden, damit das ermittelte Ergebnis zutrifft?

8.3.2 Kostendeckung – Gewinnschwelle – Gesamtgewinn

Die Kapazität eines Metall verarbeitenden Betriebes beträgt für ein bestimmtes Erzeugnis monatlich 7200 Stück. Die Gesamtkosten betragen bei voller Kapazitätsauslastung monatlich 360000 EUR. Bei einer Produktion von 5800 Stück monatlich entstehen Gesamtkosten in Höhe von 304000 EUR. Die variablen Stückkosten sind konstant. Das Erzeugnis kann zu 64 EUR je Stück abgesetzt werden.

1. Wie hoch sind die variablen Stückkosten und die Fixkosten?
2. Ermitteln Sie den Beschäftigungsgrad, bei dem die Gewinnschwelle erreicht wird.
3. Ermitteln Sie den Gesamtgewinn bei einem Beschäftigungsgrad von 80 %.
4. Berechnen Sie die Umsatzrentabilität und den Gesamtdeckungsbeitrag beim Beschäftigungsgrad von 80 % (Umsatzrentabilität = Gewinn · 100/Umsatz).
5. Das Unternehmen strebt eine Umsatzrentabilität von 20 % an. Bei welcher Stückzahl wird dieses Ziel erreicht?

8.4 Kurzfristige und langfristige Preisuntergrenze

Die fixen Kosten fallen unabhängig von der Beschäftigungssituation – selbst bei Stillstand der Anlagen – in unveränderter Höhe an. Daher muss ein nach Gewinn strebendes Unternehmen bei kurzfristiger Betrachtung die Produktion so lange nicht einstellen (bzw. einen entsprechenden Produktionsauftrag so lange nicht ablehnen), wie der Stückpreis (p) über den variablen Stückkosten (k_v) liegt. **Der Deckungsbeitrag pro Stück (db) ist in diesem Fall positiv.**

Kap. A 8.1

Preispolitik einer Zementfabrik bei Vollkostenrechnung und Deckungsbeitragsrechnung

Aufgrund einer ungünstigen Entwicklung im Bausektor ist bei einem Baustoffhersteller die Kapazität der Zementproduktion mit einer monatlichen Produktions- und Absatzmenge von 20 000 Sack Zement nur zur Hälfte ausgelastet. Bei der Zementproduktion liegt – bezogen auf einen Monat – folgende Kostensituation vor:

Kosten	Insgesamt	je Sack
variable Kosten	44 000 EUR	2,20 EUR
fixe Kosten der Zementproduktion	20 000 EUR	1,00 EUR
Selbstkosten	64 000 EUR	3,20 EUR

Beim bisherigen Verkaufspreis von 3,00 EUR ergibt sich ein Erlös von monatlich 20 000 Sack · 3,00 EUR = 60 000 EUR. Die Verkaufsabteilung schlägt vor, den bisherigen Verkaufspreis, der bereits unter den Selbstkosten liegt, noch weiter zu senken, um im Preiskampf mit der Konkurrenz Wettbewerbsvorteile zu erzielen und den Absatz zu erhöhen.

Problem: Soll der Baustoffhersteller die Zementproduktion einstellen, weil die Erlöse die Kosten nicht decken oder kann der Preis noch weiter gesenkt werden?

Entscheidung auf der Grundlage der Vollkostenrechnung:

Verkaufspreis (p)	3,00 EUR
– Stückkosten (k)	3,20 EUR
Stückverlust	**– 0,20 EUR**

Situation bei **Einstellung** der Produktion:

Verlust: 20 000 EUR monatlich

Begründung:
Kosten der Betriebsbereitschaft (fixe Kosten) fallen auch bei Stilllegung an, sofern das Unternehmen nicht aufgelöst wird.

Entscheidung auf der Grundlage der Deckungsbeitragsrechnung:

Verkaufspreis (p)	3,00 EUR
– variable Kosten pro Stück (k_v)	2,20 EUR
Deckungsbeitrag je Stück (db)	**0,80 EUR**

Situation bei **Aufrechterhaltung** der Produktion:

Erlös (p · x)	60 000 EUR
– variable Kosten (K_v)	44 000 EUR
= Deckungsbeitrag	**16 000 EUR**
– fixe Kosten	20 000 EUR
Verlust	**4 000 EUR monatl.**

Aufg. 8.4.1 S. 133

Ergebnis: Bei einer Entscheidung auf Basis der **Vollkostenrechnung** würde sich das Unternehmen dafür entscheiden, die Zementproduktion einzustellen, weil die Stückkosten (3,20 EUR) höher sind als der Stückerlös (3,00 EUR). Der Verlust in Höhe der Fixkosten beträgt in diesem Fall monatlich 20 000 EUR.
Bei einer Entscheidung auf Basis der **Deckungsbeitragsrechnung** wird die Zementproduktion aufrechterhalten, weil der Verkaufspreis pro Stück höher ist als die variablen Kosten pro Stück. Es wird ein positiver Deckungsbeitrag (= Beitrag zur Deckung der Fixkosten) in Höhe von 16 000 EUR erzielt. Der Verlust beträgt in diesem Fall lediglich 4 000 EUR monatlich.

Kurzfristige Preisuntergrenze

Bei positivem Deckungsbeitrag je Stück (db) leistet jedes verkaufte Stück einen Beitrag in Höhe von db zur Deckung der fixen Kosten und trägt damit zur Verbesserung des Betriebsergebnisses bei. Würde das Unternehmen die Produktion dieses Erzeugnisses einstellen (bzw. einen entsprechenden Auftrag ablehnen), wäre der Gesamtgewinn geringer bzw. der Gesamtverlust größer. Kurzfristig ist es daher ausreichend, wenn der Verkaufspreis (p) für ein Produkt lediglich die variablen Kosten je Stück (k_v) deckt **(= kurzfristige Preisuntergrenze). $PUG_k \rightarrow p = k_v$**

Verkaufspreis (p)	3,00 EUR
– variable Kosten je Stück (k_v)	2,20 EUR
Deckungsbeitrag je Stück (db)	0,80 EUR

fixe Gesamtkosten 20 000 EUR									
db	db	db	db	db	db	db	db	db	db
0,80 EUR	0,80 EUR	0,80 EUR	0,80 EUR	0,80 EUR	0,80 EUR	0,80 EUR	...	...	...

Ergebnis: Jeder verkaufte Sack Zement trägt mit 0,80 EUR zur Deckung der fixen Gesamtkosten in Höhe von 20 000 EUR bei. Um bei unveränderter Preis- und Kostensituation die Fixkosten vollständig zu decken, müsste die Absatzmenge auf 25 000 Sack Zement pro Monat gesteigert werden (20 000 EUR/0,80 EUR je Sack = 25 000 Sack).

Die kurzfristige (absolute) Preisuntergrenze (PUG_k) ist erreicht, wenn der Verkaufspreis die variablen Kosten pro Stück gerade noch deckt.

$PUG_k \rightarrow$ Verkaufspreis (p) = variable Stückkosten (k_v)

Preissenkung unter die kurzfristige Preisuntergrenze

Im vorliegenden Beispiel liegt die kurzfristige Preisuntergrenze bei 2,20 EUR. Vorübergehend könnte der Verkaufspreis je Sack Zement bis auf diese Höhe gesenkt werden. Erst bei einer noch weiteren Preissenkung auf z. B. 2,00 EUR wäre der Verlust höher als bei Einstellung der Produktion. Dies könnte auch durch eine Ausdehnung der Produktions- und Absatzmenge nicht ausgeglichen werden. Im Gegenteil: Für den Fall, dass der Preis (p) unter den variablen Stückkosten (k_v) liegt, ist der Verlust umso höher, je höher die Absatzmenge ist.

Preis: 2,00 EUR	Variable Stückkosten: 2,20 EUR	Fixkosten: 20 000 EUR	
Produktionsmenge	**0**	**20 000**	**40 000**
Erlöse	0 EUR	40 000 EUR	80 000 EUR
– variable Kosten	0 EUR	44 000 EUR	88 000 EUR
= Deckungsbeitrag	0 EUR	– 4 000 EUR	– 8 000 EUR
– Fixkosten	– 20 000 EUR	– 20 000 EUR	– 20 000 EUR
= Betriebsergebnis	**– 20 000 EUR**	**– 24 000 EUR**	**– 28 000 EUR**

Liegt der Stückpreis unter den variablen Stückkosten, ist der Deckungsbeitrag negativ, d. h.,

- es wird nicht nur **kein Beitrag** zur **Deckung der Fixkosten** geleistet, sondern
- es werden sogar die **variablen Kosten nicht in voller Höhe gedeckt**.

In einem solchen Fall sollte normalerweise die Produktion dieses Erzeugnisses eingestellt bzw. der Auftrag abgelehnt werden.

Die Kenntnis der **kurzfristigen Preisuntergrenze** ist vor allem dann bedeutsam, wenn ein Unternehmen einem intensiven Preiswettbewerb ausgesetzt ist. In diesem Fall muss den Verhandlungsführern der Preisspielraum bzw. die kurzfristige Preisuntergrenze bekannt sein, um entscheiden zu können, ob ein Auftrag gerade noch angenommen werden kann oder nicht.

Langfristige Preisuntergrenze

Langfristig muss ein Unternehmen alle Kosten – also fixe und variable Kosten – decken. **Die langfristige Preisuntergrenze (PUG_l)** ist erreicht, wenn der Preis die entstandenen Selbstkosten je Stück (Stückkosten) deckt:

Die langfristige Preisuntergrenze (PUG_l) ist erreicht, wenn der Verkaufspreis die gesamten Stückkosten (k_g) deckt.

Für den Fall, dass die Fixkosten in voller Höhe einem einzelnen Produkt zurechenbar sind (Einproduktunternehmen), lässt sich die langfristige Preisuntergrenze wie folgt ermitteln:

$$\text{gesamte Stückkosten} = \frac{\text{fixe Gesamtkosten}}{\text{Produktionsmenge}} + \text{variable Stückkosten}$$

$$PUG_l \rightarrow p = k_g = \frac{K_f}{x} + k_v = k_f + k_v \qquad p = k_f + k_v$$

Preisuntergrenze und Beschäftigungsgrad

Die kurzfristige Preisuntergrenze ist vom **Beschäftigungsgrad** (Produktionsmenge) unabhängig. Demgegenüber ändert sich die langfristige Preisuntergrenze in Abhängigkeit vom Beschäftigungsgrad (BG).

Fixkostendegression bei Erhöhung des Beschäftigungsgrades

Kap. A 3.4

Bei Ausdehnung der Produktion (= Erhöhung des Beschäftigungsgrades) verteilen sich die Fixkosten auf eine größere Stückzahl. Der Fixkostenanteil je Stück (k_f) nimmt ab. Da sich die Stückkosten (k_g) aus dem Fixkostenanteil je Stück und den variablen Stückkosten zusammensetzen ($k_g = k_f + k_v$), sinken in diesem Fall die Stückkosten (Fixkostendegression, Gesetz der Massenproduktion). Bei einer Produktionseinschränkung (= Verringerung des Beschäftigungsgrades) ergibt sich der umgekehrte Effekt.

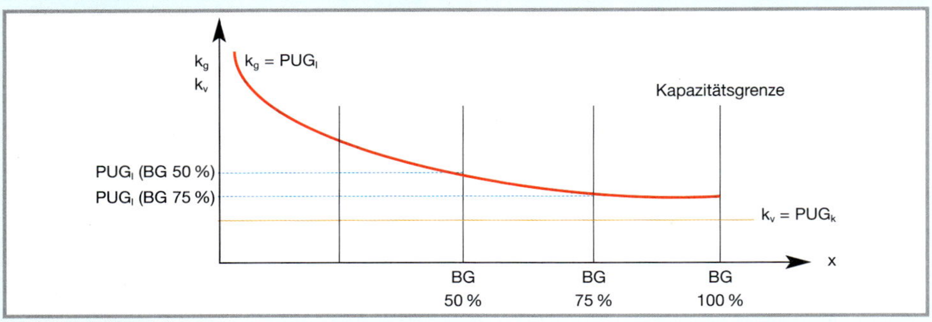

Die Abhängigkeit der langfristigen Preisuntergrenze vom Beschäftigungsgrad führt bei Preisentscheidungen zu folgendem Problem:

- Ein sinkender Beschäftigungsgrad führt zu steigenden Stückkosten und damit zu einer Erhöhung der langfristigen Preisuntergrenze.
- Ein steigender Beschäftigungsgrad führt zu sinkenden Stückkosten und damit zu einer Verringerung der langfristigen Preisuntergrenze.

Kap. A 8.5

Eine an der Entwicklung der **langfristigen Preisuntergrenze** orientierte Preispolitik ist aber **nicht marktgerecht**. Wenn der Beschäftigungsgrad sinkt (= Rückgang von Produktion und Absatz), müsste – um die Absatzmöglichkeiten wieder zu verbessern – der Preis gesenkt und nicht erhöht werden. Andererseits muss bei einer Erhöhung des Beschäftigungsgrades (= Zunahme von Produktion und Absatz) nicht zusätzlich noch der Preis gesenkt werden, um die Absatzmöglichkeiten zu verbessern.

Zusammenfassende Übersicht zu Kap. 8.4: Kurzfristige und langfristige Preisuntergrenze

Preisuntergrenzen

Kurzfristige (absolute) Preisuntergrenze (PUG_k):	Langfristige Preisuntergrenze (PUG_l):
Verkaufspreis (p) deckt genau die variablen Stückkosten (k_v)	Verkaufspreis (p) deckt die gesamten (fixe und variable) Stückkosten (k_g)
$PUG_k \rightarrow p = k_v$	$PUG_l \rightarrow p = \frac{K_f}{\text{produzierte Mengen}} + k_v = k_g$

Wiederholung des Grundwissens

zu Kapitel 8.4 Kurzfristige und langfristige Preisuntergrenze

1. Was ist unter der kurzfristigen (absoluten) Preisuntergrenze zu verstehen?
2. Welche Bedeutung haben Informationen zur kurzfristigen Preisuntergrenze?
3. Wann erreicht ein Unternehmen die langfristige Preisuntergrenze?
4. Welcher Zusammenhang besteht zwischen Produktionsmenge und langfristiger Preisuntergrenze?
5. Warum hat die Produktionsmenge keinen Einfluss auf die kurzfristige Preisuntergrenze?

Aufgaben und Probleme

zu Kapitel 8.4 Kurzfristige und langfristige Preisuntergrenze

8.4.1 Preisuntergrenze, Stückkosten, Stückgewinn und Gesamtgewinn

Bei 100 %iger Kapazitätsauslastung können in einem Industriebetrieb monatlich 6 500 Einheiten eines Zuliefererteils für die Kfz-Produktion hergestellt werden. Die fixen Kosten dafür betragen 260 000 EUR, die variablen Kosten bei voller Auslastung 520 000 EUR je Monat. Der Verkaufspreis (ohne USt) beträgt 150 EUR je Einheit.

1. Ermitteln Sie die kurzfristige Preisuntergrenze.
2. Ermitteln Sie die Stückkosten, den Stückgewinn und den Gesamtgewinn bei voller Kapazitätsauslastung.
3. Ermitteln Sie die langfristige Preisuntergrenze, wenn davon auszugehen ist, dass sich die an der Kapazitätsgrenze produzierte Stückzahl verkaufen lässt.
4. Ermitteln Sie die Stückkosten, den Stückgewinn und den Gesamtgewinn bei einer Auslastung von 40 %.

8.5 Fehlentscheidungen bei Anwendung der Zuschlagskalkulation

8.5.1 Fehlentscheidungen bei der Preispolitik

Falsch kalkulierter Angebotspreis

Eine Veränderung des Beschäftigungsgrades führt zu einer Veränderung der Einzelkosten (variable Kosten), die als Grundlage für die Ermittlung der Gemeinkostenzuschlagssätze verwendet werden (z. B. Fertigungsmaterial und Fertigungslöhne). Die Gemeinkosten ändern sich aber bei Beschäftigungsschwankungen wegen der darin enthaltenen **Fixkosten** nicht in gleichem Umfang wie die Einzelkosten. Wird der mit diesen Zuschlagssätzen ermittelte **kalkulierte Angebotspreis** zur Grundlage der Preispolitik gemacht, kommt es zu folgenschweren **Fehlentscheidungen**.

Aufg. 8.5.1 S. 140

Ausgangssituation: Beschäftigungsgrad 75 %

In einer Fahrradfabrik wurden für das vergangene Quartal bei einem Beschäftigungsgrad von 75 % folgende Zuschlagssätze ermittelt.

Einzel- und Gemeinkosten bei einem Beschäftigungsgrad von 75 %			
Fertigungsmaterial	500 000 EUR	Fertigungslöhne	400 000 EUR
Materialgemeinkosten	50 000 EUR	Fertigungsgemeinkosten	800 000 EUR
MGKZ	10 %	FGKZ	200 %
VwGKZ	10 %	VtGKZ	10 %

Für ein hochwertiges City-Bike ergab sich daraus folgende Preiskalkulation:

Fertigungsmaterial	200,00 EUR	
+ Materialgemeinkostenzuschlag 10 %	20,00 EUR	
= Materialkosten		220,00 EUR
Fertigungslöhne	150,00 EUR	
+ Fertigungsgemeinkostenzuschlag 200 %	300,00 EUR	
= Fertigungskosten		450,00 EUR
Herstellkosten		670,00 EUR
+ Verwaltungsgemeinkostenzuschlag 10 %		67,00 EUR
+ Vertriebsgemeinkostenzuschlag 10 %		67,00 EUR
= Selbstkosten		804,00 EUR
+ Gewinnzuschlag 25 %		201,00 EUR
= Listenpreis		1 005,00 EUR

Beschäftigungsrückgang: Zu hoher Angebotspreis

Fall 1: Verringerung des Beschäftigungsgrades auf 60 %

Die Absatzmöglichkeiten haben sich verschlechtert. Der Beschäftigungsgrad ist um 20 % von ursprünglich 75 % (siehe Ausgangssituation) auf 60 % gesunken. Das hat zu einem Rückgang der Einzelkosten (= variable Kosten) um 20 % geführt. Da die Gemeinkosten zum überwiegenden Teil aus fixen Kosten bestehen, haben sich diese nicht in gleichem Umfang, sondern im vorliegenden Fall nur um 5 % verringert. Dadurch haben sich die Zuschlagssätze für die Material- und Fertigungsgemeinkosten wie folgt verändert:

Einzel- und Gemeinkosten bei einem Beschäftigungsgrad von 60 %			
Fertigungsmaterial	400 000 EUR	Fertigungslöhne	320 000 EUR
Materialgemeinkosten	47 500 EUR	Fertigungsgemeinkosten	760 000 EUR
MGKZ	11,875 %	FGKZ	237,5 %

Die Preiskalkulation ändert sich dadurch (bei unveränderten Zuschlagssätzen für Verwaltungsgemeinkosten, Vertriebsgemeinkosten und Gewinn) wie folgt:

Fertigungsmaterial	200,00 EUR	
+ Materialgemeinkostenzuschlag 11,875 %	23,75 EUR	
= Materialkosten		223,75 EUR
Fertigungslöhne	150,00 EUR	
+ Fertigungsgemeinkostenzuschlag 237,5 %	356,25 EUR	
= Fertigungskosten		506,25 EUR

Herstellkosten	730,00 EUR
+ Verwaltungsgemeinkostenzuschlag 10 %	73,00 EUR
+ Vertriebsgemeinkostenzuschlag 10 %	73,00 EUR
= Selbstkosten	876,00 EUR
+ Gewinnzuschlag 25 %	219,00 EUR
= Listenpreis	1 095,00 EUR

Bei Anwendung der durch den Rückgang des Beschäftigungsgrades gestiegenen Zuschlagssätze für Material- und Fertigungsgemeinkosten erhöht sich im vorliegenden Fall der kalkulierte Listenpreis um 90,00 EUR gegenüber der Ausgangssituation. Eine Preiserhöhung wäre aber angesichts des rückläufigen Absatzes genau die falsche Entscheidung. Vielmehr müsste der Preis gesenkt werden, um die Absatzmöglichkeiten zu verbessern. Wie weit der Preis gesenkt werden kann, hängt von der kurzfristigen Preisuntergrenze und damit von der Höhe der variablen Stückkosten (k_v) ab.

Ein Rückgang des Beschäftigungsgrades bewirkt, dass
- die Einzelkosten sinken, da es sich dabei um variable Kosten handelt,
- die Gemeinkosten nur geringfügig oder gar nicht sinken, da diese (überwiegend) aus fixen Kosten bestehen.

Daraus folgt, dass ein **Rückgang des Beschäftigungsgrades** zu einem **Anstieg der Zuschlagssätze** für Material- und Fertigungsgemeinkosten führt.

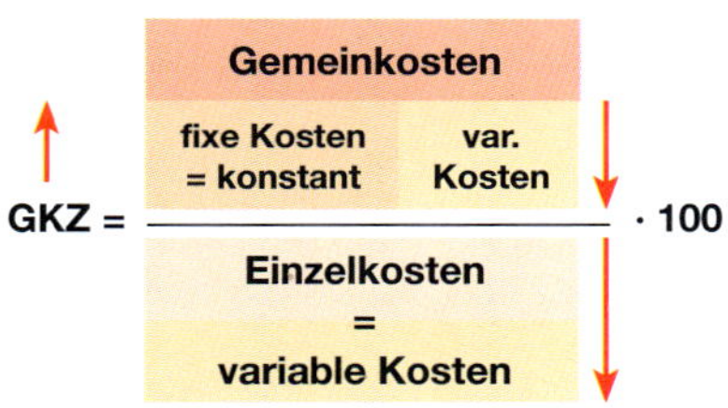

Der Nenner des Bruchs sinkt stärker als der Zähler.

Ursache: Die in den Gemeinkosten enthaltenen Fixkosten sinken nicht.

Folge: Der Gemeinkostenzuschlagssatz (GKZ) steigt.

Bei Rückgang des Beschäftigungsgrades steigen im Rahmen der Zuschlagskalkulation die Gemeinkostenzuschlagssätze.

Sinkt der Beschäftigungsgrad (= abnehmende Kapazitätsauslastung), so führt eine Preiskalkulation auf der Grundlage der **Zuschlagskalkulation** zu steigenden Selbstkosten und zu einer Erhöhung des kalkulierten Angebotspreises. Die Ursache liegt darin, dass die in den Gemeinkosten enthaltenen Fixkosten unverändert geblieben und die Fixkosten je Stück (k_f) gestiegen sind. Wegen der unveränderten fixen Gemeinkosten ergeben sich höhere Gemeinkostenzuschlagssätze. Ein Unternehmen würde sich aber bei **rückläufiger Produktionsmenge** immer mehr **„aus dem Markt herauskalkulieren"**, wenn es versucht, den erhöhten kalkulierten Angebotspreis auf die Kunden zu überwälzen. Der Absatz geht dann wegen des steigenden Angebotspreises noch weiter zurück.

Die Zuschlagskalkulation ist für preispolitische Entscheidungen bei sinkendem Beschäftigungsgrad (= verringerte Absatzmöglichkeiten) nicht geeignet.

Die Zuschlagskalkulation legt bei sinkendem Beschäftigungsgrad eine Preiserhöhung nahe. Stattdessen ist absatzpolitisch möglicherweise eine Preissenkung sinnvoll. Dafür muss eine Aufteilung der Gesamtkosten in fixe und variable Kosten vorgenommen werden, um die kurzfristige Preisuntergrenze bestimmen zu können.

Beschäftigungserhöhung: Zu niedriger Angebotspreis

Fall 2: Erhöhung des Beschäftigungsgrades auf 90 %

Aufgrund steigender Nachfrage nach Fahrrädern haben sich die Absatzmöglichkeiten verbessert. Der Beschäftigungsgrad ist um 20 % von ursprünglich 75 % (siehe Ausgangssituation) auf 90 % gestiegen. Das hat zu einem Anstieg der Einzelkosten (= variable Kosten) um 20 % geführt. Da die Gemeinkosten zum überwiegenden Teil aus fixen Kosten bestehen, haben sich die Gemeinkosten nicht in gleichem Umfang, sondern im vorliegenden Fall nur um 5 % erhöht. Dadurch haben sich die Zuschlagssätze für die Material- und Fertigungsgemeinkosten wie folgt geändert:

Einzel- und Gemeinkosten bei einem Beschäftigungsgrad von 90 %			
Fertigungsmaterial	600 000 EUR	Fertigungslöhne	480 000 EUR
Materialgemeinkosten	52 500 EUR	Fertigungsgemeinkosten	840 000 EUR
MGKZ	8,75 %	FGKZ	175 %

Die Preiskalkulation ändert sich dadurch (bei unveränderten Zuschlagssätzen für Verwaltungsgemeinkosten, Vertriebsgemeinkosten und Gewinn) wie folgt:

Fertigungsmaterial	200,00 EUR	
+ Materialgemeinkostenzuschlag 8,75 %	17,50 EUR	
= Materialkosten		217,50 EUR
Fertigungslöhne	150,00 EUR	
+ Fertigungsgemeinkostenzuschlag 175 %	262,50 EUR	
= Fertigungskosten		412,50 EUR
Herstellkosten		630,00 EUR
+ Verwaltungsgemeinkostenzuschlag 10 %		63,00 EUR
+ Vertriebsgemeinkostenzuschlag 10 %		63,00 EUR
= Selbstkosten		756,00 EUR
+ Gewinnzuschlag 25 %		189,00 EUR
= Listenpreis		945,00 EUR

Bei Anwendung der durch die Erhöhung des Beschäftigungsgrades gesunkenen Zuschlagssätze für Material- und Fertigungsgemeinkosten verringert sich im vorliegenden Fall der kalkulierte Listenpreis um 60,00 EUR gegenüber der Ausgangssituation. Eine Preissenkung ist aber angesichts der ohnehin bereits verbesserten Absatzmöglichkeiten nicht nötig. Vielmehr lässt sich möglicherweise eine Preiserhöhung am Markt durchsetzen.

Bei Erhöhung des Beschäftigungsgrades sinken im Rahmen der Zuschlagskalkulation die Gemeinkostenzuschlagssätze.

Kap. A 3.4

Steigt der Beschäftigungsgrad (= zunehmende Kapazitätsauslastung), so führt eine Preiskalkulation auf der Grundlage der **Zuschlagskalkulation** zu sinkenden Selbstkosten und zu einem Sinken des kalkulierten Angebotspreises. Die Ursache liegt darin, dass die in den Gemeinkosten enthaltenen Fixkosten unverändert geblieben und die Fixkosten je Stück (k_f) gesunken sind **(Fixkostendegression)**. Wegen der unveränderten fixen Gemeinkosten ergeben sich niedrigere Gemeinkostenzuschlagssätze. Ein Unternehmen würde sich bei **zunehmender Produktionsmenge** immer mehr **„in den Markt hineinkalkulieren"**, wenn es den verringerten kalkulierten Angebotspreis an die Kunden weitergibt. Der Absatz steigt dann wegen des sinkenden Angebotspreises noch mehr.

Die Zuschlagskalkulation ist für preispolitische Entscheidungen bei steigendem Beschäftigungsgrad (= verbesserte Absatzmöglichkeiten) nicht geeignet.

Preispolitische Fehlentscheidungen auf der Grundlage der Zuschlagskalkulation		
Beschäftigungsgrad/ Absatzsituation	**Preispolitik auf der Basis der Vollkostenrechnung**	**sinnvolle Preispolitik aufgrund der Absatzsituation**
abnehmender Beschäftigungsgrad (= verschlechterte Absatzmöglichkeiten)	Preiserhöhung wegen gestiegener kalkulierter Selbstkosten und höherem Angebotspreis	Preissenkung zur Erhöhung des Absatzes
zunehmender Beschäftigungsgrad (= verbesserte Absatzmöglichkeiten)	Preissenkung wegen gesunkener kalkulierter Selbstkosten und niedrigerem Angebotspreis	Preiserhöhung zur Verbesserung des Betriebsergebnisses (höherer Gewinn).

Aufg. 8.5.2 S. 141

8.5.2 Fehlentscheidungen bei der Bereinigung des Produktionsprogramms (Sortimentspolitik)

Nicht nur bei der Preisgestaltung, sondern auch bei der Sortimentspolitik kann die Vollkostenrechnung zu Fehlentscheidungen führen.

Entscheidungen über das Produktionsprogramm eines Herstellers von Holzspielzeugen

1. Produktionsentscheidungen auf der Grundlage der Vollkostenrechnung

Das Produktionsprogramm eines Herstellers von Holzspielzeugen umfasst drei Produkte: Baukasten, Figuren und Modellhäuser. Für den vergangenen Monat liegen folgende Informationen vor:

Kostenträger	Verkaufspreise	Produktions-/Absatzmengen
Baukasten	20 EUR/Stück	3746 Stück
Figuren	5 EUR/Stück	9840 Stück
Modellhäuser	8 EUR/Stück	2185 Stück

Die für den vergangenen Monat erstellte Kostenträgerrechnung liefert folgende Informationen:

	Kostenträger insgesamt EUR	Kostenträger		
		Baukasten EUR	Figuren EUR	Modellhäuser EUR
Fertigungsmaterial	30000	16000	10000	4000
+ Materialgemeinkosten 10 %	3000	1600	1000	400
= Materialkosten	**33000**	**17600**	**11000**	**4400**
Fertigungslöhne	28000	14000	8000	6000
+ Fertigungsgemeinkosten 150 %	42000	21000	12000	9000
= Fertigungskosten	**70000**	**35000**	**20000**	**15000**
Herstellkosten	**103000**	**52600**	**31000**	**19400**
+ Verwaltungsgemeinkosten 5 %	5150	2630	1550	970
+ Vertriebsgemeinkosten 15 %	15450	7890	4650	2910
= Selbstkosten	**123600**	**63120**	**37200**	**23280**
Erlöse	141600	74920	49200	17480
Betriebsergebnis	**18000**	**11800**	**12000**	**– 5800**

Ergebnis: Auf der Grundlage der im Rahmen der Zuschlagskalkulation ermittelten Ergebnisse wird vorgeschlagen, die Produktion des Produkts „Modellhäuser" einzustellen, da dessen Umsatzerlöse nicht die Selbstkosten decken.

2. Produktionsentscheidungen auf der Grundlage der Deckungsbeitragsrechnung

Eine Kostenanalyse ergibt, dass es sich bei 80 % der insgesamt 65 600 EUR betragenden Gemeinkosten um fixe Kosten (= 52 480 EUR) handelt. Alle anderen Kosten sind variabel. Somit ergibt sich auf der Basis der Kostenträgerrechnung (*vgl. S. 137*) folgende Aufteilung auf fixe und variable Kosten.

Fixkosten (K_f)	52 480 EUR
var. Kosten (K_v)	71 120 EUR
Selbstkosten	**123 600 EUR**

Kostenträger	Einzelkosten	20 % der Gemeink.	Σ variable Kosten
Baukasten	30 000 EUR	6 624 EUR	36 624 EUR
Figuren	18 000 EUR	3 840 EUR	21 840 EUR
Modellhäuser	10 000 EUR	2 656 EUR	12 656 EUR

Die Einstellung der Produktion des Produkts „Modellhäuser" würde zu folgendem Ergebnis führen:

	Baukasten EUR	Figuren EUR	insgesamt EUR
Erlöse	74 920	49 200	**124 120**
– variable Kosten	36 624	21 840	**58 464**
= Deckungsbeitrag	**38 296**	**27 360**	**65 656**
– fixe Kosten			**52 480**
= Betriebsergebnis			**13 176**

Ergebnis: Durch die Einstellung der Produktion des Produkts „Modellhäuser" verringert sich der Betriebsgewinn von 18 000 EUR auf 13 176 EUR. Dies ist darauf zurückzuführen, dass die Fixkosten auch nach Einstellung der Produktion der Modellhäuser in vollem Umfang bestehen bleiben und damit von den Produkten „Baukasten" und „Figuren" getragen werden müssen.

3. Deckungsbeitragsrechnung für das Produkt „Modellhäuser":

Erlöse (2 185 St. · 8 EUR/St.)	17 480 EUR
– variable Kosten (10 000 EUR + 2 656 EUR)	12 656 EUR
= Deckungsbeitrag	**4 824 EUR**

Ergebnis: In Höhe des Deckungsbeitrags von 4 824 EUR leistet das Produkt „Modellhäuser" einen Beitrag zur Deckung der gesamten fixen Kosten des Unternehmens. Bei Produkteliminierung der „Modellhäuser" ist das Betriebsergebnis mit 13 176 EUR um 4 824 EUR (= DB „Modellhäuser") niedriger als bei Verzicht auf die Eliminierung (Betriebsergebnis: 18 000 EUR).

Die Zuschlagskalkulation legt nahe, Produkte, deren kalkulierte Selbstkosten über dem Verkaufspreis liegen, aus dem Produktionsprogramm zu entfernen **(= Produkteliminierung)**. Eine solche Entscheidung kann aber falsch sein, da es bei der Zusammensetzung des Produktionsprogramms nicht auf die Höhe der kalkulierten Selbstkosten, sondern ausschließlich auf die Höhe des Deckungsbeitrags der einzelnen Produktgruppen ankommt.

Eine Sortimentsbereinigung auf der Basis der im Rahmen der Zuschlagskalkulation kalkulierten Selbstkosten kann zu Fehlentscheidungen führen. Als Entscheidungskriterium darf nicht die Höhe der Selbstkosten, sondern ausschließlich die Höhe des Deckungsbeitrags der einzelnen Produktgruppen dienen.

Zusammenfassende Übersicht zu Kap. 8.5: Fehlentscheidungen bei Anwendung der Zuschlagskalkulation

Fehlentscheidungen bei der Preispolitik

↓

Schwankender Beschäftigungsgrad
(= unterschiedliche Kapazitätsausnutzung durch unterschiedliche Produktionsmengen)

↓

fehlende Aufteilung der Kosten in fixe und variable Bestandteile (Vollkostenrechnung)

abnehmender Beschäftigungsgrad

- fixe Kosten verteilen sich auf **geringere** Produktionsmenge
- Zuschlagssätze steigen
- kalkulierte Selbstkosten und kalkulierter Verkaufspreis steigen

Unternehmen kalkuliert sich „aus dem Markt heraus".

zunehmender Beschäftigungsgrad

- fixe Kosten verteilen sich auf eine **größere** Produktionsmenge
- Zuschlagssätze sinken
- kalkulierte Selbstkosten und kalkulierter Verkaufspreis sinken

Unternehmen kalkuliert sich „in den Markt hinein".

Fehlentscheidungen bei der Sortimentspolitik

↓

Entscheidungskriterien für Bereinigung des Produktionsprogramms (Produkteliminierung)

Vollkostenrechnung

Erlöse < kalkulierte Selbstkosten
(= Verlust)

Deckungsbeitragsrechnung

Erlöse < variable Kosten
(Deckungsbeitrag < 0)

Orientierung an den kalkulierten Selbstkosten (Vollkostenrechnung) kann zu Fehlentscheidungen führen, da der Deckungsbeitrag auch dann positiv sein kann, wenn die Umsatzerlöse die Selbstkosten nicht decken (= Verlust).

Wiederholung des Grundwissens

zu Kapitel 8.5 Fehlentscheidungen bei Anwendung der Zuschlagskalkulation

8.5.1 Fehlentscheidungen bei der Preispolitik

1. Warum kalkuliert sich ein Unternehmen bei Anwendung der Vollkostenrechnung bei rückläufiger Beschäftigung aus dem Markt heraus?
2. Warum kalkuliert sich ein Unternehmen bei Anwendung der Vollkostenrechnung bei zunehmender Beschäftigung in den Markt hinein?

8.5.2 Fehlentscheidungen bei der Bereinigung des Produktionsprogramms (Sortimentspolitik)

1. Warum ist die Höhe der Selbstkosten kein geeignetes Kriterium für eine Sortimentspolitik?
2. In welchem Fall sollte eine Produktgruppe aus dem Produktionsprogramm entfernt werden?

Aufgaben und Probleme

zu Kapitel 8.5 Fehlentscheidungen bei Anwendung der Zuschlagskalkulation

LA

8.5.1 Auswirkungen von Beschäftigungsänderungen auf die Preiskalkulation: Zuschlagskalkulation – Deckungsbeitragsrechnung

PDF

Bei einer Schraubenfabrik wurden für das **dritte Quartal** d. J. im Rahmen einer Gesamtkalkulation folgende Ist-Zuschlagssätze ermittelt:

Fertigungsmaterial		340 000 EUR	
+ Materialgemeinkosten	20 %	68 000 EUR	
= Materialkosten			408 000 EUR
Fertigungslöhne		480 000 EUR	
+ Fertigungsgemeinkosten	25 %	120 000 EUR	
= Fertigungskosten			600 000 EUR
Herstellkosten			1 008 000 EUR
+ Verwaltungs- und Vertriebsgemeinkosten (zusammen)	10 %		100 800 EUR
Selbstkosten			1 108 800 EUR

Ein Hersteller von Gasgrillgeräten hat zu Beginn des **vierten Quartals** einen Auftrag über die Lieferung von links drehenden Spezialschrauben unter der Bedingung erteilt, dass er für diesen Auftrag nicht mehr als 14 500 EUR bezahlen muss. Freie Produktionskapazitäten sind in ausreichendem Maße vorhanden. Für diesen Auftrag ist von folgenden Einzelkosten auszugehen:
Fertigungsmaterial: 3 800 EUR Fertigungslöhne: 6 400 EUR

1. Ermitteln Sie die voraussichtlichen Selbstkosten für den Auftrag, wenn der Angebotskalkulation die Gemeinkostenzuschläge aus dem **dritten Quartal** zugrunde gelegt werden (= Vorkalkulation) und begründen Sie, ob die Schrauben zu dem vom Kunden geforderten Preis verkauft werden sollen.
2. Wegen Absatzschwierigkeiten musste die Produktion bei allen Schraubensorten im **vierten Quartal** gegenüber dem **dritten Quartal** um 30 % verringert werden. Es ist davon auszugehen, dass die Einzelkosten in vollem Umfang variable Kosten darstellen, während sich die Gemeinkosten zu einem erheblichen Teil aus fixen und zu einem geringen Teil aus variablen Kosten zusammensetzen.
   a) Begründen Sie anhand von selbst gewählten Beispielen, weshalb sich Einzel- und Gemeinkosten bei rückläufiger Beschäftigung jeweils unterschiedlich verhalten.
   b) Begründen Sie, ob aufgrund des Beschäftigungsrückgangs die Zuschlagssätze für die Istgemeinkosten des 4. Quartals gegenüber dem 3. Quartal gesunken oder gestiegen sind.
   c) Die Nachkalkulation für das **4. Quartal** hat zu folgenden Ergebnissen geführt:
      - FM: 238 000 EUR
      - MGK: 61 880 EUR
      - FL: 336 000 EUR
      - FGK: 110 880 EUR
      - Vw/VtGK: 93 345 EUR
      – Ermitteln Sie die Ist-Zuschlagssätze für das 4. Quartal und vergleichen Sie diese mit denen für das 3. Quartal (vgl. Ausgangsituation).
      – Ermitteln Sie unter Verwendung der Ist-Zuschlagssätze für das 4. Quartal die tatsächlichen entstandenen Selbstkosten (Ist-Kosten) für den Auftrag und vergleichen Sie diese mit dem Verkaufserlös. Entscheiden Sie, ob aus kostenrechnerischer Sicht die Schrauben zu dem vom Kunden geforderten Preis hätten verkauft werden sollen (vgl. Aufg. 1)
3. Begründen Sie ausführlich, worauf der Unterschied zwischen der Vor- und Nachkalkulation des Auftrages (Aufg. 1 und 2c) zurückzuführen ist.
4. Angenommen, das Unternehmen bietet alle seine Schrauben künftig zu Preisen an, die auf den neuen Zuschlagssätzen und Selbstkosten des vierten Quartals basieren. Beurteilen Sie ob sich durch diese Preisänderung die Beschäftigungslage des Betriebs verbessern lässt.

5. Es ist davon auszugehen, dass bei allen Gemeinkostenarten der Anteil der fixen Kosten im 4. Quartal 80 % betrug. Wie niedrig hätte in diesem Fall der Preis für den Auftrag der Spezialschrauben sein dürfen, ohne dass der Auftrag zu einem Verlust geführt hätte (kurzfristige Preisuntergrenze)?
6. Beurteilen Sie anhand der Ergebnisse die Eignung der Vollkostenrechnung (Zuschlagkalkulation) für preispolitische Entscheidungen bei sich ändernden Beschäftigungsgraden.

8.5.2 Stückkosten, Kalkulation des Verkaufspreises, Betriebsergebnis bei rückläufiger Beschäftigung

Die Metall-GmbH stellt u. a. eine bestimmte Art von Drehteilen her. Aufgrund der vorhandenen Kapazität ist eine Monatsproduktion von 21 000 Stück möglich. Im laufenden Monat beträgt die Kapazitätsauslastung 85 %. Bei dieser Kapazitätsauslastung entstehen Gesamtkosten in Höhe von 58 294,50 EUR. Bei der im Vormonat festgestellten Kapazitätsauslastung von 80 % beliefen sich die Gesamtkosten auf 57 486,00 EUR.

1. Berechnen Sie die Stückkosten für jeden der beiden Beschäftigungsgrade.
2. Zu welchen Problemen in der Preispolitik führt es, wenn die Kosten bei schwankenden Beschäftigungsgraden ermittelt werden?
3. Ermitteln Sie mit Hilfe der Deckungsbeitragsrechnung das Betriebsergebnis für die beiden Beschäftigungsgrade, wenn der Verkaufspreis pro Stück 4,00 EUR beträgt.
4. Wie weit darf der Verkaufspreis sinken, damit es sich für das Unternehmen gerade noch lohnt, einen Auftrag anzunehmen?

8.6 Anwendung der Deckungsbeitragsrechnung bei Produktions- und Absatzentscheidungen

8.6.1 Produktförderung – Produkteliminierung

Produktförderung und Produkteliminierung in einem Holz verarbeitenden Betrieb

Ein Holz verarbeitender Betrieb stellt in einem Zweigwerk ausschließlich Lagerregale in drei Grundtypen her. Für den letzten Monat gelten folgende Daten:

	Verkaufspreis je Stück EUR	Variable Kosten pro Stück (k_v) EUR	Fixe Kosten der Regalproduktion EUR	Absatz Stück
Typ R 01	180,00	110,00		150
Typ R 02	260,00	160,00	**16 400**	100
Typ R 03	310,00	232,00		50

Produktförderung

Fall 1. Rangfolge der Produktförderung

Da freie Kapazitäten vorhanden sind, könnten Produktion und Absatz eines der drei Regaltypen um monatlich 30 Stück gesteigert werden. Auf welches der drei Modelle sollen die verkaufsfördernden Maßnahmen zur Absatzsteigerung konzentriert werden?

	Typ R 01	Typ R 02	Typ R 03
Stückdeckungsbeitrag ($db = p - k_v$) in EUR	db = 180,00–110,00 = 70,00 EUR	db = 260,00–160,00 = 100,00 EUR	db = 310,00–232,00 = 78,00 EUR
Rangfolge der Absatzförderung	③	①	②

Da das Regal vom Typ R 02 den höchsten Deckungsbeitrag pro Stück (db) erbringt, sollten die freien Kapazitäten zur vermehrten Produktion dieses Produktes genutzt werden.

Auswirkungen auf das Gesamtergebnis

	Typ R 01	Typ R 02	Typ R 03	Summe
Erlös (p · x)				68 500 EUR
– variable Kosten (K_v) ($K_v = k_v \cdot x$)				– 44 100 EUR
– Deckungsbeitrag (DB)				24 400 EUR
– fixe Kosten (K_f)				– 16 400 EUR
= bisheriges Betriebsergebnis				8 000 EUR
+ zusätzlicher Deckungsbeitrag aus Produktionserhöhung Regal Typ R 02				3 000 EUR
= künftiges Betriebsergebnis				11 000 EUR

Bei Ausnutzung der freien Kapazitäten zur Produktion des Regals Typ R 02 **(= Produkt mit höchstem Deckungsbeitrag je Stück, db)** erhöht sich das monatliche Betriebsergebnis von 8 000 EUR auf 11 000 EUR (ohne Berücksichtigung der Kosten für die Verkaufsförderung). Bei allen anderen Alternativen wäre das Betriebsergebnis niedriger.

Die Förderungswürdigkeit einzelner Produkte innerhalb eines Produktionsprogramms hängt von der Rangfolge der Deckungsbeiträge je Stück (db) der einzelnen Produkte ab. Das Produkt mit dem höchsten Deckungsbeitrag je Stück (db) ist am förderungswürdigsten.

Produkteliminierung

Fall 2. Rangfolge bei Sortimentsbereinigung (Produkteliminierung)

Als Alternative zur Ausweitung der Regalproduktion wird aus Gründen der Risikostreuung erwogen, ein neues Sportgerät aus Holz in das Produktionsprogramm aufzunehmen. Die bisherigen freien Produktionskapazitäten reichen dafür aber nicht aus. Eine Erweiterung der Produktionskapazitäten soll aber noch nicht vorgenommen werden. Da absehbar ist, dass die Nachfrage nach Regalen künftig rückläufig sein wird, soll einer der drei Regaltypen aus dem Produktionsprogramm herausgenommen werden, um die notwendigen freien Kapazitäten zu schaffen. Wegen unterschiedlicher Qualität und Ausfertigung beanspruchen alle drei Regaltypen trotz unterschiedlicher Produktionsmengen die Produktionskapazitäten in gleichem Umfang. Die Geschäftsleitung hat zu entscheiden, welcher Regaltyp künftig nicht mehr produziert werden soll.

	Typ R 01	Typ R 02	Typ R 03
Stückdeckungsbeitrag (db = p–k_v) in EUR	db = 180,00–110,00 = 70,00 EUR	db = 260,00–160,00 = 100,00 EUR	db = 310,00–232,00 = 78,00 EUR
Deckungsbeitrag der Produktgruppe in EUR DB = E–K_v = db · x	DB = 70,00 · 150 Stk. = 10 500,00 EUR	DB = 100,00 · 100 Stk. = 10 000,00 EUR	DB = 78,00 · 50 Stk. = 3 900,00 EUR
Rangfolge der Sortimentsbereinigung (Produkteliminierung)	③	②	①

Da das Regal vom Typ R 03 den niedrigsten Gesamtdeckungsbeitrag (DB) aller drei Produktgruppen erbringt, sollte dieses Produkt zur Schaffung freier Kapazitäten aus dem Produktionsprogramm herausgenommen werden.

Auswirkungen auf das Gesamtergebnis

	Typ R 01	Typ R 02	Typ R 03	Summe
Erlös (p · x)	180 EUR · 150 St. = 27 000 EUR	260 EUR · 100 St. = 26 000 EUR	310 EUR · 50 St. = 15 500 EUR	**68 500 EUR**
– variable Kosten (K_v) ($K_v = k_v \cdot x$)	110 EUR · 150 St. = 16 500 EUR	160 EUR · 100 St. = 16 000 EUR	232 EUR · 50 St. = 11 600 EUR	**– 44 100 EUR**
– Deckungsbeitrag (DB)	70 EUR · 150 St. = 10 500 EUR	100 EUR · 100 St. = 10 000 EUR	78 EUR · 50 St. = 3 900 EUR	**24 400 EUR**
– fixe Kosten (K_f)				**– 16 400 EUR**
= bisheriges Betriebsergebnis				**8 000 EUR**
– Deckungsbeitrag wegen Aufgabe der Produktion von Regal Typ R 03			78,00 EUR · 50 Stück	**– 3 900 EUR**
= künftiges Betriebsergebnis				**4 100 EUR**

Wird die Produktion des Regals Typ R 03 **(= Produktgruppe mit niedrigsten Gesamtdeckungsbeitrag DB aller Produktgruppen)** eingestellt, verringert sich das monatliche Betriebsergebnis von 8 000 EUR auf lediglich 4 100 EUR. Bei allen anderen Alternativen wäre das Betriebsergebnis noch niedriger.

Die Entscheidung, welche Produktgruppe bei einer Sortimentsbereinigung aus dem Produktionsprogramm gestrichen werden soll (= Produkteliminierung), hängt von der Rangfolge der Produktgruppen hinsichtlich der **Gesamtdeckungsbeiträge** (DB) ab.

Bei Eliminierung eines Produkts aus dem Produktionsprogramm hängt die Entscheidung von der Rangfolge der Gesamtdeckungsbeiträge (DB) der einzelnen Produktgruppen ab. Die Produktgruppe mit dem niedrigsten Gesamtdeckungsbeitrag (DB) wird als erste eliminiert.

Grundsätzlich gilt bei Entscheidungen über das Produktionsprogramm:

Produkte mit negativem Deckungsbeitrag werden aus dem Produktionsprogramm gestrichen. Ohne die Weiterproduktion dieser Produkte ergibt sich ein höheres Betriebsergebnis.

Aufg. 8.6.1, 8.6.2 S. 146

Verfügt ein Unternehmen über freie Kapazitäten, ist es nur dann vorteilhaft, ein neues Produkt in das Produktionsprogramm aufzunehmen, wenn dessen Deckungsbeitrag positiv ist.

8.6.2 Annahme von Zusatzaufträgen

Entscheidung über den Zusatzauftrag eines Möbelproduzenten

Ein Möbelproduzent stellt in einem Zweigwerk ausschließlich Schreibtische her, die zum Nettoverkaufspreis von 500 EUR an den Fachhandel abgegeben werden. Die Monatskapazität für dieses Produkt beträgt 5 000 Stück. Derzeit arbeitet das Unternehmen mit einem Beschäftigungsgrad von 80 %. Die Fixkosten betragen 500 000 EUR, die variablen Stückkosten 250 EUR. In dieser Situation ist über die Anfrage eines Fachhändlers zu entscheiden, der vorübergehend monatlich 800 Schreibtische zu 300 EUR abnehmen würde.

Lösung:

1. Betriebsergebnis bei Ablehnung des Auftrags		2. Betriebsergebnis bei Annahme des Auftrags	
Erlöse (4 000 Stück · 500 EUR)	2 000 000 EUR	zusätzliche Erlöse (800 Stck. · 300 EUR)	240 000 EUR
– variable Kosten (4 000 Stück · 250 EUR)	1 000 000 EUR	– variable Kosten (800 Stck. · 250 EUR)	200 000 EUR
= Deckungsbeitrag ohne Zusatzauftrag	**1 000 000 EUR**	**= Deckungsbeitrag durch Zusatzauftrag**	**40 000 EUR**
– fixe Kosten	500 000 EUR	+ Betriebsgewinn ohne Zusatzauftrag	500 000 EUR
= Betriebsgewinn bei Ablehnung des Zusatzauftrags	**500 000 EUR**	**= Betriebsgewinn mit Zusatzauftrag**	**540 000 EUR**

Ergebnis:

Obwohl die Stückkosten sogar bei einer Kapazitätsauslastung von 100 % mit 350 EUR (100 EUR Fixkosten je Stück* + 250 EUR variable Kosten) um 50 EUR über dem Abnahmepreis des Fachhändlers liegen, empfiehlt sich die Annahme des Auftrags. Der Betriebsgewinn für diesen Schreibtisch erhöht sich bei Annahme des Auftrags um 40 000 EUR.

* $k_{fix} = \frac{K_{fix}}{x} = \frac{500\,000 \text{ EUR}}{5\,000 \text{ Stck.}} = 100 \text{ EUR/Stück}$

Grafische Darstellung

Aufg. 8.6.3 bis 8.6.6 S. 147 f.

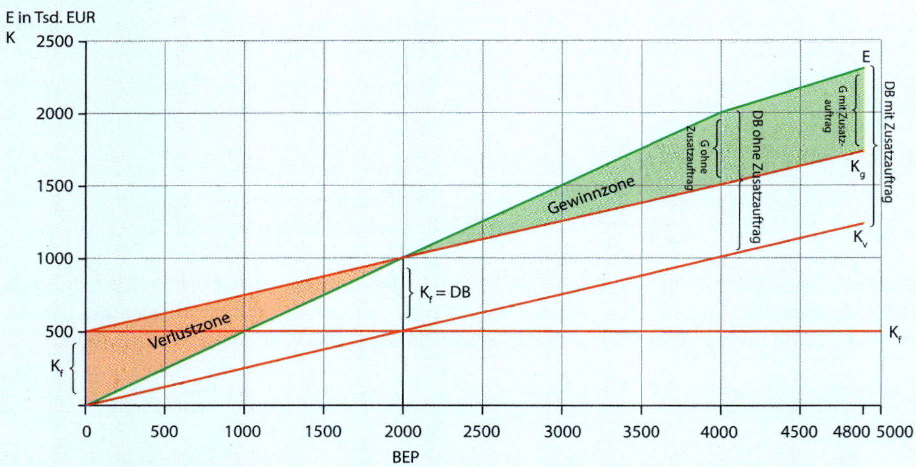

Ist die Kapazität eines Betriebes nicht voll ausgelastet, empfiehlt sich die Annahme eines Zusatzauftrags, wenn die variablen Stückkosten geringer sind als der Stückpreis, da in diesem Fall ein positiver Deckungsbeitrag vorliegt. Ist dies der Fall, führt die Annahme des Zusatzauftrags zu einer Verbesserung des Betriebsergebnisses.

Ist die Annahme eines Zusatzauftrags nur durch Erweiterung der bestehenden Kapazität möglich, so entstehen für die Anpassung der Kapazität **sprungfixe Kosten** (z. B. kalkulatorische Abschreibungen für die Neuanschaffung von Maschinen). In diesem Fall muss geprüft werden, ob der Deckungsbeitrag des Zusatzauftrags die zusätzlich entstehenden fixen Kosten (= sprungfixe Kosten) übersteigt.

Ist die Kapazität eines Betriebes voll ausgelastet, empfiehlt sich die Annahme eines Zusatzauftrags, wenn dessen Deckungsbeitrag die für die Kapazitätserweiterung entstehenden sprungfixen Kosten übersteigt. Ist dies der Fall, führt die Annahme des Zusatzauftrags zu einer Verbesserung des Betriebsergebnisses.

Zusammenfassende Übersicht zu Kap. 8.6: Anwendung der Deckungsbeitragsrechnung bei Produktions- und Absatzentscheidungen

Deckungsbeitragsrechnung als Entscheidungshilfe bei:

Produktförderung	**Produkteliminierung**
Rangfolge der Produktförderung bestimmt sich nach der Höhe der einzelnen Deckungsbeiträge je Stück (db).	Produkt wird eliminiert, wenn sich dadurch der Gesamtdeckungsbeitrag verbessert. Rangfolge bestimmt sich nach der Höhe der Gesamtdeckungsbeiträge der Produktgruppen (DB).

Annahme von Zusatzaufträgen

bei freien Kapazitäten (kein Engpass)	bei erforderlicher Kapazitätserweiterung (Engpass)
Zusatzauftrag wird angenommen, wenn Deckungsbeitrag des Zusatzauftrags > 0	**Zusatzauftrag wird angenommen, wenn** Deckungsbeitrag des Zusatzauftrags > sprungfixe Kosten für Kapazitätserweiterung
Betriebsergebnis verbessert sich um den Deckungsbeitrag des Zusatzauftrags.	Betriebsergebnis verbessert sich um den Deckungsbeitrag des Zusatzauftrags abzüglich sprungfixe Kosten.

Wiederholung des Grundwissens

zu Kapitel 8.6 Anwendung der Deckungsbeitragsrechnung bei Produktions- und Absatzentscheidungen

8.6.1 Produktförderung – Produkteliminierung

1. In welcher Rangfolge werden die einzelnen Produkte eines Unternehmens gefördert, wenn freie Kapazitäten vorhanden sind?
2. Unter welcher Voraussetzung wird auf die Eliminierung eines Produkts mit negativem Deckungsbeitrag verzichtet?
3. In welchen Fällen wird ein Produkt aus dem Produktionsprogramm eliminiert?

8.6.2 Annahme von Zusatzaufträgen

1. Unter welcher Voraussetzung empfiehlt es sich, einen Zusatzauftrag anzunehmen, wenn die Kapazitäten eines Unternehmens nicht voll ausgelastet sind?
2. Unter welcher Voraussetzung empfiehlt es sich, einen Zusatzauftrag anzunehmen, wenn dafür eine Kapazitätserweiterung nötig ist?

Aufgaben und Probleme

zu Kapitel 8.6 Anwendung der Deckungsbeitragsrechnung bei Produktions- und Absatzentscheidungen

LA

8.6.1 Ermittlung des Betriebsergebnisses – Bereinigung des Produktionsprogramms auf der Basis von Vollkosten- und Deckungsbeitragsrechnung

In einer Textilfabrik werden vier verschiedene Arten von Sportjacken hergestellt. Für das vergangene Quartal liegen folgende Daten vor:

PDF

EXCEL

	Kostenträger			
	Standard	Extra	Super	Super XL
Materialeinzelkosten je Stück in EUR	38,33	37,50	50,00	60,00
Fertigungslöhne je Stück in EUR	36,67	32,50	40,00	40,00
Verkaufspreis in EUR	125,00	145,00	230,00	250,00
Absatzmenge in Stück	800	800	1 500	2 000

MGKZ: 20 % FGKZ: 180 % VwGKZ: 10 % VtGKZ: 15 %

1. Ermitteln Sie, welches Betriebsergebnis insgesamt und pro Kostenträger im vergangenen Monat erzielt wurde.

2. Die Geschäftsleitung erwägt, die Produktion der Modelle Standard und Extra einzustellen, da die Umsatzerlöse beider Modelle niedriger als deren kalkulierte Selbstkosten sind. Sie erhofft sich davon eine Verbesserung der Betriebsergebnisse, obwohl die frei werdenden Kapazitäten nicht durch eine Produktions- und Absatzerhöhung der beiden restlichen Modelle genutzt werden können. Die Ausgangsdaten dieser beiden Modelle (Preis, Menge, Einzelkosten, Zuschlagssätze) bleiben unverändert.

   Wie hoch wäre das voraussichtliche Betriebsergebnis auf Basis der Vollkostenrechnung jeweils, wenn
   a) zunächst nur die Produktion des Modells Standard
   b) zusätzlich auch die Produktion des Modells Extra eingestellt würde?

3. Eine von einer Unternehmensberatung vorgeschlagene Kostenuntersuchung ergibt, dass 50 % der Gemeinkosten als fixe Kosten anzusehen sind.

   Ermitteln Sie auf der Basis der Deckungsbeitragsrechnung das Betriebsergebnis
   a) für das Produktionsprogramm mit allen vier Modellen (Ausgangssituation),
   b) für den Fall, dass nur die Produktion des Modells Standard eingestellt wird,
   c) für den Fall, dass zusätzlich auch die Produktion des Modells Extra eingestellt wird.

4. Bei welchem Produktionsprogramm wird das bestmögliche Betriebsergebnis erzielt? Erläutern Sie die Unterschiede zum Ergebnis von Aufg. 2. Stellen Sie dazu auch die auf Basis der Vollkostenrechnung ermittelten Betriebsergebnisse (Aufg. 1, 2a, 2b) den mit Hilfe der Deckungsbeitragsrechnung ermittelten Betriebsergebnissen gegenüber.

5. Begründen Sie (ohne rechnerischen Nachweis), wie sich das Ergebnis von 4. ändern würde, wenn der Anteil der Fixkosten an den Gemeinkosten
   a) höher als 50 %
   b) niedriger als 50 % wäre.

   Erläutern Sie die Unterschiede, die sich durch unterschiedliche Fixkostenanteile an den Gemeinkosten ergeben.

8.6.2 Absatzpolitische Entscheidungen auf der Grundlage der Deckungsbeitragsrechnung

Ein Textilbetrieb stellt vier verschiedene Modelle von Mänteln her. Für den vergangenen Monat liegen folgende Daten vor:

Modell	Absatz (Stück)	Verkaufspreis je Stück in EUR	variable Kosten je Stück in EUR
A	300	200,00	150,00
B	400	450,00	300,00
C	200	600,00	650,00
D	100	700,00	400,00

PDF

EXCEL

Die monatlichen Fixkosten für die Mantelproduktion betragen 80 000 EUR.

1. Ermitteln Sie die Deckungsbeiträge je Stück und der einzelnen Produktgruppen.
2. Ermitteln Sie das Betriebsergebnis für die Mantelproduktion mit Hilfe der Deckungsbeitragsrechnung.
3. Es sollen weiterhin alle vier Modelle produziert werden. Die Unternehmensleitung beabsichtigt aber, geeignete absatzpolitische Maßnahmen auf die beiden erfolgversprechendsten Modelle zu konzentrieren. Dadurch soll die Absatzmenge dieser beiden Modelle um jeweils 100 Stück monatlich gesteigert werden. Es wird damit gerechnet, dass sich aufgrund dieser absatzpolitischen Maßnahmen die variablen Kosten dieser Modelle um jeweils 10 % erhöhen. Da für die Produktionsausweitung zusätzliche Maschinen angeschafft werden müssen, steigen gleichzeitig die monatlichen Fixkosten um 15 % (sprungfixe Kosten).
   Zugunsten welcher beiden Modelle würden Sie sich entscheiden? Überprüfen Sie Ihre Entscheidung durch einen Vergleich des nach dieser Maßnahme erzielten Betriebsergebnisses mit dem in der Ausgangssituation erzielten Betriebsergebnis (siehe Aufg. 2).
4. Die Unternehmensleitung möchte nach der Absatzförderung (vgl. 3) das Produktionsprogramm auf drei Modelle straffen. Dadurch könnten im Vergleich zu 3. (sprung-)fixe Kosten abgebaut und die monatlichen Fixkosten auf 85 000 EUR gesenkt werden.
   Auf welches Modell soll Ihrer Meinung nach künftig verzichtet werden? Überprüfen Sie Ihre Entscheidung, indem Sie das nach der Straffung des Produktionsprogramms erzielte Betriebsergebnis mit dem Ergebnis von Aufg. 3 vergleichen.

8.6.3 Entscheidung über Zusatzaufträge

Ein Betrieb steht vor der Entscheidung, Zusatzaufträge von neuen Kunden anzunehmen. Die Fertigungsstelle I hat noch Produktionsreserven. Die Kalkulation des dort hergestellten Erzeugnisses sieht wie folgt aus:

	Listenverkaufspreis	200 EUR
–	Preisnachlässe (im Durchschnitt 4 %)	8 EUR
=	Barverkaufspreis	192 EUR
–	variable Kosten	100 EUR
=	Deckungsbeitrag	92 EUR

Zu welchem Mindest-Listenverkaufspreis können Zusatzaufträge für dieses Erzeugnis angenommen werden?

8.6.4 Zusatzauftrag – sprungfixe Kosten

Bei einem Hersteller von Waschmaschinen ergibt sich für die Produktion und den Absatz von 800 Maschinen des Typs Siwamat folgendes Bild:

Umsatzerlöse	480 000 EUR
variable Kosten	288 000 EUR
Deckungsbeitrag	192 000 EUR
fixe Kosten	200 000 EUR
Verlust	8 000 EUR

Es geht der zusätzliche Auftrag eines Exporteurs über 600 Maschinen ein. Der Hersteller ist in der Lage, die insgesamt 1400 Maschinen ohne Kapazitätserweiterung herzustellen. Allerdings verlangt der Exporteur für die 600 Maschinen einen Rabatt in Höhe von 20 % auf den üblichen Preis.

1. Entscheiden Sie, ob der Auftrag angenommen werden soll. Wie hoch ist das Betriebsergebnis bei Annahme des Auftrags?
2. Prüfen Sie, ob sich die Entscheidung ändert, wenn ab einer Produktionsmenge von 801 Maschinen mit zusätzlichen Fixkosten (sprungfixe Kosten) in Höhe von 140000 EUR gerechnet werden muss.

8.6.5 Auswirkungen eines Zusatzauftrages auf das Betriebsergebnis

Die Mineralbrunnen-AG kalkulierte bisher nur nach dem System der Vollkostenrechnung. Konkurrenzdruck und Konjunkturschwankungen zwingen die Geschäftsleitung zur Einführung der Deckungsbeitragsrechnung.

1. Eine Kundenbefragung ergab, dass neben dem Eigenprodukt Mineralwasser auch 30000 Kästen fremdbezogener Fruchtsaft pro Jahr abgesetzt werden können. Ermitteln Sie das voraussichtliche Betriebsergebnis mittels Deckungsbeitragsrechnung, wenn folgende Daten erwartet werden:

PDF

	Mineralwasser	Fruchtsaft
Absatzmenge in Kasten	240000	30000
Verkaufspreis je Kasten in EUR	4,00	14,00
Variable Kosten je Kasten in EUR	2,05	–
Bezugspreis je Kasten in EUR	–	7,00
Fixkosten des Betriebes	370000 EUR	

2. Kostensteigerungen führen bei Mineralwasser zu einer Erhöhung der variablen Kosten je Kasten um 0,45 EUR. Gleichzeitig wäre ein Großabnehmer bereit, pro Jahr 40000 Kästen Mineralwasser zu einem Preis von 3,00 EUR je Kasten zusätzlich abzunehmen.
   a) Soll die Mineralbrunnen AG diese Lieferverpflichtung eingehen? Begründen Sie rechnerisch Ihre Entscheidung.
   b) Erläutern Sie, wie sich das Betriebsergebnis verändert.
   c) Warum wird in der Praxis dieses theoretische Ergebnis nicht zu erreichen sein?

8.6.6 Gewinnschwelle – Zusatzauftrag

Ein Hersteller von Dunstabzugshauben produziert derzeit monatlich 8000 Abzugshauben. Seine Kapazität ist auf eine Monatsproduktion von 10000 Stück ausgelegt. Eine Untersuchung ergab folgende Kostenstruktur:

PDF

variable Kosten pro Stück (k_v):

Material	98,00 EUR
variable Materialgemeinkosten	3,00 EUR
variable Fertigungsgemeinkosten	28,00 EUR
variable Fertigungseinzelkosten	1,00 EUR
variable Verw. u. Vertriebskosten	2,00 EUR
	132,00 EUR
fixe Kosten pro Monat:	240000,00 EUR

1. Ermitteln Sie bei einem Verkaufspreis pro Abzugshaube von 176,00 EUR den Deckungsbeitrag pro Stück, den gesamten Deckungsbeitrag sowie das Betriebsergebnis bei der derzeitigen Auslastung.
2. Berechnen Sie den Erlös, den das Unternehmen erzielen muss, um seine Gewinnschwelle zu erreichen.
3. Bei der beschriebenen Beschäftigungssituation (8000 Hauben) erreicht das Unternehmen die Anfrage eines neuen Kunden, der monatlich 2000 Hauben abnehmen will. Der Kunde begrenzt den Preis auf netto 145,00 EUR.
   Um wie viel EUR ändern sich Deckungsbeitrag sowie Betriebsergebnis pro Monat, falls der Auftrag angenommen wird?

8.7 Entscheidungen über Eigenfertigung oder Fremdbezug: Make or Buy

8.7.1 Entscheidung bei freien Kapazitäten

Da die fixen Kosten unabhängig davon anfallen, ob die Teile oder Erzeugnisse selbst hergestellt oder fremd bezogen werden, spielen diese Kosten im Fall einer **kurzfristigen Entscheidung** keine Rolle.

Für die Entscheidung, ob **kurzfristig** von der Eigenfertigung zum Fremdbezug bzw. vom Fremdbezug zur Eigenfertigung übergegangen werden soll, sind unter kostenrechnerischen Gesichtspunkten daher ausschließlich die **variablen Stückkosten** und **nicht die Vollkosten** von Bedeutung.

Entscheidung über Eigenfertigung oder Fremdbezug eines Herstellers von Armbanduhren

Ein Hersteller von Armbanduhren hat seine Kapazitäten derzeit nicht ausgelastet. Er steht daher vor der Entscheidung, die bislang fremdbezogenen Uhrengehäuse selbst zu produzieren. Die Produktion der Uhrengehäuse könnte mit den vorhandenen Anlagen erfolgen. Der Entscheidung werden nachstehende Informationen zugrunde gelegt:

(1) Fremdbezug:	Einstandspreis eines Uhrengehäuses	48 EUR
(2) Eigenfertigung:	Verbrauch Fertigungsmaterial	26 EUR
	variable Materialgemeinkosten	20 %
	Fertigungslöhne	12 EUR
	variable Fertigungsgemeinkosten	10 %

Variable Kosten je Stück (k_v) bei Fremdbezug: 48,00 EUR

Variable Kosten je Stück (k_v) bei Eigenfertigung:

26,00 EUR + 5,20 EUR + 12,00 EUR + 1,20 EUR = 44,40 EUR

Kostenvorteil bei Eigenfertigung **3,60 EUR**

Entscheidung: Bei der Eigenfertigung entsteht ein Kostenvorteil von 3,60 EUR je Gehäuse.

Bei freier Kapazität ist die Eigenfertigung dem Fremdbezug vorzuziehen, wenn die variablen Herstellkosten unter dem Einstandspreis liegen.

8.7.2 Entscheidung bei erforderlicher Kapazitätserweiterung

Aufg. 8.7.1 u. 8.7.2 S. 153

Entscheidung zwischen Eigenfertigung und Fremdbezug

Ein Industriebetrieb kaufte bisher die für die Produktion benötigten Kunststoffteile von einem Lieferer zu einem Preis von 6,00 EUR/Stück. Nachdem der Lieferer eine Preiserhöhung auf 8,00 EUR/Stück ankündigt, ist zu entscheiden, ob die Kunststoffteile selbst hergestellt werden sollen.
Im Fall einer Eigenfertigung müsste eine Maschine angeschafft werden, deren Anschaffungskosten auf 300 000 EUR veranschlagt werden. Die betriebsgewöhnliche Nutzungsdauer dieser Maschine wird auf 10 Jahre geschätzt. Des Weiteren wird damit gerechnet, dass der Betrieb der Maschine mit zusätzlichen Fixkosten (Wartung, Versicherung etc.) in Höhe von 14 000 EUR/Jahr verbunden ist. Die laufende Produktion verursacht variable Materialkosten (Fertigungsmaterial, Materialgemeinkosten) in Höhe von 2,00 EUR/Stück und variable Fertigungskosten (Stücklohn, variable Fertigungsgemeinkosten) in Höhe von 1,00 EUR/Stück.
Von welcher Fertigungsmenge an ist die Eigenfertigung günstiger als der Fremdbezug?

Fixe Kosten:

Kalkulatorische Abschreibung (300 000 EUR/10 Jahre)	30 000 EUR/Jahr
Zusätzliche Fixkosten	14 000 EUR/Jahr

Variable Kosten:

Materialkosten	2 EUR
Fertigungskosten	1 EUR

Kostenfunktionen und kritische Menge

Kostenfunktion bei Eigenfertigung:
K = 44 000 + 3 x

Kostenfunktion bei Fremdbezug:
K = 8 x

Menge, bei der die Kosten bei Eigenfertigung gleich hoch sind wie die Kosten bei Fremdbezug (Übergangsmenge, kritische Menge):

$$44\,000 + 3x = 8x$$
$$5x = 44\,000$$
$$x = 8\,800$$

Grafische Ermittlung der Übergangsmenge (kritische Menge)

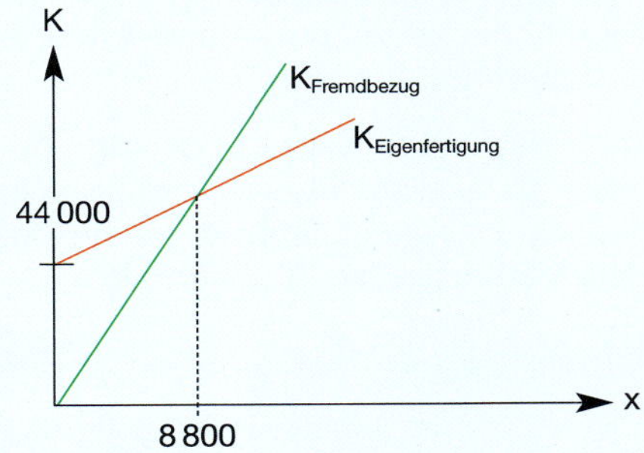

Ergebnis: Bis zu einer Fertigungsmenge von einschließlich 8 799 Stück/Jahr ist der Fremdbezug günstiger. Werden mehr als 8 800 Stück produziert, lohnt sich die Eigenfertigung.

Muss bei einer Make-or-Buy-Entscheidung im Fall einer Eigenfertigung die Kapazität erweitert werden, so sind neben den variablen Kosten auch die fixen Kosten in die Vergleichsrechnung mit einzubeziehen.

Berechnung der Übergangsmenge bei ausgelasteter Kapazität:
Kosten bei Eigenfertigung = Kosten bei Fremdbezug

K_f = fixe Gesamtkosten
k_v = variable Stückkosten bei Eigenfertigung
x = Produktionsmenge
p = Einstandspreis je Stück bei Fremdbezug

$$K_f + k_v \cdot x = p \cdot x$$

$$x = \quad =$$

Bei ausgelasteter Kapazität ist die Eigenfertigung dem Fremdbezug vorzuziehen, wenn die mit der Eigenfertigung verbundenen Kosten (fixe und variable Kosten) geringer sind als die Kosten bei Fremdbezug.

8.7.3 Entscheidung bei ausgelasteter Kapazität ohne Kapazitätserweiterung[1]

Sind die **Kapazitäten** eines Unternehmens **ausgelastet**, so dürfen bei der Entscheidung, ob ein alternatives Erzeugnis selbst produziert oder fremd bezogen werden soll, nicht lediglich dessen variable Herstellkosten und dessen Einstandspreis verglichen werden.

Die Entscheidung für die Eigenfertigung hat nämlich zur Folge, dass bei **ausgelasteter Kapazität** ganz oder teilweise auf die Produktion anderer Erzeugnisse verzichtet werden muss. Der Produktionsverzicht wiederum bewirkt, dass dem Unternehmen gegebenenfalls ein Gewinn in Höhe des entfallenden Deckungsbeitrags entgeht **(= Opportunitätskosten)**.

Opportunitätskosten (Verzichtskosten) können durch entgangene Deckungsbeiträge entstehen, wenn sich ein Unternehmen für die Eigenfertigung eines neuen Erzeugnisses entscheidet und deshalb aus Kapazitätsgründen auf die Produktion anderer Erzeugnisse verzichten muss.

Der entgangene Deckungsbeitrag erhöht als zusätzlicher Kostenbestandteil die variablen Kosten des gegebenenfalls neu zu produzierenden Erzeugnisses.

1 Diese Problemstellung ist nicht ausdrücklich im Lehrplan erwähnt. Sie ermöglicht aber die Anwendung von Transferwissen.

Entscheidung zwischen Eigenfertigung oder Fremdbezug bei ausgelasteten Kapazitäten

Die Galvaform GmbH stellt Türen und Garagentore her. Zusätzlich verkauft sie auch feuerverzinkte Stahlzargen, die bisher von einem Zulieferer zum Einstandspreis von 240 EUR je Stück beschafft wurden. Die Geschäftsleitung will entscheiden, ob die für einen Großauftrag benötigten 1 500 Stahlzargen nunmehr selbst produziert werden sollen. Die für die Produktion erforderlichen technischen Anlagen sowie die Arbeitskräfte sind vorhanden. Nach einer vorsichtigen Schätzung ist bei Eigenproduktion mit variablen Kosten in Höhe von 80,00 EUR je Stahlzarge zu rechnen.
Wegen der auf absehbare Zeit ausgelasteten Kapazität müsste bei der Eigenanfertigung der Stahlzargen gegebenenfalls auf die Produktion und den Absatz von 2 400 Türen verzichtet werden. Der Verkaufspreis der Türen beträgt 180,00 EUR je Stück. Die variablen Stückkosten belaufen sich auf 100,00 EUR.
Die fixen Kosten in Höhe von 1 500 000 EUR fallen unabhängig von der Entscheidung, die Stahlzargen selbst zu produzieren oder fremd zu beziehen, in unveränderter Höhe an.

Welche Entscheidung (Make or buy) sollte unter den gegebenen Bedingungen getroffen werden?

Variable Kosten bei Eigenfertigung der Stahlzargen (1 500 Stck. · 80,00 EUR)	120 000 EUR
+ Wegfallender Deckungsbeitrag bei Verzicht auf die Produktion der Türen **(= Opportunitätskosten)** (180,00 EUR – 100,00 EUR) · 2 400 Türen	192 000 EUR
= „Kosten" der Eigenfertigung von 1 500 Stahlzargen	**312 000 EUR**
Einstandspreis bei Fremdbezug (1 500 Stück · 240 EUR/Stück)	360 000 EUR
Vorteil der Eigenfertigung	**48 000 EUR**

Ergebnis: Auch unter Berücksichtigung eines durch Einschränkung der Türproduktion entfallenden Deckungsbeitrags in Höhe von 192 000 EUR lohnt es sich, die Stahlzargen selbst zu produzieren. Der Vorteil der Eigenfertigung gegenüber dem Fremdbezug beträgt 48 000 EUR.

Aufg. 8.7.3 S. 153

Bei ausgelasteter Kapazität ist die Eigenfertigung dann günstiger als der Fremdbezug, wenn die variablen Kosten bei Eigenfertigung und der entgangene Deckungsbeitrag des verdrängten Erzeugnisses zusammen geringer als die Kosten bei Fremdbezug sind.

8.7.4 Qualitative Entscheidungskriterien für Eigenfertigung oder Fremdbezug

Für die Entscheidung eines Unternehmens, ob ein ganzes Erzeugnis oder der Teil eines Erzeugnisses (Fertigteil) selbst hergestellt oder von einem Lieferer bezogen werden soll („Make or Buy-Entscheidung"), sind neben kostenrechnerischen Überlegungen (= quantitative Entscheidungskriterien) auch andere Kriterien (qualitative Entscheidungskriterien) wie z. B. Qualität der fremdbezogenen Teile, Zuverlässigkeit des Lieferers bedeutsam.

Gründe für den Fremdbezug	Gründe für die Eigenfertigung
▪ Kostensenkung durch Ausrichtung der Produktion auf wenige Produkte („Lean Production") ▪ Qualitätssicherung, falls Lieferer in der Lage ist, ein qualitativ besseres Produkt zu liefern ▪ Vermeidung von Kundenverlust durch eigene Lieferschwierigkeiten aufgrund eines Kapazitätsengpasses ▪ Verwendung von Produktionskapazität für Produkte mit höherem Deckungsbeitrag ▪ Verminderung von Lagerkosten	▪ Unabhängigkeit von Zulieferern hinsichtlich Preisgestaltung, Termintreue, Einhaltung von Qualitätsstandards ▪ Auslastung eigener Kapazitäten und damit Weiterbeschäftigung eigener Mitarbeiter (soziale Gründe) ▪ Verlust von innerbetrieblichem Know How, wenn Fertigung nach außen verlagert wird

Zur Sicherung ihrer Wettbewerbsfähigkeit gehen viele Industriebetriebe dazu über, ihre **Fertigungstiefe** zugunsten eines Fremdbezuges zu verringern **(Outsourcing)**. Zur Verminderung der mit einem Fremdbezug verbundenen Risiken werden aber dem Zulieferer häufig strenge Qualitätsvorgaben gemacht. Die Nichteinhaltung getroffener Termin- und Qualitätsvereinbarungen ist meist mit hohen Vertragsstrafen (Konventionalstrafen) verbunden.

Zusammenfassende Übersicht zu Kap. 8.7: Eigenfertigung oder Fremdbezug: Make or Buy

Eigenfertigung oder Fremdbezug

bei freien Kapazitäten	**bei erforderlicher Kapazitätserweiterung**	**bei ausgelasteter Kapazität ohne Erweiterung**
Entscheidung für Eigenfertigung, falls variable Herstellkosten < Kosten bei Fremdbezug	Entscheidung für Eigenfertigung, falls Kosten bei Eigenfertigung (fixe und variable) < Kosten bei Fremdbezug	Entscheidung für Eigenfertigung, falls (var. Herstellkosten + entgangener Deckungsbeitrag) < Kosten bei Fremdbezug

zusätzlich zu berücksichtigen: Qualitative Kriterien wie z. B.
- Qualitätssicherung
- Weiterbeschäftigung eigener Mitarbeiter
- Zuverlässigkeit eines Lieferers

Wiederholung des Grundwissens

zu Kapitel 8.7 Entscheidungen über Eigenfertigung oder Fremdbezug: Make or Buy

8.7.1 Entscheidung bei freien Kapazitäten

1. Warum sind für die Entscheidung zwischen Eigenfertigung und Fremdbezug bei freien Kapazitäten lediglich die variablen Stückkosten von Bedeutung?
2. Wann ist bei freien Kapazitäten die Eigenfertigung dem Fremdbezug vorzuziehen?

8.7.2 Entscheidung bei erforderlicher Kapazitätsausweitung

1. Warum reicht es nicht aus, einer Entscheidung zwischen Eigenfertigung und Fremdbezug bei ausgelasteten Kapazitäten lediglich die variablen Stückkosten zugrunde zu legen?
2. Wann ist bei ausgelasteten Kapazitäten die Eigenfertigung dem Fremdbezug vorzuziehen?

8.7.3 Entscheidung bei ausgelasteter Kapazität ohne Kapazitätserweiterung

1. Warum reicht es nicht aus, für eine Entscheidung zwischen Eigenfertigung und Fremdbezug bei ausgelasteter Kapazität und ohne beabsichtigter Kapazitätserweiterung lediglich die variablen Herstellkosten mit dem Einstandspreis zu vergleichen?
2. Was sind Opportunitätskosten?

8.7.4 Qualitative Entscheidungskriterien für Eigenfertigung oder Fremdbezug

1. Nennen Sie drei Gründe, die auch dann für einen Fremdbezug sprechen, wenn die Eigenfertigung kostengünstiger ist.
2. Nennen Sie drei Gründe, die auch dann für eine Eigenfertigung sprechen, wenn der Fremdbezug kostengünstiger ist.

Aufgaben und Probleme

zu Kapitel 8.7 Eigenfertigung oder Fremdbezug: Make or Buy

8.7.1 Eigenfertigung oder Fremdbezug eines Herstellers von Zeiterfassungsgeräten

PDF

Ein Hersteller von Zeiterfassungsgeräten steht vor der Entscheidung, ein zur Herstellung benötigtes Fertigteil selbst zu fertigen bzw. von einem anderen Hersteller zu beziehen. Das Fertigteil wurde bislang in einer eigenen Fertigungsstelle produziert. An Fixkosten sind dafür 3 000 000 EUR je Abrechnungsperiode angefallen. Die variablen Stückkosten belaufen sich auf 1 000 EUR, die zurzeit gefertigte Stückzahl beläuft sich auf 10 000 Einheiten. Der Hersteller verlangt für die Lieferung des Fertigteils 1 250 EUR/Stück.

1. Berechnen Sie die Stückkosten, die bei Eigenfertigung anfallen.
2. Wie lautet die Kostenfunktion bei Eigenfertigung?
3. Wie lautet die Kostenfunktion bei Fremdbezug?
4. Zeichnen Sie den Verlauf der Kostenfunktionen bei Eigenfertigung und Fremdbezug in ein Koordinatensystem ein.
5. Bei welcher Produktionsmenge entstehen für Eigenfertigung und Fremdbezug Kosten in gleicher Höhe?
6. Welche Entscheidung ist zu treffen, wenn davon auszugehen ist, dass die fixen Kosten nicht abgebaut werden können und pro Abrechnungszeitraum
   a) 10 000 Stück,
   b) 15 000 Stück produziert werden sollen?
7. Nennen Sie drei Gesichtspunkte, die gegebenenfalls trotz Kostenvorteil gegen einen Fremdbezug sprechen.

8.7.2 Eigenfertigung oder Fremdbezug in einer Möbelfabrik

Eine Möbelfabrik hat die Befestigungswinkel zwischen Tischplatte und Tischbeinen bisher fremd bezogen. Im Rahmen einer Vergleichsrechnung (Make-or-Buy-Analyse) soll ermittelt werden, ob die Produktion der Befestigungswinkel aus Kostengründen in Eigenfertigung erfolgen soll. Folgende Daten liegen vor:

Wöchentlicher Bedarf:	4 000 Stück
Bezugspreis:	2,95 EUR
Sprungfixe Kosten, die bei Eigenfertigung der Befestigungswinkel anfallen (Woche):	3 500 EUR
Fertigungsmaterial/Stück:	0,85 EUR
Fertigungslohn/Stück:	1,25 EUR
Sonstige variable Kosten pro Stück:	0,15 EUR

Weisen Sie rechnerisch nach, ab welcher Stückzahl die Eigenfertigung kostengünstiger ist. Welche Entscheidung sollte daher das Unternehmen treffen?

8.7.3 Eigenfertigung oder Fremdbezug bei ausgelasteten Kapazitäten

Ein Hersteller elektronischer Bauteile stellt u. a. Raumthermostate für Heizungsanlagen und Sensoren zur Raumüberwachung her. Im Sortiment befinden sich zusätzlich Außenthermostate, die bisher von einem Zulieferer zu einem Einstandspreis von 200 EUR je Stück bezogen wurden. Die Geschäftsleitung plant, in Zukunft auch die jährlich benötigte Menge von 1 000 Außenthermostaten selbst zu erzeugen. Die dafür erforderlichen Maschinen und Fachkräfte sind vorhanden. Die variablen Stückkosten würden voraussichtlich 150,00 EUR betragen. Da aber die Kapazität auf absehbare Zeit ausgelastet ist, müsste dafür die Produktion der Sensoren um 500 Stück pro Jahr verringert werden. Die Sensoren werden zurzeit für 150 EUR je Stück verkauft und verursachen variable Stückkosten in Höhe von 100 EUR. Für den gesamten Betrieb fallen unabhängig von der Make or Buy-Entscheidung fixe Kosten in Höhe von 2 Mio. EUR jährlich an.

1. Prüfen Sie, ob für den Außenthermostat die Eigenfertigung günstiger ist als der Fremdbezug. Weisen Sie rechnerisch nach, welchen Vorteil/Nachteil die Eigenfertigung bringen würde.
2. Erläutern Sie die Auswirkung steigender Verkaufspreise bei den Sensoren (unter sonst gleichen Bedingungen) auf die Entscheidung über Eigenfertigung oder Fremdbezug des Außenthermostats.

8.8 Optimales Produktionsprogramm in Engpasssituationen: Relative Deckungsbeitragsrechnung

Übersteigt die Zahl der Produktionsaufträge die Kapazität des Betriebes, entstehen **Engpässe**, d.h. es können nicht alle Produktionsaufträge berücksichtigt werden. In diesem Fall sind die **absoluten Deckungsbeiträge** (= Deckungsbeiträge ohne Berücksichtigung der Engpasssituation) **keine geeignete Grundlage** für die Entscheidung, welche Produkte in welchen Mengen produziert werden sollen.

Aufg. 8.8.1 S. 157

Optimales Produktionsprogramms bei Engpässen

Eine Armaturenfabrik produziert u. a. Druckminderer in zwei verschiedenen Ausführungen. Aufgrund von Facharbeitermangel und gestiegener Nachfrage kann das Unternehmen nicht mehr alle Aufträge erfüllen. Der Kostenrechnung für das zurückliegende Quartal sind folgende Zahlen zu entnehmen:

	Produkt A	Produkt B
Verkaufspreis je Einheit, netto	100,00 EUR	160,00 EUR
Variable Kosten je Einheit	70,00 EUR	120,00 EUR
Fertigungszeit je Einheit	20 Minuten	40 Minuten

Die Fixkosten betragen 50 000 EUR je Monat und können nur der Gesamtheit aller Produkte zugerechnet werden.

Lösungsschritte zur Ermittlung des optimales Produktionsprogramms bei Engpässen:

1. Schritt: Ermittlung der absoluten Deckungsbeiträge

	Produkt A	Produkt B
Verkaufspreis je Einheit, netto	100,00 EUR	160,00 EUR
– variable Kosten je Einheit	– 70,00 EUR	– 120,00 EUR
= Deckungsbeiträge je Produkteinheit) **(= absolute Deckungsbeiträge)**	**30,00 EUR**	**40,00 EUR**

Beide Deckungsbeiträge sind positiv. Produkt B weist jedoch den höheren **absoluten Deckungsbeitrag** auf.

2. Schritt: Ermittlung der relativen Deckungsbeiträge

Das Produkt mit dem höheren Deckungsbeitrag (Produkt B) beansprucht den Engpassbereich 40 Minuten je Stück, während das Produkt mit dem niedrigeren Deckungsbeitrag (Produkt A) lediglich 20 Minuten je Stück Produktionszeit erfordert. Demnach ist für die Bestimmung der Produktförderung entscheidend, wie hoch die Deckungsbeiträge pro Minute des Engpassbereichs sind **(relative Deckungsbeiträge)**:

relative Deckungsbeiträge	Produkt A	Produkt B
Deckungsbeitrag pro Minute (Engpasseinheit)	30,00 EUR/20 Min. **= 1,50 EUR/Min.**	40,00 EUR/40 Min. **= 1,00 EUR/Min.**

Soll die vorhandene Kapazität allein durch Produktion nur eines der beiden Produkte ausgelastet werden, entscheidet sich die Armaturenfabrik für das Produkt A. Da der **Deckungsbeitrag je Minute** bei

Produkt A $\left(\frac{100-70}{20} = 1{,}50 \text{ EUR/Min.}\right)$ größer als bei Produkt B $\left(\frac{160-120}{40} = 1{,}00 \text{ EUR/Min.}\right)$

ist, wird bei dieser Vorgehensweise ein höherer Gewinn erzielt als im umgekehrten Fall.

Ergebnis: Will das Unternehmen seinen Gewinn maximieren, so ist – eine entsprechende Absatzmenge vorausgesetzt – die Herstellung des Produktes A dem Produkt B vorzuziehen, da in diesem Falle pro Produktionsminute ein Deckungsbeitrag von 1,50 EUR erwirtschaftet wird. Das sind – bezogen auf eine Produktionsminute – 0,50 EUR mehr als bei Produkt B.

Liegen Produktionsengpässe vor, so sind die Deckungsbeiträge je Einheit des Engpassfaktors (relative Deckungsbeiträge) zu ermitteln. Je höher der relative Deckungsbeitrag einer Erzeugniseinheit ist, desto förderungswürdiger ist das entsprechende Produkt.

$$\text{relativer Deckungsbeitrag je Stück} = \frac{\text{absoluter Stückdeckungsbeitrag (db)}}{\text{benötigte Einheiten des Engpassfaktors (z. B. Min. je Stück)}}$$

Fehlentscheidung bei absoluter Deckungsbeitragsrechnung

Optimales Produktionsprogramm eines Uhrenherstellers bei ausgelasteten Kapazitäten

Das Produktionsprogramm eines Herstellers von Digitaluhren enthält vier Produkttypen. Die für das dritte Quartal absetzbaren Mengen, die variablen Stückkosten und die Stückpreise sind nachstehender Tabelle zu entnehmen:

Produktbezeichnung	Absatzmenge Stück	Stückpreis EUR	Variable Stückkosten EUR	db je Stück EUR
A	60 000	75	37	38
B	74 500	60	32	28
C	58 000	52	28	24
D	54 000	45	36	9

Die fixen Kosten pro Quartal belaufen sich auf 200 000 EUR.

Alle Produkttypen durchlaufen die **gleiche Montageabteilung**. In dieser Abteilung stehen pro Quartal 10 000 Stunden zur Verfügung. Für die Montage werden folgende Zeiten je Gehäuse benötigt:

Produktbezeichnung	Montagezeit je Stück
A	3,0 Min. = 0,05 Std.
B	7,2 Min. = 0,12 Std.
C	6,0 Min. = 0,10 Std.
D	4,2 Min. = 0,07 Std.

1. Produktionsprogramm auf der Grundlage absoluter Deckungsbeiträge

Produkttyp	Montagezeit je Stück	Menge Soll	Montagezeit Soll	Menge Ist	Montagezeit Ist	db je Stück	Gesamt DB
A	0,05 Std.	60 000 St.	3 000 Std.	60 000 St.	3 000 Std.	38 €	2 280 000 €
B	0,12 Std.	74 500 St.	8 940 Std.	58 333 St.	7 000 Std.	28 €	1 633 324 €
C	0,10 Std.	58 000 St.	5 800 Std.	0 St.	0 Std.	24 €	0 €
D	0,07 Std.	54 000 St.	3 780 Std.	0 St.	0 Std.	9 €	0 €
			21 520 Std.		**10 000 Std.**		**3 913 324 €**

Ergebnis: Wird die Produktförderung nach der Höhe der Stückdeckungsbeiträge (= absolute Deckungsbeiträge) vorgenommen, so werden die Produkttypen C und D nicht produziert. Von Produkttyp B werden lediglich 58 333 Stück produziert.

2. Produktionsprogramm auf der Grundlage relativer Deckungsbeiträge

Produktbezeichnung	Montagezeit je Stück	Relativer DB = db je Stunde
A	3,0 Min. = 0,05 Std.	(38/3,0) · 60 = 760,00 €
B	7,2 Min. = 0,12 Std.	(28/7,2) · 60 = 233,33 €
C	6,0 Min. = 0,10 Std.	(24/6,0) · 60 = 240,00 €
D	4,2 Min. = 0,07 Std.	(9/4,2) · 60 = 128,57 €

Erfolgt die Produktförderung nach der Höhe der relativen Deckungsbeiträge, so ergibt sich nachstehendes Produktionsprogramm:

Aufg. 8.8.2, 8.8.3 S. 158

Produkttyp	Montagezeit je Stück	Menge Soll	Montagezeit Soll	Menge Ist	Montagezeit Ist	Relativer dB (db je Std. Montagezeit)	Gesamt DB
A	0,05 Std.	60 000 St.	3 000 Std.	60 000 St.	3 000 Std.	760,00 €	2 280 000 €
C	0,10 Std.	58 000 St.	5 800 Std.	58 000 St.	5 800 Std.	240,00 €	1 392 000 €
B	0,12 Std.	74 500 St.	8 940 Std.	10 000 St.	1 200 Std.	233,33 €	280 000 €
D	0,07 Std.	54 000 St.	3 780 Std.	0 St.	0 Std.	128,57 €	0 €
			21 520 Std.		**10 000 Std.**		**3 952 000 €**

Ergebnis: Wird die Produktionsentscheidung auf der Grundlage der relativen Deckungsbeiträge getroffen, so werden die vier Produkttypen in der Rangfolge A, C, B, D produziert. Wegen des bestehenden Kapazitätsengpasses in der Abteilung Montage wird auf die Produktion von Produkttyp D vollständig verzichtet. Von Produkttyp B werden lediglich 10 000 Stück produziert.

Durch die Produktionsentscheidung auf der Grundlage der relativen Deckungsbeiträge lässt sich das Betriebsergebnis im Vergleich zur Entscheidung bei absoluter Deckungsbeitragsrechnung um 38 676 EUR (3 952 000 EUR – 3 913 324 EUR) verbessern.

Zusammenfassende Übersicht zu Kap. 8.8: Optimales Produktionsprogramm in Engpasssituationen: Relative Deckungsbeitragsrechnung

Engpasssituation: Kapazität des Betriebes reicht nicht, um die Produkte in den gewünschten (absetzbaren) Mengen zu produzieren

↓

Entscheidung: Welche Produkte sind mit welchen Mengen zu produzieren?

↓

Entscheidungsgrundlage: Relative Deckungsbeiträge

$$\text{relativer Deckungsbeitrag} = \frac{\text{absoluter Deckungsbeitrag (db)}}{\text{benötigte Einheiten des Engpassfaktors (z. B. Minuten je Stück)}}$$

Produktionsentscheidung: Reihenfolge der Produktförderung ist abhängig von der Höhe der relativen Deckungsbeiträge

Wiederholung des Grundwissens

zu Kapitel 8.8 Optimales Produktionsprogramm in Engpasssituationen: Relative Deckungsbeitragsrechnung

1. Wann liegt eine Engpasssituation vor?
2. Erklären Sie den Begriff „absoluter Deckungsbeitrag".
3. Warum lässt sich bei Engpasssituationen das optimale Produktionsprogramm nicht nach der Höhe der absoluten Deckungsbeiträge bestimmen?
4. Wie berechnet sich der relative Deckungsbeitrag eines Erzeugnisses?
5. Wie lautet die Entscheidungsregel zur Produktförderung bei einer Engpasssituation?

Aufgaben und Probleme

zu Kapitel 8.8 Optimales Produktionsprogramm in Engpasssituationen: Relative Deckungsbeitragsrechnung

8.8.1 Entscheidung über das optimale Produktionsprogramm bei Engpasssituationen

LA

In einem Industriebetrieb soll das Produktionsprogramm für das kommende Jahr erstellt werden. Aufgrund der Marktsituation wird mit folgender Produktions- und Absatzmenge je Tag gerechnet:

PDF

Erzeugnis	A	B	C	D	E
Stück	40	60	150	60	80

Die Verkaufspreise und die variablen Stückkosten für die einzelnen Erzeugnisse sind nachstehender Tabelle zu entnehmen:

Erzeugnisse	A	B	C	D	E
Verkaufspreis je Stück in EUR	125	90	150	121	140
Variable Kosten je Stück in EUR	135	60	110	85	90

1. Ermitteln Sie den Gesamtdeckungsbeitrag für das gewinnmaximale Produktionsprogramm.
2. Die Lackiererei wird von den einzelnen Erzeugnissen mit nachstehenden Fertigungszeiten beansprucht:

	A	B	C	D	E
Fertigungszeit je Stück in Min.	15	6	5	12	20

   Im Rahmen des Dreischichtbetriebs wird die Lackiererei an einem Arbeitstag 24 Stunden betrieben.
   Berechnen Sie, ob die Kapazität ausreicht, um die einzelnen Erzeugnisse mit den jeweils geplanten Mengen (vgl. 1.) zu produzieren.
3. Der Produktionsleiter schlägt vor, das Produktionsprogramm zu straffen und nur vom Erzeugnis mit dem höchsten Stückdeckungsbeitrag die höchstmögliche Menge zu produzieren.
   Welche Menge lässt sich unter den gegebenen Bedingungen (24 Stunden pro Tag) von diesem Erzeugnis herstellen und welcher Gesamtdeckungsbeitrag wird dabei erzielt?
4. Der Controller behauptet, die vom Produktionsleiter vorgeschlagene Zusammenstellung des Produktionsprogramms führe nicht zum bestmöglichen Betriebsergebnis. Aus seiner Sicht trägt ein hoher Stückdeckungsbeitrag dann nicht unbedingt zur Verbesserung des Betriebsergebnisses bei, wenn das Erzeugnis vergleichsweise lange Fertigungszeiten erfordert. Entscheidend für die Zusammenstellung des Produktionsprogramms sei vielmehr der pro Fertigungsminute erzielbare Deckungsbeitrag eines Erzeugnisses.

Berechnen sie die Deckungsbeiträge pro Fertigungsminute (= relative Deckungsbeiträge), die sich mit den für das Produktionsprogramm infrage kommenden Erzeugnissen erzielen lassen, und bestimmen Sie die Rangfolge der zu produzierenden Erzeugnisse.
5. Mit welchen Mengen sollten die einzelnen Erzeugnisse auf der Grundlage des unter 4. ermittelten Ergebnisses produziert werden?
6. Ermitteln Sie den Gesamtdeckungsbeitrag, der sich aufgrund des unter 5. festgestellten Ergebnisses ergibt und vergleichen Sie das Ergebnis mit dem unter 3. ermittelten Deckungsbeitrag.

8.8.2 Betriebsergebnis – Verwendung frei gewordener Kapazität einer Spielwarenfabrik

Eine Spielwarenfabrik fertigte im zurückliegenden Quartal Holzbaukästen in zwei Ausführungen. Dabei enthält der Erweiterungskasten B weniger, aber kompliziertere Teile als der Grundkasten A. Der Kostenrechnung sind folgende Daten zu entnehmen:

PDF

	Grundkasten A	Erweiterungskasten B
Verkaufspreis je Einheit netto	90 EUR	72 EUR
Variable Kosten insgesamt	61 500 EUR	112 500 EUR
Produktionsmenge	2 300 Stück	3 750 Stück
Produktionsdauer je Einheit	80 Minuten	210 Minuten

1. Errechnen Sie den Deckungsbeitrag je Stück und insgesamt für den Grundkasten A und den Erweiterungskasten B.
2. Durch Nachfragerückgang eines anderen Erzeugnisses stehen im Monat zusätzlich 300 Stunden freie Kapazität für die Holzbaukästen Typ A und Typ B zur Verfügung. Welchen Typ würden Sie vorziehen, wenn für beide Holzbaukästen genügend Nachfrage vorhanden ist?
Um welchen Betrag verändert sich durch diese zusätzliche Produktion das Betriebsergebnis?

LA

8.8.3 Sortimentspolitik auf der Basis der Deckungsbeitragsrechnung – Absoluter Deckungsbeitrag – Relativer Deckungsbeitrag – Engpasssituation – Zusatzauftrag

Die Kollektion einer Textilfabrik umfasst u. a. fünf Kleidermodelle, für die folgende Daten vorliegen:

PDF

Nr.	Modell	geplante Absatzmenge je Monat	Stückpreis p (EUR)	variable Stückkosten k_v (EUR)
1	A	420	400	180
2	B	900	200	100
3	C	200	380	280
4	D	600	280	150
5	E	350	300	180

Die monatlichen Fixkosten betragen 200 000 EUR.

A. Absoluter Deckungsbeitrag und Sortimentspolitik

1. Ermitteln Sie den Deckungsbeitrag und das Betriebsergebnis (Gewinn/Verlust), wenn alle Aufträge ausgeführt werden können.
2. Die Geschäftsleitung überlegt, das Produktionsprogramm bei Kleidern auf drei Modelle zu reduzieren.
   a) Welche beiden Modellen sollten Ihrer Meinung nach für diesen Fall aus der Kollektion gestrichen werden? Begründen Sie Ihre Aussage.
   b) Ermitteln Sie den sich nach dieser Entscheidung ergebenden Deckungsbeitrag.
3. Für den Fall einer Straffung des Produktionsprogramms (vgl. 2.) würden Kapazitäten frei. Dadurch könnten Produktion und Absatz eines Modells bei gleich bleibenden Fixkosten um monatlich 300 Stück gesteigert werden.
   a) Bei welchem Modell sollte diese Produktionsausweitung vorgenommen werden?
   b) Begründen Sie mit rechnerischem Nachweis, ob die Straffung des Produktionsprogramms und die Mehrproduktion eines Modells gegenüber der Ausgangssituation (vgl. 1) gerechtfertigt ist.

B. Relativer Deckungsbeitrag und Produkteliminierung aufgrund von Engpasssituationen

4. Aus Sortiments- und Risikogründen sieht die Geschäftsleitung von einer Änderung des Produktionsprogramms ab. Es werden nach wie vor alle fünf Kleidermodelle entsprechend der Ausgangssituation angeboten. Aufgrund der Produktionsausdehnung bei Mänteln ergibt sich aber in der Näherei ein Engpass. Für die Kleiderproduktion stehen nur noch 5 000 Fertigungsstunden pro Monat zur Verfügung. Die einzelnen Kleidermodelle benötigen je Stück folgende Bearbeitungszeiten in der Näherei:

Nr.	Modell	Näharbeiten in Stunden je Kleid
1	A	3,4
2	B	1,8
3	C	2,2
4	D	2,5
5	E	2,5

a) Ermitteln Sie unter Berücksichtigung der Engpasssituation das optimale Produktionsprogramm und den entsprechenden Deckungsbeitrag.
b) Wie groß wäre der Unterschied, wenn sich die Geschäftsleitung bei der Zusammenstellung des Produktionsprogramms nicht an den relativen, sondern an den absoluten Deckungsbeiträgen je Stück orientieren würde?

5. Welche Änderungen würden sich gegenüber dem Ergebnis von 4. ergeben, wenn die Aufträge für die einzelnen Modelle unteilbar sind, d. h. entweder ganz oder gar nicht angenommen werden können?

8.9 Vollkostenrechnung und Deckungsbeitragsrechnung: Vergleichender Überblick

Ein **einzelnes Kostenrechnungssystem** (Voll- oder Teilkostenrechnung) kann die an die Kostenrechnung gestellten Aufgaben (z. B. Preisermittlung, Vorbereitung und Kontrolle betrieblicher Entscheidungen, Ergebnisermittlung) nicht vollständig lösen. Die Unternehmensleitung kann die gewünschten Informationen nur erhalten, wenn sie auf **beide Kostenrechnungssysteme** gleichzeitig zurückgreifen kann.

Vollkostenrechnung in Form der Zuschlagskalkulation	Teilkostenrechnung in Form der Deckungsbeitragsrechnung
Aufteilung der Kostenarten in Einzel- und Gemeinkosten	Aufspaltung der Kostenarten in deren fixe und variable Bestandteile
Verrechnung aller Kosten auf die Kostenträger	Verrechnung lediglich der variablen Kosten auf die Kostenträger
Ermittlung der Herstellkosten, der Selbstkosten und des Angebotspreises möglich	Herstellkosten, Selbstkosten und Angebotspreis werden nicht ermittelt
Liefert keine exakten Informationen darüber, in welchem Umfang Produktions- und Absatzentscheidungen den Gewinn eines Unternehmens beeinflussen	Instrument, das exakte Informationen über die Auswirkungen betrieblicher Produktions- und Absatzentscheidungen vermittelt: ▪ kurz- und langfristige Preisuntergrenzen ▪ optimales Produktionsprogramm bei freien Kapazitäten und Engpässen ▪ Annahme von Zusatzaufträgen ▪ Eigenfertigung oder Fremdbezug

Kritik an der Vollkostenrechnung in Form der Zuschlagskalkulation	Kritik an der Teilkostenrechnung in Form der Deckungsbeitragsrechnung
▪ Veränderung des Beschäftigungsgrades wird nicht berücksichtigt ▪ Fehlerhafte Preispolitik bei Beschäftigungsschwankungen ▪ Unterstellte Abhängigkeit von Gemeinkosten und Einzelkosten ist problematisch ▪ Verursachungsgerechte Verteilung bestimmter Gemeinkosten auf die Kostenträger ist nicht möglich	▪ Trennung zwischen fixen und variablen Kosten ist nicht immer eindeutig möglich (Problem des Zeitraums, für welchen die fixen Kosten anfallen) ▪ Marktpreis als Voraussetzung zur Berechnung des Deckungsbeitrags liegt nicht immer vor ▪ Herstellkosten nach den Vorschriften des Steuerrechts sind nicht ermittelbar ▪ Langfristig muss aus dem Produktionsprogramm ein Gewinn erzielt werden (d. h. Vollkostendeckung ist Voraussetzung)

Zusammenfassende Übersicht zu Kap. 8.9: Vollkostenrechnung und Deckungsbeitragsrechnung: Vergleichender Überblick

Vollkostenrechnung	Deckungsbeitragsrechnung
↓	↓
Keine Aufteilung der Gesamtkosten in fixe und variable Bestandteile	Aufteilung der Gesamtkosten in fixe und variable Bestandteile
↓	↓
Verrechnung der gesamten Kosten auf die Kostenträger	Verrechnung der variablen Kosten auf die Kostenträger (Verursacherprinzip)
↓	↓
Auftrag wird angenommen, wenn die gesamten Kosten gedeckt sind	Auftrag wird angenommen, wenn variable Kosten gedeckt sind
↓	↓
Gefahr von Fehlentscheidungen	($db = p - k_v > 0$)
	↓
	Gefahr von Fehlentscheidungen geringer

Wiederholung des Grundwissens

zu Kapitel 8.9 Vollkostenrechnung und Deckungsbeitragsrechnung: Vergleichender Überblick

1. Beschreiben Sie anhand von drei Merkmalen den Unterschied von Voll- und Teilkostenrechnung.
2. Welche Informationen zu den Auswirkungen betrieblicher Entscheidungen liefert die Teilkostenrechnung in Form der Deckungsbeitragsrechnung?

Zusammenfassende Übersicht zu Kap. 8.6–8.8: Anwendung der Deckungsbeitragsrechnung

Anwendungsbereiche der Deckungsbeitragsrechnung								
Instrument der Preispolitik	**Sortimentsentscheidungen**	**Zusatzauftrag**		**Eigenfertigung oder Fremdbezug Make or Buy**			**Optimales Produktionsprogramm**	
kurzfr. PUG: $p = k_v$ langfr. PUG $p = k_g$	Produktförderung: Rangfolge entsprechend der Höhe von db	Kapazität		Kapazität			Kapazität	
		frei (kein Engpass)	*beschränkt*[1] *(Engpass)* *Kapazitätserweiterung mit (sprung-) fixen Kosten*	frei (kein Engpass)	beschränkt (Engpass) Kapazitätserweiterung mit (sprung-)fixen Kosten	*beschränkt*[1] *(Engpass)* *keine Kapazitätserweiterung*	frei (kein Engpass)	beschränkt (Engpass)
Verbesserung des Ergebnisses, wenn gilt: $db > 0$	Produkteliminierung: Rangfolge entsprechend der Höhe von DB	Annahme des Auftrags, wenn gilt: $db_{Zusatz} > 0$	*Annahme des Auftrags, wenn gilt:* $DB_{Zusatz} > K_{fix\ Zusatz}$	Eigenfertigung, wenn gilt: $K_{g\ Make} < K_{g\ Buy}$ bzw. $k_{v\ Make} < \text{Einstandspreis}_{Buy}$	Eigenfertigung, wenn gilt: $K_{g\ Make} < K_{g\ Buy}$ Berechnung der kritischen Menge	*Eigenfertigung, wenn gilt:* $(K_{v\ Make} + \text{entgangener DB}) < K_{g\ Buy}$	Rangfolge entsprechend der Höhe von db absoluter Deckungsbeitrag	Rangfolge entsprechend der Höhe von $\frac{db}{\text{Engpass (z.B. Min.)}}$ relativer Deckungsbeitrag
Kap. 8.4 und 8.5.1 Aufg. 8.4.1, 8.5.1, 8.5.2	Kap. 8.5.2 und 8.6.1 Aufg. 8.2.1, 8.6.1, 8.6.2	Kap. 8.6.2. Aufg. 8.6.3 bis 8.6.6		Kap. 8.7.1 Aufg. 8.7.1	Kap. 8.7.2 Aufg. 8.7.2	*Kap. 8.7.3* *Aufg. 8.7.3*	Kap. 8.8 Aufg. 8.8.1 bis 8.8.3	

1 Diese Problemstellung ist im Lehrplan nicht ausdrücklich erwähnt.

Zusammenfassende Übersicht Teil A: Kosten- und Leistungsrechnung

Kostenrechnungssysteme

Vollkostenrechnung

Aufspaltung der Kosten in Einzel- und Gemeinkosten

Verrechnung sämtlicher Kosten auf die Kostenträger

Vollkostenrechnung in Form der Zuschlagskalkulation

Finanzbuchhaltung

G & V

Aufwendungen | Erträge

Gewinn

? ? ?

Kosten | Leistungen

Kostenrechnung

Unternehmensergebnis

Neutrales Ergebnis

Betriebsergebnis

Abgrenzungsrechnung

Was kostet ein T-Shirt?

Finanz-buchhaltung	Abgrenzungs-bereich	KLR

Kosten- und Leistungsrechnung (KLR)

Kostenartenrechnung

Einzelkosten (z. B. Flockfolie) → direkt zurechenbar

Gemeinkosten (z. B. Energie) → indirekt zurechenbar

Gemein-kosten	Kostenstellen			
Summen				
Zuschlags-sätze				

Kostenstellenrechnung

Kostenträg[...]

Kalkulation eine[...]
Fertigungsmate[...]
+ Materialgeme[...]

Fertigungslöhne
+ Fertigungsger[...]

Herstellkosten
+ ...
+ ...

Selbstkosten

Grundlage für:

– Ermittlung der Herstellkosten (Ansatz in der Bilanz) – Ermittlung der Selbstkosten – Ermittlung des Angebotspreises zu Vollk[...]

Annahme in der Vollkostenrechnung in Form der Zuschlagskalkulation: Gemeinkosten sind abhängig von der Höhe der Einzelko[...]

Prozesskostenrechnung

nicht alle Gemeinkosten sind abhängig von den Einzelkosten, sondern von anderen Größen (Prozessen)

herkömmliche Zuschlagskalkulation	Kalkulationsschema	prozessorientierte Kalkulation
direkt	Materialeinzelkosten	direkt
MGK-Zuschlagssatz	Materialgemeinkosten	Prozesskostensatz
direkt	Fertigungseinzelkosten	direkt
FGK-Zuschlagssatz	Fertigungsgemeinkosten	Prozesskostensatz
direkt	Sondereinzelkosten der Fertigung	direkt
VwKG-Zuschlagssatz	Verwaltungsgemeinkosten	Prozesskostensatz
VtKG-Zuschlagssatz	Vertriebsgemeinkosten	Prozesskostensatz

VOLLKOSTENRECHNUNG

Kostenträger

Zuschlagssätze | Maschinen-Stundensätze[1]

restliche Gemeinkosten	maschinenabhängige Kosten	prozessabhängige Gemeinkosten
Kostenstellenkosten		

Berechnung Prozess-kostensätze

Kostenstellenrechnung

Einzelkosten

Kostenartenrechnung

1 nicht Gegenstand des Lehrplans

Teilkostenrechnung in Form der Deckungsbeitragsrechnung

Aufspaltung der Kosten in fixe und variable Bestandteile

Lediglich die variablen Kosten werden den Kostenträgern zugerechnet (fixe Kosten können als Kosten der Betriebsbereitschaft nicht auf die einzelnen Kostenträger verteilt werden)

Kostenverrechnung im System der Deckungsbeitragsrechnung

- **Kostenartenrechnung**
  - **Kostenarten**
    - **variable Kosten** → variable Kosten → **Kostenträger A**, **Kostenträger B**
    - **fixe Kosten** → fixe Kosten → **fixe Kosten**
- **Kostenträgerrechnung**
  - **Kostenträgerstückrechnung (variable Kosten)**: **Kostenträger A**, **Kostenträger B** → **variable Kosten**
  - **Ermittlung des Betriebsergebnisses**: **variable Kosten**, **fixe Kosten**, **Betriebsgewinn** | **Erlöse**

Grundlage für:

- Bestimmung des Mindestabsatzes zur Deckung der Fixkosten (Gewinnschwelle)
- Kurzfristige und langfristige Preisuntergrenze
- Berechnung des Betriebsergebnisses bei schwankender Beschäftigung
- Produktions- und Absatzentscheidungen
  - Zusammensetzung des Produktionsprogramms
  - Produktförderung – Produkteliminierung
  - Annahme von Zusatzaufträgen
  - Eigenfertigung oder Fremdbezug

rechnung

5,00 EUR
1,00 EUR
8,00 EUR
10,00 EUR
24,00 EUR
28,00 EUR

Bereich prozessorientierte Kalkulation

HP 1 HP 2 HP 3 ... HP n
Hauptprozesse

↑ Zusammenfassung zu

TP 1 TP 2 TP 3 TP 4 TP 5 TP 6 ... TP n
Teilprozesse

↑ Zusammenfassung zu

T1 T2 T3 T4 T5 T6 T7 T8 T9 T10 ... Tn

→ Tätigkeitsanalyse

osten-
eiber

Allokationseffekt | **Komplexitätseffekt** | **Degressionseffekt**

Informationen für Kostenmanagement und Strategien
Preispolitik, Produktions- und Absatzprogramm, optimale Auftragsgröße

Zusammenfassende Aufgaben Teil A:

Vollkostenrechnung in Form der Zuschlagskalkulation

Aufgabe 1 BAB – Gemeinkostenzuschläge

PDF

Aus der Betriebsergebnisrechnung für das erste Quartal der Maschinenfabrik Kempf KG ergeben sich folgende Kosten:

Rohstoffverbrauch	320 900 EUR
Gemeinkostenmaterial	170 000 EUR
Stromkosten	28 200 EUR
Fertigungslöhne	240 000 EUR
Hilfslöhne	52 800 EUR
Gehälter	87 696 EUR
Reparaturen	22 000 EUR
Betriebliche Steuern	16 000 EUR
Kalkulatorischer Unternehmerlohn	40 800 EUR
kalkulatorische Abschreibungen	27 600 EUR
Sonstige Kosten	56 800 EUR

1. Erstellen Sie auf der Grundlage der nachstehenden Angaben zur Verteilung der Gemeinkosten einen Betriebsabrechnungsbogen.

Kostenarten	Material	Fertigung	Verwaltung	Vertrieb
Gemeinkostenmaterial	21 250 EUR	148 750 EUR	–	–
Stromkosten	14 100 kWh	61 100 kWh	23 500 kWh	14 100 kWh
Hilfslöhne	9 600 EUR	38 400 EUR	–	4 800 EUR
Gehälter	6 264 EUR	31 320 EUR	43 848 EUR	6 264 EUR
Reparaturen	3 :	6 :	1 :	1
Betriebliche Steuern	2 :	4 :	1 :	1
kalk. Unternehmerlohn	6 800 EUR	17 000 EUR	10 200 EUR	6 800 EUR
kalk. Abschreibungen	3 680 EUR	12 880 EUR	7 360 EUR	3 680 EUR
Sonstige Kosten	10 650 EUR	28 400 EUR	10 650 EUR	7 100 EUR

2. Ermitteln Sie die Istgemeinkostenzuschlagssätze für das erste Quartal.

3. Die Maschinenfabrik Kempf KG hat im Monat April insgesamt drei Kundenaufträge ausgeführt. Für die Vorkalkulation waren den Konstruktionsunterlagen folgende Einzelkosten entnommen worden:

Auftrag / Einzelkosten	Auftrag 1	Auftrag 2	Auftrag 3
Fertigungsmaterial	6 000 EUR	4 000 EUR	13 500 EUR
Fertigungslöhne	10 500 EUR	21 000 EUR	6 000 EUR

Zur Kalkulation des Angebotspreises verwendet das Unternehmen die für das erste Quartal ermittelten Istzuschlagssätze (vgl. Aufg. 2). Ermitteln Sie den Angebotspreis für jeden der drei Aufträge, wenn die Kempf KG mit einem Gewinnzuschlag von 10 % und Kundenskonto von 2 % kalkuliert.

4. Die für den Monat April nachträglich ermittelten Istgemeinkosten sowie die entsprechenden Gemeinkostenzuschlagssätze sind nachstehendem BAB (Auszug) zu entnehmen:

	Material	Fertigung	Verwaltung	Vertrieb
	....	....	....	....
Summe Gemeinkosten	5875 EUR	50625 EUR	9400 EUR	4112 EUR
Zuschlagsgrundlagen	23500 EUR (FM)	37500 EUR (FL)	HEKO = FM (23500 €) + MGK (5875 €) + FL (37500 €) + FGK (50625 €) = 117500 EUR	
Gemeinkostenzuschlagssätze	25,0 %	135,0 %	8,0 %	3,5 %

Erstellen Sie für den Monat April eine Gesamtkalkulation und ermitteln Sie die Kostenabweichungen.

Aufgabe 2 Vorkalkulation – Nachkalkulation – Gesamtkalkulation

Die Maschinenfabrik Amman GmbH kalkulierte einen im vergangenen Abrechnungszeitraum ausgeführten Großauftrag mit folgenden Normalgemeinkostenzuschlagssätzen:
MGK 25 %, FGK 145 %, VwGK 12 %, VtGK 5 %.

In diesem Abrechnungszeitraum sind für den Großauftrag folgende Kosten tatsächlich angefallen (Istkosten):

Verbrauch von Fertigungsmaterial	130 000 EUR
Fertigungslöhne	121 100 EUR
Materialgemeinkosten lt. BAB	26 000 EUR
Fertigungsgemeinkosten lt. BAB	173 000 EUR
Verwaltungsgemeinkosten lt. BAB	50 000 EUR
Vertriebsgemeinkosten lt. BAB	31 000 EUR
Nettoverkaufserlöse	590 450 EUR

1. Stellen Sie in übersichtlicher Form den Normalkosten die Istkosten gegenüber und ermitteln Sie jeweils die Selbstkosten.
2. Berechnen Sie die
   - Istzuschlagssätze (auf eine Nachkommastelle)
   - Kostenüber- bzw. -unterdeckung für die einzelnen Positionen.
3. Die GmbH kann aufgrund des harten Wettbewerbs eine Hobelmaschine für den Heimwerkerbedarf nur zum Listenpreis von 2400 EUR je Stück (ohne USt) absetzen.
   Sie kalkuliert mit 168 EUR Fertigungslöhnen, 8 1/3 % Gewinnzuschlag, 3 % Skonto und 16 2/3 % Kundenrabatt.
   Berechnen Sie, welcher Betrag für Fertigungsmaterial höchstens angesetzt werden kann, wenn der Betrieb mit den obigen Normalzuschlagssätzen kalkuliert.

Vollkostenrechnung in Form der Prozesskostenrechnung

Aufgabe 3 Prozesskostensätze – Kalkulation der Materialkosten – Allokationseffekt – Degressionseffekt

1. Für die Materialkostenstelle eines Industriebetriebes ergeben sich Gemeinkosten in Höhe von 270 000 Euro, die wie folgt auf die einzelnen Prozesse verteilt wurden: PDF

Prozesse		Prozesskosten in EUR	Prozessmenge
Prozess 01	lmi	80000,00	2000
Prozess 02	lmi	120000,00	4000
Prozess 03	lmi	50000,00	500
Prozess 04	lmn	20000,00	–
gesamt		270000,00	

a) Ermitteln Sie
- die lmi-Prozesskostensätze
- den lmn-Umlagesatz in Prozent
- den jeweiligen lmn-Prozesskostensatz in EUR
- den Gesamtprozesskostensatz für die lmi-Prozesse.

b) Ermitteln Sie die Prozesskosten für die Produktgruppen A, B und C, wenn für die einzelnen Produktgruppen folgende Prozessmengen anfallen:

Prozesse	Prozessmenge insgesamt	Prozessmenge für Produkt A	Prozessmenge für Produkt B	Prozessmenge für Produkt C
Prozess 01	2000	400	1100	500
Prozess 02	4000	900	2100	1000
Prozess 03	500	120	200	180

c) Berechnen Sie die jeweiligen Prozesskosten für ein Stück von Produkt A, B und C, wenn folgende Mengen produziert werden:

Produkt	A	B	C
Produktionsmenge	2000 Stück	3000 Stück	1000 Stück

2. Ermitteln Sie den Materialgemeinkostenzuschlagssatz und die Materialgemeinkosten für jede Produktgruppe mit Hilfe der traditionellen Zuschlagskalkulation, wenn folgende Materialeinzelkosten vorliegen:

Produkt	A	B	C
Materialeinzelkosten	300,00 EUR	310,00 EUR	270,00 EUR

3. Ermitteln Sie den absoluten und relativen Allokationseffekt für je ein Stück der drei Produkte.
4. Ermitteln Sie den absoluten Allokationseffekt für jede der drei Produktgruppen.
5. Unterscheiden Sie die drei Produktgruppen hinsichtlich ihrer Komplexität.
6. Inwiefern könnte der Betrieb Degressionseffekte nutzen?

Aufgabe 4 Prozesskostensätze – Kalkulation der Selbstkosten eines Produktes – Bedeutung der Prozesskostenrechnung

PDF

Ein Industriebetrieb stellt die Produkte A und B her. Aus der Kostenrechnung liegen folgende Zahlen für die abgelaufene Rechnungsperiode vor:

Produkt	A	B
Materialeinzelkosten	3000000 EUR	1950000 EUR
Fertigungseinzelkosten	2000000 EUR	1500000 EUR
Produktionsmengen	10000 St.	5000 St.
Verkaufserlös je Stück	1100 EUR	1600 EUR

Kostenstelle	Material	Fertigung	Verwaltung	Vertrieb
Ist-Gemeinkosten (EUR)	1980000	5250000	1568000	784000
Ist-Zuschlagssatz	40 %	150 %	10 %	5 %

Die Ist-Kalkulation mit Hilfe von Zuschlagssätzen führte zu folgendem Ergebnis:

	Ist-Zuschlag	Produkt A insgesamt	Produkt B insgesamt	Produkt A je Stück	Produkt B je Stück
Materialeinzelkosten in EUR		3000000	1950000	300,00	390,00
Materialgemeinkosten in EUR	40 %	1200000	780000	120,00	156,00
Fertigungseinzelkosten in EUR		2000000	1500000	200,00	300,00
Fertigungsgemeinkosten in EUR	150 %	3000000	2250000	300,00	450,00
Herstellkosten in EUR		9200000	6480000	920,00	1296,00
Verwaltungsgemeinkosten in EUR	10 %	920000	648000	92,00	129,60
Vertriebsgemeinkosten in EUR	5 %	460000	324000	46,00	64,80
Selbstkosten in EUR		**10580000**	**7452000**	**1058,00**	**1490,40**
		Insgesamt: **18032000**			

Die Kosten im Materialbereich waren im Branchenvergleich erheblich zu hoch und bedurften daher einer eingehenden Überprüfung. Zudem sollte die Genauigkeit der Gemeinkostenzurechnung auf die beiden Produkte in diesem Bereich verbessert werden. Die Unternehmensleitung beschloss daher, die traditionelle Vollkostenrechnung durch eine Prozesskostenrechnung im Materialbereich zu verfeinern. Eine Analyse der Tätigkeiten und deren Verdichtung zu Prozessen ergab folgendes Ergebnis:

Prozesse	Kostentreiber	Prozesskosten in EUR	Treibermenge insges.	Treibermenge A	Treibermenge B
Material bestellen Rahmenverträge	Anzahl der Abrufe	360000	3600	2000	1600
Material bestellen Einzelverträge	Anzahl der Einzelbestellungen	480000	3200	1200	2000
Reklamationen bearbeiten	Zahl der Reklamationen	120000	600	200	400
Rahmenverträge abschließen	Zahl der Rahmenverträge	200000	400	220	180
Material einlagern	Zahl der Lieferungen	340000	1700	900	800
Material auslagern	Zahl der Paletten	300000	2000	1100	900
Abteilung leiten und Sonstiges	–	180000	–		
		1980000			

1. Ermitteln Sie für jeden Prozess
   - den lmi-Prozesskostensatz
   - die lmn-Umlage
   - den Gesamtprozesskostensatz.
2. Ermitteln Sie
   a) für die Produktgruppen A und B die gesamten Kosten für jeden Teilprozess
   b) für die einzelnen Produkte A und B die Kosten je Stück für jeden Teilprozess
   c) für beide Produktgruppen die Summe aller Prozesskosten sowie die Summe der Prozesskosten je Stück.
3. Kalkulieren Sie mit Hilfe der Prozesskostenrechnung die Selbstkosten für ein Produkt A und B und ermitteln Sie die gesamten Selbstkosten der Produktgruppen.
4. Ermitteln Sie den Beitrag jeder Produktgruppe zum Betriebsergebnis bei traditioneller Kalkulation und bei Verfeinerung durch die Prozesskostenrechnung.
5. Vergleichen und interpretieren Sie die unterschiedlichen Ergebnisse der Kalkulation mit bzw. ohne Ergänzung durch die Prozesskostenrechnung. Berücksichtigen Sie dabei auch die Ergebnisse der Aufgabe 4.
6. Zeigen Sie am vorliegenden Beispiel Gründe für die Anwendung der Prozesskostenrechnung auf.

Teilkostenrechnung in Form der Deckungsbeitragsrechnung

Aufgabe 5 Deckungsbeitragsrechnung – Vollkostenrechnung

PDF

Die Ravensburger Spielfabrik fertigte u. a. im vergangenen Quartal Holzbaukästen in zwei Ausführungen. Dabei enthält der Erweiterungskasten weniger, aber kompliziertere Teile als der Grundkasten. Folgende Daten wurden ermittelt:

	Grundkasten	Erweiterungskasten
Nettoerlös je Stück	60,00 EUR	48,00 EUR
Absatzmenge	2300 Stück	3750 Stück
Fertigungsmaterial	31500 EUR	26000 EUR
Fertigungslöhne	22500 EUR	34000 EUR
Variable Gemeinkosten	50 % von Fert. Material und Fert. Löhnen	25 % von Fert. Material und Fert. Löhnen
Produktionsdauer	72 Min./Stück	210 Min./Stück

1. Errechnen Sie den Deckungsbeitrag insgesamt und je Stück für die beiden Produkte.
2. Durch Wegfall eines anderen Erzeugnisses stehen im Quartal zusätzlich 300 Stunden freie Kapazitäten für die Herstellung dieser Holzbaukästen zur Verfügung.
   a) Welchen Holzbaukasten empfehlen Sie zur Produktion, wenn für beide Bedarf vorhanden ist? Rechnerische Begründung.
   b) Um welchen Betrag verbessert sich das Betriebsergebnis, wenn das andere weggefallene Erzeugnis einen Deckungsbeitrag von 5,00 EUR je Stunde lieferte?
3. Der Leiter der Abteilung Kostenrechnung/Controlling schlägt vor, auf die Vollkostenrechnung ganz zu verzichten, da die Deckungsbeitragsrechnung aussagefähigere Ergebnisse bringe. Setzen Sie sich mit diesem Vorschlag kritisch auseinander.

Aufgabe 6 Gewinnschwelle – Zusatzauftrag – relative Deckungsbeiträge

PDF

Die Konstanzer Maschinenfabrik AG stellt Fräsmaschinen vom Typ B her. Im Mai betrug der Umsatz 50 Mio. EUR, das Betriebsergebnis 5 Mio. EUR. Im April wurde ein Umsatz von 40 Mio. EUR bei Kosten von 37 Mio. EUR erzielt. Die Fräsmaschinen vom Typ B sind zum Listenpreis von 20000 EUR/Stück absetzbar. Die maximale Produktionskapazität beträgt 3000 Stück pro Monat.

1. Ermitteln Sie die Gewinnschwelle unter der Voraussetzung, dass es sich in vorliegendem Fall um einen linearen Kostenverlauf handelt.
2. Überprüfen Sie mit rechnerischem Nachweis, um wie viel Prozent sich unter sonst gleichen Bedingungen die gegebene Kapazität je Monat verändern müsste, damit eine Umsatzrentabilität (Umsatzrentabilität = Gewinn · 100/Umsatz) von 12 % erreicht würde.
3. Die Auslastung der bisherigen Kapazität soll langfristig mindestens 90 % betragen. Kunde 1 will über einen längeren Zeitraum 2700 Stück monatlich abnehmen. Darüber hinaus will Kunde 2 einmalig 100 Stück zu einem Preis von höchstens 16500 EUR kaufen.
   a) Als Vorbereitung für die Vertragsverhandlungen soll die lang- und die kurzfristige Preisuntergrenze bei der angestrebten Kapazitätsauslastung ermittelt werden. Berechnen Sie die Preisuntergrenzen und entscheiden Sie, ob der Auftrag des Kunden 2 gegebenenfalls angenommen werden sollte.
   b) Erläutern Sie, welches absatzpolitische Problem sich ergeben kann, wenn das Produkt unterschiedlichen Kunden zu unterschiedlichen Preisen angeboten wird.

4. Es ist beabsichtigt, im nächsten Jahr die Schleifscheiben A, B und C in das Sortiment aufzunehmen. Dazu soll ein neues Zweigwerk errichtet werden. Es wird von folgender Produktions- und Absatzsituation ausgegangen:

Schleifscheiben	A	B	C
Verkaufspreis je Packung in EUR	300	400	500
Absetzbare Packungen pro Jahr in Stück	5000	6000	4000
Materialeinsatz pro Packung in kg	10	12	18
Sonstige variable Kosten pro Packung in EUR	100	154	176
Fertigungsdauer pro Packung in Stunden	3	2	4

Für das nächste Jahr stehen in der Fertigung maximal 48000 Stunden zur Verfügung. Für die Schleifscheiben A, B und C wird derselbe Grundstoff benötigt. Sein Marktpreis liegt bei 10 EUR pro Kilo. Die Einkaufsabteilung kann für das nächste Jahr maximal 159800 kg von diesem Material beschaffen. Bestimmen Sie das gewinnmaximale Produktionsprogramm für Schleifmittel im nächsten Jahr.

Aufgabe 7 Kostenanalyse und Deckungsbeitragsrechnung

PDF

1. Die Schwäbische Gusseisenhütte GmbH stellt im Zweigwerk Geisingen das Gusseisenteil AG100 her. Die Gesamtkosten, die bei der Herstellung dieses Produktes anfallen, verlaufen bis zur Kapazitätsgrenze von 10000 Stück je Monat linear. Der Beschäftigungsgrad ist im I. Quartal d.J. von 82 % im Januar auf 85 % im März gestiegen. Die Gesamtkosten erhöhten sich dabei von 189620 EUR auf 193850 EUR.
   a) Berechnen sie die Fixkosten je Monat. Wie hoch ist der Gewinn/Verlust im Januar und im März d.J., wenn das Gusseisenteil AG100 zu 23,00 EUR/Stück verkauft wird?
   b) Erläutern Sie den Zusammenhang zwischen der Höhe des Stückgewinns und der Kapazitätsauslastung.
   c) Berechnen Sie die Stückzahl, bei der die Gewinnschwelle liegt.
   d) Das Unternehmen möchte eine Umsatzrendite (= Gewinn · 100/Umsatz) von 6 % erzielen. Wie viel Stücke des Gusseisenteils müssen dazu verkauft werden?
   e) Die ausschließlich variablen Löhne sind im Januar d.J. um 2 % erhöht worden. Die erhöhten Lohnkosten sind bereits in den obigen Gesamtkosten für Januar und März enthalten. Angenommen, die Löhne wären nicht um 2 %, sondern um 5 % erhöht worden. Bei welcher Stückzahl würde dann die Gewinnschwelle liegen unter der Voraussetzung, dass die Löhne ursprünglich 40 % der variablen Kosten ausmachten?

2. Die Schwäbische Gusseisenhütte GmbH stellt neben dem Produkt AG100 im März d. J. noch folgende weitere Gussteile in anderen Zweigwerken her:

Zweigwerk Produkte	Kressbronn AK100	Zimmern AZ100
Selbstkosten/Stück	20,00 EUR	50,00 EUR
variable Kosten/Stück	10,00 EUR	47,00 EUR
Verkaufspreis/Stück	19,00 EUR	55,00 EUR
erzeugte und verkaufte Mengen	1000 Stück	500 Stück

Von Produkt AG100 wurden im März 8500 Stück produziert und verkauft.
   a) Stellen Sie mit der Deckungsbeitragsrechnung das Betriebsergebnis im März d. J. für jedes der drei Produkte und insgesamt in einer übersichtlichen Tabelle dar.
   b) Nehmen Sie zu dem Vorschlag Stellung, dass Produkte, die nur mit Verlust zu verkaufen sind, aus dem Sortiment zu nehmen sind (mindestens 3 Gesichtspunkte).
   c) Erläutern Sie ohne rechnerischen Nachweis, wo die Preisuntergrenzen der drei Produkte bei kurzfristiger und langfristiger Betrachtung liegen.
   d) Um wie viel Prozent müsste die Produktion des Produkts AZ100 gesteigert werden, um bei einer Preisreduzierung von 10 % eine volle Kostendeckung zu erzielen?

Aufgabe 8 Kapazitätserweiterung – optimales Produktionsprogramm – Produktförderung

PDF

1. Der Einzelunternehmer Herbert Weber betreibt einen Baustoffgroßhandel mit einer Ziegelei. Bisher stellte er in der Ziegelei Dachziegel (DZ) und eine Sorte Mauerziegel (MZ) in getrennten Produktionsstätten her. Er strebt eine Umsatzausweitung durch die Produktion einer Energiesparvariante (MZE) eines Mauerziegels an.
   Vor der Einführung der Energiesparvariante MZE wird eine Kostenanalyse für den Produktionsbereich Dachziegel durchgeführt. Folgende Informationen liegen vor:
   - maximale Monatsproduktion 25 000 Stück
   - Verkaufspreis 0,90 EUR/Stück

	Januar	Februar
Kapazitätsauslastung	85 %	90 %
Gesamtkosten	18 500 EUR	19 000 EUR

   a) Ermitteln Sie die variablen Stückkosten (Annahme: linearer Kostenverlauf) und die Fixkosten je Monat für den Geschäftsbereich Dachziegel.

   b) Die Kapazität könnte durch Anschaffung neuer Pressen um monatlich 10 000 Stück erhöht werden. Die Zusatzproduktion kann voll abgesetzt werden. Auswirkungen:
   Anschaffungskosten insgesamt 400 000 EUR
   geschätzte Nutzungsdauer 10 Jahre
   kalkulatorische Abschreibung vom um 20 % höheren Wiederbeschaffungswert
   weitere Fixkosten 1 000 EUR je Monat
   Verringerung der variablen Stückkosten um 25 % für die Zusatzproduktion.
   - Stellen Sie in einem Diagramm die Gesamtkosten- und Gesamterlössituation vor und nach der Kapazitätserweiterung grafisch dar. Maßstab: 2 500 Stück = 1 cm; 2 500 EUR = 1 cm
   - Berechnen Sie die Gesamterlöse, die Gesamtkosten sowie das Betriebsergebnis je Monat an den jeweiligen Kapazitätsgrenzen.

   c) - Berechnen Sie, wie viele Dachziegel nach der Kapazitätserweiterung verkauft werden müssten,
     – um die Gewinnschwelle zu erreichen
     – denselben Gewinn wie bei Vollauslastung der bisherigen Kapazitäten zu erzielen.
   - Beurteilen Sie, ob sich die Kapazitätserweiterung gelohnt hat.

2. Im Produktionsbereich Mauerziegel werden jährlich 405 000 Stück des Produkts MZ mit Kosten von 486 000 EUR für Fertigungsmaterial, Fertigungslöhne und variable Gemeinkosten hergestellt. Im laufenden Jahr wird zusätzlich die Energiesparvariante MZE mit variablen Stückkosten von 1,40 EUR produziert. Die Fixkosten in der gesamten Ziegelei betragen 600 400 EUR/Jahr. Anmerkung: Die Kapazitätserweiterung (vgl. 1. b)) wurde nicht vorgenommen.

Produkt	MZ	MZE	DZ
Nettoverkaufspreis pro Stück	2,70 EUR	3,40 EUR	0,90 EUR
Dauer eines Brennvorgangs	2 1/2 Std.	2 1/2 Std.	1 1/4 Std.
maximale jährliche Absatzmenge	250 000 St.	200 000 St.	320 000 St.

   Die Tunnelöfen stehen dem Unternehmen im laufenden Jahr insgesamt 1 400 Stunden zur Verfügung. Während eines Brennvorganges können jeweils 1 000 Stück eines der drei Produkte gebrannt werden.
   Ermitteln Sie das optimale Produktionsprogramm.
   Berechnen Sie das im laufenden Jahr zu erwartende Betriebsergebnis.

B Rechtliche Rahmenbedingungen und Rechtsformen der Unternehmung

Warum ist dieses Kapitel wichtig?

Im Zusammenhang mit der Gründung eines Unternehmens muss u. a. überlegt werden,

- *wie viele Personen am Unternehmen beteiligt werden sollen,*
- *wer befugt sein soll, für das Unternehmen rechtswirksame Verträge und andere Rechtsgeschäfte abzuschließen,*
- *ob und gegebenenfalls wie sich die am Unternehmen beteiligten Personen in die Leitung des Unternehmens einbringen sollen.*

Das Handels- und Gesellschaftsrecht sieht dafür unterschiedliche Rechtsformen (Unternehmensformen) vor.

Weiterhin muss festgelegt werden, unter welchem Namen (Firma) der Kaufmann in den Rechtsbeziehungen z. B. zu den Lieferern und Kunden auftritt. Für einen Kaufmann sind zudem zahlreiche besondere Vorschriften zu beachten, die im Handelsgesetzbuch enthalten sind.

Die Leitfragen für diesen Abschnitt lauten daher:

Welche besonderen Vorschriften gelten für Personen, die als Kaufleute im Rechtsverkehr auftreten?

Welche Rechtsformen sind für das Handeln eines Unternehmens möglich und mit welchen Folgen ist die Entscheidung für eine bestimmte Rechtsform jeweils verbunden?

1 Handelsrechtliche Grundlagen der Unternehmung

Überblick und Zusammenhänge

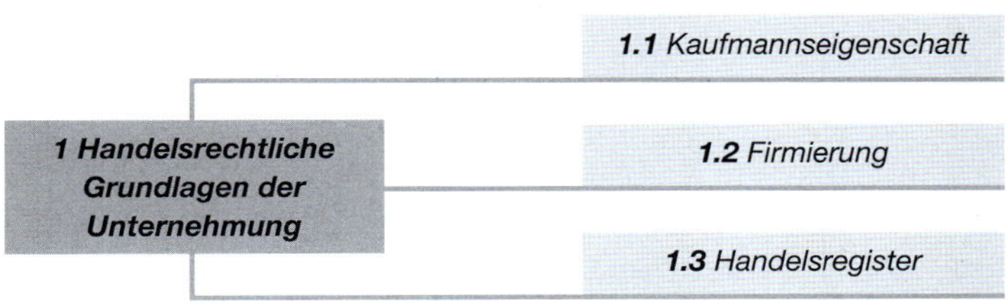

1.1 Kaufmannseigenschaft

Handelsrecht als Sonderrecht für Kaufleute

Für Personen, die im Geschäftsverkehr ständig Rechtsgeschäfte abschließen und in den meisten Fällen auch über entsprechende Kenntnisse und Erfahrungen verfügen **(Kaufleute)**, gilt das **Handelsrecht**. Die entsprechenden Vorschriften sind im **Handelsgesetzbuch** (HGB) niedergelegt. Das HGB gilt nicht nur für den Handel im engeren Sinne (Kauf und Verkauf von Waren), sondern auch für die Herstellung von Waren und Dienstleistungen.

Fehlen im HGB entsprechende Regelungen, gilt das Bürgerliche Gesetzbuch (BGB). Ist eine Regelung sowohl im BGB als auch im HGB enthalten, gilt für Kaufleute die speziellere Regelung des HGB.

Das Handelsgesetzbuch enthält Sonderregelungen für Kaufleute, mit denen bestimmte Schutzvorschriften des BGB außer Kraft gesetzt werden. Dadurch sollen bei Kaufleuten Schnelligkeit und Flexibilität beim Abschluss von Rechtsgeschäften gefördert werden.

Unterscheidungsmerkmal	Kaufleute	Nichtkaufleute
Eintragung ins Handelsregister	Pflicht HGB §§ 8 ff.	nicht möglich
Führen einer Firma (Name eines Kaufmanns)	Pflicht HGB §§ 17 ff.	nicht möglich
Gründung einer Gesellschaft	Gesellschaft nach HGB (OHG, KG), GmbHG, AktG	nur Gesellschaft nach BGB §§ 705 ff. (BGB-Gesellschaft)
Erteilung von Prokura[1]	möglich HGB § 48	nicht möglich
Erteilung von Handlungsvollmacht[2]	möglich HGB § 54	nur Vollmacht nach BGB §§ 164 ff.
Art der Bürgschaft	nur selbstschuldnerische Bürgschaft nach HGB §§ 349 f.	auch nachschuldnerische Bürgschaft (Ausfallbürgschaft) nach BGB §§ 765 ff.
Form der Bürgschaftserklärung	auch mündlich HGB § 350	nur schriftlich BGB § 766
Vertragsstrafen	auch bei unverhältnismäßiger Höhe nicht anfechtbar HGB § 348	Anfechtungsmöglichkeit bei unverhältnismäßiger Höhe BGB § 343
Prüf- und Rügepflicht bei Warenlieferungen aus Kaufverträgen	Ware muss unverzüglich nach Erhalt geprüft und ggf. gerügt werden. HGB § 377	keine Prüfpflicht; Die Ansprüche aus mangelhafter Warenlieferung verjähren innerhalb von 2 Jahren. BGB § 438
Gesetzlicher Zinssatz	5 % HGB § 352	4 % BGB § 246
Verzugszinsen	9 Prozentpunkte über dem Basiszinssatz. BGB § 288 (2)	5 Prozentpunkte über dem Basiszinssatz BGB § 288 (1)
Gerichtsstandsvereinbarung	Für Vertragsstreitigkeiten kann ein vom Erfüllungsort abweichender Gerichtsstand vertraglich vereinbart werden. ZPO § 29 (2)	Bei Vertragsstreitigkeiten gilt der gesetzliche Erfüllungsort als Gerichtsstand. ZPO § 29 Ausnahme: Geldschulden
Sorgfaltspflicht	Besondere Sorgfaltspflicht eines „ordentlichen Kaufmanns“ nötig. HGB § 347	Erwartet wird „die im Verkehr erforderliche Sorgfalt“. BGB § 276
Führen von Handelsbüchern (Buchführung)	nach HGB §§ 238 ff. und nach Steuerrecht AO §§ 140 ff.	nur nach Steuerrecht (Mindestbuchführung) AO §§ 140 ff.

Auch für Gewerbetreibende, die nicht verpflichtet sind, sich ins Handelsregister eintragen zu lassen, kann eine freiwillige Eintragung trotz der damit verbundenen Pflichten vorteilhaft sein. Dadurch wird nach außen erkennbar, dass sich das Unternehmen den strengen Regeln des HGB unterwirft. Banken und andere Unternehmen machen häufig die Aufnahme einer Geschäftsverbindung von der Handelsregistereintragung abhängig.

Kaufmannsarten

Auf Rechtsgeschäfte (z. B. Kaufverträge) ist das Handelsrecht anzuwenden, wenn **mindestens einer der Beteiligten Kaufmann** ist.

1 Prokura *(lat.)*: Sehr umfangreiche Vollmacht (Vertretungsmacht) für Mitarbeiter eines Unternehmens. Bis auf wenige Einschränkungen berechtigt sie zum Abschluss fast aller Rechtsgeschäfte für das Unternehmen.
2 Handlungsvollmacht: Im Vergleich zur Prokura weniger umfangreiche Vollmacht (Vertretungsmacht) für Mitarbeiter eines Unternehmens.

Kaufmann gemäß § 1 HGB ist, wer ein Handelsgewerbe betreibt. Als Handelsgewerbe gilt jeder Gewerbebetrieb, der nach Art und Umfang[1] einen in kaufmännischer Weise eingerichteten Geschäftsbetrieb erforderlich macht. Es kann sich also nicht um einen Kleinbetrieb handeln.

HGB § 1

Voraussetzungen einer gewerblichen Tätigkeit			
selbstständig ausgeübt	**planmäßig** betrieben	**auf Dauer** angelegt	**auf Gewinnerzielung** ausgerichtet

Ob für ein Unternehmen ein nach § 1 HGB „in kaufmännischer Weise eingerichteter Geschäftsbetrieb" erforderlich ist, lässt sich u. a. anhand folgender Kriterien beurteilen:

Aufg. 1.1 S. 178

Art der Geschäftstätigkeit	Umfang der Geschäftstätigkeit
▪ Organisation des Unternehmens, insbesondere Größe der Geschäftslokale ▪ Zahl der Betriebsstätten ▪ Zahl und Funktion der Beschäftigten ▪ Zahl der Erzeugnisse und der Geschäftsbeziehungen	▪ Umsatz ▪ Kapitaleinsatz ▪ Inanspruchnahme von Krediten

Ein Unternehmen, das keinen in kaufmännischer Weise eingerichteten Geschäftsbetrieb erforderlich macht, betreibt **kein Handelsgewerbe**, sondern **ein Kleingewerbe**.

Kleinbetriebe sind ebenso wenig Kaufleute wie Betriebe der Land- und Forstwirtschaft. Dies gilt auch für die freien Berufe (z. B. Ärzte, Rechtsanwälte, Steuerberater, Architekten, Künstler). Allerdings können Kleinbetriebe sowie Land- und Forstwirte unter bestimmten Voraussetzungen trotzdem Kaufleute werden. Kleinbetriebe sind zudem auch dann Kaufleute, wenn sie als Personengesellschaft in Form einer OHG oder KG oder in der Rechtsform einer Kapitalgesellschaft (z. B. GmbH) betrieben werden.

HGB §§ 1, 2, 3, 6

Arten von Kaufleuten nach dem Erwerb der Kaufmannseigenschaft		
Istkaufmann § 1 HGB	**Kannkaufmann § 2 und § 3 HGB**	**Formkaufmann § 6 HGB**
Ein Gewerbetreibender, dessen Betrieb so groß ist, dass er eine kaufmännische Organisation nötig macht, ist Kaufmann gem. § 1 HGB (Istkaufmann). Das gilt auch für die Personengesellschaften OHG und KG. Ein Istkaufmann muss sich in das **Handelsregister** eintragen lassen (§ 29 HGB). Aber auch ohne Eintragung ist er Kaufmann. Die Eintragung hat nur **rechtsbekundende (deklaratorische)** und keine **rechtsbegründende (konstitutive)** Wirkung. Die Handelsregistereintragung eines Istkaufmanns macht lediglich nach außen deutlich, dass es sich um einen Kaufmann handelt.	Ein **Kleingewerbetreibender**, dessen Betrieb **keine** kaufmännische Organisation erforderlich macht, ist nach § 1 HGB **kein Kaufmann. Er kann** aber gem. § 2 HGB **Kaufmann** werden, wenn er sich in das Handelsregister eintragen lässt. Auch ein **Land- und Forstwirt**, dessen Betrieb eine kaufmännische Organisation erfordert, **kann** durch Eintragung in das Handelsregister gem. § 3 HGB **Kaufmann** werden. Bei **Kannkaufleuten** wirkt die Handelsregistereintragung **rechtsbegründend (konstitutiv)**, d. h. die Kaufmannseigenschaften werden erst durch die Eintragung erworben.	Eine Kapitalgesellschaft (z. B. GmbH) hat gem. § 6 HGB aufgrund ihrer Rechtsform immer die Kaufmannseigenschaften **(Formkaufmann)**. Diese Vorschrift gilt unabhängig von der Größe der Gesellschaft und ohne Rücksicht darauf, ob die Gesellschaft ein Handelsgewerbe betreibt. Bei Formkaufleuten hat die Handelsregistereintragung **rechtsbegründende (konstitutive)** Bedeutung, d. h. die Kaufmannseigenschaften werden erst durch die Eintragung erworben. Eine Kapitalgesellschaft entsteht als juristische Person erst durch diese Eintragung.

1 Für die Kaufmannseigenschaft ist entscheidend, dass eine kaufmännische Organisation nach Art **und** Umfang erforderlich ist. Es genügt nicht, dass nur eines der beiden Kriterien (Art oder Umfang) erfüllt ist.

1.2 Firmierung

Begriff und Bedeutung

Wird in der Umgangssprache der Begriff „Firma" benutzt, ist damit meist ein bestimmtes Unternehmen gemeint. Im Handelsrecht wird dagegen unter der Firma nicht das Unternehmen selbst, sondern der Name des Kaufmanns, unter dem er seine Geschäfte betreibt, verstanden.

HGB § 17

Die Firma ist der im Handelsregister eingetragene Name eines Kaufmanns, unter dem er seine Geschäfte betreibt und seine Unterschrift abgibt. Ein Kaufmann kann unter seiner Firma klagen und verklagt werden.

Die Firmierung ist u. a. von der **Rechtsform eines Unternehmens** abhängig. Unternehmen mit folgenden Rechtsformen müssen ins **Handelsregister** eingetragen werden und ihrer Firma einen entsprechenden Zusatz, aus dem die Rechtsform und damit die Haftungsverhältnisse erkennbar werden, hinzufügen:

Im Handelsregister einzutragende Rechtsformen privater Unternehmen

Einzelunternehmen

Einzelkaufmann: Gewerbetreibender, der Kaufmann gem. § 1 HGB (Istkaufmann) oder § 2 HGB (Kannkaufmann) ist.
Rechtsformzusatz gem. § 18 HGB: eingetragene(r) Kaufmann/Kauffrau oder eine allgemein verständliche Abkürzung wie z. B. e. K., e. Kfm., e. Kfr.

Gesellschaftsunternehmen (Handelsgesellschaften)

Personengesellschaften		Kapitalgesellschaften	
Offene Handelsgesellschaft gem. §§ 1, 6, 105 ff. HGB	**Kommanditgesellschaft** gem. §§ 1, 6, 161 ff. HGB	**Gesellschaft mit beschränkter Haftung** gem. § 6 HGB, § 1 ff. GmbHG	**Aktiengesellschaft** gem. § 6 HGB, § 1 ff. AktG
Rechtsformzusatz gem. § 19 HGB: Offene Handelsgesellschaft oder Abkürzung OHG	**Rechtsformzusatz** gem. § 19 HGB: Kommanditgesellschaft oder Abkürzung KG	**Rechtsformzusatz** gem. § 4 GmbHG: Gesellschaft mit beschränkter Haftung oder Abkürzung GmbH (GmbH)	**Rechtsformzusatz** gem. § 4 AktG: Aktiengesellschaft oder Abkürzung AG

Vorschriften zur Firmierung

Bei der Firmierung kann das in das Handelsregister einzutragende Unternehmen zwischen folgenden Firmenarten wählen:

Firmenarten			
Personenfirma	**Sachfirma**	**Fantasiefirma**	**Gemischte Firma**
enthält einen oder mehrere Personennamen	enthält den Zweck (Gegenstand) des Unternehmens	enthält einen frei erfundenen Namen	Kombination von Personen- und Sachfirma
Eva Scheurer e. Kfr., Sing & Mayer OHG	Metallfabrik AG	Sunshine KG	Dyckerhoff Zement AG

Bei der Entscheidung für einen bestimmten Firmennamen sind allerdings folgende Grundsätze und Vorschriften zu beachten:

Firmierungsgrundsätze		
Firmenwahrheit §§ 18, 19 HGB	**Firmenklarheit § 30 HGB** (Firmenausschließlichkeit)	**Firmenbeständigkeit §§ 21, 23, 24 HGB**
Die Öffentlichkeit darf nicht durch die Firma über Art und/oder Umfang des Unternehmens getäuscht werden.	Die Firma muss sich von allen am selben Ort bereits bestehenden und in das Handelsregister eingetragenen Firmen unterscheiden.	Eine Firma darf bei Namensänderung sowie Veräußerung des Unternehmens (sofern der bisherige Inhaber oder dessen Erben zustimmen) fortgeführt werden. Bei Wechsel der Rechtsform ist aber der Rechtsformzusatz zu ändern.
Ein kleines Papierwarengeschäft darf nicht die Firma „Süddeutsche Büroausstattungszentrale“ wählen.	Der ortsansässige Einzelhandelskaufmann Schmitz hat die Firma H. Schmitz e. K. gewählt. Die neu einzutragende Firma des Hoteliers U. Schmitz muss sich davon durch Angabe des Vornamens und/oder durch einen anderen Zusatz unterscheiden, z. B. Ulf Schmitz e. K., Hotelier.	Die Inhaberin eines Bräunungsstudios heiratet und nimmt den Namen ihres Ehemanns an. Trotzdem behält sie die Firma B. Schirmer e. Kfr. – Sonnenstudio – bei. Das Malergeschäft P. Dold e. K. wird von zwei Mitarbeitern übernommen und unter dem Namen P. Dold OHG geführt.

Aufg. 1.2 S. 178

1.3 Handelsregister

Das Handelsregister ist ein amtliches, öffentliches Verzeichnis aller Kaufleute im Bezirk des zuständigen Registergerichts. Es enthält Informationen über die einzelnen Kaufleute, deren Kenntnis für Geschäftspartner von Interesse sein kann.

Das Handelsregister wird im Normalfall von dem örtlich zuständigen **Amtsgericht** geführt. Die Eintragungen werden von den Gerichten in einem elektronischen System, dem gemeinsamen **Registerportal der Länder** der Bundesrepublik Deutschland, im Internet veröffentlicht[1]. Außerdem hat jeder das **Recht zur Einsichtnahme** in das Handelsregister. Die Angaben im Handelsregister genießen **„öffentlichen Glauben“**, d. h. jeder darf davon ausgehen, dass die Angaben im Handelsregister vollständig und richtig sind.

HGB § 8, § 10

HGB § 10 (1) S. 1, § 11 (1), § 9

Aufg. 1.3 S. 178

1 www.handelsregisterbekanntmachungen.de bzw. www.handelsregister.de

Abteilungen des Handelsregisters	
Abteilung A	**Abteilung B**
Eintragungen über Einzelkaufleute und Personengesellschaften (z. B. OHG, KG)	Eintragungen über Kapitalgesellschaften (z. B. GmbH, AG)

	Nr. der Eintragung	a) Firma b) Sitz c) Gegenstand des Unternehmens	Grund- oder Stammkapital EUR	Vorstand, persönlich haftende Gesellschafter, Geschäftsführer, Abwickler	Prokura	Rechtsverhältnisse	a) Tag der Eintragung u. Unterschrift b) Bemerkungen
	1	2	3	4	5	6	7
	1	a) SHIRT STORE GmbH b) Mannheim c) ist die Veredelung von Textilien, insbesondere T-Shirts unterschiedlicher Art, mit verschiedenen Druck- und Beflockungstechniken sowie die Beratung der Kunden hierin	25 000,00 EUR	Michael Müller, geb. am 01.07.1970, Mannheim; Anja Krause, geb. am 13.05.1971		Gesellschaft mit beschränkter Haftung. Der Gesellschaftsvertrag ist am 23.04.2001 abgeschlossen. Die Gesellschaft wird, wenn nur ein Geschäftsführer vorhanden ist, von diesem, wenn mehrere Geschäftsführer bestellt sind, von zwei Geschäftsführern gemeinschaftlich oder von einem Geschäftsführer in Gemeinschaft mit einem Prokuristen vertreten. Durch Gesellschafterbeschluss kann Geschäftsführern Einzelvertretungsbefugnis und die Befugnis mit sich selbst oder als Vertreter Dritter Rechtsgeschäfte anzuschließen eingeräumt werden. Die Geschäftsführer Michael Müller und Anja Krause sind einzelvertretungsberechtigt.	a) 02.05.2001 Bayer, Justizangestellte b) –

Zusammenfassende Übersicht zu Kap. 1:
Handelsrechtliche Grundlagen der Unternehmung

Handelsrechtliche Vorschriften			
Handelsgesetzbuch (HGB) = Sonderrecht für Kaufleute			
Arten von Kaufleuten	**Istkaufmann**	**Kannkaufmann**	**Formkaufmann**
Betriebsarten	Gewerbebetrieb, der unabhängig von der gewählten Rechtsform eine kaufmännische Organisation erfordert (kein Kleinbetrieb)	Kleingewerbetreibender Land- und forstwirtschaftlicher Betrieb, der kaufmännische Organisation erfordert	Kapitalgesellschaft: GmbH, AG (auch ohne Gewerbebetrieb)
Entstehung der Kaufmannseigenschaft	Aufnahme der Geschäftstätigkeit (auch bei OHG und KG), spätestens bei Eintragung ins Handelsregister	Kaufmannseigenschaft durch freiwillige Eintragung ins Handelsregister	Eintragung der Rechtsform ins Handelsregister
Wirkung der Eintragung ins Handelsregister	rechtsbezeugend (deklaratorisch) bei Aufnahme der Geschäftstätigkeit vor HR-Eintragung	rechtsbegründend (konstitutiv)	rechtsbegründend (konstitutiv)

Firma Im Handelsregister eingetragener Name des Kaufmanns, unter dem er ▪ seine Geschäfte betreibt ▪ seine Unterschrift abgibt ▪ klagen oder verklagt werden kann		
Firmenarten	**Firmenzusätze**	**Firmengrundsätze**
Personenfirma	**eingetragener Kaufmann, e. K., e. Kfm., e. Kfr. o. Ä.**	**Firmenwahrheit**
Sachfirma	**Offene Handelsgesellschaft oder OHG**	**Firmenklarheit**
Fantasiefirma	**Kommanditgesellschaft oder KG**	**Firmenbeständigkeit**
	Gesellschaft mit beschränkter Haftung oder GmbH	
Gemischte Firma	**Aktiengesellschaft oder AG**	

Handelsregister öffentliches Verzeichnis aller Kaufleute eines oder mehrerer Amtsgerichtsbezirke			
Eintragungen unterrichten die Öffentlichkeit über ...	**Abteilungen**		**Öffentlichkeit**
	Abteilung A	**Abteilung B**	
Firma, Inhaber, Geschäftsführer, Vorstand, Kapital, Haftung, Geschäftssitz, Gegenstand des Unternehmens	**Einzelunternehmen, Personengesellschaften**	**Kapitalgesellschaften (GmbH, AG)**	**Einsicht für jeden, Veröffentlichung in Bundesanzeiger und Tageszeitung, Öffentlicher Glaube: Vermutung der Richtigkeit der Eintragungen (Vertrauensschutz)**

Wiederholung des Grundwissens

zu Kapitel 1 Handelsrechtliche Grundlagen der Unternehmung

1.1 Kaufmannseigenschaft

1. Für welchen Personenkreis gilt das Handelsrecht (Handelsgesetzbuch)?
2. Nennen Sie Merkmale zur Unterscheidung zwischen Kaufleuten und Nichtkaufleuten.
3. Nennen Sie Merkmale, anhand derer festgestellt werden kann, ob der Gewerbebetrieb einen in kaufmännischer Weise eingerichteten Geschäftsbetrieb erforderlich macht.
4. Wer ist „Istkaufmann"?
5. Wann erlangt ein Istkaufmann die Kaufmannseigenschaft?
6. Wodurch unterscheiden sich konstitutive und deklaratorische Wirkung einer Eintragung ins Handelsregister?
7. Erklären Sie den Begriff Kannkaufmann.
8. Welche Wirkung hat die Eintragung ins Handelsregister bei einem Kannkaufmann?
9. Was ist unter einem Formkaufmann zu verstehen?
10. Welche Wirkung hat die Eintragung ins Handelsregister bei einem Formkaufmann?

1.2 Firmierung

1. Was ist unter einer Firma zu verstehen?
2. Nennen und erklären Sie drei Firmierungsgrundsätze.
3. Nennen Sie zu jeder der vier Firmenarten jeweils ein Beispiel.

1.3 Handelsregister

1. Welche Eintragungen enthält das Handelsregister und wer führt dieses?
2. Aus welchen beiden Abteilungen besteht das Handelsregister und was ist dort jeweils eingetragen?

Aufgaben und Probleme

zu Kapitel 1 Handelsrechtliche Grundlagen der Unternehmung

1.1 Kaufmannseigenschaft

HGB § 1, § 2, § 6

Stellen Sie fest, wer in den nachfolgenden Fällen Kaufmann

- auch ohne Eintragung im Handelsregister (Istkaufmann) gem. § 1 HGB,
- durch freiwillige Eintragung im Handelsregister (Kannkaufmann) gem. § 2 HGB,
- aufgrund der gewählten Gesellschaftsform (Formkaufmann) gem. § 6 HGB

ist.

1. Ein Malermeister beschäftigt 12 Malergesellen und einen Buchhalter.
2. Ein Rentner kauft und verkauft gelegentlich Antiquitäten.
3. Eine OHG wird als Großgewerbe (mit kaufmännischer Organisation) betrieben.
4. Ein „Eismann“ fährt im Sommer regelmäßig mit einem kleinen Bus durch die Straßen und verkauft Eis, das er von einer großen in der Innenstadt gelegenen Eisdiele bezieht.
5. Ein Koch übernimmt eine Betriebskantine. Er bezieht Gehalt und wirtschaftet auf Rechnung des Betriebs.
6. Ein Arzt beschäftigt eine Arzthelferin.
7. Ein Landwirt betreibt noch eine Molkerei, die überwiegend eigene Produkte des landwirtschaftlichen Betriebs verarbeitet.
8. Eine OHG betreibt ein Kleingewerbe (ohne kaufmännische Organisation).

1.2 Firmierung – Kaufmann – Handelsregister

Isabell Kleinschmidt aus Freiburg, übersetzt für Unternehmen Geschäftsbriefe in verschiedene Sprachen. Sie hat zwischenzeitlich zwei Mitarbeiterinnen in Teilzeit beschäftigt. Der Betrieb macht derzeit noch keinen nach Art und Umfang in kaufmännischer Weise eingerichteten Geschäftsbetrieb erforderlich.

HGB § 19 (1), § 241a (1)

1. Isabell Kleinschmidt beabsichtigt, das Unternehmen ins Handelsregister eintragen zu lassen. Machen Sie drei Firmierungsvorschläge.
2. Die Firma wird am 16. Juli d. J. in das Handelsregister unter dem Firmennamen „Freiburger Übersetzungsdienst, Inh. Isabell Kleinschmidt e. K.“ eingetragen. Welche Folgen hat die Eintragung für Isabell Kleinschmidt?

1.3 Kaufmannseigenschaft – Istkaufmann – Eintragung im Handelsregister

Karl-Heinz Boeme betreibt seit kurzer Zeit in 77933 Lahr einen Möbelhandel. Im Handelsregister ist er nicht eingetragen.

HGB §§ 1, 29

Er erhält von der Handelsregister-Abteilung des Amtsgerichts Lahr einen Brief, dem ein Formular beiliegt. In dem Brief teilt ihm das Amtsgericht mit, dass verschiedene Unternehmen der Möbelbranche im Handelsregister Einsicht nehmen wollten, um sich über die Verhältnisse des Möbelhändlers Karl-Heinz Boeme zu informieren.

Es wird gebeten, das Formular ausgefüllt zurückzusenden.

Er füllt das Formular wie nachfolgend abgebildet aus.

Muss Boeme sich ins Handelsregister eintragen lassen?

1) Wortlaut der Firma	Heinz Boeme Möbelhandlung
2) a) Geschäftsräume (Zahl, Art [z. B. Büro, Herstellungsräume, Laden, Lager usw.] u. Größe, Ort und Straße):	a) Verkaufs- und Ausstellungsraum – 400 m²; b) Büro 32 m²; Bergstr. 78, 77933 Lahr
b) Fernruf	07821 5657
3) Name des Alleininhabers oder bei Gesellschaften die Namen aller Gesellschafter (persönlich haftende Gesellschafter, Kommanditisten):	Heinz Boeme
4) Art des Gewerbes (z. B. Herstellung von ... oder Handel mit ... usw.)	Möbelhandel
5) Zeitpunkt der Aufnahme des Geschäftsbetriebes:	01. August d. J.
6) Betriebsvermögen (nur zu beantworten, wenn eine Eröffnungsbilanz oder die letzte Bilanz nicht vorgelegt werden kann): a) Anlagevermögen: Grundstücke und Betriebsgebäude Maschinen und Einrichtungen b) Umlaufvermögen: Geld und Bankguthaben Warenvorräte Außenstände	a) 1 200 000 EUR 40 000 EUR — 1 240 000 EUR b) 30 000 EUR 380 000 EUR 24 000 EUR — 434 000 EUR
7) Letzter Einheitswert des Betriebsvermögens	liegt noch nicht vor
8) Höhe des Umsatzes: (Bei Handelsvertretern: Bruttoprovision) seit Beginn, falls der Geschäftsbetrieb im laufenden Jahr begonnen wurde oder in den beiden letzten Geschäftsjahren und im laufenden Geschäftsjahr, falls der Gewerbebetrieb schon länger besteht.	160 000 EUR (Monate August, September)
9) Gewerbeertrag: geschätzter Reinertrag seit Geschäftsbeginn, falls der Geschäftsbetrieb im laufenden Jahr begonnen wurde oder Reinertrag nach der letzten Jahresbilanz, falls der Geschäftsbetrieb schon länger besteht.	8 000 EUR (Monate August, September)
10) Zahl der beschäftigten Personen	6 zuzüglich Inhaber Heinz Boeme
a) kaufmännische Angestellte	3
b) technische Angestellte	
c) Facharbeiter, Gesellen	2
d) angelernte Arbeiter	
e) Hilfsarbeiter	
f) kaufmännische Auszubildende	1
g) technische Auszubildende	
h) sonstiges Personal	
11) Besteht kaufmännische Buchführung? Welcher Art?	Ja – doppelte Buchführung – Gewinnermittlung gem. § 5 Abs. 1 EStG
12) Bankverbindungen	Deutsche Bank Lahr, BLZ ..., Kto.-Nr. ... Volksbank-Raiffeisenbank Lahr ...
13) Wird neben der Warenherstellung noch ein offenes Geschäft (Laden) betrieben?	Betrieb lediglich eines Verkaufsladens mit Möbelzufuhr und Aufstellung

2 Merkmale von Einzel- und Gesellschaftsunternehmen

Bei den **Rechtsformen** eines Unternehmens lassen sich **Einzelunternehmen** und **Gesellschaftsunternehmen** unterscheiden.

Einzelunternehmen

Bei einer Einzelunternehmung bringt der Unternehmer allein das Eigenkapital auf. Er führt sein Unternehmen und haftet allein für alle Verbindlichkeiten.

Ist eine kaufmännische Organisation des Unternehmens erforderlich, dann ist der Unternehmer Kaufmann gem. § 1 HGB und muss sein Unternehmen beim Handelsregister anmelden.

Einzelunternehmen		
Einzelunternehmen: Volle Kontrolle – volle Haftung		
Für wen und was?	**Wie gründen?**	**Höhe der Haftung**
insbesondere Kleingewerbetreibende, Handwerker, Dienstleister	▪ **ein** Unternehmer ▪ entsteht bei Geschäftseröffnung, wenn keine andere Rechtsform gewählt wurde ▪ Eintragung ins Handelsregister möglich ▪ kein Mindestkapital	Unternehmer haftet unbeschränkt mit seinem **gesamten** Vermögen (auch mit dem Privatvermögen)

Gesellschaftsunternehmen

Gesellschaftsunternehmen sind privatrechtliche Vereinigungen von Personen zur Verfolgung eines gemeinsamen Zwecks.

Es gibt im Wesentlichen zwei Gründe, um eine Gesellschaft zu gründen bzw. ein Einzelunternehmen in eine Gesellschaft umzuwandeln:

1. Das Unternehmen hat einen solchen Umfang, dass die anfallenden Leitungsaufgaben von einem Einzelunternehmer allein nicht bewältigt werden können.
2. Das benötigte Kapital kann von einer Person nicht alleine aufgebracht werden.

Vergleich: Einzel- und Gesellschaftsunternehmen

Aufg. 2.1 S. 182

Vor- und Nachteile eines Einzelunternehmens gegenüber einem Gesellschaftsunternehmen:

BetrVG §§ 1, 74 ff.

Vorteile	Nachteile
▪ alleiniges Entscheidungsrecht (Ausnahme: Einzelunternehmen hat so viele Mitarbeiter, dass Regelungen über Mitbestimmung der Arbeitnehmer beachtet werden müssen) ▪ Flexibilität bei Entscheidungen, da keine Abstimmung erforderlich ▪ alleiniger Gewinnanspruch ▪ kein Mindestkapital erforderlich ▪ hohe Motivation des Einzelunternehmers, da ihm der Gewinn alleine zusteht ▪ i. d. R. keine Gründungsvorschriften (außer: Anmeldung zum Handelsregister, Gewerbeanmeldung beim Gewerbeamt)	▪ alleiniges Entscheidungsrecht beeinträchtigt evtl. die Qualität der Entscheidungen, da keine Absprache erforderlich bzw. möglich ▪ hohes Risiko, da Einzelunternehmer allein und unbeschränkt haftet ▪ begrenzte Möglichkeiten zur Beschaffung von Eigen- und Fremdkapital ▪ Auflösung des Unternehmens bei Tod des Unternehmers

Für die Gründung eines **Gesellschaftsunternehmens** lässt das **Handelsrecht** zwei Grundformen zu:

Personengesellschaften	Kapitalgesellschaften
Bei **Personengesellschaften** ist ein enges persönliches Verhältnis der Gesellschafter zum Unternehmen und das gegenseitige Vertrauen der Gesellschafter das wesentliche Merkmal. Zumindest ein Teil der Gesellschafter ist an der Geschäftsführung beteiligt und haftet persönlich.	Bei **Kapitalgesellschaften** steht vor allem die Kapitalbeschaffung im Vordergrund. Häufig fehlt die persönliche Bindung der Gesellschafter zum Unternehmen. Die Anteile an der Gesellschaft können frei veräußert werden. Die Gesellschafter haften nicht. Ihre Mitarbeit ist nicht erforderlich.

Eine Personengesellschaft ist eine Unternehmensform, an der mindestens eine voll haftende natürliche oder juristische Person und weitere natürliche oder juristische Personen zur Erreichung eines gemeinsamen Zweckes beteiligt sind. Eine Personengesellschaft ist keine juristische Person und hat nur eine eingeschränkte Rechtsfähigkeit.

Eine Kapitalgesellschaft ist eine Unternehmensform, bei der die Bereitstellung von Kapital im Vordergrund steht und eine persönliche Mitarbeit der Gesellschafter nicht erforderlich ist. Eine Kapitalgesellschaft ist eine juristische Person.

Grundsätzliche Unterschiede zwischen Personen- und Kapitalgesellschaften

Personengesellschaften	Kapitalgesellschaften
■ eingeschränkte Rechtsfähigkeit ■ mindestens ein Gesellschafter haftet auch mit seinem Privatvermögen ■ Handlungsorgane sind die Gesellschafter selbst (Selbstorganschaft) ■ Gesellschaftsvermögen ist gemeinsames Eigentum aller Gesellschafter (Gesamthandsvermögen) ■ kein vorgeschriebenes Mindestkapital ■ Übertragbarkeit von Gesellschaftsanteilen nicht ohne Weiteres möglich ■ Gesellschaftsvertrag ■ im Normalfall – wie Einzelunternehmen – Erstellung eines einfachen Jahresabschlusses (Bilanz, Gewinn- und Verlustrechnung) ■ im Normalfall keine Pflicht zur Veröffentlichung des Jahresabschlusses	■ eigene Rechtspersönlichkeit (juristische Person) ■ nur die Gesellschaft haftet ■ Gesellschaft wird von Organen (z. B. Vorstand) geführt (Fremdorganschaft) ■ Gesellschaft als juristische Person ist Eigentümerin des Gesellschaftsvermögens ■ vorgeschriebenes Mindestkapital ■ Möglichkeit der Übertragbarkeit von Gesellschaftsanteilen ■ Satzung (Gesellschaftsvertrag) ■ Erstellung eines ausführlichen Jahresabschlusses (Bilanz, Gewinn- und Verlustrechnung mit Anhang) sowie eventuell eines Lageberichts ■ Pflicht zur Veröffentlichung des Jahresabschlusses

HGB
§ 264 (1)
§ 325

PublG
§ 1 ff.

Zusammenfassende Übersicht zu Kap. 2:
Merkmale von Einzel- und Gesellschaftsunternehmen

Rechtsformen

- Einzelunternehmen
- Gesellschaftsunternehmen
  = privatrechtliche Vereinigung von Personen (natürliche oder juristische) zur Verfolgung eines gemeinsamen Zweckes

Personengesellschaften

- Gesellschaft des bürgerlichen Rechts (GbR oder BGB-Gesellschaft) BGB § 705 ff.
- Offene Handelsgesellschaft (OHG) HGB §§ 105 ff.
  Kommanditgesellschaft (KG) HGB §§ 161 ff.

- enges persönliches Verhältnis der Gesellschafter zum Unternehmen
- persönliche Haftung von Gesellschaftern
- Geschäftsführung durch Gesellschafter

i. d. R. reicht die Erstellung eines einfachen Jahresabschlusses (Bilanz und Gewinn- und Verlustrechnung)

Kapitalgesellschaften

- Gesellschaft mit beschränkter Haftung (GmbH)
  GmbHG
- Aktiengesellschaft (AG)
  AktG

- häufig keine persönliche Bindung der Gesellschafter zum Unternehmen; im Vordergrund steht die Kapitalaufbringung
- keine Haftung der Gesellschafter
- keine Pflicht zur Mitarbeit der Gesellschafter im Unternehmen

Erstellung und Veröffentlichung eines ausführlichen Jahresabschlusses (Bilanz, Gewinn- und Verlustrechnung, eventuell Lagebericht u. a.)

Wiederholung des Grundwissens

zu Kapitel 2 Merkmale von Einzel- und Gesellschaftsunternehmen

1. Beschreiben Sie das Wesen eines Einzelunternehmens.
2. Worin unterscheidet sich das Einzelunternehmen von einem Gesellschaftsunternehmen?
3. Nennen Sie Vor- und Nachteile eines Einzelunternehmens im Vergleich zu einem Gesellschaftsunternehmen.
4. Worin unterscheiden sich Personen- und Kapitalgesellschaften?
5. Aus welchen Bestandteilen besteht der Jahresabschluss einer Personengesellschaft im Normalfall?
6. Welche Pflichten haben Kapitalgesellschaften hinsichtlich der Erstellung und Veröffentlichung ihres Jahresabschlusses?

Aufgaben und Probleme

zu Kapitel 2 Merkmale von Einzel- und Gesellschaftsunternehmen

2.1 Gründung eines Einzelunternehmens – Firma – Handelsregister

GG Art. 12 (1), GewO § 1

Klaus Müller möchte in Karlsruhe einen Produktions- und Dienstleistungsbetrieb für das Bedrucken von T-Shirts nach Kundenwünschen eröffnen.

HGB §§ 1, 29, GewO § 1, AO § 138, IHKG § 2, SGB VII §§ 2, 121

1. Prüfen Sie, ob die Gründung eines solchen Geschäfts von irgendeiner Behörde genehmigt werden muss.
2. Bei welchen Behörden muss Herr Müller seine Neugründung anmelden?
3. Da es sich bei dem Betrieb nicht um ein Kleingewerbe handelt, überlegt Herr Müller, wie er firmieren soll. Welche der folgenden Firmenbezeichnungen sind für ihn erlaubt? (HGB §§ 17–19)
   Klaus Bernd Müller, Klaus Müller eingetragener Kaufmann, Shirt-Shop Müller e. K., Shirt Store e. K.
4. Vor der endgültigen Eintragung seiner Firma informiert sich Herr Müller beim zuständigen Handelsregister und stellt fest, dass eine Firma Immobilien Klaus E. Müller e. K. in Karlsruhe bereits eingetragen ist.
   a) Prüfen Sie, ob Herr Müller deswegen einige seiner Firmierungsvorschläge nicht verwenden kann. (HGB § 30)
   b) Welchen Zweck hat die Eintragung der Firma ins Handelsregister?
   c) Einige Zeit nach der Anmeldung und der Eintragung erfährt Herr Müller, dass die Firma Immobilien Klaus E. Müller vom Schwiegersohn Erich Beyer übernommen wurde. Beyer arbeitet aber nach wie vor mit dem Briefkopf Klaus E. Müller und unterschreibt sogar seine Geschäftsbriefe mit diesem fremden Namen. Kann Klaus Müller verlangen, dass Erich Beyer das unterlässt? Begründen Sie die Regelung des Gesetzgebers. (HGB § 22)
5. In einem Branchenverzeichnis stellt Müller fest, dass in Mannheim ein Klaus Müller ebenfalls einen Betrieb für die Veredelung von T-Shirts betreibt. Die Firma ist dort unter dem gleichen Namen eingetragen, den Müller in Karlsruhe gewählt hat. (HGB §§ 30, 37 MarkenG §§ 1, 5, 15)
   Muss Herr Müller in Karlsruhe befürchten, dass Herr Müller aus Mannheim die Änderung der Firmenbezeichnung in Karlsruhe gerichtlich erzwingen kann?
6. Nennen Sie drei Gründe, die Klaus Müller veranlasst haben könnten, sich für die Rechtsform des Einzelunternehmens zu entscheiden.
7. Nennen Sie drei Nachteile eines Einzelunternehmens gegenüber einem Gesellschaftsunternehmen.

3 Entscheidungsgrundlagen bei der Wahl der Rechtsform

Für die Entscheidung, welche Rechtsform für ein bestimmtes Unternehmen am besten geeignet ist, können folgende Kriterien bedeutsam sein:

Entscheidungskriterien für die Wahl der Rechtsform eines Unternehmens im Überblick

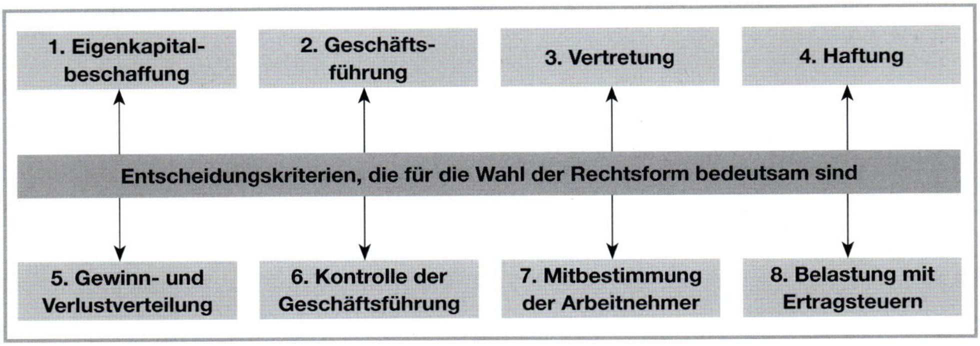

Für die einzelnen Unternehmensformen sind diese Bereiche teilweise unterschiedlich geregelt. Im Einzelnen gelten folgende Bestimmungen:

Entscheidungskriterium 1: Eigenkapitalbeschaffung

Eigenkapitalbeschaffung		
Einzelunternehmen	**Personengesellschaft z. B. OHG, KG**	**Kapitalgesellschaft z. B. GmbH, AG**
Der Einzelunternehmer stellt das in seinem Unternehmen vorhandene Eigenkapital allein zur Verfügung. Die Möglichkeiten zur Beschaffung von Eigenkapital sind daher begrenzt. Sie hängen von der Höhe des Privatvermögens des Einzelunternehmers und dessen Bereitschaft ab, dem Unternehmen private Mittel zur Verfügung zu stellen.	Eine **Personengesellschaft** hat zwei Möglichkeiten zur Beschaffung von Eigenkapital: 1. Die beteiligten Gesellschafter stellen der Gesellschaft aus ihrem Privatvermögen zusätzliches Eigenkapital zur Verfügung. 2. Es werden neue Gesellschafter aufgenommen.	Eine Kapitalgesellschaft verfügt grundsätzlich über die besseren Möglichkeiten, sich Eigenkapital in größerem Umfang zu beschaffen. Bei einer Inanspruchnahme des Kapitalmarktes (z. B. Ausgabe von Aktien) sind zwar zahlreiche Vorschriften zu beachten. Auf diesem Wege kann aber Eigenkapital in erheblichem Umfang durch die Beteiligung vieler Kapitalgeber (z. B. Aktionäre) aufgebracht werden.

Entscheidungskriterium 2: Mitarbeit – Geschäftsführung

Die Geschäftsführungsbefugnis beinhaltet Regelungen und Vereinbarungen, die das Innenverhältnis eines Unternehmens betreffen. Damit wird festgelegt, welche Rechte einzelnen Gesellschaftern (z. B. bei der OHG und der KG), einem Geschäftsführer (z. B. bei einer GmbH) oder einem Vorstand (z. B. bei der AG) zustehen.

Solche Regelungen sind insbesondere bei mehreren zur Geschäftsführung befugten Personen von Bedeutung.

Mitarbeit – Geschäftsführung		
Einzelunternehmen	**Personengesellschaft z. B. OHG, KG**	**Kapitalgesellschaft z. B. GmbH, AG**
Der Einzelunternehmer trägt die Verantwortung für das Unternehmen allein. Unter der Voraussetzung, dass die Zahl der Arbeitnehmer eine bestimmte Höhe nicht überschreitet und somit die Vorschriften zur Mitbestimmung der Arbeitnehmer keine andere Regelung vorsehen, ist er nicht verpflichtet, seine Entscheidungen mit anderen Personen abzusprechen.	Zumindest ein Teil der Gesellschafter ist zur Mitarbeit im Unternehmen berechtigt und verpflichtet. Die persönlich haftenden Gesellschafter einer solchen Gesellschaft haben schon allein deswegen ein starkes Interesse an einer leitenden Mitarbeit im Unternehmen, weil für sie das Risiko besteht, von einem Gläubiger des Unternehmens in Anspruch genommen zu werden (= Haftung). Insbesondere, wenn die Führung der Geschäfte mehreren Personen zusteht, muss innerhalb der Gesellschaft **(Innenverhältnis)** bestimmt werden, welche Rechtshandlungen einer Zustimmung durch andere Gesellschafter (evtl. auch aller Gesellschafter) bedürfen.	Die Beteiligung an einer **Kapitalgesellschaft** bedeutet, dass die Kapitalgeber dem Unternehmen Eigenkapital zur Verfügung stellen und dadurch grundsätzlich einen Anspruch auf die erzielten Gewinne erwerben. Eine persönliche Verpflichtung der Eigenkapitalgeber zur Mitarbeit im Unternehmen besteht bei einer Kapitalgesellschaft nicht.

Entscheidungskriterium 3: Vertretung

Das Recht oder die Pflicht, im Namen einer Gesellschaft rechtswirksam Verträge zu schließen bzw. im Außenverhältnis im Namen der Gesellschaft tätig zu werden, wird als Vertretung bezeichnet.

Vertretung		
Einzelunternehmen	**Personengesellschaft z. B. OHG, KG**	**Kapitalgesellschaft z. B. GmbH, AG**
Nur der Unternehmer selbst ist (sofern er keine Vollmachten erteilt hat) berechtigt, rechtswirksame Handlungen seiner Firma vorzunehmen (z. B. Kaufverträge abschließen, Arbeitsverträge kündigen).	Personengesellschaften sind keine juristischen Personen. Sie sind aber beschränkt rechtsfähig und insofern einer juristischen Person angenähert. Da eine Personengesellschaft in gleicher Weise wie eine Kapitalgesellschaft selbst nicht handlungsfähig ist, kann sie nur von einem oder mehreren Vertretern rechtlich verpflichtet werden. Im Unterschied zu einer Kapitalgesellschaft ist aber bei einer Personengesellschaft zumindest ein Teil der Gesellschafter gesetzlich zur Vertretung ermächtigt.	Kapitalgesellschaften sind als juristische Personen selbst nicht handlungsfähig und deshalb nicht geschäftsfähig. Sie sind aber Vertragspartner bei Verträgen, die für die Kapitalgesellschaft mit Arbeitnehmern, Lieferern oder Banken abgeschlossen werden. Damit eine Kapitalgesellschaft rechtlich handlungsfähig ist, ist ein Vertreter nötig, der im Rechtsverkehr mit Dritten (Außenverhältnis) für sie tätig werden kann. In gleicher Weise wie bei einem Verein übernimmt bei einer Kapitalgesellschaft diese Aufgabe ein Vorstand (z. B. bei einer AG) oder ein Geschäftsführer (z. B. bei einer GmbH).

BGB § 14 (2) HGB § 124

Vertragspartner bei einem Vertrag mit einer GmbH

Marco Poll ist Geschäftsführer einer GmbH. Er schließt im Namen der GmbH mit dem Autohaus Schwende einen Kaufvertrag über die Lieferung eines Pkw. Vertragspartnerin des Autohauses Schwende ist die rechtsfähige GmbH. Sie ist daher verpflichtet, den Kaufvertrag, den der Geschäftsführer in ihrem Namen abgeschlossen hat, zu erfüllen.

Entscheidungskriterium 4: Haftung

Die Beteiligung an einem Unternehmen ist – je nach Rechtsform – häufig mit einer **Haftung** verbunden.

Die Haftungsvorschriften für die einzelnen Unternehmensformen regeln, ob ein Geldgläubiger des Unternehmens seinen Zahlungsanspruch nur gegenüber dem Unternehmen selbst oder auch gegenüber einzelnen am Unternehmen beteiligten Personen durchsetzen kann.

Haftung		
Einzelunternehmen	**Personengesellschaft z. B. OHG, KG**	**Kapitalgesellschaft z. B. GmbH, AG**
Beim **Einzelunternehmen** haftet der Einzelunternehmer für die im Zusammenhang mit der unternehmerischen Tätigkeit entstandenen Verbindlichkeiten **persönlich**. Er trägt deshalb ein großes Risiko.	Neben der Gesellschaft haftet zumindest ein Teil der Gesellschafter **persönlich und gesamtschuldnerisch**.	Für Schulden der Gesellschaft haftet ausschließlich die Kapitalgesellschaft als juristische Person mit ihrem ganzen Vermögen.

▪ Haftung bei einem Einzelunternehmen und einer Personengesellschaft

Die Gründung eines Einzelunternehmens sowie die Beteiligung an einer Personengesellschaft ist zumindest für **eine** Person mit einer persönlichen Haftung verbunden.[1]

Persönliche Haftung bedeutet:

1. Ein Gläubiger der Gesellschaft kann einen Gesellschafter **unmittelbar** (und nicht nur über den Umweg über die Gesellschaft) in Anspruch nehmen. Der Gesellschafter kann nicht verlangen, dass der Gläubiger zunächst versuchen soll (notfalls auch auf gerichtlichem Wege), die Zahlung von der Gesellschaft zu erhalten.
2. Ein Gesellschafter haftet mit seinem gesamten Vermögen, also auch mit seinem Privatvermögen **(= unbeschränkte Haftung)**. Wenn ein Gläubiger der Gesellschaft von einem Gesellschafter die Begleichung einer Verbindlichkeit verlangt, so kann der Gesellschafter nicht geltend machen, dass das Privatvermögen vor dem Gläubigerzugriff geschützt ist.

Haftung eines Gesellschafters einer Personengesellschaft

Edgar Kunzer ist Gesellschafter der Antikmöbel Kunzer OHG. Das Autohaus Schwende hat der OHG einen Pkw im Wert von 42 000 EUR geliefert und kann nunmehr die Zahlung des Rechnungsbetrages (42 000 EUR) wahlweise von der OHG (= rechtsfähige Personengesellschaft[1]) oder von Edgar Kunzer oder von den anderen Gesellschaftern (unmittelbare Haftung) verlangen. Zur Begleichung des Anspruchs müssen die in Anspruch genommenen Gesellschafter gegebenenfalls auch das Privatvermögen heranziehen (= unbeschränkte Haftung).

Ist die Beteiligung an einem Unternehmen mit einer persönlichen Haftung verbunden, so müssen die Gesellschafter damit rechnen, dass ein Gläubiger, der einen Anspruch an das Unternehmen hat, diesen auch den Eigentümern des Unternehmens gegenüber durchsetzen kann. Die Gesellschafter haften für Verbindlichkeiten der Gesellschaft.

1 Eine Personengesellschaft ist zwar keine juristische Person. Dennoch ist sie beschränkt rechtsfähig und kann deshalb unter ihrem Namen klagen und verklagt werden (vgl. Band 1, Kap. B 1.1).

Gesamtschuldnerische (= solidarische) Haftung bedeutet, dass ein Gesellschafter einem Gläubiger gegenüber für den gesamten Betrag und nicht lediglich in Höhe der Quote seiner Beteiligung am Gesellschaftsvermögen haftet.

Haftung eines Gesellschafters einer Personengesellschaft *(Fortsetzung von S. 186)*

Das Autohaus Schwende kann von Edgar Kunzer den **vollen Rechnungsbetrag** verlangen. Edgar Kunzer kann sich nicht darauf berufen, lediglich für den halben Rechnungsbetrag aufzukommen, da an der OHG noch ein weiterer Gesellschafter beteiligt ist (kein Recht auf Einrede der Haftungsteilung).

■ Haftung bei einer Beteiligung an einer Kapitalgesellschaft

Die **Beteiligung an einer Kapitalgesellschaft** (z. B. GmbH, AG) begründet im Normalfall keine Haftung der Gesellschafter gegenüber den Gläubigern des Unternehmens. Für Schulden der Gesellschaft haftet ausschließlich die Kapitalgesellschaft als juristische Person.[1]

Aufg. 3.1 u. 3.2 S. 190

Haftung bei einer GmbH

BGB § 194

Autohändler Link liefert der Villinger Baustoff GmbH einen gebrauchten VW-Transporter zum vereinbarten Preis von 38 000 EUR. Autohändler Link hat gegenüber der GmbH einen **Anspruch** auf Zahlung des vereinbarten Kaufpreises. Demnach schuldet ausschließlich die GmbH und keiner der Gesellschafter die Zahlung des Kaufpreises. Zahlt die GmbH nicht, so kann Autohändler Link seinen Anspruch gegebenenfalls auf dem Wege der Zwangsvollstreckung in das Vermögen der GmbH durchsetzen **(= Haftung der GmbH)**.

Es **haftet** nur die GmbH als juristische Person für den von ihr geschuldeten Kaufpreis. Wird die GmbH zahlungsunfähig, so kann in das Vermögen der GmbH-Gesellschafter nicht vollstreckt werden, weil diese nicht **haften**.

Entscheidungskriterium 5: Gewinn- und Verlustverteilung

Gewinn- und Verlustverteilung		
Einzelunternehmen	**Personengesellschaft z. B. OHG, KG**	**Kapitalgesellschaft z. B. GmbH, AG**
Falls mit den Arbeitnehmern keine Gewinnbeteiligung vereinbart wurde, steht der Gewinn eines Einzelunternehmens allein dem Unternehmer zu. In gleicher Weise muss er aber auch Verluste allein tragen.	Da die persönlich haftenden Gesellschafter einer **Personengesellschaft** zur Leitung des Unternehmens berechtigt und verpflichtet sind, steht diesem Personenkreis für die zur Verfügung gestellten Produktionsfaktoren Arbeit und Kapital ein entsprechendes Entgelt (Gewinnanteil) zu. Die Höhe der Gewinn- oder Verlustbeteiligung ergibt sich aus den gesetzlichen Vorschriften oder aus dem Gesellschaftsvertrag.	Bei einer **Kapitalgesellschaft** entscheiden im Normalfall die Organe (Vorstand, Aufsichtsrat) über die auszuschüttenden Gewinnanteile. Darüber hinaus ist in den Gesellschaftsverträgen vor allem kleiner GmbHs häufig geregelt, dass über Fragen der Gewinnverwendung die Gesellschafter entscheiden und nicht die leitenden Organe (Geschäftsführer).

1 Nur wenn z. B. GmbH-Gesellschafter vor Eintragung der Gesellschaft ins Handelsregister im Namen der GmbH handeln, so haften die Handelnden persönlich und solidarisch (§ 11 (2) GmbHG).

Entscheidungskriterium 6: Kontrolle der Geschäftsführung

AktG §§ 95 ff.

Kontrolle der Geschäftsführung		
Einzelunternehmen	**Personengesellschaft z. B. OHG, KG**	**Kapitalgesellschaft z. B. GmbH, AG**
Das Eigenkapital eines Einzelunternehmens stellt allein dem Unternehmer zur Verfügung. Für seine Entscheidungen ist deshalb nur der Unternehmer selbst verantwortlich, so dass eine Kontrolle durch Dritte nicht erforderlich ist.	Bei einer **Personengesellschaft** steht die Geschäftsführungsbefugnis einem oder mehreren Gesellschaftern zu. Der Umfang dieser Befugnis ist normalerweise im Gesellschaftsvertrag geregelt. Fehlt es an einer solchen Regelung, so gelten die gesetzlichen Bestimmungen (z. B. HGB §§ 114 ff.). Da sich die Gesellschafter in der Ausübung der Geschäftsführung gegenseitig kontrollieren, ist eine Kontrolle durch weitere Personen nicht erforderlich.	Bei einer **Kapitalgesellschaft** ist eine Kontrolle durch die Beteiligten meist aus praktischen Gründen nicht möglich, wenn sehr viele Personen an dem Unternehmen beteiligt sind (z. B. Aktionäre des Volkswagenwerks). Deshalb sind Aktiengesellschaften zur Bildung eines **Aufsichtsrates** verpflichtet. Der Aufsichtsrat hat bei diesen Unternehmen die Pflicht, die Geschäftsführung des Vorstandes **(Leitungsorgan)** zu kontrollieren.

Entscheidungskriterium 7: Mitbestimmung der Arbeitnehmer

BetrVG § 1
DrittelbG § 1
MitbestG § 1

Mitbestimmung der Arbeitnehmer	
Einzelunternehmen und Personengesellschaft	**Kapitalgesellschaft z. B. GmbH, AG**
Bei diesen Unternehmen haben die Arbeitnehmer keine gesetzliche Möglichkeit, über ein Kontrollorgan (z. B. Aufsichtsrat) die Führung der Geschäfte zu kontrollieren bzw. Einfluss auf die Wahl von Leitungspersonen zu nehmen. Evtl. bestehen aber Mitbestimmungsrechte der Arbeitnehmer nach dem Betriebsverfassungsgesetz.	Eine GmbH muss nur bei mehr als 500 Mitarbeitern einen Aufsichtsrat bilden. Die Aktiengesellschaft ist in jedem Fall verpflichtet, ein Kontrollorgan (Aufsichtsrat) zu bilden. Ob und gegebenenfalls welche Mitbestimmungsmöglichkeiten den Arbeitnehmern jeweils zustehen, ist abhängig von der Zahl der Beschäftigten.

Entscheidungskriterium 8: Belastung mit Ertragsteuern

EStG §§ 1, 15, 32a, 34a (1)
KStG §§ 1, 23
GewStG §§ 2, 6, 7

Ertragsteuern (gewinnabhängige Steuern)		
Einkommensteuer (ESt)	**Körperschaftsteuer (KSt)**	**Gewerbesteuer (GewSt)**
Sowohl der Gewinn eines **Einzelunternehmers** als auch die Gewinnanteile der **Gesellschafter von Personengesellschaften** unterliegen der ESt. In beiden Fällen handelt es sich um **natürliche Personen**, die einkommensteuerpflichtige **Einkünfte aus Gewerbebetrieb** erzielen. Der Einkommensteuersatz für diese Einkunftsart liegt – je nach Höhe des zu versteuernden Einkommens – zwischen 14 % und 45 % (2017). Für einbehaltene Gewinne beträgt der Steuersatz auf Antrag 28,25 %.	Die KSt ist die ESt für juristische Personen. Die Gewinne von **Kapitalgesellschaften** unterliegen der KSt. Der Körperschaftsteuersatz für einbehaltene und ausgeschüttete Gewinne beträgt einheitlich 15 %. Ausgeschüttete Gewinne (Dividenden) werden zusätzlich beim Empfänger als Kapitaleinkünfte mit 25 % Einkommensteuer (Abgeltungssteuer) zzgl. Kirchensteuer und Solidaritätszuschlag belastet.	Einzelunternehmen und Personengesellschaften, die Einkünfte aus Gewerbebetrieb im Sinne des EStG erzielen, sind ebenso gewerbesteuerpflichtig wie alle Kapitalgesellschaften. Die Höhe der Gewerbesteuer ist abhängig vom Gewerbeertrag (Gewinn nach EStG bzw. KStG).

EStG §§ 34a, 35

Einzelunternehmen und Personengesellschaften können sich für eine Besteuerung der Gewinne mit 28,25 % ESt entscheiden. Außerdem wird ihnen die bezahlte GewSt auf ihre ESt angerechnet. Dadurch ergibt sich für alle Unternehmen unabhängig von der Rechtsform eine Ertragsteuerbelastung für einbehaltene Gewinne in Höhe von knapp 30 %. Die Belastung mit Ertragsteuern ist daher kein entscheidendes Kriterium für die Wahl einer bestimmten Unternehmensform.

Zusammenfassende Übersicht zu Kap. 3: Entscheidungsgrundlagen bei der Wahl der Rechtsform

Kriterium	Bedeutung	Einzelunternehmen	Personengesellschaft (OHG, KG)	Kapitalgesellschaft (GmbH, AG)
Haftung	**Führt die Gründung oder die Beteiligung an einem Unternehmen zu einer persönlichen Haftung?**	Einzelunternehmer haftet den Gläubigern für die Verbindlichkeiten **persönlich**.	Gesellschaft und (ein Teil der) Gesellschafter haften **persönlich** und **gesamtschuldnerisch**.	Ausschließlich die Kapitalgesellschaft als juristische Person haftet.
Vertretung	**Wer handelt im Namen des Unternehmens im Außenverhältnis (z. B. beim Abschluss von Verträgen)?**	Unternehmer selbst ist Handelnder (gegebenenfalls auch mit Vollmacht ausgestattete Mitarbeiter).	Einer oder mehrere Gesellschafter vertreten die Personengesellschaft.	Geschäftsführer oder Vorstand vertreten die Kapitalgesellschaft als juristische Person.
Mitarbeit/ Geschäftsführung	**Ist die Gründung/Beteiligung an einem Unternehmen mit einer Verpflichtung zur Mitarbeit verbunden?**	Einzelunternehmer leitet sein Unternehmen in eigener Verantwortung.	Zumindest ein Teil der Gesellschafter ist zur Mitarbeit im Unternehmen verpflichtet.	GmbH-Gesellschafter und Aktionäre sind nicht zur Mitarbeit verpflichtet.
Kontrolle der Unternehmens-leitung	**Wer kontrolliert die leitenden Personen?**	Kontrolle durch Dritte ist nicht erforderlich.	Gesellschafter kontrollieren sich gegenseitig.	Aufsichtsrat (= Kontrollorgan) ■ bei GmbH nur unter bestimmten Voraussetzungen. ■ bei AG gesetzlich vorgeschrieben
Beschaffung von Eigenkapital	**Welche Möglichkeiten zur Beschaffung von Eigenkapital sind mit der Rechtsform verbunden?**	Hängt von der Höhe des Privatvermögens des Einzelunternehmers ab und ist daher begrenzt.	■ bisherige Gesellschafter erbringen zusätzliche Einlagen ■ Aufnahme neuer Gesellschafter	AG: Eigenkapitalbeschaffung durch Ausgabe von Aktien möglich.
Gewinn- und Verlust-verteilung	**Wie wird der Gewinn/Verlust verteilt bzw. wer entscheidet über die Verteilung?**	Gewinn steht allein dem Einzelunternehmer zu – Verlust muss er alleine tragen.	Gewinn- oder Verlustverteilung richtet sich nach dem Gesellschaftsvertrag oder nach dem Gesetz.	Entscheidung: GmbH: Gesellschafterversammlung AG: i. d. R. Vorstand u. Aufsichtsrat
Belastung mit Ertragsteuern	**Wem sind die von dem Unternehmen erzielten Gewinne steuerlich zuzurechnen und wie werden diese besteuert?**	Einzelunternehmer muss den erzielten Gewinn versteuern (Einkommen- u. Gewerbesteuer).	Gesellschafter müssen den erzielten Gewinn versteuern (Einkommen- und Gewerbesteuer).	Gewinne unterliegen der Körperschaft- und Gewerbesteuer. KSt-Satz für ausgeschüttete und einbehaltene Gewinne: 15 %.
Rechnungs-legung	**Wie umfangreich ist der zu erstellende Jahresabschluss? Muss der Jahresabschluss veröffentlicht werden?**	Buchführungspflicht ab einer bestimmten Umsatz- und Gewinnhöhe; i. d. R. keine Veröffentlichungspflicht.	Es besteht Buchführungspflicht, aber meist keine Verpflichtung zur Veröffentlichung des Jahresabschlusses.	Verpflichtung zur Erstellung und Veröffentlichung eines ausführlichen Jahresabschlusses.
Mitbestimmung	**Welche Möglichkeiten zur Mitbestimmung im Unternehmen haben die Arbeitnehmer?**	Ggf. Mitbestimmung des Betriebsrates in besonderen Fällen (BetrVG)	Ggf. Mitbestimmung des Betriebsrates in besonderen Fällen (BetrVG).	Mitbestimmung im Aufsichtsrat ist abhängig von der Zahl der Beschäftigten.

Wiederholung des Grundwissens

zu Kapitel 3 Entscheidungsgrundlagen bei der Wahl der Rechtsform

1. Geben Sie einen Überblick über Kriterien zur Entscheidung für die Wahl der Rechtsform eines Unternehmens.
2. Welche Möglichkeiten zur Beschaffung von Eigenkapital haben jeweils das Einzelunternehmen, die Personengesellschaft und die Kapitalgesellschaft?
3. Wodurch unterscheiden sich Personen- und Kapitalgesellschaften hinsichtlich der Regelungen über die Mitarbeit der Kapitalgeber im Unternehmen?
4. Unterscheiden Sie die Begriffe „Vertretung" und „Geschäftsführung".
5. Wer vertritt jeweils eine Personengesellschaft und eine Kapitalgesellschaft?
6. Erklären Sie den Begriff „Haftung".
7. Wie haftet ein Einzelunternehmer?
8. Erklären Sie die Begriffe „persönliche und gesamtschuldnerische Haftung".
9. Wer haftet für die Verbindlichkeiten einer Kapitalgesellschaft?
10. Wer entscheidet über die Gewinnverteilung bzw. die Gewinnverwendung bei einem Einzelunternehmen, bei einer Personengesellschaft und bei einer Kapitalgesellschaft?
11. Wer übernimmt die Kontrolle der Leitungsorgane bei einer Aktiengesellschaft?
12. Welche Möglichkeiten zur Mitbestimmung im Unternehmen (Kontrolle der Leitung) haben die Arbeitnehmer bei den verschiedenen Rechtsformen?
13. Erläutern Sie die Unterschiede in der Belastung mit Ertragsteuern bei den einzelnen Unternehmensformen.

Aufgaben und Probleme

zu Kapitel 3 Entscheidungsgrundlagen bei der Wahl der Rechtsform

3.1 Lieferung einer Büroausstattung an eine Aktiengesellschaft

Die Sulzer Maschinenfabrik AG erhält am 16.04. d.J. vom Büromarkt Streit Büromöbel im Wert von 36000 EUR. Am 20.04. d.J. wird die Maschinenfabrik zahlungsunfähig (Eröffnung des Insolvenzverfahrens).
Begründen Sie, ob der Büromarkt Streit die Zahlung von den Aktionären der Sulzer Maschinenfabrik AG Berner und Adam verlangen kann.

3.2 Zahlungsanspruch bei Abschluss eines Vertrages mit einer GmbH

Kuno Kollmer und Ralf Brender sind Gesellschafter der Systembau Kollmer & Brender GmbH. Laut Vereinbarungen im Gesellschaftsvertrag darf jeder der beiden Gesellschafter Geschäfte für die GmbH in unbegrenzter Höhe abschließen.
Gesellschafter Kollmer bestellt bei Automobilhändler Brosamer einen Kleintransporter zum Preis von 72000 EUR, der für die Zufuhr von Baumaterialien auf die Baustellen verwendet werden soll. Da sich die Systembau Kollmer & Brender GmbH derzeit in Zahlungsschwierigkeiten befindet, verlangt der Automobilhändler die Zahlung von Gesellschafter Kollmer.

1. Stellen Sie fest, wer die beiden Vertragspartner aus dem abgeschlossenen Kaufvertrag sind.
2. Beurteilen Sie, ob Automobilhändler Brosamer die Zahlung von Gesellschafter Kollmer verlangen kann.

B

4 Offene Handelsgesellschaft (OHG)

Überblick und Zusammenhänge

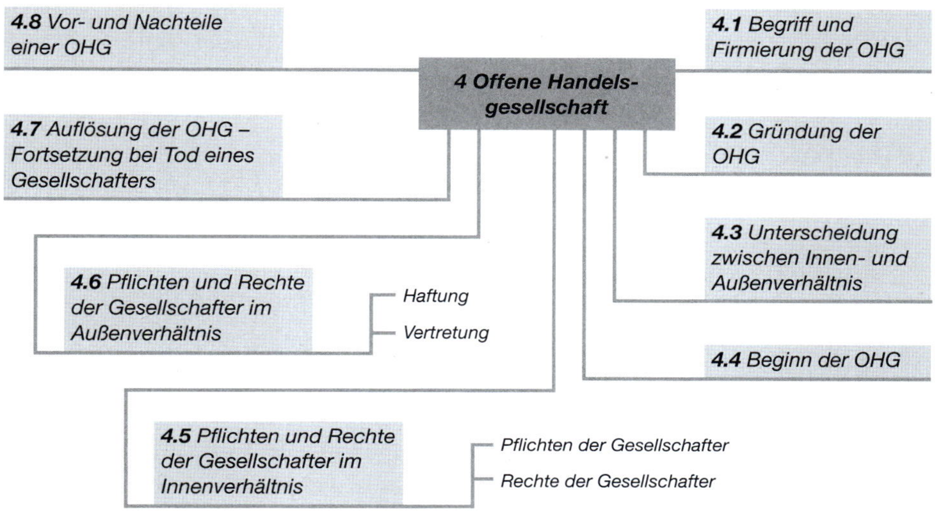

Aufg. 4.1 S. 206

4.1 Begriff und Firmierung der OHG

Die Offene Handelsgesellschaft ist ein Zusammenschluss von zwei oder mehr uneingeschränkt haftenden Gesellschaftern zum Betrieb eines Handelsgewerbes unter gemeinschaftlicher Firma. BGB § 14 HGB § 124

Obwohl die OHG eine eigene Rechtsfähigkeit besitzt, ist sie keine juristische Person. Sie kann aber wie eine juristische Person unter ihrer Firma z.B. Rechte an Grundstücken erwerben, vor Gericht klagen und verklagt werden. Beispielsweise muss der Gläubiger einer OHG bei Zahlungsverzug nicht erst herausfinden, wer die Gesellschafter der OHG sind. Vielmehr kann er die OHG direkt unter ihrer Firma verklagen. BGB § 14 (2) HGB § 124 (1)

Die Rechtsform der OHG wird vorwiegend von kleinen und mittleren Unternehmen gewählt, in denen jeweils mehrere Gesellschafter gemeinschaftlich Kapital und persönliche Fähigkeiten (Fachkenntnisse, Arbeitskraft) einsetzen und gemeinsam das unternehmerische Risiko tragen.

Die Gesellschafter haften gegenüber den Gläubigern der Gesellschaft unbeschränkt. HGB § 105 (1), § 19

Die Firmenbezeichnung muss den Begriff „offene Handelsgesellschaft" oder eine allgemein verständliche Abkürzung dieses Begriffs enthalten.

Firmierung einer OHG

Personenfirma:	Heyn und Holzer OHG
Fantasiefirma:	Mikrobyte OHG
Sachfirma:	Tailfinger Mikrosysteme OHG
gemischte Firma:	Maschinenfabrik Holzer OHG

Tritt ein Gesellschafter in ein bestehendes Unternehmen eines Einzelkaufmanns als voll haftender Gesellschafter ein (= Umwandlung des Einzelunternehmens in eine OHG), so kann die bisherige Firma mit dem Zusatz OHG fortgeführt werden. HGB § 19, § 24 (1)

Gesellschaftsvertrag einer Offenen Handelsgesellschaft

Abgeschlossen am 31. März 2017 im Amtsgericht Freiburg.
Vor dem unterzeichnenden Notar Axel Wagner in Freiburg
erschienen am heutigen Tage:
Günter Breuer, Freiburg und Bernd Taxis, Emmendingen

Die genannten Personen gaben vor dem Notar nachstehende Erklärung zur notariellen Beurkundung ab. Sie schließen nachstehenden

Gesellschaftsvertrag

§ 1 Gesellschafter

1.1 **Günter Breuer**, Dipl.Kfm., geb. 23.08.1981 in Freiburg, wohnhaft, Habsburgerstr. 29, 79098 Freiburg.

1.2 **Bernd Taxis**, Elektromeister, geb. 26.03.1978 in Emmendingen, wohnhaft Ziegelweg 9, 79312 Emmendingen.

§ 2 Firma, Sitz und Gegenstand der Gesellschaft

2.1 Die Vertragsschließenden errichten eine Offene Handelsgesellschaft unter der Firma Breuer & Taxis OHG.

2.2 Sitz der Gesellschaft ist Friedenstrasse 48, 79183 Waldkirch

2.3 Gegenstand des Unternehmens ist der Handel mit Elektroartikeln.

§ 3 Geschäftsjahr und Dauer der Gesellschaft

3.1 Geschäftsjahr ist das Kalenderjahr.

3.2 Die Dauer der Gesellschaft ist unbefristet.

§ 4 Einlagen der Gesellschafter

4.1 Herr Breuer bringt in die Gesellschaft einen Transporter (Wert 40 000 EUR) ein. Darüber hinaus leistet er eine Bareinlage von 320 000 EUR.

4.2 Herr Taxis bringt in die Gesellschaft ein bebautes Grundstück ein, dessen Wert auf 380 000 EUR veranschlagt wird. Die von ihm zu leistende Bareinlage beträgt 20 000 EUR.

4.3 Alle zu leistenden Einlagen sind am Tag des Vertragsschlusses einzubringen.

§ 5 Mitarbeit (Geschäftsführung und Vertretung)

5.1 Jeder Gesellschafter hat der Breuer & Taxis OHG seine volle Arbeitskraft zur Verfügung zu stellen.

5.2 Zur Geschäftsführung und Vertretung der Gesellschaft ist jeder Gesellschafter für sich allein berechtigt und verpflichtet.

5.3 Geschäfte, die den Gesamtwert von 30 000 EUR übersteigen, dürfen nur von beiden Gesellschaftern gemeinsam vorgenommen werden. Die Aufnahme von Bankkrediten ist ebenfalls nur beiden Gesellschaftern gemeinsam erlaubt.

§ 6 Privatentnahmen

Für die nach § 5 zu erbringenden Arbeitsleistungen kann jeder Gesellschafter monatliche Privatentnahmen in Höhe von 3 500 EUR tätigen, die nicht verzinst werden (§ 121 (2) S. 2 HGB findet keine Anwendung).

§ 7 Gewinn- und Verlustverteilung

Der Gewinn sowie ein Verlust werden auf die Gesellschafter Breuer und Taxis nach der gesetzlichen Regelung verteilt.

§ 8 Kündigung

Der Gesellschaftsvertrag kann von jedem der beiden Gesellschafter unter Einhaltung einer Frist von 12 Monaten zum Schluss eines Kalenderjahres gekündigt werden.

§ 9 Tod eines Gesellschafters

Stirbt ein Gesellschafter, so wird die Gesellschaft mit dessen Erben fortgesetzt. Den Erben steht das Recht auf Geschäftsführung und Vertretung nicht zu.

Freiburg im Breisgau, den 31. März 2017

gez. Breuer gez. Taxis gez. Wagner, Notar

4.2 Gründung der OHG

Im Rahmen der Gründung leisten die Gesellschafter aufgrund der Vereinbarungen im Gesellschaftsvertrag **Einlagen**, die in Form von Geldzahlungen oder in der Übertragung von Sachen oder Rechten bestehen können. Das Eigentum an den eingebrachten Vermögensgegenständen steht den Gesellschaftern gemeinsam zu **(Gesamthandsvermögen)**. Die Summe der in Geld bewerteten Einlagen bildet das **Eigenkapital** der OHG. BGB §§ 718, 719

Gesamthandsvermögen der Breuer & Taxis OHG

Die beiden Gesellschafter der Breuer & Taxis OHG verlieren ihr persönliches Eigentum an den nach § 4 des Gesellschaftsvertrages *(vgl. S. 192)* eingebrachten Vermögensgegenständen (Transporter, Bargeld, bebautes Grundstück). Das Vermögen gehört nunmehr beiden Gesellschaftern gemeinsam (Gesamthandsvermögen). Im Falle eines späteren Ausscheidens aus der OHG haben die beiden Gesellschafter nicht das Recht, genau die eingebrachten Vermögensgegenstände wieder zurückzuerhalten, es sei denn, dass der Gesellschaftsvertrag eine entsprechende Vereinbarung enthält. Sie haben lediglich das Recht auf Erstattung eines entsprechenden Wertes in Form einer Geldleistung.

Grundlage für die **Beziehungen der Gesellschafter untereinander (Innenverhältnis)** ist der **Gesellschaftsvertrag**. In diesem Vertrag werden u. a. die Kapitalaufbringung, die Leitungsbefugnis und die Ergebnisverteilung (Gewinn- und Verlustverteilung) geregelt. Ergänzend zum Gesellschaftsvertrag gilt das HGB. HGB § 109

Der Gesellschaftsvertrag kann grundsätzlich auch mündlich abgeschlossen werden. Aus Gründen der Rechtssicherheit (Vermeidung künftiger Streitigkeiten) empfiehlt es sich jedoch, die Schriftform zu wählen. Wird festgelegt, dass einzelne Gesellschafter Grundstücke in die OHG einbringen, so ist **notarielle Beurkundung** des Gesellschaftsvertrages erforderlich. BGB § 311b (1)

Die OHG muss beim Registergericht (Amtsgericht), das für den Firmensitz zuständig ist, zur Eintragung in das Handelsregister angemeldet werden. Die Anmeldung muss folgende Angaben enthalten: HGB § 106

1. Name, Vorname, Geburtsdatum und Wohnort jedes Gesellschafters,
2. Firma der Gesellschaft und Firmensitz,
3. die Vertretungsmacht der Gesellschafter.

4.3 Unterscheidung zwischen Innen- und Außenverhältnis

Innenverhältnis

Im Innenverhältnis sind die Rechtsbeziehungen der Gesellschafter untereinander geregelt.

Das Rechtsverhältnis der Gesellschafter untereinander richtet sich zunächst nach den Vereinbarungen im **Gesellschaftsvertrag**. Nach dem Grundsatz der **Vertragsfreiheit** können die Gesellschafter in diesem Vertrag Vereinbarungen treffen, die jeweils ihren persönlichen Vorstellungen entsprechen. Da offene Handelsgesellschaften normalerweise nur von wenigen Gesellschaftern gegründet werden, die sich meist auch noch gut kennen, ist es den Betroffenen selbst überlassen, Regelungen über ihr Verhältnis untereinander zu vereinbaren. Die Vorschriften des HGB finden nur insoweit Anwendung, als nicht durch den Gesellschaftsvertrag etwas anderes bestimmt ist. HGB § 109

Vereinbarungen und Regelungen, die das Innenverhältnis einer OHG betreffen, werden als Geschäftsführung bezeichnet.

Kap. B 3

Rechtsverhältnisse zwischen den Gesellschaftern der Breuer und Taxis OHG

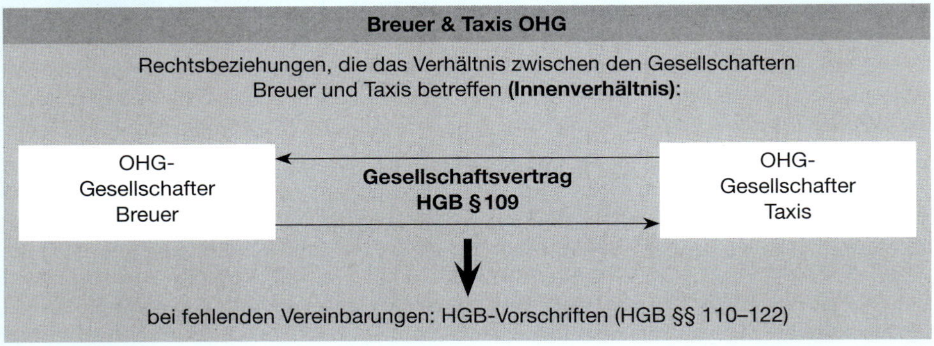

Außenverhältnis

Das Außenverhältnis bezieht sich auf das Rechtsverhältnis der Gesellschafter zu Dritten (z. B. Kunden, Lieferer, Bank).

Für das Innenverhältnis einer OHG können im Gesellschaftsvertrag einzelvertragliche Vereinbarungen getroffen werden. Dies ist für das Außenverhältnis im Interesse des Vertrauensschutzes für die in Kontakt mit der OHG tretenden Personen (Dritte) nur eingeschränkt möglich. Es wäre nicht vertretbar, außenstehende Dritte auf für sie unbekannte interne Abmachungen der Gesellschafter zu verweisen. Deshalb gelten im Außenverhältnis grundsätzlich die Bestimmungen des HGB. Dieses regelt, wie die Gesellschafter den Gesellschaftsgläubigern gegenüber haften und unter welchen Voraussetzungen Rechtsgeschäfte der Gesellschafter mit Dritten rechtswirksam abgeschlossen werden können. Zulässige Abweichungen von gesetzlichen Vorgaben müssen durch Handelsregistereintragungen öffentlich gemacht werden.

Das Recht, für die OHG rechtswirksame Vereinbarungen zu treffen (z. B. Verträge schließen) wird als Vertretungsbefugnis bezeichnet und bezieht sich auf das Außenverhältnis.

Rechtsbeziehungen der Breuer und Taxis OHG im Außenverhältnis

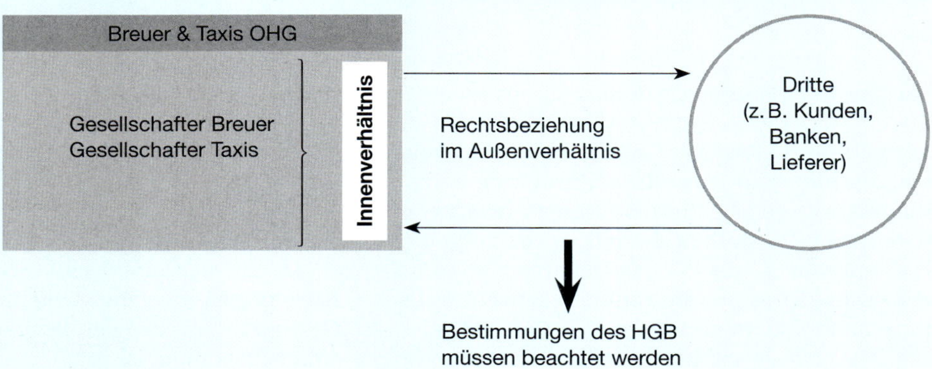

Falls der Gesellschaftsvertrag Vereinbarungen enthält, die den Regelungen des HGB im Außenverhältnis widersprechen, haben diese Dritten gegenüber keine Gültigkeit.

B

Haftungsbeschränkung im Gesellschaftsvertrag einer OHG

Auszug aus dem Gesellschaftsvertrag einer OHG

....

§ 7 Haftungsbeschränkung

Die Haftung des Gesellschafters Max Fein gegenüber Gläubigern der Gesellschaft ist beschränkt auf einen Betrag von 10 000 EUR.

Mit dieser Vereinbarung im Gesellschaftsvertrag ist beabsichtigt, einem OHG-Gesellschafter, der von einem Gläubiger mit einem Betrag von mehr als 10 000 EUR in Anspruch genommen wird, den anderen Gesellschaftern gegenüber einen Ausgleichsanspruch einzuräumen. **Diese Vereinbarung hat aber im Außenverhältnis – also einem Gläubiger der OHG gegenüber – keine Wirkung.** HGB § 105

4.4 Beginn der OHG

Im **Innenverhältnis** beginnt die OHG bereits mit Abschluss des Gesellschaftsvertrages bzw. mit dem im Gesellschaftsvertrag festgelegten Termin. HGB § 109

Der Zeitpunkt des Beginns im **Außenverhältnis** ist davon abhängig, ob das Unternehmen die Einrichtung eines nach Art und Umfang in kaufmännischer Weise eingerichteten Geschäftsbetriebs erforderlich macht. Dabei lassen sich zwei Fälle unterscheiden:

Art des Gewerbes / Wirkung	Für den Betrieb der OHG ist ein nach Art und Umfang in kaufmännischer Weise eingerichteter Geschäftsbetrieb		
	erforderlich (= Handelsgewerbe)		**nicht erforderlich (= Kleingewerbe)**
Beginn der OHG im Außenverhältnis	**Aufnahme der Geschäftstätigkeit (z. B. Abschluss von Kaufverträgen)**		OHG entsteht durch Eintragung in das Handelsregister, da ein Kleingewerbe nicht als Handelsgewerbe i. S. v. § 1 HGB gilt.
	vor HR-Eintragung	**nach HR-Eintragung**	
	OHG entsteht mit Aufnahme der Geschäftstätigkeit, da Handelsgewerbe i. S. von § 1 HGB.	OHG entsteht spätestens durch Eintragung in das HR.	
Wirkung der Handelsregistereintragung	rechtsbezeugend (= deklaratorisch)	rechtserzeugend (= konstitutiv)	rechtserzeugend (= konstitutiv)

HGB § 1

HGB § 123

HGB §§ 2, 6

4.5 Pflichten und Rechte der Gesellschafter im Innenverhältnis

4.5.1 Überblick

Pflichten und Rechte der OHG-Gesellschafter			
Innenverhältnis		**Außenverhältnis**	
Pflichten	Rechte	Pflichten	Rechte
▪ fristgerechte Leistung der Kapitaleinlage ▪ persönliche Arbeitsleistung § 114 (1) HGB ▪ Treuepflicht und Wettbewerbsverbot § 112 f. HGB ▪ Verlustbeteiligung § 121 (3) HGB	▪ Geschäftsführung § 114 ff. HGB ▪ Stimmrecht § 119 HGB ▪ Kontrollrecht § 118 HGB ▪ Gewinnbeteiligung §§ 120 f. HGB ▪ Privatentnahme § 122 HGB ▪ Kündigung § 132 HGB ▪ Liquidationserlös § 155 HGB	▪ Haftung §§ 128–130 HGB	▪ Vertretung §§ 125 ff. HGB

4.5.2 Pflichten der Gesellschafter im Innenverhältnis

HGB § 109

Innerhalb der Gesellschaft gelten zunächst die Vereinbarungen des Gesellschaftsvertrages. Enthält der Gesellschaftsvertrag zu einem bestimmten Sachverhalt keine Regelung, so gelten die Bestimmungen des HGB. Zu den wichtigsten Pflichten der Gesellschafter gehören:

- **Fristgemäße Erbringung der festgesetzten Kapitaleinlage**

Die Kapitaleinlagen können in Geld, in Sachwerten und/oder in Rechtswerten (z. B. Patenten) geleistet werden. Die Summe der geleisteten Kapitaleinlagen ergibt das Eigenkapital der OHG. Leistet ein Gesellschafter die festgesetzte Kapitaleinlage nicht fristgemäß, so kommt er unter bestimmten Voraussetzungen in Verzug und muss ggf. Schadenersatz leisten.

- **Persönliche Arbeitsleistung (Geschäftsführung)**

HGB § 114 (1)

Alle Gesellschafter einer OHG sind grundsätzlich zur Führung der Geschäfte der Gesellschaft und damit zu einer persönlichen Arbeitsleistung **berechtigt** und **verpflichtet**.

- **Treuepflicht und Wettbewerbsverbot**

HGB § 112

Aus der engen persönlichen Bindung der Gesellschafter an die OHG ergeben sich **Treuepflichten**. Für einen OHG-Gesellschafter bedeutet dies, dass er einem gesetzlichen Wettbewerbsverbot unterliegt und es ihm aufgrund dessen untersagt ist, ohne Einwilligung der anderen Gesellschafter

1. Geschäfte im Geschäftszweig der OHG zu machen,
2. sich als persönlich haftender Gesellschafter an einer anderen gleichartigen Handelsgesellschaft (d. h. gleiche Branche, gleicher Gesellschaftszweck) zu beteiligen.

Beteiligung an einer anderen gleichartigen Handelsgesellschaft

OHG-Gesellschafter Günter Breuer *(vgl. Gesellschaftsvertrag auf S. 192)* beabsichtigt, mit seinem Sohn die Elektrozubehör Breuer KG zu gründen.
Günter Breuer darf sich **nicht** als Komplementär (Vollhafter) an der Breuer KG beteiligen, da es sich bei diesem Unternehmen um eine gleichartige Handelsgesellschaft (= gleicher Gesellschaftszweck) handelt. Eine Beteiligung als Kommanditist (Teilhafter) wäre möglich. Günter Breuer könnte sich aber als Vollhafter bei einer anderen OHG oder KG beteiligen, deren Geschäftszweig ein anderer ist (z. B. Hersteller von Elektroartikeln).

HGB § 113

Verstößt ein OHG-Gesellschafter gegen das Wettbewerbsverbot, so kann die OHG Schadenersatz fordern oder in das betreffende Geschäft (z. B. Kaufvertrag) eintreten und die Herausgabe der bezogenen Vergütung verlangen.

- **Verlustbeteiligung**

HGB § 121 (3)

Entsteht der OHG ein Verlust, so wird dieser zu gleichen Teilen unter die Gesellschafter verteilt, falls der Gesellschaftsvertrag keine entgegenstehenden Vereinbarungen enthält.

4.5.3 Rechte der Gesellschafter im Innenverhältnis

- **Geschäftsführung**

HGB § 114 ff.

Die Geschäftsführung bezieht sich auf die Rechtsbeziehungen der Gesellschafter im Innenverhältnis (= Rechtsbeziehungen der Gesellschafter untereinander).

HGB §§ 114 (2) 115 (1), (2)

Das HGB räumt jedem Gesellschafter grundsätzlich das Recht (und die Pflicht) zur **Einzelgeschäftsführung** ein. Vertraglich kann aber auch eine **Gesamtgeschäftsführung** oder der Ausschluss bestimmter Gesellschafter von der Geschäftsführung vereinbart werden.

Bei **außergewöhnlichen** (= risikoreichen und möglicherweise existenzgefährdenden) **Geschäftsführungsmaßnahmen** ist in jedem Fall ein Beschluss **aller** (auch der möglicherweise von der Geschäftsführung ausgeschlossenen) Gesellschafter nötig. HGB § 116 (2)

Außergewöhnliche Geschäftsführungsmaßnahmen einer OHG gem. § 116 (2) HGB[1]:

Errichtung neuer Fabrikbauten, Aufnahme von Großkrediten, Spekulationsgeschäfte.

Der Kauf und Verkauf von betrieblichen Grundstücken stellt nur dann ausnahmsweise eine außergewöhnliche Geschäftsführungsmaßnahme dar, wenn damit ein erhebliches Risiko und ggf. eine Existenzengefährdung des Unternehmers einhergeht.
Aber auch bei **gewöhnlichen Geschäftsführungsmaßnahmen** haben alle geschäftsführenden Gesellschafter ein **Widerspruchsrecht**. Daher sind grundsätzlich alle zur Geschäftsführung befugten Gesellschafter vom Handelnden über die geplanten Maßnahmen zu unterrichten. Der Widerspruch eines Gesellschafters ist allerdings nur dann von Bedeutung, wenn er sich auf Maßnahmen bezieht, die für die Gesellschaft nachteilig sind. Liegt ein berechtigter Widerspruch vor, so muss die Handlung unterbleiben oder rückgängig gemacht werden. Andernfalls entstehen ggf. Schadenersatzansprüche gegen den handelnden Gesellschafter. Ein (bei Verletzung der Informationspflicht auch nachträglich möglicher) Widerspruch hat aber nur **Auswirkungen im Innenverhältnis**. Das **Widerspruchsrecht** bewirkt, dass bei mehreren Geschäftsführern und fehlenden Regelungen im Gesellschaftsvertrag ein **Mittelweg** zwischen **Einzel-** und **Gesamtgeschäftsführungsbefugnis** beschritten wird. HGB § 115 (1) S. 2

Widerspruch eines OHG-Gesellschafters gegen eine gewöhnliche Geschäftsführungsmaßnahme

Problem: Im Gesellschaftsvertrag der Breuer & Taxis OHG *(siehe S. 192)* ist für Geschäfte bis zu 30 000 EUR Einzelgeschäftsführung vereinbart. Gesellschafter Breuer will bei einem Internet-Händler 10 000 Blatt Druckerpapier zu einem günstigen Preis kaufen. Gesellschafter Taxis widerspricht diesem Vorhaben, da er lieber beim befreundeten Papierhändler am Ort bestellen möchte.
Lösung: Zwar muss nach dem Wortlaut von HGB § 115 (1) S. 2 eine **gewöhnliche** Geschäftsführungsmaßnahme trotz Einzelvertretungsbefugnis unterbleiben oder rückgängig gemacht werden, wenn ein anderer geschäftsführender Gesellschafter **widerspricht**. Das gilt aber nur, wenn die Handlung **gegen die Interessen der Gesellschaft** verstößt. Beim Kauf von preisgünstigem Druckerpapier ist das nicht der Fall. Somit darf der zur Einzelgeschäftsführung befugte Breuer den Kauf trotz des Widerspruchs von Taxis tätigen.

Beschränkung der Geschäftsführung bei der Breuer & Taxis OHG

Gesellschafter Taxis kauft für die OHG beim Autohaus Hüglin einen Lieferwagen zum Preis von 34 000 EUR, ohne zuvor seinen Mitgesellschafter Breuer zu fragen.
Im Innenverhältnis könnte Breuer gegebenenfalls Schadenersatzansprüche gegenüber seinem Mitgesellschafter Taxis geltend machen. Taxis hatte für dieses Rechtsgeschäft **keine Einzelgeschäftsführungsbefugnis**, da gem. § 5 (Abschn. 5.3) des Gesellschaftsvertrages *(vgl. S. 192)* Geschäfte, die den Gesamtwert von 30 000 EUR übersteigen, nur von beiden Gesellschaftern gemeinsam vorgenommen werden dürfen **(Gesamtgeschäftsführung)**.

Bei grober Pflichtverletzung kann einem Gesellschafter die Befugnis zur Geschäftsführung durch gerichtliche Entscheidung entzogen werden, wenn ein wichtiger Grund vorliegt (z. B. grobe Pflichtverletzung oder Unfähigkeit zur ordnungsgemäßen Geschäftsführung). HGB § 117

1 Grundlagengeschäfte (z. B. Aufnahme neuer Gesellschafter) sind nicht Teil der Geschäftsführung und somit weder gewöhnliche noch außergewöhnliche Geschäftsführungsmaßnahmen. Sonderregelungen zur Erteilung und zum Widerruf der Prokura enthält § 116 (3) HGB.

Stimmrecht

HGB § 119

Für die Beschlussfassung ist die Zustimmung aller Gesellschafter erforderlich, falls der Gesellschaftsvertrag keine andere Regelung vorsieht. Jeder Gesellschafter hat in diesem Fall – unabhängig von der Höhe seiner Beteiligung an der OHG – **eine** Stimme.

Kontrollrecht

HGB § 118

Jeder OHG-Gesellschafter (auch wenn er von der Geschäftsführung ausgeschlossen ist) hat das Recht, sich über die Angelegenheiten der Gesellschaft persönlich zu unterrichten, die Handelsbücher und die Papiere der Gesellschaft einzusehen und sich hieraus einen Jahresabschluss (Bilanz, Gewinn- und Verlustrechnung) anzufertigen.

Gewinnbeteiligung

HGB §§ 120 f.

Die in einem Geschäftsjahr erwirtschafteten Gewinne werden nach den Vereinbarungen im Gesellschaftsvertrag auf die Gesellschafter verteilt. Ohne vertragliche Regelung bestimmt das HGB, dass zunächst die Kapitalanteile der einzelnen Gesellschafter mit 4 % verzinst werden. Ein dann noch vorhandener Restgewinn wird nach Köpfen verteilt.

Gewinnverteilung der Breuer und Taxis OHG

Laut Gesellschaftsvertrag (*siehe S. 192*) sind die Gesellschafter Breuer mit 360 000 EUR und Taxis mit 400 000 EUR an der Breuer und Taxis OHG beteiligt. Ein Gewinn in Höhe von 82 000 EUR im zweiten Geschäftsjahr wird nach der gesetzlichen Regelung wie folgt verteilt.

	Breuer	Taxis	insgesamt
Kapitaleinlagen in EUR	360 000 EUR	400 000 EUR	760 000 EUR
4 % Verzinsung	14 400 EUR	16 000 EUR	30 400 EUR
Restverteilung nach Köpfen	25 800 EUR	25 800 EUR	51 600 EUR
Gewinnanteil	40 200 EUR	41 800 EUR	**82 000 EUR**

Reicht die Höhe des Gewinns für eine Verzinsung der Kapitalanteile mit 4 % nicht aus, wird ein entsprechend niedrigerer Zinssatz gewählt.

Recht auf Privatentnahme

HGB § 122

Da die OHG-Gesellschafter für ihre Mitarbeit im Unternehmen kein Gehalt beziehen, sind sie im Normalfall darauf angewiesen, die für die private Lebensführung anfallenden Ausgaben aus Privatentnahmen zu bestreiten. Ohne vertragliche Vereinbarung sind die OHG-Gesellschafter daher berechtigt, während des Geschäftsjahres bis zu 4 % des zu Anfang des Geschäftsjahres vorhandenen Kapitalanteils zu entnehmen. Von diesem Recht kann ein Gesellschafter auch dann Gebrauch machen, wenn das Unternehmen Verlust erzielt. Höhere Privatentnahmen sind möglich, wenn die übrigen Gesellschafter einwilligen oder wenn der Gesellschaftsvertrag eine entsprechende Vereinbarung enthält. Häufig wird dabei eine monatliche Tätigkeitsvergütung für die geschäftsführenden Gesellschafter vereinbart.

Kündigungsrecht bei Austritt aus der OHG

HGB § 132

Jeder Gesellschafter hat das Recht, unter Einhaltung einer Kündigungsfrist von sechs Monaten zum Schluss eines Geschäftsjahres zu kündigen.

Recht auf Liquidationserlös bei Auflösung der OHG

HGB § 155

Wird die OHG aufgelöst, so wird das Vermögen, das sich nach Abzug der Schulden ergibt, im Verhältnis der Kapitalanteile unter die Gesellschafter aufgeteilt.

4.6 Pflichten und Rechte der Gesellschafter im Außenverhältnis

4.6.1 Pflichten der Gesellschafter im Außenverhältnis: Haftung

HGB §§ 128–130

Kap. B 3

Jeder Gesellschafter einer OHG haftet persönlich (unbeschränkt, unmittelbar) und gesamtschuldnerisch (solidarisch).

Eine entgegenstehende Vereinbarung im Gesellschaftsvertrag ist Dritten gegenüber unwirksam.

Haftung für Bankschulden bei der Breuer und Taxis OHG

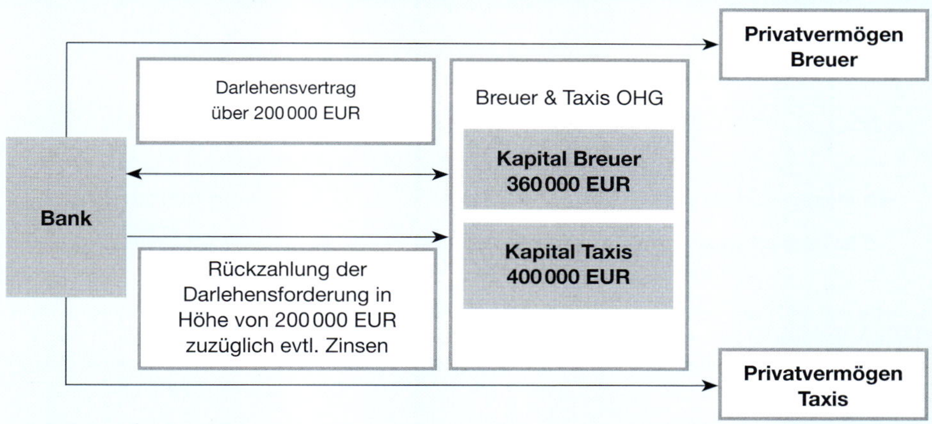

Die Gläubigerin (Bank) kann ihre Ansprüche auf Zinszahlung oder Rückzahlung des Darlehens aus dem Darlehensvertrag wahlweise gegen die OHG oder gegen einen Gesellschafter nach ihrer Wahl geltend machen.

Ein Gesellschafter kann nicht einwenden, der Gläubiger müsse sich zuerst an die OHG wenden (= **unmittelbare Haftung** der Gesellschafter). Jeder Gesellschafter haftet auch mit seinem Privatvermögen **(= unbeschränkte Haftung)**. Einwendungen, er hafte nur im Verhältnis seiner Beteiligung am Gesamtkapital der OHG, sind nicht möglich **(= solidarische Haftung)**.

Haftung bei Eintritt

Tritt ein Gesellschafter in eine bereits bestehende OHG ein, so haftet er auch für Verbindlichkeiten, die bereits vor seinem Eintritt entstanden sind. Wird eine solche Haftung vertraglich ausgeschlossen, so hat diese Vereinbarung im Außenverhältnis keine Gültigkeit. Sie kann nicht ins Handelsregister eingetragen werden. *HGB § 130 (1), § 130 (2)*

Tritt jemand als persönlich haftender Gesellschafter in das Geschäft eines Einzelkaufmanns ein (Umwandlung eines Einzelunternehmens in eine OHG), so haftet die entstandene OHG und damit auch der eintretende Gesellschafter für alle Verbindlichkeiten des früheren Geschäftsinhabers. Dies ist auch dann der Fall, wenn das Unternehmen unter einer neuen Firmenbezeichnung fortgeführt wird. Ein Haftungsausschluss ist jedoch möglich, wenn er ins Handelsregister eingetragen und bekannt gemacht oder von einem Gesellschafter einem Dritten mitgeteilt worden ist. *HGB § 28 (1), § 28 (2)*

Haftung bei Ausscheiden

Scheidet ein Gesellschafter aus der OHG aus, so haftet er für die bis zum Zeitpunkt des Ausscheidens begründeten Verbindlichkeiten noch **fünf Jahre**. *HGB § 160 (1)*

Haftung bei Auflösung der Gesellschaft

Wird die OHG aufgelöst, so haften die Gesellschafter für Verbindlichkeiten der Gesellschaft bis zu fünf Jahren nach der Auflösung. *HGB § 159 (1)*

Haftung bei der OHG (HGB § 105, 128)

unbeschränkt	**unmittelbar (= direkt)**	**gesamtschuldnerisch (= solidarisch)**
Geschäfts- und Privatvermögen	Gläubiger kann seinen Anspruch unmittelbar gegenüber einem einzelnen Gesellschafter oder gegenüber der OHG (rechtsfähige Personengesellschaft) geltend machen.	Jeder Gesellschafter haftet für **alle** Schulden der Gesellschaft.

(unbeschränkt + unmittelbar) **= persönliche Haftung** (HGB § 105)

OHG-Gesellschafter hat **kein Recht auf Einrede der**

Haftungsbeschränkung	**Vorausklage**	**Haftungsteilung**

d. h., dass ein Gesellschafter bei Inanspruchnahme durch einen Gesellschaftsgläubiger nicht einwenden kann,

er habe seine Einlage gemäß Gesellschaftsvertrag vollständig geleistet und hafte daher nicht mit seinem Privatvermögen.	der Gläubiger solle sich zuerst an die OHG oder an einen anderen Gesellschafter wenden.	er hafte entsprechend seinem Kapitalanteil lediglich mit einem Bruchteil für die Schulden der OHG.

4.6.2 Rechte der Gesellschafter im Außenverhältnis: Vertretung

Bedeutung und Arten der Vertretungsbefugnis

HGB § 126 (1)

Die Vertretung bezieht sich auf die Rechtsbeziehungen der Gesellschafter im Außenverhältnis (= Rechtsbeziehungen mit Dritten). Sie muss streng von der Geschäftsführungsbefugnis, die sich auf die Rechtsbeziehungen der Gesellschafter untereinander (= Innenverhältnis) bezieht, unterschieden werden.

Vertretungsbefugnis	**Geschäftsführungsbefugnis**
Regelt das rechtliche „Können" im Außenverhältnis	**Regelt das rechtliche „Dürfen" im Innenverhältnis**

Kap. B 3

HGB § 125

HGB § 126 (2)

Die OHG wird **grundsätzlich** von ihren Mitgliedern (Gesellschaftern) vertreten **(Selbstorganschaft)**. Sollen einzelne Arbeitnehmer bestimmte Rechtsgeschäfte für die OHG abschließen, so sind dafür besondere Vollmachten (z. B. Prokura oder Handlungsvollmacht) erforderlich. Sofern im Handelsregister nichts Gegenteiliges eingetragen ist, hat jeder OHG-Gesellschafter **Einzelvertretungsbefugnis**. Das bedeutet, dass ein mit dieser Befugnis ausgestatteter Gesellschafter das Recht hat, die OHG und damit auch die anderen Gesellschafter Dritten gegenüber zu vertreten.

Im Gesellschaftsvertrag kann bestimmt werden, dass einzelne Gesellschafter von der Vertretung ausgeschlossen sind. Ebenso ist es möglich, zu bestimmen, dass alle oder mehrere Gesellschafter die Gesellschaft nur gemeinsam vertreten können **(= Gesamt-**

vertretung). Damit solche Vereinbarungen im **Außenverhältnis** Gültigkeit erlangen, müssen sie von allen Gesellschaftern zur Eintragung ins Handelsregister angemeldet werden. Liegt eine Gesamtvertretung vor, so ist ein von einem einzelnen OHG-Gesellschafter für die OHG geschlossener Vertrag zunächst **schwebend unwirksam** (Vertreter ohne Vertretungsmacht), bis die übrigen zur Gesamtvertretung befugten Gesellschafter dem Vertrag zustimmen oder die Zustimmung verweigern. Gleiches gilt für Rechtsgeschäfte eines von der Geschäftsführung ausgeschlossenen OHG-Gesellschafters.

HGB § 125 (1), § 125 (2), § 106, § 108

BGB § 177 (1)

Auf Antrag der übrigen Gesellschafter kann einem Gesellschafter zudem durch gerichtliche Entscheidung die Vertretungsmacht entzogen werden, wenn ein **wichtiger Grund** vorliegt. Das ist z. B. dann der Fall, wenn ein Gesellschafter gegen Vereinbarungen im Gesellschaftsvertrag verstößt (z. B. Darlehensaufnahme ohne die im Gesellschaftsvertrag vereinbarte Zustimmung der anderen Gesellschafter).

HGB § 127

Aufg. 4.2 S. 207

Regelungen zur Vertretungsmacht bei der OHG
HGB § 125 f.

Einzelvertretung	Gesamtvertretung
Einzelne Gesellschafter können **allein** die OHG vertreten.	Zwei oder mehr Gesellschafter können die OHG nur **gemeinsam** vertreten.
Gilt, falls nichts anderes im Handelsregister eingetragen ist.	Muss ins Handelsregister eingetragen werden.

Umfang der Vertretungsbefugnis

Die Vertretungsbefugnis erstreckt sich auf alle gewöhnlichen und außergewöhnlichen Geschäfte und Rechtshandlungen einschließlich der Veräußerung und Belastung von Grundstücken. Die Bestellung eines Prokuristen (= umfassendste **Vollmacht** eines Handelsgewerbes) gilt zwar als gewöhnliche Rechtshandlung. Trotzdem bedarf sie aber der Zustimmung aller geschäftsführenden Gesellschafter. Der Widerruf der Prokura kann hingegen von jedem zur Geschäftsführung befugten Gesellschafter erfolgen.

HGB § 126 (1), § 116 (3)

Von der Vertretungsbefugnis ausgenommen sind **Geschäfte, die eine Änderung des Gesellschaftsverhältnisses (= Grundlagengeschäfte)** zur Folge haben. Dazu gehören z. B. Änderungen des Gesellschaftsvertrages (z. B. Aufnahme neuer Gesellschafter) oder die Übertragung von Vermögensteilen (z. B. Geschäftsgebäude), die für die Verfolgung des Unternehmenszweckes unabdingbar sind. Erklärungen eines Gesellschafters, die Grundlagengeschäfte betreffen, sind also mangels Vertretungsbefugnis unwirksam, es sei denn, dass der Gesellschaftsvertrag dafür eine entsprechende Regelung vorsieht oder die Zustimmung aller Gesellschafter vorhanden ist.

Anders als bei der **Geschäftsführung** macht das HGB bei der **Vertretungsmacht** keinen Unterschied zwischen gewöhnlichen und außergewöhnlichen Geschäften. Zum Schutz des Dritten (z. B. Banken, Kunden, Lieferer) ist eine **Beschränkung des Umfangs der Vertretungsmacht** durch den Gesellschaftsvertrag im Außenverhältnis **unwirksam**.

HGB § 126 (2)

Vollständiger Ausschluss eines Gesellschafters von der Vertretungsmacht ist möglich.
Beschränkung der Vertretungsmacht auf bestimmte Geschäfte ist nicht möglich.

HGB § 125 (1)

HGB § 126 (2)

Vertretungsbefugnis bei der Breuer und Taxis OHG

Der Kaufvertrag über einen Lieferwagen *(vgl. Beispiel S. 197)*, den Gesellschafter Taxis zum Betrag von 34 000 EUR im Namen der OHG abgeschlossen hat, ist gültig, weil

❶ Gesellschafter Taxis **Einzelvertretungsbefugnis** hat (im Handelsregister ist nichts Gegenteiliges eingetragen) und
❷ der Umfang der Vertretungsmacht nicht beschränkbar ist.

Die Bestimmung in § 5 (Abschn. 5.3) des Gesellschaftsvertrages *(S. 192)*, wonach Geschäfte, die den Gesamtwert von 30 000 EUR übersteigen, nur von beiden Gesellschaftern vorgenommen werden dürfen, hat im Außenverhältnis keine Gültigkeit. Die OHG muss den Kaufpreis von 34 000 EUR an das Autohaus Hüglin zahlen. Der Kaufvertrag mit dem Autohaus Hüglin wäre selbst dann gültig, wenn Gesellschafter Breuer zuvor widersprochen hätte.

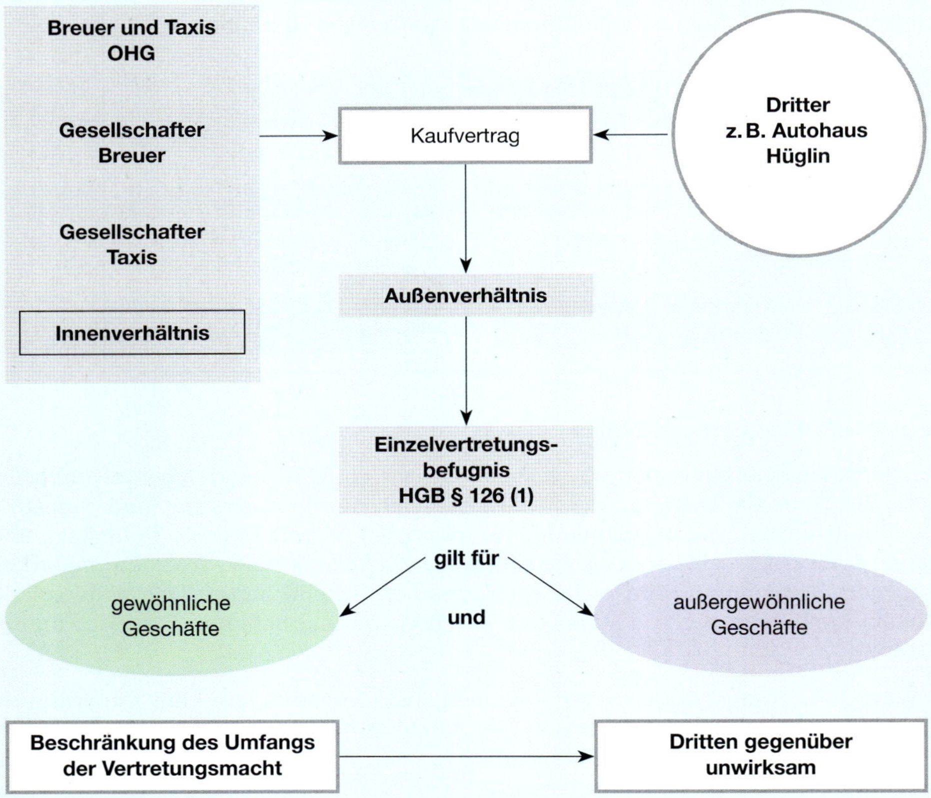

Zweck: Schutz des gutgläubigen Dritten

4.7 Auflösung der OHG – Fortsetzung bei Tod eines Gesellschafters

Eine OHG wird in folgenden Fällen aufgelöst:

HGB § 131 (1)

❶ Ablauf der Zeit, für welche die OHG eingegangen wurde,
❷ Beschluss der Gesellschafter,
❸ Eröffnung eines Insolvenzverfahrens über das Vermögen der OHG,
❹ gerichtliche Entscheidung.

Liegt ein wichtiger Grund vor, so kann die Gesellschaft auf Antrag eines Gesellschafters durch einen Gerichtsbeschluss aufgelöst oder ein Gesellschafter ausgeschlossen werden. HGB §§ 133, 140

Der Tod eines Gesellschafters führt grundsätzlich nicht zur Auflösung der OHG.
Für die Fortsetzung des Unternehmens bieten sich in diesem Fall drei Möglichkeiten an:

1. **Fortsetzung der Gesellschaft mit den verbliebenen Gesellschaftern:**
   Der Gesellschaftsvertrag kann den gesetzlichen Regelfall bestätigen und bestimmen, dass die Erben des verstorbenen Mitgesellschafters nicht Gesellschafter der OHG werden, so dass die OHG durch die verbliebenen Gesellschafter fortgesetzt wird (Fortsetzungsklausel). In diesem Fall steht den Erben entsprechend der Vereinbarung im Gesellschaftsvertrag ein Abfindungsanspruch zu.

2. **Fortsetzung der Gesellschaft mit den Erben:**
   In diesem Falle enthält der Gesellschaftsvertrag eine Bestimmung, wonach die Gesellschaft beim Tod eines Gesellschafters mit dessen Erbe(n) fortgesetzt werden soll (Nachfolgeklausel).

3. **Umwandlung in eine KG: Eintritt von Erben als Kommanditisten (Teilhafter).**
   Ist im Gesellschaftsvertrag vorgesehen, dass die Gesellschaft mit den Erben eines verstorbenen Gesellschafters fortgeführt werden soll, so kann jeder Erbe sein Verbleiben in der Gesellschaft davon abhängig machen, dass ihm die Stellung eines Kommanditisten eingeräumt wird. Der auf ihn entfallende Kapitalanteil aus dem Nachlass des Erblassers stellt dann seine Kommanditeinlage dar. HGB § 139 (1)

4.8 Vor- und Nachteile einer OHG

Im Vergleich zu der Einzelunternehmung und zu einer Kapitalgesellschaft weist eine OHG folgende Vor- und Nachteile auf:

Aufg. 4.3 u. 4.4 S. 208 f.

Vor- und Nachteile einer OHG gegenüber einem Einzelunternehmen und einer Kapitalgesellschaft

Vorteile	Nachteile
■ Umwandlung eines Einzelunternehmens in eine OHG vergrößert die Eigenkapitalbasis. ■ Fachkenntnisse mehrerer Personen führen gegenüber dem Einzelunternehmen zu einer Verbesserung der Qualität der betrieblichen Entscheidungen. ■ Im Normalfall höhere Kreditwürdigkeit als ein Einzelunternehmen. ■ Unternehmensrisiko ist auf mehrere Personen verteilt; bei Einzelunternehmen trägt der Unternehmer allein das Risiko. ■ Besonderes Interesse der Gesellschafter an der Mitarbeit im Unternehmen, da Gewinnbeteiligung der einzelnen Gesellschafter. ■ Bei kleinen und mittelgroßen Gesellschaften keine strengen Vorschriften zur Erstellung und Veröffentlichung des Jahresabschlusses (Vgl. §§ 1 ff. PublG und § 264a HGB).	■ Persönliche und gesamtschuldnerische Haftung aller Gesellschafter; damit höheres Risiko als bei Beteiligung an einer Kapitalgesellschaft. ■ Recht zur Vertretung und Geschäftsführung jedes Gesellschafters kann bei Meinungsunterschieden die Entwicklung des Unternehmens hemmen; damit u. U. geringere Flexibilität als Einzelunternehmen. ■ Beschränkte Kapitalkraft einer Personengesellschaft kann Wachstum des Unternehmens behindern; bei Kapitalgesellschaft bessere Möglichkeiten zur Beschaffung von Eigenkapital. ■ Keine Kontrolle durch ein Kontrollorgan (Vgl. Aufsichtsrat einer AG); damit u. U. geringere Entscheidungsqualität.

Zusammenfassende Übersicht zu Kap. 4: Offene Handelsgesellschaft (OHG)

Begriff: Personenhandelsgesellschaft (§§ 105 ff. HGB) mit mindestens zwei Gesellschaftern, die persönlich und gesamtschuldnerisch haften

Gründung	Firmierung	Beginn	Auflösung
▪ Abschluss eines Gesellschaftsvertrags § 109 HGB; Formfreiheit (notarielle Beurkundung, falls Grundstücke eingebracht werden § 311b BGB) ▪ Regelungen im Gesellschaftsvertrag haben Vorrang vor den gesetzlichen Regelungen in den §§ 110 bis 122 HGB ▪ Leistung von **Geld- oder Sacheinlagen** lt. Gesellschaftsvertrag ▪ Eingebrachte Einlagen werden **Gesamthandsvermögen** § 719 BGB ▪ Eigenkapital = Summe der Einlagen in Euro	▪ Sach-, Personen- oder Fantasiefirma mit dem Zusatz „Offene Handelsgesellschaft" oder „OHG" § 19 (1) Nr. 2 HGB	**Im Innenverhältnis:** Mit Abschluss des Gesellschaftsvertrages oder mit dem im Gesellschaftsvertrag festgelegten Termin **Außenverhältnis:** (1) bei Handelsgewerbe mit kaufmännischem Geschäftsbetrieb nach § 1 HGB: mit Aufnahme der Geschäftstätigkeit, spätestens aber mit der HR-Eintragung § 123 (1) u. (2) HGB (2) OHG betreibt Kleingewerbe (§§ 1, 2, 6 HGB): mit Eintragung ins HR § 123 (1) HGB	Auflösungsgründe § 131, § 133 HGB: 1. Zeitablauf lt. Gesellschaftsvertrag 2. Gesellschafterbeschluss 3. Eröffnung eines Insolvenzverfahrens 4. Gerichtliche Entscheidung

Pflichten und Rechte der Gesellschafter

(§§ 110 bis 122 HGB gelten nur, wenn vertraglich keine anderslautenden Regelungen getroffen wurden.)

Innenverhältnis		Außenverhältnis	
Pflichten	**Rechte**	**Pflichten**	**Rechte**
▪ Kapitaleinlage ▪ Arbeitsleistung (Geschäftsführung) § 114 (1) HGB ▪ Treuepflicht und Wettbewerbsverbot § 112 f. HGB ▪ Verlustbeteiligung § 121 (3) HGB	▪ Geschäftsführung § 114 ff. HGB ▪ Stimmrecht § 119 HGB ▪ Kontrollrecht § 118 HGB ▪ Gewinnbeteiligung § 120 f. HGB ▪ Privatentnahme § 122 HGB ▪ Kündigung § 132 HGB ▪ Liquidationserlös § 155 HGB	▪ Haftung §§ 128–130 HGB – **unbeschränkt**: Geschäfts- u. Privatvermögen – **unmittelbar**: direkte Inanspruchnahme durch Gläubiger – **solidarisch**: für alle Schulden der OHG (unbeschränkt und unmittelbar) = persönliche Haftung § 105 HGB	▪ Vertretung § 125 ff. HGB

Geschäftsführung § 114 ff. HGB betrifft das Innenverhältnis	
gewöhnliche Geschäftsführungsmaßnahmen: Widerspruchsrecht der zur Geschäftsführung befugten Gesellschafter, wenn die Maßnahme für die Gesellschaft nachteilig ist. § 115 (1) HGB	**außergewöhnliche Geschäftsführungsmaßnahmen:** Beschluss **aller** Gesellschafter erforderlich § 116 (2) HGB
Arten der Geschäftsführung	
Einzelgeschäftsführung: jeder Gesellschafter allein gilt, falls im Gesellschaftsvertrag keine andere Vereinbarung getroffen wurde § 115 (1) HGB	**Gesamtgeschäftsführung: zwei oder mehrere Gesellschafter gemeinsam** Vereinbarung im Gesellschaftsvertrag erforderlich § 115 (2) HGB

Vertretung § 125 ff. HGB betrifft das Außenverhältnis (Grundsatz: Selbstorganschaft)	
Gewöhnliche Geschäfte	**Außergewöhnliche Geschäfte**
Keine Beschränkung **Ausgenommen:** Grundlagengeschäfte	
Arten der Vertretung	
Einzelvertretung	**Gesamtvertretung**
gesetzlich: Einzelne Gesellschafter vertreten die OHG. § 125 (1) HGB	vertraglich: Zwei oder mehr Gesellschafter vertreten die OHG gemeinsam. § 125 (2), (3) HGB
Anmeldung von allen Gesellschaftern zur Eintragung ins Handelsregister – §§ 125, 106, 108 HGB Ausschluss eines Gesellschafters von der Vertretung ist möglich (§ 125 (1) HGB), eine Beschränkung des Umfangs der Vertretungsmacht aber nicht (§ 126 (2) HGB)	

Wiederholung des Grundwissens

zu Kapitel 4 Offene Handelsgesellschaft

4.1 Begriff und Firmierung

1. Nennen Sie Merkmale einer OHG.
2. Was bedeutet der Begriff „Rechtsfähigkeit" bei einer offenen Handelsgesellschaft?
3. Nennen Sie Möglichkeiten zur Firmierung einer OHG.

4.2 Gründung der OHG

1. In welcher Form können die Gesellschafter Einlagen an die Gesellschaft leisten?
2. Erklären Sie anhand eines Beispiels, was unter Gesamthandsvermögen einer OHG zu verstehen ist.
3. Welches Registergericht ist für die Eintragung der OHG zuständig?
4. Welche Angaben muss die Anmeldung zur Eintragung enthalten?

4.3 Unterscheidung zwischen Innen- und Außenverhältnis

1. Was wird im Innenverhältnis einer OHG geregelt?
2. Worauf bezieht sich das Außenverhältnis einer OHG?

4.4 Beginn der OHG

1. Wann beginnt eine OHG im Innenverhältnis?
2. Wovon ist der Beginn einer OHG im Außenverhältnis abhängig? Nennen Sie Beispiele.

4.5 Pflichten und Rechte der Gesellschafter im Innenverhältnis

4.5.1 Überblick

1. Nennen Sie Pflichten und Rechte der OHG-Gesellschafter. Unterscheiden Sie dabei zwischen Innen- und Außenverhältnis.

4.5.2 Pflichten der Gesellschafter im Innenverhältnis

1. Wem steht das Eigentum an den geleisteten Kapitaleinlagen bei einer OHG zu?
2. Worin besteht das Wettbewerbsverbot eines OHG-Gesellschafters?
3. Wie wird der Verlust einer OHG verteilt?

4.5.3 Rechte der Gesellschafter im Innenverhältnis

1. Unterscheiden Sie Einzel- und Gesamtgeschäftsführung.
2. Wozu ist ein mit Einzelgeschäftsführung ausgestatteter OHG-Gesellschafter berechtigt?
3. Wie viele Stimmen hat ein OHG-Gesellschafter, wenn Beschlüsse zu fassen sind?
4. Worin besteht das Kontrollrecht von OHG-Gesellschaftern?
5. Wie wird der Gewinn einer OHG auf der Grundlage der gesetzlichen Regelung verteilt?
6. In welcher Höhe darf ein OHG-Gesellschafter Privatentnahmen vornehmen?
7. Welche Kündigungsfrist muss ein OHG-Gesellschafter einhalten, wenn er aus der OHG austreten will?
8. Wie wird bei der Auflösung der OHG das Reinvermögen verteilt?

4.6 Pflichten und Rechte der Gesellschafter im Außenverhältnis

4.6.1 Pflichten der Gesellschafter im Außenverhältnis: Haftung

1. Wie haftet ein OHG-Gesellschafter?
2. Welche Besonderheiten hinsichtlich der Haftung sind beim Eintritt in eine bestehende OHG zu beachten?
3. Wie lange haftet ein aus der OHG ausscheidender Gesellschafter für die zu seinem Austritt bestehenden Verbindlichkeiten der OHG?
4. Wie lange haften die OHG Gesellschafter bei Auflösung der OHG für die Verbindlichkeiten der Gesellschaft?

4.6.2 Rechte der Gesellschafter im Außenverhältnis: Vertretung

1. Erklären Sie den Begriff der Selbstorganschaft.
2. Welche Rechte stehen einem OHG-Gesellschafter zu, der Einzelvertretung besitzt?
3. Erläutern Sie die Begriffe Einzel- und Gesamtvertretung.
4. Welche Geschäfte sind von der Vertretungsbefugnis ausgenommen?
5. Warum ist die Beschränkung der Vertretungsbefugnis im Außenverhältnis nicht wirksam?

4.7 Auflösung der OHG

1. Aus welchen Gründen kann eine OHG aufgelöst werden?

4.8 Vor- und Nachteile der OHG

1. Welche Vor- und Nachteile gegenüber einem Einzelunternehmen und einer Kapitalgesellschaft ergeben sich aus der Gründung einer OHG?

Aufgaben und Probleme

zu Kapitel 4 Offene Handelsgesellschaft (OHG)

LA

4.1 Firma – Gesellschaftsvertrag – Gründung – Entstehung der Breuer & Taxis OHG

PDF

Günter Breuer und Bernd Taxis vereinbaren die Gründung eines Einzelhandelsunternehmens. Gegenstand des Unternehmens ist der Handel mit Elektroartikeln. Da sich beide Gesellschafter seit Jahren bereits kennen und jeder bereit ist, auch mit seinem Privatvermögen zu haften, vereinbaren sie die Gründung einer OHG. Es ist vorgesehen, drei Verkäufer und einen Bürokaufmann zu beschäftigen. Der Inhalt des abgeschlossenen Gesellschaftsvertrags ist auf *Seite 192* wiedergegeben.

1. Welche Probleme entstehen durch den Zusammenschluss mehrerer Personen zum gemeinsamen Betreiben eines Unternehmens? Stellen Sie fest, welche Regelungen in vorliegendem Gesellschaftsvertrag dazu getroffen wurden.
2. a) Welche anderen Firmenbezeichnungen könnten noch gewählt werden? (HGB § 19 (1) Zi 2)
   b) Begründen Sie, ob die von den Gesellschaftern gewählte Firmenbezeichnung zweckmäßig ist.
3. Warum wurde der vorliegende Gesellschaftsvertrag notariell beurkundet? (BGB § 311b)
4. Die OHG wurde auf der Grundlage der im Gesellschaftsvertrag getroffenen Vereinbarungen am 15. Mai 2017 ins Handelsregister eingetragen. Bereits am 4. April 2017 hatte Herr Breuer nach vorheriger Absprache mit Herrn Taxis beim Büromarkt Streicher GmbH Büromöbel zum Rechnungsbetrag von 8600 EUR bestellt. (HGB § 109, § 123)
   Stellen Sie fest, zu welchem Zeitpunkt (genaues Datum) die OHG nach innen (Innenverhältnis) und nach außen (Außenverhältnis) entstanden ist.
5. Am 20. Juni 2017 schließt Herr Breuer ohne vorherige Rücksprache mit Herrn Taxis mit der Verkäuferin Ruth Volz einen Arbeitsvertrag und sichert ihr ein für diese Tätigkeit unüblich hohes, übertarifliches Gehalt zu. (HGB § 114, § 115, § 116, § 126)
   a) Begründen Sie, ob Herr Breuer vor Vertragsschluss Gesellschafter Taxis hätte fragen müssen.
   b) Beurteilen Sie, ob der Arbeitsvertrag gültig ist.
   c) Muss Herr Breuer der OHG den Schaden ersetzen, der gegebenenfalls durch eine überhöhte Gehaltszusage entstanden ist?
6. Taxis hat nach Rücksprache mit Breuer einen Lieferwagen für 28400 EUR bestellt. Der Händler verlangt die Zahlung des vollen Kaufpreises direkt von Breuer, ohne sich vorher an die OHG oder an Taxis zu wenden. (HGB § 128)
   Prüfen Sie, ob Breuer mit einer der folgenden Einwendungen die Zahlung ganz oder teilweise zu verweigern berechtigt ist:
   a) Breuer hafte nicht, weil Taxis den Vertrag abgeschlossen hat.
   b) Der Händler müsse zuerst versuchen, das Geld bei der OHG einzutreiben.
   c) Der Händler habe kein Recht, Zahlung aus dem Privatvermögen Breuers zu verlangen oder gar ihm das Privatvermögen pfänden zu lassen.
   d) Der Händler könne von ihm lediglich 14200 EUR verlangen, da Gesellschafter Taxis für die andere Hälfte des ausstehenden Betrags haftet.

7. Der Gewinn des ersten Geschäftsjahres beträgt 91 200 EUR.
   a) Wie viel Euro Gewinnanteil erhält jeder Gesellschafter, wenn der Gewinn auf der Grundlage des Gesellschaftsvertrages verteilt wird und jeder Gesellschafter von seinem Entnahmerecht in vollem Umfang Gebrauch gemacht hat? *(Lösungstabelle siehe Arbeitsblatt)*
   b) Unter welchen Voraussetzungen sind die im Gesellschaftsvertrag getroffenen Vereinbarungen zur Gewinnverteilung als angemessen zu beurteilen?

8. Aufgrund der gut gehenden Geschäfte beabsichtigen die Gesellschafter, das Sortiment zu erweitern und die Artikel über das Internet zum Versand anzubieten. Wegen der mit dieser Maßnahme verbundenen Erweiterung der Lagerkapazität (geschätzte Kosten: 180 000 EUR) soll als neuer Gesellschafter Edmund Karle aufgenommen werden, der bereit ist, diesen Betrag als Bareinlage in die OHG einzubringen. Edmund Karle ist allerdings nicht bereit, für die zum Zeitpunkt seines Eintritts bestehenden Verbindlichkeiten in Höhe von 120 000 EUR zu haften. Er schlägt deshalb vor, in den Gesellschaftsvertrag einen entsprechenden Haftungsausschluss aufzunehmen.
   Stellen Sie fest, ob der vorgesehene Haftungsausschluss den Gläubigern der OHG gegenüber wirksam ist. HGB § 130

9. Nach intensiven Vertragsverhandlungen ist Edmund Karle als Gesellschafter in die OHG eingetreten. Aufgrund unterschiedlicher Vorstellungen zur Geschäftspolitik kommt es insbesondere zwischen Breuer und Karle zu Auseinandersetzungen. Breuer will deshalb mit sofortiger Wirkung aus der OHG austreten.
   a) Prüfen Sie, ob Breuer beim Ausscheiden aus der OHG neben einer Barabfindung den von ihm bei der Gründung eingebrachten Transporter zurückverlangen kann. BGB §§ 718, 719
   b) Wie lange haftet Breuer für die zum Zeitpunkt seines Ausscheidens bestehenden Verbindlichkeiten der OHG? HGB § 160

10. Gesellschafter Taxis beabsichtigt, sich als persönlich haftender Gesellschafter beim Gemüsegroßhandel seines Sohnes zu beteiligen. Gesellschafter Karle weist ihn darauf hin, dass eine solche Beteiligung wegen des damit verbundenen Haftungsrisikos nicht erlaubt sei. HGB § 112
    Wie ist die Rechtslage?

4.2 Rechtsprobleme bei einer OHG

Die Teninger Papierfabrik OHG ist wegen mehrerer Forderungen in Zahlungsschwierigkeiten geraten. In dieser Situation treten nachstehende Probleme auf:

1. Gesellschafter Schmidt verkauft eine Papierschneidemaschine weit unter Wert an einen langjährigen Kunden. Als Gesellschafter Kuhn von dem Verkauf erfährt, will er den Kaufvertrag rückgängig machen, da er diesem nicht zugestimmt hat. Der Käufer hat die Maschine bereits abgeholt und bezahlt. HGB § 125
   a) Begründen Sie, ob er diese gegen Erstattung des Geldes wieder zurückgeben muss, wenn Gesellschafter Kuhn dies verlangt.
   b) Prüfen Sie für das Innenverhältnis, ob Schmid die Maschine verkaufen durfte, wenn Einzelgeschäftsführung vorliegt.

2. Ein Lieferer von Kunstharzkleber hat gegenüber der OHG eine Forderung in Höhe von 7 600 EUR. Da er von den Zahlungsschwierigkeiten der OHG weiß, wendet er sich mit der Forderung direkt an Gesellschafter Schmidt. Schmidt verweigert die Zahlung mit der Begründung, dass nicht er, sondern Gesellschafter Kuhn den Kaufvertrag für die OHG abgeschlossen hat. HGB § 105
   Begründen Sie, ob Schmidt zahlen muss, wenn der Lieferer darauf besteht.

3. Die Hausbank der OHG wendet sich wegen der fälligen Rückzahlung eines Darlehens direkt an Gesellschafter Kuhn. Kann dieser die Zahlung mit der Begründung verweigern, dass er die nach dem Gesellschaftsvertrag erforderlichen Einlagen an die OHG nachweislich geleistet hat? HGB § 105

4.3 OHG: Gesellschaftsvertrag – Firma – Rechtsprobleme

Ingenieur Thomas Adorf betreibt als Einzelunternehmer die industrielle Herstellung und den Vertrieb von Geschenkartikeln. Das Unternehmen firmiert unter Geschenkartikel Thomas Adorf e. K. und ist in das Handelsregister eingetragen. Der Abschluss eines langfristigen Liefervertrags mit einer Kaufhauskette erfordert eine umfangreiche Betriebserweiterung. Zur Bewältigung der zusätzlichen finanziellen Belastung und der Mehrarbeit nimmt Thomas Adorf den Diplomkaufmann Ralf Bissinger und die Designerin Heide Crux als Gesellschafter auf.
Am 21.11.2017 wird nachstehender Gesellschaftsvertrag (Auszug) abgeschlossen.

Gesellschaftsvertrag (Auszug)

§ 1 Gegenstand des Unternehmens ist die Herstellung und der Vertrieb von Geschenkartikeln.
§ 2 Sitz der Gesellschaft ...
§ 3 Gesellschafter: Thomas Adorf, wohnhaft ...
Ralf Bissinger, wohnhaft ... Heide Crux, wohnhaft ...
§ 4 Die Gesellschaft wird unter der Firma Geschenkartikel Thomas Adorf fortgeführt.
§ 5 Die Gesellschaft beginnt am 01.01.2018.
§ 6 Die Einlagen der Gesellschafter werden wie folgt festgelegt:

1. Thomas Adorf bringt sein Einzelunternehmen ein. Der Wert der Vermögensgegenstände wird auf 3 Mio. EUR festgesetzt. Die Gesellschaft übernimmt ein Bankdarlehen in Höhe von 1,5 Mio. EUR.
2. Ralf Bissinger beteiligt sich mit einer Bareinlage in Höhe von 2 Mio. EUR.
3. Heide Crux beteiligt sich mit einer Einlage in Höhe von insgesamt 0,5 Mio. EUR. Sie bringt ein Grundstück ein, das mit 0,3 Mio. EUR bewertet wird. Der Restbetrag ist als Bareinlage zu leisten.

Sämtliche Einlagen sind zum 31.12.2017 zu erbringen.
§ 7 Alle Gesellschafter haften unbeschränkt für die Verbindlichkeiten der Gesellschaft.
§ 8 Die Aufnahme von Darlehen sowie Anschaffungen, deren Wert im Einzelfall 50 000 EUR überschreiten, erfordern einen gemeinsamen Beschluss aller Gesellschafter.
§ 9 Bei Ausscheiden eines Gesellschafters wird die Gesellschaft von den übrigen Gesellschaftern fortgeführt.

BGB § 311b
1. Begründen Sie, ob eine bestimmte Form und gegebenenfalls welche für den Abschluss des Gesellschaftsvertrages erforderlich ist.

HGB § 19 (1), § 24 (1)
2. Erläutern Sie, ob die festgelegte Firmierung für die gewählte Gesellschaftsform zulässig ist.
3. Nach Korrektur des Gesellschaftervertrages erfolgt die Eintragung ins Handelsregister am 27.12.2017. Ralf Bissinger schließt am 03.03.2018 mit der Westermann GmbH einen Kaufvertrag über Osterartikel im Werte von 72 500 EUR ab. Als Adorf von der Lieferung erfährt, verweigert er die Bezahlung der Rechnung, da die Ware so kurz vor Ostern nicht mehr absetzbar sei. Außerdem sei Bissinger nicht zum Abschluss des Kaufvertrags befugt gewesen. Die Westermann GmbH solle daher die Bezahlung direkt von Bissinger einfordern.
   HGB § 125 (1), § 128
   Erläutern Sie die Rechtslage.

HGB § 122
4. Heide Crux möchte im Mai 2018 für ihre Sammlung ein Gemälde für 30 000 EUR erwerben. Sie beabsichtigt, den Betrag aus dem Gesellschaftsvermögen zu entnehmen.
   Beurteilen Sie die Rechtslage.

HGB § 132, § 160 (1)
5. Nach wiederholten Meinungsverschiedenheiten zwischen den Gesellschaftern beschließt Adorf im Juni 2018 aus der Gesellschaft auszuscheiden.
   Prüfen Sie, zu welchem Zeitpunkt Adorf frühestens aus der OHG ausscheiden kann.
   Erläutern Sie, welche Auswirkungen sich dadurch auf die Haftung von Adorf ergeben.

4.4 OHG: Gründung – Entstehung – Vertretung – Befugnisse der Gesellschafter

Peter Laun ist Alleininhaber einer Schmuckwarenfabrik. Durch vermehrte Geschäftskontakte mit verschiedenen Versandhäusern und den Bezug von Schmuckwaren aus Fernost hat er die Grenzen seiner persönlichen Belastbarkeit erreicht.

Er nimmt seinen Sohn Andreas und seine Schwägerin Käthe Laun, die bisher als Angestellte in dem Unternehmen tätig waren, als gleichberechtigte Gesellschafter auf, weil nachhaltig mit der Erweiterung des Geschäftsbetriebs gerechnet werden kann.

Handelsregisterauszug

Hinweis: *Im Handelsregister gelten rot unterstrichene Einträge als gelöscht.*

	Amtsgericht				HR ... 224
Nr. der Eintragung	a) Firma b) Ort der Niederlassung c) Gegenstand des Unternehmens	Geschäftsinhaber Persönlich haftender Gesellschafter Abwickler	Prokura	Rechtsverhältnisse	a) Tag der Eintragung und Unterschrift b) Bemerkungen
1	a) Peter Laun e. K. b) Pforzheim c) Schmuckwarenfabrik	Peter Laun Kaufmann, Pforzheim	–	–	a) Eingetragen am 30. Juni 2008 ... b) –
2	a) Peter Laun OHG b) Pforzheim c) Schmuckwarenfabrik	Peter Laun Kaufmann, Pforzheim Andreas Laun Kaufmann, Pforzheim Käthe Laun Kauffrau, Pforzheim	–	Die Firma wird fortgeführt; Offene Handelsgesellschaft. Die Gesellschaft hat am 15.12.2017 begonnen. Peter Laun ist stets alleinvertretungsberechtigt. Andreas Laun vertritt die Gesellschaft mit Gesellschafter Peter Laun. Käthe Laun ist von der Vertretung ausgeschlossen.	a) Eingetragen am 18. Februar 2018 ... b) –

1. Zu welchem Zeitpunkt ist die OHG entstanden? Begründen Sie Ihre Antwort. HGB §§ 1, 105,
2. In welcher Abteilung des Handelsregisters ist das Unternehmen einzutragen, und welche Wirkung hat die Eintragung?
3. Beurteilen Sie die Zulässigkeit der Firmierung. §§ 19 (1), 24 (1),
4. Geben Sie an, wer laut Handelsregisterauszug in welchem Umfang dieses Unternehmen vertreten kann.
5. Prüfen Sie, ob Peter Laun die folgenden Entscheidungen ohne Zustimmung von Andreas und Käthe Laun hätte treffen dürfen, wenn der Gesellschaftsvertrag zur Geschäftsführung keine Vereinbarungen enthält:
   a) Verkauf eines Transporters für 40 000 EUR.
   b) Kauf von Druckerpapier für 80 EUR.
   c) Verkauf eines von ihm eingebrachten Grundstücks zu einem günstigen Preis von 200 000 EUR. Mit dem Verkaufserlös beabsichtigt er, ein in einem Gewerbegebiet liegendes preisgünstiges Ersatzgrundstück zu kaufen.
   d) Kauf von risikoreichen Wertpapieren.
6. Nennen Sie drei Vorteile, die Peter Laun durch die Aufnahme neuer Gesellschafter hat. § 125 ff.,
7. Am 03.02.2018 schließt Käthe Laun einen Kaufvertrag über Schmucketuis im Werte von 20 000 EUR. § 48 ff.,
   Peter Laun weigert sich, den Vertrag zu erfüllen.
   Ist die OHG an den Vertrag gebunden? Begründen Sie Ihre Meinung. § 125,
8. Am 22.03.2018 verlangt ein Gläubiger von Andreas Laun die Zahlung von 50 000 EUR aus einer Lieferung vom 11.10.2017. § 28
   Kann er die Zahlung mit der Begründung verweigern, dass er zum Zeitpunkt des Vertragsschlusses noch nicht Gesellschafter der OHG war? Begründen Sie Ihre Aussage.

5 Kommanditgesellschaft (KG)

Überblick und Zusammenhänge

Aufg. 5.1 S. 218

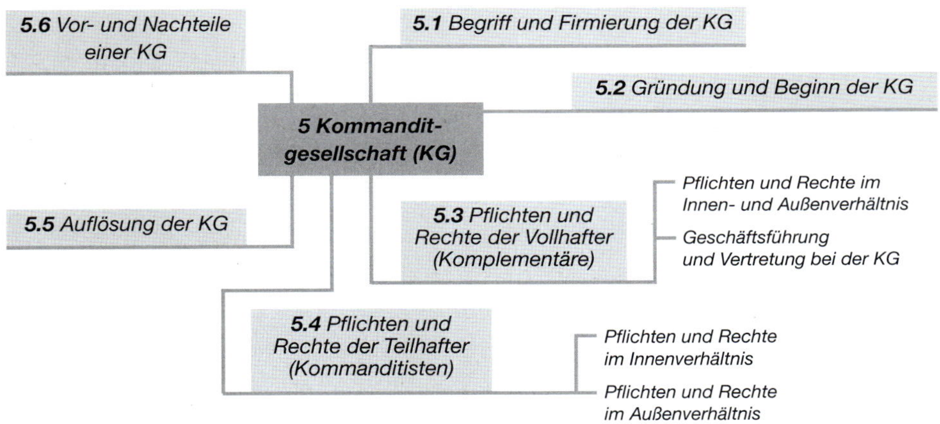

5.1 Begriff und Firmierung der KG

HGB § 161 (1)

Die Kommanditgesellschaft ist eine Handelsgesellschaft, bei der mindestens ein Gesellschafter (Kommanditist) höchstens bis zu seiner im Handelsregister eingetragenen Einlage (= Haftsumme) haftet. Mindestens ein Gesellschafter (Komplementär) haftet den Gesellschaftsgläubigern gegenüber unbeschränkt.

HGB § 19 (1)

Kap. B 4.1

Für die Firmierung gelten die gleichen Vorschriften wie für die OHG. Die Firmenbezeichnung muss den Begriff „Kommanditgesellschaft“ oder eine allgemein verständliche Abkürzung dieses Begriffs (z. B. KG) enthalten. Auch der Name eines Kommanditisten kann in der Firma genannt werden.

5.2 Gründung und Beginn der KG

Bei der Gründung leisten die Gesellschafter **Einlagen**, die in Geldzahlungen, in der Übereignung von Sachen oder Übertragung von Rechten sowie im Erbringen von Dienstleistungen bestehen können. Das Eigentum an den eingebrachten Vermögensgegenständen steht den Gesellschaftern gemeinsam zu **(Gesamthandsvermögen)**. Die Summe der in Geld bewerteten Einlagen bildet das **Eigenkapital** der KG.

BGB § 311b

Der Gesellschaftsvertrag unterliegt keiner besonderen Form. Werden jedoch Grundstücke eingebracht, so ist notarielle Beurkundung erforderlich. Der Betrag, bis zu dem ein Kommanditist von den Gläubigern der Gesellschaft höchstens in Anspruch genommen werden kann **(= Haftsumme)**, wird im Gesellschaftsvertrag bestimmt und ins Handelsregister eingetragen. Auf diese Weise können sich Außenstehende über den Haftungsumfang von Kommanditisten einer KG informieren. Die Einlage, die ein Kommanditist lt. Gesellschaftsvertrag tatsächlich an die Gesellschaft leisten muss **(= Pflichteinlage)**, kann von der im Handelsregister eingetragenen **Haftsumme** abweichen. Da Vollhafter (hier: Komplementäre) auch mit ihrem Privatvermögen haften, entfällt für sie eine solche Eintragung. Im Internet veröffentlicht **(= Bekanntmachung der Eintragung)** wird allerdings nur die Zahl der Kommanditisten, nicht aber die Höhe der jeweiligen

Einlagen. Die Anmeldung zum Handelsregister ist von allen Gesellschaftern (Komplementäre und Kommanditisten) vorzunehmen. HGB § 162 (1)

Für den **Beginn** der Gesellschaft gelten die gleichen Bestimmungen wie für die OHG. Kap. B 4.4

5.3 Pflichten und Rechte der Vollhafter (Komplementäre)

Pflichten und Rechte der Vollhafter (Komplementäre) im Innen- und Außenverhältnis

Aufg. 5.2 S. 220

Für einen Komplementär einer KG bestehen im Innen- und Außenverhältnis die gleichen Rechte und Pflichten wie für einen Gesellschafter einer OHG.

Pflichten und Rechte der Vollhafter (Komplementäre) einer KG			
Innenverhältnis		Außenverhältnis	
Pflichten	Rechte	Pflichten	Rechte
■ fristgerechte Leistung der Kapitaleinlage ■ persönliche Arbeitsleistung § 114 (1) HGB ■ Treuepflicht und Wettbewerbsverbot § 112 f. HGB ■ Verlustbeteiligung § 168 (2) HGB	■ Geschäftsführung § 114 ff. HGB ■ Stimmrecht § 119 HGB ■ Kontrollrecht § 118 HGB ■ Gewinnbeteiligung § 168 HGB ■ Privatentnahme § 168 f. HGB ■ Kündigung § 132 HGB ■ Liquidationserlös § 155 HGB	■ Haftung §§ 128–130 HGB	■ Vertretung § 125 ff. HGB

Kap. B 4.5

Geschäftsführung und Vertretung bei der KG

Bei einer **OHG** sind grundsätzlich **alle Gesellschafter** zur **Geschäftsführung** berechtigt und verpflichtet. Bei einer **KG** steht die Geschäftsführungsbefugnis dagegen dem Gesetz nach **ausschließlich** den **Komplementären** zu. Daher sind die **Kommanditisten** im Normalfall von der **Geschäftsführung** ausgeschlossen. HGB § 114, § 164 HGB § 164

Ebenso wie bei der OHG besteht – sofern im Gesellschaftsvertrag keine andere Regelung getroffen wurde – Einzelgeschäftsführungsbefugnis. Bei **außergewöhnlichen Geschäftsführungsmaßnahmen** müssen aber **alle** Gesellschafter (also nicht nur die Komplementäre, sondern auch die Kommanditisten) zustimmen. HGB § 116 (2) Kap. B 5.4.3

Aber auch bei **gewöhnlichen Geschäftsführungsmaßnahmen** hat jeder Komplementär ein **Widerspruchsrecht**, das allerdings nur bei Maßnahmen wirksam wird, die nachteilig für die Gesellschaft sind. HGB § 115 (1) S. 2 Kap. B 4.5.3

Die Bestellung eines Prokuristen gilt zwar als gewöhnliche Rechtshandlung. Trotzdem bedarf sie der Zustimmung **aller geschäftsführenden Gesellschafter**. Eine Mitwirkung der nicht zur Geschäftsführung befugten Kommanditisten ist aber **nicht erforderlich**. Der Widerruf der Prokura ist dagegen von jedem zur Erteilung oder Mitwirkung bei der Erteilung befugten Gesellschafter möglich. HGB § 164 (2), § 116 (3)

Zur **Vertretung** einer **OHG** ist im Normalfall **jeder Gesellschafter** ermächtigt. Die **Vertretung** einer **KG** steht dagegen **nur** den persönlich haftenden Gesellschaftern **(Komplementäre)** zu. Die Kommanditisten können keine für die KG rechtsverbindlichen Geschäfte mit Dritten abschließen. Vertretungsmacht kann ein Kommanditist aber dadurch bekommen, dass er zum Prokuristen oder Handlungsbevollmächtigten bestellt wird, falls er als Arbeitnehmer in der KG tätig ist. HGB § 125 HGB § 170

HGB § 161, § 105 (3)

5.4 Pflichten und Rechte der Teilhafter (Kommanditisten)

5.4.1 Überblick

Pflichten und Rechte der Teilhafter (Kommanditisten) einer KG			
Innenverhältnis		Außenverhältnis	
Pflichten	Rechte	Pflichten	Rechte
▪ fristgerechte Leistung der Kapitaleinlage ▪ Verlustbeteiligung § 167 (3), § 168 (2) HGB	▪ Geschäftsführung nur bei gesonderter Vereinbarung § 164 HGB; ▪ Widerspruchrecht bei außergewöhnlichen Rechtsgeschäften § 164 HGB ▪ Kontrollrecht § 166 HGB ▪ Gewinnbeteiligung § 168 HGB ▪ Kündigung § 132 i. V. m § 161 (2) HGB ▪ Befreiung vom Wettbewerbsverbot § 165 HGB	▪ Haftung § 171 HGB	▪ Vertretungsmacht nur dann, wenn eine gesonderte Vollmacht (z. B. Prokura) erteilt wurde § 170 HGB

5.4.2 Pflichten der Teilhafter im Innenverhältnis

Fristgerechte Leistung der übernommenen Kapitaleinlage

In gleicher Weise wie die OHG-Gesellschafter und die Komplementäre einer KG sind auch die Kommanditisten verpflichtet, die im Gesellschaftsvertrag vereinbarte Kapitaleinlage **(Pflichteinlage)**[1] fristgerecht zu leisten. Diese Einlage kann in Geld, Sachwerten oder in Rechtswerten (z. B. Patenten) geleistet werden. Wenn nichts anderes vereinbart ist, sind Pflichteinlage und die ins Handelsregister einzutragende Einlage (= Haftsumme, Hafteinlage) gleich hoch. Die Höhe der **Pflichteinlage** kann aber auch von der **Haftsumme** abweichen *(siehe Gesellschaftsvertrag S. 219)*.

Verlustbeteiligung

HGB § 167 (3), § 168 (2)

Ein Verlust ist in angemessenem Verhältnis der Kapitalanteile zu verteilen. Was dabei unter angemessenem Verhältnis zu verstehen ist, sollte zur Vermeidung von Unstimmigkeiten im Gesellschaftsvertrag geregelt werden. Ein Kommanditist wird aber an einem Verlust nur bis zur Höhe seines Kapitalanteils bzw. seiner möglicherweise noch rückständigen Einlage beteiligt.

5.4.3 Rechte der Teilhafter im Innenverhältnis

Geschäftsführung

HGB § 164

Ein Kommanditist hat im Normalfall **kein Recht auf Geschäftsführung**. Er kann aber durch den Gesellschaftsvertrag die Geschäftsführungsbefugnis erhalten, wenn er z. B. im Unternehmen mitarbeitet.

Kontrollrecht

HGB § 166

- Die Kontrollrechte der **Komplementäre** entsprechen denen eines **OHG-Gesellschafters**. Demgegenüber stehen einem **Kommanditisten** nur eingeschränkte Kontrollrechte zu. Er ist berechtigt,

1 In den §§ 167 (2) und 169 (1) HGB wird die vereinbarte Einlage des Kommanditisten als „bedungene" Einlage bezeichnet. Die Formulierung „bedungen" stammt vom Verb „bedingen". Damit ist die **im Innenverhältnis vereinbarte Pflichteinlage** und nicht die gem. § 162 HGB ins Handelsregister einzutragende Einlage **(= Haftsumme)** gemeint.

❶ eine Abschrift des **Jahresabschlusses** (Bilanz, Gewinn- und Verlustrechnung) zu verlangen und
❷ dessen Richtigkeit unter **Einsicht** in die **Bücher und Papiere** zu prüfen.

Ein **laufendes Kontrollrecht** steht dem Kommanditisten nicht zu.

Gewinnbeteiligung

Sofern der Gewinn hoch genug ist, erhält zunächst **jeder** Gesellschafter (Komplementär wie Kommanditist) 4 % Zinsen auf seinen Kapitalanteil. Ein übersteigender Betrag wird in gleicher Weise wie ein Verlust in **„angemessenem Verhältnis"** auf die Gesellschafter verteilt. Was dabei unter angemessen zu verstehen ist, sollte in gleicher Weise wie bei der Verteilung eines Verlusts im Gesellschaftsvertrag geregelt werden. Dabei können z. B. die persönliche Haftung und die Arbeitsleistung eines Gesellschafters Berücksichtigung finden. HGB § 168

Gewinnverteilung der Heilbronner Gase KG

Die Heilbronner Gase KG hat im vergangenen Geschäftsjahr einen Gewinn in Höhe von 180 000 EUR erzielt. Der Gesellschaftsvertrag sieht vor, dass jeder Gesellschafter von seinem zu Beginn des Geschäftsjahres vorhandenen Kapitalanteil eine Verzinsung von 4 % erhält. Der dann noch vorhandene Restgewinn wird im Verhältnis 3:2 verteilt. Bei dieser Verteilung ist berücksichtigt, dass Komplementär Abele in der KG mitarbeitet und auch Kommanditist Blessing – falls erforderlich – der KG als Berater zur Verfügung steht.

	Komplementär Abele	Kommanditist Blessing	insgesamt
eingebrachtes Kapital in EUR	600 000 EUR	300 000 EUR	900 000 EUR
4 % Verzinsung	24 000 EUR	12 000 EUR	36 000 EUR
Restverteilung 3:2	86 400 EUR	57 600 EUR	144 000 EUR
Gewinnanteil	110 400 EUR	69 600 EUR	180 000 EUR

Ein Kommanditist hat – anders als OHG-Gesellschafter und Komplementäre – kein Recht auf Privatentnahmen. Er hat lediglich Anspruch auf Auszahlung des ihm zustehenden Gewinns. Diese Auszahlung kann er auch dann verlangen, wenn er seine Pflichteinlage noch nicht oder noch nicht vollständig geleistet hat. Nur wenn die Einlage bereits fällig ist, kann die KG ihren Anspruch auf Leistung der Einlage mit dem Auszahlungsanspruch des Kommanditisten aufrechnen. Falls aber der bereits geleistete Kapitalanteil des Kommanditisten durch Verrechnung mit Verlusten unter die vereinbarte **Pflichteinlage** gefallen ist, darf der Kommanditist seinen Gewinnanteil nicht entnehmen. Der Gewinnanteil muss dann vielmehr zur Wiederauffüllung der Pflichteinlage verwendet werden. Der Kommanditist ist nicht verpflichtet, erhaltene Gewinnanteile wegen späterer Verluste zurückzuzahlen. Es kann allerdings vereinbart werden, dass der Kommanditist seinen Gewinnanteil der KG als zusätzliches Eigen- oder Fremdkapital zur Verfügung stellt. HGB § 167 (2) HGB § 169 (2) i. v. m. § 122 Kap. D 2.1

Widerspruchsrecht

Sind bei der KG Entscheidungen zu treffen, die über den gewöhnlichen Betrieb des Handelsgewerbes der Gesellschaft hinausgehen, so haben die **Kommanditisten** ein **Widerspruchsrecht**. Das bedeutet, dass eine außergewöhnliche Handlung nicht vorgenommen werden darf, wenn nicht **sämtliche Gesellschafter** (zu denen auch die nicht geschäftsführungsbefugten Kommanditisten gehören) zustimmen **(Zustimmungserfordernis)**. Im Gesellschaftsvertrag kann allerdings vereinbart werden, dass das Stimmrecht des Kommanditisten für außergewöhnliche Rechtsgeschäfte ausgeschlossen ist. HGB § 164, § 116 (2) HGB § 164

Widerspruchsrecht eines Kommanditisten

Ingolf Huber ist Komplementär bei der Baustoffgroßhandlung Ingolf Huber KG. Er hat beschlossen, in einer anderen Stadt eine Sanitärhandlung zu eröffnen und dazu das entsprechende Büro- und Geschäftsgrundstück zu kaufen.
Da die Eröffnung einer auswärtigen Sanitätsgroßhandlung in eigens dafür anzuschaffenden Geschäftsgebäuden sehr risikoreich ist, handelt es sich um eine außergewöhnliche Geschäftsführungsmaßnahme. Daher hat Kommanditist Stark ein Widerspruchsrecht. Dieses sieht vor, dass Komplementär Huber die Zustimmung von Kommanditist Stark einholen muss (Zustimmungserfordernis). Entsteht der KG bei fehlender Zustimmung des Kommanditisten ein Schaden, so ist Ingolf Huber ersatzpflichtig.

Kündigungsrecht bei Austritt aus der KG

HGB § 132 i. V. m. § 161 (2)

In gleicher Weise wie ein Komplementär kann ein Kommanditist seine Mitgliedschaft in einer KG sechs Monate zum Ende eines Geschäftsjahres kündigen, falls der Gesellschaftsvertrag keine andere Regelung enthält.

HGB § 165

Befreiung vom Wettbewerbsverbot

Kap. B 4.5.2

Der Kommanditist unterliegt nicht dem gesetzlichen Wettbewerbsverbot. Trotzdem darf er bei Interessenskonflikten wegen der auch für ihn geltenden Treuepflicht keine für die KG geschäftsschädigenden Handlungen vornehmen.

5.4.4 Pflichten und Rechte der Teilhafter im Außenverhältnis

Vertretung

HGB § 170

BGB § 177

Gesetzlich ist ein Kommanditist zur Vertretung der KG nicht ermächtigt. Dennoch können Kommanditisten Vertretungsmacht erhalten, wenn ihnen diese in Form einer Einzelvollmacht, Prokura oder Handlungsvollmacht erteilt wird. Handelt der Kommanditist ohne Vertretungsmacht, sind die von ihm abgeschlossenen Geschäfte schwebend unwirksam.

HGB § 172 (3)

Haftung

HGB § 162 (1)

Die Höhe der von einem Kommanditisten zu leistenden Einlage ist im Gesellschaftsvertrag festgelegt und als **Haftsumme** im Handelsregister eingetragen. Ob und gegebenenfalls in welcher Höhe der Kommanditist haftet, ist ausschließlich von der Höhe dieser Haftsumme abhängig. Das gilt auch für den Fall, dass im Innenverhältnis eine **Pflichteinlage** vereinbart wurde, die der Höhe nach von der **Haftsumme** abweicht.

Bei nicht oder nicht vollständig geleisteter Haftsumme haftet ein Kommanditist bis zur Höhe des ausstehenden Betrags den Gesellschaftsgläubigern **unmittelbar**. Bei vollständig geleisteter Haftsumme kann der Kommanditist von einem Gläubiger der KG **nicht zur Haftung** herangezogen werden. Er trägt aber das **Risiko**, im Falle einer Insolvenz der KG seine Einlage ganz oder teilweise zu verlieren.

HGB § 171

Hat ein Kommanditist die im Gesellschaftsvertrag festgelegte und im Handelsregister eingetragene Einlage (Haftsumme) geleistet, so entfällt seine Haftung.

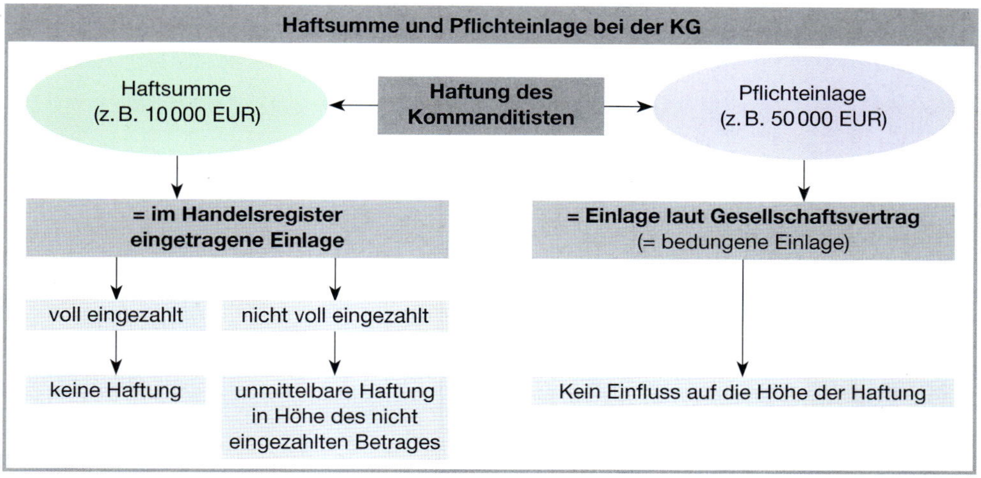

Haftung bei Gründung

Die Haftungsbeschränkung der Kommanditisten gilt erst ab dem Zeitpunkt der Eintragung der KG ins Handelsregister (= konstitutive Wirkung der Eintragung). Deshalb haften die Kommanditisten vor Eintragung ins Handelsregister wie Vollhafter, falls sie dem Geschäftsbeginn vor Eintragung zugestimmt haben und der Gläubiger keine Kenntnis von der Haftungsbeschränkung hatte. HGB § 176 (1)

Haftung bei Eintritt in eine bestehende KG

Tritt ein Kommanditist in eine bestehende KG ein, so haftet er für Verbindlichkeiten gegenüber einem gutgläubigen Dritten wie ein Vollhafter, sofern die Verbindlichkeiten, die zwischen seinem Eintritt und der Eintragung ins Handelsregister entstanden sind. HGB § 176 (2)

Haftung des Kommanditisten			
bei Gründung einer KG	**bei Eintritt in eine bereits bestehende KG**		
Solange die **Eintragung ins Handelsregister** noch nicht erfolgt ist, haftet der Kommanditist wie ein Vollhafter.	Verbindlichkeit entstand		
	bereits **vor Eintritt** des Kommanditisten		erst **nach Eintritt** des Kommanditisten, aber vor dessen HR-Eintragung
	Haftsumme voll eingezahlt?		
	ja	nein	Kommanditist haftet wie ein Vollhafter, wenn der Gläubiger die **Haftungsbeschränkung** des neuen Gesellschafters nicht kannte.
	keine Haftung	**unmittelbare Haftung** mit ausstehendem Betrag	

5.5 Auflösung der KG

Eine KG kann aus den gleichen Gründen aufgelöst werden wie eine OHG.

1. Ablauf der Zeit, für welche die KG eingegangen werden.
2. Beschluss der Gesellschafter.
3. Eröffnung eines Insolvenzverfahren über das Vermögen der KG.
4. Gerichtliche Entscheidung.

Der Tod eines Kommanditisten führt in gleicher Weise wie bei der OHG **nicht** zur Auflösung der Gesellschaft. Vielmehr würde diese bei Fehlen anderer Vereinbarungen im Ge-

HGB § 177

sellschaftsvertrag mit den Erben fortgesetzt. An einer KG muss aber mindestens **ein Komplementär** beteiligt sein. Tritt der einzige Komplementär aus, so führt dies zur Auflösung.

	Komplementär	Kommanditist
Tod eines Gesellschafters	Führt zur Auflösung der KG, falls keine weiteren Komplementäre beteiligt sind.	Fortsetzung mit Erben, falls keine anders lautenden Vereinbarungen im Gesellschaftsvertrag
Austritt aus der KG		Führt zur Auflösung der Gesellschaft, falls es sich um den einzigen Kommanditisten handelt und dessen Anteil nicht auf eine andere Person übertragen wird.

5.6 Vor- und Nachteile einer KG

Die gesetzlichen Vorschriften für die OHG stimmen u. a. in folgenden Fällen mit denen für die KG überein:

Beginn, steuerliche Behandlung, Rechnungslegung und Auflösung der Gesellschaft, Rechte/Pflichten der OHG-Gesellschafter und Rechte/Pflichten der Komplementäre.

Kap. B 4.8

Vor- und Nachteile der KG gegenüber der OHG

Vorteile	Nachteile
▪ erleichterte Kapitalbeschaffung durch Aufnahme von Kommanditisten ▪ Risiko des Kommanditisten ist begrenzt auf übernommenen Kapitalanteil ▪ Kommanditist hat keinen wesentlichen Einfluss auf die Geschäftsführung ▪ Kommanditist ist nicht zur Mitarbeit verpflichtet	▪ u. U. geringere Kreditwürdigkeit als OHG, da zumindest ein Gesellschafter kein Vollhafter ist.

Zusammenfassende Übersicht zu Kap. 5: Kommanditgesellschaft (KG)

Begriff: Personenhandelsgesellschaft (§§ 162 ff. HGB) mit mindestens zwei Gesellschaftern:
mindestens ein Gesellschafter haftet beschränkt (Teilhafter, Kommanditist)
mindestens ein Gesellschafter haftet voll (Vollhafter, Komplementär)

Gründung	Firmierung	Beginn	Auflösung
▪ Abschluss eines Gesellschaftsvertrags (notarielle Beurkundung, falls Grundstücke eingebracht werden § 311b BGB) ▪ Leistung von **Geld- oder Sacheinlagen** lt. Gesellschaftsvertrag ▪ Eingebrachte Einlagen werden **Gesamthandsvermögen** § 719 BGB ▪ Eigenkapital = Summe der Einlagen in Euro	▪ Sach-, Personen- oder Fantasiefirma mit dem Zusatz „Kommanditgesellschaft“ oder „KG“ § 19 (1) Nr. 3 HGB	**Im Innenverhältnis:** Mit Abschluss des Gesellschaftsvertrages oder mit dem im Gesellschaftsvertrag festgelegten Termin **Außenverhältnis:** (1) bei Handelsgewerbe mit kaufmännischem Geschäftsbetrieb nach § 1 HGB: mit Aufnahme der Geschäftstätigkeit, spätestens aber mit HR-Eintragung § 123 (1) u. (2) HGB (2) KG betreibt Kleingewerbe (§§ 1, 2, 6 HGB): mit Eintragung ins HR § 123 (1) HGB	Auflösungsgründe wie bei der OHG § 131, § 133 HGB: 1. Zeitablauf lt. Gesellschaftsvertrag 2. Gesellschafterbeschluss 3. Eröffnung eines Insolvenzverfahrens 4. Gerichtliche Entscheidung Bei Tod eines Kommanditisten: Fortsetzung der KG mit den Erben, falls keine anders lautende Vereinbarung im Gesellschaftsvertrag § 177 HGB

Pflichten und Rechte der Gesellschafter			
Vollhafter (Komplementär)		**Teilhafter (Kommanditist)**	
Pflichten	Rechte	Pflichten	Rechte
▪ Kapitaleinlage ▪ Arbeitsleistung (Geschäftsführung) § 114 (1) HGB ▪ Treuepflicht und Wettbewerbsverbot § 112 f. HGB ▪ Verlustbeteiligung § 168 (2) HGB ▪ Haftung §§ 128–130 HGB	▪ Geschäftsführung § 114 ff. HGB ▪ Stimmrecht § 119 HGB ▪ Kontrollrecht § 118 HGB ▪ Gewinnbeteiligung § 168 HGB ▪ Privatentnahme § 122 HGB ▪ Kündigung § 132 HGB ▪ Liquidationserlös § 155 HGB ▪ Vertretung § 125 ff. HGB	▪ Kapitaleinlage ▪ falls vereinbart: Erbringung von Dienstleistungen ▪ Verlustbeteiligung § 167 (3), § 168 (2) HGB ▪ falls gesonderte Vereinbarung: Vertretung § 170 HGB (andernfalls sind Willenserklärungen schwebend unwirksam) ▪ Haftung § 171 HGB ▪ Treuepflicht § 112 HGB i. V. m. § 165 HGB	▪ falls gesonderte Vereinbarung: Geschäftsführung § 164 HGB; ▪ Widerspruchsrecht bei außergewöhnlichen Handlungen § 164 HGB ▪ Kontrollrecht § 166 HGB ▪ Gewinnbeteiligung § 168 HGB (aber keine Privatentnahmen) ▪ Kündigung § 132 i. V. m § 161 (2) HGB ▪ Befreiung vom Wettbewerbsverbot § 165 HGB ▪ falls gesonderte Vereinbarung: Vertretung § 170 HGB

Wiederholung des Grundwissens

zu Kapitel 5 Kommanditgesellschaft

5.1 Begriff und Firmierung der KG

1. Nennen Sie Merkmale einer KG.
2. Unterscheiden Sie Komplementär und Kommanditist.
3. Wie muss bzw. kann eine Kommanditgesellschaft firmieren?

5.2 Gründung und Beginn der KG

1. In welcher Form leisten – je nach Vereinbarung im Gesellschaftsvertrag – die Gesellschafter einer KG Einlagen?
2. Erläutern Sie den Begriff Gesamthandsvermögen.
3. Welche Formvorschriften sind beim Abschluss eines Gesellschaftsvertrages für eine KG zu beachten?
4. Erklären Sie den Begriff Haftsumme.
5. Welche Eintragungen zur Haftung eines Kommanditisten enthält das Handelsregister? Welche Informationen werden hierzu öffentlich bekannt gemacht?

5.3 Pflichten und Rechte der Vollhafter (Komplementäre)

1. Zählen Sie die Pflichten und Rechte eines Komplementärs auf. Unterscheiden Sie dabei zwischen Innen- und Außenverhältnis.
2. In welchen Fällen steht dem Kommanditisten ein Widerspruchsrecht zu?
3. Wem steht die Vertretung der KG zu?

5.4 Pflichten und Rechte der Teilhafter (Kommanditisten)

5.4.1 Überblick

1. Zählen Sie die Pflichten und Rechte eines Teilhafters auf. Unterscheiden Sie dabei zwischen Innen- und Außenverhältnis.

5.4.2 Pflichten der Teilhafter im Innenverhältnis

1. Erläutern Sie den Begriff Pflichteinlage.
2. In welcher Form können Einlagen in eine KG geleistet werden?
3. Wodurch unterscheiden sich Pflichteinlage und Haftsumme?
4. Wie wird der auf einen Kommanditisten entfallende Verlustanteil berechnet?

5.4.3 Rechte der Teilhafter im Innenverhältnis

1. Welche Kontrollrechte stehen dem Kommanditisten einer KG zu?
2. Wie wird der auf einen Kommanditisten entfallende Gewinnanteil berechnet?
3. Unter welcher Voraussetzung kann ein Kommanditist Geschäftsführungsbefugnis erhalten?
4. Welche Frist ist bei der Kündigung der Mitgliedschaft eines Kommanditisten zu beachten?

5.4.4 Pflichten und Rechte der Teilhafter im Außenverhältnis

1. Unter welcher Voraussetzung kann ein Teilhafter eine KG vertreten?
2. Wie haftet ein Kommanditist, der seine Einlage noch nicht vollständig geleistet hat?
3. Wie haftet ein Kommanditist, der seine Einlage vollständig geleistet hat?
4. Welche Besonderheit hinsichtlich der Haftung eines Kommanditisten ist bei der Gründung einer KG zu beachten?

5.5 Auflösung der KG

1. Wie kann eine KG aufgelöst werden?
2. Welche Folgen hat der Austritt/Tod des einzigen Komplementärs einer KG?
3. Welche Folgen hat der Austritt/Tod eines einzigen Kommanditisten einer KG?

5.6 Vor- und Nachteile einer KG

1. Welche Vor- und Nachteile hat eine Kommanditgesellschaft im Vergleich zur OHG?

Aufgaben und Probleme

zu Kapitel 5 Kommanditgesellschaft

LA

5.1 Gründung einer KG – Rechtsfragen – Gewinnverteilung – Ausscheiden von Gesellschaftern

Die Einzelunternehmen Bernhard Köbele e. Kfm., Klaus Siegwarth e. Kfm. und Franziska Benz e. Kfr. produzieren im Raum Heilbronn in ihren Unternehmen jeweils Fahrtenschreiber für Lastkraftwagen. Die aktuelle Marktsituation erfordert ein Umdenken und Umstrukturieren, da die drei Unternehmen auf Dauer allein wirtschaftlich nicht überleben können. Aus diesem Grund wollen sie sich zu einer Personengesellschaft zusammenschließen und weitere Kapitalquellen erschließen. Stephan Unruh ist bereit, sich als Kommanditist mit 300 000 EUR zu beteiligen. Die Gesellschafter unterzeichnen am 01.03.2016 nachstehenden Gesellschaftsvertrag (Auszug). Die Handelsregistereintragung erfolgt am 15.03.2016, die Geschäftsaufnahme am 01.03.2016.

HGB § 19 (1), § 18 (2), § 176 (1)

1. Prüfen Sie anhand von zwei Kriterien, ob die gewählte Firmierung zulässig ist.
2. Erläutern Sie die Haftungssituation aller Gesellschafter vor und nach der Eintragung in das Handelsregister. Geben Sie an, in welcher Höhe der Kommanditist nach der Handelsregistereintragung haftet.

Auszug aus dem Gesellschaftsvertrag:

§ 1 Gesellschafter, Firma und Einlagen

1. Franziska Benz, Bernhard Köbele, Klaus Siegwarth und Stephan Unruh, errichten zum 01.03.2016 eine Kommanditgesellschaft unter der Firma „EUROPA-SCHREIBER KG".
2. Persönlich haftende Gesellschafter sind Herr Bernhard Köbele, Herr Klaus Siegwarth und Frau Franziska Benz. Sie bringen ihre bisherigen Einzelunternehmen mit folgenden Werten ein:

Bernhard Köbele:	350 000 EUR
Klaus Siegwarth:	250 000 EUR
Franziska Benz:	260 000 EUR

3. Kommanditist ist Herr Stephan Unruh mit einer Bareinlage von 300 000 EUR. Seine im Handelsregister einzutragende Haftsumme beträgt 200 000 EUR.
4. Die Bareinlage von Stephan Unruh ist zur Hälfte sofort, zur anderen Hälfte bis 31.05.2016 zur Zahlung fällig.

...

§ 4 Geschäftsführung und Vertretung

1. Zur Geschäftsführung und Vertretung ist jeder Komplementär einzeln berechtigt und verpflichtet. Bei Geschäften über 20 000 EUR muss mindestens ein weiterer Komplementär zustimmen.
2. Der Kommanditist kann Handlungen der Komplementäre auch dann nicht widersprechen, wenn die Handlungen über den gewöhnlichen Betrieb hinausgehen.

§ 5 Dauer der Gesellschaft, Kündigung und Ausschluss

1. Die Gesellschaft wird auf unbestimmte Zeit eingegangen. Jeder Gesellschafter kann erstmals zum 31.12.2017 und danach zum Ende eines jeden Jahres jeweils mit einer Frist von einem Jahr schriftlich kündigen.
2. Die Kündigung eines Gesellschafters hat nicht die Auflösung der Gesellschaft zur Folge.
3. Das Geschäftsjahr entspricht dem Kalenderjahr.

§ 6 Gewinn- und Verlustverteilung

1. Die Komplementäre erhalten für ihre Geschäftsführungstätigkeit vorab eine monatliche Vergütung von 6 000 EUR (Köbele und Siegwarth) bzw. 5 000 EUR (Benz).
2. Der nach Abzug der Vorabvergütung verbleibende Restgewinn wird wie folgt verteilt:
   a) Die drei Komplementäre erhalten je 30 %.
   b) Der Kommanditist erhält 10 %.
3. Einen Verlust tragen die drei Komplementäre je zu einem Drittel. Der Kommanditist nimmt an einem Verlust nicht teil.

...

§ 8 Abfindung eines ausscheidenden Gesellschafters

1. Scheidet ein Gesellschafter aus der Gesellschaft aus, erhält er eine Abfindung in Höhe des Buchwertes seiner Beteiligung laut letzter Bilanz vor seinem Ausscheiden zuzüglich 20 % dieses Betrages als pauschalen Ausgleich stiller Reserven und des Firmenwertes.
2. Die Auszahlung der Abfindung findet in vier gleichen Jahresraten statt, von denen die erste 10 Monate nach Ausscheiden des Gesellschafters fällig wird.

§ 9 Tod eines Gesellschafters

Stirbt ein Gesellschafter, so wird die Gesellschaft mit dessen Erben fortgesetzt. Diese sind von der Geschäftsführung und Vertretung ausgeschlossen.

3. Bernhard Köbele kauft am 15.06.2016 ein neues Gerät zur Beschriftung der Scheiben für die Fahrtenschreiber. Der Kaufpreis liegt bei 25 000 EUR. Franziska Benz geht davon aus, dass der Kaufvertrag für die KG nicht rechtswirksam ist. HGB § 126 (2)
   Erläutern Sie die Rechtssituation im Innen- und Außenverhältnis.
4. Klaus Siegwarth will nach Absprache mit den anderen Komplementären einen Kredit in Höhe von 1 500 000 EUR aufnehmen. Stephan Unruh widerspricht diesem Vorhaben. § 164
   Beurteilen Sie die Wirksamkeit dieses Widerspruchs.

5. Im Jahresabschluss zum 31.12.2016 wird ein Unternehmensgewinn in Höhe von 372 000 EUR ermittelt.
   a) Beurteilen Sie mit drei Argumenten, ob die Gewinn- und Verlustregelungen in § 6 des Gesellschaftsvertrags angemessen sind.
   b) Berechnen Sie den Gewinnanteil für Stephan Unruh.
   c) Herr Unruh ist mit der Ertragslage des Unternehmens unzufrieden und will deshalb in Zukunft monatlich die Bücher der Gesellschaft einsehen.
   Prüfen Sie die Zulässigkeit seines Vorhabens anhand des Gesetzes.

HGB § 166 (1), § 112 (1)

6. Franziska Benz ist schon seit längerem unzufrieden mit ihrer persönlichen Situation in der Unternehmung. Überraschend erhält sie ein Angebot, sich an der Hiller OHG, einer Herstellerin von Fahrtenschreibern, zu beteiligen.
   Beurteilen Sie, ob Frau Benz das Angebot gegen den Willen der Mitgesellschafter annehmen kann.
7. Im März 2018 kündigt Frau Benz zum nächstmöglichen Termin ihre Mitgliedschaft in der KG und verlangt die Auszahlung der vertraglich vereinbarten Abfindung.
   a) Zu welchem Termin kann sie frühestens aus der KG ausscheiden?
   b) Ermitteln Sie die Höhe und den Zeitpunkt der ersten Abfindungszahlung. Gehen Sie davon aus, dass ihre bisherigen Gewinnanteile bereits ausbezahlt wurden.

5.2 KG: Rechtsfragen

Der Ingenieur Karl Maier und der Kaufmann Otto Traut betreiben als voll haftende Gesellschafter die Regeltechnik Maier KG in Leonberg, die Messinstrumente und automatische Regler für Heizungs- und Klimatechnik produziert und vertreibt.

Die Kapitaleinlage von Karl Maier beträgt zum Jahresanfang 20.. 347 200 EUR, die von Otto Traut 231 700 EUR. Zu diesem Zeitpunkt sind als Kommanditisten beteiligt: Ursula Traut mit einer im Handelsregister eingetragenen Haftsumme von 80 000 EUR und Karl Maiers Sohn Jochen mit einer im Handelsregister eingetragenen Haftsumme von 50 000 EUR, von der allerdings erst 17 500 EUR tatsächlich eingezahlt wurden.

Für ihre Tätigkeit im Unternehmen erhalten die Komplementäre lt. Gesellschaftsvertrag eine monatliche Tätigkeitsvergütung in Höhe von 7 000 EUR, die nicht auf das gesetzliche Entnahmerecht angerechnet wird. Darüber hinaus entnimmt Karl Maier im Laufe des Jahres weitere 12 000 EUR für private Zwecke.

1. Beurteilen Sie folgende Vorgänge und begründen Sie Ihre Aussagen.
   a) Jochen Maier nimmt Einblick in die Finanzbuchhaltung und prüft, ob das Jahresergebnis richtig ermittelt wurde. (HGB § 166,)
   b) Otto Traut bestellt ohne Rücksprache mit Karl Maier eine neue Maschine mit Lasertechnik. Karl Maier kritisiert diese Anschaffung nachträglich als Fehlinvestition und möchte sie rückgängig machen. (§§ 125 ff. 115,)
   c) Jochen Maier weist den Prokuristen Lange an, von der Bank ein Darlehen aufzunehmen, mit dem Liefererverbindlichkeiten beglichen werden sollen. (§ 164,)
   d) Jochen Maier kauft im Namen der KG ohne Absprache mit den Mitgesellschaftern Getränke für die betriebliche Weihnachtsfeier. (§ 170 BGB § 177)
   e) Karl Maier bestellt ohne Rücksprache mit den anderen Gesellschaftern seinen Sohn Jochen zum Prokuristen. (HGB § 164, § 116 (3),)
   f) Karl Maier und Otto Traut beabsichtigen, die KG mit 200 000 EUR an einem ihrer Zulieferer zu beteiligen. Ursula Traut ist mit einer solchen Beteiligung nicht einverstanden. (§ 164,)
2. Prüfen Sie, ob Karl Maier während des Jahres 20.. ohne Rücksprache mit den Mitgesellschaftern nach den Vorschriften des HGB berechtigt gewesen wäre, weitere 5 000 EUR zur Begleichung einer Arztrechnung zu entnehmen. (§ 122)
3. In welcher Höhe haftet Kommanditist Jochen Maier den Gläubigern der KG, wenn er lt. Gesellschaftsvertrag eine Pflichteinlage in Höhe von 60 000 EUR zu leisten hat?

6 Gesellschaft mit beschränkter Haftung (GmbH)

Überblick und Zusammenhänge

Aufg. 6.1 S. 233

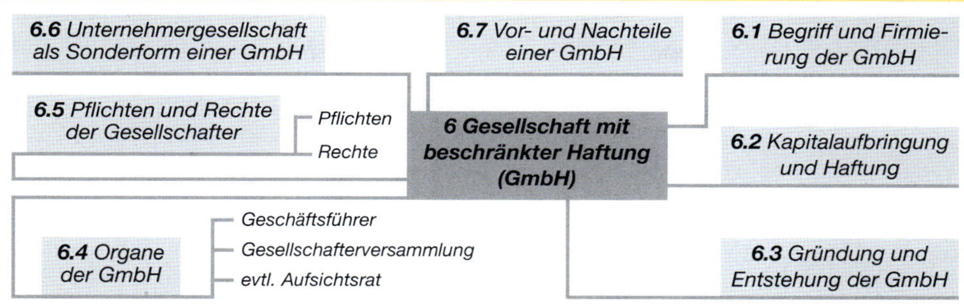

6.1 Begriff und Firmierung der GmbH

Die GmbH ist eine Handelsgesellschaft mit eigener Rechtspersönlichkeit (juristische Person), bei der die Haftung gegenüber den Gläubigern auf das Gesellschaftsvermögen beschränkt ist. GmbHG § 11, § 13

Die GmbH zählt – ebenso wie die Aktiengesellschaft – zu den **Kapitalgesellschaften**. Wie alle anderen juristischen Personen erwirbt sie ihre Rechtsfähigkeit erst durch Eintragung ins Handelsregister **(konstitutive Wirkung)**. Eine GmbH muss nicht – wie z. B. die OHG oder KG – zwingend einen **wirtschaftlichen Zweck** verfolgen. (GmbHG § 4) Sofern besondere Gesetze die GmbH als Rechtsform nicht verbieten (nicht zulässig z. B. für Versicherungen, Bausparkassen, Apotheken), kann sie für jeden gesetzlich zulässigen Zweck gegründet werden. Der Betrieb eines Handelsgewerbes ist damit **keine Voraussetzung** für die Errichtung. Eine GmbH ist aber **stets eine Handelsgesellschaft** und unterliegt daher wie jeder andere Kaufmann auch den Vorschriften des Handelsrechts. Sie ist Kaufmann kraft Rechtsform **(Formkaufmann)**. Die **Firma** muss die Bezeichnung „Gesellschaft mit beschränkter Haftung" oder eine allgemein verständliche Abkürzung dieses Begriffs (z. B. GmbH) enthalten. (GmbHG § 4) Eine GmbH als juristische Person kann sich auch an anderen Unternehmen (z. B. an einer OHGoder KG) beteiligen.

Firmierung einer GmbH

Personenfirma:	Franz Pfeffer GmbH	**Sachfirma:**	Lahrer Gerätewerk GmbH
Fantasiefirma:	Bit & Byte GmbH	**Mischfirma:**	Schlosserei Person GmbH

6.2 Kapitalaufbringung und Haftung

Kapitalaufbringung

Das Stammkapital (Bezeichnung in der Bilanz: Gezeichnetes Kapital) ist der in der Satzung (= Gesellschaftsvertrag der GmbH) festgelegte Betrag, mit dem die Gesellschafter insgesamt an der GmbH beteiligt sind. GmbHG § 5 (1) HGB § 266 (3)

Das Stammkapital muss **mindestens 25 000 EUR** betragen. Es setzt sich aus der Summe der **Nennbeträge der Geschäftsanteile** zusammen.[1] GmbHG § 5

1 Die Summe der Nennbeträge aller Geschäftsanteile wird im **GmbHG** als **Stammkapital** bezeichnet. Das **HGB**, das für alle **Kapitalgesellschaften** gilt, verwendet dagegen für den Ausweis des entsprechenden Kapitals in der Bilanz den Begriff **gezeichnetes Kapital**. In einer GmbH-Bilanz findet sich daher nicht der Begriff Stammkapital, sondern gezeichnetes Kapital. Beide Begriffe werden aber bezogen auf die GmbH gleichbedeutend verwendet.

GmbHG § 5 (2), (3)
GmbHG § 3 (2) Nr. 4

Der **Nennbetrag eines Geschäftsanteils** muss mindestens auf den Betrag von **einem Euro** und auf volle Euro lauten. Ein Gesellschafter kann bei Errichtung der GmbH mehrere Geschäftsanteile übernehmen. Die Nennbeträge der einzelnen Geschäftsanteile können unterschiedlich hoch sein. Die Höhe der Nennbeträge der Geschäftsanteile sowie die Zahl der von einem Gesellschafter übernommenen Geschäftsanteile müssen in den Gesellschaftsvertrag aufgenommen werden. Die Summe der Nennbeträge aller Geschäftsanteile muss mit dem Stammkapital übereinstimmen.

Stammkapital = Summe der Nennbeträge aller Geschäftsanteile

GmbHG § 7 (2), (3)

Die Höhe der von einem Gesellschafter zu leistenden **Einlage** richtet sich nach der Zahl der von ihm übernommenen Geschäftsanteile und nach dem im Gesellschaftsvertrag festgesetzten Nennbetrag dieser Geschäftsanteile. Vor der Anmeldung zur Eintragung ins Handelsregister sind **Sacheinlagen** in vollem Umfange zu leisten. **Bareinlagen** müssen zu **mindestens einem Viertel** des Nennbetrags des jeweiligen Geschäftsanteils geleistet werden. Gleichzeitig muss die Summe der geleisteten Einlagen zu diesem Zeitpunkt mindestens die Hälfte des Mindeststammkapitals von 25 000 EUR – also 12 500 EUR – betragen. Damit lässt sich im Fall einer Bargründung (d. h. bei der Gründung werden nur Geldeinlagen und keine Sacheinlagen geleistet) bereits mit einem Betrag von 12 500 EUR eine GmbH gründen, während bei einer reinen Sachgründung der Gegenwert der eingebrachten Sachwerte mindestens 25 000 EUR betragen muss.

Der Geschäftsanteil verkörpert ein Mitgliedschaftsrecht. Er spiegelt damit nicht nur die Beteiligung eines Gesellschafters am Stammkapital, sondern am gesamten Eigenkapital (= tatsächliches Vermögen abzüglich tatsächliche Schulden) einer GmbH wider.

Bilanz einer GmbH – Nennwert und tatsächlicher Wert von Geschäftsanteilen

GmbHG § 14, § 15 (1), § 15 (3)

Dirk Biehler und Guntram Leisinger sind Gesellschafter der Leisinger GmbH. Im Gesellschaftsvertrag sind die Nennbeträge der Geschäftsanteile wie folgt festgelegt:

Nennbetrag des Geschäftsanteils Biehler	20 000 EUR
Nennbetrag des Geschäftsanteils Leisinger	50 000 EUR

In den vergangenen Geschäftsjahren haben die beiden Gesellschafter teilweise auf die Ausschüttung der ihnen zustehenden Gewinnanteile verzichtet. Der Betrag der bisher nicht entnommenen Gewinnanteile beläuft sich auf insgesamt 35 000 EUR und ist in der Bilanzposition „Andere Gewinnrücklagen" ausgewiesen. Gem. § 266 (3) HGB muss das Stammkapital auf der Passivseite in der Bilanzposition A. I. als „Gezeichnetes Kapital" ausgewiesen werden. Da die Höhe des Stammkapitals im Handelsregister eingetragen ist, darf es – anders als z. B. bei einem Einzelunternehmen – nicht durch Gewinne oder Verluste verändert werden.

Aktiva	**Bilanz der Leisinger GmbH** (Auszug)		**Passiva**
Vermögen	185 000 EUR	Gezeichnetes Kapital	70 000 EUR
		Andere Gewinnrücklagen	35 000 EUR
		Verbindlichkeiten	80 000 EUR
	185 000 EUR		185 000 EUR

Das **Eigenkapital** der Leisinger GmbH beträgt 105 000 EUR.

Stammkapital (in der Bilanz ausgewiesen als gezeichnetes Kapital)	70 000 EUR
+ Andere Gewinnrücklagen (Eigenkapital aus einbehaltenen Gewinnen)	35 000 EUR
= in der Bilanz ausgewiesenes **Eigenkapital**	105 000 EUR

Die tatsächlichen Werte der Geschäftsanteile bestimmen sich nach dem Verhältnis der **Nennbeträge** der Geschäftsanteile zueinander (hier: 2 : 5) und betragen:

	Dirk Biehler	Guntram Leisinger	Summen
Nennbeträge der Geschäftsanteile	20 000 EUR	50 000 EUR	**70 000 EUR**
Tatsächlicher Wert der Geschäftsanteile	30 000 EUR	75 000 EUR	**105 000 EUR**

Haftung der GmbH

Die GmbH als juristische Person haftet den Gläubigern gegenüber unbeschränkt mit ihrem Gesellschaftsvermögen.[1]

Für Verbindlichkeiten der GmbH haftet ausschließlich die GmbH als juristische Person. GmbHG § 13 (2)

Eine Haftung der Gesellschafter für die Schulden der GmbH ist in **jedem Fall** (also auch bei noch nicht vollständig eingezahlten Einlagen) ausgeschlossen. **Von der GmbH** können die Gesellschafter nur dann in Anspruch genommen werden, wenn die Einlagen auf die Geschäftsanteile noch nicht in vollem Umfang geleistet wurden oder eine Nachschusspflicht vereinbart ist.

6.3 Gründung und Entstehung der GmbH

Die Errichtung einer GmbH ist durch eine[2] oder mehrere Personen möglich. Der Gesellschaftsvertrag bedarf der **notariellen Beurkundung** und ist von sämtlichen Gesellschaftern zu unterzeichnen. Die GmbH als juristische Person entsteht erst durch Eintragung ins Handelsregister **(konstitutive Wirkung der Eintragung)**. Schließen die Gesellschafter nach Abschluss des notariellen Gesellschaftsvertrages, aber noch **vor Eintragung ins Handelsregister** im Namen der Gesellschaft (Vorgesellschaft) Rechtsgeschäfte ab, so haften die Handelnden persönlich und solidarisch (gesamtschuldnerisch). Daneben haftet die rechtsfähige Vorgesellschaft (Vor-GmbH) mit ihrem ganzen Vermögen.[3] GmbHG §§ 1, 2, § 11 (2)

Die **Gründung** einer GmbH in einem **vereinfachten Verfahren** ist unter folgenden Voraussetzungen möglich: GmbHG § 8 (1) Nr. 5

❶ In die Gesellschaft werden keine Sacheinlagen wie z. B. Grundstücke eingebracht (= Bargründung).

❷ Die Gesellschaft besteht aus **höchstens drei Gesellschaftern** und **einem Geschäftsführer**.

Soll die Gesellschaft in einem **vereinfachten Verfahren** gegründet werden, so ist es erforderlich, das als Anlage dem GmbHG beigefügte **Musterprotokoll** zu verwenden[4] und **notariell beurkunden** zu lassen. Da in diesem Fall eventuelle Rückfragen im Zusammenhang mit der Registereintragung weitgehend entfallen, ist die Gründung kostengünstig. GmbHG § 2 (1a)

---

1 Der Name der GmbH als „Gesellschaft mit beschränkter Haftung" ist missverständlich: Die Gesellschaft haftet für ihre Schulden keineswegs beschränkt, sondern unbeschränkt mit ihrem gesamten **Gesellschaftsvermögen**.

2 Der Gesellschaftsvertrag besteht im Fall einer Ein-Mann-GmbH aus einer schriftlichen Erklärung des Gesellschafters. Trotzdem wird in diesem Falle auch von „Gesellschaftsvertrag" gesprochen.

3 Die Haftung vor der Eintragung der GmbH ins Handelsregister ist nicht Gegenstand des Lehrplans.

4 Das Musterprotokoll am Ende des GmbH-Gesetzes ist in der Textsammlung „Wirtschaftsgesetze", Verlag Europa Lehrmittel Nr. 94810 abgedruckt. Siehe auch Arbeitsblatt zu Aufg. B 6.4.

GmbHG § 2 (1) und (1a)

Verfahren bei der Gründung einer GmbH		
Standardgründung	**Gründung mit Musterprotokoll** *(siehe Arbeitsblatt zum Aufg. B 6.4)*	
Notarielle Beurkundung des Gesellschaftsvertrages	Musterprotokoll für Einpersonengesellschaft	Musterprotokoll für Mehrpersonengesellschaften
Grundlage: GmbHG § 2		
Standardgründung erforderlich, wenn ■ mehr als 3 Gesellschafter beteiligt sind, ■ Sacheinlagen eingebracht werden, ■ mehrere Personen als Geschäftsführer bestellt sind.	**Gründung mit Musterprotokoll möglich, wenn** ■ bis zu 3 Gesellschafter beteiligt sind, ■ keine Sacheinlagen eingebracht werden, ■ nur einer Person die Geschäftsführung zusteht.	
Vorteile: ■ viele Gestaltungsmöglichkeiten durch Vereinbarungen im Gesellschaftsvertrag ■ Anpassungsmöglichkeiten an Wünsche der Gesellschafter **Nachteile:** ■ aufwendiger Gründungsvorgang ■ höhere Kosten als bei Gründung mit Musterprotokoll	**Vorteile:** ■ einfacher und schneller Gründungsvorgang ■ kostengünstig **Nachteile:** ■ kaum Gestaltungsmöglichkeiten wegen Vorgaben im Musterprotokoll ■ evtl. Streitigkeiten, weil Gesellschafterinteressen nur bedingt berücksichtigt werden können	

6.4 Organe der GmbH

Organe der Gesellschaft mit beschränkter Haftung (GmbH)

- **Geschäftsführer (leitendes Organ)**
- **Eventuell: Aufsichtsrat (kontrollierendes Organ)**
- **Gesellschafterversammlung (beschließendes Organ)**

6.4.1 Geschäftsführer

GmbHG § 6, 35, 36, § 46 Nr. 5

Der oder die Geschäftsführer einer GmbH vertreten die Gesellschaft Dritten gegenüber (Außenverhältnis).

Nach außen hin wird die GmbH als juristische Person durch einen oder mehrere **Geschäftsführer**[1] vertreten. Für die Bestellung und Abberufung der Geschäftsführer gibt es für eine GmbH, die nicht verpflichtet ist, einen Aufsichtsrat zu bilden, zwei Möglichkeiten:

❶ Festlegung im Gesellschaftsvertrag, wer die GmbH als Geschäftsführer vertritt, oder
❷ Beschluss der Gesellschafterversammlung.

Die **Geschäftsführer** einer GmbH sind zu deren **Vertretung** (Außenverhältnis) und zur **Geschäftsführung** (Innenverhältnis) berechtigt. Enthält der Gesellschaftsvertrag keine

1 Die Bezeichnung „Geschäftsführer" ist irreführend. Die Geschäftsführung bezieht sich auf das Innenverhältnis einer Gesellschaft *(vgl. Kap. B 3)*. Der Geschäftsführer einer GmbH vertritt dagegen die Gesellschaft auch nach außen (= Außenverhältnis).

anderen Vereinbarungen, so besteht – anders als für die Vollhafter einer OHG oder KG – bei mehreren Geschäftsführern **Gesamtgeschäftsführungs- und Gesamtvertretungsbefugnis**. GmbHG § 6 (3), § 35 (2)

Schließt ein mit Gesamtvertretungsbefugnis ausgestatteter Geschäftsführer ohne die Einwilligung seiner Mitgeschäftsführer einen Vertrag für die GmbH, so ist der Vertrag **schwebend unwirksam**. BGB § 177 (1)

Gesellschafter können gleichzeitig Geschäftsführer sein **(Gesellschaftergeschäftsführer)**. Mit der Geschäftsführung können aber auch außenstehende Dritte beauftragt werden **(Fremdorganschaft)**. GmbHG § 45, § 38 (1)

Sofern der Gesellschaftsvertrag nichts anderes vorsieht, ist ein Widerruf der Geschäftsführungsbefugnis jederzeit ohne Angabe von Gründen mit einfacher Stimmenmehrheit möglich. Dies gilt auch dann, wenn die Geschäftsführung im Gesellschaftsvertrag geregelt ist, für dessen Änderung im Normalfall eine 3/4 Mehrheit erforderlich ist. Die tatsächliche Beendigung des Arbeitsvertrages mit dem Geschäftsführer richtet sich aber nach den arbeitsrechtlichen Vorschriften. GmbHG § 38, § 46, § 47 BGB § 611

Die Geschäftsführer einer GmbH sind an Weisungen der Gesellschafter bzw. an Vorgaben des Gesellschaftsvertrages gebunden. Die Zeitdauer ihrer Bestellung ist gesetzlich nicht begrenzt. Sie haben den Gesellschaftern auf deren Verlangen unverzüglich Auskunft über die Angelegenheiten der Gesellschaft und Einsicht in die Bücher zu gewähren **(Informationsrecht der Gesellschafter)**. GmbHG § 51a

6.4.2 Gesellschafterversammlung

Die Gesellschafter als Eigentümer der GmbH fassen ihre Beschlüsse in der Gesellschafterversammlung.

Falls der Gesellschaftsvertrag keine besonderen Regelungen enthält, fassen die Gesellschafter in der Gesellschafterversammlung Beschlüsse u. a. zu folgenden Punkten: GmbHG § 46, § 29 (3)

- Feststellung des Jahresabschlusses und Verwendung des Ergebnisses: Enthält der Gesellschaftsvertrag keine Vereinbarungen zur Gewinnverwendung, so erfolgt die Verteilung nach dem Verhältnis der Geschäftsanteile.
- Einforderung von Einlagen
- Bestellung, Entlastung und Abberufung von Geschäftsführern
- Bestellung von Prokuristen und von Handlungsbevollmächtigten

Die Beschlussfassung in der Gesellschafterversammlung erfolgt nach der Mehrheit der abgegebenen Stimmen. **Jeder Euro** eines Geschäftsanteils gewährt **eine Stimme**.

Für das Stimmrecht ist der Nennbetrag des Geschäftsanteils und nicht der aufgrund von Gewinnrücklagen möglicherweise davon abweichende tatsächliche Wert ausschlaggebend.

6.4.3 Aufsichtsrat

Falls in der GmbH ein Aufsichtsrat freiwillig gebildet wird oder aufgrund gesetzlicher Verpflichtungen gebildet werden muss, übernimmt dieser die Aufgabe, die Geschäftsführung zu kontrollieren.

Aufsichtsrat als freiwilliges Organ (fakultativer Aufsichtsrat)

Sind in einer GmbH nicht mehr als 500 Arbeitnehmer beschäftigt, so ist die Bildung eines Aufsichtsrates gesetzlich nicht vorgeschrieben. Es ist der GmbH jedoch freige- GmbHG § 52 stellt, durch Gesellschaftsvertrag bei der Errichtung oder später durch Satzungsänderung einen Aufsichtsrat zu bestellen. Fragen zu dessen Bestellung, der Zahl der Mitglieder und deren Befugnisse können **frei geregelt und gestaltet werden**. Im Normalfall hat ein freiwillig gebildeter Aufsichtsrat lediglich die Aufgabe, die Geschäftsführer zu kontrollieren. Ohne entsprechende Vereinbarung hat dieser Aufsichtsrat aber nicht das Recht, die Geschäftsführer der GmbH zu bestimmen.

Aufsichtsrat als notwendiges Organ

DrittelbG § 1 Nr. 3 AktG § 95 f.

Kap. B 7.5.2

Beschäftigt eine GmbH mehr als 500 Arbeitnehmer, so ist die Bildung eines Aufsichtsrates zwingend vorgeschrieben. Für die Besetzung des Aufsichtsrats gilt in diesem Fall – ebenso wie für die AG – **Drittelparität** (d.h. $^1/_3$ der Mitglieder des Aufsichtsrates sind Vertreter der Arbeitnehmer).

MitbestG § 1 (1), § 7, § 31

Aufg. 6.2 u. 6.3 S. 235 f.

Beschäftigt die GmbH **mehr als 2000 Arbeitnehmer**, so gelten für die Zusammensetzung des Aufsichtsrates nach dem Mitbestimmungsgesetz die gleichen Vorschriften wie für die AG. Der Aufsichtsrat setzt sich dann aus mindestens 12 Mitgliedern zusammen und **wählt die Geschäftsführer**. Der Aufsichtsrat einer GmbH hat in diesem Fall im Wesentlichen die gleichen Aufgaben wie der Aufsichtsrat einer AG.

GmbHG § 51a

Bei Gesellschaften ohne Aufsichtsrat können die Gesellschafter von ihrem Auskunfts- und Einsichtsrecht Gebrauch machen und auf diese Weise die Geschäftsführer kontrollieren.

6.5 Pflichten und Rechte der Gesellschafter

6.5.1 Pflichten der Gesellschafter

Leistung der Einlage

Kap. B 6.2

GmbHG § 20

Jeder Gesellschafter ist verpflichtet, die im Gesellschaftsvertrag vorgesehene Einlage auf seinen **Geschäftsanteil** zum vereinbarten Termin zu leisten. Wird die eingeforderte Einlage nicht rechtzeitig geleistet, so sind Verzugszinsen zu entrichten.

Risiko des Verlustes eines Geschäftsanteils

GmbHG § 13 (2)

Grundsätzlich haftet für Verbindlichkeiten der Gesellschaft ihren Gläubigern gegenüber nur das Gesellschaftsvermögen der GmbH. Ein GmbH-Gesellschafter trägt aber das Risiko, seinen Geschäftsanteil ganz oder teilweise zu verlieren, falls die GmbH z.B. wegen Überschuldung oder Zahlungsunfähigkeit aufgelöst wird (Insolvenz).

Leistung von Nachschüssen

GmbHG § 26 ff.

Enthält der Gesellschaftsvertrag eine Vereinbarung über die Leistung von Nachschüssen (eher selten), so sind die Gesellschafter im Bedarfsfall verpflichtet, diese Nachschüsse an die Gesellschaft zu leisten.

6.5.2 Rechte der Gesellschafter

Gewinnanteil

GmbHG § 29

Die Gesellschafter haben Anspruch auf einen Anteil am erzielten Jahresergebnis. Enthält der Gesellschaftsvertrag keine gegenteiligen Vereinbarungen, so erfolgt die Verteilung nach dem Verhältnis der Geschäftsanteile. Im Gesellschaftsvertrag kann bestimmt werden, dass ein Teil des erzielten Jahresüberschusses einbehalten wird oder dass die Gesellschafterversammlung über die Verteilung beschließt.

Auskunfts- und Einsichtsrecht

Auf Verlangen müssen die Geschäftsführer einer GmbH einem Gesellschafter unverzüglich Auskunft über die Angelegenheiten der Gesellschaft geben und Einsicht in die Geschäftsunterlagen gestatten. GmbHG § 51a

Recht zur Geschäftsführung

Gesellschafter, die als Geschäftsführer bestellt sind (Gesellschaftergeschäftsführer), haben das Recht, die GmbH Dritten gegenüber zu vertreten. Anstelle einer Regelung im Gesellschaftsvertrag kann die Befugnis zur Erteilung der Geschäftsführung auch bei der Gesellschafterversammlung liegen. Kap. B 6.4.1

Stimmrecht in der Gesellschafterversammlung

Das Stimmrecht eines Gesellschafters in der Gesellschaft ist abhängig vom Nennbetrag seines Geschäftsanteils. Pro Euro des Geschäftsanteils hat der Gesellschafter eine Stimme. Kap. B 6.4.2 GmbHG § 47 (2)

6.6 Unternehmergesellschaft als Sonderform einer GmbH

Wesentliche Merkmale einer Unternehmergesellschaft

Grundsätzlich lässt das GmbH-Gesetz die Gründung einer Gesellschaft mit einem Stammkapital auch unter 25 000 EUR zu **(= Unternehmergesellschaft)**. Das Mindeststammkapital dieser „Mini-GmbH" beträgt symbolisch 1 EUR[1]. Damit nach außen hin sichtbar wird, dass es sich hierbei möglicherweise um eine Gesellschaft mit einem sehr geringen Gründungskapital handelt, muss in die Firma zwingend die Bezeichnung „Unternehmergesellschaft (haftungsbeschränkt)" oder „UG (haftungsbeschränkt)" aufgenommen werden. Eine Abkürzung des Zusatzes „haftungsbeschränkt" ist nicht zulässig. GmbHG § 5a (1)

Bei einer Gründung im vereinfachten Verfahren entstehen derzeit bei minimalem Stammkapital Notarkosten von etwa 20 EUR und Registergebühren von etwa 100 EUR.

Anmeldung zum Handelsregister

Anders als bei der Normalform einer GmbH darf die Anmeldung einer Unternehmergesellschaft erst erfolgen, wenn das Stammkapital in voller Höhe eingezahlt ist. Sacheinlagen sind nicht zulässig. GmbHG § 5a (2)

Wird eine Unternehmergesellschaft mit mehr als drei Gesellschaftern gegründet, muss eine notarielle Beurkundung erfolgen. In diesem Fall kann das kostensparende Musterprotokoll[2] gem. Anlage 1 zu § 2 (1a) GmbHG nicht verwendet werden.

---

1 Dies ergibt sich zwar nicht aus § 5a GmbHG, folgt allerdings aus § 5 (2) i. V. m. § 5 (3), S. 2 GmbHG. Danach muss der Nennbetrag jedes Geschäftsanteils auf volle Euro lauten und die Summe der Nennbeträge aller Geschäftsanteile mit dem Stammkapital übereinstimmen. Daraus folgt für die Ein-Personen-Gründung, dass mit einem einzigen Geschäftsanteil das Stammkapital auf 1 EUR festgesetzt werden kann. Dennoch lässt sich aus praktischen Gründen nicht bereits mit 1 EUR eine Unternehmergesellschaft gründen. Bei zu geringem Stammkapital wäre die neu gegründete Unternehmergesellschaft wegen der anfallenden Gründungskosten (Notar- und Registerkosten sowie Kontoführungsgebühren bei der Bank) gegebenenfalls sofort verpflichtet, einen Insolvenzantrag wegen Überschuldung zu stellen. Eine Neugründung ohne (strafbare) Insolvenzverschleppung erscheint üblicherweise erst ab einem Stammkapital von mehr als 200 EUR möglich.

2 Siehe Fußnote 4 auf Seite 223.

Gewinnausschüttung

GmbHG § 5a (3), (5)

Die Unternehmergesellschaft ist **verpflichtet**, 25 % des um einen Verlustvortrag aus dem Vorjahr verminderten Jahresüberschusses einzubehalten und einer **gesetzlichen Rücklage** zuzuführen **(Gewinnausschüttungssperre)**. Damit soll erreicht werden, dass sich das Eigenkapital dieser GmbH schrittweise bis zum Mindeststammkapital erhöht.

Kap. C 2.2.1

GmbHG § 5a (5)

Die Pflicht zur Rücklagenbildung ist weder zeitlich noch der Höhe nach begrenzt. Auch wenn durch die Rücklagenbildung das Eigenkapital auf das Mindeststammkapital von 25 000 EUR angewachsen ist, besteht weiterhin die Pflicht zur Rücklagenbildung. Sobald aber die Gesellschafter beschließen, aus der gebildeten Rücklage das Stammkapital mindestens auf 25 000 EUR zu erhöhen (= Umwandlung von Gewinnrücklagen in Stammkapital), kann der erzielte Jahresüberschuss gegebenenfalls in vollem Umfang an die Gesellschafter ausgeschüttet werden. Die Gesellschaft[1] kann sich danach umfirmieren (GmbH statt UG haftungsbeschränkt), muss es aber nicht.

Gestaltungsmöglichkeiten bei der Gründung einer GmbH	
Standard-GmbH	**Unternehmergesellschaft (haftungsbeschränkt) als Sonderform einer GmbH**
Stammkapital mindestens 25 000 EUR § 5 GmbHG	Stammkapital mindestens 1 EUR § 5 (2), § 5 (3) S. 2 GmbHG
■ Bargründung und Sachgründung möglich ■ Firmenzusatz „GmbH“ ■ Bildung einer gesetzlichen Rücklage nicht erforderlich	■ nur Bargründung ■ Firmenzusatz „Unternehmergesellschaft (haftungsbeschränkt)“ oder „UG (haftungsbeschränkt)“ ■ Pflicht zur Bildung einer gesetzlichen Rücklage in Höhe von 25 % des Jahresüberschusses (§ 5a (3), (5) GmbHG) bis Stammkapital auf 25 000 EUR angewachsen und Umfirmierung erfolgt ist.

Aufg. 6.4 S. 235

6.7 Vor- und Nachteile einer GmbH

Vor- und Nachteile einer Gesellschaft mit beschränkter Haftung im Vergleich zu Personengesellschaften	
Vorteile	**Nachteile**
Gegenüber Personengesellschaft: ■ leichtere Beschaffung von Eigenkapital ■ Haftungsbeschränkung (keine Haftung mit Privatvermögen) ■ einfache Veräußerung von Geschäftsanteilen ■ Unternehmensrisiko ist auf mehrere Personen verteilt	**Gegenüber Personengesellschaft:** ■ geringes Vertrauen der Gläubiger, insbesondere bei neu gegründeten Gesellschaften ■ bei kleinem Eigenkapital einer GmbH verlangen Gläubiger bei Kreditgewährung häufig persönliche Bürgschaften oder andere Sicherheiten ■ höhere Gründungskosten (Ausnahme: Unternehmergesellschaft) ■ aufwendiger Jahresabschluss aufgrund gesetzlicher Vorschriften

1 Da es sich bei der Unternehmergesellschaft nach § 5a GmbHG auch um eine GmbH handelt, ist bei Erreichen des Mindeststammkapitals keine **Umwandlung**, sondern lediglich eine Umfirmierung erforderlich.

Vor- und Nachteile einer Gesellschaft mit beschränkter Haftung im Vergleich zu einer AG

Vorteile	Nachteile
Gegenüber der AG: ■ geringeres Mindestkapital (25 000 EUR statt 50 000 EUR) ■ einfache Verwaltung der Gesellschaft durch Geschäftsführer und Gesellschafterversammlung (häufig kein Aufsichtsrat erforderlich) ■ nur eingeschränkte Publizitätspflicht für kleine Gesellschaften ■ Aufsichtsrat muss nicht in jedem Fall gebildet werden	**Gegenüber der AG:** ■ Veräußerung von Geschäftsanteilen an einer GmbH ist aufwendiger als Übertragung von Aktien. ■ Deckung eines hohen Kapitalbedarfs ist bei AG durch Ausgabe von Aktien einfacher.

GmbH & Co. KG als Beispiel einer Rechtsformverbindung von GmbH und KG[1]

Bei der GmbH & Co. KG handelt es sich um eine KG (Personengesellschaft), deren Vollhafter im Normalfall eine GmbH ist. Steuerliche Vorteile ergeben sich nicht.

Vorteile einer GmbH & Co. KG gegenüber einer GmbH

- Einfache Kapitalbeschaffung durch Eintritt und Austritt von Kommanditisten (keine notarielle Beurkundung des geänderten Gesellschaftsvertrages → größere Flexibilität).
- Eventuell Mitbestimmungsvorteile:
  - Bei „klein gehaltener“ GmbH ist kein Aufsichtsrat erforderlich (KG unterliegt nicht dem DrittelbG.).
  - Die GmbH & Co. KG fällt als Personengesellschaft nur in bestimmten Fällen unter das Mitbestimmungsgesetz (MitbestG § 4)[2].

GmbH & Co. KG
(Rechtsformverbindung von GmbH und KG)

↓

= KG als Personengesellschaft, bei der eine GmbH (Komplementär-GmbH) persönlich haftet (typische GmbH & Co. KG): GmbH-Gesellschafter sind gleichzeitig Kommanditisten der KG

GmbH		GmbH & Co. KG	
A & B GmbH **Gesellschafter:** **A, B**	Eintritt →	**A & B GmbH** **=** **Komplementär**	**A, B** **= Kommanditisten**

1 Die Behandlung der GmbH & Co. KG ist im Lehrplan nicht vorgesehen.

2 In § 1 DrittelbG ist die KG nicht genannt. Auch gibt es im DrittelbG keine dem § 4 MitbG vergleichbare Vorschrift, so dass eine GmbH & Co. KG mit bis zu 500 Arbeitnehmern mitbestimmungsfrei ist. Der paritätischen Mitbestimmung nach dem MitbG unterliegt sie nur dann, wenn die GmbH-Anteile mehrheitlich von den Kommanditisten gehalten werden (§ 4 MitbG), was möglicherweise durch entsprechende Gestaltungen vermieden werden kann.

Unterschiede zwischen Personengesellschaften (OHG, KG) und GmbH

	Personengesellschaften (OHG, KG)	GmbH
Träger von Rechten und Pflichten	OHG und KG sind zwar rechtsfähig, § 14 (2) BGB, § 124 HGB. Es handelt sich aber nicht um juristische Personen. Vielmehr ist die Gesamtheit der Gesellschafter Träger der mit der Rechtsfähigkeit einhergehenden Rechte und Pflichten.	Die GmbH als juristische Person hat eine eigene Rechtspersönlichkeit, § 13 GmbHG. Die GmbH als juristische Person ist Trägerin der mit der Rechtsfähigkeit einhergehenden Rechte und Pflichten.
Zahl der Gesellschafter	mindestens zwei	Auch Ein-Personen-GmbH ist möglich.
Gesellschaftsvertrag	formfrei (notarielle Beurkundung nur bei Sacheinlagen in Form von Grundstücken erforderlich)	notarielle Beurkundung des Gesellschaftsvertrags zwingend erforderlich; Sonderbestimmungen bei Verwendung eines Musterprotokolls bei der Gründung.
Mindestkapital	kein Mindestkapital	Mindeststammkapital: 25 000 EUR, § 5 GmbHG. Bei „Mini-GmbH" gem. § 5a GmbHG kein Mindestkapital vorgeschrieben.
Haftung	mindestens ein Gesellschafter haftet persönlich unbeschränkt (auch mit seinem Privatvermögen) § 128 HGB.	ausschließlich die GmbH als juristische Person haftet bis zur Höhe des Gesellschaftsvermögens, § 13 Abs. 2 GmbHG.
Geschäftsführung/ Vertretung	Vollhaftende Gesellschafter sind grundsätzlich zur Geschäftsführung berechtigt und verpflichtet, §§ 114 ff. HGB. Vollhaftende Gesellschafter vertreten die Personengesellschaft grundsätzlich, §§ 125 ff. HGB. **(= Selbstorganschaft)**	Geschäftsführung und Vertretung erfolgen durch (einen oder mehrere) Geschäftsführer, § 6 GmbHG. Ein GmbH-Gesellschafter kann gleichzeitig Geschäftsführer sein (Gesellschaftergeschäftsführer). Es besteht aber auch die Möglichkeit der **Fremdorganschaft**, d. h. Geschäftsführer ist nicht gleichzeitig Gesellschafter.
Verhältnis der Gesellschafter untereinander	Enges persönliches Verhältnis der Gesellschafter zum Unternehmen und gegenseitiges Vertrauen unter den Gesellschaftern stehen im Vordergrund. Mindestens einer der Gesellschafter ist an der Geschäftsführung/Vertretung beteiligt und haftet persönlich.	Fragen der Haftung und Kapitalbeschaffung stehen im Vordergrund. Die Geschäftsanteile der Gesellschafter können frei veräußert werden. Eine persönliche Bindung der Gesellschafter an das Unternehmen ist nicht nötig, weil die Gesellschafter nicht haften und ihre Mitarbeit nicht erforderlich ist.

Zusammenfassende Übersicht zu Kap. 6: Gesellschaft mit beschränkter Haftung (GmbH)

GmbH = Kapitalgesellschaft mit eigener Rechtspersönlichkeit (juristische Person) § 13 (1) GmbHG

↓

Keine Haftung der Gesellschafter (GmbH haftet als juristische Person mit ihrem Gesellschaftsvermögen) § 13 (2) GmbHG

↓

Kaufmann kraft Rechtsform (Formkaufmann) § 6 HGB

↓

Wirkung der Eintragung ins Handelsregister: konstitutiv § 11 GmbHG

Gründung: mindestens 1 Gründer; zu jedem beliebigen Zweck, sofern gesetzlich nicht ausgeschlossen aber immer: Handelsgesellschaft → Vorschriften des Handelsrechts gelten; §§ 1, 13 (3) GmbHG

Gesellschaftsvertrag: notarielle Beurkundung erforderlich § 2 GmbHG

Firma: Sach-, Personen-, Misch- oder Fantasiefirma mit Zusatz Gesellschaft mit beschränkter Haftung bzw. GmbH § 4 GmbHG

Gesellschafter: natürliche oder juristische Personen übernehmen Geschäftsanteile (= Nennbeträge am Stammkapital einer GmbH) § 5 GmbHG

Geschäftsanteil(e)
Gesellschafter A
Mindestnennbetrag 1 EUR

Geschäftsanteil(e)
Gesellschafter B
Mindestnennbetrag 1 EUR

...

Stammkapital = Summe der Nennbeträge der Geschäftsanteile (mindestens: 25000 EUR)
zu leistende Einlage vor Eintragung ins Handelsregister: mindestens 12500 EUR bei Bargründung mit Mindeststammkapital
aber: bei Bareinlagen mindestens $^1/_4$ des Nennbetrags eines Geschäftsanteils, Sacheinlage voll

Pflichten und Rechte eines GmbH-Gesellschafters	
Pflichten	**Rechte**
■ Leistung der Einlage (§ 20 GmbHG) ■ Risiko des Verlustes eines Geschäftsanteils (§ 13 (2) GmbHG) ■ Leistung von Nachschüssen (nur bei Vereinbarung im Gesellschaftsvertrag – § 26 ff. GmbHG)	■ Gewinnanteil (§ 29 GmbHG) ■ Auskunfts- und Einsichtsrecht (§ 51a GmbHG) ■ Recht zur Geschäftsführung (nur bei Vereinbarung im Gesellschaftsvertrag oder Beschluss der Gesellschafterversammlung) ■ Stimmrecht in der Gesellschafterversammlung (§ 47 (2) GmbHG)

↓

Geschäftsanteil = Mitgliedschaftsrecht
(Beteiligung am gesamten Eigenkapital der GmbH) § 14 GmbHG

Organe:
- Geschäftsführer (leitendes Organ) § 35 GmbHG (bei mehreren Geschäftsführern: Gesamtvertretung, falls keine andere Vereinbarung im Gesellschaftsvertrag)
- Gesellschafterversammlung (beschließendes Organ) § 46 GmbHG
- Aufsichtsrat: freiwillig bis 500 Arbeitnehmer, darüber Pflicht (kontrollierendes Organ) § 1 DrittelbG, § 1 MitbG

einfache und kostengünstige Gründung — **Sonderform einer GmbH: Unternehmergesellschaft** § 5a GmbHG — geringe Kreditwürdigkeit

Stammkapital § 5a (1)	**Firmenzusatz § 5a (2)**	**gesetzliche Rücklage § 5a (3)**
kleiner als Mindeststammkapital (theoretisch: 1,00 EUR)	UG (haftungsbeschränkt)	Einbehaltung von 25 % des Jahresüberschusses zur Bildung einer Rücklage

Wenn durch die Rücklage das Eigenkapital auf die Höhe des Mindeststammkapitals (25000 EUR) angewachsen ist: Umwandlung der Rücklage in Stammkapital und Umfirmierung (GmbH) möglich (§ 5a (5))

Wiederholung des Grundwissens

zu Kapitel 6 Gesellschaft mit beschränkter Haftung (GmbH)

6.1 Begriff und Firmierung der GmbH

1. Nennen Sie Merkmale einer GmbH.
2. Welche Rechtswirkung hat die Eintragung einer GmbH ins Handelsregister?
3. Nennen Sie die Firmierungsmöglichkeiten einer GmbH.

6.2 Kapitalaufbringung und Haftung

1. Was ist unter dem Stammkapital einer GmbH zu verstehen und wie hoch muss dieses mindestens sein?
2. Welcher Zusammenhang besteht zwischen dem Stammkapital und der Summe der Nennbeträge der Geschäftsanteile?
3. Beschreiben Sie die Haftung bei einer GmbH.

6.3 Gründung und Entstehung der GmbH

1. Wie viele Personen sind erforderlich, um eine GmbH zu gründen?
2. Welche Form ist für den Gesellschaftsvertrag einer GmbH vorgeschrieben?
3. Wann entsteht eine GmbH?

6.4 Organe der GmbH

6.4.1 Geschäftsführer

1. Welches sind die Organe einer GmbH?
2. Welche Aufgaben hat ein Geschäftsführer einer GmbH?
3. Beschreiben Sie die gesetzlichen Regelungen zu Geschäftsführung und Vertretung bei mehreren Geschäftsführern einer GmbH.

6.4.2 Gesellschafterversammlung

1. Welche Beschlüsse fasst die Gesellschafterversammlung einer GmbH?
2. Welche Regelung gilt für das Stimmrecht in der Gesellschafterversammlung einer GmbH?

6.4.3 Aufsichtsrat

1. In welchem Fall ist für eine GmbH ein Aufsichtsrat zwingend vorgeschrieben?
2. Welche Rechte stehen einem freiwillig gebildeten Aufsichtsrat einer GmbH zu?
3. In welchem Fall hat der Aufsichtsrat einer GmbH das Recht, die Geschäftsführer zu wählen?

6.5 Pflichten und Rechte der Gesellschafter

1. Welche Pflichten hat ein GmbH-Gesellschafter?
2. Welche Rechte hat ein GmbH-Gesellschafter?

6.6 Unternehmergesellschaft als Sonderform einer GmbH

1. Nennen Sie die Merkmale einer Unternehmergesellschaft.
2. Unter welchen Voraussetzungen kann eine Unternehmergesellschaft zum Handelsregister angemeldet werden?
3. In welcher Höhe muss eine Unternehmergesellschaft eine gesetzliche Rücklage bilden?

6.7 Vor- und Nachteile einer GmbH

1. Nennen und beschreiben Sie Vor- und Nachteile einer GmbH im Vergleich zu den Personengesellschaften und zur AG.

Aufgaben und Probleme

zu Kapitel 6 Gesellschaft mit beschränkter Haftung (GmbH)

6.1 GmbH: Mindestkapital – Firma – Geschäftsführung – Vertretung – Gesellschaftsvertrag

LA

Die Umweltingenieure Adler und Berthold sowie der Verfahrenstechniker Clemens wollen ein Unternehmen gründen, das die gewerbsmäßige Abfallentsorgung/Abfallverwertung zum Gegenstand hat. Keiner der Beteiligten ist bereit, mit seinem Privatvermögen zu haften. Adler hat 80 000 EUR, Berthold 60 000 EUR und Clemens 30 000 EUR flüssige Mittel zur Verfügung.

Vor dem Notar des Amtsgerichtes Ettenheim gehen sie folgendes Vertragsverhältnis ein:

Vor dem unterzeichnenden Notar ... erschienen ...
1. der Umweltingenieur Franz Adler, Lahr, Königsberger Ring 19,
2. der Umweltingenieur Felix Berthold, Freiburg, Habsburgerstr. 47,
3. der Verfahrenstechniker Knut Clemens, Offenburg, Am Schießrain 9a.

Die Erschienenen wiesen sich bei dem Notar jeweils durch einen gültigen Personalausweis aus.

Die Erschienenen schlossen nachstehenden Gesellschaftsvertrag:

Gesellschaftsvertrag

§ 1

Die Herren Franz Adler, Felix Berthold und Knut Clemens errichten eine Gesellschaft mit beschränkter Haftung unter der Firma

Ettenheimer Abfallverwertung, Gesellschaft mit beschränkter Haftung.

Die Gesellschaft hat ihren Sitz in Ettenheim. Die Gesellschaft wird auf unbestimmte Zeit geschlossen.

§ 2

Gegenstand des Unternehmens ist die gewerbsmäßige Abfallentsorgung und -verwertung aller Art.

§ 3

Das Stammkapital der Gesellschaft beträgt 170 000 EUR. Von diesem Stammkapital haben
der Gesellschafter Franz Adler einen Geschäftsanteil von 80 000 EUR,
der Gesellschafter Felix Berthold einen Geschäftsanteil von 60 000 EUR und
der Gesellschafter Knut Clemens einen Geschäftsanteil von 30 000 EUR übernommen.

Die Gesellschafter leisten ihre Einlagen in Geld. Sie verpflichten sich, ein Viertel der Einlagen vor der Anmeldung der Gesellschaft zur Eintragung in das Handelsregister einzuzahlen. Gesellschafter Adler zahlt darüber hinaus weitere 15 000 EUR ein.

§ 4

Die Gesellschaft beginnt am 01. Juli 20... Das Geschäftsjahr der Gesellschaft ist das Kalenderjahr. Für das 2. Halbjahr 20.. wird ein Rumpfgeschäftsjahr gebildet.

§ 5

Die Verfügung über einen Geschäftsanteil oder einen Teil eines Geschäftsanteiles, insbesondere die Abtretung oder Verpfändung, ist nur mit Zustimmung aller Gesellschafter zulässig.

§ 6

Die Gesellschaft hat einen oder mehrere Geschäftsführer. Sind mehrere Geschäftsführer vorhanden, so wird die Gesellschaft jeweils durch zwei Geschäftsführer gemeinschaftlich vertreten.

Zu Geschäftsführern werden hiermit der Umweltingenieur Franz Adler und der Verfahrenstechniker Knut Clemens bestellt.

§ 7

Die Gesellschafter sind verpflichtet, solange das Gesellschaftsverhältnis besteht, jegliche unmittelbare oder mittelbare, gelegentliche oder gewerbsmäßige Tätigkeit zu unterlassen, durch die der Gesellschaft Konkurrenz gemacht wird. Den Gesellschaftern ist es untersagt, sich an einem Konkurrenzunternehmen zu beteiligen, auch als stiller Gesellschafter. Verboten sind alle Geschäfte im Handelszweige der Gesellschaft und zwar im eigenen oder fremden Namen, auf eigene oder für fremde Rechnung. Dieses Verbot gilt auch für die Ehepartner der Gesellschafter; die Gesellschafter übernehmen ausdrücklich für sie die Haftung.

§ 8

Die Erben eines Gesellschafters müssen sich durch einen Erben, der allein stimmberechtigt ist, vertreten lassen.

§ 9

Die Bekanntmachungen der Gesellschafter erfolgen beim Betreiber des elektronischen Bundesanzeigers.

§ 10

Die Gesellschaft trägt die mit der Gründung verbundenen Kosten.

Der Notar wies die Erschienenen darauf hin, dass die Gesellschaft mit beschränkter Haftung als solche erst mit der Eintragung in das Handelsregister entsteht und die Haftungsbeschränkung erst alsdann eintritt.

Hierauf erklärten die Erschienenen weiter: Zu vertretungsbefugten Geschäftsführern bestellen wir Umweltingenieur Franz Adler und Verfahrenstechniker Knut Clemens (Gesamtvertretung).

Datum 30. Juni 20.. Unterschriften

1. Dem Entschluss, sich für die Rechtsform der GmbH zu entscheiden, waren intensive Beratungen mit einem Steuerberater sowie mit der zuständigen Industrie- und Handelskammer vorausgegangen.
   Aus welchem Grund wurde die Gründung einer Personengesellschaft von vornherein nicht in Betracht gezogen?

GmbHG § 5

2. Stellen Sie fest, ob das zur Gründung der Gesellschaft vorgesehene Stammkapital den gesetzlichen Vorschriften entspricht.

§ 7

3. Wie groß ist die Mindesteinlage jedes Gesellschafters, die vor Eintragung ins Handelsregister jeweils zu leisten ist?

§ 2

4. Welche Form ist für den Gesellschaftsvertrag vorgeschrieben?
5. Die Gesellschaft wird am 10. August 20.. ins Handelsregister eingetragen. Franz Adler hat auf Grund einer Zeitungsanzeige am 10. Juli 20.. im Namen der GmbH ein Kombifahrzeug aus einer Geschäftsauflösung für 17 500 EUR erworben.
   § 11 (1) Wann (genauer Termin) erlangt die GmbH eine eigene Rechtspersönlichkeit als juristische Person?

§ 4

6. Unterbreiten Sie zwei alternative Vorschläge für die Firmenbezeichnung der Gesellschaft.

§ 6

7. Das GmbH-Gesetz schreibt vor, dass die Gesellschaft einen oder mehrere Geschäftsführer haben muss. Laut Gesellschaftsvertrag übernehmen die Gesellschafter Franz Adler und Knut Clemens diese Aufgabe.
   § 13 a) Warum ist in den gesetzlichen Vorschriften über die KG eine solche Regelung nicht zu finden?
   § 35 b) Adler und Clemens mieten Geschäftsräume, ohne Berthold zu fragen.
   Begründen Sie, ob der Mietvertrag gültig ist.
   § 35 (2) c) Zu Geschäftsführern werden Adler, Berthold und Clemens bestellt. Wie wäre der Abschluss des Mietvertrages zu beurteilen, wenn wiederum nur Adler und Clemens den Mietvertrag abschließen und im Übrigen die Bestimmungen von § 6 Gesellschaftsvertrag gelten?
   d) Wie ist der Abschluss des Mietvertrages zu beurteilen, wenn er allein von Adler abgeschlossen wird?
8. Wegen der angespannten Liquiditätslage im Gründungsjahr wollen die Geschäftsführer den erzielten Gewinn nicht an die Gesellschafter ausschütten. In der Gesellschafterversammlung kommt es nach vorausgegangener Diskussion zu einer Abstimmung zu diesem Tagesordnungspunkt.
   § 47 (2) a) Wie viele Stimmen haben die drei Gesellschafter jeweils bei Abstimmungen in der Gesellschafterversammlung?
   § 29, 46, 47 b) Können Berthold und Clemens die von Adler vorgeschlagene Nichtausschüttung des Gewinnes verhindern?

HGB §§ 112 (1), 60 (1)

9. Gesellschafter Clemens ist der Auffassung, dass die in § 7 des Vertrages getroffenen Vereinbarungen überflüssig sind, da die Gesellschafter aufgrund gesetzlicher Vorschriften bereits dem Wettbewerbsverbot unterliegen. Er verweist dabei insbesondere auf § 112 (1) HGB und auf § 60 (1) HGB.
   Beurteilen Sie für jeden einzelnen Gesellschafter, ob diese Behauptung zutreffend ist.

10. Clemens beabsichtigt, seinen Geschäftsanteil für 45 000 EUR zu verkaufen.
   a) Warum kann es gerechtfertigt sein, dass Clemens als Verkaufspreis einen höheren Betrag als den vertraglich festgelegten Wert des Geschäftsanteils (vgl. § 3) verlangt? GmbHG § 15 (3)
   b) Adler und Berthold wollen keine fremden Gesellschafter aufnehmen. Prüfen Sie anhand des Gesellschaftsvertrages, ob Adler und Berthold dies verhindern können.
   c) Clemens hat dem Diplomingenieur Dietrich bereits mündlich versprochen, ihm den Geschäftsanteil für 45 000 EUR zu verkaufen. Begründen Sie, ob er an dieses Versprechen rechtlich gebunden ist.

6.2 Gründung einer GmbH – Geschäftsanteil – Stimmrecht

Ernst Albrecht, Erna Bertsch, Kathrin Cehrer und Helmut Dehner gründen die Ravensburger Software GmbH. Nach den Vereinbarungen im Gesellschaftsvertrag sind ausschließlich Bareinlagen zu leisten.

1. Wie hoch müsste die Summe der geleisteten Bareinlagen mindestens sein, damit die Gesellschaft zum Handelsregister angemeldet werden kann, wenn das Stammkapital laut Gesellschaftsvertrag GmbHG § 7 (2)
   a) 25 000 EUR b) 50 000 EUR c) 100 000 EUR
   betragen würde?

2. Der Gesellschaftsvertrag enthält in § 6 folgende Regelung:

   Das Stammkapital beträgt 25 000 EUR. Davon übernehmen als Geschäftsanteile (Nennbeträge): § 7 (2)

Ernst Albrecht	*12 500 EUR*	*Erna Bertsch*	*6 250 EUR*
Kathrin Cehrer	*3 125 EUR*	*Helmut Dehner*	*3 125 EUR*

   Die Gesellschafter/Gesellschafterinnen verpflichten sich, am 19.08. d. J. auf die übernommenen Geschäftsanteile folgende Bareinlagen (Quoten) an die neu zu gründende GmbH zu überweisen:

   Ernst Albrecht: $^1/_2$
   Erna Bertsch, Kathrin Cehrer und Helmut Dehner je $^1/_4$

   Stellen Sie fest, ob unter den gegebenen Bedingungen am 30.08. d. J. die Eintragung ins Handelsregister vorgenommen werden kann, wenn die Gesellschafter ihre Einlagen wie im Gesellschaftsvertrag vereinbart tatsächlich geleistet haben.

3. Um nicht bereits in der Anfangsphase auf hohe Kredite angewiesen zu sein, beschließen die Gesellschafter, den Gesellschaftsvertrag zu ändern. Nach der Neufassung verpflichten sich alle Beteiligten, die Einlagen auf die übernommenen Geschäftsanteile in voller Höhe zu erbringen. Die GmbH wurde daraufhin am 30.08. d. J. ins Handelsregister eingetragen.

   Nach einstimmigem Beschluss der Gesellschafter wurde im ersten Jahr darauf verzichtet, die erzielten Gewinne auszuschütten. Der Passivseite der Bilanz (Auszug) ist auf der Grundlage dieses Beschlusses folgendes Eigenkapital zu entnehmen:

   Eigenkapital:
   1. Gezeichnetes Kapital: 25 000 EUR
   2. Andere Gewinnrücklagen: 7 000 EUR

   a) Welche tatsächlichen Geschäftsanteile der einzelnen Gesellschafter lassen sich auf der Grundlage der vorliegenden Zahlen berechnen?
   b) Wie viele Stimmen hat jeder Gesellschafter in der Gesellschafterversammlung? § 47 (2)
   c) Erna Bertsch, Kathrin Cehrer und Helmut Dehner sind mit der im Gesellschaftsvertrag enthaltenen Vereinbarung, dass von dem erzielten Jahresgewinn mindestens $^1/_4$ nicht ausgeschüttet werden darf, nicht mehr einverstanden. Stellen Sie fest, ob sie in der Gesellschafterversammlung eine Satzungsänderung erreichen können. § 53 (2)

6.3 GmbH: Rechtsfragen

Schreinermeister Uhl ist es gelungen, aus Holzabfällen einen hochwertigen Wärmedämmschutz herzustellen. Die Dämmschutzplatten können in verschiedenen Stärken beschichtet oder unbeschichtet hergestellt werden.
Da auf dem Markt für Wärmeschutzmaterialien starker Wettbewerb herrscht, müssen erhebliche Investitionen vorgenommen werden. Uhl beschließt, eine GmbH zu gründen und Karl Mayer und Hermann Fritz als weitere Gesellschafter aufzunehmen. Uhl legt den Mitgesellschaftern folgenden Vorschlag für einen Gesellschaftsvertrag vor:

Gesellschaftsvertrag (Auszug)

§ 1 Firma: Uhl und Fritz Dämmstoff-GmbH
§ 2 Sitz der Gesellschaft: Sigmaringen
§ 3 Geschäftsbeginn: 20.02.20..
§ 4 Gegenstand des Unternehmens: Produktion und Vertrieb von Wärmedämmschutzplatten
§ 5 Stammkapital und Geschäftsanteile:
Das Stammkapital der Gesellschaft beträgt 800 000 EUR.
Als Geschäftsanteile übernehmen:
- Manfred Uhl, Sigmaringen, 450 000 EUR (Bebautes Grundstück)
- Karl Mayer, Mengen, 100 000 EUR (Bareinlage)
- Hermann Fritz, Saulgau, 250 000 EUR (Bareinlage)

§ 6 Geschäftsführung und Vertretung:
Zu Geschäftsführern der GmbH werden bestellt:
- Manfred Uhl, zuständig für Einkauf und Produktion
- Hermann Fritz, zuständig für den Vertrieb.

Jeder Geschäftsführer ist allein vertretungsbefugt.

Der Gesellschaftsvertrag wird nach Klärung der rechtlichen Probleme am 12.02.20.. in notarieller Form geschlossen. Die Handelsregistereintragung erfolgt am 02.03.20...

GmbHG § 7 (2)

1. Welche Mindesteinlagen müssen die Gesellschafter bis zur Anmeldung zur Eintragung ins Handelsregister geleistet haben, wenn Uhl eine Sacheinlage und Mayer und Fritz Bareinlagen einbringen?

HGB § 18 (2)

2. Mayer war mit der im Vertragsentwurf genannten Firmenbezeichnung nicht einverstanden. Er machte den Gegenvorschlag „Deutsche Dämmstoffwerke GmbH". Beurteilen Sie die beiden Vorschläge zur Firmierung unter rechtlichen Gesichtspunkten.
3. Nennen Sie zwei weitere Punkte, die über die Mindestanforderungen des GmbH-Gesetzes hinaus im Gesellschaftsvertrag geregelt werden sollten.

GmbHG § 11 (1), § 11 (2),

4. Das Unternehmen erhält am 25.02.20.. ein günstiges Angebot für eine zur Produktion erforderliche Pressmaschine. Fritz nimmt für die GmbH das Angebot am 26.02.20.. an. Bei der Lieferung am 28.02.20.. verweigert Uhl die Annahme und die Zahlung des sofort fälligen Kaufpreises. Beurteilen Sie, wer gegebenenfalls für die Zahlung des Kaufpreises haftet.

§ 38, § 46, § 47

5. Fritz scheitert im ersten Geschäftsjahr mit seinem Marketingkonzept, so dass erhebliche Verluste entstehen. Uhl und Mayer betreiben deswegen die Ablösung von Fritz als Geschäftsführer der GmbH und wollen eine Kapitalerhöhung zur Sanierung der Gesellschaft beschließen. Weisen Sie bei den gegebenen Beteiligungsverhältnissen die Erfolgsaussichten der beiden Vorhaben nach.

6.4 Unternehmergesellschaft als Rechtsform für ein Fliesenlegergeschäft

PDF

Trudbert Pflieger, geb. am 5. Mai 1981, wohnhaft in Freiburg, Erlenweg 5, hat die Meisterprüfung als Fliesenleger bestanden und will sich selbstständig machen. Seine Ersparnisse hat er für den Meisterkurs sowie für die Anschaffung eines Transporters weitgehend aufgebraucht. Er verfügt lediglich über einen Betrag von 2 000 EUR, den er als Eigenkapital in das neu zu gründende Unternehmen einbringen will.
Trudbert Pflieger hat sich entschieden, eine Unternehmergesellschaft zu gründen.

1. Welche Gründe könnten für die Wahl dieser Rechtsform ausschlaggebend gewesen sein?
2. Machen Sie einen Firmierungsvorschlag für das Fliesenlegergeschäft.
3. a) Füllen Sie das Musterprotokoll (siehe Arbeitsblatt) zur Gründung der Unternehmergesellschaft aus.
   b) Erläutern Sie den Hinweis auf § 181 BGB bei Nr. 4 im Musterprotokoll.

GmbHG § 5a (1), § 5a (3)

4. Im ersten Geschäftsjahr erzielte Trudbert Pflieger einen Jahresüberschuss in Höhe von 24 000 EUR. In welcher Weise kann Trudbert Pflieger über diesen Betrag verfügen?
5. Warum kann Trudbert Pflieger seine privaten Konsumausgaben durch seine Tätigkeit als Fliesenleger bestreiten, ohne auf die Entnahme von Gewinnen aus der Unternehmergesellschaft angewiesen zu sein?

7 Aktiengesellschaft (AG)

Überblick und Zusammenhänge

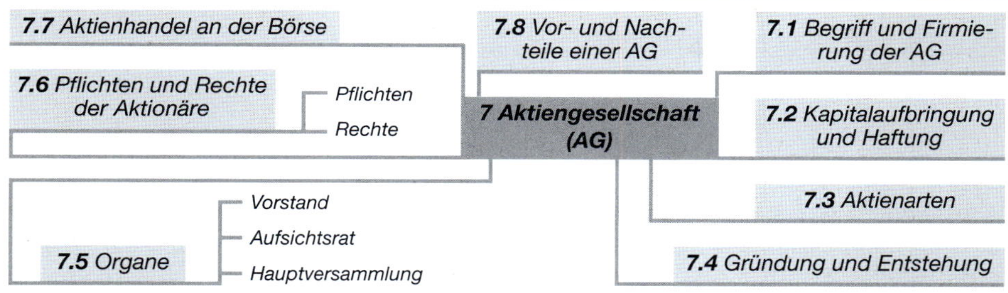

Aufg. 7.1 S. 252

7.1 Begriff und Firmierung der AG

Die Aktiengesellschaft (AG) ist eine Gesellschaft mit eigener Rechtspersönlichkeit (juristische Person), die über ein in Aktien zerlegtes Grundkapital verfügt und für deren Verbindlichkeiten nur die AG mit ihrem Gesellschaftsvermögen haftet. AktG § 1

Die Aktiengesellschaft ist eine **Kapitalgesellschaft**, an der sich viele Eigenkapitalgeber **(= Aktionäre)** gegebenenfalls auch mit jeweils kleinen Beträgen beteiligen können. Auf diese Weise ist es möglich, insgesamt ein hohes Eigenkapital aufzubringen. Die Gründung einer AG ist allerdings auch durch eine einzige Person möglich.

Die an einer Aktiengesellschaft beteiligten Aktionäre können bei Bedarf ihre Anteile in Form von **Aktien** wieder veräußern, ohne dass dem Unternehmen dadurch Kapital entzogen wird. AktG § 2

Die Aktiengesellschaft ist unabhängig vom Geschäftszweig, in dem sie tätig ist, stets eine **Handelsgesellschaft** und erlangt die Kaufmannseigenschaft kraft Rechtsform **(Formkaufmann)**. AktG § 3 (1)

Die Firma der AG kann eine **Sach-, Personen-, Misch- oder Fantasiefirma** sein und muss die Bezeichnung „Aktiengesellschaft" oder eine allgemein verständliche Abkürzung dieses Begriffs enthalten. AktG § 4

Firmierung einer Aktiengesellschaft

Volkswagen AG, Bayerische Motorenwerke Aktiengesellschaft, Bayer Aktiengesellschaft

7.2 Kapitalaufbringung und Haftung

Das **Grundkapital** ist der in der **Satzung** (= Gesellschaftsvertrag der AG) festgelegte Kapitalbetrag. Es muss mindestens **50 000 EUR** betragen. In der Bilanz einer AG wird das Grundkapital entsprechend den HGB-Vorschriften in der Bilanzposition **„Gezeichnetes Kapital"** ausgewiesen. Das Grundkapital einer Aktiengesellschaft ist **in Aktien** zerlegt. AktG §§ 1 (2), 6, 7 HGB § 266 (3)

Aktien sind Kapitalwertpapiere (Effekten), die ein Anteilsrecht (Mitgliedschaftsrecht) an einer AG verbriefen.[1] Da der Eigentümer einer Aktie gleichzeitig auch Teilhaber an der AG ist, werden die Aktien auch als Teilhaberpapiere bezeichnet.

1 Im Zusammenhang mit Aktien bedeutet Verbriefung: Umwandlung von Anteilsrechten zu einem auf dem Kapitalmarkt handelbaren Wertpapier.

AktG § 1 (1), S. 2

Die Aktionäre haften Gläubigern der Aktiengesellschaft gegenüber nicht. Lediglich die Aktiengesellschaft als juristische Person haftet.

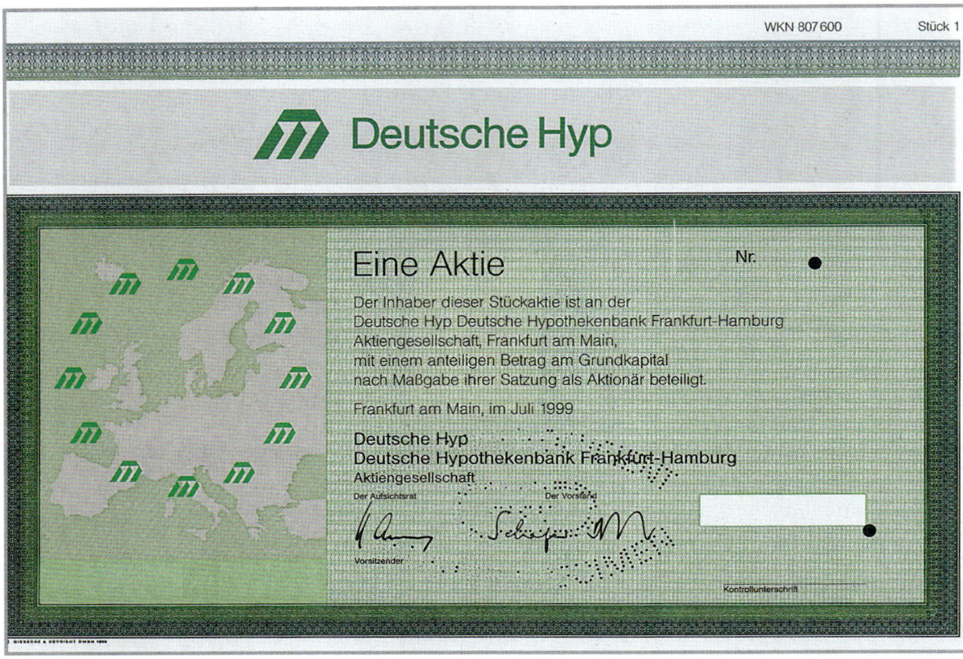

7.3 Aktienarten

Hinsichtlich der Beteiligungsrechte und der Übertragbarkeit lassen sich folgende Aktien unterscheiden:

Unterscheidung nach der Art der Beteiligung

AktG § 8

Nennbetragsaktien	Stückaktien (Quotenaktien) (= nennwertlose Aktien)
▪ Müssen auf einen **bestimmten Nennbetrag** in EUR lauten. Dieser ist auf den Aktien aufgedruckt. ▪ Der Mindestnennbetrag einer Aktie beträgt 1 EUR. Höhere Nennbeträge müssen auf volle Euro lauten. ▪ Der **Anteil am Grundkapital ist unveränderlich**, da der Nennbetrag aufgedruckt und in der Satzung festgelegt ist. ▪ Die **Nennwerte** der ausgegebenen Aktien können **unterschiedlich** sein. ▪ Die Summe der Nennwerte aller ausgegebenen Aktien entspricht dem Grundkapital.	▪ Verkörpern einen **anteiligen Betrag** (= Quote) am Grundkapital. Die Quote ist nicht auf der Aktie aufgedruckt. Der Aufdruck auf der Aktie lautet z. B. „1 Aktie der XY AG“. Der Aktieninhaber kann somit den Betrag seiner Beteiligung nicht unmittelbar der Aktie entnehmen. ▪ Der Anteil am Grundkapital ist veränderlich (abhängig von der Anzahl der ausgegebenen Aktien). ▪ Alle ausgegebenen Aktien haben einen **einheitlichen Anteilswert** (Beteiligungswert). ▪ Anteilswert **(= fiktiver[1] Nennwert einer Stückaktie)** $= \frac{\text{Grundkapital}}{\text{Anzahl der Aktien}}$ Der auf eine Stückaktie entfallende Anteil am Grundkapital (fiktiver Nennwert) darf 1 EUR nicht unterschreiten. *Hinweis: gebrochene Werte z. B. 1,752 EUR sind möglich.*

AktG § 8 (1) § 23 (3) Nr. 4

Eine AG kann entweder Nennbetrags- oder Stückaktien ausgeben. Eine Kombination beider Aktienarten ist nicht möglich.

1 fiktiv: angenommen, nicht wirklich

Bestimmung des anteiligen (= fiktiven) Nennbetrags bei Stückaktien

Die Stuttgarter Maschinenfabrik AG hat ein Grundkapital von 1 000 000 EUR. Es wurden 200 000 Stückaktien ausgegeben. Der auf eine Aktie entfallende Anteilswert (= fiktiver Nennwert) beträgt damit 1 000 000 EUR/200 000 Aktien = 5 EUR/Aktie.

Die Aktien werden meistens zu einem Betrag ausgegeben, der höher ist als der (fiktive) Nennwert. Dieser Betrag, um den der Ausgabekurs **(Emissionskurs)** den (fiktiven) Nennwert übersteigt, wird als **Agio** (= Aufgeld) bezeichnet und in der Bilanz einer AG in der Eigenkapitalposition **Kapitalrücklage** erfasst. Das **Agio** stellt u. a. einen Ausgleich für die Beteiligung des Aktionärs an Vermögenswerten dar, die nicht in der Bilanz ausgewiesen sind (= **stille Rücklagen**, wie z. B. Image des Unternehmens, zu niedrig bewertete Vermögensgegenstände).

Kap. C 3.2

Kap. D 5.6

Ausgabekurs von Stückaktien

Die Stuttgarter Maschinenfabrik AG hat ermittelt, dass sich der bei der Gründung erforderliche Kapitalbedarf auf 1 800 000 EUR beläuft. Die 200 000 Stückaktien werden deshalb zu einem Kurs von 9 EUR/Stück ausgegeben (1 800 000 EUR/200 000 Stückaktien).

HGB § 272 (2) Zi 1

A	Bilanzauszug der Stuttgarter Maschinenfabrik AG		P
Vermögen	1,8 Mio. EUR	Gezeichnetes Kapital	1,0 Mio. EUR
		Kapitalrücklage	0,8 Mio. EUR

Das Eigenkapital (Gezeichnetes Kapital + Kapitalrücklage) beträgt 1,8 Mio. EUR.

Fiktiver Nennwert: 1 Mio. EUR/200 000 Aktien = 5 EUR/Aktie. Das bedeutet, dass ein Aktionär, der beim Kauf einer Aktie 9 EUR bezahlt hat, pro Aktie einen Anteil von 5 EUR am gezeichneten Kapital hat. **Jede Aktie** gewährt ihm **eine Stimme** in der Hauptversammlung.

Unterscheidung nach der Übertragbarkeit

AktG § 10 (1)

Aktien können auf den **Inhaber** oder auf einen **Namen** lauten.

BGB § 929

Inhaberaktien	Namensaktien
Auf den **Inhaber** ausgestellte Aktien lauten nicht **auf einen bestimmten Eigentümer**. Das Eigentum an diesen Aktien wird wie bei beweglichen Sachen durch **Einigung und Übergabe** übertragen. Vor allem die bekannten börsennotierten Aktiengesellschaften haben ein Interesse daran, dass die Papiere ohne aufwendige Formalitäten sowohl im Börsenhandel als auch auf dem freien Markt gehandelt werden können.	Lauten die Aktien auf einen **bestimmten Eigentümer**, so handelt es sich um **Namensaktien**. Die Ausgabe von Namensaktien ist zwingend vorgeschrieben, wenn bei deren Ausgabe die Aktionäre nicht den vollen Ausgabebetrag leisten (§ 10 (2) AktG). Namensaktien sind in das Aktienregister, das bei der Gesellschaft geführt wird, einzutragen. Damit hat die Gesellschaft eine Kontrolle darüber, wer welchen Anteil am Grundkapital vertritt und in der Hauptversammlung mitentscheidet. Außerdem hat die AG die Möglichkeit, ihre Aktionäre direkt anzuschreiben und zur Hauptversammlung einzuladen. Das Eigentum an Namensaktien wird durch **Einigung, Übergabe und Indossament** (= Übertragungsvermerk) übertragen. Das Indossament macht den neuen Eigentümer der Aktie kenntlich und weist ihn somit als Berechtigten aus.[1] Ist nach der Satzung die Übertragung einer Aktie an die Zustimmung der Aktiengesellschaft gebunden, so handelt es sich um **vinkulierte**[2] **Namensaktien** (§ 68 (2) AktG).

AktG § 10 (2), § 67 § 68

Eine Kombination von Namens- und Inhaberaktien ist ebenso möglich wie die Umwandlung der einen Aktienart in die jeweils andere.

AktG § 23 (3) Nr. 4 und 5

1 Trotz der komplizierten Eigentumsübertragung können Namensaktien problemlos an der Börse gehandelt werden. In diesem Fall sind die Namensaktien mit einem Blankoindossament versehen. Dadurch kann der ursprüngliche Eigentümer die Aktie an eine andere Person übertragen, ohne dessen Namen zu nennen. Die Eigentumsübertragung einer Namensaktie ist dann genauso einfach wie bei einer Inhaberaktie.

2 vinculare (*lat.*): binden, fesseln

AktG § 12 (1)

Unterscheidung nach den Rechten

Stammaktien	Stimmrechtslose Vorzugsaktien
Dem Inhaber einer Stammaktie stehen hinsichtlich des Stimmrechts in der Hauptversammlung und der Höhe der Dividende die normalen Rechte (keine Sonderrechte) zu.	Der Inhaber einer Vorzugsaktie erhält z. B. eine höhere Dividende (Vorzugsdividende) als der Inhaber einer Stammaktie. Dafür hat er aber kein Stimmrecht in der Hauptversammlung. Für die Stammaktionäre kann es im Zusammenhang mit der Erhöhung des Grundkapitals vorteilhaft sein, stimmrechtslose Vorzugsaktien auszugeben, weil sich dadurch die Machtverhältnisse in der Hauptversammlung nicht verändern. Vorzugsaktien dürfen nur bis zur Hälfte des Grundkapitals ausgegeben werden.

AktG § 139 (2)

7.4 Gründung und Entstehung der AG

Die Gründung einer AG vollzieht sich in folgenden Schritten:

1. Abschluss eines **Gesellschaftsvertrages (= Satzung)** zwischen den Gründern. Die Gründung kann auch durch eine einzige Person erfolgen **(Ein-Personen-AG)**. Gründer können natürliche oder juristische Personen sein. Nach der **notariellen Beurkundung** der Satzung ist die AG **gegründet**.
2. **Übernahme der Aktien durch die Gründer**. Damit ist die AG **errichtet**.
3. **Bestellung des Aufsichtsrats und der Abschlussprüfer** mit anschließender Bestellung des ersten **Vorstands** durch den Aufsichtsrat.
4. Erstellung eines **Gründungsberichts**. Vorstand und Aufsichtsrat haben den Hergang der Gründung zu prüfen.
5. **Einbringung der Einlagen.**
6. **Eintragung** in das Handelsregister. Mit der Eintragung ins Handelsregister **entsteht** die AG als juristische Person **(= konstitutive Wirkung der Eintragung)**. Wer vor der Eintragung der Gesellschaft in ihrem Namen handelt, haftet persönlich.

AktG §§ 23 (1), 2, 29, 30, 32, 33

AktG § 41 (1), §§ 27 ff., 36a, 36

Die Anmeldung zum Handelsregister muss von allen Gründern sowie den Mitgliedern des Vorstandes und des Aufsichtsrates vorgenommen werden. Sie darf erst erfolgen, wenn die erforderlichen Einzahlungen (bzw. bei einer Sachgründung die Sacheinlagen) auf das Grundkapital erfolgt sind.

Gründung einer AG mit Bar- und Sacheinlagen

Die Herren Appel, Benz, Clippert möchten zur Umsetzung einer neuen Produktidee eine Aktiengesellschaft gründen. Das Grundkapital soll 2 Mio. EUR betragen und in 400 000 Nennwertaktien (Nennwert je Aktie: 5,00 EUR) aufgeteilt werden.

Fall 1:
Jeder der drei Gründer übernimmt 100 000 Aktien gegen Bareinlage. Außerdem ist die Hausbank wegen der überzeugenden Produktidee bereit, bei der Gründung 100 000 Aktien mit einem Aufpreis (Agio) von 1,00 EUR je Aktie zu 6,00 EUR je Aktie gegen Bareinlage zu übernehmen.
In welcher Höhe müssen die Einlagen **vor der Anmeldung der AG ins Handelsregister mindestens** geleistet werden?

Lösung:
Gem. §§ 36, 36a (1), (2) AktG gilt: Bei Bareinlagen müssen vor der Anmeldung mindestens 25 % des Nennwertes zuzüglich des vollen Agios geleistet sein.

	Mindesteinlagen
<u>1. Gründer Appel, Benz und Clippert</u>	
300 000 Aktien à 5,00 EUR Nennwert gegen Bareinlage = 1 500 000 EUR	
davon müssen mindesten 25 % (= 375 000 EUR) eingezahlt worden sein.	375 000 EUR

2. Hausbank

100 000 Aktien à 5,00 EUR Nennwert gegen Bareinlage = 500 000 EUR davon müssen mindesten 25 % (= 125 000 EUR) eingezahlt worden sein.	125 000 EUR
Auf die von der Hausbank übernommenen 100 000 Aktien entfällt ein Agio in Höhe von 1,00 EUR je Aktie (= 100 000 EUR). Dieses muss voll eingezahlt worden sein.	100 000 EUR
Summe der vor der Anmeldung einzubringenden Einlagen	**600 000 EUR**

Da im vorliegenden Fall die Aktionäre ihre Einlagen zunächst nicht in voller Höhe leisten, müssen die Aktien gem. § 10 (2) AktG auf die Namen der Aktionäre lauten **(= Namensaktien)**.

Das Agio (hier: 100 000 EUR) gehört zum Eigenkapital. Es ist aber nicht Bestandteil des ebenfalls zum Eigenkapital gehörenden Gezeichneten Kapitals (= Grundkapital). Das Gezeichnete Kapital umfasst lediglich die Summe der Nennwerte aller Aktien (hier: 2 Mio. EUR).

In der Bilanz wird das Agio daher in einer gesonderten Eigenkapitalposition **Kapitalrücklage** ausgewiesen. Das gesamte Eigenkapital der AG beträgt bei der Gründung somit 2,1 Mio. EUR.

Aktiva (vereinfachte) **Gründungsbilanz der AG** Passiva

Aktiva		Passiva		
Flüssige Mittel	600 000	*Gezeichnetes Kapital*	*2 000 000*	
		– nicht eingefordertes Kapital	*1 500 000*	
		= eingefordertes Kapital	500 000	eingezahltes
		Kapitalrücklage	100 000	Eigenkapital
Summe	600 000	Summe	600 000	

Gem. § 272 (1) S. 3 HGB sind in der Bilanz die nicht eingeforderten ausstehenden Einlagen vom Posten „Gezeichnetes Kapital" offen abzusetzen. Bei dem dann noch verbleibenden Restbetrag handelt es sich um das „eingeforderte Kapital".
Der Begriff „eingefordertes Kapital" ist missverständlich: Haben die Aktionäre die eingeforderten Beträge eingezahlt, so handelt es sich um bereits **eingezahltes Kapital**, dessen Gegenwert im Vermögen (z. B. als flüssige Mittel) auf der Aktivseite enthalten ist. Wurde das Kapital von den Aktionären **eingefordert**, aber von diesen **noch nicht eingezahlt**, so wird dies auf der Aktivseite als Forderung an die Aktionäre ausgewiesen.

Fall 2:
Welche Änderungen würden sich gegenüber Fall 1 ergeben, wenn der Gründer Clippert statt einer Bareinlage ein Patent im Wert von 500 000 EUR einbringen würde (= Sacheinlage in Form eines immateriellen Vermögensgegenstandes)?

Lösung:
Gem. § 36a (2) AktG gilt: Sacheinlagen müssen vor der Anmeldung vollständig geleistet sein.

	Mindesteinlagen
1. Gründer Appel, Benz 200 000 Aktien à 5,00 EUR Nennwert gegen Bareinlage = 1 000 000 EUR davon müssen mindesten 25 % (= 250 000 EUR) eingezahlt worden sein	250 000 EUR
2. Gründer Clippert 100 000 Aktien à 5,00 EUR Nennwert gegen Sacheinlage = 500 000 EUR Die Sacheinlage muss voll geleistet worden sein.	500 000 EUR
3. Hausbank 100 000 Aktien à 5,00 EUR Nennwert gegen Bareinlage = 500 000 EUR davon müssen mindesten 25 % (= 125 000 EUR) eingezahlt worden sein.	125 000 EUR
Auf die von der Hausbank übernommenen 100 000 Aktien entfällt ein Agio in Höhe von 1,00 EUR je Aktie (= 100 000 EUR). Dieses muss voll eingezahlt worden sein.	100 000 EUR
Summe der vor der Anmeldung einzubringenden Einlagen	**975 000 EUR**

Bei Bareinlagen müssen vor der Anmeldung einer AG zum Handelsregister mindestens 25 % des Nennwertes der Aktien eingezahlt worden sein. Ein Agio muss in voller Höhe eingezahlt worden sein.

Sacheinlagen müssen vor der Anmeldung einer AG zum Handelsregister in voller Höhe geleistet worden sein.

Mindestens einzubringendes Eigenkapital einer AG vor der Anmeldung zum Handelsregister		
Bareinlage		**Sacheinlage**
25 % des Aktiennennwertes § 36a (1) AktG	Agio in voller Höhe § 36a (1) AktG	in voller Höhe § 36a (2) AktG

7.5 Organe der AG

Wie alle juristischen Personen handelt die Aktiengesellschaft durch ihre Organe.

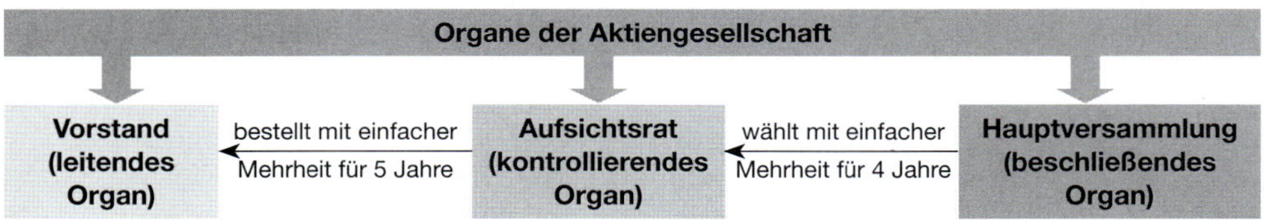

7.5.1 Vorstand

Aufg. 7.2 S. 252

Der Vorstand der AG ist das geschäftsführende Organ der Gesellschaft. Er leitet die AG in eigener Verantwortung.

Aufgaben des Vorstands

AktG §§ 76–79, § 81, § 84 (1)

- Der Aufsichtsrat bestellt den Vorstand für **höchstens fünf Jahre**. Der Vorstand hat unter eigener Verantwortung die Gesellschaft zu leiten und ist – anders als der Geschäftsführer einer GmbH – nicht weisungsgebunden. Demnach kann auch ein Großaktionär, z. B. mit einem Aktienbesitz von 50 % des Grundkapitals, dem Vorstand keine Weisungen erteilen. Der Vorstand kann aus einer Person oder aus mehreren Personen bestehen (bei einem Grundkapital von mehr als 3 Mio. EUR mindestens 2 Personen). Setzt er sich aus mehreren Personen zusammen, besteht **Gesamtgeschäftsführungs- und Gesamtvertretungsbefugnis**.[1] Vertraglich kann Einzelvertretungsbefugnis vereinbart werden, muss aber ins Handelsregister eingetragen werden. (AktG § 77 (1), § 78 (3))
- Der Vorstand hat dem Aufsichtsrat regelmäßig über die Geschäftslage der AG zu **berichten**. (AktG § 90, § 170; HGB § 264, § 267 (1))
- Nachdem der **Jahresabschluss** (Bilanz, Gewinn- und Verlustrechnung, Anhang) und der **Lagebericht** (enthält Ausführungen zum Geschäftsverlauf und zur Lage der AG) aufgestellt sind, muss der Vorstand diese unverzüglich dem Aufsichtsrat vorlegen. Kleine Kapitalgesellschaften brauchen den Lagebericht nicht aufzustellen.
- Er muss mindestens einmal jährlich eine **ordentliche Hauptversammlung** einberufen. Bei drohenden hohen Verlusten, bei Überschuldung oder bei Zahlungsunfähigkeit ist er verpflichtet, zu einer **außerordentlichen Hauptversammlung** einzuladen. (AktG § 121, § 92,)
- Die Vorstandsmitglieder unterliegen dem gesetzlichen **Wettbewerbsverbot** (keine Geschäfte im Geschäftszweig der AG, kein eigenes Handelsgewerbe). (§ 88)

1 Das gilt für alle Kapitalgesellschaften. Bei der OHG und der KG gilt dagegen der Grundsatz der Einzelgeschäftsführungs- und Einzelvertreterbefugnis.

Vergütung

Bei der Bemessung der Gesamtbezüge einzelner Vorstandsmitglieder (Gehalt, Gewinnbeteiligung, Aufwandsentschädigung, Versicherungsentgelte, Provisionen und Nebenleistungen) hat der Aufsichtsrat dafür zu sorgen, dass diese in einem angemessenen Verhältnis zu deren Aufgaben stehen. Über die Höhe der Gesamtbezüge des Vorstandes müssen im Anhang entsprechende Angaben gemacht werden.

AktG § 87
HGB § 285 Nr. 9

7.5.2 Aufsichtsrat

Die Aufgabe des Aufsichtsrates besteht in der Überwachung der Geschäftsführung des Vorstandes.

Zahl der Mitglieder und Amtszeit

Im Normalfall besteht der Aufsichtsrat aus **drei Mitgliedern**. Die Satzung kann auch eine höhere Zahl (bis zu 21 Mitgliedern – je nach Höhe des Grundkapitals) festsetzen. Die Zahl muss jedoch stets durch drei teilbar sein.

AktG § 95, § 102

Die Mitglieder des Aufsichtsrates werden von der Hauptversammlung mit einfacher Mehrheit für **vier Geschäftsjahre** gewählt.

Aufgaben

Der Aufsichtsrat hat im Wesentlichen folgende Aufgaben:

- Bestellung (d. h. Wahl mit einfacher Mehrheit) und gegebenenfalls Abberufung des Vorstands
- Überwachung der Geschäftsführung des Vorstands. Dazu kann er u. a. die Geschäftsunterlagen der Gesellschaft einsehen und prüfen.
- Prüfung des Jahresabschlusses samt Lagebericht und Vorschlag für die Verwendung des Bilanzgewinns
- Feststellung des Jahresabschlusses

AktG § 84, § 111, § 171, § 172

Persönliche Voraussetzungen von Mitgliedern eines Aufsichtsrates

Ein Aufsichtsratsmitglied **kann im selben Unternehmen nicht zugleich Vorstandsmitglied** oder in anderer leitender Funktion (z. B. als Prokurist oder Handlungsbevollmächtigter) sein, weil dadurch Leitung und Kontrolle bei derselben Person vereinigt wären. Ein Mitglied des Vorstands einer AG kann aber gleichzeitig Mitglied des Aufsichtsrats bei einer anderen Kapitalgesellschaft sein. Allerdings ist die Zahl der Aufsichtsratsmandate pro Person auf zehn beschränkt.

AktG § 105, § 100

Zur gemeinsamen Ausrichtung ihrer Geschäftspolitik übertragen voneinander abhängige Aktiengesellschaften ihre Leitung häufig auf eine übergeordnete Gesellschaft **(Muttergesellschaft)**. In einem Vertrag **(Beherrschungsvertrag)** wird festgelegt, dass das übergeordnete Unternehmen einen beherrschenden Einfluss auf das **abhängige Unternehmen** ausübt.

AktG § 291

In diesem Fall darf ein Vorstandsmitglied des abhängigen Unternehmens (Tochterunternehmen) nicht gleichzeitig Aufsichtsrat des herrschenden Unternehmens sein:

AktG § 100 (2) Nr. 2

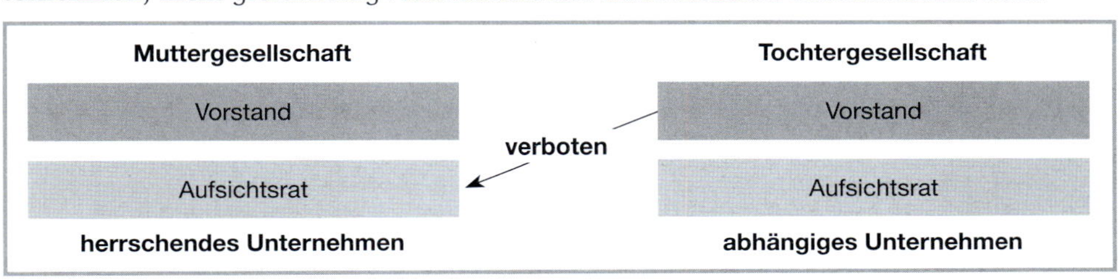

Auch die Entsendung von Vorstandsmitgliedern anderer Kapitalgesellschaften in den Aufsichtsrat einer AG ist nicht möglich, wenn ein Vorstandsmitglied dieser AG bereits dem Aufsichtsrat der anderen Kapitalgesellschaft angehört **(Überkreuzverflechtung)**.

AktG § 100 (2) Nr. 3

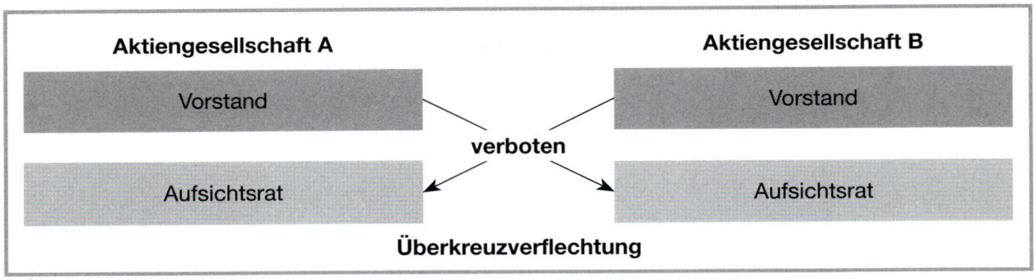

Mitbestimmung der Arbeitnehmer im Aufsichtsrat

AktG § 30 (2)
AktG § 101

Für den ersten Aufsichtsrat bei der Gründung gelten die folgenden Mitbestimmungsregelungen nicht. Wie sich die späteren Aufsichtsräte zusammensetzen und wer sie wählt, hängt von der Zahl der Arbeitnehmer und/oder vom Geschäftszweig der AG ab. Der Einfluss der Arbeitnehmer auf die Zusammensetzung des Aufsichtsrates und damit auf die Wahl des Vorstandes wird i. d. R. umso größer, je mehr Arbeitnehmer bei der AG beschäftigt sind. Hinsichtlich der Mitbestimmung von Arbeitnehmern über die Zusammensetzung des Aufsichtsrates sind drei Fälle zu unterscheiden:

DrittelbG § 1 § 4 (1) §§ 5, 6

MitbG § 1

bis zu 500 Arbeitnehmern	mehr als 500 Arbeitnehmer (Drittelbeteiligungsgesetz)	mehr als 2000 Arbeitnehmer (Mitbestimmungsgesetz)
Die Arbeitnehmer haben im Normalfall kein Recht auf eine Mitbestimmung über die Zusammensetzung des Aufsichtsrates. In diesen Unternehmen setzt sich der Aufsichtsrat ausschließlich aus Vertretern der Anteilseigner zusammen.	Der Aufsichtsrat muss zu **einem Drittel** aus Arbeitnehmervertretern bestehen **(Drittelparität)**. Die Arbeitnehmer wählen die auf sie entfallenden Aufsichtsratsmitglieder auf der Grundlage von Wahlvorschlägen der Betriebsräte und der Arbeitnehmer. Die Hauptversammlung wählt **zwei Drittel** der Mitglieder des Aufsichtsrats als Vertreter der Anteilseigner.	Bei Großunternehmen, die nicht zum Montanbereich (Bergbau, Eisen und Stahl) gehören, setzt sich der Aufsichtsrat **paritätisch** (d. h. zu gleichen Teilen) aus Vertretern der Kapitaleigner und der Arbeitnehmer zusammen.

MitbG § 7 (1), Nr. 1

Wahl und Zusammensetzung des Aufsichtsrates nach dem Mitbestimmungsgesetz von 1976

Beispiel: Die Aktiengesellschaft beschäftigt zwischen 2000 und 10000 Arbeitnehmer.

Aufsichtsrat	
6 Vertreter der Kapitaleigner (Aktionäre)	**6 Vertreter der Arbeitnehmer**
○ ○ ○ ○ ○ ○	● ○ ○ ● ○ ○ mindestens 1 leitender Angestellter, 1 Angestellter, 1 Arbeiter
↑	↑
Hauptversammlung wählt die Vertreter der Kapitaleigner (= Hälfte der AR-Mitglieder)	Arbeitnehmer wählen die Arbeitnehmervertreter (= Hälfte der AR-Mitglieder)

● = Gewerkschaftsvertreter

Das **Mitbestimmungsgesetz** legt fest, dass
- der Aufsichtsrat **paritätisch** mit Vertretern der Kapitaleigner und der Arbeitnehmer besetzt ist,
- Personal- und Sozialfragen durch einen **Arbeitsdirektor** (als Mitglied des Vorstands) besonders betreut werden,
- bei Stimmengleichheit im Aufsichtsrat die Stimme des Vorsitzenden den Ausschlag gibt.

MitbG § 33 (1)

Die Mitbestimmung im Aufsichtsrat nach dem Mitbestimmungsgesetz von 1976 ist **nur zahlenmäßig paritätisch**. Tatsächlich ist es eine ungleichgewichtige Mitbestimmung:
- Aufgrund der gesetzlichen Vorschriften für die Wahl gehört der Aufsichtsratsvorsitzende wohl immer der Gruppe der Kapitaleigner an.
- Der Aufsichtsratsvorsitzende hat bei Stimmengleichheit bei Abstimmungen (z. B. über die Bestellung der Vorstandsmitglieder) eine ausschlaggebende Zweitstimme.
- Der Gruppe der Arbeitnehmer im Aufsichtsrat ist ein leitender Angestellter zugeordnet, der aufgrund seines Tätigkeitsbereiches aber eher die Interessen der Anteilseigner vertritt.

MitbG § 29 (2)

MitbG § 27, § 29 (2)

Für börsennotierte Aktiengesellschaften, die dem Mitbestimmungsgesetz unterliegen, gilt für den Aufsichtsrat eine Geschlechterquote (Frauen- bzw. Männeranteil) von mindestens 30 %.

AktG § 96 (2)

7.5.3 Hauptversammlung (HV)

Die Hauptversammlung ist das Organ der AG, durch das die Aktionäre ihre Rechte als Kapitaleigner ausüben.

Wesen und Rechtsstellung

Die Hauptversammlung ist das **beschließende Organ** einer Aktiengesellschaft. In ihr üben die Gesellschafter (Aktionäre) ihr Stimmrecht aus. Der Vorstand beruft die Hauptversammlung als Zusammenkunft der Aktionäre ein, die innerhalb der **ersten acht Monate** des Geschäftsjahres über die Entlastung von Vorstand und Aufsichtsrat beschließt. Mit einer erfolgreichen Abstimmung (d. h. der Vorstand wird entlastet) billigen die Anteilseigner die Geschäftsführung der Gesellschaft. Die Entlastung enthält jedoch keinen Verzicht auf Ersatzansprüche. Eine abgelehnte Entlastung des Vorstandes bedeutet einen Vertrauensentzug.

AktG § 118, § 121 (2), § 120

Rechte

Der Hauptversammlung stehen folgende Rechte zu:
- Wahl der Aufsichtsratsmitglieder der Kapitaleigner (mit einfacher Mehrheit)
- Beschlüsse über die Verwendung des Bilanzgewinns
- Entlastung der Mitglieder des Vorstands und des Aufsichtsrats
- Bestellung der Abschlussprüfer für das laufende Geschäftsjahr
- Beschlüsse über Satzungsänderungen (z. B. Kapitalerhöhung, Zusammenschluss mit anderen Unternehmen, Auflösung)

AktG § 119

Stimmrecht und Beschlussfassung

Jedem Aktionär, der über Stammaktien verfügt, steht in der Hauptversammlung ein Stimmrecht zu. Der Aktionär kann sein Stimmrecht z. B. im Fall einer Verhinderung am Tage der Hauptversammlung auch an einen Dritten (z. B. eine Bank) durch Erteilung einer schriftlichen Vollmacht abtreten.

AktG § 134 (3)

AktG § 133, § 179

Beschlüsse der Hauptversammlung kommen in der Regel durch einfache Mehrheit der abgegebenen Stimmen zustande. Für einige Beschlüsse, die von besonderer Tragweite für die AG sind, ist eine qualifizierte Mehrheit (3/4 des bei der Beschlussfassung vertre-

AktG § 182 (1)

tenen Grundkapitals) erforderlich. Dies gilt z. B. für Maßnahmen der **Eigenkapitalbeschaffung** und andere Satzungsänderungen.

AktG § 130 (1)

Beschlüsse der Hauptversammlung	
Wahl des Aufsichtsrates (AktG § 101)	**einfache Mehrheit**
Feststellung des Jahresabschlusses (AktG § 172)	**einfache Mehrheit**
Verwendung des Bilanzgewinns (AktG § 174)	**einfache Mehrheit**
Satzungsänderungen (AktG § 179) wie z. B. Kapitalerhöhung	**qualifizierte Mehrheit**
Auflösung der Gesellschaft (§ 262 (1) Nr. 2 AktG)	**qualifizierte Mehrheit**

Die Beschlüsse der Hauptversammlung börsennotierter Aktiengesellschaften bedürfen der **notariellen Beurkundung**.

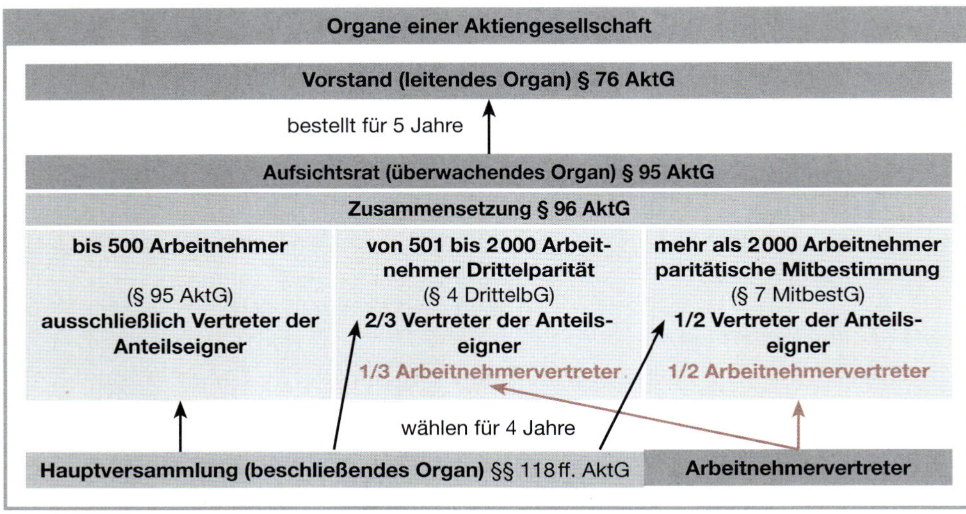

7.6 Pflichten und Rechte der Aktionäre

7.6.1 Pflichten der Aktionäre

AktG § 54, §§ 36, 36a

Kap. B 7.4

Leistung der Einlage

Haben sich die Aktionäre zur Leistung von **Bareinlagen** verpflichtet, so muss **mindestens ein Viertel** des (fiktiven) Nennwertes der Aktien eingefordert und von den Aktionären geleistet werden. Werden die Aktien zu einem höheren Betrag ausgegeben, so muss auch der Mehrbetrag **(Agio)** eingezahlt werden. **Sacheinlagen** sind vollständig zu leisten.

Risiko des Verlustes des Aktienwertes

AktG § 1 (1)

In gleicher Weise wie bei der GmbH haftet für die Verbindlichkeiten der Gesellschaft ihren Gläubigern gegenüber nur das Gesellschaftsvermögen der AG. Die Aktionäre tragen aber das Risiko, einen Wertverlust zu erleiden oder ihre Beteiligung ganz oder teilweise zu verlieren, falls die AG z. B. wegen Überschuldung aufgelöst wird.

7.6.2 Rechte der Aktionäre

Die Rechte der Aktionäre lassen sich in **Verwaltungsrechte** und **Vermögensrechte** einteilen.

Verwaltungsrechte

- **Recht auf Teilnahme an der Hauptversammlung** AktG § 118
  Mit der Teilnahme an der Hauptversammlung sind folgende Rechte verbunden:
  - **Stimmrecht** AktG § 134
    Grundsätzlich gewährt jede Stammaktie eine Stimme. Nur wenn gleichzeitig Aktien mit unterschiedlichen Nennwerten ausgegeben wurden (z. B. Aktien mit 5,00 EUR Nennwert und gleichzeitig andere Aktien mit 100,00 EUR Nennwert), gilt folgende Regelung: Jede Aktie mit dem niedrigsten Nennwert gewährt jeweils eine Stimme. Aktien mit einem höheren Nennwert gewähren ein entsprechendes Vielfaches an Stimmen (z. B. Aktie mit 5,00 EUR Nennwert eine Stimme, Aktie mit 100 EUR Nennwert 20 Stimmen).

    Durch das Stimmrecht in der Hauptversammlung können Aktionäre u. a. bei folgenden Beschlüssen mitwirken: Kap. B 7.5

    Beschlüsse mit einfacher Mehrheit der abgegebenen Stimmen: AktG
    - Wahl und Abberufung des Aufsichtsrates §§ 101, 103
    - Entlastung von Vorstand und Aufsichtsrat § 120 (1)
    - Billigung eines Vergütungssystems für Vorstandsmitglieder bei börsennotierter AG § 120 (4)
    - Verwendung des Bilanzgewinns § 174

    Für Beschlüsse, die eine Satzungsänderung bedingen (z. B. Erhöhung des Grundkapitals), ist eine $^3/_4$ Mehrheit (qualifizierte Mehrheit) der abgegebenen Stimmen erforderlich.
  - **Auskunftsrecht** AktG § 131
    Der Aktionär kann in der Hauptversammlung vom Vorstand Auskunft über Angelegenheiten der Gesellschaft verlangen.
- **Recht auf Einberufung der Hauptversammlung auf Verlangen einer Minderheit** AktG § 122
  Die Hauptversammlung muss einberufen werden, wenn Aktionäre, deren Anteile zusammen mindestens 5 % des Grundkapitals erreichen, dies verlangen.
- **Anfechtung eines Beschlusses der Hauptversammlung** AktG §§ 243 ff.
  Ein Beschluss der Hauptversammlung, der gegen die Satzung oder ein Gesetz verstößt, kann vom Aktionär angefochten werden.

Vermögensrechte

Kap. C 2.2.5
C 3.2.4

Anspruch auf Anteil am Gewinn (Dividende) §§ 58 (4), 60 AktG	Bezugsrecht bei der Ausgabe neuer Aktien § 186 AktG	Anspruch auf Beteiligung am Liquidationserlös § 271 AktG
Der Anteil eines Aktionärs am Gewinn (= Dividende) bestimmt sich nach seinem Anteil am Grundkapital.	Wird in der Hauptversammlung die Erhöhung des Grundkapitals beschlossen, steht den Aktionären ein Recht auf den Bezug neuer Aktien zu.	Bei Auflösung der AG steht den Aktionären das nach Abzug der Schulden verbleibende Vermögen entsprechend ihren Anteilen am Grundkapital zu.

7.7 Aktienhandel an der Börse

Aufg. 7.3 u. 7.4 S. 253 f.

Börsengang einer AG – Vor- und Nachteile

Aktien sind an der Börse nur handelbar, wenn sie zuvor zum Börsenhandel zugelassen wurden. Die Zulassung erfolgt auf der Grundlage von Gesetzen (z. B. Börsengesetz, Börsenzulassungsverordnung) und muss von der Aktiengesellschaft zusammen mit AktG § 3 (2) einem Kreditinstitut beantragt werden. Damit die Aktien zur amtlichen Notierung (= Kursfeststellung an der Wertpapierbörse unter amtlicher Aufsicht) zugelassen werden, müssen bestimmte Voraussetzungen erfüllt sein. Zum Beispiel muss ein **Börsenprospekt** vorgelegt werden, der alle wesentlichen Informationen für künftige Anleger enthält. Darüber hinaus ist die Zulassung mit der Verpflichtung zu der Veröffentlichung der Bilanz im Bundesanzeiger und in mindestens einer als Börsenpflichtblatt zugelassenen Tageszeitung, verbunden.

HGB §§ 325 (4), 264d

AktG § 130

Vorteile eines Börsengangs	Nachteile eines Börsengangs
▪ Imagezuwachs für das Unternehmen ▪ bei positiver Kursentwicklung Erleichterung bei der künftigen Beschaffung von Eigenkapital (Kapitalerhöhungen)	▪ Zulassungskosten (z. B. für den Börsenprospekt) ▪ Bankprovision für die Platzierung der Aktien (ca. 4 % bis 6 % des Emissionserlöses) ▪ verschärfte Publizitätspflichten ▪ Erfolg des Börsengangs hängt von der gegenwärtigen Stimmung am Aktienmarkt ab. ▪ Gefahr einer feindlichen Übernahme, indem Investoren eine Aktienmehrheit gegen den Willen von Vorstand und Aufsichtsrat des Unternehmens an der Börse aufkaufen ▪ **Alle** HV-Beschlüsse müssen notariell beurkundet werden. (Bei nichtbörsennotierter AG nur die Satzungsänderungen).

Nennwert und Kurswert

Die Summe der Nennwerte (aufgedruckt bei Nennbetragsaktien – fiktiv bei Stückaktien) aller ausgegebenen Aktien entspricht dem in der Bilanz ausgewiesenen gezeichneten Kapital bzw. dem Grundkapital. Der Nennwert der Aktien ist aber nicht identisch mit dem Wert, zu dem die Aktien an einer Wertpapierbörse gehandelt werden **(Kurswert)**. Vielmehr handelt es sich beim Kurswert um einen **Marktpreis (Kurs)**, der sich an einem bestimmten Börsentag aus dem vorhandenen Angebot und der entsprechenden Nachfrage ergibt.

Der Börsenpreis (Kurs) einer Aktie ist der Preis, zu dem diese Aktie an einer Wertpapierbörse gehandelt wird.

Vgl. Bd. 1 Kap. A 2.2.4

Angebot und Nachfrage bei Aktien und damit der Kurswert hängen u. a. ab von

- den Gewinnerwartungen,
- dem Konjunkturverlauf,
- der politischen Lage,
- spekulativen Überlegungen,
- persönlichen Einschätzungen der Anbieter und Nachfrager.

Auszug aus einer Börsenkurstabelle DAX-Werte

Der DAX (ursprünglich Deutscher Aktienindex) ist der wichtigste deutsche Aktienindex. Er umfasst die Aktien der 30 größten deutschen börsennotierten Aktiengesellschaften. Wichtige Auswahlkriterien für die Aufnahme in den DAX sind u. a. der Börsenumsatz (wie viele Aktien werden täglich gehandelt) und die Marktkapitalisierung (= Zahl der im Handel befindlichen Aktien · Kurs).

Dax-Werte				Veränderung	52-Wochen		KGV
	Div.	05.04.	04.04.	in %	Hoch	Tief	2018
Adidas	1,60	175,60	177,60	– 1,13	185,05	100,45	24,73
Allianz SE vNA	7,30	172,10	173,25	– 0,66	174,60	118,35	10,43
BASF SE NA	2,90	93,13	93,82	– 0,74	94,32	61,58	16,06
BMW St.	3,20	83,24	83,95	– 0,85	91,76	63,38	8,16
Daimler NA	3,25	67,06	67,74	– 1,00	73,23	50,83	7,80
VW Vz.	0,17	133,15	134,20	– 0,78	156,55	101,70	5,43

Aufg. 7.5 u. 7.6 S. 255

Hinweis: Bei den Unternehmen Allianz SE und BASF SE handelt es sich um europäische Aktiengesellschaften (SE: Societas Europaea).

Zusätze bei den Aktienbezeichnungen:

NA = Namensaktie (Bsp. Daimler NA)	*St = Stammaktie (Bsp. BMW)*
vNA = vinkulierte Namensaktie (Bsp. Allianz)	*Vz = Vorzugsaktie (Bsp. VW VZ)*

Erläuterung des Kursausweises am Beispiel der BASF-Aktie:

Für die BASF-Aktie wurde am 04.04. ein Kurs von 93,82 EUR ermittelt. Am 05.04. ist der Kurs um 0,74 % auf 93,13 EUR gesunken. Pro Aktie hat die BASF im vergangenen Geschäftsjahr an die Aktionäre eine Dividende in Höhe von 2,90 EUR ausgeschüttet. Im laufenden Kalenderjahr waren bis zum Tag der Kursnotierung (05.04.) Kursschwankungen von 61,58 (Tief) und 94,32 (Hoch) festzustellen. Für das Verhältnis von Gewinn und Aktienkurs (KGV: Kurs-Gewinn-Verhältnis) errechnet sich derzeit ein Wert von 16,05. Das Kurs-Gewinn-Verhältnis ist eine Kennzahl, die angibt, in welchem Verhältnis der erwartete Gewinn einer AG zum aktuellen Börsenkurs steht. Hierbei wird der Kurs der Aktie in Beziehung zu dem für die Zukunft (z. B. das kommende Geschäftsjahr) erwarteten Gewinn je Aktie (Jahresüberschuss einer AG oder eines Konzerns geteilt durch die Anzahl der Aktien) gesetzt.

$$KGV = \frac{\text{Kurs einer Aktie}}{\text{erwarteter Gewinn je Aktie}}$$

Bei einem niedrigen KGV gilt eine Aktie als günstig, bei einem hohen KGV als ungünstig. Bei Verlusten kann kein KGV ermittelt werden. Der Käufer einer BASF-Aktie muss zum aktuellen Datum (05.04.) beim Erwerb einer BASF-Aktie pro 1 EUR des auf eine Aktie entfallenden Gewinns der BASF-SE den 16,06-fachen Kaufpreis zahlen.

Beispiele für mögliche weitere Kurszusätze

G	*Geld, zum genannten Kurs war nur Nachfrage vorhanden*
B	*Brief, zum genannten Kurs war nur Angebot vorhanden*
b	*bezahlt, sämtliche Aufträge wurden ausgeführt*
bB	*bezahlt Brief, es konnten nicht alle Verkaufsaufträge ausgeführt werden*
bG	*bezahlt Geld, es konnten nicht alle Kaufaufträge ausgeführt werden*
–	*gestrichen, keine Umsätze, keine Kursfestsetzung*
ex D	*ohne Dividende, die Dividende für das abgelaufene Jahr wurde bereits ausgezahlt*
ex BR	*ohne Bezugsrecht, Kurs nach Bezugsrechtsabschlag*

7.8 Vor- und Nachteile einer Aktiengesellschaft

Vor- und Nachteile einer Aktiengesellschaft im Vergleich zu anderen Rechtsformen

Vorteile

- Durch Aufteilung des Grundkapitals in kleine Kapitalanteile ist die Aufbringung eines hohen Eigenkapitals möglich.
- Kapitalgeber haben keine Verpflichtung zur Geschäftsführung und Vertretung (Trennung von Leitung und Eigentum); dadurch Möglichkeit des Einsatzes qualifizierter Fachleute.
- Die Finanzkraft großer Kapitalgesellschaften ermöglicht hohe Forschungs- und Entwicklungsausgaben (Entwicklung neuer Technologien) und häufig auch hohe soziale Leistungen für die Belegschaft.
- Möglichkeit der Kapitalbeteiligung der Arbeitnehmer durch Belegschaftsaktien.

Nachteile

- Wegen umfangreicher Vorschriften (Bildung von Organen, Kapitalbeschaffung, Jahresabschluss) für kleine und mittlere Unternehmen nicht geeignet.
- Pflicht zur Veröffentlichung des Jahresabschlusses.
- Bildung eines Aufsichtsrates zwingend vorgeschrieben.
- Vorstandsmitglieder haben kein Kapitalrisiko (Schadenersatzpflicht gegenüber der AG lediglich bei Verschulden); dadurch evtl. Begünstigung von Fehlentscheidungen.
- Konzentration in der Wirtschaft (Missbrauch von Marktmacht).

Zusammenfassende Übersicht zu Kap. 7: Aktiengesellschaft (AG)

Aktiengesellschaft

Gründerzahl: mindestens 1 Gründer § 2 AktG

Merkmale:

- Kapitalgesellschaft ist juristische Person § 1 (1) AktG
- keine Haftung der Aktionäre (Es haftet nur die AG mit ihrem Gesellschaftsvermögen.) § 1 (1) S. 2 AktG
- Formkaufmann § 6 HGB, Handelsgesellschaft § 3 (1) AktG
- Beteiligung der Aktionäre in Form von Aktien § 1 (2) AktG

Nennwert der Aktie: Gibt den Anteil des Aktionärs am Grundkapital und damit seinen Einfluss in der Hauptversammlung an.

Kurswert der Aktie: Wert, zu dem eine Aktie an der Börse gehandelt wird.

Firma:

- Sach-, Personen-, Misch- oder Fantasiefirma mit der Bezeichnung „Aktiengesellschaft" oder eine allgemein verständliche Abkürzung („AG") § 4 (1) AktG

Organe:

Vorstand (leitendes Organ) § 76 AktG
(bei mehreren Personen: Gesamtvertretung gem. § 78 (2) AktG, falls keine andere Vereinbarung in der Satzung)

bestellt für 5 Jahre

Aufsichtsrat (überwachendes Organ) § 95 AktG

Zusammensetzung des Aufsichtsrates § 96 AktG

Hauptversammlung (beschließendes Organ) §§ 118 ff. AktG

Arbeitnehmervertreter

wählen für 4 Jahre

- **bis 500 Arbeitnehmer** (§ 95 AktG) **ausschließlich Vertreter der Anteilseigner**
- **von 501 bis 2000 Arbeitnehmer Drittelparität** (§ 4 DrittelbG) **2/3 Vertreter der Anteilseigner** **1/3 Arbeitnehmervertreter**
- **mehr als 2000 Arbeitnehmer paritätische Mitbestimmung** (§ 7 MitbestG) **1/2 Vertreter der Anteilseigner** **1/2 Arbeitnehmervertreter**

Grundkapital:

- Mindestbetrag: 50000 EUR § 7 AktG
- Zerlegung in Aktien § 1 (2) AktG
  - Stückaktien (Quotenaktien)
  - Nennbetragsaktien
  - Inhaberaktien
  - Namensaktien
  - Stammaktien
  - Vorzugsaktien § 8 AktG
- Aufbringung des Grundkapitals bei Gründung
  - Bareinlagen: 25 % des Nennwertes zuzüglich volles Agio §§ 36, 36a (1) AktG
  - Sacheinlagen: vollständig § 36a (2) AktG

Pflichten und Rechte der Aktionäre

Pflichten	Rechte: Verwaltungsrechte	Rechte: Vermögensrechte

■ Leistung der Einlage (Bar- oder Sacheinlage) §§ 54, 36, 36a AktG
■ Risiko des Wertverlusts der Aktie § 1 (1) AktG
	■ Teilnahme an HV § 118 AktG
	– Stimmrecht § 134 AktG
	  – Wahl und Abberufung des AR §§ 101, 103 AktG
	  – Entlastung von Vorstand und AR § 120 (1) AktG
	  – Vergütungssystem Vorstand § 120 (4) AktG
	  – Verwendung des Bilanzgewinns § 174 AktG
	– Auskunftsrecht § 131 AktG
	■ Einberufung der HV (Minderheitsvotum) § 122 AktG
	■ Anfechtung HV-Beschluss § 243 ff. AktG
		■ Anspruch auf Dividende §§ 58 (4), 60 AktG
		■ Bezugsrecht bei der Ausgabe neuer Aktien § 186 AktG
		■ Anspruch auf Beteiligung am Liquidationserlös § 271 AktG

Wiederholung des Grundwissens

zu Kapitel 7 Aktiengesellschaft

7.1 Begriff und Firmierung der AG

1. Wie viele Gründer muss eine AG mindestens haben?
2. Warum wird eine Aktiengesellschaft den Kapitalgesellschaften zugeordnet?
3. Wann entsteht eine Aktiengesellschaft?
4. Nennen Sie Möglichkeiten zur Firmierung einer AG.

7.2 Kapitalaufbringung und Haftung

1. Was ist unter dem Grundkapital einer AG zu verstehen und wie hoch muss dieses mindestens sein?
2. Was sind Aktien?
3. Wer haftet bei einer Aktiengesellschaft?

7.3 Aktienarten

1. Unterscheiden Sie: a) Stückaktien und Nennbetragsaktien, b) Inhaberaktien, Namensaktien und vinkulierte Namensaktien, c) Stammaktien und stimmrechtslose Vorzugsaktien.

7.4 Gründung und Entstehung

1. In welchen Schritten vollzieht sich die Gründung einer AG?
2. Von wem muss eine AG zur Eintragung ins Handelsregister angemeldet werden?
3. Welche unterschiedlichen Vorschriften zur Einbringung von Bar- und Sacheinlagen sind bei der Gründung einer AG zu beachten?

7.5 Organe der AG

7.5.1 Vorstand

1. Welche Aufgaben hat der Vorstand einer AG?
2. Wer bestellt den Vorstand einer AG und wie lange dauert dessen Amtszeit höchstens?
3. Worin unterscheiden sich die Rechte von Geschäftsführern einer GmbH von den Rechten der Vorstandsmitglieder einer AG?

7.5.2 Aufsichtsrat

1. Welche Aufgaben hat der Aufsichtsrat einer AG und wie lange dauert dessen Amtszeit?
2. Welche persönlichen Voraussetzungen müssen die Mitglieder des Aufsichtsrates erfüllen?
3. Erklären Sie den Begriff Überkreuzverflechtung.
4. Welche Regelungen zur Wahl und Zusammensetzung des Aufsichtsrates einer AG gelten für
   - Aktiengesellschaften mit bis zu 500 Arbeitnehmern
   - Aktiengesellschaften mit mehr als 500 aber weniger als 2001 Arbeitnehmern
   - Aktiengesellschaften mit mehr als 2000 Arbeitnehmern?

7.5.3 Hauptversammlung (HV)

1. Welche Aufgaben hat die Hauptversammlung einer AG?
2. Von wem und innerhalb welchen Zeitraums wird die Hauptversammlung einberufen?
3. Nennen Sie die Rechte, die der Hauptversammlung einer AG zustehen.
4. Welche Stimmenmehrheit ist für die Beschlüsse einer Hauptversammlung erforderlich?
5. Welche Formvorschrift besteht für die Niederschrift der Beschlüsse einer Hauptversammlung?

7.6 Pflichten und Rechte der Aktionäre

1. Nennen und beschreiben Sie die Pflichten und Rechte eines Aktionärs.

7.7 Aktienhandel an der Börse

1. Nennen Sie Vor- und Nachteile für eine Börsenzulassung von Aktien.
2. Erklären Sie, was unter den Begriffen Nennwert und Kurswert einer Aktie zu verstehen ist.
3. Nennen Sie einige Größen, die den Kurswert einer Aktie beeinflussen können.
4. Wie lautet die Formel zur Berechnung des Kurs-Gewinn-Verhältnisses?

7.8 Vor- und Nachteile einer Aktiengesellschaft

Welche Vor- und Nachteile hat eine Aktiengesellschaft im Vergleich zu anderen Rechtsformen?

Aufgaben und Probleme

zu Kapitel 7 Aktiengesellschaft

LA

7.1 AG: Gründung – Grundkapital – Eigenkapital – Aktie

Diplom-Ingenieur Max Krieger möchte ein Gesellschaftsunternehmen zur Herstellung von messtechnischen Geräten gründen. Der Kapitalbedarf wurde mit 6 Millionen EUR berechnet.

AktG §§ 2, 7,

1. Neben Krieger finden sich die Allbank Stuttgart sowie zwei weitere Gründer zusammen, die dieses Unternehmen als Aktiengesellschaft gründen und die Aktien für ein Grundkapital in Höhe von 5 Millionen EUR übernehmen wollen.
   Prüfen Sie, ob damit die Mindestgründerzahl und das Mindestkapital erreicht sind.
2. Im Vorfeld der Gründung diskutieren die vier Gründer darüber, ob das Grundkapital durch die Ausgabe von Inhaber- oder von Namensaktien aufgebracht werden soll.

§§ 10, 67, § 10 (2),

   a) Wodurch unterscheiden sich Inhaberaktien von Namensaktien?
   b) In welchem Fall ist die Ausgabe von Namensaktien zwingend vorgeschrieben? Begründen Sie diese Regelung.
   c) Die Gründer entscheiden sich für die Ausgabe von Namensaktien. Welche Vorzüge sind mit dieser Entscheidung verbunden?

BGB §§ 714, 709

3. Die vier Gründer haben sich mündlich versprochen, das Grundkapital mit den vereinbarten Beträgen zu übernehmen und die Aktiengesellschaft zu gründen. Einer der Aktionäre schlägt die Firmenbezeichnung „Messtechnik Krieger" vor.

§ 4

   a) Warum ist diese Firmenbezeichnung nicht möglich?
   b) Machen Sie einen begründeten Vorschlag für die Firmenbezeichnung.
4. Die Gründer haben sich am 15.07. geeinigt, eine Aktiengesellschaft zu gründen. Am 25.08. wurde das gesamte Grundkapital in Höhe von 5 Millionen EUR von den Gründern durch Einzahlung des entsprechenden EUR-Betrages aufgebracht. Am 15.09. desselben Jahres wollen die Gründer zusammenkommen, um Aufsichtsrat und Vorstand zu wählen.

AktG § 36, 37, § 41,

   a) Warum wird der Registerrichter am 01.09. die Eintragung der Aktiengesellschaft ins Handelsregister noch ablehnen?
   b) Am 15.12. wurde die Aktiengesellschaft ins Handelsregister eingetragen. Wann ist die Aktiengesellschaft entstanden?
5. Stellen Sie fest:
   a) Welche wertmäßige Beteiligung (in EUR) am Grundkapital der AG ist mit dem Erwerb einer Aktie verbunden, wenn 2 Mio. Stückaktien ausgegeben werden?

§ 8,

   b) Könnte das vorgesehene Grundkapital auch durch Ausgabe von 6 Mio. Stückaktien aufgebracht werden?

§ 8 (3)

   c) Die vier Gründer haben zur Ausgabe der Aktien folgende Vereinbarung getroffen: Die Allbank AG Stuttgart ist bereit, wegen des erfolgversprechenden Unternehmenskonzepts 500 000 Aktien zu einem Ausgabekurs von 3,00 EUR/Aktie zu übernehmen, während für die anderen drei Gründer die Aktienausgabe zum Nennwert erfolgt.
   Wie hoch ist das Eigenkapital in EUR?
   d) Wie viel Prozent des Grundkapitals beträgt das Eigenkapital (Bilanzkurs)?
   e) Kann der errechnete Kapitalbedarf bei den vorgesehenen Ausgabekursen gedeckt werden? Weitere im Zusammenhang mit der Gründung anfallende Kosten bleiben unberücksichtigt.
6. Krieger ist mit 1 Mio. EUR am Grundkapital der AG beteiligt.
   a) Wie viele Aktien hat er erhalten?
   b) Welchen Wert in EUR hätte eine Aktie, wenn von den aufgebrachten Mitteln noch Gründungskosten (z. B. Notariatskosten, Grundbuchgebühren, Kosten des Aktiendrucks) in Höhe von 100 000 EUR beglichen werden müssten?

7.2 AG: Hauptversammlung – Aufsichtsrat – Vorstand

Die Messtechnik AG hat ein Grundkapital von 5 Millionen EUR und beschäftigt 1950 Arbeitnehmer. Das Unternehmen besteht seit mehreren Jahrzehnten.
Nach Ablauf eines Geschäftsjahres veröffentlicht die AG im Stuttgarter Tagblatt folgende Anzeige:

B

Messtechnik-Aktiengesellschaft Stuttgart

Hiermit laden wir die Aktionäre unserer Gesellschaft zu der am
Freitag, dem 26. Mai 20..,10:30 Uhr
in der Schleyerhalle in Stuttgart stattfindenden ordentlichen
Hauptversammlung ein.
Die Tagesordnung ist in den Gesellschaftsblättern veröffentlicht.

1. Herr Klein ist Aktionär der Messtechnik AG und hat seinen Wohnsitz in Lörrach. Wie könnte sein Stimmrecht ausgeübt werden, wenn er selbst nicht zur Hauptversammlung nach Stuttgart fahren will? AktG § 134 (3)
2. Auf der Hauptversammlung weist der Direktor der Commerzbank Stuttgart nach, dass bei seiner Bank Nennbetragsaktien zum Nominalwert von 375 000 EUR zur Aufbewahrung liegen. Die Aktionäre haben ihm schriftlich das Recht abgetreten, sie auf der Hauptversammlung zu vertreten. AktG § 135,
   Prüfen Sie ob der Bankdirektor stimmberechtigt ist.
3. Auf der Hauptversammlung werden $^2/_3$ der Mitglieder des Aufsichtsrats gewählt. § 95,
   a) Wie viel Mitglieder muss der Aufsichtsrat dieser Gesellschaft mindestens, wie viel darf er höchstens haben?
   b) Aktionär Krieger besitzt 20 Nennbetragsaktien zu 25 EUR Nominalwert, Aktionär Günther 30 Aktien zu 50 EUR Nominalwert. § 23 (3) Zi. 4 AktG § 134 (1)
   Wie viel Stimmen haben Krieger und Günther bei der Wahl des Aufsichtsrats, wenn alle anderen Aktien zum Nominalwert von 25 EUR ausgegeben wurden?
   c) Der Aufsichtsrat dieser Aktiengesellschaft muss zu einem Drittel aus Vertretern der Arbeitnehmer bestehen. AktG § 96 DrittelbG § 4 (1)
   Halten Sie das für gerechtfertigt?
   d) Diplom-Ingenieur Kurt Gruber – Mitglied des Vorstandes der Messtechnik AG – ist seit einiger Zeit im Aufsichtsrat der Datentechnik AG tätig.
   Diplom-Volkswirt Heinz Zettel – Mitglied des Vorstandes der Datentechnik AG – beabsichtigt, in der Hauptversammlung vom 26. Mai 20.. für den Aufsichtsrat der Messtechnik AG zu kandidieren. AktG § 100 (2) Zi. 3,
   Prüfen Sie, ob Herr Zettel die persönlichen Voraussetzungen erfüllt, die für eine Wahl in den Aufsichtsrat der Messtechnik AG erforderlich sind.
4. Aktionär Schulz besitzt inzwischen 51 % aller Aktiennennbeträge. §§ 134, 101, 84,
   Erläutern Sie, warum ihm damit Einfluss auf die Geschäftsführung des Vorstands möglich ist.
5. Die Satzung der Messtechnik AG sieht vor, dass der Vorstand aus einer Person besteht. Dr. Spiegel ist zum alleinigen Vorstand gewählt worden. Er kauft eine Großrechenanlage auf Rechnung der AG.
   a) Ist der Vertrag für die Messtechnik AG bindend? §§ 1, 78
   b) Kann der Hauptaktionär Schulz zur Zahlung gezwungen werden, wenn der Verkäufer bei der Aktiengesellschaft vergeblich versucht hat, das Geld einzutreiben?

7.3 Aktiengesellschaft: Firma – Entstehung – Stückaktien – Nennbetragsaktien – Aufsichtsrat

Zur Erschließung und Verwertung eines ehemaligen Militärgeländes wurde am 19.06.20.. (Abschluss des Gesellschaftsvertrages) die Lahrer Technopark AG gegründet und mit einem Grundkapital von 120 Mio. EUR am 16.10.20.. ins Handelsregister eingetragen. Das Grundkapital wurde auf 6 Mio. Stückaktien aufgeteilt. Am Grundkapital der AG sind die Schwarzwald-Bank AG mit 65 Mio. EUR und die Regionalentwicklung Baden GmbH mit 47 Mio. EUR beteiligt. Der Rest der Aktien wurde von den Initiatoren Helmut und Richard Kenner zu gleichen Teilen übernommen.

1. Zu welchem Zeitpunkt (genaues Datum) ist die Aktiengesellschaft als juristische Person entstanden?
2. Weisen Sie rechnerisch nach,
   a) welcher Nennwert auf eine Stückaktie entfällt,
   b) wie viele Aktien der AG Helmut Kenner besitzt.

HGB § 18, 30 AktG § 4,

3. Helmut und Richard Kenner wollten zunächst durchsetzen, dass ihr Familienname in der Firma der AG erscheint.
   a) Unter welcher Voraussetzung wäre dies betriebswirtschaftlich sinnvoll gewesen?
   b) Weisen Sie anhand der Firmierungsvorschriften nach, dass die im Sachverhalt angegebene Firma den gesetzlichen Anforderungen entspricht.

§ 78 HGB § 15 (2)

4. Der erste Aufsichtsrat hat Helmut und Richard Kenner zu Vorständen der Lahrer Technopark AG bestellt. Helmut Kenner hat an das Tiefbauunternehmen Rheingrund GmbH einen Auftrag über die Geländeplanierung für eine Industriehalle vergeben. Der Vertrag wurde von Helmut Kenner und dem Geschäftsführer der Rheingrund GmbH unterzeichnet.
   Begründen Sie, unter welchen Voraussetzungen der Vertrag für die Lahrer Technopark AG bindend ist.
5. Vor Ablauf der Amtszeit des ersten Aufsichtsrates werden die Gründungsaktionäre der Lahrer Technopark AG vom Vorstand zur Hauptversammlung eingeladen. Es ist ein neuer Aufsichtsrat zu wählen. Die Gesellschaft beschäftigt derzeit 310 Mitarbeiterinnen und 280 Mitarbeiter. Die geschlechtsspezifische Personalstruktur soll im Aufsichtsrat berücksichtigt werden.
   a) Machen Sie einen Vorschlag für die Größe und anteilsmäßige Zusammensetzung des zu wählenden Aufsichtsrates. Begründen Sie ihren Vorschlag.

DrittelbG §§ 1, 4 AktG § 100 (2)

   b) Gephard Weiss, Vorstand der Schwarzwald Bank AG, will sich in den neuen Aufsichtsrat wählen lassen.
      Erläutern Sie die Absicht, die Weiss mit dieser Wahl verbindet, und prüfen Sie deren rechtliche Zulässigkeit.
6. Die Aktie ist inzwischen zum amtlichen Handel an der Börse zugelassen. Vom Börsengang versprach sich das Unternehmen positive Auswirkungen.
   Erläutern Sie,
   - worin diese Erwartung begründet sein kann,
   - zwei Nachteile, die mit dem Börsengang verbunden sein können.

7.4 AG: – Aktienarten – Rechtsfragen

An der Datex GmbH sind die Brüder Karl und Fritz Benz sowie Erich Kühn als Gesellschafter beteiligt. Da die Geschäftsentwicklung in den vergangenen Jahren einen günstigen Verlauf genommen hat, beabsichtigen die Gesellschafter, die GmbH in eine AG umzuwandeln.

Das Grundkapital soll in
- Inhaberaktien (90 000 Stück, Nennwert je 50 EUR) und
- vinkulierte Namensaktien (3 200 Stück, Nennwert je 500 EUR)

zerlegt werden.

Die Brüder Benz und Erich Kühn wollen nur die vinkulierten Namensaktien selbst übernehmen. Der Rest soll von den mit der Aktienausgabe beauftragten Banken (= Bankenkonsortium) übernommen werden. Der Ausgabekurs für die Inhaberaktien wird auf 55 EUR pro Aktie (Nennwert 50 EUR) festgesetzt. Die vinkulierten Namensaktien werden zum Nennwert übernommen.

AktG § 68 (2),

1. Was ist unter vinkulierten Namensaktien zu verstehen und welchen Zweck könnten die Gründer mit der Übernahme derartiger Aktien im vorliegenden Fall verfolgen?
2. Prüfen Sie, welchen Einfluss die Brüder Benz und Erich Kühn mit der Übernahme der 3 200 Aktien auf Entscheidungen in der Hauptversammlung haben.

§ 36a,

3. Wie viel EUR beträgt das gesamte Eigenkapital der neuen AG und wie viel das gesamte Agio?
4. Wie hoch ist die Mindesteinzahlung für die vinkulierten Namensaktien, wenn der Wert der eingebrachten Unternehmung, der den Brüdern auf das insgesamt aufzubringende Eigenkapital der AG angerechnet wird, mit 450 000 EUR angesetzt wird?

§ 10 (2),

5. Im Vorfeld hatte der Mitgründer Erich Kühn als Alternative vorgeschlagen, für die 3 200 vinkulierten Namensaktien lediglich einen Nennwert von je 450 EUR festzusetzen und die Aktien mit einem Agio von 50,00 EUR je Aktie als Ausgleich für die Beteiligung an den stillen Rücklagen zu übernehmen. Er begründet dies damit, dass sich dadurch die Höhe des von den drei Gründern aufzubringenden Eigenkapitals nicht ändere und möglicherweise die Mindesteinzahlung (vgl. 4.) geringer sei.
   a) Prüfen Sie, ob die Behauptung von Kühn zutrifft, dass sich die Höhe des von den drei Gründern aufzubringenden Eigenkapitals nicht ändert.

b) Wie hoch hätte in diesem Fall unter sonst gleichen Bedingungen wie bei 4. die Mindesteinzahlung für die vinkulierten Namensaktien sein müssen?
c) Beurteilen Sie unter Berücksichtigung der Mindesteinzahlung und der vom Anteil am Grundkapital abhängigen Aktionärsrechte folgende Frage: Ist für Gründer einer AG die Übernahme von Aktien mit niedrigerem Nennwert und Agio im Vergleich zur Übernahme von Aktien mit höherem Nennwert und ohne Agio sinnvoll?

6. Nachdem alle Gründungsprobleme ausgeräumt worden sind und die AG ins Handelsregister eingetragen wurde, kauft das Vorstandsmitglied Benz (alleiniger Vorstand) eine Spezialmaschine für 1,2 Mio. EUR. Der Aufsichtsrat ist gegen diesen Kauf. Begründen Sie, ob der Kaufvertrag für die AG bindend ist.
7. Nach Ablauf des ersten Geschäftsjahres findet die Hauptversammlung statt. §§ 119, 120, 133
Kann Erich Kühn, der 2 000 Stück der vinkulierten Namensaktien besitzt, die Entlastung von Vorstand und Aufsichtsrat verhindern, wenn bei der Hauptversammlung 80 % des Grundkapitals vertreten sind? (Rechnerischer Nachweis erforderlich.)

7.5 Mitbestimmung der Arbeitnehmer im Aufsichtsrat

Die Süddeutsche Maschinenbau AG (SÜMAG) (1 800 Beschäftige) mit Sitz in Mannheim hat die Verpackungsmaschinen GmbH Duisburg, die bisher in reinem Familienbesitz war, gekauft und als Zweigwerk eingegliedert. Dadurch besteht die Verpackungsmaschinen GmbH als Unternehmen mit eigener Rechtspersönlichkeit nicht mehr. Kurze Zeit nach der Übernahme hat der Vorstand der SÜMAG beschlossen, die Fertigstellung der Spezialmaschinen zur Verpackung von Schokolade und Kaugummi von Duisburg nach Mannheim zu verlegen. Davon betroffen sind 120 der insgesamt 600 Arbeitnehmer der ehemaligen Verpackungsmaschinen GmbH. DrittelbG § 1 Nr. 1 u. 3

1. Stellen Sie fest, welche Mitbestimmungsregelungen für die SÜMAG und die Verpackungsmaschinen GmbH vor der Zusammenlegung galten.
2. Prüfen Sie, ob DrittelbG § 1 Nr. 3 BetrVG § 106
   a) die Arbeitnehmervertreter im Aufsichtsrat
   b) der Betriebsrat

   der Verpackungsmaschinen GmbH die Übernahme hätten verhindern können.
3. Nach dem Zusammenschluss der Verpackungsmaschinen GmbH mit der SÜMAG sind die Belegschaftsmitglieder der ehemaligen GmbH jetzt Arbeitnehmer der Süddeutschen Maschinenbau AG mit insgesamt 2 400 Beschäftigten.
   Stellen Sie dar, wie sich durch den Zusammenschluss die Möglichkeiten der Mitbestimmung für die Belegschaftsmitglieder geändert haben, die vor dem Zusammenschluss DrittelbG § 1 Nr. 1 u. 3, §4 MitbestG §§ 1, 7, 33
   a) Arbeitnehmer der SÜMAG waren,
   b) Arbeitnehmer der Verpackungsmaschinen GmbH waren.

7.6 Auswertung einer DAX-Tabelle

1. Prüfen Sie anhand einer aktuelle Kurstabelle, ob die in der Tabelle auf *S. 248* ausgewiesenen Unternehmen immer noch zum DAX gehören.
2. Stellen Sie fest, welche Veränderungen sich hinsichtlich der Aktienkurse (Tageskurse und 52-Wochen-Entwicklung) bei den auf *S. 248* ausgewiesenen Werten der DAX-Tabelle ergeben haben.

Zusammenfassende Übersicht Teil B: Rechtsformen der Unternehmung

	Gesetzliche Grundlagen	Firma	(Mindest-) Gründer, Kapitalgeber	(Mindest-) Gründungskapital	Leitung, (Geschäftsführung und Vertretung), Überwachung	Haftung	Gewinn-Verlustbeteiligung	Möglichkeit zur Beschaffung von Beteiligungskapital
Einzelunternehmen	§§ 1–104 HGB	Personen-, Sach-, Misch- oder Fantasiefirma mit Zusatz e. K. oder e. Kfr.	1 „Unternehmer“	kein Mindestkapital, kein festes Eigenkapital	Unternehmer handelt selbst	Unternehmer allein (persönlich)	Unternehmer allein	Abhängig vom Privatvermögen des Unternehmers
Offene Handelsgesellschaft (OHG)	§§ 105–160 HGB §§ 705–740 BGB	Personen-, Sach-, Misch- oder Fantasiefirma mit Zusatz OHG	2 Gesellschafter	wie Einzelunternehmen; Gesellschafter leisten Beiträge gem. Gesellschaftsvertrag	jeder Gesellschafter hat Einzelvertretungsbefugnis; Einzelgeschäftsführung für gewöhnliche Handlungen	jeder Gesellschafter haftet persönlich und gesamtschuldnerisch	Gewinn: 4 % Zinsen auf Kapitaleinlage, Rest nach Köpfen; Verlust: nach Köpfen	wie Einzelunternehmen
Kommanditgesellschaft (KG)	§§ 161–177a HGB	Personen-, Sach-, Misch- oder Fantasiefirma mit Zusatz KG	2 Gesellschafter: 1 Komplementär 1 Kommanditist	wie OHG; Haftsumme des Kommanditisten wird ins Handelsregister eingetragen.	Komplementär wie OHG-Gesellschafter; Kommanditist hat lediglich Widerspruchsrecht bei außergewöhnlichen Handlungen	Komplementär wie OHG-Gesellschafter; Haftung des Kommanditisten ist erloschen, wenn Einlage geleistet	Gewinn: 4 % Zinsen auf Kapitaleinlage, Rest in angemessenem Verhältnis; Verlust: angemessenes Verhältnis	für Komplementäre wie OHG; insgesamt leichter, da weniger mitarbeits- und risikointensive Kommanditeinlage möglich
Gesellschaft mit beschränkter Haftung (GmbH)	GmbH-Gesetz (GmbHG)	Personen-, Sach-, Misch- oder Fantasiefirma mit Zusatz GmbH	1 Gesellschafter („1-Mann-GmbH“)	festes Stammkapital, mindestens 25 000 EUR, Unternehmergesellschaft 1 EUR	Geschäftsführer (Gesamtgeschäftsführung und Gesamtvertretung), Kontrolle: Gesellschafterversammlung u. ggf. Aufsichtsrat	nur GmbH als juristische Person haftet mit ihrem Vermögen	Normalfall: Beschluss der Gesellschafterversammlung; falls keine Vereinbarung im Gesellschaftsvertrag: im Verhältnis der Geschäftsanteile	vergleichsweise leicht, da kleine Stückelung der Anteile möglich, unternehmerische Pflichten eher gering; Übertragung evtl. schwierig
Aktiengesellschaft (AG)	Aktiengesetz (AktG)	Personen-, Sach-, Misch- oder Fantasiefirma mit Zusatz AG	1 Aktionär	festes Grundkapital, mindestens 50 000 EUR	Vorstand (Gesamtgeschäftsführung und Gesamtvertretung), Kontrolle durch Aufsichtsrat	nur AG als juristische Person haftet mit ihrem Vermögen	nach Beschluss durch Vorstand und Aufsichtsrat oder HV	besonders leicht, da Anteile in Form von leicht übertragbaren Aktien

Zusammenfassende Aufgaben Teil B:

Rechtsformen der Unternehmung

Aufgabe 1 OHG – Rechtsfragen

Die Brüder Adalbert und Bertram Braun sind Gesellschafter der „Braun – Instrumentenbau OHG“ mit Sitz in Nürtingen. Der Gesellschaftsvertrag (Auszug) sieht unter anderem folgende Bestimmungen vor:

§ 1 Die Gesellschaft beginnt am 01. Januar 2017.
§ 4 Adalbert Braun erbringt bei Gründung eine Geldeinlage von 1 500 000 EUR.
Bertram Braun leistet zum Geschäftsbeginn eine Geldeinlage in Höhe von 1 200 000 EUR und eine weitere Geldeinlage in Höhe von 300 000 EUR zum 30.06.2018.
§ 6 Zur Vertretung sind beide Gesellschafter nur gemeinsam berechtigt.
§ 7 Für die Gewinnverteilung und die Privatentnahmen gelten die gesetzlichen Bestimmungen.

Die OHG wird am 15.01.2017 mit allen im Außenverhältnis bedeutsamen Bestimmungen des Gesellschaftsvertrags in das Handelsregister eingetragen. Diese Tatsache wird eine Woche später veröffentlicht. Am 01.07.2017 wird die Dipl.-Kauffrau Katja Lehnert als Gesellschafterin in die OHG aufgenommen. Ihre Kapitaleinlage, ein Grundstück, wird mit 600 000 EUR bewertet. § 4 des Gesellschaftsvertrags wird dahingehend geändert. Die übrigen oben aufgeführten Bestimmungen bleiben unverändert. Die Änderung des Gesellschafterbestands im Handelsregister wird am 15.07.2017 bekannt gemacht.

1. Zur besseren Marktpositionierung des Unternehmens schlägt Frau Lehnert unter anderem auch die Änderung des Firmennamens in „Pro Arte OHG“ vor. HGB § 18, § 19 (1), § 107, § 108
   a) Begründen Sie, ob diese Firmierung gesetzlich zulässig wäre.
   b) Beschreiben Sie, welche gesetzlichen Vorschriften für die OHG von den Gesellschaftern bei einer Änderung der Firma beachtet werden müssen.
2. Adalbert Braun bestellt Ende 2017 ohne Rücksprache mit den anderen Gesellschaftern abgelagertes Holz für den Instrumentenbau im Wert von 50 000 Euro.
   Der Lieferer verlangt von Bertram Braun Zahlung des sofort fälligen Kaufpreises.
   Beurteilen sie die Rechtslage im Außenverhältnis.
3. Am 20.08.2017 verlangt eine Reutlinger Maschinenfabrik für eine im Juni 2017 gelieferte Spezialmaschine von Frau Goldschmidt Zahlung des bereits Ende Juni 2017 fälligen Kaufpreises von 75 000 Euro. § 130
   Erläutern Sie, ob Katja Lehnert die Zahlung hätte verweigern können, wenn gesellschaftsvertraglich ihre Haftung für Altschulden ausgeschlossen worden wäre.
4. Adalbert und Bertram Braun möchten ab Januar 2018 jeweils 4 800 Euro monatlich für private Zwecke entnehmen. Frau Goldschmidt lehnt dies mit Hinweis auf die gesellschaftsvertraglichen Bestimmungen ab. Beurteilen Sie die Rechtslage. § 122

Aufgabe 2 Rechtsprobleme bei Personen- und Kapitalgesellschaften

Maschinenbauingenieur Clemens Ibig verfügt über eine größere Summe Bargeld. Er überlegt, ob er sich mit einem Teil des Geldes als weiterer Gesellschafter an einer bereits bestehenden OHG, einer KG oder an einer GmbH beteiligen soll.

1. Erläutern und begründen Sie mit Hilfe des Gesetzes, wie Ibig nach der Handelsregistereintragung als HGB § 105, § 128 (1), § 173 (1), § 171 (1)
   - OHG-Gesellschafter
   - Kommanditist
   - GmbH-Gesellschafter

   gegenüber den Gläubigern der Gesellschaft haftet, wenn jeweils eine Bareinlage von 250 000 EUR vereinbart, zunächst jedoch nur eine Einzahlung von 200 000 EUR geleistet werden muss.
2. Ibig entschließt sich, als Kommanditist in die bereits bestehende Dreher KG, die CNC-gesteuerte Drehbänke herstellt, einzutreten. Bei den Vertragsverhandlungen erfährt Ibig, dass das Kapital des Komplementärs Dreher nicht im Handelsregister eingetragen ist.
   Begründen Sie, weshalb das Gesetz diese Eintragung nicht vorschreibt.

3. Dreher beabsichtigt, einen Kaufvertrag über elektronische Zubehörteile in Höhe von 26 000 EUR abzuschließen. Als Ibig von diesem Vorhaben erfährt, widerspricht er mit der Begründung, dass die Zubehörteile nicht dem aktuellen Stand der Technik entsprechen.
   a) Prüfen Sie, ob der Widerspruch von Ibig rechtlich bedeutsam ist.
   b) Begründen Sie, welche rechtliche Wirkung dieser Widerspruch hätte, wenn Ibig diesen als
      - OHG-Gesellschafter,
      - nicht geschäftsführender Gesellschafter einer GmbH eingelegt hätte.

HGB § 164, §§ 114–116, § 132, § 161

4. Wegen zunehmender Meinungsverschiedenheiten beschließt Ibig, aus der KG auszutreten. Im August d. J. teilt er diesen Entschluss allen Mitgesellschaftern schriftlich mit.
   a) Zu welchem frühestmöglichen Termin kann Ibig aus dem Unternehmen ausscheiden, wenn das Geschäftsjahr dem Kalenderjahr entspricht?
   b) Erläutern Sie zwei wirtschaftliche Folgen, die der Austritt von Ibig für den Fortbestand der KG haben kann.

Aufgabe 3 GmbH – KG – AG

Um einen Teil ihrer früheren Einnahmen als Radrennfahrer gewinnbringend anlegen zu können, gründeten Sigmund Becker und Jürgen Klausmann zusammen mit Ursula Streck im Jahre 2017 eine GmbH.
Dem Gesellschaftsvertrag vom 10.01.17 ist folgender Auszug entnommen:

§ 3 Gegenstand des Unternehmens ist die Entwicklung, die Herstellung sowie der Vertrieb von Sportgeräten für Sportstudios.

§ 4 Sitz des Unternehmens ist Stuttgart-Möhringen.

§ 5 Das Stammkapital beträgt 3,8 Mio. EUR.
Geschäftsanteile der Gesellschafter sowie Art und Zeitpunkt der Leistungserbringung:

S. Becker:	2,0 Mio. EUR	Bareinlage, davon 0,4 Mio. EUR sofort, der Rest bis 14.02.17
J. Klausmann:	1,5 Mio. EUR	Bareinlage, davon 80 % sofort, der Rest bis 02.02.17
U. Streck:	0,3 Mio. EUR	durch notariell beurkundete Übertragung der Rechte an dem von ihr entwickelten Sportgerät auf die GmbH bis spätestens 25.01.17

....

§ 8 S. Becker und Dipl.-Kfm. Dr. Wendig werden zu Geschäftsführern bestellt.

§ 9 Soweit in diesem Vertrag nichts anderes bestimmt ist, gelten die gesetzlichen Bestimmungen.

Die Handelsregistereintragung erfolgte am 06.03.17, die Veröffentlichung der Eintragung zwei Tage später. Alle Gesellschafter erbrachten ihre Einlagen jeweils zum letzten Tag der angegebenen Fristen. In der Gründungsphase waren 60 Mitarbeiter beschäftigt.

1. Die Gesellschafter hatten ursprünglich erwogen, eine KG zu gründen, entschieden sich dann aber für die Rechtsform der GmbH.
   Vergleichen Sie in einer Tabelle beide Rechtsformen in Bezug auf nachfolgende Merkmale:
   - Form des Gesellschaftsvertrags
   - Kaufmannseigenschaft der jeweiligen Gesellschaft
   - Geschäftsführung
   - Pflicht zur Bildung eines Aufsichtsrats

GmbHG § 4, § 7 (2),

2. Die GmbH sollte nach den Willen der Gesellschafter unter der Firma „Becker & Klausmann, Entwicklung – Produktion – Vertrieb von Sportgeräten" in das Handelsregister eingetragen werden.
   a) Warum hat der Registerrichter die Eintragung dieser Firma abgelehnt?
   b) Machen Sie drei zulässige Firmierungsvorschläge.

§ 47 (2),

   c) Weisen Sie nach, warum eine Anmeldung zur Eintragung in das Handelsregister wegen Fehlens der kapitalmäßigen Voraussetzungen Ende Januar 2017 noch nicht möglich ist.

§ 46 ff., § 53 (2)

3. Am 20.03.18 tagte die Gesellschafterversammlung der GmbH, um über folgende Tagesordnungspunkte zu entscheiden:
   - Bestellung von Frau Waltraud Kluge, Stuttgart, zur Prokuristin
   - Verlegung des Unternehmenssitzes von Stuttgart-Möhringen nach Pforzheim

   Klausmann stimmte bei beiden Tagesordnungspunkten gegen die von den beiden Mitgesellschaftern eingebrachten und unterstützten Vorschläge. Begründen Sie, welche Wirkung seine Ablehnung jeweils hatte.

4. Dr. Wendig ist interessiert, den Geschäftsanteil von Frau Ursula Streck zu erwerben.
   a) Begründen Sie, warum der tatsächliche Wert des Geschäftsanteils von dessen Nennbetrag nach unten bzw. nach oben abweichen kann.
   b) Welcher Form bedarf die Übertragung des Geschäftsanteils von Ursula Streck auf Dr. Wendig?
5. Ende 2018 wurde die GmbH in eine AG umgewandelt, deren Grundkapital auf 10,0 Mio. EUR festgesetzt wurde. Die Vermögensanteile der bisherigen GmbH-Gesellschafter, die Ihnen auf das insgesamt aufzubringende Eigenkapital der AG angerechnet werden, wurden wie folgt bewertet: Sigmund Becker 2,4 Mio. EUR, Jürgen Klausmann 1,8 Mio. EUR und Ursula Streck 0,36 Mio. EUR. Die drei ehemaligen GmbH-Gesellschafter übernehmen die Aktien zum Nennwert von 50,00 EUR je Aktie. Der nach der Einbringung der GmbH-Anteile noch offene Eigenkapitalanteil der AG wurde von mehreren Banken als Mitgründer zum Kurs von 140,00 EUR je Aktie übernommen.
   a) Warum könnten die Banken bereit gewesen sein, den über dem Nennwert liegenden Ausgabekurs zu akzeptieren?
   b) In der ersten Hauptversammlung der AG stimmte Sigmund Becker als einziger Aktionär gegen eine Satzungsänderung. Zeigen Sie mit rechnerischem Nachweis, unter welcher Voraussetzung Becker die Satzungsänderung aufgrund seiner Beteiligungsquote verhindern konnte.
6. Wodurch unterscheiden sich die Rechte der Gesellschafterversammlung einer GmbH von den Rechten der Hauptversammlung einer AG? GmbHG § 46 AktG § 119

Aufgabe 4 Kapitalgesellschaften: GmbH

Die Herren Franz Adler, Felix Berthold und Knut Clemens gründen eine GmbH. Zweck der Geschäftstätigkeit ist die Herstellung von Elektronikmodulen für die Automobilindustrie.

Die Satzung wurde am 5. Januar 20.. notariell beurkundet. Darin sind u.a. folgende Regelungen enthalten:

§ 3 Das Stammkapital beträgt 500 000 EUR. Die Geschäftsanteile werden wie folgt übernommen:

Franz Adler	*300 000 EUR*	*Felix Berthold*	*50 000 EUR*
Knut Clemens	*150 000 EUR, davon ein Grundstück im Wert von*		*50 000 EUR*

Franz Adler zahlt bei der Gründung auf seinen Geschäftsanteil die Mindesteinlage ein. Die restliche Zahlung erfolgt in drei gleichen Jahresraten jeweils zum 01. Januar.

§ 4 Beginn der Gesellschaft ist der 5. Januar 20...

§ 5 Als Geschäftsführer der GmbH werden Franz Adler und Felix Berthold bestimmt. Dafür erhalten sie ein monatliches Geschäftsführergehalt in Höhe von je 2 500 EUR.

Soweit in diesem Vertrag nichts anderes bestimmt ist, gelten die gesetzlichen Regelungen. Die Eintragung ins Handelsregister erfolgt am 1. Februar 20...

1. Aus welchen Gründen könnte im vorliegenden Fall die Rechtsform der GmbH anstelle einer Personengesellschaft gewählt worden sein?
2. Welcher Betrag hätte im vorliegenden Fall mindestens bis zur Anmeldung zur Handelsregistereintragung aufgebracht werden müssen? GmbHG § 7 (2)
3. Prüfen Sie, ob die ausstehende Einlage von Adler Auswirkungen auf dessen
   a) Haftung b) Stimmrecht c) Anspruch auf Gewinnbeteiligung hat. GmbHG §§ 13 (2), 47 (2), 29 (3)
4. Im Jahr 20.. erzielt die GmbH einen Gewinn von 250 000 EUR. Davon sollen 25 % einbehalten werden. Berthold ist dagegen und besteht auf einer vollständigen Ausschüttung.
   a) Prüfen Sie, ob Berthold die vorgeschlagene Gewinnverwendung verhindern kann. § 47 (1)
   b) Ermitteln Sie den tatsächlichen Wert der Geschäftsanteile der drei Gesellschafter nach der Gewinnverwendung, wenn 25 % des Gewinns einbehalten werden.
   c) Ermitteln Sie für jeden der drei Gesellschafter den Gewinnanteil, der ihm ausbezahlt wird, wenn 25 % des Gewinns einbehalten werden.
5. Berthold ist mit seiner Einkommenssituation unzufrieden. Vergleichen Sie das Gewinn- und Arbeitseinkommen der drei Gesellschafter miteinander und machen Sie einen Lösungsvorschlag, um die Einkommenssituation von Berthold zu verbessern.
6. Adler und Berthold schließen ohne Wissen von Clemens einen Kaufvertrag über eine neue Fertigungseinrichtung im Wert von 500 000 EUR ab. Clemens ist damit nicht einverstanden. GmbHG § 35 BGB § 177 (1)
   a) Beurteilen Sie die Rechtslage.
   b) Wie wäre der Fall zu beurteilen, wenn Adler den Vertrag alleine abgeschlossen hätte?

GmbHG § 15

7. Wegen persönlicher Differenzen will Clemens seinen Geschäftsanteil verkaufen ohne seine beiden Partner zu informieren.
   Prüfen Sie, ob das rechtlich möglich ist.
8. Begründen Sie, ob ein Gläubiger nach mehrjähriger Geschäftstätigkeit der GmbH darauf vertrauen kann, dass ihm bei Zahlungsschwierigkeiten der GmbH zumindest das Stammkapital zur Durchsetzung seiner Forderungen zur Verfügung steht.

PDF

Aufgabe 5 Kapitalgesellschaften: Vergleich GmbH – AG

Die drei GmbH-Gesellschafter (siehe Aufg. 4) sehen gute Expansionsmöglichkeiten für das Unternehmen. Die Umsetzung der Pläne sind aber mit einem hohen Kapitalbedarf verbunden. Aus diesem Grunde wird überlegt, die GmbH in eine AG umzuwandeln. Zuvor wollen sich die Gesellschafter aber wesentliche Unterschiede zwischen diesen beiden Rechtsformen verdeutlichen.

1. Vergleichen Sie in tabellarischer Form (siehe Arbeitsblatt) die Rechtsform der GmbH und die der AG anhand folgender Kriterien:
   - Mindestkapital
   - Vertretung
   - Stimmrecht in der Gesellschafter- bzw. Hauptversammlung
   - gesetzliche Vorschriften, die die Flexibilität bei unternehmerischen Entscheidungen hemmen (z. B. Einberufung des beschließenden Organs, Bildung eines Aufsichtsrates, Kontroll- und Informationsrechte der Kapitaleigner, Widerspruchsrecht der Kapitaleigner)
2. Erläutern Sie, warum die GmbH-Gesellschafter im vorliegenden Fall trotz der Nachteile (vgl. Aufg. 1) die Umwandlung in eine AG in Erwägung ziehen.

AktG §§ 23 (1), 29, 30, 32, 33, 36, 36a, 41

3. Beschreiben Sie die einzelnen Schritte, in denen sich die Gründung und Entstehung einer AG vollzieht.
4. Die drei GmbH-Gesellschafter wollen das inzwischen auf 600 000 EUR angewachsene Vermögen der GmbH als Sacheinlage in die neu zu gründende AG einbringen. In Höhe dieses Betrages und für weitere 600 000 EUR wollen sie Aktien übernehmen. Das Grundkapital soll insgesamt 2 Mio. EUR betragen und in 20 000 Stückaktien in Form von Namensaktien aufgeteilt werden. Die Übernahme der restlichen Anteile erfolgt durch mehrere Investoren, die bereit sind, diese Aktien mit einem Agio von 10% des Nennwertes zu übernehmen. Das Agio soll einen Ausgleich für die Beteiligung an den stillen Rücklagen des Unternehmens darstellen.
   a) Ermitteln Sie den fiktiven Nennwert einer Stückaktie.

AktG § 36a

   b) Welchen Betrag müssen
      - die drei Gesellschafter
      - die übrigen Investoren

      bis zur Anmeldung der Gesellschaft zur Eintragung ins Handelsregister mindestens in bar aufbringen?

AktG §§ 76 (2), 95

5. Aus wie vielen Personen müssen
   a) der Vorstand
   b) der Aufsichtsrat

   im vorliegenden Fall mindestens bestehen?

PDF

Aufgabe 6 Fallstudie: Entscheidung über die günstigste Rechtsform eines Unternehmens – Entscheidungsbewertungstabelle

Dipl.-Ing. Ingo Wahl und Dipl.-Ing. Jochen Kern haben eine äußerst leistungsfähige Siliziumplatine zur Erzeugung von Solarenergie entwickelt. Mehrere Gutachten verschiedener Forschungsinstitute haben ergeben, dass mit dieser Entwicklung ein entscheidender Durchbruch zur wirtschaftlichen Gewinnung von Solarstrom gelingen könnte. Die Erfinder haben daher beschlossen, ein Unternehmen zu gründen und ihre Erfindung zu verwerten. Es ist geplant, noch im laufenden Kalenderjahr die Produktion von Solarkollektoren am Standort Tübingen aufzunehmen. Die Stadt Tübingen ist bereit, ein entsprechendes Grundstück im Industriegebiet für 260 000 EUR zu verkaufen. Vorsichtige Berechnungen haben ergeben, dass sich die Anschaffungskosten für Investitionen zunächst auf ca. 1 Mio. EUR belaufen werden. Die beiden Gründer könnten dem neu zu gründenden Unternehmen 300 000 EUR an Eigenmitteln zur Verfügung stellen. Es ist damit zu rechnen, dass wegen der günstigen Zukunftsaussichten auch in Zukunft erhebliche Investitionen erforderlich sein werden.

Erstellen Sie für die Entscheidung nach der günstigsten Rechtsform eine Entscheidungsbewertungstabelle (siehe Arbeitsblatt).

Hinweis: *Die Vorgehensweise zur Erstellung einer Entscheidungsbewertungstabelle ist auf dem Arbeitsblatt beschrieben.*

C Finanzierung und Investition

Warum ist dieses Kapitel wichtig?

Der betriebliche Leistungsprozess lässt sich in drei Phasen einteilen, die zeitlich aufeinander folgen. In der ersten Phase werden die für die Produktion benötigten Produktionsfaktoren beschafft (Beschaffung). Danach erfolgen die Leistungserstellung (Produktion) und die Leistungsverwertung (Absatz). Voraussetzung für diesen betrieblichen Leistungsprozess ist es, dass in ausreichendem Maße finanzielle Mittel für die Beschaffung und den Einsatz der Produktionsfaktoren zur Verfügung stehen. Andernfalls wäre keine Produktion möglich. Unter Finanzierung werden alle Maßnahmen zur Beschaffung von Finanzierungsmitteln verstanden. Die Verwendung dieser Mittel zum Erwerb von Produktionsfaktoren wird als Investition bezeichnet. Finanzierung (= Mittelbeschaffung) und Investition (= Mittelverwendung) gehören also eng zusammen.

Überblick und Zusammenhänge

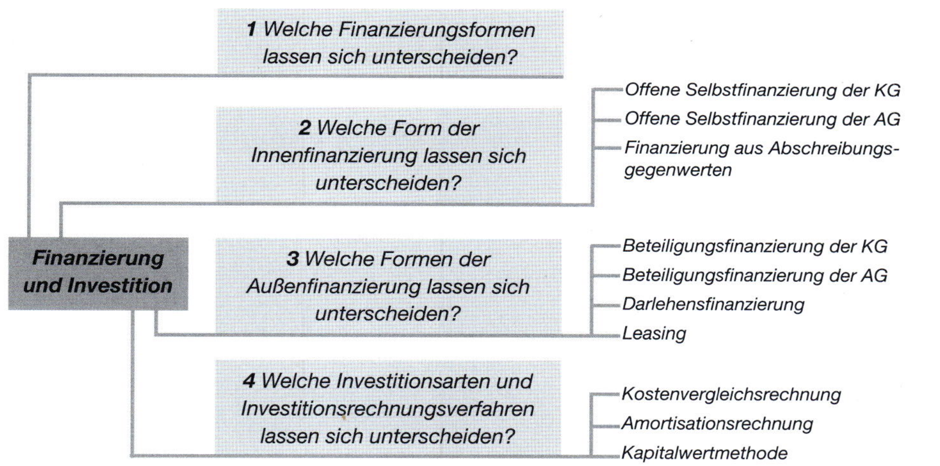

1 Finanzierungsformen im Überblick

Kapital im betriebswirtschaftlichen Sinne sind alle Geldmittel (Geldkapital), Produktionsmittel (Sachkapital) und Rechte (z. B. Patente, Lizenzen), die einem Unternehmen zur Verfügung stehen. Wird das Kapital von (Mit-)Eigentümern des Unternehmens zur Verfügung gestellt, handelt es sich um **Eigenkapital**. Wird das Kapital von Gläubigern des Unternehmens zur Verfügung gestellt, handelt es sich um **Fremdkapital**.

Finanzierung ist die Beschaffung des für betriebliche Vorgänge (z. B. Leistungserstellung, Unternehmensgründung) benötigten Kapitals (finanzielle Mittel, Sachgüter, Rechte). Die Passivseite der Bilanz gibt Auskunft über die Herkunft des Kapitals.

Investition ist die Anlage des im Rahmen der Finanzierung beschafften Kapitals in Betriebsvermögen. Die Aktivseite der Bilanz gibt Auskunft über die Verwendung des Kapitals.

Die verschiedenen Formen der Finanzierung lassen sich anhand der folgenden beiden Kriterien unterscheiden:

- **Woher kommen die finanziellen Mittel?**
- **Welche Rechtsstellung zum Unternehmen hat derjenige, der die finanziellen Mittel zur Verfügung stellt (Kapitalgeber)?**

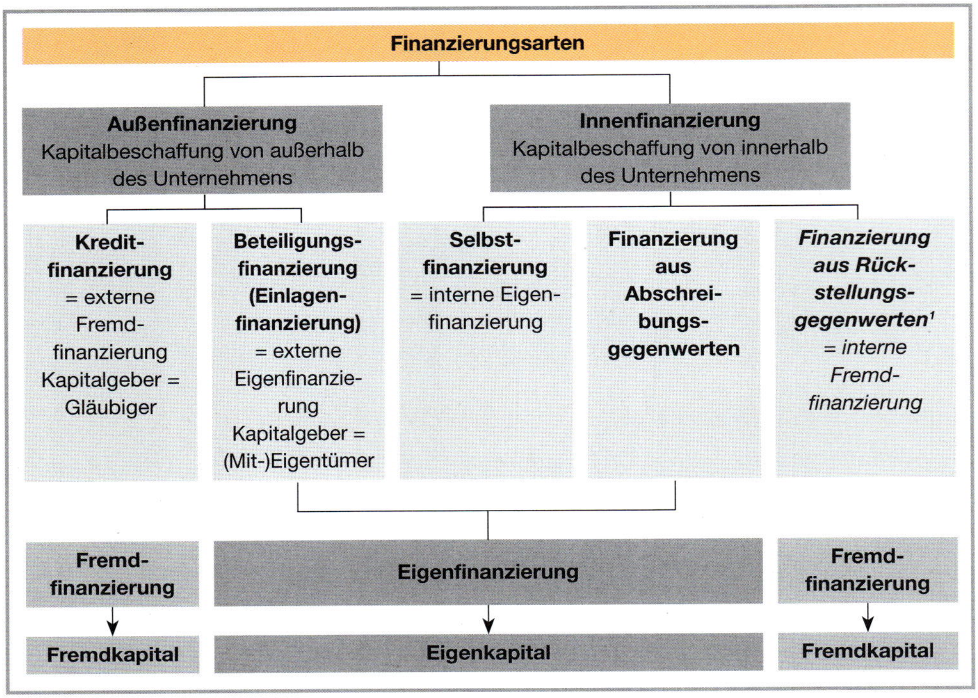

Außenfinanzierung – Innenfinanzierung

Außenfinanzierung	Innenfinanzierung
Die Finanzierungsmittel werden dem Unternehmen von außen in Form von Beteiligungen (Kapitaleinlagen) oder Krediten zugeführt.	Bei der Innenfinanzierung werden die Finanzierungsmittel, vom Unternehmen selbst in Form von Umsatzerlösen erwirtschaftet.

Eigenfinanzierung

externe Eigenfinanzierung	interne Eigenfinanzierung	
Beteiligungsfinanzierung (Einlagenfinanzierung)	**Selbstfinanzierung**	**Finanzierung aus Abschreibungsgegenwerten**
Dem Unternehmen werden Finanzierungsmittel in Form von Eigenkapital durch Kapitaleinlagen zugeführt. Dabei kann es sich um Geldeinlagen, Sacheinlagen oder Rechte handeln. Die Kapitalgeber erwerben Beteiligungsrechte (z. B. Mitwirkungsrechte, Gewinnanspruch)	Die Finanzierungsmittel werden vom Unternehmen selbst durch Nichtausschüttung (= Einbehaltung) von Gewinnen beschafft (= Gewinnthesaurierung[2]) und führen zu einer Erhöhung des in der Bilanz offen ausgewiesenen Eigenkapitals (= offene Selbstfinanzierung).[3]	Da die Aufwendungen für Abschreibungen, die in der gegenwärtigen Periode den Gewinn mindern und dadurch eine Gewinnausschüttung verhindern, erst bei der Ersatzbeschaffung in einer späteren Periode zu Ausgaben führen, können diese Mittel unter bestimmten Umständen zwischenzeitlich zur Finanzierung anderweitiger Investitionen dienen.

1 Die Finanzierung aus Rückstellungsgegenwerten ist nicht Gegenstand des Lehrplans
2 thesaurieren *(gr.)*: [Geld, Wertsachen] horten; hier: Gewinne nicht an die Eigentümer ausschütten, sondern im Unternehmen zurückbehalten.
3 Die Behandlung der verdeckten Selbstfinanzierung durch Unterbewertung von Vermögensgegenständen und Überbewertung von Schulden ist im Lehrplan nicht vorgesehen.

Fremdfinanzierung

Kreditfinanzierung
Dem Unternehmen werden Finanzierungsmittel von außen in Form von Fremdkapital zugeführt. Die Kapitalgeber erwerben Gläubigerrechte (z. B. Rückzahlungsanspruch, Verzinsung)

Außenfinanzierung

Bei der **Außenfinanzierung** ist der Finanzierungsvorgang leicht nachvollziehbar, da sich **Zeitpunkt**, **Höhe** und **Zweck** der Finanzierung i. d. R. eindeutig feststellen lassen.

Arten der Außenfinanzierung

(1) Außenfinanzierung in Form der Beteiligungsfinanzierung: Einlage eines OHG-Gesellschafters am 10. Mai in Höhe von 50 000 EUR (= Finanzierung). Es ist beabsichtigt, die Mittel zum Kauf eines Lieferwagens zu verwenden (= Investierung).
(2) Außenfinanzierung in Form der Kreditfinanzierung: Auszahlung eines Darlehens durch die Bank in Höhe von 200 000 EUR am 07. Juli (= Finanzierung). Dieser Betrag wird zur Bezahlung eines neu erworbenen Grundstücks verwendet (= Investierung).

Innenfinanzierung in Form der Selbstfinanzierung

Bei der **Innenfinanzierung** ist der Finanzierungsvorgang wesentlich schwieriger nachzuvollziehen, da **Zeitpunkt**, **Höhe** und **Zweck** der Finanzierung häufig nicht genau feststellbar sind.

Innenfinanzierung in Form der Selbstfinanzierung
(= Finanzierung aus einbehaltenen Gewinnen)

Für das Verständnis des Finanzierungsvorgangs muss man sich klar machen, dass der Gewinn nicht zu einem bestimmten Zeitpunkt, sondern durch den laufenden Geschäftsbetrieb während des gesamten Geschäftsjahres anfällt. Der Gewinn ist also keine Bestandsgröße, sondern eine Stromgröße. Voraussetzung für die Finanzierung aus einbehaltenen Gewinnen ist in jedem Fall, dass der Gewinn dazu geführt hat, dass dem Unternehmen über die Umsatzerlöse Geldmittel in entsprechender Höhe von außen zugeflossen sind. Diese dem Gewinn entsprechenden Geldmittel werden aber normalerweise schon während des Geschäftsjahres für Anschaffungen, Schuldentilgung oder – bei Einzelunternehmen und Personengesellschaften – für Privatentnahmen verwendet. Es ist also nicht in jedem Fall zutreffend, dass am Ende des Geschäftsjahres dem Gewinn entsprechende Einzahlungsüberschüsse als liquide Mittel für Investitionszwecke (oder zur Ausschüttung an die Eigentümer) zur Verfügung stehen. Wie das folgende Beispiel zeigt, weicht zudem die Höhe des Gewinns von den erzielten Einzahlungsüberschüssen ab, wenn solche Erträge und Aufwendungen die Gewinnhöhe beeinflusst haben, die nicht mit Einzahlungen und Auszahlungen verbunden (= nicht liquiditätswirksam) sind.

Selbstfinanzierung: Unterschied zwischen Gewinn und Geldmitteln

Gewinn ist nicht gleichbedeutend mit Einzahlungsüberschüssen. Gewinn und Geldmittel (Bankguthaben, Kassenbestand) dürfen nicht gleichgesetzt und miteinander verwechselt werden.

Voraussetzung für jede Form der Innenfinanzierung ist, dass das Unternehmen Einzahlungsüberschüsse erzielt. Dazu müssen ihm über die Umsatzerlöse Geldmittel zufließen. Deren Höhe muss über den Umfang der Aufwendungen, die mit Auszahlungen verbunden sind (z. B. Materialaufwand, Lohnaufwand), hinausgehen.

Auszug aus der Gewinn- und Verlustrechnung der Franz Maurer KG zum 31.12. .. (in EUR)

Aufwendungen			**Erträge**
Aufw. f. Roh- Hilfs-, Betriebsstoffe	4 200 000	Umsatzerlöse	18 000 000
Löhne und Gehälter	6 400 000	Bestandserhöhungen an fertigen Erzeugnissen	3 000 000
Abschreibungen	3 200 000		
sonstige Aufwendungen	4 000 000		
Gewinn	3 200 000		
	21 000 000		21 000 000

Annahmen: Außer den Abschreibungen waren alle anderen Aufwendungen in vollem Umfang auszahlungswirksam, d. h. sie haben zu einem Abfluss an flüssigen Mitteln geführt. Die Umsatzerlöse haben nach den vorliegenden Aufzeichnungen lediglich zu 90 % zu einem Zufluss an flüssigen Mitteln (= Einzahlungen) geführt, da die Kunden das eingeräumte Zahlungsziel ausnutzen und in entsprechender Höhe Forderungen entstanden sind. Die als Erträge erfassten Bestandserhöhungen an fertigen Erzeugnissen waren ebenfalls nicht mit einer Einzahlung verbunden.

Einzahlungswirksame Erträge (90 % der Umsatzerlöse)	16 200 000 EUR
– auszahlungswirksame Aufwendungen	14 600 000 EUR
= Einzahlungsüberschuss (= verfügbare Mittel für Selbstfinanzierung)	1 600 000 EUR

Ergebnis: Obwohl ein Gewinn in Höhe von 3 200 000 EUR erzielt wurde, standen für das Geschäftsjahr im Rahmen der Selbstfinanzierung lediglich Geldmittel in Höhe von 1 600 000 EUR zur Verfügung.

Kap. D 8.4.4

Ein Maß für den möglichen Umfang der Innenfinanzierung stellt der **Cash-Flow** als Kennzahl für den Einzahlungsüberschuss dar.

Zusammenfassende Übersicht zu Kap. 1: Finanzierungsformen im Überblick

Woher? / Wer?	Außenfinanzierung	Innenfinanzierung
Eigentümer (Eigenfinanzierung)	**Beteiligungsfinanzierung (Einlagenfinanzierung)**	**Selbstfinanzierung**
		Finanzierung aus Abschreibungsgegenwerten
Gläubiger (Fremdfinanzierung)	**Kreditfinanzierung**	***Finanzierung aus Rückstellungsgegenwerten***

Wiederholung des Grundwissens

zu Kapitel 1 Finanzierungsformen im Überblick

1. Welche Finanzierungsformen lassen sich nach der Herkunft der finanziellen Mittel unterscheiden?
2. Welche Finanzierungsformen lassen sich nach der Rechtsstellung der Kapitalgeber unterscheiden?
3. Was ist unter Investition zu verstehen?
4. Warum ist Gewinn nicht gleichbedeutend mit Geldmitteln?
5. Woher stammen die Finanzierungsmittel bei der Innenfinanzierung?

2 Innenfinanzierung

2.1 Offene Selbstfinanzierung am Beispiel einer Kommanditgesellschaft

Die **offene Selbstfinanzierung** ist eine Form der **Innen-** und **Eigenfinanzierung**. Sie erfolgt aus eigener Kraft des Unternehmens und erhöht das in der Bilanz ausgewiesene **Eigenkapital**.

Aufg. 2.1.1 S. 270

Wenn ein Unternehmen Geldmittel, die dem in der Gewinn- und Verlustrechnung ausgewiesenen Gewinn entsprechen, ganz oder teilweise zurückbehält und nicht an die Eigenkapitalgeber ausschüttet, liegt eine Selbstfinanzierung vor.

Vorgehensweise zur Ermittlung der Selbstfinanzierung

Um bei einer **Kommanditgesellschaft** (KG) die **Höhe der Selbstfinanzierung** ermitteln zu können, muss in folgenden Schritten vorgegangen werden:

Kap. B 4.4.2

❶ Ermittlung des Gewinns der KG.

❷ Verteilung des Gewinns auf die KG-Gesellschafter entsprechend den gesetzlichen und/oder im Gesellschaftsvertrag vereinbarten Regelungen. Dabei muss auch berücksichtigt werden, in welchem Umfang die Komplementäre möglicherweise während des Jahres bereits vorab Gewinnanteile in Form von Tätigkeitsvergütungen und/oder anderen Privatentnahmen erhalten haben.

❸ Ermittlung der für eine Selbstfinanzierung in Frage kommenden (restlichen) Gewinnanteile der Komplementäre.

❹ Feststellung, wie die auf die Kommanditisten entfallenden Gewinnanteile verwendet werden.

Gewinnverteilung entsprechend den gesetzlichen und vertraglichen Regelungen

Offene Selbstfinanzierung am Beispiel einer Kommanditgesellschaft

An der Vollmer KG, Metallbau, sind die Gesellschafter Leo Vollmer als Komplementär mit 250 000 EUR und Jasmin Teilkes, geb. Vollmer, als Kommanditistin mit 120 000 EUR beteiligt. Die Kommanditeinlage ist voll eingezahlt.

Vereinfachte Schlussbilanz zum 31.12.2017
= Eröffnungsbilanz zum 01.01.2018

Aktiva			**Passiva**
Anlagevermögen	450 000 EUR	Komplementärkapital Vollmer	250 000 EUR
Umlaufvermögen	150 000 EUR	Kommanditkapital Teilkes	120 000 EUR
		Verbindlichkeiten	230 000 EUR
	600 000 EUR		600 000 EUR

Im Jahr 2018 wurde ein Gewinn von 100 000 EUR erzielt. Der Gesellschaftsvertrag sieht folgende Regelung vor:

Gewinn- und Verlustbeteiligung

Der Komplementär erhält für seine Tätigkeit eine monatlich im Voraus zu zahlende Tätigkeitsvergütung von 3 000 EUR zulasten des Gewinns.
Am Gewinn, der nach Abzug der Tätigkeitsvergütung und einer Verzinsung der geleisteten Einlagen von 4 % verbleibt, sowie am Verlust sind Komplementär und Kommanditistin im Verhältnis 2 : 1 beteiligt.

Problem: In welchem Umfang kann die Vollmer KG den Gewinn des Jahres 2017 zur Selbstfinanzierung verwenden, wenn

- der Komplementär zusätzlich Privatentnahmen in Höhe von 20 000 EUR getätigt hat und
- der Gewinnanteil des Kommanditisten ausbezahlt wird?

Gewinnverteilung

Berechnung der Kapitalverzinsung (Vordividende)

Komplementär Vollmer:	4 % von 250 000 EUR =	10 000 EUR
Kommanditistin Teilkes:	4 % von 120 000 EUR =	4 800 EUR
Verzinsung (Vordividende) insgesamt		14 800 EUR

Restverteilung im Verhältnis 2 : 1

Jahresgewinn	100 000 EUR
– Tätigkeitsvergütung Vollmer	36 000 EUR
– Verzinsung (Vordividende)	14 800 EUR
= Restgewinn	49 200 EUR
Restgewinn : 3 Anteile =	16 400 EUR je Anteil
Anteil Komplementär Vollmer: 2 Anteile · 16 400 EUR	32 800 EUR
Anteil Kommanditistin Teilkes: 1 Anteil · 16 400 EUR	16 400 EUR

Gewinnverteilungstabelle

Es wird angenommen, dass der auf den Komplementär Vollmer entfallende Gewinn in möglichst hohem Umfang einbehalten und der Gewinnanteil der Kommanditistin Teilkes – wie normalerweise üblich – ausgezahlt wird.

Gesellschafter	eingebrachtes Kapital Jahresanfang in EUR	Tätigkeitsvergütung vorab[1] in EUR	Vordividende (4 %) in EUR	Restverteilung 2 : 1 in EUR	gesamter Gewinnanteil in EUR	Privatentnahme in EUR	einbehaltener Gewinnanteil in EUR	eingebrachtes Kapital Jahresende in EUR
Vollmer	250 000	36 000	10 000	32 800	78 800	20 000	22 800	272 800
Teilkes	120 000	–	4 800	16 400	21 200	–	–	120 000
Summe	370 000	36 000	14 800	49 200	100 000	20 000	22 800	392 800

Gewinnverwendung: Gewinnentnahme oder Selbstfinanzierung

Gewinnverwendung: Einbehaltene Gewinnanteile (offene Selbstfinanzierung)

Komplementär Vollmer: Von seinem gesamten Gewinnanteil in Höhe von 78 800 EUR hat der Komplementär Vollmer vorab eine Tätigkeitsvergütung in Höhe von 36 000 EUR (12 · 3 000 EUR monatlich) erhalten. Außerdem hat er Privatentnahmen in Höhe von 20 000 EUR getätigt. Der Restbetrag in Höhe von 22 800 EUR kann zum Zweck der Selbstfinanzierung einbehalten werden (Gewinnthesaurierung) und erhöht den Kapitalanteil von Vollmer. Sein Komplementärkapital beträgt dann am Jahresende 272 800 EUR.

1 Da die Tätigkeitsvergütung vereinbarungsgemäß zulasten des **Gesamt**gewinns erfolgen soll, muss sie **vor** der Ermittlung der Anteile der Gesellschafter am Restgewinn berücksichtigt werden. Wenn vom Komplementär darüber hinaus weitere Privatentnahmen getätigt wurden, sind diese **nach** Ermittlung seines Gewinnanteils als bereits entnommener Gewinnanteil zu berücksichtigen.

Kommanditistin Teilkes: Auf die Kommanditistin Teilkes entfällt ein Gewinnanteil in Höhe von 21 200 EUR. Normalerweise lassen sich Kommanditisten ihre Gewinnanteile auszahlen. Solange dies nicht geschehen ist, besteht – falls der Gesellschaftsvertrag keine anderen Vereinbarungen enthält – in dieser Höhe eine Verbindlichkeit der KG gegenüber den Kommanditisten. Es kann aber auch vereinbart werden, dass der Gewinnanteil zur Erhöhung der Kommanditeinlage dient. In diesem Fall würde die Kommanditistin Teilkes mit 21 200 EUR zur Selbstfinanzierung beitragen. Die im Handelsregister eingetragene Haftsumme ändert sich dadurch aber nicht, da die im Gesellschaftsvertrag vereinbarte Einlage (= im Innenverhältnis versprochene Beitragsleistung) von der Haftsumme (= Haftungsumfang der Kommanditistin im Außenverhältnis) abweichen kann.

Aktiva	**Vereinfachte Schlussbilanz zum 31.12.2018**		**Passiva**
Anlagevermögen	450 000 EUR	Komplementärkapital Vollmer	272 800 EUR
		Kommanditkapital Teilkes	120 000 EUR
Umlaufvermögen	194 000 EUR*	Verbindlichkeiten	230 000 EUR
		sonst. Verbindlichkeiten Teilkes	21 200 EUR
	644 000 EUR		644 000 EUR

*) *Es wird angenommen, dass zum Ende des Geschäftsjahres in Höhe des Gewinns tatsächlich Geldmittel vorhanden sind (= Teil des Umlaufvermögens).*

bisheriges Umlaufvermögen	*150 000 EUR*
+ einbehaltener Gewinnanteil Vollmer	*22 800 EUR*
+ noch nicht entnommener Gewinnanteil Teilkes	*21 200 EUR*
= neues Umlaufvermögen	*194 000 EUR*

Ergebnis: Sofern der Komplementär Vollmer auf die Ausschüttung des ihm noch zustehenden Gewinns in Höhe von 22 800 EUR verzichtet, erfolgt in dieser Höhe eine Selbstfinanzierung. Auch die Kommanditistin Teilkes kann zur Selbstfinanzierung beitragen, wenn ihr Gewinnanteil nicht ausgezahlt, sondern bei entsprechender Vereinbarung in Kommanditkapital überführt wird.

Ob ein Kommanditist zur Selbstfinanzierung beiträgt, hängt von der Verwendung seines Gewinnanteils ab. Wird der Gewinnanteil nicht ausgeschüttet, kann er bei entsprechender Vereinbarung entweder der KG als Darlehen zur Verfügung gestellt oder zur Erhöhung der Kommanditeinlage verwendet werden. In beiden Fällen ändert sich aber die im Handelsregister eingetragene Haftsumme nicht.

Gesetzliche Sonderregelungen für Kommanditisten

Für die Verwendung des Gewinnanteils von **Kommanditisten** sind folgende **Sonderregelungen**, die von den Regelungen für Vollhafter (OHG-Gesellschafter und Komplementäre) abweichen, zu beachten: Aufg. 2.1.2 S. 271

❶ Kommanditisten haben – anders als OHG-Gesellschafter und Komplementäre – kein Recht auf Privatentnahmen. Sie haben lediglich Anspruch auf Auszahlung der ihnen zustehenden Gewinnanteile, sofern ihre Kapitalanteile nicht durch die Übernahme von Verlustanteilen unter die vereinbarte Pflichteinlage[1] gesunken ist. HGB §§ 169 (1), 122

❷ Wenn die Pflichteinlage vollständig geleistet wurde und diese nicht durch Verluste gemindert ist, gilt – sofern keine andere Vereinbarung getroffen wurde – folgende Regelung: Der einem Kommanditisten zustehende Gewinnanteil wird – anders als HGB §§ 167 (2), 120 (2)

1 In den §§ 167 (2) und 169 (1) HGB wird die vereinbarte Einlage des Kommanditisten als „bedungene" Einlage bezeichnet. Die Formulierung „bedungen" stammt vom Verb „bedingen". Damit ist die **im Innenverhältnis vereinbarte Pflichteinlage** und nicht die gem. § 162 HGB bei der Gründung ins Handelsregister einzutragende Einlage **(= Haftsumme)** gemeint. Wenn nichts anderes vereinbart ist, sind allerdings Pflichteinlage und Haftsumme gleich hoch. Beide Beträge können aber auch voneinander abweichen.

bei OHG-Gesellschaftern und Komplementären – nicht seinem Kapitalanteil zugeschrieben, sondern zur Auszahlung zur Verfügung gestellt. Ein Kommanditist leistet in diesem Fall **keinen Beitrag zur Selbstfinanzierung** der KG. Solange die Auszahlung noch nicht erfolgt ist, besteht eine entsprechende Verbindlichkeit der KG gegenüber dem Kommanditisten.

Kap. B 5.4.2 B 5.4.4

❸ Die KG-Gesellschafter können aber (auch stillschweigend) vereinbaren, dass der Gewinnanteil eines Kommanditisten in zusätzliches Kommanditkapital umgewandelt werden soll. Daneben kann einem Kommanditisten im Gesellschaftsvertrag ein Aufstockungsrecht eingeräumt werden, das auch durch den Verzicht auf Auszahlung des Gewinnanteils ausgeübt werden kann. In beiden Fällen trägt ein Kommanditist zur **freiwilligen Selbstfinanzierung** bei. Die im Handelsregister eingetragene Einlage (= Haftsumme) muss in diesem Fall aber aus folgendem Grund nicht angepasst werden: Eine Abweichung zwischen der von den Gesellschaftern vereinbarten **(Pflicht-)einlage** (= die im Innenverhältnis versprochene Beitragsleistung eines Kommanditisten) und der im Handelsregister eingetragenen **Haftsumme** (= Haftungsumfang eines Kommanditisten im Außenverhältnis) ist durchaus möglich und nicht unüblich. Andererseits kann auch vereinbart werden, dass der Gewinnanteil eines Kommanditisten in ein Gesellschafterdarlehen umgewandelt und verzinst wird. In diesem Fall trägt ein Kommanditist zur **Fremdfinanzierung** bei.

Der Kommanditist kann – anstatt die Auszahlung seines Gewinnanteils zu verlangen – zur freiwilligen Selbstfinanzierung oder zur Fremdfinanzierung der KG beitragen.

❹ Falls der bereits geleistete Kapitalanteil eines Kommanditisten durch Verrechnung mit Verlusten unter die vereinbarte **Pflichteinlage** gefallen ist, darf ein Kommanditist seinen Gewinnanteil nicht entnehmen. Der Gewinnanteil muss dann vielmehr zur Wiederauffüllung der Pflichteinlage verwendet werden **(= gesetzlich erzwungene Selbstfinanzierung)**.

Der Kommanditist kann die Auszahlung des ihm zustehenden Gewinns nicht verlangen, wenn sein bereits geleisteter Kapitalanteil durch anzurechnende Verlustanteile unter die vereinbarte Einlage gesunken ist. In diesem Fall ergibt sich eine gesetzlich erzwungene Selbstfinanzierung.

❺ Wenn das von einem Kommanditisten tatsächlich eingebrachte Kapital niedriger als die Pflichteinlage ist, liegt in Höhe des Differenzbetrages eine **ausstehende Kommanditeinlage** vor. Ist der vereinbarte Fälligkeitstermin für diese ausstehende Einlage noch nicht eingetreten, so kann ein Kommanditist trotzdem weiterhin die Auszahlung seines Gewinnanteils verlangen. Nur wenn die **Einlage** bereits **fällig** ist, ist es der KG möglich, ihren Anspruch auf Leistung der Einlage mit dem Auszahlungsanspruch des Kommanditisten **aufzurechnen**[1]. Werden in einem solchen Fall Gewinnanteile eines Kommanditisten einbehalten und gegen seine **fällige ausstehende Einlage** aufgerechnet, handelt es sich aber nicht um eine Selbstfinanzierung, sondern um eine Beteiligungsfinanzierung (Außenfinanzierung).

BGB § 367

Trotz einer ausstehenden Kommanditeinlage hat ein Kommanditist Anspruch auf Auszahlung seines Gewinnanteils, solange die Einlage noch nicht fällig ist.

1 Aufrechnung (Kompensation): Aufhebung einer Forderung durch eine Gegenforderung

Gesetzlich erzwungene Selbstfinanzierung durch einen Kommanditisten

Im bisherigen Beispiel war unterstellt, dass die Kommanditistin Teilkes ihre Kommanditeinlage voll eingezahlt hat und dieser Betrag nicht nachträglich durch Verlustanteile gemindert wurde. Ist das nicht der Fall, ergeben sich für die Kommanditisten bezüglich ihres Anspruchs auf Auszahlung des Gewinnanteils folgende Änderungen.

Gesetzlich erzwungene Selbstfinanzierung durch einen Kommanditisten

Im Unterschied zum ersten Beispiel hat die Gesellschafterin Teilkes ihre Kommanditeinlage noch nicht voll eingezahlt. Die ausstehende Einlage ist entsprechend einer Vereinbarung im Gesellschaftsvertrag erst in zwei Jahren fällig. Außerdem hat sich das eingebrachte Kapital von Frau Teilkes durch einen Verlustanteil im Vorjahr verringert.

	Vereinbarte (bedungene) Kommanditeinlage:	120 000 EUR
–	bei Gründung eingebrachte Kommanditeinlage	50 000 EUR
=	ausstehende Kommanditeinlage (fällig in zwei Jahren)	70 000 EUR
	bei Gründung eingebrachte Kommanditeinlage	50 000 EUR
–	Verlustanteil im Vorjahr	12 000 EUR
=	derzeitiger Kommanditanteil	38 000 EUR

Im abgelaufenen Geschäftsjahr entfällt auf Frau Teilkes ein Gewinnanteil von 20 000 EUR.

Problem: In welcher Höhe kann die Kommanditistin Teilkes die Auszahlung ihres Gewinnanteils von 20 000 EUR verlangen?

Lösung:

Frau Teilkes hat einen Auszahlungsanspruch in Höhe von 8 000 EUR.

Begründung:

- Frau Teilkes ist vertraglich verpflichtet, 120 000 EUR einzuzahlen (= bedungene Einlage, Pflichteinlage). Davon sind 50 000 EUR bei Gründung und 70 000 EUR erst zwei Jahre später fällig.
- Die bereits geleistete Einlage in Höhe von 50 000 EUR ist durch Verlust auf 38 000 EUR gemindert.
- Solange die bereits geleistete Einlage von 50 000 EUR nicht wieder aufgefüllt ist, hat Frau Teilkes **keinen** Anspruch auf Auszahlung des Gewinns.
- Vom gesamten Gewinnanteil in Höhe von 20 000 EUR werden 12 000 EUR benötigt, um den durch den Verlust des Vorjahres auf 38 000 EUR geminderten Kapitalanteil auf die ursprüngliche Höhe von 50 000 EUR aufzufüllen. In Höhe von 12 000 EUR liegt gem. § 169 (1) HGB eine gesetzlich erzwungene Selbstfinanzierung vor.
- Der Auszahlungsanspruch von Frau Teilkes beschränkt sich somit auf 8 000 EUR (20 000 EUR – 12 000 EUR).
- Frau Teilkes könnte diesen Betrag von 8 000 EUR auch dazu verwenden, um ihre ausstehende Einlage weiter aufzufüllen. Das wäre beispielsweise dann sinnvoll, wenn sie für die ausstehende Einlage Zinsen zahlen muss und die restliche Einlage vereinbarungsgemäß auch vor dem spätesten Fälligkeitstag geleistet werden kann. Frau Teilkes ist aber **nicht zur Auffüllung der ausstehenden Einlage verpflichtet**. Nur wenn die ausstehende Einlage bereits fällig ist, kann die KG den Auszahlungsanspruch von Frau Teilkes mit dem Anspruch auf Leistung der Einlage aufrechnen.

Zusammenfassende Übersicht zu Kap. 2.1:
Offene Selbstfinanzierung am Beispiel einer Kommanditgesellschaft

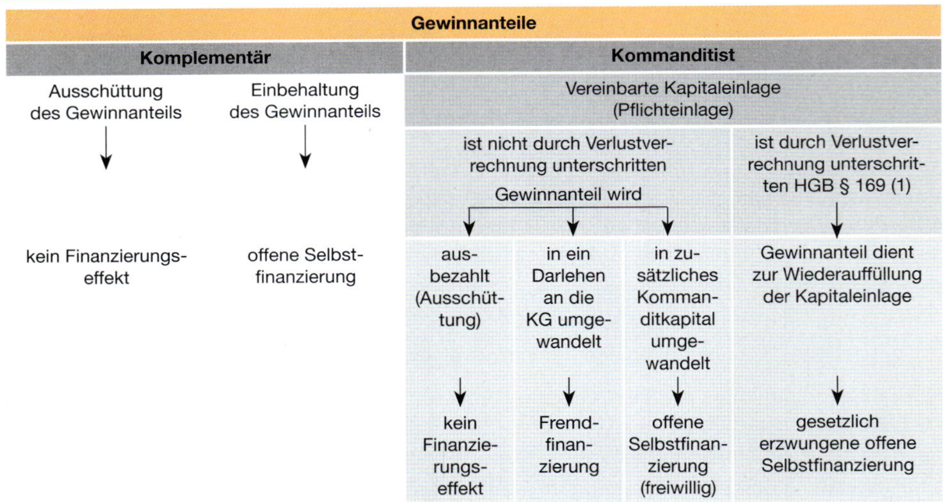

Wiederholung des Grundwissens

zu Kapitel 2.1 Offene Selbstfinanzierung am Beispiel einer Kommanditgesellschaft

1. Wie schlägt sich der Beitrag eines Komplementärs zur Selbstfinanzierung auf der Passivseite der KG-Bilanz nieder?
2. Welche Besonderheiten ergeben sich aufgrund von HGB-Vorschriften für die Gewinnverwendung des Gewinnanteils eines Kommanditisten?
3. Unterscheiden Sie zwischen Haftsumme und Pflichteinlage des Kommanditisten.
4. Wie wird der Gewinnanteil des Kommanditisten verwendet, wenn sich sein Kapitalanteil durch Verluste in früheren Jahren verringert hat?
5. Wie kann der Gewinnanteil des Kommanditisten verwendet werden, wenn sein Kapitalanteil nicht durch Verluste oder Entnahmen unter die vereinbarte Höhe gesunken ist?

Aufgaben und Probleme

zu Kapitel 2.1 Offene Selbstfinanzierung am Beispiel einer Kommanditgesellschaft

2.1.1 Offene Selbstfinanzierung einer KG

An der Ulrich Schmidt KG, Metallbau, sind die Gesellschafter Ulrich Schmidt als Komplementär mit 250 000 EUR und Simone Stark als Kommanditistin mit 120 000 EUR beteiligt. In den Gesellschaftsvertrag ist im Hinblick auf die Gewinn- und Verlustverteilung folgende Regelung aufgenommen worden:

§ 10 Gewinn- und Verlustbeteiligung

Der Komplementär erhält für seine Tätigkeit eine monatlich im Voraus zu zahlende Tätigkeitsvergütung von 3 000 EUR. Am Gewinn, der nach Abzug der Tätigkeitsvergütung und einer Verzinsung der geleisteten Einlagen von 5 % verbleibt, sowie am Verlust sind Komplementär und Kommanditistin im Verhältnis 2 : 1 beteiligt.

Es wurde ein Gewinn von 100000 EUR erzielt. Daraus ergibt sich folgende Gewinnverteilungstabelle (Angaben in EUR):

Gesellschafter	eingebrachtes Kapital am Jahresanfang	Tätigkeitsvergütung vorab	Vordividende 5% Verzinsung	Restverteilung 2 : 1	gesamter Gewinnanteil	Privatentnahme	eingebrachtes Kapital am Jahresende
Schmidt	250000	36000	12500	30333	78833	10000	282833
Stark	120000	–	6000	15167	21167	–	120000
Summe	370000	36000	18500	45500	100000	10000	402833

1. Vollziehen Sie nach, wie die einzelnen Werte in der Gewinnverteilungstabelle zustande kommen.
2. Welcher Gesellschafter hat in welcher Höhe zur offenen Selbstfinanzierung beigetragen?
3. Zum Jahresanfang lag folgende vereinfachte Eröffnungsbilanz vor:

Aktiva	Vereinfachte Eröffnungsbilanz zum 01.01. ..		Passiva
Anlagevermögen	450000 EUR	Komplementärkapital Schmidt	250000 EUR
Umlaufvermögen	150000 EUR	Kommanditkapital Stark	120000 EUR
		Verbindlichkeiten	230000 EUR
	600000 EUR		600000 EUR

Stellen Sie eine vereinfachte Schlussbilanz **nach der Gewinnverteilung** unter folgenden Voraussetzungen auf.

- Das Anlagevermögen und die Verbindlichkeiten gegenüber Kreditinstituten sind während des Jahres jeweils um 100000 EUR gestiegen.
- Bezüglich der Verwendung des Gewinnanteils des Kommanditisten sind keine besonderen Vereinbarungen getroffen worden.
- Zum Ende des Geschäftsjahres ist der (noch) nicht ausgeschüttete Gewinn in liquider Form als Teil des Umlaufvermögens vorhanden.

4. Angenommen, Kommanditistin Stark möchte freiwillig zur Selbstfinanzierung der KG beitragen. Prüfen Sie,
   a) ob und unter welchen Voraussetzungen dies möglich ist,
   b) ob dies Auswirkungen auf ihre im Handelsregister eingetragene Haftsumme hat.

2.1.2 Beitrag eines Kommanditisten zur offenen Selbstfinanzierung

Inge Beyer hat sich im Jahr 01 als Kommanditistin an einer neu gegründeten KG beteiligt. Die vereinbarte (bedungene) Kommanditeinlage beträgt 200000 EUR. Davon hat sie bei der Gründung 100000 EUR eingebracht. Es ist vereinbart, dass der Restbetrag zu Beginn des vierten Geschäftsjahres eingebracht wird. Die auf Inge Beyer entfallenden Gewinnanteile sollen – sofern dem keine gesetzlichen Vorschriften entgegenstehen – ausgezahlt werden.

Auf Inge Beyer entfallen während der ersten vier Jahre folgende Gewinn- und Verlustanteile (in EUR):

Jahr	01	02	03	04
Verlustanteil in EUR	10000	5000		
Gewinnanteil in EUR			25000	18000

1. Welcher Betrag kann Inge Beyer während der vier Jahre insgesamt ausgezahlt werden? HGB § 169
2. In welchem Umfang hat Inge Beyer gezwungenermaßen zur Selbstfinanzierung beigetragen?

2.2 Offene Selbstfinanzierung am Beispiel einer Aktiengesellschaft

2.2.1 Zusammenhang zwischen Jahresüberschuss und Gewinnrücklagen einer AG

Aufg. 2.2.1 S. 284

HGB § 275

Die **offene Selbstfinanzierung** ist eine Form der **Innen-** und **Eigenfinanzierung**. Sie erfolgt aus eigener Kraft des Unternehmens und erhöht das in der Bilanz ausgewiesene **Eigenkapital**.

> **Wenn eine AG Geldmittel, die dem in der GuV ausgewiesenen Jahresüberschuss entsprechen, ganz oder teilweise zurückbehält und nicht an die Aktionäre ausschüttet, liegt eine Selbstfinanzierung vor.**

Gewinnrücklagen

Bei Einzelunternehmen und Personengesellschaften werden die als Eigenkapital im Unternehmen verbleibenden Gewinnanteile dem Eigenkapitalkonto bzw. den Kapitalkonten der Gesellschafter gutgeschrieben. Da aber bei Aktiengesellschaften über das in der Bilanz ausgewiesene **gezeichnete Kapital (Grundkapital)**[1] Aktien ausgegeben wurden, kann sich diese Größe durch die Einbehaltung von Gewinnen nicht verändern. Vielmehr müssen die nach **Ausgleich** eines **Verlustvortrags** aus dem Vorjahr einbehaltenen Gewinnanteile in der Bilanzposition **Gewinnrücklagen** erfasst und gesondert ausgewiesen werden. Die **Gewinnrücklagen** sind ebenso wie das **gezeichnete Kapital** Bestandteil des **Eigenkapitals** einer AG.

> **Der zur Selbstfinanzierung einbehaltene Teil des Jahresüberschusses der AG wird in der Bilanzposition Gewinnrücklagen erfasst. Die Gewinnrücklagen sind Teil des Eigenkapitals einer AG. Rücklagenbildung bedeutet also Erhöhung des Eigenkapitals.**

AktG § 150 (1), (2) § 58 (2), (3)

HGB § 266

Im Gegensatz zu Einzelunternehmen, Personengesellschaften und anderen Kapitalgesellschaften (z. B. GmbH) kann der Jahresüberschuss einer AG nicht ohne weiteres ausgeschüttet werden. Es bestehen vielmehr gesetzliche Vorschriften, die in bestimmten Fällen eine Zurückbehaltung von Teilen des Jahresüberschusses erzwingen (= erzwungene Selbstfinanzierung). Darüber hinaus können durch Beschluss von Vorstand und Aufsichtsrat einerseits sowie Hauptversammlung andererseits freiwillig weitere Teile des Jahresüberschusses einbehalten werden (= freiwillige Selbstfinanzierung). Dementsprechend werden die **Gewinnrücklagen** u. a. in die **gesetzliche Rücklage** und **andere Gewinnrücklagen** eingeteilt.

> **Die Bildung von Gewinnrücklagen ist bei der AG teilweise gesetzlich erzwungen (gesetzliche Gewinnrücklage) und teilweise freiwillig (andere Gewinnrücklagen).**

Bilanzgewinn und Gewinnvortrag

Der Teil des Jahresüberschusses der nicht zur Bildung von Gewinnrücklagen verwendet wird, stellt den **Bilanzgewinn** dar. Er kann – falls die Hauptversammlung dies beschließt – als **Dividende** an die Aktionäre ausgeschüttet werden. Häufig wird als Dividende je Aktie der sich aus dem Bilanzgewinn ergebende höchstmögliche „runde Ausschüttungsbetrag" (= auf volle 10 Cent gerundeter Betrag, z. B. 6,50 EUR je Aktie) berechnet. Da der Bilanzgewinn dann in den meisten Fällen nicht ohne Rest durch die

1 Der in der Satzung (= Gesellschaftsvertrag der AG) festgelegte Kapitalbetrag wird im **AktG** als **Grundkapital** bezeichnet. Das **HGB**, das für **alle Kapitalgesellschaften** gilt, verwendet dagegen für den Ausweis des entsprechenden Kapitals in der Bilanz den Begriff **gezeichnetes Kapital**. In einer AG-Bilanz findet sich daher nicht der Begriff Grundkapital, sondern gezeichnetes Kapital. Beide Begriffe werden aber bezogen auf die AG gleichbedeutend verwendet.

Gesamtdividende teilbar ist, bleibt normalerweise ein kleiner Rest übrig, der als **Gewinnvortrag** auf das neue Jahr übertragen wird. Der Teil des Jahresüberschusses, der den **Gewinnrücklagen** zugeführt oder als **Gewinnvortrag** ausgewiesen wird, dient der **Selbstfinanzierung** der AG.

Neben den Teilen des Jahresüberschusses, die dem Ausgleich eines Verlustvortrags aus dem Vorjahr dienen oder den Gewinnrücklagen zugeführt werden, leistet auch der Gewinnvortrag einen Beitrag zur offenen Selbstfinanzierung der AG.

Zusammenhang zwischen Jahresüberschuss und Eigenkapital einer AG

Zusammenhang zwischen Jahresüberschuss und Eigenkapital einer AG

Aufgliederung des Jahresüberschusses der Solar AG gem. AktG § 158		Gliederung des Eigenkapitals der AG nach vollständiger Gewinnverwendung gem. HGB §§ 266, 268 (1)			
	Jahr 01 EUR		*Jahr 00 EUR*	Jahr 01 EUR	
Jahresüberschuss/Jahresfehlbetrag	1 000 000	A. Eigenkapital			
+ Gewinnvortrag/Verlustvortrag aus dem Vorjahr	0	I. Gezeichnetes Kapital	*20 000 000*	20 000 000	
+ Entnahme aus der Kapital- und Gewinnrücklage	0 ←	II. Kapitalrücklage	*500 000*	500 000	
– Einstellungen in Gewinnrücklagen		III. Gewinnrücklagen			
a) in die gesetzliche Rücklage	50 000 →	1. gesetzliche Rücklage	*1 200 000*	**1 250 000**	durch Selbstfinanzierung entstanden
b) ...	0	2. ...			
c) ...	0	3. ...			
d) in andere Gewinnrücklagen	475 000 →	4. andere Gewinnrückl.	*600 00*	**1 075 000**	durch Selbstfinanzierung entstanden
= Bilanzgewinn/Bilanzverlust	475 000				
– Dividende	450 000				
= Gewinnvortrag für das nächste Jahr	25 000 →	IV. Gewinnvortrag/ Verlustvortrag	*0*	**25 000**	durch Selbstfinanzierung entstanden
		Summe Eigenkapital	*22 850 000*	**22 850 000**	

Die Höhe der offenen Selbstfinanzierung für das Jahr 01 entspricht der Erhöhung des Eigenkapitals. Sie beträgt im vorliegenden Fall 550 000 EUR und ergibt sich wie folgt:

	Zuführung zur gesetzlichen Rücklage	50 000 EUR
+	Zuführung zu anderen Gewinnrücklagen	475 000 EUR
=	Erhöhung der Rücklagen	525 000 EUR
+	Gewinnvortrag im Jahr 01	25 000 EUR
=	offene Selbstfinanzierung im Jahr 01	550 000 EUR
+	Dividende	450 000 EUR
=	Jahresüberschuss	1 000 000 EUR

Die als Teil des Eigenkapitals ausgewiesenen Kapitalrücklagen werden vornehmlich im Zusammenhang mit der Aktienausgabe einer AG (= Beteiligungsfinanzierung) gebildet.

Kap. C 3.2

HGB § 272 (2)

Gewinnrücklagen sind der veränderliche Teil des Eigenkapitals einer Kapitalgesellschaft, der durch die Einbehaltung von Teilen des Jahresüberschusses entsteht. An den in der Bilanz ausgewiesenen Gewinnrücklagen lässt sich der Umfang der offenen Selbstfinanzierung einer Kapitalgesellschaft erkennen.

Kap. C 2.4

2.2.2 Offene Selbstfinanzierung einer AG durch Bildung gesetzlicher und freiwilliger Gewinnrücklagen

Aufg. 2.2.2 S. 285

Gesetzliche Gewinnrücklage: Gesetzlich erzwungene Selbstfinanzierung

AktG § 150 (1), (2)

Das Aktiengesetz schreibt die Bildung einer gesetzlichen Rücklage zwingend vor **(= gesetzlich erzwungene Selbstfinanzierung)**. Dabei gilt folgende Vorgehensweise:

❶ **Bemessungsgrundlage**, von der die Höhe der Gewinnrücklage berechnet wird: **Jahresüberschuss abzüglich** – sofern vorhanden – **eines Verlustvortrags** aus dem Vorjahr.

❷ Anzuwendender **Prozentsatz**: **5 %** (= ein Zwanzigstel).

❸ **Dauer** der Rücklagenbildung: **Bis die Summe aus Kapitalrücklage und gesetzlicher Rücklage 10 % des Grundkapitals** oder einen in der Satzung bestimmten höheren Prozentsatz **erreicht hat**.

AktG § 150 Gesetzliche Rücklage, Kapitalrücklage

(1) In der Bilanz des nach den §§ 242, 264 des Handelsgesetzbuchs aufzustellenden Jahresabschlusses ist eine gesetzliche Rücklage zu bilden.

(2) In diese ist der zwanzigste Teil des um einen Verlustvortrag aus dem Vorjahr geminderten Jahresüberschusses einzustellen, bis die gesetzliche Rücklage und die Kapitalrücklagen ... zusammen den zehnten oder den in der Satzung bestimmten höheren Teils des Grundkapitals erreichen.

Wenn kein Jahresüberschuss vorhanden ist oder der Verlustvortrag aus dem Vorjahr den Jahresüberschuss übersteigt, kann folglich keine Gewinnrücklage gebildet werden.

Gesetzliche Rücklagen bei einer AG

Das Eigenkapital der Solar AG setzt sich zu Anfang des Jahres 01 wie folgt zusammen:

I. Gezeichnetes Kapital	20 000 000 EUR
II. Kapitalrücklage	500 000 EUR
III. Gewinnrücklagen	
1. gesetzliche Rücklage	1 200 000 EUR
2. andere Gewinnrücklagen	600 000 EUR

Im Jahr 01 wurde ein Jahresüberschuss von 1 000 000 EUR erwirtschaftet.

Problem 1: Welcher Betrag muss der gesetzlichen Rücklage zugeführt werden, wenn aus dem Vorjahr ein Gewinnvortrag in Höhe von 10 000 EUR vorliegt?

Berechnung der gesetzlichen Rücklage für das Jahr 01

Berechnung der an 10 % des Grundkapitals fehlenden Rücklage

10 % des Grundkapitals		2 000 000 EUR
– bereits vorhandene		
gesetzliche Rücklage	1 200 000 EUR	
Kapitalrücklage	500 000 EUR	1 700 000 EUR
= an 10 % des Grundkapitals fehlender Betrag		300 000 EUR

Berechnung des Betrags, der im Jahr 01 der gesetzlichen Rücklage zugeführt werden muss

Jahresüberschuss	1 000 000 EUR
– Verlustvortrag aus dem Vorjahr	0 EUR
= bereinigter Jahresüberschuss	1 000 000 EUR
davon 5 %	50 000 EUR

Ergebnis: Im Jahr 01 müssen der gesetzlichen Rücklage 50 000 EUR zugeführt werden.

Problem 2: Welcher Betrag muss der gesetzlichen Rücklage zugeführt werden, wenn aus dem Vorjahr ein Verlustvortrag in Höhe von 500 000 EUR vorliegt?

Berechnung des Betrags, der im Jahr 01 der gesetzlichen Rücklage zugeführt werden muss

Jahresüberschuss	1 000 000 EUR
– Verlustvortrag aus dem Vorjahr	500 000 EUR
= bereinigter Jahresüberschuss	500 000 EUR
davon 5 % Einstellung in die gesetzliche Rücklage	25 000 EUR

Ergebnis: Im Jahr 01 müssen der gesetzlichen Rücklage 25 000 EUR zugeführt werden.

Solange die Summe aus Kapitalrücklage und gesetzlicher Rücklage weniger als 10 % des Grundkapitals beträgt, müssen 5 % des Jahresüberschusses der gesetzlichen Rücklage zugeführt werden. Liegt ein Verlustvortrags aus dem Vorjahr vor, muss der Jahresüberschuss zuvor um diesen Betrag verringert werden.

Beim Ausgleich eines Verlustvortrags und bei der Zuführung zur gesetzlichen Rücklage handelt es sich um eine gesetzlich erzwungene Selbstfinanzierung.

Andere Gewinnrücklagen: Freiwillig vorgenommene Selbstfinanzierung

Im Normalfall stellen Vorstand und Aufsichtsrat den Jahresabschluss fest[1,2]. In diesem Fall können diese beiden Organe weitere Teile des Jahresüberschusses, der nach Zuführung zur gesetzlichen Rücklage übrig bleibt, freiwillig den anderen Gewinnrücklagen zuführen. Dabei gilt folgende Vorgehensweise:

AktG § 172 § 58 (2)

1. Vom **Jahresüberschuss** werden ein eventuell vorhandener **Verlustvortrag** aus dem Vorjahr sowie die eventuell in die **gesetzliche Rücklage** einzustellenden Beträge abgezogen.
2. Vom Rest können **Vorstand und Aufsichtsrat höchstens die Hälfte** in andere Gewinnrücklagen einstellen.
3. Diese Möglichkeit ist unabhängig von der bereits erreichten Höhe der sonstigen Gewinnrücklagen.

AktG § 58 Verwendung des Jahresüberschusses

(2) Stellen Vorstand und Aufsichtsrat den Jahresabschluss fest, so können sie einen Teil des Jahresüberschusses, höchstens jedoch die Hälfte, in andere Gewinnrücklagen einstellen.

(1) ... Dabei sind Beträge, die in die gesetzliche Rücklage einzustellen sind, und ein Verlustvortrag vorab vom Jahresüberschuss abzuziehen.

Vorstand und Aufsichtsrat können von dem Jahresüberschuss, der nach Abzug eines Verlustvortrags und nach Zuführung zur gesetzlichen Rücklage übrig bleibt, höchstens die Hälfte in andere Gewinnrücklagen einstellen.

1 Während mit dem Begriff „Aufstellung des Jahresabschlusses" die vorbereitenden Jahresabschlussarbeiten bis zur Beschlussfassung gemeint sind, bedeutet „Feststellung des Jahresabschlusses" die rechtsverbindliche Festlegung.

2 Die Fälle, in denen die Satzung etwas anderes bestimmt (AktG § 58 Abs. 1), werden hier nicht behandelt, da die Behandlung der Besonderheiten von Satzungsbestimmungen im Lehrplan nicht vorgesehen ist.

Der nach Einstellung durch Vorstand und Aufsichtsrat in die anderen Gewinnrücklagen verbleibende Betrag wird um einen eventuell vorhandenen **Gewinnvortrag** aus dem Vorjahr erhöht und als **Bilanzgewinn** ausgewiesen. Die Hauptversammlung entscheidet, ob und ggf. in welcher Höhe weitere Teile des Bilanzgewinns in die **anderen Gewinnrücklagen** eingestellt oder als **Gewinnvortrag** für das nächste Jahr in der AG belassen werden. In beiden Fällen liegt eine zusätzliche **Selbstfinanzierung** vor.

AktG § 58 Verwendung des Jahresüberschusses

(3) Die Hauptversammlung kann im Beschluss über die Verwendung des Bilanzgewinns weitere Beträge in Gewinnrücklagen einstellen oder als Gewinn vortragen.

Über die Verwendung des Bilanzgewinns entscheidet die im folgenden Geschäftsjahr einzuberufende Hauptversammlung. Diese kann auf eine (vollständige) Ausschüttung des Bilanzgewinns als Dividende verzichten und weitere Teile in die anderen Gewinnrücklagen einstellen oder als Gewinn für das neue Geschäftsjahr vortragen.

Andere Gewinnrücklagen bei einer AG

Problem 3: Welchen Betrag können Vorstand und Aufsichtsrat gem. AktG § 58 (2) höchstens in die anderen Gewinnrücklagen einstellen, wenn aus dem Vorjahr ein Verlustvortrag in Höhe von 500 000 EUR vorliegt?

Jahresüberschuss	1 000 000 EUR
– Verlustvortrag aus dem Vorjahr	500 000 EUR
= bereinigter Jahresüberschuss	500 000 EUR
– davon 5 % Einstellung in die gesetzliche Rücklage	25 000 EUR
= Restbetrag	475 000 EUR
– davon maximal 50 % Einstellung in andere Gewinnrücklagen	237 500 EUR
= Bilanzgewinn	237 500 EUR

Ergebnis: Vorstand und Aufsichtsrat können höchstens 237 500 EUR den anderen Gewinnrücklagen gem. AktG § 58 (2) zuführen. Die Hauptversammlung kann darüber beschließen, ob und in welchem Umfang der Bilanzgewinn in Höhe von 237 500 EUR als Dividende ausgeschüttet oder zur Selbstfinanzierung der AG verwendet werden soll. Im letzteren Fall können entsprechende Teile des Bilanzgewinns den anderen Gewinnrücklagen zugeführt oder als Gewinnvortrag für das nächste Jahr ausgewiesen werden.

Problem 4: Welchen Betrag können Vorstand und Aufsichtsrat gem. AktG § 58 (2) höchstens in die anderen Gewinnrücklagen einstellen, wenn aus dem Vorjahr ein Gewinnvortrag in Höhe von 10 000 EUR vorliegt?

Jahresüberschuss	1 000 000 EUR
– Verlustvortrag aus dem Vorjahr	0 EUR
= bereinigter Jahresüberschuss	1 000 000 EUR
– davon 5 % Einstellung in die gesetzliche Rücklage	50 000 EUR
= Restbetrag	950 000 EUR
– davon maximal 50 % Einstellung in andere Gewinnrücklagen	475 000 EUR
= Restbetrag	475 000 EUR
+ Gewinnvortrag aus dem Vorjahr	10 000 EUR
= Bilanzgewinn	485 000 EUR

Ergebnis: Vorstand und Aufsichtsrat können höchstens 475 000 EUR den anderen Gewinnrücklagen gem. AktG § 58 (2) zuführen. Die Hauptversammlung entscheidet über die Verwendung des Bilanzgewinns in Höhe von 485 000 EUR (Dividende oder andere Gewinnrücklagen bzw. Gewinnvortrag).

Auflösung von Rücklagen

Aufg. 2.2.3 S. 285

Grundsätzlich können die in früheren Jahren gebildeten Gewinnrücklagen nachträglich wieder aufgelöst werden. Diese Befugnis steht in der Regel dem Vorstand mit Billigung des Aufsichtsrates zu (Ausnahme: § 173 AktG). Sie bezieht sich auch auf solche Gewinnrücklagen, die durch Beschluss der Hauptversammlung gebildet wurden. Die Auflösung von Gewinnrücklagen bedeutet, dass die in vergangenen Jahren vorgenommene Selbstfinanzierung wieder rückgängig gemacht wird. Bei den **anderen Gewinnrücklagen** ist dies i. d. R. problemlos möglich. Auf diese Weise lässt sich in Jahren, in denen nur ein geringer Jahresüberschuss oder sogar ein Jahresfehlbetrag erzielt wurde, trotzdem ein Bilanzgewinn ausweisen und eine angemessene Dividende zahlen (Dividendenoptik). Die Möglichkeit zur Auflösung der **gesetzlichen Rücklage** ist dagegen durch das Aktiengesetz sehr eingeschränkt und nur in bestimmten Fällen zum Ausgleich eines Jahresfehlbetrages oder eines Verlustvortrags zulässig.

AktG §§ 172, 173 § 58 (3)

AktG § 150 (2), (3)

Grundsätzlich können in früheren Jahren gebildete Gewinnrücklagen wieder aufgelöst werden. Die Auflösung der gesetzlichen Rücklage ist allerdings nur unter bestimmten Voraussetzungen zum Ausgleich eines Jahresfehlbetrages oder eines Verlustvortrags möglich.

Die aus der Auflösung von Gewinnrücklagen stammenden Beträge werden als „Entnahmen aus Gewinnrücklagen" bei der Gewinnverwendung wie ein Gewinn des laufenden Jahres behandelt.

Ausweis eines Bilanzgewinns durch Auflösung von Rücklagen

Für den Fall, dass im laufenden Jahr ein Jahresfehlbetrag von 100 000 EUR und im letzten Jahr ein Jahresfehlbetrag von 50 000 EUR erwirtschaftet wurde, kann entsprechend nebenstehender Tabelle durch Auflösung von Gewinnrücklagen trotzdem ein Bilanzgewinn ausgewiesen und eine Dividende gezahlt werden.

	Jahresfehlbetrag	**– 100 000 EUR**
–	Verlustvortrag aus dem Vorjahr	– 50 000 EUR
=	neuer Fehlbetrag	– 150 000 EUR
+	Entnahme aus Gewinnrücklagen	300 000 EUR
=	**Bilanzgewinn**	**150 000 EUR**

2.2.3 Feststellung des Jahresabschlusses und Gewinnverwendung einer AG im Gesamtzusammenhang

Aufg. 2.2.4 S. 286

HGB § 264 (1)	HGB §§ 316 ff.	AktG § 170	AktG §§ 171 ff.	AktG §§ 174, 175
Vorstand stellt Jahresabschluss auf und legt ihn innerhalb von 3 Monaten nach Ende des Geschäftsjahres vor.	Die von der Hauptversammlung bestimmten Wirtschaftsprüfer erstellen einen Prüfbericht.	Vorlage beim Aufsichtsrat Vorstand macht einen Vorschlag zur Gewinnverwendung.	Aufsichtsrat prüft die Unterlagen. Stimmt er zu, sind Jahresabschluss und Bilanzgewinn festgestellt.[1] Die Hauptversammlung ist daran gebunden.	Vorstand beruft in den ersten 8 Monaten des neuen Geschäftsjahres die Hauptversammlung ein.

→ **Zeit**

1 Wenn der Aufsichtsrat die Zustimmung zum Jahresabschluss verweigert, stellt die Hauptversammlung den Jahresabschluss fest. Dies gilt auch, wenn die Satzung eine solche Regelung vorschreibt. Die Behandlung dieser Fälle ist im Lehrplan nicht vorgesehen.

Gewinnverwendungstabelle einer AG *(ohne Auflösung von Rücklagen)*

	Jahresüberschuss aus GuV	1 000 000 EUR	
–	**evtl. Verlustvortrag aus dem Vorjahr**	0 EUR	
=	**bereinigter Jahresüberschuss**	1 000 000 EUR	***AktG § 150 schreibt vor:***
–	**davon evtl. 5 % für gesetzliche Rücklage**	50 000 EUR	Wenn die Summe aus gesetzlicher Rücklage und Kapitalrücklage kleiner als 10 % des Grundkapitals ist, müssen 5 % des bereinigten JÜ in die gesetzliche Rücklage eingestellt werden.
=	**Restbetrag**	950 000 EUR	***AktG § 58 (2) schreibt vor:***
–	**davon maximal 50 % für andere Gewinnrücklagen**	475 000 EUR	Aus dem Rest können Vorstand und Aufsichtsrat bis zu 50 % in die anderen Gewinnrücklagen einstellen.
=	**Restbetrag**	475 000 EUR	
+	**evtl. Gewinnvortrag aus dem Vorjahr**	10 000 EUR	
=	**Bilanzgewinn**	485 000 EUR	***AktG § 58 (3) schreibt vor:***
–	**davon evtl. weitere Beträge für andere Gewinnrücklagen**	0 EUR	Die Hauptversammlung kann mit einfacher Mehrheit weitere Beträge in die anderen Gewinnrücklagen einstellen oder als Gewinnvortrag verwenden.
=	**Betrag für Dividendenausschüttung**	485 000 EUR	
–	**„runder" Ausschüttungsbetrag z. B. 2,25 EUR je Aktie bei 200 000 Aktien**	450 000 EUR	
=	**Gewinnvortrag für das nächste Jahr**	35 000 EUR	

Bei der Bemessungsgrundlage für die Berechnung der gesetzlichen Rücklage und der anderen Gewinnrücklagen wird zwar ein möglicherweise vorhandener **Verlustvortrag abgezogen**, ein **Gewinnvortrag aber nicht** hinzugezählt. Das liegt daran, dass der Gewinnvortrag bereits im vorherigen Jahr Teil des Jahresüberschusses und damit Teil der Bemessungsgrundlage für die Berechnung der Gewinnrücklagen war.

2.2.4 Einfluss der Gewinnverwendung auf den Jahresabschluss einer AG

AktG § 158

Je nachdem, ob die Gewinnverwendung bei der Aufstellung des Jahresabschlusses bereits berücksichtigt wird oder nicht, haben Bilanz und (gem. AktG § 158 erweiterte) GuV einer AG ein unterschiedliches Aussehen. Dabei sind folgende drei Möglichkeiten zu unterscheiden:

Jahresabschluss
- **vor der Gewinnverwendung**
- **nach teilweiser Gewinnverwendung**
- **nach vollständiger Gewinnverwendung**

Jahresabschluss vor Gewinnverwendung

Der Jahresüberschuss beträgt 1 000 000 EUR. Vor der Gewinnverwendung wird dieser Betrag gem. HGB § 266 in der Bilanzposition Jahresüberschuss als Teil des Eigenkapitals ausgewiesen.

Gewinn- und Verlustrechnung HGB § 275 (2) *in EUR*			***Gliederung des Eigenkapitals einer AG vor Gewinnverwendung gem. HGB § 266*** *in EUR*	
	Jahr 01			Jahr 01
Erträge	15 000 000		A. Eigenkapital	
			I. Gezeichnetes Kapital	20 000 000
			II. Kapitalrücklage	500 000
			III. Gewinnrücklage	
			1. gesetzliche Rücklagen	1 200 000
			2. ...	
			3. ...	
			4. andere Gewinnrücklagen	600 000
– Aufwendungen	14 000 000		IV. Gewinnvortrag/Verlustvortrag	10 000
Jahresüberschuss	**1 000 000**	→	**V. Jahresüberschuss**	**1 000 000**
			Summe Eigenkapital	**23 310 000**

HGB §§ 266, 275 (2)

Jahresabschluss nach teilweiser Gewinnverwendung

Gem. HGB § 268 (1) kann der Jahresabschluss auch unter Berücksichtigung der teilweisen oder vollständigen Gewinnverwendung aufgestellt werden. Gem. AktG § 158 (1) ist die GuV entsprechend zu ergänzen.

Gewinn- und Verlustrechnung HGB § 275 (2), AktG § 158 (1) *in EUR*			***Gliederung des Eigenkapitals einer AG nach teilweiser Gewinnverwendung gem. HGB § 266, 268 (1)*** *in EUR*	
	Jahr 01			Jahr 01
Erträge	15 000 000		A. Eigenkapital	
– Aufwendungen	14 000 000		I. Gezeichnetes Kapital	20 000 000
= Jahresüberschuss	1 000 000		II. Kapitalrücklage	500 000
+ Gewinnvortrag aus dem Vorjahr	10 000		III. Gewinnrücklage	
– Einstellung in Gewinnrücklagen				
a) in die gesetzliche Rücklage	50 000	→	1. gesetzliche Rücklagen	1 250 000
b) –			2. ...	
c) –			3. ...	
d) in die anderen Gewinnrücklagen	475 000	→	4. andere Gewinnrücklagen	1 075 000
Bilanzgewinn	**485 000**	→	**IV. Bilanzgewinn**	**485 000**
			Summe Eigenkapital	**23 310 000**

HGB §§ 268 (1)

AktG § 158 (1)

Jahresabschluss nach vollständiger Gewinnverwendung

***Gewinn- und Verlustrechnung HGB § 275 (2), AktG § 158 (1)** in EUR*	Jahr 01	***Gliederung des Eigenkapitals und Veränderung des Fremdkapitals einer AG nach vollständiger Gewinnverwendung gem. HGB § 266, 268 (1)** in EUR*	Jahr 01
Erträge	15 000 000	A. Eigenkapital	
– Aufwendungen	14 000 000	I. Gezeichnetes Kapital	20 000 000
= Jahresüberschuss	1 000 000	II. Kapitalrücklage	500 000
+ Gewinnvortrag aus dem Vorjahr	10 000	III. Gewinnrücklage	
– Einstellung in Gewinnrücklagen			
a) in die gesetzliche Rücklage	50 000 →	1. gesetzliche Rücklagen	1 250 000
b)		2. ...	
c)		3. ...	
d) in die anderen Gewinnrücklagen	475 000 →	4. andere Gewinnrücklagen	1 075 000
– auszuschüttende Dividende	450 000 → (sonstige Verbindlichkeiten)		
Gewinnvortrag	**35 000** →	**IV. Gewinnvortrag**	**35 000**
		Summe Eigenkapital	**22 860 000**
		B. Verbindlichkeiten	
		1.	
		2. sonstige Verbindlichkeiten	**450 000**

HGB § 268 (1)

AktG § 158 (1)

Die Dividendenzahlung stellt für die AG einen Abfluss von liquiden Mittel dar. Diese Mittel können nicht zur Selbstfinanzierung verwendet werden. Solange die beschlossene Dividende noch nicht ausgezahlt ist, handelt es sich um eine Verbindlichkeit der AG gegenüber ihren Aktionären, die auf der Passivseite der Bilanz ausgewiesen wird.

2.2.5 Interessenkonflikte bei der Gewinnverwendung einer AG: Maximaler und minimaler Bilanzgewinn

Aufg. 2.2.5 S. 286

Durch Einstellung von Teilen des Jahresüberschusses in die Gewinnrücklagen entsteht ein Interessenkonflikt zwischen der Geschäftsleitung und den Gläubigern der AG einerseits und den Aktionären andererseits.

Interessen der Geschäftsleitung, der Gläubiger und der Großaktionäre	Interessen der (Klein-)Aktionäre
möglichst hohe Selbstfinanzierung zur Erhöhung des Eigenkapitals als Haftungsgrundlage und zur Stärkung der Finanzkraft Folgen: ▪ kein Liquiditätsabfluss ▪ keine Finanzierungskosten z. B. für Fremd- oder Beteiligungsfinanzierung ▪ unbefristet verfügbares Kapital ▪ Kreditwürdigkeit steigt ▪ Wert des Unternehmens steigt: Möglicherweise Kurssteigerung	Auszahlung einer Dividende als Verzinsung der Kapitalanlage in Aktien. Folgen: ▪ positive Stimmung der Aktionäre ▪ Aktie wird möglicherweise wegen Dividendenzahlung attraktiv (Kurssteigerung)

Das Aktiengesetz versucht einen Kompromiss zwischen den häufig entgegengesetzten Interessen von Gläubigern/Geschäftsleitung und Aktionären zu finden. Einerseits wird der Dividendenanspruch der Aktionäre ausdrücklich betont. Die Hauptversammlung kann darüber beschließen, welcher Teil des Bilanzgewinns als Dividende an die Aktionäre ausgeschüttet werden soll. Andererseits wird bis zu einem bestimmten Grad eine Selbstfinanzierung gesetzlich erzwungen und die Auflösung gesetzlicher Rücklagen zur Gewinnausschüttung verhindert.

AktG § 58 (4) § 174

AktG § 150 (1), (2) § 150 (3), (4)

Konflikt zwischen Bildung von Gewinnrücklagen und Dividende

Das Eigenkapital der Solar AG setzt sich zu Anfang des Jahres 01 wie folgt zusammen:

I. Gezeichnetes Kapital	20 000 000 EUR
II. Kapitalrücklage	500 000 EUR
III. Gewinnrücklagen	
1. gesetzliche Rücklage	1 200 000 EUR
2. andere Gewinnrücklagen	600 000 EUR
IV. Gewinnvortrag	10 000 EUR

Im Jahr 01 wurde ein Jahresüberschuss von 1 000 000 EUR erwirtschaftet.
Es wurden 200 000 Stückaktien ausgegeben.

Problem 1: Welchen Bilanzgewinn **müssen** Vorstand und Aufsichtsrat **mindestens** ausweisen? Wie hoch ist in diesem Fall die diesjährige

a) gesetzlich erzwungene offene Selbstfinanzierung
b) freiwillig vorgenommene offene Selbstfinanzierung
c) offene Selbstfinanzierung insgesamt?

	Jahresüberschuss	1 000 000 EUR
–	Verlustvortrag aus dem Vorjahr	0 EUR
=	bereinigter Jahresüberschuss	1 000 000 EUR
–	davon 5 % Einstellung in die gesetzliche Rücklage	50 000 EUR
	Restbetrag I	950 000 EUR
–	davon maximal 50 % Einstellung in andere Gewinnrücklagen	475 000 EUR
	Restbetrag II	475 000 EUR
+	Gewinnvortrag aus dem Vorjahr	10 000 EUR
	(minimaler) Bilanzgewinn	485 000 EUR
–	maximale Dividendenausschüttung: 2,40 EUR je Aktie (auf volle 10 Cent gerundeter Betrag)	480 000 EUR
	Gewinnvortrag	5 000 EUR

Offene Selbstfinanzierung im Jahr 01:

a)	gesetzlich erzwungene offene Selbstfinanzierung: Einstellung in gesetzliche Rücklage		50 000 EUR
b)	freiwillig vorgenommene offene Selbstfinanzierung:		470 000 EUR
	Einstellung in andere Gewinnrücklagen	*475 000 EUR*	
	– Gewinnvortrag aus dem Vorjahr (= Teil der offenen SF des Vorjahres)	*10 000 EUR*	
	+ diesjähriger Gewinnvortrag (Jahr 01)	*5 000 EUR*	
c)	diesjährige offene Selbstfinanzierung (Jahr 01) insgesamt		520 000 EUR

Der Ausgleich eines Verlustvortrags und die Zuführung zur gesetzlichen Rücklage stellen eine gesetzlich erzwungene offene Selbstfinanzierung dar. Die Zuführung zu den anderen Gewinnrücklagen und der Gewinnvortrag für das nächste Jahr stellen eine freiwillig vorgenommene offene Selbstfinanzierung dar.

Offene Selbstfinanzierung = Jahresüberschuss – Dividende
Je höher die Dividende, desto geringer die Selbstfinanzierung.

Konflikt zwischen Bildung von Gewinnrücklagen und Dividende *(Fortsetzung)*

Problem 2: Welchen Bilanzgewinn **können** Vorstand und Aufsichtsrat **höchstens** ausweisen? Wie hoch ist in diesem Fall die diesjährige

a) gesetzlich erzwungene offene Selbstfinanzierung
b) freiwillig vorgenommene offene Selbstfinanzierung
c) offene Selbstfinanzierung insgesamt?

	Jahresüberschuss	1 000 000 EUR
–	Verlustvortrag aus dem Vorjahr	0 EUR
=	bereinigter Jahresüberschuss	1 000 000 EUR
–	davon 5 % Einstellung in gesetzliche Rücklagen	50 000 EUR
	Restbetrag	950 000 EUR
+	Entnahme aus den anderen Gewinnrücklagen	600 000 EUR
+	Gewinnvortrag aus dem Vorjahr	10 000 EUR
	(maximaler) Bilanzgewinn	1 560 000 EUR
–	maximale Dividendenausschüttung: 7,80 EUR je Aktie (auf volle 10 Cent gerundeter Betrag)	1 560 000 EUR
Gewinnvortrag		0 EUR

Offene Selbstfinanzierung im Jahr 01:

a)	gesetzlich erzwungene offene Selbstfinanzierung:		
	Einstellung in gesetzliche Rücklage		50 000 EUR
b)	freiwillig vorgenommene offene Selbstfinanzierung:		
	Einstellung in andere Gewinnrücklagen		0 EUR
	Gewinnvortrag		0 EUR
c)	offene Selbstfinanzierung im laufenden Jahr insgesamt		50 000 EUR
	Entnahme aus anderen Gewinnrücklagen	*600 000 EUR*	
	Gewinnvortrag aus dem Vorjahr (= Teil der offenen SF des Vorjahres)	*10 000 EUR*	
	Selbstfinanzierung aus früheren Jahren wird rückgängig gemacht		*(–) 610 000 EUR*
	= Verringerung der Selbstfinanzierung insgesamt		(–) 560 000 EUR

Zusammenfassende Übersicht zu Kap. 2.2:
Offene Selbstfinanzierung am Beispiel einer Aktiengesellschaft

Offene Selbstfinanzierung = Einbehaltung von Gewinnen

Bildung von Gewinnrücklagen (= Teil des Eigenkapitals)

gesetzliche Rücklage = gesetzlich erzwungene Selbstfinanzierung	**andere (freiwillige) Rücklagen** = freiwillig vorgenommene Selbstfinanzierung
AktG § 150 (1), (2) 5 % des (um einen eventuell vorhandenen Verlustvortrag verminderten) Jahresüberschusses bis die Summe aus gesetzlicher Rücklage und Kapitalrücklage 10 % des Grundkapitals erreicht hat	AktG § 58 (2): Vorstand und Aufsichtsrat können nach Einstellung in die gesetzliche Rücklage vom Rest bis zu 50 % in andere (freiwillige) Gewinnrücklagen einstellen. AktG § 58 (3): Die Hauptversammlung kann vom Bilanzgewinn weitere Beträge in andere (freiwillige) Gewinnrücklagen einstellen
Auflösung der gesetzlichen Rücklage nur unter bestimmten Voraussetzungen möglich AktG § 150 (2), (3)	Auflösung freiwilliger Gewinnrücklagen i. d. R. problemlos möglich

Verwendung des Jahresüberschusses

	Jahresüberschuss (JÜ)	
–	Verlustvortrag aus dem Vorjahr	
=	bereinigter Jahresüberschuss: Basis für Einstellung in die gesetzliche Rücklage	
+	Entnahme aus Rücklagen	
–	Einstellung in gesetzliche Rücklage	AktG § 150
=	Restbetrag: Basis für Einstellung in andere Gewinnrücklagen	
–	Einstellung in andere Gewinnrücklagen	AktG § 58 (2)
=	Restbetrag	
+	Gewinnvortrag aus Vorjahr	
=	Bilanzgewinn	
–	Einstellung weiterer Beträge in andere Gewinnrücklagen durch HV	AktG § 58 (3)
=	verfügbare Dividende	
–	ausgezahlte Dividende	
=	Gewinnvortrag/Verlustvortrag	

Aufstellung des Jahresabschlusses

vor der Gewinnverwendung	nach teilweiser Gewinnverwendung	nach vollständiger Gewinnverwendung
Eigenkapitalpositionen: Gewinn-/Verlustvortrag Vorjahr Jahresüberschuss/ Jahresfehlbetrag aktuelles Jahr	Eigenkapitalposition: Bilanzgewinn	Eigenkapitalposition: Gewinn-/Verlustvortrag nächstes Jahr Fremdkapitalposition: sonst. Verbindlichkeit (noch auszuzahlende Dividende)

Interessenkonflikte bei der Gewinnverwendung

Bildung von Gewinnrück-lagen (= offene Selbstfinanzierung)	Kompromiss durch AktG gesetzlich erzwungene offene Selbstfinanzierung ⟷ freiwillige offene Selbstfinanzierung	Dividendenzahlung
Geschäftsführung/Gläubiger	maximaler/minimaler Bilanzgewinn	Aktionäre

Wiederholung des Grundwissens

zu Kapitel 2.2 Offene Selbstfinanzierung am Beispiel einer Aktiengesellschaft

2.2.1 Zusammenhang zwischen Jahresüberschuss und Gewinnrücklagen einer AG

1. Wodurch unterscheidet sich die offene Selbstfinanzierung einer AG von der eines Einzelunternehmens oder einer Personengesellschaft?
2. Was ist unter Gewinnrücklagen zu verstehen?
3. Welche Rückschlüsse lassen sich aus der Höhe der Gewinnrücklagen ziehen?
4. Wodurch unterscheiden sich Rücklagen von Rückstellungen?

2.2.2 Offene Selbstfinanzierung einer AG durch Bildung gesetzlicher und freiwilliger Gewinnrücklagen

1. Beschreiben Sie die im Aktiengesetz vorgesehene Vorgehensweise zur Bildung einer gesetzlichen Gewinnrücklage.

2. Welches ist die Bemessungsgrundlage für die Bildung der gesetzlichen Gewinnrücklage?
3. Beschreiben Sie die im Aktiengesetz vorgesehene Vorgehensweise zur Bildung freiwilliger Gewinnrücklagen (andere Gewinnrücklagen) durch Vorstand und Aufsichtsrat.
4. Welches ist die Bemessungsgrundlage für die Bildung anderer Gewinnrücklagen durch Vorstand und Aufsichtsrat?
5. Inwieweit kann durch Beschluss der Hauptversammlung zur offenen Selbstfinanzierung einer AG beigetragen werden?
6. Welche Auswirkungen ergeben sich durch die Auflösung von Gewinnrücklagen?

2.2.3 Feststellung des Jahresabschlusses und Gewinnverwendung einer AG im Gesamtzusammenhang

1. Nennen Sie die Schritte von der Aufstellung des Jahresabschlusses durch den Vorstand bis zur Entscheidung durch die Hauptversammlung.
2. Wie entsteht ein Gewinnvortrag für das nächste Jahr?
3. Warum wird bei der Bemessungsgrundlage für die Gewinnrücklagen nur ein Verlustvortrag, nicht aber ein Gewinnvortrag berücksichtigt?

2.2.4 Einfluss der Gewinnverwendung auf den Jahresabschluss einer AG

1. An welchen Bilanzpositionen lässt sich erkennen, ob der Jahresabschluss vor, nach teilweiser oder nach vollständiger Gewinnverwendung aufgestellt wurde?
2. Wie wird eine von der Hauptversammlung beschlossene, aber noch nicht ausgezahlte Dividende in der Bilanz ausgewiesen?

2.2.5 Interessenkonflikte bei der Gewinnverwendung einer AG: Maximaler und minimaler Bilanzgewinn

1. Welcher Zusammenhang besteht zwischen der Höhe der Dividende und der Höhe der offenen Selbstfinanzierung?
2. Worin besteht der mögliche Interessenkonflikt zwischen Geschäftsleitung und Gläubigern einer AG einerseits und den Aktionären andererseits?
3. Durch welche Regelungen des AktG wird versucht, einen Kompromiss zwischen den unterschiedlichen Interessen zu schaffen?

Aufgaben und Probleme

zu Kapitel 2.2 Offene Selbstfinanzierung am Beispiel einer Aktiengesellschaft

LA

2.2.1 Jahresabschluss und Gewinnverwendung einer AG

PDF

Für die CHEMIE AG liegt zum 31.12. .. folgende verkürzte Bilanz vor:

Aktiva			Passiva
A. Anlagevermögen	17 090 000	A. Eigenkapital	
B. Umlaufvermögen	8 500 000	I. gez. Kapital	10 800 000
		II. Kapitalrücklage	720 000
		III. Gewinnrücklagen	
		1. gesetzl. Rücklage	340 000
		2. andere Gew.rückl.	1 210 000
		IV. Gewinnvortrag	20 000
		V. Jahresüberschuss	900 000
		B. Verbindlichkeiten	11 600 000
	25 590 000		25 590 000

HGB §§ 264, 316
AktG § 170 ff.

Das gezeichnete Kapital ist in 900 000 Stückaktien aufgeteilt.

1. Beschreiben Sie anhand von HGB und AktG den Weg der Jahresabschlusserstellung und -feststellung in fünf Schritten. Gehen Sie auch auf die rechtliche Konsequenz der Feststellung des Jahresabschlusses ein.

2. Angenommen, der Aufsichtsrat verweigert seine Zustimmung zu dem vom Vorstand vorgelegten Jahresabschluss. Wie ist in diesem Fall zu verfahren?
3. Vorstand und Aufsichtsrat haben den Jahresabschluss festgestellt.
   a) Berechnen Sie die höchstmögliche Dividende (auf volle 10 Cent gerundet), wenn Vorstand und Aufsichtsrat einen möglichst hohen Betrag in die Rücklagen einstellen. AktG § 173 (1)

   Hinweis: Die gesetzliche Rücklage wird nur bis zu dem Betrag aufgefüllt, bis sie zusammen mit der Kapitalrücklage genau 10 % des Grundkapitals beträgt.
   b) Welcher Zweck wird mit der Rücklagenbildung verfolgt?
   c) Prüfen Sie, ob und ggf. unter welchen Voraussetzungen Gewinnrücklagen wieder aufgelöst werden können. §§ 150 (2), 58 (2)
4. Stellen Sie die Zusammensetzung des Eigenkapitals der CHEMIE AG nach teilweiser und vollständiger Verwendung des Jahresüberschusses dar, wenn die Hauptversammlung die Ausschüttung der in Aufg. 3 ermittelten Dividende beschließt. § 150 (3)
5. Wie hoch ist im vorliegenden Fall die aus dem Jahresüberschuss des laufenden Jahres vorgenommene
   a) gesetzlich erzwungene Selbstfinanzierung
   b) freiwillige Selbstfinanzierung
   c) Selbstfinanzierung insgesamt?

2.2.2 Jahresüberschuss und offene Selbstfinanzierung

Gliederung des Eigenkapitals der Sanus AG nach vollständiger Gewinnverwendung (in EUR)

	Jahr 00	**Jahr 01**
A. Eigenkapital		
I. Gezeichnetes Kapital	*10 000 000*	10 000 000
II. Kapitalrücklage	*500 000*	500 000
III. Gewinnrücklagen		
1. gesetzliche Rücklage	*500 000*	500 000
4. andere Gewinnrücklagen	*600 000*	1 150 000
IV. Gewinnvortrag	*10 000*	2 000
Summe Eigenkapital	11 510 000	12 052 000

Das Eigenkapital der Sanus AG hat sich vom Jahr 00 zum Jahr 01 durch offene Selbstfinanzierung in der nebenstehenden Form verändert.

1. Wie hoch waren Jahresüberschuss und Bilanzgewinn im Jahr 01, wenn der Dividendensatz 4,5 % (bezogen auf das gezeichnete Kapital) betrug?
2. Wie hoch war die offene Selbstfinanzierung im Jahr 01?

2.2.3 Jahresfehlbetrag – Auflösung von Rücklagen

Für die MABA AG liegen am Ende des laufenden Geschäftsjahres folgende Daten vor:

I. Gezeichnetes Kapital	23 000 000 EUR
II. Kapitalrücklage	3 000 000 EUR
III. Gewinnrücklagen	
1. gesetzliche Rücklage	1 000 000 EUR
2. andere Gewinnrücklagen	17 000 000 EUR
IV. Verlustvortrag aus dem Vorjahr	2 700 000 EUR

1. Welchen Dividendenbetrag je Aktie mit Nennwert 5,00 EUR (auf glatte 10 Cent gerundet) könnte die Maschinenbau AG höchstens ausschütten, wenn im laufenden Jahr ein Jahresüberschuss von 12 Mio. EUR erwirtschaftet worden wäre?
2. Angenommen, es wurde ein Jahresfehlbetrag in Höhe von 6 Mio. EUR erwirtschaftet.
   a) Welche Rücklagen könnten im vorliegenden Fall aufgelöst werden, um trotz des Jahresfehlbetrags eine Dividendenausschüttung zu ermöglichen?
   b) Welchen Dividendenbetrag je Aktie mit Nennwert 5,00 EUR könnte die MABA AG in diesem Fall höchstens ausschütten?
3. Unter welchen Voraussetzungen könnte sowohl der Jahresfehlbetrag als auch der Verlustvortrag ausgeglichen werden, ohne Beträge aus den anderen Gewinnrücklagen zu entnehmen? AktG § 150 (4)

2.2.4 Gewinnverwendung einer AG

Die Buchhaltung des Maschinenherstellers WEMA AG weist folgende Zahlen aus:

PDF

Gezeichnetes Kapital	80 000 000 EUR
Kapitalrücklage	1 500 000 EUR
gesetzliche Rücklage	4 500 000 EUR
andere Gewinnrücklagen	2 000 000 EUR
Gewinnvortrag aus dem Vorjahr	100 000 EUR
Jahresüberschuss/Jahresfehlbetrag	15 100 000 EUR

1. Vorstand und Aufsichtsrat stellen den Jahresabschluss nach § 172 (1) AktG fest. Die Einstellung in die gesetzliche Rücklage erfolgt nach § 150 (2) AktG. Der von Vorstand und Aufsichtsrat erstellte Jahresabschluss wird im Geschäftsbericht der AG veröffentlicht und der Hauptversammlung vorgelegt. Das Grundkapital ist in 16 000 000 Stückaktien aufgeteilt.
   a) Bestimmen Sie für den Fall einer auf volle 10 Cent gerundeten Dividende auf der Basis des Jahresüberschusses des laufenden Geschäftsjahres die
      - Untergrenze der offenen Selbstfinanzierung
      - Obergrenze der offenen Selbstfinanzierung, soweit Vorstand und Aufsichtsrat darüber beschließen
      - Obergrenze der offenen Selbstfinanzierung, soweit die Zustimmung der Hauptversammlung hierfür erforderlich ist.

   b) Vorstand und Aufsichtsrat haben den anderen Gewinnrücklagen den gesetzlich höchstmöglichen Betrag (AktG § 58 Abs. 2 Satz 1) zugeführt. Die Geschäftsleitung will die Aktionäre auf der Hauptversammlung zusätzlich zu einem Dividendenverzicht bewegen.
      Wie hoch wäre die Selbstfinanzierung, wenn nur eine Dividende von 5 % ausgeschüttet würde?
   c) Was spricht gegen die maximale Ausschöpfung der offenen Selbstfinanzierung durch Vorstand und Aufsichtsrat?
   d) Vorstand und Aufsichtsrat haben den anderen Gewinnrücklagen den gesetzlich höchstmöglichen Betrag (AktG § 58 Abs. 2 Satz 1) zugeführt. Die Hauptversammlung beschließt, dass die höchstmögliche Dividende zur Ausschüttung kommt (glatter Prozentsatz).
      Wie hoch ist die auszuschüttende Dividende und wie stellt sich das Eigenkapital der AG nach vollständiger Gewinnverwendung dar?
2. Welche Änderungen gegenüber der Ausgangssituation von 1d) würden sich jeweils in folgenden Fällen ergeben?
   a) Es liegt kein Gewinnvortrag, sondern ein Verlustvortrag aus dem Vorjahr in Höhe von 100 000 EUR vor.
   b) Kapitalrücklagen und gesetzliche Rücklage betragen zusammen 8 Mio. EUR.
   c) Die Hauptversammlung beschließt gem. AktG § 58 Abs. 3, den Bilanzgewinn in voller Höhe den Gewinnrücklagen zuzuführen.

2.2.5 Rücklagenbildung – Bilanzgewinn – Interessenkonflikte

Die Helix AG weist zum 31.12. .. vor der Gewinnermittlung für das laufende Jahr folgendes Eigenkapital aus:

I. Gezeichnetes Kapital	5 000 000 EUR
II. Kapitalrücklage	100 000 EUR
III. Gewinnrücklagen	
1. gesetzliche Rücklage	80 000 EUR
2. andere Gewinnrücklagen	500 000 EUR
IV. Verlustvortrag	– 10 000 EUR
V. Jahresüberschuss	900 000 EUR

Der Nennwert einer Aktie beträgt 5,00 EUR.

1. Angenommen, Vorstand und Aufsichtsrat möchten auf der Basis des diesjährigen Jahresüberschusses einen maximalen Bilanzgewinn ausweisen (keine Auflösung von anderen Gewinnrücklagen).
   a) Wie hoch wäre der Bilanzgewinn?

b) Wie hoch wäre die höchstmögliche Dividende je Aktie, wenn die Dividende einen glatten Prozentsatz des Grundkapitals ergeben soll?
c) Wie hoch wäre in diesem Fall die aus dem Jahresüberschuss des laufenden Jahres vorgenommene
   - gesetzlich erzwungene Selbstfinanzierung
   - freiwillig veranlasste Selbstfinanzierung
   - gesamte offene Selbstfinanzierung?
d) Wie hoch wäre in diesem Fall der durch offene Selbstfinanzierung entstandene Teil des Eigenkapitals (in % des Eigenkapitals)

2. Angenommen, Vorstand und Aufsichtsrat möchten den minimalen Bilanzgewinn ausweisen.
   a) Wie hoch wäre der Bilanzgewinn?
   b) Wie hoch wäre die höchstmögliche Dividende je Aktie, wenn die Dividende einen glatten Prozentsatz des Grundkapitals ergeben soll?
   c) Wie hoch wäre in diesem Fall die aus dem Jahresüberschuss des laufenden Jahres vorgenommene
      - gesetzlich erzwungene Selbstfinanzierung
      - freiwillig veranlasste Selbstfinanzierung
      - gesamte offene Selbstfinanzierung?
   d) Wie hoch wäre in diesem Fall der durch Selbstfinanzierung entstandene Teil des Eigenkapitals (in % des gesamten Eigenkapitals)?
   e) Prüfen Sie, ob und ggf. in welcher Höhe durch Beschluss der Hauptversammlung noch zusätzlich zur Selbstfinanzierung beigetragen werden kann.
3. Durch Einstellung von Teilen des Jahresüberschusses in die Gewinnrücklagen entsteht ein Interessenkonflikt zwischen verschiedenen Gruppen.
   a) Prüfen Sie, wie sich die Rücklagenbildung auf folgende Größen auswirkt und für welche Gruppe eine positive Entwicklung dieser Größen jeweils von Bedeutung ist:
      - Kreditwürdigkeit
      - Liquidität
      - Unternehmenswachstum
      - Eigenkapitalrentabilität
      - Dividende
   b) Erläutern Sie diesen Interessenkonflikt am vorliegenden Beispiel, indem Sie die Interessen unterschiedlicher Gruppen gegenüberstellen.

2.3 Finanzierung aus Abschreibungsgegenwerten

2.3.1 Finanzierungswirkungen von Abschreibungen

Abschreibungen dienen der Erfassung von Wertminderung an den in einem Unternehmen eingesetzten abnutzbaren Gütern. Sie treten beispielsweise bei Maschinen, Werkzeugen und Gebäuden auf, da diese durch ihren Einsatz und Gebrauch im Produktionsprozess an Wert verlieren.

> **Die Wertminderung des abnutzbaren Anlagevermögens wird durch Abschreibungen erfasst.**

Abschreibungen	
bilanzielle Abschreibungen	kalkulatorische Abschreibungen

Bilanzielle Abschreibungen

Bilanzielle Abschreibungen erfassen die **ergebniswirksame Wertminderung** an Anlagegütern, d. h. sie wirken sich auf den Gewinn oder Verlust aus. Die **Ausgaben** für die Anschaffung von abnutzbaren Anlagegütern werden erst dann zu **Aufwand**, wenn diese Vermögensgegenstände während ihrer Nutzungsdauer zunehmend an Wert verlieren. Um diese Wertminderung als Aufwand zu erfassen, werden im Rahmen der Finanzbuchhaltung die Anschaffungs- und Herstellungskosten eines Anlagegutes als jährlicher

Abschreibungsaufwand auf die Nutzungsdauer des Anlagegutes verteilt. Entscheidend ist, dass diese **Abschreibungsaufwendungen** – im Gegensatz zu den meisten anderen Aufwandsarten – **nicht in derselben Periode liquiditätswirksam** sind, da ihnen in dieser Periode **keine entsprechenden Auszahlungen** gegenüberstehen.

> **Wesentlich für die Finanzierungswirkung von bilanziellen Abschreibungen ist, dass Abschreibungsaufwendungen nicht in derselben Periode liquiditätswirksam werden, da ihnen keine entsprechenden Auszahlungen gegenüberstehen.**

Die bilanziellen Abschreibungen verringern den ausgewiesenen Gewinn. Dadurch bewirken sie, dass Beträge, die andernfalls als Gewinn auszuweisen wären, weder besteuert noch ausgeschüttet werden. Damit wirken die bilanziellen Abschreibungen als **Ausschüttungssperre**. Sofern die auf diese Weise im Unternehmen verbleibenden Mittel in liquider Form vorliegen, stehen sie für **Finanzierungsmaßnahmen** (z.B. Finanzierung von Ersatzinvestitionen) zur Verfügung (= Finanzierung aus Abschreibungsgegenwerten).

> **Bilanzielle Abschreibungen wirken als Ausschüttungssperre. Sie verhindern, dass in Höhe der andernfalls als Gewinn ausgewiesenen Beträge liquide Mittel für Gewinnausschüttung und Gewinnsteuern aus dem Unternehmen abfließen.**

Kalkulatorische Abschreibungen

Kap. A 4.1.3

Kalkulatorische Abschreibungen erfassen die **kostenwirksame Wertminderung**. Ihre Aufgabe ist es, die durch Nutzung eines Anlagegutes entstehenden Kosten zu erfassen. Kalkulatorische Abschreibungen sind Teil der Selbstkosten. Sie sollen gewährleisten, dass über die Absatzpreise der verkauften Produkte vom Markt mindestens die Beträge vergütet werden, die zur Ersatzbeschaffung des Anlagegutes nach Ende der Nutzungsdauer nötig sind. Die kalkulatorischen Abschreibungen dienen somit der **Substanzerhaltung** eines Unternehmens. Voraussetzung dafür ist, dass am Markt kostendeckende Preise erzielt werden. In diesem Fall haben die in die Selbstkosten einkalkulierten kalkulatorischen Abschreibungen, folgende Wirkung: Dem Unternehmen fließt während der Nutzungsdauer über die Umsatzerlöse der Wiederbeschaffungswert der im Produktionsprozess verbrauchten Anlagegüter in liquider Form zu („verdiente Abschreibungen"). Die bilanziellen Abschreibungen auf der Aufwandsseite der GuV sorgen dafür, dass diese verdienten Abschreibungsgegenwerte im Unternehmen verbleiben und nicht als Gewinn ausgewiesen werden.

> **Die in die Selbstkosten einkalkulierten kalkulatorischen Abschreibungen haben bei kostendeckendenden Absatzpreisen folgende Wirkung: Dem Unternehmen fließt über die Umsatzerlöse der auf die Nutzungsdauer verteilte Wiederbeschaffungswert der im Produktionsprozess verbrauchten Anlagegüter in liquider Form zu („verdiente Abschreibungen").**

Auf diese Weise wird fortlaufend Anlagevermögen in Umlaufvermögen (liquide Mittel) umgewandelt (= Vermögensumschichtung, Uminvestierung, **Kapitalfreisetzung**).

> **Die durch die kalkulatorischen Abschreibungen bewirkte Umwandlung von Anlagevermögen in liquide Mittel (= Umlaufvermögen) wird als Kapitalfreisetzung bezeichnet.**

2.3.2 Abschreibungskreislauf

Aufg. 2.3.1 S. 294

Die folgende Übersicht zeigt die Zusammenhänge zwischen bilanziellen und kalkulatorischen Abschreibungen und die damit zusammenhängenden Finanzierungseffekte in Form eines Abschreibungskreislaufs.

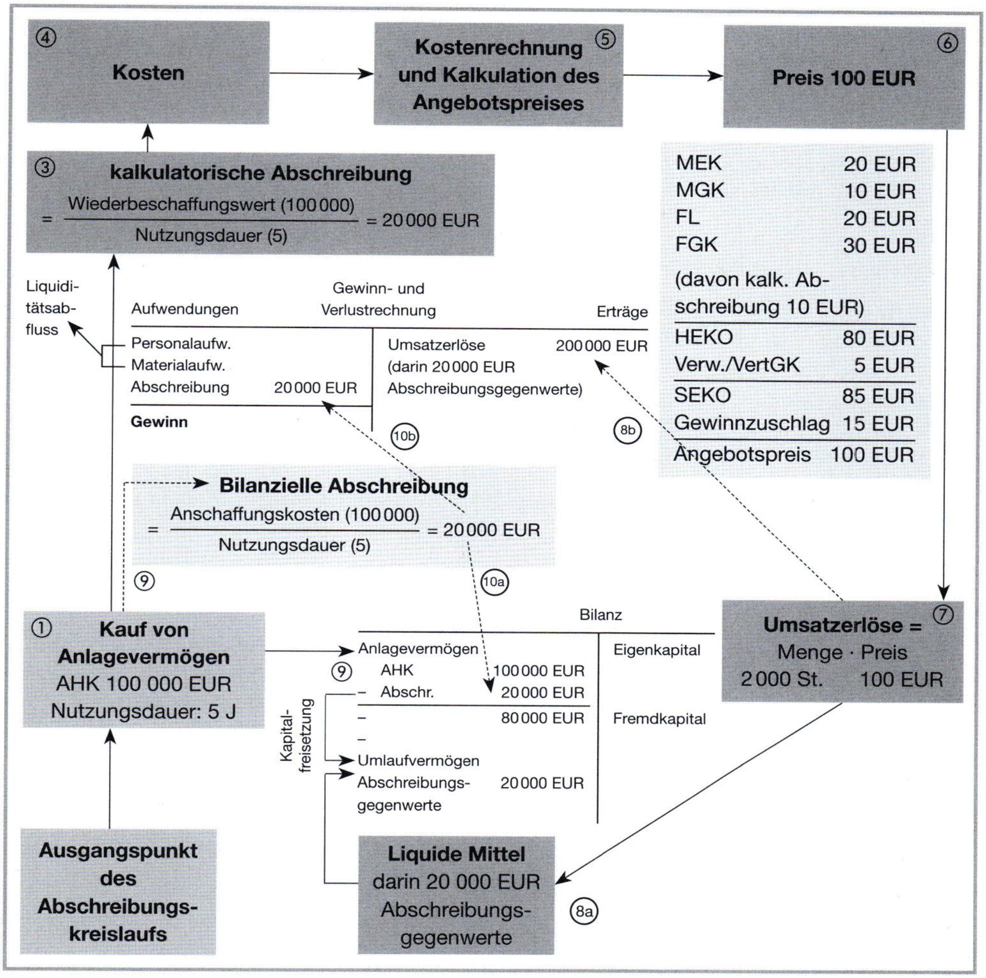

Finanzierungseffekt der Abschreibungen

Bei Anschaffung eines Anlagegutes (z. B. Maschine) ① fallen AHK in Höhe von 100 000 EUR an ②. Unter der Annahme, dass die Wiederbeschaffungskosten den derzeitigen Anschaffungskosten entsprechen, ergeben sich bei linearer Abschreibung über eine Nutzungsdauer von 5 Jahren bilanzielle und kalkulatorische Abschreibungen in Höhe von 20 000 EUR pro Jahr ③. Bei einer Produktionsmenge von 2 000 Stück gehen die kalkulatorischen Abschreibungen mit 10,00 EUR je Stück in die Selbstkosten ein ④ ⑤. Beträgt der Verkaufspreis 100,00 EUR ⑥, ergeben sich Umsatzerlöse in Höhe von 200 000 EUR (2 000 Stück · 100,00 EUR) ⑦. Darin sind Gegenwerte für die in den Selbstkosten enthaltenen kalkulatorischen Abschreibungen in Höhe von insgesamt 20 000 EUR (2 000 Stück · 10,00 EUR) enthalten ⑧a. Die Umsatzerlöse werden auf der Ertragsseite der GuV-Rechnung ausgewiesen ⑧b. Am Ende des Geschäftsjahres werden die bilanziellen Abschreibungen in Höhe von 20 000 EUR erfasst ⑨. Dadurch ergibt sich einerseits beim Anlagevermögen eine Minderung des Wertes der Maschine von bisher 100 000 EUR auf 80 000 EUR ⑩a und andererseits ein Abschreibungsaufwand, der auf der Aufwandsseite der GuV ausgewiesen wird ⑩b. Im Gegensatz zu den meisten anderen Aufwandsarten ist dieser Abschreibungsaufwand in Höhe von 20 000 EUR nicht mit einem Liquiditätsabfluss verbunden. Durch diesen Abschreibungsaufwand wird der Gewinn um 20 000 EUR gemindert. Somit müssen für diesen Betrag keine Gewinnsteuern entrichtet werden. Außerdem wird dadurch eine Gewinnausschüttung verhindert, die andernfalls möglicherweise vorgenommen worden wäre. Durch die Wirkung der bilanziellen Abschreibungen als Ausschüttungssperre werden somit diese 20 000 EUR vor einer Versteuerung und Ausschüttung bewahrt. Unter der Voraussetzung, dass dem Unternehmen Geldmittel in entsprechender Höhe zur Verfügung stehen (= Teil des Umlaufvermögens), können diese für Finanzierungszwecke verwendet werden. Da sich gleichzeitig der Wert des Anlagevermögens um diesen Betrag verringert hat, liegt in dieser Höhe eine Vermögensumschichtung von Anlage- in Umlaufvermögen vor **(= Kapitalfreisetzungseffekt)**.

Finanzierungseffekt der bilanziellen Abschreibungen

Am vorliegenden Beispiel lässt sich zeigen, dass es für den Finanzierungseffekt der Abschreibungen in erster Linie auf die bilanziellen und nicht auf die kalkulatorischen Abschreibungen ankommt. Der Finanzierungseffekt kann nämlich auch dann eintreten, wenn die Abschreibungsgegenwerte (noch) nicht über den Markt „verdient" wurden und daher nicht als liquide Mittel über die Umsatzerlöse zugeflossen sind. Das ist beispielsweise dann der Fall, wenn

- das Unternehmen bei der Ermittlung der Selbstkosten keine kalkulatorische Abschreibung berücksichtigt oder
- die Erzeugnisse, bei deren Selbstkosten die kalkulatorischen Abschreibungen zwar berücksichtigt wurden, als Halb- oder Fertigerzeugnisse auf Lager liegen und noch nicht verkauft sind.

In beiden Fällen kommt es bei entsprechend hohen Umsatzerlösen (Umsatzerlöse > Aufwendungen) trotzdem zu einer Gewinnminderung. Die Folge ist, dass in Höhe der bilanziellen Abschreibungen keine liquiden Mittel für Gewinnausschüttung und Gewinnsteuern aus dem Unternehmen abfließen.

Der Finanzierungseffekt der Abschreibungen beruht auf den als Ausschüttungssperre wirkenden bilanziellen Abschreibungen.

2.3.3 Substanzerhaltung und Scheingewinne

Nominale Kapitalerhaltung

Aufg. 2.3.2 S. 295

Kap. D 5.3.2

HGB § 253

Vermögensgegenstände dürfen **höchstens** mit ihren Anschaffungs- oder Herstellungskosten in der Bilanz angesetzt werden. Ihr Wert muss um planmäßige Abschreibungen vermindert werden. Demzufolge dürfen die bilanziellen Abschreibungen **höchstens** von den Anschaffungs- oder Herstellungskosten berechnet werden. Das Bewertungsprinzip, bei dem die Anschaffungskosten die Obergrenze des Bilanzansatzes bilden, obwohl sich die Wiederbeschaffungskosten aufgrund von Preissteigerungen möglicherweise erhöhen, entspricht dem Grundsatz der **nominalen**[1] **Kapitalerhaltung**.

HGB § 253 Wertansätze des Vermögens und der Schulden

(1) Vermögensgegenstände sind höchstens mit den Anschaffungs- oder Herstellungskosten, vermindert um Abschreibungen ... anzusetzen.

...

(3) Bei Vermögensgegenständen des Anlagevermögens, deren Nutzung zeitlich begrenzt ist, sind die Anschaffungs- oder Herstellungskosten um planmäßige Abschreibungen zu vermindern. ...

1 nominal oder nominell *(lat.)*: zum Nennwert (im Gegensatz zum realen Wert, bei dem die Wertveränderungen, die sich durch Preisänderungen ergeben, berücksichtigt werden).

Nominale Kapitalerhaltung durch bilanzielle Abschreibungen

Ein Unternehmen schreibt eine Maschine mit Anschaffungskosten in Höhe von 100 000 EUR und einer Nutzungsdauer von 10 Jahren bilanziell linear ab. Durch die bilanziellen Abschreibungen in Höhe von jährlich 10 000 EUR wird gleichzeitig ein Abfluss von Zahlungsmitteln in derselben Höhe verhindert. Werden diese Mittel regelmäßig angespart, steht dem Unternehmen am Ende der Nutzungsdauer ein den Anschaffungskosten entsprechender Betrag in Höhe von 100 000 EUR zur Verfügung (= nominale Kapitalerhaltung). Dieser Betrag reicht aber nur dann zur Ersatzbeschaffung aus, wenn die Anschaffungskosten der neuen Maschine zwischenzeitlich nicht gestiegen sind.

Die nominale Kapitalerhaltung ist dann erreicht, wenn die Summe der Abschreibungsrückflüsse genau so groß ist wie die ursprünglichen Anschaffungs- oder Herstellungskosten.

Substanzielle Kapitalerhaltung

Die **Wiederbeschaffungskosten** von Vermögensgegenständen am Ende der Nutzungsdauer sind aber aufgrund von Preissteigerungen üblicherweise höher als die ursprünglichen **Anschaffungskosten**. Wird das Kapital lediglich dem Betrage nach erhalten (= nominale Kapitalerhaltung), so reicht bei gestiegenen Wiederbeschaffungskosten die Summe der Abschreibungsrückflüsse für die erforderliche Ersatzbeschaffung nicht aus. Die Summe der im Unternehmen verbliebenen Abschreibungsgegenwerte entspricht nämlich nur den von den Anschaffungskosten berechneten bilanziellen Abschreibungen. Die **Finanzierungslücke** ist umso größer, je höher die Preissteigerungsrate und je länger die Nutzungsdauer ist. Wenn im Rahmen der Ersatzbeschaffung am Ende der Nutzungsdauer nicht Vermögensgegenstände in mindestens gleicher Menge und Qualität wiederbeschafft werden, sinkt der tatsächliche (reale) Wert des Vermögens. Die **Substanz** des Unternehmens nimmt ab.

Die Substanzerhaltung (substanzielle Kapitalerhaltung) ist dann erreicht, wenn mit den Abschreibungsrückflüssen eine Maschine mit gleichem Leistungsvermögen wieder beschafft werden kann.

Scheingewinne

Um die Substanzerhaltung zu gewährleisten und eine gleichwertige Ersatzbeschaffung bei gestiegenen Wiederbeschaffungskosten zu ermöglichen, müssten Abschreibungsgegenwerte in Höhe der **Abschreibungen vom Wiederbeschaffungswert** angesammelt werden. Das ist aber bei den bilanziellen Abschreibungen aufgrund der handelsrechtlichen Vorschriften nicht möglich. Die eigentlich für die Ersatzbeschaffung benötigten Abschreibungsgegenwerte entsprechen der Höhe der vom Wiederbeschaffungswert berechneten **kalkulatorischen Abschreibungen**. Immer dann, wenn die bilanziellen Abschreibungen niedriger sind als die kalkulatorischen Abschreibungen, werden wegen der gesetzlich vorgeschriebenen geringeren Abschreibungsaufwendungen zu hohe Gewinne ausgewiesen. Ein Teil der Gewinne ist nämlich für die Ersatzbeschaffung nötig und müsste eigentlich vor Gewinnbesteuerung und Ausschüttung bewahrt werden. Dieser Teil des Gewinns in Höhe des zu geringen Abschreibungsaufwands wird als **Scheingewinn** (Preissteigerungsgewinn) bezeichnet. Der Scheingewinn entspricht jährlich der jeweiligen **Differenz** zwischen **kalkulatorischen** und **bilanziellen Abschreibungen**. Insgesamt entstehen während der Nutzungsdauer Scheingewinne in Höhe der **Differenz** zwischen **Wiederbeschaffungskosten** und **Anschaffungskosten**.

Die Teile des Gewinns, die eigentlich für die Ersatzbeschaffung nötig sind und das Unternehmen nicht verlassen dürften, werden als Scheingewinn bezeichnet.

Scheingewinne entstehen dann, wenn die bilanziellen Abschreibungen lediglich von den Anschaffungskosten berechnet werden und sich gleichzeitig aber die Wiederbeschaffungskosten für die abgeschriebenen Vermögensgegenstände aufgrund von Preissteigerungen erhöhen.

Scheingewinne: Kalkulatorische Abschreibungen > bilanzielle Abschreibungen

Ein Unternehmen schreibt eine Maschine mit Anschaffungskosten in Höhe von 100 000 EUR und einer Nutzungsdauer von 10 Jahren bilanziell linear ab. Die Wiederbeschaffungskosten zum Ersatzbeschaffungszeitpunkt nach 10 Jahren werden auf 130 000 EUR geschätzt. Die jährlichen kalkulatorischen Abschreibungen betragen demzufolge 13 000 EUR.

Jahr	Bilanzielle Abschreibung	kalkulatorische Abschreibung	Gewinnminderung durch bilanzielle Abschreibung (Zurückbehaltung von Abschreibungsgegenwerten)	Zahlungsmittel, die wegen der höheren Wiederbeschaffungskosten eigentlich für die Ersatzbeschaffung zurückbehalten werden müssten	Zu hoch ausgewiesener Gewinn (Scheingewinn)
1	10 000 EUR	13 000 EUR	10 000 EUR	13 000 EUR	3 000 EUR
2	10 000 EUR	13 000 EUR	10 000 EUR	13 000 EUR	3 000 EUR
usw.					
10	10 000 EUR	13 000 EUR	10 000 EUR	13 000 EUR	3 000 EUR
$\sum$	**100 000 EUR**	**130 000 EUR**	**100 000 EUR**	**130 000 EUR**	**30 000 EUR**

Wegen der steigenden Wiederbeschaffungskosten ist der in der GuV mit jährlich 10 000 EUR angesetzte Abschreibungsaufwand zu gering, um aus den Abschreibungsgegenwerten die Ersatzbeschaffung in Höhe von 130 000 EUR finanzieren zu können. Die Differenz zwischen dem in der GuV-Rechnung angesetzten bilanziellen Abschreibungen und den eigentlich zur Ersatzbeschaffung notwendigen Beträgen (= kalkulatorische Abschreibungen) wird als Gewinn ausgewiesen, versteuert und möglicherweise ausgeschüttet.

Während der gesamten Nutzungsdauer von 10 Jahren ergibt sich im vorliegenden Fall ein Scheingewinn in Höhe von 30 000 EUR. Wenn dieser Betrag als Gewinn ausgeschüttet wird, müssen dem Unternehmen 30 000 EUR durch andere Finanzierungsmaßnahmen zugeführt werden, wenn die Substanz erhalten werden soll. Aber auch dann, wenn die Scheingewinne im Rahmen der offenen Selbstfinanzierung einbehalten werden, ergibt sich ohne zusätzliche Finanzierungsmaßnahmen ein Substanzverlust für das Unternehmen, da auch die einbehaltenen Gewinne der Gewinnbesteuerung unterliegen. Bei einem Gewinnsteuersatz für Kapitalgesellschaften (Körperschaftsteuer und Gewerbeertragsteuer) von ca. 30 % würde ohne anderweitige Finanzierungsmaßnahmen zur Ersatzbeschaffung ein Substanzverlust in Höhe von 9 000 EUR (30 % von 30 000 EUR) eintreten.

Für die Substanzerhaltung eines Unternehmens sind bei steigenden Wiederbeschaffungskosten über die Finanzierung aus Abschreibungsgegenwerten hinaus zusätzliche Finanzierungsmaßnahmen nötig.

Zusammenfassende Übersicht zu Kap. 2.3: Finanzierung aus Abschreibungsgegenwerten

Abschreibungen
(= Erfassung von Wertminderungen des abnutzbaren Anlagevermögens)

↓

bilanzielle Abschreibungen = gewinnmindernder Aufwand	**kalkulatorische Abschreibungen** = Teil der Selbstkosten
Aufwand der nicht liquiditätswirksam ist	„verdiente“ Abschreibungen (Zufluss über die Umsatzerlöse in liquider Form)
↓	↓
Ausschüttungssperre	**Kapitalfreisetzung** (Umwandlung von Anlage- in Umlaufvermögen)

↓

Abschreibungskreislauf

↓

Finanzierungseffekte

↓

nominale Kapitalerhaltung wertmäßiger Bestand des Vermögens (ausgedrückt in Geldeinheiten) bleibt erhalten	**substanzielle Kapitalerhaltung** mengenmäßiger Bestand des Vermögens bleibt erhalten
↓	↓
bilanzielle Abschreibungen: Abschreibung von den Anschaffungs- und Herstellungskosten	**kalkulatorische Abschreibungen: Abschreibung vom Wiederbeschaffungswert**

↓

Problem bei Preissteigerungen

↓

Anschaffungskosten < Wiederbeschaffungskosten

↓

bilanzielle Abschreibungen < kalkulatorische Abschreibungen

↓

Scheingewinne = kalkulatorische Abschreibung – bilanzielle Abschreibung

↓

zusätzliche Finanzierungsmaßnahmen zur Substanzerhaltung nötig

Wiederholung des Grundwissens

zu Kapitel 2.3 Finanzierung aus Abschreibungsgegenwerten

2.3.1 Finanzierungswirkungen von Abschreibungen

1. Was sind Abschreibungen?
2. Unterscheiden Sie zwischen bilanziellen und kalkulatorischen Abschreibungen.
3. Warum sind Abschreibungsaufwendungen nicht liquiditätswirksam?
4. Beschreiben Sie die Wirkung bilanzieller Abschreibungen als Ausschüttungssperre.
5. Was ist unter „verdienten“ Abschreibungen zu verstehen?
6. Beschreiben Sie den Kapitalfreisetzungseffekt.

2.3.2 Abschreibungskreislauf

1. Beschreiben Sie den Abschreibungskreislauf anhand der Abb. auf S. 289.
2. Wie kommt der Finanzierungseffekt von Abschreibungen zustande?

2.3.2 Substanzerhaltung und Scheingewinne

1. Was ist unter dem Grundsatz der nominalen Kapitalerhaltung zu verstehen?
2. Was ist unter dem Grundsatz der substanziellen Kapitalerhaltung (= Substanzerhaltung) zu verstehen?
3. Wie kommt es zur Entstehung von Scheingewinnen?
4. Warum sind bei steigenden Wiederbeschaffungskosten zusätzliche Finanzierungsmaßnahmen zur Substanzerhaltung nötig?

Aufgaben und Probleme

zu Kapitel 2.3 Finanzierung aus Abschreibungsgegenwerten

LA

2.3.1 Kapitalfreisetzungseffekt – Kreislauf der Abschreibungen

Für den Holz verarbeitenden Handwerksbetrieb Rebmann GmbH liegt zum Ende des Jahres 01 folgende zusammengefasste GuV-Rechnung vor.

Aufwendungen	zusammengefasste GuV-Rechnung (in EUR)		Erträge
Materialaufwand	260 000	Umsatzerlöse	900 000
Personalaufwand	240 000		
Abschreibungen	110 000		
sonst. betriebliche Aufwendungen	30 000		
Steuern vom Einkommen u. Ertrag	60 000		
Gewinn	200 000		
	900 000		**900 000**

Handwerkerrechnungen sind grundsätzlich sofort nach Erhalt zahlbar. Aus diesem Grund sind die Umsatzerlöse des Jahres 01 bereits in voller Höhe als liquide Mittel zugeflossen. Kundenforderungen gibt es daher nicht. Andererseits begleicht die Rebmann GmbH ihre Liefererrechnung sowie die Rechnungen für andere bezogene Leistungen ebenfalls sofort nach Erhalt, so dass im Jahr 01 liquide Mittel in entsprechender Höhe abgeflossen sind.

1. In welcher Höhe waren im Jahr 01 liquide Mittel nötig, um die sich aus den Aufwendungen ergebenden Zahlungsverpflichtungen begleichen zu können?
2. Die Rebmann GmbH plant die Anschaffung einer neuen Maschine im Wert von 80 000 EUR. Es soll aber weder eine Fremdfinanzierung noch eine Beteiligungsfinanzierung (Einlagenfinanzierung) vorgenommen werden. Prüfen Sie anhand der vorliegenden GuV-Rechnung, ob die Finanzierung der Maschine trotzdem gesichert ist, wenn der Gewinn
   a) in vollem Umfang einbehalten b) in vollem Umfang ausgeschüttet
   wird.
3. Die Rebmann GmbH plant für das nächste Jahr die Anschaffung einer neuen Maschine zur Holzbearbeitung. Die Anschaffungskosten belaufen sich auf 100 000 EUR. Die betriebsgewöhnliche Nutzungsdauer lt. AfA-Tabelle und die voraussichtliche tatsächliche Nutzungsdauer betragen 14 Jahre. Die Preise, die die Rebmann GmbH ihren Kunden in Rechnung stellt, sind so kalkuliert, dass nicht nur alle Kosten gedeckt werden, sondern darüber hinaus noch ein angemessener Gewinn erzielt wird.
   Ermitteln Sie – unter Zuhilfenahme der Abb. auf S. 289 – für die folgenden beiden Fälle, in welcher Höhe durch die neue Maschine im ersten Jahr jeweils
   - Aufwendungen
   - Erträge (in den Umsatzerlösen enthaltene Abschreibungsgegenwerte)
   - Kosten
   - liquide Mittel aus Abschreibungsgegenwerten

   angefallen sind.
   a) Bilanzielle und kalkulatorische Abschreibungen werden vom Anschaffungswert berechnet.
   b) Die kalkulatorischen Abschreibungen werden vom Wiederbeschaffungswert, der auf 120 000 EUR geschätzt wird, berechnet.

4. Erläutern Sie, worin der Kapitalfreisetzungseffekt besteht. In welcher Höhe ist im ersten Jahr eine Kapitalfreisetzung entstanden?
5. Die kalkulatorischen Abschreibungen werden weiterhin von den Wiederbeschaffungskosten berechnet. Der Gewinn im ersten Nutzungsjahr der neuen Maschine soll in voller Höhe ausgeschüttet werden.
   In welcher Höhe stünden der Rebmann GmbH danach noch liquide Mittel aus den Abschreibungsgegenwerten zur Verfügung?
6. Beurteilen Sie, ob es bei der Finanzierung aus Abschreibungsrückflüssen in erster Linie auf die bilanziellen oder auf die kalkulatorischen Abschreibungen ankommt. Prüfen Sie dazu, welche Folgen sich jeweils ergeben würden, wenn die Rebmann GmbH
   a) auf die Berücksichtigung der kalkulatorischen Abschreibungen
   b) (verbotenerweise) auf die Berücksichtigung der bilanziellen Abschreibungen
   verzichten würde.

2.3.2 Abschreibungen bei steigenden Wiederbeschaffungspreisen – Substanzerhaltung – Scheingewinne

Ein Industriebetrieb hat eine neue Maschine mit Anschaffungskosten von 100 000 EUR und einer betriebsgewöhnlichen Nutzungsdauer von 10 Jahren angeschafft. Es wird davon ausgegangen, dass die Anschaffungskosten der Maschine jährlich um 4 % steigen. Dem Betrieb liegt folgendes Schaubild vor.

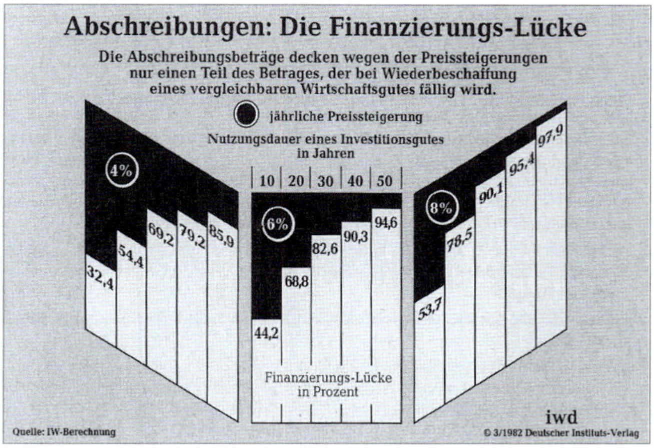

1. Erläutern Sie die im Schaubild dargestellten Zusammenhänge und weisen Sie die Höhe der in der Abbildung angegebenen prozentualen Finanzierungslücke am Beispiel der angeschafften Maschine nach.
   Hinweis: *Berechnen Sie dazu die Wiederbeschaffungskosten der Maschine nach 10 Jahren und stellen Sie diesen Betrag den aufgrund der bilanziellen Abschreibungen im Unternehmen verbliebenen Abschreibungsgegenwerten gegenüber.*
2. Der Industriebetrieb möchte trotz der Preissteigerungen die zum Wiederbeschaffungszeitpunkt (Anfang des 11. Jahres) notwendige Ersatzinvestition aus Abschreibungsgegenwerten finanzieren.
   a) Wie hoch müssen in diesem Fall die jährlichen kalkulatorischen Abschreibungen sein, wenn das lineare Abschreibungsverfahren gewählt wird?
   b) Wie hoch dürfen die jährlichen linearen bilanziellen Abschreibungen höchstens sein?
3. Begründen Sie, warum zum Ersatzbeschaffungszeitpunkt möglicherweise in Höhe der Differenz zwischen kalkulatorischen und bilanziellen Abschreibungen eine Finanzierungslücke vorliegt und die Substanz des Betriebes nicht erhalten werden kann.
4. Die drohende Finanzierungslücke soll durch Bildung einer Investitionsrücklage geschlossen werden.
   a) Welcher Betrag müsste im vorliegenden Fall jährlich dieser Rücklage zugeführt werden?
   b) Warum handelt es sich bei diesen der Rücklage zuzuführenden Beträgen um Scheingewinne?
   c) Warum ist durch die Rücklagenbildung allein noch nicht gesichert, dass zum Ersatzbeschaffungszeitpunkt die nötigen Finanzmittel zum Kauf der neuen Maschine tatsächlich zur Verfügung stehen?
5. Um welche Finanzierungsarten handelt es sich, wenn bei steigenden Wiederbeschaffungspreisen die Ersatzinvestitionen aus Abschreibungsgegenwerten der kalkulatorischen Abschreibungen finanziert werden?

3 Außenfinanzierung

3.1 Beteiligungsfinanzierung am Beispiel einer Kommanditgesellschaft

Die Beteiligungsfinanzierung ist eine Form der Außen- und Eigenfinanzierung.

Aufg. 3.1.1 S. 297

Eine Beteiligungsfinanzierung liegt vor, wenn dem Unternehmen Eigenkapital von außen zugeführt wird, indem bereits vorhandene Kapitalgeber ihre Einlagen erhöhen und/oder neue Kapitalgeber Einlagen leisten.

Das Eigenkapital kann in Form von Geldeinlagen, Sacheinlagen (z. B. Grundstücke, Maschinen) oder Rechten (z. B. Patente) aufgebracht werden.

Eigenkapital bei einer Kommanditgesellschaft

Kap. B 5

Bei einer **Kommanditgesellschaft** wird das **Eigenkapital** durch Einlagen der **Komplementäre** und der **Kommanditisten** aufgebracht. Ein bestimmtes Mindestkapital ist gesetzlich nicht vorgeschrieben.

Beteiligungsfinanzierung einer KG

Das Gesamtvermögen einer KG beträgt 2,5 Mio. EUR. Das Eigenkapital in Höhe von 1,8 Mio. EUR wurde von den drei Gesellschaftern wie folgt aufgebracht:
Komplementär A: 0,6 Mio. EUR
Komplementär B: 0,8 Mio. EUR
Kommanditist C: 0,4 Mio. EUR

Daraus lässt sich folgende zusammengefasste Bilanz erstellen:

Zusammengefasste KG-Bilanz (in Mio. EUR)

Aktiva			**Passiva**	
Vermögen	2,5	**Eigenkapital**		
		Komplementär A:	0,6	Beteiligungsfinanzierung
		Komplementär B:	0,8	Beteiligungsfinanzierung
		Kommanditist C:	0,4	Beteiligungsfinanzierung
		Fremdkapital	0,7	
	2,5		**2,5**	

Für eine bestehende KG bietet sich eine Beteiligungsfinanzierung insbesondere durch die zusätzliche **Aufnahme von Kommanditisten** an. Die Zahl der Kommanditisten kann beliebig groß sein. Da Kommanditisten von der Geschäftsführung ausgeschlossen sind, werden in diesem Fall die unternehmerischen Entscheidungen durch die neuen Eigenkapitalgeber kaum beeinflusst.

HGB §§ 167, 169 (1)

Zusammenfassende Übersicht zu Kap. 3.1:
Beteiligungsfinanzierung am Beispiel einer Kommanditgesellschaft

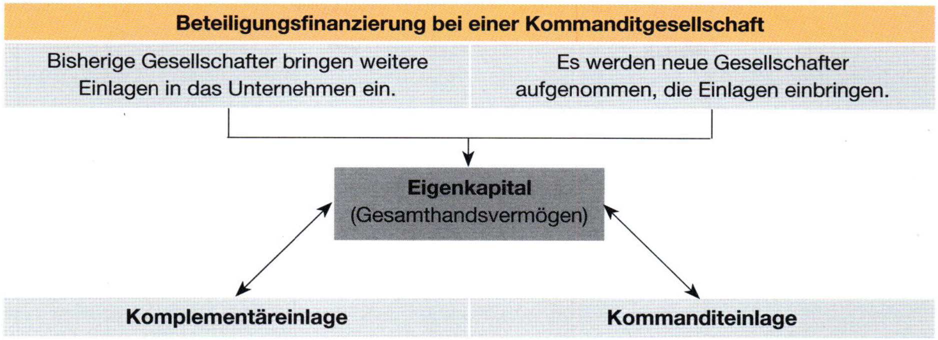

Wiederholung des Grundwissens

zu Kapitel 3.1 Beteiligungsfinanzierung am Beispiel einer Kommanditgesellschaft

1. Was ist unter Beteiligungsfinanzierung zu verstehen?
2. Wie erfolgt eine Beteiligungsfinanzierung bei einer KG?

Aufgaben und Probleme

zu Kapitel 3.1 Beteiligungsfinanzierung am Beispiel einer Kommanditgesellschaft

3.1.1 Beteiligungsfinanzierung, offene Selbstfinanzierung und Fremdfinanzierung einer KG

An der Prox KG sind Max Prox als Komplementär und seine Schwester Ilse Grimm, geb. Prox, als Kommanditistin beteiligt. Bezüglich der Kapital- und Gewinnanteile liegen für das vergangene Jahr folgende Daten vor:

Max Prox: Eingebrachtes Kapital: 800 000 EUR, gesamter Gewinnanteil: 90 000 EUR, für Tätigkeitsvergütung und Privatentnahmen entnommener Gewinnanteil: 70 000 EUR

Ilse Grimm: Eingebrachtes Kapital: 250 000 EUR, Erhöhung der Einlage am 01. Juni: 100 000 EUR, Gewinnanteil 20 000 EUR. Der Gewinnanteil wurde zum 1. Jan. des Folgejahres in ein Gesellschafterdarlehen umgewandelt.

Alfred Schmidt: Wurde zum 1. Sept. als weiterer Kommanditist aufgenommen. Seine bedungene Einlage beträgt 100 000 EUR. Davon hat er am 1. Sept. die Hälfte eingezahlt. Der Restbetrag ist ein Jahr später fällig. Sein Gewinnanteil beträgt 1 500 EUR. Diesen Betrag hat er sich auszahlen lassen.

In welcher Höhe liegt bei der KG jeweils eine
a) offene Selbstfinanzierung b) Beteiligungsfinanzierung (Einlagenfinanzierung)
c) Eigenfinanzierung d) Fremdfinanzierung
vor?

3.2 Beteiligungsfinanzierung am Beispiel einer Aktiengesellschaft: Kapitalerhöhung gegen Einlagen

3.2.1 Rechtliche Grundlagen der Kapitalerhöhung gegen Einlagen

AktG § 182 bis 191

Eine AG hat die Möglichkeit, sich durch die Ausgabe **junger (neuer) Aktien** zusätzliches Eigenkapital zu beschaffen **(= Kapitalerhöhung gegen Einlagen).**

Dieser Vorgang wird auch als **ordentliche Kapitalerhöhung** bezeichnet.

Kap. B 7

AktG § 9 § 8 (3) § 182 Abs. 1 S. 5

Durch die Ausgabe zusätzlicher Aktien ändert sich das in der **Satzung** eingetragene **Grundkapital** der AG. Das macht eine **Satzungsänderung** nötig. Diese setzt wiederum einen **Beschluss der Hauptversammlung** mit einer Dreiviertelmehrheit des bei der Beschlussfassung vertretenen Grundkapitals voraus. Setzt sich das Grundkapital aus verschiedenen Aktienarten zusammen, bedarf es der Dreiviertelmehrheit für jede Aktienart. Der Beschluss der Hauptversammlung wird ins Handelsregister eingetragen.

Der Verkaufspreis der jungen Aktien darf bei **Nennbetragsaktien** nicht unter deren Nennwert liegen. Bei Stückaktien darf der auf eine Aktie entfallende Anteil am Grundkapital (= fiktiver Nennwert) einen Euro nicht unterschreiten. Gibt die Gesellschaft **Stückaktien** aus, muss sich die Zahl der Aktien im selben Verhältnis wie das Grundkapital erhöhen. Dadurch ist gewährleistet, dass der fiktive Nennwert der Stückaktien vor und nach der Kapitalerhöhung gleich ist.

AktG § 183

Statt Geldeinlagen ist auch eine Kapitalerhöhung mit Sacheinlagen (z. B. Grundstücke, Patente) möglich.

3.2.2 Emissionsverfahren[1]

Aufg. 3.2.1 S. 309

> **Die Ausgabe von Wertpapieren wird als Emission bezeichnet. Bei dem Unternehmen, welches die Wertpapiere ausgibt, handelt es sich um den Emittenten.**

Rolle der Banken bei der Aktienausgabe

Die Emission von Wertpapieren erfolgt in den meisten Fällen unter Mitwirkung von Banken, die die Beratung, Vorbereitung und Unterbringung (Platzierung[2]) der Wertpapiere übernehmen (= Fremdemission). Schaltet der Emittent mehrere Banken bei der Ausgabe von Wertpapieren ein, bilden diese ein **Emissionskonsortium**.

> **Bei einem Emissionskonsortium handelt es sich um eine zeitlich begrenzte Zusammenarbeit mehrerer Banken zur Durchführung eines bestimmten Emissionsgeschäftes.**

Innerhalb eines Konsortiums übernimmt in der Regel eine Bank (bei großen Emissionskonsortien u. U. auch mehrere Banken) die Führungsrolle als **Konsortialführer**.

Die Möglichkeiten der Unterbringung (Platzierung) der jungen Aktien hängen maßgeblich davon ab, wie viele junge Aktien zu welchem Preis (= Emissionskurs) am Kapitalmarkt verkauft werden sollen. Die Zahl der im Rahmen der Kapitalerhöhung auszugebenden jungen Aktien wird durch den Hauptversammlungsbeschluss bestimmt. Der **Ausgabekurs** muss dagegen in Abhängigkeit von den Absatzmöglichkeiten am Kapitalmarkt festgelegt werden. In welchem Umfang der AG Finanzierungsmittel

1 Emission *(lat.)*: Ausgabe (von Wertpapieren), emittere *(lat.)*: hinausschicken
2 platzieren *(franz.)*: an einen bestimmten Platz bringen; in der Kaufmannssprache: Wertpapiere unterbringen

durch die Kapitalerhöhung zufließen, ergibt sich daher erst, wenn die Emission abgeschlossen ist und festgestellt werden kann, zu welchem Kurs wie viele Aktien verkauft wurden.

Unter- und Obergrenze des Emissionskurses

Die **Untergrenze** des Emissionskurses ist gesetzlich festgelegt, da Aktien nicht unter ihrem (fiktiven) Nennwert ausgegeben werden dürfen. Die **Obergrenze** des Emissionskurses bildet zwangsläufig der Börsenkurs der alten Aktien zum Zeitpunkt der Kapitalerhöhung. Kein Kapitalanleger würde nämlich junge Aktien zu einem höheren Preis kaufen, als er für die gleichwertigen alten Aktien derzeit an der Börse bezahlen muss.

AktG §§ 8 (3) 9, 182 (1), S. 5

Kap. C 3.2.1

Die **Bestimmung des Emissionskurses** stellt ein wichtiges **Entscheidungsproblem** dar. Der Emittent bevorzugt wegen des möglichst großen Zuflusses an Finanzierungsmitteln einen hohen Emissionskurs. Für die Anleger ist der Kauf junger Aktien dagegen umso attraktiver, je geringer der Emissionskurs ist. Außerdem spielen auch die Interessen der beteiligten Banken an einer erfolgreichen Unterbringung der jungen Aktien eine Rolle.

Bookbuilding-Verfahren

Die Festlegung des Emissionskurses erfolgt inzwischen in den meisten Fällen nach dem **Bookbuilding-Verfahren.** Beim Bookbuilding-Verfahren orientiert sich die Festlegung des Emissionskurses vorrangig an der Nachfrage der Kapitalanleger.

In einer ersten Phase erkunden die Konsortialbanken vorab das Interesse möglicher (Groß-)Anleger an den jungen Aktien. In Anlehnung an deren unverbindliche Preisangebote wird eine **Preisspanne** festgelegt und öffentlich bekannt gegeben. Danach haben alle interessierten Anleger innerhalb einer **Zeichnungsfrist** (z. B. 10 Tage) die Möglichkeit, ihre Kaufaufträge abzugeben. Diese Kaufaufträge beinhalten einen Preis (der innerhalb der Preisspanne liegen muss) und die gewünschte Anzahl an jungen Aktien, die der Anleger zu dem von ihm genannten Preis erwerben möchte. Am Ende dieser Phase wird aus den vorliegenden Zeichnungswünschen ein **Emissionspreis** festgelegt. Alle unter diesem Emissionspreis abgegebenen Gebote werden von der Aktienvergabe ausgeschlossen. Anleger, die bereit gewesen wären, einen höheren Preis als den endgültigen Emissionspreis zu zahlen, erhalten die jungen Aktien nun zum günstigeren Emissionspreis. Sollte die vorgesehene Menge der auszugebenden jungen Aktien dabei überschritten werden (= Nachfrageüberhang durch **Überzeichnung**), muss die tatsächliche Zuteilung vom Emissionskonsortium festgelegt oder die Anzahl der auszugebenden Aktien erhöht werden.

> **Beim Bookbuilding-Verfahren werden die möglichen Aktienkäufer unmittelbar in die Ermittlung des Emissionskurses einbezogen. Sie können Kaufangebote für die jungen Aktien zu einem von ihnen innerhalb einer vorgegebenen Preisspanne bestimmten Preis abgeben.**

3.2.3 Finanzierungswirkungen

Kapitalerhöhung durch Ausgabe von Nennwertaktien

Kapitalerhöhung bei Ausgabe von Nennwertaktien

Für die **Alpha-AG** gilt vor einer Kapitalerhöhung gegen Einlagen folgende vereinfachte Bilanz:

Zusammengefasste Bilanz der Alpha-AG vor der Kapitalerhöhung (in EUR)

Aktiva		**Passiva**	
A. Anlagevermögen	7 000 000	**A. Eigenkapital**	
		I. Gezeichnetes Kapital	2 000 000
		II. Kapitalrücklage	100 000
B. Umlaufvermögen		III. Gewinnrücklagen	
1. Vorräte	1 500 000	1. gesetzliche Rücklage	150 000
2. Forderungen	1 000 000	2. andere Gewinnrücklagen	750 000
3. liquide Mittel (Bank, Kasse)	500 000	**B. Fremdkapital**	7 000 000
	10 000 000		10 000 000

Das Grundkapital der **Alpha-AG** in Höhe von 2 Mio. EUR ist in 400 000 Aktien mit einem Nennwert von 5,00 EUR je Aktie aufgeteilt. Die Hauptversammlung hat beschlossen, eine Kapitalerhöhung gegen Einlagen vorzunehmen. Das Grundkapital soll durch die Ausgabe von 100 000 jungen Aktien mit einem Nennwert von 5,00 EUR je Stück um 500 000 EUR erhöht werden. Der Ausgabekurs beträgt 7,50 EUR je Aktie. Der Kurs der alten Aktien liegt bei 10,00 EUR. Bei erfolgreicher Durchführung der Kapitalerhöhung ergeben sich für die **Alpha-AG** folgende Finanzierungswirkungen (ohne Berücksichtigung von Emissionskosten):

gesamter Mittelzufluss: 100 000 Aktien · 7,50 EUR je Stück = 750 000 EUR

Der Mittelzufluss schlägt sich zunächst auf der Aktivseite der Bilanz im Umlaufvermögen als zusätzliche liquide Mittel (Bankguthaben) nieder. Auf der Passivseite teilt sich der Betrag von 750 000 EUR im Rahmen des Eigenkapitals wie folgt auf:

Erhöhung des Grundkapitals:	100 000 Aktien · 5,00 EUR Nennwert je Stück	= 500 000 EUR
+ Erhöhung der Kapitalrücklage:	100 000 Aktien · 2,50 EUR Agio (Aufgeld) je Stück	= 250 000 EUR
= gesamte Erhöhung des Eigenkapitals	100 000 Aktien · 7,50 EUR je Stück	= 750 000 EUR

In Höhe der Summe der Nennbeträge aller ausgegebenen jungen Aktien erhöht sich das **Grundkapital** der AG (hier: 500 000 EUR). Der Teil der zugeflossenen Mittel, der über die Erhöhung des Grundkapitals hinausgeht (= Agio), schlägt sich in der Bilanzposition **Kapitalrücklage** nieder (hier: 250 000 EUR). Die Kapitalrücklage ist **Teil des Eigenkapitals**. In dieser Position werden Beträge erfasst, die nicht aus Gewinnen der AG stammen, sondern auf **Zuzahlungen der Kapitalgeber** zurückzuführen sind.

HGB § 272 (2)

Der Betrag, um den der Ausgabekurs den Nennwert übersteigt, wird als Agio (Aufgeld) bezeichnet.

Die Kapitalrücklage ist Teil des Eigenkapitals. Sie umfasst Beträge, die der AG über das Grundkapital hinaus durch die Eigentümer von außen zufließen. Dies sind z. B. Beträge, die bei der Ausgabe von Aktien über den Nennbetrag hinaus erzielt werden.

Bilanzveränderungen und Bilanzkurs

Durch die Kapitalerhöhung gegen Einlagen ergeben sich für die **Alpha-AG** folgende Bilanzveränderungen:

Zusammengefasste Bilanz der Alpha-AG nach der Kapitalerhöhung (in EUR)

Aktiva		**Passiva**	
A. Anlagevermögen	7 000 000	**A. Eigenkapital**	
		I. Gezeichnetes Kapital	2 500 000
		II. Kapitalrücklage	350 000
B. Umlaufvermögen		III. Gewinnrücklagen	
1. Vorräte	1 500 000	1. gesetzliche Rücklage	150 000
2. Forderungen	1 000 000	2. andere Gewinnrücklagen	750 000
3. liquide Mittel (Bank, Kasse)	1 250 000	**B. Fremdkapital**	7 000 000
	10 750 000		10 750 000

Das Verhältnis des in der Bilanz ausgewiesenen Eigenkapitals zum Grundkapital wird als Bilanzkurs bezeichnet (= Eigenkapital in % des Grundkapitals). Er kann auch als das auf eine Aktie entfallende Eigenkapital angegeben werden.

$$\text{Bilanzkurs in \%} = \frac{\text{bilanziertes Eigenkapital} \cdot 100}{\text{Grundkapital}}$$

oder

$$\text{Bilanzkurs (EK je Aktie)} = \frac{\text{bilanziertes Eigenkapital}}{\text{Zahl der Aktien}}$$

Der Bilanzkurs einer Aktie gibt den „inneren Wert" der Aktie an, aus dem sich ablesen lässt, wie viele in der Bilanz ausgewiesene (= offene) Rücklagen auf eine Aktie entfallen. Der Börsenkurs ist in der Regel wesentlich höher als der Bilanzkurs, da beim Bilanzkurs die (vermuteten) stillen Rücklagen nicht berücksichtigt sind.

Kap. D 5.6

Bilanzkurs vor der Kapitalerhöhung	***Bilanzkurs nach der Kapitalerhöhung***
$\text{Bilanzkurs} = \frac{3\,000\,000}{2\,000\,000} \cdot 100 = 150\,\%$	$\text{Bilanzkurs} = \frac{3\,750\,000}{2\,500\,000} \cdot 100 = 150\,\%$

Der Bilanzkurs einer Aktie mit 5 EUR Nennwert beträgt im vorliegenden Fall vor und nach der Kapitalerhöhung 7,50 EUR, d. h. jede Aktie ist mit 2,50 EUR an den Rücklagen beteiligt. Im vorliegenden Fall ist der Bilanzkurs nach der Kapitalerhöhung (ausnahmsweise) genauso hoch wie vor der Kapitalerhöhung. Das ist dadurch bedingt, dass der Ausgabekurs der jungen Aktien (7,50 EUR) genau dem bisherigen Bilanzkurs (150 % von 5,00 EUR) entspricht. Je nach Höhe des Ausgabekurses ist der Bilanzkurs nach der Kapitalerhöhung normalerweise höher oder niedriger als vorher.

Kapitalerhöhung durch Ausgabe von Stückaktien

Wenn das Grundkapital einer AG nicht in Nennwertaktien, sondern in Stückaktien (nennwertlose Aktien) zerlegt ist, ergeben sich bei einer Kapitalerhöhung folgende Auswirkungen:

Kapitalerhöhung durch Ausgabe von Stückaktien

Für die **Xenos-AG** gilt vor einer Kapitalerhöhung gegen Einlagen folgende vereinfachte Bilanz:

Zusammengefasste Bilanz der Xenos-AG vor der Kapitalerhöhung (in EUR)

Aktiva		**Passiva**	
A. Anlagevermögen	9 000 000	**A. Eigenkapital**	
		I. Gezeichnetes Kapital	4 000 000
		II. Kapitalrücklage	200 000
B. Umlaufvermögen		III. Gewinnrücklagen	
1. Vorräte	1 500 000	1. gesetzliche Rücklage	200 000
2. Forderungen	1 000 000	2. andere Gewinnrücklagen	600 000
3. liquide Mittel (Bank, Kasse)	500 000	**B. Fremdkapital**	7 000 000
	12 000 000		12 000 000

Das Grundkapital der **Xenos-AG** in Höhe von 4 Mio. EUR ist in 2 Mio. Stückaktien aufgeteilt. Der fiktive Nennwert je Aktie beträgt somit 2,00 EUR (4 Mio. EUR Grundkapital/2 Mio. Stückaktien). Die Hauptversammlung der **Xenos-AG** hat eine Erhöhung des Grundkapitals gegen Einlagen um 1 Mio. EUR beschlossen. Das bedeutet eine Kapitalerhöhung im Verhältnis 4 : 1. Da die Zahl der Aktien im selben Verhältnis wie das Grundkapital erhöht werden muss, müssen 500000 junge Aktien ausgegeben werden. Nach der Kapitalerhöhung beträgt dann der fiktive Nennwert je Aktie nach wie vor 2,00 EUR (5 Mio. EUR Grundkapital/2,5 Mio. Aktien). Bei einem Ausgabekurs von 3,00 EUR und einem Kurs der alten Aktien von 4,00 EUR ergeben sich für die **Xenos-AG** folgende Finanzierungswirkungen (ohne Berücksichtigung von Emissionskosten):

gesamter Mittelzufluss: 500000 Aktien · 3,00 EUR je Stück = 1500000 EUR

Der Mittelzufluss schlägt sich zunächst auf der Aktivseite der Bilanz im Umlaufvermögen als zusätzliche liquide Mittel (Bankguthaben) nieder. Auf der Passivseite teilt sich der Betrag von 1,5 Mio. EUR im Rahmen des Eigenkapitals wie folgt auf:

Erhöhung des Grundkapitals:	500000 Aktien · 2,00 EUR fiktiver Nennwert je Stück	= 1000000 EUR
+ Erhöhung der Kapitalrücklage:	500000 Aktien · 1,00 EUR Agio (Aufgeld) je Stück	= 500000 EUR
= gesamte Erhöhung des Eigenkapitals	500000 Aktien · 3,00 EUR je Stück	= 1500000 EUR

Zusammengefasste Bilanz der Xenos-AG nach der Kapitalerhöhung (in EUR)

Aktiva		Passiva	
A. Anlagevermögen	9 000 000	**A. Eigenkapital**	
		I. Gezeichnetes Kapital	5 000 000
		II. Kapitalrücklage	700 000
B. Umlaufvermögen		III. Gewinnrücklagen	
1. Vorräte	1 500 000	1. gesetzliche Rücklage	200 000
2. Forderungen	1 000 000	2. andere Gewinnrücklagen	600 000
3. liquide Mittel (Bank, Kasse)	2 000 000	**B. Fremdkapital**	7 000 000
	13 500 000		13 500 000

AktG
§ 182 (1), S. 5

Bei der Ausgabe von Stückaktien muss die Zahl der Stückaktien im selben Verhältnis wie das Grundkapital erhöht werden.

Bilanzkurs

Bilanzkurs vor der Kapitalerhöhung	*Bilanzkurs nach der Kapitalerhöhung*
$\text{Bilanzkurs} = \frac{5\,000\,000}{4\,000\,000} \cdot 100 = 125\,\%$	$\text{Bilanzkurs} = \frac{6\,500\,000}{5\,000\,000} \cdot 100 = 130\,\%$

Der Bilanzkurs einer Aktie mit einem fiktiven Nennwert von 2 EUR beträgt im vorliegenden Fall vor der Kapitalerhöhung 2,50 EUR und nach der Kapitalerhöhung 2,60 EUR. Vor der Kapitalerhöhung war jede Aktie mit 0,50 EUR und nach der Kapitalerhöhung mit 0,60 EUR an den Rücklagen beteiligt. Da der Ausgabekurs der jungen Aktien (3,00 EUR) über dem Bilanzkurs lag, sind die Rücklagen im Verhältnis zum Grundkapital stärker gestiegen. Der Bilanzkurs hat sich erhöht.

3.2.4 Bezugsrecht der Altaktionäre

Zweck des Bezugsrechts

Aufg. 3.2.2
S. 310

AktG
§ 186

Jeder Altaktionär hat das Recht, eine bestimmte Anzahl junger Aktien zum Emissionskurs zu kaufen. Dieses Recht wird als **Bezugsrecht** bezeichnet. Jedem Altaktionär muss von den jungen Aktien ein solcher Anteil zum Kauf angeboten werden, der seinem bisherigen Anteil am Grundkapital entspricht.

Bezugsrecht

Von den 400 000 Aktien der **Alpha-AG** hat ein Aktionär 40 000 Stück (= 10 %) erworben. Wenn im Rahmen einer Kapitalerhöhung 100 000 junge Aktien ausgegeben werden, verfügt der Aktionär nur noch über 8 % der auf insgesamt 500 000 Stück gestiegenen Aktienzahl, wenn er keine zusätzlichen Aktien kauft. Ihm wird daher die Möglichkeit gegeben, von den 100 000 jungen Aktien 10 % (= 10 000 Stück) zu beziehen. Anders ausgedrückt: Für vier alte Aktien kann er eine junge Aktie beziehen (Bezugsverhältnis 4 : 1). Nimmt er dieses Recht wahr, verfügt er über 50 000 Aktien und somit wieder über 10 % der neuen Aktienzahl von 500 000 Stück.

Das Bezugsrecht bei einer Kapitalerhöhung ist das Recht eines Altaktionärs, junge Aktien zum Emissionskurs (= Bezugskurs) zu erwerben. Die Menge der jungen Aktien, die ein Altaktionär auf diese Weise erwerben kann, ist durch seinen bisherigen Anteil am Grundkapital bestimmt.

Bezugsverhältnis

Der Umfang der einem Altaktionär zustehenden jungen Aktien lässt sich auch durch das Verhältnis ausdrücken, in dem das bisherige Grundkapital durch die Kapitalerhöhung steigt.

Bezugsverhältnis

Das Grundkapital der **Alpha-AG** in Höhe von 2 Mio. EUR ist in 400 000 Aktien mit einem Nennwert von 5,00 EUR je Aktie aufgeteilt. Das Grundkapital soll durch die Ausgabe von 100 000 jungen Aktien mit einem Nennwert von 5,00 EUR je Stück um 500 000 EUR erhöht werden. Das Grundkapital erhöht sich um 500 000 EUR von bisher 2 Mio. EUR auf jetzt 2,5 Mio. EUR. Das entspricht einer Kapitalerhöhung im Verhältnis von 4 : 1. Jeder Altaktionär erhält somit das Recht, seinen Aktienbestand ebenfalls im gleichen Verhältnis zu erhöhen. Er kann für 4 alte Aktien 1 junge Aktie zum Emissionskurs (= Bezugskurs) erwerben. Dieses Verhältnis wird als **Bezugsverhältnis** bezeichnet.

Das Bezugsverhältnis gibt das Verhältnis der Anzahl der alten zu den jungen Aktien an, zu dem die jungen Aktien bezogen werden können. Bei einem Bezugsverhältnis von z. B. 4 : 1 kann für 4 alte Aktien eine junge Aktie bezogen werden.

Das Bezugsverhältnis entspricht dem Verhältnis der Kapitalerhöhung.

Bezugsverhältnis = altes Grundkapital : Kapitalerhöhung

Jeder Altaktionär erhält also im gleichen Verhältnis wie das Grundkapital erhöht wird ein Vorkaufsrecht auf junge Aktien. Durch die Einräumung des Bezugsrechts wird zweierlei bewirkt:

Aufrechterhaltung der Beteiligungs- und Stimmrechtsverhältnisse	Ausgleich von Vermögensnachteilen
Die bisherigen **Beteiligungs- und Stimmrechtsverhältnisse** können sich aufgrund des Bezugsrechts nicht gegen den Willen eines Altaktionärs verändern.	**Vermögensnachteile** eines Altaktionärs können durch das Bezugsrecht ausgeglichen werden. Die Vermögensnachteile entstehen dadurch, dass der bisherige Börsenkurs der alten Aktien sinkt, wenn zusätzliche junge Aktien zu einem niedrigeren Preis als dem derzeitigen Börsenkurs angeboten werden.

Kursverwässerung – Mittelkurs

Da der Emissionskurs der jungen Aktien unter dem bisherigen Börsenkurs der alten Aktien liegt, sinkt der bisherige Börsenkurs der alten Aktien **(= Kursverwässerung)**. Es bildet sich ein **Mittelkurs ($K_Ø$)**, der unter dem Kurs der alten Aktien **(K_a)** und über dem Emissionskurs der jungen Aktien **(K_j)** liegt. Bei dem neuen Kurs erzielen folglich die Inhaber der jungen Aktien Kursgewinne, während die Inhaber der alten Aktien entsprechende Kursverluste hinnehmen müssen. Durch das Bezugsrecht sollen diese Kursgewinne und Kursverluste ausgeglichen werden.

Ermittlung des rechnerischen Mittelkurses

Der rechnerische Mittelkurs nach der Kapitalerhöhung ergibt sich als gewogenes arithmetisches Mittel aus den Kursen der alten und der jungen Aktien.

Ermittlung des rechnerischen Mittelkurses

Für die Kapitalerhöhung der **Alpha-AG** liegen folgende Zahlen vor *(vgl. Bsp. S. 301/302)*:

	Nennwert in EUR	Zahl der Aktien	Kurs je Aktie in EUR	Gesamtkurswert in EUR
vor der Kapitalerhöhung	Grundkapital: 2 000 000	alte Aktien (a) 400 000	alte Aktien (K_a) 10,00	4 000 000
Kapitalerhöhung	Kapitalerhöhung 500 000	junge (neue) Aktien (j) 100 000	junge (neue) Aktien (K_j) 7,50	750 000
nach der Kapitalerhöhung	Grundkapital 2 500 000	insgesamt 500 000	rechnerischer Mittelkurs ($K_Ø$)	?

Daraus lässt sich der rechnerische Mittelkurs wie folgt ermitteln:

$$\underset{(K_Ø)}{\text{Mittelkurs}} = \frac{\underset{(a)}{400\,000} \cdot \underset{(K_a)}{10} + \underset{(j)}{100\,000} \cdot \underset{(K_j)}{7{,}50}}{\underset{(a)}{400\,000} + \underset{(j)}{100\,000}} = 9{,}50 \text{ EUR je Aktie mit Nennwert } 5{,}00 \text{ EUR}$$

$$\text{Mittelkurs } (K_Ø) = \frac{\text{Zahl der alten Aktien (a)} \cdot \text{Kurs der alten Aktien } (K_a) + \text{Zahl der jungen Aktien (j)} \cdot \text{Kurs der jungen Aktien } (K_j)}{\text{Zahl der alten Aktien (a)} + \text{Zahl der jungen Aktien (j)}}$$

Ermittlung des Mittelkurses mit Hilfe des Bezugsverhältnisses

Die Ermittlung des rechnerischen Mittelkurses kann auch mit Hilfe des Bezugsverhältnisses erfolgen.
Das Bezugsverhältnis beträgt im vorliegenden Fall 4 : 1.

4 alte Aktien (a) zum Börsenkurs (K_a)	40,00 EUR
1 junge Aktie (j) zum Bezugskurs (K_j)	7,50 EUR
5 Aktien (Gesamtwert)	47,50 EUR
Durchschnittskurs (rechnerischer Mittelkurs $K_Ø$) je Aktie = 47,50 : 5	9,50 EUR

Der **rechnerische Mittelkurs** ist eine theoretische Größe. In Wirklichkeit erreicht der neue Kurs nach der Kapitalerhöhung oft den alten Börsenkurs oder überschreitet diesen sogar. Die **tatsächliche Entwicklung des Börsenkurses** hängt vom Angebots- und Nachfrageverhalten der Aktionäre ab, das durch unterschiedliche Erwartungen im Hinblick auf die Geschäftslage des Unternehmens beeinflusst wird. Die erste Börsennotierung nach Beginn der Bezugsfrist erfolgt mit dem Kurszusatz „ex Bezugsrecht".

Auswirkungen der Kapitalerhöhung der Alpha-AG auf den Aktienkurs

1. Für jede alte Aktie ergibt sich im Vergleich zum bisherigen Börsenkurs (10,00 EUR) durch das Absinken auf den Mittelkurs (9,50 EUR) ein rechnerischer Kursverlust von 0,50 EUR.
2. Für jede junge Aktie ergibt sich im Vergleich zum Emissionskurs (7,50 EUR) durch die Herausbildung eines Mittelkurses (9,50 EUR) ein rechnerischer Kursgewinn von 2,00 EUR.

Bezugsrecht als Entschädigung für den Altaktionär

Würde ein Altaktionär für den Kursverlust seiner Aktien keine Entschädigung erhalten, hätte er durch die Kapitalerhöhung einen Vermögensverlust. Durch die Einräumung eines **Bezugsrechts** wird dieser Vermögensverlust wieder ausgeglichen. Dabei sind **zwei Fälle** zu unterscheiden:

❶ **Der Altaktionär übt sein Bezugsrecht aus und erwirbt junge Aktien.**

❷ **Der Altaktionär möchte keine jungen Aktien erwerben und übt sein Bezugsrecht nicht aus.**

Ausübung des Bezugsrechts: Altaktionär kauft junge Aktien

Wenn ein Altaktionär an der Kapitalerhöhung teilnehmen möchte, muss er innerhalb der Bezugsfrist (mindestens zwei Wochen) sein Bezugsrecht zum Kauf neuer Aktien ausüben. In diesem Fall ergibt sich folgende Situation:

Ausübung des Bezugsrechts bei der Kapitalerhöhung der Alpha-AG

Börsenkurs (K_a): 10,00 EUR, Emissionskurs (K_j): 7,50 EUR, rechnerischer Mittelkurs ($K_ø$): 9,50 EUR
Das Bezugsverhältnis beträgt 4 : 1.
Jeder Altaktionär kann also für 4 alte Aktien (= 4 Bezugsrechte) 1 junge Aktie zum Emissionskurs (Bezugskurs) erwerben.

	1	2	3	4	5	6	7
	Zahl	alter Kurs K_a	Emissionskurs (Bezugskurs) K_j	Mittelkurs $K_ø$	Kurswert vor der Kapitalerhöhung (1) · (2) bzw. (1) · (3)	Kurswert nach der Kapitalerhöhung (1) · (4)	Differenz der Kurswerte (6) – (5)
alte Aktien (a)	4	10,00 EUR		9,50 EUR	40,00 EUR	38,00 EUR	– 2,00 EUR
junge Aktien (j)	1		7,50 EUR	9,50 EUR	7,50 EUR	9,50 EUR	+ 2,00 EUR
Insgesamt					47,50 EUR	47,50 EUR	0,00 EUR

Ergebnis: Bei Ausübung des Bezugsrechts erleidet der Altaktionär keinen Vermögensnachteil, da der Kursverlust der alten Aktien durch den Kursgewinn der jungen Aktien genau ausgeglichen wird.

Nimmt ein Altaktionär sein Bezugsrecht wahr, wird der Kursverlust der alten Aktien rechnerisch durch den Kursgewinn der jungen Aktien ausgeglichen. Er erleidet also keinen Vermögensnachteil.

Verzicht auf die Ausübung des Bezugsrechts: Altaktionär verkauft seine Bezugsrechte

Wenn ein Altaktionär nicht an der Kapitalerhöhung teilnimmt und sein Bezugsrecht zum Kauf junger Aktien nicht ausübt, kann er die **Bezugsrechte** an der **Börse** verkaufen lassen.

Die Bezugsrechte werden mindestens zwei Wochen lang an der Börse gehandelt. Am letzten Tag des Bezugsrechthandels werden automatisch alle Bezugsrechte der Aktionäre verkauft, die an der Kapitalerhöhung nicht teilnehmen wollen.

Ein Altaktionär erhält genauso viele Bezugsrechte, wie er alte Aktien hat. Die Bezugsrechte zum Erwerb junger Aktien können an der Börse veräußert werden.

Der **Preis**, der sich an der **Börse** für das **Bezugsrecht** ergibt, entspricht rechnerisch der Differenz zwischen dem Kurs der alten Aktien und dem rechnerischen Mittelkurs **(= rechnerischer Wert des Bezugsrechts)**.

Rechnerischer Wert des Bezugsrechts = Kurs der alten Aktie (K_a) – rechnerischer Mittelkurs ($K_{ø}$).

Rechnerischer Wert des Bezugsrechts bei der Kapitalerhöhung der Alpha-AG

Börsenkurs (K_a): 10,00 EUR, Emissionskurs (K_j): 7,50 EUR, rechnerischer Mittelkurs ($K_{ø}$): 9,50 EUR

Wert des Bezugsrechts = 10,00 EUR – 9,50 EUR = 0,50 EUR

Verzicht auf die Ausübung des Bezugsrechts bei der Kapitalerhöhung der Alpha-AG

Ein Altaktionär mit 4 Aktien erhält 4 Bezugsrechte. Der Altaktionär veräußert diese Bezugsrechte an der Börse. Bei einem Bezugsverhältnis von 4 : 1 muss ein neuer Aktionär, der sich im Rahmen der Kapitalerhöhung an der AG beteiligen möchte, für 1 junge Aktie 4 Bezugsrechte als „Eintrittsgeld" an der Börse erwerben.

neuer Aktionär		alter Aktionär	
Kauf: 4 Bezugsrechten zu je 0,50 EUR	2,00 EUR	**vorher:** 4 alte Aktien zum Kurs von je 10,00 EUR	40,00 EUR
Kauf: 1 junge Aktie zum Emissionskurs	7,50 EUR	– Kursrückgang: 4 alte Aktien · 0,50 EUR + Verkauf der Bezugsrechte: 4 Bezugsrechte · 0,50 EUR	2,00 EUR 2,00 EUR
Gesamtkosten für 1 junge Aktie	9,50 EUR	**nachher:** 4 Aktien zum Kurs von je 9,50 EUR zuzüglich Verkaufserlös 2,00 EUR	40,00 EUR

Ergebnis: Wenn ein Altaktionär nicht an der Kapitalerhöhung teilnimmt, sondern die ihm zustehenden Bezugsrechte an der Börse verkauft, erleidet er keinen Vermögensnachteil, da der Erlös aus dem Verkauf der Bezugsrechte den Kursverlust der alten Aktien genau ausgleicht.

Verkauft ein Altaktionär seine Bezugsrechte anstatt an der Kapitalerhöhung teilzunehmen, so wird der Kursverlust der alten Aktien rechnerisch durch den Erlös aus dem Verkauf der Bezugsrechte ausgeglichen. Er erleidet also keinen Vermögensnachteil.

Formel zur Ermittlung des Werts des Bezugsrechts (Bezugsrechtsformel)

Der rechnerische **Wert des Bezugsrechts** lässt sich auch mit Hilfe einer **Formel** ermitteln, die sich aus den bereits dargestellten Zusammenhängen wie folgt ergibt:

Herleitung der Bezugsrechtsformel

a = Zahl der alten Aktien | j = Zahl der jungen Aktien | a/j = Bezugsverhältnis
K_a = Kurs der alten Aktien | K_j = Kurs der jungen Aktien | $K_Ø$ = Mittelkurs
B = rechnerischer Wert des Bezugsrechts

(1) Mittelkurs $K_Ø = \frac{a \cdot K_a + j \cdot K_j}{a + j}$ (2) Wert des Bezugsrechts: $B = K_a - K_Ø$

Durch Einsetzen von (1) in (2) ergibt sich:

$$B = K_a - \frac{a \cdot K_a + j \cdot K_j}{a + j} = \frac{(a + j) \cdot K_a - (a \cdot K_a + j \cdot K_j)}{a + j} = \frac{a \cdot K_a + j \cdot K_a - a \cdot K_a - j \cdot K_j}{a + j}$$

$$= \frac{j \cdot (K_a - K_j)}{a + j} = \frac{(K_a - K_j)}{\frac{a}{j} + 1}$$

Wert des Bezugsrechts (B) = $\frac{K_a - K_j}{\frac{a}{j} + 1}$ $B = \frac{10{,}00 \text{ EUR} - 7{,}50 \text{ EUR}}{\frac{4}{1} + 1} = \frac{2{,}50 \text{ EUR}}{5} = 0{,}50 \text{ EUR}$

Der Wert des Bezugsrechts hängt vom Börsenkurs der alten Aktien, dem Emissionskurs (Bezugskurs) und dem Bezugsverhältnis ab.

Aufg. 3.2.3 S. 311

Ausschluss des Bezugsrechts

In bestimmten Fällen kann das Bezugsrecht ganz oder teilweise ausgeschlossen werden. Dem muss die Hauptversammlung im Zusammenhang mit dem Beschluss über die Kapitalerhöhung mit einer Dreiviertelmehrheit des bei der Beschlussfassung vertretenen Grundkapitals zustimmen.

Aufg. 3.2.4 S. 311

AktG § 186 (3)

Ein Ausschluss des Bezugsrechts kommt u. a. dann in Betracht, wenn

- die Kapitalerhöhung 10 % des Grundkapitals nicht übersteigt,
- der Emissionskurs den Börsenkurs nicht wesentlich unterschreitet (bis ca. 5 %) und somit der Wert des Bezugsrechts – im Verhältnis zum organisatorischen Aufwand – gering ist,
- ein anderes Unternehmen durch Übergabe von neuen Aktien erworben werden soll,
- die neuen Aktien als Belegschaftsaktien verwendet werden sollen.

Bei Ausschluss des Bezugsrechts erleiden die Altaktionäre nur dann keinen Verlust, wenn die neuen Aktien zum gegenwärtigen Börsenkurs ausgegeben werden ($K_a = K_j$) und damit der Wert des Bezugsrechts null ist.

3.2.5 Vor- und Nachteile der Beteiligungsfinanzierung einer AG

Im Vergleich zu einer Kreditfinanzierung ergeben sich für die Beteiligungsfinanzierung einer AG u. a. folgende Vor- und Nachteile:

Vorteile der Beteiligungsfinanzierung	Nachteile der Beteiligungsfinanzierung
▪ Vergrößerung der Eigenkapital- und damit der Haftungsbasis ▪ verbesserte Chancen der Fremdkapitalbeschaffung durch Verbesserung der Kreditwürdigkeit ▪ keine Rückzahlungspflichten ▪ Im Falle eines Jahresfehlbetrages besteht kein Dividendenanspruch der Aktionäre (allerdings ist eine Auflösung von Gewinnrücklagen möglich).	▪ Mitspracherecht der Aktionäre ▪ Bei schlechter Kapitalmarktsituation kann die Eigenkapitalbeschaffung schwierig sein.

Aufg. 3.2.5 S. 312

Zusammenfassende Übersicht zu Kap. 3.2: Beteiligungsfinanzierung am Beispiel einer Aktiengesellschaft: Kapitalerhöhung gegen Einlagen

Kapitalerhöhung gegen Einlagen

= Eigenkapitalbeschaffung durch Ausgabe junger Aktien

↓

Voraussetzung: Beschluss der HV mit $^3/_4$-Mehrheit des vertretenen Grundkapitals
AktG § 182

Bei Stückaktien: Zahl der Aktien muss im selben Verhältnis wie das Grundkapital erhöht werden.
AktG § 182 (1) S. 5

Emissionsverfahren

↓

Emissionskonsortium (Banken)

Interessen der AG →	Festsetzung des Emissionskurses	← Interessen der Aktionäre
Untergrenze: fiktiver Nennwert	Bookbuilding-Verfahren	Obergrenze: Börsenkurs

Finanzierungswirkungen

Zahl der jungen Aktien · (fiktiver) Nennwert →	Grundkapitalerhöhung
Zahl der jungen Aktien · Agio →	Erhöhung der Kapitalrücklage
Zahl der jungen Aktien · Emissionskurs = Zufluss von Finanzierungsmittel →	Eigenkapitalerhöhung

Bezugsrecht der Altaktionäre

Aufrechterhaltung der Kapitalbeteiligungs- und Stimmrechtsverhältnisse	Ausgleich für den Vermögensverlust durch „Kursverwässerung“

Bezugsverhältnis: altes Grundkapital : Kapitalerhöhung = a : j

Mittelkurs: $K_\varnothing = (a \cdot K_a + j \cdot K_j) / (a + j)$

Kursgewinn für junge Aktien	Kursverlust für alte Aktien

Altaktionär übt Bezugsrecht aus	Altaktionär übt Bezugsrecht nicht aus
Kursgewinn junge Aktien = Kursverlust alte Aktien ↓ **kein Vermögensverlust**	**Verkauf der Bezugsrechte an der Börse** Rechnerischer Wert des Bezugsrechts: $B = K_a - K_\varnothing$ oder Bezugsrechtsformel: $B = (K_a - K_j) / (a/j + 1)$ Kursverlust alte Aktien = Verkaufserlös Bezugsrechte ↓ **kein Vermögensverlust**

Ausschluss des Bezugsrechts möglich AktG § 186 (3)

Wiederholung des Grundwissens

zu Kapitel 3.2 Beteiligungsfinanzierung am Beispiel einer Aktiengesellschaft: Kapitalerhöhung gegen Einlagen

3.2.1 Rechtliche Grundlagen der Kapitalerhöhung gegen Einlagen

1. Welche rechtlichen Voraussetzungen müssen für eine Kapitalerhöhung gegen Einlagen erfüllt sein?
2. Nennen Sie die Untergrenze für den Verkaufspreis von jungen Aktien.

3.2.2 Emissionsverfahren

1. Was ist ein Emissionskonsortium?
2. Was ist der Emissionskurs?
3. Welche Größe bildet die Obergrenze für den Emissionskurs?
4. Welche verschiedenen Interessen verfolgen der Emittent und die Aktionäre bei der Festlegung des Emissionskurses?
5. Erläutern Sie das Bookbuilding-Verfahren zur Ermittlung des Emissionskurses.

3.2.3 Finanzierungswirkungen

1. Was ist eine Über-pari-Emission?
2. Was ist das Agio?
3. Wie kommt die Bilanzposition „Kapitalrücklage" bei einer AG zustande?
4. Welche Bilanzpositionen auf der Passivseite ändern sich bei einer Über-pari-Emission im Zusammenhang mit einer Kapitalerhöhung gegen Einlagen?
5. Welche Vorschrift gilt bei der Ausgabe von Stückaktien für die Zahl der Aktien im Zusammenhang mit einer Kapitalerhöhung gegen Einlagen?

3.2.4 Bezugsrecht der Altaktionäre

1. Was ist das Bezugsrecht und welche Zwecke erfüllt es?
2. Was ist das Bezugsverhältnis und wie wird es ermittelt?
3. Was ist unter einer „Kursverwässerung" zu verstehen und wie entsteht sie im Zusammenhang mit der Kapitalerhöhung gegen Einlagen?
4. Was ist der rechnerische Mittelkurs und wie wird er ermittelt?
5. Warum erleidet ein Altaktionär keinen Vermögensverlust, wenn er sein Bezugsrecht wahrnimmt?
6. Was ist der rechnerische Wert des Bezugsrechts und wie wird er ermittelt?
7. Warum erleidet ein Altaktionär keinen Vermögensverlust, wenn er sein Bezugsrecht nicht selbst wahrnimmt?
8. Wie lautet die Bezugsrechtsformel?
9. Welche rechtliche Voraussetzung muss für den Ausschluss des Bezugsrechts erfüllt sein?
10 In welchen Fällen kann es zu einem Ausschluss des Bezugsrechts kommen?

3.2.5 Vor- und Nachteile der Beteiligungsfinanzierung der AG

1. Nennen Sie Vor- und Nachteile einer Beteiligungsfinanzierung der AG im Vergleich zu einer Kreditfinanzierung.

Aufgaben und Probleme

zu Kapitel 3.2 Beteiligungsfinanzierung am Beispiel einer Aktiengesellschaft: Kapitalerhöhung gegen Einlagen

3.2.1 Kapitalerhöhung gegen Einlagen – Festlegung des Ausgabekurses

LA

Zur Erschließung eines Gewerbegebietes wurde die Südbaden-Technologiepark AG gegründet und mit einem Grundkapital von 120 Mio. EUR in das Handelsregister eingetragen. Das Grundkapital ist auf 6 Mio. Stückaktien aufgeteilt. Am Grundkapital der AG sind die Südbaden-Bank AG mit 65 Mio. EUR und die Gesellschaft zur Technologieförderung Regio Breisgau mbH mit 47 Mio. EUR beteiligt. Der Rest der Aktien wurde von den Grundstückseigentümern des Gewerbegebietes Hans und Jakob Dreisamtäler zu gleichen Teilen übernommen.

1. Berechnen Sie,
   a) den fiktiven Nennwert einer Stückaktie,
   b) wie viele Aktien der AG Hans Dreisamtäler besitzt,
2. Die Aktie wird zum amtlichen Börsenhandel zugelassen. Nach einiger Zeit wird deutlich, dass das Kapital der AG für das ehrgeizige Projekt eines Technologieparks nicht ausreicht. Die Finanzierungslücke von 19,2 Mio. EUR soll durch eine Kapitalerhöhung gegen Einlagen geschlossen werden. Dazu wird das Grundkapital um 10 % erhöht. Emissionskosten in Höhe von 600 000 EUR sollen ebenfalls durch die Kapitalerhöhung gedeckt werden. Der Kurs der alten Aktie liegt bei 40,50 EUR.
   a) Welche Gesichtspunkte müssen bei der Festlegung des Ausgabekurses berücksichtigt werden?
   b) Wie hoch ist im vorliegenden Fall die (theoretische) Ober- bzw. Untergrenze für den Ausgabekurs?
   c) Zu welchem Kurs müssen die jungen Aktien im vorliegenden Fall mindestens ausgegeben werden, um den Finanzbedarf zu decken?
3. Ein Bankenkonsortium übernimmt alle aus der Kapitalerhöhung stammenden Aktien. Der Ausgabekurs soll im Bookbuilding-Verfahren ermittelt werden.
   a) Welche Aufgabe kommt dem Bankenkonsortium bei der Kapitalerhöhung zu?
   b) Warum wurde für die Ausgabe der jungen Aktien kein fester Ausgabekurs festgelegt?
   c) Nachdem alle interessierten Kapitalanleger ihr Kaufangebot abgegeben haben, wird der Ausgabekurs je junge Stückaktie auf 35,00 EUR festgelegt. Ermitteln Sie den rechnerischen Mittelkurs der Aktie nach der Kapitalerhöhung.

3.2.2 Kapitalerhöhung gegen Einlagen – Bezugsrecht

In der Hauptversammlung der Solar AG schlägt der Vorstand eine Erhöhung des Grundkapitals um 6 Mio. EUR auf 30 Mio. EUR vor. Die jungen Aktien nehmen an der Dividende des laufenden Jahres in vollem Umfang teil. Die voraussichtliche Dividendenausschüttung beträgt wie im Vorjahr 0,70 EUR je Aktie. Ein Bankenkonsortium unter Führung der Invest Bank AG soll die jungen Aktien, die einen Nennwert von 5,00 EUR aufweisen, zu einem Ausgabekurs von 7,00 EUR je Aktie anbieten. Der Kurs der alten Aktie liegt zum Zeitpunkt der Kapitalerhöhung bei 20,00 EUR je 5,00 EUR Nennwert.

1. Ermitteln Sie unter der Annahme, dass der Vorschlag des Vorstands realisiert wird,
   a) das Bezugsverhältnis,
   b) den rechnerischen Mittelkurs,
   c) den rechnerischen Wert des Bezugsrechts,
   d) den Zufluss an flüssigen Mitteln und die Höhe des Agios,
   e) die notwendigen liquiden Mittel für die Dividendenzahlung.
2. Die Vereinigung zum Schutz der Kleinaktionäre hat in der Hauptversammlung folgenden Vorschlag für die Kapitalerhöhung zur Diskussion gestellt, der aber abgelehnt wurde: Kapitalerhöhung im Verhältnis 3 : 1, Ausgabekurs der jungen Aktien: 6,00 EUR je 5,00 EUR-Aktie.
   a) Erläutern Sie die Unterschiede zum Vorschlag des Vorstands.
   b) Begründen Sie, warum die Kleinaktionäre vermutlich für diesen Vorschlag gestimmt haben.
   c) Bei der Hauptversammlung waren 20 Mio. EUR Grundkapital vertreten. Wie viele Stimmen wären für die Durchsetzung des Vorschlags der Kleinaktionäre nötig gewesen?
   d) Wie hoch wäre der Zufluss an flüssigen Mitteln und das Agio in diesem Fall gewesen?
   e) Wie viele liquide Mittel wären in diesem Fall für die Dividendenzahlung nötig gewesen?
3. Der Vorschlag des Vorstands wird wie geplant angenommen und umgesetzt. Beantworten Sie auf dieser Basis folgende Fragen im Zusammenhang mit dem Erwerb junger Aktien:
   a) Aus welchen Gründen hat der Gesetzgeber ein Bezugsrecht auf junge Aktien vorgeschrieben?
   b) Aktionär Abele verfügt über 100 alte Aktien. Wie viele Bezugsrechte muss er hinzukaufen, wenn er 50 junge Aktien erwerben will?
   c) Aktionär Bayer verfügt über 80 alte Aktien. Wie viele junge Aktien kann er kaufen, wenn er noch insgesamt 1 010 EUR anlegen will?

4. Aktionär Casiani verfügt über 24 000 Aktien.
   a) Welchen Vermögensverlust je alter Aktie erleidet er durch die Kapitalerhöhung?
   b) Wie viele junge Aktien muss er erwerben, um nach der Grundkapitalerhöhung den gleichen Anteil am Grundkapital zu haben wie vorher?
   c) Weisen Sie nach, dass Casiani durch die Kapitalerhöhung rechnerisch keinen Vermögensnachteil erlitten hat.
   d) Casiani möchte unter Verwendung seiner Bezugsrechte 6 000 junge Aktien erwerben. Wie viel EUR muss er dafür bezahlen?

3.2.3 Kapitalerhöhung – Zahl der Aktien – Bezugsrecht

Für verschiedene Fälle von Kapitalerhöhungen gegen Einlagen stehen folgende Angaben zur Verfügung.

Fall 1:

Kurs der Aktien (Nennwert: 5,00 EUR)		Grundkapital	
alte Aktien	junge Aktien	vorher	nachher
180	160	20 Mio.	25 Mio.

Fall 2:

Kurs der Stückaktien		Grundkapital	
alte Aktien (25 Mio. Stück)	junge Aktien	vorher	nachher
245	210	50 Mio.	70 Mio.

Ermitteln Sie für beide Fälle
a) die Zahl der Aktien vor und nach der Kapitalerhöhung,
b) den rechnerischen Wert des Bezugsrechts, wenn die jungen Aktien für das laufende Geschäftsjahr voll dividendenberechtigt sind.

3.2.4 Kapitalerhöhung und Beteiligungsquote – Ausschluss des Bezugsrechts

Die Alpha-AG ist am Grundkapital der Xenos-AG, das 10 Mio. EUR beträgt, mit 24 % beteiligt. Der Kurs der 5 Mio. Xenos-Stückaktien notiert derzeit bei 10 EUR. Aufgrund von Übernahmegerüchten ist er in jüngster Zeit erheblich gestiegen. Der Vorstand der Xenos-AG schlägt der Hauptversammlung eine Erhöhung des Grundkapitals um 10 % vor. Der Ausgabekurs der jungen Aktien soll bei 9,50 EUR liegen. Das Bezugsrecht soll ausgeschlossen werden.

1. Prüfen Sie, ob im vorliegenden Fall der Ausschluss des Bezugsrechts zulässig ist.
2. Welche Mehrheitsverhältnisse in der Hauptversammlung sind für den Ausschluss des Bezugsrechts nötig?
3. Welche Nachteile erleidet ein Altaktionär, wenn das Bezugsrecht ausgeschlossen wird?
4. Welches Interesse könnte die Alpha-AG daran haben, ihre Beteiligung auf knapp über 25 % zu erhöhen?
5. Auf wie viel Prozent würde die Beteiligung der Alpha-AG an der Xenos-AG sinken, wenn die Xenos-AG keine jungen Aktien kauft?
6. Unmittelbar nach der Bekanntmachung des Bezugsrechtsausschlusses steigt der Börsenkurs der Xenos-Aktie auf 14,00 EUR, weil an der Börse weiterhin eine Übernahme der Xenos-AG durch ein anderes Unternehmen vermutet wird. Welchen Betrag müsste die Alpha-AG im vorliegenden Fall aufbringen, wenn sie durch den Kauf junger Aktien eine Sperrminorität von 25 % + 1 Stimme erreichen möchte? AktG § 186 (4)
7. Welchen Betrag müsste die Alpha-AG aufbringen, um durch den Kauf junger Aktien eine Sperrminorität von 25 % zu erreichen, wenn
   - das Bezugsrecht nicht ausgeschlossen worden wäre,
   - der Ausgabekurs der jungen Aktien bei 7,80 EUR gelegen hätte,
   - die Bezugsrechte zu ihrem rechnerischen Wert gehandelt worden wären?
8. Welche Absicht könnte der Vorstand der Xenos-AG mit dem Ausschluss des Bezugsrechts verfolgt haben?

3.2.5 Kapitalerhöhung gegen Einlagen – Änderung der Bilanz – Bezugsrecht

Vom Baumaschinenhersteller BAUMA AG liegt zum 31.12. .. folgende verkürzte Bilanz vor.

Aktiva	Bilanz zum 31.12.20. .. (Angaben in EUR)		Passiva
verschiedene Aktivposten	6118000	Gezeichnetes Kapital	3600000
liquide Mittel	860000	Kapitalrücklage	800000
		gesetzliche Rücklage	300000
		andere Gewinnrücklagen	778000
		Übrige Passiva	1500000
Summe	6978000	Summe	6978000

Das Grundkapital ist in 600000 Stückaktien aufgeteilt.
Um die Produktionskapazitäten der weltweit gestiegenen Nachfrage anpassen zu können, soll eine Kapitalerhöhung gegen Einlagen zur Finanzierung einer Erweiterungsinvestition vorgenommen werden.

1. Der Vorstand schlägt in der Hauptversammlung vor, das Grundkapital auf 4200000 EUR zu erhöhen.
   a) Ermitteln Sie das Verhältnis der vorgeschlagenen Kapitalerhöhung.
   b) In der Hauptversammlung sind 3 Mio. EUR Grundkapital vertreten. Wie viel Stimmen müssen mindestens für die Kapitalerhöhung abgegeben werden?
   c) Wie viele Aktien müssen neu ausgegeben werden?
2. Ein Bankenkonsortium übernimmt alle aus der Kapitalerhöhung stammenden Aktien. Der Ausgabekurs soll im Bookbuilding-Verfahren ermittelt werden.
   Nachdem alle interessierten Kapitalanleger ihr Kaufangebot abgegeben haben, wird der Ausgabekurs je junge Stückaktie auf 11,50 EUR festgelegt.
   a) Ermitteln Sie den gesamten Mittelzufluss (ohne Berücksichtigung von Emissionskosten) und das Agio.
   b) Stellen Sie die Bilanz nach der Kapitalerhöhung dar (ohne Berücksichtigung von Emissionskosten).
   c) Ermitteln Sie den Bilanzkurs vor und nach der Kapitalerhöhung. Was sagt das Ergebnis aus?
   d) Prüfen Sie für den vorliegenden Fall, ob und ggf. für welche Zwecke eine Auflösung von Kapitalrücklagen möglich ist.

AktG
§ 150 (4)
§ 208

3. Der Börsenkurs der alten Aktien liegt bei 18,00 EUR je Stückaktie.
   a) Ermitteln Sie das Bezugsverhältnis und erläutern Sie das Ergebnis.
   b) Wie hoch ist der rechnerische Mittelkurs der Aktie nach der Kapitalerhöhung?
   c) Ermitteln Sie den rechnerischen Wert des Bezugsrechtes.
4. Altaktionär Neumann besitzt 900 Aktien der BAUMA AG.
   a) Mit wie viel Prozent war Herr Neumann vor der Kapitalerhöhung am Grundkapital der BAUMA AG beteiligt?
   b) Auf wie viel Prozent des Grundkapitals würde sein Anteil absinken, wenn er keine jungen Aktien erwirbt?
   c) Wie viele junge Aktien müsste Herr Neumann erwerben, um nach der Kapitalerhöhung den gleichen Anteil am Grundkapital zu haben wie vorher?
   d) Wie viele junge Stückaktien könnte der Altaktionär Neumann erwerben, wenn er keine Bezugsrechte hinzukaufen möchte? Berechnen Sie seine finanzielle Belastung für diesen Fall.
   e) Überprüfen Sie rechnerisch, ob Neumann einen Vermögensverlust erleidet, wenn er auf die Teilnahme an der Kapitalerhöhung verzichtet.
   f) Prüfen Sie, ob seine Nichtteilnahme an dieser Kapitalerhöhung sonstige Auswirkungen für Neumann hat.

3.3 Darlehensfinanzierung

3.3.1 Rechtliche und wirtschaftliche Merkmale von Darlehen

Darlehen sind eine Grundform der mittel- und langfristigen **Fremdfinanzierung**. Da das Kapital von außen beschafft wird, sind sie gleichzeitig eine Form der **Außenfinanzierung**. Üblicherweise werden Darlehen von **Banken** vergeben. Bankdarlehen stellen eine der wichtigsten Finanzierungsquellen für kleinere und mittelständische Unternehmen dar.

Rechtlich ist ein Darlehen ein Vertrag, durch den der Darlehensgeber verpflichtet wird, dem Darlehensnehmer einen bestimmten Geldbetrag (Gelddarlehensvertrag) oder eine vereinbarte Sache (Sachdarlehensvertrag) zur Verfügung zu stellen.

BGB
§ 488 ff.
§ 607 ff.

Beim Gelddarlehen überlässt der Darlehensgeber (Gläubiger) dem Darlehensnehmer (Schuldner) einen bestimmten Geldbetrag für einen festgelegten Zeitraum. Der Darlehensnehmer ist verpflichtet, dem Darlehensgeber das Darlehen zum vereinbarten Termin zurückzuzahlen. Für die Überlassung des Darlehens kann der Darlehensgeber dem Darlehensnehmer Zinsen berechnen.

Die Begriffe (Geld-)**Darlehen** und **Kredit**[1] werden meistens gleichbedeutend benutzt. Allerdings gibt es auch Kredite, die im rechtlichen Sinne kein Darlehen darstellen (z. B. Diskontkredit).

Darlehensarten

Darlehen lassen sich u. a. wie folgt unterscheiden:

Darlehensarten		
Verwendungszweck	**Laufzeit**	**Sicherung**
■ Investitionskredit (Finanzierung von Anlagevermögen) ■ Betriebsmittelkredit (Finanzierung von Umlaufvermögen) ■ Saisonkredit (Überbrückung von jahreszeitlichen Liquiditätsengpässen)	■ kurzfristig (z. B. Lieferantenkredit) ■ mittelfristig (z. B. Laufzeit bis zu 4 Jahren) ■ langfristig (z. B. Laufzeit über 4 Jahren)	■ Personalkredit (Sicherung z. B. durch Bürgschaft) ■ Realkredit (Sicherung z. B. durch Grundschuld)

Ein weiteres Unterscheidungsmerkmal ist die Form der Darlehensrückzahlung **(Tilgungsform)**. Anhand dieses Merkmals lassen sich Darlehen in drei verschiedene Arten einteilen:

Darlehen nach der Form der Tilgung		
Festdarlehen (Fälligkeitsdarlehen)	**Abzahlungsdarlehen (Ratentilgungsdarlehen)**	**Annuitätendarlehen**
Die gesamte Darlehensschuld wird am Ende der Laufzeit in einem Betrag getilgt (z. B. „Rückzahlung in voller Höhe am 31.10...“). Während der Laufzeit sind lediglich die Zinsen zu den vereinbarten Terminen (z. B. vierteljährlich) zu zahlen. Die Zinszahlungen ändern sich während der Laufzeit nicht, da die Restschuld nicht sinkt.	Die Darlehensschuld wird in gleich bleibenden Raten zu den vereinbarten Terminen (z. B. vierteljährlich) getilgt. Da dadurch die Restschuld laufend sinkt und die Zinsen nur von der jeweiligen Restschuld ermittelt werden, sinken die Zinszahlungen nach jeder Tilgung.	Regelmäßige Zahlung (z. B. vierteljährlich) eines **gleich bleibenden** Betrages (Annuität), der **sowohl die Tilgung als auch die Zinsen** umfasst. Daraus ergibt sich folgende Wirkung: Durch die Verringerung der Restschuld wird im Laufe der Zeit der Zinsanteil an der gleich bleibenden Annuität immer kleiner, während der Tilgungsanteil in gleichem Umfang steigt.

1 Den Begriff Kredit (abgeleitet von credere, *lat.*: glauben) gibt es im BGB nicht.

Darlehensvertrag zwischen Einzelhändler Peter Vogt e.K. und der Volksbank Mannheim

Aufg. 3.3.1 S. 327

Darlehensvertrag

Zur bankinternen Bearbeitung

Nr.

Darlehensnehmer (Name, Anschrift, Geburtsdatum)	Bank
Peter Vogt e.K. Lange Rötterstr. 14a 68167 Mannheim geb.: 16. Sept. 1949	Volksbank Mannheim-Seckenheim

Darlehensnehmer und Bank schließen folgenden Vertrag:

1 Höhe des Darlehens:
Die Bank stellt dem Darlehensnehmer ein Darlehen zur Verfügung in Höhe von EUR [44.000]

2 Verwendungszweck:

Erweiterung des Warensortiments

3 Konditionen:

3.1 Verzinsung: Das Darlehen ist ab dem Tag der Auszahlung mit [9] % jährlich zu verzinsen.

Dieser Zinssatz ist [x] variabel [ ] festgeschrieben bis zum. [ ]

Wird ein variabler Zinssatz vereinbart, so erfolgt die Zinsanpassung entsprechend dem nachstehend beschriebenen Verfahren:

Die Anpassung des Sollzinssatzes richtet sich nach einer Veränderung des 3-Monats-Euribor[1] (Referenzzinssatz gemäß § 675g (3) Satz 2 BGB). Maßgeblich ist der am 30.12. d. J. ermittelte Referenzwert. Die Entwicklung des Referenzwertes wird die Volksbank regelmäßig vierteljährlich zum 30. d. M. überprüfen. Hat sich zu diesem Zeitpunkt der Referenzwert um mehr als 0,01 Prozentpunkte gegenüber seinem maßgeblichen Wert bei Vertragsschluss bzw. der letzten Anpassung des Sollzinssatzes verändert, sinkt oder steigt der Sollzinssatz um ebenso viele Prozentpunkte zum 1. des Folgemonats. Der Darlehensnehmer wird vierteljährlich über den geänderten Sollzinssatz unterrichtet.

[x] Die Zinsen werden aus dem jeweiligen Darlehenssaldo berechnet.

Die Zinsen werden berechnet aus dem Darlehenssaldo jeweils zum [ ] [ ]; ersten auf die vollständige Auszahlung folgenden Stichtag werden die Zinsen aus dem jeweiligen Darlehenssaldo berechnet.

Die Zinsen sind fällig am [letzten Tag] eines jeden

[ ] Monats [x] Kalendervierteljahres [ ] Kalenderhalbjahres [ ] Kalenderjahres

3.2 Auszahlung: Das Darlehen wird zu einem Auszahlungskurs [98] % ausgezahlt.

Das Disagio wird verrechnet auf einen Zeitraum von [ ] und beträgt EUR [880]

Es ist fällig: [x] in voller Höhe bei Auszahlung des Darlehens oder eines ersten Teilbetrages [ ] anteilig bei jeder Teilauszahlung [ ] unabhängig vom Tag der Auszahlung am [ ]

3.3 Bearbeitungsgebühr: Die einmalige, sofort fällige, nicht laufzeitabhängige Bearbeitungsgebühr beträgt [0,5] % vom Darlehensbetrag[2]. EUR [ ]

4 Nebenleistungen:

[ ] Jährlicher Verwaltungskostenbeitrag EUR [ ]

[x] Bereitstellungsprovision von [1/2] % pro [Monat] auf den ab [1.10.d.J.] nicht zur Auszahlung kommenden Betrag bis zur vollen Auszahlung jeweils fällig mit den Zinsen.

---

1 Der EURIBOR (Euro InterBank Offered Rate) ist ein Referenzzinssatz für den Handel mit Termingeldern in Euro im Interbankengeschäft (Geschäfte der Banken untereinander)

2 Im Gegensatz zu Krediten an Unternehmen sind Bearbeitungsgebühren bei Verbraucherkrediten nicht zulässig.

5 Darlehensrückzahlung: Das Darlehen ist wie folgt zurückzuzahlen:

5.1 ☐ in voller Höhe am [ ]

5.2 ☒ in Raten von EUR [5.500] jeweils fällig am [Quartalsende] erstmals am [31.12.d.J.]

Daneben sind in den Fällen 5.1 und 5.2 die Zinsen und Kosten zu den in 3.1 vereinbarten Fälligkeitsterminen zu zahlen.

5.3 ☐ in Höhe von [ ] % jährlich vom ursprünglichen Darlehensbetrag zzgl. der durch Tilgung ersparten Zinsen.

Demnach beträgt die Leistungsrate aus Zins, Tilgung und Kosten z.Zt. EUR [ ].

jeweils fällig am [ ], erstmals am [ ]

in gleichbleibenden Raten.

5.4 ☐ für Zins und Tilgung sowie anfallende Kosten von EUR [ ]

jeweils fällig am [ ], erstmals am [ ] mit vorrangiger Verrechnung auf Zinsen und Kosten.

Bei Zinsänderungen können die Leistungsraten in den Fällen von 5.3 und 5.4 entsprechend geändert werden. Die neuen Leistungsraten wird die Bank dem Darlehensnehmer mitteilen.

Soweit nichts anderes vereinbart wurde, werden die fälligen Beträge (z. B. Zinsen oder Leistungsraten) dem

Girokonto Nr. [7.82276.08] belastet.

6 Sicherheiten: Alle der Bank zustehenden Sicherheiten sichern alle bestehenden, künftigen und bedingten Ansprüche der Bank aus der Geschäftsverbindung mit dem Darlehensnehmer, soweit nicht im Einzelfall außerhalb dieses Vertrages etwas anderes vereinbart ist; dies gilt auch für hier nicht aufgeführte und aufgrund der Allgemeinen Geschäftsbedingungen haftende Sicherheiten. Zusätzlich stellt der Darlehensnehmer der Bank mit gesonderten Vereinbarungen noch folgende Sicherheiten:

Selbstschuldnerische Bürgschaft des Kaufmanns Lothar Karle (Lieferant des Drogeriemarktes Peter Vogt) in Düsseldorf.

Bei einer Verschlechterung oder erheblichen Gefährdung der Vermögenslage des Darlehensnehmers, eines Mithaftenden oder eines Bürgen oder bei einer Veränderung des Sicherungswerts der im Vertrag vorgesehenen zu bestellenden Sicherheiten, durch die das Risiko der ordnungsgemäßen Rückführung des Darlehens gegenüber dem Zustand bei Vertragsabschluss nicht unwesentlich erhöht wird, kann die Bank vom Darlehensnehmer die Bestellung zusätzlicher geeigneter Sicherheiten nach ihrer Wahl verlangen, auch wenn bisher keine Bestellung von Sicherheiten vereinbart war. Das gleiche gilt, wenn die Angaben über die Vermögensverhältnisse des Darlehensnehmers, eines Mithaftenden oder eines Bürgen sich nachträglich als unrichtig herausstellen. Das Darlehen kann erst in Anspruch genommen werden, wenn sämtliche Bedingungen erfüllt sind, die vorgesehenen Sicherheiten bestellt werden und die Bank deren Ordnungsmäßigkeit geprüft hat.

Ergänzend gelten die **Allgemeinen Darlehensbedingungen** (ADB) und die **Allgemeinen Geschäftsbedingungen** (ASGB) der Bank. Die ADB sind beigefügt. Die AGB können in den Geschäftsräumen der Bank eingesehen werden; auf Verlangen werden sie ausgehändigt.

Ort, Datum	Ort, Datum
Mannheim, 18. Sept.	Mannheim, 18. Sept. ....
Darlehensnehmer	Bank
Peter Vogt	Volksbank Mannheim-Seckenheim

3.3.2 Festdarlehen (endfälliges Darlehen)

Merkmale

Bei dieser Tilgungsform wird die Darlehensschuld am Ende der vereinbarten Laufzeit in voller Höhe getilgt (Einmaltilgung). Während der Laufzeit sind lediglich die Zinsen zu den vereinbarten Terminen zu zahlen. Da sich die Restschuld während der Laufzeit nicht ändert, sind auch die von der Restschuld berechneten Zinsen zu jedem Zahlungstermin gleich hoch.

Aufg. 3.3.2 S. 328

Bei einem Festdarlehen zahlt der Darlehensnehmer während der Laufzeit jährlich lediglich die Zinsen in gleich bleibender Höhe. Die Tilgung erfolgt in einer Summe am Ende der Laufzeit (Einmaltilgung).

Tilgungsplan

Festdarlehen (endfälliges Darlehen)

Für den Kauf einer Maschine gewährt die Hausbank der Ökotex GmbH zum 01.01. .. ein Darlehen zu folgenden Bedingungen:

Darlehenssumme: 100 000 EUR
Zinssatz: 10 %
Laufzeit: 5 Jahre
Auszahlung: 100 %
Zinszahlungen: jährlich am Jahresende
Tilgung: in voller Höhe am Ende der Laufzeit

Tilgungsplan (Beträge in EUR)

Jahr	Darlehensschuld am Jahresanfang	Zinsen 10 %	Tilgung	Schuldendienst (Liquiditätsbelastung)	Restschuld am Jahresende
1	100 000	10 000	0	10 000	100 000
2	100 000	10 000	0	10 000	100 000
3	100 000	10 000	0	10 000	100 000
4	100 000	10 000	0	10 000	100 000
5	100 000	10 000	100 000	110 000	0
Σ		**50 000**	**100 000**	**150 000**	

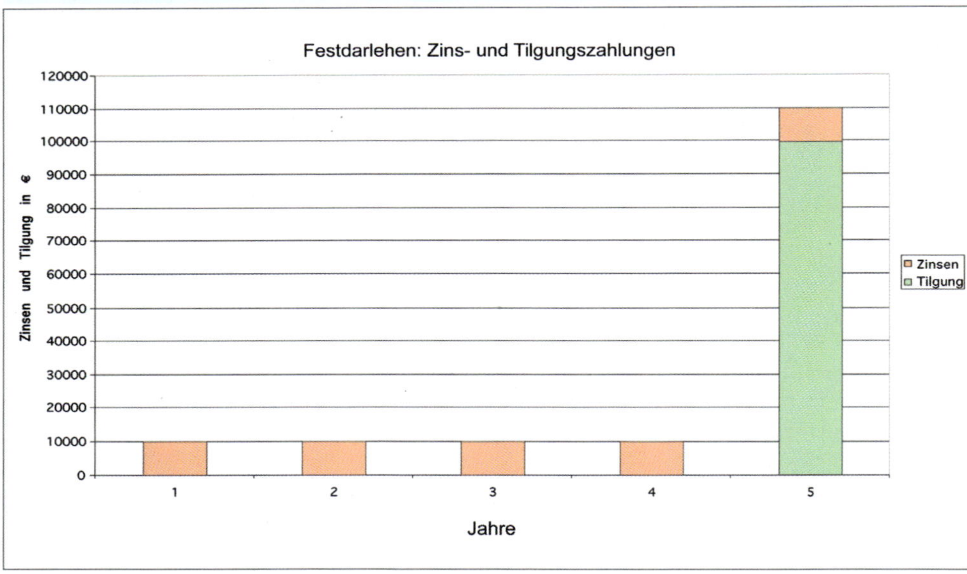

Effektivverzinsung bei Festdarlehen mit Disagio

Bei einer Darlehensgewährung hat der Darlehensnehmer üblicherweise neben den Zinsen noch weitere Kosten zu tragen, wie z. B. Gebühren und Spesen. Sämtliche derartigen Kosten, die dem Darlehensnehmer von der Bank angelastet werden, fließen neben dem vereinbarten Zinssatz **(Sollzinssatz, Nominalzinssatz)** in den **Effektivzinssatz** ein.

Der effektive Jahreszinssatz gibt die jährlichen Gesamtkosten eines Darlehens, die vom Darlehensnehmer zu tragen sind, an. Er wird in Prozent des Auszahlungsbetrages angegeben.

Manchmal wird vereinbart, dass der Auszahlungsbetrag des Darlehens niedriger als die Darlehenssumme ist. Die Differenz zwischen dem zurückzuzahlenden Darlehensbetrag und dem niedrigeren **Auszahlungsbetrag** wird als **Disagio** (oder auch als Damnum oder Abgeld) bezeichnet. Dabei handelt es sich um einen „Vorauszins", den die Bank bereits bei der Auszahlung des Darlehens erhebt, indem sie einen Teil der Darlehenssumme einbehält.

Disagio ist der Differenzbetrag zwischen Darlehenssumme und Auszahlungssumme. Ein Disagio von 5 % bedeutet beispielsweise, dass von einem Darlehen nur 95 % ausgezahlt werden, aber 100 % zurückgezahlt werden müssen.

Ein Disagio dient der Bank u. a. zur

- Deckung der mit der Darlehensbearbeitung verbundenen Kosten (Bearbeitungsgebühren),
- Feinsteuerung des Effektivzinssatzes (z. B. kann der Effektivzins ohne Änderung des Nominalzinses erhöht werden, indem der Auszahlungskurs gesenkt wird),
- „optisch vorteilhaften" Gestaltung von Darlehensangeboten, indem ein niedriger Nominalzins bei gleichzeitig niedrigem Auszahlungskurs ausgewiesen wird.

Bei einem Disagio handelt es sich um vorweggenommene Zinsen. Der Effektivzinssatz weicht dadurch vom Sollzinssatz (Nominalzinssatz) ab.

Effektivverzinsung bei einem Festdarlehen (Fälligkeitsdarlehen)

Für den Kauf einer Maschine gewährt die Hausbank der Ökotex GmbH zum 01.01. .. ein Darlehen zu folgenden Bedingungen:

Darlehenssumme: 100 000 EUR	**Auszahlung:** 95 %.
Sollzinssatz: 10 %	**Zinszahlungen:** jährlich am Jahresende
Laufzeit: 5 Jahre	**Tilgung:** in voller Höhe am Ende der Laufzeit

Der Tilgungsplan *(siehe Bsp. S. 316)* ändert sich durch die Berücksichtigung des Disagios nicht. Es müssen nach wie vor 100 000 EUR verzinst und an die Bank zurückgezahlt werden, obwohl der Darlehensnehmer nur 95 000 EUR erhalten hat.

Während beim Bsp. auf S. 316 der effektive Jahreszinssatz mit dem Sollzinssatz übereinstimmt und 10 % beträgt, lässt sich die Effektivverzinsung bei Berücksichtigung eines Disagios wie folgt ermitteln:

jährliche Zinsen	10 000 EUR
jährlicher Anteil des Disagios: 5 000 EUR/5 Jahre	1 000 EUR
gesamte jährliche Darlehenskosten	11 000 EUR

Diese jährlichen Gesamtkosten (Z) werden mit Hilfe der nach P aufgelösten Jahreszinsformel ins Verhältnis zum **verfügbaren** Kapital (K) gesetzt. Für K muss also der Auszahlungsbetrag und nicht der Darlehensbetrag eingesetzt werden.

$$P_{eff} = \frac{11\,000 \cdot 100}{95\,000} = 11{,}58\,\% \qquad \text{oder } P_{eff} = \frac{10\ (P_{Soll}) + \dfrac{5\ (\text{Disagio in \%, d})}{5\ (\text{Laufzeit, n})}}{95\ (\text{Auszahlungskurs})} \cdot 100 = 11{,}58\,\%$$

Die effektive Verzinsung des Darlehens beträgt 11,58 %.

Zur Berechnung des effektiven Jahreszinssatzes muss das Disagio auf die Laufzeit des Darlehens verteilt und der anteilige jährliche Disagiobetrag ermittelt werden.

$$P_{eff} = \frac{P_{Soll} + \dfrac{d}{n}}{\text{Auszahlungskurs}} \cdot 100$$

3.3.3 Abzahlungsdarlehen mit konstanten Tilgungsraten

Merkmale

Aufg. 3.3.3 S. 328

Bei dieser Tilgungsform wird die Darlehensschuld in stets gleichen Beträgen getilgt. Da die Restschuld nach jeder Tilgung sinkt, sinken auch die von der jeweiligen Restschuld zu zahlenden Zinsen. Dadurch sinkt die Höhe der zu den vereinbarten Terminen an die Bank zu zahlenden Summe aus Tilgung und Zinsen.

Bei einem Abzahlungsdarlehen (Ratentilgungsdarlehen) erbringt der Darlehensnehmer eine jährlich fallende Leistung. Während die Höhe der Tilgungsraten gleich bleibt, sinken wegen der fallenden Restschuld die jährlichen Zinsen.

Tilgungsplan

Abzahlungsdarlehen (Ratentilungsdarlehen)

Für den Kauf einer Maschine gewährt die Hausbank der Ökotex GmbH zum 01.01. ... ein Darlehen zu folgenden Bedingungen:

Darlehenssumme: 100 000 EUR
Sollzinssatz: 10 %
Laufzeit: 5 Jahre
Auszahlung: 100 %
Zins- und Tilgungszahlungen: jährlich am Jahresende
Tilgung: in fünf gleichen Raten fällig jeweils am Jahresende

Tilgungsplan (Beträge in EUR)

Jahr	Darlehensschuld am Jahresanfang	Zinsen 10 %	Tilgung	Schuldendienst (Liquiditätsbelastung)	Restschuld am Jahresende
1	100 000	10 000	20 000	30 000	80 000
2	80 000	8 000	20 000	28 000	60 000
3	60 000	6 000	20 000	26 000	40 000
4	40 000	4 000	20 000	24 000	20 000
5	20 000	2 000	20 000	22 000	0
Σ		**30 000**	**100 000**	**130 000**	

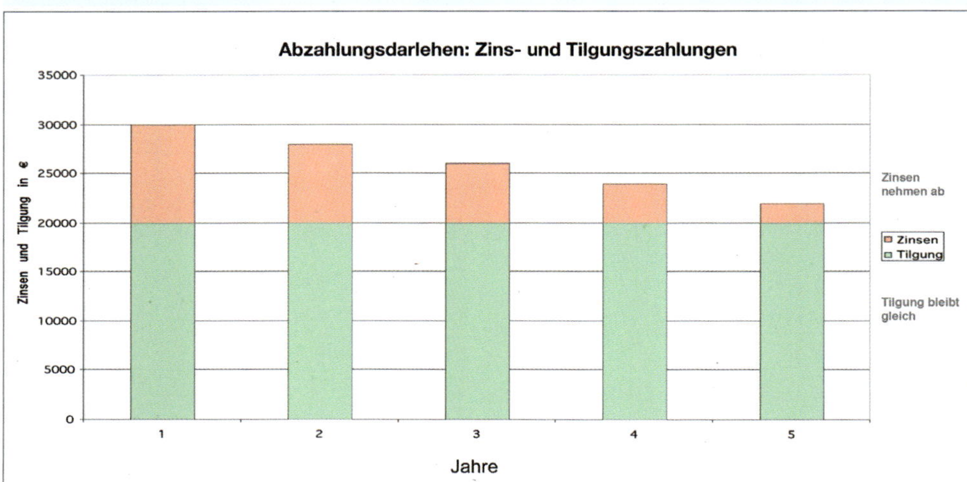

3.3.4 Annuitätendarlehen

Merkmale

Bei dieser Tilgungsform wird die regelmäßige Zahlung eines **gleich bleibenden Betrages (= Annuität)** vereinbart. Dieser Betrag umfasst sowohl die Zins- als auch die Tilgungszahlungen.

> **Bei einem Annuitätendarlehen erbringt der Darlehensnehmer regelmäßig eine (z.B. monatlich, vierteljährlich) gleich bleibende Leistung (Annuität), die sich aus Zins- und Tilgungsanteil zusammensetzt. Wegen der fallenden Restschuld sinkt der auf die Zinsen entfallende Teil der Annuität, während der Tilgungsanteil in gleichem Umfang steigt.**

Tilgungsplan

Annuitätendarlehen

Für den Kauf einer Maschine gewährt die Hausbank der Ökotex GmbH zum 01.01. ... ein Darlehen zu folgenden Bedingungen:

Darlehenssumme: 100 000 EUR
Sollzinssatz: 10 %
Laufzeit: 5 Jahre

Auszahlung: 100 %
Zins- und Tilgungszahlungen: jährlich am Jahresende
Tilgung: Gleichbleibende Rate aus Zins und Tilgung (Annuität): 26 379,75 EUR.
Die durch Tilgung ersparten Zinsen dienen der weiteren Tilgung.

Tilgungsplan (Beträge in EUR)

Jahr	Darlehensschuld am Jahresanfang	Zinsen 10 %	Tilgung	Schuldendienst (Liquiditätsbelastung)	Restschuld am Jahresende
1	100 000,00	10 000,00	16 379,75	26 379,75	83 620,25
2	83 620,25	8 362,03	18 017,72	26 379,75	65 602,53
3	65 602,53	6 560,25	19 819,50	26 379,75	45 783,03
4	45 783,03	4 578,30	21 801,45	26 379,75	23 981,58
5	23 981,58	2 398,16	23 981,58	26 379,74	0,00
Σ		**31 898,74**	**100 000,00**	**131 898,74**	

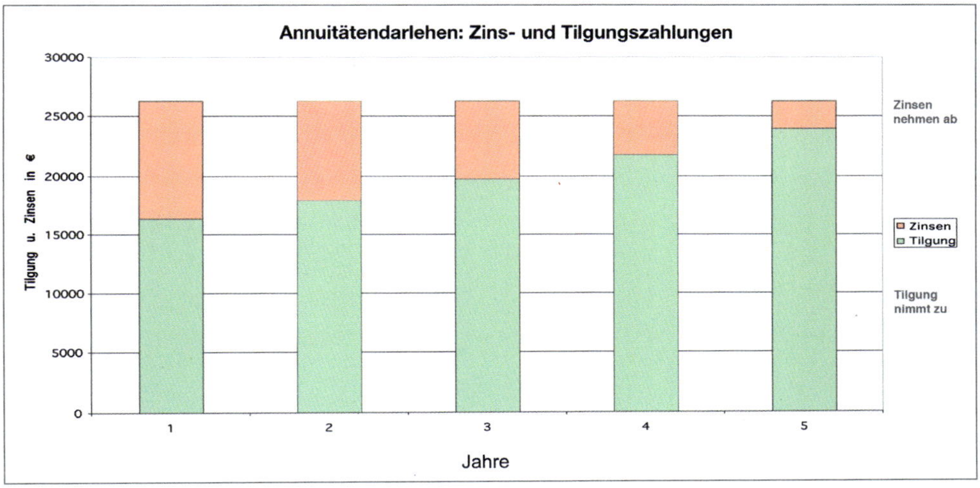

Ermittlung der Annuität

Die Höhe der Annuität wird mit der **Annuitätenformel** ermittelt[1]:

A: Annuität K: Anfangsdarlehen

$$A = K \cdot \frac{q^n \cdot (q-1)}{q^n - 1} = 100\,000 \cdot \frac{1{,}1^5 \cdot (1{,}1-1)}{1{,}1^5 - 1} = 100\,000 \cdot \frac{0{,}161051}{0{,}61051} = 26\,379{,}75 \text{ EUR}$$

P: Zinssatz

n: Laufzeit in Jahren

q = 1 + (p/100)

Ist nicht die Laufzeit, sondern die Anfangstilgung bekannt, lässt sich die Annuität wie folgt berechnen: Beträgt z. B. die Anfangstilgung 20 % und der Zinssatz 10 %, so ergibt sich eine Annuität von 30 %. Für eine Darlehenssumme von 100 000 EUR würde sich folgender Tilgungsplan ergeben:

Tilgungsplan (Beträge in EUR)					
Jahr	**Darlehensschuld am Jahresanfang**	**Zinsen 10 %**	**Tilgung**	**Schuldendienst (Liquiditätsbelastung)**	**Restschuld am Jahresende**
1	100 000	10 000	20 000	30 000	80 000
2	80 000	8 000	22 000	30 000	58 000
3	58 000	5 800	24 200	30 000	33 800
4	33 800	3 380	26 620	30 000	7 180
5	7 180	718	7 180	7 898	0
Σ		**27 898**	**100 000**	**127 898**	

3.3.5 Darlehensformen im Vergleich

Liquiditätsbelastung

Aufg. 3.3.4 S. 328

Der Vergleich der Liquiditätsbelastung bei den drei verschiedenen Tilgungsformen führt bei
- **gleicher Darlehenssumme**
- **gleichem Zinssatz**
- **gleicher Laufzeit**

zu folgendem Ergebnis:

Vergleich der Liquiditätsbelastung bei verschiedenen Tilgungsformen

Darlehenssumme: 100 000 EUR				**Sollzinssatz:** 10 %			**Laufzeit:** 5 Jahre		
Jahr	**Festdarlehen** (EUR)			**Abzahlungsdarlehen** (EUR)			**Annuitätendarlehen** (EUR)		
	Zinsen	Tilgung	Liquiditätsbelastung	Zinsen	Tilgung	Liquiditätsbelastung	Zinsen	Tilgung	Liquiditätsbelastung
1	10 000	0	10 000	10 000	20 000	30 000	10 000,00	16 379,75	26 379,75
2	10 000	0	10 000	8 000	20 000	28 000	8 362,03	18 017,72	26 379,75
3	10 000	0	10 000	6 000	20 000	26 000	6 560,25	19 819,50	26 379,75
4	10 000	0	10 000	4 000	20 000	24 000	4 578,30	21 801,45	26 379,75
5	10 000	100 000	110 000	2 000	20 000	22 000	2 398,16	23 981,58	26 379,75
Σ	**50 000**	**100 000**	**150 000**	**30 000**	**100 000**	**130 000**	**31 898,74**	**100 000,00**	**131 898,74**

1 Die Annuität lässt sich auch mit Hilfe der finanzmathematischen Funktionen eines Taschenrechners ermitteln. Die Vorgehensweise wird im Anhang beschrieben. Eine Tabelle mit entsprechenden Annuitätenfaktoren ist ebenfalls im Anhang abgedruckt.

Beim Festdarlehen ist die Liquiditätsbelastung für die gesamte Laufzeit mit Abstand am höchsten. Das ist dadurch bedingt, dass während der gesamten Laufzeit Zinsen von der gleich bleibenden ursprünglichen Darlehenssumme gezahlt werden müssen. Da aber die Tilgung erst am Ende der Laufzeit erfolgt (Einmaltilgung), ist die nur aus Zinszahlungen bestehende Liquiditätsbelastung während der ersten vier Jahre wesentlich niedriger als in den beiden anderen Fällen.

Beim Abzahlungsdarlehen ist die Liquiditätsbelastung für die gesamte Laufzeit etwas niedriger als beim Annuitätendarlehen. Das ist dadurch bedingt, dass die Tilgungsleistungen in den ersten drei Jahren höher als beim Annuitätendarlehen sind, so dass die Restschuld schneller sinkt und die Zinszahlungen in allen Jahren etwas geringer sind als beim Annuitätendarlehen.

Steuerliche Auswirkungen der Zinsaufwendungen

Aufg. 3.3.5 S. 329

Wenn durch die Zinsaufwendungen der zu versteuernde Gewinn gesenkt wird, ergeben sich für die drei verschiedenen Tilgungsformen folgende Auswirkungen für die Gewinnsteuern:

Vergleich der Steuerminderung bei verschiedenen Tilgungsformen

Darlehenssumme: 100 000 EUR **Sollzinssatz:** 10 % **Laufzeit:** 5 Jahre

Annahmen:
1. Das Unternehmen erzielt einen Gewinn.
2. Die Zinsaufwendungen mindern den steuerpflichtigen Gewinn.
3. Der Gewinnsteuersatz (Einkommen- bzw. Körperschaftsteuer sowie Gewerbesteuer) beträgt 30 %.

Jahr	**Festdarlehen** (EUR)			**Abzahlungsdarlehen** (EUR)			**Annuitätendarlehen** (EUR)		
	Liquiditätsbelastung vor Steuern	Steuerminderung (30 % der Zinsen)	Liquiditätsbelastung nach Steuern	Liquiditätsbelastung vor Steuern	Steuerminderung (30 % der Zinsen)	Liquiditätsbelastung nach Steuern	Liquiditätsbelastung vor Steuern	Steuerminderung (30 % der Zinsen)	Liquiditätsbelastung nach Steuern
1	10 000	3 000	7 000	30 000	3 000	27 000	26 379,75	3 000,00	23 379,75
2	10 000	3 000	7 000	28 000	2 400	25 600	26 379,75	2 508,61	23 871,14
3	10 000	3 000	7 000	26 000	1 800	24 200	26 379,75	1 968,08	24 411,67
4	10 000	3 000	7 000	24 000	1 200	22 800	26 379,75	1 373,49	25 006,26
5	110 000	3 000	107 000	22 000	600	21 400	26 379,75	719,45	25 660,29
Σ	**150 000**	**15 000**	**135 000**	**130 000**	**9 000**	**121 000**	**131 898,74**	**9 569,63**	**122 329,11**

Der Zinsaufwand mindert die Gewinnsteuern. Dadurch verringert sich der Unterschied der drei Darlehensformen hinsichtlich der Liquiditätsbelastung. Je höher der Zinsaufwand, desto höher ist auch die sich ergebende Steuerminderung. Daher ist die Steuerentlastung beim Festdarlehen am höchsten. Trotzdem bleibt die an der Liquiditätsbelastung vor und nach Steuern gemessene Rangfolge der drei Darlehensformen unverändert. Das Festdarlehen ist nach wie vor mit dem höchsten Liquiditätsabfluss verbunden, gefolgt vom Annuitätendarlehen und dem Abzahlungsdarlehen.

Zinsaufwendungen mindern den zu versteuernden Gewinn. Die Minderung der Gewinnsteuern ist umso höher, je höher die Zinsen sind. Beim Festdarlehen ergibt sich die höchste Steuerminderung.

Barwertberechnung

Für die Beurteilung der Vorteilhaftigkeit bestimmter Darlehensformen kommt es nicht nur auf den Vergleich an, **wie viel** an den Darlehensgeber (Bank) **insgesamt** an Zinsen und Tilgung während der Laufzeit zu zahlen ist. Wichtig ist auch, **wann** diese Leistungen zu erbringen sind. Beim Festdarlehen ist die Liquiditätsbelastung während der ersten vier Jahre wesentlich niedriger als in den beiden anderen Fällen, da noch keine Tilgungsleistung zu erbringen ist. Der Darlehensnehmer könnte daher die Beträge, die er beim Festdarlehen im Vergleich zu den beiden anderen Darlehensformen in den ersten vier Jahren noch nicht für Tilgungsleistungen benötigt, zinsbringend anlegen. Bei Berücksichtigung dieser Zinserträge würde der an der Liquiditätsbelastung gemessene Nachteil des Festdarlehens etwas gemildert.

Um die zu unterschiedlichen Zeitpunkten anfallenden Zahlungen bei den verschiedenen Darlehensformen miteinander vergleichen zu können, muss der **heutige Wert** der **künftigen Zahlungen** ermittelt werden. Dieser Wert wird als Gegenwartswert oder **Barwert** bezeichnet. Zur Ermittlung des Barwertes werden mit Hilfe einer finanzmathematischen Formel **(Barwertformel)** alle künftigen Zahlungen auf den heutigen Tag abgezinst. Für die Abzinsung (Diskontierung) wird ein Zinssatz zugrunde gelegt, der sich daran orientiert, zu welchem Zinssatz der Zahlungspflichtige überschüssige liquide Mittel zinsbringend anlegen könnte.

Der Barwert gibt an, welcher Betrag heute zinsbringend angelegt werden muss, damit unter Berücksichtigung von Zinsen und Zinseszinsen zum Fälligkeitstag der Zahlung der dann benötigte Betrag zur Verfügung steht (= Gegenwartswert einer zukünftigen Zahlung).

Barwertformel

Die **Barwertformel** ergibt sich durch Umformung der **Zinseszinsformel**.

Anhang S. 576

Zinseszinsformel	Barwertformel
Fragestellung: Auf welches Endkapital (K_n) wächst ein heute angelegtes Anfangskapital (K_0) bei einem Zinssatz von p und einer Laufzeit von n Jahren an, wenn die Zinsen jährlich dem Kapital zugeschlagen und nicht ausgezahlt werden (Zinseszinseffekt)? **Aufzinsung** Anfangskapital **100 000 EUR** → n Jahre → Endkapital **X EUR**	Fragestellung: Wie hoch muss das Anfangskapital (K_0 = Barwert) sein, um bei einem Zinssatz von p und einer Laufzeit von n ein Endkapital von K_n zu erreichen? **Abzinsung** Barwert **X EUR** ← n Jahre ← Endkapital **100 000 EUR**
0 = heutiger Zeitpunkt (Gegenwart) **K_n = Endkapital, K_0 = Anfangskapital** **n = Laufzeit, p = Zinssatz** $$K_n = K_0 \cdot \left(1 + \frac{p}{100}\right)^n$$	**0 = heutiger Zeitpunkt (Gegenwart)** **K_n = Endkapital, K_0 = Anfangskapital** **n = Laufzeit, p = Zinssatz** $$K_0 = \frac{K_n}{\left(1 + \frac{p}{100}\right)^n}$$

Der Ausdruck p/100 wird häufig durch i ersetzt. Der Ausdruck 1+ p/100 bzw. 1 + i wird häufig durch q ersetzt.

$$K_n = K_0 \cdot (1+i)^n = K_0 \cdot q^n$$	$$K_0 = \frac{K_n}{(1+i)^n} = \frac{1}{q^n} \cdot K_n$$

Zinseszinsformel	Barwertformel
q^n = Aufzinsungsfaktor[1]	**$1/q^n$ = Abzinsungsfaktor**[1]
Bsp.: K_0 = 100 000 EUR n = 5 Jahre p = 5 %	**Bsp.:** K_n = 100 000 EUR n = 5 Jahre p = 5 %
$K_n = 100000 \cdot 1{,}05^5 = 127628{,}16$ EUR	$K_0 = \frac{1}{1{,}05^5} \cdot 100000 = 78352{,}62$ EUR
Wenn heute 100 000 EUR zu 5 % mit Zins und Zinseszinsen angelegt werden, ist das Kapital nach 5 Jahren auf 127 628,16 EUR angewachsen.	Um nach 5 Jahren einen Betrag von 100 000 EUR zu erhalten, müssen heute 78 352,62 EUR zu 5 % mit Zins und Zinseszins angelegt werden. Der Barwert einer in 5 Jahren fälligen Zahlung in Höhe von 100 000 EUR beträgt bei einem Zinssatz von 5 % also 78 352,62 EUR.
q^n für p = 5 und n = 5 lt. Tabelle: 1,276282	$1/q^n$ für p = 5 und n = 5 lt. Tabelle: 0,783526

Kalkulationszinssatz

Für die Barwertberechnung wird ein **Kalkulationszinssatz** benötigt. Die Höhe des verwendeten Kalkulationszinssatzes beruht auf der **subjektiven Entscheidung eines Kapitalanlegers** und spiegelt dessen erwartete **Mindestverzinsung** wider. Von der Höhe des Kalkulationszinssatzes hängt ab, wie stark die künftigen Zahlungen abgezinst werden und wie hoch deren Barwerte sind.

Vergleich der Barwerte der Liquiditätsbelastung vor Steuern bei verschiedenen Tilgungsformen *(Bsp. S. 321)*

Darlehenssumme: 100 000 EUR **Sollzinssatz:** 10 % **Laufzeit:** 5 Jahre **Abzinsungssatz:** 12 %

Wird für die Barwertermittlung ein Zinssatz von 12 % angenommen **(Abzinsungssatz)**, ergeben sich für die künftigen Zahlungen (ohne Berücksichtigung der Steuerminderung) bei den drei Darlehensformen folgende Barwerte und **Barwertsummen**[2]:

Jahr	Festdarlehen		Abzahlungsdarlehen		Annuitätendarlehen	
	Liquiditätsbelastung vor Steuern	Barwert	Liquiditätsbelastung vor Steuern	Barwert	Liquiditätsbelastung vor Steuern	Barwert
1	10 000	8 928,57	30 000	26 785,71	26 379,75	23 553,35
2	10 000	7 971,94	28 000	22 321,43	26 379,75	21 029,77
3	10 000	7 117,80	26 000	18 506,29	26 379,75	18 776,58
4	10 000	6 355,18	24 000	15 252,43	26 379,75	16 764,81
5	110 000	62 416,95	22 000	12 483,39	26 379,75	14 968,58
Σ	**150 000**	**92 790,45**	**130 000**	**95 349,25**	**131 898,74**	**95 093,09**

Ergebnis: Um sämtliche künftigen Zins- und Tilgungszahlungen vornehmen zu können, müssen zum gegenwärtigen Zeitpunkt folgende Beträge zu 12 % mit Zins und Zinseszins angelegt werden:
Festdarlehen: 92 790,45 EUR Abzahlungsdarlehen: 95 349,25 EUR
Annuitätendarlehen: 95 093,09 EUR

Ohne Berücksichtigung von Steuerminderungen und Barwerten beläuft sich der Unterschied bei der Liquiditätsbelastung zwischen Festdarlehen und Abzahlungsdarlehen auf 150 000 EUR – 130 000 EUR = 20 000 EUR. Bei Berücksichtigung von Barwerten kehrt sich bei einem Abzinsungssatz von 12 % die Vorteilhaftigkeit um: Das Festdarlehen ist um einen Betrag, dessen Barwert sich auf 95 349,25 EUR – 92 790,45 EUR = 2 558,80 EUR beläuft, günstiger, weil die Tilgungszahlung erst am Ende der Laufzeit erfolgt.

1 Eine Tabelle mit entsprechenden Auf- und Abzinsungsfaktoren ist im Anhang abgedruckt.
2 Die Barwertsummen lassen sich auch mit Hilfe der finanzmathematischen Funktionen eines Taschenrechners ermitteln. Die Vorgehensweise wird im Anhang beschrieben.

Barwert als Entscheidungsgrundlage

Der Barwert einer künftigen Zahlung ist umso geringer,
- **je später die Zahlung erfolgt,**
- **je höher der Abzinsungssatz ist.**

Die Barwertsumme künftiger Zahlungen gibt an, welcher Betrag zum gegenwärtigen Zeitpunkt zinsbringend angelegt werden muss, um von diesem Betrag und den anfallenden Zinsen alle künftigen Zahlungen bestreiten zu können.

Je geringer die Barwertsumme eines Darlehens, desto vorteilhafter ist es.

Wird neben den Barwerten auch die Steuerminderung berücksichtigt, verringern sich die Unterschiede zwischen den einzelnen Darlehensformen noch weiter.

Vergleich der Barwerte der Liquiditätsbelastung nach Steuern bei verschiedenen Tilgungsformen *(Fortsetzung Bsp. von S. 321)*

Darlehenssumme: 100 000 EUR **Sollzinssatz:** 10 % **Laufzeit:** 5 Jahre
Abzinsung: 12 % **Gewinnsteuersatz:** 30 %

Jahr	Festdarlehen		Abzahlungsdarlehen		Annuitätendarlehen	
	Liquiditätsbelastung nach Steuern	Barwert	Liquiditätsbelastung nach Steuern	Barwert	Liquiditätsbelastung nach Steuern	Barwert
1	7000	6250,00	27000	24107,14	23379,75	20874,78
2	7000	5580,36	25600	20408,16	23871,14	19029,93
3	7000	4982,46	24200	17225,08	24411,67	17375,75
4	7000	4448,63	22800	14489,81	25006,26	15891,93
5	107000	60714,62	21400	12142,93	25660,29	14560,34
Σ	**135000**	**81976,12**	**121000**	**88373,14**	**122329,11**	**87732,72**

Ergebnis: Um unter Berücksichtigung von Steuerminderungen sämtliche künftigen Zins- und Tilgungszahlungen vornehmen zu können, müssen zum gegenwärtigen Zeitpunkt folgende Beträge zu 12 % mit Zins und Zinseszins angelegt werden:

Festdarlehen: 81 976,12 EUR
Abzahlungsdarlehen: 88 373,14 EUR
Annuitätendarlehen: 87 732,72 EUR

Ohne Berücksichtigung von Steuerminderungen und Barwerten beläuft sich der Unterschied bei der Liquiditätsbelastung zwischen Festdarlehen und Abzahlungsdarlehen auf 150 000 EUR – 130 000 EUR = 20 000 EUR *(vgl. Bsp. S. 321)*. Bei Berücksichtigung von Steuerminderungen und Barwerten kehrt sich bei einem Abzinsungssatz von 12 % die Vorteilhaftigkeit um:
Das Festdarlehen ist um einen Betrag, dessen Barwert sich auf

88 373,10 EUR – 81 976,12 EUR = 6 397,02 EUR

beläuft, günstiger.

Vergleich

Vergleich verschiedener Darlehensformen *(in EUR, Ergebnisse gerundet)*

Darlehenssumme: 100 000 EUR **Sollzinssatz:** 10 % **Gewinnsteuersatz:** 30 %
Abzinsungssatz: 12 %

	Festdarlehen	Abzahlungsdarlehen	Annuitätendarlehen
Summe Tilgung (EUR)	100 000	100 000	100 000
Summe Zinsen (EUR)	50 000	30 000	31 899
Zahlung vor Steuern	**150 000**	**130 000**	**131 899**
Steuerminderung	15 000	9 000	9 570
Zahlung nach Steuern	**135 000**	**121 000**	**122 329**
Barwertsumme der Zahlungen vor Steuern	92 791	95 349	95 093
Barwertsumme der Zahlungen nach Steuern	81 976	88 373	87 733

Ergebnis: Je höher der Steuersatz und je höher der Abzinsungssatz, umso mehr verringert sich der Unterschied zwischen der Belastung beim Festdarlehen und den beiden anderen Darlehensformen. Überschreitet der Abzinsungssatz eine bestimmte Höhe, so wird das Festdarlehen sogar günstiger als die beiden anderen Darlehensformen. Im vorliegenden Fall liegt die Schwelle bei einem Abzinsungssatz von 10 % (ohne Berücksichtigung von Gewinnsteuern) bzw. 7 % (mit Berücksichtigung von 30 % Gewinnsteuern).

3.3.6 Vergleich zwischen Darlehensfinanzierung und Eigenfinanzierung

Aus Sicht eines Unternehmens können sich bei einer Darlehensfinanzierung gegenüber einer Eigenfinanzierung folgende Vor- und Nachteile ergeben:

Vor- und Nachteile einer langfristigen Fremdfinanzierung (Bankdarlehen)

Vorteile	Nachteile
kein (rechtlich durchsetzbares) Mitspracherecht des Fremdkapitalgebers (Bank)	möglicherweise große Abhängigkeit von Gläubigern (z. B. Hausbank)
Zinsen schmälern den Gewinn und damit die gewinnabhängigen Steuern.	Zins- und Tilgungszahlungen fallen auch bei ungünstiger Ertrags- und Liquiditätslage an
Bei hoher Gewinnausschüttung sind die Zinszahlungen möglicherweise geringer als eine entsprechende Dividendenzahlung (= geringerer Liquiditätsabfluss)	Bei niedriger Gewinnausschüttung sind die Zinszahlungen möglicherweise höher als eine entsprechende Dividendenzahlung (= höherer Liquiditätsabfluss). Dividendenzahlung kann ausgesetzt werden
Fremdkapital ist rückzahlbar und kann durch anderes (Fremd-)kapital ersetzt werden	Kapital steht nur befristet zur Verfügung und muss verzinst und getilgt werden. Risiko überraschender Kündigung und/oder Zinserhöhung, Problem der Anschlussfinanzierung
	Kreditwürdigkeit erforderlich, Verwendung von Vermögensgegenständen zur Kreditsicherung

Zusammenfassende Übersicht zu Kap. 3.3: Darlehensfinanzierung

Darlehensformen nach Art der Tilgung

Festdarlehen (Einmaltilgung)	Abzahlungsdarlehen (Ratentilgungsdarlehen)	Annuitätendarlehen
▪ jährlich gleiche Zinszahlung ▪ Tilgung des Darlehens am Ende der Laufzeit in einer Summe **Effektivverzinsung** $P_{eff} = \frac{p_{Soll} + \frac{d}{n}}{\text{Auszahlungskurs}} \cdot 100$	▪ jährlich gleiche Tilgungsbeträge ▪ jährlich fallende Zinszahlungen wegen der abnehmenden Restschuld ▪ fallende Jahresleistung bestehend aus Zins- und Tilgungsanteil	▪ jährlich fallende Zinszahlungen wegen der abnehmenden Restschuld ▪ jährlich steigende Tilgungszahlungen in Höhe der ersparten Zinsen ▪ gleich bleibende Jahresleistung (Annuität) bestehend aus Zins- und Tilgungsanteil
Liquiditätsbelastung insgesamt wesentlich höher als beim Abzahlungs- und Annuitätendarlehen Ursache: höhere Zinszahlungen	**Liquiditätsbelastung insgesamt etwas niedriger als beim Annuitätendarlehen**	**Liquiditätsbelastung insgesamt etwas höher als beim Abzahlungsdarlehen**
Liquiditätsbelastung in den Jahren vor der Tilgung erheblich niedriger als beim Abzahlungs- und Annuitätendarlehen	**Liquiditätsbelastung in allen Jahren leicht fallend**	**Liquiditätsbelastung in allen Jahren gleich (Annuität)**

Zinsen verringern den steuerpflichtigen Gewinn

↓

Liquiditätsbelastung nach Steuern

↓

Unterschiede bei der Liquiditätsbelastung verringern sich

↓

Vergleichskriterien

Wie hoch ist die Liquiditätsbelastung insgesamt?	Wann erfolgt die Liquiditätsbelastung?

↘ **Ermittlung der Barwertsummen** ↙

= Betrag, der zum gegenwärtigen Zeitpunkt zinsbringend angelegt werden muss, um von diesem Betrag und den anfallenden Zinsen alle künftigen Zahlungen bestreiten zu können.

Barwertformel

$$K_0 = \frac{K_n}{\left(1 + \frac{p}{100}\right)^n}$$

Je geringer die Barwertsumme eines Darlehens, desto vorteilhafter ist es.

↓

Unterschiede bei der Belastung durch die verschiedenen Tilgungsformen verringern sich.

Wiederholung des Grundwissens

zu Kapitel 3.3 Darlehensfinanzierung

3.3.1 Rechtliche und wirtschaftliche Merkmale von Darlehen

1. Nennen Sie wesentliche Inhalte eines Darlehensvertrages.
2. Welche Darlehensarten lassen sich nach der Form der Tilgung unterscheiden?

3.3.2 Festdarlehen (Fälligkeitsdarlehen)

1. Wodurch zeichnet sich ein Festdarlehen aus?
2. Was ist unter einem Effektivzinssatz zu verstehen?
3. Was ist unter einem Disagio (Damnum, Abgeld) zu verstehen?
4. Welche Gründe können dafür maßgebend sein, dass ein Bankdarlehen mit Disagio angeboten wird?
5. Wie wird ein Disagio bei der Ermittlung des Effektivzinssatzes eines Festdarlehens berücksichtigt?

3.3.3 Abzahlungsdarlehen mit konstanten Tilgungsraten

1. Wodurch zeichnet sich ein Abzahlungsdarlehen aus?
2. Wodurch unterscheidet sich ein Abzahlungsdarlehen von einem Festdarlehen?

3.3.4 Annuitätendarlehen

1. Wodurch zeichnet sich ein Annuitätendarlehen aus?
2. Wodurch unterscheidet sich ein Annuitätendarlehen von einem Abzahlungsdarlehen?
3. Wie wird die Höhe der Annuität ermittelt, wenn die Anfangstilgung bekannt ist?

3.3.5 Darlehensformen im Vergleich

1. Vergleichen Sie Fest-, Abzahlungs- und Annuitätendarlehen hinsichtlich der Liquiditätsbelastung. Worauf sind die Unterschiede zurückzuführen?
2. Wie wirkt sich die Berücksichtigung von Gewinnsteuern auf den Vergleich der Liquiditätsbelastung bei Fest-, Abzahlungs- und Annuitätendarlehen aus?
3. Was gibt der Barwert einer Zahlung an?
4. Wie lautet die Barwertformel?
5. Was gibt die Barwertsumme künftiger Zins- und Tilgungsleistungen an?
6. Wie wirkt sich die Berücksichtigung von Barwerten auf den Vergleich der Belastung bei Fest-, Abzahlungs- und Annuitätendarlehen aus?

3.3.6 Vergleich zwischen Darlehensfinanzierung und Eigenfinanzierung

1. Nennen Sie Vor- und Nachteile der Darlehensfinanzierung gegenüber einer Eigenfinanzierung.

Aufgaben und Probleme

zu Kapitel 3.3 Darlehensfinanzierung

3.3.1 Analyse eines Darlehensvertrags

LA

PDF

Analysieren Sie den zwischen Einzelhändler Peter Vogt e. K. und der Volksbank Mannheim abgeschlossenen Darlehensvertrag (*siehe Abb. S. 314 u. 315*), indem Sie folgende Fragen beantworten:

1. Wie hoch ist der Darlehensbetrag?
2. Weshalb wurde eine Darlehenssumme von 44 000 EUR vereinbart, obwohl lediglich Waren im Wert von ca. 42 900 EUR gekauft werden sollen? (Vgl. die Punkte 1, 3.2 und 3.3 des Darlehensvertrags). Was bedeutet die Vereinbarung eines Auszahlungskurses von 98 % (*siehe Punkt 3.2*)?
3. Wie lang ist die Laufzeit des Darlehens?
4. Mit welchem Betrag belastet die Bank das Konto von Herrn Vogt am 31.12. des ersten Jahres, wenn er das Darlehen ab dem 01.10. in Anspruch genommen hat?
5. Welche Überlegungen können für die Entscheidung der Höhe der Tilgung und damit der Laufzeit ausschlaggebend gewesen sein?
6. Um welche Tilgungsart handelt es sich im vorliegenden Fall?

7. Welchen Tilgungsarten entsprechen die Vereinbarungen unter den Punkten 5.1 und 5.3 des Darlehensvertrags?
8. Wie hat die Bank das Darlehen abgesichert?
9. Was ist unter einem variablen Zins (vgl. Punkt 3.1 des Darlehensvertrags) zu verstehen und in welchem Fall ist eine solche Vereinbarung für den Darlehensnehmer vorteilhaft?

3.3.2 Fälligkeitsdarlehen: Effektivverzinsung – Tilgungsplan

PDF

Einem Unternehmen liegt für die Finanzierung eines Investitionsvorhabens folgendes Angebot einer Bank vor:
Darlehensbetrag: 100 000 EUR, Auszahlung 95 %, Zinssatz 8 %, Fälligkeit der Zinsen jeweils am Jahresende, Rückzahlung des Darlehensbetrages in einer Summe am Ende des 5. Jahres

1. Berechnen Sie die Effektivverzinsung dieses Darlehens.
2. Wie hoch müsste die Darlehenssumme sein, wenn das Unternehmen einen Finanzierungsbedarf in Höhe des Auszahlungsbetrags von 100 000 EUR hätte?
3. Erstellen Sie den Zins- und Tilgungsplan für die oben angegebenen Darlehenskonditionen bei einem Darlehensbetrag von 100 000 EUR.
4. Erstellen Sie die Zins-, Tilgungs- und Restschuldentwicklung als Säulendiagramm (*vgl. Bsp. S. 318*) grafisch dar.
5. Aus welchen Gründen bieten Banken Darlehen mit Disagio an?
6. Aus welchen Gründen könnte ein Darlehensnehmer an einem Disagio interessiert sein?

3.3.3 Abzahlungsdarlehen und Annuitätendarlehen im Vergleich

PDF

Die Erweiterung ihres Fuhrparks möchte ein Unternehmen durch ein Darlehen finanzieren. Dazu liegen folgende Angebote vor:

Bank A: Darlehenssumme: 200 000 EUR, Auszahlung: 100 %, Zinssatz: 10 %, Laufzeit: 5 Jahre, Tilgung: 5 gleiche Jahresraten
Bank B: Darlehenssumme: 200 000 EUR, Auszahlung: 100 %, Zinssatz: 10 %, Laufzeit: 5 Jahre, Annuität: 52 759,50 EUR

1. Überprüfen Sie die von Bank B angegebene Annuität mit Hilfe der finanzmathematischen Funktionen Ihres Taschenrechners oder mit Hilfe des Annuitätenfaktors:
   $$\frac{q^n \cdot (q-1)}{q^n - 1} \qquad q = 1 + \frac{p}{100} = 1 + \frac{10}{100} = 1{,}1$$
2. Ermitteln Sie für beide Darlehensformen tabellarisch die Zins- und Tilgungsbeträge für die einzelnen Jahre.
3. Ermitteln Sie für beide Darlehensformen die sich insgesamt ergebende Liquiditätsbelastung. Worauf ist der Unterschied zurückzuführen?
4. Stellen Sie die Zins- und Tilgungsentwicklung für beide Darlehensformen als Säulendiagramm (*vgl. Beispiel S. 318 und 319*) grafisch dar.
5. Für welche Darlehensform soll sich das Unternehmen entscheiden? Begründen Sie Ihre Aussage.
6. Prüfen Sie, ob sich die Entscheidung von 5. ändern würde, wenn folgende steuerlichen Auswirkungen berücksichtigt werden:
   - Die Zinsaufwendungen wirken sich in voller Höhe gewinnmindernd aus.
   - Der Gewinnsteuersatz beträgt 30 %.

3.3.4 Darlehensformen im Vergleich

PDF

Ein Unternehmen benötigt ein Darlehen über 100 000 EUR mit einer Laufzeit von vier Jahren. Der Zinssatz soll 8 % betragen. Es stehen folgende drei Darlehensformen zur Auswahl, die sich durch einen unterschiedlichen Kapitaldienst (Zins und Tilgungsleistungen) unterscheiden.

- Festdarlehen
- Abzahlungsdarlehen
- Annuitätendarlehen

Das Unternehmen rechnet mit einem Gewinnsteuersatz von 30 %. Der Kalkulationszinssatz beträgt 10 %.

1. Stellen Sie den Zins- und Tilgungsverlauf für alle drei Darlehensformen tabellarisch dar.
   Hinweis: *Beim Annuitätendarlehen beträgt die Tilgung im ersten Jahr 22 192 EUR.*
2. Ermitteln Sie für alle drei Darlehensformen die sich durch die Zinsaufwendungen während der vier Jahre insgesamt ergebende Steuerentlastung.

3. Überlegen Sie (ohne rechnerischen Nachweis), wie sich die Liquiditätsbelastung nach Steuern bei den einzelnen Darlehensformen entwickeln würde, wenn der Steuersatz
   a) 40 % statt 30 %   b) 20 % statt 30 %
   betragen würde.
4. Begründen Sie, warum es im vorliegenden Fall sinnvoll ist, für eine Finanzierungsentscheidung die Barwertsummen für die Zins- und Tilgungsleistungen der einzelnen Darlehensformen miteinander zu vergleichen.
5. Ermitteln Sie für das Festdarlehen die Barwertsumme für die Liquiditätsbelastung nach Steuern. Was sagt das Ergebnis aus?
   Hinweis: *Die Ermittlung der Barwertsummen kann mit Hilfe der finanzmathematischen Funktionen eines Taschenrechners erfolgen.*
6. Die Berechnungen für die drei Darlehensformen führen zu folgenden Ergebnissen:

	Festdarlehen	Abzahlungsdarlehen	Annuitätendarlehen
Summe der Zinsen	32000 EUR	20000 EUR	20768 EUR
Liquiditätsbelastung vor Steuern	132000 EUR	120000 EUR	120768 EUR
Steuerminderung	9600 EUR	6000 EUR	6230 EUR
Liquiditätsbelastung nach Steuern	122400 EUR	114000 EUR	114538 EUR
Barwertsumme nach Steuern	86053 EUR	90869 EUR	90551 EUR

   Erläutern Sie die Ergebnisse. Für welche Darlehensform sollte sich das Unternehmen entscheiden?
7. Überlegen Sie (ohne rechnerischen Nachweis), wie sich die Barwertsummen bei den einzelnen Darlehensformen verändern würden, wenn bei gleicher Darlehenssumme und gleichem Zinssatz
   a) die Laufzeit statt 4 Jahren 10 Jahre betragen würde,
   b) der Kalkulationszinssatz 5 % statt 10 % betragen würde,
   c) der Kalkulationszinssatz 20 % statt 10 % betragen würde.

3.3.5 Vergleich von Festdarlehen mit unterschiedlichem Disagio

Eine Bank bietet ein Festdarlehen zu folgenden Bedingungen an:

Variante A	Variante B
Laufzeit: 4 Jahre Auszahlung: 100 % Nominalzinssatz: 6,25 %	Laufzeit: 4 Jahre Auszahlung: 96 % Nominalzinssatz: 5,00 %

PDF

1. Wie hoch ist der Effektivzinssatz bei Variante A und Variante B?
2. Ein Darlehensnehmer benötigt einen Betrag von 300000 EUR. Wie hoch müsste die Darlehenssumme sein, wenn er sich für die Variante B entscheidet?
3. Erstellen Sie je einen Zins- und Tilgungsplan für die beiden Varianten A und B. Für welche Variante soll sich der Darlehensnehmer Ihrer Meinung nach entscheiden?
4. Vergleichen Sie die Barwertsummen der Liquiditätsbelastung der beiden Alternativen bei einem Kalkulationszinssatz von 5 % miteinander und erläutern Sie das Ergebnis.
   Hinweis: *Die Ermittlung der Barwertsummen kann mit Hilfe der finanzmathematischen Funktionen eines Taschenrechners erfolgen.*

3.4 Kurzfristige Kreditfinanzierung: Kontokorrentkredit

Besonderheiten des Kontokorrentkredits

Nicht alle Zahlungen, die ein Unternehmen zu leisten hat, lassen sich hinsichtlich Höhe und Fälligkeit genau planen. Daher kann mit der Bank eine Kreditvereinbarung über einen Verfügungsrahmen **(Kreditlimit)** getroffen werden. Der Kreditnehmer kann bei entsprechenden Vertragsvereinbarungen durch Barabhebungen und Überweisungen bis zum eingeräumten Kreditlimit über das Konto verfügen.

Ein Kontokorrentkredit ist ein Kredit, den der Kreditnehmer durch Verfügungen über sein laufendes Konto (Kontokorrentkonto) bis zu einer festgesetzten Kreditgrenze (Limit) in Anspruch nehmen kann.

BGB § 488 (3)

Der Kontokorrentkredit ist ein Darlehen im Sinne von § 488 BGB. Obwohl die meisten Unternehmen den Kredit häufig über längere Zeit beanspruchen, zählt der **Kontokorrentkredit** zu den kurzfristigen Krediten, weil er kurzfristig kündbar ist.

Ein Kontokorrentkredit sichert insbesondere die Zahlungsfähigkeit eines Unternehmens für den laufenden Zahlungsverkehr. Ein Unternehmen hat so die Möglichkeit, durch Inanspruchnahme des Kredits Verpflichtungen auch bei finanziellen Spitzenbelastungen (z. B. Lohn- und Gehaltszahlungen, Steuervorauszahlungen) rechtzeitig nachkommen zu können. Darüber hinaus kann beispielsweise bei Lieferantenrechnungen der vorteilhafte Skontoabzug auch dann genutzt werden, wenn das Kontokorrentkonto kein Guthaben aufweist.

Mit Hilfe des Kontokorrentkredits kann eine laufende Anpassung an einen ständig wechselnden Kreditbedarf erfolgen.

Kontokorrentkredit im Zeitablauf

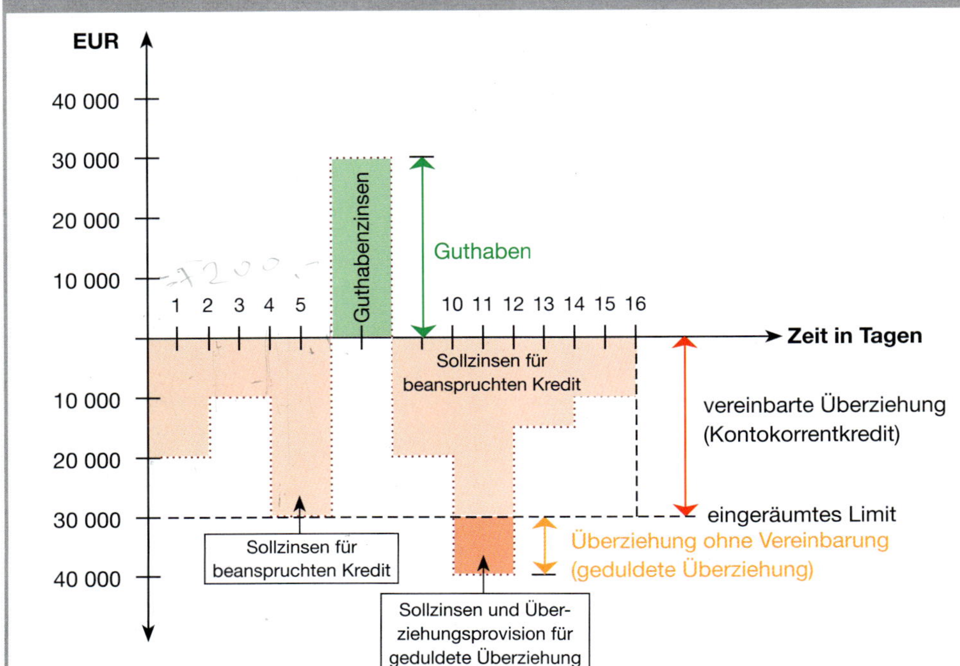

C

Kosten eines Kontokorrentkredits

Für Geschäftskunden werden Kontokorrentkredite in der Regel monatlich abgerechnet. Dabei können folgende Kosten in Rechnung gestellt werden:

Aufg. 3.4.1 S. 332

Sollzinsen

Die Sollzinsen (Kreditzinsen) werden nicht vom eingeräumten Kreditlimit, sondern nur von dem tatsächlich in Anspruch genommenen Kredit (Sollsaldo) berechnet. Das führt einerseits zu einer erheblichen Zinsersparnis. Andererseits handelt es sich beim Kontokorrentkredit aber um einen sehr teuren Kredit. Da die Bank nicht genau weiß, wann und in welcher Höhe der Kredit in Anspruch genommen wird, muss sie ständig Liquidität in entsprechender Höhe bereithalten. Das lässt sie sich durch einen entsprechend hohen Zinssatz vergüten. Der Zinssatz ist variabel, d. h. er kann sich in Abhängigkeit vom allgemeinen Zinsniveau auf dem Geld- und Kapitalmarkt verändern.

BGB § 489 (5)

Kreditprovision

Zuweilen wird für die Bereitstellung eines Kontokorrentkredits eine zusätzliche Kreditprovision berechnet. In vielen Fällen ist diese Provision aber bereits in den Sollzinssatz eingerechnet.

Überziehungsprovision (Überziehungszinsen)

Wenn der Kreditnehmer das eingeräumte Kreditlimit überschreitet (= nicht vereinbarte, aber geduldete Überziehung), berechnet die Bank zusätzlich zu den Sollzinsen von dem das Limit übersteigenden Betrag eine Überziehungsprovision (häufig zwischen 2,5 % und 4 %).

Kosten für Kontoführung

In der Regel fallen für ein Kontokorrentkonto weitere Kosten wie Kontoführungs- und Buchungsgebühren sowie Entgelte für die Erstellung von Kontoauszügen und deren Versand per Post an.

Sicherheiten

Bei Kunden mit guter Kreditwürdigkeit werden Kontokorrentkredite in der Regel gewährt, ohne dass der Kreditnehmer zusätzliche Sicherheiten stellen muss (= Blankokredit). Andernfalls kommen als Formen der Kreditsicherung insbesondere die

Kap. C 3.5

- **Bürgschaft**
- **Verpfändung von Wertpapieren**
- **Grundschuld**

in Betracht.

Zusammenfassende Übersicht zu Kap. 3.4: Kurzfristige Kreditfinanzierung: Kontokorrentkredit

Kontokorrentkredit
im Vergleich zu anderen Darlehnsarten

	Darlehen mit planmäßiger Tilgung	Kontokorrentkredit
Kredit-höhe	Fester Darlehensbetrag (Kreditsumme), der ggf. unter Abzug eines Disagios ausbezahlt wird.	Kredit, der bis zur vereinbarten Höhe in Anspruch genommen werden kann. Tatsächliche Kredithöhe kann sich täglich ändern.
Zweck	Verwendung des Kredits für einen bestimmten Zweck (z. B. Anschaffung einer Maschine)	Anpassung des Kredits an einen sich ständig ändernden Kreditbedarf im Rahmen des laufenden Zahlungsverkehrs

Kontokorrentkredit im Vergleich zu anderen Darlehnsarten		
	Darlehen mit planmäßiger Tilgung	**Kontokorrentkredit**
Laufzeit	in der Regel zeitlich befristeter Kredit (mittel- oder langfristig)	kurzfristig kündbarer Kredit, der aber durch laufende Verlängerung zu einem langfristigen Kredit werden kann
Tilgung	Tilgung entsprechend dem vereinbarten Tilgungsplan	schwankender Kreditbetrag ohne regelmäßige Tilgung
Zinssatz	niedrigerer Zinssatz als beim Kontokorrentkredit, da Liquiditätsbedarf und -rückfluss für die Bank gut kalkulierbar	wesentlich höherer Zinssatz als beim Darlehen mit Tilgungsvereinbarung, da die Bank ständig Liquidität in nicht genau planbarer Höhe bereithalten muss; zusätzlich: Überziehungsprovision bei Überschreiten des Kreditlimits

Fragen zur Wiederholung

zu Kapitel 3.4 Kurzfristige Kreditfinanzierung: Kontokorrentkredit

1. Was ist unter einem Kontokorrentkredit zu verstehen? Wodurch unterscheidet sich ein solcher Kredit von anderen Darlehensarten?
2. Aus welchen Gründen beantragen Unternehmen einen Kontokorrentkredit?
3. Welche Kosten fallen bei der Inanspruchnahme eines Kontokorrentkredits an?
4. Warum ist der Zinssatz für einen Kontokorrentkredit wesentlich höher als für ein Darlehen mit planmäßiger Tilgung?

Aufgaben und Probleme

zu Kapitel 3.4 Kurzfristige Kreditfinanzierung: Kontokorrentkredit

3.4.1 Kontokorrentkredit

Für den von einem Unternehmen aufgenommenen Kontokorrentkredit, dessen Verlauf auf S. 330 abgebildet ist, gelten folgende Konditionen:
Sollzinssatz: 12 % Überziehungsprovision: 3 % Habenzinssatz: 0,5 %

1. Ermitteln Sie die Zinsbelastung für den dargestellten Zeitraum (30/360-Tage-Methode).
2. Das Unternehmen erhält die Rechnung eines Lieferers über 38 200 EUR (einschl. USt), die folgende Zahlungsbedingungen aufweist: Zahlbar innerhalb von 30 Tagen netto Kasse oder innerhalb von 10 Tagen mit 2 % Skonto. Es wird überlegt, ob der Kontokorrentkredit zu den o. g. Konditionen in Anspruch genommen werden soll, um die Rechnung unter Abzug von Skonto begleichen zu können. Der Kontokorrentkredit ist während dieser Zeit im Durchschnitt bereits mit 10 000 EUR beansprucht.
   Wie soll sich das Unternehmen entscheiden?
3. Begründen Sie, warum der Zinssatz für Kontokorrentkredite erheblich über dem für andere Arten von Bankkrediten in Rechnung gestellten Zinssatz liegt.

3.5 Kreditsicherheiten

3.5.1 Überblick

Banken verlangen bei der Vergabe von Krediten häufig Sicherheiten. Für den Fall, dass der Kreditnehmer seinen Verpflichtungen aus dem Kredit nicht mehr nachkommt, hat die Bank dann die Möglichkeit, diese **Kreditsicherheiten** zu verwerten, um so die Rückzahlung des Kredits (zumindest teilweise) zu gewährleisten. Kreditsicherheiten, wie sie Banken üblicherweise bei der Kreditgewährung an Unternehmen verlangen, lassen sich wie folgt unterscheiden.

Kreditsicherheiten	
Sachsicherheiten aus dem Vermögen des Kreditnehmers (Sachsicherheiten)	**Sicherheiten aus dem Vermögen anderer Personen** (Personensicherheiten)
■ Abtretung oder Verpfändung von Forderungen ■ Sicherungsübereignung von beweglichen Sachen z. B. Maschinen, Fahrzeuge, Warenvorräte ■ Verpfändung von beweglichen Sachen z. B. Wertpapiere ■ Verpfändung von Grundstücken (Grundpfandrechte) z. B. Grundschuld, Hypothek	■ Bürgschaft

Im Folgenden werden beispielhaft
- **Bürgschaft**
- **Sicherungsübereignung**
- **Grundschuld**

erläutert.

3.5.2 Bürgschaft

Bürgschaftsvertrag

Häufig verlangt ein Kreditinstitut im Zusammenhang mit der Gewährung eines Kredits, dass neben dem Kreditnehmer **(Hauptschuldner)** noch eine weitere Person **(Nebenschuldner)** für die pünktliche Erfüllung der Kreditverpflichtungen haftet. Die häufigste Form einer derartigen Kreditsicherung ist die **Bürgschaft**. Dabei übernimmt eine dritte Person die Verpflichtung, unter bestimmten Bedingungen für die Erfüllung des Kreditvertrags einzustehen.

Die Bürgschaft ist ein Vertrag, durch den sich der Bürge (= Nebenschuldner) gegenüber dem Gläubiger einer anderen Person verpflichtet, für die Erfüllung der Verbindlichkeiten dieser Person (= Hauptschuldner) einzustehen.

BGB § 765

Die Bürgschaft erlischt, wenn die Hauptschuld nicht mehr besteht.

Einem durch eine **Bürgschaft** gesicherten Kredit liegen **zwei Verträge** zugrunde:
1. Kreditvertrag zwischen Kreditnehmer und Gläubiger (Bank)
2. Bürgschaftsvertrag zwischen Bürgen und Gläubiger des Kreditnehmers (Bank)

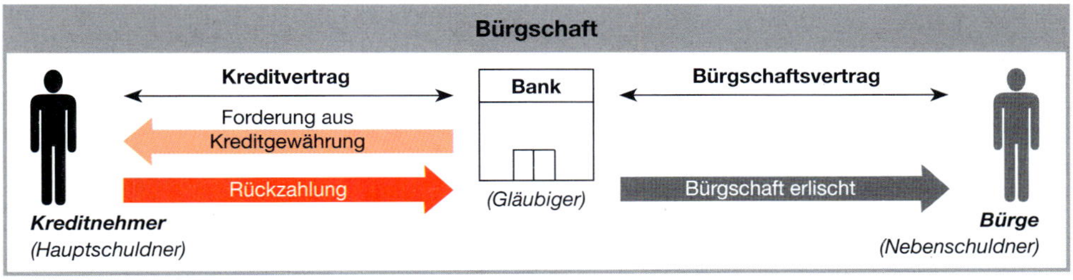

BGB § 766 Ist der Bürge kein Kaufmann, muss er die **Bürgschaftserklärung schriftlich** abgeben. Andernfalls ist der Bürgschaftsvertrag unwirksam. Kaufleute können dagegen im Rahmen von Handelsgeschäften auch mündlich eine rechtswirksame Bürgschaftserklärung abgeben. Banken verlangen aber aus Beweisgründen auch von Kaufleuten immer eine schriftliche Bürgschaftserklärung. HGB § 350

Bankbürgschaft: Selbstschuldnerische Höchstbetragsbürgschaft

Je nachdem, welche Voraussetzungen erfüllt sein müssen, bevor der Bürge vom Gläubiger in Anspruch genommen werden kann, lassen sich u. a. folgende Arten von Bürgschaften unterscheiden.

Arten der Bürgschaft	
gewöhnliche Bürgschaft	**selbstschuldnerische Bürgschaft**
Bürge hat das Recht, vom Gläubiger zu verlangen, dass dieser zunächst gegenüber dem Hauptschuldner Klage auf Zahlung erhebt. Erst nach erfolgloser Zwangsvollstreckung gegen den Hauptschuldner kann der Bürge selbst in Anspruch genommen werden. = Recht auf Einrede der Vorausklage § 771 BGB	Bürge kann nicht vom Gläubiger verlangen, dass dieser zunächst gegen den Hauptschuldner Klage auf Zahlung erhebt. Vielmehr ist der Bürge sofort zur Zahlung verpflichtet, wenn der Hauptschuldner bei Fälligkeit die verbürgte Verbindlichkeit nicht bezahlt. Der Bürge haftet in diesem Fall genauso wie der Hauptschuldner selbst. = kein Recht auf Einrede der Vorausklage § 773 BGB, § 349 HGB

Eine **selbstschuldnerische Bürgschaft** liegt vor, wenn der Bürge

BGB § 773
- als Privatperson im Bürgschaftsvertrag auf die Einrede der Vorausklage verzichtet

HGB § 349
- Kaufmann ist und die Bürgschaft in Zusammenhang mit einem Handelsgeschäft steht.

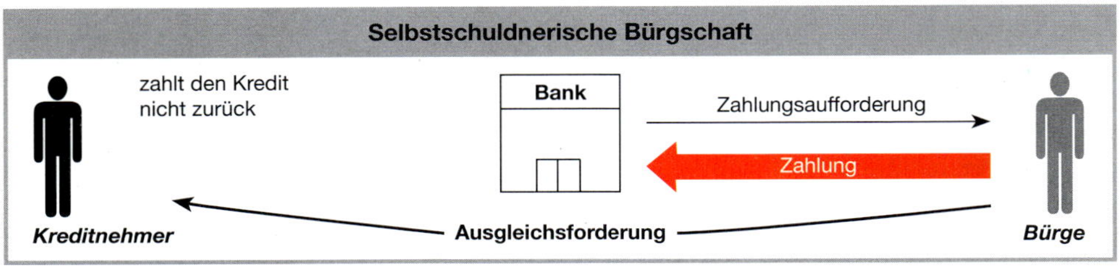

Die von Banken verlangten Bürgschaften weisen folgende Merkmale auf:

Merkmale von Bankbürgschaften		
schriftliche Bürgschaftserklärung	**selbstschuldnerische Bürgschaft**	**Höchstbetragsbürgschaft**
Auch von Kaufleuten wird grundsätzlich eine schriftliche Bürgschaftserklärung verlangt. Dadurch kann der Nachweis über das Bestehen einer Bürgschaft leichter erbracht werden (Beweislastsicherung).	Es werden fast immer selbstschuldnerische Bürgschaften verlangt. Dadurch werden zeitliche Verzögerungen und zusätzliche Kosten (Klage, Prozess, Zwangsvollstreckung) vermieden. Der Bürge muss zahlen, sobald der Hauptschuldner nicht rechtzeitig zahlt.	Der Bürge haftet bis zu einem bestimmten Betrag zuzüglich Zinsen und anderen Nebenkosten (= Höchstbetragsbürgschaft). Die Bürgschaftsverpflichtung **erlischt** in diesem Fall **nicht** bei zwischenzeitlich erfolgter Rückzahlung des Kredits (z. B. bei Kontokorrentkrediten)

3.5.3 Sicherungsübereignung

Eine **Sicherungsübereignung** ermöglicht es, einen Kredit mit beweglichen Sachen zu sichern, ohne dass diese – anders als bei einer Verpfändung – bei der Bank hinterlegt werden müssen. Vielmehr kann der Kreditnehmer die als Sicherheit dienenden Sachen (z. B. Maschinen, Fahrzeuge, Warenvorräte) weiterhin in seinem Unternehmen nutzen.

Die Sicherheitsübereignung ist in keinem Gesetz ausdrücklich geregelt. Vielmehr handelt es sich um ein **Gewohnheitsrecht**, das sich in der Bankpraxis entwickelt hat.

> **Eine Sicherungsübereignung liegt vor, wenn ein Schuldner seinem Gläubiger zur Sicherung eines Kredits das Eigentumsrecht an einer Sache überträgt, die Sache aber nicht übergibt, sondern als Besitzer weiterhin nutzt.**

Vertragsgestaltung

Durch einen **Sicherungsübereignungsvertrag** verpflichtet sich der Kreditnehmer, dem **Kreditgeber das Eigentum** an den Sicherungsgegenständen zu übertragen. Zur Eigentumsübertragung bedarf es jedoch einer **Einigung** und **Übergabe**. Die erforderliche Übergabe der Sache kann aber ersetzt werden durch die Vereinbarung eines sog. **Besitzkonstituts**. Das geschieht durch den gleichzeitigen Abschluss eines **Leih- oder Verwahrvertrages**. Der Kreditnehmer leiht dadurch vom Kreditgeber die übereigneten Vermögensgegenstände, die er bereits besitzt, und nimmt sie in Verwahrung. Durch diese Vertragskonstruktion wird erreicht, dass der Kreditnehmer als **unmittelbarer Besitzer** die entsprechenden Sicherungsgegenstände weiterhin nutzen kann. Der Kreditgeber seinerseits erlangt das Eigentum, ohne dass die Übergabe der Sicherungsgegenstände erfolgen muss. BGB § 930

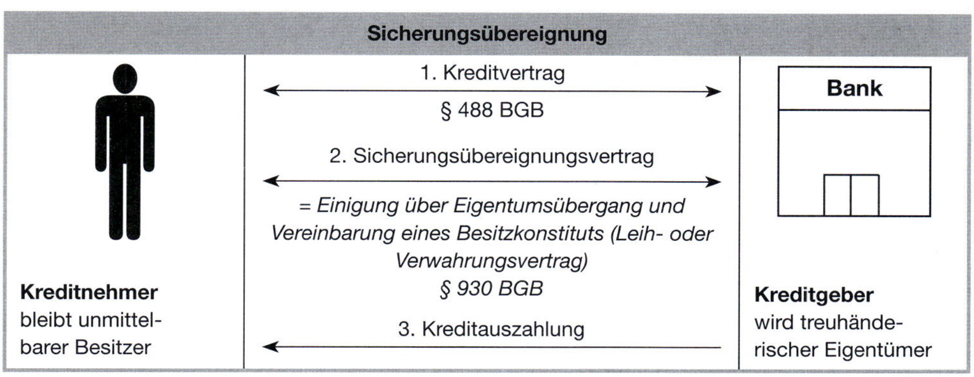

Das Eigentumsrecht des Kreditgebers hat lediglich **treuhänderischen** Charakter. Das bedeutet, dass der Kreditgeber nur dann uneingeschränkt über die *„zur Sicherung übereigneten"* Gegenstände verfügen kann, wenn der Kreditnehmer seinen Verpflichtungen aus dem Kreditvertrag nicht nachkommt. Die übereigneten Gegenstände werden weiterhin in der Bilanz des Kreditnehmers ausgewiesen.

Sicherungsübereignung bei Fahrzeugen

Die Sicherungsübereignung von Fahrzeugen kommt insbesondere bei Nutzfahrzeugen (Lkw, Omnibusse) vor.[1] Aufg. 3.5.1 S. 340

1 Die Übereignung von privat genutzten Pkw als Sicherheit für einen Konsumentenkredit verliert zunehmend an Bedeutung, weil die Autohersteller in verstärktem Maße im Rahmen ihrer Absatzförderung eine direkte Kreditfinanzierung über eine Auto-Bank anbieten.

Aus Sicherheitsgründen verlangt der Kreditgeber die **Übergabe der Zulassungsbescheinigung Teil II (Fahrzeugbrief)**. Zur **Eigentumsübertragung** an einem Kfz ist aber die Übergabe des Fahrzeugbriefs **nicht erforderlich**. Durch die Aushändigung des Fahrzeugbriefes an den Kreditgeber ist es aber dem Kreditnehmer nicht mehr möglich, das Fahrzeug an einen Dritten rechtswirksam zu übereignen. Verfügt nämlich ein Autobesitzer nicht über den Fahrzeugbrief, wird aufgrund der gängigen Rechtsprechung vermutet, dass der im Fahrzeugbrief eingetragene Fahrzeughalter der Eigentümer ist. Ein Käufer kann daher ohne Übergabe der Zulassungsbescheinigung Teil II (Fahrzeugbrief) nicht in gutem Glauben Eigentum an dem Fahrzeug erwerben. Um zu verhindern, dass der Kreditnehmer bei der Kfz-Zulassungsstelle den Fahrzeugbrief als verloren meldet und die Ausstellung eines Ersatzbriefes beantragt, informiert der Kreditgeber in der Regel die Zulassungsstelle über die Sicherungsübereignung.

BGB § 932 (2)

Fahrzeugreparaturen und Haftpflichtversicherungsprämien muss der Kreditnehmer bezahlen. Außerdem ist er in der Regel verpflichtet, auf seine Kosten eine **Vollkaskoversicherung** abzuschließen. Eine solche Versicherung kommt auch für die Schäden am übereigneten Fahrzeug auf, die vom Kreditnehmer verschuldet wurden.

Risiken der Sicherungsübereignung für den Kreditgeber

- Kreditnehmer verkauft die sicherungsübereigneten Gegenstände an einen gutgläubigen Dritten weiter.
- Kreditnehmer ist nicht Eigentümer der Gegenstände (z. B. Lieferung von Maschinen unter Eigentumsvorbehalt).
- Gegenstände sind bereits sicherungsübereignet.
- Preis- und Wertverfall der sicherungsübereigneten Gegenstände.
- Beschädigung oder Zerstörung der sicherungsübereigneten Gegenstände.
- Schwierigkeiten bei der Verwertung (Verkauf) der sicherheitsübereigneten Gegenstände.

3.5.4 Grundschuld als Beispiel eines Grundpfandrechts

Grundpfandrecht und Grundbuch

Grundstücke eignen sich wegen ihrer hohen Wertbeständigkeit in besonderer Weise zur Sicherung von Krediten. Im Gegensatz zu beweglichen Vermögensgegenständen können sie aber nicht als Pfand an einen Kreditgeber übergeben werden. Die Bestellung eines **Pfandrechts an einem Grundstück** (Grundpfandrecht) ist deshalb nur über eine Eintragung im **Grundbuch** möglich.

> **Das Grundbuch ist ein öffentliches Register, in welchem die Rechts- und Wirtschaftsverhältnisse aller Grundstücke eines Amtsgerichtsbezirks eingesehen werden können.**

Das Grundbuch wird in Baden-Württemberg von den Grundbuchabteilungen von landesweit 13 Amtsgerichten geführt. Bei Nachweis eines berechtigten Interesses ist grundsätzlich Einsichtnahme in das Grundbuch möglich **(Öffentlichkeit des Grundbuches)**. Grundbucheintragungen und -löschungen (= rot unterstrichene Eintragungen) genießen **öffentlichen Glauben**. Das bedeutet, dass sich jeder auf die Richtigkeit der Eintragungen im Grundbuch verlassen kann, auch wenn sie nicht den tatsächlichen Rechts- und Eigentumsverhältnissen entsprechen.

Als **Grundpfandrechte** lassen sich **Hypothek** und **Grundschuld** unterscheiden. In der Bankpraxis hat die Grundschuld die Hypothek als Kreditsicherungsmittel nahezu vollkommen ersetzt, weil sie zur Sicherung verschiedener Kreditarten vielseitiger verwendbar ist.

Ein Grundkredit liegt vor, wenn ein Kredit durch Eintragung eines Pfandrechts an einem Grundstück (Grundpfandrecht) im Grundbuch gesichert ist.

Entstehung der Grundschuld

BGB §§ 1192, 1116

Für die Entstehung der Grundschuld müssen sich der Grundstückseigentümer und der Kreditgeber darüber einigen, dass das Grundstück mit einem Pfandrecht belastet werden soll **(= Einigung)**. Außerdem ist die **Eintragung im Grundbuch** erforderlich **(= Buchgrundschuld)**. Bei einer **Briefgrundschuld**, die allerdings in der Praxis weitgehend durch die Buchgrundschuld verdrängt wurde, ist zusätzlich noch die Übergabe des Grundschuldbriefs an den Gläubiger nötig.

Bedeutung der Grundschuld

BGB §§ 1147, 1192

Durch die Bestellung einer Grundschuld wird dem Kreditgeber ein Pfandrecht eingeräumt. Wenn der Schuldner seinen Zahlungsverpflichtungen nicht nachkommt, kann der Kreditgeber das belastete Grundstück durch eine Zwangsvollstreckung (z.B. Zwangsversteigerung) verwerten.

Aufg. 3.5.2 S. 341

Der **Besitz** an dem (bebauten) Grundstück verbleibt beim **Eigentümer**, der das Grundstück und die Gebäude weiterhin nutzen kann. Der Eigentümer des Grundstücks muss aber unter bestimmten Voraussetzungen die Zwangsvollstreckung in sein Grundstück dulden. Im Grundbuch (Abteilung III) können mehrere Grundschulden für ein und dasselbe Grundstück eingetragen werden. In diesem Fall stehen die Rechte in einer **Rangordnung** (1. Rang, 2. Rang, 3. Rang usw.). Im Fall der **Zwangsversteigerung** eines Grundstücks müssen jeweils zunächst die Ansprüche aus einer Grundschuld mit einem höheren Rang vor den Ansprüchen aus einer Grundschuld mit einem niedrigeren Rang voll befriedigt werden. Deshalb hängt für den Kreditgeber die durch die Grundschuld gewährte Sicherheit entscheidend davon ab, welchen Rang die Grundschuld im Grundbuch einnimmt. Eine erstrangige Grundschuld gewährt die größte Sicherheit.

Grundschuld ohne Schuldgrund

Eine Besonderheit der Grundschuld (im Vergleich zur Hypothek) liegt darin, dass sie entstehen und wirksam werden kann, ohne dass irgendwelche Forderungen gegen den Eigentümer des belasteten Grundstücks bestehen. Zwar gibt es in den meisten Fällen einen Zusammenhang zwischen einer Kreditgewährung und der Eintragung einer Grundschuld. Aber rein rechtlich ist die Grundschuld eine von einem Kreditvertrag losgelöste (= abstrakte) Verpflichtung **(Grundschuld ohne Schuldgrund!)**.

Die Grundschuld ist ein Grundpfandrecht, das nicht an den Bestand einer Forderung gebunden ist. Bei der Grundschuld handelt es sich um ein abstraktes (d. h. vom Bestand einer Forderung losgelöstes) Recht.

Zusammenhang zwischen Kredithöhe und Grundschuld

Zur Absicherung eines Kontokorrentkredits wurde auf ein Betriebsgrundstück der Schmitz & Hauser OHG im Grundbuch eine Grundschuld über 30 000 EUR zugunsten der Volksbank Freiburg eingetragen.

Das Kontokorrentkonto des Unternehmens entwickelte sich im Zeitablauf wie folgt:

Kreditinanspruchnahme:	
01.05. d.J.	– 30 000 EUR
Eingang einer Kundenzahlung	
16.05. d.J	+ 40 000 EUR
Guthaben	
16.05. d.J.	10 000 EUR
Überweisung an einen Lieferer	
01.06. d.J.	– 15 000 EUR
Kredit (Saldo)	– 5 000 EUR

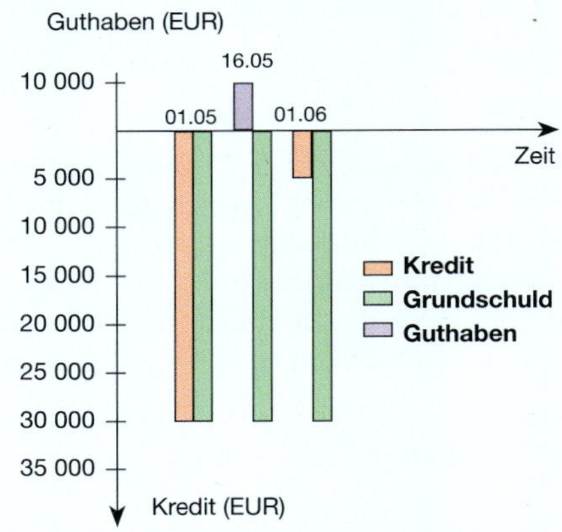

Ergebnis: Die Grundschuld zugunsten der Bank besteht völlig unabhängig von einer Forderung der Bank. Eine Änderung der Kredithöhe ist ohne Einfluss auf die Grundschuld. Auch bei einer Tilgung bleibt die Grundschuld über 30 000 EUR bestehen **(Grundschuld ohne Schuldgrund)**.

Da die Grundschuld sowohl für Kredite mit schwankender Forderungshöhe (Kontokorrentkredite) als auch für langfristige Darlehen als Sicherung verwendet werden kann, hat die Grundschuld in der Bankpraxis die Hypothek nahezu vollständig verdrängt. Im Gegensatz zur Hypothek bleibt die Grundschuld nämlich auch bei einer Verminderung des Kredits in voller Höhe bestehen. Macht aber der Gläubiger seine Rechte aus der Grundschuld geltend, obwohl keine Forderung gegen den Grundstückseigentümer besteht, kann der Grundstückeigentümer die Zahlung wegen ungerechtfertigter Bereicherung verweigern.

Übertragung und Löschung der Grundschuld

Die Übertragung einer Buchgrundschuld auf einen neuen Gläubiger erfolgt durch schriftliche Abtretung der Grundschuld an den neuen Gläubiger und Umschreibung im Grundbuch.

Ist der Kredit, der durch die Grundschuld gesichert werden sollte, getilgt, kann die Grundschuld im Grundbuch gelöscht werden. Dazu muss der Eigentümer die vom Gläubiger ausgestellte und notariell beglaubigte Löschungsbewilligung beim Grundbuchamt vorlegen. Der Eigentümer kann die Grundschuld nach der Kredittilgung aber auch

BGB § 1196

für künftige Kreditsicherungszwecke auf sich selbst übertragen **(= Eigentümergrundschuld)**. In diesem Fall ist der Grundstückseigentümer selbst als Gläubiger der Grundschuld eingetragen. Zweck einer solchen Eigentümergrundschuld ist es, sich einen bestimmten Rang im Grundbuch zu sichern, um zu einem späteren Zeitpunkt die Grundschuld erneut zur Kreditsicherung verwenden und an einen anderen Gläubiger abtreten zu können.

Zusammenfassende Übersicht zu Kap. 3.5: Kreditsicherheiten

Sicherheiten aus dem Vermögen anderer Personen

(Personensicherheiten)

↓

Bürgschaft
neben dem Kreditnehmer (= Hauptschuldner) haftet noch der Bürge (= Nebenschuldner)

↓

Bürgschaftsvertrag
zwischen Bürgen und Gläubiger des Hauptschuldners
§ 765 BGB

↓

Bankbürgschaften

schriftliche Bürgschaftserklärung	selbstschuldnerische Bürgschaft	Höchstbetragsbürgschaft
Auch von Kaufleuten wird aus Gründen der Beweislastsicherung eine schriftliche Bürgschaftserklärung verlangt. § 766 BGB, § 350 HGB	Es besteht kein Recht auf „Einrede der Vorausklage“. § 773 BGB § 349 HGB	Bürge haftet bis zu einem bestimmten Betrag. Bürgschaftsverpflichtung erlischt nicht bei schwankender Höhe der Kreditschuld (z. B. Kontokorrentkredit).

Sicherheiten durch das Vermögen des Kreditnehmers

(Sachsicherheiten)

durch bewegliche Sachen gesicherte Kredite		durch Grundstücke gesicherte Kredite	
Sicherungsübereignung		**Grundschuld**	
Sicherungsübereignungsvertrag mit Besitzkonstitut § 930 BGB (Leih-/Verwahrungsvertrag)		**Eintragung eines Pfandrechts an einem Grundstück im Grundbuch**	
Kreditgeber	**Kreditnehmer**	**Kreditgeber**	**Kreditnehmer**
wird treuhänderischer Eigentümer	bleibt unmittelbarer Besitzer und kann übereignete Sachen nutzen	erhält ein Pfandrecht an dem belasteten Grundstück	bleibt sowohl Eigentümer als auch Besitzer und kann das verpfändete Grundstück nutzen

Folge:
Wenn Kreditnehmer seinen Zahlungsverpflichtungen nicht nachkommt, kann der Kreditgeber die übereignete Sache verkaufen.

Risiken für Kreditgeber:
- Beschädigung, Wertverfall der übereigneten Sache
- übereignete Sache gehört nicht dem Kreditnehmer oder wird von diesem verkauft
- …

Folge:
Wenn Kreditnehmer seinen Zahlungsverpflichtungen nicht nachkommt, kann der Kreditgeber das belastete Grundstück durch Zwangsvollstreckung (z. B. Zwangsversteigerung) verwerten.

Besonderheit der Grundschuld

Grundschuld ist nicht an das Bestehen einer Forderung gebunden
„Grundschuld ohne Schuldgrund“
daher auch für Sicherung von Krediten mit wechselndem Schuldenstand (Kontokorrentkredite) geeignet

Wiederholung des Grundwissens

zu Kapitel 3.5 Kreditsicherheiten

3.5.1 Überblick

1. Welchem Zweck dienen Kreditsicherheiten?
2. Unterscheiden Sie zwischen Personensicherheiten und Sachsicherheiten.

3.5.2 Bürgschaft

1. Wer sind die Vertragspartner bei einem Bürgschaftsvertrag?
2. Welcher Inhalt ist Gegenstand eines Bürgschaftsvertrags?
3. Welche Formvorschriften gelten für eine Bürgschaftserklärung?
4. Was ist unter dem Recht der „Einrede auf Vorausklage“ zu verstehen?
5. Wodurch unterscheiden sich gewöhnliche Bürgschaft und selbstschuldnerische Bürgschaft?
6. Was ist unter einer Höchstbetragsbürgschaft zu verstehen?
7. Welche Merkmale weist eine von einer Bank verlangte Bürgschaft üblicherweise auf und warum bestehen Banken darauf?

3.5.3 Sicherungsübereignung

1. Was ist unter einer Sicherungsübereignung zu verstehen?
2. Beschreiben Sie, wie eine Sicherungsübereignung zum Zweck der Kreditsicherung zustande kommt.
3. Was ist unter einem Besitzkonstitut zu verstehen?
4. Welche Besonderheiten gelten, wenn Fahrzeuge sicherungsübereignet werden?
5. Welche Risiken bringt eine Sicherungsübereignung für den Kreditgeber mit sich?

3.5.4 Grundschuld als Beispiel eines Grundpfandrechts

1. Welche Informationen sind dem Grundbuch zu entnehmen?
2. Was ist unter einem Grundkredit zu verstehen?
3. Welches Recht steht einem Kreditgeber gegebenenfalls zu, wenn eine Grundschuld im Grundbuch eingetragen ist?
4. Welche Bedeutung hat die Rangordnung der Eintragung im Grundbuch?
5. Erläutern Sie die Formulierung „Grundschuld ohne Schuldgrund“.
6. Warum eignet sich die Grundschuld auch für die Absicherung von Kontokorrentkrediten?
7. Wie erfolgt die Löschung einer Grundschuld?
8. Was ist unter einer Eigentümergrundschuld zu verstehen und welchem Zweck dient sie?

Aufgaben und Probleme

zu Kapitel 3.5 Kreditsicherheiten

3.5.1 Kreditsicherheiten – Bürgschaft

Eine von Michael Herget neu gegründete Einmann-GmbH benötigt zur Ausführung eines Auftrags einen Betriebsmittelkredit (= Kredit zur Vorfinanzierung der Rohstoffe) in Höhe von 10 000 EUR. Das Stammkapital beträgt 25 000 EUR. Es wurde die Mindesteinlage einbezahlt.
Die Bank verlangt für eine Kreditgewährung entsprechende Sicherheiten.

1. Welche Art der Sicherheit wird die Bank im vorliegenden Fall vermutlich fordern? Begründen Sie Ihre Meinung.
2. Der Vater von Herrn Herget, Stefan Herget, ist bereit, eine entsprechende Bürgschaft zu übernehmen, die auch von der Bank als Sicherheit akzeptiert wird.
   a) Beschreiben Sie das Wesen eines Bürgschaftskredits.
   b) Erläutern und begründen Sie, welche Art der Bürgschaft die Bank verlangt.
3. Welche Form der Kreditsicherung würde sich anbieten, wenn Michael Herget für sein Unternehmen einen Geschäftswagen anschaffen und diesen durch einen Bankkredit finanzieren möchte? Erläutern Sie das Zustandekommen dieser Kreditsicherungsart.

3.5.2 Beleihungsprüfung – Sachsicherheiten

Die Wacker GmbH möchte neue Maschinen im Wert von ca. 1,5 Mio. EUR anschaffen.
Die Hausbank ist bereit, ein Darlehen in Höhe von 80 % des Investitionsbedarfs zu gewähren, falls entsprechende Sicherheiten vorhanden sind. Die neuen Maschinen will die Wacker GmbH zunächst noch nicht zur Kreditsicherung verwenden.

Die Hausbank geht von folgenden Beleihungswerten aus:

- Bebaute Grundstücke 80 %
- Maschinen 50 %
- Vorräte 40 %

Die Bank legt der Beleihungsprüfung die Bilanz des vergangenen Geschäftsjahres zugrunde. Darin sind folgende Vermögenswerte ausgewiesen:

Grundstücke und Gebäude	1 500 000 EUR
Maschinen	900 000 EUR
Betriebs- u. Geschäftsausstattung	200 000 EUR
Vorräte (Roh-, Hilfs- und Betriebsstoffe, fertige und unfertige Erzeugnisse)	180 000 EUR
Forderungen	400 000 EUR
Bank/Kasse	100 000 EUR

Der Marktwert der Position „Grundstücke und Gebäude" beträgt 2 Mio. EUR. Die Maschinen sind bereits sicherungsübereignet. Die übrigen in der Bilanz ausgewiesenen Werte entsprechen in etwa dem Marktwert.

1. Stellen Sie in Form eines rechnerischen Nachweises fest, ob die vorhandenen Sicherheiten zur Kreditgewährung ausreichen.
2. Erläutern Sie,
   - für welche Art der Kreditsicherung die einzelnen Vermögensgegenstände in Frage kommen
   - wie die jeweilige Kreditsicherung zustande kommt
   - welche Folgen sich aus der jeweiligen Kreditsicherung für den Kreditnehmer und die Bank ergeben.
3. Welche Risiken können sich für die Bank ergeben, wenn die Geschäftsausstattung und die Vorräte als Kreditsicherung verwendet werden sollen?
4. Welche dieser Risiken (vgl. 3.) könnten gemindert werden, wenn nicht die Geschäftsausstattung oder die Vorräte, sondern Fahrzeuge sicherungsübereignet würden? Begründen Sie Ihre Aussage.
5. Die Hausbank fordert für den Kredit zur Erstellung des Gebäudes eine erstrangige Grundschuld. Begründen Sie diese Forderung.
6. Auf das Betriebsgrundstück, das als Kreditsicherung für die Finanzierung der Produktionshalle dienen soll, ist bereits eine Eigentümergrundschuld im 1. Rang in Höhe von 500 000 EUR eingetragen.

   Erläutern Sie, ob und ggf. wie die Forderung der Bank (vgl. 5.) trotzdem erfüllt werden kann.
7. Warum lässt sich aus der Bilanz alleine nicht erkennen, in welchem Umfang die Vermögensgegenstände eines Unternehmens als Kreditsicherung dienen können?
8. Erläutern Sie, warum bei Einsichtnahme in das Grundbuch aus der Höhe dort eingetragenen Grundschulden keine Rückschlüsse auf die tatsächlichen Schulden des Grundstückseigentümers möglich sind.

3.5.3 Kreditsicherung

Die THD GmbH benötigt ein Bankdarlehen in Höhe von 300 000 EUR. Die Bank akzeptiert Sachsicherheiten in Form von Grundschulden (Beleihungsgrenze 80 %) und Sicherungsübereignungen (Beleihungsgrenze 50%). Die THD GmbH verfügt über ein bebautes Grundstück (Marktwert: 3,75 Mio. EUR) und über Maschinen (Marktwert: 4,62 Mio. EUR). Im Grundbuch ist eine Grundschuld in Höhe von 3 Mio. EUR zugunsten einer anderen Bank eingetragen. Maschinen im Wert von 3,9 Mio. EUR wurden bereits sicherungsübereignet.

Prüfen Sie, ob die THD GmbH der Bank ausreichende Kreditsicherungsmöglichkeiten anbieten kann.

3.6 Leasing als spezielle Form der Fremdfinanzierung

3.6.1 Rechtliche und wirtschaftliche Merkmale von Leasingverträgen

Leasing als Finanzierungsform

Leasing[1] ist eine vertragliche Vereinbarung, durch die der Leasinggeber dem Leasingnehmer Wirtschaftsgüter (Leasingobjekte) gegen Zahlung eines Entgelts (Leasingrate) zur Nutzung überlässt.

Rechtlich gelten Leasingverträge als Sonderform von **Mietverträgen**. Trotz dieser besonderen Art von Mietverhältnis kann **Leasing** aus **wirtschaftlicher Sicht** als **Alternative zum Kreditkauf** – und damit als **Finanzierungsform** – mit folgenden Merkmalen angesehen werden:

- Wie ein Kreditgeber ermöglicht der Leasinggeber einem Unternehmen Wirtschaftsgüter (z. B. Fuhrpark) im Unternehmen einzusetzen, ohne dass dafür eigene Mittel im Rahmen einer Eigenfinanzierung eingesetzt werden müssen.
- Die Leasingraten führen wie beim Kredit zu laufenden Belastungen während der Nutzungszeit des Wirtschaftsgutes.
- Zu einem vertraglich vereinbarten Zeitpunkt muss das Leasingobjekt an den Leasinggeber zurückgegeben oder zum Restwert gekauft werden.

Unterscheidung von Leasingverträgen nach dem Leasinggeber

In Abhängigkeit vom Leasinggeber lassen sich folgende Leasingarten unterscheiden:

direktes Leasing	indirektes Leasing
Hersteller des Wirtschaftsgutes ist gleichzeitig Leasinggeber Häufig ist der Leasinggeber eine Tochtergesellschaft des Herstellers (z. B. VAG Leasing GmbH)	Leasinggeber ist eine selbstständige Leasinggesellschaft z. B. Südleasing GmbH Stuttgart

Beziehungen zwischen den Beteiligten beim indirekten Leasing

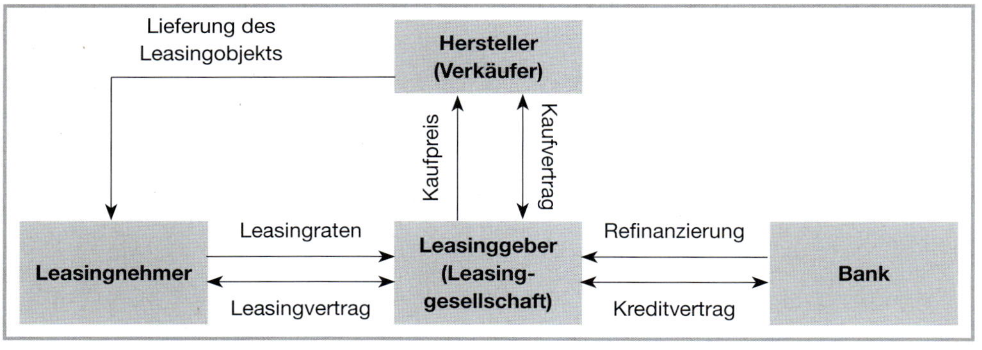

Unterscheidung von Leasingverträgen nach der Vertragsdauer und den vertraglichen Pflichten

Operate Leasing: Kurzfristiges Leasing
▪ kurzfristig kündbare Leasingverträge ohne Grundmietzeit ▪ kurzfristige Überlassung von Wirtschaftsgütern (z. B. Lkw für einige Tage, Wochen oder Monate)

1 to lease *(engl.)*: mieten, pachten

Operate Leasing: Kurzfristiges Leasing (Fortsetzung)
▪ Wegen der kurzen Vertragslaufzeit reichen die Leasingraten eines einzelnen Leasingnehmers nicht aus, um die Investitionsausgaben und Kosten des Leasinggebers zu decken. ▪ Nach Ablauf der Vertragszeit vermietet der Leasinggeber das Leasingobjekt erneut an andere Nutzer. ▪ Der Leasinggeber trägt das Investitionsrisiko (z. B. technische Veralterung oder Zerstörung). ▪ Eignet sich nur für Leasingobjekte, die jederzeit erneut vermietet werden können (z. B. Lkw, Universalmaschinen) ▪ Höhe der Leasingrate: je nach Laufzeit und Einzelfall

Finanzierungsleasing (Financial Leasing): Mittel- und langfristiges Leasing	
▪ Verbindet Vorteile des Kredits (Kaufpreis muss nicht aus eigenen Mitteln aufgebracht werden) mit den Vorteilen der Miete (Nutzung gegen monatliche Leasingraten). ▪ Der Leasingvertrag ist während der Grundmietzeit (i. d. R. zwischen 40 % und 90 % der betriebsgewöhnlichen Nutzungsdauer) nicht kündbar. ▪ Der Leasingnehmer trägt das Investitionsrisiko (z. B. technische Veralterung oder Zerstörung während der Grundmietzeit). ▪ Nach Ablauf der Grundmietzeit ergeben sich für den Leasingnehmer drei Möglichkeiten: (1) Rückgabe des Leasingobjekts (2) Verlängerung des Leasingvertrags zu günstigen Bedingungen (3) Kauf des Leasingobjekts zum Restbuchwert	
Teilamortisation[1]	**Vollamortisation**
Bei Leasingverträgen mit Privatleuten (z. B. Pkw-Leasing) werden die Leasingraten üblicherweise so kalkuliert, dass sie während der unkündbaren Grundmietzeit die Investitionsausgaben des Leasinggebers nur teilweise decken **(Non-Full-Pay-Out-Verträge)**. Die Restdeckung muss nach Ablauf der Grundmietzeit durch eine Weitervermietung oder Veräußerung zum Restwert erfolgen.	Bei Leasingverträgen mit Unternehmen (= gewerbliches Leasing) werden die Leasingraten üblicherweise so kalkuliert, dass sie während der unkündbaren Grundmietzeit die Investitionsausgaben, sämtliche Nebenkosten und den Gewinn des Leasinggebers decken **(Full-Pay-Out-Verträge)**.
Höhe der Leasingraten bei Vollamortisation	
bei 3-jähriger Grundmietzeit z. B. monatlich 3 % bis 4 % der Anschaffungskosten bei 5-jähriger Grundmietzeit z. B. monatlich 2 % bis 2,5 % der Anschaffungskosten Häufig wird auch eine einmalige Abschlussgebühr (Mietsonderzahlung) von bis zu 20 % der Anschaffungskosten erhoben. Der Leasinggeber berücksichtigt bei der Kalkulation der Leasingraten folgende Faktoren: (1) Werteverlust des Leasingobjekts (= Abschreibung), (2) Verzinsung des eingesetzten Kapitals, (3) Risikoprämie (z. B. für schnelles Veralten), (4) sonstige Verwaltungskosten (auch für Service), (5) Gewinnzuschlag	

Unterscheidung von Leasingverträgen unter steuerlichen Gesichtspunkten – Verwertungsmöglichkeiten des Leasinggegenstandes nach Ablauf der Grundmietzeit

Unter steuerlichen Gesichtspunkten ist es für den Leasingnehmer vorteilhaft, wenn er die Leasingrate als Aufwand (Betriebsausgaben) geltend machen und dadurch seinen steuerpflichtigen Gewinn schmälern kann. Ob dies möglich ist, hängt davon ab, wem das Leasingobjekt steuerrechtlich zuzurechnen ist. Daraus ergibt sich auch, ob der Leasinggeber oder der Leasingnehmer diesen Vermögensgegenstand mit seinen Anschaffungs- oder Herstellungskosten in der Bilanz aktivieren und über die Nutzungsdauer abschreiben muss.

1 Amortisation: von *franz.*: amortir: tilgen. Deckung der Anschaffungsauszahlungen einer bestimmten Investition durch die aus der Investition entstehenden Einzahlungen.

Leasingverträge sind in den meisten Fällen so gestaltet, dass

- der **Leasinggeber** die Anschaffungs- oder Herstellungskosten des Leasingobjekts **aktivieren** und über die Nutzungsdauer **abschreiben** muss
- der **Leasingnehmer** die Leasingraten steuerlich als **Betriebsausgaben** geltend machen und durch diesen **Aufwand** seinen **steuerpflichtigen Gewinn schmälern** kann.

LeaseErl

Einzelheiten über die steuerrechtliche Zurechnung des Leasingobjekts sind im sog. **Leasingerlass**[1] geregelt. Darin werden im Hinblick auf die Nutzung des Leasingobjekts nach Ablauf der Grundmietzeit drei Fälle unterschieden. Für jeden dieser Fälle sind die Bedingungen angegeben, unter denen das Leasingobjekt steuerrechtlich dem Leasinggeber zugerechnet wird und der Leasingnehmer die Leasingraten als steuermindernde Betriebsausgaben geltend machen kann.

Finanzierungsleasing mit Vollamortisation während der Grundmietzeit			
	ohne Option[2] nach Ablauf der Grundmietzeit	**mit Mietverlängerungsoption nach Ablauf der Grundmietzeit**	**mit Kaufoption nach Ablauf der Grundmietzeit**
Regelung nach Ablauf der Grundmietzeit	Der Leasingnehmer muss nach Ablauf der Grundmietzeit das Leasingobjekt zurückgeben. Er hat keinen Anspruch auf Verlängerung der Leasingzeit oder auf Kauf.	Der Leasingnehmer hat nach Ablauf der Grundmietzeit das Recht, den Leasingvertrag zu verlängern. Die Leasingrate ist erheblich niedriger als in der Grundmietzeit.	Der Leasingnehmer hat nach Ablauf der Grundmietzeit das Recht, das Leasingobjekt zum kalkulierten Restwert zu kaufen.
Bedingungen für die steuerrechtliche Zurechnung des Leasingobjekts zum Leasinggeber	Grundmietzeit beträgt mindestens 40 % und höchstens 90 % der Nutzungsdauer	Grundmietzeit beträgt mindestens 40 % und höchstens 90 % der Nutzungsdauer **und** die Anschlussmiete ist mindestens so hoch wie der sich bei linearer Abschreibung ergebende Werteverzehr.	Grundmietzeit beträgt mindestens 40 % und höchstens 90 % der Nutzungsdauer **und** der Kaufpreis ist mindestens so hoch wie der sich bei linearer Abschreibung ergebende Restbuchwert des Leasingobjekts.

Grundvoraussetzung dafür, dass der Leasingnehmer die Leasingraten als Aufwendungen (Betriebsausgaben) ansetzen und dadurch seinen steuerpflichtigen Gewinn mindern kann, ist eine Grundmietzeit, die nicht kürzer als 40 % und nicht länger als 90 % der betriebsgewöhnlichen Nutzungsdauer ist.

Weicht die Grundmietzeit von dieser Regelung ab, wird unterstellt, dass dem Leasingnehmer das wirtschaftliche Eigentum zuzurechnen ist. Bei längeren Grundmietzeiten wird angenommen, dass der Leasingnehmer von einer Mietverlängerungs- oder Kaufoption Gebrauch macht und daher das Leasinggut auf Dauer nutzt. Bei kürzerer Grundmietzeit wird unterstellt, dass es sich um einen verdeckten Ratenkauf handelt. In beiden Fällen muss das Leasingobjekt vom Leasingnehmer bilanziert und abgeschrieben werden.

AO § 39

1 Leasingerlass für bewegliche Wirtschaftsgüter vom 19. April 1971 (BStBl. I S. 264) und für unbewegliche Wirtschaftsgüter vom 21. März 1972 (BStBl. I S. 188)
2 Option *(lat.)*: Vorrecht, Anspruch

3.6.2 Vergleich zwischen kreditfinanziertem Kauf und Leasing

Liquiditätsbelastung vor Steuern – Aufwandsvergleich

Vergleich zwischen Kreditfinanzierung und Leasing: Liquiditätsbelastung vor Steuern

Aufg. 3.6.1 S. 351

Eine Großhandlung steht vor der Alternative, zwei Lieferwagen mit Anschaffungskosten von insgesamt 60 000 EUR und einer betriebsgewöhnlichen Nutzungsdauer von 6 Jahren durch Kreditaufnahme zu kaufen oder einen Leasingvertrag abzuschließen.

Kreditangebot der Hausbank

Darlehenssumme: 60 000 EUR Auszahlung: 100 % Laufzeit: 5 Jahre Zinssatz: 10 % p. a.
Tilgung: in fünf gleichen Jahresraten, beginnend am Ende des ersten Jahres
Die Fahrzeuge werden linear über die Nutzungsdauer abgeschrieben.

Angebot der Leasinggesellschaft

Grundmietzeit: 4 Jahre Mietverlängerungsoption: 2 Jahre
Leasingraten während der Grundmietzeit: 20 000 EUR (jährlich jeweils am Jahresende)
Leasingraten nach der Grundmietzeit: 10 000 EUR (jährlich jeweils am Jahresende)

Jahr	Kreditkauf (in EUR)						Leasing (in EUR)	Unterschied	
	1	2	3	4	5	6	7	8	9
	Restschuld am Jahresanfang	Tilgung	Zinsen	Liquiditätsbelastung (2) + (3)	Abschreibung	Gesamtaufwand (3) + (5)	Liquiditätsbelastung = Aufwand	Liquiditätsbelastung (7) – (4)	Gesamtaufwand (7) – (6)
1	60 000	12 000	6 000	18 000	10 000	16 000	20 000	+ 2 000	+ 4 000
2	48 000	12 000	4 800	16 800	10 000	14 800	20 000	+ 3 200	+ 5 200
3	36 000	12 000	3 600	15 600	10 000	13 600	20 000	+ 4 400	+ 6 400
4	24 000	12 000	2 400	14 400	10 000	12 400	20 000	+ 5 600	+ 7 600
5	12 000	12 000	1 200	13 200	10 000	11 200	10 000	– 3 200	– 1 200
6	0	0	0	0	10 000	10 000	10 000	+ 10 000	0
Σ		**60 000**	**18 000**	**78 000**	**60 000**	**78 000**	**100 000**	**+ 22 000**	**+ 22 000**

Erläuterung: (1) Kreditkauf: Die Liquiditätsbelastung setzt sich aus Tilgung und Zinsen zusammen (= Schuldendienst). Der Gesamtaufwand besteht neben dem Zinsaufwand auch aus dem Abschreibungsaufwand, da das Anlagegut bilanziert und abgeschrieben wird.
(2) Leasing: Die Leasingraten stellen sowohl eine Liquiditätsbelastung als auch in gleicher Höhe Aufwand dar.

Ergebnis: Bei der Kreditfinanzierung sind Liquiditätsbelastung und Aufwand um 22 000 EUR niedriger.

Vergleichsrechnungen zwischen Leasing und Kreditfinanzierung zeigen in nahezu allen Fällen, dass Liquiditätsbelastung und Aufwand beim Leasing höher sind als bei einer Kreditfinanzierung.

Steuerliche Auswirkungen durch Berücksichtigung von Aufwendungen

Aufg. 3.6.2 S. 352

Wenn einerseits bei der Kreditfinanzierung durch die Zins- und Abschreibungsaufwendungen und andererseits beim Leasing durch die Leasingraten der zu versteuernde Gewinn gesenkt wird, ergeben sich für die beiden Finanzierungsalternativen folgende Auswirkungen für die Gewinnsteuern:

Vergleich zwischen Kreditfinanzierung und Leasing: Liquiditätsbelastung nach Steuern

Annahmen

1. Ausgangsdaten wie bei Beispiel S. 345
2. Das Unternehmen erzielt einen Gewinn.
3. Bei der Kreditfinanzierung mindern die Zins- und Abschreibungsaufwendungen den steuerpflichtigen Gewinn.
4. Beim Leasing mindern die Leasingraten den steuerpflichtigen Gewinn.
5. Der Gewinnsteuersatz (Einkommen- bzw. Körperschaftsteuer, Gewerbesteuer) beträgt 30 %.

Jahr	**Kreditkauf** (in EUR) *(vgl. S. 345)*				**Leasing** (in EUR) *(vgl. S. 345)*			**Unterschied** (in EUR)
	1	2	3	4	5	6	7	8
	Liquiditätsbelastung vor Steuern	Gesamtaufwand	Steuerminderung (30 % vom Aufwand)	Liquiditätsbelastung nach Steuern (1) – (3)	Liquiditätsbelastung vor Steuern = Aufwand	Steuerminderung (30 % vom Aufwand)	Liquiditätsbelastung nach Steuern (5) – (6)	Liquiditätsbelastung nach Steuern (7) – (4)
1	18000	16000	4800	13200	20000	6000	14000	+ 800
2	16800	14800	4440	12360	20000	6000	14000	+ 1640
3	15600	13600	4080	11520	20000	6000	14000	+ 2480
4	14400	12400	3720	10680	20000	6000	14000	+ 3320
5	13200	11200	3360	9840	10000	3000	7000	– 2840
6	0	10000	3000	– 3000	10000	3000	7000	+ 10000
Σ	**78000**	**78000**	**23400**	**54600**	**100000**	**30000**	**70000**	**+ 15400**

Erläuterung: Im 6. Jahr ergibt sich beim Kreditkauf eine negative Liquiditätsbelastung nach Steuern. Das kommt dann vor, wenn die Steuerentlastung – bedingt durch die Abschreibungen – größer ist als der Liquiditätsabfluss (Summe aus Zins- und Tilgungsleistungen). Im vorliegenden Fall ist das durch die im Vergleich zur Nutzungsdauer kürzere Kreditlaufzeit bedingt. Diese negativen Beträge sind wie ein Liquiditätszufluss zu interpretieren, da sich die Steuerschuld in dieser Höhe verringert.

Ergebnis: Bei Berücksichtigung der sich durch die Aufwendungen ergebenden Minderung der Gewinnsteuern ist die Liquiditätsbelastung nach Steuern bei der Kreditfinanzierung um 15400 EUR niedriger.

Je höher die Aufwendungen, desto höher ist auch die sich ergebende Steuerminderung. Daher ist die Steuerentlastung beim Leasing höher als bei der Kreditfinanzierung. Trotzdem ist Leasing nach wie vor mit einem höheren Liquiditätsabfluss verbunden als die Kreditfinanzierung. Allerdings hat sich der Unterschied verringert.

Aufwendungen mindern den zu versteuernden Gewinn. Die Minderung der Gewinnsteuern ist umso höher, je höher die mit der jeweiligen Finanzierungsart einhegenden Aufwendungen sind. Beim Leasing ergibt sich eine höhere Steuerminderung als bei der Kreditfinanzierung.

Vergleich der Barwertsummen

Für die Beurteilung der Vorteilhaftigkeit einzelner Finanzierungsformen kommt es nicht nur auf den Vergleich an, **wie hoch** der Liquiditätsabfluss im jeweiligen Fall ist. Wichtig ist auch, **wann** dieser Liquiditätsabfluss erfolgt. Um die zu unterschiedlichen Zeitpunkten anfallenden Zahlungen bei den verschiedenen Finanzierungsformen miteinander vergleichen zu können, muss der heutige Wert der künftigen Zahlungen **(= Barwert)** ermittelt werden.

Der Barwert gibt an, welcher Betrag heute zinsbringend angelegt werden muss, damit unter Berücksichtigung von Zinsen und Zinseszinsen zum Fälligkeitstag der Zahlung der dann benötigte Betrag zur Verfügung steht (= Gegenwartswert einer zukünftigen Zahlung).

Für die beiden Finanzierungsalternativen ergeben sich folgende Barwerte und **Barwertsummen:**

Vergleich zwischen Kreditfinanzierung und Leasing: Barwerte der Liquiditätsbelastung

Annahmen

1. Ausgangsdaten wie bei Bsp. S. 345
2. Das Unternehmen erzielt einen Gewinn.
3. Bei der Kreditfinanzierung mindern die Zins- und Abschreibungsaufwendungen den steuerpflichtigen Gewinn.
4. Beim Leasing mindern die Leasingraten den steuerpflichtigen Gewinn.
5. Der Gewinnsteuersatz (Einkommen- bzw. Körperschaftsteuer, Gewerbesteuer) beträgt 30 %.
6. Der Abzinsungssatz (p) für die Barwertermittlung beträgt 5 %.
7. Die Barwertformel lautet: $K_0 = K_n / (1 + p/100)^n$

Jahr	Kreditkauf (in EUR, Ergebnisse gerundet)				Leasing (in EUR, Ergebnisse gerundet)				Unterschied
	1	2	3	4	5	6	7	8	9
	Liquiditätsbelastung vor Steuern	Barwert	Liquiditätsbelastung nach Steuern	Barwert	Liquiditätsbelastung vor Steuern	Barwert	Liquiditätsbelastung nach Steuern	Barwert	Barwert nach Steuern (8) – (4)
1	18000	17143	13200	12571	20000	19048	14000	13333	+ 762
2	16800	15238	12360	11211	20000	18141	14000	12698	+ 1487
3	15600	13476	11520	9951	20000	17277	14000	12094	+ 2143
4	14400	11847	10680	8786	20000	16454	14000	11518	+ 2732
5	13200	10343	9840	7710	10000	7835	7000	5485	– 2225
6	0	0	– 3000	– 2239	10000	7462	7000	5224	+ 7463
Σ	**78000**	**68047**	**54600**	**47990**	**100000**	**86217**	**70000**	**60352**	**12362**

Ergebnis: Um unter Berücksichtigung der Steuerminderungen sämtliche künftigen Zahlungen vornehmen zu können, müssen zum gegenwärtigen Zeitpunkt folgende Beträge zu 5 % mit Zins- und Zinseszins angelegt werden:

Kreditfinanzierung: 47 990 EUR Leasing: 60 352 EUR

Bei Berücksichtigung von Barwerten verringert sich der Nachteil des Leasings gegenüber der Kreditfinanzierung, weil der Kredit innerhalb von fünf Jahren getilgt wird, während die Leasingraten sich über einen Zeitraum von 6 Jahren erstrecken. Aber auch unter Berücksichtigung der Barwerte der Zahlungen ist die Kreditfinanzierung nach wie vor günstiger als das Leasing.

Ergebnis

Vergleich zwischen Kreditfinanzierung und Leasing

Insgesamt ergibt sich für die beiden Finanzierungsalternativen Kreditfinanzierung und Leasing im vorliegenden Fall folgende Vergleichsrechnung:

Vergleichskriterium	Kreditfinanzierung	Leasing	Unterschied
Liquiditätsbelastung vor Steuern	78000 EUR	100000 EUR	22000 EUR
Liquiditätsbelastung nach Steuern	54600 EUR	70000 EUR	15400 EUR
Barwertsumme der Liquiditätsbelastung vor Steuern	68047 EUR	86217 EUR	18170 EUR
Barwertsumme der Liquiditätsbelastung nach Steuern	47990 EUR	60352 EUR	12362 EUR

Die Kreditfinanzierung ist unter dem Gesichtspunkt der Liquiditätsbelastung in jedem Fall günstiger als das Leasing. Allerdings verringert sich der Unterschied, wenn auch Steuerminderungen und Barwertsummen berücksichtigt werden.

Je geringer die Barwertsumme einer Finanzierungsalternative, desto vorteilhafter ist sie.

Bei Berücksichtigung der Barwerte der künftigen Zahlungen verringert sich der Unterschied zwischen Kreditfinanzierung und Leasing hinsichtlich der Liquiditätsbelastung.

Je höher der Steuersatz und je höher der Abzinsungssatz, desto (relativ) günstiger wird Leasing im Vergleich zur Kreditfinanzierung. Trotzdem bleibt die Kreditfinanzierung hinsichtlich der Liquiditätsbelastung günstiger.

3.6.3 Vor- und Nachteile des Leasings

Obwohl Leasing im Vergleich zur Kreditfinanzierung unter dem Gesichtspunkt der Liquiditätsbelastung ungünstiger ist, erfreut sich Leasing in der gewerblichen Wirtschaft einer großen Beliebtheit. Für einen umfassenden Vergleich müssen daher auch andere Entscheidungskriterien herangezogen werden, die sich großenteils nicht in Zahlen ausdrücken lassen (= nicht quantifizierbare Kriterien). Dazu eignet sich eine **Entscheidungsbewertungstabelle** *(vgl. Aufg. 3.6.1)*.

Häufig werden allerdings Vorteile des Leasing genannt, die sich bei näherer Analyse als Werbeargumente von Leasinggesellschaften herausstellen und keinen wirklichen Vorteil gegenüber einer Kreditfinanzierung darstellen:

Angebliche Vorteile des Leasing	Anmerkung
geringer Kapitalbedarf; Eigenkapital und Liquidität werden geschont.	*Gilt für die Kreditfinanzierung gleichermaßen. Kein Vorteil gegenüber einer Kreditfinanzierung.*
Leasing ist bilanzneutral, d. h. es wirkt sich weder auf die Aktivseite (Vermögensgegenstand) noch auf die Passivseite (Fremdkapital) aus. Weil das Fremdkapital nicht steigt, bleibt die Kreditwürdigkeit erhalten.	*Der Verschuldungsgrad als wichtige Kennzahl für eine Bilanzanalyse und Kreditwürdigkeitsprüfung wird durch Leasing (im Gegensatz zur Kreditfinanzierung) nicht beeinflusst. Bei einer Kreditwürdigkeitsprüfung berücksichtigen die Banken aber auch die sich aus den Leasingraten ergebende Dauerbelastung. Größere und mittlere Kapitalgesellschaften müssen ihre Leasingverpflichtungen im Anhang angeben (HGB § 285 Nr. 3a). Verschweigt ein Leasingnehmer bei einem Kreditgesuch solche Belastungen, macht er sich der Kredittäuschung schuldig.*
klare Kalkulationsgrundlage (konstante Leasingraten)	*Gilt für die Kreditfinanzierung in Form eines Annuitätendarlehens gleichermaßen. Kein Vorteil gegenüber einer Kreditfinanzierung.*

Vergleich Leasing – Kredit	
Vorteile Leasing	**Nachteile Leasing**
Leasingraten sind – sofern die Bedingungen des Leasingerlasses eingehalten werden – als Aufwand in voller Höhe steuerlich abzugsfähig und mindern die Gewinnsteuern.	Liquiditätsbelastung ist trotz steuerlicher Vorteile höher als beim Kreditkauf.
Die bei herkömmlicher Fremdfinanzierung zu beachtenden Beleihungsgrenzen entfallen. Das beleihbare Vermögen wird nicht beansprucht. Dem Leasinggeber reicht das Leasingobjekt als Sicherheit. Verschuldungsgrad steigt nicht (Bilanzneutralität).	Kein rechtlicher Eigentumserwerb. Daher kann das Leasingobjekt nicht verkauft oder zur Kreditsicherung (Sicherungsübereignung) verwendet werden.
Bei kurzfristigen Leasingverträgen schnelle Anpassung an den neuesten Stand der Technik (Operate-Leasing oder Sonderformen des Leasing)	Unkündbarer Leasingvertrag in der Grundmietzeit beeinträchtigt die Flexibilität (kein Verkauf möglich). Die Leasingraten müssen auch dann gezahlt werden, wenn das Leasingobjekt nicht genutzt wird und eigentlich verkauft werden könnte.
Flexibilität durch Aneinanderreihung mehrerer Leasingverträge. Kauf und Kaufpreisbeschaffung entfallen. Geringerer Verwaltungsaufwand als bei Kreditbeantragung.	
Die Leasingraten stellen periodisch wiederkehrende Zahlungen dar, die parallel zur Nutzung des Leasingobjekts anfallen. Das Leasingobjekt finanziert sich laufend selbst („Pay as you earn"-Effekt), da sich die Laufzeit des Leasingvertrags an der betriebsgewöhnlichen Nutzungsdauer orientiert. Die Laufzeit von Krediten ist dagegen meistens kürzer als die Nutzungsdauer des Investitionsobjekts.	Obwohl der Leasingnehmer nicht Eigentümer wird, hat er trotzdem das volle Investitionsrisiko zu tragen.
Die Entsorgung des Leasingobjekts nach Vertragsende durch den Leasingnehmer entfällt.	

Zusammenfassende Übersicht zu Kap. 3.6:
Leasing als spezielle Form der Fremdfinanzierung

Leasingarten

Leasinggeber		Laufzeit/ Vertragspflichten		Amortisation		Verbleib des Leasingobjekts		
direktes Leasing	indirektes Leasing	kurzfristig Operate Leasing	mittel-/ langfristig Finanzierungsleasing	Teilamortisation	Vollamortisation	ohne Option	Verlängerungsoption	Kaufoption

Leasingerlass

Bedingungen für die steuerliche Zurechnung des Leasingobjekts zum Leasinggeber (Leasingnehmer kann Leasingraten als Aufwand steuermindernd geltend machen)	1. Grundmietzeit > = 40 % und < = 90 % der betriebsgewöhnlichen Nutzungsdauer 2. Anschlussmiete > = linearer Abschreibungsbetrag 3. Kaufpreis > = Restwert bei linearer Abschreibung

Vergleich

Kreditfinanzierung	Finanzierungsleasing mit Vollamortisation
Liquiditätsbelastung durch Zins- und Tilgungszahlungen niedriger als beim Leasing	Liquiditätsbelastung durch Zahlung der Leasingraten höher als bei Kreditfinanzierung
Aufwand durch Zinsen und Abschreibung niedriger als beim Leasing	Aufwand durch Leasingraten höher als bei Kreditfinanzierung

↓

Aufwendungen verringern den steuerpflichtigen Gewinn

↓

Liquiditätsbelastung nach Steuern

↓

Unterschiede bei der Liquiditätsbelastung verringern sich

↓

Vergleichskriterien zur Liquiditätsbelastung

Wie hoch ist die Liquiditätsbelastung insgesamt?	Wann erfolgt die Liquiditätsbelastung?

→ **Ermittlung der Barwertsummen** ←

= Betrag, der zum gegenwärtigen Zeitpunkt zinsbringend angelegt werden muss, um von diesem Betrag und den anfallenden Zinsen alle künftigen Zahlungen bestreiten zu können.

↓

Je höher der Steuersatz und je höher der Abzinsungssatz, umso geringer wird der Unterschied zwischen Leasing und Kreditfinanzierung bei der Liquiditätsbelastung.
Aber: Leasing ist unter Liquiditäts- und Kostengesichtspunkten immer ungünstiger als Kreditfinanzierung

Weitere Kriterien zum Vergleich zwischen Leasing und Kreditfinanzierung

Auswirkungen auf die Bilanz: Bilanzneutralität/ Verschuldungsgrad	Eigentumserwerb, Verwendung des Wirtschaftsgutes als Kreditsicherheit	Flexibilität, (un-)kündbarer Vertrag Veräußerungsmöglichkeit des Wirtschaftsgutes	zeitliche Übereinstimmung von Einnahmen und Ausgaben (pay as you earn-Prinzip)

Wiederholung des Grundwissens

zu Kapitel 3.6 Leasing als spezielle Form der Fremdfinanzierung

3.6.1 Rechtliche und wirtschaftliche Merkmale von Leasingverträgen

1. Was ist unter Leasing zu verstehen?
2. Erläutern Sie, warum es sich beim Leasing um eine Finanzierungsform handelt.
3. Worin besteht der Unterschied zwischen direktem und indirektem Leasing?
4. Worin besteht der Unterschied zwischen Operate Leasing und Finanzierungsleasing?
5. Worin besteht der Unterschied zwischen Leasingverträgen mit Vollamortisation und mit Teilamortisation?
6. Worin besteht der Vorteil für den Leasingnehmer, wenn das Leasingobjekt steuerlich dem Leasinggeber zugerechnet wird?
7. Welche Voraussetzungen hinsichtlich der Dauer der Grundmietzeit müssen erfüllt sein, wenn das Leasingobjekt steuerlich dem Leasinggeber zugerechnet wird?
8. Welche zusätzlichen Voraussetzungen müssen bei Leasingverträgen mit Mietverlängerungsoption bzw. mit Kaufoption erfüllt sein, wenn das Leasingobjekt dem Leasingnehmer zugerechnet wird?

3.6.2 Vergleich zwischen kreditfinanziertem Kauf und Leasing

1. Vergleichen Sie Kreditfinanzierung und Leasing hinsichtlich der Liquiditätsbelastung. Worauf sind die Unterschiede zurückzuführen?
2. Wie wirkt sich die Berücksichtigung von Gewinnsteuern auf den Vergleich der Liquiditätsbelastung bei Kreditfinanzierung und Leasing aus?
3. Wie wirkt sich die Berücksichtigung von Barwerten auf den Vergleich der Liquiditätsbelastung bei Kreditfinanzierung und Leasing aus?

3.6.3 Vor- und Nachteile des Leasings

1. Nennen Sie neben der Liquiditätsbelastung weitere Entscheidungskriterien für den Vergleich zwischen Kreditfinanzierung und Leasing.
2. Nennen Sie Vorteile des Leasings gegenüber einer Kreditfinanzierung.
3. Nennen Sie Nachteile des Leasings gegenüber einer Kreditfinanzierung.

Aufgaben und Probleme

zu Kapitel 3.6 Leasing als spezielle Form der Fremdfinanzierung

3.6.1 Leasing und Kreditfinanzierung im Vergleich

LA

PDF

Die WEMA AG stellt Werkzeugmaschinen her. Zur Erweiterung der Produktionskapazität soll eine weitere CNC-Fräsmaschine angeschafft werden: Anschaffungskosten 750 000 EUR, Nutzungsdauer 8 Jahre. Für die Mehrproduktion kann der Absatz zunächst nur für die vier ersten Jahre als gesichert angesehen werden. Folgende Finanzierungsangebote liegen vor:

Angebot einer Leasinggesellschaft:
jährliche Leasingrate von 228 000 EUR während der unkündbaren Grundmietzeit von 4 Jahren, bei Mietzeitverlängerung 100 000 EUR pro Jahr, Servicedienstleistung erfolgt durch den Leasinggeber.

Angebot der Hausbank:
Wegen der bereits bestehenden relativ hohen Kreditbelastung ist die Hausbank nur bereit, ein Kreditangebot mit kurzer Laufzeit und einem Risikozuschlag in Form eines erhöhten Zinssatzes abzugeben. Darlehen über 750 000 EUR mit 4 Jahren Laufzeit, 100 % Auszahlung, 12 % Zinsen, Tilgung in gleichen Raten am Jahresende.

1. Um welche Art von Leasingvertrag handelt es sich hinsichtlich
   a) des Leasinggebers
   b) der Laufzeit und der vertraglichen Pflichten
   c) der Höhe der Leasingraten während der Grundmietzeit
   d) der Verwertungsmöglichkeit des Leasinggegenstandes nach Ablauf der Grundmietzeit?

2. Welche Auswirkungen würden sich auf die Bilanz und die GuV-Rechnung der WEMA AG ergeben, wenn das Leasingangebot angenommen wird?
3. Welche Auswirkungen würden sich auf die Bilanz und die GuV-Rechnung der WEMA AG ergeben, wenn das Kreditangebot angenommen wird?
4. Ermitteln Sie, welche Finanzierungsalternative während
   a) der Grundmietzeit b) der gesamten Nutzungsdauer
   mit der höheren Liquiditätsbelastung verbunden ist.
5. Die Leasinggesellschaft wirbt mit folgenden Argumenten:

   Durch Leasing ...
   - bleibt Ihre Liquidität erhalten,
   - wird Ihr Eigenkapital geschont,
   - wird Ihr Kreditspielraum nicht belastet,
   - erzielen Sie erhebliche Steuererleichterungen,
   - zahlen Sie erst dann, wenn Sie mit dem Leasingobjekt verdienen,
   - haben Sie eine sichere Kalkulationsbasis durch feste Leasingraten.

   Nehmen Sie zu diesen Werbeaussagen kritisch Stellung.
6. Für die endgültige Entscheidung zugunsten einer der beiden Finanzierungsalternativen soll eine Entscheidungsbewertungstabelle erstellt werden.
   Vorgehensweise zur Erstellung einer Entscheidungsbewertungstabelle siehe Arbeitsblatt.
   Treffen Sie auf der Grundlage der Ergebnisse der Entscheidungsbewertungstabelle und der Ergebnisse von 4. eine endgültige Entscheidung.

3.6.2 Leasing – Kreditkauf – Berücksichtigung von steuerlichen Wirkungen und Barwerten

PDF

Ein Unternehmen steht vor der Alternative, die Anschaffungskosten einer Maschine von 100 000 EUR durch einen Bankkredit zu finanzieren oder die Maschine zu leasen. Die betriebsgewöhnliche Nutzungsdauer beträgt acht Jahre.

Kreditangebot		**Leasingangebot**	
Kreditsumme:	100 000 EUR	Grundmietzeit:	4 Jahre
Auszahlung:	100 %	Leasingrate während der Grundmietzeit (zahlbar jeweils am Jahresende):	30 000 EUR
Tilgung jeweils am Jahresende in gleichen Raten			
Laufzeit:	4 Jahre	Leasingrate nach Ablauf der Grundmietzeit (zahlbar jeweils am Jahresende):	12 500 EUR
Zinssatz:	12 % p. a.		

1. Ermitteln Sie die Liquiditätsbelastung für beide Finanzierungsalternativen während
   a) der Grundmietzeit
   b) der Gesamtnutzungsdauer.
2. Aus welchen Gründen könnte das Unternehmen das Leasingangebot der Kreditfinanzierung vorziehen? Berücksichtigen Sie bei Ihrer Antwort die Ergebnisse von 1.
3. Welche Minderung der Gewinnsteuern ergibt sich bei einem Gewinnsteuersatz von 30 %, wenn die Maschine im Falle des Kreditkaufs linear abgeschrieben wird? Begründen Sie Ihr Ergebnis.
4. Welche Finanzierungsalternative ist für das Unternehmen unter Berücksichtigung von steuerlichen Wirkungen und Barwerten günstiger, wenn bei einer 8-jährigen Nutzungsdauer mit einem Kalkulationszinssatz von 10 % gerechnet wird? Begründen Sie Ihr Ergebnis.
5. Prüfen Sie, ob sich das Ergebnis von 4. ändert, wenn das Unternehmen mit einem Kalkulationszinssatz von 25 % rechnet. Begründen Sie den Unterschied. Begründen Sie Ihr Ergebnis.
6. Prüfen Sie, ob und ggf. wie sich
   a) Liquiditätsbelastung b) Steuerminderung c) Barwertsumme der Auszahlungen
   bei der Kreditfinanzierung verändern würden, wenn statt des Abzahlungsdarlehens zu gleichen Bedingungen (Laufzeit: 4 Jahre, Zinssatz 12 %) ein Festdarlehen in Anspruch genommen werden könnte. Begründen Sie Ihre Antwort (rechnerischer Nachweis nicht erforderlich).

4 Investitionsrechnung

4.1 Investitionsarten und Investitionsrechnung im Überblick

Investitionsarten

Eine Investition liegt vor, wenn das im Rahmen der Finanzierung beschaffte Kapital in betrieblichem Vermögen angelegt wird. Die Aktivseite der Bilanz gibt Auskunft über die Verwendung des Kapitals (= Investition).

Die verschiedenen Formen von Investitionen lassen sich wie folgt unterscheiden:

Investitionsarten	
Sachinvestitionen Kapitalanlage in Wirtschaftsgütern, die am Leistungsprozess einer Unternehmung direkt beteiligt sind, z. B. Maschinen, Gebäude, Grundstücke, Werkzeuge, Vorräte	**Finanzinvestitionen** Kapitalanlagen im Finanzanlagevermögen eines Unternehmens in Form von Beteiligungen (z. B. Aktien), Forderungen (z. B. gewährte Darlehen, festverzinsliche Wertpapiere)

Sachinvestitionen lassen sich folgendermaßen weiter untergliedern:

Sachinvestitionen			
	laufende Investitionen		
Gründungsinvestitionen (einmalig) = Anfangsinvestition bei der Gründung eines Unternehmens	**Erweiterungsinvestitionen**	**Rationalisierungsinvestitionen**	**Ersatzinvestitionen**
	Anschaffung von Wirtschaftsgütern zur Ausweitung der Produktionskapazität	Anschaffung technisch verbesserter Wirtschaftsgüter mit dem Ziel, die Leistungsfähigkeit zu erhöhen	Ersatz von abgenutzten Wirtschaftsgütern durch neue gleichartige mit dem Ziel, die Leistungsfähigkeit zu erhalten

Bruttoinvestitionen Summe aller in einer Periode vorgenommenen Investitionen	
Nettoinvestitionen	**Ersatzinvestitionen**

Nur **Nettoinvestitionen** erhöhen die Produktionskapazität, weil sie über die bloße Ersatzbeschaffung hinausgehen.

Nettoinvestition = Bruttoinvestition – Ersatzinvestition

Investitionsrechnungsverfahren

Die Investitionsrechnung soll zeigen, ob geplante Investitionen unter rechnerischen Gesichtspunkten vorteilhaft sind. Sie liefert die Grundlage für betriebliche Investitionsentscheidungen.

Statische Investitionsrechnung	Dynamische Investitionsrechnung
Es werden nur die Daten einer Periode in die Betrachtung einbezogen.	Es werden die Daten mehrerer künftiger Perioden in die Betrachtung einbezogen.
■ **Kostenvergleichsrechnung** ■ Gewinnvergleichsrechnung ■ Rentabilitätsvergleichsrechnung ■ **Statische Amortisationsrechnung**	■ **Kapitalwertmethode** ■ Methode des internen Zinssatzes ■ Annuitätenmethode

Im Folgenden werden nur die **Kostenvergleichsrechnung**, die **Amortisationsrechnung** und die **Kapitalwertmethode** beispielhaft behandelt.

Zusammenfassende Übersicht zu Kap. 4.1: Investitionsarten und Investitionsrechnung im Überblick

Investitionsarten

Sachinvestitionen	Finanzinvestitionen

Gründungsinvestitionen	Laufende Investitionen		
	Erweiterungsinvestitionen	Rationalisierungsinvestitionen	Ersatzinvestitionen

Bruttoinvestitionen	
Nettoinvestitionen	Ersatzinvestitionen

Investitionsrechenverfahren

Statische Investitionsrechnung	Dynamische Investitionsrechnung
■ Kostenvergleichsrechnung ■ Amortisationsrechnung ■ ...	■ Kapitalwertmethode ■ ... ■ ...

Wiederholung des Grundwissens

zu Kapitel 4.1 Investitionsarten und Investitionsrechnung im Überblick

1. Was ist unter Investition zu verstehen?
2. Wie ist unter Sachinvestitionen zu verstehen und wie lassen sie sich einteilen?
3. Wie unterscheiden sich Brutto-, Netto- und Ersatzinvestitionen?
4. Welcher Zweck wird mit der Investitionsrechnung verfolgt?
5. Welche Investitionsrechnungsverfahren lassen sich unterscheiden?

4.2 Statische Investitionsrechnung am Beispiel der Kostenvergleichsrechnung

4.2.1 Ermittlung der entscheidungsrelevanten Kosten

Die Kostenvergleichsrechnung stellt die Kosten verschiedener Investitionsobjekte einander gegenüber. Diejenige Investitionsalternative, die die geringeren Kosten verursacht, ist die vorteilhaftere.

In den Kostenvergleich werden üblicherweise die **Kapitalkosten** und die **Betriebskosten** einer Investition einbezogen.

Zu den **Kapitalkosten** gehören insbesondere die **kalkulatorischen Abschreibungen** und die **kalkulatorischen Zinsen.**

Kalkulatorische Abschreibungen

In der Investitionsrechnung werden die kalkulatorischen Abschreibungen üblicherweise **linear** vom **Anschaffungswert** und nicht vom Wiederbeschaffungswert berechnet. Falls sich ein **Restwert** (Schrottwert, Liquidationserlös) ergibt, muss dieser vom **Anschaffungswert abgezogen** werden, da während der Nutzungsdauer lediglich eine Wertminderung in Höhe der Differenz zwischen Anschaffungs- und Restwert eintritt.

$$\text{Abschreibung} = \frac{\text{Anschaffungswert} - \text{Restwert}}{\text{Nutzungsdauer}}$$

Kalkulatorische Abschreibung

AW: 100 000 EUR tatsächliche ND: 10 Jahre

RW: 10 000 EUR

$$\text{Abschreibung pro Jahr} = \frac{100\,000 - 10\,000}{10} = \mathbf{9\,000\ EUR}$$

Kalkulatorische Zinsen

Für das im Investitionsobjekt gebundene Kapital werden **kalkulatorische Zinsen** ermittelt. Durch diese Zinskosten wird der entgangene Zinsertrag berücksichtigt, der erzielt worden wäre, wenn das Kapital nicht in Sachanlagen investiert, sondern anderweitig Zins bringend angelegt worden wäre **(= Alternativkosten, Opportunitätskosten).**

Das am Anfang investierte Kapital verringert sich während der Nutzungsdauer aufgrund der Wertminderung (Abschreibung) stetig. Am Ende der Nutzungsdauer ist es auf null oder auf einen sich möglicherweise ergebenden Restwert (Schrottwert, Liquidationserlös) gesunken. In Höhe der Abschreibungen wird Kapital freigesetzt (= Desinvestition). Das geschieht, indem die Gegenwerte für die Abschreibungen, die in die

Ermittlung der kalkulatorischen Zinsen

$$\text{Zinsen} = \frac{(\text{Anschaffungswert} + \text{Restwert})}{2} \cdot \text{Zinssatz}/100$$

AW: 100 000 EUR
RW: 10 000 EUR
Zinssatz: 10 %

$$\text{Zinsen pro Jahr} = \frac{100\,000 + 10\,000}{2} \cdot 0{,}1 = \mathbf{5\,500\ EUR}$$

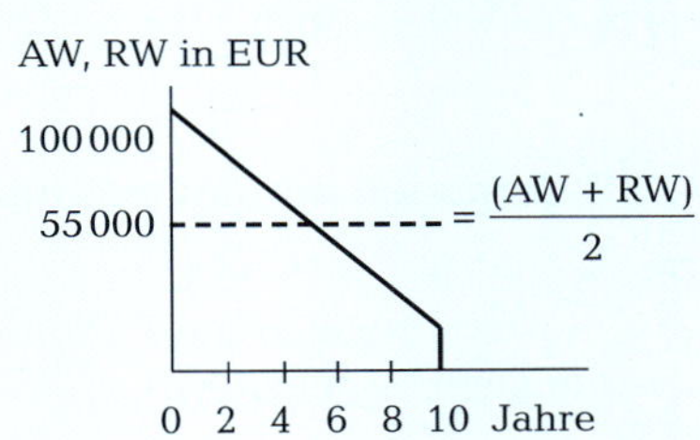

Preise einkalkuliert sind, über die Umsatzerlöse als liquide Mittel zurückfließen. Nur der jeweilige Restwert stellt dann noch gebundenes Kapital dar. Die kalkulatorischen Zinsen werden daher üblicherweise auf der Basis des während der Nutzungsdauer **durchschnittlich gebundenen Kapitals** nach der Formel **(Anschaffungswert + Restwert)/2** berechnet.[1]

Fixe und variable Kosten – Kostenfunktion

Alle übrigen im Zusammenhang mit der Investition anfallenden Kosten werden den **Betriebskosten** zugerechnet. **Kapital- und Betriebskosten** lassen sich wie folgt in **fixe und variable Kosten** aufteilen:

Kostenvergleichsrechnung bei der Metallbau GmbH

Ermittlung der für eine Investitionsentscheidung relevanten Kosten:
Produktionsanlage (Investitionsobjekt I) zur Herstellung von bisher fremdbezogenen Metallteilen

Anschaffungswert: 100 000 EUR
Nutzungsdauer: 10 Jahre
Restwert: 10 000 EUR
Produktionsmenge: 20 000 Stück/Jahr
Zinssatz: 10 %

Kosten	insgesamt EUR	fixe Kosten EUR	variable Kosten EUR
Kapitalkosten pro Jahr			
▪ kalkulatorische Abschreibungen	9 000	9 000	
▪ kalkulatorische Zinsen	5 500	5 500	
Betriebskosten pro Jahr (bei 20 000 St.)			
▪ Gehälter	10 500	10 500	
▪ Löhne	110 000		110 000
▪ Materialverbrauch	200 000		200 000
▪ Instandhaltung	2 000	2 000	
▪ Raumkosten	1 000	1 000	
▪ Energieverbrauch	5 500		5 500
▪ sonstige Kosten	12 500	2 000	10 500
Gesamtkosten (K_g)	**356 000**	**30 000**	**326 000**
Stückkosten (k_g) bei 20 000 Stück/Jahr	**17,80**	**1,50**	**16,30**

Ziel ist die Herleitung einer **Kostenfunktion** folgender Art:

Kap. A 3.3.3

$$K_g = K_f + k_v \cdot x$$

Für den vorliegenden Fall ergibt sich folgende Kostenfunktion: $K_g = 30\,000 + 16{,}30 \cdot x$

4.2.2 Vergleich von Investitionsalternativen – Kritische Produktionsmenge

Ein Vergleich zwischen zwei Investitionsalternativen kann sich auf die Gesamtkosten K_g (= Kostenvergleich pro Periode) oder auf die Stückkosten k_g (= Kostenvergleich pro Leistungseinheit) beziehen.

1 Die Herleitung dieser Formel ist im Lehrerhandbuch erläutert.

Kostenstruktur bei verschiedenen Produktionsverfahren (Rationalisierung)

Aufg. 4.2.1
Aufg. 4.2.2
S. 360

	Anlage I		Anlage II	
Anschaffungswert (EUR)	100000		200000	
Nutzungsdauer (Jahre)	10		10	
Restwert (EUR)	0		10000	
voraussichtliche tatsächliche Auslastung (Stück/Jahr)	20000		20000	
Zinssatz in %	10		10	
Kapitalkosten				
Abschreibungen pro Jahr (EUR)	10000		19000	
Zinsen vom Ø gebundenen Kapital (EUR)	5000		10500	
sonstige **fixe Betriebskosten** (EUR)	15000		17500	
fixe Kosten		30000		47000
variable Betriebskosten (EUR)		326000		295000
Gesamtkosten (EUR)		**356000**		**342000**
Kostendifferenz Gesamtkosten (EUR)	**14000**			
Stückkosten (EUR)	356000/20000 = **17,80**		342000/20000 = **17,10**	
Kostendifferenz Stückkosten (EUR)	**0,70**			
variable Stückkosten (EUR)	326000/20000 = **16,30**		295000/20000 = **14,75**	
Kostenfunktion	$\mathbf{K_g\ I = 30000 + 16{,}30 \cdot x}$		$\mathbf{K_g\ II = 47000 + 14{,}75 \cdot x}$	

Ergebnis: Die Anlage II verursacht bei einer jährlichen Produktionsmenge von 20000 Stück um 14000 EUR geringere Kosten pro Jahr. Sie ist daher unter Kostengesichtspunkten der Anlage I vorzuziehen. Die Kostenstruktur der beiden Anlagen deuten darauf hin, dass es sich bei der Anlage I um ein arbeitsintensiveres Produktionsverfahren als bei Anlage II handelt: geringe Fixkosten, dafür aber höhere variable Stückkosten (z. B. Fertigungslöhne).

Entscheidungskriterium

Beim Vergleich zweier Investitionsalternativen auf der Basis der Kostenvergleichsrechnung gilt als Entscheidungskriterium:

Entscheidungskriterium: $K\ I \lesseqgtr K\ II$

Wenn die voraussichtliche **tatsächliche Produktionsmenge** pro Jahr bei verschiedenen Investitionsobjekten unterschiedlich hoch ist (= ungleiche Auslastung), ist nur ein Kostenvergleich je Stück sinnvoll.

Kritische Menge

Aufg. 4.2.3
S. 361

Von besonderer Bedeutung ist die Frage, **ab welcher Produktionsmenge** die Anlage II günstiger als die Anlage I ist (= kritische Produktionsmenge, Übergangsmenge). Dafür muss die Menge bestimmt werden, bei der die Kosten beider Anlagen gleich sind.

$$K_g\ I = K_g\ II$$
$$K_f\ I + k_v\ I \cdot x = K_f\ II + k_v\ II \cdot x$$
$$k_v\ I \cdot x - k_v\ II \cdot x = K_f\ II - K_f\ I$$

Kritische Menge x_0:

$$\mathbf{x_0 = \frac{K_f\ II - K_f\ I}{k_v\ I - k_v\ II}}$$

Berechnung der kritischen Menge

$$30\,000 + 16{,}30\ x = 47\,000 + 14{,}75\ x$$
$$16{,}30\ x - 14{,}75\ x = 47\,000 - 30\,000$$

$$x_0 = \frac{47000 - 30000}{16{,}30 - 14{,}75} = \frac{17000}{1{,}55} = 10968 \text{ Stück}$$

Grafische Ermittlung der kritischen Menge

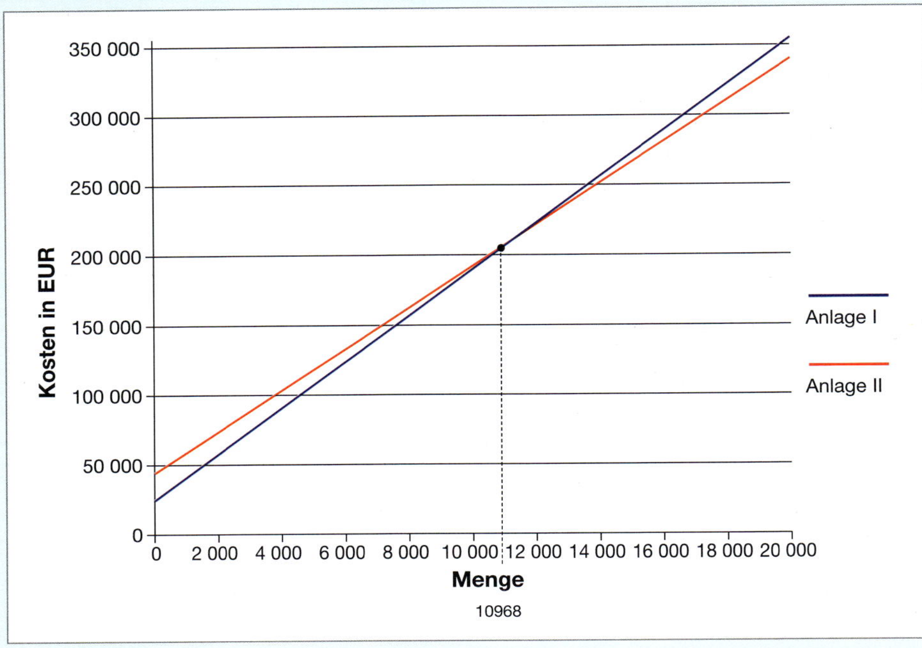

Ergebnis:
Bis zu einer Produktionsmenge von 10 967 Stück ist die Anlage I kostengünstiger. Das ist dadurch bedingt, dass bei Anlage I niedrigere Fixkosten und höhere variable Kosten anfallen als bei Anlage II. Ab einer Produktionsmenge von 10 969 Stück wird die Anlage II aufgrund der Fixkostendegression (= abnehmender Fixkostenanteil je Stück) kostengünstiger. Die kritische Menge (Übergangsmenge) liegt im Schnittpunkt der beiden Kostenkurven. Die Kostenkurve K_gI beginnt wegen der geringeren Fixkosten (30 000 EUR) bei einem niedrigeren Y-Achsenabschnitt als die Kostenkurve K_gII (Fixkosten: 47 000 EUR). Da die Kostenkurve K_gI aber wegen der höheren variablen Stückkosten (k_vI = 16,30 EUR) eine größere Steigung als die Kostenkurve K_gII hat (k_vII = 14,75 EUR), ergibt sich ein Schnittpunkt zwischen beiden Kurven. Bei der entsprechenden Produktionsmenge von 10 968 Stück sind die Kosten beider Anlagen gleich hoch.

4.2.3 Beurteilung der Kostenvergleichsrechnung

Die Kostenvergleichsrechnung ist ein in der Praxis weit verbreitetes und relativ leicht anwendbares Investitionsrechnungsverfahren. Sie kann eine grobe Grundlage für Investitionsentscheidungen liefern, zeichnet sich aber durch folgende Nachteile aus:

Nachteile der Kostenvergleichsrechnung

- Kurzfristigkeit des Kostenvergleichs: Die Kostenentwicklung (z. B. Entwicklung der Lohn- und Energiekosten) im Zeitablauf bleibt unberücksichtigt.
- Die Auflösung der Kosten in fixe und variable Bestandteile ist nicht immer einfach und genau.
- Erträge aus der Investition bleiben unberücksichtigt. Daher bleiben sowohl Erlöse als auch Gewinne außer acht.
- Qualitäts- und Preisunterschiede zwischen den mit den alternativen Anlagen hergestellten Erzeugnissen bleiben unberücksichtigt.
- Ein ggf. nach Ende der Investitionsdauer anfallender Restwert der Anlage wird nur bei der Ermittlung von Abschreibung und Zinsen, nicht aber als Erlös berücksichtigt.

Zusammenfassende Übersicht zu Kap. 4.2:
Statische Investitionsrechnung am Beispiel der Kostenvergleichsrechnung

Entscheidungsrelevante Kosten

Kapitalkosten		**Betriebskosten**
kalkulatorische Abschreibungen	**kalkulatorische Zinsen**	
linear vom Anschaffungswert (ggf. abzüglich Restwert) (AW – RW)/ND	vom Ø gebundenen Kapital (AW + RW)/2	■ Löhne, Gehälter, Personalnebenkosten ■ Materialverbrauch ■ Instandhaltung ■ Raumkosten ■ Energieverbrauch ■ …

fixe Kosten | **variable Kosten**

$$K_g = K_f + k_v \cdot x$$

Entscheidungskriterium bei Vergleich von zwei Investitionsalternativen:

$$K_g\,I \lesseqqgtr K_g\,II$$

kritische Menge: $K_g\,I = K_g\,II \rightarrow x_0 = (K_f\,II - K_f\,I)/(k_v\,I - k_v\,II)$

Probleme der Kostenvergleichsrechnung

- Künftige Kostenentwicklung wird nicht berücksichtigt.
- Erträge, Erlöse, Gewinn, Rentabilität werden nicht berücksichtigt.
- Kapitaleinsatz wird nur im Rahmen der Abschreibung berücksichtigt.
- kurzfristiger Vergleich: Ein Jahr ist u. U. nicht repräsentativ.
- Aufteilung in fixe und variable Kosten schwierig.

Wiederholung des Grundwissens

zu Kapitel 4.2 Statische Investitionsrechnung am Beispiel der Kostenvergleichsrechnung

4.2.1 Ermittlung der entscheidungsrelevanten Kosten

1. Nennen Sie Beispiele für Kapitalkosten und Betriebskosten.
2. Wie werden die kalkulatorischen Abschreibungen berechnet?
3. Wie werden die kalkulatorischen Zinsen berechnet?
4. Wie lautet die Kostenfunktion, die aus den entscheidungsrelevanten Kosten eines Investitionsobjektes hergeleitet werden muss?

4.2.2 Vergleich von Investitionsalternativen – Kritische Produktionsmenge

1. Wie lautet das Entscheidungskriterium beim Vergleich zweier Investitionsalternativen?
2. Was ist unter der „kritischen Produktionsmenge" zu verstehen und wie wird sie ermittelt?

4.2.3 Beurteilung der Kostenvergleichsrechnung

1. Nennen Sie Vor- und Nachteile der Kostenvergleichsrechnung.

Aufgaben und Probleme

zu Kapitel 4.2 Statische Investitionsrechnung am Beispiel der Kostenvergleichsrechnung

4.2.1 Vergleich von zwei Investitionsalternativen – Kritische Menge

PDF

In einem Metall verarbeitenden Betrieb steht die Anschaffung einer neuen Maschine zur Herstellung von Drehteilen an. Folgende beiden Investitionsalternativen stehen zur Wahl:

	Anlage I	Anlage II
Anschaffungswert (EUR)	180 000	240 000
Restwert (EUR)	0	0
Nutzungsdauer (Jahre)	8	8
Auslastung (Stück pro Jahr)	40 000	40 000
Zinssatz (%)	10	10
Raumkosten (EUR pro Jahr)	2 000	2 000
Instandhaltung (EUR pro Jahr)	2 200	2 500
Gehälter (EUR pro Jahr)	8 000	9 000
Löhne (EUR pro Jahr)	70 000	40 000
Material (EUR pro Jahr)	140 000	128 000
Energie (EUR pro Jahr)	7 700	11 200
sonstige fixe Betriebskosten (EUR pro Jahr)	3 000	4 500
sonstige variable Betriebskosten (EUR pro Jahr)	3 100	2 400

1. Welche der beiden Drehmaschinen ist bei einer Jahresproduktion von 40 000 Drehteilen kostengünstiger?
2. Berechnen Sie die kritische Produktionsmenge (Übergangsmenge).

4.2.2 Kostenstrukturen bei verschiedenen Produktionsverfahren

PDF

Die Feintechnik GmbH hat bisher bestimmte Metallteile von einem Zulieferer zum Stückpreis von 15,00 EUR bezogen. Der Lieferer hat eine Preiserhöhung auf 20,00 EUR je Stück angekündigt. Das veranlasst die Geschäftsführung, Überlegungen zur Eigenfertigung anstelle des bisherigen Fremdbezugs anzustellen. Dazu stehen zwei Produktionsanlagen zur Auswahl.

	Halbautomat	Vollautomat
Kapazität pro Jahr in Stück	10 000	10 000
Anschaffungswert in EUR	60 000	200 000
Restwert in EUR	0	0
Nutzungsdauer in Jahren	10	10
Fixkosten pro Jahr (außer Abschreibungen und kalk. Zinsen) EUR	2 000	5 000
Lohnkosten je Stück in EUR	7,00	0,50
Materialkosten je Stück in EUR	3,00	2,00
Kalkulationszinssatz in %	10	10

1. Ermitteln Sie die Gesamtkosten und die Kosten je Stück bei einem Jahresbedarf von 2 000 Stück für die Fälle a) Fremdbezug, b) Halbautomat, c) Vollautomat.
2. Ermitteln sie die kritischen Mengen für die drei Alternativen. Für welche Alternative soll sich die Feintechnik GmbH entscheiden, wenn mit einem Anstieg des Jahresbedarfs gerechnet wird?
3. Stellen Sie die kritischen Mengen für die drei Alternativen in einem Koordinatensystem grafisch dar.

4.2.3 Kostenvergleichsrechnung bei unterschiedlicher Auslastung

Ein Transportunternehmen möchte einen neuen Lkw anschaffen. Wegen der unterschiedlichen Ausstattung und Einsatzmöglichkeiten ist die jährliche Kilometerleistung der beiden in Frage kommenden Fahrzeuge unterschiedlich.

PDF

	Lkw I	Lkw II
Anschaffungswert (EUR)	480 000	540 000
Nutzungsdauer (Jahre)	8	8
Restwert im Ende der Nutzungsdauer (EUR)	180 000	140 000
jährliche Kilometerleistung	250 000	200 000
Kalkulationszinssatz in %	10	10
variable Kosten je km (EUR)	1,75	1,70
fixe Kosten pro Jahr (ohne Abschreibungen und Zinsen) EUR	67 500	60 000

1. Nennen Sie Beispiele für variable und fixe Kosten, die für einen Lkw anfallen.
2. Warum ist im vorliegenden Fall ein Vergleich anhand der Gesamtkosten pro Jahr nicht aussagekräftig?
3. Ermitteln Sie, welcher Lkw kostengünstiger ist.

4.3 Statische Amortisationsrechnung

4.3.1 Ziel der Amortisationsrechnung

Im Rahmen der Amortisationsrechnung wird festgestellt, in welchem **Zeitraum** sich eine Investition amortisiert[1], d. h. wie lange es dauert, bis die ursprünglichen **Investitionsausgaben** durch daraus künftig folgende **Einzahlungsüberschüsse** (Einzahlungen – Auszahlungen) gedeckt sind **(= Zeitraum des Kapitalrückflusses)**[2]. Der entsprechende Zeitraum wird als **Amortisationszeit** oder **Wiedergewinnungszeit** bezeichnet. Je kürzer die Amortisationszeit ist, desto geringer erscheint das Investitionsrisiko. Deshalb sollen die Ausgaben für die Investition in möglichst kurzer Zeit durch Einzahlungsüberschüsse aus der Investition ausgeglichen werden.

Die Amortisationszeit ist der Zeitraum, innerhalb dessen das für die Investition eingesetzte Kapital (Investitionsausgaben) zurückgeflossen ist. Der Rückfluss erfolgt über die künftigen Einzahlungsüberschüsse, die durch die Investition entstehen. Diejenige Investitionsalternative mit der geringeren Amortisationszeit ist die vorteilhaftere.

4.3.2 Amortisationszeit für eine Einzelinvestition

Ermittlung der Einzahlungsüberschüsse

Bei der Amortisationsrechnung stehen die finanzwirtschaftlichen Größen **Einzahlungen** und **Auszahlungen** im Mittelpunkt. Als Anschaffungsauszahlung der Investition (= Kapitaleinsatz) werden die **Anschaffungskosten** eines Investitionsobjektes herangezogen. Da bei den statischen Verfahren der Investitionsrechnung aber keine künftigen Zahlungsströme, sondern nur Kosten und Leistungen berücksichtigt werden, müssen die Einzahlungsüberschüsse der Investition auf indirektem Wege ermittelt werden. Ausgangspunkt ist der jährliche Gewinn einer Investition. Dieser ergibt sich aus der

1 amortir *(franz.)*: tilgen
2 Die Amortisationsrechnung wird daher auch als Kapitalrückflussrechnung, Pay-back-Rechnung oder Pay-off-Rechnung bezeichnet.

Differenz zwischen den mit der Investition einhergehenden Umsatzerlösen und den dabei entstandenen Kosten: G = E – K. Dieser Gewinn muss in **Einzahlungsüberschüsse** umgerechnet werden.

Kapitalrückfluss bei einer Erweiterungsinvestition

In einem Kunststoff verarbeitenden Betrieb wird für eine Erweiterungsinvestition mit einem Kapitaleinsatz von 1,4 Mio. EUR gerechnet. Durch die Investition steigt der Umsatz voraussichtlich um 800 000 EUR jährlich. Die jährliche Abschreibung für das Investitionsobjekt beträgt 280 000 EUR. Alle übrigen mit der Investition verbundenen Kosten (Löhne, Strom, Materialverbrauch) sind auszahlungswirksam und werden auf 440 000 EUR pro Jahr geschätzt.

Gewinnermittlung für eine Erweiterungsinvestition

Kosten			**Leistungen**	
Sonstige Kosten (z. B. Löhne, Material) = jährliche Auszahlungen aus der Investition		440 000 EUR	Umsatzerlöse = jährliche Einzahlungen aus der Investition	800 000 EUR
Einzahlungsüberschuss 360 000 EUR	Abschreibungen	280 000 EUR		
	Gewinn	80 000 EUR		
Summe		800 000 EUR	Summe	800 000 EUR

Ergebnis: Von den aus der Erweiterungsinvestition erzielten Umsatzerlösen in Höhe von 800 000 EUR pro Jahr stehen nach Abzug der auszahlungswirksamen Kosten (440 000 EUR pro Jahr) Mittel in Höhe von 360 000 EUR/Jahr zur Verfügung.

Es wird unterstellt, dass alle durch die Investition entstehenden Umsatzerlöse zu **Einzahlungen** führen. Zur Ermittlung des jährlichen **Einzahlungsüberschusses** müssen von den **Umsatzerlösen** alle mit der Investition zusammenhängenden **auszahlungswirksamen Kosten** abgezogen werden. Die Berechnung kann auch auf der Basis des mit der Investition erzielten jährlichen **Gewinns** (= Beitrag zum Betriebsergebnis) erfolgen. Der Gewinn ergibt sich als Differenz zwischen Umsatzerlösen und Gesamtkosten. In diesen von den Umsatzerlösen abgezogenen Kosten ist aber auch die **nicht auszahlungswirksame Abschreibung** enthalten. Daher muss dieser Abschreibungsbetrag wieder zum Gewinn hinzugerechnet werden. Unter der Annahme, dass Gewinn und Abschreibung während der Nutzungsdauer im Durchschnitt unverändert bleiben (= konstanter Jahresgewinn und lineare kalkulatorische Abschreibung), stellt die Summe aus beiden Beträgen den **durchschnittlichen jährlichen Kapitalrückfluss** dar.[1]

Amortisationszeit

Die Amortisationszeit (t_W) einer Investition ergibt sich in diesem Fall wie folgt[2]:

$$\text{Amortisationszeit } (t_W) = \frac{\text{Anschaffungswert (Kapitaleinsatz)}}{\text{Ø Gewinn pro Jahr + jährl. Abschreibung}} = \frac{\text{Anschaffungswert (Kapitaleinsatz)}}{\text{Ø Kapitalrückfluss pro Jahr}}$$

Wird auch ein **Restwert** (RW) des Investitionsobjektes berücksichtigt, muss in der obigen Formel der Anschaffungswert (AW) um den Restwert vermindert werden, da nur der Differenzbetrag zu amortisieren ist (zu amortisierender Investitionsbetrag = AW – RW). Auch die kalkulatorischen Abschreibungen sind dann – wie bei der Kostenvergleichsrechnung – lediglich vom Differenzbetrag zwischen Anschaffungs- und Restwert zu berechnen.

1 Neben der kalkulatorischen Abschreibung müssten eigentlich auch die kalkulatorischen Zinsen, soweit sie die tatsächlichen Zinszahlungen übersteigen, zum Gewinn hinzugezählt werden. Im Rahmen der statischen Amortisationsrechnung bleiben diese Zinsen aber in der Regel unberücksichtigt. Die wegen der Abnahme des investierten Rest-Kapitals fallenden Zinsen widersprechen nämlich der Annahme jährlich konstanter Kapitalrückflüsse.

2 **t** steht für tempus *(lat.)*: Zeit; **w** steht für Wiedergewinnung

Entscheidungskriterium

Bei einer Entscheidung über eine **Einzelinvestition** gilt jedes Investitionsobjekt als vorteilhaft, das die vorgegebene maximale Amortisationszeit $t_{W\,max}$ nicht überschreitet.

Entscheidungskriterium: $t_W \leq t_{W\,max}$

4.3.3 Vergleich von Investitionsalternativen

Bei einem Vergleich zwischen zwei Investitionsalternativen I und II ist das Investitionsobjekt mit der kürzeren Amortisationszeit (t_W) das vorteilhaftere.

Aufg. 4.3.1 S. 366

Entscheidungskriterium: $t_W\,I \lesseqgtr t_W\,II$

Amortisationsrechnung: Vergleich von Investitionsalternativen

Die Anschaffung einer neuen Kunststoffpresse in einem Kunststoff verarbeitenden Betrieb soll sich nach Vorgaben der Geschäftsleitung spätestens in 2,5 Jahren (= $t_{W\,max}$) amortisieren. Es stehen zwei Investitionsalternativen zur Auswahl:

	Anlage I	Anlage II
Anschaffungswert (EUR)	90 000	140 000
Restwert (EUR)	6 000	0
Nutzungsdauer (Jahre)	6	8
Gewinn pro Jahr (EUR)	28 000	38 000

Die Abschreibungen und Rückflussbeträge ergeben sich wie folgt:

	Anlage I	Anlage II
Gewinn pro Jahr (EUR)	28 000	38 000
Abschreibung pro Jahr (EUR)	14 000	17 500
Ø Kapitalrückfluss pro Jahr	42 000	55 500

Daraus ergeben sich folgende Amortisationszeiten:

	Anlage I	Anlage II
Amortisationszeit	$t_W I = \frac{90\,000 - 6\,000}{42\,000} = 2$ Jahre	$t_W II = \frac{140\,000}{55\,500} = 2{,}5$ Jahre

Ergebnis: Die Anlage I ist der Anlage II vorzuziehen, da sie eine um 0,5 Jahre kürzere Amortisationszeit aufweist und die Vorgaben der Geschäftsleitung (Amortisationszeit $t_{W\,max} \leq 2{,}5$ Jahre) erfüllt.

4.3.4 Amortisationszeit für eine Rationalisierungsinvestition

Ermittlung der Auszahlungsminderung

Für eine Rationalisierungsinvestition (= Ersatz einer noch funktionsfähigen Anlage) kann die Vorteilhaftigkeit statt an den Kapitalrückflüssen beider Anlagen vereinfachend anhand der **Auszahlungsminderung**, die durch die neue Anlage entsteht, beurteilt werden. Sind die Umsatzerlöse bei beiden Anlagen gleich hoch, wird zunächst festgestellt, um wie viel die Kosten der neuen Anlage niedriger als die der alten Anlage sind. In dieser Kostendifferenz ist aber auch die unterschiedliche Abschreibungshöhe der beiden Anlagen enthalten. Der nicht auszahlungswirksame Betrag, um den die Abschreibung der neuen Anlage höher als die der alten Anlage ist, muss als zusätzliche Auszahlungsminderung hinzugezählt werden.

Aufg. 4.3.2 S. 366

Amortisationsrechnung bei einer Rationalisierungsinvestition

	alte Anlage		neue Anlage		Differenz
Erlöse pro Jahr in EUR	50 000		50 000		0
– Gesamtkosten pro Jahr in EUR	30 000		20 000		(–) 10 000
davon Abschreibung		*3 000*		*5 000*	
= Gewinn pro Jahr in EUR	20 000		30 000		(+) 10 000
+ Abschreibung	3 000		5 000		(+) 2 000
= Kapitalrückfluss pro Jahr in EUR	**23 000**		**35 000**		**(+) 12 000**

Der jährliche Kapitalrückfluss ist bei der neuen Anlage um 12 000 EUR höher.

Vereinfachte Berechnung: Wird der Vorteil der neuen Anlage nicht an der Höhe des Kapitalrückflusses, sondern an der Höhe der **Auszahlungsminderung** gemessen, ergibt sich folgende vereinfachte Berechnung, die aber zum selben Ergebnis führt:

in EUR	alte Anlage	neue Anlage	Kosteneinsparung durch neue Anlage	zusätzliche Abschreibung durch neue Anlage
Gesamtkosten pro Jahr	30 000	20 000	10 000	
Abschreibung pro Jahr	3 000	5 000		2 000
Auszahlungsminderung pro Jahr			**12 000**	

Bei Anschaffung der neuen Anlage ergibt sich eine jährliche Auszahlungsminderung in Höhe von 12 000 EUR.

Amortisationszeit

Die entscheidende Frage lautet: Wie lange dauert es, bis der mit der neuen Maschine verbundene **Kapitaleinsatz** durch die **Auszahlungsminderung** amortisiert wurde? Ist auch ein Liquidationserlös, der sich möglicherweise beim Verkauf der alten Anlage ergibt, zu berücksichtigen, wird der Anschaffungswert der neuen Anlage (AW) um den Restwert der alten Anlage (RW) vermindert, da nur der Differenzbetrag (= zusätzlicher Kapitaleinsatz) zu amortisieren ist.

$$\text{Amortisationszeit bei Rationalisierungsinvestition } (t_w) = \frac{\text{Anschaffungswert}_{neu} - \text{Restwert}_{alt}}{\text{Kosteneinsparung + zusätzliche Abschreibung}} = \frac{\text{zusätzlicher Kapitaleinsatz}}{\text{Ø jährliche Auszahlungsminderung}}$$

***Amortisationsrechnung bei einer Rationalisierungsinvestition** (Fortsetzung)*

Die Anschaffungsauszahlungen für die neue Anlage betragen 50 000 EUR. Die Nutzungsdauer beträgt 10 Jahre, so dass sich eine jährliche Abschreibung von 5 000 EUR ergibt. Die jährliche Kostenersparnis gegenüber der bisherigen Anlage beläuft sich auf 10 000 EUR. Die jährliche Abschreibung der alten Anlage beträgt 3 000 EUR. Für die alte Anlage kann mit einem Liquidationserlös von 2 000 EUR gerechnet werden.

$$(t_W) = \frac{50\,000 - 2\,000}{10\,000 + (5\,000 - 3\,000)} = \frac{48\,000}{12\,000} = 4 \text{ Jahre}$$

Ergebnis: Das neue Investitionsobjekt hat sich nach 4 Jahren amortisiert.

Entscheidungskriterium

Bei Beurteilung einer Rationalisierungsinvestition auf der Basis der Amortisationsrechnung gilt die Regel:

> **Eine Altanlage wird nur dann ausgetauscht, wenn sich die Neuanlage aufgrund der geringeren Auszahlungen innerhalb der gewünschten maximalen Amortisationszeit $t_{w\,max}$ bezahlt macht.**
> **Entscheidungskriterium: $t_w \leq t_{w\,max}$**

4.3.5 Beurteilung der Amortisationsrechnung

Die **Amortisationsrechnung** wird in der Praxis häufig **zusätzlich** zu den Ergebnissen anderer Investitionsrechnungsverfahren als **Entscheidungsgrundlage** herangezogen.

Vorteile	Nachteile
▪ Einfache und praxisnahe Anwendungsmöglichkeit ▪ Ermöglicht, das Risiko von Fehlinvestitionen einzuschätzen und zu verringern (insbesondere bei großer Unsicherheit der entscheidungsrelevanten Daten). ▪ Gibt bei Fremdfinanzierung Anhaltspunkte, für welchen Zeitraum Finanzierungsmittel bereit stehen müssen.	▪ Schätzung zukünftiger Kapitalrückflüsse schwierig ▪ Zurechenbarkeit der Erlöse bzw. Gewinne auf ein bestimmtes Investitionsobjekt oft nicht genau möglich ▪ Investitionen mit kurzer Laufzeit erscheinen gegenüber solchen mit langer Laufzeit als vorteilhafter (Nichtberücksichtigung unterschiedlicher Nutzungsdauern). ▪ Oft wird die gewünschte Amortisationszeit ($t_{W\,max}$) willkürlich und zu kurz festgelegt. Eine Investition mit langer t_W kann aber **insgesamt** höhere Rückflüsse erbringen als bei niedriger t_W. ▪ Gibt keine Auskunft über die Rentabilität. ▪ Trotz gleicher t_W können Investitionen unterschiedliche Vorteilhaftigkeit haben.

Zusammenfassende Übersicht zu Kap. 4.3: Statische Amortisationsrechnung

Ermittlung der Amortisationszeit (Wiedergewinnungszeit)

↓

Umrechnung von Erlösen und Kosten in Einzahlungen und Auszahlungen

Einzahlungsüberschuss = Ø Gewinn + nicht ausgabewirksame Kosten = Ø Kapitalrückfluss

$$\textbf{Amortisationszeit } t_w = \frac{\textbf{Anschaffungswert (Kapitaleinsatz)}}{\textbf{Ø Kapitalrückfluss pro Jahr}}$$

Vergleich von Investitionsalternativen

Entscheidungskriterium t_w I $\lesseqgtr$ t_w II

Einzelinvestition	Rationalisierungsinvestition
Entscheidungskriterium $t_W \leq t_{W\,max}$	$\text{Amortisationszeit } t_W = \frac{\text{zusätzlicher Kapitaleinsatz (Anschaffungswert}_{neu} - \text{Restwert}_{alt})}{\text{Ø Auszahlungsminderung pro Jahr}}$ Entscheidungskriterium: $t_w \leq t_{w\,max}$

Probleme der statischen Amortisationsrechnung

- Schätzung der künftigen Kapitalrückflüsse schwierig
- Zurechenbarkeit von Erlösen und Gewinnen auf ein Investitionsobjekt schwierig
- Gewünschte Amortisationszeit $t_{w\,max}$ wird oft willkürlich und zu kurz festgelegt.
- Rentabilität nicht berücksichtigt. Eine Investition kann trotz kurzer Amortisationszeit unrentabel sein.
- Investitionen mit kurzer Laufzeit werden gegenüber Investitionen mit langer Laufzeit (u. U. ungerechtfertigt) begünstigt.

Wiederholung des Grundwissens

zu Kapitel 4.3 Statische Amortisationsrechnung

4.3.1 Ziel der Amortisationsrechnung

1. Worin besteht das Ziel der Amortisationsrechnung?

4.3.2 Amortisationszeit für eine Einzelinvestition

1. Wie werden die Einzahlungsüberschüsse (Kapitalrückfluss pro Jahr) ermittelt?
2. Wie wird die Amortisationszeit ermittelt?
3. Wie lautet das Entscheidungskriterium für die Vorteilhaftigkeit einer Einzelinvestition?

4.3.3 Vergleich von Investitionsalternativen

1. Wie lautet das Entscheidungskriterium für die Auswahl zwischen zwei Investitionsobjekten?

4.3.4 Amortisationszeit für eine Rationalisierungsinvestition

1. Wie ändert sich die Berechnungsweise der Amortisationszeit, wenn es sich um eine Rationalisierungsinvestition handelt?

4.3.5 Beurteilung der Amortisationsrechnung

1. Nennen Sie Vor- und Nachteile der statischen Amortisationsrechnung.

Aufgaben und Probleme

zu Kapitel 4.3 Statische Amortisationsrechnung

4.3.1 Vergleich von zwei Investitionsalternativen anhand der Amortisationszeit

In einer Maschinenfabrik stehen zwei Investitionsobjekte zur Auswahl. Die Geschäftsleitung erwartet eine Amortisation innerhalb von drei Jahren.

	Anlage I	Anlage II
Anschaffungswert (EUR)	205 000	270 000
Nutzungsdauer (Jahre)	6	8
Restwert (EUR)	10 000	15 000
Gewinn pro Jahr (EUR)	42 000	48 000

1. Begründen Sie, warum die Abschreibungen bei der Berechnung der Amortisationszeit berücksichtig werden müssen.
2. Ermitteln Sie die Amortisationszeit für beide Investitionsobjekte und treffen Sie eine Entscheidung.

4.3.2 Beurteilung einer Rationalisierungsinvestition anhand der Amortisationsrechnung

Ein Holz verarbeitender Betrieb plant eine Rationalisierungsinvestition. Der Anschaffungswert für die neue Anlage beläuft sich auf 540 000 EUR. Es wird von einer 10-jährigen Nutzungsdauer ausgegangen. Die jährliche Kosteneinsparung beträgt 104 000 EUR. Die alte Anlage mit einer Restnutzungsdauer von vier Jahren und einer jährlichen Abschreibung von 30 000 EUR würde derzeit einen Liquidationserlös von 100 000 EUR erbringen.
Die neue Anlage soll sich nach Möglichkeit innerhalb der Restnutzungsdauer der alten Anlage amortisiert haben. Prüfen Sie, ob diese vorgegebene Amortisationszeit erreicht werden kann.

4.4 Dynamische Investitionsrechnung am Beispiel der Kapitalwertmethode

4.4.1 Finanzmathematische Grundlagen

Die **statischen Verfahren** der Investitionsrechnung berücksichtigen vorrangig die auf **eine Periode** bezogenen **Kosten, Erlöse und Gewinne** einer Investition. Die **dynamischen Verfahren** der Investitionsrechnung beziehen dagegen die **Ein- und Auszahlungen** (Zahlungsströme) **aller Perioden** ein, während derer das Investitionsgut genutzt wird. Durch **Abzinsung** der künftigen Ein- und Auszahlungen auf den Zeitpunkt des Investitionsbeginns wird der **Barwert** (Gegenwartswert zum Zeitpunkt t_0) ermittelt. Die zu unterschiedlichen Zeitpunkten und in unterschiedlicher Höhe anfallenden künftigen Ein- und Auszahlungen werden dadurch vergleichbar gemacht.

Der Grundgedanke der dynamischen Investitionsrechnung lautet:

Ein- oder Auszahlungen zu unterschiedlichen Fälligkeitszeitpunkten haben einen unterschiedlichen Wert. Heute verfügbares Geld ist mehr wert als künftiges. Der Unterschied ist durch den (Zinses-)Zins bedingt.

Kalkulationszinssatz

Grundlage aller dynamischen Investitionsrechnungsverfahren ist daher die **Zinseszinsrechnung** (Barwertberechnung). Für die Abzinsung wird ein **Kalkulationszinssatz** benötigt. Bei der Festlegung des Kalkulationszinssatzes kann sich der Investor an folgenden Vergleichsgrößen orientieren:

- Gegenwärtiger Zinssatz am Kapitalmarkt vermehrt um einen Risikozuschlag
- Zinssatz, mit dem sich das Eigen- oder Fremdkapital des Unternehmens derzeit verzinst
- Eine vom Investor vorgegebene **Mindestverzinsung**.

Barwertformel

Barwertformel

Fragestellung: Wie hoch muss zum gegenwärtigen Zeitpunkt t_0 das Anfangskapital K_0 (= Barwert) sein, um bei einem Zinssatz von p und einer Laufzeit von n ein Endkapital von K_n zu erreichen?

Abzinsung

K_0		K_n
Anfangskapital (Barwert)	n Jahre	Endkapital
X EUR		**100 000 EUR**

K_n = Endkapital K_0 = Anfangskapital
n = Laufzeit p = Zinssatz
i = p/100 q = 1 + p/100 = 1 + i

$$K_0 = \frac{K_n}{\left(1 + \frac{p}{100}\right)^n} = \frac{K_n}{(1+i)^n} = \frac{1}{q^n} \cdot K_n$$

Barwert für K_n = 100 000, p = 5 %, n = 5 Jahre

$$K_0 = \frac{1}{1{,}05^5} \cdot 100\,000 = 78\,352{,}62 \text{ EUR}$$

4.4.2 Kapitalwertmethode: Ermittlung des Kapitalwertes für eine Einzelinvestition

Das am weitesten verbreitete Verfahren der dynamischen Investitionsrechnung ist die **Kapitalwertmethode**.

Aufg. 4.4.1
Aufg. 4.4.2
S. 373, 374

Der Kapitalwert (C_0) einer Investition ist die Barwertsumme (Gegenwartswert) aller durch diese Investition verursachten Zahlungen (Einzahlungsüberschüsse – Anschaffungsauszahlungen).

Kapitalwertformel

Der **Kapitalwert** einer Investition ergibt sich wie folgt[1]:

C_0 = Kapitalwert A_0 = Anschaffungsauszahlungen
t_0 = heutiger Zeitpunkt (Gegenwart)
Ü = Einzahlungsüberschuss:[2]
$Ü_1, Ü_2, Ü_3, \ldots Ü_n$, = regelmäßige (jährliche) Einzahlungsüberschüsse während der Laufzeit n
t = 1, 2, ..., n = Zahlungszeitpunkte der Überschüsse (Jahresende 1 bis n)
p = Kalkulationszinssatz i = p/100 q = 1 + p/100 = 1 + i
$1/q^n$ bzw. q^{-n} = Abzinsungsfaktor L_t = Liquiditätserlös zum Zeitpunkt t

$$C_0 = -A_0 + Ü_1 \cdot \frac{1}{q^1} + Ü_2 \cdot \frac{1}{q^2} + Ü_3 \cdot \frac{1}{q^3} + \ldots + Ü_n \cdot \frac{1}{q^n} = -A_0 + \sum_{t=1}^{n} Ü_t \cdot \frac{1}{q^t}$$

Ist ein **Liquidationserlös** L zum Zeitpunkt t zu berücksichtigen (z. B. beim Verkauf der Maschine am Ende der Laufzeit), so muss die Kapitalwertformel ergänzt werden, indem der auf den heutigen Tag (t_0) abgezinste Liquidationserlös ($L_t \cdot 1/q^t$) hinzugezählt wird:

$$C_0 = -A_0 + \sum_{t=1}^{n} Ü_t \cdot \frac{1}{q^t} + L_t \cdot \frac{1}{q^t}$$

Kriterium für die Wahl einer Investitionsalternative ist die Höhe des Kapitalwertes C_0. Eine Investition ist umso vorteilhafter, je höher ihr Kapitalwert ist.

Berechnung des Kapitalwerts

Bei der METABA GmbH soll über die Anschaffung einer neuen Produktionsanlage entschieden werden. Die Anschaffungsauszahlungen betragen 100 000 EUR. Der Kalkulationszinssatz beträgt 10 %. Die während der 5-jährigen Nutzungsdauer anfallenden Ein- und Auszahlungen sind geschätzt.

Zahlungszeitpunkt (Jahresende) t	Einzahlungen (E) EUR	Auszahlungen[2] (A) EUR	Einzahlungsüberschüsse (Ü) EUR	Abzinsungsfaktor[3] $1/q^t$ bzw. q^{-t}	Barwerte EUR
1	100 000	70 000	30 000	0,909091	27 273
2	110 000	60 000	50 000	0,826446	41 322
3	100 000	70 000	30 000	0,751315	22 539
4	100 000	80 000	20 000	0,683013	13 660
5	110 000	80 000	30 000	0,620921	18 628
Barwertsumme der Einzahlungsüberschüsse:					**123 422**
– Anschaffungsauszahlungen: A_0					**100 000**
= Kapitalwert: C_0					**+ 23 422**

Ergebnis: Der Kapitalwert der Investition ist positiv. Die Investition ist daher vorteilhaft. Das eingesetzte Kapital bleibt erhalten und verzinst sich zum Kalkulationszinssatz von 10 %. Darüber hinaus wird ein Überschuss erzielt, dessen Barwert 23 422 EUR beträgt.

1 Der Kapitalwert lässt sich auch mit Hilfe der finanzmathematischen Funktionen eines Taschenrechners ermitteln. Die Vorgehensweise wird im Anhang beschrieben.
2 Auszahlungen im Zusammenhang mit der Finanzierung des Investitionsobjekts werden nicht gesondert berücksichtigt. Zinszahlungen sind durch den Kalkulationszinssatz und Tilgungszahlung durch die Anschaffungsauszahlungen erfasst.
3 Eine Tabelle mit entsprechenden Auf- und Abzinsungsfaktoren ist im Anhang abgedruckt.

Entscheidungskriterium

Bei einer **Einzelinvestition** gilt jedes Investitionsobjekt als vorteilhaft, dessen Kapitalwert größer als 0 ist.

Entscheidungskriterium bei Einzelinvestition: $C_0 \geq 0$

Höhe des Kapitalwertes	Bedeutung	Vorteilhaftigkeit der Investition
Kapitalwert ist positiv **$C_0 > 0$** z. B. C_0 = 10 000 EUR	Der Investor erhält ▪ sein investiertes Kapital zurück, ▪ eine Verzinsung des Kapitals in Höhe des Kalkulationszinssatzes, ▪ einen zusätzlichen Überschuss, dessen Barwert 10 000 EUR beträgt.	**vorteilhaft**
Kapitalwert ist null **$C_0 = 0$**	Der Investor erhält ▪ sein investiertes Kapital zurück, ▪ eine Verzinsung des Kapitals in Höhe des Kalkulationszinssatzes. Ein Überschuss wird nicht erzielt.	Es ist **gleichgültig**, ob diese Investition getätigt oder die Investitionssumme anderweitig zum Kalkulationszinssatz angelegt wird.
Kapitalwert ist negativ **$C_0 < 0$** z. B. C_0 = – 10 000 EUR	Der Investor erhält ▪ sein investiertes Kapital nicht bzw. nicht in vollem Umfang zurück und/oder ▪ nicht die erwartete Verzinsung des Kapitals in Höhe des Kalkulationszinssatzes.	**nicht vorteilhaft**

4.4.3 Vergleich von Investitionsalternativen – Differenzinvestition

Bei einem Vergleich zwischen zwei Investitionsalternativen I und II ist das Investitionsobjekt mit dem höheren Kapitalwert das vorteilhaftere. Aufg. 4.4.3 S. 374

Entscheidungskriterium beim Vergleich zweier Investitionsobjekte: $C_0^{I} \lesseqgtr C_0^{II}$
Dabei muss gelten: $C_0 \geq 0$

Differenzinvestitionen

Zwei Investitionsobjekte sind aber nur dann direkt vergleichbar, wenn für beide Alternativen das während der Nutzungsdauer gebundene Kapital gleich hoch ist. Unterscheiden sich die Anschaffungsauszahlungen von zwei Investitionsobjekten, so muss in den Vorteilhaftigkeitsvergleich folgende Überlegung einbezogen werden: Der Differenzbetrag zwischen den Anschaffungsauszahlungen der beiden Alternativen kann (tatsächlich oder gedanklich) zinsbringend angelegt werden **(= Differenzinvestition)**. Eine solche **Differenzinvestition** kann beispielweise in Form einer (fiktiven) **Finanzinvestition** (z. B. Anlage auf dem Kapitalmarkt in festverzinslichen Wertpapieren) erfolgen.

Eine Differenzinvestition ist eine zusätzliche Investition, um Investitionsalternativen mit unterschiedlichen Anschaffungsauszahlungen vergleichbar zu machen.

Differenzinvestition bei unterschiedlichen Anschaffungsauszahlungen

Bei unterschiedlichen Anschaffungsauszahlungen von zwei Investitionsalternativen (z. B. Anlage I 120 000 EUR, Anlage II 80 000 EUR) wird davon ausgegangen, dass der Unterschiedsbetrag (Differenz) zwischen den Anschaffungsauszahlungen (hier: 40 000 EUR) in eine (fiktive) Anlage III investiert wird. Dahinter steckt folgende Überlegung: Um überhaupt eine Auswahl zwischen Anlage I und Anlage II treffen zu können, muss davon ausgegangen werden, dass der Investor in der Lage ist, jede der beiden Investitionsalternativen zu finanzieren. Wählt der Investor die Anlage I (Anschaffungsauszahlungen: 120 000 EUR), so verzichtet er nicht nur auf die Anlage II (Anschaffungsauszahlungen: 80 000 EUR), sondern zusätzlich auf auch eine dritte Investition (Anlage III) mit Anschaffungsauszahlungen in Höhe von 40 000 EUR (= Differenzbetrag der Anschaffungsauszahlungen von Anlage I und Anlage II). Die Wahl zwischen Anlage I und Anlage II beruht also in Wirklichkeit auf einem Vergleich zwischen Anlage I einerseits und Anlage II und III andererseits.

Der Kapitalwert der Differenzinvestition wird zum Kapitalwert des Investitionsobjekts mit den geringeren Anschaffungsauszahlungen hinzugezählt. Auf diese Weise können die Anschaffungsauszahlungen beider Investitionsalternativen einander angepasst und die Investitionsobjekte vergleichbar gemacht werden.[1]

Um zwei Investitionsobjekte mit unterschiedlichen Anschaffungsauszahlungen vergleichbar zu machen, wird der Kapitalwert der Differenzinvestition zum Kapitalwert des Investitionsobjekts mit den geringeren Anschaffungsauszahlungen hinzugezählt. Die Summe dieser beiden Kapitalwerte wird mit dem Kapitalwert der anderen Investitionsalternative verglichen.

Wenn aber davon ausgegangen wird, dass bei Anwendung der Kapitalwertmethode überschüssige liquide Mittel immer zum Kalkulationszinssatz angelegt werden, brauchen für die Ermittlung der vorteilhafteren Investitionsalternative keine Differenzinvestitionen berücksichtigt zu werden. Da die Kapitalwerte solcher zum Kalkulationszinssatz verzinsten Investitionen null sind, haben sie keinen Einfluss auf die Investitionsentscheidung. Es genügt in diesem Fall vielmehr, die Kapitalwerte der Investitionsalternativen ohne Berücksichtigung einer Differenzinvestition miteinander zu vergleichen und die Investitionsalternative mit dem höheren Kapitalwert zu wählen.

Differenzinvestition in Form einer Finanzinvestition – Verzinsung zum Kalkulationszinssatz

Die Differenz der Anschaffungsauszahlungen zwischen Anlage I und Anlage II in Höhe von 40 000 EUR (siehe Bsp. oben) wird (gedanklich) in festverzinslichen Wertpapieren mit einer Verzinsung zum Kalkulationszinssatz von 10 % angelegt. Der Einfachheit halber wird angenommen, dass die Nutzungsdauern der Anlagen und damit auch die Anlagedauer der Finanzinvestition auf 2 Jahre beschränkt sind. Anders als bei Sachinvestitionen, die während der Nutzungsdauer an Wert verlieren und daher am Ende keinen oder nur einen geringeren Liquidationserlös als die Anschaffungsauszahlungen aufweisen, wird der in die festverzinslichen Wertpapiere investierte Betrag am Ende der Anlagedauer in voller Höhe zurückgezahlt. Der „Liquidationserlös“ (L_t) der Finanzinvestition entspricht somit den „Anschaffungsauszahlungen“ (A_0). Der Kapitalwert C_0 der Finanzinvestition in Höhe von 0 EUR lässt wie folgt nachweisen:

Anschaffungsauszahlungen (A_0): 40 000 EUR
jährliche Einzahlungsüberschüsse ($Ü_t$): 10 % von A_0
Liquidationserlös ($L_{t=2}$): 40 000 EUR
Kalkulationszinssatz: 10 %

$$C_0 = -A_0 + Ü_1 \cdot 1/q^1 + Ü_2 \cdot 1/q^2 + L_2 \cdot 1/q^2$$
$$C_0 = -40\,000\text{ EUR} + 4\,000\text{ EUR} \cdot 0{,}909091 + 4\,000 \cdot 0{,}826446 + 40\,000 \cdot 0{,}826446$$
$$C_0 = -40\,000\text{ EUR} + 3\,636\text{ EUR} + 3\,306\text{ EUR} + 33\,058\text{ EUR} = 0$$

Der Kapitalwert beträgt deshalb null, weil die Ermittlung der Einzahlungsüberschüsse genau mit demselben Zinssatz erfolgt, der auch für Barwertermittlung (Abzinsung der Überschüsse) verwendet wird.

Der Kapitalwert einer Investition, die sich zum Kalkulationszinssatz verzinst, ist null.

Wird angenommen, dass jederzeit in beliebigem Umfang ergänzende Investitionen getätigt werden können, die sich genau zum Kalkulationszinssatz verzinsen, kann auf die Berücksichtigung von Differenzinvestitionen verzichtet werden.

1 Das gilt nicht nur bei Investitionsobjekten mit unterschiedlichen Anschaffungsauszahlungen, sondern auch bei unterschiedlicher Nutzungsdauer. Dies ist aber nicht Gegenstand des Lehrplans.

Differenzinvestition mit Kapitalwert > 0

Wird dagegen davon ausgegangen, dass der Investor ausnahmsweise ergänzende Investitionen zu einem höheren als dem von ihm gewählten Kalkulationszinssatz tätigen kann, ist der Kapitalwert der **Differenzinvestition** – wie im folgenden Beispiel dargestellt – zu berücksichtigen.

Investitionsentscheidung mit Differenzinvestition

Bei der METABA GmbH stehen folgende beiden Investitionsobjekte zur Auswahl.

	Anlage I	Anlage II
Anschaffungsauszahlungen (EUR)	120 000	80 000
Nutzungsdauer (Jahre)	5	5
Liquidationserlös (EUR)	12 000	0
laufende Einzahlungsüberschüsse (Ü)	siehe nachfolgende Tabelle	
Kalkulationszinssatz	10 %	

Zur Ermittlung der Vorteilhaftigkeit ist es notwendig, die Differenz zwischen den Anschaffungsauszahlungen der beiden Anlagen in Höhe von 40 000 EUR durch eine Differenzinvestition zu berücksichtigen. Im vorliegenden Fall wird angenommen, dass diese fiktiven 40 000 EUR in eine Anlage investiert werden könnten, die ebenfalls 5 Jahre genutzt wird, danach einen geschätzten Liquidationserlös von 5 000 EUR erzielt und zu den in der folgenden Tabelle dargestellten geschätzten jährlichen Einnahmeüberschüssen führt.

Zeitpunkt (Jahresende)	Abzinsungsfaktor $1/q^t$ bzw. q^{-t}	Anlage I		Anlage II		Differenzinvestition	
		Überschüsse (Ü) in EUR	Barwert in EUR	Überschüsse (Ü) in EUR	Barwert in EUR	Überschüsse (Ü) in EUR	Barwert in EUR
1	0,909091	30 000	27 273	20 000	18 182	8 000	7 273
2	0,826446	45 000	37 190	25 000	20 661	10 000	8 264
3	0,751315	40 000	30 053	25 000	18 783	15 000	11 270
4	0,683013	45 000	30 736	25 000	17 075	20 000	13 660
5	0,620921	35 000	21 732	20 000	12 148	20 000	12 148
Summe		195 000	146 984	115 000	87 119	73 000	52 885
Liquidationserlös	0,620921	12 000	7 451	0	0	5 000	3 105
Barwertsumme der Überschüsse			154 435		87 119		55 990
– Anschaffungsauszahlungen			120 000		80 000		40 000
					7 119		**15 990**
= Kapitalwert			**34 435**			**23 109**	

Ergebnis: Für die Metallbau GmbH ist es günstiger, sich für die Anlage I zu entscheiden. Der Kapitalwert dieser Anlage beträgt 34 435 EUR. Er ist um 11 326 EUR höher als der sich aus der Summe der Kapitalwerte von Anlage II (7 119 EUR) und der Differenzinvestition (15 990 EUR) ergebende Kapitalwert von 23 109 EUR.

Bei Wahl der Anlage I erhält das Unternehmen

- die investierten 120 000 EUR zurück,
- eine Verzinsung dieses eingesetzten Kapitals in Höhe von 10 %.
- einen zusätzlichen Überschuss, dessen Barwert 34 435 EUR beträgt.

4.4.4 Beurteilung der Kapitalwertmethode

Im Gegensatz zu den Verfahren der statischen Investitionsrechnung werden bei der Kapitalwertmethode als einem dynamischen Investitionsrechnungsverfahren die zukünftigen Zahlungen zeitlich und betragsmäßig einzeln erfasst. Dadurch wird die Investitionsentscheidung erheblich sicherer. Allerdings ergeben sich bei der Anwendung der Kapitalwertmethode u. a. folgende Probleme:

Probleme bei Anwendung der Kapitalwertmethode

- Die Zahlungen sind häufig nicht einem einzigen Investitionsprojekt direkt zurechenbar.
- Ungewissheit der zukünftigen Zahlungen, die nach Höhe und zeitlichem Anfall prognostiziert werden müssen. Nicht alle jährlichen Ein- und Auszahlungen fallen am Ende der einzelnen Perioden t_1, t_2, t_3 … t_n an.
- Wahl des Kalkulationszinssatzes hängt stark von den subjektiven Zielen (Mindestverzinsung) des Investors ab.
- Alle Zahlungen werden ein und demselben Zinssatz unterworfen (= Kalkulationszinssatz). Das beinhaltet die Annahme, dass zu diesem Kalkulationszinssatz beliebig viel Kapital beschafft und angelegt werden kann.
  Diese Annahme trifft nur für einen vollkommenen Kapitalmarkt, auf dem Soll- und Habenzinssatz gleich hoch sind, zu und ist nicht realistisch.

Zusammenfassende Übersicht zu Kap. 4.4:
Dynamische Investitionsrechnung am Beispiel der Kapitalwertmethode

Kapitalwert

Kalkulationszinssatz p

$i = p/100$ ↓ $q = 1 + i = 1 + p/100$

Barwert (K_0) einer künftigen Zahlung: $K_0 = K_n \cdot 1/q^n$

↓ $1/q^n$ bzw. q^{-n} = Abzinsungsfaktor

Kapitalwert (C_0) = Barwertsumme aller durch die Investition verursachten Zahlungen

A_0 = Anschaffungsauszahlungen

Ü = Einzahlungsüberschüsse

$$C_0 = \sum_{t=1}^{n} Ü_t \cdot \frac{1}{q^t} - A_0 + L_t \cdot \frac{1}{q^t}$$

L_t = Liquidationserlös zum Zeitpunkt t

$C_0 > 0$	$C_0 = 0$	$C_0 < 0$
↓	↓	↓
Investition ist vorteilhaft.	**Indifferenz**	**Investition ist nicht vorteilhaft.**

Vergleich von Investitionsalternativen

Je höher der Kapitalwert, desto vorteilhafter ist die Investition.

↓

bei unterschiedlichen Anschaffungsauszahlungen der Investitionsobjekte

↓

Differenzinvestition

Der Kapitalwert der Differenzinvestition wird dem Kapitalwert der Investitionsalternative mit den geringeren Anschaffungsauszahlungen hinzugezählt.

Wiederholung des Grundwissens

zu Kapitel 4.4 Dynamische Investitionsrechnung am Beispiel der Kapitalwertmethode

4.4.1 Finanzmathematische Grundlagen

1. Worin besteht der wesentliche Unterschied zwischen den Verfahren der statischen und der dynamischen Investitionsrechnung?
2. Warum sind in Zukunft zu zahlende Beträge weniger wert als gegenwärtige?
3. Wie wird der Barwert (Gegenwartswert) einer künftigen Zahlung berechnet?

4.4.2 Kapitalwertmethode: Ermittlung des Kapitalwertes für eine Einzelinvestition

1. Was ist unter dem Kapitalwert einer Investition zu verstehen?
2. Wie wird der Kapitalwert einer Investition berechnet?
3. Wie lautet das Entscheidungskriterium bei einer Einzelinvestition?
4. Was bedeutet es für einen Investor, wenn der Kapitalwert einer Investition a) positiv b) null c) negativ ist?

4.4.3 Vergleich von Investitionsalternativen – Differenzinvestition

1. Wie lautet das Entscheidungskriterium bei einem Vergleich von mehreren Investitionsalternativen?
2. In welchen Fällen müssen Differenzinvestitionen berücksichtigt werden?
3. Wie geht der Kapitalwert einer Differenzinvestition in die Investitionsentscheidung ein?
4. Welche Besonderheit ist bei der Ermittlung des Kapitalwertes einer Finanzinvestition zu berücksichtigen?

4.4.4 Beurteilung der Kapitalwertmethode

1. Nennen Sie Vor- und Nachteile der Kapitalwertmethode.

Aufgaben und Probleme

zu Kapitel 4.4 Dynamische Investitionsrechnung am Beispiel der Kapitalwertmethode

4.4.1 Kapitalwertmethode: Vergleich zwischen Sach- und Finanzinvestition

PDF

Ein Unternehmen verfügt über liquide Mittel in Höhe von 200 000 EUR. Wegen mittelfristig geplanter anderweitiger Investitionen wird überlegt, ob dieser Betrag vorübergehend für zwei Jahre in festverzinslichen Wertpapieren mit einer Verzinsung von 8 % p. a. angelegt oder zur Anschaffung einer gebrauchten Produktionsanlage mit einer Restnutzungsdauer von 2 Jahren verwendet werden soll. Es wird geschätzt, dass im Zusammenhang mit der Produktionsanlage folgende Ein- und Auszahlungen anfallen:

	Anschaffungszeitpunkt t_0	Ende des ersten Jahres t_1	Ende des zweiten Jahres t_2
Auszahlungen in EUR	200 000	100 000	100 000
Einzahlungen in EUR		200 000	230 000

Ein Liquidationserlös für die Produktionsanlage fällt nicht an. Als Kalkulationszinssatz wird der Zinssatz für festverzinsliche Wertpapiere verwendet.
Ermitteln Sie die Kapitalwerte der beiden Investitionsalternativen und erläutern Sie das Ergebnis.
Hinweis: *Die Ermittlung des Kapitalwertes kann mit Hilfe der finanzmathematischen Funktionen eines Taschenrechners erfolgen.*

4.4.2 Anwendung der Kapitalwertmethode beim Kauf eines Lkw

PDF

Eine Spedition beabsichtigt ein neues Spezialfahrzeug zum Preis von 600 000 EUR anzuschaffen. Mit dem Lkw-Hersteller wird vereinbart, dass der Rechnungspreis in zwei gleichen Jahresraten bezahlt werden kann (erste Rate bei Auslieferung, zweite Rate ein Jahr später). Für den neuen Lkw wird eine Nutzungsdauer von 5 Jahren angenommen. Danach kann er voraussichtlich zum Restwert von 100 000 EUR verkauft werden.

Es wird mit folgenden Einzahlungsüberschüssen durch den Lkw-Einsatz gerechnet:

Jahr	01	02	03	04	05
Einzahlungsüberschüsse in EUR	100 000	150 000	200 000	150 000	170 000

Prüfen Sie mit Hilfe der Kapitalwertmethode, ob sich die Anschaffung bei einem Kalkulationszinssatz von 10 % lohnt.

4.4.3 Vergleich von Investitionsalternativen mit unterschiedlichen Anschaffungsauszahlungen – Differenzinvestition

PDF

Die METABA GmbH will eine neue Maschine anschaffen. Für die Investitionsentscheidung wird ein Kalkulationszinssatz von 10 % zugrunde gelegt. Es stehen zwei Alternativen zur Verfügung:

		Anlage I	Anlage II
Anschaffungsauszahlungen EUR		90 000	60 000
Einzahlungsüberschüsse während der 5-jährigen Nutzung EUR	$Ü_1$	20 000	20 000
	$Ü_2$	30 000	20 000
	$Ü_3$	40 000	20 000
	$Ü_4$	30 000	20 000
	$Ü_5$	15 000	15 000
erwarteter Liquidationserlös EUR		5 000	0

1. Ermitteln Sie die Kapitalwerte der beiden Investitionen.
   Hinweis: *Die Ermittlung des Kapitalwertes kann mit Hilfe der finanzmathematischen Funktionen eines Taschenrechners erfolgen.*
2. Geschäftsführer Abele möchte aufgrund des Ergebnisses von 1. die Anlage I anschaffen. Geschäftsführer Bäuerle bezweifelt die Richtigkeit einer solchen Entscheidung und weist darauf hin, dass die Anschaffungsauszahlungen für die Anlage I um 50 % höher sind als bei Anlage II. Er schlägt vor, die Anlage II anzuschaffen und die ersparten 30 000 EUR in ein anderes Investitionsobjekt zu investieren.
   Beurteilen Sie die Einwände von Herrn Bäuerle kritisch.
3. Die 30 000 EUR könnten in ein anderes Investitionsobjekt investiert werden, das ebenfalls eine Laufzeit von fünf Jahren hat und zu folgenden Einzahlungsüberschüssen führen würde.

Jahr 1	Jahr 2	Jahr 3	Jahr 4	Jahr 5
5 000 EUR	6 000 EUR	10 000 EUR	15 000 EUR	15 000 EUR

   Ermitteln Sie den Kapitalwert dieser Differenzinvestition. Welche Investitionsentscheidung sollte die METABA GmbH treffen?
4. Würde sich die Investitionsentscheidung ändern, wenn der Differenzbetrag in Höhe von 30 000 EUR zinsbringend zum Kalkulationszinssatz am Kapitalmarkt angelegt würde? Begründen Sie Ihre Aussage.
5. Wie hoch muss der Kapitalwert der Differenzinvestition mindestens sein, damit die Anlage II vorteilhafter ist?

Zusammenfassende Übersicht Teil C: Finanzierung und Investition

Innenfinanzierung

Offene Selbstfinanzierung			
KG		**AG**	
Einbehaltung des Gewinnanteils eines Komplementärs	■ freiwillige Einbehaltung von Gewinnanteilen eines Kommanditisten ■ erzwungene Einbehaltung von Gewinnanteilen eines Kommanditisten HGB § 169 (1)	**gesetzliche Rücklage** AktG § 150 5 % des JÜ (abzüglich Verlustvortrag) bis die Summe aus Kapitalrücklage und ges. Rücklage 10 % des Grundkapitals beträgt	**andere Gewinnrücklagen** AktG § 58 (2) u. (3) Vorstand und AR können vom Rest bis zu 50 % und die HV kann vom Bilanzgewinn weitere Beträge in die anderen Gewinnrücklagen einstellen.

Finanzierung aus Abschreibungsgegenwerten	
bilanzielle Abschreibung	kalkulatorische Abschreibung
Ausschüttungssperre	Kapitalfreisetzung

Finanzierungseffekt
↓
bei Preissteigerung:
AHK < Wiederbeschaffungskosten
↓
bilanzielle Abschreibung < kalkulatorische Abschreibung
↓
Scheingewinne
↓
keine Substanzerhaltung

Außenfinanzierung

Beteiligungsfinanzierung (externe Eigenfinanzierung)
Anteil am Eigenkapital

KG	
Komplementäreinlage	**Kommanditeinlage**

AG

Kapitalerhöhung gegen Einlagen (= Ausgabe junger Aktien)
↓
Emissionsverfahren/Emissionskurs
↓
Finanzierungswirkung

Grundkapitalerhöhung | **Erhöhung der Kapitalrücklage durch Agio**

Eigenkapitalerhöhung
↓
Bezugsrecht der Aktionäre: B = $(K_a - K_j)/(a/n + 1)$
↓
kein Vermögensverlust

Außenfinanzierung

externe Fremdfinanzierung

Darlehen

Festdarlehen	Abzahlungsdarlehen	Annuitätendarlehen
jährlich gleiche Zinsen	jährlich fallende Zinsen	jährlich fallende Zinsen
Tilgung in voller Höhe am Ende	jährlich gleiche Tilgung	jährlich steigende Tilgung

unterschiedliche Liquiditätsbelastung
↓
Zinsen verringern die Steuerbelastung
↓
Liquiditätsbelastung nach Steuern
↓
Barwertsumme der Liquiditätsbelastung
Barwertformel
$K_0 = K_n/(1 + p/100)^n$
Unterschiede bei der Liquiditätsbelastung zwischen den drei Darlehensformen verringern sich.

Leasing

Finanzierungsleasing mit Vollamortisation

Leasingerlass
↓
Vergleich zwischen Kreditfinanzierung und Leasing
↓
höhere Liquiditätsbelastung beim Leasing
↓
Zinsen, Abschreibung, Leasingraten verringern die Steuerbelastung
↓
Liquiditätsbelastung nach Steuern
↓
Barwertsumme der Liquiditätsbelastung
↓
Unterschied bei der Liquiditätsbelastung zwischen Kreditfinanzierung und Leasing verringert sich.

Kontokorrentkredit

- Beanspruchung bis zur vereinbarten Höhe (Limit)
- Anpassung an schwankenden Kreditbedarf
- kurzfristig kündbar
- hoher Zinssatz

Kreditsicherheiten

Personensicherheiten	Sachsicherheiten	
	bewegliches Vermögen	**Grundstücke**
Bürgschaft ↓ Selbstschuldnerische Bürgschaft	Sicherungsübereignung	Grundschuld

Investitionsrechnung

Zweck

optimale Verwendung der Finanzierungsmittel	Entscheidung für vorteilhafte Investitionen	Gewinnsteigerung

Verfahren

Statische Investitionsrechnung

- nur eine Nutzungsperiode berücksichtigt
- Rechnungsgrößen: Kosten und Leistung
- zeitlicher Anfall von Kosten und Leistungen bleibt unberücksichtigt (keine Abzinsung)

Dynamische Investitionsrechnung

- Alle Nutzungsperioden werden berücksichtigt.
- Rechnungsgrößen: Ein- und Auszahlungen
- zeitlicher Anfall der Ein- und Auszahlungen wird berücksichtigt (Abzinsung)

<table>
<tr><th colspan="2">Kostenvergleichsrechnung</th><th colspan="3">Kapitalwertmethode</th></tr>
<tr><td colspan="2">entscheidungsrelevante Kosten</td><td colspan="3">Kapitalwert (C_0) = Barwertsumme aller durch die Investition verursachten Zahlungen</td></tr>
<tr><td>Kapitalkosten
kalk. Abschreibung,
kalk. Zinsen
(fixe Kosten)</td><td>Betriebskosten
(fixe und variable Kosten)</td><td>$C_0 > 0$
Investition ist vorteilhaft.</td><td>$C_0 = 0$
indifferent</td><td>$C_0 < 0$
Investition ist nicht vorteilhaft.</td></tr>
<tr><td colspan="2">kritische Menge: K_g I = K_g II
$x_0 = (K_f\ II - K_f\ I)/(k_v\ I - k_v\ II)$</td><td colspan="3">Je höher der Kapitalwert,
desto vorteilhafter ist die Investition.</td></tr>
<tr><th colspan="2">Amortisationsrechnung</th><td colspan="3" rowspan="4">bei unterschiedlichen Anschaffungsauszahlungen der Investitionsobjekte und einer über den Kalkulationszinssatz hinausgehenden Verzinsung des Differenzbetrages
↓
Differenzinvestition
Der Kapitalwert der Differenzinvestition wird zum Kapitalwert der Alternative mit den niedrigeren Anschaffungsauszahlungen hinzugezählt.</td></tr>
<tr><td colspan="2">Ermittlung der Amortisationszeit (Wiedergewinnungszeit)</td></tr>
<tr><td colspan="2">Kapitalrückfluss = Gewinn + Abschreibung</td></tr>
<tr><td colspan="2">$t_w = \frac{\text{Kapitaleinsatz}}{\text{Ø Kapitalrückfluss pro Jahr}}$</td></tr>
</table>

Zusammenfassende Aufgaben Teil C:

Finanzierung und Investition

Arten der Finanzierung

Aufgabe 1 Finanzierungsarten

Ordnen Sie die Fälle a) bis h) den Finanzierungsformen 1. bis 8. zu.

Fälle

a) Eine KG nimmt einen neuen Gesellschafter als Kommanditist auf.
b) Eine Aktiengesellschaft schüttet einen Teil des erzielten Jahresüberschusses nicht an die Aktionäre aus.
c) Für den Kauf eines Pkw nimmt ein Unternehmen einen Kredit auf.
d) Ein Unternehmen verwendet die „verdienten“ Abschreibungen zum Kauf neuer Maschinen.
e) Eine Aktiengesellschaft erhöht ihr gezeichnetes Kapital durch die Ausgabe junger Aktien.
f) Ein Einzelunternehmen finanziert einen Lkw über Leasing.
g) Ein Lieferer räumt uns für seine Rohstofflieferungen ein Zahlungsziel von 2 Wochen ein.
h) Eine Schlosserei verlangt für Sonderanfertigungen vor Produktionsbeginn von ihren Kunden Vorauszahlung.

Finanzierungsformen

1. Beteiligungsfinanzierung
2. Eigenfinanzierung
3. Kreditfinanzierung
4. Außenfinanzierung
5. Selbstfinanzierung
6. Finanzierung aus Abschreibungsgegenwerten
7. Innenfinanzierung
8. Fremdfinanzierung

Aufgabe 2 Vor- und Nachteile einzelner Finanzierungsformen

a) Nennen Sie Vor- und Nachteile der Beteiligungsfinanzierung gegenüber der Kreditfinanzierung.
b) Nennen Sie Vor- und Nachteile der Darlehensfinanzierung gegenüber der Eigenfinanzierung.
c) Nennen Sie Vor- und Nachteile des Leasings gegenüber der Kreditfinanzierung.

Aufgabe 3 Eigenfinanzierung bei einer KG

Den Kapitalkonten der beiden Komplementäre der Mießmer KG sind für das abgelaufene Geschäftsjahr folgende Bewegungen zu entnehmen:

Kurt Mießmer:	Kapitaleinlage 12 500 EUR, Gewinnanteil 24 000 EUR, Privatentnahmen 15 000 EUR
Franz Hofer:	Gewinnanteil 30 000 EUR, Privatentnahmen 20 000 EUR

Wie hoch war im abgelaufenen Geschäftsjahr
a) die Beteiligungsfinanzierung
b) die offene Selbstfinanzierung
c) die Eigenfinanzierung?

Innenfinanzierung

Aufgabe 4 Innenfinanzierung einer AG

Die Bio Pharma AG stellt homöopathische Arzneimittel her. Aufgrund der verbesserten Auftragslage sollen die Produktionskapazitäten erweitert werden. Der Vorstand beschließt, auf dem Wege der Innenfinanzierung die notwendigen finanziellen Mittel zu beschaffen.

Zum Jahresende legt der Vorstand den folgenden Auszug aus der vorläufigen Bilanz vor:

Gezeichnetes Kapital	4 000 000 EUR
Kapitalrücklage	220 000 EUR
gesetzliche Rücklage	100 000 EUR
andere Gewinnrücklagen	1 900 000 EUR
Verlustvortrag	60 000 EUR
Jahresüberschuss	800 000 EUR

Das Grundkapital ist in 800 000 nennwertlose Aktien aufgeteilt.

Vorstand und Aufsichtsrat stellen den Jahresabschluss fest und stellen den gesetzlich höchstmöglichen Teil des Jahresüberschusses in die anderen Gewinnrücklagen ein.

Die Hauptversammlung beschließt, eine Dividende in Höhe von 5 % auszuschütten, eine Einstellung in die anderen Gewinnrücklagen von 100 000 EUR vorzunehmen und den Rest als Gewinnvortrag ins neue Jahr zu übernehmen.

1. Führen Sie die vollständige Gewinnverwendungsrechnung durch. Berechnen Sie den Betrag, den die Aktionäre als Dividende pro Aktie erhalten.
2. Ermitteln Sie die gesetzlich erzwungene und die freiwillig veranlasste Selbstfinanzierung sowie die Gesamthöhe der offenen Selbstfinanzierung.
3. Begründen Sie, warum der Gesetzgeber eine AG zur Bildung einer gesetzlichen Rücklage zwingt.

Aufgabe 5 Gewinnverwendung bei einer AG

Die Energie AG schätzt den Investitionsbedarf für neue Fertigungsanlagen auf 3 Mio. EUR. Gemäß der praktizierten Geschäftspolitik sollen die erforderlichen Mittel möglichst auf dem Wege der Innenfinanzierung beschafft werden.

1. Erläutern Sie je zwei Gründe, die den Vorstand der Energie AG veranlassen, die Innenfinanzierung der externen Eigenfinanzierung bzw. der externen Fremdfinanzierung vorzuziehen, und nennen Sie je ein Beispiel für die angesprochenen Finanzierungsarten.

2. Von der Energie AG liegen folgende Bilanzauszüge vor:

	Vor Gewinnverwendung	
	31.12.2017 (in EUR)	31.12.2018 (in EUR)
gezeichnetes Kapital	8500000	8500000
Kapitalrücklage	110000	110000
gesetzliche Rücklage	660000	710000
andere Gewinnrücklagen	1965000	2440000
Gewinnvortrag	10000	20000
Jahresüberschuss	1000000	1080000

Nach teilweiser Gewinnverwendung	
	31.12.2019 (in EUR)
gezeichnetes Kapital	?
Kapitalrücklage	?
gesetzliche Rücklage	?
andere Gewinnrücklagen	?
Bilanzgewinn	900000

Die Jahresabschlüsse wurden von Vorstand und Aufsichtsrat festgestellt. Sie stellten die gesetzlich zulässigen Höchstbeträge in die anderen Gewinnrücklagen ein.

a) Im Jahr 2016 wurde ein Jahresüberschuss von 950000 EUR erzielt. Der Verlustvortrag aus dem Jahr 2015 betrug 150000 EUR. Im Jahr 2019 wurde erstmalig eine Kapitalerhöhung vorgenommen. Es wurden 100000 Aktien zu einem Kurswert von 5,50 EUR ausgegeben (Nennwert 5 EUR). Wie hoch war die Einstellung in die gesetzliche Rücklage in den Jahren 2016, 2017, 2018 und 2019?

b) Die Hauptversammlung beschloss, den Bilanzgewinn aus 2018 bis auf 5000 EUR als Dividende auszuschütten. Wie hoch war die Dividende im Jahr 2018?

c) Der Vorstand stellte im Jahr 2019 den gesetzlich höchstmöglichen Betrag in die anderen Gewinnrücklagen ein. Berechnen Sie den Jahresüberschuss im Jahr 2019 und vervollständigen Sie die Positionen des Bilanzauszuges vom 31.12.2019.

Aufgabe 6 Substanzerhaltung – Scheingewinne

Ein Unternehmen schafft 10 Maschinen zu je 100000 EUR an. Die Nutzungsdauer beträgt 10 Jahre. Der Wiederbeschaffungswert ist zum Zeitpunkt der Ersatzinvestition auf 130000 EUR je Maschine gestiegen.

1. Wie hoch ist die Finanzierungslücke zum Ersatzbeschaffungszeitpunkt, wenn bilanzielle und kalkulatorische Abschreibung in gleicher Höhe angesetzt werden?
2. Wie hoch hätten welche Abschreibungen gewesen sein müssen, um diese Finanzierungslücke zu schließen?
3. Welche Änderung ergibt sich gegenüber 1. wenn die kalkulatorischen Abschreibungen vom Wiederbeschaffungswert und die bilanziellen Abschreibungen vom Anschaffungswert berechnet werden?
4. Erläutern Sie den Begriff „Scheingewinn" und geben Sie dessen Höhe für den vorliegenden Fall an.
5. Wie hoch ist die Finanzierungslücke zum Ersatzbeschaffungszeitpunkt, wenn die kalkulatorischen Abschreibungen vom Wiederbeschaffungswert vorgenommen werden und durchschnittlich 60 % des Jahresüberschusses für Gewinnsteuern und Dividendenzahlungen verwendet werden?
6. Welche Voraussetzung muss erfüllt sein, damit aus den Abschreibungsgegenwerten zum Ersatzbeschaffungszeitpunkt neue Maschinen finanziert werden können?
7. Wie hoch ist im Fall von Aufg. 5. der Substanzverlust, wenn nicht andere Finanzierungsquellen für die Ersatzbeschaffung genutzt werden können?

Außenfinanzierung

Aufgabe 7 AG: Kapitalerhöhung gegen Einlagen

Die FAMA AG hat sich auf die Produktion von Spezialmaschinen im Fahrzeugbau spezialisiert. Der Vorstand möchte in der nächsten Hauptversammlung die Grundlagen schaffen, um in den kommenden fünf Jahren die Expansion im europäischen und außereuropäischen Ausland finanzieren zu können.

Der Kapitalbedarf für die geplante Expansion beträgt 129 Mio. EUR.
Bilanzauszug der FAMA AG zum 31.12.20..:

A. Eigenkapital	
I. Gezeichnetes Kapital	388 800 000 EUR
II. Kapitalrücklage	32 400 000 EUR
III. Gewinnrücklagen	
1. gesetzliche Rücklage	10 500 000 EUR
2. andere Gewinnrücklagen	5 000 000 EUR
IV. Bilanzgewinn	12 960 000 EUR

Das Grundkapital ist in Aktien zu 6 EUR Nennwert gestückelt. Die alten Aktien werden derzeit an der Börse mit 10 EUR gehandelt.

1. Berechnen Sie, wie hoch die Erhöhung des Grundkapitals sein muss, wenn die jungen Aktien zum Kurs von 8 EUR ausgegeben werden sollen. Die Emissionskosten belaufen sich auf 600 000 EUR.
2. Ermitteln Sie die Veränderungen der Bilanzpositionen, die sich durch die Kapitalerhöhung ergeben.
3. Vor der Kapitalerhöhung hält die Schuman Bank AG als Großaktionärin 30 Prozent der Aktien. Der Rest ist in Streubesitz. Die Schuman Bank AG will so viele junge Aktien erwerben, dass sie gerade noch ihre Sperrminorität behält.
   Welchen Betrag muss die Schuman Bank AG (ohne Berücksichtigung von Spesen) dafür aufbringen, wenn die Bezugsrechte zum rechnerischen Wert verkauft werden?
4. Weisen Sie nach, dass die Schumann Bank AG rein rechnerisch keinen Vermögensverlust erleidet, wenn sie nicht an der Kapitalerhöhung teilnimmt.
5. Wie hoch ist die Dividende (in Prozent und in EURO je Aktie) vor der Kapitalerhöhung, wenn der Bilanzgewinn in voller Höhe ausgeschüttet wird?
6. Für das kommende Geschäftsjahr 2009 plant die Unternehmensleitung eine Dividende von 7 % auszuschütten.
   a) Wie hoch muss der zu erwirtschaftende Jahresüberschuss nach der Kapitalerhöhung sein, wenn nach Einstellung in die gesetzliche Rücklage 50 % des verbleibenden Jahresüberschusses in die anderen Gewinnrücklagen eingestellt werden sollen und der Rest für die Gewinnausschüttung zur Verfügung steht?
   b) Prüfen Sie, ob und in welcher maximalen Höhe im nächsten Jahr durch Auflösung von Rücklagen eine Dividende ausgeschüttet werden könnte, wenn der Jahresüberschuss 0 EUR beträgt.

Aufgabe 8 AG: Eigenfinanzierung

Die Südwestdeutsche Bau-AG beabsichtigt eine umfangreiche Betriebserweiterung mit einem geplanten Investitionsvolumen von 15 Mio. EUR. Die Finanzierung soll mit eigenen Mitteln erfolgen.

Vereinfachte Bilanz des abgelaufenen Geschäftsjahres:

Aktiva Bilanz zum 31.12.20.. (in Mio. EUR) **Passiva**

Aktiva		Passiva	
A. Anlagevermögen	35,4	A. Eigenkapital	
B. Umlaufvermögen	53,7	Gezeichnete Kapital	12,0
		Kapitalrücklage	0,5
		gesetzliche Rücklagen	0,6
		andere Gewinnrücklagen	6,5
		Jahresüberschuss	2,4
		Gewinnvortrag	0,2
		B. Fremdkapital	66,9
Summe	89,1	Summe	89,1

Es sind 2,4 Mio. Stückaktien in Umlauf.

1. Begründen Sie anhand der gegebenen Bilanz, warum die Südwestdeutsche Bau-AG bei der Finanzierung der Investition auf fremde Mittel verzichtet.
2. Zur Stärkung der Eigenkapitalbasis soll im Rahmen der Gewinnverwendung ein möglichst hoher Betrag in die Gewinnrücklagen eingestellt werden.
   Berechnen Sie die Höhe der offenen Selbstfinanzierung aus dem Jahresüberschuss 20.. wenn die Hauptversammlung beschließt, dass lediglich 2 % Dividende ausgeschüttet werden.

3. Ein Teil der finanziellen Mittel soll durch eine ordentliche Kapitalerhöhung aufgebracht werden.
   a) Bei der Hauptversammlung sind 9,6 Mio. EUR des gezeichneten Kapitals anwesend. Berechnen und begründen Sie, wie viele Stimmen für die Beschlussfassung notwendig sind.
   b) Erläutern Sie, warum den Aktionären ein Bezugsrecht eingeräumt wird.
4. Die Erhöhung des Grundkapitals soll 4 Mio. EUR betragen. Bei der Planung der Kapitalerhöhung wird von einem Börsenkurs von 21,20 EUR ausgegangen. Der Ausgabekurs wird auf 16,00 EUR je Aktie festgesetzt. Berechnen Sie den
   a) rechnerischen Wert des Bezugsrechts
   b) Mittelzufluss bei Vollunterbringung der jungen Aktien und Emissionskosten in Höhe von 180 000 EUR.
5. Ein Altaktionär besitzt 600 Aktien der Südbau AG. Sein Bankguthaben beträgt 5 000 EUR.
   a) Zeigen Sie, dass es unter finanziellen Gesichtspunkten rechnerisch gleichgültig ist, ob er an der Kapitalerhöhung teilnimmt oder nicht.
   b) Berechnen Sie, wie viele Aktien der Altaktionär im Zeitraum des Bezugsrechtshandels erwerben kann, wenn er bereit ist, sein gesamtes Bankguthaben dafür einzusetzen.

Aufgabe 9 Fremdfinanzierung

PDF

Eine Aktiengesellschaft in der Maschinenbaubranche benötigt für eine Produktionserweiterung Finanzierungsmittel in Höhe von 17 Mio. EUR. Da für den Fall einer Kapitalerhöhung wegen der gegenwärtigen Situation an der Börse die vollständige Übernahme der jungen Aktien nicht sicher ist, wird über eine Fremdfinanzierung nachgedacht. Das Investitionsvorhaben wird in mehrere Finanzierungsetappen aufgeteilt. Im ersten Investitionsabschnitt sollen zunächst nur einige für die Produktionserweiterung notwendige Maschinen mit Anschaffungskosten von 4,8 Mio. EUR durch eine Darlehensaufnahme finanziert werden.

Folgendes Angebot einer Großbank liegt vor:
Auszahlungskurs: 96 % Zinssatz: 5 % Laufzeit: 5 Jahre
Tilgung:
- in gleichen Jahresraten jeweils am Jahresende oder
- in einem Betrag am Ende der Laufzeit oder
- als Annuitätendarlehen

1. Ermitteln Sie in welcher Höhe das Darlehen bei der Bank beantragt werden muss.
2. Ermitteln Sie unter den gegebenen Bedingungen den Effektivzins für das Festdarlehen.
3. Berechnen Sie die Liquiditätsbelastung für die drei Rückzahlungsvarianten.
   Der Annuitätenfaktor beträgt 0,23097480. *(Zinsbeträge auf ganze EUR runden.)*
4. Treffen Sie eine Entscheidung, welche der angebotenen Rückzahlungsarten gewählt werden soll. Begründen Sie Ihre Entscheidung.
5. Prüfen Sie, ob sich die unter 4. getroffene Entscheidung ändert, wenn die bei den verschiedenen Darlehensformen eintretende Gewinnsteuerentlastung berücksichtigt wird. Der Gewinnsteuersatz beträgt 30 %.
6. Erläutern Sie, warum im vorliegenden Fall ein Vergleich der drei Darlehensformen anhand der Barwertsummen sinnvoll sein kann. Welche Feststellungen lassen sich anhand der Barwertsummen treffen?
7. Ermitteln Sie die Barwertsummen der Liquiditätsbelastung nach Steuern für die drei Darlehensformen. Prüfen Sie, ob sich die unter 4. getroffene Entscheidung ändert, wenn die Barwertsummen berücksichtigt werden. Der Kalkulationszinssatz beträgt 5 %.

Aufgabe 10 Kreditsicherung

1. Unterscheiden Sie zwischen Personensicherheiten und Sachsicherheiten.
2. Erläutern Sie die Vertragsverhältnisse bei einem durch eine Bürgschaft gesicherten Kredit.
3. Welche Besonderheiten weisen Bankbürgschaften auf? Nennen Sie Merkmale.
4. Begründen Sie, welche Vermögensgegenstände eines Unternehmens sich für eine Sicherungsübereignung eignen.
5. Erläutern Sie Vorteile und Risiken für Kreditnehmer und Kreditgeber bei einer Sicherungsübereignung.
6. Welche Besonderheiten gelten für eine Sicherungsübereignung von Fahrzeugen?

7. Erläutern Sie, wie eine Grundschuld bestellt wird und welche Folgen damit verbunden sind.
8. Erläutern Sie die Aussage „Grundschuld ohne Schuldgrund".
9. Erläutern Sie die Besonderheiten eines Kontokorrentkredits. Prüfen Sie, welche Arten der Kreditsicherung für einen solchen Kredit besonders geeignet sind.

Leasing

Aufgabe 11 Leasing – Kreditkauf

PDF

Einem Industriebetrieb liegen für die Anschaffung eines neuen Maschinenparks zum Preis von 700 000 EUR folgende Finanzierungsalternativen vor.

1. **Bankdarlehen:** 8 % Zinsen p. a., Laufzeit: 4 Jahre, Tilgung: 25 % jährlich, Auszahlung: 100 %
2. **Leasing:** Unkündbare Grundmietzeit von 4 Jahren mit einer jährlichen Miete von 250 000 EUR, Full Service Leasing, Mietverlängerungsoption bis zum Ende der 7-jährigen Nutzungsdauer mit einer Jahresmiete in Höhe von 100 000 EUR.

Im Fall des Bankdarlehens erfolgt die Abschreibung während der gesamten 7-jährigen Nutzungsdauer linear.

1. Vergleichen Sie die beiden Alternativen im Hinblick auf die Liquiditätsbelastung während der
   a) Grundmietzeit
   b) gesamten Nutzungsdauer.
2. Wie viel Prozent der Anschaffungskosten beträgt die Zinsbelastung bei der Darlehensfinanzierung?
3. In welchem Umfang kann die Tilgung des Bankkredits durch Abschreibungsgegenwerte erfolgen?
4. Weisen Sie nach, dass es sich bei dem Leasingangebot um ein Leasing mit Vollamortisation (Full-pay-out) handelt.
5. Wie viel Prozent des Kaufwertes betragen die Leasingraten während der Grundmietzeit und der gesamten Nutzungsdauer?
6. Vergleichen Sie die beiden Alternativen im Hinblick auf die Liquiditätsbelastung nach Steuern während der Grundmietzeit, wenn der Gewinnsteuersatz 30 % beträgt. Erläutern Sie das Ergebnis.
7. Vergleichen Sie die beiden Alternativen im Hinblick auf die Barwertsumme der Liquiditätsbelastung nach Steuern während der Grundmietzeit für einen Kalkulationszinssatz von 10 %. Erläutern Sie das Ergebnis.
8. Die Barwertsummen der Liquiditätsbelastung nach Steuern am Ende der Laufzeit betragen für einen Kalkulationszinssatz von 10 % beim Kreditkauf 490 027 EUR und beim Leasing 673 625 EUR. Was sagen diese Beträge aus?
9. Angenommen, das Unternehmen würde sich nach vier Jahren für den Ersatz des bisherigen Maschinenparks entscheiden. Welcher Unterschied ergibt sich in diesem Fall hinsichtlich der beiden Finanzierungsformen?
10. Welche betriebswirtschaftlichen Überlegungen sprechen für
    a) die Kreditfinanzierung
    b) das Leasing?
11. Formulieren Sie aus den bisherigen Ergebnissen eine Regel über den Zusammenhang zwischen
    a) der Höhe des Steuersatzes und der Vorteilhaftigkeit des Leasings
    b) der Höhe des Kalkulationszinssatzes und der Vorteilhaftigkeit des Leasings
    in der Form: Je .... der Steuersatz bzw. der Kalkulationszinssatz desto .... das Leasing. Begründen Sie Ihre Aussage.

Investitionsarten

Aufgabe 12 Arten von Investitionen

Ordnen Sie die Fälle a) bis f) den Investitionsarten 1. bis 6. zu.

a) Zur Erhöhung der Lieferbereitschaft erhöht ein Unternehmen seine Bestände im Fertigwarenlager.
b) Ein Unternehmen beschafft sich eine Maschine, mit der pro Maschinenstunde eine höhere Produktionsmenge erzielt werden kann. Dafür wird eine vorhandene Maschine verschrottet.
c) Eine defekter Gabelstapler wird durch einen neuen ersetzt.
d) Ein Unternehmen beteiligt sich an einer Vertriebsgesellschaft.

e) Um die steigende Nachfrage nach seinen Erzeugnissen decken zu können, baut ein Unternehmen eine neue Fertigungsstraße.
f) Eine Chemiefabrik erwirbt für ein Verfahren eine Lizenz.

Investitionsarten:

1. Sachinvestition
2. Finanzinvestition
3. immaterielle Investition
4. Ersatzinvestition
5. Erweiterungsinvestition
6. Rationalisierungsinvestition

Investitionsrechnung

Aufgabe 13 Kostenvergleichsrechnung

Eine Sanitärartikel-Fabrik stellt ein Kunststoffteil zum Einbau in das Hauptprodukt selbst her. Augenblicklich werden auf zwei Mehrzweckmaschinen (M1 + M2) monatlich 30000 Teile hergestellt. Eine Steigerung auf 40000 Teile je Monat ist laut Absatzplanung zu erwarten. Es ist zu entscheiden, ob ein zusätzlicher Spezialautomat (M3) angeschafft werden soll. M1 und M2 könnten in diesem Fall für andere Zwecke eingesetzt werden. Die Entscheidung soll auf der Grundlage der nachstehenden Daten getroffen werden:

Maschine	Kapazität/Monat Stück	Fixkosten/Monat EUR	variable Stückkosten EUR
M1	16000	2000	0,50
M2	22000	3000	0,40
M3	50000	5000	0,35

1. Ermitteln Sie die Produktionsmenge, von der ab M2 kostengünstiger arbeitet als M1.
2. Ermitteln Sie unter der Voraussetzung, dass die beiden Maschinen M1 und M2 möglichst kostengünstig eingesetzt werden, die beim augenblicklichen Maschinenpark anfallenden Gesamtkosten für
   a) die augenblickliche Produktionsmenge (30000 Stück je Monat)
   b) eine Produktionsmenge von 8000 Stück je Monat, die wegen eines Absatzeinbruchs (Dauer etwa ein Monat) nur möglich ist.

   Begründen Sie Ihre Lösung.
3. Um den zukünftigen Bedarf zu decken, bieten sich folgende beiden Alternativen an:
   Alternative 1: Beibehaltung von M1 und M2. Der zusätzliche Bedarf kann durch Fremdbezug zum Stückpreis von 0,70 EUR gedeckt werden.
   Alternative 2: Ersatz von M1 und M2 durch die Anschaffung von M3
   a) Berechnen Sie die Mehrkosten, die bei einer Entscheidung für den Fremdbezug neben der Eigenproduktion auf dem vorhandenen Maschinenpark M1 und M2 gegenüber einer Produktion ausschließlich auf M3 entstehen. Es ist davon auszugehen ist, dass die erwartete Menge von 40000 Stück je Monat tatsächlich benötigt wird.
   b) Erläutern Sie, was grundsätzlich für und gegen den vollständigen Fremdbezug der Kunststoffteile spricht.

Aufgabe 14 Amortisationsrechnung

1. Für eine geplante Erweiterungsinvestition kommen zwei Alternativen in Betracht:

	Alternative I	Alternative II
Anschaffungskosten	420000 EUR	700000 EUR
Nutzungsdauer	6 Jahre	7 Jahre
Abschreibung	linear	linear
geschätzter durch die Investition bedingter Jahresgewinn	120000 EUR	170000 EUR

   Welche Alternative wird das Unternehmen wählen, wenn als Entscheidungsgrundlage die Amortisationsrechnung verwendet werden soll?

2. Die Vorteilhaftigkeit einer Rationalisierungsinvestition soll anhand der Amortisationsrechnung beurteilt werden:

	alte Anlage (bereits 5 Jahre genutzt)	neue Anlage
Anschaffungskosten in EUR	160000	240000
Nutzungsdauer in Jahren	8	8
Gesamtkosten pro Jahr in EUR	53000	35000

Die Altanlage könnte zum gegenwärtigen kalkulatorischen Restwert verkauft werden. Die neue Anlage soll sich innerhalb der möglichen Restnutzungsdauer der alten Anlage amortisieren.

Aufgabe 15 Statische und dynamische Investitionsrechnungsverfahren im Vergleich

PDF

In einem Unternehmen soll ein neuartiges und bisher konkurrenzloses Produkt hergestellt werden. Die Fertigung ist mit zwei verschiedenen Verfahren bei gleicher Produktqualität möglich. Mit Hilfe der Investitionsrechnung ist das optimale Verfahren zu ermitteln. Es stehen folgende Angaben zur Verfügung:

	Verfahren I	Verfahren II
Investitionssumme EUR	1000000	1500000
Fixkosten pro Jahr EUR	300000	450000
variable Stückkosten EUR	100	80
Kapazitätsgrenze pro Jahr (Stück)	**10000**	**15000**

Die Nutzungsdauer jeder der beiden Anlagen beträgt 5 Jahre. In den Fixkosten sind kalkulatorische Abschreibungen (linear vom Anschaffungswert) und kalkulatorische Zinsen (10 % von durchschnittlich gebundenen Kapital) enthalten. Andere nicht auszahlungswirksame Kosten sind nicht zu berücksichtigen.

Der Kalkulationszinssatz bzw. die gewünschte Rendite beträgt 10 %.
Es wird davon ausgegangen, dass die Erlöse gleichzeitig Einzahlungen und die Gesamtkosten – mit Ausnahme der kalkulatorischen Kosten (Abschreibungen und Zinsen) – gleichzeitig Auszahlungen darstellen. Das Unternehmen rechnet in den kommenden 5 Jahren bei einer gleich bleibenden Produktions- und Absatzmenge von 8000 Stück mit einem Stückpreis von 150 EUR.
Es soll untersucht werden, welche der beiden Investitionsalternativen die günstigste ist. Dabei sollen folgende Berechnungsmethoden angewendet und ihre Ergebnisse kritisch verglichen werden:

- Kostenvergleichsrechnung
- statische Amortisationsrechnung
- Kapitalwertmethode

Entscheiden Sie sich – mit entsprechender Begründung – für eine der beiden Investitionsalternativen. Wägen Sie dabei die Ergebnisse der einzelnen Beurteilungsverfahren gegeneinander ab.
Hinweis: *Bei der fiktiven Differenzinvestition im Zusammenhang mit der Kapitalwertmethode wird eine Geldanlage (Finanzinvestition) zum Kalkulationszinssatz unterstellt.*

D Jahresabschluss

Warum ist dieses Kapitel wichtig?

Die Eigentümer eines Unternehmens (z. B. Gesellschafter einer Personengesellschaft, Aktionäre einer AG), die Gläubiger sowie die Finanzbehörde haben ein Interesse daran, zu erfahren, welchen Wert die Vermögensgegenstände und die Schulden zu einem bestimmten Tag (Bilanzstichtag) jeweils aufweisen. Hat sich das Eigenkapital aufgrund der betrieblichen Tätigkeit (also ohne Zuführung von Eigenkapital durch die Kapitaleigner) gegenüber dem Vorjahr vergrößert, so wurde ein Gewinn erzielt, der Grundlage der Besteuerung ist und gegebenenfalls an die Eigentümer des Unternehmens ausgeschüttet werden kann. Damit die gewünschten Informationen zur Verfügung stehen, muss ein Jahresabschluss auf der Grundlage geltender Vorschriften (z. B. HGB, EStG, internationale Vorschriften) erstellt werden. Die Regelungen zur Bewertung des Vermögens und der Verbindlichkeiten sehen aber unterschiedliche Bewertungsansätze vor. Das kann dazu führen, dass das Vermögen und die Verbindlichkeiten eines Unternehmens in Abhängigkeit von der für die Erstellung des Jahresabschlusses geltenden Rechtsgrundlage unterschiedlich hoch ausgewiesen werden.

Auf der Basis des Jahresabschlusses (Bilanz, GuV-Rechnung und Anhang) lassen sich rückblickend die wirtschaftlichen Verhältnisse eines Unternehmens beurteilen. Allerdings ist beispielsweise die Information, dass das Unternehmen im letzten Jahr einen Jahresüberschuss in einer bestimmten Höhe erzielt hat, wenig aussagekräftig. Für eine genauere Analyse ist ein Vergleich mit Ergebnissen früherer Jahre (Zeitvergleich), mit anderen Unternehmen (Betriebs- oder Branchenvergleich) und mit geplanten Ergebnissen (Soll-Ist-Vergleich) nötig. Für solche Vergleiche sind vielfältige aus dem Jahresabschluss abgeleitete und zu Kennzahlen verdichtete Informationen nötig. Der Jahresabschluss zeigt aber lediglich die Entwicklung des Unternehmens im vergangenen Geschäftsjahr. Im Rahmen der Jahresabschlussanalyse werden dagegen auch solche Kennzahlen ermittelt, die Auskunft über die voraussichtlichen Entwicklungstendenzen des Unternehmens geben. Die Ergebnisse der Jahresabschlussanalyse sind als Ausgangsbasis für die Erstellung von Planzahlen für künftig anzustrebende Ergebnisse und für die Unternehmenssteuerung unverzichtbar.

Die Leitfragen zu diesem Abschnitt lauten daher:
Welche unterschiedlichen Informationen soll ein Jahresabschluss z. B. den Anteilseignern oder Gläubigern eines Unternehmens sowie der Finanzbehörde vermitteln?
Welche gesetzlichen Grundlagen müssen bei der Erstellung eines Jahresabschlusses beachtet werden?
Welche Auswirkungen hat die Beachtung unterschiedlicher Bewertungsvorschriften auf den Ausweis des Jahresergebnisses?
Wie lassen sich die Informationen aus dem Jahresabschluss zu aussagekräftigen Kennzahlen verdichten?

1 Adressaten und deren Interesse am Jahresabschluss

Der Jahresabschluss richtet sich an verschiedene Adressaten, die jeweils ein unterschiedliches Interesse an den Informationen haben, die einem Jahresabschluss zu entnehmen sind.

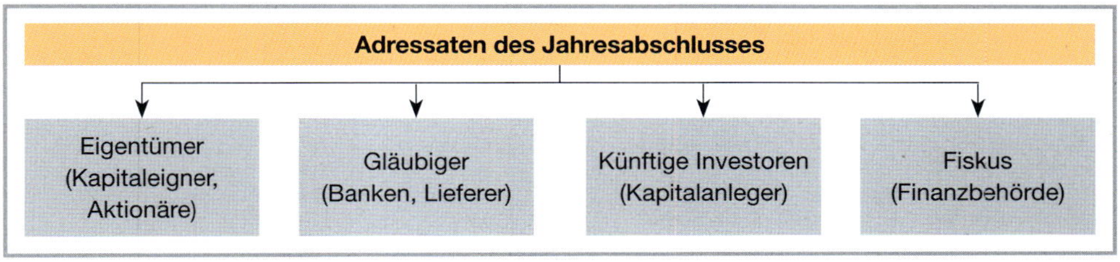

Informationsbedürfnis der Eigentümer

Die **Eigentümer eines Unternehmens** (z. B. Aktionäre, Gesellschafter) haben in erster Linie ein Interesse, dem Jahresabschluss **Informationen zur Vermögens- und Gewinnsituation** für das zurückliegende Geschäftsjahr entnehmen zu können. Dem Jahresabschluss kommt deshalb die Aufgabe zu, die nach den Regeln ordnungsmäßiger Buchführung[1] erfassten Geschäftsvorfälle zu **dokumentieren (Dokumentationsfunktion des Jahresabschlusses)**. Damit auch zu einem späteren Zeitpunkt noch auf diese Informationen zurückgegriffen werden kann, müssen die Unterlagen geordnet aufbewahrt werden. Darüber hinaus soll der Jahresabschluss aber auch Informationen über **zu erwartende Ergebnisse (Erfolgspotenziale)** liefern.

HGB §§ 238–245

§§ 257–261

Kleinaktionäre sind im Normalfall an der jährlichen Ausschüttung eines möglichst hohen Gewinns interessiert. **Großaktionäre** hingegen sind eher an einer **langfristigen Sicherung der Unternehmenssubstanz** interessiert und damit nicht notwendigerweise an einer jährlich hohen Gewinnausschüttung.

> **Eigentümer eines Unternehmens sind insbesondere an Informationen zur Vermögens- und Gewinnsituation, die dem Jahresabschluss zu entnehmen sind, interessiert.**

Informationsbedürfnis der Gläubiger

HGB § 130a GmbHG § 64 AktG § 92

Die Gläubiger (Lieferer, Banken) erwarten aus dem Jahresabschluss Informationen zur **wirtschaftlichen Lage** sowie zur **Zahlungsfähigkeit (Liquidität)** eines Unternehmens. Auf der Grundlage dieser Informationen entscheiden Sie über die Gewährung oder Verlängerung von Krediten. Vor dem Hintergrund einer möglichst problemlosen Tilgung eines Kredits durch den Schuldner sind die Gläubiger daran interessiert, dass die dem Jahresabschluss zu entnehmende Vermögens- und Gewinnsituation keinesfalls zu günstig ausgewiesen wird.

> **Kreditgeber entscheiden u. a. auf der Grundlage der Informationen aus dem Jahresabschluss über eine Kreditgewährung.**

Informationsbedürfnis der Investoren (Anleger)

Für die Anlageentscheidung von Kapitalanlegern ist bedeutsam, dass im Jahresabschluss Vermögen und Verbindlichkeiten **angemessen** dargestellt werden **(Fair Presentation)**. Eine eher vorsichtige Bewertung von Vermögen und Schulden trägt ihrem Informationsbedürfnis weniger Rechnung. Allerdings ist es auch im Interesse der Kapitalanleger, dass im Jahresabschluss ein **realistischer (also kein überhöhter)** Gewinn ausgewiesen wird.

Informationsbedürfnis der Finanzbehörde

Das im Jahresabschluss ausgewiesene Ergebnis ist für die Finanzbehörde Grundlage für die Erhebung von **Gewinnsteuern** (Einkommensteuer, Körperschaftsteuer, Gewerbesteuer). Aus steuerrechtlicher Sicht ist die Erfassung eines den **tatsächlichen Verhältnissen** entsprechenden Ergebnisses (Gewinn oder Verlust) sicherzustellen.

---

1 Bei den Grundsätzen ordnungsmäßiger Buchführung (GoB) handelt es sich um Regeln, nach denen Geschäftsvorfälle aufzuzeichnen und im Jahresabschluss darzustellen sind. Sie sind nicht in Gesetzen formuliert, sondern leiten sich aus den Gepflogenheiten ab, die sich im Laufe der Zeit hinsichtlich Buchführung und Jahresabschluss ergeben haben und von einem „ordentlichen und gewissenhaften Kaufmann" zu beachten sind. Sie sind in gleicher Weise wie Gesetze rechtsverbindlich.

Zusammenfassende Übersicht zu Kap. 1: Adressaten und deren Interesse am Jahresabschluss

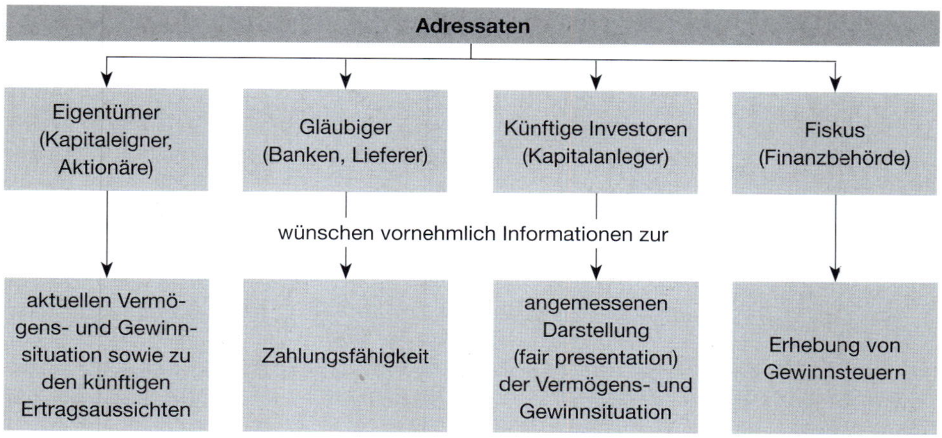

Wiederholung des Grundwissens

zu Kapitel 1 Adressaten und deren Interesse am Jahresabschluss

1. Nennen Sie die Adressaten eines Jahresabschlusses.
2. Welches Informationsbedürfnis am Jahresabschluss haben die einzelnen Adressaten jeweils?

2 Grundlegende Vorschriften zur Erstellung von Jahresabschlüssen

Handelsbilanz

Die auf der Grundlage handelsrechtlicher Vorschriften erstellte Bilanz ist die Handelsbilanz[1]. Die gesetzlichen Grundlagen sind im Handelsgesetzbuch (HGB) enthalten. HGB § 238 ff.

Der Jahresabschluss eines einzelnen im Handelsregister eingetragenen Unternehmens **(Einzelabschluss)** muss in jedem Fall auf der Grundlage der HGB-Vorschriften erstellt werden.[2]

Mit der Handelsbilanz wird der wirtschaftliche Erfolg eines Geschäftsjahres festgestellt. Den handelsrechtlichen Vorschriften liegt das **Prinzip des Gläubigerschutzes** zugrunde. Die **Fremdkapitalgeber** werden im HGB als wichtige Zielgruppe angesehen. Gleichzeitig wird aber auch dem **Informationsbedürfnis** der **Eigenkapitalgeber** Rechnung getragen. Kap. D 4.2.1

Das nach den Vorschriften des Handelsrechts ermittelte und in der **Handelsbilanz** ausgewiesene Jahresergebnis bildet die Grundlage für die **Gewinnausschüttung** an die Kapitaleigner (z. B. Aktionäre einer AG).

1 Der Ausdruck „Handelsbilanz" ist missverständlich. Damit ist nicht nur die Bilanz gemeint, sondern der gesamte Jahresabschluss, der neben der Bilanz auch noch die Gewinn- und Verlustrechnung und – je nach Rechtsform des Unternehmens – noch weitere Bestandteile enthält.
2 Vom Einzelabschluss ist der Konzernabschluss zu unterscheiden. Vgl. S. 369 f.

Die Beachtung der Vorschriften im HGB hat folgende Auswirkungen auf die Bilanz und die Gewinn- und Verlustrechnung:

1. Das **Vermögen** in der Bilanz ist eher zu **niedrig** ausgewiesen.
2. Das **Fremdkapital** in der Bilanz ist eher zu **hoch** ausgewiesen.
3. In der Gewinn- und Verlustrechnung wird ein **vorsichtig** ermitteltes (tatsächlich realisiertes) **Ergebnis** ausgewiesen.

Steuerbilanz

Der in der Gewinn- und Verlustrechnung ermittelte Gewinn ist **Grundlage der Besteuerung**. Zusätzlich zu den handelsrechtlichen Vorschriften enthält das **Einkommensteuergesetz (EStG)** eine Reihe ergänzender Vorschriften, die im Wesentlichen bewirken, dass der Gewinn eines Unternehmens **nicht zu niedrig** ausgewiesen wird.

EStG § 5 ff.

Die für Zwecke der Besteuerung erstellte Bilanz ist eine aus der Handelsbilanz abgeleitete Bilanz. Die gesetzlichen Grundlagen für deren Erstellung sind im Einkommensteuergesetz (EStG) enthalten.

Kaufleute, die nach dem HGB buchführungspflichtig sind, müssen nicht nur eine **Handelsbilanz**, sondern zusätzlich eine **Steuerbilanz** erstellen.

Ausgewählte Beispiele zu unterschiedlichen Bewertungsvorschriften nach Handels- und Steuerrecht

	Handelsbilanz	Steuerbilanz
Kap. D 5.2 **Selbst geschaffene immaterielle Vermögensgegenstände[1] des Anlagevermögens (z. B. Software zur Produktionssteuerung)**	Ausweis als Aktivposten in der Bilanz **möglich** (Wahlrecht)[2] § 248 (2) HGB	Ausweis als Aktivposten in der Bilanz **verboten** (Aktivierungsverbot) § 5 (2) EStG *Hinweis: Wurden die immateriellen Vermögensgegenstände jedoch entgeltlich erworben, so **müssen** sie als Aktivposten aufgenommen werden.*
Kap. D 5.2.2 **Abschreibungen bei voraussichtlich dauernder Wertminderung von Vermögensgegenständen**	Außerplanmäßige Abschreibung **muss** vorgenommen werden § 253 (3) S. 3 HGB	Steuerrechtliche Abschreibung (= Teilwertabschreibung) **kann** vorgenommen werden (Wahlrecht) § 6 (1) Nr. 1. S. 2 EStG.
Kap. D 5.3.3 **Abschreibungen auf Finanzanlagen bei vorübergehender Wertminderung**	Außerplanmäßige Abschreibung **kann** vorgenommen werden § 253 (3) S. 4 HGB	Steuerrechtliche Abschreibung (= Teilwertabschreibung) ist bei vorübergehender Wertminderung **unzulässig** § 6 (1) Nr. 1, S. 2 EStG

Die Bewertung nach den im Handels- und Steuerrecht teilweise unterschiedlichen Vorschriften führt dazu, dass der nach Handelsrecht ermittelte Gewinn von dem nach Steuerrecht ermittelten Gewinn abweichen kann. Wird z. B. ein Lkw wegen einer voraussichtlich dauernden Wertminderung in der Handelsbilanz außerplanmäßig und

1 Für den im Handelsrecht gebräuchlichen Begriff „Vermögensgegenstände" verwendet das Steuerrecht den gleich bedeutenden Begriff „Wirtschaftsgüter".
2 Ausnahme: Selbst geschaffener (originärer) Geschäfts- oder Firmenwert. Vgl. S. 422.

in der Steuerbilanz hingegen planmäßig abgeschrieben, so führt das dazu, dass der in der Handelsbilanz ausgewiesene Gewinn niedriger ist als der nach steuerrechtlichen Vorschriften ermittelte Gewinn.

IAS/IFRS-Bilanz

Künftige Kapitalanleger sind darauf bedacht, Informationen über die **tatsächliche** Vermögens- und Gewinnsituation eines Unternehmens zu erhalten **(true and fair presentation)**. Ein auf der Grundlage der Vorschriften des Handelsrechts erstellter Jahresabschluss kann die für eine Anlageentscheidung erforderlichen Informationen aber nicht liefern, da Vermögen und Schulden eher **vorsichtig** bewertet wurden **(Vorsichtsprinzip)**.

Ausgewählte Beispiele zu unterschiedlichen Bewertungsvorschriften nach HGB und IAS/IFRS		
	Handelsbilanz	**IAS/IFRS**
Bewertungsobergrenze für Vermögensgegenstände	Obergrenze sind – auch bei nachträglicher Wertsteigerung – in jedem Fall die Anschaffungs- oder Herstellungskosten. § 253 (1) HGB	Eine Überschreitung der Anschaffungs- und Herstellungskosten bei nachträglicher Wertsteigerung ist möglich (Neubewertung nach IAS 16.31).
Ausweis nicht realisierter Gewinne	Nicht realisierte Gewinne dürfen nicht ausgewiesen werden (strenges Realisationsprinzip). § 252 (1) Nr. 4 HGB	Realisierbarkeit des Gewinns (nicht die tatsächliche Realisierung) ist Voraussetzung für den Gewinnausweis (gemildertes Realisationsprinzip).
Behandlung eines Disagios	**Wahlrecht:** in voller Höhe als Aufwand im Jahr der Darlehensaufnahme **oder** Aktivierung (Aktiver Rechnungsabgrenzungsposten) und planmäßige Abschreibung über die Laufzeit des Darlehens § 250 (3) HGB	Disagio **muss** als Aufwand über die Laufzeit des Darlehens verteilt werden. IAS 23.7

Kap. D 5.1.3
Kap. D 5.5.1

Die Anwendung der nach Handelsrecht und IAS/IFRS teilweise unterschiedlichen Bewertungsvorschriften führt dazu, dass der nach Handelsrecht ermittelte Gewinn von dem nach IAS/IFRS ermittelten Gewinn abweichen kann. Wird z. B. nach IAS/IFRS ein noch nicht durch einen Verkaufsvorgang tatsächlich realisierter (aber wahrscheinlicher) Gewinn trotzdem als Gewinn ausgewiesen oder ein Grundstück aufgrund von Wertsteigerungen zu einem höheren Wert als den Anschaffungskosten in der Bilanz angesetzt, so führt das dazu, dass der in der Handelsbilanz ausgewiesene Gewinn niedrigerer ist als der nach den IAS/IFRS-Vorschriften ermittelte Gewinn. Nach HGB dürfen nämlich aufgrund des Vorsichtprinzips nicht realisierte Gewinne nicht ausgewiesen und Vermögensgegenstände höchstens zu den Anschaffungs- oder Herstellungskosten bewertet werden.

Eine IAS/IFRS-Bilanz liefert künftigen Kapitalanlegern Informationen zur tatsächlichen Vermögens- und Gewinnsituation.

Auf der Grundlage der sog. IAS-Verordnung des Europäischen Parlaments aus dem Jahr 2002 **müssen** sämtliche **kapitalmarktorientierte Unternehmen** (= Aktiengesellschaften, deren Aktien am Kapitalmarkt gehandelt werden) ihre **Konzernabschlüsse**[1]

1 Bei einem Konzernabschluss werden alle zu einem Konzern gehörenden Unternehmen zu einem fiktiven Unternehmen zusammengefasst.

nach **IAS/IFRS** erstellen.[1] Der **Einzelabschluss** muss dagegen in jedem Fall den HGB-Vorschriften entsprechen (= Grundlage für die Gewinnverwendung). Zusätzlich kann aber der für die Veröffentlichung vorgesehene Einzelabschluss derartiger Unternehmen auch auf der Basis von IAS/IFRS erstellt werden **(Wahlrecht)**.

Zusammenfassende Übersicht zu Kap. 2: Grundlegende Vorschriften zur Erstellung von Jahresabschlüssen

	Handelsbilanz	IAS/IFRS-Bilanz	Steuerbilanz
Anwendungspflicht für …	Einzelabschluss aller im Handelsregister eingetragenen Unternehmen (§ 242 (1) HGB)	Konzernabschluss aller kapitalmarktorientierten Unternehmen (IAS-Verordnung der EU Nr. 1606/2002)	alle nach § 141 (1) AO buchführungspflichtigen Unternehmen
hauptsächliche Adressaten	Gläubiger, Anteilseigner	künftige Kapitalanleger	Finanzbehörde
Ziele	Gläubigerschutz und Information der Anteilseigner	Tatsächliche Vermögens- und Gewinnsituation	Grundlage für die Erhebung von Gewinnsteuern
Bewertung	Vorsichtsprinzip ↓ Festlegung von Wert**obergrenzen**	true and fair presentation	Vermeidung eines zu niedrigen Gewinnausweises ↓ Festlegung von Wert**untergrenzen**

Wiederholung des Grundwissens

zu Kapitel 2 Grundlegende Vorschriften zur Erstellung von Jahresabschlüssen

1. Was ist unter einer Handelsbilanz zu verstehen und welche gesetzliche Grundlage ist für deren Erstellung zu beachten?
2. Welche Zielsetzungen werden mit den handelsrechtlichen Vorschriften verfolgt?
3. Was ist unter einer Steuerbilanz zu verstehen und welche gesetzliche Grundlage ist für deren Erstellung zu beachten?
4. Nennen Sie Beispiele für voneinander abweichende Bewertungsregeln in Handels- und Steuerrecht.
5. Welche Absicht wird mit der Erstellung einer IAS/IFRS-Bilanz verfolgt und welches sind die Grundlagen für deren Erstellung?
6. Nennen Sie Beispiele für voneinander abweichende Bewertungsregeln nach HGB und IAS/IFRS.

1 In Deutschland sind derzeit ca. 800 Gesellschaften von dieser Regelung betroffen.

3 Jahresabschluss von Kapitalgesellschaften[1]

Überblick und Zusammenhänge

3 Jahresabschluss von Kapitalgesellschaften
- ***3.1** Bestandteile des Jahresabschlusses*
- ***3.2** Aufstellung und Offenlegung (Publizität)*

3.1 Bestandteile des Jahresabschlusses

3.1.1 Überblick – Kapitalgesellschaften nach Größenklassen

Kapitalgesellschaften sind verpflichtet, einen umfangreicheren Jahresabschluss als buchführungspflichtige Einzelunternehmen und Personengesellschaften zu erstellen.

Der Umfang des Jahresabschlusses ist u. a. davon abhängig, ob die Kapitalgesellschaft als **kleinst, klein, mittelgroß oder groß** einzustufen ist. Für die Zuordnung zu einer bestimmten Größenklasse müssen **mindestens zwei der drei** nachstehenden Merkmale an zwei aufeinander folgenden Abschlussstichtagen erfüllt sein:

HGB § 267, § 267a

	Kleinste Kapitalgesellschaft	Kleine Kapitalgesellschaft	Mittelgroße Kapitalgesellschaft	Große Kapitalgesellschaft
Bilanzsumme (nach Abzug eines auf der Aktivseite ausgewiesenen Fehlbetrags)	≤ 350 000 EUR	≤ 6 000 000 EUR	> 6 000 000 EUR ≤ 20 000 000 EUR	> 20 000 000 EUR
Umsatzerlöse (in den zwölf Monaten vor dem Abschlussstichtag)	≤ 700 000 EUR	≤ 12 000 000 EUR	> 12 000 000 EUR ≤ 40 000 000 EUR	> 40 000 000 EUR
Arbeitnehmer (im Jahresdurchschnitt)	≤ 10 Arbeitnehmer	≤ 50 Arbeitnehmer	> 50 Arbeitnehmer ≤ 250 Arbeitnehmer	> 250 Arbeitnehmer

Eine Kapitalgesellschaft gilt stets als **groß**, wenn sie einen **organisierten Markt** (z. B. Wertpapierbörse) durch von ihr ausgegebene Wertpapiere in Anspruch nimmt oder die Zulassung zum Börsenhandel beantragt hat.

HGB § 267 (3), § 264d

1 Auf der Begleit-CD befindet sich der HGB-Jahresabschluss einer AG.

Bestandteile des Jahresabschlusses						
§ 242 (3) HGB ■ **Buchführungspflichtige Einzelunternehmen** ■ **Personengesellschaften**	Bilanz § 266 HGB[1]	GuV-Rechnung § 275 HGB[1]				
§ 267a HGB ■ **Kleinste Kapitalgesellschaften**	Bilanz § 266 HGB Gem. § 266 (1) S. 4 HGB verkürzte Bilanz möglich	GuV-Rechnung § 275 HGB Gem. § 275 (5) HGB verkürzte GuV-Rechnung möglich	Anhang § 284 ff. HGB Gem. § 264 (1) S. 5 HGB nicht erforderlich, wenn bestimmte Angaben unter der Bilanz ausgewiesen werden			
§ 264 (1) HGB ■ **Kleine Kapitalgesellschaften**	Bilanz § 266 HGB	GuV-Rechnung § 275 HGB	Anhang §§ 284 ff., § 326 (1) HGB			
§ 264 (1) S. 4, § 267 HGB ■ **Mittelgroße und große Kapitalgesellschaften**	Bilanz § 266 HGB	GuV-Rechnung § 275 HGB	Anhang §§ 284 ff. HGB	Lagebericht* § 289 HGB		
§ 264 (1) S. 2, § 264d HGB ■ **Kapitalmarktorientierte Kapitalgesellschaften**[1]	Bilanz § 266 HGB	GuV-Rechnung § 275 HGB	Anhang §§ 284 ff. HGB	Lagebericht* § 289 HGB	Kapitalflussrechnung	Eigenkapitalspiegel

* Der Lagebericht gehört nicht zum Jahresabschluss im engeren Sinne.

HGB § 284 (1)

Unabhängig von ihrer Größe müssen Kapitalgesellschaften ihren Jahresabschluss um einen **Anhang** erweitern. Davon sind Kleinstkapitalgesellschaften unter bestimmten Voraussetzungen ausgenommen. Der Anhang bildet mit der **Bilanz** und der **Gewinn- und Verlustrechnung** eine **Einheit**. Er enthält Erläuterungen zu den einzelnen Posten der Bilanz und der Gewinn- und Verlustrechnung. Insbesondere muss dort angegeben werden, wie die einzelnen Werte des Vermögens und der Schulden ermittelt wurden (Bewertungsmethoden). **Kapitalmarktorientierte Kapitalgesellschaften**[2] sind darüber hinaus noch verpflichtet, den Jahresabschluss um eine **Kapitalflussrechnung** und einen **Eigenkapitalspiegel** zu erweitern.[3]

HGB § 264d

Kapitalgesellschaften (außer Kleinstkapitalgesellschaften unter bestimmen Voraussetzungen) sind verpflichtet, ergänzend zur Bilanz und GuV-Rechnung in einem Anhang zu erläutern, wie die einzelnen Werte des Vermögens und der Schulden ermittelt wurden. Der Anhang ist bei diesen Gesellschaften Bestandteil des Jahresabschlusses. Kapitalmarktorientierte Kapitalgesellschaften erstellen zusätzlich noch eine Kapitalflussrechnung und einen Eigenkapitalspiegel.

1 Die Gliederungsvorschriften der §§ 266, 275 HGB sind nur für Kapitalgesellschaften verbindlich. Im Rahmen der Grundsätze ordnungsmäßiger Buchführung und Bilanzierung lehnen sich andere Unternehmen aber daran an.

2 Als kapitalmarktorientiert gelten alle Unternehmen und gegebenenfalls deren Tochtergesellschaften, deren Wertpapiere jeglicher Art auf einem organisierten Kapitalmarkt zugelassen sind.

3 Der Lehrplan sieht die Auswertung aller Bestandteile des Jahresabschlusses vor. Die eigenständige Erstellung einer Kapitalflussrechnung bzw. eines Eigenkapital- und Anlagespiegels ist aber nicht erforderlich.

3.1.2 Bilanz

Gliederung der Bilanz für große und mittelgroße Kapitalgesellschaften gem. § 266 HGB:

HGB § 266

Aufg. 3.1 S. 402

Aktiva	BILANZ Passiva
A. Anlagevermögen: **I. Immaterielle Vermögensgegenstände:** 1. Selbstgeschaffene gewerbliche Schutzrechte und ähnliche Rechte und Werte; 2. entgeltlich erworbene Konzessionen, gewerbliche Schutzrechte und ähnliche Rechte und Werte sowie Lizenzen an solchen Rechten und Werten; 3. Geschäfts- oder Firmenwert; 4. geleistete Anzahlungen; **II. Sachanlagen:** 1. Grundstücke, grundstücksgleiche Rechte und Bauten einschließlich der Bauten auf fremden Grundstücken; 2. technische Anlagen und Maschinen; 3. andere Anlagen, Betriebs- und Geschäftsausstattung; 4. geleistete Anzahlungen und Anlagen im Bau; **III. Finanzanlagen:** 1. Anteile an verbundenen Unternehmen; 2. Ausleihungen an verbundene Unternehmen; 3. Beteiligungen; 4. Ausleihungen an Unternehmen, mit denen ein Beteiligungsverhältnis besteht; 5. Wertpapiere des Anlagenvermögens; 6. sonstige Ausleihungen.	**A. Eigenkapital:** **I. Gezeichnetes Kapital;** **II. Kapitalrücklage;** **III. Gewinnrücklagen:** 1. gesetzliche Rücklage; 2. Rücklage für Anteile an einem herrschenden oder mehrheitlich beteiligten Unternehmen; 3. satzungsmäßige Rücklagen; 4. andere Gewinnrücklagen; **IV. Gewinnvortrag/Verlustvortrag;** **V. Jahresüberschuss/Jahresfehlbetrag.** **B. Rückstellungen:** 1. Rückstellungen für Pensionen und ähnliche Verpflichtungen; 2. Steuerrückstellungen; 3. sonstige Rückstellungen.
B. Umlaufvermögen: **I. Vorräte:** 1. Roh-, Hilfs- und Betriebsstoffe; 2. Unfertige Erzeugnisse, unfertige Leistungen; 3. fertige Erzeugnisse und Waren; 4. geleistete Anzahlungen. **II. Forderungen und sonstige Vermögensgegenstände:** 1. Forderungen aus Lieferungen und Leistungen; 2. Forderungen gegen verbundene Unternehmungen; 3. Forderungen gegen Unternehmen mit denen ein Beteiligungsverhältnis besteht; 4. Sonstige Vermögensgegenstände. **III. Wertpapiere:** 1. Anteile an verbundenen Unternehmen; 2. sonstige Wertpapiere. **IV. Kassenbestand, Bundesbankguthaben, Guthaben bei Kreditinstituten, Schecks.**	**C. Verbindlichkeiten:** 1. Anleihen, davon konvertibel; 2. Verbindlichkeiten gegenüber Kreditinstituten 3. Erhaltene Anzahlungen auf Bestellungen; 4. Verbindlichkeiten aus Lieferungen und Leistungen; 5. Verbindlichkeiten aus der Annahme gezogener Wechsel und der Ausstellung eigener Wechsel; 6. Verbindlichkeiten gegenüber verbundenen Unternehmen; 7. Verbindlichkeiten gegenüber Unternehmen mit denen ein Beteiligungsverhältnis besteht; 8. sonstige Verbindlichkeiten, davon aus Steuern, davon im Rahmen der sozialen Sicherheit. **D. Rechnungsabgrenzungsposten.** **E. Passive latente Steuern.**
C. Rechnungsabgrenzungsposten. **D. Aktive latente Steuern.** **E. Aktiver Unterschiedsbetrag aus der Vermögensverrechnung.**	

Erläuterungen einzelner Bilanzpositionen:

Aktivseite

A. Anlagevermögen (= Vermögensgegenstände, die dazu bestimmt sind, dem Unternehmen langfristig zur Verfügung zu stehen)

I. 1. Selbst geschaffene gewerbliche Schutzrechte etc.: *z. B. selbst entwickeltes Patent*

I. 2. entgeltlich erworbene Konzessionen, gewerbliche Schutzrechte etc: *Rechte, die entgeltlich erworben wurden (z. B. Produktionsrechte in Form einer Lizenz).*

I. 3. Geschäfts- oder Firmenwert: *Betrag, der beim Kauf eines Unternehmens über den Substanzwert (tatsächliches Eigenkapital) hinaus bezahlt werden musste (= derivativer Firmenwert).*

III. 1. Anteile an verbundenen Unternehmen: *Anteile z. B. in Form von Aktien an einem verbundenen Unternehmen (vgl. § 271 (2) HGB). Wesentlich: die Anteile müssen dazu bestimmt sein, dauernd dem Geschäftsbetrieb zu dienen. Ist das nicht der Fall, dann müssen Anteile an einem verbundenen Unternehmen im Umlaufvermögen ausgewiesen werden (Vgl. Position B.III, 1.).*

III. 2. Ausleihungen an verbundene Unternehmen: *Wie bei den Anteilen muss es sich beim Schuldner um ein verbundenes Unternehmen gem. § 271 (2) HGB handeln. Zusätzliche Bedingung: Daueranlage (falls kurzfristige Ausleihung erfolgt Bilanzierung unter Pos. B III, 2 – Umlaufvermögen).*

III. 3. Beteiligungen: *Anteile an anderen Unternehmen, die dazu bestimmt sind, dem eigenen Geschäftsbetrieb im Rahmen einer dauerhaften Geschäftsverbindung zu dienen (vgl. § 271 (1) HGB).*

III. 5. Wertpapiere des Anlagevermögens: *Wertpapiere, die einer längerfristigen Kapitalanlage dienen (z. B. Bundesanleihen, Industrieobligationen, Aktien).*

B. Umlaufvermögen (= Vermögensgegenstände, die dazu bestimmt sind, dem Unternehmen nur kurzfristig zur Verfügung zu stehen)

III. 2. sonstige Wertpapiere: *z. B. Geldmarktpapiere.*

C. Rechnungsabgrenzungsposten

Aktive Rechnungsabgrenzungsposten: *Aufwendungen, die ein künftiges Geschäftsjahr betreffen, aber bereits im alten Geschäftsjahr zu Auszahlungen geführt haben (z. B. Miete für Januar des neuen Geschäftsjahres wird bereits im Dezember des alten Geschäftsjahres an den Vermieter überwiesen).*

HGB § 274 (1)

D. Aktive latente Steuern:

Künftige Steuerentlastung aufgrund von unterschiedlichen Wertansätzen in Handels- und Steuerbilanz.

E. Aktiver Unterschiedsbetrag aus der Vermögensverrechnung:

Vermögensgegenstände zur Erfüllung von Schulden aus Altersvorsorgeverpflichtungen. Diese Vermögensgegenstände sind im Insolvenzfall dem Zugriff aller Gläubiger entzogen. Sie entstehen, wenn der Zeitwert dieser Vermögensgegenstände den Betrag der Schulden übersteigt (HGB § 246 (2) S. 2).

Passivseite

C. Verbindlichkeiten

1. Anleihen, davon konvertibel: *Anleihen = langfristige, am öffentlichen Kapitalmarkt aufgenommene Verbindlichkeiten (z. B. Schuldverschreibungen). Konvertible (austauschbare) Anleihen = Wandelschuldverschreibungen, bei denen den Gläubigern ein Umtausch- oder Bezugsrecht auf Aktien zusteht.*

D. Rechnungsabgrenzungsposten

Passive Rechnungsabgrenzungsposten: *Erträge, die ein künftiges Geschäftsjahr betreffen, aber bereits im alten Geschäftsjahr zu Einzahlungen geführt haben (z. B. Zinserträge, die erst im Januar des neuen Geschäftsjahres fällig sind, gehen bereits im Dezember des alten Geschäftsjahres ein).*

HGB § 274 (1)

E. Passive latente Steuern:

Künftige Steuerbelastung aufgrund von unterschiedlichen Wertansätzen in Handels- und Steuerbilanz.

HGB § 266 (1)

Kleinste und kleine Kapitalgesellschaften müssen nur eine **verkürzte Bilanz** aufstellen, die lediglich die mit Buchstaben und römischen Zahlen bezeichneten Posten aus obiger Bilanz enthält.

Anlagenspiegel

Kapitalgesellschaften sind verpflichtet, in die Bilanz oder den Anhang einen **Anlagenspiegel** aufzunehmen, aus dem hervorgeht, wie sich die einzelnen Bilanzpositionen **des Anlagevermögens** vom Zeitpunkt der Anschaffung bis zum Ausscheiden entwickelt haben. Dadurch wird die Aussagefähigkeit des Jahresabschlusses verbessert.

HGB § 268 (2)

Der Anlagenspiegel zeigt, wie sich die einzelnen Bilanzpositionen des Anlagevermögens vom Zeitpunkt der Anschaffung bis zum Bilanzstichtag bzw. bis zum Ausscheiden entwickelt haben.

3.1.3 Gewinn- und Verlustrechnung

Kapitalgesellschaften sind verpflichtet, die Gewinn- und Verlustrechnung in **Staffelform** aufzustellen. Gegenüber der Kontoform hat die Staffelform den Vorteil größerer Übersichtlichkeit. Das Zustandekommen der einzelnen Ergebnisse (gewöhnliche Geschäftstätigkeit, außerordentliches Ergebnis, Jahresüberschuss) ist sofort erkennbar.

HGB § 275

Demgegenüber können buchführungspflichtige **Einzelkaufleute** und **Personenhandelsgesellschaften** zwischen **Staffelform** und **Kontoform** wählen.

Gewinn- und Verlustrechnung in Kontoform

Zum 31.12. des Geschäftsjahres erstellt die Metallwarenfabrik AG folgende **interne** Gewinn- und Verlustrechnung (Kontoform):

Aufwendungen	**Interne Gewinn- und Verlustrechnung (in Tsd. EUR)**				**Erträge**
6000	Aufwendungen für Rohstoffe	17 000	5000	Umsatzerlöse	100 000
6020	Aufwendungen für Hilfsstoffe	4 000	5220	Bestandsveränderungen FE	2 950
6200	Löhne	24 000	5300	andere aktivierte Eigenleistungen	7 000
6300	Gehälter	14 000	5480	Erträge a. d. Auflösung v. Rückstellungen	2 000
6400	soziale Abgaben	15 000	5500	Erträge aus Beteiligungen	3 000
6500	Abschreibungen auf Sachanlagen	13 000			
6710	Leasingaufwendungen	6 950			
6770	Rechts- und Beratungskosten	1 000			
6800	Aufwendungen für Büromaterial	200			
6900	Versicherungsbeiträge	800			
7000	Betriebliche Steuern	2 000			
7500	Zinsaufwendungen	5 000			
7700	Gewerbesteuer	1 600			
7710	Körperschaftsteuer	1 800			
	Jahresüberschuss	**8 600**			
		114 950			114 950

Erläuterung: Der Jahresüberschuss vor Berücksichtigung der Körperschaft- und Gewerbesteuer beträgt 12 000 EUR (8 600 + 1 800 + 1 600). Dieser Betrag steht aber zur Ausschüttung an die Aktionäre nicht in vollem Umfang zur Verfügung, da die AG von diesem Betrag noch Körperschaftsteuer (15 %) und Gewerbesteuer abführen muss. Im Gegensatz zu den betrieblichen Steuern (z. B. Kfz-Steuer) handelt es sich bei diesen Steuern nicht um „abzugsfähige" Steuern (Steuern mit Aufwandscharakter), sondern um vom Gewinn zu berechnende Steuern (= Gewinnsteuern).

Die Umwandlung der Kontenform in die Staffelform nach dem Gesamtkostenverfahren[1] führt zu folgendem Ergebnis:

HGB
§ 275 (2)

Aufg. 3.2
S. 402 f.

Gewinn- und Verlustrechnung der Metallwarenfabrik AG in Staffelform (Gesamtkostenverfahren) nach § 275 (2) HGB (in Tsd. EUR)				
1.	Umsatzerlöse (5000)		100 000	Ergebnis nach Steuern (Pfeil von 1. bis 15.)
2.	Erhöhung oder Verminderung des Bestandes an fertigen und unfertigen Erzeugnissen (5220)	+	2 950	
3.	andere aktivierte Eigenleistungen (5300)	+	7 000	
4.	sonstige betriebliche Erträge (5480)[2]	+	2 000	
5.	Materialaufwand a) Aufwendungen für Roh-, Hilfs- und Betriebsstoffe (6000, 6020) b) Aufwendungen für bezogene Leistungen	– 	 21 000 	
6.	Personalaufwand a) Löhne und Gehälter (6200, 6300) b) soziale Abgaben (6400)	 – –	 38 000 15 000	
7.	Abschreibungen a) auf immaterielle Vermögensgegenstände des Anlagevermögens und Sachanlagen (6500) b) auf Vermögensgegenstände des Umlaufvermögens	 –	 13 000	
8.	sonstige betriebliche Aufwendungen[2] (6710, 6770, 6800, 6900)	–	8 950	
9.	Erträge aus Beteiligungen (5500)	+	3 000	
10.	Erträge aus anderen Wertpapieren			
11.	sonstige Zinsen und ähnliche Erträge			
12.	Abschreibungen auf Finanzanlagen			
13.	Zinsen und ähnliche Aufwendungen (7500)	–	5 000	
14.	Steuern vom Einkommen und vom Ertrag (7700, 7710)	–	3 400	
15.	Ergebnis nach Steuern[3]	–	10 600	
16.	sonstige Steuern (7000)	–	2 000	
17.	Jahresüberschuss		**8 600**	

Hinweis: *Die Ziffern in Klammern geben die jeweiligen Kontennummern an.*

1 Nach § 275 (1) HGB kann die Gewinn- und Verlustrechnung wahlweise nach dem Gesamtkostenverfahren und nach dem Umsatzkostenverfahren dargestellt werden. Die großen Kapitalgesellschaften verwenden vorwiegend das Umsatzkostenverfahren. Dieses ist aber nicht Gegenstand des Lehrplans.

2 Die in den sonstigen betrieblichen Erträgen und sonstigen betrieblichen Aufwendungen enthaltenen außerordentlichen Aufwendungen und Erträge sind im Anhang anzugeben (§ 285 Nr. 31 HGB). Aufwendungen und Erträge sind dann außerordentlich, wenn sie ungewöhnlich, selten und von einigem Gewicht sind.

3 Diese Postenbezeichnung ist irreführend, da es sich gerade nicht um ein Ergebnis **nach allen Steuern** handelt, sofern auch noch Beträge unter dem Posten „sonstige Steuern" ausgewiesen werden.

3.1.4 Anhang

Der Anhang hat die Aufgabe, bestimmte in der Bilanz und Gewinn- und Verlustrechnung ausgewiesene Positionen zu erläutern, um damit den Adressaten des Jahresabschlusses zusätzliche Informationen zur Vermögens- und Ertragslage der Kapitalgesellschaft zu verschaffen.

In den Anhang müssen z. B. folgende Angaben aufgenommen werden:

- Angaben zu einzelnen Posten der Bilanz oder Gewinn- und Verlustrechnung, für die ein **Bewertungswahlrecht** wahrgenommen wurde
- die angewandten Bilanzierungs- und Bewertungsmethoden (z. B. Abschreibungsmethode, Festlegung der Nutzungsdauer für abzuschreibende Vermögensgegenstände)
- die Grundlagen für die Umrechnung z. B. von Fremdwährungsverbindlichkeiten in Euro.

Angaben im Anhang: Bewertungswahlrecht bei Finanzanlagen Kap. D 5.3.3

Im Anlagevermögen der Karlsruher Gaswerke GmbH sind u. a. 1 000 Aktien der E.ON AG enthalten, die im laufenden Geschäftsjahr zu einem Kurs von 28 EUR/Aktie gekauft wurden. Zum Ende des Geschäftsjahres wird diese Aktie an der Börse zu einem Kurs von 24 EUR/Aktie notiert.

Da die Karlsruher Gaswerke beabsichtigen, die Aktien für längere Zeit zu behalten, handelt es sich dabei um eine Finanzanlage, die im Anlagevermögen (Bilanzposition A III Nr. 5) ausgewiesen werden muss. Bei solchen Finanzanlagen haben die Karlsruher Gaswerke GmbH ein Wahlrecht, die Aktien entweder zu 28 000 EUR (Anschaffungskosten) oder zu 24 000 EUR (Wert am Bilanzstichtag) in der Bilanz auszuweisen, falls es sich lediglich um eine vorübergehende Wertminderung handelt. HGB § 266 (2) HGB § 253 (3) S. 4

Im Anhang muss erläutert werden, in welcher Weise von der Ausübung des Bewertungswahlrechts Gebrauch gemacht wurde.

Da aus der Bilanz nicht ersichtlich ist, wann (innerhalb welchen Zeitraums) die Verbindlichkeiten des Unternehmens fällig und wie diese gegebenenfalls gesichert sind, muss der Anhang auch Angaben enthalten über HGB § 285

- den Gesamtbetrag der Verbindlichkeiten mit einer Restlaufzeit von mehr als fünf Jahren und
- den Gesamtbetrag der Verbindlichkeiten, die durch Pfandrechte oder ähnliche Rechte gesichert sind.

3.1.5 Lagebericht

Mittelgroße und große Kapitalgesellschaften müssen **neben dem Jahresabschluss** noch einen **Lagebericht** aufstellen. Der **Lagebericht** enthält Angaben zum Geschäftsverlauf der Kapitalgesellschaft, wobei aber auf einzelne Positionen des Jahresabschlusses kein Bezug genommen wird. Das Ziel des Lageberichts besteht vielmehr in einer **umfassenden Gesamtwürdigung** des Unternehmens. HGB § 264 (1) S. 4 HGB § 289

Der Lagebericht ist nicht Bestandteil des Jahresabschlusses einer Kapitalgesellschaft.

Auszug aus dem Lagebericht einer AG

Umsatz: Die Geschäftslage hat sich im Jahresverlauf deutlich verbessert, vor allem Asien kehrte auf den Wachstumspfad zurück. Es gelang uns, die Verkaufsmengen um 5,8 % zu steigern.

Ergebnis: Die Preisanhebungen zum Jahresende konnten die stark erhöhten Rohstoffkosten nicht ausgleichen: Der Druck auf die Gewinnspanne hielt an. Dennoch erzielten wir im Vergleich zum Vorjahr ein um 15,6 % höheres Ergebnis.

Lagebericht	
muss eingehen auf: ■ den Umfang und die Komplexität des Geschäftsverlaufs und dessen Analyse sowie auf die Lage der Kapitalgesellschaft ■ die voraussichtliche Entwicklung mit ihren Chancen und Risiken	**soll** eingehen auf: ■ Vorgänge von besonderer Bedeutung, die nach dem Schluss des Geschäftsjahres eingetreten sind ■ Maßnahmen zur Absicherung von Risiken (z. B. Preisänderungs-, Ausfall- und Liquiditätsrisiken) ■ Tätigkeiten in der Forschung und Entwicklung

HGB
§ 264 (1) S. 2

3.1.6 Kapitalflussrechnung

Mit Hilfe der **Kapitalflussrechnung** soll die Liquiditätslage eines Unternehmens abgebildet werden. Durch die Gegenüberstellung der innerhalb eines Geschäftsjahres erfolgten Ein- und Auszahlungen wird die Veränderung der liquiden Mittel dargestellt.

Aufg. 3.3
S. 403

Erstellung einer vereinfachten Kapitalflussrechnung der Süßwaren AG

Die vereinfachte Gewinn- und Verlustrechnung der Süßwaren AG (Großhandel) enthält zum 31.12. d. J. folgende Informationen:

S	(Vereinfachte) **Gewinn- und Verlustrechnung**		H
Warenaufwand	400 000	Umsatzerlöse	700 000
Abschreibung	120 000	Erträge aus der Auflösung von Rückstellungen	20 000
Jahresüberschuss	200 000		
	720 000		720 000

Aus der vorliegenden Gewinn- und Verlustrechnung lässt sich nachstehende vereinfachte Kapitalflussrechnung (= Cashflow-Rechnung) erstellen:

Kap. D 6.4.4

Direkte Methode		Indirekte Methode	
Cashflow = Einzahlungen – Auszahlungen		Cashflow = Jahresüberschuss + nicht zahlungswirksamer Aufwand (z. B. Abschreibungen) – nicht zahlungswirksamer Ertrag (z. B. Erträge aus der Auflösung von Rückstellungen)	
Einzahlungen (Liquiditätszufluss aus Umsatzerlösen)	700 000	Jahresüberschuss	200 000
		+ nicht zahlungswirksamer Aufwand (z. B. Abschreibung)	120 000
– Auszahlungen (Liquiditätsabfluss für Einkauf der Waren)	400 000	– nicht zahlungswirksamer Ertrag (z. B. Erträge aus der Auflösung von Rückstellungen)	20 000
= Cashflow	300 000	= Cashflow	300 000

Ergebnis: Die flüssigen Mittel der Süßwaren AG haben im abgelaufenen Geschäftsjahr um 300 000 EUR zugenommen.

3.1.7 Eigenkapitalspiegel

Der **Eigenkapitalspiegel** zeigt die Veränderungen des Eigenkapitals innerhalb eines Geschäftsjahres durch die Gegenüberstellung der Zu- und Abgänge auf. Dadurch sollen die Quellen der Eigenkapitalveränderungen des abgelaufenen Geschäftsjahres deutlich werden. HGB § 264 (1) S. 2

Eigenkapitalspiegel einer AG (in Tsd. EUR)

	Gezeichnetes Kapital	Kapital-rücklage	Gewinn-rücklagen	Gewinn-/ Verlustvortr. JÜ lfd. Jahr	Summe
Eigenkapital 01.01.2016	1500	200	300	– 10	1990
Kapitalerhöhung 2016	300	50			350
Jahresüberschuss 2016				210	210
Gewinnrücklagen (+/–)			+ 100	– 100	0
Dividende 2016				– 95	– 95
Eigenkapital 31.12.2016	1800	250	400	5	2455

Aufg. 3.4 S. 403

3.2 Aufstellung und Offenlegung des Jahresabschlusses

Für alle Unternehmen – unabhängig von der Rechtsform – gilt, dass der Jahresabschluss innerhalb der einem ordentlichen Geschäftsgang entsprechenden Zeit aufzustellen ist. Da **Kapitalgesellschaften** als juristische Personen selbst nicht handlungsfähig sind, sind deren gesetzliche Vertreter (bei der AG: Vorstand, bei der GmbH: Geschäftsführer) für die Erstellung (= Aufstellung) des Jahresabschlusses verantwortlich. Der Jahresabschluss einer AG ist **festgestellt** und damit **rechtsverbindlich**, wenn er vom Aufsichtsrat gebilligt wird. Damit ist auch die Höhe des **Bilanzgewinns** festgestellt, der der Hauptversammlung zur Beschlussfassung über die Verwendung vorgelegt wird. HGB § 264 (1)

Kap. C 2.2.3

Bei der GmbH gehört die Feststellung des Jahresabschlusses zu den Aufgaben der Gesellschafter. GmbH § 46

Je nach Art und Größe des Unternehmens sind für den Zeitraum der Aufstellung und Offenlegung besondere Vorschriften zu beachten:

Große und mittelgroße Kapitalgesellschaften

Der Jahresabschluss sowie der Lagebericht **großer und mittelgroßer Kapitalgesellschaften** sind **innerhalb der ersten drei Monate** des neuen Geschäftsjahres für das vergangene Geschäftsjahr **aufzustellen**. Darüber hinaus sind die gesetzlichen Vertreter verpflichtet, den mit dem **Bestätigungsvermerk des Abschlussprüfers** versehenen Jahresabschluss sowie weitere Unterlagen (z. B. Lagebericht, Bericht des Aufsichtsrats, Vorschlag und Beschluss über Ergebnisverwendung) einzureichen. Das muss in elektronischer Form beim **Betreiber des elektronischen Bundesanzeigers**[1] erfolgen und hat **unverzüglich** nach Vorlage an die Gesellschafter – spätestens jedoch **innerhalb von 12 Monaten** – zu geschehen. Der Betreiber des elektronischen Bundesanzeigers übermittelt die Informationen an das **Unternehmensregister**[2], wo sie der Öffentlichkeit auch im Internet zugänglich gemacht werden. HGB § 264 (1) S. 2 HGB § 316 (1) HGB § 325 (1)

1 Betreiber des elektronischen Bundesanzeigers ist die Bundesanzeiger Verlagsgesellschaft mbH in Köln: https://www.bundesanzeiger.de/ www

2 Abruf von Daten publikationspflichtiger Unternehmen: www.unternehmensregister.de
Abruf von Namen/Adressen insolventer Unternehmen/Personen: www.insolvenzbekanntmachungen.de

Kleinste und kleine Kapitalgesellschaften

HGB § 243 (3), § 264 (1) S. 3 · HGB § 325 (1) · HGB § 326 (2)

Die gesetzlichen Vertreter kleinster und kleiner Kapitalgesellschaften dürfen den Jahresabschluss auch später aufstellen. Dies muss allerdings innerhalb von **sechs Monaten** (bei Kleinstkapitalgesellschaften i. d. R. bis zu sieben Monaten) geschehen. Anders als die großen Kapitalgesellschaften brauchen kleine Kapitalgesellschaften **keinen Lagebericht** zu erstellen und müssen den Jahresabschluss auch nicht von einem Abschlussprüfer prüfen lassen. Kleinstkapitalgesellschaften können u. U. auf einen Anhang verzichten. Außerdem können sie wählen, ob sie die Offenlegungspflicht durch Veröffentlichung oder durch Hinterlegung der Bilanz erfüllen.

Kapitalmarktorientierte Gesellschaften

HGB § 264 (1) S. 2 · HGB § 325 (4)

Kapitalmarktorientierte Kapitalgesellschaften (z. B. Aktiengesellschaften, deren Aktien am Kapitalmarkt gehandelt werden) sind verpflichtet, ihren Jahresabschluss **innerhalb von drei Monaten** aufzustellen und **innerhalb von vier Monaten** offen zu legen.

Zusammenfassende Übersicht zu Kap. 3: Jahresabschluss von Kapitalgesellschaften

Bestandteile des Jahresabschlusses

für Kapitalgesellschaften
(§ 264 HGB)

↓ ↓ ↓

Bilanz (§ 266 HGB)	**Gewinn- und Verlustrechnung** (§ 275 HGB)	**Anhang** (§ 284 HGB) (Sonderregelung bei Kleinstkapitalgesellschaften § 264 (1) S. 5 HGB)

bei kapitalmarktorientierten Gesellschaften zusätzlich
(§ 264 HGB)

↓ ↓

Kapitalflussrechnung	**Eigenkapitalspiegel**

zusätzlich bei mittelgroßen und großen Kapitalgesellschaften:

Lagebericht

(nicht Bestandteil des Jahresabschlusses)

Aufstellung und Offenlegung von Jahresabschlüssen der Kapitalgesellschaften

	Kapitalgesellschaften			
	kleinste	**kleine**	**große und mittelgroße**	**kapitalmarkt-orientierte**
Aufstellung innerhalb des neuen Geschäftsjahres	i. d. R. innerhalb von **sechs bis sieben Monaten** HGB § 243 (3)	innerhalb von **sechs Monaten** HGB § 264 (1) S. 4	innerhalb von **drei Monaten** HGB § 264 (1) S. 3	
Offenlegung innerhalb des neuen Geschäftsjahres	spätestens bis zum Ablauf des **zwölften Monats** HGB § 325 (1) S. 2			spätestens bis zum Ablauf des **vierten Monats** HGB § 325 (4)

Wiederholung des Grundwissens

zu Kapitel 3 Jahresabschluss von Kapitalgesellschaften

3.1 Bestandteile des Jahresabschlusses

3.1.1 Überblick – Kapitalgesellschaften nach Größenklassen

1. Wovon ist es abhängig, ob eine Kapitalgesellschaft als kleinst, klein, mittelgroß oder groß einzustufen ist?
2. Wann gilt eine Kapitalgesellschaft auf jeden Fall als groß?
3. Aus welchen Bestandteilen setzt sich der Jahresabschluss von kleinsten, kleinen, mittelgroßen, großen und kapitalmarktorientierten Kapitalgesellschaften zusammen?

3.1.2 Bilanz

1. Beschreiben Sie, wie die Bilanz einer großen Kapitalgesellschaft aufgebaut ist.
2. Welche Erleichterungen bei der Aufstellung einer Bilanz gelten für kleinste und kleine Kapitalgesellschaften?
3. Welche Informationen können dem Anlagespiegel entnommen werden?

3.1.3 Gewinn- und Verlustrechnung

1. In welcher Form müssen Kapitalgesellschaften ihre Gewinn- und Verlustrechnung aufstellen?
2. Unterscheiden Sie zwischen dem Ergebnis nach Steuern und dem Jahresüberschuss.

3.1.4 Anhang

1. Welche Aufgabe hat der Anhang?
2. Nennen Sie Beispiele für Angaben, die in den Anhang aufzunehmen sind.

3.1.5 Lagebericht

1. Welche Kapitalgesellschaften müssen einen Lagebericht erstellen?
2. Welche Informationen sind dem Lagebericht zu entnehmen?

3.1.6 Kapitalflussrechnung

1. Bei welchen Kapitalgesellschaften gehört eine Kapitalflussrechnung zum Jahresabschluss?
2. Welches Ziel verfolgt die Kapitalflussrechnung?
3. Auf welche Weise lässt sich der Cash-Flow ermitteln?

3.1.7 Eigenkapitalspiegel

1. Bei welchen Kapitalgesellschaften gehört ein Eigenkapitalspiegel zum Jahresabschluss?
2. Wie ist ein Eigenkapitalspiegel aufgebaut?

3.2 Aufstellung und Offenlegung des Jahresabschlusses

1. Wer ist für die Erstellung des Jahresabschlusses bei juristischen Personen verantwortlich?
2. Wann ist der Jahresabschluss einer AG festgestellt und damit rechtsverbindlich?
3. Innerhalb welcher Frist müssen Jahresabschluss und Lagebericht großer und mittelgroßer Kapitalgesellschaften aufgestellt werden?
4. Wo und innerhalb welcher Frist muss der Jahresabschluss eingereicht werden?
5. Welche Erleichterungen hinsichtlich der Aufstellung und Offenlegung eines Jahresabschlusses gelten für kleinste und kleine Kapitalgesellschaften?
6. Was haben kapitalmarktorientierte Kapitalgesellschaften hinsichtlich Erstellung und Offenlegung des Jahresabschlusses zu beachten?

Aufgaben und Probleme

zu Kapitel 3 Jahresabschluss von Kapitalgesellschaften

3.1 Bilanz einer Kapitalgesellschaft

PDF

Erstellen Sie aus den nachfolgenden Angaben die Bilanz einer Kapitalgesellschaft nach § 266 (1) Satz 3 HGB:

	EUR
Vorräte	190 000
Gezeichnetes Kapital	200 000
Forderungen und sonstige Vermögensgegenstände	125 000
Gewinnrücklagen	25 000
Wertpapiere	40 000
Flüssige Mittel	28 000
Verbindlichkeiten gegenüber Kreditinstituten	173 000
Finanzanlagen	76 000
Immaterielle Vermögensgegenstände	17 500
Passive Rechnungsabgrenzungsposten	6 000
Kapitalrücklage	40 000
Jahresüberschuss	
Sonstige Verbindlichkeiten	21 000
Sachanlagen	222 500
Verbindlichkeiten aus Lieferungen und Leistungen	98 500
Rückstellungen	40 000
Aktive Rechnungsabgrenzungsposten	4 500

3.2 Erstellung einer Gewinn- und Verlustrechnung

PDF

Der Werkzeug- und Metallbau AG liegen für die Erstellung der Gewinn- und Verlustrechnung 2016 folgende Zahlen vor:

HGB § 275 (1) u. (2)

	EUR
Verlustvortrag aus dem Vorjahr	5 000 000
Andere aktivierte Eigenleistungen	9 000 000
Umsatzerlöse	125 800 000
Verluste aus Anlageabgängen	9 000 000
Erträge aus Beteiligungen	12 000 000
Einstellung in die Gewinnrücklagen	8 000 000
Abschreibungen auf Sachanlagen	16 000 000
Aufwendungen für einen ungewöhnlichen Schadensfall	1 400 000
Löhne und Gehälter	50 000 000
Bestand an fertigen Erzeugnissen lt. Inventur	14 000 000
Bestand an unfertigen Erzeugnissen lt. Inventur	9 000 000
Zinsen und ähnliche Aufwendungen	4 000 000
Auflösung von Rückstellungen	1 600 000
Körperschaftsteuer und Gewerbesteuer	18 000 000
Sonstige Steuern	1 000 000
Soziale Abgaben	12 000 000
Aufwendungen für Roh-, Hilfs- und Betriebsstoffe	28 000 000
Aufwendungen für bezogene Leistungen	2 400 000
Erhöhung des Bestandes an fertigen und unfertigen Erzeugnissen	12 000 000
Bestand an Pensionsrückstellungen	60 000 000

Stellen Sie die Gewinn- und Verlustrechnung nach dem Gesamtkostenverfahren auf und ermitteln Sie nach den handelsrechtlichen Gliederungsvorschriften

- das Ergebnis nach Steuern
- den Jahresüberschuss/Jahresfehlbetrag
- den Bilanzgewinn/Bilanzverlust.

3.3 Erstellung einer vereinfachten Kapitalflussrechnung eines Aluminiumwerkes[1]

PDF

Die vorläufige Gewinn- und Verlustrechnung der Aluwerke Hohentwiel AG enthält folgende Informationen

Aufwendungen	**Auszug aus der GuV-Rechnung der Aluwerke Hohentwiel AG**		Erträge
Roh-, Hilfs- und Betriebsstoffaufwand	800000	Umsatzerlöse	1600000
		Bestandsveränderung	120000
Abschreibung auf Sachanlagen	240000	aktvierte Eigenleistung	32000
sonstige Aufwendungen (auszahlungswirksam)	180000	Erträge aus der Auflösung von Rückstellungen	60000
Jahresüberschuss	630000	sonstige Erträge (einzahlungswirksam)	38000
	1850000		1850000

Erstellen Sie eine Kapitalflussrechnung nach der direkten und der indirekten Methode.

3.4 Eigenkapitalveränderungsrechnung einer Aktiengesellschaft[1]

PDF

Zum 01.01. d.J. weist die Mannheimer Motorenwerke AG folgende Anfangsbestände für ihre Eigenkapitalkonten aus:

Gezeichnetes Kapital	6000000 EUR	Gesetzliche Rücklage	200000 EUR
Kapitalrücklagen	120000 EUR	Andere Gewinnrücklagen	300000 EUR
		Gewinnvortrag	32000 EUR

Der auf der Grundlage des Handelsrechts ermittelte Jahresüberschuss für das laufende Geschäftsjahr betrug 580000 EUR.

Vorstand und Aufsichtsrat haben den Jahresabschluss festgestellt und den höchst möglichen Betrag in die anderen Gewinnrücklagen eingestellt. Die Dividende für das laufende Geschäftsjahr betrug 307000 EUR.

1. Erstellen Sie die Eigenkapitalveränderungsrechnung.
2. Wie hoch ist die freiwillige Selbstfinanzierung zum 31.12. d.J.?

1 Der Lehrplan sieht lediglich die Auswertung, nicht aber die eigenständige Erstellung einer Eigenkapitalveränderungs- und Kapitalflussrechnung vor.

4 Grundsätze der Rechnungslegung nach HGB

Überblick und Zusammenhänge

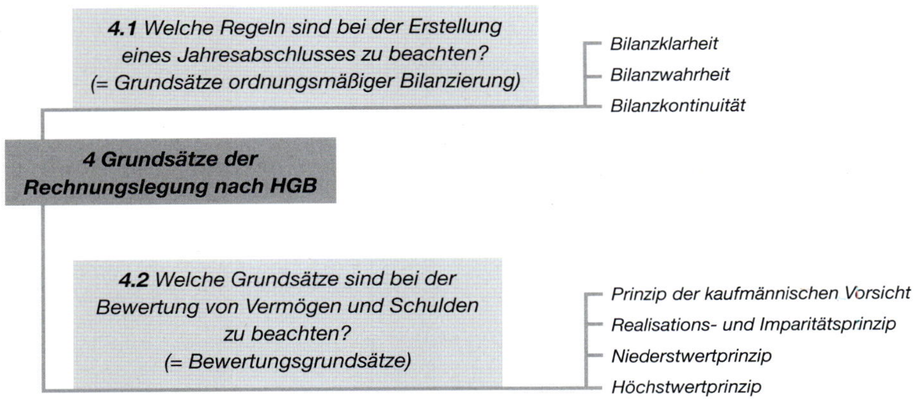

4.1 Grundsätze ordnungsmäßiger Bilanzierung

Aufg. 4.1.1 S. 406

HGB § 243 (1)

Die Bilanzadressaten (z. B. Anteilseigner, Gläubiger, Staat, Mitarbeiter) sind daran interessiert, einen **möglichst genauen Einblick in die Vermögens- und Ertragslage** eines Unternehmens zu erhalten. Deshalb ist es erforderlich, bei der Erstellung des Jahresabschlusses (= Bilanzierung) bestimmte Regeln zu beachten. Diese Regeln werden als **Grundsätze ordnungsmäßiger Bilanzierung bezeichnet** und leiten sich aus den Grundsätzen ordnungsmäßiger Buchführung ab.

Die Regeln, die bei der Erstellung des Jahresabschlusses (= Bilanzierung) zu beachten sind, werden als Grundsätze ordnungsmäßiger Bilanzierung bezeichnet[1].

Grundsatz der Bilanzklarheit

Der Grundsatz der Bilanzklarheit verlangt, dass der Jahresabschluss klar und übersichtlich aufzustellen ist.

HGB § 243 (1) und (2)

Kap. D 2

Da für **Kapitalgesellschaften** je nach Größe eine Mindestgliederung von Bilanz und Gewinn- und Verlustrechnung vorgeschrieben ist, entsprechen diese Unternehmen dem Grundsatz der Bilanzklarheit bereits durch die Einhaltung der entsprechenden Gliederungsvorschriften. Darüber hinaus wird der Bilanzklarheit durch die Angaben im Anhang zusätzlich entsprochen.

Buchführungs- und bilanzierungspflichtige Einzelunternehmen und Personenhandelsgesellschaften sind gesetzlich nicht verpflichtet, die für Kapitalgesellschaften vorgegebene Gliederung einzuhalten. Die Grundsätze ordnungsmäßiger Buchführung (GoB) verpflichten diese Unternehmen jedoch zu einer Gliederung, die es erlaubt, die Vermögens- und Kapitalstruktur sowie die Ertragslage eines Unternehmens zu beurteilen. Deshalb lehnen sich diese Unternehmen an die für Kapitalgesellschaften geltenden Gliederungsvorschriften an.

1 Im Gesetz (HGB §§ 264, 278, 463, EStG § 5) wird von den **Grundsätzen ordnungsmäßiger Buchführung (GoB)** gesprochen. Die Grundsätze ordnungsmäßiger **Bilanzierung** sind Bestandteil der GoB.

Verstöße gegen den Grundsatz der Bilanzklarheit

- Änderung der Gliederung von Periode zu Periode
- Wechsel der Bezeichnung für einzelne Vermögensgegenstände und Schulden

Grundsatz der Bilanzwahrheit

Die Einhaltung dieses Bilanzierungsgrundsatzes soll bewirken, dass die **Vermögenslage eines Unternehmens** nicht zu günstig dargestellt wird.

Eine Bilanz gilt als wahr, wenn sie alle Werte vollständig und richtig erfasst.

Eine Bilanz wird als richtig angesehen, wenn die nach Handels- und Steuerrecht gültigen Bewertungsvorschriften eingehalten werden.

Verstöße gegen den Grundsatz der Bilanzwahrheit

- Bilanzierung nicht oder nicht mehr vorhandener Bestände an Erzeugnissen
- Bildung unerlaubter Rückstellungen

Werden Sachverhalte in der Bilanz **vorsätzlich** unwahr oder irreführend ausgewiesen, um die Vermögens- und Ertragslage des Unternehmens zu verfälschen, so liegt eine **Bilanzfälschung** vor. Bilanzfälschungen gelten als strafbare Handlungen.

Grundsatz der Bilanzkontinuität

Damit die Bilanzadressaten zeitlich aufeinander folgende Bilanzen vergleichen können, dürfen die für die Bilanzerstellung geltenden Regeln von Periode zu Periode nicht unterschiedlich angewandt werden. HGB § 252 (1) Nr. 1

Die **formelle Bilanzkontinuität** ist gewahrt, wenn das äußere Bild des Jahresabschlusses nicht verändert wird (Beibehaltung der Gliederung für die Bilanz und die Gewinn- und Verlustrechnung). Darüber hinaus muss die Schlussbilanz eines Geschäftsjahres identisch mit der Eröffnungsbilanz des kommenden Jahres sein **(Bilanzidentität)**.

Verstöße gegen die formelle Bilanzkontinuität

- Der Bilanzstichtag wird von Jahr zu Jahr willkürlich geändert
- Die Bilanz ist gegenüber der Vorperiode weniger tief gegliedert (Zusammenfassung von Vermögensgegenständen)

Die **materielle Bilanzkontinuität** (Prinzip des Wertzusammenhangs) ist gewahrt, wenn die Methoden zur Bewertung von Vermögen und Schulden (Bewertungsmethoden) und die Ansatzmethoden beibehalten werden (= **Bewertungs-** bzw. **Ansatzstetigkeit**). HGB § 246 (3) § 252 (1) Nr. 6

Verstöße gegen die materielle Bilanzkontinuität

Ohne sachlichen Grund und ohne Hinweis im Anhang werden die neu erworbenen Fahrzeuge im laufenden Geschäftsjahr linear abgeschrieben, obwohl solche Vermögensgegenstände bislang degressiv abgeschrieben wurden.

Hinweis: *In der Handelsbilanz darf ungeachtet steuerlicher Vorschriften wahlweise linear, degressiv oder nach der Leistung abgeschrieben werden.*

Zusammenfassende Übersicht zu Kap. 4.1: Grundsätze ordnungsmäßiger Bilanzierung

Grundsätze ordnungsmäßiger Bilanzierung

Bilanzklarheit	Bilanzwahrheit	Bilanzkontinuität	
klare und übersichtliche Gliederung des Jahresabschlusses (Bilanz und Gewinn- und Verlustrechnung)	Vollständige und richtige Erfassung von Vermögen und Schulden	**formelle** ■ Beibehaltung der gewählten Bilanzgliederung ■ Bilanzidentität (Schlussbilanz = Eröffnungsbilanz)	**materielle** Stetigkeit der Bilanzierungs- und Bewertungsmethoden (Wertzusammenhang) Ansatzstetigkeit Bewertungsstetigkeit

Wiederholung des Grundwissens

zu Kapitel 4.1 Grundsätze ordnungsmäßiger Bilanzierung

1. Was ist unter den Grundsätzen ordnungsmäßiger Bilanzierung zu verstehen?
2. Was besagt der Grundsatz der Bilanzklarheit?
3. Was besagt der Grundsatz der Bilanzwahrheit?
4. Was ist jeweils unter formeller und materieller Bilanzkontinuität zu verstehen?
5. Nennen Sie Beispiele für Verstöße gegen die formelle und materielle Bilanzkontinuität.

Aufgaben und Probleme

zu Kapitel 4.1 Grundsätze ordnungsmäßiger Bilanzierung

4.1.1 Grundsätze ordnungsmäßiger Bilanzierung

HGB § 246, Prüfen Sie, ob die Textilmaschinen AG bei der Erstellung des Jahresabschlusses den Bewertungsgrundsätzen für die Handelsbilanz entsprochen hat.

1. Es wird festgestellt, dass die Wertansätze der Eröffnungsbilanz des Geschäftsjahres nicht mit den Wertansätzen der Schlussbilanz des vergangenen Geschäftsjahres übereinstimmen.
2. § 252 Das Unternehmen weist im Umlaufvermögen Wertpapiere zum Kaufkurs aus, obwohl zwischenzeitlich der Kurs erheblich gesunken ist. Mit dem Bilanzausweis zum höheren Betrag soll erreicht werden, dass die Vermögenslage günstig dargestellt wird.
3. Die Wertansätze für das Vorratsvermögen (fertige und unfertige Erzeugnisse) wurden im laufenden Geschäftsjahr unter Einbeziehung der Verwaltungsgemeinkosten berechnet, während im Vorjahr darauf verzichtet wurde.
4. Am 15. Dezember d. J. erhält die Textilmaschinen AG von einem Lieferer Steuergeräte (Fertigteile). Da die Rechnung für diese Sendung erst im Januar des neuen Jahres eingeht, wird der Geschäftsvorfall erst im neuen Geschäftsjahr gebucht.

4.2 Grundsätze ordnungsmäßiger Bewertung (Bewertungsprinzipien)

4.2.1 Prinzip der kaufmännischen Vorsicht

Zu hoch bewertetes Vermögen bzw. zu niedrig bewertete Schulden sind gleichzeitig mit einem zu günstigen Ergebnisausweis verbunden.

Zusammenhang von Vermögensbewertung und Ergebnisausweis

Eine GmbH hat auf einen Pkw wegen falsch geschätzter Nutzungsdauer 8400 EUR abgeschrieben. Die nach der tatsächlichen Nutzungsdauer sich ergebende Abschreibung beläuft sich auf 14400 EUR.

Der Pkw wird in der Bilanz um 6000 EUR zu hoch ausgewiesen. Der in der Gewinn- und Verlustrechnung ausgewiesene Abschreibungsaufwand ist um diesen Betrag zu niedrig. Demnach wird die Vermögens- und Ertragslage des Unternehmens zu günstig dargestellt.

Mögliche Folgen:
- Substanzverlust des Unternehmens, falls zu hoch ausgewiesener Gewinn Grundlage der Ausschüttungsansprüche der Unternehmenseigner ist.
- Gläubiger gewähren auf der Grundlage nicht vorhandener Vermögenswerte Kredite, die bei zutreffender Bewertung nicht gewährt worden wären.

Insbesondere unter dem Gesichtspunkt des **Gläubigerschutzes** aber auch im Interesse der Erhaltung der **Unternehmenssubstanz** verlangt das **Prinzip der kaufmännischen Vorsicht**, dass die Vermögensgegenstände und die Verbindlichkeiten vorsichtig zu bewerten sind. Alle **vorhersehbaren Risiken und Verluste**, die bis zum Abschlussstichtag entstanden sind, müssen berücksichtigt werden.

HGB § 252 (1) Nr. 4

Das Stichtagsprinzip besagt, dass das Vermögen und die Schulden grundsätzlich zu den zu einem bestimmten Bilanzstichtag geltenden Werten anzusetzen sind.

Aber auch Risiken und Verluste, die zwischen dem Bilanzstichtag und dem Tag der Aufstellung der Bilanz bekannt werden, müssen bei der Bilanzerstellung berücksichtigt werden (Durchbrechung des Stichtagsprinzips).

HGB § 252 (1) Nr. 4

Bewertung einer Kundenforderung bei Eröffnung eines Insolvenzverfahrens

Bilanzstichtag: 31.12.2016 Bilanzerstellung: 31.03.2017

Am 12.01.2017 erhält eine Metallwarenfabrik die Nachricht, dass über das Vermögen eines Kunden das Insolvenzverfahren eröffnet wurde. Es ist davon auszugehen, dass die Kundenforderung in Höhe von 8600 EUR vollständig ausfällt.

Obwohl diese Information erst nach dem Bilanzstichtag (31.12.2016) eingeht, muss sie für die Bilanzerstellung noch berücksichtigt werden, weil davon auszugehen ist, dass die Zahlungsschwierigkeiten des Kunden bereits zum Zeitpunkt des Bilanzstichtages vorhanden waren. **Folge:** Die Forderung muss abgeschrieben werden und darf in der Schlussbilanz nicht mehr als Vermögensgegenstand erscheinen.

Das Stichtagsprinzip wird durchbrochen, wenn dem Unternehmen zwischen Bilanzstichtag und dem Tag der Bilanzerstellung Informationen zugehen, die im Rahmen einer vorsichtigen Bewertung zu berücksichtigen sind.

Aus der Beachtung des **Prinzips der kaufmännischen Vorsicht** lassen sich vier **Bewertungsprinzipien** ableiten:

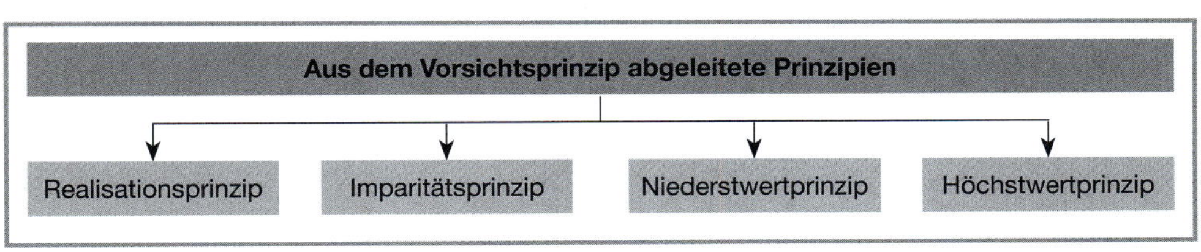

4.2.2 Realisations- und Imparitätsprinzip

Realisationsprinzip

Gewinne dürfen im Normalfall nur ausgewiesen werden, wenn sie z. B. durch einen tatsächlichen Verkauf von Vermögensgegenständen bis zum Bilanzstichtag bereits realisiert sind.

Nicht realisierte Gewinne

HGB § 252 (1) Nr. 4

Wertpapiere, die vor einiger Zeit für 60 000 EUR gekauft wurden, haben am Bilanzstichtag einen Wert von 68 000 EUR.
Der Unterschiedsbetrag von 8 000 EUR stellt einen noch nicht realisierten Gewinn dar, weil ein Verkauf noch nicht stattgefunden hat. Die Wertpapiere dürfen daher lediglich mit dem Betrag von 60 000 EUR in der Schlussbilanz berücksichtigt werden.

Imparitätsprinzip

HGB § 252 (1) Nr. 4

Das **Imparitätsprinzip**[1] verlangt, dass nicht realisierte Gewinne und **drohende Verluste** jeweils anders behandelt werden müssen. Im Sinne einer vorsichtigen Bewertung müssen **drohende Verluste** – anders als noch nicht realisierte Gewinne – auch dann schon berücksichtigt werden, wenn sie wahrscheinlich, aber noch gar nicht eingetreten sind.

Drohender Verlust

HGB § 253 (3) S. 3

Ein Kaufmann hat im Jahre 2014 ein Grundstück für 200 000 EUR erworben. 2017 erleidet das Grundstück eine erhebliche Werteinbuße, da in unmittelbarer Nähe eine Müllverbrennungsanlage gebaut wird. Das Grundstück lässt sich nach dem Bau der Müllverbrennungsanlage nur noch für 160 000 EUR verkaufen. Der sich abzeichnende Verlust in Höhe von 40 000 EUR muss ausgewiesen werden. Das Grundstück muss außerplanmäßig abgeschrieben werden, auch wenn es der Kaufmann in der Hoffnung auf einen späteren Wertzuwachs jetzt nicht verkaufen will.

4.2.3 Niederstwertprinzip

Aufg. 4.2.1 Aufg. 4.2.2 S. 413

Das Niederstwertprinzip besagt, dass von zwei oder mehreren in Frage kommenden Werten der niedrigere Wert genommen werden muss (= strenges Niederstwertprinzip) oder genommen werden darf (= gemildertes Niederstwertprinzip).

Niederstwertprinzip	
Gemildertes Niederstwertprinzip	Strenges Niederstwertprinzip

Gemildertes Niederstwertprinzip

HGB § 253 (3) S. 4

Das gemilderte Niederstwertprinzip räumt Unternehmen ein **Wahlrecht** bei der Bewertung von **Finanzanlagen des Anlagevermögens** (z. B. dauerhafte Beteiligung an einer AG) ein, wenn eine am Abschlussstichtag festgestellte **Wertminderung** nur als **vorübergehend** einzustufen ist. In diesem Fall **darf** von zwei möglichen Werten der niedrigere Wert angesetzt werden **(Bewertungswahlrecht)**. Will ein Unternehmen im Rahmen des ihm zustehenden Bewertungswahlrechts den niedrigeren Wert in der Bilanz ansetzen, so ist eine **außerplanmäßige Abschreibung** vorzunehmen. Bei allen anderen Formen des Anlagevermögens besteht bei vorübergehender Wertminderung kein Wahlrecht.

1 Imparität *(lat.)*: Ungleichheit

Dadurch soll die übermäßige Bildung stiller Rücklagen vermieden werden. Diese würden nämlich den Aktionären einer AG oder den Gesellschaftern einer GmbH als nicht ausschüttungsfähiger Gewinn vorenthalten (Anlegerschutz).

Kap. C 2.5

Für die Bewertung von Finanzanlagen des Anlagevermögens gilt das gemilderte Niederstwertprinzip (Bewertungswahlrecht).

Bewertungsmöglichkeiten von Wertpapieren des Anlagevermögens bei einer vorübergehenden Wertminderung

Die Automobil AG ist an einem ihrer Zulieferer – der Felgen und Reifen AG – in Höhe von 860 000 EUR durch Aktienbesitz beteiligt. Wegen einer Absatzschwäche ist der Wert der Beteiligung zum Ende des laufenden Geschäftsjahres **vorübergehend** um 10 % gesunken. Die Automobil AG hat gem. § 253 (3) S. 4 HGB folgende Bewertungsmöglichkeiten:

HGB § 253 (3) S. 4

❶ Beibehaltung des bisherigen Wertansatzes (Verzicht auf eine außerplanmäßige Abschreibung) 860 000 EUR

oder (Wahlrecht)

❷ Ansatz des niedrigen Wertes (Vornahme einer außerplanmäßigen Abschreibung) 774 000 EUR

Strenges Niederstwertprinzip

Aufg. 4.2.3 und 4.2.4 S. 413

Das **strenge Niederstwertprinzip** ist grundsätzlich für die **Bewertung des Umlaufvermögens** anzuwenden. Bei der Bewertung von **Vermögensgegenständen des Anlagevermögens** muss das strenge Niederstwertprinzip dagegen nur beachtet werden, wenn die eingetretene Wertminderung **von Dauer** ist.

HGB § 253 (4), § 253 (3) S. 3

Anhaltspunkt für eine dauernde Wertminderung ist, dass diese mehr als die Hälfte der Restnutzungsdauer oder länger als 5 Jahre anhält.

Bewertung von Wertpapieren des Umlaufvermögens bei einer vorübergehenden Wertminderung

Die Automobil AG (siehe oben) hat mit derzeit nicht benötigten flüssigen Mitteln in Höhe von 600 000 EUR Aktien der Siemens AG gekauft. Zum Ende des laufenden Geschäftsjahres ist der Wert der kurzfristigen Kapitalanlage auf 580 000 EUR gesunken.

HGB § 253 (4) S. 1

Die Automobil AG muss gem. § 253 (4) S. 1 HGB eine außerplanmäßige Abschreibung vornehmen und die Wertpapiere – auch bei einer nur vorübergehenden Wertminderung – mit dem niedrigeren Wert von 580 000 EUR in ihrem Jahresabschluss ausweisen.

Tritt bei Vermögensgegenständen des Anlagevermögens eine dauernde Wertminderung ein, so muss eine außerplanmäßige Abschreibung vorgenommen werden. Bei einer vorübergehenden Wertminderung ist eine außerplanmäßige Abschreibung nur bei Finanzanlagen möglich (Wahlrecht).

Im Unterschied zur Bewertung von Finanzanlagen des Anlagevermögens (gemildertes Niederstwertprinzip) gilt für das **Umlaufvermögen** auch bereits bei **vorübergehender Wertminderung** das **strenge Niederstwertprinzip**: Von zwei möglichen Werten (z. B. ursprüngliche bzw. fortgeführte Anschaffungskosten, niedrigerer Börsen- oder Marktpreis am Abschlussstichtag) **muss immer der niedrigere** angesetzt werden.

HGB § 253 (4)

Strenges Niederstwertprinzip: Wertminderungen bei Vermögensgegenständen des Umlaufvermögens

HGB
§ 253 (4)

Zur vorübergehenden Kapitalanlage hat die Heilbronner Chemie GmbH im Oktober 2017 3 000 Aktien der Erfurter Schuhfabrik AG zu 120 EUR/Stück erworben.
Hinweis: Anschaffungsnebenkosten wie z. B. Kaufspesen bleiben unberücksichtigt.

1. Zu welchem Betrag sind die Aktien in der Schlussbilanz des Geschäftsjahres 2017 auszuweisen, wenn der Börsenkurs **am Bilanzstichtag** (31.12.)
   a) 140 EUR/Stück
   b) 110 EUR/Stück
   beträgt?

2. Zu Beginn des Monats Februar 2018 veröffentlicht die Erfurter Schuhfabrik AG die Ergebnisse für das vierte Quartal des Geschäftsjahres 2017. Daraufhin sinkt der Aktienkurs. Er beträgt am 8. Februar 2018 (Tag der Bilanzerstellung) 115 EUR/Stück. Zu welchem Betrag sind die Aktien in der Schlussbilanz des Geschäftsjahres 2017 in diesem Fall auszuweisen? Wie wird durch die Bewertung das Unternehmensergebnis jeweils beeinflusst?

Lösung:
Für die Bewertung des Umlaufvermögens ist das strenge Niederstwertprinzip anzuwenden. Dies gilt auch dann, wenn die Wertminderung nur vorübergehend ist.

1. a) Kurs am Bilanzstichtag ist auf 140 EUR/Stück gestiegen:
Bewertung zu den niedrigeren Anschaffungskosten (Wertobergrenze).
3000 Aktien à 120 EUR/Aktie = 360000 EUR (= Bilanzansatz)
Das Unternehmensergebnis wird nicht beeinflusst, da der Bilanzansatz den Anschaffungskosten entspricht.

b) Kurs am Bilanzstichtag ist auf 110 EUR/Stück gefallen:
Der Bewertung muss zwingend der niedrigere Börsenkurs zugrunde gelegt werden (Vorsichtsprinzip, strenges Niederstwertprinzip).
3000 Aktien à 110 EUR/Aktie = 330000 EUR (= Bilanzansatz)
Das Unternehmensergebnis wird negativ beeinflusst, da eine außerplanmäßige Abschreibung auf den niedrigeren Börsenpreis am Abschlussstichtag in Höhe von 30 000 EUR vorgenommen werden muss.

2. Kurs am Tag der Bilanzerstellung (08. Febr. 2018) ist auf 115 EUR/Stück gefallen, da Ende Januar 2018 bekannt wurde, dass ein im Dezember 2017 angenommener Großauftrag nur mit Verlust abgewickelt werden kann.
Obwohl sich der niedrigere Börsenkurs erst nach dem Bilanzstichtag eingestellt hat, stellt auch in diesem Fall der niedrigere Börsenkurs die Grundlage der Bewertung dar. Im Rahmen des Vorsichtsprinzips werden Verluste, die zwischen Bilanzstichtag und dem Tag der Bilanzerstellung eingetreten sind, bereits am Bilanzstichtag berücksichtigt (Verlustantizipation gem. § 252 (1) Nr. 4 HGB), wenn der Grund für deren Entstehung im alten Geschäftsjahr liegt. Das führt im vorliegenden Fall zu einer Durchbrechung des Stichtagsprinzips.
3000 Aktien à 115 EUR/Aktie = 345000 EUR (= Bilanzansatz)
Das Unternehmensergebnis wird negativ beeinflusst, da eine außerplanmäßige Abschreibung in Höhe von 15000 EUR vorgenommen werden muss.

HGB
§ 253 (4)

Für die Bewertung des Umlaufvermögens gilt das strenge Niederstwertprinzip: Von zwei infrage kommenden Werten (ursprüngliche bzw. fortgeführte Anschaffungskosten oder Tageswert) ist stets der niedrigere anzusetzen.

4.2.4 Höchstwertprinzip

Die Beachtung des Vorsichtsprinzips führt bei der Bewertung von Verbindlichkeiten dazu, dass von zwei oder mehreren infrage kommenden Werten der jeweils höhere anzusetzen ist **(Höchstwertprinzip)**. Außerdem sind Verbindlichkeiten zu ihrem **Erfüllungsbetrag** anzusetzen. HGB § 253 (1) S. 2

Für die Bewertung von Verbindlichkeiten gilt das Höchstwertprinzip: Von zwei infrage kommenden Werten ist stets der höhere anzusetzen.

Fremdwährungsverbindlichkeiten

Höchstwertprinzip bei der Bewertung von Verbindlichkeiten

Die Firma Heinz Berger KG hat am 03. August d. J. bei einer amerikanischen Bank einen Kredit in Höhe von 30 000 US $ und einer Laufzeit von zwei Jahren aufgenommen. Anhand des am Tag der Kreditaufnahme geltenden Dollarkurses von 1,30 US $/EUR lässt sich eine Darlehensverbindlichkeit von 23 076,92 EUR errechnen (30 000 US $/1,30 US-$/EUR).
Aufgrund einer zum 31.12. d. J. eingetretenen Änderung des Dollarkurses auf 1,25 US $/EUR beträgt der Wert der Verbindlichkeit zum Ende des Geschäftsjahres umgerechnet 24 000 EUR.

Ergebnis: Die Verbindlichkeit muss nach dem Höchstwertprinzip bewertet werden. Die Beachtung dieses Prinzips führt in der Schlussbilanz zum 31.12. d. J. zu einem Wertansatz der Verbindlichkeiten in Höhe von 24 000 EUR.

Das Höchstwertprinzip muss ausnahmsweise nicht eingehalten werden, wenn Verbindlichkeiten in fremder Währung (Fremdwährungsverbindlichkeiten) eine Restlaufzeit von einem Jahr oder weniger haben. HGB § 256a

Kap. D 5.5

Rückstellungen

Selbst dann, wenn Verbindlichkeiten nur dem Grunde nach feststehen, aber in der Höhe ungewiss sind, ist das Unternehmen verpflichtet, diese in der Bilanz als **Rückstellung** anzusetzen. HGB § 249 (1)

Vgl. Bd. 1 Kap. D 15

Die Notwendigkeit, **Rückstellungen** in der Bilanz auszuweisen, leitet sich aus dem **Vorsichtsprinzip** ab. Das Handelsrecht schreibt die Bildung von Rückstellungen für folgende Anlässe zwingend vor:

Aufg. 4.2.5 S. 414

Gründe für die Bildung von Rückstellungen HGB § 249			
Ungewisse Verbindlichkeiten	**Drohende Verluste aus schwebenden Geschäften**	**Im Geschäftsjahr unterlassene Aufwendungen für Instandhaltung, die aber innerhalb der ersten drei Monate des folgenden Geschäftsjahres nachgeholt werden**	**Freiwillige Garantiezusagen (Kulanzleistungen)**
z. B. Pensionszusagen, Nachzahlung von Gewerbesteuer, Zahlungsverpflichtungen aus noch nicht abgeschlossenen Gerichtsprozessen, gesetzliche Gewährleistungspflichten	z. B. unerwartete Erhöhung der Materialkosten für noch herzustellende Erzeugnisse, für die aber mit dem Käufer bereits ein fester Verkaufspreis vereinbart wurde	z. B. Reparatur des Daches eines Betriebsgebäudes im Februar des nächsten Jahres (Kostenvoranschlag liegt bereits im Dezember des laufenden Geschäftsjahres vor)	z. B. Zusage eines Autohauses, trotz abgelaufener Garantie eine defekte Platine kostenlos auszutauschen

HGB § 249 (1)

Zusammenfassende Übersicht zu Kap. 4.2: Grundsätze ordnungsmäßiger Bewertung (Bewertungsprinzipien)

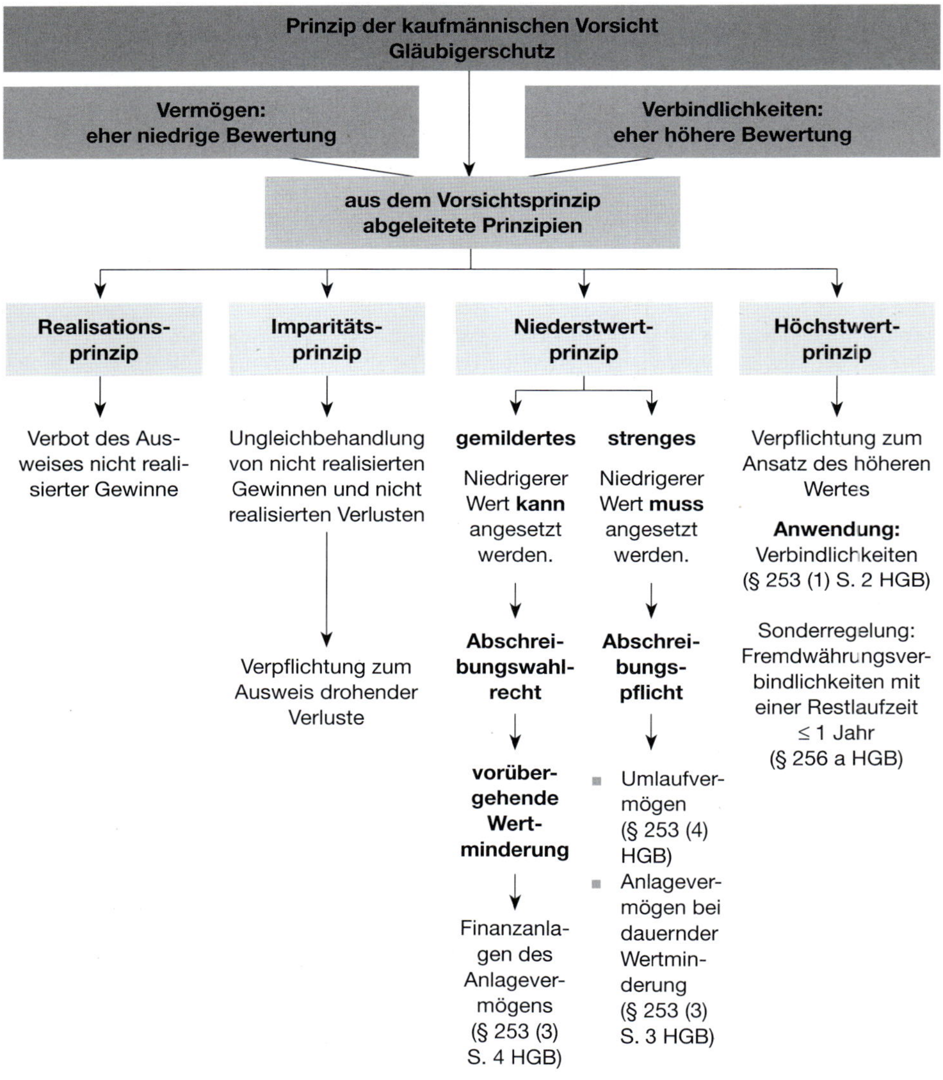

Wiederholung des Grundwissens

zu Kapitel 4.2 Grundsätze ordnungsmäßiger Bewertung (Bewertungsprinzipien)

4.2.1 Prinzip der kaufmännischen Vorsicht

1. Warum führen zu hoch bewertetes Vermögen bzw. zu niedrig bewertete Schulden zu einem günstigeren Ergebnisausweis?
2. Was besagt das Stichtagsprinzip?
3. Nennen Sie ein Beispiel für die Durchbrechung des Stichtagsprinzips.
4. Nennen Sie vier Prinzipien, die aus dem Vorsichtsprinzip abgeleitet werden.

4.2.2 Realisations- und Imparitätsprinzip

1. Erläutern Sie anhand je eines Beispiels das Realisationsprinzip und das Imparitätsprinzip.

4.2.3 Niederstwertprinzip

1. Erläutern Sie das strenge und das gemilderte Niederstwertprinzip.
2. Wie können Finanzanlagen des Anlagevermögens im Fall einer vorübergehenden Wertminderung bewertet werden?
3. In welchen Fällen müssen Vermögensgegenstände mit dem niedrigeren Zeitwert am Bilanzstichtag bewertet werden?

4.2.4 Höchstwertprinzip

1. Was besagt das Höchstwertprinzip und für welche Bewertungsvorgänge ist es zu beachten?

Aufgaben und Probleme

zu Kapitel 4.2 Grundsätze ordnungsmäßiger Bewertung (Bewertungsprinzipien)

4.2.1 Verstöße gegen Bewertungsprinzipien

Prüfen Sie, ob in nachstehenden Fällen ein Verstoß gegen die Bewertungsprinzipien vorliegt.

1. Wertpapiere des Umlaufvermögens wurden im Vorjahr mit den Anschaffungskosten in der Bilanz angesetzt. Da der Kurs in der Zwischenzeit um 20 % gestiegen ist, werden sie in der laufenden Schlussbilanz zum höheren Wert bewertet.
2. Über das Vermögen eines Großkunden wurde im laufenden Geschäftsjahr das Insolvenzverfahren eröffnet. Nach einer Information des Insolvenzverwalters ist damit zu rechnen, dass die gesamte Forderung verloren ist. Bis zum endgültigen Abschluss des Insolvenzverfahrens in ca. 2 Jahren wird die Forderung in Höhe von 240 000 EUR in der Bilanz ausgewiesen. HGB § 252 (1)

4.2.2 Bewertungsprinzipien – Vorsichtsprinzip

Die Heidelberger Zementfabrik AG musste dringend erforderliche Instandhaltungsmaßnahmen an ihren technischen Anlagen, die eigentlich im Sommer während der Betriebsferien hätten durchgeführt werden sollen, verschieben. Im laufenden Geschäftsjahr musste darauf verzichtet werden, weil dem Serviceunternehmen versehentlich kein Auftrag erteilt wurde. Deshalb werden die erforderlichen Arbeiten erst im nächsten Geschäftsjahr durchgeführt. Die Kosten dieser Instandhaltungsmaßnahmen werden auf 150 000 EUR geschätzt. HGB § 249 (1)

Erläutern Sie die Auswirkungen auf den Jahresabschluss des laufenden Jahres, wenn die Arbeiten voraussichtlich

1. im Februar des nächsten Jahres,
2. im Mai des nächsten Jahres durchgeführt werden.

4.2.3 Außerplanmäßige Abschreibung eines Unfallwagens

Ein Unternehmen hat im Januar 2016 einen Pkw zum Nettopreis von 54 000 EUR angeschafft. Die betriebsgewöhnliche Nutzungsdauer beträgt sechs Jahre. Der Pkw wird linear abgeschrieben. Im Laufe des Jahres 2017 wird der Pkw durch einen Unfall beschädigt. Nach Vornahme der Reparatur wird dessen Wert von einem Sachverständigen auf 30 000 EUR geschätzt. PDF

Erstellen Sie den Abschreibungsplan.

4.2.4 Bewertung von Wertpapieren bei sinkendem Wert

Die Ehinger Schuhfabrik AG hat in der Bilanz des Jahres 2017 folgende Kapitalanlagen zu bewerten:

Anlagevermögen (Pos. Finanzanlagen): Beteiligungen an der Offenbacher Lederwarenfabrik AG in Höhe von 360 000 EUR. Im Jahr 2017 ist der Wert der Beteiligung dauerhaft um 20 % gesunken. HGB § 253 (3)

Umlaufvermögen (Pos. Wertpapiere): Aktien der Heidelberger Baumaschinenfabrik AG in Höhe von 68 000 EUR. Zum 31.12.2017 beträgt der Wert dieser Aktien 64 000 EUR. Es ist davon auszugehen, dass die Wertminderung nur vorübergehend ist und der Kurs der Aktien im Laufe des Geschäftsjahres 2018 wieder steigen wird.

1. Mit welchem Wert sind die Wertpapiere des Anlage- und Umlaufvermögens jeweils in der Bilanz der Schuhfabrik zum 31.12.2017 anzusetzen?
2. HGB § 253 (3) S. 4 Wie müsste bewertet werden, wenn davon auszugehen ist, dass die Wertminderung bei der Beteiligung nicht dauerhaft ist?

4.2.5 Bewertungsfragen im Zusammenhang mit einem Exportauftrag

HGB § 249 (1) Die Solar AG hat im Sommer 2017 von einem Kunden aus den USA einen Exportauftrag über 500 Sonnenkollektoren zum Stückpreis von 2 500 US $ erhalten. Nach den vertraglichen Vereinbarungen sollen die Sonnenkollektoren im Februar 2018 geliefert werden. Die Herstellungskosten je Stück betragen 2 150 EUR. Der Dollarkurs am 31.12.2017 beträgt 1,25 US $/EUR.

Welche Auswirkungen hat der Vertragsschluss gegebenenfalls auf die Schlussbilanz des Geschäftsjahres 2017?

5 Bilanzierungs- und Bewertungswahlrechte nach HGB

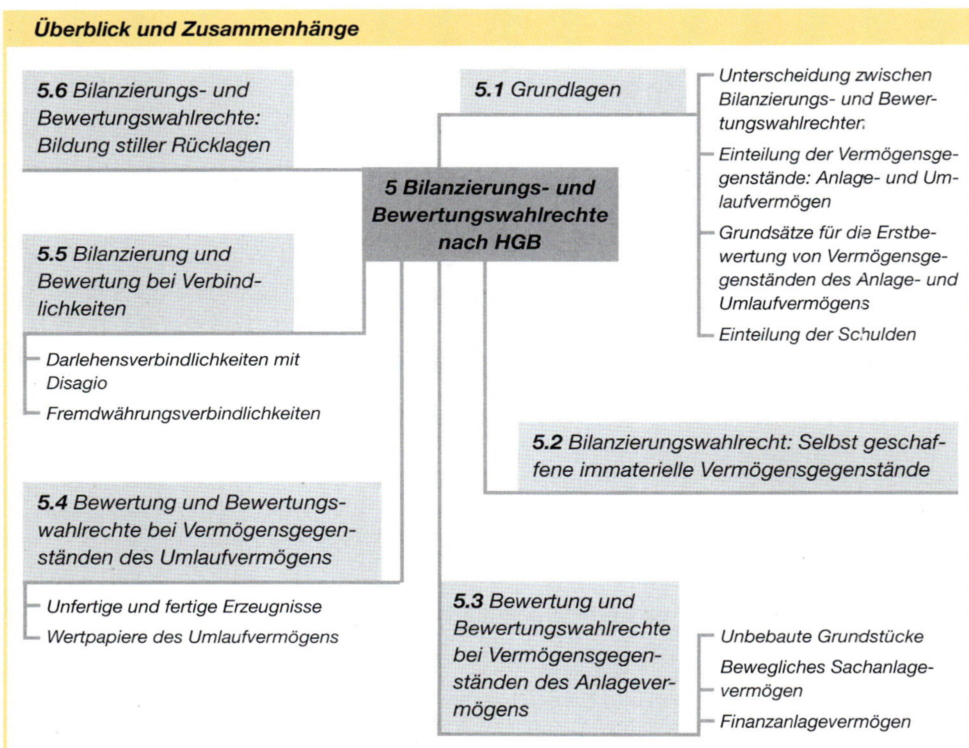

5.1 Grundlagen

5.1.1 Unterscheidung zwischen Bilanzierungs- und Bewertungswahlrechten

HGB
§ 247,
§ 266

Bilanzierungswahlrecht

Welche Positionen als Aktiva oder Passiva in einer Bilanz enthalten sein müssen, ist gesetzlich genau festgelegt. Nur in wenigen Ausnahmefällen kann das Unternehmen frei entscheiden (Wahlrecht), ob einzelne Aktiv- oder Passivposten in die Bilanz aufgenommen **(aktiviert bzw. passiviert)** werden sollen oder nicht.

Steht einem Unternehmen im Zusammenhang mit der Erstellung des Jahresabschlusses ein Bilanzierungswahlrecht zu, so kann es unter Beachtung der Ansatz- und Bewertungsstetigkeit entscheiden, ob ein Bilanzposten in die Bilanz aufgenommen werden soll oder nicht.

Aktivierungswahlrecht für ein selbst erstelltes Patent

HGB
§ 248 (2)

Ein Hersteller von Glühlampen hat ein Patent (= Erfindung, die vor Nachahmung geschützt ist) für Energiesparlampen entwickelt. Die im laufenden Geschäftsjahr dafür entstandenen Entwicklungskosten belaufen sich auf 800 000 EUR.
Dem Unternehmen ist es freigestellt, auf der Aktivseite der Bilanz unter der Position A.I.1 „Selbst geschaffene gewerbliche Schutzrechte und ähnliche Rechte und Werte" einen immateriellen Vermögensgegenstand auszuweisen **(= Aktivierung)**.

Kap. D 4.2

Entscheidet es sich für eine Aktivierung, so muss folgende vorbereitende Abschlussbuchung vorgenommen werden:

Konten	Soll/EUR	Haben/EUR
0200 Konzessionen, gewerbliche Schutzrechte und ähnliche Rechte (aktives Bestandskonto)	800 000	
an 5300 andere aktivierte Eigenleistungen (Ertragskonto)		800 000

Dieser Vorgang schlägt sich in der GuV-Rechnung und in der Bilanz wie folgt nieder:

GuV (Auszug) in EUR

Aufwand		Ertrag	
...		...	
Material-aufwand, Löhne, Gehälter } im Zusammenhang mit der Patent-entwicklung	**800 000**	andere aktivierte Eigenleistungen	**800 000**

Bilanz (Auszug) in EUR

Aktiva		Passiva	
A. Anlagevermögen		Eigenkapital	**5 000 000**
I. Immaterielle Vermögensgegenstände			
1. Selbst geschaffene gewerbliche Schutzrechte und ähnliche Rechte und sonstige Werte	**800 000**	Fremdkapital	3 000 000
sonstiges Vermögen	7 200 000		
Summe	8 000 000	Summe	8 000 000

Wird dagegen auf die Aktivierung verzichtet, so werden im Zusammenhang mit der Patententwicklung nur die dafür entstandenen Aufwendungen in der GuV-Rechnung erfasst.

Aufwand	GuV (Auszug) in EUR		Ertrag
Material-aufwand, Löhne, Gehälter } im Zusammenhang mit der Patententwicklung	**800 000**		

Aktiva	Bilanz (Auszug) in EUR		Passiva
...		Eigenkapital	**4 200 000**
sonstiges Vermögen	7 200 000		
		...	...
		Fremdkapital	3 000 000
Summe	7 200 000	Summe	7 200 000

Ergebnis: Macht ein Unternehmen vom **Aktivierungswahlrecht** Gebrauch, so werden

- in der GuV-Rechnung ein höherer Gewinn
- in der Bilanz ein höheres Vermögen und ein höheres Eigenkapital

als bei einem Verzicht auf die Aktivierung ausgewiesen.

Bewertungswahlrecht

Kap. D 3.1.4

Während bei einem **Bilanzierungswahlrecht** das Unternehmen entscheiden kann, **ob überhaupt** ein Aktiv- oder Passivposten in die Bilanz aufgenommen wird, hat es im Rahmen eines **Bewertungswahlrechts** die Möglichkeit, zwischen zwei oder mehreren handelsrechtlich zulässigen Wertansätzen zu wählen.

Steht einem Unternehmen im Zusammenhang mit der Erstellung des Jahresabschlusses ein Bewertungswahlrecht zu, so kann es unter Beachtung der Bewertungsstetigkeit entscheiden, welcher von zwei oder mehr möglichen Wertansätzen in die Bilanz aufgenommen wird.

Bewertungswahlrecht bei der Wahl der Abschreibungsmethode

Ein Waschmittelhersteller hat im Januar d. J. im Zusammenhang mit der Aufnahme eines neuen Produkts eine Maschine angeschafft (Anschaffungskosten 2 400 000 EUR, betriebsgewöhnliche Nutzungsdauer 8 Jahre). Das Unternehmen hat hinsichtlich der planmäßigen Abschreibung gem. § 253 (3) HGB ein **Bewertungswahlrecht (Methodenwahlrecht, Wertansatzwahlrecht)**. Es kann u. a. zwischen linearer und geometrisch-degressiver Abschreibung wählen. Bei degressiver Abschreibung wird angenommen, dass ein Abschreibungssatz von 30 % mit den handelsrechtlichen Bewertungsvorschriften gem. § 253 (3) HGB vereinbar ist.

Auswirkungen im Jahr der Anschaffung	Lineare Abschreibung (12,5 %)	geometrisch-degressive Abschreibung[1] (30 %)
Abschreibungsbetrag	300 000 EUR	720 000 EUR

1 Bei der geometrisch-degressiven Abschreibung wird jedes Jahr ein gleichbleibender Prozentsatz vom Restwert des jeweiligen Vorjahres abgeschrieben. Da es sich dabei um eine **planmäßige** Abschreibungsmethode i. S. d. § 253 (3) HGB. handelt, ist sie – unabhängig von den Vorschriften des Steuerrechts – handelsrechtlich grundsätzlich erlaubt.

GuV und Bilanz bei linearer Abschreibung

Aufwand	GuV (Auszug) in EUR		Ertrag
Abschreibung	**300 000**		

Aktiva	Bilanz (Auszug) in EUR		Passiva
...		Eigenkapital	**5 000 000**
Maschinen	**2 100 000**	Fremdkapital	3 000 000
sonstiges Vermögen	5 900 000		
...			
Summe	8 000 000	Summe	8 000 000

GuV und Bilanz bei geometrisch-degressiver Abschreibung

Aufwand	GuV (Auszug) in EUR		Ertrag
Abschreibung	**720 000**		

Aktiva	Bilanz (Auszug) in EUR		Passiva
...		Eigenkapital	**4 580 000**
Maschinen	**1 680 000**	Fremdkapital	3 000 000
sonstiges Vermögen	5 900 000		
...			
Summe	7 580 000	Summe	7 580 000

Entscheidet sich das Unternehmen im Rahmen seines **Bewertungswahlrechts** für die lineare Abschreibung, so wird

- in der GuV-Rechnung ein höherer Gewinn
- in der Bilanz ein höheres Vermögen (Maschinen) und ein höheres Eigenkapital

als bei Anwendung der degressiven Abschreibung ausgewiesen.

Zusammenfassende Übersicht zu Kap. 5.1.1: Unterscheidung zwischen Bilanzierungs- und Bewertungswahlrechten

Bilanzierungs- und Bewertungswahlrechte

Bilanzierungswahlrecht	Bewertungswahlrecht
Wahlrecht, ob ein Bilanzposten überhaupt in die Schlussbilanz aufgenommen wird oder nicht	Wahlrecht, in welcher Höhe ein Bilanzposten in die Schlussbilanz aufgenommen wird

5.1.2 Einteilung der Vermögensgegenstände: Anlage- und Umlaufvermögen

Vermögensgegenstände des Anlagevermögens

HGB § 247 (2)

Zum Anlagevermögen gehören Vermögensgegenstände, die dazu bestimmt sind, dem Unternehmen *dauernd* zur Verfügung zu stehen.

Vermögensgegenstände sind dem Anlagevermögen zuzurechnen, wenn sie nicht zum einmaligen Verbrauch, Verkauf oder zu einer anderen kurzfristigen Verwendung bestimmt sind.

Das Anlagevermögen gliedert sich in drei Hauptgruppen:

HGB § 266 (2)

Anlagevermögen

Immaterielle Vermögensgegenstände	Sachanlagen	Finanzanlagen
z. B. selbst geschaffene gewerbliche Schutzrechte (Patente), entgeltlich erworbene Konzessionen, entgeltlich erworbener Geschäfts- oder Firmenwert.	z. B. Grundstücke, Bauten, technische Anlagen und Maschinen, Betriebs- und Geschäftsausstattung.	z. B. Beteiligungen an anderen Unternehmen, Wertpapiere und andere finanzielle Forderungen, die langfristig angelegt sind.

Vermögensgegenstände des Umlaufvermögens

Zum Umlaufvermögen gehören Vermögensgegenstände, die dazu bestimmt sind, dem Unternehmen *nicht dauernd* zur Verfügung zu stehen.

Zum **Umlaufvermögen** zählen alle Vermögensgegenstände, die nicht zum Anlagevermögen gehören oder nicht Posten der Rechnungsabgrenzung sind.[1]

Das Umlaufvermögen setzt sich aus folgenden Hauptposten zusammen:

HGB § 266 (2)

Umlaufvermögen

Vorräte	Forderungen und sonstige Vermögensgegenstände	Wertpapiere	Flüssige Mittel
Roh-, Hilfs- und Betriebsstoffe, unfertige Erzeugnisse, fertige Erzeugnisse und Waren	Kundenforderungen, sonstige Forderungen (z. B. Mietforderungen)	Aktien und festverzinsliche Wertpapiere, die nur kurze Zeit im Unternehmen verbleiben	Kassenbestand, Bankguthaben

1 Die Aktivseite einer Bilanz enthält neben dem Anlage- und Umlaufvermögen auch die aktiven Rechnungsabgrenzungsposten (vgl. § 266 (2) HGB – C. Rechnungsabgrenzungsposten). Diese Bilanzposition stellt weder Anlage- noch Umlaufvermögen dar.

Zusammenfassende Übersicht zu Kap. 5.1.2: Einteilung der Vermögensgegenstände: Anlage- und Umlaufvermögen

Vermögensgegenstände (§ 266 (2) HGB)

Anlagevermögen			Umlaufvermögen			
ist dazu bestimmt, dem Unternehmen **dauernd** (= langfristig) zur Verfügung zu stehen			ist dazu bestimmt, dem Unternehmen **nicht dauernd** zur Verfügung zu stehen			
Immaterielle Vermögensgegenstände	**Sachanlagen**	**Finanzanlagen**	**Vorräte**	**Forderungen**	**Wertpapiere**	**Flüssige Mittel**

5.1.3 Grundsätze für die Erstbewertung von Vermögensgegenständen des Anlage- und Umlaufvermögens

Zum Zeitpunkt des Zugangs von Vermögensgegenständen (z. B. Kauf von Rohstoffen) gilt folgende allgemeine Bewertungsvorschrift **(Zugangsbewertung)**:

Zum Zeitpunkt ihres Zugangs sind Vermögensgegenstände höchstens mit den Anschaffungs- oder Herstellungskosten zu bewerten.[1] HGB § 253 (1)

Um einen **Anschaffungsvorgang** handelt es sich beispielsweise, wenn ein Unternehmen Vermögensgegenstände von einem Dritten (z. B. Lieferer) kauft.

Anschaffungskosten entstehen, wenn ein Unternehmen Mittel aufwendet, um einen Vermögensgegenstand zu erwerben und ihn in einen betriebsbereiten Zustand zu versetzen.

HGB § 255 (1)

	Anschaffungspreis (Nettopreis ohne Umsatzsteuer)
+	Anschaffungsnebenkosten (z. B. Überführungskosten, Transportkosten)
–	Anschaffungspreisminderungen (z. B. Skonto)
=	Anschaffungskosten

Werden Vermögensgegenstände im Unternehmen **selbst hergestellt** (z. B. selbst erstellte Maschinen, Erzeugnisse), so müssen diese mit den **Herstellungskosten** bewertet werden. HGB § 255 (2)

Herstellungskosten sind die durch den Verbrauch von Gütern und die Inanspruchnahme von Diensten für die Herstellung eines Vermögensgegenstandes entstandenen Kosten.

Kap. D 5.4.1

Die Anschaffungs- oder Herstellungskosten stellen für die Vermögensgegenstände die **Bewertungsobergrenze** dar, die auch in nachfolgenden Jahren **nie überschritten** werden darf (Ausnahme: Forderungen in fremder Währung mit Restlaufzeit bis zu einem Jahr). HGB § 256a

1 In § 255 (1) und (2) HGB wird von Anschaffungs- bzw. Herstellungs**kosten** gesprochen. Diese **Kosten** werden ihrerseits wiederum als **Aufwendungen** definiert.
§ 255 (1) HGB: „Anschaffungskosten sind Aufwendungen, die geleistet werden, um einen Vermögensgegenstand zu erwerben und ihn in einen betriebsbereiten Zustand zu versetzen."
§ 255 (2) HGB: „Herstellungskosten sind die Aufwendungen, die durch den Verbrauch von Gütern und die Inanspruchnahme von Diensten für die Herstellung eines Vermögensgegenstandes ... entstehen."
Bei diesen Größen handelt es sich aber weder um Kosten im Sinne der Kosten- und Leistungsrechnung noch um Aufwendungen im Sinne der GuV-Rechnung. Vielmehr sind damit **Vermögenswerte** gemeint, zu denen angeschaffte oder hergestellte Wirtschaftsgüter auf der Aktivseite der Bilanz ausgewiesen (= aktiviert) werden.

Zusammenfassende Übersicht zu Kap. 5.1.3: Grundsätze für die Erstbewertung von Vermögensgegenständen des Anlage- und Umlaufvermögens

Bewertung von Vermögensgegenständen zum Zeitpunkt ihres Zugangs (Zugangsbewertung)

Anschaffungskosten entstehen beim Erwerb (Kauf) von Vermögensgegenständen

oder

Herstellungskosten, wenn Vermögensgegenstände im Unternehmen selbst hergestellt werden

Anschaffungspreis (Nettopreis ohne Umsatzsteuer)
\+ Anschaffungsnebenkosten
− Anschaffungspreisminderungen
= Anschaffungskosten

Kosten für den Verbrauch von Gütern und die Inanspruchnahme von Diensten bei der Herstellung eines Vermögensgegenstandes

5.1.4 Einteilung der Schulden

Die Schulden eines Unternehmens sind den Positionen „B. Rückstellungen“ und „C. Verbindlichkeiten“ auf der Passivseite einer Bilanz zu entnehmen. Bei **Rückstellungen** handelt es sich um Schulden, deren Höhe und/oder Fälligkeit zum Abschlussstichtag noch ungewiss ist (= ungewisse Schulden). Demnach ist zum Zeitpunkt der Bilanzerstellung noch unsicher, ob und gegebenenfalls in welcher Höhe diese Schulden tatsächlich zu einer späteren **Auszahlung** führen. Bei den in der Bilanzposition **„C. Verbindlichkeiten“** aufgeführten Verbindlichkeiten (z. B. Verbindlichkeiten gegenüber Kreditinstituten, Verbindlichkeiten aus Lieferungen und Leistungen) ergeben sich dagegen die Höhe des Zahlungsbetrages und dessen Fälligkeit aus den getroffenen vertraglichen Vereinbarungen.

HGB § 266 (3)

Verbindlichkeiten gemäß § 266 (3) HGB

Bilanzposition C.2. Verbindlichkeiten gegenüber Kreditinstituten:
Verbindlichkeiten aus der Inanspruchnahme eines Überziehungskredits, Darlehens oder Kontokorrentkredits

Bilanzposition C.4. Verbindlichkeiten aus Lieferungen und Leistungen:
- Verbindlichkeiten aus erhaltenen Lieferungen von Roh-, Hilfs- oder Betriebsstoffen oder aus Handelswaren
- Verbindlichkeiten aus erhaltenen Leistungen wie z. B. Reparaturen, Beratungen

5.1.5 Grundsätze für die Erstbewertung von Schulden

HGB § 253 (1) S. 3

Gem. § 253 (1) S. 3 HGB sind
- Verbindlichkeiten zu ihrem **Erfüllungsbetrag**[1] und
- Rückstellungen in Höhe des nach vernünftiger kaufmännischer Beurteilung notwendigen Erfüllungsbetrages

anzusetzen.

1 Der Begriff **„Erfüllungsbetrag“** umfasst auch den Begriff „Rückzahlungsbetrag“: Darlehensverbindlichkeiten werden **zurückgezahlt**. Bei der Begleichung von Liefererverbindlichkeiten handelt es sich jedoch um keine Rückzahlung, sondern um die **Erfüllung der Zahlungsverpflichtung** aus einem Kaufvertrag.

Als Erfüllungsbetrag gilt der Betrag, den der Schuldner zur Begleichung der Verbindlichkeit aufbringen muss.

Der Erfüllungsbetrag ist im Normalfall einer Rechnung oder dem zugrunde liegenden Vertrag (Kaufvertrag, Darlehensvertrag) zu entnehmen.

Zusammenfassende Übersicht zu Kap. 5.1.4: Einteilung der Schulden und Kap. 5.1.5: Grundsätze für die Erstbewertung von Schulden

Schulden in der Schlussbilanz eines Unternehmens gem. § 266 (3) HGB:

B. Rückstellungen: — Höhe und/oder Fälligkeit ungewiss

...

C. Verbindlichkeiten:

...

2. Verbindlichkeiten gegenüber Kreditinstituten

...

4. Verbindlichkeiten aus Lieferungen und Leistungen

...

(zu 2. und 4.: Höhe und Fälligkeit ergeben sich aus den Vertragsvereinbarungen)

4.6 ...

Erstbewertung von Schulden (HGB § 253 (1) S. 3)	
Rückstellungen	Erfüllungsbetrag nach vernünftiger kaufmännischer Beurteilung
Verbindlichkeiten	Erfüllungsbetrag

Wiederholung des Grundwissens

zu Kapitel 5.1 Grundlagen

5.1.1 Unterscheidung zwischen Bilanzierungs- und Bewertungswahlrechten

1. Unterscheiden Sie zwischen Bilanzierungs- und Bewertungswahlrechten.
2. Welche Auswirkungen auf die Bilanz und die Gewinn- und Verlustrechnung hat die Ausübung von Bilanzierungs- und Bewertungswahlrechten jeweils?

5.1.2 Einteilung der Vermögensgegenstände: Anlage- und Umlaufvermögen

1. Unterscheiden Sie zwischen Anlage- und Umlaufvermögen.
2. In welche drei Hauptgruppen lässt sich das Anlagevermögen einteilen?
3. Nennen Sie Beispiele für Vermögensgegenstände des Umlaufvermögens.

5.1.3 Grundsätze für die Erstbewertung von Vermögensgegenständen des Anlage- und Umlaufvermögens

1. Worin unterscheiden sich Anschaffungs- und Herstellungsvorgänge?
2. Erklären Sie, was jeweils unter Anschaffungs- und Herstellungskosten zu verstehen ist.

5.1.4 Einteilung der Schulden

1. In welchen Bilanzpositionen sind die Schulden eines Unternehmens enthalten?
2. Nennen Sie Beispiele für Liefererverbindlichkeiten und Darlehensverbindlichkeiten.

5.1.5 Grundsätze für die Erstbewertung von Schulden

1. Wie sind Verbindlichkeiten zum Zeitpunkt ihres Zugangs zu bewerten?
2. Was ist unter „Erfüllungsbetrag" zu verstehen?

5.2 Bilanzierungswahlrecht: Selbst geschaffene immaterielle Vermögensgegenstände

Inhalt der Bilanzposition immaterielle Vermögensgegenstände

Bei immateriellen Vermögensgegenständen handelt es sich um nicht-körperliche, d.h. nicht greifbare bzw. nicht sichtbare Güter, die einem Unternehmen einen wirtschaftlichen Vorteil (Nutzen) stiften.

HGB § 266 (2)

Die immateriellen Vermögensgegenstände sind in der Bilanzposition A. I. enthalten.

Immaterielle Vermögensgegenstände eines Automobilherstellers

1. Die Mitarbeiter eines Automobilwerkes haben ein EDV-Programm zur Produktionssteuerung entwickelt.
2. Für die Produktion der Automobile nutzt der Automobilhersteller ein Fertigungsverfahren, auf welches ein Maschinenhersteller ein Patent eintragen ließ. Der Automobilhersteller hat vertraglich von dem Maschinenhersteller eine **Lizenz**[1] erworben, das Fertigungsverfahren gegen Zahlung einer Lizenzgebühr nutzen zu dürfen.

In beiden Fällen handelt es sich um ein immaterielles Wirtschaftsgut.

Firmenwert als immaterieller Vermögensgegenstand

HGB § 246 (1) S. 4

Zu den immateriellen Vermögensgegenständen zählt auch der **entgeltlich erworbene (= derivative) Geschäfts-** oder **Firmenwert**. Er ergibt sich aus der Differenz zwischen dem Kaufpreis, den der Erwerber eines Unternehmens bezahlt und dem Zeitwert aller vorhandenen Aktiva abzüglich der Schulden.

Berechnung des derivativen Firmenwertes

	Kaufpreis für ein Unternehmen
–	(Zeitwert aller Aktiva – Schulden)
=	derivativer Firmenwert

Der entgeltlich erworbene (= derivative) Geschäfts- oder Firmenwert gilt als zeitlich begrenzt nutzbarer Vermögensgegenstand und muss auf der Aktivseite der Bilanz unter der Position A. I. 3 ausgewiesen werden. Ein **selbst geschaffener Firmenwert (= originärer Firmenwert)** hingegen unterliegt dem **Aktivierungsverbot**.

HGB § 253 (3) S. 3

Originärer Firmenwert (selbst geschaffen)	Derivativer Firmenwert (käuflich erworben)
Aktivierungsverbot	**Aktivierungsgebot** ↓ planmäßige Abschreibung über die individuelle betriebliche Nutzungsdauer[2]

1 Lizenz: *(lat.)* Licet, „es ist erlaubt".

2 In der Steuerbilanz ist für die planmäßige Abschreibung eines entgeltlich erworbenen Geschäfts- oder Firmenwerts in § 7 (1) S. 3 EStG eine **betriebsgewöhnliche Nutzungsdauer** von **15 Jahren** vorgeschrieben. In der Handelsbilanz muss die individuelle betriebliche Nutzungsdauer ermittelt werden. Im Anhang ist der Zeitraum, über den ein entgeltlich erworbener Firmenwert abgeschrieben wird, zu erläutern. Kann die voraussichtliche Nutzungsdauer nicht verlässlich geschätzt werden, sind planmäßige Abschreibungen für zehn Jahre vorzunehmen (§253 (3) S. 3 HGB).

Zugangsbewertung

Für selbst geschaffene immaterielle Vermögensgegenstände des Anlagevermögens (Ausnahme: Originärer Firmenwert) besteht handelsrechtlich ein Ansatzwahlrecht (Aktivierungswahlrecht)[1]. HGB § 248 (2)

Für immaterielle Vermögensgegenstände, die von einem Verkäufer erworben (= angeschafft) wurden, besteht Aktivierungspflicht (Aktivierungsgebot).

Aktivierungswahlrecht – Aktivierungspflicht von immateriellen Vermögensgegenständen eines Automobilherstellers *(siehe Beispiel von Seite 422)*

1. Für das selbst erstellte EDV-Programm besteht ein **Aktivierungswahlrecht**.
2. Für die gekaufte Lizenz besteht **Aktivierungspflicht**.

Für Marken, Drucktitel, Verlagsrechte, Kundenlisten oder vergleichbare immaterielle Vermögensgegenstände besteht ein **Aktivierungsverbot**. HGB § 248 (2) S. 2

Entscheidet sich ein Unternehmen für die Aktivierung eines **selbst geschaffenen immateriellen Vermögensgegenstandes**, so sind für die **Zugangsbewertung** die **Herstellungskosten** zugrunde zu legen. HGB § 255 (2)

Abgrenzung zwischen Forschungs- und Entwicklungskosten

Bei der Berechnung der in der Bilanz anzusetzenden Herstellungskosten kommt der Abgrenzung zwischen **Forschungs- und Entwicklungsphase** eine entscheidende Bedeutung zu:

HGB § 255 (2a) S. 3 und S. 2

Forschung	Entwicklung
Forschung ist die eigenständige *Suche* nach neuen wissenschaftlichen oder technischen Erkenntnissen oder Erfahrungen allgemeiner Art, über deren technische Verwertbarkeit und wirtschaftliche Erfolgsaussichten grundsätzlich keine Aussagen gemacht werden können.	**Entwicklung** ist die *Anwendung* von Forschungsergebnissen oder von anderem Wissen für die Neuentwicklung von Gütern oder Verfahren oder die Weiterentwicklung von Gütern oder Verfahren mittels wesentlicher Änderungen.
Forschungsaktivitäten sind z. B.: ▪ Aktivitäten, die auf die Erlangung neuer Erkenntnisse ausgerichtet sind, ▪ die Suche nach Alternativen für Materialien und Verfahren	**Entwicklungsaktivitäten** sind z. B.: ▪ der Entwurf, die Konstruktion und das Testen von Prototypen und Modellen vor Aufnahme der eigentlichen Produktion, ▪ Entwurf von Schablonen, Formen, Werkzeugen für neue Technologien

- **Forschungskosten** dürfen grundsätzlich **nicht in die Herstellungskosten** einbezogen werden. Sie sind vielmehr im Jahr ihrer Entstehung als Aufwendungen zu erfassen und als solche in der Gewinn- und Verlustrechnung auszuweisen. Demnach mindern sie in vollem Umfang den in diesem Jahr ausgewiesenen Gewinn. HGB § 255 (2) S. 4
- Lediglich die bei der **Entwicklung** anfallenden Kosten **dürfen** als Herstellungskosten aktiviert werden. Zum Zeitpunkt der Aufnahme der Entwicklungsaktivitäten kann nämlich mit hoher Wahrscheinlichkeit davon ausgegangen werden, dass daraus ein einzeln verwertbarer immaterieller Vermögensgegenstand des Anlagevermögens entsteht. Deshalb dürfen alle ab diesem Zeitpunkt anfallenden Kosten aktiviert, d. h. in die Herstellungskosten einbezogen und als immaterieller Vermögensgegenstand in der Bilanz ausgewiesen werden. HGB § 255 (2a) S. 1

1 In der Steuerbilanz besteht für selbst erstellte immaterielle Wirtschaftsgüter ein Aktivierungsverbot (§ 5 (2) EStG).

Aktivierung eines selbst geschaffenen immateriellen Vermögensgegenstandes

Für die Entwicklung eines Hybrid-Motors sind einem Automobilhersteller im Zeitablauf nachstehende Kosten entstanden:

im Jahr 2014: Forschungskosten	2400000 EUR
im Jahr 2015: Forschungskosten	3800000 EUR
im Jahr 2016: Entwicklungskosten	4200000 EUR
im Jahr 2017: Entwicklungskosten	2200000 EUR

Sowohl die Forschungs- als auch die Entwicklungskosten (z.B. Materialaufwand, Löhne, Gehälter) werden zum Zeitpunkt ihrer Entstehung als Aufwand erfasst. Macht der Automobilhersteller von seinem Aktivierungswahlrecht Gebrauch, so ergeben sich folgende Auswirkungen auf die Jahresabschlüsse der Jahre 2014–2017:

Jahre 2014 und 2015: Für die Forschungskosten besteht kein Aktivierungswahlrecht. Sie mindern in den Jahren 2014 und 2015 den Gewinn um 2400000 EUR (20143) und 3800000 EUR (2015).

Jahr 2016: Die Entwicklungskosten in Höhe von 4200000 EUR werden als Aufwendungen in der Gewinn- und Verlustrechnung ausgewiesen. Zum Abschlussstichtag wird jedoch bei Ausübung des Aktivierungswahlrechts nachstehende vorbereitende Abschlussbuchung vorgenommen:

Aufg. 5.2.1 u. 5.2.2 S. 426 f.

Konten	Soll/EUR	Haben/EUR
0200 Immaterielle Vermögensgegenstände (aktives Bestandskonto)	4200000	
an 5300 andere aktivierte Eigenleistungen (Ertragskonto)		4200000

In der Gewinn- und Verlustrechnung des Jahres 2016 stehen demnach den Aufwendungen für die Entwicklung (z.B. Materialaufwand, Löhne, Gehälter: 4200000 EUR) Erträge (andere aktivierte Eigenleistungen) in gleicher Höhe gegenüber, so dass dieser Vorgang ergebnisneutral ist (ausgewiesener Gewinn ändert sich nicht).

Jahr 2017: Die im laufenden Geschäftsjahr angefallenen Entwicklungskosten in Höhe von 2200000 EUR werden wie im Jahr 2016 aktiviert:

Konten	Soll/EUR	Haben/EUR
0200 Immaterielle Vermögensgegenstände (aktives Bestandskonto)	2200000	
an 5300 andere aktivierte Eigenleistungen (Ertragskonto)		2200000

Es ergeben sich daher wiederum ergebnisneutrale Auswirkungen wie im Jahr 2016.

Aktivierung von Entwicklungskosten: Ausschüttungssperre

HGB § 255 (2a) S. 4

Ist eine verlässliche Trennung von Forschungs- und Entwicklungskosten nicht möglich, so ist eine Aktivierung ausgeschlossen.

HGB § 268 (8)

Entscheidet sich ein Unternehmen für die Aktivierung der **Entwicklungskosten**, so besteht in Höhe des Betrags, mit dem die selbst erstellten immateriellen Vermögensgegenstände des Anlagevermögens in die Bilanz aufgenommen werden, eine **Ausschüttungssperre**. Das bedeutet, dass das Unternehmen einen in der Gewinn- und Verlustrechnung ausgewiesenen Jahresüberschuss nicht in vollem Umfang an die Anteilseigner (z.B. Aktionäre) ausschütten darf. Vielmehr muss es einen der Höhe der Entwicklungskosten entsprechenden Teil des Jahresüberschusses einbehalten. Mit dieser Vorschrift soll erreicht werden, dass das Unternehmen keine Gewinnanteile an die Anteilseigner ausschüttet, die nicht durch die Erzielung von Erträgen aus Veräußerungen (z.B. Umsatzerlöse, Verkauf von Wertpapieren) entstanden sind.

Aktivierung von Entwicklungskosten – Ausschüttungssperre

Aufg. 5.2.3 S. 427

Die Geschäftsleitung der Solarfabrik AG hat beschlossen, im abgelaufenen Geschäftsjahr Entwicklungskosten in Höhe von 30 000 EUR als immaterielles Wirtschaftsgut zu aktivieren. Der laut Gewinn- und Verlustrechnung ermittelte Jahresüberschuss beträgt 180 000 EUR. Wegen der Ausschüttungssperre muss die AG vom erzielten Jahresüberschuss unabhängig von den sonstigen Vorschriften zur Bildung von Rücklagen 30 000 EUR einbehalten.

Außerdem ist das Unternehmen in diesem Fall verpflichtet, den **Gesamtbetrag der Forschungs- und Entwicklungskosten** des Jahres **im Anhang** anzugeben. Der davon auf die **selbst geschaffenen immateriellen Vermögensgegenstände des Anlagevermögens** entfallende Betrag ist gesondert auszuweisen. HGB § 285 Nr. 22

Folgebewertung

Immaterielle Vermögensgegenstände einschließlich des derivativen Geschäfts- und Firmenwertes zählen in gleicher Weise wie z. B. technische Anlagen und Maschinen zu den **abnutzbaren Anlagegegenständen** und müssen daher **planmäßig** – gegebenenfalls auch **außerplanmäßig** – abgeschrieben werden. Sofern die Nutzungsdauer in Ausnahmefällen nicht verlässlich geschätzt werden kann, sind planmäßige Abschreibungen über 10 Jahre vorzunehmen. HGB § 253 (3) HGB § 253 (3) S. 3

Kap. D 5.3.2

Zusammenfassende Übersicht zu Kap. 5.2: Bilanzierungswahlrecht: Selbst geschaffene immaterielle Vermögensgegenstände

Immaterielle Vermögensgegenstände des Anlagevermögens
= nicht greifbare bzw. nicht sichtbare Güter, die einem Unternehmen einen wirtschaftlichen Nutzen stiften

z. B. selbst erstellte Software, selbst erstellte Patente, entgeltlich erworbene Lizenzen, entgeltlich erworbener (derivativer) Firmenwert

	Immaterielle Vermögensgegenstände des Anlagevermögens	
	selbst hergestellt	**käuflich erworben**
Zugangsbewertung bei Anschaffung oder Herstellung	Aktivierungswahlrecht[1] (Ansatzwahlrecht) § 248 (2) HGB ↓ bei Ausübung des Wahlrechts: Herstellungskosten gem. § 255 (2) HGB → aktivierbar: alle bei der Entwicklung angefallenen Kosten § 255 (2a) S. 1 HGB → nicht aktivierbar (Aktivierungsverbot): Forschungskosten § 255 (2) S. 4 HGB bei Ausübung des Aktivierungswahlrechts: ↓ Ausschüttungssperre § 268 (8) HGB	Aktivierungspflicht (Aktivierungsgebot) ↓ Anschaffungskosten gem. § 255 (1) HGB
Folgebewertung	**da abnutzbares Anlagevermögen: planmäßige, ggf. außerplanmäßige Abschreibungen gem. § 253 (3) HGB**	

1 Ausnahme: Bei originärem Firmenwert besteht Aktivierungsverbot.

Wiederholung des Grundwissens

zu Kapitel 5.2: Bilanzierungswahlrecht: Selbst geschaffene immaterielle Vermögensgegenstände

1. Was ist unter immateriellen Vermögensgegenständen zu verstehen?
2. Nennen Sie Beispiele für selbst geschaffene immaterielle Vermögensgegenstände.
3. Wie sind selbst geschaffene immaterielle Vermögensgegenstände bei deren Zugang zu bewerten?
4. Unterscheiden Sie Forschungs- und Entwicklungsaufwendungen.
5. Wie sind Forschungs- und Entwicklungsaufwendungen bei der Zugangsbewertung immaterieller Vermögensgegenstände jeweils zu behandeln?
6. Welche Vorschrift zur Gewinnausschüttung ist zu beachten, wenn selbst erstellte Vermögensgegenstände aktiviert werden?
7. Welche Bewertungsvorschriften sind bei der Folgebewertung immaterieller Vermögensgegenstände zu beachten?

Aufgaben und Probleme

zu Kapitel 5.2 Bilanzierungswahlrecht: Selbst geschaffene immaterielle Vermögensgegenstände

5.2.1 Entwicklung eines Betriebssystems

HGB § 248 (2) S. 1

Die Programmierer der Karlsruher Gerätewerke AG haben für die eigene Produktionssteuerung eine neue Software entwickelt. Dafür sind von Januar bis Juni des abgelaufenen Geschäftsjahres 600 000 EUR Aufwendungen angefallen, die der Forschungsphase zuzurechnen sind. Der anschließenden Entwicklungsphase, die im Dezember mit einem erfolgreichen Testlauf abgeschlossen werden konnte, sind 300 000 EUR Aufwendungen zuzurechnen.

Es ist davon auszugehen, dass die Software während ihrer betriebsgewöhnlichen Nutzungsdauer von 5 Jahren gleichmäßig an Wert verliert.

1. Mit welchem Wert muss die Software als Vermögensgegenstand in die Handelsbilanz des abgelaufenen Geschäftsjahres aufgenommen werden (Zugangsbewertung), wenn – unter Berücksichtigung der Bewertungsstetigkeit – der Ausweis eines
   a) möglichst hohen Gewinns, b) möglichst niedrigen Gewinns
   angestrebt wird?
2. Mit welchem Wert ist die Software in der Handelsbilanz des Folgejahres auszuweisen (Folgebewertung), wenn die Karlsruher Gerätewerk AG bei der Zugangsbewertung von ihrem Ansatzwahlrecht Gebrauch gemacht hat?

5.2.2 Entwicklung eines neuen Verfahrens der Antriebssteuerung

Die Forschungs- und Entwicklungsabteilung einer Automobil AG hat vom Vorstand den Auftrag bekommen, ein neues Verfahren der Antriebssteuerung für die Servolenkung zu entwickeln. Vor dem Hintergrund zunehmender Kundenreklamationen soll die bisher auf hydraulischem Antrieb basierende Servolenkung durch eine kostengünstigere und verschleißärmere Alternative ersetzt werden.

Die Forschungs- und Entwicklungsabteilung hat ihre Arbeiten am 16. Juni 2017 abgeschlossen. Genaue Aufzeichnungen über die für das neue Verfahren angefallenen Aufwendungen sind nachstehender Übersicht zu entnehmen:

	Zeitraum	Tätigkeiten	Aufwendungen
1.	17.10.2016–31.12.2016	Suche nach neuen Materialien und Verfahren zur Lösung der gestellten Aufgabe	25 000 EUR
2.	01.01.2017–28.03.2017	Fortsetzung der Suche nach neuen Materialien und Verfahren	12 000 EUR
3.	28.03.2017–30.06.2017	Konstruktion des neuen Modells	15 000 EUR
4.	30.06.2017–31.08.2017	Test des neuen Modells	28 000 EUR
5.	10.09.2017	Gebühren für die Anmeldung des Patents	3 000 EUR

1. Prüfen Sie, in welcher Höhe die obigen Aufwendungen jeweils den Forschungstätigkeiten bzw. den Entwicklungstätigkeiten der Geschäftsjahre 2016 und 2017 zuzuordnen sind. HGB § 248 (2)
2. Die Automobil AG beabsichtigt, in ihren Jahresabschlüssen einen möglichst hohen Gewinn auszuweisen.
   a) Ermitteln Sie den Wertansatz für das selbst erstellte Verfahren (Zugangsbewertung). Geben Sie den Bilanzstichtag an, zu dem das Verfahren erstmalig in der Bilanz ausgewiesen wird.
   b) Erläutern Sie, welche Auswirkungen das ausgeübte Aktivierungswahlrecht auf den in der Gewinn- und Verlustrechnung ausgewiesenen Gewinn hat.
   Hinweis: Es sind lediglich die Auswirkungen aus der Zugangsbewertung zu beschreiben.
3. Erklären Sie, weshalb die Ausübung des Aktivierungswahlrechts keinen Einfluss auf die in der GuV auszuweisenden Aufwendungen hat.
4. Beschreiben Sie zwei Gründe, die die Automobil AG davon absehen lassen, von ihrem Aktivierungswahlrecht Gebrauch zu machen.
5. Ein Mitglied des Vorstandes schlägt vor, auf die Aktivierung des immateriellen Vermögensgegenstandes zu verzichten, um so den Betrag der Dividendenausschüttung niedrig zu halten.

   Beurteilen Sie, ob sich durch Verzicht auf die Aktivierung die Dividendenausschüttung tatsächlich vermindern lässt.

5.2.3 Entwicklung von Software

Die Programmierer der Heidelberger Software GmbH stellen für ihre Kunden Finanzbuchhaltungsprogramme her. Am Abschlussstichtag liegen noch verkaufsfähige Computerprogramme auf Lager, für deren Produktion 80 000 EUR Herstellungskosten entstanden sind. Der Verkaufspreis der Computerprogramme beläuft sich auf insgesamt 120 000 EUR.

1. Der Bilanzbuchhalter des Unternehmens schlägt vor, auf eine Aktivierung zu verzichten, um damit einen möglichst geringen Jahresüberschuss auszuweisen. HGB § 248 (2)
   Beurteilen Sie den Vorschlag des Bilanzbuchhalters.
2. Nehmen Sie Stellung zu der Behauptung „Die Aktivierung der Computerprogramme führt zu einer Erhöhung des ausgewiesenen Jahresüberschusses in Höhe von 120 000 EUR."

5.3 Bewertung und Bewertungswahlrechte bei Vermögensgegenständen des Anlagevermögens

5.3.1 Bewertung unbebauter Grundstücke

Inhalt der Bilanzposition Grundstücke und grundstücksgleiche Rechte

Grundstücke sind rechtlich durch Vermessung abgegrenzte Teile der Erdoberfläche, die im **Grundbuch** jeweils als selbstständige Einheiten aufgezeichnet sind.

Grundstücksgleiche Rechte (wie z. B. Erbbaurechte, bestimmte dauernde Wohn- und Nutzungsrechte) sind dingliche Rechte, die bei der Bilanzierung wie Grundstücke behandelt werden.

Da die Nutzung unbebauter Grundstücke **zeitlich unbegrenzt** möglich ist, handelt es sich dabei um Vermögensgegenstände des **nicht abnutzbaren Anlagevermögens**. Anders als bei abnutzbaren Vermögensgegenständen ist bei Grundstücken eine **planmäßige Abschreibung** nicht möglich.

Zugangsbewertung

Zu dem Zeitpunkt, zu dem ein Unternehmen ein Grundstück erwirbt **(Zugangsbewertung)**, ist dieses mit seinen **Anschaffungskosten** anzusetzen. Die Anschaffungskosten stellen auch für alle nachfolgenden Geschäftsjahre die **Bewertungsobergrenze** dar, über die nicht hinausgegangen werden darf. HGB § 253 (1)

HGB
§ 255 (1)

Aufg. 5.3.1.1
S. 431

LA

Zu den Anschaffungskosten gehören alle Aufwendungen, die geleistet werden, um einen Vermögensgegenstand zu erwerben und ihn in einen betriebsbereiten Zustand zu versetzen.[1]

Bewertungsobergrenze eines Betriebsgrundstücks (nicht abnutzbares Anlagevermögen)

In der DM-Eröffnungsbilanz (erste Bilanz nach Einführung der Deutschen Mark im Jahre 1948) der Zigarrenfabrik Strebler ist ein Betriebsgrundstück zu dessen Anschaffungskosten mit umgerechnet 6 000 EUR enthalten. Nach heutigen Preisverhältnissen könnte das Grundstück für 140 000 EUR verkauft werden.

Das Grundstück darf trotz dieser Preisentwicklung **höchstens** zu den Anschaffungskosten von 6 000 EUR in der Bilanz ausgewiesen werden. Ein Bilanzansatz, der über diesen Wert hinausgeht, verstößt gegen das Verbot des Ausweises eines nicht realisierten Gewinnes. Der Gewinn aus dem Wertzuwachs wird erst realisiert, wenn das Grundstück zum aktuellen Preis verkauft wird.

Buchungssatz im Falle eines Verkaufs:

Konten	Soll/EUR	Haben/EUR
2800 Bank	140 000	
an 0500 Grundstücke		6 000
5460 Erträge aus dem Abgang von Gegenständen des Sachanlagevermögens		134 000

Im Jahr des Verkaufs ist der Gewinn aus der Veräußerung des Grundstücks realisiert und kann nach Abzug der Gewinnsteuern gegebenenfalls an die Anteilseigner des Unternehmens ausgeschüttet werden.

Im Zusammenhang mit der Anschaffung eines unbebauten Grundstücks fallen im Normalfall zusätzlich zum Kaufpreis folgende **Anschaffungsnebenkosten** an: Grunderwerbsteuer, Notariatskosten, Grundbuchkosten für Eintragung des Eigentumsübergangs, Vermessungskosten, Maklerprovision, Anschlüsse für Strom, Gas und Wasser.

Zugangsbewertung eines unbebauten Grundstücks

Die Helmut Grell AG in Konstanz hat im Hinblick auf eine beabsichtigte Produktionsverlagerung am 04. Oktober 2016 in Konstanz ein Grundstück (Bauerwartungsland) für 240 000 EUR gekauft. Im Zusammenhang mit dem Kauf sind folgende Kosten angefallen:

Grunderwerbsteuer	5 %
Notariatskosten	2 400 EUR + 19 % USt
Grundbucheintragung	1 200 EUR
Zinsen für ein Darlehen zur Finanzierung des Kaufs	800 EUR

Zugangsbewertung

Kaufpreis	240 000 EUR
+ Grunderwerbsteuer	12 000 EUR
+ Notariatskosten	2 400 EUR
+ Grundbucheintragung	1 200 EUR
= Anschaffungskosten	**255 600 EUR**

Bilanzansatz zum Zeitpunkt des Zugangs am 04. Okt. 2016: 255 600 EUR

EStG
§ 9b

Hinweis: *Die abzugsfähige Vorsteuer gehört nicht zu den Anschaffungskosten. Sie stellt einen eigenständigen Vermögensgegenstand (= Forderung gegenüber dem Finanzamt) dar.*
Die Zinsen sind nicht Bestandteil der Anschaffungskosten. Es handelt sich vielmehr um Kosten der Finanzierung, die den Wert des Grundstücks nicht beeinflussen.

1 Zur Bedeutung der in dieser HGB-Definition enthaltenen Begriffe Kosten und Aufwendungen siehe die Erläuterung (Fußnote) auf S. 419.

Folgebewertung

Unbebaute Grundstücke zählen zum **nicht abnutzbaren Anlagevermögen**. Deshalb dürfen sie **nicht planmäßig abgeschrieben** werden. Liegen keine Erkenntnisse vor, die zum Ende eines Geschäftsjahres den Ansatz eines niedrigeren Wertes erforderlich machen, so wird der Wertansatz aus der **Zugangsbewertung** auch für die **Folgebewertung** zum Ende eines Geschäftsjahres unverändert übernommen.

Verliert ein Grundstück **voraussichtlich dauerhaft** an Wert[1], so **muss** eine **außerplanmäßige Abschreibung** vorgenommen werden **(Folgebewertung)**. HGB § 253 (3) S. 3

Bei einer voraussichtlich dauerhaften Wertminderung eines Grundstücks gilt das strenge Niederstwertprinzip: Das bedeutet, dass am Abschlussstichtag der zu diesem Zeitpunkt geltende Wert angesetzt werden muss, sofern dieser niedriger als die Anschaffungskosten ist (= Pflicht zu einer außerplanmäßigen Abschreibung).

Eine nur **vorübergehende** Wertminderung berechtigt hingegen nicht zur Vornahme einer außerplanmäßigen Abschreibung.

Folgebewertung eines Grundstücks: außerplanmäßige Abschreibung

HGB § 253 (3) S. 3

Wegen zahlreicher Einsprüche der Anwohner hat die Stadt Konstanz *(siehe Beispiel S. 428)* die Pläne zur Erschließung des geplanten Gewerbegebietes aufgegeben. Nach Begutachtung durch einen Sachverständigen wird daraufhin der Wert des Grundstücks einschließlich anteiliger Nebenkosten zum 31.12.2017 auf 160 000 EUR geschätzt.

Aufg. 5.3.1.2 S. 431

Da es sich unter den gegebenen Bedingungen um eine dauerhafte **Wertminderung** handelt, **muss** die Helmut Grell AG zum 31.12.2017 eine **außerplanmäßige Abschreibung** vornehmen.

Bilanzansatz für die Folgebewertung zum 31.12.2017: 160 000 EUR

Konten	Soll/EUR	Haben/EUR
6550 Außerplanmäßige Abschreibungen	95 600	
an 0500 Grundstücke		95 600

Außerplanmäßige Abschreibungen stellen Aufwand dar und führen daher zu einer Gewinnminderung.

Aufg. 5.3.1.3 S. 431 f.

Außerplanmäßige Abschreibungen sind erforderlich, wenn Vermögensgegenstände des Anlagevermögens dauerhaft im Wert gemindert sind.

Fallen die Gründe, die zu einer außerplanmäßigen Abschreibung geführt haben, zu einem späteren Zeitpunkt weg, so darf der niedrigere Wertansatz nicht mehr beibehalten werden. In diesem Falle ist die vorgenommene außerplanmäßige Abschreibung ganz oder teilweise durch eine **Zuschreibung (Wertaufholung)** rückgängig zu machen. Dabei dürfen aber die Anschaffungs- oder Herstellungskosten nicht überschritten werden (Obergrenze). HGB § 253 (5) HGB § 253 (1)

Folgebewertung eines Grundstücks: Wegfall der Gründe für eine außerplanmäßige Abschreibung

Aufg. 5.3.1.4 S. 432

Im Januar 2018 hat der Stadtrat der Stadt Konstanz (siehe Beispiel oben) ein Planungsbüro erneut mit der Erschließung des Gewerbegebietes beauftragt. Unter Einhaltung besonderer Schallschutzmaßnahmen ist damit zu rechnen, dass das Gewerbegebiet nunmehr wie geplant erschlossen werden kann. Der Wert des Grundstücks wird daher von einem Sachverständigen auf 280 000 EUR geschätzt.

---

1 Grundsätzlich ist von einer dauerhaften Wertminderung eines unbebauten Grundstücks auszugehen, wenn dessen Wert die Bewertungsobergrenze während eines erheblichen Teils der voraussichtlichen Verweildauer im Unternehmen nicht erreichen wird.

***Folgebewertung eines Grundstücks** (Fortsetzung)*

Da der Grund für die außerplanmäßige Abschreibung entfallen ist, **muss** die Helmut Grell AG zwingend eine Wertaufholung **höchstens** bis zu den **fortgeführten Anschaffungskosten** vornehmen. Im vorliegenden Fall sind die fortgeführten Anschaffungskosten identisch mit den **ursprünglichen Anschaffungskosten**, da Grundstücke nicht planmäßig abgeschrieben werden dürfen.

Bilanzansatz: 255 600 EUR (Anschaffungskosten)

Konten	Soll/EUR	Haben/EUR
0500 Grundstücke	95 600	
an 5440 sonstige betriebliche Erträge (Zuschreibungen)		95 600

Eine Zuschreibung (= außerplanmäßige Abschreibung wird rückgängig gemacht) stellt einen Ertrag dar und führt daher zu einer Erhöhung des ausgewiesenen Gewinns.

Eine Zuschreibung (Wertaufholung) ist erforderlich, wenn der Grund für eine vorgenommene außerplanmäßige Abschreibung wegfällt.

Zusammenfassende Übersicht zu Kap. 5.3.1: Bewertung unbebauter Grundstücke

Grundstücke = nicht abnutzbares Sachanlagevermögen	
Zugangsbewertung zum Zeitpunkt der Anschaffung	→ **Anschaffungskosten (§§ 253 (1), 255 (1) HGB)** Anschaffungspreis (Grundstückspreis) + Anschaffungsnebenkosten (z. B. Notariatskosten, Grunderwerbsteuer) = **Anschaffungskosten**
Folgebewertung Zu einem Abschlussstichtag ist	→ **Keine planmäßige Abschreibung, da nicht abnutzbares Anlagevermögen**
1. keine **dauernde** Wertminderung eingetreten	→ **Bilanzansatz = ursprüngliche Anschaffungskosten**
2. eine voraussichtlich **dauernde** Wertminderung eingetreten ↓ Niedrigerer Wert **muss** angesetzt werden (§ 253 (3) S. 3 HGB). Eine nur vorübergehende Wertminderung darf dagegen bei **Sachanlagen nicht** berücksichtigt werden.	→ **Bilanzansatz = ursprüngliche Anschaffungskosten – außerplanmäßige Abschreibungen** ↓ **= strenges Niederstwertprinzip**
3. Bei ganzem oder teilweisem Wegfall der Gründe für die vorgenommene außerplanmäßige Abschreibung ↓ **Zuschreibung (Wertaufholung)** erforderlich (§ 253 (5) HGB)	→ **Bilanzansatz =** **bei unbebauten Grundstücken: ursprüngliche Anschaffungskosten** **sonst: fortgeführte Anschaffungskosten**

Wiederholung des Grundwissens

zu Kapitel 5.3 Bewertung und Bewertungswahlrechte bei Vermögensgegenständen des Anlagevermögens

5.3.1 Bewertung unbebauter Grundstücke

1. Unterscheiden Sie Grundstücke und grundstücksgleiche Rechte.
2. Warum dürfen unbebaute Grundstücke nicht planmäßig abgeschrieben werden?
3. Wie lautet die Regel für die Zugangsbewertung von Grundstücken?
4. Nennen Sie Beispiele für Anschaffungsnebenkosten beim Kauf eines unbebauten Grundstücks.
5. Wann ist bei der Folgebewertung eines unbebauten Grundstücks jeweils eine außerplanmäßige Abschreibung oder eine Zuschreibung erforderlich?

Aufgaben und Probleme

zu Kapitel 5.3.1 Bewertung unbebauter Grundstücke

5.3.1.1 Anschaffungskosten eines Lagerplatzes

LA

Egon Bauer ist Vorstand der Tuttlinger Ziegelei AG. Am 01.07. d. J. schloss er für die AG mit einem Gebäudenachbarn einen notariell beurkundeten Kaufvertrag über einen Geländestreifen, der als Lagerplatz genutzt werden soll.
Der Tuttlinger Ziegelei AG entstanden dafür folgende Ausgaben:

Barpreis	60 000 EUR	
Grunderwerbsteuer 5 %		
Grundbuchkosten	100 EUR	
Notariatskosten	200 EUR	+ 19 % USt
Maklerkosten	2 400 EUR	+ 19 % USt
Kosten für Prüfung der Bodenbeschaffenheit	1 200 EUR	+ 19 % USt
Kreditkosten infolge einer Darlehensaufnahme im Zusammenhang mit dem Grundstückskauf	900 EUR	

Berechnen Sie die Anschaffungskosten des Grundstücks.

5.3.1.2 Anschaffungskosten eines unbebauten Grundstücks – Bewertung bei sinkendem Verkehrswert

Die Heizungsbau Helmut Weber GmbH kauft ein unbebautes Grundstück (6 000 m^2), das in einem Gebiet liegt, das als Gewerbegebiet erschlossen werden soll. Als Kaufpreis wurden 25 EUR/m^2 vereinbart. Die Grunderwerbsteuer beträgt 5 %. An Notariats- und Nebenkosten fallen 2 200 EUR zzgl. 19 % USt an. HGB § 253 (3)

1. Berechnen Sie die Anschaffungskosten.
2. Wegen verschiedener Einsprüche von Anliegern kann das vorgesehene Gelände nicht als Gewerbegebiet ausgewiesen werden. Der Verkehrswert des Grundstücks sinkt auf 122 000 EUR. Mit welchem Wert ist das Grundstück zu bilanzieren?

5.3.1.3 Anschaffungskosten eines unbebauten Grundstücks – Bewertung bei steigenden Preisen

Die Ruckmich AG erwarb am 01. Oktober d. J. ein unbebautes Nachbargrundstück für insgesamt 240 000 EUR.
Im Zusammenhang mit dem Kauf des Grundstücks sind im Laufe des Jahres noch folgende Kosten angefallen:

Grunderwerbsteuer	5 %	
Grundsteuer	200 EUR	
Notariatskosten	1 800 EUR	+ 19 % USt

Grundbucheintragung	800 EUR	
Zinsen für ein Darlehen zur Finanzierung des Kaufs	1 600 EUR	
Kosten für ein Gutachten über die geologische Beschaffenheit des Grundstücks	2 400 EUR	+ 19 % USt

1. Ermitteln Sie die Anschaffungskosten des erworbenen Grundstücks.
2. Unter welcher Bilanzposition ist das Grundstück in der Bilanz zum 31.12. d. J. zu bilanzieren?
3. Das erwähnte Gutachten ergab, dass das Grundstück insgesamt einen um 30 000 EUR höheren Wert hat.
   Beurteilen und begründen Sie, ob die Ruckmich AG diesen höheren Wert ansetzen könnte.

HGB § 266 (2)

5.3.1.4 Bewertung eines Grundstücks – außerplanmäßige Abschreibung – Zuschreibung

Die Badische Caravan Center AG hat in unmittelbarer Nähe zur Autobahn am 18. Okt. 14 ein Grundstück (Anschaffungskosten 380 000 EUR) erworben, das in naher Zukunft zur Ausstellung von Wohnwagen und Wohnmobilen genutzt werden soll. Das Unternehmen ist beim Kauf davon ausgegangen, dass das autobahnnahe Gebiet demnächst von der Stadt Lahr als Gewerbegebiet erschlossen wird. Nachdem die Pläne der Deutschen Bahn AG zum viergleisigen Ausbau der Rheintalstrecke bekannt geworden sind (November 2016), verfolgt die Stadt Lahr die weitere Erschließung des Gewerbegebietes nicht mehr. Es ist deshalb davon auszugehen, dass der Wert des Grundstücks dauerhaft auf 350 000 EUR gesunken ist.

HGB § 253 (3)

1. Mit welchem Betrag ist das Grundstück in der Bilanz zum 31.12.2016 auszuweisen und welche Auswirkungen ergeben sich auf das Ergebnis des Geschäftsjahres 2016?
2. Im Laufe des Jahres 2018 wird bekannt, dass die Deutsche Bahn AG ihre Ausbaupläne ändert. Der Stadtrat der Stadt Lahr beschließt daraufhin, das Gewerbegebiet wie ursprünglich geplant zu erschließen. Der Wert des Grundstücks wird von einem Sachverständigen nunmehr auf 420 000 EUR veranschlagt.
   Mit welchem Betrag ist das Grundstück in der Bilanz zum 31.12.2018 auszuweisen und welche Auswirkungen ergeben sich auf das Ergebnis des Jahres 2018?

HGB § 253 (5)

5.3.2 Bewertung des beweglichen Sachanlagevermögens

Bestandteile des beweglichen Sachanlagevermögens

Das bewegliche Sachanlagevermögen ist in nachstehenden Bilanzpositionen enthalten:

HGB § 266 (2)

Bewegliches Sachanlagevermögen § 266 (2) HGB

A. Anlagevermögen
...
II. Sachanlagen:
...
2. technische Anlagen und Maschinen
3. andere Anlagen, Betriebs- und Geschäftsausstattung
...

Die **technischen Anlagen und Maschinen** umfassen alle Betriebsvorrichtungen, die direkt der Herstellung dienen. Bei den **anderen Anlagen und Maschinen** handelt es sich um Vermögensgegenstände, die nicht unmittelbar der betrieblichen Leistungserstellung dienen.

Bewegliches Sachanlagevermögen eines Industriebetriebes

Technische Anlagen: Transportsysteme wie z. B. Fließbänder, Rohrleitungen, chemische Produktionsanlagen
Maschinen: Arbeitsbühnen, Transformatoren
Andere Anlagen: Fuhrpark, Gleisanlagen, Verteilungsanlagen
Betriebs- und Geschäftsausstattung: Büroausstattung, Einrichtungen der Werkstatt, der Labore und der Kantinen sowie Werkzeuge.

Zugangsbewertung

In Abhängigkeit davon, ob das bewegliche Sachanlagevermögen gekauft oder selbst hergestellt wird, ist es **beim Zugang** mit den **Anschaffungs- oder Herstellungskosten** zu bewerten. Die **Anschaffungs- oder Herstellungskosten** bilden die **Bewertungsobergrenze**, die bei keiner nachfolgenden Bewertung überschritten werden darf.

HGB § 253 (1)
HGB § 253 (1)

Aufg. 5.3.2.1 u. 5.3.2.2 S. 438

LA

Anschaffungskosten eines Lkw

Ein Unternehmen kauft bei einem Händler einen Lkw für 140 000 EUR + 19 % USt. Für die Überführung werden 600 EUR + USt. in Rechnung gestellt. Die Zulassungsstelle berechnet 40 EUR Zulassungskosten. Für die Kennzeichen zahlt das Unternehmen bei einer Schilderwerkstatt 30 EUR + USt.

Die Rechnung an den Lkw-Händler wird mit 2 % Skontoabzug beglichen.

Anschaffungspreis	140 000 EUR
+ Anschaffungsnebenkosten:	
Überführung	600 EUR
Zulassungskosten	40 EUR
Kennzeichen	30 EUR
	140 670 EUR
– Anschaffungspreisminderungen:	
2 % Skonto von 140 000	2 800 EUR
= Anschaffungskosten	137 870 EUR

Werden Vermögensgegenstände im Unternehmen selbst hergestellt (z. B. selbst erstellte Maschinen oder Anlagen), so müssen diese mit den **Herstellungskosten** bewertet werden.

HGB § 255 (2)

Kap. D 5.4.1

Folgebewertung

Planmäßige Abschreibung

Das bewegliche Sachanlagevermögen unterliegt – anders als unbebaute Grundstücke – der **Abnutzung** und **muss** daher seiner Nutzungsdauer entsprechend **planmäßig** abgeschrieben werden. **Planmäßig** bedeutet, dass die Abschreibung nicht willkürlich erfolgt, sondern auf der Grundlage eines genauen Planes (z. B. linear, degressiv, nach Leistungseinheiten[1])[2]. Den Ausgangswert bilden die aktivierten **Anschaffungs- oder Herstellungskosten**.

Beginn der Abschreibung

Die Abschreibung beginnt
- bei angeschafften Anlagen mit dem Zeitpunkt der Lieferung bzw. mit Herstellung der Betriebsbereitschaft,
- bei selbst hergestellten Anlagen mit dem Zeitpunkt der Fertigstellung.

Für den Beginn der Abschreibung ist die **Vollendung** des Anschaffungs- oder Herstellungsvorgangs entscheidend und nicht der Beginn der tatsächlichen Nutzung.

Abschreibungen auf Vermögensgegenstände, die im Laufe des Jahres angeschafft oder hergestellt wurden, werden im Jahr der Anschaffung oder Herstellung grundsätzlich **zeitanteilig** (pro rata temporis) auf Monatsbasis vorgenommen. Dabei ist eine Aufrundung auf volle Monate möglich.

1 Bei der Abschreibung nach Leistungseinheiten wird die Höhe der Abschreibung aufgrund der tatsächlichen Inanspruchnahme (z. B. gefahrene Kilometer eines Pkw im Verhältnis zu der Gesamtleistung aufgrund der Angaben des Herstellers) berechnet.

2 In der Steuerbilanz ist derzeit grundsätzlich nur die lineare Abschreibung erlaubt (§ 7 (1) EStG). Zur Förderung der Wirtschaft (Konjunkturprogramm) wird gelegentlich auch die degressive Abschreibung zugelassen.

▪ Ende der Abschreibung

Die Abschreibung **endet** mit Einstellung der tatsächlichen Nutzung, möglicherweise also auch unterjährig während eines Geschäftsjahres. In gleicher Weise wie beim Abschreibungsbeginn wird auch in dem Geschäftsjahr, in welchem die Abschreibung endet, der Abschreibungsbetrag **zeitanteilig** ermittelt.

Die betriebsgewöhnliche oder voraussichtlich **Nutzungsdauer** eines Vermögensgegenstandes entspricht der Anzahl an Jahren, in denen gleiche oder ähnliche Anlagen nach den bisherigen Erfahrungen in dem betreffenden Betrieb genutzt wurden. Fehlen solche Erfahrungen, so können die für die Steuerbilanz geltenden **AfA[1]-Tabellen** auch in der Handelsbilanz zur Schätzung der Nutzungsdauer herangezogen werden. Alternativ können Herstellerangaben zur Schätzung der wirtschaftlichen Nutzungsdauer verwendet werden. Bei der Berechnung der Abschreibung ist ein **Schrottwert** zu berücksichtigen, wenn er im Vergleich zu den Anschaffungs- oder Herstellungskosten wesentlich ist (z. B. bei Seeschiffen). Die Anschaffungs- oder Herstellungskosten werden bei der Ermittlung der Bemessungsgrundlage für die Abschreibung um den Schrottwert gekürzt. Nur der verbleibende Restbetrag wird auf die voraussichtliche Nutzungsdauer verteilt.

Abschreibungsplan für einen Lkw

Die Horst Hellwig AG hat am 13. März 2009 einen Lkw zu Anschaffungskosten in Höhe von 108 000 EUR gekauft. Aus der AfA-Tabelle lässt sich für den Lkw eine betriebsgewöhnliche Nutzungsdauer von 9 Jahren ermitteln. Bei Anwendung der linearen Abschreibungsmethode ergibt sich folgender Abschreibungsverlauf:

HGB § 253 (2) S. 3

Jahr	Abschreibung	Buchwert Ende des Jahres
2009	(12 000) · 10/12 = 10 000 EUR	98 000 EUR
2010	12 000 EUR	86 000 EUR
2011	12 000 EUR	74 000 EUR
2012	12 000 EUR	62 000 EUR
2013	12 000 EUR	50 000 EUR
2014	12 000 EUR	38 000 EUR
2015	12 000 EUR	26 000 EUR
2016	12 000 EUR	14 000 EUR
2017	12 000 EUR	2 000 EUR
2018	(12 000) · 2/12 = 2 000 EUR	0

Da der Lkw im März 2009 angeschafft wurde, darf im Jahr 2009 lediglich ein Betrag von 10 000 EUR abgeschrieben werden. Monatsgenaue Abschreibung (= Abschreibung pro rata temporis) bedeutet, dass der Abschreibungsbeginn durch den Monat der Anschaffung oder Herstellung bestimmt wird.

▪ Gemischte Abschreibung

Um eine planmäßige Abschreibung im **handelsrechtlichen Sinne** handelt es sich auch dann, wenn ein Unternehmen zunächst degressiv abschreibt und zu gegebener Zeit auf die lineare Abschreibung übergeht **(gemischte Abschreibung)**.

1 AfA = Absetzung für Abnutzung. Der im EStG verwendete Begriff „AfA" entspricht dem im HGB verwendeten Begriff „planmäßige Abschreibung".

■ Außerplanmäßige Abschreibung

Sind Gründe bekannt, die neben der betriebsgewöhnlichen Abnutzung eine zusätzliche Wertminderung verursacht haben, so sind unter bestimmten Voraussetzungen weitere Abschreibungen **(außerplanmäßige Abschreibungen)** erforderlich. Im Falle einer außerplanmäßigen Abschreibung werden die Vermögensgegenstände mit dem (niedrigeren) Wert angesetzt, der ihnen am Abschlussstichtag beizulegen ist (Tageswert). Ob Vermögensgegenstände des Sachanlagevermögens außerplanmäßig abgeschrieben werden müssen, ist davon abhängig, ob die eingetretene Wertminderung nur vorübergehend oder von Dauer ist.[1]

Tritt bei einem Vermögensgegenstand des Sachanlagevermögens eine dauernde Wertminderung ein, so muss eine außerplanmäßige Abschreibung (Abwertung) vorgenommen werden.

HGB § 253 (3) S. 3

■ Planmäßige und außerplanmäßige Abschreibung bei Fahrzeugen

Bewertung eines Lkws bei vorübergehender Wertminderung

Die Ludwig Fleig GmbH hat im Januar 2016 einen Lkw zum Nettopreis von 144 000 EUR gekauft. Das Fahrzeug hat eine betriebsgewöhnliche Nutzungsdauer von 9 Jahren und soll linear abgeschrieben werden.
Wegen einer Absatzkrise bei Lkws sind die Lkw-Preise gesunken, so dass der Marktpreis für den Lkw zu Ende des zweiten Geschäftsjahres bei 100 000 EUR liegt. Es ist davon auszugehen, dass es sich hierbei um eine **vorübergehende** Wertminderung handelt.

Bewertung zum 31.12.2017

Anschaffungskosten	144 000 EUR
– planmäßige Abschreibung Jahr 2016	16 000 EUR
= fortgeführte Anschaffungskosten zum 31.12.2016	128 000 EUR
– planmäßige Abschreibung Jahr 2017	16 000 EUR
= fortgeführte Anschaffungskosten 31.12.2017	112 000 EUR

HGB § 253 (3) S. 3

Der Lkw wird planmäßig abgeschrieben und erscheint mit den fortgeführten Anschaffungskosten in Höhe von 112 000 EUR in der Bilanz.
Da die Wertminderung nur **vorübergehend** ist, darf eine außerplanmäßige Abschreibung auf den niedrigeren Wert (Marktpreis 100 000 EUR) **nicht** vorgenommen werden.

Strenges Niederstwertprinzip: Dauernde Wertminderung bei Vermögensgegenständen des Anlagevermögens

Aufg. 5.3.2.3 bis 5.3.2.5 S. 438 f.

Die Erwin Trotter GmbH hat am 26. Jan. 2016 einen Pkw zum Nettopreis von 42 000 EUR gekauft (betriebsgewöhnliche Nutzungsdauer 6 Jahre). Der Pkw wird linear abgeschrieben.
Aufgrund eines Verkehrsunfalls im September 2017 gilt das Fahrzeug als Unfallwagen, dessen Wert nach vorgenommener Reparatur von einem Sachverständigen zum 31.12.2017 auf 25 000 EUR geschätzt wird.

Anschaffungskosten	42 000 EUR
– planmäßige Abschreibung Jahr 2016	7 000 EUR
= fortgeführte Anschaffungskosten zum 31.12.2016	35 000 EUR
– planmäßige Abschreibung Jahr 2017	7 000 EUR
– außerplanmäßige Abschreibung Jahr 2017	3 000 EUR
= Bilanzansatz am 31.12.2017	25 000 EUR

Ergebnis: Da die Wertminderung von Dauer ist, **muss** das Fahrzeug mit 25 000 EUR in der Schlussbilanz des Jahres 2017 ausgewiesen werden.

HGB § 253 (3) S. 3

1 Eine Wertminderung gilt üblicherweise als **vorübergehend**, wenn die zum Abschlussstichtag eingetretene Wertminderung voraussichtlich **weniger als die halbe Restnutzungsdauer** bestehen wird. Wenn also der Stichtagswert länger als die genannte Frist unter dem jeweiligen Buchwert liegt, so ist auf diesen **außerplanmäßig** abzuschreiben.

▪ Zuschreibung nach Wegfall der Gründe für den niedrigeren Wertansatz

HGB § 253 (5) S. 1

Bestehen die Gründe für eine in früheren Geschäftsjahren vorgenommene außerplanmäßige Abschreibung nicht mehr, so ist eine **Zuschreibung** erforderlich. Mit der Verpflichtung zur Zuschreibung soll die Bildung stiller Rücklagen durch Unterbewertung von Vermögensgegenständen verhindert und damit die Aussagefähigkeit der Bilanz verbessert werden.

Zuschreibung nach vorausgegangener außerplanmäßiger Abschreibung

Die Reutlinger Fahrrad AG erleidet bei dem vor einiger Zeit neu in das Produktionsprogramm aufgenommenen Elektrobike erhebliche Umsatzeinbußen, weil ein Mitbewerber ein in der Qualität vergleichbares Produkt wesentlich preiswerter anbietet. Eine Spezialmaschine, die im Januar 2012 für die Herstellung des Elektrobikes zu Anschaffungskosten von 120 000 EUR erworben wurde, kann deshalb nicht mehr genutzt werden. Es ist zu diesem Zeitpunkt davon auszugehen, dass der Wiederverkaufswert der Maschine dauerhaft gesunken ist. Die Maschine hat eine betriebsgewöhnliche Nutzungsdauer von 10 Jahren und wird linear abgeschrieben. Am Ende des Jahres 2014 wird eine außerplanmäßige Abschreibung auf den von einem Schätzer festgelegten Wert von 28 000 EUR vorgenommen. Während des Jahres 2017 gelingt es dem Unternehmen, ein neues Modell zu entwickeln, wodurch der Einsatz der Maschine wieder möglich ist.

Aufg. 5.3.2.6 u. 5.3.2.7 S. 439 f.

Abschreibungsplan

Anschaffungskosten/Restbuchwerte bei 10 %iger linearer Abschreibung	Bilanzansatz bei planmäßiger und außerplanmäßiger Abschreibung	„Fiktive" Abschreibung bei planmäßiger Abschreibung
Anschaffungskosten 2012 – planmäßige Abschreibung 2012	120 000 EUR 12 000 EUR	120 000 EUR 12 000 EUR
Restbuchwert Ende 2012 – planmäßige Abschreibung 2013	108 000 EUR 12 000 EUR	108 000 EUR 12 000 EUR
Restbuchwert Ende 2013 – planmäßige Abschreibung 2014 – **außerplanmäßige Abschreibung 2014**	96 000 EUR 12 000 EUR **56 000 EUR**	96 000 EUR 12 000 EUR
Restbuchwert Ende 2014 – planmäßige Abschreibung 2015 (1/7 von 28 000 EUR)	28 000 EUR 4 000 EUR	84 000 EUR 12 000 EUR
Restbuchwert Ende 2015 – planmäßige Abschreibung 2016	24 000 EUR 4 000 EUR	72 000 EUR 12 000 EUR
Restbuchwert Ende 2016 – planmäßige Abschreibung 2017 + **Zuschreibung**	20 000 EUR 4 000 EUR **32 000 EUR**	60 000 EUR 12 000 EUR
Restbuchwert Ende 2017 – planmäßige Abschreibungen (2017 bis 2020: 4 · 12 000 EUR)	**48 000 EUR** ⟷ 12 000 EUR ...	**48 000 EUR** 12 000 EUR ...

Zusammenfassende Übersicht zu Kap. 5.3.2: Bewertung des beweglichen Sachanlagevermögens

Bewegliches Sachanlagevermögen
(technische Anlagen und Maschinen, andere Anlagen, Betriebs- und Geschäftsausstattung)

Bewertung
Anschaffungs- oder Herstellungskosten (§ 253 (1), 255 (1), (2) HGB)

Zeitpunkt der Anschaffung oder Herstellung (Zugangsbewertung) →

Anschaffungskosten	Herstellungskosten
Anschaffungspreis + Anschaffungsnebenkosten – Anschaffungspreisminderungen = ursprüngliche Anschaffungskosten	**Kosten, die durch den Verbrauch von Gütern und die Inanspruchnahme von Diensten für die Herstellung eines Erzeugnisses entstehen = ursprüngliche Herstellungskosten**

Abschlussstichtag (Folgebewertung) →

– planmäßige Abschreibung (§ 253 (1) HGB)
= fortgeführte Anschaffungs- bzw. Herstellungskosten
– außerplanmäßige Abschreibung (= Abwertung) bei voraussichtlich dauernder Wertminderung (§ 253 (3) S. 3 HGB)
= Bilanzansatz

Nach Wegfall der Gründe für den niedrigeren Wertansatz

↓

Zuschreibung (Wertaufholung)
auf den Wert, der sich bei planmäßiger Abschreibung zu diesem Zeitpunkt ergeben hätte
§ 253 (5) S. 1 HGB

Wiederholung des Grundwissens

zu Kapitel 5.3 Bewertung und Bewertungswahlrechte bei Vermögensgegenständen des Anlagevermögens

5.3.2 Bewertung des beweglichen Sachanlagevermögens

1. Nennen Sie die Bilanzpositionen, die bewegliches Sachanlagevermögen enthalten.
2. Wie lautet die Bewertungsregel für die Zugangsbewertung von beweglichem Sachanlagevermögen?
3. Welches ist die Bewertungsobergrenze bei der Bewertung des Sachanlagevermögens?
4. Unterscheiden Sie Anschaffungs- und Herstellungskosten.
5. Unterscheiden Sie planmäßige und außerplanmäßige Abschreibungen.
6. Wann ist beim Sachanlagevermögen eine außerplanmäßige Abschreibung vorzunehmen?

Aufgaben und Probleme

zu Kapitel 5.3.2 Bewertung des beweglichen Sachanlagevermögens

5.3.2.1 Anschaffungskosten einer Stanzmaschine

LA

Die Iris-Nadellager GmbH erhält folgende Rechnung (Auszug):

Chemnitz, 24. Nov. ...

Maschinenfabrik Meier GmbH

Rechnung

Wir lieferten Ihnen:	
1 Stanzmaschine einschl. Bedienersoftware	260 000 EUR
– 10 % Rabatt	26 000 EUR
	234 000 EUR
+ Montage	12 000 EUR
Rechnungsbetrag (netto)	246 000 EUR
+ Umsatzsteuer 19 %	46 740 EUR
Rechnungsbetrag brutto	292 740 EUR

Zahlungsbedingungen: 30 Tage netto oder 14 Tage 2 % Skonto von 292 740 EUR

Im Zusammenhang mit der Investitionsentscheidung sind der Iris-Nadellager GmbH noch folgende Kosten entstanden:

für Wirtschaftlichkeitsberechnungen und Angebotsvergleich	800 EUR
für Besichtigung und Messebesuche	2 400 EUR

Berechnen Sie die Anschaffungskosten der Maschine, wenn die Rechnung
1. unter Ausnutzung des Zahlungsziels netto Kasse bezahlt wird,
2. unter Ausnutzung des Zahlungsziels und Skonto beglichen wird.

5.3.2.2 Anschaffungskosten einer Produktionsmaschine

Eine GmbH kauft eine Maschine zum Listenpreis von 238 000 EUR einschließlich 19 % Umsatzsteuer. Der Lieferant der Maschine gewährt der GmbH einen Rabatt von 5 % auf den Listenpreis. Da die GmbH sich bereit erklärt, den Rechnungsbetrag innerhalb einer Woche zu bezahlen, werden ihr auf den Zieleinkaufspreis außerdem noch 3 % Skonto eingeräumt.

Für den Transport der Maschine muss die GmbH 2 200 EUR zuzüglich 19 % Umsatzsteuer an Eingangsfrachten bezahlen. Weiterhin hält sie es für notwendig, eine Transportversicherung abzuschließen. Die entsprechende Versicherungsprämie beläuft sich auf 250 EUR. Der Betrag wird aber erst im folgenden Geschäftsjahr von der GmbH durch Banküberweisung beglichen. Die Maschine wird in der Fabrikhalle der GmbH auf einem eigens dafür gegossenen massiven Beton-sockel montiert. Dabei fallen Materialkosten in Höhe von 3 200 EUR zuzüglich 19 % Umsatzsteuer und Lohnaufwand in Höhe von 4 000 EUR an.

An Feuerversicherungsprämie für die Maschine zahlt die AG im Voraus 800 EUR für einen Zeitraum von insgesamt 12 Monaten.

Berechnen Sie die Anschaffungskosten.

5.3.2.3 Bewertung einer Abkantmaschine bei technischer Neuentwicklung

In der Schlussbilanz zum 31.12.2017 der Württembergischen Leinenindustrie AG ist unter der Bilanzposition „technische Anlagen und Maschinen" u. a. eine Wirkmaschine mit fortgeführten Anschaffungskosten in Höhe von 150 000 EUR enthalten. Die Maschine wurde am 06.04.2014 angeschafft, hat eine betriebsgewöhnliche Nutzungsdauer von 10 Jahren und wird linear abgeschrieben. Aufgrund technischer Neuentwicklungen vergleichbarer Maschinen ist das Preisniveau derartiger Maschinen um 30 % gesunken.

1. Berechnen Sie die Anschaffungskosten der Maschine.
2. Mit welchem Wert ist die Maschine in der Schlussbilanz für das Geschäftsjahr 2018 auszuweisen? HGB § 253 (3) S. 3

5.3.2.4 Bewertung eines Lkws bei gesunkenem Listenpreis

Die Sigmaringer Hammerwerke AG haben im Januar des Geschäftsjahres 2017 einen neuen Lkw (Nutzungsdauer 6 Jahre) gekauft. In der Schlussbilanz des Geschäftsjahres 2018 ist der Lkw unter der Bilanzposition „Andere Anlagen, Betriebs- und Geschäftsausstattung" mit 55 200 EUR ausgewiesen. Die Sigmaringer Hammerwerke schreibt ihren Fuhrpark grundsätzlich linear ab. Zwischenzeitlich wird das gleiche Modell mit einem erheblich günstigeren Kraftstoffverbrauch produziert. Der Marktwert für vergleichbare Modelle der früheren Baureihe ist dadurch um 25 % gesunken.

1. Wie hoch ist die jährliche vorzunehmende Abschreibung.
2. Berechnen Sie die Anschaffungskosten des Lkw. HGB § 253 (3)
3. Berechnen Sie den Bilanzansatz, mit dem der Lkw in die Schlussbilanz des Geschäftsjahres 2018 aufgenommen wird.

5.3.2.5 Bewertung eines Pkws nach Unfall

Eine Papierfabrik kauft zu Beginn des laufenden Geschäftsjahres einen Lieferwagen:

Listenpreis netto	33 000 EUR
Überführungskosten	600 EUR
	33 600 EUR
+ 19 % USt	6 384 EUR
Rechnungsbetrag	39 984 EUR

1. Wie hoch sind die Anschaffungskosten?
2. Wie hoch ist der Wertansatz des Pkws zu Beginn des dritten Geschäftsjahres bei linearer Abschreibung und einer Nutzungsdauer von 6 Jahren?
3. Ein Außendienstmitarbeiter verursacht während des dritten Nutzungsjahres einen selbstverschuldeten Unfall, wodurch bei dem Fahrzeug nach amtlicher Schätzung ein Wertverlust in Höhe von 3 000 EUR eintritt.
   Mit welchem Wert ist das Fahrzeug am Ende des dritten Geschäftsjahres zu bilanzieren?

5.3.2.6 Bewertung einer Fertigungsanlage – Entscheidung über das Abschreibungsverfahren

Die Badische Elektrowerke AG ist ein Industrieunternehmen, das elektronische Apparate und Steuerungsanlagen baut. Nach zwei schwierigen Geschäftsjahren, in denen jeweils Verluste erzielt wurden, weisen die vorläufigen Zahlen der Buchführung für das laufende Geschäftsjahr erstmalig wieder einen Gewinn aus. Im September d. J. hat die AG im Zusammenhang mit der Aufnahme einer neuen Produktlinie eine Fertigungsanlage in Betrieb genommen. Der Kaufpreis betrug 1 740 000 EUR netto zuzüglich 19 % USt. Zusätzlich fielen für den Transport der Anlage 20 000 EUR sowie für die Montage 40 000 EUR jeweils zuzüglich 19 % USt, an. Für die Finanzierung einer Anzahlung sind Fremdkapitalzinsen in Höhe von 5 000 EUR entstanden.

1. Ermitteln Sie die Anschaffungskosten für die Fertigungsanlage. HGB § 255 (1)
2. Die AG hat bislang die Fertigungsanlagen linear abgeschrieben. Es soll entschieden werden, ob auf die neu installierte Fertigungsanlage über die voraussichtliche Nutzungsdauer von 12 Jahren das degressive Abschreibungsverfahren angewendet werden soll. Es ist beabsichtigt, degressiv mit dem Zweifachen des linearen Satzes abzuschreiben. HGB §§ 253, 252 (1) Nr. 6 und (2)
   a) Prüfen Sie, ob unter den gegebenen Bedingungen eine Wahlmöglichkeit zwischen der linearen und der degressiven Abschreibung besteht.
   b) Berechnen Sie für beide Abschreibungsverfahren den Abschreibungsbetrag im Jahr der Anschaffung.
   c) Nennen Sie jeweils zwei Argumente, die für die lineare bzw. die degressive Abschreibung sprechen. Entscheiden Sie sich vor dem Hintergrund der aktuellen Unternehmenssituation begründet für eine der beiden Abschreibungsarten.

5.3.2.7 Zuschreibung nach außerplanmäßiger Abschreibung

Die Lörracher Solar AG hat zu Beginn des Geschäftsjahres 2011 eine Maschine (Nutzungsdauer: 10 Jahre) für 100 000 EUR angeschafft. Der Wert der Maschine wird zum Ende des Jahres 2014 aufgrund eines erheblichen Schadens mit 42 000 EUR veranschlagt. Am Ende des Jahres 2018 wird der Wert der Maschine auf nunmehr 24 000 EUR geschätzt, da sie nach einigen Umbaumaßnahmen zur Herstellung eines neu in das Produktionsprogramm aufgenommenen Erzeugnisses verwendet werden kann.

1. Erstellen Sie einen Abschreibungsplan bis zum Ende des Jahres 2015, wenn linear abgeschrieben wird.
2. Welche Bilanzansätze ergeben sich für die Maschine jeweils zum Ende der Jahre 2016, 2017 und 2018?

5.3.3 Bewertung des Finanzanlagevermögens

Inhalt der Bilanzposition Finanzanlagen

HGB § 266 (2) Von den anderen Gegenständen des Anlagevermögens (immaterielle Vermögensgegenstände und Sachanlagen) unterscheiden sich Finanzanlagen insbesondere dadurch, dass mit dem darin investierten Kapital nicht im eigenen Unternehmen, sondern in fremden Unternehmen gearbeitet wird. Auch **Finanzanlagen** müssen dazu **bestimmt** sein, **dauernd dem Geschäftsbetrieb** zu dienen.

Nach der Untergliederung des § 266 (2) A. III handelt es sich bei den nachstehend aufgeführten Positionen um Finanzanlagevermögen:

Finanzanlagen gemäß § 266 (2) HGB

III. Finanzanlagen
1. Anteile an verbundenen Unternehmen,[1]
2. Ausleihungen an verbundene Unternehmen, (HGB § 271)
3. Beteiligungen,
4. Ausleihungen an Unternehmen, mit denen ein Beteiligungsverhältnis besteht,
5. Wertpapiere des Anlagevermögens,
6. sonstige Ausleihungen.

Finanzanlagevermögen der Reutlinger Textil AG

Anteile an verbundenen Unternehmen	Ausleihungen an verbundene Unternehmen	Beteiligungen (Vgl. § 271 (1) S. 3 HGB)
Die Reutlinger Textil AG (Muttergesellschaft) ist am Grundkapital der Balinger Trikotagen AG (Tochtergesellschaft) mit 51 % beteiligt.	Die Reutlinger Textil AG (Muttergesellschaft) gewährt der Balinger Trikotagen AG (Tochtergesellschaft) ein Darlehen in Höhe von 1 Mio. EUR.	Die Reutlinger Textil AG ist am Grundkapital der Sigmaringer Maschinenfabrik AG mit 26 % beteiligt.

Wertpapiere des Anlagevermögens	Sonstige Ausleihungen
Die Reutlinger Textil AG hat langfristig den Betrag von 100 000 EUR in Bundesanleihen und Industrieobligationen (fest verzinsliche Wertpapiere) angelegt.	Die Reutlinger Textil AG hat ihrem Zulieferer Max Frisch e. K. ein langfristiges Darlehen in Höhe von 60 000 EUR gewährt.

1 Verbundene Unternehmen sind solche Unternehmen, die als Mutter- oder Tochterunternehmen in einen Konzernabschluss einbezogen sind (§ 271 (2) HGB).

Beteiligungen sind Anteile an anderen Unternehmen, die dazu bestimmt sind, dem eigenen Geschäftsbetrieb durch die Herstellung einer **dauerhaften Verbindung** zu dienen (z. B. Aktien als Anteile am Grundkapital einer AG, GmbH-Anteile oder Komplementär- oder Kommanditanteile an einer KG). Entscheidend für das Vorliegen einer **Beteiligung** ist die **Beteiligungsabsicht** und **nicht die Beteiligungshöhe**. Im Zweifel handelt es sich um eine Beteiligung, wenn ein **maßgeblicher Einfluss** auf ein Unternehmen ausgeübt wird. Ein solcher Einfluss wird ab einer Beteiligungsquote von 20 % vermutet. Besteht die Absicht einer Daueranlage nicht mehr oder wird sie nicht mehr vermutet, so sind bislang im Anlagevermögen ausgewiesene Wertpapiere künftig im Umlaufvermögen (Position B. III. § 266 (2) HGB) auszuweisen.

HGB § 271 (1)

Zugangsbewertung

Die Bewertung von Finanzanlagen erfolgt bei deren Zugang zu den **Anschaffungskosten**. Als Anschaffungsnebenkosten können bei Anteils- oder Beteiligungserwerben z. B. Notariatskosten, Provisionen oder Spesen anfallen.

HGB § 255 (1)

Anschaffungskosten festverzinslicher Wertpapiere

HGB § 255 (1)

Zur längerfristigen Anlage derzeit nicht benötigter flüssiger Mittel hat der Finanzvorstand der Klattmann AG entschieden, am 01. Okt. d. J. festverzinsliche Wertpapiere zu Anschaffungskosten von 50 000 EUR an der Börse zu kaufen.

Zugangsbewertung: 50 000 EUR (Anschaffungskosten)
Bilanzposition: A. III. 5: Wertpapiere des Anlagevermögens,
da die Absicht einer langfristigen Kapitalanlage besteht.

Folgebewertung

Bei der Folgebewertung von Vermögensgegenständen des Finanzanlagevermögens muss geprüft werden, ob eine gegebenenfalls eingetretene Wertminderung voraussichtlich dauerhaft oder nur vorübergehend ist. Handelt es sich um eine **dauernde Wertminderung**, so muss zwingend eine **außerplanmäßige Abschreibung** vorgenommen werden. Bei einer nur **vorübergehend eingetretenen Wertminderung** hingegen besteht unter Beachtung des Stetigkeitsprinzips ein **Bewertungswahlrecht (Abschreibungswahlrecht)**.

HGB § 253 (3) S. 3, S. 4
§ 252 (1) Nr. 6

Bei Finanzanlagen können außerplanmäßige Abschreibungen auch bei einer nur vorübergehend eingetretenen Wertminderung vorgenommen werden (= gemildertes Niederstwertprinzip). Bei einer dauernden Wertminderung[1] hingegen besteht Abschreibungspflicht (= strenges Niederstwertprinzip).

Bestehen die Gründe für einen niedrigeren Wertansatz nach einer außerplanmäßig vorgenommenen Abschreibung nicht mehr, so darf dieser Wertansatz nicht mehr beibehalten werden. In diesem Fall ist eine **Zuschreibung** erforderlich **(Wertaufholungsgebot)**. Die **Bewertungsobergrenze** ist festgelegt durch die **Anschaffungskosten**, die nicht überschritten werden dürfen.

HGB § 253 (5)

Folgebewertung festverzinslicher Wertpapiere *(Fortsetzung des obigen Beispiels)*

1. Zum 31.12. d. J. (Ende des Geschäftsjahres) ist der Börsenwert (Kurs) der Wertpapiere auf 49 600 EUR gesunken. Die Restlaufzeit beträgt noch 2 Jahre. Nach den Anleihebedingungen ist der Schuldner verpflichtet, den gesamten Anleihebetrag bereits in zwei Jahren (Restlaufzeit) in voller Höhe zurückzuzahlen. Deshalb handelt es sich bei dem zwischenzeitlich eingetretenen Kursrückgang um **keine dauerhafte** Wertminderung.

HGB § 253 (3) S. 4

1 Bei börsennotierten Aktien kann von einer dauernden Wertminderung ausgegangen werden, wenn der Kursverlust **am Bilanzstichtag** größer als 5 % ist (Bagatellgrenze).

Aufg. 5.3.3.1 bis 5.3.3.3 S. 443

Folgebewertung festverzinslicher Wertpapiere (Fortsetzung)

Folgebewertung am 31.12. d.J.: Da die Wertminderung **nicht von Dauer** ist, besteht ein **Abwertungswahlrecht**.
Bewertungsmöglichkeit 1: Anschaffungskosten **(50 000 EUR) oder**
Bewertungsmöglichkeit 2: Niedriger Wert **(49 600 EUR)**

HGB § 253 (5) S. 1

HGB § 253 (1) S. 1

2. Zum 31.12. n.J. ist der Kurs auf 50 300 EUR gestiegen.
Folgebewertung zum 31.12. n.J.: 50 000 EUR
Gemäß § 253 (5) S. 1 ist die Klattmann AG zur Wertaufholung verpflichtet, da die Gründe für die außerplanmäßige Abschreibung nicht mehr bestehen. Da die Anschaffungskosten die **Bewertungsobergrenze** darstellen, dürfen die Wertpapiere höchstens mit 50 000 EUR bewertet werden.

Zusammenfassende Übersicht zu Kap. 5.3.3: Bewertung des Finanzanlagevermögens

Finanzanlagevermögen (z.B. Beteiligungen) = langfristige Anlage
Bilanzposition: A. III § 266 (2) HGB

Zeitpunkt der Anschaffung (Zugangsbewertung)

Anschaffungspreis
+ Anschaffungsnebenkosten (z.B. Spesen)
= Anschaffungskosten gem. § 255 (1) HGB

Abschlussstichtag (Folgebewertung)

Wertminderung voraussichtlich

dauernd ↓ **strenges Niederstwertprinzip,** d.h. Pflicht zu einer außerplanmäßigen Abschreibung (= Abwertung) § 253 (3) S. 3 HGB

vorübergehend ↓ **gemildertes Niederstwertprinzip,** d.h. keine Pflicht zu einer außerplanmäßigen Abschreibung ↓ **Abschreibungswahlrecht** § 253 (3) S. 4 HGB

↓ **bei Wegfall der Gründe für außerplanmäßige Abschreibung**
↓
Pflicht zur **Zuschreibung** (Wertaufholung)
§ 253 (5) S. 1 HGB
Bewertungsobergrenze: Anschaffungskosten

Gesamtübersicht zu Kap. 5.3: Bewertung und Bewertungswahlrechte bei Vermögensgegenständen des Anlagevermögens

	Immaterielle Anlagen und Sachanlagen	Finanzanlagevermögen
Basiswert und Wertobergrenze	Anschaffungs- bzw. Herstellungskosten § 253 (1) HGB	
dauernde Wertminderung	Abwertungspflicht (strenges Niederstwertprinzip) gem. § 253 (3) HGB	
vorübergehende Wertminderung	Abwertungsverbot	Abwertungswahlrecht (gemildertes Niederstwertprinzip gem. § 253 (3) S. 4)
Wertsteigerungen	Zuschreibungsgebot § 253 (5) HGB	

Wiederholung des Grundwissens

zu Kapitel 5.3 Bewertung und Bewertungswahlrechte bei Vermögensgegenständen des Anlagevermögens

5.3.3 Bewertung des Finanzanlagevermögens

1. Wodurch unterscheiden sich Finanzanlagen von Sachanlagen und immateriellen Vermögensgegenständen des Anlagevermögens? Nennen Sie jeweils Beispiele.
2. Welche Vorschriften bei der Zugangs- und Folgebewertung von Finanzanlagevermögen sind jeweils zu beachten?

Aufgaben und Probleme

zu Kapitel 5.3.3 Bewertung des Finanzanlagevermögens

5.3.3.1 Bewertung einer Beteiligung

Die Villinger Möbelfabrik AG hat in der Bilanz des Jahres 2016 im Anlagevermögen eine Beteiligung an der börsennotierten Holzbau AG in Höhe von 3200000 EUR ausgewiesen. Im Jahr 2017 sinkt der Wert der Beteiligung wegen drohender Zahlungsschwierigkeiten der Holzbau AG dauerhaft um 20%.

1. Begründen Sie, mit welchem Wert die Beteiligung in der Bilanz der Möbelfabrik zum 31.12.2017 anzusetzen ist. HGB § 253 (3) S. 3
2. Wie wäre Aufgabe 1 zu entscheiden, wenn davon auszugehen ist, dass die Wertminderung nicht dauerhaft ist?

5.3.3.2 Beteiligung eines Computerherstellers an einem Softwareunternehmen

Der Computerhersteller Compak AG hat im laufenden Geschäftsjahr Aktien der Frankfurter Software AG im Wert von 480000 EUR gekauft. Die Compak AG verfügt nunmehr über 22% des Grundkapitals der Software AG.

1. In welcher Bilanzposition muss die Compak AG das Aktienpaket in ihrer Schlussbilanz ausweisen? HGB § 266 (2)
2. Da sich die von der Frankfurter Software AG hergestellten EDV-Programme zwischenzeitlich nicht mehr gut verkaufen lassen, ist der Aktienkurs stark gesunken, so dass das Aktienpaket nur noch einen Wert von 400000 EUR aufweist.
   a) Welche Bewertungsentscheidung ist unter den gegebenen Bedingungen zum 31.12. d.J. zu treffen? HGB § 253 (3) S. 3
   b) Im Laufe des neuen Geschäftsjahres haben die Softwareentwickler der Frankfurter Software AG neue Programme entwickelt. Daraufhin ist der Aktienkurs wieder gestiegen, so dass das Aktienpaket nunmehr einen Wert von 440000 EUR aufweist.
   Welche Bewertungsentscheidung ist zu treffen, wenn die Compak AG in der Vergangenheit ihre Beteiligungen zum niedrigst möglichen Wert ausgewiesen hat?

5.3.3.3 Bewertung von Aktien des Anlagevermögens

In der Schlussbilanz des Jahres 2016 der Württembergischen Turbinen AG sind in der Bilanzposition „A. III. 5. Wertpapiere des Anlagevermögens" 5000 Stückaktien der Ravensburger Maschinenfabrik AG ausgewiesen. Die Aktien wurden am 05. Okt. 2016 zu 28,50 EUR/ Stück gekauft.

1. Welcher Betrag ist in der Handelsbilanz anzusetzen, wenn der Kurs am 31.12.2016 (Ende des Geschäftsjahres) auf 26,10 EUR gesunken und zu Beginn des Jahres 2017 wieder auf 29,10 EUR gestiegen ist?
2. Wie sind die Aktien in der Schlussbilanz des Jahres 2017 zu bewerten, wenn der Kurs am 31.12.2017 28,00 EUR beträgt und in der Bilanz für das Geschäftsjahr 2016 der niedrigere Wert angesetzt wurde?
3. Am 01. Februar 2018 veröffentlicht die Ravensburger Maschinenfabrik AG die Ergebnisse für das vierte Quartal des Geschäftsjahres 2017. U.a. geht aus dem Quartalsbericht hervor, dass das Unternehmen mehrere Großaufträge nicht erhalten hat, weil die nach Kundenwünschen produzierten Maschinen von asiatischen Konkurrenzunternehmen zu einem erheblich günstigeren Preis angeboten werden. Daraufhin sinkt der Aktienkurs zum 10. Februar 2018 (Tag der Bilanzerstellung) auf 20 EUR/Aktie. Es ist davon auszugehen, dass es sich nicht nur um einen vorübergehenden Kurseinbruch handelt.
   Zu welchem Betrag sind die Aktien in der Schlussbilanz des Geschäftsjahres 2017 auszuweisen?

5.4 Bewertung und Bewertungswahlrechte bei Vermögensgegenständen des Umlaufvermögens

5.4.1 Bewertung unfertiger und fertiger Erzeugnisse

Inhalt der Bilanzpositionen unfertige und fertige Erzeugnisse

HGB § 266 (2)

Als **unfertige Erzeugnisse** werden Vorräte bezeichnet, die zwar noch nicht verkaufsfertig sind, für deren Be- oder Verarbeitung im eigenen Unternehmen aber bereits Aufwendungen (z. B. Materialaufwand, Löhne) angefallen sind. Die unfertigen Erzeugnisse[1] sind in der Bilanzposition B. I. 2. enthalten.

Als **fertige Erzeugnisse** werden verkaufsfertige Vorräte bezeichnet, die im eigenen Unternehmen be- oder verarbeitet wurden. Im Unterschied hierzu handelt es sich um **Waren**, wenn Handelsartikel fremdbezogen und ohne wesentliche Weiterverarbeitung weiterveräußert werden.

Zugangsbewertung

Aufg. 5.4.1.1 S. 450

Bezieht ein Unternehmen von einem anderen Unternehmen z. B. Handelswaren oder Rohstoffe, so müssen diese Vermögensgegenstände mit deren **Anschaffungskosten** bewertet werden. Ganz oder teilweise im Unternehmen hergestellte Gegenstände des Anlagevermögens (z. B. Gebäude, Geschäftseinrichtungen, Maschinen) oder des Umlaufvermögens (unfertige und fertige Erzeugnisse) sind hingegen mit den **Herstellungskosten** zu bewerten.

Herstellungskosten fallen an, wenn ein Unternehmen Vermögensgegenstände des Anlagevermögens (z. B. Maschinen für den eigenen Gebrauch) oder des Umlaufvermögens (z. B. fertige oder unfertige Erzeugnisse) selbst herstellt.

Während sich die Anschaffungskosten meist problemlos anhand der Zahlen aus den Eingangsrechnungen ermitteln lassen, erfolgt die Berechnung der **Herstellungskosten** auf der Grundlage von Zahlen, die der Kosten- und Leistungsrechnung entnommen werden können.

Herstellungskosten sind die Kosten, die durch den Verbrauch von Gütern und die Inanspruchnahme von Diensten für die Herstellung eines Vermögensgegenstandes entstehen.[2]

Die **nach Handelsrecht** zu ermittelnden **Herstellungskosten** sind **nicht identisch** mit den **Herstellkosten** aus der **Kostenrechnung**. Die handelsrechtlichen Herstellungskosten müssen **mindestens** die **Einzelkosten** und die **wesentlichen** (= angemessenen) **Gemeinkosten** beinhalten (Wertuntergrenze). Nach dem Prinzip der Angemessenheit dürfen nur tatsächlich angefallene Kosten (= aufwandsgleiche Kosten) berücksichtigt werden. Somit gehören weder kalkulatorische Zusatzkosten noch neutraler Aufwand (z. B. außerplanmäßige Abschreibungen) zu den Herstellungskosten. Bei der Berechnung der Gemeinkosten ist von **normalen Beschäftigungsverhältnissen** auszugehen.

1 Neben den unfertigen Erzeugnissen sind in der Bilanzposition B. I. 2 auch unfertige Leistungen enthalten. Darunter fallen z. B. unfertige Leistungen eines Bauunternehmers auf fremdem Grund und Boden. Forderungen können in diesem Fall noch nicht ausgewiesen werden, da diese erst mit der Fertigstellung der Arbeiten entstehen.

2 Zur Bedeutung der in dieser HGB-Definition enthaltenen Begriffe Kosten und Aufwendungen siehe die Erläuterung (Fußnote) auf S. 419.

Berechnung der Herstellungskosten nach Handelsrecht gemäß § 255 (2) HGB

	Einzelkosten	Berücksichtigung bei Wertansatz (Aktivierung)
1	Materialeinzelkosten[1]	**Pflicht**
2	+ Fertigungseinzelkosten	**Pflicht**
3	+ Sondereinzelkosten der Fertigung	**Pflicht**
	Gemeinkosten	
4	+ Materialgemeinkosten	**Pflicht**
5	+ Fertigungsgemeinkosten	**Pflicht**
6	+ Verwaltungsgemeinkosten des Material- und Fertigungsbereichs, sofern nicht bereits in den Material- und Fertigungsgemeinkosten enthalten	**Pflicht**
7	+ Werteverzehr des Anlagevermögens[2]	**Pflicht**
8	= **Wertuntergrenze**	
9	+ Kosten der allgemeinen Verwaltung	**Wahlrecht**
10	+ Aufwendungen für freiwillige soziale Leistungen	**Wahlrecht**
11	+ Aufwendungen für soziale Einrichtungen des Betriebs	**Wahlrecht**
12	+ Aufwendungen für die betriebliche Altersversorgung	**Wahlrecht**
13	+ Fremdkapitalzinsen (Voraussetzungen: § 255 (3) HGB)	**Wahlrecht**
14	= **Wertobergrenze**	
15	Forschungs- und Vertriebskosten	**Verbot**

HGB § 255 (2)

Kap. A 6

Erläuterungen zur Berechnung der Herstellungskosten nach § 255 (2) HGB

(1) Materialeinzelkosten: Verbrauch von Roh- und Hilfsstoffen sowie von selbst erstellten und fremd bezogenen (Einbau-)Fertigteilen.

(2) Fertigungseinzelkosten: Fertigungseinzelkosten umfassen im Wesentlichen die im Rahmen der Produktion anfallenden ***Löhne und Lohnnebenkosten (Sozialabgaben)****. Gegebenenfalls zählen zu den Fertigungseinzelkosten auch Kosten, die durch den Einsatz von fremden Arbeitskräften für den Produktionsprozess entstanden sind. Zu den* ***Löhnen*** *rechnen die Bruttolöhne einschließlich Sonderzulagen, Leistungs- und Abschlussprämien sowie gesetzliche Sozialabgaben.* ***Freiwillige Sozialleistungen****, Ergebnisbeteiligungen und Aufwendungen für die betriebliche Altersversorgung gehören* ***nicht zu den Fertigungskosten****.*

(3) Sondereinzelkosten der Fertigung: z. B. Kosten für Modelle, Spezialwerkzeuge, Vorrichtungen und Entwürfe.

(4) Materialgemeinkosten: Dabei handelt es sich überwiegend um ***Personal- und Raumkosten****, soweit sie im Zusammenhang mit der Beschaffung, Lagerung, Wartung oder Verwaltung des Materials verursacht werden. Da die Materialgemeinkosten* ***laut Kostenrechnung*** *häufig kalkulatorische Zusatzkosten enthalten, sind sie nicht in jedem Fall identisch mit den* ***handelsrechtlichen Materialgemeinkosten****. Falls die in der Kostenrechnung ermittelten Materialgemeinkosten zur Berechnung der Herstellungskosten verwendet werden sollen, sind gegebenenfalls entsprechende Korrekturen erforderlich.*

---

1 Mit den in § 255 (2) HGB erwähnten Material-, Fertigungs- und Sonderkosten sind grundsätzlich die Einzelkosten gemeint.

2 Beim Werteverzehr des Anlagevermögens, der durch die Abschreibungen erfasst wird, handelt es sich zwar um Fertigungsgemeinkosten. Trotzdem werden diese üblicherweise bei der Berechnung der Herstellungskosten gesondert ausgewiesen. Außerplanmäßige Abschreibungen bleiben unberücksichtigt.

Erläuterungen zur Berechnung der Herstellungskosten nach § 255 (2) HGB

*(5) Fertigungsgemeinkosten: Die **handelsrechtlichen Fertigungsgemeinkosten** beinhalten hauptsächlich Kosten der Werkstattverwaltung, der Kraftanlagen, der Reinigung der Produktionsräume und der Geräte, Energie- und Brennstoffkosten, Betriebsstoffkosten und soziale Aufwendungen. Wie bei den Materialgemeinkosten müssen bei Verwendung der **kostenrechnerischen Fertigungsgemeinkosten** gegebenenfalls Korrekturen vorgenommen werden.*

(6) Verwaltungsgemeinkosten des Material- und Fertigungsbereichs: Die in der Kostenrechnung ermittelten Material- und Fertigungsgemeinkosten enthalten i.d.R. bereits die Verwaltungsgemeinkosten des Material- und Fertigungsbereichs. In diesem Falle ist eine gesonderte Berechnung dieser Kosten nicht mehr erforderlich.

(7) Wertverzehr des Anlagevermögens: Der Wertverzehr des Anlagevermögens (Abschreibungen) ist Bestandteil der Fertigungsgemeinkosten. Bei der Berechnung der Herstellungskosten wird dieser Betrag jedoch üblicherweise gesondert ausgewiesen.
Eine Aktivierungspflicht der Abschreibungen in den Herstellungskosten ist von zwei Voraussetzungen abhängig:
1. *Es muss sich um **angemessene Teile des Wertverzehrs** handeln (keine außerplanmäßigen Abschreibungen, keine Zusatzkosten).*
2. *Die Abschreibungen müssen durch die Fertigung veranlasst sein.*

(9) Kosten der allgemeinen Verwaltung: Hierunter fallen insbesondere (anteilige) Löhne und Gehälter (z.B. für das Personalbüro, die Geschäftsleitung), Büromaterial, Abschreibungen, Kosten des Personalwesens, der Rechts-, Versicherungs- und sonstigen Abteilungen.

(10) – (12) Freiwillige Soziale Aufwendungen:
Dabei handelt es sich um solche Aufwendungen, die nicht arbeits- oder tariflich vereinbart wurden. Dazu gehören u.a.:
*– (10): **Aufwendungen für freiwillige soziale Leistungen** (z.B. Jubiläumsgeschenke, Weihnachtszuwendungen).*
*– (11): **Aufwendungen für soziale Einrichtungen des Betriebs** (z.B. Kantinen, Ferienerholungsheime),*
*– (12): **Aufwendungen für die betriebliche Altersversorgung** (z.B. Zuwendungen an Pensions- und Unterstützungskassen, Zuführungen zu Pensionsrückstellungen).*
***„Aufwendungen" für die Beteiligung der Arbeitnehmer am Ergebnis** des Unternehmens sind,*
- *soweit sie von einem Unternehmen **freiwillig** gewährt werden, **aktivierungsfähig (Wahlrecht),***
- *soweit sie vertraglich vereinbart und auf im Fertigungsbereich beschäftigte Arbeitnehmer entfallen, als Bestandteil der Fertigungsgemeinkosten **aktivierungspflichtig**,*
- *soweit sie vertraglich vereinbart wurden und auf anderweitig beschäftigte Arbeitnehmer entfallen, **aktivierungsfähig (Wahlrecht)**.*

*(13) Zinsen für Fremdkapital gehören nicht zu den Herstellungskosten. Sie **können** aber in die Herstellungskosten einbezogen werden (Wahlrecht), soweit sie der Herstellungsfinanzierung dienen, direkt zurechenbar sind und auf den Herstellungszeitraum entfallen.*

(15)
- *Vertriebskosten: Diese Kosten fallen im Zusammenhang mit dem Absatz der produzierten Erzeugnisse (z.B. übernommene Fracht bei der Zufuhr von Erzeugnissen, Vertreterprovision) an.*
- *Forschungskosten: Kosten, die im Zusammenhang mit der Suche nach neuen wissenschaftlichen oder technischen Erkenntnissen entstanden sind.*

Herstellungskosten nach Handelsrecht

Für die Herstellung von Kugellagern sind in einem Industriebetrieb folgende Kosten entstanden:

Materialeinzelkosten	90 000 EUR
Materialgemeinkostenzuschlag	6 %
Fertigungseinzelkosten	30 000 EUR
Fertigungsgemeinkostenzuschlag	80 %
Verwaltungsgemeinkostenzuschlag (Verwaltungsbereich)	15 %
Vertriebsgemeinkostenzuschlag	10 %

In den Gemeinkostenzuschlägen sind keine kalkulatorischen Zusatzkosten enthalten. Die produktions- und materialbedingten Verwaltungsgemeinkosten sind in den Material- und Fertigungsgemeinkosten enthalten. Sämtliche Zuschlagssätze wurden bei Normalbeschäftigung ermittelt (= angemessene Gemeinkosten). Freiwillige soziale Aufwendungen sind nicht angefallen. Sämtliche Kugellager liegen am Abschlussstichtag noch auf Lager und werden voraussichtlich erst im folgenden Geschäftsjahr verkauft.

Kosten		Herstellungskosten nach Handelsrecht	
		Mindestansatz (EUR)	**Höchstansatz (EUR)**
1	Materialeinzelkosten	90 000	90 000
2	Materialgemeinkosten 6 %	5 400	5 400
=	**(1 + 2)**	**95 400**	**95 400**
3	Fertigungseinzelkosten	30 000	30 000
4	Fertigungsgemeinkosten 80 %	24 000	24 000
=	**(3 + 4)**	**54 000**	**54 000**
5	Verwaltungsgemeinkosten 15 %		22 410[1]
6	Vertriebsgemeinkosten 10 %		
=	**Herstellungskosten**	**149 400**	**171 810**

Aufg. 5.4.1.2 bis 5.4.1.3 S. 450 f.

Werden die am Abschlussstichtag auf Lager liegenden Kugellager (= fertige Erzeugnisse) zum niedrigeren Wert (149 400 EUR) angesetzt, so führt das gegenüber dem Ansatz mit dem höheren Wert (171 810 EUR) zu einer Schmälerung des Ergebnisses in Höhe von 22 410 EUR. In diesem Fall werden in Höhe der nicht aktivierten Beträge Aufwendungen in der Gewinn- und Verlustrechnung ausgewiesen, denen auf der Ertragsseite keine entsprechende Bestandserhöhung gegenübersteht.

Aufwand **GuV-Konto bei Mindestansatz** in EUR Ertrag

Aufwand		Ertrag	
Einzelkosten (z. B. Fert. Mat., Fert. Löhne) und **Gemeinkosten** (z. B. Abschr., Gehälter, Hilfsstoffe)	171 810	Bestandserhöhung (FE, UE)	149 400
		„Mehraufwand“ bzw. Mindergewinn	22 410

Buchungssatz: Fertige Erzeugnisse (akt. Bestandskonto) 149 400 EUR
an Bestandsveränderungen fertige Erzeugnisse (Ergebniskonto) 149 400 EUR

Aufwand **GuV-Konto bei Höchstansatz** in EUR Ertrag

Aufwand		Ertrag	
Einzelkosten (z. B. Fert. Mat., Fert. Löhne) und **Gemeinkosten** (z. B. Abschr., Gehälter, Hilfsstoffe)	171 810	Bestandserhöhung (FE, UE)	171 810

Buchungssatz: Fertige Erzeugnisse (akt. Bestandskonto) 171 810 EUR
an Bestandsveränderungen fertige Erzeugnisse (Ergebniskonto) 171 810 EUR

1 Berechnung: 15 % von (95 400 + 54 000) = 22 410

Unterscheidung: Herstellkosten und Herstellungskosten

Kap. A 4.2

HGB § 255 (2)

Enthalten die aus der Kostenrechnung entnommenen Gemeinkosten **kalkulatorische Kosten**, denen in der Geschäftsbuchführung **kein Aufwand** gegenübersteht **(= kalkulatorische Zusatzkosten)**, so dürfen diese Kosten bei der Berechnung der Herstellungskosten **nicht** berücksichtigt werden.

Herstellkosten in der Kostenrechnung – Herstellungskosten in der Bilanz

Die Farbenfabrik Gottfried Glanzmann OHG hat für das Erzeugnis Teerfarben die handelsrechtlichen Herstellungskosten wie folgt ermittelt:

Materialeinzelkosten	90 000 EUR	
+ Materialgemeinkosten 20 %	18 000 EUR	
+ Fertigungseinzelkosten	160 000 EUR	
+ Fertigungsgemeinkosten 30 %	48 000 EUR	
+ Verwaltungsgemeinkosten 25 %	79 000 EUR	(25 % von 316 000 EUR)
= **vorläufige** Herstellungskosten	395 000 EUR	(= Herstellkosten lt. Kostenrechnung)

In den Verwaltungsgemeinkosten ist kalkulatorischer Unternehmerlohn in Höhe von 48 000 EUR enthalten. Die bilanzielle Abschreibung (angemessener Wertverzehr) für den Fertigungsbereich beläuft sich auf 20 000 EUR, kalkulatorisch wurden 28 000 EUR abgeschrieben.

Herstellkosten nach Handelsrecht		
	mindestens	**höchstens**
Materialeinzelkosten	90 000 EUR	90 000 EUR
+ Materialgemeinkosten 20%	18 000 EUR	18 000 EUR
+ Fertigungseinzelkosten	160 000 EUR	160 000 EUR
+ Fertigungsgemeinkosten (48 000 EUR – 8 000 EUR)	40 000 EUR	40 000 EUR
+ Verwaltungsgemeinkosten (79 000 EUR – 48 000 EUR)		31 000 EUR
= Herstellkosten	**308 000 EUR**	**339 000 EUR**

Ergebnis: Unter der Voraussetzung, dass nach dem strengen Niederstwertprinzip kein niedrigerer Wertansatz erforderlich ist, dürfen die Teerfarben (Bilanzposition: Fertige Erzeugnisse) **höchstens** mit 339 000 EUR in der Bilanz angesetzt werden. Der **niedrigste** Wertansatz liegt bei 308 000 EUR.

Bewertungsstetigkeit

Macht ein Unternehmen von dem ihm zustehenden Wahlrecht, bestimmte Kostenarten als Teil der Herstellungskosten zu aktivieren, Gebrauch, so führt das in der Bilanz zu einem höheren Vermögensausweis. Damit wird auch das in der Gewinn- und Verlustrechnung ausgewiesene Gesamtergebnis positiv beeinflusst. Die Einhaltung des Bilanzierungsgrundsatzes **Bewertungsstetigkeit (materielle Bilanzkontinuität)** verlangt aber, dass die Methode zur Berechnung der Herstellungskosten **nicht** in jedem Geschäftsjahr **beliebig** geändert werden darf. Die Veränderung der Kostenstruktur (Verhältnis von Einzel- und Gemeinkosten) kann ein möglicher Grund für die Änderung der Methode zur Bewertung der fertigen und unfertigen Erzeugnisse sein. Wird die Bewertungsmethode geändert, so muss beim Jahresabschluss der **Anhang** gegebenenfalls eine entsprechende Begründung enthalten.

HGB § 252 (1) Nr. 6, § 284 (1) u. (2) Nr. 1

Folgebewertung

HGB § 253 (4)

> **Für die Bewertung der unfertigen und fertigen Erzeugnisse gilt das strenge Niederstwertprinzip. Ist der Börsen- oder Marktpreis am Abschlussstichtag niedriger als die Herstellungskosten, so muss – unabhängig davon, ob die Wertminderung von Dauer ist – der niedrigere Wert angesetzt werden (Abwertungsgebot).**

HGB § 253 (3)

Wurde auf die unfertigen oder fertigen Erzeugnisse eine außerplanmäßige Abschreibung auf den niedrigeren Wert vorgenommen und bestehen die Gründe dafür nicht mehr, so besteht **Zuschreibungsgebot (Wertaufholungsgebot)**. **Übersteigt der Börsen- oder Marktpreis** die Herstellungskosten, so sind die **niedrigeren** Herstellungskosten (= Bewertungsobergrenze) anzusetzen.

Zusammenfassende Übersicht zu Kap. 5.4.1: Bewertung unfertiger und fertiger Erzeugnisse

Zeitpunkt der Herstellung der fertigen oder unfertigen Erzeugnisse (Zugangsbewertung)

Herstellungskosten =	
Einzelkosten Fertigungsmaterial, Fertigungslöhne, Sondereinzelkosten der Fertigung **Gemeinkosten** Materialgemeinkosten, Fertigungsgemeinkosten, Verwaltungsgemeinkosten des Material- und Fertigungsbereichs, Wertverzehr des Anlagevermögens	**Aktivierungs-pflicht**
= Wertuntergrenze	
Kosten der allgemeinen Verwaltung, Aufwendungen für freiwillige soziale Leistungen, Aufwendungen für soziale Einrichtungen des Betriebs, Aufwendungen für die betriebliche Altersversorgung, Fremdkapitalzinsen (Voraussetzung: § 255 (3) HGB)	**Aktivierungs-wahlrecht**
= Wertobergrenze	
Forschungs- und Vertriebskosten	**Aktivierungs-verbot**

↓

Abschlussstichtag (Folgebewertung)

Tageswert am Abschluss-stichtag < HK	**Tageswert am Abschluss-stichtag > HK**
(außerplanmäßige Abschreibung zwingend) ↓ **Niedrigerer Tageswert**	↓ **Niedrigere HK**

strenges Niederstwertprinzip

Auch bei nur vorübergehender Wertminderung muss der niedrigere Wert angesetzt werden. § 253 (4) HGB

Bei Wegfall der Gründe für außerplanmäßige Abschreibung

↓

Zuschreibung (Wertaufholung) höchstens bis zu den Herstellungskosten § 253 (5) HGB

Wiederholung des Grundwissens

zu Kapitel 5.4 Bewertung und Bewertungswahlrechte bei Vermögensgegenständen des Umlaufvermögens

5.4.1 Bewertung unfertiger und fertiger Erzeugnisse

1. Unterscheiden Sie unfertige und fertige Erzeugnisse.
2. Unterscheiden Sie Anschaffungs- und Herstellungskosten.
3. Aus welchen Bestandteilen setzen sich die Herstellungskosten nach HGB mindestens und höchstens zusammen (Mindestansatz und Höchstansatz)?
4. Wie unterscheiden sich die in der Kostenrechnung ermittelten Herstellkosten von den Herstellungskosten nach HGB?
5. Erläutern Sie den Begriff „Bewertungsstetigkeit".
6. Erläutern Sie im Zusammenhang mit der Bewertung von unfertigen und fertigen Erzeugnissen das strenge Niederstwertprinzip.
7. Was ist unter „Zuschreibung" zu verstehen?

Aufgaben und Probleme

zu Kapitel 5.4.1 Bewertung unfertiger und fertiger Erzeugnisse

5.4.1.1 Bewertung von fertigen Erzeugnissen – bilanzpolitischer Spielraum

Der Karlsruher Metallwarenfabrik AG liegen für die Ermittlung des Bilanzansatzes für den Inventurbestand der fertigen Erzeugnisse zum 31.12. d. J. folgende Zahlen vor:

Fertigungsmaterialverbrauch für den Inventurbestand	200 000 EUR
Fertigungslöhne für den Inventurbestand	180 000 EUR
Sondereinzelkosten der Fertigung für den Inventurbestand	5 000 EUR
Sondereinzelkosten des Vertriebs	10 000 EUR

Gemeinkostenzuschlagsätze:

Materialgemeinkosten	10 %	Verwaltungsgemeinkosten (Verwaltungsbereich)	30 %
Fertigungsgemeinkosten	100 %	Vertriebsgemeinkosten	15 %

Bei den Gemeinkosten handelt es sich um angemessene Gemeinkosten. Freiwillige soziale Aufwendungen sind nicht angefallen.

1. Ermitteln Sie den Bilanzansatz für diese Bilanzposition nach Handelsrecht, wenn angestrebt wird, einen möglichst hohen Gewinn auszuweisen.
2. Um welchen Betrag würde sich der Gewinn ändern, wenn der Vorstand einen möglichst geringen Gewinn ausweisen wollte?

5.4.1.2 Ermittlung der Herstellungskosten auf der Grundlage eines BAB

Dem Betriebsabrechnungsbogen der Werkzeugfabrik Franz Maurer KG sind für das laufende Geschäftsjahr folgende Informationen zu entnehmen (siehe nächste Seite):

Nach Informationen der **Kostenrechnung** sind für die Herstellung des zum 31.12. d.J. noch vorhandenen Inventurbestandes an fertigen Erzeugnissen folgende Einzelkosten entstanden:

Materialkosten	4 800 EUR	Fertigungslöhne	3 600 EUR
Sondereinzelkosten der Fertigung	800 EUR		

Die bilanziellen Abschreibungen (angemessener Wertverzehr) lt. Finanzbuchhaltung betragen 24 000 EUR.

Zu welchem Wert müssen die fertigen Erzeugnisse in der Handelsbilanz angesetzt werden, wenn das Unternehmen unter Berücksichtigung der Bewertungsstetigkeit

- einen möglichst hohen Jahresüberschuss,
- einen möglichst niedrigen Jahresüberschuss ausweisen will?

Betriebsabrechnungsbogen der Werkzeugfabrik Franz Maurer KG

PDF

Gemeinkosten	Kosten	Verteilungsschlüssel				Kostenstellen			
						Material	Fertigung	Verwaltung	Vertrieb
	EUR	M	F	Vw	Vt	EUR	EUR	EUR	EUR
Hilfsstoffe	70000,00	2	7		1	14000,00	49000,00	–	7000,00
Energiekosten	36000,00	2	8	1	1	6000,00	24000,00	3000,00	3000,00
Hilfslöhne	44000,00	1	10	0	0	4000,00	40000,00	–	–
Gehälter	77770,00	2	5	6	1	11110,00	27775,00	33330,00	5555,00
Mieten, Pachten	25620,00	2	5	6	1	3660,00	9150,00	10980,00	1830,00
Instandhaltungen	27900,00	1	5	1	2	3100,00	15500,00	3100,00	6200,00
Kalk. Abschreibungen	26160,00	1	8	2	1	2180,00	17440,00	4360,00	2180,00
Kalk. Unternehmerlohn	77000,00	1	7	2	1	7000,00	49000,00	14000,00	7000,00
Sonstige Kosten	38950,00	2	10	5	3	3895,00	19475,00	9737,50	5842,50
Summe Gemeinkosten						54945,00	251340,00	78507,50	38607,50
Zuschlagsgrundlagen						219780,00	209450,00	735515,00	
Zuschlagssätze in %						25,00	120,00	10,67	5,25

5.4.1.3 Bewertung unfertiger Erzeugnisse

HGB § 255 (2)

In einem Industriebetrieb entfallen auf den durch Inventur festgestellten Endbestand an unfertigen Erzeugnissen folgende Aufwendungen bzw. Kosten:

Fertigungsmaterial	300000 EUR
Prüfung des Fertigungsmaterials	2000 EUR
Lagerung	20000 EUR
Fertigungslöhne	200000 EUR
Lineare Abschreibung auf Maschinen in der Fertigung	160000 EUR
Außerplanmäßige Abschreibung auf Maschinen in der Fertigung	35000 EUR
Gehälter in der Abteilung Einkauf	30000 EUR
Lohnbüro für Lohnabrechnungen Material- und Fertigungsbereich	18000 EUR
Forschungskosten	15000 EUR
Freiwillige Sozialleistungen	26000 EUR
Betriebliche Altersversorgung	4000 EUR
Allgemeine Verwaltung	40000 EUR
Produktbezogene Werbung	7000 EUR

Zu welchem Wert sind die unfertigen Erzeugnisse in der Bilanz anzusetzen, wenn
- ein möglichst hohes Jahresergebnis,
- ein möglichst niedriges Jahresergebnis angestrebt wird?

5.4.2 Bewertung von Wertpapieren des Umlaufvermögens

Inhalt der Bilanzpositionen Wertpapiere des Umlaufvermögens

HGB § 271 (1)

Ob Wertpapiere dem Anlage- oder dem Umlaufvermögen zugeordnet werden, hängt von ihrer **Zweckbestimmung** ab. Handelt es sich bei einem Wertpapierbesitz um eine Beteiligung (z.B. von mehr als 20 % am Grundkapital einer AG oder am Stammkapital einer GmbH), so handelt es sich in jedem Fall um **Anlagevermögen** (Position A. III. 3. – § 266 (2) HGB).

HGB § 266 (2)

Werden Wertpapiere nur zu **vorübergehenden** Zwecken gehalten, so zählen sie zum Umlaufvermögen. Zu den Wertpapieren des Umlaufvermögens zählen hauptsächlich Aktien und festverzinsliche Wertpapiere. Solche Wertpapiere bzw. Anteile sind in den beiden nachstehend genannten Bilanzpositionen enthalten:

Wertpapiere des Umlaufvermögens gemäß § 266 (2) HGB

B. Umlaufvermögen:
III. Wertpapiere:
1. Anteile an verbundenen Unternehmen
2. sonstige Wertpapiere

Wertpapiere des Umlaufvermögens

(1) Die Pforzheimer Walzwerke AG (Muttergesellschaft) hat zur Stützung des Aktienkurses vorübergehend für 44 800 EUR Aktien der Durlacher Presswerk AG (Tochtergesellschaft) gekauft.
(2) In Erwartung steigender Kurse hat die Pforzheimer Walzwerke AG einen Betrag von 25 200 EUR zum Kauf von BASF-Aktien verwendet. Sobald die erwartete Kurssteigerung eingetreten ist, spätestens aber nach 9 Monaten, sollen die Aktien wieder verkauft werden.

Zuordnung: Bei den Aktien der Durlacher Presswerk AG handelt es sich um Anteile an verbundenen Unternehmen, bei den BASF-Aktien um sonstige Wertpapiere.

Zugangsbewertung

HGB § 255 (1)

Bei der Zugangsbewertung sind die Anschaffungskosten anzusetzen. Diese umfassen – wie bei den Finanzanlagen des Anlagevermögens – neben dem Anschaffungspreis (z.B. Kurs von Aktien) noch Provisionen oder Spesen.

Folgebewertung

HGB § 253 (1)

Bewertungsobergrenze sind die **Anschaffungskosten**. Ergibt sich zum Abschlussstichtag ein niedrigerer Börsenkurs, so sind die Wertpapiere mit dem **niedrigeren Wert** anzusetzen. Dies ergibt sich aus dem **strengen Niederstwertprinzip**, das für die Bewertung des Umlaufvermögens gilt. Der niedrigere Wert ist auch dann anzusetzen, wenn die Wertminderung **nur vorübergehend** ist **(= strenges Niederstwertprinzip)**.

HGB § 253 (4)

Für die Folgebewertung der Wertpapiere des Umlaufvermögens gilt das strenge Niederstwertprinzip: Falls sich zum Abschlussstichtag gegenüber der letzten Bewertung ein niedrigerer Börsenkurs ergibt, so ist dieser anzusetzen, auch wenn die Wertminderung nur vorübergehend ist.

HGB § 253 (5)

Bestehen die Gründe für die zu einem früheren Abschlussstichtag vorgenommene Abschreibung nicht mehr, so **ist eine Zuschreibung (Wertaufholungsgebot)** erforderlich. Die Zuschreibung darf aber nicht über die Anschaffungskosten hinausgehen.

Bewertung von Wertpapieren des Umlaufvermögens im Zeitablauf

Die Biberacher Elektro AG hat am 10. September 2017 zur kurzfristigen Kapitalanlage 200 Aktien der Bayer AG für 10000 EUR gekauft.

Aufg. 5.4.2.1 u. 5.4.2.2 S. 454

Zu den beiden nachfolgenden Abschlussstichtagen (31. Dezember 2017 und 31. Dezember 2018) hat sich der Wert des Wertpapierpaketes wie folgt entwickelt:

31. Dez. 2017	9200 EUR
31. Dez. 2018	10400 EUR

Bewertung

31. Dez. 2017	9200 EUR	Niedrigerer Wertansatz (strenges Niederstwertprinzip gem. § 253 (4) HGB).
31. Dez. 2018	10000 EUR	Wertaufholung gem. § 253 (5) HGB; Bewertungsobergrenze: Anschaffungskosten gem. § 253 (1) HGB

Zusammenfassende Übersicht zu Kap. 5.4.2: Wertpapiere des Umlaufvermögens

Wertpapiere des Umlaufvermögens
= kurzfristige Anlage
Bilanzposition: B. III § 266 (2) HGB

Zeitpunkt der Anschaffung (Zugangsbewertung)	**Anschaffungspreis** **+ Anschaffungsnebenkosten (z. B. Spesen)** **= Anschaffungskosten gem. § 255 (1) HGB**
Abschlussstichtag (Folgebewertung)	**bei vorübergehender oder dauernder Wertminderung** ↓ **strenges Niederstwertprinzip,** **d. h. Pflicht** zu einer außerplanmäßigen Abschreibung (= Abwertung) (§ 253 (4) HGB) **bei Wegfall der Gründe für außerplanmäßige Abschreibung** ↓ Pflicht zur **Zuschreibung** (Wertaufholung) § 253 (5) S. 1 HGB **Bewertungsobergrenze:** Anschaffungskosten

Gesamtübersicht zu Kap. 5.4: Bewertung des Umlaufvermögens

Zugangsbewertung/ Wertobergrenze	Anschaffungs- bzw. Herstellungskosten § 253 (1) HGB
Wertminderungen (dauernd oder vorübergehend)	Abwertungspflicht auf den niedrigeren Börsen- oder Marktpreis Strenges Niederstwertprinzip § 253 (4) HGB
Wertsteigerungen	Zuschreibungspflicht (Wertaufholungsgebot § 253 (5) HGB, jedoch höchstens bis Anschaffungs- oder Herstellungskosten)

Wiederholung des Grundwissens

zu Kapitel 5.4 Bewertung und Bewertungswahlrechte bei Vermögensgegenständen des Umlaufvermögens

5.4.2 Wertpapiere des Umlaufvermögens

1. Welche Vorschriften sind bei der Bewertung von Wertpapieren des Umlaufvermögens (Zugangs- und Folgebewertung) zu beachten?

Aufgaben und Probleme

zu Kapitel 5.4.2 Wertpapiere des Umlaufvermögens

5.4.2.1 Bewertung von Wertpapieren bei Kursänderungen

Die Balinger Elektro AG hat im September 2017 zur vorübergehenden Geldanlage 2400 Aktien der Computer AG zu Anschaffungskosten von 80 EUR/Aktie gekauft.

1. Zu welchem Wert sind die Aktien in der Schlussbilanz des Geschäftsjahres 2017 auszuweisen, wenn der Kurs zum Abschlussstichtag wie folgt entwickelt hat?
   a) 70 EUR, b) 82 EUR
2. Zu welchem Wert sind die Aktien in der Schlussbilanz des Geschäftsjahres 2018 anzusetzen, wenn sie im Vorjahr mit dem zum Abschlussstichtag geltenden Kurs (70 EUR) bewertet wurden, der Kurs zwischenzeitlich aber auf 78 EUR gestiegen ist?
3. Welchen Einfluss hat die unter 2. getroffene Bewertungsentscheidung auf den im Jahresabschluss ausgewiesenen Gewinn der Balinger Elektro AG?

5.4.2.2 Ausweis und Bewertung von Wertpapieren

Zum Abschlussstichtag (31.12. d.J.) befinden sich im Wertpapierbestand der Tuttlinger Spielwarenfabrik AG zwei Posten Wertpapiere, die sie im Sept. d.J. erworben hat:

Posten 1: Aktienpaket in Höhe von 31 % des Grundkapitals der Singener Holzspielwaren AG (Konkurrenzunternehmen).
Die Tuttlinger Spielwarenfabrik AG beabsichtigt, das Paket langfristig zu halten, um Einfluss auf die Geschäftspolitik des Konkurrenzunternehmens auszuüben. Das Aktienpaket besteht aus 360 Aktien mit einem Nennwert von je 100 EUR. Die Anschaffungskosten je Aktie beliefen sich auf 240 EUR.
Zum Abschlussstichtag betrug der amtlich notierte Börsenkurs 230 EUR je Aktie. Es ist damit zu rechnen, dass es sich um einen vorübergehenden Kursrückgang handelt.

Posten 2: Aktienpaket in Höhe von 3 % des Grundkapitals der Neustädter Industrie AG.
Das Aktienpaket umfasst 500 Aktien mit einem Nennwert von 100 EUR, die lediglich zu Spekulationszwecken erworben wurden in der Hoffnung, sie in wenigen Wochen mit einem Kursgewinn wieder verkaufen zu können. Die Anschaffungskosten dieser Aktien beliefen sich auf 160 EUR pro Aktie.
Zum Abschlussstichtag fällt der Kurs für diese Aktien auf 120 EUR/Aktie.

HGB § 266 (2), § 271 (1), § 253 (3), § 253 (4)

1. Unter welchem Posten des Bilanzgliederungsschemas sind die Wertpapiere jeweils auszuweisen?
2. Wie sind die Wertpapiere zum Abschlussstichtag zu bewerten, wenn das Unternehmen im Rahmen der Bewertungsstetigkeit einen hohen Gewinnausweis anstrebt?

5.5 Bilanzierung und Bewertung von Verbindlichkeiten

5.5.1 Darlehensverbindlichkeiten mit Disagio

Zugangsbewertung

Bei der Gewährung von Bankdarlehen vereinbaren die Banken mit dem Darlehensnehmer neben den laufenden Zinsen häufig einen einmaligen „Vorauszins" (Disagio, Damnum), der bereits bei der Auszahlung des Darlehens erhoben wird. Der Auszahlungsbetrag ist in diesem Falle geringer als der Rückzahlungsbetrag (Nennbetrag). Die Darlehensverbindlichkeit muss in der Jahresbilanz zum **Rückzahlungsbetrag** (Erfüllungsbetrag)[1] angesetzt (passiviert) werden.

Kap. C 3.3.2

HGB § 253 (1) S. 2

Für die Behandlung des Disagios bestehen wahlweise folgende Möglichkeiten:

HGB § 250 (3) S. 1

Disagio in der Handelsbilanz

- **Verzicht auf Ausübung des Aktivierungswahlrechts**
  sofortige Behandlung als **Aufwand** (Vorauszins) im Jahr der Darlehensaufnahme
- **Ausübung des Aktivierungswahlrechts**
  Aktivierung (aktiver Rechnungsabgrenzungsposten) und **planmäßige Abschreibung** über die Laufzeit des Darlehens

Zugangsbewertung eines Darlehens mit Disagio

Ein Industriebetrieb nimmt am 01. April d. J. bei seiner Hausbank ein Fälligkeitsdarlehen in Höhe von 100 000 EUR zu folgenden Bedingungen auf:
Auszahlung: 96 %, Laufzeit: 4 Jahre, Darlehenszins: 6 % (fällig jeweils am Jahresende)

Fall 1: Das Disagio wird im Jahr der Darlehensaufnahme sofort als Aufwand verrechnet (= Verzicht auf die Aktivierung des Disagios).
Buchung am 01. April d. J. (Darlehensauszahlung):

Konten	Soll/EUR	Haben/EUR
2800 Bank	96 000	
7510 Zinsaufwendungen	4 000	
an 4250 Langfristige Verbindlichkeiten gegenüber Kreditinstituten		100 000

Fall 2: Bildung eines Aktiven Rechnungsabgrenzungspostens für das Disagio.
Buchung am 01. April d. J. (Darlehensauszahlung):

Konten	Soll/EUR	Haben/EUR
2800 Bank	96 000	
2900 Aktive Rechnungsabgrenzung	4 000	
an 4250 Langfristige Verbindlichkeiten gegenüber Kreditinstituten		100 000

1 § 253 (1) S. 2 HGB schreibt vor, dass Verbindlichkeiten zu ihrem **Erfüllungsbetrag** angesetzt werden müssen. Dieser Begriff ist umfassender als der Begriff Rückzahlungsbetrag: Darlehensverbindlichkeiten werden zurückgezahlt (Rückzahlungsbetrag). Liefererverbindlichkeiten werden dagegen nicht zurückgezahlt, sondern erfüllt (Erfüllungsbetrag). Im Zusammenhang mit Darlehensverbindlichkeiten wird im Folgenden von **Rückzahlungsbetrag** gesprochen.

Folgebewertung

HGB § 250 (3) S. 2

Ob zum Ende eines Geschäftsjahres noch weitere Buchungen anfallen ist davon abhängig, ob der Darlehensnehmer vom Aktivierungswahlrecht für das Disagio Gebrauch gemacht hat oder nicht. Wurde für das Disagio bei der Zugangsbewertung ein aktiver Rechnungsabgrenzungsposten gebildet, so ist der Darlehensnehmer verpflichtet, den aktiven Rechnungsabgrenzungsposten durch planmäßige jährliche Abschreibungen über die Laufzeit des Darlehens zu tilgen.

Folgebewertung eines Darlehens mit Disagio *(Fortsetzung des Beispiels von S. 455)*

Fall 1: Das Disagio wird im Jahr der Darlehensaufnahme sofort als Aufwand verrechnet (= Verzicht auf die Aktivierung des Disagios).

keine Buchung bezüglich des Disagios zum Abschlussstichtag erforderlich

Bilanzansatz am 31.12. d.J. bei Verzicht auf die Aktivierung des Disagios:

Passivposten
Langfristige Verbindlichkeiten gegenüber Kreditinstituten 100 000 EUR

Fall 2: Bildung eines Aktiven Rechnungsabgrenzungspostens für das Disagio (= Ausübung des Aktivierungswahlrechts).

Buchungen zum Abschlussstichtag:

Planmäßige Abschreibung des aktiven Rechnungsabgrenzungspostens.
Auf das laufende Geschäftsjahr entfallende anteilige Zinsaufwendungen aus dem Disagio:
4 000 EUR/4 Jahre = 1 000 EUR/Jahr;

$$\text{Jahr der Darlehensaufnahme} = \frac{1\,000\text{ EUR} \cdot 9\text{ Monate}}{12\text{ Monate}} = 750\text{ EUR}$$

Konten	Soll/EUR	Haben/EUR
7510 Zinsaufwendungen	750	
an 2900 Aktive Rechnungsabgrenzung		750

Bilanzansätze am 31.12. d.J. bei Ausübung des Aktivierungswahlrechts:

Aktivposten
Aktive Rechnungsabgrenzung 3 250 EUR

Passivposten
Langfristige Verbindlichkeiten gegenüber Kreditinstituten 100 000 EUR

Ergebnis: Verzichtet das Unternehmen auf die Aktivierung des Disagios (keine Bildung eines aktiven Rechnungsabgrenzungspostens), so mindert das Disagio im Jahr der Darlehensaufnahme das in der Gewinn- und Verlustrechnung ausgewiesene Jahresergebnis um 4 000 EUR. Bei Bildung eines aktiven Rechnungsabgrenzungspostens mit anschließend planmäßiger Abschreibung wirkt sich das Disagio im laufenden Geschäftsjahr lediglich anteilig in Höhe von 750,00 EUR als Aufwand aus.

Da sich bei Vereinbarung eines **Abzahlungsdarlehens** (= Darlehen mit gleich bleibender Tilgung) die jährlichen Zinszahlungen in gleicher Weise wie die Restschuld verringern, muss das Disagio planmäßig in fallenden Raten (degressive Abschreibung) abgeschrieben werden.

Aufg. 5.5.1.1 u. 5.5.1.2 S. 457 f.

Zusammenfassende Übersicht zu Kap. 5.5.1: Darlehensverbindlichkeiten mit Disagio

Bewertungsgrundsatz:
Bewertung der Darlehensverbindlichkeit zum Rückzahlungsbetrag
§ 253 (1) S. 2 HGB

↓

Bei Vereinbarung eines Disagios gilt:
Rückzahlungsbetrag > Auszahlungsbetrag

↓

Behandlung des Disagios

sofortige Behandlung als **Aufwand** (Vorauszins) im Jahr der Darlehensaufnahme

Buchungssatz bei Darlehensaufnahme:

2800 Bank
7510 Zinsaufwand
an 425 Langfristige Verbindlichkeiten gegenüber Kreditinstituten

↓

Disagio mindert im Jahr der Darlehensaufnahme in vollem Umfang den Gewinn.

oder

Aktivierung (Bildung eines aktiven Rechnungsabgrenzungspostens) und planmäßige Abschreibung auf die Laufzeit des Darlehens § 250 (3) HGB

Buchungssatz bei Darlehensaufnahme:

2800 Bank
2900 Aktive Rechnungsabgrenzung
an 425 Langfristige Verbindlichkeiten gegenüber Kreditinstituten

↓

planmäßige jährliche Abschreibung des RAP § 250 (3) HGB

↓

Disagio wird während der Darlehenslaufzeit schrittweise zu Aufwand und mindert den Gewinn.

Wiederholung des Grundwissens

zu Kapitel 5.5 Bilanzierung und Bewertung von Verbindlichkeiten

5.5.1 Darlehensverbindlichkeiten mit Disagio

1. Erläutern Sie den Begriff „Disagio“.
2. Wie kann ein Disagio nach den Vorschriften des Handelsrechts im Jahresabschluss berücksichtigt werden?
3. Vergleichen Sie jeweils die Auswirkungen eines Disagios auf die Gewinn- und Verlustrechnung des laufenden Geschäftsjahres, wenn ein Unternehmen
   - vom Aktivierungswahlrecht Gebrauch macht,
   - vom Aktivierungswahlrecht keinen Gebrauch macht.

Aufgaben und Probleme

zu Kapitel 5.5.1 Darlehensverbindlichkeiten mit Disagio

5.5.1.1 Darlehensverbindlichkeiten – Buchungen – Bewertung

Die Stuttgarter Automobil AG hat mit ihrer Hausbank einen Vertrag über die Gewährung eines Darlehens geschlossen. Die Vereinbarungen im Darlehensvertrag enthalten u. a. die nachstehenden Bedingungen:

- Nennbetrag des Darlehens 500 000 EUR
- Auszahlung 98 %

- Zinssatz 5 %
- Laufzeit 10.10.2018 bis 10.10.2023
- Tilgung am Ende der Laufzeit in einer Summe

Unter Berücksichtigung der Ansatz- und Bewertungsstetigkeit beabsichtigt das Unternehmen, einen möglichst hohen Jahresüberschuss auszuweisen.

1. Wie ist zum Zeitpunkt der Darlehensauszahlung am 10.10.2018 zu buchen?
2. Welche Auswirkungen hat die Darlehensaufnahme auf die Bilanzpositionen „langfristige Verbindlichkeiten gegenüber Kreditinstituten" und „Aktive Rechnungsabgrenzung" der Schlussbilanz des Jahres 2018? (Bilanzpositionen einschließlich Beträge angeben.)
3. Wie wäre am 10.10.2018 zu buchen, wenn das Unternehmen beabsichtigt, den ausgewiesenen Jahresüberschuss so gering wie möglich zu halten?

5.5.1.2 Buchung und Bewertung eines Fälligkeitsdarlehens

Die Ettlinger Werkzeugfabrik AG nimmt am 01. April 2017 bei ihrer Hausbank ein Darlehen in Höhe von nominal 100 000 EUR auf. Der Jahreszinssatz beträgt 8 %, die Auszahlung 95 %. Die Rückzahlung des Darlehens erfolgt in einer Summe am 01. April 2017. Im Rahmen der Ansatz- und Bewertungsstetigkeit ist das Unternehmen darauf bedacht, jährlich einen möglichst hohen Gewinn auszuweisen.

Welche Buchungen sind erforderlich

1. zum Zeitpunkt der Darlehensaufnahme (Zugangsbewertung am 01. April 2017),
2. am Ende des Geschäftsjahres (Folgebewertung am 31. Dezember 2017),
3. jeweils in den folgenden 9 Jahren,
4. im Jahr der Darlehensrückzahlung?

5.5.2 Fremdwährungsverbindlichkeiten

Rechnungsstellung in Auslandwährung: Berücksichtigung eines Währungsrisikos

Wenn ein deutsches Unternehmen Erzeugnisse aus einem Land mit einer anderen Währung (z. B. den USA) bezieht, so ergeben sich für die Rechnungsstellung (Fakturierung) grundsätzlich zwei Möglichkeiten:

- Fakturierung in Euro oder
- Fakturierung in der Währung des ausländischen Geschäftspartners (z. B. US $).

Bei einer Fakturierung einer Importlieferung in Euro gelten für die Bewertung der Auslandsverbindlichkeit die gleichen Bewertungsvorschriften wie für eine Inlandsverbindlichkeit. In diesem Fall entsteht für das deutsche Unternehmen kein Währungsrisiko, da die jeweilige Rechnung in Euro beglichen werden muss. Wird jedoch vertraglich vereinbart, dass der ausstehende Rechnungsbetrag in der Währung des ausländischen Handelspartners beglichen wird, so ist bereits bei Rechnungseingang der auf die Auslandswährung lautende Rechnungsbetrag in Euro umzurechnen. Da die Buchführung auf Euro basiert, wäre andernfalls eine Buchung der Rechnung nicht möglich.

HGB § 244

Wechselkurs

> **Der Wechselkurs gibt an, welche Menge ausländischer Währungseinheiten (z. B. US-$) für eine Einheit der inländischen Währung (z. B. EUR) getauscht wird.**

Inländische Geschäftsbanken **kaufen Euro** zum niedrigeren Ankaufskurs und **verkaufen Euro** zum höheren Verkaufskurs. Der für eine Umrechnung anzuwendende Kurs ist zusätzlich davon abhängig, ob **Sorten oder Devisen** getauscht werden.

> **Devisen sind Zahlungsanweisungen (bargeldlose Zahlungsmittel) in fremder Währung wie z. B. Schecks und Überweisungen, die im Ausland zahlbar sind.**

> **Sorten sind ausländisches Bargeld (Banknoten und Münzen) und damit gesetzliches Zahlungsmittel des fremden Landes.**

Die in einer Kurstabelle angegebenen Kurse enthalten demnach immer die **An- und Verkaufskurse** aus Sicht einer Bank. Forderungen, die auf eine ausländische Währung lauten, werden grundsätzlich zum **Devisenkurs** abgerechnet.

Auszug aus der Kurstabelle einer Bank				
Preise (je 1 EUR)	Devisenkurse		Sortenkurse	
	Geld	Brief	Ankauf	Verkauf
US-Dollar (USD)	1,3764	1,3824	1,3399	1,4150
Britisches Pfund (GBP)	0,6743	0,6783	0,6580	0,7050
Schweizer Franken (CHF)	1,6541	1,6581	1,6260	1,6960
Dänische Kronen (DKK)	7,4213	7,4613	7,1618	7,7718
Norwegische Kronen (NOK)	7,8766	7,9246	7,3981	8,2981
Schwedische Kronen (SEK)	9,1270	9,1750	8,7260	9,7456
Japanische Yen (JPY)	167,5600	168,0400	163,9344	173,6111
Aus der Sicht der inländischen Bank	Ankauf von 1 EUR gegen **Verkauf** von **Devisen**	Verkauf von 1 EUR gegen **Ankauf** von **Devisen**	Ankauf von 1 EUR gegen **Verkauf** von **Sorten**	Verkauf von 1 EUR gegen **Ankauf** von **Sorten**

An- und Verkauf von amerikanischem Dollar

Geldkurs US-$: 1,3764 Die inländische Bank **kauft** 1 EUR für 1,3764 US-$
Briefkurs US-$: 1,3824 Die inländische Bank **verkauft** 1 EUR für 1,3824 US-$

Aus dem Unterschied von niedrigerem Geldkurs und höherem Briefkurs decken die Banken ihre Kosten aus dem Devisenhandel. Darüber hinaus beinhaltet diese Spanne auch noch einen Gewinn.

Wechselkurs = Preis für ausländische Zahlungsmittel	
Geldkurs (Devisen)	**Briefkurs (Devisen)**
Ankauf (Sorten)	**Verkauf (Sorten)**
Die inländische Bank **kauft** 1 EUR gegen die angegebene **Menge** der ausländischen Währung.	Die inländische Bank **verkauft** 1 EUR gegen die angegebene **Menge** der ausländischen Währung.
Wechselkurs = Preisangabe in ausländischer Währung für 1 EUR	

Bei Forderungen und Verbindlichkeiten in Fremdwährungen ist es erforderlich, ein möglicherweise zum Bilanzstichtag bestehendes Währungsrisiko zu berücksichtigen. Das gilt sowohl für Forderungen bzw. Verbindlichkeiten aus Lieferungen und Leistungen als auch für Darlehensforderungen bzw. Darlehensverbindlichkeiten. HGB § 256a

Dazu ist die jeweilige Forderung oder Verbindlichkeit zunächst zu dem am Bilanzstichtag geltenden Devisenkassamittelkurs in EUR umzurechnen. Der **Devisenkassamittelkurs** ist das **arithmetische Mittel** aus

- **Briefkurs** (= Kurs, zu dem Banken in Deutschland EUR verkaufen und ausländische Währungen ankaufen) und
- **Geldkurs** (= Kurs, zu dem Banken in Deutschland EUR ankaufen und ausländische Währungen verkaufen)

Bewertung von Fremdwährungsverbindlichkeiten: Zugangsbewertung

Zum Zeitpunkt des **Zugangs** (Eingangsrechnung, Tag der Kreditaufnahme) einer Verbindlichkeit in fremder Währung (z.B. Liefererverbindlichkeiten, Darlehensverbindlichkeiten) ist eine Umrechnung in Euro zu dem an diesem Tag geltenden **Devisenkassamittelkurs** erforderlich **(Zugangsbewertung)**.[1]

$$\text{Devisenkassamittelkurs} = \frac{\text{Geldkurs} + \text{Briefkurs}}{2}$$

Bewertung von Fremdwährungsverbindlichkeiten: Folgebewertung

HGB § 252 (1) Nr. 4 § 253 (1) S. 2

Das **Vorsichtsprinzip** muss gleichermaßen bei der Bewertung des Vermögens und der Verbindlichkeiten beachtet werden. Für die Bewertung von Verbindlichkeiten in fremder Währung bedeutet dies, dass von zwei infrage kommenden Werten im Normalfall **der höhere Wert** angesetzt werden muss. Außerdem schreibt das Handelsrecht vor, dass **Verbindlichkeiten zum Erfüllungsbetrag** anzusetzen sind.

Für die Bewertung der Verbindlichkeiten gilt im Normalfall das Höchstwertprinzip.

HGB § 256a S. 2

Von der Bewertung nach dem Höchstwertprinzip sind Verbindlichkeiten in fremder Währung ausgenommen, deren Restlaufzeit ein Jahr oder weniger beträgt. In diesem Fall muss die Fremdwährungsverbindlichkeit **zwingend** mit dem Betrag bewertet werden, der sich durch Umrechnung mit dem am Bilanzstichtag geltenden **Devisenkassamittelkurs** ergibt.

Aufg. 5.5.2.1 bis 5.5.2.5 S. 463 f.

<table>
<tr><th>Restlaufzeit der Verbindlichkeit > 1 Jahr</th><th colspan="2">Restlaufzeit der Verbindlichkeit ≤ 1 Jahr</th></tr>
<tr><td>Vergleich der Euro-Beträge bei Entstehung der Verbindlichkeit und am Bilanzstichtag (Berechnung auf der Basis des Devisenkassamittelkurses).</td><td colspan="2">Die Verbindlichkeit wird in jedem Fall mit dem Euro-Betrag bewertet, der sich am Bilanzstichtag auf der Basis des Devisenkassamittelkurses ergibt.</td></tr>
<tr><td rowspan="3">Die Verbindlichkeit muss zwingend mit dem höheren Euro-Betrag (= niedrigerer Kurs) bilanziert werden.

Höchstwertprinzip</td><td colspan="2">Kurs am Bilanzstichtag im Vergleich zum Kurs bei Entstehung der Verbindlichkeit</td></tr>
<tr><td>niedriger (Verbindlichkeit in EUR ist am 31.12. mehr wert.)</td><td>höher (Verbindlichkeit in EUR ist am 31.12. weniger wert.)</td></tr>
<tr><td>Kursverlust muss als sonst. betriebl. Aufwand erfasst werden.</td><td>Kursgewinn (= nicht realisierter Gewinn) muss als sonst. betriebl. Ertrag erfasst werden.</td></tr>
</table>

Bei einer Restlaufzeit der Verbindlichkeit von weniger als einem Jahr kann es somit – abweichend vom Höchstwert- und Imparitätsprinzip – zu einem **Ausweis nicht realisierter Kursgewinne** kommen.

1 In § 256a HGB ist nur für die **Folgebewertung** am Ende des Geschäftsjahres die Bewertung zum Devisenkassamittelkurs vorgeschrieben. Aus Gründen der Bewertungsstetigkeit erfolgt aber – entsprechend dem üblichen Vorgehen in der Praxis – auch zum **Zugangszeitpunkt** die Währungsumrechnung zum Devisenkassamittekurs und nicht zum Geldkurs.

Bewertung einer Liefererverbindlichkeit in US $

Die Industriebau AG hat aus den USA am 15. Dezember 2016 Rohstahl für 260 000 US $ gekauft. Nach den im Vertrag getroffenen Vereinbarungen ist die Verbindlichkeit in US $ zu begleichen. Aufgrund der seit langem bestehenden Geschäftsverbindung gewährt der US-amerikanische Lieferer einen Liefererkredit bis zum 15. Jan. des übernächsten Jahres (2018).

1. Zugangsbewertung der Verbindlichkeiten am 15. Dezember 2016 (Devisenkassamittelkurs 1,25 US $/EUR)

Erfüllungsbetrag: 208 000 EUR (260 000 US $: 1,25 US $/EUR) § 253 (1) S. 2 HGB

Konten	Soll/EUR	Haben/EUR
Rohstoffe	208 000	
an Verbindlichkeiten		208 000

2. Bewertung der Verbindlichkeit zum 31. Dez. 2016 (Folgebewertung), falls der Devisenkassamittelkurs zum Abschlussstichtag 1,20 US $/EUR beträgt:

Da die Verbindlichkeit eine Restlaufzeit von mehr als einem Jahr hat, ist das **Höchstwertprinzip** anzuwenden (§§ 256a, 252 (1) Nr. 4 HGB). Demnach muss die Fremdwährungsverbindlichkeit mit 216 666,67 EUR (260 000 US $: 1,20 US $/EUR) angesetzt werden.

Konten	Soll/EUR	Haben/EUR
Sonstige betriebliche Aufwendungen (Kursverlust)	8 666,67	
an Verbindlichkeiten		8 666,67

3. Bewertung der Verbindlichkeit zum 31. Dez. 2017 (Folgebewertung), falls der Devisenkassamittelkurs zum Abschlussstichtag 1,30 US $/EUR) beträgt:

Da die Restlaufzeit der Verbindlichkeit weniger als 1 Jahr beträgt, **muss** sie **zwingend** zum Devisenkassamittelkurs am Bilanzstichtag (31.12.) bewertet werden. Wegen der Veränderung des Wechselkurses ist die Verbindlichkeit am 31.12.2017 200 000 EUR wert (260 000 US $: 1,30 US $/EUR). Die Verbindlichkeit muss zu diesem gegenüber der Vorjahresbilanz um 16 666,67 EUR (216 666,67 EUR – 200 000 EUR) niedrigeren Wert angesetzt werden. Das führt – abweichend von dem sonst gültigen Anschaffungskosten- und Imparitätsprinzip – zum Ausweis eines **nicht realisierten Gewinns** in Höhe von 16 666,67 EUR.

In diesem Fall muss die Differenz zwischen den beiden Euro-Beträgen für die Verbindlichkeit am Ende des Geschäftsjahres als nicht realisierter Gewinn erfasst werden. Dazu ist u. a. folgende Buchung erforderlich:

Konten	Soll/EUR	Haben/EUR
Verbindlichkeiten	16 666,67	
an sonstige betriebliche Erträge		16 666,67

Wurde im Zusammenhang mit der Gewährung eines Auslandskredits für ein Disagio ein aktiver Rechnungsabgrenzungsposten gebildet (= Ausübung des Aktivierungswahlrechts), so führen Wechselkursänderungen nicht zu einer Veränderung des aktiven Rechnungsabgrenzungspostens[1].

Kapitalgesellschaften sind verpflichtet, die Grundlagen für die Umrechnung von Fremdwährungsverbindlichkeiten in Euro im Anhang anzugeben. HGB § 284 (2) Nr. 2

1 Der aktive Rechnungsabgrenzungsposten stellt keinen Vermögensgegenstand im Sinne des HGB dar. Deshalb ist für dessen Bewertung auch nicht § 253 HGB anzuwenden.

HGB § 253 (1) S. 2

HGB § 256a

Bewertung von Fremdwährungsverbindlichkeiten am Abschlussstichtag (Folgebewertung)

Restlaufzeit länger als ein Jahr

Bewertung immer zum **höheren Betrag**

↓

1. Schritt: Vergleich: Wert in Euro zum Zeitpunkt des Zugangs und Wert in Euro am Abschlussstichtag jeweils zum Devisenkassamittelkurs.

↓

2. Schritt:
Ansatz des höheren Euro-Betrages.
(Dieser ergibt sich bei Umrechnung mit dem niedrigeren Kurs.)

↓

Höchstwertprinzip **muss** beachtet werden.

↓

Verbot des Ausweises eines nicht realisierten Gewinnes.

↓

Realisationsprinzip, Imparitätsprinzip, Vorsichtsprinzip **finden immer Anwendung**

Restlaufzeit ein Jahr oder weniger

↓

Immer: Bewertung zu dem am Abschlussstichtag geltenden Devisenkassamittelkurs, unabhängig davon, ob dieser höher oder niedriger als der Kurs zum Zeitpunkt des Entstehens der Verbindlichkeit (= Zugangsbewertung) ist.

↓

Höchstwertprinzip **gilt nicht**.

↓

Gegebenenfalls Ausweis eines nicht realisierten Gewinns, falls in Euro umgerechnete Fremdwährungsverbindlichkeit zum Bilanzstichtag geringer als deren Wert bei der Zugangsbewertung ist.

↓

Realisationsprinzip, Imparitätsprinzip, Vorsichtsprinzip **gelten nicht**.

Zusammenfassende Übersicht zu Kap. 5.5.2: Bewertung von Fremdwährungsverbindlichkeiten

Fremdwährungsverbindlichkeiten

Grundsatz: Bewertung zum Erfüllungsbetrag (§ 253 (1) S. 2 HGB)

Restlaufzeit länger als ein Jahr

↓ (§ 256a HGB)

Höchstwertprinzip (von zwei möglichen Werten muss der höhere genommen werden) ***muss beachtet*** werden

Fall 1:
Wert am Abschlussstichtag < Wert zum Zeitpunkt des Zugangs

↓

Bewertung zum **höheren** Wert zum Zugangszeitpunkt

Fall 2:
Wert am Abschlussstichtag > Wert zum Zeitpunkt des Zugangs

↓

Bewertung zum **höheren** Wert zum Abschlussstichtag

Vorsichtsprinzip: Drohende Verluste müssen berücksichtigt werden.

Restlaufzeit ein Jahr oder weniger

↓

Höchstwertprinzip (von zwei möglichen Werten muss der höhere genommen werden) findet **keine Anwendung**

Folgebewertung zum (höheren oder niedrigeren) Devisenkassamittelkurs am Abschlussstichtag

Evtl. **Ausweis eines nicht realisierten Gewinnes**

Wiederholung des Grundwissens

zu Kapitel 5.5 Bilanzierung und Bewertung von Verbindlichkeiten

5.5.2 Fremdwährungsverbindlichkeiten

1. Zu welchem Wert müssen Verbindlichkeiten bei der Zugangs- und Folgebewertung jeweils angesetzt werden?
2. Mit welchem Wert sind Fremdwährungsverbindlichkeiten mit einer Restlaufzeit von mehr als einem Jahr in der Bilanz anzusetzen, wenn der Wert am Abschlussstichtag
   a) kleiner ist als der Wert zum Zeitpunkt des Zugangs,
   b) größer ist als der Wert zum Zeitpunkt des Zugangs?
3. Wie sind Fremdwährungsverbindlichkeiten mit einer Restlaufzeit von einem Jahr oder weniger am Bilanzstichtag zu bewerten?
4. Beschreiben Sie die beiden Möglichkeiten zur Behandlung eines Disagios im Zusammenhang mit der Aufnahme eines Darlehens.

Aufgaben und Probleme

zu Kapitel 5.5.2 Fremdwährungsverbindlichkeiten

5.5.2.1 Bewertung eines Darlehens einer schweizerischen Bank

Die Esslinger Kartonagenfabrik AG hat am 20. Nov. d. J. bei der Swissbank in Zürich ein Fälligkeitsdarlehen in Höhe von 200 000 sfr aufgenommen. Das Darlehen ist nach einer Laufzeit von vier Jahren zur Rückzahlung in einem Betrag fällig. Es wird zu 100 % ausbezahlt (kein Disagio) und mit einem Zinssatz von 7 % verzinst. Die Zinsen sind jeweils am Ende eines Geschäftsjahres zu zahlen. Es liegen folgende Devisenkassamittelkurse vor:

20. Nov. d. J. (Tag der Darlehensaufnahme)	1,5800 sfr/EUR
31. Dez. d. J. (Abschlussstichtag)	1,6010 sfr/EUR

HGB § 253 (1)

1. Mit welchem Betrag ist das Darlehen zum Zeitpunkt der Darlehensaufnahme in der Buchführung der Esslinger Kartonagenfabrik zu erfassen (Zugangsbewertung)?
2. Wie ist das Darlehen in der Bilanz zum 31. Dez. d. J. zu bewerten? HGB
3. Wie wäre das Darlehen in der Bilanz zum 31. Dez. d. J. zu bewerten, wenn zu diesem Zeitpunkt ein Devisenkassamittelkurs von 1,5600 sfr/EUR gelten würde? § 252 (1) Nr. 4, § 253 (1), § 252 (1) Nr. 4

5.5.2.2 Lieferantenkredit eines norwegischen Stahlherstellers

Die Metallbau Person AG hat am 19. Mai 2017 von einem Stahlhersteller aus Norwegen Rundstahl bezogen. Im Kaufvertrag wurde vereinbart, dass der Rechnungsbetrag in Höhe von 840 000 Norwegischen Kronen (NOK) am 31. März 2018 fällig ist.

Für die Norwegische Krone liegen folgende Devisenkassamittelkurse vor:

19. Mai 2017:	8,71488 NOK/EUR	31. Dezember 2017:	9,14122 NOK/EUR

1. Mit welchem Betrag ist die Gewährung des Lieferantenkredits am 19. Mai 2017 buchhalterisch zu erfassen (Zugangsbewertung)? HGB § 256a
2. Mit welchem Betrag muss der Kredit im Jahresabschluss des Geschäftsjahres 2017 (Folgebewertung) ausgewiesen werden?
3. Welche Änderungen im Vergleich zu 2. würden sich ergeben, wenn der Devisenkassamittelkurs zum 31.12.17 8,58762 NOK/EUR betragen würde?
4. Zu welchem Betrag müsste der Kredit im Jahresabschluss des Geschäftsjahres 2017 ausgewiesen werden, wenn der Rechnungsbetrag erst am 31. März 2019 fällig wäre?

5.5.2.3 Kauf einer Maschine von einem englischen Lieferer

Am 14. Dezember 2017 kauft die Plastikwaren AG von der British Steel Corporation eine Maschine zum Rechnungsbetrag von 120 000 brit. Pfund. Der Pfundkurs (Devisenkassamittelkurs) beträgt an diesem Tag 0,6570 GBP/EUR.

Am 31.12.2017 werden 80 % des Rechnungsbetrages überwiesen (Kurse: GBP/EUR: Geld 0,6600, Brief 0,6650).

HGB § 253 (1)

1. Wie ist der Eingang der Rechnung am 14. Dezember 2017 (ohne USt.) zu buchen?
2. Wie ist bei der Zahlung am 31.12.2017 zu buchen?
3. Mit welchem Wert ist die am 14. Januar 2018 fällige Auslandsverbindlichkeit in der Bilanz zum 31.12.2017 anzusetzen?

HGB § 284 (2)

4. Stellen Sie fest, ob und gegebenenfalls welche Angabe im Anhang bezüglich der Auslandsverbindlichkeit erforderlich ist.

5.5.2.4 Einkauf von Rohstoffen aus dem Ausland

Am 03.11.2017 (Liefer- und Rechnungsdatum) bezog die Metallbau Mannheim AG 500 Tonnen Aluminium aus dem Ausland. Der Einkaufspreis betrug 1 500 US $ je Tonne. Am Ende des Jahres sind noch 200 Tonnen des Stoffes im Lager. Der Marktpreis für Aluminium betrug am 31.12.2017 1 800 US $ je Tonne. Am Ende des Jahres ist die Rechnung, die in US $ gestellt wurde, noch nicht bezahlt.

HGB § 253 (3)

Der Devisenkassamittelkurs für den US $ (US $/EUR) betrug am:

03.11.2017	1,2920 US $/EUR	31.12.2017	1,2810 US $/EUR

1. Ermitteln Sie den Bilanzansatz für die Bilanzposition „Rohstoffe" zum 31.12.2017 und erläutern Sie das zugrunde liegende Bewertungsprinzip.
2. Prüfen Sie, ob bei der Position „Rohstoffe" ein Bewertungsspielraum vorhanden ist.

HGB § 253 (1)

3. Mit welchem Betrag sind die am 20. Februar 2018 fälligen Verbindlichkeiten der Metallbau Mannheim in der Bilanz zum 31.12.2017 anzusetzen?.

5.5.2.5 Auslandskredit mit Disagio

Die Alu-AG entschied sich aufgrund der günstigen Kreditbedingungen für die Aufnahme eines Auslandskredits bei einer US-Bank.

Konditionen

Nennbetrag:	150 000 US $	Auszahlung:	98 %	Zinssatz:	8 %
Laufzeit:	5 Jahre (01.04.2017 – 30.03.2022)				
Zinstermine:	jeweils am 30.03. (nachschüssig)				
Tilgung:	am Ende der Laufzeit (Fälligkeitsdarlehen)				
Sicherheit:	Eintragung einer Grundschuld in Höhe des Nennbetrags				

Auszug aus der Kurstabelle für den US $:

	01.04.2017	31.12.2017
Devisenkassamittelkurs	1,3010 US $/EUR	1,2810 US $/EUR

Das Unternehmen beabsichtigt, einen möglichst hohen Jahresüberschuss auszuweisen.

HGB § 253 (1), § 250 (3)

1. Mit welchem Betrag ist die Darlehensverbindlichkeit bei der Zugangsbewertung am 01.04.2017 zu erfassen?
2. Mit welchem Betrag ist der Kredit im Jahresabschluss des Geschäftsjahres 2017 auszuweisen?
3. Mit welchem Betrag und in welcher Bilanzposition ist das Disagio im Jahresabschluss für das Geschäftsjahr 2017 auszuweisen?

5.6 Bilanzierungs- und Bewertungswahlrechte: Bildung stiller Rücklagen

Zwar wurden durch das Bilanzrechtsmodernisierungsgesetz vom Mai 2009 die Bilanzierungs- und Bewertungswahlrechte nach HGB eingeschränkt. Dennoch ist es weiterhin möglich und erlaubt, durch Ausübung solcher Wahlrechte stille Rücklagen zu bilden.

> **Bilanzierungswahlrechte stellen es dem bilanzierenden Unternehmen frei, bestimmte Aktiv- bzw. Passivposten in der Bilanz anzusetzen oder nicht.**

> **Bewertungswahlrechte ermöglichen es dem bilanzierenden Unternehmen, zwischen zwei oder mehreren handelsrechtlich zulässigen Wertansätzen zu wählen.**

Stille Rücklagen entstehen dadurch, dass
- **Vermögensgegenstände oder aktive Rechnungsabgrenzungsposten nicht aktiviert oder unterbewertet werden und/oder**
- **Schulden oder passive Rechnungsabgrenzungsposten überbewertet werden.**

Über die Ausübung von **Bilanzierungswahlrechten** kann an jedem Bilanzstichtag neu entschieden werden. Für die Ausübung von **Bewertungswahlrechten** gilt dagegen der **Grundsatz der Stetigkeit**, d. h. eine einmal gewählte Bewertungsmethode darf nicht zu jedem Bilanzstichtag beliebig geändert werden. Wird die Bewertungsmethode geändert, so muss der Anhang eine entsprechende Begründung enthalten.

Bilanzierungswahlrechte

Bilanzierungswahlrechte bestehen nach HGB bei
❶ Selbst geschaffenen immateriellen Wirtschaftsgütern
❷ der Behandlung eines Disagios.

❶ *Selbst geschaffene immaterielle Wirtschaftsgüter*

Nach HGB § 248 (2) **können** selbst geschaffene immaterielle Vermögensgegenstände des Anlagevermögens als Aktivposten in die Bilanz aufgenommen werden.

HGB § 248 (2)

Die Mitarbeiter einer Maschinenfabrik haben ein betriebsbezogenes EDV-Programm (= immaterielles Vermögensgut) entwickelt. Die Herstellungskosten betragen 50 000 EUR.

Kap. D 5.2

Bilanzierungswahlrecht wird ausgeübt.		Bilanzierungswahlrecht wird nicht ausgeübt.	
Buchungssatz:		keine Buchung	
Selbsterstellte immaterielle Vermögensgegenstände	50 000 EUR		
an aktivierte Eigenleistungen (*Ertragskonto*)	50 000 EUR		
Erträge und ausgewiesener Gewinn erhöhen sich um	50 000 EUR	kein Ausweis als Ertrag/Gewinn	
		stille Rücklage	**50 000 EUR**

❷ *Disagio*

Kap. D 5.5.1

Nach HGB § 250 (3) besteht ein **Wahlrecht**, ob das Disagio im Jahr der Darlehensaufnahme in voller Höhe als Aufwand gebucht oder aktiviert und über die Laufzeit abgeschrieben wird (Aktive Rechnungsabgrenzung).

Hinweis: Das Konto Aktive Rechnungsabgrenzungsposten ist ein aktives Bestandskonto.

HGB § 250 (3)

Darlehensaufnahme: 100 000 EUR, Laufzeit: 5 Jahre, Disagio: 5 %.

Aktivierung (Aktive Rechnungsabgrenzung) und planmäßige Abschreibung über die Laufzeit		in voller Höhe Erfassung als Aufwand im Jahr der Darlehensaufnahme	
Buchungssätze (1. Jahr):		**Buchungssatz** (1. Jahr):	
Bank	95 000 EUR	Bank	95 000 EUR
ARA	5 000 EUR	Zinsaufwand	5 000 EUR
an Darlehensverbindlichkeiten	100 000 EUR	an Darlehensverbindlichkeiten	100 000 EUR
Zinsaufwand (Abschr. Disagio)	1 000 EUR		
an ARA	1 000 EUR		
Restliches Disagio:	4 000 EUR	Restliches Disagio:	0 EUR
Aufwendungen steigen um	1 000 EUR	Aufwendungen steigen um	5 000 EUR
ausgewiesener Gewinn sinkt um	1 000 EUR	ausgewiesener Gewinn sinkt um	5 000 EUR
		stille Rücklage:	**4 000 EUR**

Bewertungswahlrechte

Bewertungswahlrechte bestehen nach HGB bei der
1. Wahl des Abschreibungsverfahrens,
2. Ermittlung der Herstellungskosten
3. vorübergehenden Wertminderung von Finanzanlagen.

1 *Abschreibung*

HGB § 253 (3)

Kap. D 5.3.2

Nach HGB § 253 (3) **müssen** abnutzbare Gegenstände des Anlagevermögens planmäßig abgeschrieben werden. Es besteht aber ein **Wahlrecht** zwischen verschiedenen planmäßigen Abschreibungsverfahren (z. B. lineare oder degressive Abschreibung).

Eine Maschinenfabrik hat eine neue Produktionsanlage mit einer betriebsgewöhnlichen Nutzungsdauer von 10 Jahren angeschafft. Die Anschaffungskosten betrugen 100 000 EUR. Es stehen die lineare oder die degressive Abschreibung ($2^1/_2$-faches des linearen Satzes) zur Auswahl.

Lineare Abschreibung (10 % vom AW)		Degressive Abschreibung (25 % vom RW)	
Buchungssatz (1. Jahr):		**Buchungssatz** (1. Jahr):	
Abschreibungen	10 000 EUR	Abschreibungen	25 000 EUR
an Betriebs- und Geschäftsausstattung	10 000 EUR	an Betriebs- und Geschäftsausstattung	25 000 EUR
Restwert der Maschine nach dem 1. Jahr:	90 000 EUR	Restwert der Maschine nach dem 1. Jahr:	75 000 EUR
ausgewiesener Gewinn sinkt um	10 000 EUR	ausgewiesener Gewinn sinkt um	25 000 EUR
		stille Rücklage	**15 000 EUR**

2 *Herstellungskosten*

Kap. D 5.4.1

HGB § 255 (2), (3)

Selbsterstellte Anlagen sowie auf Lager liegende fertige und unfertige Erzeugnisse **müssen** mit den **Herstellungskosten** bewertet und aktiviert werden. Nach HGB § 255 (2) und (3) bestehen bei der Ermittlung der Herstellungskosten **Wahlrechte**. Bei der Berechnung der Herstellungskosten **dürfen** u. a. allg. Verwaltungsgemeinkosten sowie Aufwendungen für soziale Einrichtungen, freiwillige Sozialleistungen, die betriebliche Altersversorgung und evt. Fremdkapitalzinsen einbezogen werden.

Eine Maschinenfabrik muss seine unfertigen Erzeugnisse, die auf Lager liegen, zum Bilanzstichtag aktivieren. Die Herstellungskosten für diese Erzeugnisse betragen unter Berücksichtigung aller ansetzbaren Kosten 300 000 EUR (Wertobergrenze). Werden die anteiligen allg. Verwaltungsgemeinkosten, nicht berücksichtigt, ergeben sich Herstellungskosten in Höhe von 250 000 EUR (Wertuntergrenze).

Bilanzierung der unfertigen Erzeugnisse mit der Wertobergrenze der Herstellungskosten		Bilanzierung der unfertigen Erzeugnisse mit der Wertuntergrenze der Herstellungskosten	
Buchungssatz		**Buchungssatz**	
Unfertige Erzeugnisse	300 000 EUR	Unfertige Erzeugnisse	250 000 EUR
an Bestandserhöhungen unfertige Erzeugnisse (*Ertrag*)	300 000 EUR	an Bestandserhöhungen unfertige Erzeugnisse (*Ertrag*)	250 000 EUR
Unfertige Erzeugnisse werden mit 300 000 EUR auf der Aktivseite ausgewiesen.		Unfertige Erzeugnisse werden mit 250 000 EUR auf der Aktivseite ausgewiesen.	
Erträge und ausgewiesener Gewinn erhöhen sich um	300 000 EUR	Erträge und ausgewiesener Gewinn erhöhen sich um	250 000 EUR
		stille Rücklage:	**50 000 EUR**

D

❸ *Außerplanmäßige Abschreibungen auf Finanzanlagen bei vorübergehender Wertminderung*

Kap. D 5.3.3

Nach HGB § 253 (3) S. 4 **können** Finanzanlagen bei nicht dauerhafter Wertminderung außerplanmäßig abgeschrieben werden.

Eine Maschinenfabrik hält eine auf Dauer angelegte Beteiligung an einem anderen Unternehmen in Form eines Aktienpakets. Bisheriger Börsenpreis des Aktienpakets: 2,5 Mio. EUR. Durch einen allgemeinen Kurssturz an der Börse, der nach Einschätzung von Experten als vorübergehend einzuschätzen ist, beträgt der Wert des Aktienpakets am Bilanzstichtag nur 2,3 Mio. EUR.

Bewertungswahlrecht wird nicht ausgeübt.	Bewertungswahlrecht wird ausgeübt.
keine Buchung	**Buchungssatz:** Abschreibungen auf Finanzanl. 200 000 EUR an Finanzanlagen 200 000 EUR
Die Finanzanlagen werden mit dem bisherigen Wert in Höhe von 2,5 Mio. EUR in der Bilanz ausgewiesen.	Die Finanzanlagen werden mit 2,3 Mio. EUR ausgewiesen. Aufwendungen steigen um 200 000 EUR ausgewiesener Gewinn sinkt um 200 000 EUR **stille Rücklage: 200 000 EUR**

Aufg. 5.6.1 S. 468

Zusammenfassende Übersicht zu Kap. 5.6: Bilanzierungs- und Bewertungswahlrechte: Bildung stiller Rücklagen

HGB

↓ **Bilanzierungswahlrechte** | ↓ **Bewertungswahlrechte**

Nichtaktivierung oder Unterbewertung von Vermögensgegenständen oder aktiven Rechnungsabgrenzungsposten
Überbewertung von Schulden[1] oder passiven Rechnungsabgrenzungsposten

↓

Entstehung stiller Rücklagen

↓

Informationsfunktion des Jahresabschlusses wird nicht erfüllt.

Wiederholung des Grundwissens

zu Kapitel 5.6 Bilanzierungs- und Bewertungswahlrechte: Bildung stiller Rücklagen

1. Unterscheiden Sie zwischen Bilanzierungs- und Bewertungswahlrecht.
2. Nennen Sie Beispiele für Bilanzierungs- und Bewertungswahlrechte nach HGB.
3. Wie kann es zur Bildung von stillen Rücklagen durch die Wahrnehmung von Bilanzierungs- und Bewertungswahlrechten kommen?

Aufgaben und Probleme

zu Kapitel 5.6 Bilanzierungs- und Bewertungswahlrechte: Bildung stiller Rücklagen

5.6.1 Ausübung von Bilanzierungs- und Bewertungswahlrechten

PDF

Unter Beachtung der Ansatz- und Bewertungsstetigkeit haben die Württembergischen Drahtwerke AG in der Vergangenheit ihre Bilanzierungs- und Bewertungswahlrechte immer so ausgeübt, dass ein möglichst geringer Jahresüberschuss ausgewiesen wurde.
Für die Erstellung des Jahresabschlusses für das laufende Geschäftsjahr sind noch folgende Bewertungsentscheidungen zu treffen:

HGB § 248 (2)

1. Im laufenden Geschäftsjahr haben die Mitarbeiter der AG ein EDV-Programm zur Programmplanung erstellt. Dafür sind Entwicklungskosten in Höhe von 80 000 EUR angefallen.

HGB § 250 (3)

2. Am 28. Jan. des laufenden Geschäftsjahres wurde eine CNC-gesteuerte Fräsmaschine mit einer betriebsgewöhnlichen Nutzungsdauer von 10 Jahren angeschafft. Die Anschaffungskosten betrugen 120 000 EUR. Als Abschreibungsmethoden kommen die lineare oder die degressive Abschreibung (2½-faches des linearen Satzes) in Betracht.

HGB § 255 (2), (3)

3. Der Wert, zu dem die im Laufe des Geschäftsjahres auf Lager produzierten fertigen und unfertigen Erzeugnisse in der Bilanz ausgewiesen werden sollen, wurde noch nicht ermittelt. Unter Berücksichtigung aller ansetzbaren Kosten betragen die Herstellungskosten für diese Erzeugnisse 250 000 EUR (Wertobergrenze). Werden die anteiligen allgemeinen Verwaltungsgemeinkosten sowie die Kosten für soziale Einrichtungen nicht berücksichtigt, ergeben sich Herstellungskosten von 210 000 EUR (Wertuntergrenze).

HGB § 250 (3)

4. Im Januar des laufenden Geschäftsjahres wurde ein Darlehen über 100 000 EUR mit einer Laufzeit von 5 Jahren aufgenommen. Das Disagio beträgt 3 %.

HGB § 253 (3) S. 4

5. Der Börsenpreis einer auf Dauer angelegten Beteiligung an einem Zulieferer in Form eines Aktienpaketes betrug bisher 3,2 Mio. EUR. Durch einen Kurssturz an der Börse, der nach Einschätzung von Experten als vorübergehend einzuschätzen ist, beträgt der Wert des Aktienpaketes zum Abschlussstichtag nur noch 2,8 Mio. EUR.

1. Beschreiben Sie für jeden der 5 Fälle, ob – gegebenenfalls welche – Bilanzierungs- oder Bewertungswahlrechte die AG jeweils ausüben kann.
2. Zu welchen Bilanzansätzen (genauer Betrag) führen die unter der gegebenen Zielsetzung „Ausweis eines möglichst geringen Jahresüberschusses" zu treffenden Bewertungsentscheidungen jeweils?
3. Geben Sie für jeden der 5 Fälle an, in welcher Höhe gegebenenfalls stille Rücklagen gebildet werden.
4. Welche Auswirkungen auf den Gewinnausweis des laufenden Geschäftsjahres ergeben sich insgesamt durch die getroffenen Bewertungsentscheidungen?

6 Jahresabschlussanalyse

Überblick und Zusammenhänge

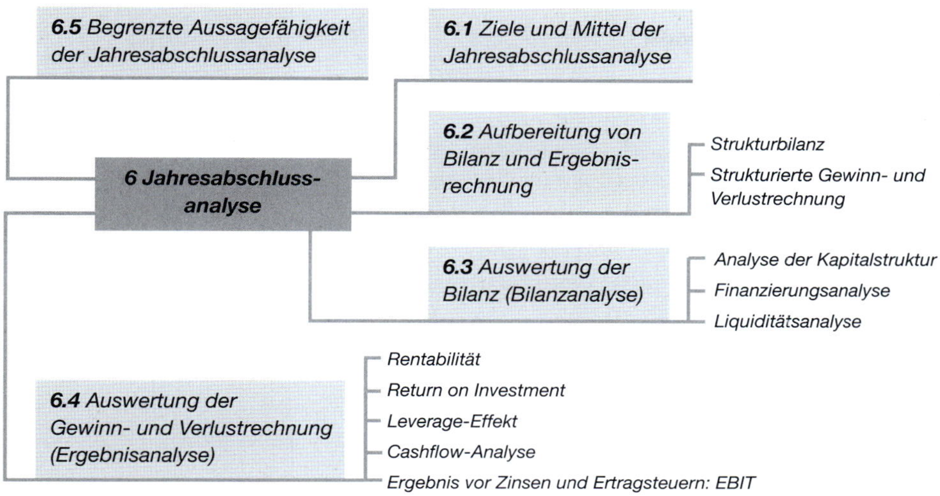

6.1 Ziele und Mittel der Jahresabschlussanalyse

Ziele der Jahresabschlussanalyse

Unter Jahresabschlussanalyse wird die Aufbereitung und Auswertung des Jahresabschlusses zur Beurteilung der gegenwärtigen und zur Prognose der zukünftigen Unternehmenslage verstanden.

Die Jahresabschlussanalyse erfüllt insbesondere für die Eigenkapitalgeber folgende drei Funktionen:

Funktionen der Jahresabschlussanalyse		
Informationsfunktion	**Kontrollfunktion**	**Steuerungsfunktion**
Die Jahresabschlussanalyse ist ein Verfahren zur Gewinnung von Informationen über die wirtschaftliche Lage eines Unternehmens.	Die Jahresabschlussanalyse ermöglicht den Kapitalgebern, ihre Zielgrößen mit den tatsächlichen Istgrößen zu vergleichen und nach Abweichungsursachen zu suchen.	In Abhängigkeit von den Ursachen für die Abweichung von Ziel- und Istgrößen ziehen Kapitalgeber möglicherweise ihr Kapital aus dem Unternehmen ab oder stellen kein neues Kapital zur Verfügung.

Schwerpunkt einer Jahresabschlussanalyse ist es, die schwer überschaubaren Datenmengen eines Jahresabschlusses zu aussagekräftigen Kennzahlen zu verdichten.

Außer für die Eigenkapitalgeber sind die Informationen aus einer Jahresabschlussanalyse auch für andere Interessengruppen bedeutsam.

Interessengruppen	Bedeutsame Informationen einer Jahresabschlussanalyse
Eigenkapitalgeber	Gewinnentwicklung, künftige Möglichkeit zur Gewinnausschüttung, derzeitiger und künftiger Wert der Unternehmensbeteiligung
Fremdkapitalgeber	Fähigkeit des Unternehmens, den Zins- und Tilgungsverpflichtungen pünktlich nachzukommen
Lieferer	Fähigkeit des Unternehmens, den Zahlungsverpflichtungen pünktlich nachzukommen
Kunden	Fähigkeit des Unternehmens, günstige Einkaufskonditionen zu gewähren und den Lieferverpflichtungen vertragsgemäß nachzukommen
Arbeitnehmer	Fähigkeit des Unternehmens, sichere Arbeitsplätze und eine angemessene Entlohnung zu garantieren.
Staat	Beitrag des Unternehmens zum Steueraufkommen und zur Schaffung von Arbeitsplätzen

Kennzahlen als Hilfsmittel der Jahresabschlussanalyse

Kennzahlen verdichten die komplexe betriebswirtschaftliche Realität.

Kennzahlen sind zu Maßgrößen verdichtete Informationen, die in konzentrierter Form Auskunft über zahlenmäßig erfassbare Sachverhalte geben.

Arten von Kennzahlen		
absolute Zahlen	**Verhältniszahlen**	
Absolute Zahlen sind Einzelzahlen, Summen, Differenzen oder Mittelwerte. Sie werden direkt dem Jahresabschluss ohne Umformung entnommen (z. B. Umsatzerlöse) oder entstehen im Rahmen der Jahresabschlussanalyse (z. B. Cashflow). Die Aussagekraft von absoluten Kennzahlen ist meist begrenzt, weil ein Beurteilungsmaßstab fehlt.	Verhältniszahlen entstehen bei der Durchführung der Jahresabschlussanalyse, indem zwei absolute Zahlen in Quotientenform zueinander in Beziehung gesetzt werden. Es lassen sich verschiedene Arten von Verhältniszahlen unterscheiden:	
	Gliederungszahlen	**Beziehungszahlen**
	Es werden Teilmengen zur Gesamtmenge ins Verhältnis gesetzt. Die Gesamtmenge wird dabei gleich 100 gesetzt. *Beispiel: Eigenkapitalquote: Anteil des Eigenkapitals am Gesamtkapital*	Es werden Größen zueinander ins Verhältnis gesetzt, zwischen denen ursächliche Zusammenhänge bestehen. *Beispiel: Verschuldungsgrad: Verhältnis von Fremdkapital zu Eigenkapital*

Kennzahlenvergleich

Da **Kennzahlen** für sich allein betrachtet nur eine begrenzte Aussagekraft haben, schließt sich an die Ermittlung der Kennzahlen ein **Kennzahlenvergleich** an. Dazu können u. a. folgende Vergleichsgrößen herangezogen werden:

Zeit- und Entwicklungsvergleich	Betriebs- und Branchenvergleich	Soll-Ist-Vergleich
Vergleich mit Kennzahlen vergangener Perioden	Vergleich mit Kennzahlen anderer Unternehmen	Vergleich der tatsächlichen Werte mit „Normalgrößen“

Umstrukturierung von Bilanz und GuV-Rechnung

Die nach den Vorschriften von HGB oder IAS/IFRS erstellten und veröffentlichten Bilanzen und GuV-Rechnungen eignen sich wegen der Fülle der oft unübersichtlichen und unstrukturierten Daten nicht unmittelbar für die Ermittlung aussagekräftiger Kennzahlen. Dazu müssen Bilanz und GuV-Rechnung durch Zusammenfassung einzelner Positionen vereinfacht, anders gegliedert (umstrukturiert) und unter Berücksichtigung von Angaben aus dem Anhang ergänzt werden.

Zusammenfassende Übersicht zu Kap. 6.1: Ziele und Mittel der Jahresabschlussanalyse

Funktion der Jahresabschlussanalyse		
Information	**Kontrolle**	**Steuerung**
	Verwendung von **Kennzahlen**	
absolute Kennzahlen	**Verhältniszahlen**	
z. B. Umsatz, Jahresüberschuss, Cashflow	z. B. vertikale Bilanzkennzahlen	z. B. horizontale Bilanzkennzahlen
	Fremdkapital/ Eigenkapital	Anlagevermögen/ Eigenkapital
	Verwendung von **Kennzahlen**	
Zeit und- Entwicklungsvergleiche	**Betriebs- und Branchenvergleiche**	**Soll-Ist-Vergleiche**

Wiederholung des Grundwissens

zu Kapitel 6.1 Ziele und Mittel der Jahresabschlussanalyse

1. Was ist unter einer Jahresabschlussanalyse zu verstehen?
2. Welche Funktionen erfüllt eine Jahresabschlussanalyse?
3. Für welche Interessengruppen sind die Informationen einer Jahresabschlussanalyse bedeutsam?
4. Welche Arten von Kennzahlen lassen sich unterscheiden?
5. Welche Arten von Kennzahlenvergleichen lassen sich unterscheiden?

6.2 Aufbereitung von Bilanz und Ergebnisrechnung

6.2.1 Strukturbilanz als Grundlage der Bilanzanalyse

Bilanz der HAGA AG

Die HAGA AG stellt Rasenmäher und andere Arbeitsgeräte für Haus und Garten her. Zum 31.12.2018 liegt folgende Bilanz vor.

Bilanz der HAGA AG zum 31.12.2018
in (Mio. EUR)

Aktiva	2018	2017	Passiva	2018	2017
A. Anlagevermögen			**A. Eigenkapital**		
I. Sachanlagen			I. Gez. Kapital	100	90
1. Grundstücke, Bauten	68	51	II. Kapitalrücklage	15	10
2. techn. Anlagen, Maschinen	110	91	III. Gewinnrücklagen		
3. Betr. u. Geschäftsausst.	9	10	1. gesetzl. Rücklage	5	5
			2. andere Gewinnrücklagen	57	55
II. Finanzanlagen			IV. Gewinnvortrag	0	0
1. Beteiligungen	30	18	V. Jahresüberschuss	21	–1
B. Umlaufvermögen			**B. Rückstellungen**		
I. Vorräte			1. Pensionsrückstellungen	11	10
1. Roh-, Hilfs- und Betriebsst.	10	5	2. sonst. Rückstellungen	1	2
2. unfertige Erzeugnisse	31	15			
3. fertige Erzeugnisse	40	25	**C. Verbindlichkeiten**		
II. Forderungen			1. Anleihen	13	1
1. Ford. aus Lieferungen	95	70	2. Verb. g. Kreditinstituten	81	78
III. Kasse, Bankguthaben	2	7	3. Verb. aus Lieferungen	91	37
	395	292		395	292

Auszüge aus den Erläuterungen zur Bilanz im Anhang

1. *Das Grundkapital ist in 2 Mio. auf den Inhaber lautende nennwertlose Stammaktien aufgeteilt.*
2. *Bei den Anleihen und den Bankverbindlichkeiten handelt es sich um Verbindlichkeiten mit einer Restlaufzeit von mehr als fünf Jahren.*
3. *Die Pensionsrückstellungen sind langfristig. Die sonstigen Rückstellungen haben eine Restlaufzeit von unter einem Jahr.*
4. *Der Wegfall einer als voraussichtlich dauerhaft angesehenen Wertminderung auf Grundstücke machte es erforderlich, den Buchwert der Grundstücke innerhalb der gesetzlichen Bewertungsvorschriften um 17 Mio. EUR zu erhöhen.*
5. *Die für den geplanten Expansionskurs notwendigen Investitionen im Maschinenpark beliefen sich auf 38 Mio. EUR. Die Finanzierung erfolgte durch die Ausgabe junger Aktien im Verhältnis 9 : 1 zu einem Emissionskurs von 75,00 EUR.*
6. *Zum Erwerb einer Mehrheitsbeteiligung an der Solo AG, die 12 Mio. EUR erforderte, sowie zur Tilgung einer Restschuld in Höhe von 1 Mio. EUR wurde eine Anleihe in Höhe von 13 Mio. EUR aufgelegt.*
7. *Der Vorstand empfiehlt, den sich nach der höchstmöglichen Zuführung zu den anderen Gewinnrücklagen ergebenden Bilanzgewinn wie im Vorjahr vollständig an die Aktionäre auszuschütten.*

Aufbereitung der Bilanz – Strukturbilanz

Damit die im Rahmen des Jahresabschlusses erstellte Bilanz gezielt analysiert und ausgewertet werden kann, muss sie durch **Zusammenfassung von Bilanzpositionen** und eine **vereinfachte Gliederung** aufbereitet werden. Dazu wird aus der ursprünglichen Bilanz eine **Strukturbilanz** abgeleitet, aus der die wesentlichen Vermögens- und Kapitalverhältnisse deutlich werden.

Durch Aufbereitung der Originalbilanz kann eine Strukturbilanz erstellt werden. Dadurch wird die Bilanz besser analysierbar und mit den Bilanzen anderer Perioden und/oder Unternehmen vergleichbar.

Auf der Aktivseite wird zwischen Anlage- und Umlaufvermögen und auf der Passivseite zwischen Eigen- und Fremdkapital unterschieden. Das Umlaufvermögen wird üblicherweise nach dem Grad der Flüssigkeit in Vorräte, Forderungen und liquide Mittel und das Fremdkapital nach der Fristigkeit in langfristiges und kurzfristiges Fremdkapital unterteilt.

Aktiva	**Strukturbilanz** **Passiva**
Anlagevermögen	Eigenkapital
Umlaufvermögen	Fremdkapital
▪ Vorräte	▪ langfristiges Fremdkapital
▪ Forderungen	▪ kurzfristiges Fremdkapital
▪ liquide Mittel	

Für die HAGA AG ergibt sich daraus folgende Strukturbilanz:

Strukturbilanz als Grundlage der Bilanzanalyse

Aktiva **Strukturbilanz der HAGA AG zum 31.12.2018** *(in Mio. EUR)* **Passiva**

	2018		2017			2018		2017	
	in Mio. EUR	in %	in Mio. EUR	in %		in Mio. EUR	in %	in Mio. EUR	in %
Anlagevermögen					**Eigenkapital**	**198*** (187,5)	**50,1**	**164**	**56,2**
1. Sachanlagen	187	47,3	152	52,1					
2. Finanzanlagen	30	7,6	18	6,2	langfristiges Fremdkapital	105	26,6	89	30,5
gesamtes Anlagevermögen	**217**	**54,9**	**170**	**58,2**	kurzfristiges Fremdkapital	92* (102,5)	23,3	39	13,4
					gesamtes Fremdkapital	**197**	**49,9**	**128**	**43,8**
Umlaufvermögen									
1. Vorräte	81	20,5	45	15,4					
2. Forderungen	95	24,1	70	24,0					
3. liquide Mittel	2	0,5	7	2,4					
gesamtes Umlaufvermögen	**178**	**45,1**	**122**	**41,8**					
Gesamtsumme Aktiva	**395**	**100,0**	**292**	**100,0**	**Gesamtsumme Passiva**	**395**	**100,0**	**292**	**100,0**

* Ist die Ausschüttung des Bilanzgewinns (10,5 Mio. EUR) beschlossen, aber noch nicht ausgeführt, sinkt das Eigenkapital um 10,5 Mio. EUR und die kurzfristigen Verbindlichkeiten steigen um diesen Betrag.

6.2.2 Strukturierte Gewinn- und Verlustrechnung als Grundlage der Ergebnisanalyse

Gewinn- und Verlustrechnung der HAGA AG

Für die HAGA AG liegt für das Jahr 2018 folgende Gewinn- und Verlustrechnung vor:

Gewinn- und Verlustrechnung 2018
(in Mio. EUR)

1.	Umsatzerlöse	386
2.	Erhöhung des Bestands an fertigen und unfertigen Erzeugnissen	31
3.	sonstige betriebliche Erträge	25
4.	Aufwendungen für Roh-, Hilfs- und Betriebsstoffe	– 217
5.	Löhne und Gehälter	– 179
6.	Aufwendungen für Altersversorgung	– 1
7.	Abschreibungen	– 16
8.	sonstige betriebliche Aufwendungen	– 1
9.	Zinsaufwendungen	– 10
10.	Erträge aus Beteiligungen	13
11.	Steuern vom Einkommen und vom Ertrag	– 9
12.	**Ergebnis nach Steuern**	**22**
13.	sonstige Steuern	– 1
14.	**Jahresüberschuss**	**21**

Auszüge aus den Erläuterungen zur GuV-Rechnung im Anhang

1. *Die „sonstigen betrieblichen Erträge“ enthalten Erträge in Höhe von 17 Mio. EUR aus der Zuschreibung auf die Position Grundstücke nach Wegfall einer als voraussichtlich dauerhaft angesehenen Wertminderung auf Grundstücke. Die übrigen sonstigen betrieblichen Erträge sind zahlungswirksam.*
2. *Die Abschreibungen enthalten außerplanmäßige Abschreibungen auf Maschinen in Höhe von 4 Mio. EUR.*
3. *Die „sonstigen betrieblichen Aufwendungen“ ergeben sich aus den Verlusten aus dem Abgang von Vermögensgegenständen des Anlagevermögens.*
4. *Die Erträge aus Beteiligungen stammen aus einer Mehrheitsbeteiligung an der Solo AG.*

Strukturierte GuV-Rechnung

Kap. D 3.1.3

Für eine betriebswirtschaftliche Analyse ist das in § 275 HGB für den Jahresabschluss vorgeschriebene Gliederungsschema nicht ausreichend. Um den **nachhaltig erzielbaren Erfolg** zu ermitteln (= Ziel der Ergebnisanalyse), müssen beispielsweise die folgenden in der GuV-Rechnung ausgewiesenen Positionen korrigiert werden (siehe nächste Seite).

- Die betrieblichen Steuern (GuV-Position 16) sind betriebsbedingte Aufwendungen und müssen in das **Betriebsergebnis** eingehen.
- Die in den sonstigen betrieblichen Erträgen (GuV-Position 4) und in den Abschreibungen (GuV-Position 7) enthaltenen ungewöhnlichen und untypischen Geschäftsvorfälle müssen herausgefiltert und dem **außerordentlichen Ergebnis** zugeordnet werden (z. B. Abschreibungen auf Gegenstände des Umlaufvermögens, Zuschreibungen nach Wegfall einer vermuteten Wertminderung bei Aktiva, erfolgswirksame Auflösung von Rückstellungen).
- Die sonstigen betrieblichen Aufwendungen müssen um neutrale Aufwendungen korrigiert werden.
- Bei Abschreibungen auf Finanzanlagen und Wertpapiere des Umlaufvermögens (GuV-Position 12) handelt es sich um außerplanmäßige Abschreibungen, die nicht mit dem eigentlichen Geschäftszweck („gewöhnliche Geschäftstätigkeit“) zusammenhängen.

Durch eine entsprechende Umgliederung ergibt sich das folgende Schema einer strukturierten Ergebnisrechnung:

❶ **Ordentliches Betriebsergebnis:**
Gegenüberstellung der regelmäßig anfallenden Aufwendungen und Erträge, die sich aus der Erzeugung und dem Vertrieb der dem Geschäftszweck dienenden Erzeugnisse ergeben. Dieses ordentliche (im Gegensatz zum außerordentlichen) Betriebsergebnis wird auch als **operatives Ergebnis** bezeichnet. Es gibt den Gewinn bzw. Verlust aus dem **Kerngeschäft**, also dem eigentlichen Geschäftszweck eines Unternehmens an.

❷ **Finanzergebnis:**
Zusammenfassung aller Finanzgeschäfte, die durch die betriebliche Tätigkeit verursacht werden (z. B. Erträge aus Beteiligungen und Wertpapieren, Zinsen aus Einlagen bei Banken, Zinsaufwendungen für Kredite).

❸ **Außerordentliches Ergebnis[1]:**
Zusammenfassung aller periodenfremden, außerordentlichen, nicht betrieblichen oder ausschließlich bewertungsbedingten Aufwendungen und Erträge, soweit diese nicht im Finanzergebnis enthalten sind. Dazu gehören u. a. Abschreibungen auf das Umlaufvermögen sowie Erträge durch Zuschreibung auf Aktiva und erfolgswirksame Auflösungen von Rückstellungen.

Gliederungsschema GuV-Rechnung § 275 (2) HGB	
Umsatzerlöse	(1)
Erhöhung oder Verminderung des Bestands an fE und uE	(2)
andere aktivierte Eigenleistungen	(3)
sonstige betriebliche Erträge	(4)
Materialaufwand	(5)
Personalaufwand	(6)
Abschreibungen	(7)
sonstige betriebliche Aufwendungen	(8)
Erträge aus Beteiligungen	(9)
Erträge aus Wertpapieren und Ausleihungen des Finanzanlagevermögens	(10)
sonstige Zinsen und ähnliche Erträge	(11)
Abschreibungen auf Finanzanlagen u. Wertpapiere des UV	(12)
Zinsen und ähnliche Aufwendungen	(13)
Steuern vom Einkommen und Ertrag	(14)
sonstige Steuern	(16)
Jahresüberschuss/Jahresfehlbetrag	(17)

Schema einer strukturierten Ergebnisrechnung		
	Bezeichnung der Position	**Nr.** HGB § 275 (2)
	Umsatzerlöse	1
+/–	Bestandsänderungen uE, fE	2
+	aktivierte Eigenleistungen	3
	Gesamtleistung	
–	Materialaufwand	5
–	Personalaufwand	6
–	Abschreibungen auf Anlagevermögen	7a
–	sonst. betriebl. Aufwendungen	8
–	sonst. Steuern	19
	Ordentliches Betriebsergebnis	
+	Finanzerträge	9, 10, 11
–	Finanzaufwendungen	12, 13
	Finanzergebnis	
	Ergebnis der gewöhnlichen Geschäftstätigkeit[1]	
+	außerordentliche Erträge	15
–	außerordentliche Aufwendungen	16
+	sonst. betriebliche Erträge	4
–	Abschreibungen auf Umlaufvermögen	7b
	Außerordentliche Ergebnis[1]	
	Gesamtergebnis vor Ertragssteuern	
–	Steuern vom Einkommen und Ertrag	14
	Jahresüberschuss/Jahresfehlbetrag	17

Eine strukturierte Ergebnisrechnung zeigt die einzelnen Erfolgsquellen, aus denen sich das Gesamtergebnis zusammensetzt.

1 Die GuV-Gliederung nach § 275 HGB wurde erstmals für das Geschäftsjahr 2016 so geändert, dass weder das *Ergebnis der gewöhnlichen Geschäftstätigkeit* noch das *Außerordentliche Ergebnis* ausgewiesen werden. Die außerordentlichen Erträge/Aufwendungen sind vielmehr künftig in den GuV-Positionen „sonstige betriebliche Erträge“ bzw. „sonstige betriebliche Aufwendungen“ enthalten. Diese HGB-Änderung hat aber keinen Einfluss auf eine zum Zweck der Ergebnisanalyse aufbereitete GuV. In einer solchen strukturierten GuV werden diese Zwischenergebnisse nach wie vor ermittelt und ausgewiesen.

Aufbereitete Gewinn- und Verlustrechnung der HAGA AG *(vgl. Bsp. S. 472)*

für 2018 in Mio. EUR			
Umsatzerlöse	386		
Erhöhung des Bestands an fertigen und unfertigen Erzeugnissen	31		
Gesamtleistung	**417**		
Materialaufwand	– 217		
Personalaufwand	– 180		
planmäßige Abschreibungen	– 12		
betriebliche Steuern	– 1		
Ordentliches Betriebsergebnis		**7**	
Erträge aus Beteiligungen	13		
Zinsaufwendungen	– 10		
Finanzergebnis		**3**	
Ergebnis der gewöhnlichen Geschäftstätigkeit			**10**
Zuschreibungen	17		
Verluste aus Anlagenabgang	– 1		
außerplanmäßige Abschreibungen	– 4		
sonstige betriebliche Erträge	8		
Außerordentliches Ergebnis			**20**
Gesamtergebnis vor Steuern			**30**
Steuern vom Einkommen und Ertrag (KSt, GewSt)			– 9
Jahresüberschuss nach Steuern			**21**

Zusammenfassende Übersicht zu Kap. 6.2: Aufbereitung von Bilanz und Ergebnisrechnung

Bilanz nach HGB § 266		GuV-Rechnung nach HGB § 275		
Zusammenfassung Umstrukturierung	Vereinfachung Umgliederung	Umgliederung		Umstrukturierung
Strukturbilanz		**strukturierte Ergebnisrechnung**		
Anlagevermögen Umlaufvermögen ▪ Vorräte ▪ Forderungen ▪ liquide Mittel	Eigenkapital Fremdkapital ▪ langfristig ▪ kurzfristig	ordentliches Betriebsergebnis (operatives Ergebnis)	Finanzergebnis	außerordentliches Ergebnis

Wiederholung des Grundwissens

zu Kapitel 6.2 Aufbereitung von Bilanz und Ergebnisrechnung

6.2.1 Strukturbilanz als Grundlage der Bilanzanalyse

1. Wie ist eine Strukturbilanz aufgebaut und welchem Zweck dient sie?

6.2.2 Strukturierte Gewinn- und Verlustrechnung als Grundlage der Ergebnisrechnung

1. Welche Änderungen müssen an einer nach § 275 (2) HGB erstellten GuV-Rechnung vorgenommen werden, um den nachhaltig erzielbaren Erfolg auszuweisen?
2. Was ist unter dem operativen Ergebnis bzw. dem ordentlichen Betriebsergebnis zu verstehen?
3. Nennen Sie Geschäftsvorfälle, die das Finanzergebnis in einer Strukturergebnisrechnung beeinflussen.
4. Nennen Sie Geschäftsvorfälle, die das außerordentliche Ergebnis in einer Strukturergebnisrechnung beeinflussen.

6.3 Auswertung der Bilanz (Bilanzanalyse)

6.3.1 Analyse der Kapitalstruktur

Eigenkapitalquote, Fremdkapitalquote, Verschuldungsgrad

Zur Analyse der Kapitalstruktur werden Positionen der Passivseite zueinander ins Verhältnis gesetzt (= vertikale Kennzahlen).

Aufg. 6.3.1 bis 6.3.2 S. 484

LA

Kennzahlen zur Kapitalstruktur	Kapitalstruktur der HAGA AG 2018
$\text{Eigenkapitalquote} = \frac{\text{Eigenkapital}}{\text{Gesamtkapital}} \cdot 100$	$\text{Eigenkapitalquote} = \frac{198\ \text{Mio.}}{395\ \text{Mio.}} \cdot 100 = 50{,}1\ \%$
$\text{Fremdkapitalquote} = \frac{\text{Fremdkapital}}{\text{Gesamtkapital}} \cdot 100$	$\text{Fremdkapitalquote} = \frac{197\ \text{Mio.}}{395\ \text{Mio.}} \cdot 100 = 49{,}9\ \%$
$\text{Verschuldungsgrad} = \frac{\text{Fremdkapital}}{\text{Eigenkapital}} \cdot 100$	$\text{Verschuldungsquote} = \frac{197\ \text{Mio.}}{198\ \text{Mio.}} \cdot 100 = 99{,}5\ \%$

Insbesondere der Verschuldungsgrad (= Verschuldungsquote) wird häufig auch statt als Prozentwert als reine Verhältniszahl angegeben (z. B. Verschuldungsgrad 0,9).

Kennzahlen der Kapitalstruktur geben Auskunft über die Herkunft und Zusammensetzung des Kapitals.

Für potenzielle Kapitalgeber (Eigentümer, Gläubiger, Lieferer) geben diese Kennzahlen erste Anhaltspunkte für ein mögliches Finanzierungsrisiko. Anhand dieser Kennzahlen lässt sich einschätzen, inwieweit das Unternehmen künftig in der Lage sein wird, seinen Verpflichtungen zur Begleichung von Schulden nachzukommen. Grundsätzlich gilt:

Ein Unternehmen ist finanziell umso stabiler, weniger krisenanfällig und unabhängiger, je höher der Eigenkapitalanteil ist.

Ein hoher Fremdkapitalanteil hat nicht nur Tilgungs- sondern auch Zinsbelastungen zur Folge.

Beurteilungsmaßstab und Aussagekraft

Banken beurteilen bei Kreditwürdigkeitsprüfungen die **Eigenkapitalquote** häufig anhand folgender Kriterien:

Branchenabhängige Vorgaben für die Eigenkapitalquote			
Branche	**gut**	**mittel**	**schlecht**
produzierendes Gewerbe	> 30 %	20–30 %	< 20 %
Handel	> 25 %	15–25 %	< 15 %
sonst. Dienstleistungen	> 25 %	20–25 %	< 20 %

Kapitalstruktur bei der HAGA AG

Bei der HAGA AG *(vgl. S. 473)* besteht des Gesamtkapital 2018 zu 50,1 % aus Eigenkapital und zu 49,9 % aus Fremdkapital. Das Fremdkapital beträgt 99,5 % des Eigenkapitals. Die Kennzahlen der HAGA AG zur Kapitalstruktur sind damit überdurchschnittlich gut. Allerdings ist auffällig, dass die Eigenkapitalquote trotz der 2018 vorgenommenen Kapitalerhöhung gegen Einlagen von 56,2 % (2015) auf 50,1 % (2018) gesunken und damit der Verschuldungsgrad von 77,6 % (2017) auf 99,5 % (2018) gestiegen ist. Das ist dadurch bedingt, dass im Jahr 2016 Fremdkapital mehr als doppelt so stark zugenommen hat wie das Eigenkapital.

Zum Vergleich: Bei deutschen Unternehmen liegt die durchschnittliche Eigenkapitalquote bei 18 % bis 20 %. Ein solcher Eigenkapitalanteil wird als zu gering angesehen. Dieser Wert wird stark durch die häufig unterkapitalisierten mittelständischen GmbHs beeinflusst. Die meisten börsennotierten Aktiengesellschaften haben eine Eigenkapitalquote von mehr als 30 %.

Aussagekraft von Kennzahlen zur Kapitalstruktur	
Stärken	**Schwächen**
▪ leicht zu ermittelnde Kennzahlen, die Art und Zusammensetzung des Kapitals darstellen ▪ bei Vergleich mit anderen Unternehmen und den Branchendurchschnitten hilfreiche Kennzahlen für die relative finanzielle Stärke eines Unternehmens	▪ stark branchen- und bewertungsabhängig, branchenübergreifende Vergleiche kaum möglich ▪ stille Rücklagen als Teil des Eigenkapitals werden nicht ausgewiesen ▪ nicht bilanzwirksame Finanzierungsformen (z. B. Leasing) werden nicht berücksichtigt

Bilanzkurs

Kap. C 3.2.3

Aufg. 6.3.3 S. 484

Für einen (potenziellen) Aktionär kann der aus den Bestandteilen des Eigenkapitals abgeleitete **Bilanzkurs** von Bedeutung sein. Ein Aktionär ist nicht nur am Grundkapital einer AG, sondern an deren gesamten Eigenkapital (also auch an den Kapital- und Gewinnrücklagen und am Gewinnvortrag) beteiligt. Rücklagen und Gewinnvortrag sind dem Aktionär zustehende Bestandteile des Eigenkapitals, auf deren Ausschüttung er aufgrund gesetzlicher Vorschriften oder freiwillig verzichtet hat. Der auf das gesamte ausgewiesene Eigenkapital bezogene Wert einer Aktie wird durch den Bilanzkurs ausgedrückt.

$$\text{Bilanzkurs in Prozent} = \frac{\text{bilanziertes Eigenkapital}}{\text{Grundkapital}} \cdot 100$$

$$\text{Bilanzkurs (Eigenkapital je Aktie)} = \frac{\text{bilanziertes Eigenkapital}}{\text{Zahl der Aktien}}$$

Der Bilanzkurs gibt das Verhältnis des in der Bilanz ausgewiesenen Eigenkapitals zum Grundkapital an (= Eigenkapital in % des Grundkapitals). Er kann auch durch den Anteil je Aktie am ausgewiesenen Eigenkapital ausgedrückt werden.

Kap. C 2.5

Der Börsenkurs, der sich durch Angebot und Nachfrage ergibt, liegt üblicherweise über dem Bilanzkurs. Das kann zum Teil darauf zurückzuführen sein, dass die Aktionäre vermuten, die AG verfüge über stille Rücklagen (= in der Bilanz nicht ausgewiesenes Eigenkapital). Ein anderer Teil der Differenz ist möglicherweise auf günstige Absatz- und Gewinnerwartungen oder andere spekulative Gründe zurückzuführen.

Stille Rücklagen liegen vor, wenn der in der Bilanz ausgewiesene Buchwert von
- **Vermögensgegenstände geringer ist als ihr tatsächlicher Wert (= Unterbewertung von Aktiva)**
- **Verbindlichkeiten höher ist als ihr tatsächlicher Wert (= Überbewertung von Passiva).**

***Bilanzkurs der HAGA AG** (vgl. Bsp. S. 473 u. 474)*

2017	2018
$\frac{\text{164 Mio. bilanziertes Eigenkapital}}{\text{90 Mio. Grundkapital}} \cdot 100 = 182{,}2\,\%$ 182,2 % von 50 EUR (= fiktiver Nennwert einer Aktie) = 91,11 EUR	$\frac{\text{198 Mio. bilanziertes Eigenkapital}}{\text{100 Mio. Grundkapital}} \cdot 100 = 198\,\%$ 198 % von 50 EUR (= fiktiver Nennwert einer Aktie) = 99,00 EUR
oder	
$\frac{\text{164 Mio. bilanziertes Eigenkapital}}{\text{1,8 Mio. Aktien}} = \text{91,11 EUR je Aktie}$	$\frac{\text{198 Mio. bilanziertes Eigenkapital}}{\text{2 Mio. Aktien}} = \text{99,00 EUR je Aktie}$

Der Bilanzkurs ist gestiegen, weil das bilanzierte Eigenkapital von 2017 auf 2018 stärker gestiegen ist als das Grundkapital. Der Börsenkurs liegt Ende 2018 mit 105 EUR nur geringfügig über dem Bilanzkurs. Das ist aus Sicht der Unternehmensleitung enttäuschend. Wenn angenommen wird, dass die Differenz von 6 EUR zwischen Bilanz- und Börsenkurs ausschließlich auf vermutete stille Rücklagen zurückzuführen ist, lassen sich die vermuteten stillen Rücklagen wie folgt berechnen:

(105 EUR – 99 EUR) · 2 Mio. Aktien = 12 Mio. EUR

Der Bilanzkurs hat nur geringe Aussagekraft. Ein Vergleich zwischen Börsen- und Bilanzkurs lässt keine genauen Rückschlüsse auf die Höhe der vermuteten stillen Rücklagen zu.

6.3.2 Finanzierungsanalyse

Deckungsgrade

Während die Analyse der Kapitalstruktur auf vertikale Kennzahlen zurückgreift, wird die Finanzlage anhand horizontaler Kennzahlen beurteilt. Bei dieser Betrachtung steht die Forderung nach **fristenkongruenter**[1] **Finanzierung** im Vordergrund. Damit ist gemeint, dass die Dauer der Kapitalbindung die Dauer der Kapitalüberlassung nicht überschreiten soll.

Langfristig an das Unternehmen gebundenes Anlagevermögen soll durch langfristig verfügbares Kapital (insbesondere Eigenkapital) gedeckt sein.

Andernfalls kann ein Unternehmen gezwungen sein, Anlagevermögen zu veräußern, um kurzfristige Verbindlichkeiten tilgen zu können.

Die Überprüfung der Einhaltung der Fristengleichheit erfolgt mit Hilfe der **Goldenen Finanzierungsregel** bzw. der durch einzelne Bilanzpositionen konkretisierten **Goldenen Bilanzregel**.

Goldene Finanzierungsregel	Goldene Bilanzregel
$\frac{\text{Langfristiges Kapital}}{\text{Langfristiges Vermögen}} \geq 1$	$\frac{\text{Eigenkapital + langfr. Fremdkapital}}{\text{Anlagevermögen + langfr. Umlaufvermögen}} \geq 1$

Bei langfristig gebundenem Umlaufvermögen handelt es sich um Mindestbestände an Fertigungsmaterial (eiserne Reserve).

1 kongruent (*lat.*): übereinstimmend, deckungsgleich

Aus diesen Regeln ergeben sich folgende Finanzierungskennzahlen (Deckungsgrade):

Finanzierungskennzahlen (Deckungsgrade)	Deckungsgrade der HAGA AG 2018
$\text{Anlagendeckungsgrad I} = \frac{\text{Eigenkapital}}{\text{Anlagevermögen}} \cdot 100$	$\text{Anlagendeckungsgrad I} = \frac{198\ \text{Mio.}}{217\ \text{Mio.}} \cdot 100 = 91{,}2\,\%$
$\text{Anlagendeckungsgrad II} = \frac{\text{Eigenkap.} + \text{langfr. Fremdkap.}}{\text{Anlagevermögen}} \cdot 100$	$\text{Anlagendeckungsgrad II} = \frac{303\ \text{Mio.}}{217\ \text{Mio.}} \cdot 100 = 139{,}6\,\%$

Finanzierungskennzahlen (Deckungsgrade) geben Auskunft darüber, in welchem Umfang das langfristig gebundene Vermögen durch langfristig verfügbares Kapital gedeckt ist.

Je höher der Deckungsgrad, umso mehr wird der Forderung nach Fristenkongruenz entsprochen. Beträgt der Anlagendeckungsgrad mehr als 100 %, werden auch Teile des Umlaufvermögens langfristig finanziert.

Beurteilungsmaßstab und Aussagekraft

Banken beurteilen bei Kreditwürdigkeitsprüfungen die **Anlagendeckung** für das produzierende Gewerbe häufig anhand folgender Kriterien:

Vorgaben für Anlagedeckungsgrade			
Deckungsgrade	**gut**	**mittel**	**schlecht**
Anlagendeckungsgrad I	> 90 %	60–90 %	< 60 %
Anlagendeckungsgrad II	> 150 %	110–150 %	< 110 %

Anlagendeckung *(vgl. Bsp. S. 473)*

Bei der HAGA AG ist 2018 das Anlagevermögen zu 91,2 % durch Eigenkapital und zu 139,6 % durch Eigen- und langfristiges Fremdkapital gedeckt. Der Anlagendeckungsgrad I hat sich von 96,5 % (2017) auf 91,2 % (2018) und der Anlagendeckungsgrad II von 148,8 % (2017) auf 139,6 % (2018) verringert. Die bei der Analyse der Kapitalstruktur aufgedeckte Verschlechterung der langfristigen Finanzierung der HAGA AG wird durch diese Veränderung der Anlagendeckungsgrade bestätigt. Es ergeben sich allerdings noch keine negativen Auswirkungen auf die fristenkongruente Finanzierung, da der Anlagendeckungsgrad II größer als 100 % ist.

Aussagekraft von Finanzierungskennzahlen (Deckungsgrade)	
Stärken	**Schwächen**
▪ Berechnung der Einhaltung des Grundsatzes der Fristenkongruenz ▪ Kontrollinstrument zur Aufrechterhaltung der Liquidität	▪ stille Rücklagen als Teil des Eigenkapitals werden nicht berücksichtigt ▪ Beim Anlagendeckungsgrad II wird unterstellt, dass aus der Nutzung des Vermögens Kapital freigesetzt wird, das für Verzinsung und Tilgung des langfristigen Fremdkapitals genutzt werden kann. Möglicherweise erfolgt die Kapitalfreisetzung aber nicht rechtzeitig oder nicht in der erforderlichen Höhe, um daraus den Kapitaldienst zu finanzieren.

6.3.3 Liquiditätsanalyse

Liquiditätskennzahlen

Unter Liquidität ist die Fähigkeit eines Unternehmens zu verstehen, seinen Zahlungsverpflichtungen fristgerecht nachkommen zu können.

Zur Berechnung der **Liquidität 1. Grades** werden die liquiden Mittel (Kassenbestand, Bankguthaben) ins Verhältnis zu den kurzfristigen Verbindlichkeiten gesetzt. Diese Kennzahl wird auch als **Barliquidität** bezeichnet.

$$\text{Liquidität 1. Grades (Barliquidität)} = \frac{\text{liquide Mittel (Kassenbestand, Bankguthaben)}}{\text{kurzfristige Verbindlichkeiten}} \cdot 100$$

Die **Liquidität 2. Grades** berücksichtigt zusätzlich zu den liquiden Mitteln (und ggf. den Wertpapieren des Umlaufvermögens) auch die kurzfristigen Forderungen. Diese Kennzahl wird auch als **einzugsbedingte Liquidität** bezeichnet, da die kurzfristigen Forderungen erst eingezogen und dadurch in liquide Mittel umwandelt werden müssen. Das Zahlungsverhalten der Kunden spielt bei dieser Kennzahl eine besondere Rolle.

$$\text{Liquidität 2. Grades (einzugsbedingte Liquidität)} = \frac{\text{liquide Mittel + kurzfr. Forderungen}}{\text{kurzfristige Verbindlichkeiten}} \cdot 100$$

Für die **Liquidität 3. Grades** werden zusätzlich noch die Vorräte einbezogen. Da die Vorräte erst verkauft (umgesetzt) werden müssen, um in kurzfristige Forderungen oder Einzahlungen (= liquide Mittel) überführt zu werden, wird diese Kennzahl auch als **umsatzbedingte Liquidität** bezeichnet. Da zumindest mittelfristig alle Vorräte – also auch Roh-, Hilfs- und Betriebsstoffe – nach Verarbeitung und Verkauf zu flüssigen Mitteln werden, gehen in diese Kennzahl nicht nur die halbfertigen und fertigen Erzeugnisse, sondern auch die Materialbestände ein. Bei der Ermittlung dieser Kennzahl dürfen allerdings unverkäufliche Bestände („Ladenhüter") nicht berücksichtigt werden.

$$\begin{array}{l}\text{Liquidität 3. Grades} \\ \text{(umsatzbedingte Liquidität)}\end{array} = \frac{\text{liquide Mittel + kurzfr. Forderungen + Vorräte}}{\text{kurzfristige Verbindlichkeiten}} \cdot 100$$

Häufig wird zur Ermittlung der Liquidität 3 das gesamte Umlaufvermögen ins Verhältnis zu den kurzfristigen Verbindlichkeiten gesetzt.

Liquiditätskennzahlen geben Auskunft darüber, in welchem Umfang am Bilanzstichtag kurzfristige Zahlungsausgänge (kurzfristige Verbindlichkeiten) durch liquide Mittel oder durch mehr oder weniger leicht in liquide Mittel umwandelbare Gegenstände des Umlaufvermögens gedeckt sind.

Beurteilungsmaßstab und Aussagekraft

Für die Beurteilung der Liquiditätskennzahlen werden häufig folgende Mindestwerte zugrunde gelegt:

Barliquidität	einzugsbedingte Liquidität	umsatzbedingte Liquidität
1:5-Regel (Cash Ratio) Mindestens ein Fünftel der kurzfristigen Verbindlichkeiten soll durch liquide Mittel gedeckt sein. Richtwert: mindestens 20 % (Vorgabe ist aber schwierig)	**1:1-Regel (Quick Ratio)** Die kurzfristigen Verbindlichkeiten sollen in vollem Umfang durch liquide Mittel und kurzfristige Forderungen gedeckt sein. Richtwert: mindestens 100 %	**2:1-Regel (Current Ratio)** Höchstens die Hälfte des Umlaufvermögens soll durch kurzfristiges Fremdkapital finanziert sein. Kennzahl: 150 % bis 200 %

Abweichend von diesen Regeln beurteilen Banken bei Kreditwürdigkeitsprüfungen die **Liquidität** häufig anhand folgender Kriterien:

Vorgaben für die Liquidität			
Liquidität	**gut**	**mittel**	**schlecht**
Liquidität I	> 90 %	50–90 %	< 50 %
Liquidität II	> 110 %	90–110 %	< 90 %
Liquidität III	> 170 %	130–170 %	< 130 %

Liquidität der HAGA AG zum 31.12.2018 *(vgl. Bsp. S. 473)*

Bei der HAGA AG hat sich die Liquiditätslage verschlechtert.

	2017	2018
Liquidität 1	17,9 %	2,1 %
Liquidität 2	197,4 %	105,4 %
Liquidität 3	312,8 %	193,5 %

Die kurzfristigen Verbindlichkeiten sind erheblich schneller gestiegen als das Umlaufvermögen. Während die Liquidität 2. und 3. Grades auch 2018 annähernd die Norm erfüllen, liegt die Liquidität 1. Grades erheblich darunter. Wenn sich diese Tendenz nach 2018 fortsetzt, sind ernsthafte Liquiditätsschwierigkeiten zu erwarten.

$$\text{Liquidität 1. Grades (Barliquidität)} = \frac{2\text{ Mio.}}{92\text{ Mio.}} \cdot 100 = 2{,}1\,\%$$

$$\text{Liquidität 2. Grades (einzugsbedingte Liquidität)} = \frac{97\text{ Mio.}}{92\text{ Mio.}} \cdot 100 = 105{,}4\,\%$$

$$\text{Liquidität 3. Grades (umsatzbedingte Liquidität)} = \frac{178\text{ Mio.}}{92\text{ Mio.}} \cdot 100 = 193{,}5\,\%$$

Aussagekraft von Liquiditätskennzahlen
Schwächen
■ Zeit**punkt**betrachtung zum Bilanzstichtag (Stichtagsliquidität) ■ keine Aussagen über künftige Liquidität ■ GuV-Rechnung wird nicht berücksichtigt. Die Bilanz enthält aber nicht alle Größen, die Auswirkung auf die Liquidität haben (z. B. fällige Lohn-, Miet- und Steuer**nachzahlungen**) ■ Konflikt zwischen Liquidität und Rentabilität nicht berücksichtigt (hohe Liquidität belastet die Rentabilität, da die liquiden Mittel nicht zinsbringend angelegt sind)

Kap. D 6.5

Die beschränkte Aussagekraft der aus der Bilanz abgeleiteten Liquiditätskennzahlen hat zu einer dynamischen Betrachtung der Liquidität mit Hilfe der **Cashflow-Analyse** geführt.

Zusammenfassende Übersicht zu Kap. 6.3: Auswertung der Bilanz (Bilanzanalyse)

Bilanzkennzahlen		
Kapitalstruktur	**Finanzierung**	**Liquidität**
Eigenkapitalquote $= \frac{\text{Eigenkapital}}{\text{Gesamtkapital}} \cdot 100$	**Goldene Finanzierungsregel** $= \frac{\text{langfristiges Kapital}}{\text{langfristiges Vermögen}} \geq 1$	**Liquidität 1** $= \frac{\text{liquide Mittel}}{\text{kurzfr. Verbindlichk.}} \cdot 100$
Fremdkapitalquote $= \frac{\text{Fremdkapital}}{\text{Gesamtkapital}} \cdot 100$	**Goldene Bilanzregel** $= \frac{\text{Eigenkap. + langfr. Fremdkapital}}{\text{Anlageverm. + langfr. Umlaufvermögen}} \geq 1$	**Liquidität 2** $= \frac{\text{liquide Mittel + kurzfr. Forderungen}^{*)}}{\text{kurzfr. Verbindlichk.}} \cdot 100$ *) einschließlich WP des UV
Verschuldungsgrad $= \frac{\text{Fremdkapital}}{\text{Eigenkapital}} \cdot 100$	**Anlagendeckungsgrad I** $= \frac{\text{Eigenkapital}}{\text{Anlagevermögen}} \cdot 100$	**Liquidität 3** $= \frac{\text{Umlaufvermögen}}{\text{kurzfr. Verbindlichk.}} \cdot 100$
Bilanzkurs in %: $\frac{\text{Eigenkapital}}{\text{Grundkapital}} \cdot 100$ Eigenkapital je Aktie: $\frac{\text{Eigenkapital}}{\text{Zahl der Aktien}}$	**Anlagendeckungsgrad II** $= \frac{\text{Eigenkap. + langfr. Fremdkapital}}{\text{Anlagevermögen}} \cdot 100$	

Wiederholung des Grundwissens

zu Kapitel 6.3 Auswertung der Bilanz (Bilanzanalyse)

6.3.1 Analyse der Kapitalstruktur

1. Nennen Sie drei Bilanzkennzahlen zur Analyse der Kapitalstruktur und deren Berechnungsweise.
2. Welche Werte sollen diese Kennzahlen in einem Industriebetrieb mindestens aufweisen, damit sie als „gut“ angesehen werden können?
3. Nennen Sie Stärken und Schwächen der Aussagekraft von Kennzahlen zur Kapitalstruktur.
4. Was gibt der Bilanzkurs an und wie kann er berechnet werden?
5. Welche Gründe können vorliegen, wenn der Börsenkurs über dem Bilanzkurs liegt?

6.3.2 Finanzierungsanalyse

1. Was ist unter der „goldenen Finanzierungsregel“ bzw. unter der „goldenen Bilanzregel“ zu verstehen?
2. Wodurch unterscheiden sich Anlagendeckungsgrad I und Anlagendeckungsgrad II? Wie werden diese Kennzahlen berechnet?
3. Welche Werte sollen die Deckungsgrade in einem Industriebetrieb mindestens aufweisen, damit sie als „gut“ angesehen werden können?
4. Nennen Sie Stärken und Schwächen der Aussagekraft von Finanzierungskennzahlen.

6.3.3 Liquiditätsanalyse

1. Was ist unter Liquidität zu verstehen?
2. Wodurch unterscheiden sich die drei Kennzahlen zur Liquidität ersten, zweiten und dritten Grades?
3. Welche Werte sollen die Liquiditätsgrade mindestens aufweisen, damit sie als „gut“ angesehen werden können?
4. Nennen Sie Schwächen der Aussagekraft von Liquiditätskennzahlen.

Aufgaben und Probleme

zu Kapitel 6.3 Auswertung der Bilanz (Bilanzanalyse)

6.3.1 Bilanzanalyse

LA

Die aufbereitete Schlussbilanz des Fahrradherstellers Mobil AG weist folgende Daten auf:

Aktiva **Strukturbilanz der Mobil AG zum 31.12.20..** (in Tsd. EUR) **Passiva**

	Berichtsjahr	Vorjahr		Berichtsjahr	Vorjahr
Anlagevermögen			**Eigenkapital**	**1800**	**2000**
1. Sachanlagen	1800	1800	kurzfristiges Fremdkapital	620	520
2. Finanzanlagen	200	300	langfristiges Fremdkapital	1580	1280
gesamtes Anlageverm.	**2000**	**2100**	**gesamtes Fremdkapital**	**2200**	**1800**
Umlaufvermögen					
1. Vorräte	1200	1000			
2. kurzfr. Forderungen	600	400			
3. liquide Mittel	200	300			
gesamtes Umlaufverm.	**2000**	**1700**			
Gesamtsumme Aktiva	**4000**	**3800**	**Gesamtsumme Passiva**	**4000**	**3800**

1. Ermitteln Sie für das Vorjahr und das Berichtsjahr folgende Bilanzkennzahlen:
   - Eigenkapitalquote, Fremdkapitalquote, Verschuldungsgrad
   - Anlagendeckungsgrad I und II
   - Liquidität 1., 2. und 3. Grades.

   Was sagen diese Kennzahlen aus?
2. Vergleichen Sie die ermittelten Werte mit den von Banken bei der Kreditwürdigkeitsprüfung von Industriebetrieben zugrunde gelegten Richtwerten (vgl. Kap. 6.3).
3. Beurteilen Sie anhand der Kennzahlen die wirtschaftliche Lage und Entwicklung der MOBIL AG. Begründen Sie Ihre Aussagen.

6.3.2 Bilanzkennzahlen – Strukturbilanz

Das Anlagevermögen eines Industriebetriebes beträgt 2 Mio. EUR. Das sind 50 % des Gesamtvermögens. Der Anlagendeckungsgrad I beträgt 70 %.

1. Berechnen Sie die Eigenkapitalquote, die Fremdkapitalquote und den Verschuldungsgrad.
2. Berechnen Sie den Anlagendeckungsgrad II, wenn 60 % des Fremdkapitals langfristig zur Verfügung stehen.
3. Berechnen Sie die Liquidität 1., 2. und 3. Grades, wenn die Vorräte 60 % und die Forderungen 35 % des Umlaufvermögens betragen.
4. Erstellen Sie eine Strukturbilanz.
5. Warum ist insbesondere die Aussagekraft von Liquiditätskennzahlen sehr eingeschränkt?
6. Beurteilen Sie die wirtschaftliche Lage des Unternehmens anhand der Kennzahlen.

6.3.3 Bilanz- und Börsenkurs – Stille Rücklagen – Anlagendeckung

Die Bilanz der MÖBA AG weist nach der Gewinnverwendung unten stehende Eigenkapitalpositionen aus. Der Börsenkurs für eine 5,00 EUR-Aktie liegt derzeit bei 19,80 EUR.

Gezeichnetes Kapital	5,0 Mio. EUR
Kapitalrücklage	1,0 Mio. EUR
gesetzliche Rücklage	0,5 Mio. EUR
andere Gewinnrücklagen	4,0 Mio. EUR
Gewinnvortrag	0,1 Mio. EUR
Summe	**10,6 Mio. EUR**

1. Ermitteln Sie den Bilanzkurs in Prozent und den Eigenkapitalanteil je Aktie.
2. Wie hoch sind die vermuteten stillen Rücklagen, wenn davon auszugehen ist, dass die Hälfte des Unterschiedes zwischen Bilanz- und Börsenkurs auf vermuteten stillen Rücklagen beruht?
3. Welche anderen Ursachen kann die Abweichung zwischen Bilanz- und Börsenkurs haben?
4. Welche Auswirkungen haben stille Rücklagen bei der Beurteilung von Kennzahlen zur Anlagendeckung?

6.4 Auswertung der Gewinn- und Verlustrechnung (Ergebnisanalyse)

6.4.1 Rentabilität

Rentabilitätskennzahlen

Das Verhältnis von Gewinn zu eingesetztem Kapital wird als Rentabilität bezeichnet.

Die Rentabilität ist ein Beurteilungsmaßstab für die Verzinsung des eingesetzten Kapitals.

Aufg. 6.4.1 S. 495

Je nach Betrachtungsweise lassen sich auf der Grundlage von Bilanz und Gewinn- und Verlustrechnung verschiedene Rentabilitätskennzahlen ermitteln.

Eigenkapitalrentabilität

Zur Ermittlung der Eigenkapitalrentabilität wird der Gewinn als Prozentsatz des Eigenkapitals ausgedrückt.

$$\text{Eigenkapitalrentabilität} = \frac{\text{Gewinn}}{\text{Eigenkapital}} \cdot 100$$

Sofern das Eigenkapital am Jahresanfang und am Jahresende bekannt ist, sollte nach Möglichkeit statt des Anfangskapitals das durchschnittliche Eigenkapital zwischen den beiden Bilanzstichtagen als Bezugsgrundlage gewählt werden. Der während des Jahres anfallende Gewinn erhöht nämlich laufend das Eigenkapital, so dass auf diese Weise das während eines Geschäftsjahres **durchschnittlich** eingesetzte Eigenkapital berücksichtigt wird.

$$\varnothing \text{ Eigenkapital} = (\text{Anfangsbestand} + \text{Endbestand}) / 2$$

Die Eigenkapitalrentabilität gibt an, mit wie viel Prozent sich das von den Eigentümern eines Unternehmens zur Verfügung gestellte Kapital (= Eigenkapital) verzinst.

Gesamtkapitalrentabilität

Zur Ermittlung der Gesamtkapitalrentabilität wird der Gewinn zuzüglich der Fremdkapitalzinsen als Prozentsatz des Gesamtkapitals ausgedrückt.

Auch in diesem Fall sollte nach Möglichkeit statt des Anfangskapitals das durchschnittliche Gesamtkapitals als Bezugsgrundlage gewählt werden.

$$\text{Gesamtkapitalrentabilität} = \frac{\text{Gewinn} + \text{Fremdkapitalzinsen}}{\text{Gesamtkapital}} \cdot 100$$

Das insgesamt eingesetzte Kapital hat neben dem Jahresüberschuss auch die Mittel zur Begleichung der Fremdkapitalzinsen erwirtschaftet. Da diese Zinsen bei der Gewinnermittlung als Aufwand abgezogen wurden, werden sie bei der Ermittlung der Gesamtkapitalrentabilität zum Jahresüberschuss hinzugerechnet.

Die Gesamtkapitalrentabilität gibt an, mit wie viel Prozent sich das in einem Unternehmen insgesamt eingesetzte Kapital verzinst.

Umsatzrentabilität

Zur Ermittlung der Umsatzrentabilität wird der Gewinn als Prozentsatz des Umsatzes ausgedrückt.

Aufg. 6.4.2 S. 495

$$\text{Umsatzrentabilität} = \frac{\text{Gewinn}}{\text{Umsatz}} \cdot 100$$

Die Umsatzrentabilität gibt an, wie viel Prozent des Umsatzes auf den Gewinn entfallen (Umsatzrendite).

Die Umsatzrentabilität eignet sich insbesondere zur Beurteilung des wirtschaftlichen Erfolgs eines Unternehmens im Vergleich zu anderen Unternehmen der Branche.

Beurteilungsmaßstab und Aussagekraft

Banken beurteilen bei Kreditwürdigkeitsprüfungen die **Rentabilität** häufig anhand folgender Kriterien:

Vorgaben für die Eigenkapitalrentabilität			
Branche	**gut**	**mittel**	**schlecht**
alle Branchen	> 30 %	10–30 %	< 10 %
Die Eigenkapitalrentabilität wird als ausreichend angesehen, wenn der marktübliche Zinssatz (Kapitalmarktzinssatz für langfristig angelegtes Kapital) und eine dem Unternehmensrisiko entsprechende Prämie (ggf. einschließlich eines Unternehmerlohns) erwirtschaftet wurde. Langfristig soll die Eigenkapitalrentabilität deutlich über dem Kapitalmarktzinssatz liegen.			

Branchenabhängige Vorgaben für die Gesamtkapitalrentabilität			
Branche	**gut**	**mittel**	**schlecht**
produzierendes Gewerbe	> 12 %	8–10 %	< 8 %
Handel	> 14 %	8–14 %	< 8 %
sonst. Dienstleistungen	> 12 %	6–12 %	< 6 %

Branchenabhängige Vorgaben für die Umsatzrentabilität			
Branche	**gut**	**mittel**	**schlecht**
produzierendes Gewerbe	> 8 %	4–8 %	< 4 %
Handel	> 5 %	2–5 %	< 2 %
sonst. Dienstleistungen	> 12 %	6–12 %	< 6 %

Rentabilität der HAGA AG *(vgl. Bsp. S. 473 u. 474)*

Bei der HAGA AG hat sich 2018 das durchschnittliche Eigenkapital mit 11,6 % und das durchschnittliche Gesamtkapital mit 9,0 % verzinst. Das kann als gerade noch zufrieden stellend angesehen werden. 5,4 % des Umsatzes entfielen auf den Gewinn. Auch dieser Wert liegt im mittleren Branchendurchschnitt.

$$\textbf{Eigenkapitalrentabilität} = \frac{21\ \text{Mio.}}{181\ \text{Mio.}} \cdot 100 = 11{,}6\ \%$$

$$\textbf{Gesamtkapitalrentabilität} = \frac{21\ \text{Mio.} + 10\ \text{Mio.}}{343{,}5\ \text{Mio.}} \cdot 100 = 9{,}0\ \%$$

$$\textbf{Umsatzrentabilität} = \frac{21\ \text{Mio.}}{386\ \text{Mio.}} \cdot 100 = 5{,}4\ \%$$

Aussagekraft von Rentabilitätskennzahlen	
Stärken	**Schwächen**
▪ Eigenkapitalrentabilität: für branchenübergreifende Vergleiche geeignet ▪ Gesamtkapitalrentabilität: für branchenübergreifende Vergleiche geeignet ▪ Umsatzrentabilität: – Umsatz weitgehend frei von bilanzpolitischen Einflüssen – reagiert sensibel auf Veränderungen und signalisiert Fehlentwicklungen frühzeitig, da sowohl Markteinflüsse (Absatzmenge, Preis) als auch betriebsinterne Faktoren (Aufwendungen) berücksichtigt werden – gut geeignet für Betriebsvergleiche innerhalb derselben Branche	▪ Eigenkapitalrentabilität: – Verschuldung wird nicht berücksichtigt – bilanzpolitische Maßnahmen (Bilanzierungswahlrechte) können Ergebnis verfälschen ▪ Gesamtkapitalrentabilität: stark abhängig von bilanzpolitischen Maßnahmen (s. o.) ▪ Umsatzrentabilität: stark produkt- und branchenabhängig

6.4.2 Return on Investment

Aufg. 6.4.3 S. 496

Einzelkennzahlen haben den Nachteil, dass sie isoliert oft einen nur geringen Aussagewert aufweisen. Daher werden häufig Größen, die sich ergänzen oder abhängig voneinander sind, zu einem **Kennzahlensystem** zusammengefasst. Das älteste und bekannteste betriebswirtschaftliche **Kennzahlensystem** ist das **DuPont-System**[1] zur Ermittlung des **Return on Investment (ROI)**.

ROI-Aufspaltung: Umsatzrentabilität und Kapitalumschlagshäufigkeit

Der **Return on Investment** (ROI) ist eine aus der Umsatzrentabilität und der Umschlagshäufigkeit des Kapitals zusammengesetzte Kennzahl. Das Verhältnis von Umsatz zu Gesamtkapital **(Kapitalumschlagshäufigkeit)** gibt an, wie oft das eingesetzte Kapital in einer Periode über die Umsatzerlöse zurückgeflossen ist.[2]

Der Return on Investment (ROI) gibt Auskunft über den Erfolg des im Unternehmen gebundenen Kapitals (Kapitalrendite).

$$\text{Return on Investment} = \frac{\text{Gewinn}}{\text{Umsatz}} \cdot \frac{\text{Umsatz}}{\text{Gesamtkapital}} \cdot 100$$

Auf den ersten Blick ist es nahe liegend, den Umsatz aus der obigen Formel zu kürzen, so dass lediglich das Verhältnis von Gewinn zu Gesamtkapital übrig bleibt. Sinnvolle Aussagen lässt der ROI aber nur zu, wenn die **Entwicklung des Zusammenwirkens** der beiden Faktoren analysiert wird. Die Aufspaltung auf die beiden Komponenten ermöglicht es, die Ursachen für Ergebnisveränderungen genauer festzustellen.

Die Formel für den Return on Investment lässt die Wechselwirkungen zwischen Gewinn, Umsatz und Gesamtkapital erkennen.

1 Diese Form der Berechnung wurde erstmals 1919 vom amerikanischen Chemieunternehmen DuPont angewandt.

2 In der Fachliteratur herrscht Uneinigkeit darüber, ob neben dem Gewinn auch die Fremdkapitalzinsen berücksichtigt werden sollen. In diesem Fall würde der ROI der Gesamtrentabilität entsprechen (vgl. B 6.4.1). Der Grund für die uneinheitliche Vorgehensweise liegt darin, dass bei der erstmaligen ROI-Berechnung keine Fremdkapitalzinsen berücksichtigt wurden, weil das Chemieunternehmen DuPont damals nicht mit verzinslichem Fremdkapital gearbeitet hat.

Weitere Aufspaltung des ROI: ROI-Baum

Eine weitere Aufspaltung der Umsatzrentabilität zeigt die verschiedenen Kosteneinflussfaktoren. Eine Aufspaltung des Kapitalumschlages gibt Auskunft über das Anlage- und Umlaufvermögen.

Return on Investment und seine Einflussfaktoren (ROI-Baum)

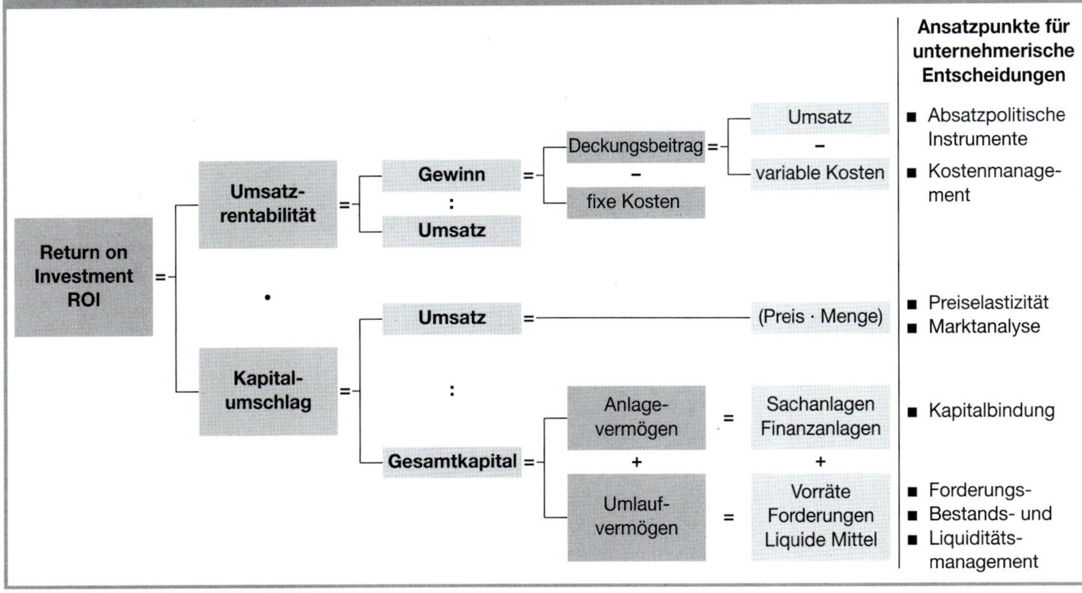

Aufg. 6.4.4 u. 6.4.5 S. 497

Wenn der Gewinn bei gleich bleibendem Umsatz sinkt (= geringere Gewinnspanne), sinkt die Umsatzrentabilität. Um trotzdem einen unveränderten ROI zu erzielen, muss die Kapitalumschlagshäufigkeit steigen. Eine Erhöhung der Kapitalumschlagshäufigkeit kann wiederum durch eine Umsatzsteigerung und/oder eine Verringerung des Kapitaleinsatzes erreicht werden. Je höher die Umschlagshäufigkeit ist, desto geringer kann die Gewinnspanne sein, um einen vorgegebenen ROI (= Kapitalrendite) zu erzielen.

Return on Investment der HAGA AG

Für die HAGA AG *(vgl. Bsp. S. 473 und 474)* ergibt sich – bezogen auf das durchschnittliche Gesamtkapital – für 2018 ein ROI von 6,1 %.

$$\textbf{ROI} = \frac{21 \text{ Mio.}}{386 \text{ Mio.}} \cdot \frac{386 \text{ Mio.}}{343{,}5 \text{ Mio.}} \cdot 100 = 6{,}1\,\%$$

Eine Analyse der einzelnen Faktoren führt zu folgendem Ergebnis:

Umsatzrentabilität	Kapitalumschlagshäufigkeit	ROI
5,44 %	1,12	6,1 %

Diese Ergebnisse deuten darauf hin, dass die Kapitalumschlagshäufigkeit sehr niedrig ist. Der Umsatz hat mit der im Jahr 2018 vorgenommenen Eigenkapitalerhöhung und der zusätzlichen Verschuldung (noch) nicht in entsprechendem Maße Schritt gehalten.

6.4.3 Zusammenhang zwischen Verschuldungsgrad und Eigenkapitalrentabilität: Leverage-Effekt

Die Höhe der Eigenkapitalrentabilität hängt u. a. von der Höhe des eingesetzten Fremdkapitals und dessen Verzinsung ab. Die Wirkungen vermehrten Fremdkapitaleinsatzes (= Erhöhung des Verschuldungsgrades) auf die Eigenkapitalrentabilität wird als **Leverage[1]-Effekt** (Hebel-Effekt) bezeichnet. Das folgende Beispiel verdeutlicht den Zusammenhang zwischen Verschuldungsgrad, Eigen- und Gesamtkapitalrentabilität.

Aufg. 6.4.6 S. 497

Positive Hebelwirkung des Fremdkapitals

Leverage-Effekt

Ein Unternehmen mit einem Gesamtkapital von 100 000 EUR, das vollständig aus Eigenkapital besteht, erzielt einen Gewinn von 10 000 EUR (Fall 1). Eigen- und Gesamtkapitalrentabilität betragen in diesem Fall 10 %. Werden Teile des Eigenkapitals unter sonst unveränderten Bedingungen nach und nach durch Fremdkapital (Zinssatz 7 %) ersetzt (Fälle 2 bis 4), ergeben sich folgende Eigenkapitalrentabilitäten:

	Fall 1	Fall 2	Fall 3	Fall 4
Gesamtkapital in EUR	100 000	100 000	100 000	100 000
Fremdkapital in EUR	0	25 000	50 000	75 000
Eigenkapital in EUR	100 000	75 000	50 000	25 000
Verschuldungsgrad (FK/EK) in %	0	33	100	300
Gewinn vor Zinsen in EUR	10 000	10 000	10 000	10 000
Fremdkapitalzinsen in EUR (7 % vom FK)	0	1 750	3 500	5 250
Gewinn nach Zinsen in EUR	10 000	8 250	6 500	4 750
Eigenkapitalrentabilität in %	10	11	13	19
Gesamtkapitalrentabilität in %	10	10	10	10

Ergebnis: Mit zunehmendem Verschuldungsgrad steigt die Eigenkapitalrentabilität. Das Fremdkapital wirkt wie ein Hebel zur Erhöhung der EK-Rentabilität (Leverage-Effekt). Das ist aber nur möglich, weil im vorliegenden Beispiel der Zinssatz für das Fremdkapital (7 %) geringer als die Gesamtrentabilität (10 %) ist. Der mit dem Fremdkapital erzielte Gewinn ist also höher als die Kosten für die Überlassung des Fremdkapitals.

Der Leverage-Effekt besagt, dass bei zusätzlichem Einsatz von Fremdkapital anstelle von Eigenkapital (= steigender Verschuldungsgrad) die Eigenkapitalrentabilität zunimmt, solange der Zinssatz für das gesamte Fremdkapital niedriger als die Gesamtkapitalrentabilität ist.

Dieser Zusammenhang lässt sich auch durch folgende Formel darstellen:

EK = Eigenkapital
FK/EK = Verschuldungsgrad
R_{EK} = Eigenkapitalrentabilität
P_{FK} = Zinssatz für Fremdkapital

Leverage Formel

$$R_{EK} = R_{GK} + \frac{FK}{EK} \cdot (R_{GK} - P_{FK})$$

FK = Fremdkapital
R_{GK} = Gesamtkapitalrentabilität

Ist der Zinssatz (P_{FK}) für das gesamte Fremdkapital kleiner als die Gesamtrentabilität (R_{GK}), lässt sich durch die Erhöhung des Verschuldungsgrades (FK/EK) die Eigenkapitalrentabilität R_{EK} erhöhen.

1 Leverage *(engl.)*: Hebelwirkung

Negative Hebelwirkung des Fremdkapitals (Leverage risk)

Der Leverage-Effekt kann sich aber auch in umgekehrter Richtung auswirken. Sinkt die Gesamtkapitalrentabilität unter den Fremdkapitalzinssatz, so **sinkt** die Eigenkapitalrentabilität umso stärker, je höher der Verschuldungsgrad ist. Es kann sogar zu einer Verminderung des Eigenkapitals kommen, wenn durch die Fremdkapitalzinsen Verluste entstehen.

Liegt der Zinssatz für das gesamte Fremdkapital über der Gesamtrentabilität, sinkt mit zunehmendem Einsatz von Fremdkapital zulasten vom Eigenkapital (= zunehmender Verschuldungsgrad) die Eigenkapitalrentabilität (Leverage risk).

Grenzen des Leverage-Effekts in der Praxis

Das theoretische Ziel, durch eine Erhöhung des Verschuldungsgrades eine möglichst hohe Eigenkapitalrentabilität zu erzielen, ist in Wirklichkeit nicht erreichbar. Ein Kreditgeber würde bei zunehmendem Verschuldungsgrad

- wegen des erhöhten Risikos höhere Zinsen verlangen, so dass eine negative Wirkung des Leverage-Effektes eintreten kann,
- aus Sicherheitsgründen auf der Einhaltung bestimmter horizontaler Finanzierungsregeln (z. B. Anlagendeckungsgrad I) bestehen. Dadurch wird die Möglichkeit zur Ausnutzung des Leverage-Effektes eingeschränkt.

6.4.4 Cashflow-Analyse

Aufg. 6.4.7
S. 498

Der Cashflow ist der Überschuss der Einzahlungen über die Auszahlungen (Einzahlungsüberschuss) in einer Periode.

Dieser Einzahlungsüberschuss steht für die Finanzierung von Investitionen, zur Schuldentilgung oder zur Aufrechterhaltung der Liquidität zur Verfügung.

Der Cashflow gibt darüber Auskunft, in welchem Umfang ein Unternehmen Mittel aus eigener Kraft zur Finanzierung von Investitionen oder zur Tilgung von Schulden aufbringen kann (Innenfinanzierungskraft).

Ermittlung des Cashflows: Praktikerformel

Zur direkten Ermittlung des Cashflows müssten von den Einzahlungen eines Geschäftsjahres die Auszahlungen abgezogen werden. Da die dafür erforderlichen Daten für Außenstehende nicht zugänglich sind, wird der Cashflow meistens **indirekt** aus den Größen der GuV-Rechnung wie folgt ermittelt.

Ausgangspunkt ist der in der GuV-Rechnung ausgewiesene Gewinn bzw. Jahresüberschuss. Der Gewinn gibt aber keine Auskunft über die **Zahlungsfähigkeit** des Unternehmens. Einerseits mindern Abschreibungen und die Bildung von Rückstellungen den Gewinn, ohne dass sie im selben Jahr zu einem Zahlungsmittelabfluss wie bei den anderen Aufwandsarten (z. B. Löhne, Materialaufwand, Energie) führen. Andererseits erhöhen Zuschreibungen und die erfolgswirksame Auflösung von Rückstellungen den Gewinn, ohne dass sie zu einem Zahlungsmittelzufluss führen. Um vom Gewinn auf den Einzahlungsüberschuss schließen zu können, muss der Gewinn um nicht liquiditätswirksame Aufwendungen und Erträge korrigiert werden. In der einfachsten und zugleich gebräuchlichsten Form der Cashflow-Berechnung beschränkt sich die Korrektur auf Abschreibungen/Zuschreibungen einerseits und auf die Erhöhung/Verminderung langfristiger Rückstellungen (insbesondere Pensionsrückstellungen) andererseits[1]. Abschreibungen und Rückstellungen, die den Gewinn zwar verringern, nicht aber zu Auszahlungen geführt haben, werden wieder hinzugezählt. Zuschreibungen und die erfolgswirksame Auflösung von Rückstellungen, die den Gewinn zwar erhöht, nicht aber zu Einzahlungen geführt haben, werden wieder abgezogen. Diese Form der Cashflow-Berechnung wird auch als **Praktikerformel** bezeichnet.

Cashflow-Berechnung (Praktikerformel)
Gewinn nach Steuern (Jahresüberschuss)
+ Abschreibungen
– Zuschreibungen
+ Erhöhung der langfristigen Rückstellungen
– Verminderung der langfristigen Rückstellungen
= Brutto-Cashflow
– Gewinnausschüttung
= Netto-Cashflow

Der Cashflow gibt Auskunft über die Ertrags- und Innenfinanzierungskraft eines Unternehmens.

Cashflow-Umsatzrate

Häufig wird der Brutto-Cashflow auch in Prozent des Umsatzes angegeben. Diese Größe (Cashflow-Umsatzrate) gibt Auskunft darüber, wie viel Prozent des Umsatzes für Investitionen, Schuldentilgung und Gewinnausschüttung zur Verfügung stehen.

$$\text{Cashflow-Umsatzrate} = \frac{\text{Brutto-Cashflow}}{\text{Umsatz}} \cdot 100$$

Cashflow der HAGA AG

Für die HAGA AG *(vgl. Bsp. S. 474)* ergibt sich im Jahr 2018 folgender Cashflow:

Jahresüberschuss	21,0 Mio. EUR
+ Abschreibungen	16,0 Mio. EUR
– Zuschreibungen	17,0 Mio. EUR
+ Erhöhung der langfr. Rückstellungen	1,0 Mio. EUR
= Brutto-Cashflow	**21,0 Mio. EUR**
– Gewinnausschüttung	10,5 Mio. EUR
= Netto-Cashflow	**10,5 Mio. EUR**

Der HAGA AG stehen im Jahr 2018 10,5 Mio. EUR zur Innenfinanzierung, Schuldentilgung und Liquiditätssicherung zur Verfügung. Das ist angesichts des langfristigen Fremdkapitals in Höhe von 94 Mio. EUR, für das Zins- und Tilgungsleistungen erbracht werden müssen, sehr wenig. Die Cashflow-Umsatzrate beträgt lediglich 5,4 %.

$$\textbf{Cashflow-Umsatzrate} = \frac{21{,}0 \text{ Mio.}}{386 \text{ Mio.}} \cdot 100 = 5{,}44\ \%$$

1 Auf die Berücksichtigung anderer nicht zahlungwirksamer Aufwendungen (z. B. Bestandsminderungen an FE und UE) und Erträge (z. B. Bestanderhöhungen an FE und UE, aktivierte Eigenleistungen) wird bei dieser einfachen Form der Cashflow-Berechnung verzichtet.

Aussagekraft des Cashflows

Aussagekraft des Cashflows	
Stärken	**Schwächen**
▪ Cashflow ist weniger durch bilanzpolitische Maßnahmen manipulierbar als der Jahresüberschuss ▪ Ein steigender JÜ bei weniger stark steigendem oder sogar sinkendem Cashflow gilt als Warnsignal (Ausnützung von Bewertungsspielräumen zu JÜ-Erhöhung). ▪ Zeigt, inwieweit z. B. Abschreibungen den JÜ beeinflussen.	▪ Häufig wird stillschweigend unterstellt, der Cashflow sei in liquider Form vorhanden. Teile des Cashflow können aber schon wieder oder noch investiert sein (z. B. in Erzeugnissen oder Forderungen). ▪ Für den Vergleich von Unternehmen mit unterschiedlich hohem Anlagevermögen und unterschiedlich hohen Abschreibungen liefert der Cashflow keine vergleichbaren Informationen. ▪ Im Gegensatz zum JÜ, dessen Art der Ermittlung im HGB genau festgelegt ist, gibt es über 20 verschiedene Arten zur Berechnung eines Cashflows.

6.4.5 Ergebnis vor Zinsen und Ertragsteuern: EBIT

EBIT

Aufg. 6.4.8 S. 498

EBIT bedeutet *Earnings before Interest and Taxes* (Ergebnis vor Zinsen und Ertragsteuern). Diese international sehr gebräuchliche absolute Kennzahl soll das **ordentliche Betriebsergebnis** widerspiegeln. Zu ihrer Ermittlung wird der Gewinn um außerordentliche Erfolgsvorgänge, Zinsen und Ertragsteuern bereinigt.

EBIT-Rechnung
Jahresüberschuss *lt. GuV-Rechnung*
± außerordentliches Ergebnis
+ *außerordentlicher Aufwand*
− *außerordentliche Erträge*
+ Ertragssteuern
± Finanzergebnis
+ *Zinsaufwendungen*
− *Zinserträge*
= **EBIT** *(Earnings before Interest and Taxes)*
+ planmäßige Abschreibungen
= **EBITDA**

EBITDA

Werden zum EBIT die Abschreibungen hinzugezählt ergibt sich die ebenfalls sehr gebräuchliche Kennzahl **EBITDA**: Ergebnis vor Zinsen, Steuern und Abschreibungen *(Earnings before Interest, Taxes, Depreciation and Amortization)*. Das **EBITDA** ist eine **Cashflow-Größe**. Sie gibt – sofern keine Veränderung der langfristigen Rückstellungen vorliegt – den Einzahlungsüberschuss aus dem eigentlichen Betriebszweck (= operatives Geschäft) an. Dieser **Einzahlungsüberschuss** steht für Investitionen, Schuldentilgung und Gewinnausschüttung zur Verfügung.

Kap. D 6.4.4

Aussagekraft des EBIT – EBIT-Marge

Die Kennzahl EBIT ermöglicht den Vergleich von Unternehmen mit unterschiedlicher Rechtsform und Kapitalausstattung. Durch die Addition der zur Ermittlung des Jahresüberschusses abgezogenen Ertragsteuern wird zudem ein internationaler Vergleich der Ertragskraft unabhängig von den jeweiligen Steuersätzen in den einzelnen Ländern möglich. Anhand des EBIT kann somit das Betriebsergebnis verschiedener Geschäftsjahre und/oder Unternehmen direkt verglichen werden, ohne dass die Resultate durch schwankende Steuersätze, Zinsaufwendungen oder sonstige außerordentliche Faktoren verzerrt werden. Aussagekräftig wird die Kennzahl EBIT aber erst in Verbindung mit anderen Erfolgsgrößen (z. B. Umsatz) und den mit Hilfe des EBIT gebildeten neuen Kennzahlen (z. B. EBIT-Marge).

$$\text{EBIT-Marge} = \frac{\text{EBIT}}{\text{Umsatz}} \cdot 100$$

Die EBIT-Marge zeigt, wie viel Prozent des Umsatzes auf das ordentliche Betriebsergebnis (= operativer Gewinn) entfallen.

Die **EBIT-Marge** gibt Auskunft über die **Ertragskraft** eines Unternehmens.

EBIT der HAGA AG

Jahresüberschuss *lt. GuV*	21 Mio. EUR
+ außerordentliche Aufwendungen	5 Mio. EUR
– außerordentliche Erträge	25 Mio. EUR
+ Ertragsteuern	9 Mio. EUR
+ Zinsaufwendungen	10 Mio. EUR
– Zinserträge	13 Mio. EUR
= EBIT	**7 Mio. EUR**
+ planmäßige Abschreibungen	12 Mio. EUR
= EBITDA	**19 Mio. EUR**

$$\text{EBIT-Marge} = \frac{7\text{ Mio. EUR}}{386\text{ Mio. EUR}} \cdot 100 = 1{,}81\,\%$$

Für die HAGA AG *(vgl. Bsp. S. 474 bzw. 476)* ergibt sich im Jahr 2018 ein EBIT in Höhe von 7 Mio. EUR. Wird dieser Betrag um die planmäßigen Abschreibungen erhöht, ergibt sich ein EBITDA von 19 Mio. EUR. Wird das EBIT auf den Umsatz bezogen ergibt sich eine EBIT-Marge von 7 Mio./386 Mio. · 100 = 1,81 %. Das bedeutet: Ein Umsatz von 100 EUR trägt 1,81 EUR zum ordentlichen Betriebsergebnis (= operativer Gewinn) bei.

Aussagekraft des EBIT
Stärken

- International weit verbreitete Kennzahl
- Lässt Rückschlüsse auf das ordentliche Betriebsergebnis (= operatives Geschäft) zu
- Insbesondere bei zusätzlicher Verwendung anderer Kennzahlen (z. B. Umsatz) werden aussagekräftige Vergleiche der operativen Ergebnisse im Zeitablauf und mit anderen Unternehmen möglich.
- Verzerrungen durch steuerliche Einflüsse werden ausgeschaltet

Zusammenfassende Übersicht zu Kap. 6.4: Auswertung der Gewinn- und Verlustrechnung (Ergebnisanalyse)

Rentabilitätskennzahlen

Eigenkapitalrentabilität	Gesamtkapitalrentabilität	Umsatzrentabilität
$\frac{\text{Gewinn}}{\text{Eigenkapital}} \cdot 100$	$\frac{\text{Gewinn + Fremdkapitalzinsen}}{\text{Gesamtkapital}} \cdot 100$	$\frac{\text{Gewinn}}{\text{Umsatz}} \cdot 100$

Zusammenwirken von Kennzahlen

Return on Investment	Leverage-Effekt
$\frac{\text{Gewinn}}{\text{Umsatz}} \cdot \frac{\text{Umsatz}}{\text{Gesamtkapital}} \cdot 100$	Eigenkapitalrentabilität kann bei zunehmendem Verschuldungsgrad steigen, wenn der Fremdkapitalzinssatz niedriger als die Gesamtkapitalrentabilität ist.

International gebräuchliche Kennzahlen

Innenfinanzierungskraft	Ertragskraft
Cashflow	**EBIT** (Ergebnis vor Zinsen und Ertragsteuern)
Gewinn (Jahresüberschuss) + Abschreibungen – Zuschreibungen + Erhöhung der langfristigen Rückstellungen – Verminderung der langfristigen Rückstellungen = Brutto-Cashflow – Gewinnausschüttung = Netto-Cashflow Cashflow-Umsatzrate = $\frac{\text{Brutto-Cashflow} \cdot 100}{\text{Umsatz}}$	Jahresüberschuss *lt. GuV-Rechnung* ± außerordentliches Ergebnis + *außerordentlicher Aufwand* – *außerordentliche Erträge* + Ertragsteuern ± Finanzergebnis + *Zinsaufwendungen* – *Zinserträge* = **EBIT** *(Earnings before Interest and Taxes)* + Abschreibungen = **EBITDA** *(Earnings before Interest, Taxes, Depreciation and Amortization)*

Wiederholung des Grundwissens

zu Kapitel 6.4 Auswertung der Gewinn- und Verlustrechnung (Ergebnisanalyse)

6.4.1 Rentabilität

1. Was ist unter Rentabilität zu verstehen?
2. Wie wird die Eigenkapitalrentabilität berechnet und was sagt diese Größe aus?
3. Wie wird die Gesamtkapitalrentabilität berechnet und was sagt diese Größe aus?
4. Wie wird die Umsatzrentabilität berechnet und was sagt diese Größe aus?
5. Welche Werte sollen die drei Rentabilitätskennzahlen in einem Industriebetrieb mindestens aufweisen, damit sie als „gut" angesehen werden können?
6. Nennen Sie Stärken und Schwächen der Aussagekraft von Rentabilitätskennzahlen.

6.4.2 Return on Investment

1. Wie wird der Return on Investment berechnet und was sagt diese Größe aus?
2. Beschreiben Sie das Kennzahlensystem von DuPont mit der Kennzahl Return on Investment.
3. Stellen Sie den ROI-Baum dar und zeigen Sie an ihm die Stellschrauben auf, mit denen der ROI verbessert werden kann.

6.4.3 Zusammenhang zwischen Eigenkapitalrentabilität und Verschuldungsgrad: Leverage-Effekt

1. Was besagt der Leverage-Effekt?
2. In welchem Fall wirkt sich der Leverage-Effekt negativ aus (Leverage risk)?
3. Warum sind der Ausnutzung des Leverage Effekts in der Praxis enge Grenzen gesetzt?

6.4.4 Cashflow-Analyse

1. Was ist unter dem Cashflow zu verstehen und was sagt diese Größe aus?
2. Wie wird der Cashflow nach der Praktikerformel berechnet?
3. Wie wird der Cashflow aus laufender Geschäftstätigkeit berechnet?

6.4.5 Ergebnis vor Zinsen und Ertragsteuern: EBIT

1. Was bedeutet EBIT, wie wird es berechnet und was sagt diese Kennzahl aus?
2. Was bedeutet EBITDA und was sagt diese Kennzahl aus?
3. Wie wird die EBIT-Marge berechnet und was sagt diese Kennzahl aus?
4. Nennen Sie Stärken der Aussagekraft des EBIT.

Aufgaben und Probleme

zu Kapitel 6.4 Auswertung der Gewinn- und Verlustrechnung (Ergebnisanalyse)

6.4.1 Rentabilitätskennzahlen

Aus dem Jahresabschluss einer Maschinenfabrik sind folgende Informationen zu entnehmen:

(in 1 000 EUR)	Berichtsjahr	Vorjahr
Gezeichnetes Kapital	4 000	4 000
Gesamtes Eigenkapital	6 600	6 400
Fremdkapital	14 100	13 100
Jahresüberschuss	920	
Bilanzgewinn	720	
Umsatzerlöse	43 200	
Zinsaufwendungen	330	

1. Ermitteln Sie für das Berichtsjahr
   - die Eigenkapitalrentabilität
   - die Rentabilität des Gesamtkapitals
   - die Umsatzrentabilität
   - den Return on Investment
   - den Bilanzkurs
2. Was sagen diese Kennzahlen jeweils aus?
3. Welche Auswirkung haben stille Rücklagen bei der Beurteilung von Rentabilitätskennzahlen?
4. Eine Branchenfachzeitschrift gibt die durchschnittliche Umsatzrentabilität für diese Branche mit 4,0 an. Auf welche Ursachen kann die Abweichung zurückzuführen sein und mit welchen Maßnahmen könnte die Umsatzrentabilität verbessert werden?

6.4.2 Rentabilität des Kapitals und des Umsatzes einer Aktiengesellschaft

Auszug aus den zusammengefassten Jahresabschlüssen einer AG (in Mio. EUR):

Aktiva	Jahr 3	Jahr 2	Jahr 1
Anlagevermögen	8,0	8,5	8,5
Umlaufvermögen	22,0	20,0	17,5
Summe	**30,0**	**28,5**	**26,0**

Passiva	Jahr 3	Jahr 2	Jahr 1
Gezeichnetes Kapital	11,0	11,0	11,0
Gewinnrücklagen	5,5	5,0	4,5
Bilanzgewinn	3,0	2,0	1,5
Rückstellungen	5,5	5,0	4,0
Verbindlichkeiten	5,0	5,5	5,0
Summe	**30,0**	**28,5**	**26,0**
Zinsaufwendungen	0,5	0,6	0,55

Der ausgewiesene Bilanzgewinn wurde jeweils im ersten Quartal des Folgejahres in voller Höhe an die Aktionäre ausgeschüttet.

1. Berechnen Sie die Rentabilität des Eigenkapitals für die Jahre 2 und 3.
2. Berechnen Sie die Rentabilität des Gesamtkapitals für die Jahre 2 und 3.
3. Welche Auswirkungen auf die Eigen- und Gesamtkapitalrentabilität hätten sich im Jahr 3 ergeben, wenn während des Jahres im Rahmen einer Kapitalerhöhung Fremdkapital teilweise durch Eigenkapital ersetzt worden wäre?
4. Wie hoch muss im Jahr 3 der Umsatz gewesen sein, wenn die Umsatzrentabilität 2,5 % betrug?
5. In welcher Branche ist die AG vermutlich tätig ist, wenn die ermittelten Kennzahlen als branchenüblich angesehen werden können? Begründen Sie Ihre Aussage.

6.4.3 Return on Investment (ROI)

Für die Fahrzeugbau AG liegen folgende Daten vor:

Eigenkapital	Fremdkapital	Gewinn	Umsatz	Fremdkapitalzinsen
AB: 15 Mio. EUR	AB: 15 Mio. EUR	1,5 Mio. EUR	30 Mio. EUR	1,2 Mio. EUR

1. Berechnen Sie die Eigenkapitalrentabilität, die Gesamtrentabilität und den ROI. Erläutern Sie die Ergebnisse.
2. Warum weichen Gesamtrentabilität und ROI voneinander ab?
3. Die Fahrzeugbau AG plant die Materialbeschaffung von Vorratshaltung auf das Just-in-Time-Verfahren umzustellen. Dadurch könnten 6 Mio. EUR, die im Materiallager gebunden sind, freigesetzt werden. Der Gesamtkapitalbedarf verringert sich in dieser Höhe.

   Wie würde sich der ROI durch diese Maßnahme verändern, wenn Jahresüberschuss und Umsatz unverändert bleiben würden? Wodurch ist diese Veränderung bedingt?
4. Für weitere geschäftspolitische Maßnahmen hat das Unternehmen folgende Tabelle aufgestellt:

	1	2	3	4	5	6
Situation	Umsatz in Mio. EUR	Kapitaleinsatz in Mio. EUR	Gewinn in Mio. EUR	Kapitalumschlag (Sp 1 : Sp 2)	Umsatzrentabilität (Sp 3 : Sp 1) · 100	Return on Investment (Sp 3 : Sp 2) · 100
1	10	25	0,8	0,4	8,0 %	3,20 %
2	20	25	1,4	0,8	7,0 %	5,60 %
3	30	30	1,5	1,0	5,0 %	5,00 %
4	40	80	2,0	0,5	5,0 %	2,50 %
5	50	125	1,8	0,4	3,6 %	1,44 %

   a) Worauf ist die Änderung des ROI gegenüber der Ausgangssituation 3 jeweils zurückzuführen?
   b) Nennen Sie Maßnahmen, die die AG ergreifen müsste, um einen angemessenen ROI von mehr als 10 % zu erzielen.

6.4.4 DuPont-Kennzahlensystem – Return on Investment

Für eine Chemiefabrik und eine Verbrauchermarkt-Kette liegen für das abgelaufene Geschäftsjahr folgende Daten vor:

PDF

	(in Mio. EUR) Chemiefabrik	Verbrauchermarkt
Anlagevermögen	**7329**	**400**
Umlaufvermögen		
Vorräte	1803	1226
Forderungen	2578	200
liquide Mittel	836	274
Summe Vermögen	**12546**	**2100**
Eigenkapital	**6200**	**650**
Fremdkapital		
langfristig	4500	600
kurzfristig	1846	850
Summe Kapital	**12546**	**2100**
Umsatzerlöse	14593	10786
fixe Kosten	8000	2000
variable Kosten	6000	8688
Summe Kosten	14000	10688
Jahresergebnis	**593**	**98**

1. Wenden Sie das DuPont-Kennzahlensystem (*siehe S. 488*) auf die beiden Unternehmen an und ermitteln Sie jeweils den Return on Investment.
2. Auf welche unterschiedlichen Ursachen ist die Rentabilitätsentwicklung der beiden Unternehmen zurückzuführen?
3. Welche der ROI-Einflussfaktoren können in der Chemiefabrik jeweils vom Bereichsleiter
   a) der Materialwirtschaft
   b) der Produktionswirtschaft
   c) der Finanzwirtschaft
   beeinflusst werden?
4. Stellen Sie für einen Return on Investment von 5 % den Einfluss von Umsatzrentabilität und Kapitalumschlag in Form einer Kurve grafisch dar. Was sagt diese Kurve aus?
   X-Achseneinteilung: Kapitalumschlag 0,5 bis 10
   Y-Achseneinteilung: Umsatzrentabilität 0,5 % bis 10 %

6.4.5 Anwendung des DuPont-Kennzahlensystems – ROI

Wenden Sie das DuPont-Kennzahlensystem auf die HAGA AG an. Die Bilanz und GuV-Rechnung dieses Unternehmens sind auf S. 473 und S. 474) abgedruckt. Berücksichtigen Sie dabei im Kennzahlensystem anstelle der fixen und variablen Kosten die Aufwendungen der HAGA AG.
Welche zusätzlichen Erkenntnisse zur bisherigen Jahresabschlussanalyse ergeben sich aus dieser Darstellung und Berechnung?

PDF

6.4.6 Leverage-Effekt

Eine Textilfabrik plant die Errichtung eines neuen Zweigwerkes. Dafür entsteht voraussichtlich ein Kapitalbedarf von 10 Mio. EUR. Es bestehen folgende Finanzierungsmöglichkeiten:

PDF

a) vollständige Eigenfinanzierung
b) Finanzierung je zur Hälfte mit Eigen- und Fremdkapital
c) Finanzierung mit 75 % Fremdkapital und 25 % Eigenkapital

Das Fremdkapital kann zu einem Zinssatz von 8,0 % beschafft werden. Es wird damit gerechnet, dass sich durch diese Investition ein zusätzlicher Gewinn (vor Abzug der zusätzlichen Fremdkapitalzinsen) in Höhe von 1,2 Mio. EUR ergibt.

1. Ermitteln Sie für alle drei Alternativen die Eigenkapitalrentabilität.
2. Ermitteln Sie für alle drei Alternativen die Gesamtkapitalrentabilität.
3. Welcher Zusammenhang zwischen Eigenkapitalrentabilität und Fremdfinanzierung lässt sich im vorliegenden Fall feststellen? Worauf ist diese Entwicklung zurückzuführen?
4. Die Unternehmensleitung entschließt sich für die Finanzierungsalternative c) (75 % Fremdkapital und 25 % Eigenkapital). Schon im Jahr der Produktionsaufnahme zeichnet sich ab, dass der Gewinn vor Abzug der Zinsen voraussichtlich nicht 1,2 Mio. EUR, sondern nur 0,7 Mio. EUR betragen wird. Ermitteln Sie für diesen Fall die Eigen- und Gesamtkapitalrentabilität. Worauf ist diese Entwicklung zurückzuführen?
5. Formulieren Sie die Bedingung für eine positive Wirkung des Leverage-Effekts.
6. Überprüfen Sie die bei 1. und 4. ermittelte Eigenkapitalrentabilität mit Hilfe der Leverage-Formel *(vgl. S. 489)*.

6.4.7 Cashflow (Praktikerformel)

PDF

Für eine Motorenfabrik liegen für die letzten drei Geschäftsjahre folgende Daten vor.

	03	02	01
Umsatzerlöse	70,0 Mio. EUR	66,0 Mio. EUR	56,0 Mio. EUR
Jahresüberschuss	5,4 Mio. EUR	4,8 Mio. EUR	3,4 Mio. EUR
Abschreibungen auf Sachanlagen	1,4 Mio. EUR	1,2 Mio. EUR	0,9 Mio. EUR
Erhöhung der langfristigen Rückstellungen	0 EUR	0,2 Mio. EUR	0,1 Mio. EUR

1. Ermitteln Sie für alle drei Jahre den Brutto- und den Netto-Cashflow mit Hilfe der Praktikerformel, wenn jeweils die Hälfte des Jahresüberschusses einbehalten wird.
2. Ermitteln Sie für alle drei Jahre die Cashflow-Umsatzrate. Was sagt diese Kennzahl aus?
3. Welche Rückschlüsse auf die Unternehmenslage lässt die Entwicklung des Cashflows zu?

6.4.8 Cashflow und EBIT

Für die MIXTA AG liegt folgende Gewinn- und Verlustrechnung vor:

Gewinn- und Verlustrechnung (in Mio. EUR)	
1. Umsatzerlöse	15
2. sonstige betriebliche Erträge	2
4. Aufwendungen für Roh-, Hilfs- und Betriebsstoffe	– 3,8
5. Löhne und Gehälter	– 6,0
6. Abschreibungen	– 3,0
7. sonstige betriebliche Aufwendungen	– 1,7
8. Zinsaufwendungen	– 0,5
9. Steuern vom Einkommen und vom Ertrag	– 0,7
10. Ergebnis nach Steuern	**1,3**
11. sonstige Steuern	– 0,1
12. Jahresüberschuss	**1,2**

Zusatzinformationen:
1. *Alle Erträge sind zahlungswirksam.*
2. *In den Personalaufwendungen ist eine Zuführung zu den Pensionsrückstellungen in Höhe von 1,0 Mio. EUR enthalten.*
3. *Die Abschreibungen enthalten außerplanmäßige Abschreibungen auf Maschinen in Höhe von 0,2 Mio. EUR.*
4. *Die „sonstigen betrieblichen Aufwendungen" ergeben sich aus den Verlusten aus dem Abgang von Vermögensgegenständen des Anlagevermögens.*

1. Ermitteln Sie den Brutto-Cashflow der Mixta AG für diese Periode (Praktikerformel).
2. Worüber gibt der Brutto-Cashflow Auskunft?
3. Ermitteln Sie die Cashflow-Umsatzrate. Worüber gibt diese Kennzahl Auskunft?
4. Ermitteln Sie das EBIT. Worüber gibt das EBIT Auskunft?
5. Ermitteln Sie das EBITDA. Worüber gibt diese Kennzahl Auskunft?
6. Welcher Zusammenhang besteht zwischen EBITDA und Brutto-Cashflow im vorliegenden Fall?
7. Ermitteln Sie die EBIT-Marge. Worüber gibt diese Kennzahl Auskunft?
8. Beurteilen Sie die Lage des Unternehmens anhand der ermittelten Kennzahlen.

6.5 Begrenzte Aussagekraft der Jahresabschlussanalyse

Die Jahresabschlussanalyse soll Aussagen über Vermögens-, Finanz- und Ertragslage eines Unternehmens ermöglichen. Dabei muss aber die aus folgenden Gründen begrenzte Aussagekraft der Ergebnisse berücksichtigt werden.

Unvollständige Daten	Vergangenheitsbezogene Informationen
Bilanz und GuV-Rechnung enthalten ausschließlich quantitative Daten. Zwar geben Anhang und Lagebericht möglicherweise Auskunft über Forschungs- und Entwicklungsaktivitäten, Marktstellung und andere Sachverhalte, die für die Beurteilung der wirtschaftlichen Lage eines Unternehmens wichtig sind. In die kennzahlenorientierte Jahresabschlussanalyse gehen diese Informationen aber ebenso wenig ein wie die quantitativen Aspekte hinsichtlich Innovationsfähigkeit, Kundentreue, Qualifikation der Mitarbeiter und des Managements. Über die Eigentumsverhältnisse gibt eine Bilanz ebenfalls keine Auskunft. Einerseits werden unter Eigentumsvorbehalt erworbene oder sicherheitsübereignete Vermögensgegenstände bilanziert, während andererseits beispielsweise Leasingobjekte nicht in der Bilanz erscheinen.	Die Informationen sind vergangenheitsbezogen. Die Daten des Jahresabschlusses zeigen die Lage des Unternehmens während des abgelaufenen Geschäftsjahres auf. Demgegenüber soll die Jahresabschlussanalyse aber auch Aussagen für die Zukunft ermöglichen. Dieses Problem wird oft noch dadurch verstärkt, dass die Daten erst mit großer zeitlicher Verzögerung verfügbar sind. Da der Jahresabschluss für mittelgroße und große Gesellschaften erst neun Monate nach Ende des Geschäftsjahres beim Handelsregister eingereicht sein muss und kleine Kapitalgesellschaften wegen fehlender Sanktionsmöglichkeiten ihren Offenlegungspflichten oft nur unzureichend nachkommen, erfolgt die Jahresabschlussanalyse durch externe Analysten oft auf der Basis von veraltetem Material.
Bewertungsabhängigkeit der Daten	**Fehlende Vergleichbarkeit**
Die Daten der Bilanz und GuV-Rechnung sind bewertungsabhängig. Im Abschluss nach HGB hat das Vorsichtsprinzip Vorrang. Ein vorsichtig ermitteltes Vermögen bzw. ein auf dieser Basis ermittelter Gewinn sind für Analysezwecke nicht unbedingt tauglich. Darüber hinaus eröffnet das Handelsrecht Wahlrechte und Gestaltungsmöglichkeiten. Ohne Kenntnis der „Bewertungstendenz" kann ein Jahresabschluss häufig nicht richtig interpretiert werden.	Kennzahlen besitzen für sich allein genommen nur einen geringen Aussagewert. Aus diesem Grund wird versucht, die fehlende Vergleichbarkeit durch die Verwendung von Kennzahlensystemen zu mildern. Ein Analyst kann aber allenfalls vermuten, ob Abweichungen oder Veränderungen tatsächlich auf die Tätigkeit im Unternehmen oder aber auf veränderte Rahmenbedingungen zurückzuführen sind.

Stichtagsbezogene Daten

Die der kennzahlenorientierten Jahresabschlussanalyse zugrunde liegenden Daten sind in der Mehrzahl der Fälle stichtagsbezogen, d.h. sie spiegeln nur die Situation am Bilanzstichtag wider. Dies ist insbesondere bei den Angaben zur Liquidität höchst problematisch. Um verlässliche Aussagen über die Sicherung der Liquidität machen zu können, sind beispielsweise Informationen über zukünftige Zahlungsein- und -ausgänge nötig. Durch Verwendung von Kennzahlen, die aus der GuV-Rechnung abgeleitet sind (Cashflow, EBIT) und sich nicht auf einen Stichtag, sondern auf die gesamte Rechnungsperiode beziehen, wird versucht, diesen Mangel zu mildern.

Zusammenfassende Übersicht zu Kap. 6.5: Begrenzte Aussagekraft der Jahresabschlussanalyse

Begrenzte Aussagekraft der Jahresabschlussanalyse				
Daten sind unvollständig	**Informationen sind auf die Vergangenheit bezogen**	**Daten sind von Bewertungs-wahlrechten abhängig**	**Daten sind häufig nicht miteinander vergleichbar**	**Daten sind auf den Bilanzstichtag bezogen**

Zusammenfassende Übersicht Teil D: Jahresabschluss

Jahresabschluss	
Adressaten	Eigentümer, Gläubiger, künftige Investoren, Finanzbehörde
Gesetzliche Grundlagen	HGB (Handelsbilanz) EStG (Steuerbilanz) IAS/IFRS (Jahresabschluss nach internationalen Standards)
Bestandteile HGB	für Kapitalgesellschaften: Bilanz, GuV, Anhang bei Kapitalmarktorientierung zusätzlich: Kapitalflussrechnung, Eigenkapitalspiegel
Grundsätze ordnungs-mäßiger Bilanzierung HGB	Bilanzklarheit Bilanzwahrheit Bilanzkontinuität

Zusammenfassende Übersicht Teil D: Jahresabschluss

Jahresabschluss

Grundsätze ordnungsmäßiger Bewertung HGB

Vermögen: eher niedrigere Bewertung

Verbindlichkeiten: eher höhere Bewertung

Prinzip der kaufmännischen Vorsicht

↓

Realisationsprinzip | Imparitätsprinzip | Niederstwertprinzip | Höchstwertprinzip

Bilanzierungs- und Bewertungswahlrechte HGB

Bilanzierungswahlrecht: Kann ein Posten in die Bilanz aufgenommen werden?

Bewertungswahlrecht: In welcher Höhe wird ein Posten in die Bilanz aufgenommen?

Ziele der Vorschriften des HGB zur Bewertung

Gläubigerschutz, Erhaltung der Unternehmenssubstanz (Teilhaberschutz, Aktionärssicherung, Kapitaleignerprinzip)

↓

eher niedriger Gewinnausweis

Anlagevermögen	**Umlaufvermögen**	**Verbindlichkeiten**
bei dauernder Wertminderung: strenges Niederstwertprinzip bei vorrübergehender Wertminderung von Finanzanlagen: gemildertes Niederstwertprinzip	Strenges Niederstwertprinzip	Höchstwertprinzip Sonderregelung: Fremdwährungsverbindlichkeit mit einer Restlaufzeit ≤ 1 Jahr

Bewertungsobergrenze: AHK

Jahresabschlussanalyse

Bilanzkennzahlen

Kapitalstruktur	Finanzierung	Liquidität
Eigenkapitalquote	Goldene Finanzierungsregel	Liquidität I
Fremdkapitalquote	Anlagendeckungsgrad I	Liquidität II
Verschuldungsgrad	Anlagendeckungsgrad II	Liquidität III
Bilanzkurs		

Ergebniskennzahlen

Rentabilität

Eigenkapitalrentabilität	Umsatzrentabilität	Gesamtkapitalrentabilität

Zusammenwirken von Kennzahlen

Return on Investment	Leverage-Effekt

International gebräuchliche Kennzahlen

Cashflow	EBIT

Aussagekraft der Jahresabschlussanalyse ist begrenzt.

Liquidität → **Rentabilität**

↓

Konflikt

Zusammenfassende Aufgaben Teil D: Jahresabschluss

Aufgabe 1 Bestandteile des Jahresabschlusses nach HGB – Bewertungsfragen

Die Schwäbische Werkzeugmaschinenfabrik AG, die an der Börse notiert wird, erstellt zum 31.12. d.J. ihren Jahresabschluss auf der Grundlage der Bewertungsvorschriften des HGB.

1. a) Nennen Sie die gesetzlichen Bestandteile, aus denen der Jahresabschluss der Schwäbischen Werkzeugmaschinenfabrik AG besteht.
   b) Erläutern Sie, wer grundsätzlich den Jahresabschluss dieser AG feststellt und welche Bedeutung diese Feststellung hat.
   c) Beschreiben Sie die wesentlichen Inhalte von Anhang und Lagebericht.
   d) Nennen Sie zwei Adressaten, an die sich der handelsrechtliche Jahresabschluss richtet, sowie die damit verbundenen Absichten.

2. Für die Aufstellung der Handelsbilanz zum 31.12. d.J. sind in der AG verschiedene Bewertungsfragen zu lösen, wobei ein möglichst geringer Jahresüberschuss ausgewiesen werden soll.
   a) Am 01.10. d.J. kaufte die AG mit notariell beurkundetem Kaufvertrag ein Grundstück, das in naher Zukunft mit einer Lagerhalle bebaut werden soll. Nutzen und Lasten gingen noch am gleichen Tag über.
      - Ermitteln Sie den Wert, mit dem das Grundstück zum 31.12. d.J. bilanziert wird, wenn im Zusammenhang mit dem Erwerb folgende Sachverhalte zu berücksichtigen sind:
        - Überweisung von 77 400 EUR am 01.10. d.J.
        - Übernahme eines Fälligkeitsdarlehens in Höhe von 50 000 EUR samt Grundschuld, die auf dem Grundstück lastet; Zinszahlung jährlich zum 31.12. (nachschüssig).
        - Die Zinsen vom 01.01. bis 30.09. d.J. in Höhe von 2 400 EUR wurden vom Verkäufer übernommen.
        - Grunderwerbsteuer 5,0 %
        - Notariatskosten für Beurkundung des Kaufvertrages netto 500 EUR zuzüglich 19 % USt
        - Wertgutachten eines Bausachverständigen vor der Kaufentscheidung für das bebaute Grundstück 1 000 EUR zuzüglich 19 % USt
        - anteilige Grundsteuer (01.10.–31.12. d.J.) 80 EUR
        - Eigentumsübertragung im Grundbuch 400 EUR
        - Notariatskosten für die Übertragung der übernommenen Grundschuld 450 EUR zuzüglich 19 % USt
      - Berechnen Sie, wie viel gewinnmindernde Aufwendungen die Finanzierung und der Grundstückserwerb im laufenden Geschäftsjahr insgesamt verursachen.
   b) Im abgelaufenen Jahr wurden im Produktionsbereich „Fräsmaschinen" 6,0 Mio. EUR für Fertigungsmaterial und 2,0 Mio. EUR für Fertigungslöhne aufgewendet. Die Gemeinkosten (ohne kalkulatorische Kosten) verteilen sich nach dem BAB auf die folgenden Kostenstellen:

Material	1 800 000 EUR
Fertigung	1 500 000 EUR
Verwaltung	2 825 000 EUR (produktionsunabhängig)
Vertrieb	1 695 000 EUR

   Die AG setzt eine am 01.10. d.J. fertig gestellte Fräsmaschine im eigenen Betrieb ein. Die Nutzungsdauer dieser Fräsmaschine beträgt 5 Jahre. Für die Herstellung der Fräsmaschine sind angefallen:

Fertigungsmaterial	100 000 EUR
Fertigungslöhne	150 000 EUR
Lizenzgebühren	7 500 EUR

   - Berechnen Sie die Selbstkosten, die bei der Herstellung der Fräsmaschine angefallen sind.
   - Ermitteln Sie den Wert, mit dem die Fräsmaschine zum 31.12. d.J. zu bilanzieren ist.

c) In der Position Verbindlichkeiten aus Lieferungen und Leistungen ist die Rechnung eines amerikanischen Lieferers enthalten:
Rechnung vom 12.12. d.J.
Rechnungsbetrag: 100 000 US $, Zahlungsziel: 1 Monat
Kursnotierungen (Devisenkassamittelkurs) am 12.12. d.J. 1,00 EUR = 1,3000 US $
31.12. d.J. 1,00 EUR = 1,2900 US $

- Mit welchem Betrag muss die Rechnung, die in US $ zu bezahlen ist, in der Handelsbilanz zum 31.12.d.J. angesetzt werden?
- Erläutern Sie die Bewertungsgrundsätze, die hier anzuwenden sind.

Aufgabe 2 Rechnungslegung – Jahresabschluss – Bewertung

PDF

Die Württembergische Stahlwerke AG hat in den vergangenen beiden Geschäftsjahren in ihren Jahresabschlüssen Verluste ausgewiesen. Die vorläufigen Zahlen der Buchführung für das Geschäftsjahr 2017 weisen erstmals wieder einen Gewinn aus. Die Aktionäre erwarten für dieses Geschäftsjahr wieder eine angemessene Dividende.

Für die Rechnungslegung und den Jahresabschluss der AG gelten die Vorschriften für große Kapitalgesellschaften. Das Geschäftsjahr ist identisch mit dem Kalenderjahr.

1. Bei der Erstellung des Jahresabschlusses für das Jahr 2017 sind noch einige Bewertungsfragen zu klären:

a) Von den im zurückliegenden Geschäftsjahr produzierten Stahlgittern befinden sich am Jahresende noch 50 Stück auf Lager. Zur Kalkulation der Gitter liegen für die gesamte Produktionsmenge von 1 500 Stück folgende Zahlen aus der Kostenrechnung vor:

Fertigungsmaterial	240 000 EUR
Fertigungslöhne	630 000 EUR
Sondereinzelkosten der Fertigung	78 000 EUR
Materialgemeinkostenzuschlagssatz	15 %
Fertigungsgemeinkostenzuschlagssatz	120 %
Verwaltungsgemeinkostenzuschlagssatz (produktionsunabhängig)	10 %
Vertriebsgemeinkostenzuschlagssatz	7 %

Zeigen Sie rechnerisch auf, wie durch Ausnutzung des handelsrechtlichen Bewertungsspielraumes beim Bilanzansatz des Lagerbestandes der Jahresüberschuss des Unternehmens beeinflusst werden kann.

b) Am Ende des laufenden Geschäftsjahres 2017 war noch eine Liefererverbindlichkeit (fällig am 01. Februar 2018) in Höhe von 20 000 sfr offen. Es liegen folgende Kurse sfr/EUR vor:

	Devisenkassamittelkurs
20.11.2017 (Tag des Rechnungseingangs)	1,5800
31.12.2017 (Bilanzstichtag)	1,6010
20.01.2018 (Tag der Rechnungsbegleichung)	1,5920

- Ermitteln und begründen Sie den Wertansatz der Fremdwährungsverbindlichkeit zum Bilanzstichtag.
- Berechnen Sie die Auswirkungen dieser Bewertungsmaßnahme auf das Ergebnis des Unternehmens im laufenden und im kommenden Geschäftsjahr.

c) Im laufenden Geschäftsjahr 2017 hat die AG mit einem Produkt, für das sie zwei Jahre Garantie gewährt, einen Umsatz von 8 Mio. EUR erzielt. Die Erfahrungen der letzten Jahre haben gezeigt, dass die zu erbringenden Garantieleistungen durchschnittlich 1,5 % des Umsatzes ausmachen. Wegen der starken Konkurrenz muss das Unternehmen außerdem noch Kulanzleistungen erbringen, die auf 1 % des Umsatzes geschätzt werden.
Erläutern Sie mit Zahlenangaben, wie diese Informationen in der Handelsbilanz zu berücksichtigen sind.

2. Nach Klärung der Bewertungsfragen weist die Buchführung der AG für das laufende Geschäftsjahr nachstehende Zahlen aus:
Zahlen der Buchführung der Württembergischen Stahlwerke AG zum 31.12.2017

Konten-Klasse	Konten	Kontensalden (in Tsd. EUR)
0	Sachanlagen	33000
1	Finanzanlagen	3800
2	Roh-, Hilfs- und Betriebsstoffe	14100
2	unfertige Erzeugnisse	8800
2	fertige Erzeugnisse	4600
2	Forderungen aus Lieferungen und Leistungen	19400
2	flüssige Mittel	?
3	gezeichnetes Kapital	8000
3	Kapitalrücklagen	12000
3	Gewinnrücklagen	4400
3	Verlustvortrag	200
3	Jahresüberschuss	?
3	Pensionsrückstellungen	8300
3	sonstige Rückstellungen	2700
4	Bankschulden	34400
4	Verbindlichkeiten aus Lieferungen u. Leistungen	19600
5	Umsatzerlöse	122800
5	Bestandsminderungen fertige u. unfert. Erzeugnisse	3900
5	Sonstige betriebliche Erträge	2600
6	Aufwendungen für Roh-, Hilfs- und Betriebsstoffe	59500
6	Personalaufwand	36400
6	bilanzielle Abschreibungen	5400
6	sonstige betriebliche Aufwendungen	15800
7	Zinsaufwendungen	3100

- Erstellen Sie die Bilanz für das Geschäftsjahr 2017 und ermitteln Sie die „flüssigen Mittel" und den „Jahresüberschuss".
- Geben Sie an, welche weiteren Maßnahmen hinsichtlich des Jahresabschlusses der AG nach dessen Erstellung bis zur Durchführung der ordentlichen Hauptversammlung der AG noch erforderlich sind.

3. Anfang April des Jahres 2018 findet die Hauptversammlung der AG statt. Den Aktionären ging nachstehend aufgeführte Tagesordnung (Auszug) zu:

Tagesordnung der Hauptversammlung der Württembergischen Stahlwerke AG
1. Vorlage des festgestellten Jahresabschlusses.
2. Verwendung des Bilanzgewinns.
3. Entlastung des Vorstands für das Geschäftsjahr 2017.
4. Entlastung des Aufsichtsrats für das Geschäftsjahr 2017.
5. Wahl des Abschlussprüfers für das Geschäftsjahr 2018.
6. Wahl der Aktionärsvertreter für den Aufsichtsrat.

Zu Tagesordnungspunkt 2 schlägt der Vorstand der AG vor, den gesamten Bilanzgewinn den Rücklagen zuzuweisen.

- Im Verlauf der Hauptversammlung meldet sich Aktionär Reinhold Binz zu Wort. Er möchte vom Vorstand der AG eine ausführliche Begründung für den Vorschlag zur Verwendung des Bilanzgewinns und verlangt außerdem Auskunft über die Zusammensetzung der Bezüge der Vorstandsmitglieder.
  Erläutern Sie, inwieweit der Vorstand der AG zur Auskunft verpflichtet ist.
- Einige Aktionäre äußern sich auch kritisch zu einem geplanten Geschäft mit einem Kunden aus Russland. Sie beantragen einen Beschluss der Hauptversammlung, der dem Vorstand der AG den Abschluss des Geschäfts verbietet.
  Begründen Sie, ob ein entsprechender Beschluss der Hauptversammlung für den Vorstand bindend wäre.

Aufgabe 3 Rechnungslegung und Auswertung des Jahresabschlusses einer AG

Zu Beginn eines Geschäftsjahrs weist die Bilanz der Heilbronner Maschinenbau AG folgende Werte aus:

Aktiva	Bilanz (in Tausend Euro)		Passiva
A. Anlagevermögen davon Wertpapiere 12 000	42 000	A. Eigenkapital	
		I. Gezeichnetes Kapital	44 000
		II. Kapitalrücklage	6 000
B. Umlaufvermögen	23 000	B. Rückstellungen	
		1. Pensionsrückstellungen	5 000
		C. Verbindlichkeiten	
		1. Verbindlk. a. L.u.L.	10 000
	65 000		65 000

Bei den Wertpapieren handelt es sich um einen 22 %-igen Anteil an der Metallbau AG, in deren Aufsichtsrat der Vorstand der Maschinenbau AG, Gebhard Meister, vertreten ist.

Die Maschinenbau AG ist Inhaberin eines Patents für ein Kunststoffrecyclingverfahren. Erste Prototypen dafür geeigneter Maschinen sind entwickelt und erfolgreich getestet worden. Anfragen von Kunden liegen vor. Für die Produktion dieser Maschinen wird ein neues Zweigwerk aufgebaut. Der Finanzbedarf für die erste Stufe beträgt 20 Mio. EUR. Der Vorstand rechnet im ersten Geschäftsjahr mit einem zusätzlichen Jahresüberschuss von 1,5 Mio. EUR, vollständige Eigenfinanzierung vorausgesetzt.
Für die Finanzierung zeichnen sich zwei Möglichkeiten ab:

Alternative 1
Die Hausbank stellt einen entsprechenden Kredit zur Verfügung:
Laufzeit 10 Jahre, Auszahlung 100 %, Zinssatz 6 %, Tilgung am Laufzeitende.
Sicherheiten können in ausreichendem Umfang gestellt werden.

Alternative 2
Die Metallbau AG erwirbt im Wege einer Kapitalerhöhung der Heilbronner Maschinenbau AG sämtliche jungen Aktien im Nennwert von insgesamt 10 Mio. EUR gegen Bareinlage von 20 Mio. EUR. Außerdem möchte Bernd Beck, Vorstand der Metallbau AG, als weiteres Mitglied in den Aufsichtsrat der Heilbronner Maschinenbau AG aufgenommen werden.

1. Erklären Sie, warum in der Bilanz der Anteil an der Metallbau AG im Anlagevermögen auszuweisen ist.
2. Erläutern Sie, unter welchen rechtlichen Voraussetzungen Bernd Beck Mitglied des Aufsichtsrats der Maschinenbau AG werden könnte.
3. Erstellen Sie auf der Grundlage der vorliegenden Bilanz für jede der beiden Finanzierungsalternativen die veränderte Bilanz zum Investitionszeitpunkt, wenn die Finanzierungsmittel am Jahresanfang zufließen und sofort im Anlagevermögen investiert werden.
4. Für das Stammwerk der Heilbronner Maschinenbau AG wird im laufenden Jahr mit einem Jahresüberschuss von 4 Mio. EUR gerechnet.
   Ermitteln Sie für beide Alternativen den erwarteten Jahresüberschuss des gesamten Unternehmens für das laufende Geschäftsjahr.
5. Ermitteln Sie für die alternativen Bilanzen jeweils folgende Kennzahlen (1 Nachkommastelle):
   - Verschuldungsgrad
   - Deckungsgrad I
   - Deckungsgrad II
   - erwartete Eigen- und Gesamtkapitalrentabilität
6. Welche der beiden oben genannten Alternativen würden Sie unter Rentabilitäts- und Sicherheitsgesichtspunkten wählen? Begründen Sie Ihre Entscheidung anhand der Rechenergebnisse aus Teilaufgabe 5.
7. Erläutern Sie die unterschiedliche Eigenkapitalrentabilität zwischen Alternative 1 und 2 mithilfe des Leverage-Effekts.
8. Nennen Sie eine Voraussetzung, unter der sich im vorgegebenen Fall ein negativer Leverage-Effekt ergäbe.
   Weisen Sie dies rechnerisch anhand eines selbst gewählten Zahlenbeispiels nach.

Aufgabe 4 Erstellung und Auswertung eines HGB-Jahresabschlusses einer Aktiengesellschaft

PDF

Sachverhalt 1

Die Meta-AG, ein im internationalen Metallgeschäft bekanntes Traditionsunternehmen, will zur Bilanzpressekonferenz unter anderem über die vorläufigen Jahresabschlussdaten des abgelaufenen Geschäftsjahres informieren. Für den vorzubereitenden Finanzbericht stellt die Buchhaltung der AG die noch nicht ganz vollständigen Zahlenangaben (in Mio. EUR) zur Verfügung:

Aufwand	Gewinn- und Verlustkonto 31.12. d. J.		Ertrag
Materialaufwand	882,9	Umsatzerlöse	1 084,6
Personalaufwand	100,1	andere aktivierte Eigenleistungen	5,0
Abschreibungen			
– auf Sachanlagen	21,6	Zinserträge	2,9
– auf Finanzanlagen	4,0	Erträge aus Beteiligungen	6,5
Zinsaufwendungen	1,0		
betriebl. Steuern	2,8	sonstige Erträge	18,5
Steuern vom Einkommen und Ertrag	25,2		
sonst. betriebliche Aufwendungen	38,8		
Bestandsveränderungen an FE und UE	16,1		

Jahresbilanz zum 31.12. d. J: (nach teilweiser Ergebnisverwendung)

Aktiva	lfd. Jahr	Vorjahr	Passiva	lfd. Jahr	lfd. Jahr
A. Anlagevermögen			A. Eigenkapital		
I. Sachanlagen	130,8	99,5	I. Gezeichnetes Kapital	81,8	81,8
II. Finanzanlagen	8,5	8,4	II. Kapitalrücklage	21,9	21,9
			III. Gewinnrücklagen		
B. Umlaufvermögen			1. gesetzl. Rücklage	18,5	18,5
I. Vorräte	199,1	195,7	2. andere Gewinnrückl.	?	76,7
II. Forderungen	68,6	69,2	IV. Bilanzgewinn	?	24,5
III. Wertpapiere des UV	2,5	1,4			
IV. Kasse, Bank	23,5	77,9	B. Rückstellungen		
			1. Pensionrückst.	99,0	100,5
			C. Verbindlichkeiten		
			1. langfristige Verb.	46,0	49,7
			2. kurzfristige Verb.	64,1	78,4

Der Jahresabschluss muss bearbeitet, aufbereitet und ausgewertet werden. Dazu stehen folgende zusätzliche Informationen zur Verfügung:

Das gezeichnete Kapital verteilt sich auf 31,5 Millionen nennwertlose Stückaktien. Vorstand und Aufsichtsrat haben der Hauptversammlung vorgeschlagen, vom Jahresüberschuss nur 2,6 Mio. Euro in die anderen Gewinnrücklagen einzustellen und den Bilanzgewinn zur Zahlung einer Dividende zu verwenden.

1. Erstellen Sie die GuV-Rechnung nach § 275 (1) und (2) HGB und ermitteln Sie den Jahresüberschuss.
2. Erstellen Sie die Passivseite der Bilanz zum 31.12. d. J. nach vollständiger Verwendung des Bilanzgewinns, wenn 70 Cent Dividende pro Stück ausgeschüttet werden sollen.
3. Neben der teilweisen Einstellung des Bilanzgewinns in andere Gewinnrücklagen plant die BioPharma AG die Auflösung stiller Reserven.
   a) Zeigen Sie an Beispielen auf, wie stille Rücklagen entstehen können.
   b) Berechnen Sie den Bilanzkurs.
   c) Angenommen, der Unterschied zwischen Bilanzkurs und Börsenkurs wäre zu 50 % auf vermutete stille Rücklagen zurückzuführen.
   Wie hoch wären in diesem Fall die vermuteten stillen Rücklagen, wenn der Börsenkurs nach der Dividendenausschüttung 7,50 EUR beträgt?

d) Warum kann der Börsenkurs nur bedingt zur Schätzung der Höhe der stillen Rücklagen herangezogen werden?
4. Welche Informationen können Sie aus der Kapitalstruktur eines Unternehmens gewinnen? Zeigen Sie diese anhand der Zahlen der Meta-AG für das laufende Jahr auf.
5. Berechnen Sie folgende Kennzahlen jeweils für das Berichtsjahr und das Vorjahr:
   - Deckungsgrad II
   - Verschuldungsgrad
   - Eigenkapitalrentabilität

   Hinweis: Im Vorjahr betrug der Jahresüberschuss 28,5 Mio. EUR. Das Eigenkapital des Berichtsjahres betrug 198,9 Mio. EUR, das des Vorjahres 197,5 Mio. EUR, jeweils nach vollständiger Ergebnisverwendung.
6. Beurteilen Sie die erreichten Ergebnisse anhand der allgemein anzustrebenden Zielgrößen bzw. der Entwicklung zum Vorjahr.
7. Für das kommende Jahr sind Investitionen in Höhe von 4,1 Mio. EUR vorgesehen. Der Vorstand unterbreitet zwei Vorschläge zur Finanzierung:
   a) 100 %ige Finanzierung mit Eigenkapital oder
   b) eine Finanzierung mit 30 % Eigenkapital und 70 % Fremdkapital.

   Erörtern Sie die genannten Vorschläge. Begründen Sie, welchem Vorschlag des Vorstandes Sie den Vorzug geben würden.
8. Ermitteln Sie unter Beachtung der Angaben in der Bilanz und der GuV-Rechnung den Cashflow das laufende Geschäftsjahr (Praktikerformel).
9. Welche Aussagefähigkeit hat die Kennzahl des Cashflow und wie kann der Cashflow im Unternehmen verwendet werden?

Aufgabe 5 Return on Investment

Aus den Geschäftsberichten einer Chemiefabrik und einer Verbrauchermarktkette lassen sich für das letzte Geschäftsjahr folgende Daten entnehmen:

Auszüge aus der Bilanz- und Ergebnisrechnung (in Mio. EUR)		
	Chemiefabrik	Verbrauchermarkt
Eigenkapital	6200	650
Fremdkapital	6346	1450
Umsatzerlöse	14303	10786
Jahresergebnis	593	98
Fremdkapitalzinssatz	7,5 %	7,5 %

1. Ermitteln Sie die Eigenkapital-, Gesamtkapital- und Umsatzrentabilität für beide Unternehmen.
2. Auf welche Ursachen ist die unterschiedliche Rentabilität der beiden Unternehmen jeweils zurückzuführen?
3. Berechnen Sie den Return-on-Investment für beide Unternehmen.
4. Auf welche Ursachen ist der annähernd gleich große ROI der beiden Unternehmen zurückzuführen?

Aufgabe 6 DuPont-Kennzahlensystem

Die Geschäftsführung eines Metall verarbeitenden Betriebs verlangt von den Leitern der Material-, Produktions- und Finanzabteilung einen Beitrag zur Verbesserung des ROI
1. Erläutern Sie anhand des DuPont-Kennzahlensystem *(siehe Abb. S. 488)* die grundsätzlichen Möglichkeiten zur Erhöhung des ROI.
2. Welche ROI-Einflussgrößen können jeweils von den drei Leitern der Bereiche Material, Produktion und Finanzen beeinflusst werden?
3. Welche Maßnahmen könnten die drei Bereichsleiter jeweils ergreifen, um den ROI in die gewünschte Richtung zu verändern?

Aufgabe 7 Jahresabschlussanalyse

Die für die Metallbau-AG wird zum Jahresende folgende aufbereitete und zusammengefasste Bilanz vorgelegt:

PDF

Aktiva — Aufbereitete und zusammengefasste Bilanz zum 31.12.20.. — Passiva

	in 1000 EUR			in 1000 EUR
A. Anlagevermögen		A. Eigenkapital		800
I. Sachanlagen	2600	I. Gezeichnetes Kapital	350	
II. Finanzanlagen		II. Kapitalrücklage	400	
B. Umlaufvermögen		III. Gewinnrücklagen	50	
I. Vorräte	750	B. Verbindlichkeiten		
II. Forderungen	1250	1. langfristige Verb.		1400
III. liquide Mittel	5000	2. kurzfristige Verb.		2800
Bilanzsumme	5000			5000

1. Ermitteln Sie den Anlagendeckungsgrad II und beurteilen Sie, ob die „Goldene Bilanzregel" erfüllt ist.
2. Überlegen Sie,
   - ob und ggf. welche der folgenden Maßnahmen dazu führen, dass der Anlagendeckungsgrad II verbessert und die „Goldene Bilanzregel" erfüllt wird,
   - welche Auswirkungen die Maßnahmen auf andere Bilanzkennzahlen (z. B. Kapitalstruktur, Liquidität) haben.

   Überprüfen Sie Ihre Überlegungen rechnerisch.
   a) Die Anschaffung eines neuen Maschinenparks im Wert von 1 Mio. EUR wird durch ein Bankdarlehen finanziert.
   b) Die Anschaffung des neuen Maschinenparks im Wert von 1 Mio. EUR wird durch eine Kapitalerhöhung (Erhöhung des Eigenkapitals) finanziert.
   c) Ein Überziehungskredit in Höhe von 100000 EUR wird in ein Darlehen mit 5-jähriger Laufzeit umgewandelt.
   d) Durch eine Verbesserung des Mahnwesens könnte es gelingen, den Forderungsbestand zugunsten liquider Mittel um 250000 EUR abzubauen.
3. Wie hoch müsste der Betrag der Umfinanzierung bei 2c) (Umwandlung eines Überziehungskredits in ein langfristiges Darlehen) sein, damit der Anlagendeckungsgrad die gewünschte Höhe erreicht?

Aufgabe 8 Jahresabschlussanalyse zum Zweck der Kreditwürdigkeitsprüfung – Rentabilitätskennzahlen – Leverage-Effekt

Ein Industriebetrieb plant eine Erweiterungsinvestition in Höhe von 1 Mio. EUR. Bei den Finanzierungsüberlegungen wird auch ein weiterer Bankkredit in Erwägung gezogen. Der Bank werden u. a. die aufbereitete und zusammengefasste Bilanz sowie die vereinfachte Gewinn- und Verlustrechnung des letzten Geschäftsjahres vorgelegt.

PDF

Aktiva — Aufbereitete und zusammengefasste Bilanz zum 31.12.20.. — Passiva

	in 1000 EUR			in 1000 EUR
A. Anlagevermögen		A. Eigenkapital		5100
I. Sachanlagen	2440	I. Gezeichnetes Kapital	3500	
II. Finanzanlagen		II. Kapitalrücklage	1300	
B. Umlaufvermögen		III. Gewinnrücklagen	298	
I. Vorräte	4200	IV. Gewinnvortrag	2	
II. Forderungen	700	B. Verbindlichkeiten		
III. liquide Mittel	360	1. langfristige Verb.		500
		2. kurzfristige Verb.		2100
Bilanzsumme	7700			7700

Aufbereitete und zusammengefasste Gewinn- und Verlustrechnung zum 31.12.20..

Aufwand	in 1 000 EUR	Ertrag	in 1 000 EUR
Materialaufwand	2 800	Umsatzerlöse	5 650
Personalaufwand	1 800	sonst. Erträge	180
Abschreibungen	500		
Sonst. betr. Aufwand	280		
Zinsaufwand	150		
Gewinn/Verlust	300		
	5 830		5 830

1. Nehmen Sie auf der Basis der verfügbaren Unterlagen eine vorläufige Prüfung der Kreditwürdigkeit ohne Berücksichtigung der geplanten Investition vor. Verwenden Sie dazu ausgewählte Bilanz- und Rentabilitätskennzahlen.

   Beurteilen Sie die einzelnen Kennzahlen im Hinblick auf ihre Aussagekraft für die Prüfung der Kreditwürdigkeit.

2. Welche zusätzlichen Unterlagen wird die Bank im Rahmen der Kreditwürdigkeitsprüfung heranziehen?

3. Mit der geplanten Investition gehen voraussichtlich folgende Aufwands- und Ertragssteigerungen einher:

Materialaufwand:	500 000 EUR
Umsatzerlöse:	1 350 000 EUR
Personalaufwand:	250 000 EUR
Abschreibungen:	250 000 EUR
Zinsaufwand:	8 % des zusätzlichen Fremdkapitals

   Für die Finanzierung werden folgende vier Alternativen durchgespielt:

	1	2	3	4
Eigenkapitalerhöhung	1 000 000	750 000	500 000	250 000
Fremdkapitalerhöhung	–	250 000	500 000	750 000
Gesamtkapitalerhöhung	1 000 000	1 000 000	1 000 000	1 000 000

   a) Ermitteln Sie für jeden der vier Fälle
      - den neuen Verschuldungsgrad,
      - die neue Eigenkapitalrentabilität.

   b) Erläutern Sie den Zusammenhang zwischen diesen beiden Kennzahlen am Beispiel der vier Finanzierungsalternativen.

4. Angenommen, mit der Investition geht eine Steigerung der Umsatzerlöse von nur 1 050 000 EUR einher. Alle anderen Daten bleiben unverändert.

   a) Ermitteln Sie für jeden der vier Fälle die neue Eigenkapitalrentabilität.

   b) Erläutern Sie den Zusammenhang zwischen diesen beiden Kennzahlen für den vorliegenden Fall.

5. Erläutern Sie anhand der Ergebnisse von 3. und 4. die Auswirkungen der Fremdfinanzierung auf die Eigenkapitalrentabilität (Leverage-Effekt).

Aufgabe 9 Kreditwürdigkeitsprüfung – Liquiditätsprobleme

PDF

Herr Netzer und Herr Tech sind Gesellschafter und Geschäftsführer der ELOTEC GmbH. Dieses Unternehmen ist seit einigen Jahren erfolgreich im Großhandel mit Geräten der Unterhaltungselektronik tätig. In letzter Zeit ist allerdings die Konkurrenz in diesem Marktsegment größer geworden. Insbesondere durch Einräumung von Rabatten und Zahlungszielen an den Einzelhandel sowie durch beschleunigte Lieferung versuchen die Konkurrenten, ihren Marktanteil zu erhöhen. Um dabei mithalten zu können, sehen Herr Netzer und Herr Tech die Erneuerung und Vergrößerung ihres Fuhrparks als dringend notwendig an. Zur Neu- und Ersatzbeschaffung mehrerer Kombiwagen haben sie bei ihrer Hausbank einen Kredit in Höhe von 250000 EUR beantragt. Zur vorläufigen Prüfung der Kreditwürdigkeit wurden die zusammengefasste Bilanz und GuV-Rechnung des letzten Jahres vorgelegt. Darin sind auch die entsprechenden Daten für das Vorjahr enthalten.

Aktiva **Aufbereitete und zusammengefasste Bilanz der Firma ELOTEC GmbH zum 31.12.20.. (in EUR)** **Passiva**

	Vorjahr	Berichtsjahr		Vorjahr	Berichtsjahr
A Anlagevermögen			C Eigenkapital		
Grundstücke, Bauten	425 000	420 000	Stammkapital	175 000	175 000
Maschinen (Fuhrpark)	175 000	150 000	Rücklagen	310 000	250 000
Betriebs- und Geschäftsausstattung	200 000	180 000	Summe Eigenkapital	485 000	425 000
Summe Anlagevermögen	800 000	750 000	D Verbindlichkeiten		
			Grundschulddarlehen	310 000	305 000
			sonst. langfr. Verb.	350 000	325 000
B Umlaufvermögen			Summe langfr. Verb.	660 000	630 000
Vorräte (Waren)	870 000	927 000			
Ford. a. Lieferungen	425 000	500 000	kurzfr. Bankkredite	325 000	370 000
Kasse, Bank,	35 000	25 000	Verb. a. Lieferungen	390 000	480 000
Postbankgiro	5 000	3 000	sonst. kurzfr. Verb.	275 000	300 000
Summe Umlaufvermögen	1 335 000	1 455 000	Summe kurzfr. Verb	990 000	1 150 000
Bilanzsumme	2 135 000	2 205 000	Bilanzsumme	2 135 000	2 205 000

Aufbereitete und zusammengefasste Gewinn- und Verlustrechnung der Firma ELOTEC GmbH zum 31.12. lfd. Jahr (in EUR)

Aufwand	Vorjahr	Berichtsjahr	Ertrag	Vorjahr	Berichtsjahr
Material (Wareneinsatz)	4 000 000	4 100 000	Umsatzerlöse	5 025 000	5 000 000
Personalaufwand	450 000	465 000			
Abschreibungen, Anlagev.	125 000	120 000			
Sonst. betr. Aufw.	250 000	240 000			
Zinsaufwand	120 000	135 000			
Gewinn/Verlust	80 000	– 60 000			
	5 025 000	5 000 000		5 025 000	5 000 000

1. Analysieren Sie die Jahresabschlüsse anhand geeigneter Bilanz- und Rentabilitätskennzahlen und prüfen Sie die Kreditwürdigkeit.
2. Suchen Sie nach Faktoren, die direkt oder indirekt die Liquidität des Unternehmens beeinflussen. Erstellen Sie ein Vernetzungsdiagramm, das die Zielgröße (Liquidität) und die ermittelten Faktoren (Elemente) enthält. Kennzeichnen Sie die direkten Beziehungen zwischen den Faktoren und der Zielgröße mit einem Pfeil. Tragen Sie gleichzeitig an der Pfeilspitze die Entwicklungsrichtung (+ oder –) ein.
3. Machen Sie der ELOTEC GmbH begründete Vorschläge für eine Problemlösungsstrategie.

E Unternehmerische Ziele und ausgewählte Controllinginstrumente als Gegenstand der Unternehmensführung

Warum ist dieses Kapitel wichtig?

Nach Ansicht deutscher Insolvenzverwalter sind Fehler in der Unternehmensführung (Managementfehler) die Hauptursache für den Zusammenbruch von Unternehmen[1]. Zu den am häufigsten genannten Gründen, die letztlich alle als Führungsfehler zusammengefasst werden können, gehören: fehlendes Controlling, autoritärer Führungsstil, Planungsmängel, Qualifikationsmängel, ungenügende Kommunikation im Unternehmen, falsche Produktplanung, Investitionsfehler, struktureller Wandel, zunehmende ausländische Konkurrenz. Das unterstreicht die Bedeutung von qualifizierter Unternehmensführung und wirksamem Controlling für jedes Unternehmen. Die Unternehmen müssen sich zunehmend auf neuen Absatz- und Beschaffungsmärkten behaupten, neue Formen der internationalen Arbeitsteilung nutzen und sich an neue Spielregeln im internationalen Geschäft anpassen. Dies erfordert strategisches unternehmerisches Denken und Handeln, das an langfristigen Perspektiven unter Berücksichtigung komplexer und sich ständig verändernder Rahmenbedingungen orientiert sein muss. Dabei kommt auch dem Wertesystem, das verantwortungsvollem unternehmerischem Handeln zugrunde liegt, besondere Bedeutung zu.

Die Leitfragen zu diesem Abschnitt lauten daher:
Welche Ziele verfolgen Unternehmen und welche Aufgaben kommen dabei der Unternehmensführung zu?
Welcher Instrumente des strategischen Controllings kann sich die Unternehmensführung für die Zielerreichung bedienen?

1 Grundlagen der Unternehmensführung

Überblick und Zusammenhänge

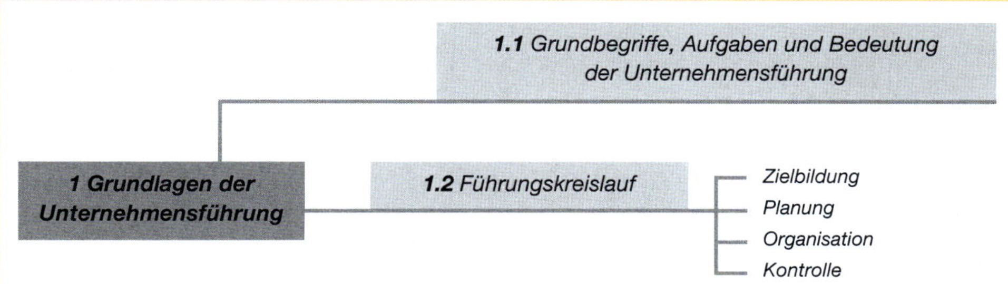

1.1 Grundbegriffe, Aufgaben und Bedeutung der Unternehmensführung

Unternehmensführung (Management)[2] umfasst alle Aufgaben und Handlungen
- **zur zielorientierten Gestaltung und Lenkung eines Unternehmens (Sachaufgaben) und**
- **zur zielorientierten Verhaltensbeeinflussung von Mitarbeitern (Personalaufgaben).**

Unternehmensführung vollzieht sich auf verschiedenen **Führungsebenen** (Managementebenen) und wird von **Führungskräften** (Managern) wahrgenommen.

1 Umfrage im Jahr 2006 unter 125 Insolvenzverwaltern, die für die Abwicklung von ca. 19000 Insolvenzverfahren zuständig waren.
2 Die Begriffe Führung und Management werden meistens gleichbedeutend verwendet. Manchmal ist mit Führung aber nur die Mitarbeiterführung (Personalaufgaben) gemeint.

Führungskräfte sind Personen, die in der Unternehmensleitung oder als Bereichs-, Abteilungs- oder Gruppenleiter Führungsaufgaben wahrnehmen.

Führungsebene

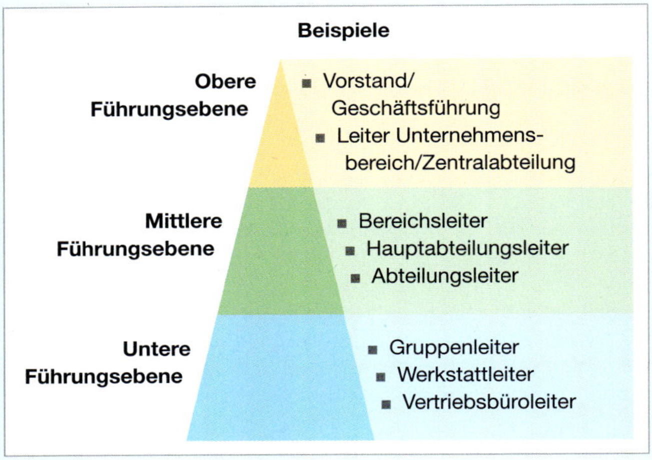

Die **obere Führungsebene** bildet die Leitung des Gesamtunternehmens (Top-Management). Dazu gehören z.B. der Vorstand einer AG oder die Geschäftsführer einer GmbH. Sie sind einerseits für die Formulierung von übergeordneten Zielen, Werten, Verhaltensnormen und Strategien zuständig und andererseits für die Umsetzung der getroffenen Grundsatzentscheidungen verantwortlich.

Der Aufgabenschwerpunkt der **mittleren Führungsebene** besteht in der Weiterentwicklung bereits bestehender und der Erschließung neuer Möglichkeiten für den Unternehmenserfolg. Dazu müssen Ziele formuliert, die nötigen Voraussetzungen (Ressourcen) beschrieben und die Vorgehensweisen festgelegt werden. Diese Tätigkeiten der oberen und mittleren Führungsebene werden auch als **strategische**[1] **Unternehmensführung** bezeichnet.

Die **untere Führungsebene** plant, steuert und kontrolliert die laufenden Aktivitäten eines Unternehmens und sorgt für die Umsetzung der Strategien im Rahmen des Tagesgeschäfts („*day to day business*"). Die Tätigkeiten der unteren Führungsebene werden auch als operative Unternehmensführung bezeichnet.[2]

Strategisches Management

Ein immer komplexeres und sich schneller wandelndes Umfeld zwingt die Unternehmensführung zu **strategischem Management**. Dies bedeutet, auf oberer und mittlerer Führungsebene Entscheidungen und Handlungen an übergeordneten, meist längerfristigen **Zielen** auszurichten und Grundsatzentscheidungen zu treffen, die alle Unternehmensbereiche betreffen.

Strategien sind Grundsatzentscheidungen, die alle Unternehmensbereiche betreffen. Aus diesen Grundsatzentscheidungen werden Maßnahmen abgeleitet, mit deren Hilfe die grundlegenden Ziele erreicht werden sollen.

1 Strategie *(gr.)*: genau geplantes Vorgehen
2 Operation *(lat)*: zielgerichtete Handlung

Kriterien	Strategisches Management	Operatives Management
Ziele	Langfristige Sicherung des Unternehmenserfolgs (Erfolgspotenziale[1], Wettbewerbsvorteile)	unmittelbare Erfolgserzielung und Liquiditätssicherung (Wirtschaftlichkeit, Rentabilität, Gewinn)
Aufgaben	Aufbau und Erhalt von Erfolgspotenzialen	Realisierung des laufenden Erfolges, Nutzung vorhandener Potenziale
Zeithorizont	eher mittel- bis langfristig	eher kurz- bis mittelfristig
Hierarchieebene	obere und mittlere Führungsebene	mittlere und untere Führungsebene
Entscheidungsbefugnis	weit reichende Befugnisse	geringere Entscheidungsspielräume
Tragweite	betrifft mehrere Unternehmensbereiche oder sogar das Gesamtunternehmen	betrifft nur Teile des Unternehmens bzw. nur einzelne Aktivitäten

1.2 Managementfunktionen: Zielbildung als Ausgangspunkt

Die Aufgaben zur Gestaltung und Lenkung eines Unternehmens sind äußerst vielfältig. Um diese Aufgaben zu systematisieren, werden häufig vier Teilaufgaben der Unternehmensführung unterschieden, die auch als **Managementfunktionen** bezeichnet werden. Es handelt sich dabei um die **Kernaufgaben**, die von allen Führungskräften, unabhängig von der Hierarchieebene und der Bereichszugehörigkeit (z. B. Einkauf oder Produktion), erbracht werden müssen.

Führungskreislauf

Zielbildung	Ziele bestimmen, Analysen durchführen, Strategien formulieren und auswählen, ein Zielsystem bilden, Ziele so formulieren, dass sie überprüfbar und messbar sind (Operationalisierung)
Planung	Vorausschauende Handlungsvorbereitung, Suche der möglichen Handlungsalternativen zur Zielerreichung, Bewertung und **Entscheidung** (Auswahl) der zu wählenden Alternativen
Organisation	Festlegung von Aufgaben und Aufgabenbereichen zur Umsetzung der Pläne (Aufgabenanalyse), Bildung von Stellen durch Zusammenfassung von Teilaufgaben, Bildung von Abteilungen durch Zusammenfassung von Stellen, Zuweisung von Weisungsbefugnissen und Kompetenzen an die Stelleninhaber, Einrichtung eines Kommunikationssystems, um die eingerichteten Stellen mit den zur Aufgabenerfüllung nötigen Informationen zu versorgen
Kontrolle	Ergebnisse messen, Vergleich mit den Plandaten (Soll/Ist-Vergleich) durchführen, Abweichungen ermitteln und analysieren, Anpassungsentscheidungen treffen und Korrekturmaßnahmen ergreifen

1 Potenzial *(lat.)*: Leistungsvermögen. Hierunter werden alle Faktoren gefasst, die für den Erfolg einer Unternehmung notwendig sind. Berücksichtigt werden Mitarbeiter (menschliches Potenzial), Betriebsstätten (sachliches Potenzial), technisches und organisatorischen Wissen (immaterielles Potenzial).

Ziele

Ausgangspunkt aller Führungshandlungen sind **Unternehmensziele**. Sie legen fest, in welche Richtung das Unternehmen gesteuert werden soll. Die Eignung der Ziele hängt von der Handhabbarkeit bzw. **Operationalisierung** ab. Ziele sind dann operational[1], wenn ihr Inhalt, der Zeitrahmen und der Erfüllungsgrad eindeutig definiert sind.

Ein Ziel ist ein erstrebenswerter Zustand, der in der Zukunft liegt. Operationale Ziele müssen hinsichtlich Inhalt, Zeitrahmen und Erfüllungsgrad eindeutig sein.

Beispiel für ein operationales Ziel:
Steigerung des Umsatzes gegenüber dem Vormonat um 3 Prozent.

Planung – Organisation – Kontrolle

In einer weiteren Phase geht es um die Umsetzung der Ziele. Hierfür ist eine **Planung** notwendig. Eine der wichtigsten Aufgaben der Unternehmensführung besteht in der Suche und Bewertung von Handlungsalternativen. Die **Entscheidung** für bestimmte Wege steht im Mittelpunkt der Führung. Je weiter die geplanten Ziele in der Zukunft liegen, desto unsicherer ist das Wissen über die Wirkung der Entscheidungen und umso höher der Anspruch an die Planung.

Planung ist ein systematischer Prozess, in dem Ziele mit zukünftigen Handlungen verbunden werden. Sie ist zukunftsbezogen und mit Ungewissheit behaftet.

Um die Planung in konkrete Handlungen um zu setzen, müssen die **organisatorischen Voraussetzungen** geschaffen werden. Hierzu müssen Regelungen über den **Aufbau des Unternehmens** und den **Ablauf** der im Unternehmen stattfindenden Vorgänge getroffen werden.

Organisation bezieht sich auf den zweckgerichteten Aufbau der Unternehmung und die Regelungen zum Ablauf der im Unternehmen stattfindenden Vorgänge.

Die **Kontrolle** misst das Ergebnis des Führungsprozesses.

Die Kontrolle überprüft den Zielerreichungsgrad, deckt Abweichungen auf und entwickelt Maßnahmen, um künftige Abweichungen zu vermeiden.

Zusammenfassende Übersicht zu Kap. 1: Grundlagen der Unternehmensführung

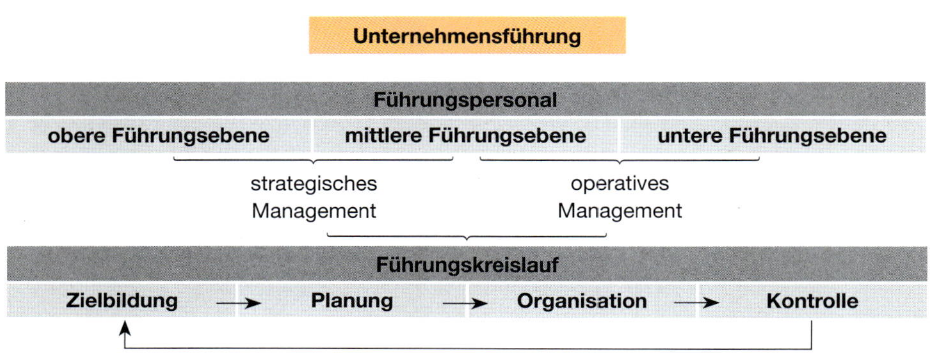

1 operational: überprüfbar, messbar

E

Wiederholung des Grundwissens

zu Kapitel 1 Grundlagen der Unternehmensführung

1.1 Grundbegriffe, Aufgaben und Bedeutung der Unternehmensführung

1. Was ist unter Unternehmensführung zu verstehen?
2. Was ist unter einer Führungskraft zu verstehen?
3. Unterscheiden Sie verschiedene Führungsebenen und verdeutlichen Sie diese mit je einem Beispiel.
4. Was ist im Rahmen der Unternehmensführung unter einer Strategie zu verstehen?
5. Unterscheiden Sie zwischen strategischem und operativem Management.

1.2 Managementfunktionen: Zielbildung als Ausgangspunkt

1. Nennen Sie vier Sachfunktionen im Führungskreislauf.
2. Welche Bedeutung haben Ziele im Rahmen des Führungskreislaufs?
3. Welche grundlegenden organisatorischen Voraussetzungen müssen im Rahmen des Führungskreislaufs geschaffen werden?
4. Welche Bedeutung hat die Kontrolle im Rahmen des Führungskreislaufs?

2 Zielsysteme von Unternehmen

Überblick und Zusammenhänge

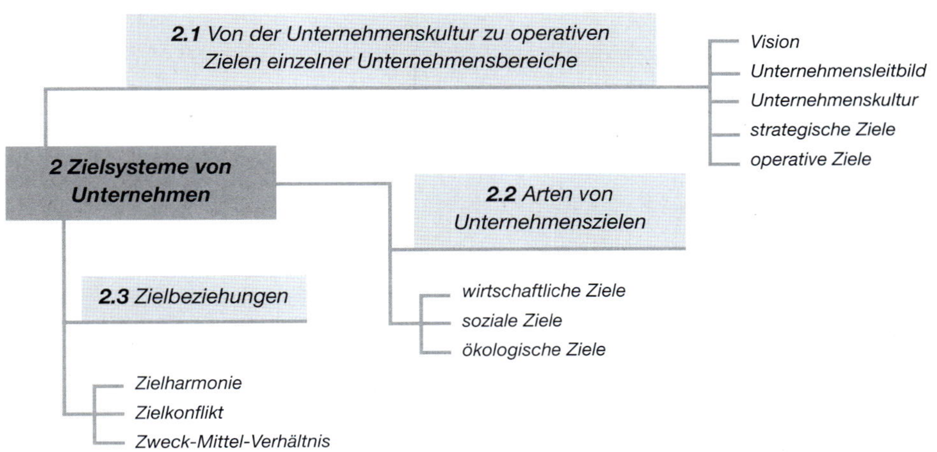

2.1 Von der Unternehmensvision zu operativen Zielen einzelner Unternehmensbereiche

Ausgangspunkt aller Führungshandlungen sind Unternehmensziele. Sie legen fest, in welche Richtung das Unternehmen gesteuert werden soll.

Aufg. 2.1 S. 526

Unternehmensziele sind Vorstellungen über einen erstrebenswerten Zustand in der Zukunft, der durch Handlungen erreicht werden soll.

Unternehmerische Visionen – Unternehmensleitbild

Unternehmerische Visionen – Unternehmensleitbild

„Eine **Vision** ist ein Zukunftsbild, das einerseits nahe genug ist, um als realisierbar angesehen zu werden, aber anderseits noch fern genug, um im Unternehmen Begeisterung für eine neue, bessere Wirklichkeit zu wecken."[1]

Die **Vision** von *Microsoft*-Gründer *Bill Gates* Anfang der 1980er Jahre lautete: *„A computer on every desk and in every home"*. Diese Vision hat die Mitarbeiter von Microsoft viele Jahre lang motiviert, gemeinsam an der Verwirklichung zu arbeiten. Die Vision lässt offen, wie das Ziel zu erreichen ist und spornt damit die Mitarbeiter an, selbst nach einem Weg zu suchen. Der Schlüssel zur Umsetzung der Microsoft-Vision war neben einem erschwinglichen Preis vor allem die einfache Bedienung der Rechner durch ein benutzerfreundliches Betriebssystem. Diese Vision führte zur Entwicklung von *Windows* und machte *Bill Gates* zu einem der reichsten Männer der Welt.

Zitiert nach R. Dillerup, R. Stoi, S. 63

Häufig sind Unternehmensziele weder vollständig noch eindeutig formuliert. Diese Unbestimmtheit kann durchaus beabsichtigt sein. Es handelt sich dann um eine **unternehmerische Vision** oder ein **Unternehmensleitbild**. Insbesondere große Unternehmen veröffentlichen häufig allgemein gültige Grundüberzeugungen, die das Selbstverständnis des Unternehmens nach außen und innen kennzeichnen sollen.

Unter einer Vision wird die meist vage formulierte Wunschvorstellung der zukünftigen Unternehmensentwicklung verstanden. Die Vision soll in knapper und allgemeiner Form den Antrieb zum Handeln darstellen.

Die schriftliche Zusammenfassung aller Grundüberzeugungen und die darin zum Ausdruck kommenden Wertvorstellungen werden als Unternehmensleitbild bezeichnet.

Typische Inhalte von Unternehmensleitbildern:
- Wofür sind wir da?
- Was tun wir für wen?
- Wie tun wir es?
- Wie gehen wir mit unseren Partnern um?
- Wie gehen wir miteinander um?

Die in solchen Unternehmensleitbildern aufgestellten **Verhaltensgrundsätze** sollen dem wirtschaftlichen Handeln des Unternehmens eine Orientierung geben.

Adressaten von Unternehmensleitbildern sind:
- Mitarbeiter
- Eigentümer (Gesellschafter, Aktionäre)
- Gläubiger (Banken)
- Lieferanten und Kunden
- Konkurrenten
- Staat
- Bevölkerung/Öffentlichkeit

Unternehmensleitbild der BASF: Wertsteigerung durch Wachstum und Innovation

Die BASF ist das führende Chemieunternehmen der Welt. Wir wollen unseren Unternehmenswert durch Wachstum und Innovation nachhaltig steigern. Unseren Kunden bieten wir ein leistungsfähiges Sortiment, das Chemikalien, Kunststoffe, Lacksysteme und Pflanzenschutzmittel umfasst und bis zum Erdöl und Erdgas reicht. Wir richten unser Handeln am Leitbild der nachhaltig zukunftsverträglichen Entwicklung (Sustainable Development) aus.

1 Boston Consulting Group (BCS), Vision und Strategie, München 1988, S. 7

Verhaltensgrundsätze der BASF für verantwortliches Handeln

Mitarbeiter – sie schaffen unseren Erfolg und wir vergüten ihre Tätigkeit markt- und leistungsbezogen
Markt – wir sind fair im Umgang mit Wettbewerbern, Lieferanten und Kunden. Wir achten die Gesetze und tolerieren keine Verstöße. Die Grenzen unserer wirtschaftlichen Aktivitäten sind klar definiert: Wir liefern keine Produkte zur Herstellung von Drogen oder Chemiewaffen.
Menschenrechte – wir achten die internationalen Arbeitsstandards und lehnen Diskriminierung ab. Wir lehnen alle Arten von Zwangs-, Pflicht- und Kinderarbeit entschieden ab und fordern dies auch von unseren Lieferanten. Wir achten die Menschenrechte und unterlassen jegliche Form der Diskriminierung.
Umfeld – guter Nachbar BASF: Wir leisten durch unsere wirtschaftlichen Aktivitäten sowie durch gezielte Förderung von humanitären, sozialen und kulturellen Anliegen einen positiven Beitrag zur gesellschaftlichen Entwicklung.
Dialog – durch Transparenz und Offenheit zu mehr Vertrauen: Wir suchen den offenen, vertrauensvollen Dialog im Unternehmen, mit unseren Geschäftspartnern und relevanten gesellschaftlichen Gruppen. Dazu gehört auch, dass wir die Öffentlichkeit auch in schwierigen Situationen – etwa im Falle von Betriebsstörungen – offen informieren.

Strategische Ziele

Bei strategischen Zielen kann der Grad der **Zielerreichung** nicht genau festgestellt werden, weil die Ziele nicht **operationalisiert** sind. Den Zielen fehlen genaue Angaben über **Inhalt** (z. B. Gewinn, Umsatz), **Zeit** (Zeitraum, innerhalb dessen das Ziel erreicht werden soll) und **Erfüllungsgrad** (z. B. genaue Höhe des angestrebten Gewinns). Aus den strategischen Zielen müssen daher für die einzelnen Unternehmensbereiche Ziele abgeleitet werden, die operational formuliert sind. Nur wenn Ziele inhaltlich und zeitlich messbar formuliert sind, kann die Zielerreichung kontrolliert werden.

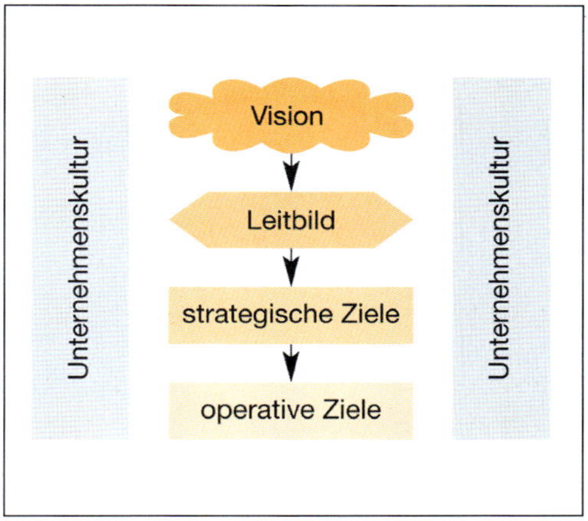

Strategische Ziele werden auf höchster Unternehmensebene vereinbart. Solche Ziele sind häufig längerfristig und nicht unmittelbar messbar.

Strategien der BASF im Hinblick auf das Leitbild „Wertsteigerung durch Wachstum und Innovation“

- Ausbau renditestarker Arbeitsgebiete
- Investition in wachsende Märkte
- Technologieführerschaft durch Innovationen
- Konzentration auf die Kernkompetenz
- Stärkung der langfristigen Wettbewerbsfähigkeit
- Engagierte und qualifizierte Mitarbeiter
- …

Operationalisierte Ziele

Ziele, die als Vorgaben für die einzelnen Unternehmensbereiche und deren Mitarbeiter dienen, werden als operative Ziele formuliert. Sie müssen hinsichtlich Inhalte, Zeit und Erfüllungsgrad eindeutig bestimmt sein.

Nicht operationalisiertes Ziel

Aufg. 2.2 S. 526

(ohne eindeutigen Zielinhalt, Zielzeit und Erfüllungsgrad) Beispiel: Erhöhung der Wettbewerbsfähigkeit (**strategisches** Ziel).

Operationalisiertes Ziel

(mit Zielinhalt, Zielzeit und Erfüllungsgrad) Senkung der Materialkosten im Produktionsbereich A im nächsten Geschäftsjahr um 5 % bei gleicher Produktionsmenge wie im laufenden Jahr (**operatives** Ziel).

2.2 Arten von Unternehmenszielen

2.2.1 Überblick

Hinsichtlich der **inhaltlichen Bereiche unternehmerischer Ziele** gewinnen neben den **wirtschaftlichen Zielen** (z. B. Gewinnmaximierung) inzwischen **soziale** und **ökologische Ziele** zunehmend an Bedeutung.

Diese drei **Zielbereiche** werden auch mit den Begriffen „Profit, People, Planet" umschrieben.

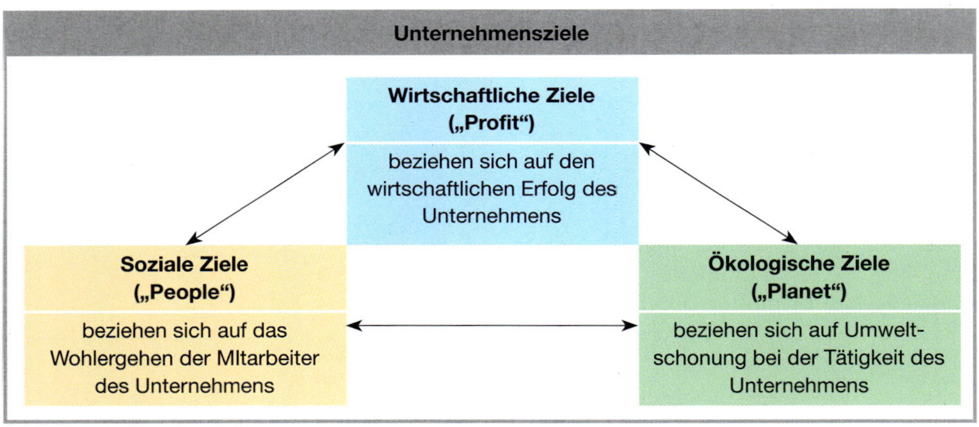

Ober- und Unterziele

Die Bereiche der **wirtschaftlichen Ziele** lassen sich wie folgt in Ober- und Unterziele einteilen:

Oberziel	Gewinn (Eigenkapitalrentabilität)			
Unterziele	monetäre (in Geld messbare) Unterziele = quantitative Ziele		nichtmonetäre (nicht in Geld messbare) Unterziele = qualitative Ziele	
	Umsatz	**Kosten**	**Marktanteil**	**Marktmacht**
	Produktivität	**Wirtschaftlichkeit**	**Qualität**	**Kundenzufriedenheit**
	Wertschöpfung		**...**	

2.2.2 Wirtschaftliche Ziele

Oberziele: Gewinn – Eigenkapitalrentabilität

Unternehmen haben die Aufgabe, Güter zur Befriedigung menschlicher Bedürfnisse zu produzieren und den Konsumenten zur Verfügung zu stellen. In einer Marktwirtschaft verfolgen private Unternehmen dabei vorwiegend das **erwerbswirtschaftliche Prinzip (= Gewinnmaximierung).**

Aufg. 2.3 S. 527

Oberziel erwerbswirtschaftlich orientierter Unternehmen ist die Erwirtschaftung eines maximalen (oder zumindest eines angemessenen) Gewinns.

Wird der Gewinn zum eingesetzten Eigenkapital ins Verhältnis gesetzt, ergibt sich die **Eigenkapitalrentabilität**. Die Eigenkapitalrentabilität gibt die Verzinsung des eingesetzten Eigenkapitals an.

Kap. D 6.4.1

Die Eigenkapitalrentabilität gibt an, mit wie viel Prozent sich das von den Eigentümern eines Unternehmens zur Verfügung gestellte Kapital (= Eigenkapital) verzinst.

Für die Eigenkapitalgeber ergibt sich die Verzinsung des eingesetzten Kapitals nicht nur durch den ausgeschütteten Gewinn, sondern auch durch die Erhöhung des Unternehmenswertes. Steigt der Wert des Unternehmens, an dem die Kapitalgeber als Eigentümer beteiligt sind, erhöht sich auch der Wert des eingebrachten Eigenkapitals. Als Oberziel tritt daher an die Stelle der Gewinnmaximierung häufig die Erhöhung des Eigentümervermögens **(Shareholder Value)**.

Kap. E 3.2

Monetäre Unterziele: Umsatzsteigerung – Kostensenkung

Neben dem **Oberziel der Gewinnmaximierung** verfolgen private Unternehmen noch weitere Ziele, die als Unterziele (Subziele) der Erreichung des Oberziels dienen. Der Gewinn hängt wesentlich von Umsatz und Kosten ab. **Umsatzsteigerung** und **Kostensenkung** (Kostenminimierung) sind daher Unterziele zur Erreichung des Gewinnziels.

Wirtschaftlichkeit und Produktivität

Das Wirtschaftlichkeitsstreben ist zwar kein dem Gewinnstreben gleichrangiges Unternehmensziel, hat aber als Mittel zur Erreichung des Gewinnziels auf allen betrieblichen Ebenen erhebliche Bedeutung. Die Anwendung des **Wirtschaftlichkeitsprinzips (ökonomisches Prinzip)** im betrieblichen Bereich erfordert eine möglichst sparsame Verwendung der verfügbaren Mittel bei der betrieblichen Leistungserstellung. Dieses Ziel entspricht der Forderung nach Maximierung des Verhältnisses zwischen dem Produktionsergebnis *(output)* und der Einsatzmenge an Produktionsfaktoren *(input)*. Dieses Verhältnis wird als **Produktivität** bezeichnet. Die Produktivität gibt Auskunft über die Ergiebigkeit der eingesetzten Produktionsfaktoren **(= mengenmäßige Wirtschaftlichkeit)**.

$$\text{Produktivität} = \frac{\text{Produktionsmenge } \textit{(output)}}{\text{Menge der eingesetzten Produktionsfaktoren } \textit{(input)}}$$

Arbeitsproduktivität	Kapitalproduktivität	Materialproduktivität
$= \frac{\text{Produktionsmenge}}{\text{Arbeitsstunden}}$	$= \frac{\text{Produktionsmenge}}{\text{eingesetztes Kapital}}$	$= \frac{\text{Produktionsmenge}}{\text{Rohstoffmenge}}$

Da sowohl die Produktionsmengen der verschiedenen Güter als auch die Einsatzmengen der verschiedenen Produktionsfaktoren wegen fehlender Vergleichbarkeit nicht addiert werden können, lässt sich keine Gesamtproduktivität eines Betriebes bestimmen. Die Produktivität bezieht sich vielmehr immer auf einzelne Teilbereiche und einzelne Produktionsfaktoren. Um die Gesamtproduktivität ermitteln zu können, müssen sowohl die verschiedenen zu kombinierenden Produktionsfaktoren als auch die produzierten Güter über einen einheitlichen Maßstab vergleichbar gemacht werden. Dazu bietet sich eine Bewertung der Produktionsfaktoren und der produzierten Güter mit ihren Preisen an. Der mit Preisen bewertete Verbrauch an Produktionsfaktoren ist gleichbedeutend mit den **Kosten** eines Betriebes. Das mit Preisen bewertete Produktionsergebnis ist die betriebliche **Leistung**. Aus dem Verhältnis dieser beiden Größen ergibt sich folgende Kennzahl für die **wertmäßige Wirtschaftlichkeit**:

$$\text{Wirtschaftlichkeit} = \frac{\text{Leistung (in EUR)}}{\text{Kosten (in EUR)}} \text{ oder } \frac{\text{Ertrag (in EUR)}}{\text{Aufwand (in EUR)}}$$

Bei Vergleichen anhand der wertmäßigen Wirtschaftlichkeit muss beachtet werden, dass beispielsweise Preiserhöhungen für die Produktionsfaktoren (= Kostensteigerung) die Wirtschaftlichkeit mindern, obwohl der Betrieb möglicherweise sparsam mit den Produktionsfaktoren umgegangen und die mengenmäßige Wirtschaftlichkeit (= Produktivität) gestiegen ist.

Wertschöpfung

Aufg. 2.4 S. 527

Das grundlegende **Ziel jeder produktiven Tätigkeit** ist die **Wertschöpfung**. Die Wertschöpfung ist ein Maßstab für den im Unternehmen geschaffenen Wertezuwachs *(value added)*.

Der Wert, den ein Unternehmen im Rahmen des Produktionsprozesses den bezogenen Vorleistungen hinzufügt, wird als Wertschöpfung bezeichnet.

Ermittlung der Wertschöpfung

	Umsatzerlöse	Produktionswert
±	Bestandsänderungen	
+	aktivierte Eigenleistungen	
=	**Gesamtleistung** (= Produktionswert)	Vorleistungen
–	Kosten für Roh-/Hilfs-/Betriebsstoffe	
–	Kosten für Fremdbauteile	
–	Kosten für in Anspruch genommene Dienstleistungen (z. B. Reparaturen, Fracht, Beratung, Versicherung)	
=	**Bruttowertschöpfung**	
–	Abschreibungen	
=	**Nettowertschöpfung**	

Liquidität als Nebenbedingung

Die Sicherung der Liquidität beinhaltet die Fähigkeit, jederzeit den fälligen Zahlungsverpflichtungen vollständig nachkommen zu können.

Das **Liquiditätsziel** ist **kein Hauptziel** eines Unternehmens (niemand wirtschaftet, nur um liquide zu sein), sondern eine unabdingbare **Nebenbedingung**, die zu jedem Zeitpunkt erfüllt sein muss. Andernfalls droht dem Unternehmen die Eröffnung eines **Insolvenzverfahrens**, das möglicherweise zur Auflösung des Unternehmens führt. Um das zu vermeiden, muss zu jedem Zeitpunkt folgende Bedingung erfüllt sein:

Anfangsbestand an liquiden Mittel (Bargeld, Bankguthaben) + Einzahlungen – Auszahlungen ≥ 0

Nichtmonetäre Unterziele

Neben dem **Oberziel der Gewinnmaximierung** verfolgen private Unternehmen auch nicht direkt in Geld messbare (nichtmonetäre) weitere Ziele, die als Unterziele (Subziele) der Erreichung des Oberziels dienen.

nicht (unmittelbar) in Geld messbare Ziele (nicht unmittelbare monetäre Ziele)			
markt- und wettbewerbsbezogene Ziele	**kundenbezogene Ziele**	**produktbezogene Ziele**	**mitarbeiterbezogene Ziele**
■ Erhöhung des Marktanteils und der Marktmacht ■ Marktführer werden ■ Image verbessern und Bekanntheitsgrad steigern	■ Gewinnung neuer Kunden ■ Erhöhung der Kundenzufriedenheit	■ Erhöhung der Produktqualität ■ Entwicklung neuer (umweltfreundlicher) Produkte	■ Verbesserung des Betriebsklimas ■ Erhöhung der Mitarbeiterzufriedenheit ■ Förderung/Weiterbildung der Mitarbeiter ■ Arbeitsplatzsicherung

2.2.3 Ökologische Ziele

Angesichts der zunehmenden Umweltbelastung nehmen immer mehr Unternehmen den **Umweltschutz** als ein dem Gewinnstreben nebengeordnetes zusätzliches Ziel in ihr Unternehmensleitbild auf.

Aufg. 2.5 S. 528

Die ökologische Zielsetzung eines Unternehmens besteht darin, in allen betrieblichen Bereichen Umweltbelastungen auszuschließen oder auf ein Mindestmaß zu begrenzen.

umweltorientierte Beschaffung	umweltorientierte Produktion	umweltorientierter Absatz
■ Einkauf umweltverträglicher Materialien ■ Bevorzugung von ökologisch orientierten Zulieferern ■ kurze Transportwege und umweltverträgliche Transportmittel für die Materialbeschaffung ■ umweltgerechte Lagerung gefährlicher Materialien	■ Bevorzugung erneuerbarer Materialien als Rohstoffe ■ Produktionsverfahren mit möglichst geringem Schadstoffausstoß ■ Rückführung von Produktionsrückständen in den Produktionsprozess (betriebsinternes Recycling) ■ umweltgerechte Entsorgung unvermeidbarer Produktionsabfälle ■ Herstellung umweltfreundlicher und recyclingfähiger Produkte	■ umweltverträgliche Gestaltung der Verpackungsmittel ■ Verringerung der Verpackungsmenge ■ umweltschonende Transportwege und Transportmittel für den Versand der Produkte ■ Werbung mit der Umweltverträglichkeit der Produkte

2.2.4 Soziale Ziele

Soweit sich die sozialen Ziele eines Unternehmens auf die Mitarbeiter beziehen, stehen Arbeitsplatzerhaltung und die Gewährung freiwilliger Sozialleistungen im Vordergrund.

Bei den **mitarbeiterbezogenen sozialen Zielen** kann es sich im Verhältnis zu dem wirtschaftlichen Oberziel der Gewinnmaximierung um Unterziele oder nebengeordnete Ziele handeln. Folgende Absichten stehen bei diesen sozialen Zielen im Vordergrund:

- Steigerung der **Leistungsfähigkeit** der Mitarbeiter durch Maßnahmen, die über die gesetzlichen Vorschriften zum Arbeits- und Unfallschutz hinausgehen.
- Steigerung der **Leistungswilligkeit** der Mitarbeiter durch übertarifliche Bezahlung und Zulagen sowie Gewährung von Mitspracherechten.
- Erhöhte **Bindung** der Mitarbeiter an das Unternehmen **(Loyalität)** durch Verbesserung des Betriebsklimas
- **Imageverbesserung** des Unternehmens, um auch für künftige Mitarbeiter attraktiv zu werden.

Durch gezielte Beteiligung der Unternehmung in verschiedenen gesellschaftlichen Bereichen soll zum Ausdruck gebracht werden, dass die Unternehmung ein Teil der Gesamtgesellschaft ist. Letztlich wird mit diesen Aktivitäten die Verantwortung der Unternehmung aufgezeigt und das Image in der Öffentlichkeit verbessert.

2.3 Zielbeziehungen

Zielharmonie und Zielkonflikt

Aufg. 2.6 S. 528

Jedes Unternehmen verfolgt eine Vielzahl von Zielen. Zwischen den einzelnen Zielen können verschiedenartige Beziehungen bestehen.

Komplementäre Ziele liegen vor, wenn Maßnahmen zur Erreichung eines Ziels gleichzeitig auch die Erreichung eines anderen Ziels fördern. Zwischen den Zielen besteht Zielharmonie.

Komplementäre Ziele

Senkung der Kosten bei gleich bleibenden Umsatzerlösen bringt eine Erhöhung des Gewinns mit sich.

Konkurrierende Ziele liegen vor, wenn Maßnahmen zur Erreichung eines Ziels gleichzeitig die Erreichung eines anderen Ziels behindern. Zwischen den Zielen bestehen Zielkonflikte.

Konkurrierende Ziele

- Sinkende Umweltbelastung und Produktionssteigerung.
- Erhöhung der Aufwendungen (Werbung), um den Marktanteil zu vergrößern, und kurzfristige Erhöhung des Gewinns.

Zielkonkurrenz

Ausgangssituation:	Umsatzerlöse 1 000 000 EUR, Kosten 700 000 EUR, Gewinn 300 000 EUR
Ziel:	Oberziel ist die Gewinnmaximierung. Als Nebenziel wird angestrebt, durch Erhöhung des Umsatzes mehr Marktmacht zu erlangen.
Maßnahme:	Preissenkung um 20 %
Folge:	Der Umsatz steigt wegen der durch die Preissenkung ausgelösten Erhöhung der verkauften Menge auf 1 050 000 EUR. Die Kosten steigen wegen der Mehrproduktion auf 800 000 EUR. Der Gewinn sinkt auf 250 000 EUR.
Ergebnis:	**Umsatzmaximierung und Gewinnmaximierung stehen in diesem Fall in Zielkonkurrenz.**

Zielkonflikt zwischen Rentabilität und Liquidität

Auch bei den Zielen **Rentabilität** und **Liquidität** handelt es sich um **konkurrierende Ziele**, weil eine hohe Liquidität in der Regel die Rentabilität mindert und umgekehrt. Ziel der **Finanzplanung** muss es daher sein, den zeitlichen Anfall von Ein- und Auszahlungen so zu planen, dass die Zahlungsfähigkeit zu jedem Zeitpunkt gewährleistet ist.

„So viel Rentabilität wie möglich und so viel Liquidität wie nötig."

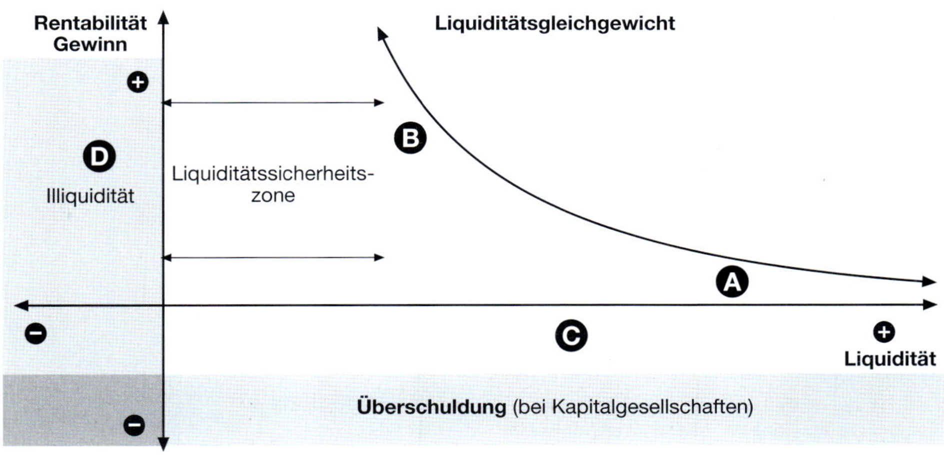

Punkt A: hohe Liquidität bei niedriger Rentabilität (Gewinn)

Punkt B: geringe Liquidität bei hoher Rentabilität (Gewinn)

Punkt C: ausreichende Liquidität, aber negative Rentabilität (Verlust): Aufzehrung des Eigenkapitals führt langfristig zur Überschuldung und Insolvenz

Punkt D: hohe Rentabilität (Gewinn), aber Illiquidität: führt unmittelbar zur Insolvenz.

Ein finanzielles Gleichgewicht liegt vor, wenn einerseits die Zahlungsfähigkeit (Liquidität) zu jedem Zeitpunkt gesichert ist und andererseits keine überschüssigen Finanzmittel vorhanden sind, die zinsbringend hätten investiert werden können und somit den erzielbaren Gewinn schmälern.

Zweck-Mittel-Verhältnis (Zielhierarchie)

Operative Ziele, die nicht auf der gleichen Ebene stehen, können durch ein Über- bzw. Unterordnungsverhältnis gekennzeichnet sein **(Zielhierarchie)**. Die einzelnen Ziele stehen in einem **Zweck-Mittel-Verhältnis**. Zwischenziele sind Mittel zur Erreichung des Oberziels und Unterziele sind wiederum Mittel zur Erreichung des Zwischenziels. An der Spitze betriebswirtschaftlicher Zielhierarchien stehen üblicherweise Gewinn und Rentabilität. Ein Beispiel für eine solche Zielhierarchie stellt das **DuPont-Kennzahlensystem** dar.

Kap. D 6.4.2

Zielhierarchie (Zweck-Mittel-Verhältnis)

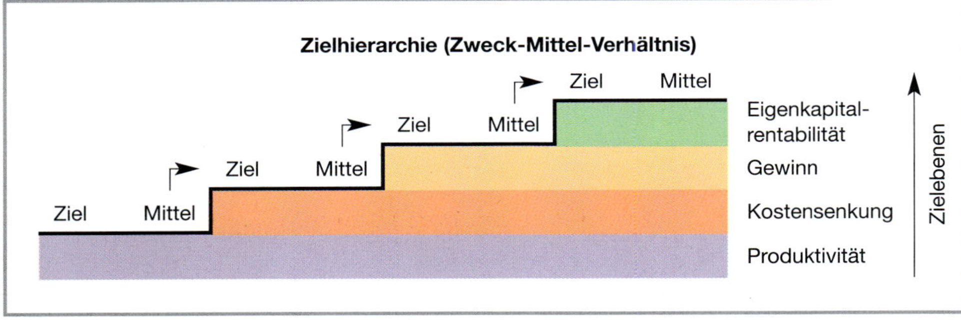

Zusammenfassende Übersicht zu Kap. 2: Zielsystem eines Unternehmens

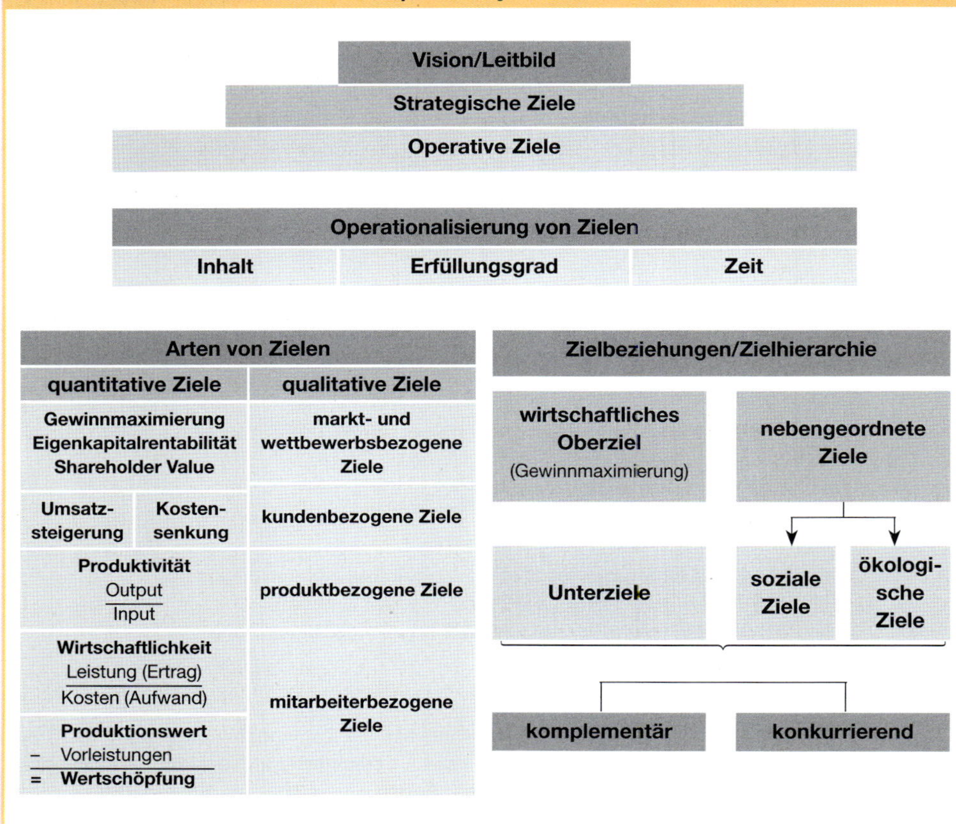

Wiederholung des Grundwissens

zu Kapitel 2 Zielsysteme von Unternehmen

2.1 Von der Unternehmensvision zu operativen Zielen einzelner Unternehmensbereiche

1. Erklären Sie den Begriff unternehmerische Vision und nennen Sie ein Beispiel.
2. Was ist unter einem Unternehmensleitbild zu verstehen?
3. Welche Inhalte weisen Unternehmensleitbilder häufig auf?
4. Welche Personengruppen können Interesse am Leitbild eines Unternehmens haben?
5. Was ist unter einer Unternehmenskultur zu verstehen und welche Aufgaben hat sie?
6. Nennen Sie Beispiele für die Formulierung einer allgemeinen Unternehmensstrategie.
7. Unter welchen Voraussetzungen ist ein Ziel operational formuliert?

2.2 Arten von Unternehmenszielen

2.2.1 Überblick

1. Unterscheiden Sie verschiedene Bereiche unternehmerischer Ziele anhand der Begriffe Profit, People, Planet.

2.2.2 Wirtschaftliche Ziele

1. Nennen Sie quantitative (monetär messbare) Unternehmensziele.
2. Nennen Sie qualitative Unternehmensziele.
3. Welches Hauptziel (Oberziel) verfolgen i. d. R. privatwirtschaftliche Unternehmen?
4. Zeigen Sie an Beispielen den Zusammenhang zwischen einem Ober- und einem Unterziel.
5. Was ist unter Produktivität zu verstehen?
6. Was ist unter Wirtschaftlichkeit zu verstehen?
7. Was ist unter Wertschöpfung zu verstehen?
8. Erläutern Sie, warum Liquidität nicht als Ziel, sondern als Nebenbedingung unternehmerischen Handelns anzusehen ist.

2.2.3 Ökologische Ziele

1. Nennen Sie Beispiele für ökologische Ziele eines Unternehmens. Unterscheiden Sie dabei zwischen Beschaffungs-, Fertigungs- und Absatzbereich.

2.2.4 Soziale Ziele

1. Formulieren Sie soziale Ziele, die ein Betrieb verfolgen kann. Handelt es sich dabei um nebengeordnete Ziele oder um Unterziele im Verhältnis zum Oberziel?

2.3 Zielbeziehungen

1. Was ist unter einem Zielkonflikt zu verstehen? Nennen Sie Beispiele für Zielkonflikte.
2. Was ist unter Zielharmonie zu verstehen? Nennen Sie Beispiele für Zielharmonien.
3. Erläutern Sie den Zielkonflikt zwischen Liquidität und Rentabilität.
4. Erläutern Sie den Begriff Zielhierarchie unter Verwendung folgender Begriffe: Gewinnsteigerung, Produktivität, Erhöhung der Eigenkapitalrentabilität, Kosten, Wirtschaftlichkeit.

Aufgaben und Probleme

zu Kapitel 2 Zielsysteme von Unternehmen

Hinweis: *Zu diesem Kapitel liegt eine Fallstudie „Unternehmensführung und Controlling" vor (siehe Begleit-CD).*

2.1 Unternehmerische Vision und Unternehmensleitbild

1. Erläutern Sie am folgenden Beispiel den Begriff Vision.

> Ein Mann kommt zu einer Baustelle, an der mehrere Personen arbeiten. Er fragt den ersten Arbeiter: „Was machen Sie hier?" Antwort: „Ich schichte Steine aufeinander, wie Sie sehen." Daraufhin fragt er den zweiten: „Was machen Sie hier?" Die Antwort lautet: „ Wir bauen hier eine Kirche." Dann wendet er sich an den dritten, der genauso wie die beiden anderen Stein auf Stein schichtet. Er erhält eine Antwort auf seine schon zweimal gestellte Frage, die sich deutlich von den vorherigen unterscheidet: „Wir bauen hier eine Kathedrale, die sicher noch in 500 Jahren Menschen inspirieren wird, und die von der Baukunst dieser Zeit Zeugnis ablegen wird."

U. v. Reibnitz, Visionen und Szenarien in Unternehmen. In: Handbuch des Controlling, Band 2, 1995, S. 4.

2. Welche der folgenden Aussagen könnten dem Unternehmensleitbild eines Industriebetriebs entnommen sein? Begründen Sie Ihre Antwort.
   a) Der osteuropäische Markt soll in den nächsten drei Jahren erschlossen werden.
   b) Wir arbeiten partnerschaftlich mit unseren Mitarbeitern zusammen.
   c) Der Umsatz der Produktgruppe A soll im nächsten Jahr um 10 % steigen.
   d) Wir geben uns mit guten Lösungen nicht zufrieden, sondern wir suchen bessere.
3. Bearbeiten Sie den Artikel „Die Mär vom rationalen Unternehmen" und geben Sie die wichtigsten Aussagen wieder.

   Der Artikel befindet sich als PDF-Datei auf der Begleit-CD.

www
4. Fassen Sie das Leitbild der Schokoladenfabrik Alfred Ritter GmbH & Co KG in einer PowerPoint-Präsentation zusammen und halten Sie vor Ihrer Klasse einen Kurzvortrag dazu.

   Das Leitbild befindet sich als PDF-Datei auf der Begleit-CD und kann über http://www.ritter-sport.de Auswahl: Familienunternehmen und Werte abgerufen werden.

2.2 Unternehmensziele: Operationalisierung von Zielen

In einem Unternehmen, das elektrische Haushaltsgeräte und Autoelektrik-Zubehör herstellt, sollen Umsatzverluste und Gewinnrückgänge auf dem Markt für Kraftfahrzeug-Zubehör durch Umsatzsteigerungen auf dem Haushaltssektor ausgeglichen werden.

Die zentrale Geschäftsleitung setzt dem Leiter des Unternehmensbereiches „Haushaltsgeräte" folgendes Ziel:
Der in diesem Jahr erzielte Umsatz in Höhe von 5 Millionen EUR soll auf der Preisbasis des 1. November d. J. auf 7 Millionen EUR im nächsten Jahr erhöht werden. Gleichzeitig soll die absolute Höhe des Gewinns in diesem Geschäftsbereich um mindestens 25 % steigen.

Der Leiter des Unternehmensbereiches „Haushaltsgeräte", dem der Marketing-Direktor und der technische Direktor unmittelbar unterstehen, macht diesen Direktoren folgende Zielvorgaben:

Dem **Marketing-Direktor**: Steigerung des Absatzes an Küchenmaschinen, Kühlschränken, Waschmaschinen, Spülmaschinen.

Dem **Technischen Direktor**: Senkung der Produktionskosten.

1. Prüfen Sie, welche Zielformulierung operational formuliert ist, d. h. die Komponenten Erfüllungsgrad, Zielinhalt und Zielzeit enthält.
2. Formulieren Sie nach eigenem Ermessen die nicht operational formulierten Ziele so, dass die drei Zielkomponenten darin enthalten sind.

3. Zeigen Sie am Beispiel der Zielformulierung dieses Falles, warum die Operationalisierung von Zielen notwendig ist.
4. Vervollständigen Sie eine Tabelle nach folgendem Muster, indem Sie für ein Unternehmen, das elektrische Haushaltsgeräte herstellt, Beispiele für die Übersetzung von strategischen in operative Ziele suchen.

strategische Ziele	Zur Sicherung des langfristigen Erfolgs ist ein angemessener Gewinn anzustreben.	Die Begrenzung der Umweltbelastung ist für uns eine ständige Verpflichtung.	Wir wollen die Kundenbeziehung und -zufriedenheit aktiv gestalten und pflegen.
Operative Ziele			

2.3 Produktivität – Wirtschaftlichkeit – Rentabilität

Für einen Holz verarbeitenden Betrieb, der sich auf die Herstellung bestimmter Möbelstücke spezialisiert hat, liegen folgende Zahlen vor:

PDF

Jahr	1	2	3
Produktions- und Absatzmenge	15000	16000	19000
insgesamt geleistete Arbeitsstunden	90500	88000	110000
Ø Arbeitskosten je Stunde	18,00 EUR	20,50 EUR	20,50 EUR
Materialkosten je Stück (Beschaffungspreise unverändert)	75,00 EUR	75,00 EUR	75,00 EUR
sonstige Kosten	875000 EUR	850000 EUR	1050000 EUR
Ø Stückpreis je Möbelstück	250 EUR	240 EUR	265 EUR
Eigenkapital am Jahresanfang	1 Mio. EUR	1,121 Mio. EUR	1,107 Mio. EUR

1. Berechnen Sie für die drei Jahre folgende Kennzahlen
   - Arbeitsproduktivität
   - Eigenkapitalrentabilität
   - Wirtschaftlichkeit
   - Umsatzrentabilität
2. Worauf kann die unterschiedliche Entwicklung der einzelnen Kennzahlen zurückzuführen sein?
3. Obwohl im Jahr 3 Produktivität und Wirtschaftlichkeit gestiegen sind und die Rentabilität als zufrieden stellend angesehen werden kann, gerät das Unternehmen in ernste Schwierigkeiten, die es an den Rand der Insolvenz treiben.
   Worin könnten diese Schwierigkeiten bestehen und wie hätten Sie Ihrer Meinung nach vermieden werden können?

2.4 Wertschöpfung eines Unternehmens

Eine Maschinenfabrik hat in der vergangenen Abrechnungsperiode Güter im Wert von 400 Mio. Euro verkauft. Das Unternehmen bezog Vorleistungen von anderen Unternehmen in Höhe von 100 Mio. Euro. Die Abschreibungen beliefen sich auf 200 Mio. Euro.

1. Wie hoch war die Gesamtleistung (Produktionswert) der Maschinenfabrik?
2. Wie hoch war die Bruttowertschöpfung der Maschinenfabrik?
3. Wie hoch war die Nettowertschöpfung der Maschinenfabrik?

2.5 Ökologische Ziele

1. Wie lässt sich Ihrer Ansicht nach die ökologische Verantwortung von Unternehmen begründen?
2. Nennen Sie Beispiele für umweltgerechtes Verhalten eines Unternehmens in folgenden Bereichen:
   - Forschung & Entwicklung
   - Beschaffung
   - Produktion
   - Investition
   - Absatz
3. Nennen Sie Probleme, die sich für ein Unternehmen bei umweltgerechtem Verhalten ergeben können.

2.6 Zielbeziehungen: Zielharmonie – Zielkonflikt

PDF

Die Abteilung Rechnungswesen eines Metall verarbeitenden Betriebs legt am Ende der fünften Abrechnungsperiode folgende Zahlen vor:

Periode	Absatzmenge in Stück	Verkaufspreis in EUR	Gesamtkosten in EUR
1	10000	42,00	400000
2	13000	41,00	503000
3	16000	40,00	610000
4	16000	40,00	620000
5	20000	38,00	750000

1. Ermitteln Sie für die fünf Perioden jeweils den Umsatzerlös und den Gewinn.
2. Stellen Sie den Zusammenhang zwischen Umsatzerlös, Kosten und Gewinn formelmäßig dar.
3. Die Geschäftsleitung vergleicht die von ihr für Umsatzerlös und Gewinn vorgegebenen Ziele mit den tatsächlichen Ergebnissen, wie sie sich aus den Berechnungen von 1. ergeben. Dabei wird bemängelt, dass lediglich das Umsatzziel erreicht wurde. Worauf ist es in den einzelnen Perioden zurückzuführen, dass trotz steigenden oder gleich bleibenden Umsatzes das Gewinnziel nicht erreicht werden konnte?
4. Tragen Sie die Kombinationen von Gewinn und Umsatzerlösen, die sich in den fünf Perioden ergeben, in ein Koordinatensystem nach nebenstehendem Muster ein.

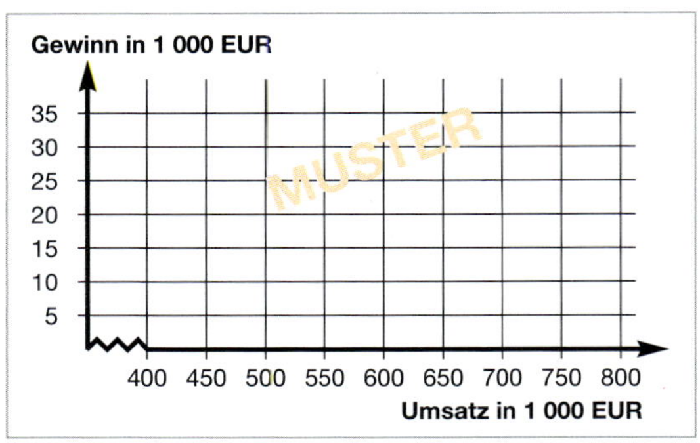

5. Folgende Zielbeziehungen sind denkbar:
   a) komplementäre (miteinander verträgliche bzw. einander ergänzende) Ziele,
   b) konkurrierende (miteinander unverträgliche bzw. einander behindernde) Ziele,
   c) indifferente (voneinander unabhängige) Ziele.

   Stellen Sie anhand der unter 4. erstellten Grafik für die fünf Perioden fest, welche dieser Beziehungen zwischen den Zielen Umsatzerlöse und Gewinn jeweils vorlag.
6. Geben Sie für die folgenden Zielpaare eine mögliche Zielbeziehung (komplementär, konkurrierend, indifferent) an. Begründen Sie jeweils Ihre Aussage.
   a) Erhöhung des mengenmäßigen Marktanteils – Umsatzsteigerung,
   b) Umsatzsteigerung – Gewinnsteigerung,
   c) Kostensenkung – Gewinnsteigerung,
   d) Verbesserung der Produktqualität – Imageerhöhung,
   e) Verminderung von Umweltbelastung – Gewinnsteigerung,
   f) Erhöhung der Marktmacht – Sicherung der Arbeitsplätze

3 Orientierung unternehmerischer Ziele an Gruppeninteressen und gesellschaftlichen Vorstellungen

Überblick und Zusammenhänge

3 Orientierung unternehmerischer Ziele an Gruppeninteressen und gesellschaftlichen Wertvorstellungen

- ***3.1*** *Welche Anspruchsgruppen gegenüber Unternehmen lassen sich unterscheiden und welche Interessen haben sie jeweils?*
- ***3.2*** *Was bedeutet Shareholder Value als Konzept der Unternehmensführung?*
  - *Shareholder Value-Konzept*
  - *Berechnung des Shareholder Value*
  - *Kritik am Shareholder Value-Konzept*
  - *Stakeholder Ansatz*
- ***3.3*** *Welcher Zusammenhang besteht zwischen Unternehmensführung und Ethik?*
  - *Corporate Governance*
  - *Corporate Social Responsibility*

3.1 Anspruchsgruppen und deren Interessen

Jedes unternehmerische Handeln ist auf das Erreichen von Zielen ausgerichtet. Eine Kernfrage in diesem Zusammenhang lautet:

Aufg. 3.1 S. 537

Wer bestimmt die Ziele eines Unternehmens und welche Interessen stehen bei den Maßnahmen zur Zielerreichung im Mittelpunkt?

Es gibt in einem Unternehmen und dessen Umfeld verschiedene **Anspruchsgruppen** (Stakeholder)[1] mit unterschiedlichen Interessen und Erwartungen.

Anspruchsgruppen (Stakeholder)	für das Unternehmen erbrachte Leistungen	vom Unternehmen geforderte Gegenleistungen
interne Anspruchsgruppen		
Eigentümer (Shareholder)[2]	Eigenkapital	Verzinsung und Wertsteigerung des investierten Kapitals, Mitgestaltung
(Top-)Management	Unternehmensführung. Kompetenz, Engagement, Leistung	Einkommen, Macht, Einfluss, Prestige
Mitarbeiter	Arbeitskraft, Fähigkeiten	Einkommen, Arbeitsplatzsicherung, sinnvolle Betätigung entsprechend den Fähigkeiten, Anerkennung

(Fortsetzung nächste Seite)

1 Als Stakeholder werden **alle** Gruppen bezeichnet, die in irgendeiner Beziehung zum Unternehmen stehen.
2 Shareholder *(engl.)*: Aktionär (von share = Aktie und holder = Inhaber)

Anspruchsgruppen (Stakeholder)	für das Unternehmen erbrachte Leistungen	vom Unternehmen geforderte Gegenleistungen
	externe Anspruchsgruppen	
Fremdkapital	Fremdkapital	sichere Kapitalanlage, Verzinsung und Rückzahlung des investierten Kapitals
Lieferer	termingerechte Lieferung, hohe Qualität der Güter	Zahlungsfähigkeit, stabile und faire Lieferbeziehungen
Kunden	Güterkauf, Markentreue	angemessenes Preis-/Leistungsverhältnis, Service, günstige Konditionen
Staat und Gesellschaft (Öffentlichkeit)	Infrastrukutur (z. B. Straßen), öffentliche Sicherheit und Ordnung (z. B. Rechtsordnung, Gerichtswesen)	Steuerzahlung, Sicherung von Arbeitsplätzen, Sozialleistungen, Einhaltung von Rechtsvorschriften und Normen, Förderung von Wissenschaft und Kultur

Da nicht alle **Stakeholder-Interessen** gleichermaßen befriedigt werden können, ergeben sich für die Unternehmensleitung **Konflikte**. Bei der Bestimmung der Unternehmensziele muss daher festgelegt werden, welche Forderungen und Erwartungen der verschiedenen Anspruchsgruppen in welchem Maße berücksichtigt werden sollen. Dabei lassen sich zwei unterschiedliche Ansätze unterscheiden: Der **Shareholder Value-Ansatz**[1] und der **Stakeholder Ansatz**.

3.2 Shareholder Value-Konzept

3.2.1 Grundlagen des Shareholder Value-Konzepts[1]

Üblicherweise wird in der Betriebswirtschaftslehre davon ausgegangen, dass wesentliche betriebliche Entscheidungen von den Eigentümern des Unternehmens getroffen werden und dass dabei das Ziel der Gewinnmaximierung im Mittelpunkt steht. Bei Aktiengesellschaften sind die Eigentümer (Aktionäre) jedoch Anteilseigner, die selbst keine unternehmerischen Entscheidungen treffen, sondern diese Entscheidungsbefugnis an den Vorstand der AG und andere Führungskräfte abtreten. Es liegt also eine **Trennung von Eigentum und Entscheidungsmacht** vor. Dadurch können sich Konflikte ergeben. Möglicherweise verfolgen die Führungskräfte eigene Interessen (z. B. höhere Gehälter, Macht, Einfluss), die mit denen der Eigentümer nicht völlig deckungsgleich sind. Die Eigentümer können möglicherweise wegen fehlender Informationen nicht sicherstellen, dass ihre Interessen möglichst gut wahrgenommen werden. Eine vollständige Regelung des Verhaltens der Manager durch Verträge ist zudem nicht möglich, so dass es Handlungsspielräume für das Management gibt, ihre eigenen Ziele entgegen den Interessen der Eigentümer zu verfolgen.

Oberstes Ziel: Maximierung des Aktionärsvermögens

Die zentrale Forderung des Shareholder Value-Konzepts lautet: „Die Anspruchsgruppe der Eigenkapitalgeber und deren finanzielle Interessen müssen im Mittelpunkt des unternehmerischen Handelns stehen." Daraus ergibt sich folgende Zielsetzung:

1 value *(engl.)*: Wert, shareholder value: Aktionärsvermögen

Oberstes Ziel einer am Shareholder Value orientierten Unternehmensführung ist die langfristige Maximierung des Vermögens der Aktionäre.

Einerseits steigt der Wert des beim Erwerb der Aktien investierten Kapitals durch die Dividendenausschüttung der AG. Andererseits erhöht sich das Aktionärsvermögen – häufig zu einem weitaus stärkeren Teil – durch die Kurssteigerung der Aktie.

Ermittlung des Aktionärsvermögens

Das Vermögen der Aktionäre setzt sich daher wie folgt zusammen:

Aktionärsvermögen = Börsenkurs beim Aktienkauf + Dividende + Kurssteigerung

Als Größe, die dem Aktionärsvermögen und damit dem Shareholder Value entspricht, wird der **Marktwert** (Gegenwartswert) **des Eigenkapitals** angesehen.

Ausgangspunkt für die Berechnung des Shareholder Value ist der **Unternehmenswert**.

Unternehmenswert = Marktwert des Gesamtkapitals
= Marktwert des Eigenkapitals (Shareholder Value)
+ Marktwert des Fremdkapitals

Daraus ergibt sich folgende Ausgangsgleichung für die Berechnung des Marktwertes des Eigenkapitals (= Shareholder Value):

Marktwert des Eigenkapitals (Shareholder Value) = Unternehmenswert – Marktwert des Fremdkapitals
(MW_{EK}) (SV) (UW) (MW_{FK})

In den **Unternehmenswert** fließt der zukünftige Erfolg des Unternehmens ein. Zu seiner Ermittlung werden die künftig vom Unternehmen erwirtschafteten Zahlungsüberschüsse **(Cashflow)** prognostiziert und abgezinst. Kap. D 6.4.4

3.2.2 Folgen des Shareholder Value-Konzepts – Stakeholder-Ansatz als Alternative

Kritik am Shareholder Value-Konzept

Wird – wie bei einer AG – die Unternehmensführung nicht von den **Eigentümern** selbst wahrgenommen, sondern auf **Manager** übertragen, sollen diese nach dem Shareholder Value-Konzept ausschließlich die Interessen der Eigenkapitalgeber vertreten. Um die Interessen der Manager mit denen der Eigentümer in Übereinstimmung zu bringen, wird häufig ein **Anreizsystem** in Form von **Aktienoptionen** geschaffen. Aufg. 3.2 S. 538

Solche Aktienoptionen räumen dem Vorstand und anderen Managern der AG das Recht ein, unternehmenseigene Aktien zu einem festgelegten Vorzugspreis zu erwerben. Da eine Aktienkurssteigerung in diesem Fall auch ein zentrales Interesse der Manager wird, erhoffen sich die Eigentümer (Aktionäre) dadurch eine an der Aktienkursentwicklung und damit an ihren Interessen orientierte Unternehmensführung durch das Management. Das Einräumen von **Aktienoptionen** stellt eine zusätzliche **Erfolgsmotivation** für das Management zur Steigerung des zukünftigen Unternehmenswerts dar. Unternehmen, AktG § 71 die ihre Mitarbeiter mit Aktienoptionen entlohnen und motivieren, kaufen dafür normalerweise eigene Aktien zurück (Rückkauf eigener Aktien). Werden eigene Aktien in größerem Umfang zurückgekauft, steigt der Aktienkurs. Das entspricht der Shareholder Value-Orientierung. Auch wenn eigene Aktien nicht zur Weitergabe an Mitarbeiter, sondern zum Einzug und zur Vernichtung zurückgekauft werden, kann das den Shareholder-Interessen dienen. Dadurch steigen der Aktienkurs und – sofern der Gewinn nicht sinkt – der Gewinn je Aktie und die Eigenkapitalrentabilität.

Kritiker verweisen darauf, dass die Einräumung von **Aktienoptionen** eine hemmungslose **Shareholder Value-Politik** zugunsten der Anteilseigner fördert und somit allein auf die Steigerung des Aktienkurses zulasten anderer Anspruchsgruppen (z.B. Mitarbeiter, Kunden, Umweltverbände) abzielt. Eine solche Unternehmenspolitik wird insbesondere aus folgenden Gründen teilweise heftig kritisiert:

Interessen der Anteilseigner	Gewinnmaximierung	Vernachlässigung sozialer Ziele
Nur die Interessen der Anteilseigner, die eine Steigerung des Marktwertes ihrer Unternehmensbeteiligung anstreben, werden berücksichtigt.	Das Hauptziel besteht in einer kurzfristigen, mit einer schnellen Aktienkurssteigerung einhergehenden Gewinnmaximierung.	Der Vorrang des Gewinnziels führt zur Vernachlässigung sozialer Ziele. Insbesondere die Interessen der Mitarbeiter werden vernachlässigt.

Der Shareholder Value-Ansatz sieht es als Aufgabe der Unternehmensführung an, bei unternehmerischen Entscheidungen ausschließlich die Ansprüche der Eigentümer (Shareholder) und deren Interesse an der Steigerung von Einkommen und Vermögen zu berücksichtigen.

Angesichts der Kritik an der einseitigen Ausrichtung an den Interessen der Eigenkapitalgeber beim Shareholder Value-Konzept sind verschiedene andere Ansätze zur Unternehmensführung entwickelt worden. Dazu gehören der **Stakeholder-Ansatz** und das ganzheitliche Managementsystem **Balanced Scorecard.**

Kap. E 5.2

Stakeholder-Ansatz

Kritiker fordern, den Shareholder Value-Ansatz durch den **Stakeholder-Ansatz** zu ersetzen. Dabei sollen bei den Entscheidungen der Unternehmensführung nicht nur die Interessen der Anspruchsgruppe der Eigentümer (= Shareholder), sondern die Belange aller Anspruchsgruppen (= Stakeholder) angemessen berücksichtigt werden. Aufgabe des Managements ist es demnach, die Interessengegensätze der verschiedenen Anspruchsgruppen (Stakeholder: Eigenkapitalgeber, Fremdkapitalgeber, Management, Mitarbeiter, Kunden, Lieferer, Staat und Gesellschaft) in Einklang zu bringen. Ein langfristiges Überleben eines Unternehmens ist nach dieser Auffassung nur möglich, wenn das Unternehmen von der Umwelt akzeptiert und in diese integriert ist.

Der Stakeholder-Ansatz sieht es als Aufgabe der Unternehmensführung an, bei unternehmerischen Entscheidungen neben den Ansprüchen der Eigentümer (Shareholder) insbesondere auch die Interessen anderer Anspruchsgruppen (Stakeholder) zu berücksichtigen.

Probleme des Stakeholder-Ansatzes
▪ Die unterschiedliche Ansprüche und Erwartungen der verschiedenen Anspruchsgruppen (Stakeholder) führen zu sehr komplexen Zielen. ▪ Zielkonflikte sind sehr wahrscheinlich. ▪ Die Präzisierung der Ziele ist schwierig.

3.3 Unternehmensführung und Ethik[1]

Aufg. 3.3 u. 3.4 S. 538

Die Frage, welche Interessen die Unternehmensführung zu berücksichtigen hat, rückt die **Verantwortung der Unternehmensführung** in den Vordergrund. In Abhängigkeit davon, in welchem Umfang gesetzliche Bestimmungen bei den Maßnahmen zur Erreichung der Unternehmensziele eingehalten werden, lässt sich folgende Unterscheidung vornehmen.

Unethische Unternehmen	Legalistische Unternehmen	Ethisch orientierte Unternehmen
▪ Eigener Vorteil wird als einzige Zielsetzung anerkannt. ▪ Gesetze und Vorschriften werden notfalls verletzt.	▪ Einhaltung gesetzlicher Vorschriften	▪ Einhaltung gesetzlicher Vorschriften ▪ Darüber hinaus ist ethisches Verhalten die Basis aller Handlungen.

In der Praxis existiert eine Vielzahl von Ansätzen zur Umsetzung wirtschafts- und unternehmensethischer Ideen. Dabei liegt häufig die Vorstellung einer guten, transparenten Unternehmensführung **(Good Corporate Governance)** und einer darüber hinausgehenden gesellschaftlichen Verantwortung **(Corporate Social Responsibility)** im sozialen und ökologischen Bereich zugrunde.

Corporate Governance[2]

Mit dem Begriff Corporate Governance ist die Gesamtheit aller nationalen und internationalen Werte und Grundsätze für eine verantwortungsvolle Unternehmensführung gemeint.

Solche Grundsätze eines guten Corporate Governance sollen eine verantwortliche, qualifizierte, transparente und auf den langfristigen Erfolg ausgerichtete Unternehmensführung gewährleisten und so das Vertrauen von Aktionären und Investoren in den Kapitalmarkt stärken. Andererseits dient der Corporate Governance auch den Unternehmen selbst zur Selbstkontrolle und als Orientierungsrahmen für ihr Verhalten.

Um die in Deutschland geltenden Regelungen zur Unternehmensleitung und -überwachung für Investoren transparent zu machen, ist 2002 der **Deutsche Corporate Governance Kodex** mit wichtigen gesetzlichen Vorschriften zur Leitung und Überwachung deutscher börsennotierter Aktiengesellschaften verabschiedet worden.[3] Demnach gelten u. a. folgende Regelungen:

AktG § 161 Erklärung zum Corporate Governance Kodex

(1) Vorstand und Aufsichtsrat der börsennotierten Gesellschaft erklären jährlich, dass den vom Bundesministerium der Justiz im amtlichen Teil des elektronischen Bundesanzeigers bekannt gemachten Empfehlungen der „Regierungskommission Deutscher Corporate Governance Kodex“ entsprochen wurde und wird oder welche Empfehlungen nicht angewandt wurden oder werden und warum nicht ...
(2) Die Erklärung ist auf der Internetseite der Gesellschafter dauerhaft öffentlich zugänglich zu machen.

---

1 Die Ethik ist ein Teilbereich der Philosophie. Sie versucht zu klären, worin gutes oder böses Handeln besteht und wie der Mensch handeln soll. Die Wirtschaftsethik setzt sich mit der Frage auseinander, wie sich wirtschaftliches Handeln mit ethischen Grundsätzen vereinbaren lässt.
2 Corporate Governance *(engl.)*: Regieren (= Governance) von Körperschaften/Unternehmen (= Corporate)
3 http://www.dcgk.de/de/kodex.html (Stand: 7. Febr. 2017).

§ 87 AktG Nachhaltigkeit des Vergütungssystems

(1) Der Aufsichtsrat hat bei der Festsetzung der Gesamtbezüge des einzelnen Vorstandsmitglieds (Gehalt, Gewinnbeteiligungen, Aufwandsentschädigungen, Versicherungsentgelte, Provisionen, anreizorientierte Vergütungszusagen wie zum Beispiel Aktienbezugsrechte und Nebenleistungen jeder Art) dafür zu sorgen, dass diese in einem angemessenen Verhältnis zu den Aufgaben und Leistungen des Vorstandsmitglieds sowie zur Lage der Gesellschaft stehen und die übliche Vergütung nicht ohne besondere Gründe übersteigen. Die Vergütungsstruktur ist bei börsennotierten Gesellschaften auf eine nachhaltige Unternehmensentwicklung auszurichten. Variable Vergütungsbestandteile sollen daher eine mehrjährige Bemessungsgrundlage haben; für außerordentliche Entwicklungen soll der Aufsichtsrat eine Begrenzungsmöglichkeit vereinbaren. ...

Vorstandsgehälter

Das Vergütungsniveau der Spitzenmanager pendelt sich auf hohem Niveau ein. ... Die Kriterien für die erfolgsabhängige Vergütung der DAX-Vorstände orientiert sich trotz der in § 84 AktG geforderten Nachhaltigkeit immer noch in erster Linie am Shareholder Value. Zwar tauchen bei einigen Gesellschaften auch Kunden- oder Mitarbeiterzufriedenheit als Maßstäbe für die Erfolgsbeteiligung der Manager auf. Es fehlen aber Zielgrößen, die auch der gesellschaftlichen Verantwortung der Manager Rechnung tragen. ...

nach Handelsblatt v. 30.03.2010, S. 32

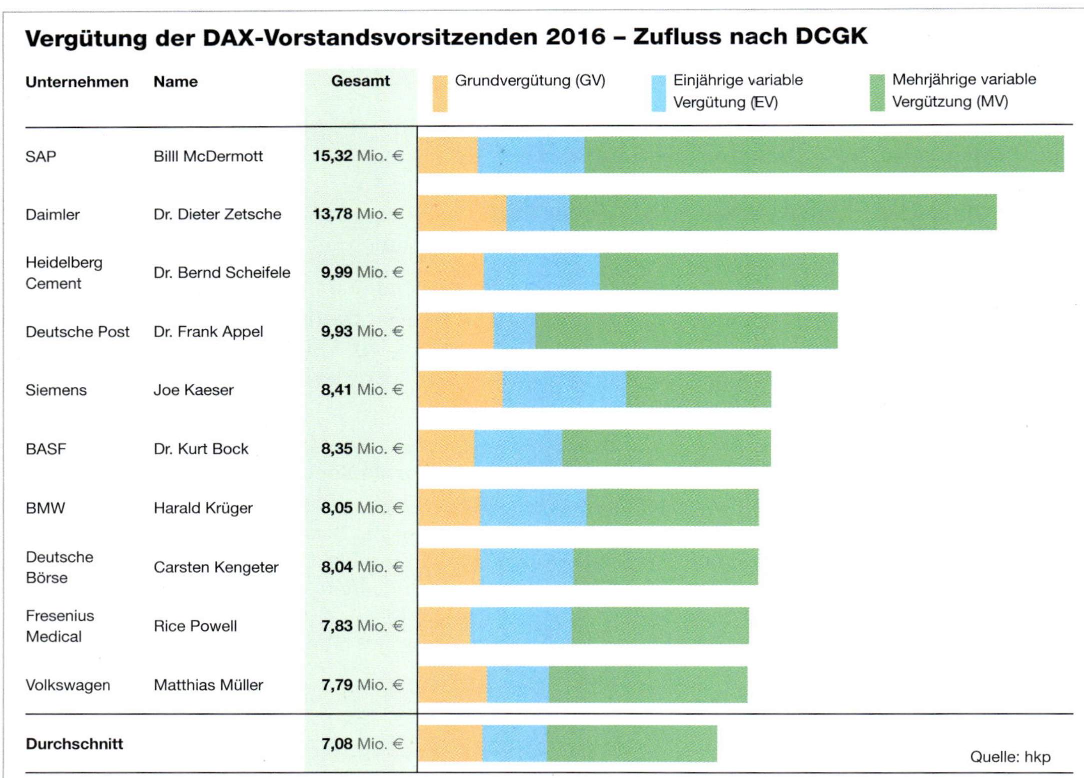

- Die Gesamtvergütung jedes Vorstandsmitglieds wird mit Namensnennung veröffentlicht, sofern nicht die Hauptversammlung mit Dreiviertelmehrheit anderweitig beschlossen hat (Nr. 4.2.4 des Corporate Governance Kodex).

- Vorstands- und Aufsichtsratsmitglieder oder andere Personen mit Führungsaufgaben sowie ihnen nahe stehenden Personen müssen Käufe und Verkäufe von Aktien des eigenen Unternehmens unverzüglich der Gesellschaft zur Veröffentlichung mitteilen. (Nr. 6.6 des Corporate Governance Kodex)

Corporate Social Responsibility

Anders als Corporate Governance bezieht sich **Corporate Social Responsibility** nicht nur auf eine gute Unternehmensführung, sondern auf die **gesamtgesellschaftliche Verantwortung von Unternehmen**. Doch dafür, wie ein Unternehmen dieser Verantwortung gerecht wird, gibt es keine allgemeingültigen Regeln. Unter den zahlreichen Versuchen, Kriterien für Corporate Social Responsibility festzulegen, hat bisher der **Global Compact** der Vereinten Nationen die größte Aufmerksamkeit erfahren. Die inzwischen weltweit mehr als 2000 Unternehmen, die sich diesem Global Compact durch ihre Unterschrift angeschlossen haben, sollen folgende Forderungen erfüllen:

Forderungen des Global Compact der Vereinten Nationen

Die Unternehmen sollen ...

- die international verkündeten Menschenrechte respektieren und ihre Einhaltung innerhalb ihrer Einflusssphäre fördern,
- sicherstellen, dass sie nicht bei Menschenrechtsverletzungen mitwirken,
- das Recht ihrer Beschäftigten, sich gewerkschaftlich zu betätigen, respektieren sowie deren Recht auf Kollektivverhandlungen zur Lohnfindung anerkennen,
- alle Formen von Zwangsarbeit bzw. erzwungener Arbeit ausschließen,
- an der Abschaffung von Kinderarbeit mitwirken,
- jede Diskriminierung in Bezug auf Beschäftigung und Beruf ausschließen,
- eine vorsorgende Haltung gegenüber Umweltgefährdungen einnehmen,
- Initiativen zur Förderung größeren Umweltbewusstseins ergreifen,
- die Entwicklung und die Verbreitung umweltfreundlicher Technologien ermutigen,
- gegen alle Formen von Korruption, inklusive Erpressung und Bestechung, angehen.

Kritiker bemängeln jedoch, dass die Teilnahme am Global Compact freiwillig ist und die Einhaltung der Kriterien nicht überprüft wird.

Ethisches Verhalten als Wirtschaftsfaktor

Ähnlich wie eine gute **Corporate Governance** wird auch **Corporate Social Responsibility** zunehmend zu einem wichtigen **Wirtschaftsfaktor**.

Das Verhalten von Unternehmen, die über gesetzliche Vorschriften hinausgehen und ethisches Verhalten zur Grundlage ihrer Unternehmenskultur erklären, beruht auf der Erfahrung, dass ethisches Verhalten – zumindest langfristig – im eigenen Interesse ist und zu einer Gewinnsteigerung beiträgt. Entsprechende Untersuchungen kommen zu dem Ergebnis, dass bei den Kaufentscheidungen der Mehrzahl der Konsumenten das soziale Engagement eines Unternehmens eine wichtige Rolle spielt und viele sogar bereit sind, dafür einen Preisaufschlag zu akzeptieren. Auch für Investoren spielen soziale Größen eine immer wichtigere Rolle. Entsprechende Untersuchungen zeigen einen positiven Zusammenhang zwischen der Entwicklung des Aktienkurses, guter Corporate Governance und der Einhaltung sozialer Mindeststandards.[1]

1 Das zeigt beispielsweise die Entwicklung des Aktienindex *DJ Sustainability Index*.

Zusammenfassende Übersicht zu Kap. 3: Orientierung unternehmerischer Ziele an Gruppeninteressen und gesellschaftlichen Wertvorstellungen

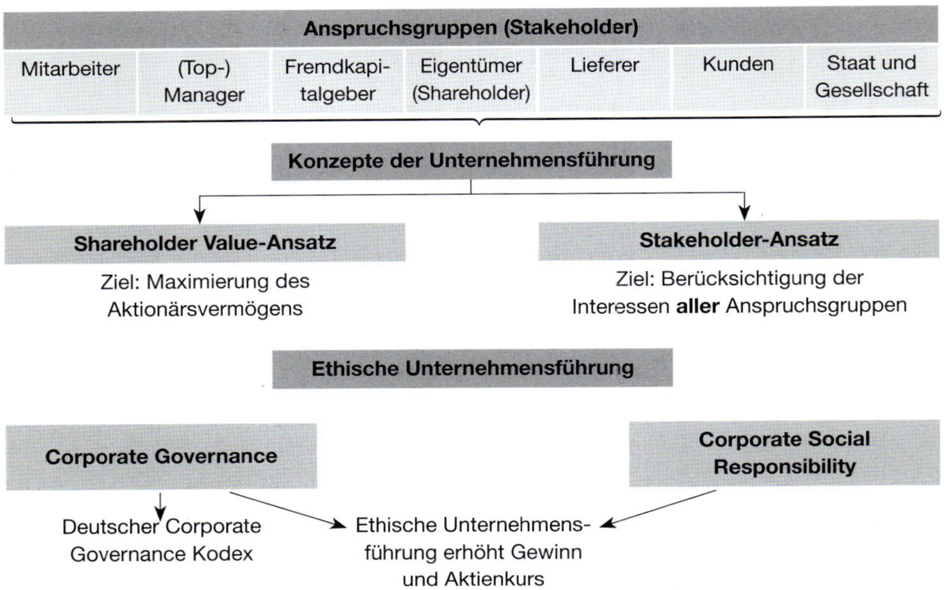

Wiederholung des Grundwissens

zu Kapitel 3 Orientierung unternehmerischer Ziele an Gruppeninteressen und gesellschaftlichen Wertvorstellungen

3.1 Anspruchsgruppen und deren Interessen

1. Unterscheiden Sie verschiedene Anspruchsgruppen (Stakeholder) und deren Interessen.

3.2 Shareholder Value-Konzept

3.2.1 Grundlagen des Shareholder Value-Konzepts

1. Welches oberste Ziel verfolgt eine am Shareholder Value-Konzept orientierte Unternehmensführung?
2. Wie setzt sich das Aktionärsvermögen zusammen?
3. Welcher Zusammenhang besteht zwischen folgenden Größen: Shareholder Value, Marktwert des Eigenkapitals, Marktwert des Fremdkapitals, Unternehmenswert?

3.2.2 Folgen des Shareholder Value-Konzepts – Stakeholder-Ansatz als Alternative

1. Nennen Sie Kritikpunkte am Shareholder Value-Konzept.
2. Erläutern Sie das Anreizsystem in Form von Aktienoptionen.
3. Welche Auswirkungen hat ein Rückkauf eigener Aktien, wenn die Aktien
   a) zur Weitergabe an Mitarbeiter verwendet werden
   b) eingezogen und vernichtet werden?
4. Welches Ziel verfolgt der Stakeholder Ansatz?
5. Welche Probleme weist der Stakeholder Ansatz auf?

3.3 Unternehmensführung und Ethik

1. Welche Typen von Unternehmen lassen sich hinsichtlich ihres ethischen Verhaltens unterscheiden?
2. Was ist unter Corporate Governance zu verstehen?
3. Nennen Sie Regelungen des Deutschen Corporate Governance Kodex.
4. Welche Aussagen lässt die Tabelle auf S. 534 zu?
5. Was ist unter Corporate Social Responsibility zu verstehen?
6. Was ist unter dem Global Compact zu verstehen?
7. Nennen Sie Verpflichtungen, die Unternehmen eingehen, die sich dem Global Compact anschließen.
8. Erläutern Sie den möglichen Zusammenhang zwischen ethischer Unternehmensführung einerseits sowie Gewinn- und Aktienkursentwicklung andererseits.

Aufgaben und Probleme

Kapitel 3 Orientierung unternehmerischer Ziele an Gruppeninteressen und gesellschaftlichen Wertvorstellungen

3.1 Anspruchsgruppen und ihre Interessen: Shareholder Value-Ansatz

1. Systematisieren Sie die folgenden Anspruchsgruppen eines Unternehmens und ihre Interessen in einer Tabelle nach folgendem Muster.
   Kapitaleigentümer, Fremdkapitalgeber, Wettbewerber, Unternehmer Manager, Kunden, Lieferer, Verbände, Mitarbeiter, Behörden, Bürgerinitiativen, Vereine, Nichtregierungsorganisationen (NGOs), Anwohner, Öffentlichkeit.

Anspruchsgruppen	Interessen
Interne Stakeholder	
Externe Stakeholder	

2. Erläutern Sie die Zielsetzung des Shareholder Value-Ansatzes. Beschreiben Sie in diesem Zusammenhang auch die Bedeutung des Unternehmenswertes.
3. Als ein Grundproblem bei der Umsetzung des Shareholder Value-Ansatzes wird die Trennung zwischen Eigentümern (Geldgebern) und Management (Entscheidungsmacht) angesehen. Erläutern Sie die sich aus dieser Trennung ergebenden Probleme.
4. Beurteilen Sie folgende unternehmerischen Entscheidungen aus Sicht des Shareholder Value-Ansatzes:
   - Arbeitsplatzabbau
   - Vermeidung von Investitionen in umweltschonende Verfahren
   - Ausrichtung der Unternehmenspolitik auf hohe Aktienkurse
   - Verlegung von Produktionsstätten in Billiglohnländer
5. Vertreter des Shareholder Ansatzes behaupten
   „Die Aufgabe des Unternehmens ist es, für seine Shareholder Gewinne zu erzielen. Vom einem wertschaffenden Unternehmen profitieren aber nicht nur die Eigentümer, sondern alle Stakeholder!" Nehmen Sie zu dieser Behauptung Stellung.
6. Zeigen Sie Zielkonflikte zwischen den Shareholderinteressen und den Interessen anderer Stakeholder in folgenden Fällen auf:
   - Gewerkschaften fordern eine Arbeitszeitverkürzung bei vollem Lohnausgleich und eine Beteiligung am Unternehmenserfolg.
   - Der ehemalige Präsident des Bundes der Deutschen Industrie (BDI) Rogowski bezeichnet die Mitbestimmung der Arbeitnehmer im Aufsichtsrat als „Irrtum der Geschichte".
   - Verbraucherverbände fordern bessere Produktqualität und weiter reichende Gewährleistungsansprüche der Konsumenten.
   - Umweltverbände fordern umweltschonendere Produktionstechniken.

3.2 Corporate Governance – Global Compact

1. Prüfen Sie anhand des **Deutschen Corporate Governance Kodex**, welche über das Aktiengesetz hinausgehende Regelungen für eine gute und verantwortungsvolle Unternehmensführung er enthält.

   Neueste Fassung des Deutschen Corporate Governance Kodex unter:
   http://www.dcgk.de/de/kodex.html

2. Prüfen Sie anhand der im Internet veröffentlichten Geschäftsberichte ausgewählter deutscher Aktiengesellschaften (z. B. Deutsche Bank, SAP, Deutsche Telekom), welche Erklärungen sie zum Corporate Governance Kodex gem. AktG § 161 enthalten. Stellen Sie insbesondere auch fest, ob die im Kodex vorgesehen Sachverhalte (z. B. Höhe der Vorstandsbezüge) tatsächlich veröffentlicht werden oder ob von Ausnahmeregelungen („Opting out") Gebrauch gemacht wird.

3. Prüfen Sie durch Recherche im Internet, welche deutschen Unternehmen dem Global Compact der Vereinten Nationen beigetreten sind und welche Aussagen sich diesbezüglich in deren Geschäftsberichten finden.

4. Informieren Sie sich über Ziele, Maßnahmen und Hintergründe des Netzwerks für Unternehmensverantwortung „CorA – Corporate Accountability", das multinationale Unternehmen zur sozialen Verantwortung zwingen will. Halten Sie dazu ein Kurzreferat vor Ihrer Klasse.

   Informationen und Gründungserklärung unter: http://www.cora-netz.de

3.3 Unternehmensethik – Verhaltenskodizes: Mythos und Wirklichkeit

Viele international tätigen Unternehmen unterwerfen sich freiwillig bestimmten Regeln, in denen sie sich beispielsweise verpflichten, in ihren eigenen Betriebstätten und denen ihrer Zulieferer darauf zu achten, dass menschenwürdige Arbeitsbedingungen und bestimmte soziale Mindeststandards eingehalten werden. Solche Regeln werden als Verhaltenskodex (Mehrzahl: Verhaltenskodizes) bezeichnet.

Untersuchen Sie in arbeitsteiliger Gruppenarbeit die Verhaltenskodizes von ausgewählten multinationalen Unternehmen und vergleichen Sie diese Absichtserklärungen mit den im „Schwarzbuch der Markenfirmen"[1] dokumentierten Verstößen dieser Unternehmen gegen ethische Grundsätze.

Berichten Sie sich gegenseitig über ihre Ergebnisse.
Hinweis: Die entsprechenden Materialien befinden sich als PDF-Dateien auf der Begleit-CD.

3.4 Unternehmensführung und Ethik – Gesellschaftliche Verantwortung von Unternehmen

Bearbeiten Sie das Themenblatt „Unternehmensethik – Eigentum verpflichtet".

Hinweis: Die Texte befinden sich als PDF-Dateien auf der Begleit-CD. Bundeszentrale für politische Bildung, https://www.bpb.de Best.-Nr. 5961

1 K. Werner-Lobo, H. Weiss, Schwarzbuch Markenfirmen, Die Welt im Griff der Konzerne, Ullstein Verlag, Berlin, 2016

4 Controlling: Steuerungsinstrument der Unternehmensführung

Überblick und Zusammenhänge

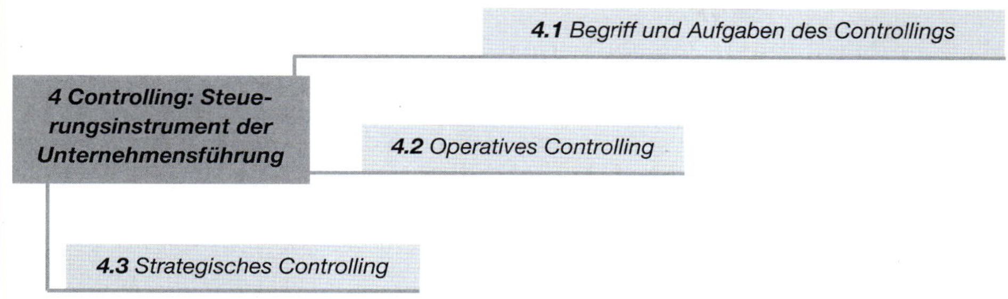

4.1 Begriff und Aufgaben des Controllings

Die **Finanzbuchhaltung** und die traditionelle **Kostenrechnung** sind nur für eine vergangenheitsorientierte Rückschau, nicht aber für eine **in die Zukunft gerichtete Steuerung** eines Unternehmens geeignet. Das **Controlling**[1] versucht, auf der Basis der Zahlen des Rechnungswesens die Rückschau mit einer zukunftsgerichteten Planung zu einem ganzheitlich orientierten Entscheidungs- und Führungskonzept zu verbinden.

Unter Controlling ist ein Informations-, Planungs-, Überwachungs- und Steuerungsprozess zur Umsetzung von Unternehmenszielen zu verstehen.

(1) Planung: Das Controlling hilft, die richtigen Ziele zu definieren und Teilpläne zu formulieren.
(2) Überwachung: Das Controlling meldet, wenn die Umsetzung der Pläne gefährdet ist.
(3) Steuerung: Das Controlling sorgt dafür, dass bei Planabweichungen Gegenmaßnahmen eingeleitet werden um die festgelegten Ziele zu erreichen.
(4) Informationsbereitstellung: Das Controlling stellt zielgerichtete Informationen zum Zweck der Planung, Überwachung und Steuerung zusammen und bereitet diese auf. Zu diesem Zweck arbeitet es eng mit dem Rechnungswesen zusammen.

Während der Manager für das Ergebnis verantwortlich ist, ist es Aufgabe des Controllers, das Ergebnis vorzubereiten und transparent zu machen.

Manager verantwortlich für das Ergebnis	**Controller** verantwortlich für die Ergebnisvorbereitung und für Informationen
▪ Zielsetzung ▪ Planung ▪ Organisation/Steuerung ▪ Kontrolle	▪ Bereitstellung von Daten ▪ Durchführung von Analysen ▪ Koordination der Abläufe ▪ Kontrolle der Zielerreichung ▪ Aufbau eines Erfassungs-, Kontroll-, Berichtssystems

1 Der Begriff Controlling kommt aus dem amerikanischen Sprachgebrauch. Die häufig verwendete und negativ besetzte Gleichsetzung mit „kontrollieren" greift zu kurz. Es handelt sich um einen weit gefassten Begriff der mit „leiten", „regeln", „lenken", „steuern", „prüfen" übersetzt werden könnte.

4.2 Operatives Controlling

Im Mittelpunkt des operativen Controllings steht die **kurzfristige Erfolgssteuerung** der Unternehmung. Als Steuerungsgrößen werden u. a. die Kennzahlen Liquidität, Rentabilität und Wirtschaftlichkeit verwendet.

Kap. D 6

❶ Die Erfassung der **Liquidität** wird mithilfe eines Finanzplans erreicht.
❷ Die **Rentabilität**, als Verzinsung des eingesetzten Kapitals, wird über die Ermittlung des Gewinns im Rahmen der Bilanz und der GuV-Rechnung festgestellt.
❸ Die Berechnung der **Wirtschaftlichkeit** erfolgt auf der Grundlage der Kosten- und Leistungsrechnung: Wirtschaftlichkeit = Leistung/Kosten

Operatives Controlling ist die kurzfristige Steuerung des Unternehmenserfolgs. Als Steuerungsgrößen werden u. a. die Liquidität, die Rentabilität und die Wirtschaftlichkeit verwendet.

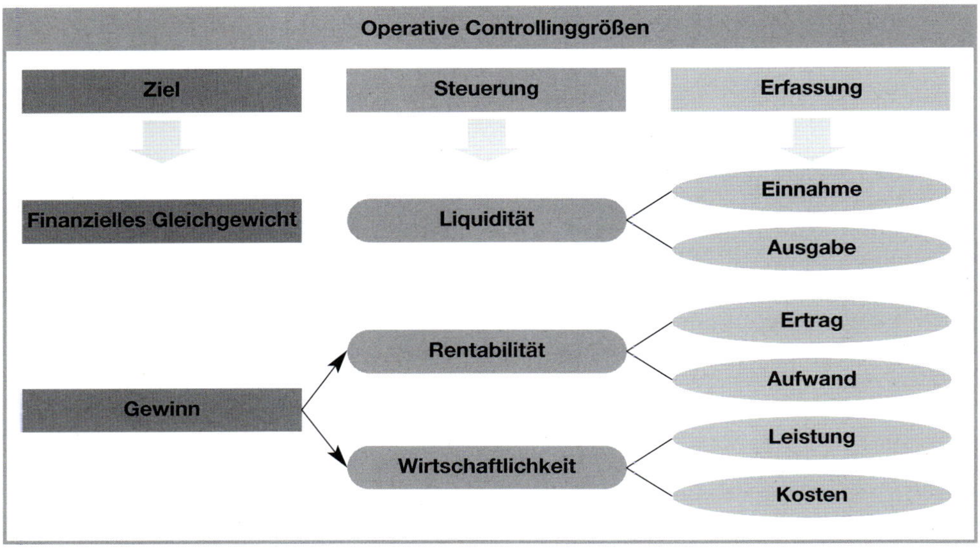

Kap. D 6.4.2

Das Controlling stützt sich auf vielfältige Kennzahlen **(kennzahlengestütztes Controlling)**, wie sie u. a. auch im Rahmen der **Jahresabschlussanalyse** und der **Balanced Scorecard** verwendet werden. Besondere Bedeutung kommt in diesem Zusammenhang dem Kennzahlensystem zur Ermittlung der **Return on Investment (ROI)** zu.

4.3 Strategisches Controlling

Das Strategische Controlling geht über den zeitlichen Horizont des operativen Controllings hinaus und beschäftigt sich mit der langfristigen Erfolgssicherung der Unternehmung („Erfolgspotenziale, Erfolgsfaktoren erhalten und ausbauen")

Typische Fragestellungen im Rahmen des **strategischen Controllings** sind:

- Wer sind unsere Kunden und welche Bedürfnisse haben Sie?
- Mit welchen unserer Kompetenzen sind wir in der Lage die Bedürfnisse der Kunden mit einer rentablen Lösung zu befriedigen?
- Welchen Nutzen stiften unsere Produkte den Kunden?
- Heben sich die Produkte von denen der Konkurrenten ab? (Einzigartigkeit)
- Können wir neue, innovative Produkte anbieten?
- ...

Zusammenfassende Übersicht zu Kap. 4:
Controlling: Steuerungsinstrument der Unternehmensführung

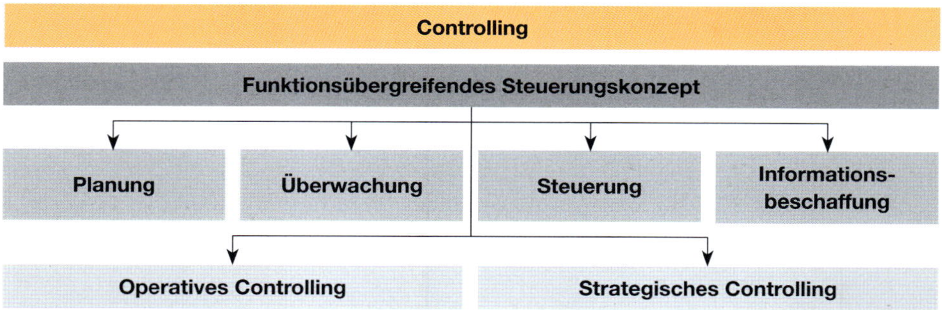

kurzfristige Erfolgssteuerung	Ziel	langfristige Erfolgssteuerung
▪ Liquidität ▪ Rentabilität ▪ Wirtschaftlichkeit	**Steuerungsgrößen**	▪ (alte) Erfolgspotenziale sichern ▪ (neue) Erfolgspotenziale schaffen
▪ Kennzahlen/ ▪ Kennzahlensysteme (DuPont-System, ROI)	**(ausgewählte) Instrumente**	▪ SWOT-Analyse (vgl. Kap 5.1) ▪ Balanced Scorecard (vgl. Kap 5.2) ▪ Produktlebenszyklus (Analyse und Prognose) (vgl. Kap 5.3) ▪ Portfoliokonzept (Analyse und Prognose) (vgl. Kap 5.4)

Wiederholung des Grundwissens

zu Kapitel 4 Controlling: Steuerungsinstrument der Unternehmensführung

4.1 Begriff und Aufgaben des Controllings

1. Was ist unter Controlling zu verstehen?
2. Den Begriff „to control“ mit kontrollieren gleichzusetzen greift zu kurz. Nehmen Sie dazu Stellung.
3. Grenzen Sie die Aufgaben des „Managers“ von denen des „Controllers“ ab.

4.2 Operatives Controlling

1. Worin besteht das Ziel des operativen Controllings?
2. Auf welche Steuerungsgrößen richtet sich das operative Controlling?

4.3 Strategisches Controlling

1. Worin besteht das Ziel des strategischen Controllings?
2. Nennen Sie zentrale Fragestellungen des strategischen Controllings.

5 Ausgewählte Instrumente des strategischen Controllings

Überblick und Zusammenhänge

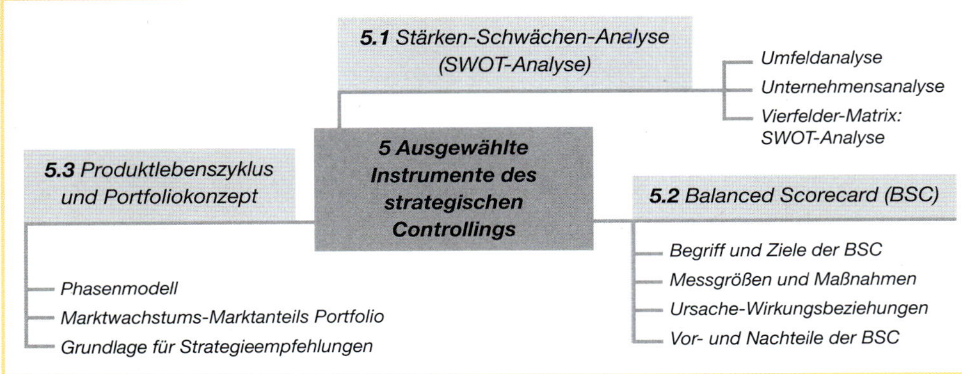

5.1 Stärken-Schwächen-Analyse (SWOT-Analyse): Instrument zur Strategiefindung

Aufgabe der strategischen Unternehmensführung ist es, den Bestand des Unternehmens langfristig zu sichern.

Dazu ist es notwendig,

- Chancen und Risiken, die sich aus dem unternehmerische Umfeld ergeben, rechtzeitig zu erkennen und aktiv zu nutzen (Umweltanalyse),
- die Stärken und Schwächen der eigenen Unternehmung im Verhältnis zur Konkurrenz zu analysieren und daraus Konsequenzen zu ziehen (Unternehmensanalyse),
- auf eine möglichst optimale Abstimmung der externen und internen Gegebenheiten zu achten (Unternehmens-Fit)[1].

Die strategische Unternehmensführung versucht, eine optimale Abstimmung zwischen den Chancen und Risiken des unternehmerischen Umfelds (externe Gegebenheiten) und den internen Stärken und Schwächen des Unternehmens (interne Gegebenheiten) zu erreichen.

Umfeldanalyse

Im Rahmen der **Umfeldanalyse** werden die **externen** Gegebenheiten, d.h. das Umfeld des Unternehmens untersucht. Veränderungen in diesem Bereich sollen durch Beobachtung möglichst frühzeitig erkannt und in die unternehmerischen Überlegungen einbezogen werden.

Analysebereiche	Mögliche Fragestellungen
Die **globale Umfeldanalyse** erfasst alle politischen, ökonomischen, ökologischen, gesellschaftlichen und technischen Faktoren, die für Unternehmen von Bedeutung sind.	▪ Wie wirken (welt-)politische Faktoren auf die Umwelt der Unternehmung? (Politik) ▪ Welche Konsequenzen sind durch eine zunehmende Individualisierung in unserer Gesellschaft zu erwarten? (Gesellschaft) ▪ Wie wirken Veränderungen der Wechselkurse? (Ökonomie) ▪ Welche Auswirkungen sind von Trends im Umweltschutz zu erwarten? (Ökologie)

1 to fit *(engl.)*: angleichen, anpassen; to be a good fit: gut zusammenpassen

Analysebereiche	Mögliche Fragestellungen
Die **Branchenstrukturanalyse** analysiert die Einflussgrößen, die die Wettbewerbsintensität innerhalb der Branche bestimmen.	▪ Welche Gruppen gibt es in einer Branche? ▪ Welche Wettbewerbsstrukturen herrschen in der Branche vor? ▪ Welche Veränderungen werden in der Branche erwartet und wie können diese genutzt werden?
In einer **Marktanalyse** werden die Nachfrager **(Kundenanalyse)** und Anbieter **(Konkurrenzanalyse)** einer genaueren Betrachtung unterzogen.	▪ Wie können die Kunden auf Dauer an das Unternehmen gebunden werden (Kundenzufriedenheit)? ▪ Welche Anforderungen haben bisherige und zukünftige Kunden? ▪ Wo liegen die Stärken und Schwächen unserer direkten Konkurrenten? ▪ Wie werden sich die Konkurrenten voraussichtlich verhalten? ▪ ...

Aufg. 5.1.1
S. 545

Unternehmensanalyse

Im Rahmen der **Unternehmensanalyse** werden die **internen Stärken** und **Schwächen** der Unternehmung im Vergleich zu den wichtigsten Konkurrenten untersucht (Innensicht). Die zentralen Fragestellungen lauten:

Aufg. 5.1.2
S. 546

Kernfragen der Unternehmensanalyse:
- **In welchen Bereichen weist unser Unternehmen Stärken und Schwächen auf?**
- **Wo liegen die Kompetenzen unseres Unternehmens im Vergleich zur Konkurrenz?**

SWOT-Analyse

In einer zusammenfassenden Analyse werden die **Stärken** und **Schwächen** eines Unternehmens **(Innensicht)** mit den **Chancen** und **Risiken** der Umwelt **(Außensicht)** kombiniert. Daraus ergeben sich für die Unternehmensführung wichtige Anhaltspunkte für strategische Maßnahmen. Diese Analyse wird als **SWOT-Analyse**[1] bezeichnet.

Aufg. 5.1.3
S. 546

		Stärken (S-Strengths)	**Schwächen (W-Weakness)**
		Unternehmensorientierung	
Chancen (= Opportunities)	***Umweltorientierung***	**Stärken-Chancen-Strategien „ausbauen"** Welche Stärken passen zu welchen Chancen? Wie sollen wir unsere Stärken einsetzen, um die Chancen zu realisieren?	**Schwächen-Chancen-Strategien „aufholen"** Welche Schwächen könnten zu Chancen werden? Könnten Schwächen zu Stärken entwickelt werden?
Risiken (T-Threats)		**Stärken-Risiken-Strategien „absichern"** Mit welchen Stärken können wir den Risiken gegenübertreten? Wie können wir unsere Stärken einsetzen, um Risiken zu vermeiden?	**Schwächen-Risiken-Strategien „vermeiden"** Wo liegen unsere Schwächen? Welche Maßnahmen können wir ergreifen, um Risiken zu vermindern?

1 SWOT-Analyse: S = Strengths/Stärken, W = Weakness/Schwächen, O = Opportunities/Chancen, T = Threats/Risiken.

Strategieentwicklung

Für jedes der vier Felder muss eine passende **Strategie** entwickelt werden. Die größte Bedrohung kann dort vermutet werden, wo ein Bündel von Schwächen mehreren Risiken gegenüber steht.

> **Eine Unternehmensstrategie ist eine alle Unternehmensbereiche betreffende Grundsatzentscheidung. Daraus wird ein Bündel von Maßnahmen abgeleitet, mit denen die Unternehmensziele erreicht werden sollen.**

Es gibt kein geschlossenes System von Strategien. Jedes Unternehmen muss individuell seine Strategien bestimmen. Bei der Gestaltung eigener **Strategien** sind aber folgende Einteilungsmöglichkeiten hilfreich:

Produkte/Märkte	Entwicklungsrichtung	Wettbewerbsvorteile
▪ Marktentwicklungsstrategie ▪ Marktdurchdringungsstrategie ▪ Produktenwicklungsstrategie ▪ Diversifikationsstrategie	▪ Wachstumsstrategie (Offensivstrategie) ▪ Stabilisierungsstrategie (Abschöpfungsstrategie) ▪ Schrumpfungsstrategie (Desinvestitionsstrategie)	▪ Kostenführerschaft ▪ Differenzierungsstrategie ▪ Konzentration auf Schwerpunkte (Nischenstrategie)

Zusammenfassende Übersicht zu Kap. 5.1: Stärken-Schwächen-Analyse (SWOT-Analyse): Instrument zur Strategiefindung

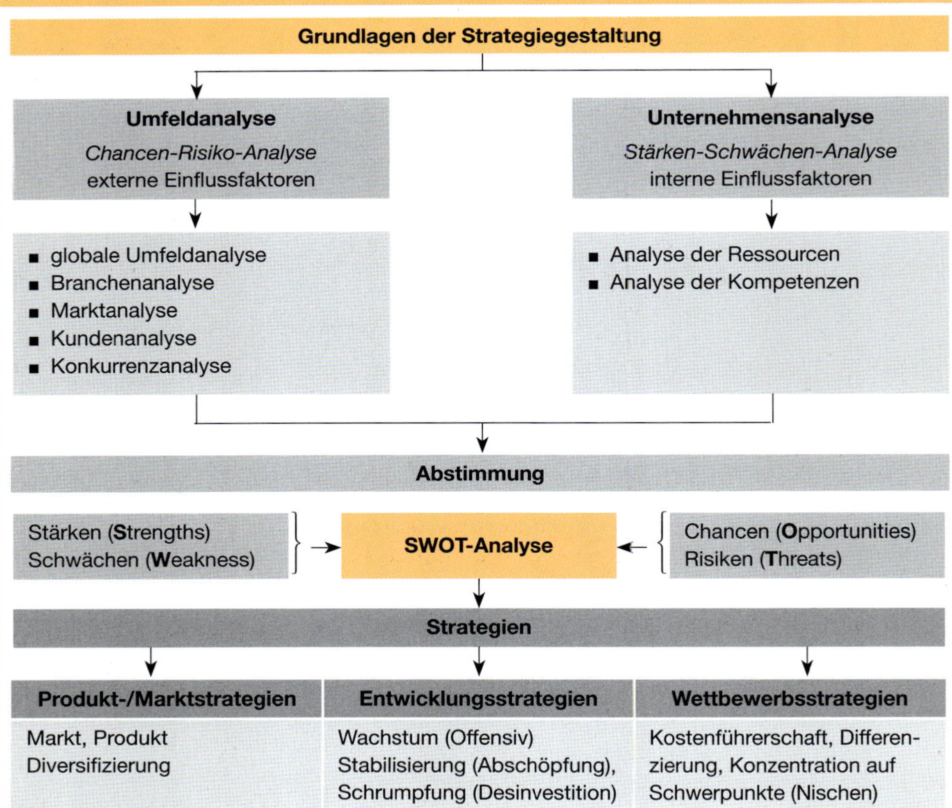

Wiederholung des Grundwissens

zu Kapitel 5.1 Stärken-Schwächen-Analyse (SWOT-Analyse): Instrument zur Strategiefindung

1. Welches sind die Aufgaben der strategischen Unternehmensführung?
2. Was ist unter einer globalen Umfeldanalyse zu verstehen?
3. Beschreiben Sie, auf welche Fragestellungen eine Marktanalyse abzielt.
4. Was versteht man unter einer Unternehmensanalyse?
5. Welche zentralen Fragestellungen versucht die Unternehmensanalyse zu beantworten?
6. Was ist unter einer SWOT-Analyse zu verstehen?
7. Teilen Sie Strategien ein nach den Kriterien: Produkte/Märkte – Entwicklungsrichtung – Wettbewerbsvorteil.

Aufgaben und Probleme

zu Kapitel 5.1 Stärken-Schwächen-Analyse (SWOT-Analyse): Instrument zur Strategiefindung

Hinweis: Zu diesem Kapitel liegt eine Fallstudie „Unternehmensführung und Controlling“ vor (Begleit-CD).

5.1.1 Umfeldanalyse

Die Umfeldanalyse wird u.a. damit begründet, dass die Umfeld des Unternehmens einem immer schnelleren und stärkeren Wandel unterliegt.

1. Erläutern Sie Umfeldentwicklungen, die für ein Unternehmen bedeutsam sind.
2. Wie kann ein Unternehmen solche Umfeldentwicklungen möglichst frühzeitig erfassen?
3. Erläutern Sie Ursachen und Wirkungen von Umfeldveränderungen hinsichtlich der Nachfrage nach Tiefkühlkost an folgendem Beispiel:

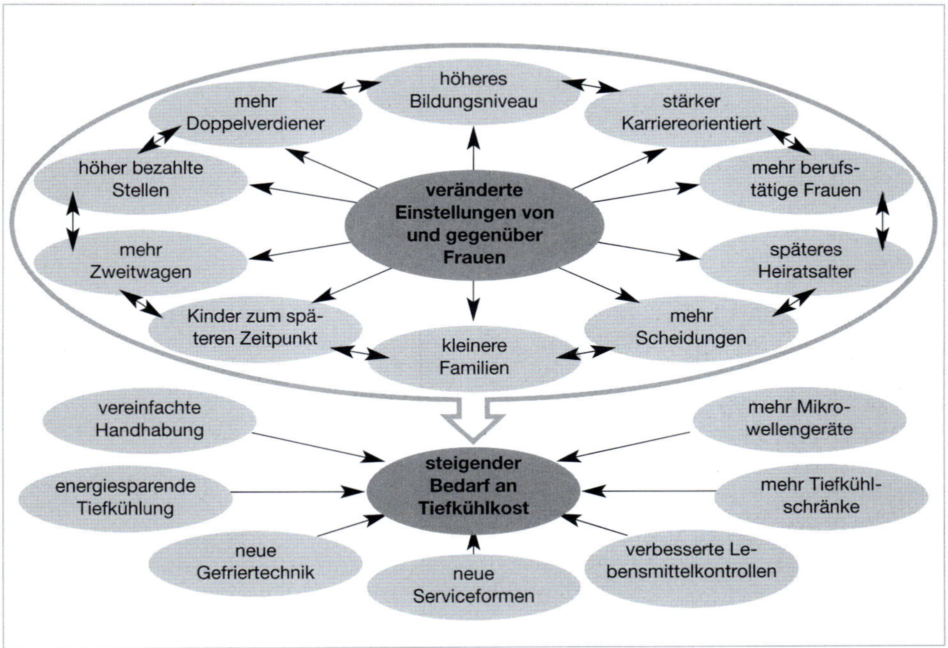

Entnommen aus: H. Steinmann, G. Schreyögg, Management, 6. Aufl. Wiesbaden 2005, S. 182

5.1.2 Umfeld- und Unternehmensanalyse am Beispiel ausgewählter Unternehmen

Führen Sie für das Planspielunternehmen Shirt-Store GmbH oder ein anderes Unternehmen (z. B. das Unternehmen, dessen Geschäftsbericht Sie beim Thema „Jahresabschluss" analysiert haben) eine Umfeld- und Unternehmensanalyse durch.

Hinweis: Entsprechende Check-Listen und Vorschläge für Arbeitsaufträge befinden sich als PDF-Dateien auf der Begleit-CD. Wesentliche Informationen finden sich im jährlichen Lagebericht eines Unternehmens.

5.1.3 SWOT-Analyse

Erläutern Sie das Zustandekommen und die Aussagekraft der folgenden SWOT-Analyse für den Volkswagen-Konzern. Machen Sie für jedes Feld einen Strategievorschlag.

SWOT-Analyse		Interne Analyse	
		Stärken (Strengths)	Schwächen (Weaknesses)
Externe Analyse	Chancen (Opportunities)	(1) ■ Starke Nachfragebelebung bei verbrauchsgünstigen Motoren als Folge einer drastischen Mineralölsteuererhöhung ■ (2) Nachfrageverlagerung von Oberklasse- zu Mittelklasse-Pkw aufgrund wachsender Preissensibilität der Verbraucher	(2) ■ Starkes Marktanteilswachstum leistungsstarker Sport- und Fun-Pkw ■ Nachfragesteigerung bei zweisitzigen, elektrisch betriebenen Stadtautos aufgrund technischer Innovationen außerhalb des Unternehmens
	Risiken (Threats)	(3) ■ Die chinesische Regierung erlaubt zahlreichen Konkurrenten den Aufbau von Fabriken in China ohne weitere Auflagen ■ Schwächen der Marke Volkswagen aufgrund umfangreicher Verwendung von Gleichteilen bei allen Konzerngesellschaften. VW, Seat und Skoda werden austauschbar	(4) ■ Starkes Nachfragewachstum in der Kompaktwagenklasse in den USA aufgrund steigender Benzinpreise und schlechter Wirtschaftsentwicklung ■ Geringer Anteil am Marktwachstum in den USA wegen geringer VW-Marktanteile

Quelle: Leicht verändert nach H. Meffert u. a., Marketing, 10. Aufl., Wiesbaden 2008, S. 236

5.2 Balanced Scorecard[1]: Instrument zur Umsetzung strategischer Ziele

5.2.1 Begriff und Ziele der Balanced Scorecard (BSC)

Vier Perspektiven

Aufg. 5.2.1 S. 553

Beim Führungsinstrument der **Balanced Scorecard** werden neben den Interessen der Shareholder (Finanzperspektive) auch die Interessen der Kunden und Lieferer (Kunden- und Prozessperspektive) sowie der Mitarbeiter (Lern- und Entwicklungsperspektive) berücksichtigt. In der Regel wir das Unternehmen aus folgenden vier Perspektiven betrachtet:[2]

1 Scorecard *(engl.)*: Im Sport eine Ergebnis-/Zählkarte, auf der erzielte Punkte eingetragen werden. Dieser Ansatz wird auf das Unternehmen übertragen.
Balanced *(engl.)*: ausgeglichen. Die Scorecard ist ausgeglichen, weil sie unterschiedliche betriebswirtschaftliche Kennzahlen miteinander verknüpft bzw. weil auf verschiedenen Gebieten „gepunktet" werden kann.
Deutsche Übersetzung: ausbalancierte Kennzahlentafel, ausgewogener Berichts-/Auswertungsbogen, gewichtete Punktetafel

2 Es werden hier vier Grundperspektiven dargestellt. Jedes Unternehmen muss diese Konzeption individuell für sich anpassen. Für manche Unternehmen kann die Lieferantenbeziehung so wichtig sein, dass eine eigene Perspektive notwendig ist. In manchen BSC wird die Perspektive Unternehmenskultur hinzugefügt.

Finanzperspektive	**Kundenperspektive**	**Prozessperspektive** interne Geschäfts-prozesse	**Mitarbeiterperspektive** Lern-/Entwicklungs-perspektive

Ausgehend von dem, **was** das Unternehmen erreichen will **(Vision)**, werden im Rahmen der BSC sowohl **strategische Ziele** als auch konkrete **operative Maßnahmen** festgelegt, mit deren Hilfe die Vision verwirklicht werden soll (*„Von der Vision zur Wirklichkeit"*).

Die Balanced Scorecard ist ein Instrument der Unternehmensführung und hat folgende Ziele:
- **Betrachtung des Unternehmens aus unterschiedlichen Blickrichtungen (ganzheitliche Betrachtung),**
- **Umsetzung strategischer Ziele in konkrete operative Maßnahmen,**
- **Entwicklung geeigneter Messgrößen (Scores) zur Messung der Zielerreichung.**

Mit der BSC wird einerseits der Mangel zu überwinden versucht, dass Unternehmen ihre Leistungsfähigkeit ausschließlich oder überwiegend anhand von finanziellen Größen (finanzielle Perspektive) messen und steuern. Diese Größen sind i. d. R. vergangenheitsbezogen und damit für die Beurteilung zukünftiger Erfolge allein nicht ausreichend. Andererseits dient die BSC auch dazu,
- den Führungskräften im Unternehmen einen möglichst ausgewogenen Gesamtüberblick über die Leistungsfähigkeit des Unternehmens zu vermitteln,
- alle Mitarbeiter auf gemeinsame Ziele auszurichten,
- den Zusammenhang zwischen der strategischen Ausrichtung und operativen Maßnahmen aufzuzeigen.

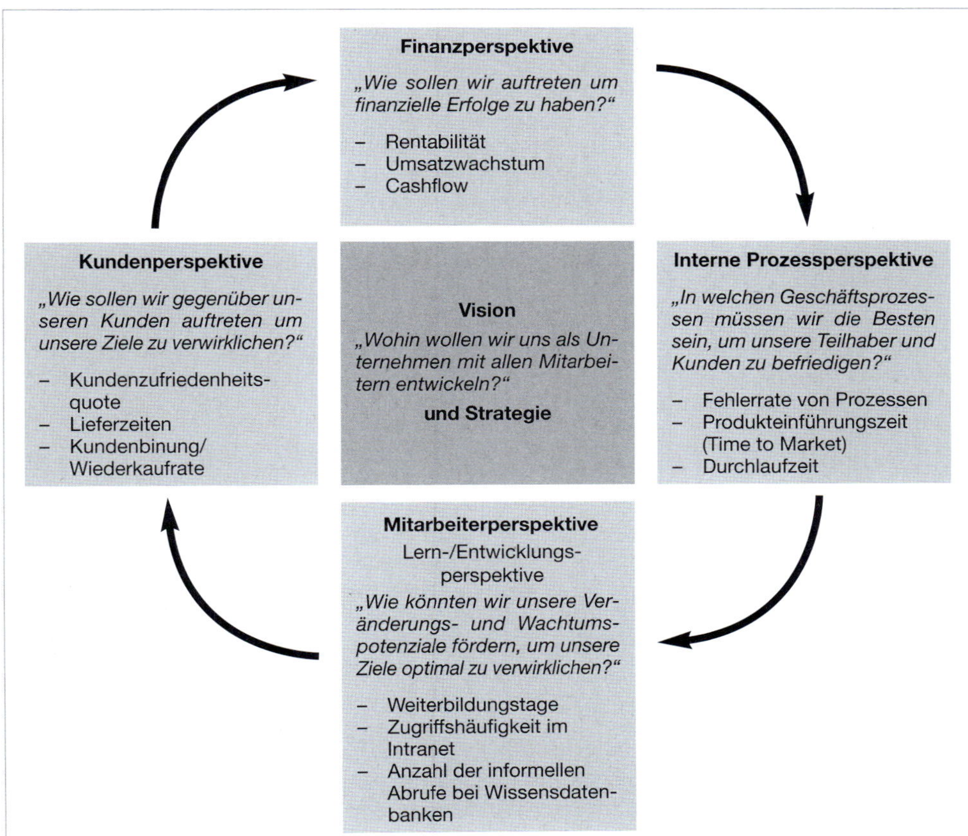

Schritte zur Erstellung einer Balanced Scorecard

Die Erstellung einer Balanced Scorecard erfolgt in folgenden Schritten:

1. Ableitung von Strategien aus einer Vision: „Wohin wollen wir uns als Unternehmen mit allen Mitarbeitern entwickeln?"
2. Formulierung strategischer Ziele für jede der vier Grundperspektiven
3. Für jeden der vier Bereiche: Festlegung geeigneter Messwerte (Scores), die eine Beurteilung der Zielerreichung ermöglichen
4. Festlegung von Maßnahmen, mit denen die Zielerreichung angestrebt werden soll.
5. Umsetzung der Maßnahmen

5.2.2 Ziele, Messgrößen und Maßnahmen

Finanzperspektive

Die **Finanzperspektive** erfasst die finanzielle Dimension eines Unternehmens. Sie wird i.d.R. in Jahres- oder Quartalsabschlüssen dargestellt. Diese beinhalten Informationen über die Vermögens-, Finanz- und Ertragslage eines Unternehmens. Typische Kennzahlen sind Rentabilität, Umsatzwachstum, Cashflow ...

Finanzen			
Strategische Ziele	**Messgrößen**	**Zielwerte**	**Maßnahmen**
Renditeansprüche der Eigentümer erfüllen oder übertreffen	Eigenkapitalrentabilität	> 15 %	▪ Kostensenkung ▪ Umsatzwachstum
Verbesserung der Innenfinanzierung	Cashflow	Steigerung um 25 %	▪ Erzielung von Einnahmeüberschüssen durch innovative Produkte
Erhöhung des Marktanteils	Umsatzwachstum	0,5 Mio. EUR	▪ neue Produkte ▪ Marketing

Kundenperspektive

Die **kundenorientierte** Sichtweise liefert Informationen über die Positionierung des Unternehmens in bestimmten Marktsegmenten, z. B. über die Kundenzufriedenheit, Anzahl der Neukunden und die Kundenbindung ...

Kunden			
Strategische Ziele	**Messgrößen**	**Zielwerte**	**Maßnahmen**
Kundenerwartungen kennen und erfüllen	Kundenzufriedenheit	85 %	▪ Kundenbefragung
Aufbau und Ausnutzung von Dauerkundenbindung	Kundenbindungsindex Nachfolgeaufträge	50 %	▪ Call-Center ▪ Kundennachbetreuung

Interne Prozessperspektive

Im Rahmen der **internen Prozessperspektive** wird die Frage gestellt, wie das Unternehmen seine Geschäftsprozesse gestalten muss, um die finanzwirtschaftliche Perspektive und die Kundenperspektive zu erfüllen. Als Kennzahlen kommen Entwicklungszeiten, Durchlaufzeiten vom Auftrag bis zur Bereitstellung, fehlerfreie Produkte usw. in Frage.

Prozesse			
Strategische Ziele	**Messgrößen**	**Zielwerte**	**Maßnahmen**
Produktentwicklungszeit verkürzen	Produkteinführungszeit (Time to Market)	1/2 Jahr	▪ Mitarbeiterschulung
Informationsprozess optimieren	Mitarbeiterbefragung	monatlich	▪ Qualitätszirkel
Marketingprozess	Reaktionsquote der Marketingmaßnahmen	40 %	▪ Kundenbefragung

Mitarbeiterperspektive (Lern-/Entwicklungsperspektive)

Die **Mitarbeiterperspektive** (Lern-/Entwicklungsperspektive) beinhaltet vor allem die Motivation und den Ausbildungsstand der Mitarbeiter, den Zugang zu relevanten internen und externen Informationsquellen und die Organisation des Unternehmens. Messgrößen sind: Teamfähigkeit, Mitarbeiterzufriedenheit, Mitarbeitertreue, Verbesserungsvorschläge, …

Mitarbeiter			
Strategische Ziele	**Messgrößen**	**Zielwerte**	**Maßnahmen**
Innovative Produkte entwickeln	Umsatzanteil neuer Produkte	20 % vom Umsatz	▪ Fortbildung der Mitarbeiter
Zugang zu internen und externen Daten optimieren	Informationsversorgung pro Mitarbeiter	100 %	▪ Aufbau von Datenbanken im Intranet ▪ Zugriff auf externe Datenbanken

5.2.3 Ursache-Wirkungsbeziehungen

Die vier Perspektiven dürfen nicht isoliert betrachtet werden. Vielmehr bestehen **Ursache-Wirkungsbeziehungen**, die verdeutlichen, wie sich die Perspektiven gegenseitig beeinflussen und Rückkoppelungen entstehen. Je größer der Erfolg in der Finanzperspektive, desto größer sind die Möglichkeiten des Unternehmens die vorgelagerten Perspektiven wieder zu unterstützen.

Vereinfachend kann folgender Zusammenhang hergeleitet werden:

- Ausgangspunkt sind die **Mitarbeiter** mit ihren Fähigkeiten und ihrer Motivation. Hierbei handelt es sich überwiegend um „nicht unmittelbar" finanziell messbare Größen, welche die Quantität und Qualität der internen Geschäftsprozesse entscheidend beeinflussen (Lern-/Entwicklungsperspektive).
- Optimale Prozessabläufe mit hoher Qualität und Innovationskraft **(Prozessperspektive)** sorgen für
- Kundenzufriedenheit und Kundentreue **(Kundenperspektive)**.
- Kundenzufriedenheit ist die Voraussetzung für finanziellen Erfolg **(Finanzperspektive)**. Die Finanzperspektive wird meist durch ein Kennzahlensystem erfasst.

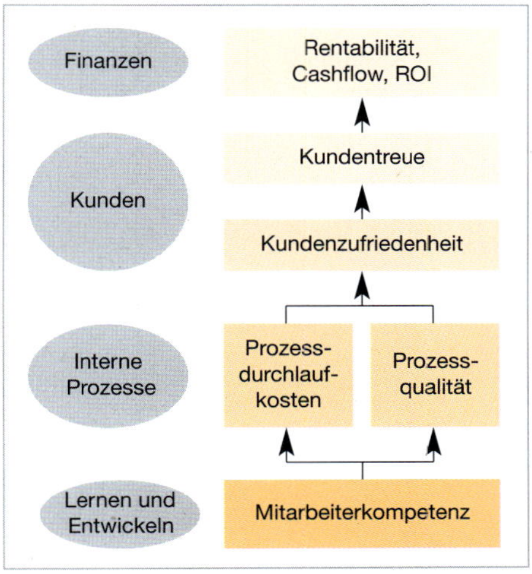

Aufg. 5.2.2 u. 5.2.3 S. 553 f.

Perspektiven		Messgrößen	Maßnahmen
Finanzperspektiven	Erhöhung der Ertragskraft	Rentabilität Cashflow Return on Investment	...
Kundenperspektive	Kundentreue, Kundenzufriedenheit	Anzahl der Folgeaufträge Kundenbefragung	...
Prozessperspektive	Qualität, Produkteinführungszeit (Time to Market)	Innovationsquote Zeit von der Idee zur Innovation	...
Mitarbeiterperspektive Lern-/Entwicklungsperspektive	Qualifikation, Motivation	Interne und externe Mitarbeiterqualifikation Zufriedenheitsindex	...

5.2.4 Balanced Scorecard im Gesamtzusammenhang: Messung der Zielerreichung

Das folgende Beispiel zeigt eine Balanced Scorecard im Gesamtzusammenhang.

Aufg. 5.2.4 S. 554

Für jede der vier Perspektiven sind **strategische Ziele**, **Messgrößen** und **operative Ziele** entwickelt worden. Die **Zielerreichung** wird – entsprechend den letzten vier Spalten der folgenden Tabellen – durch den Vergleich zwischen Ist- und Sollzustand ermittelt. Damit der Controller sofort erkennen kann, um wie viel Prozent der Istwert der Messgröße vom angestrebten Sollwert abweicht, werden alle Sollwerte gleich 100 % gesetzt und die prozentuale Abweichung des Istwertes berechnet.

Finanzperspektive						
Strategisches Ziel	**Messgröße**	**Operatives Ziel**	**Ist**	**Soll**	**Abweichung**	
					Ist %	Soll %
Unabhängigkeit von Fremdkapital	Fremdkapitalquote	Fremdkapitalquote von 55 % auf 48 % senken	55 %	48 %	114,58	100
Ertragskraft erhöhen	Betriebsergebnis je Mitarbeiter	Betriebsergebnis je Mitarbeiter um 5 000 EUR erhöhen	20 000 EUR	25 000 EUR	80,00	100

Kundenperspektive						
Strategisches Ziel	**Messgröße**	**Operatives Ziel**	**Ist**	**Soll**	**Abweichung**	
					Ist %	Soll %
Kundenzufriedenheit	Wiederbestellungen pro Kunde	Wiederbestellungen pro Kunde um 2 erhöhen	4	6	66,67	100
Service verbessern	Anzahl unpünktlicher Lieferungen pro Jahr	Anzahl unpünktlicher Lieferungen um 34 % senken	380	250	125,00	100

Prozessperspektive						
Strategisches Ziel	**Messgröße**	**Operatives Ziel**	**Ist**	**Soll**	**Abweichung**	
					Ist %	Soll %
Auftragsbearbeitung beschleunigen	Zeitaufwand für Auftragsbearbeitung	Zeitaufwand Auftrags-bearbeitung um 14 Min. verkürzen	34 Min.	20 Min.	170,00	100
Produktionszeit verkürzen	Durchlaufzeit	Durchlaufzeit um 20 % verkürzen	450 Min.	360 Min.	125,00	100

Entwicklungs-/Lernperspektive (Mitarbeiterperspektive)						
Strategisches Ziel	**Messgröße**	**Operatives Ziel**	**Ist**	**Soll**	**Abweichung**	
					Ist %	Soll %
Mitarbeitertreue erhöhen	ø Betriebszuge-hörigkeit in Jahren	durchschnittliche Betriebszugehörigkeit auf 5 Jahre erhöhen	4 Jahre	5 Jahre	75,00	100
Mitarbeitermotivation steigern	ø Anzahl der Ver-besserungsvor-schläge pro Mitarbeiter	ø Anzahl pro Mitarbeiter auf 2 erhöhen	0,75	2	37,50	100

Der Zusammenhang zwischen Soll- und Istwerten für die vier Perspektiven lässt sich als Gesamtübersicht auch grafisch darstellen.

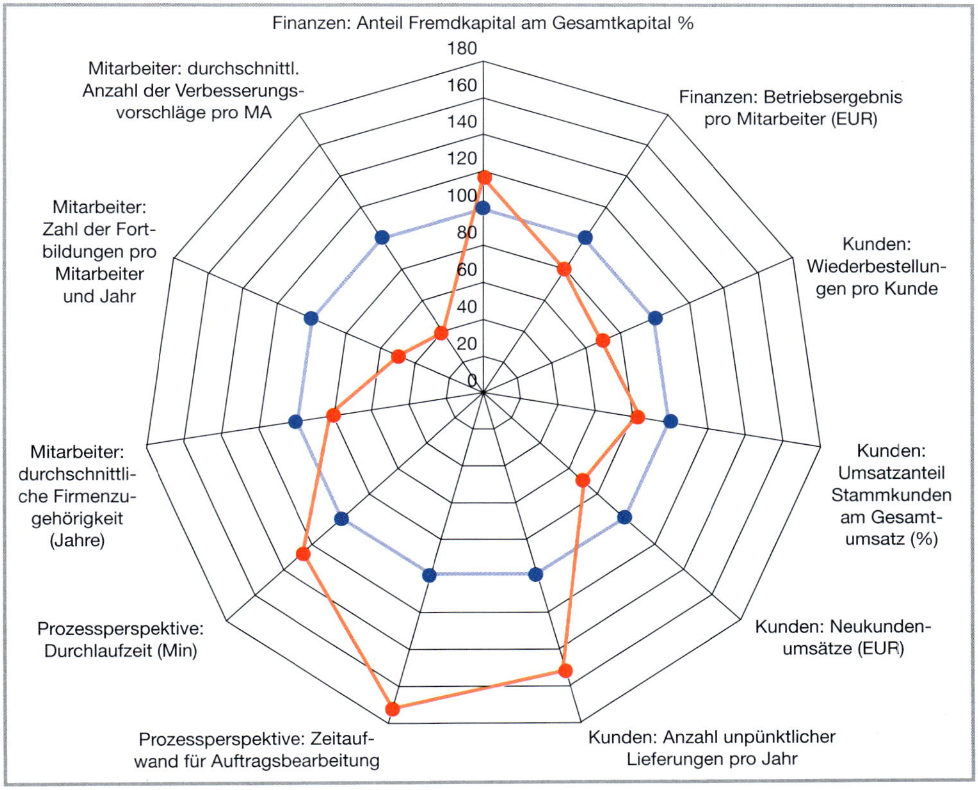

Die BSC verwendet Messgrößen (Scores, Kennzahlen), um
- **die strategischen Ziele zu präzisieren,**
- **die Zielerreichung zu messen,**
- **den Prozess der Zielerreichung nachvollziehbar zu machen und**
- **die Kommunikation zu verbessern.**

5.2.5 Vor- und Nachteile der Balanced Scorecard

Vorteile	Nachteile
■ Betrachtung der Unternehmung ist mehrdimensional. Auch qualitative Faktoren werden einbezogen.	■ hoher zeitlicher Aufwand ■ hohe Kosten: Personalaufwand und externer Beratungsbedarf
■ Verbindung von strategischen und operativen Zielen	■ Das „Alltagsgeschäft“ (operative Arbeit) erschwert eine notwendige dauerhafte Beschäftigung und Aktualisierung.
■ Verdeutlichung von Ursachen-Wirkungsbeziehungen	■ Fehlende Einsicht der Mitarbeiter in die Notwendigkeit, „unternehmerisch“ (strategisch) zu denken, kann zum Scheitern des Konzepts führen.
■ Mitarbeiter gewinnen ein gemeinsames Grundverständnis über Strategien und Ziele	■ Die Ziele sind zuweilen widersprüchlich.
■ Zukunftsorientierung, Verbesserung von Kommunikation und Lernen in der Unternehmung	■ Auswahl der Messgrößen und ihr Aussagewert manchmal problematisch

Zusammenfassende Übersicht zu Kap. 5.2: Balanced Scorecard: Instrument zur Umsetzung strategischer Ziele

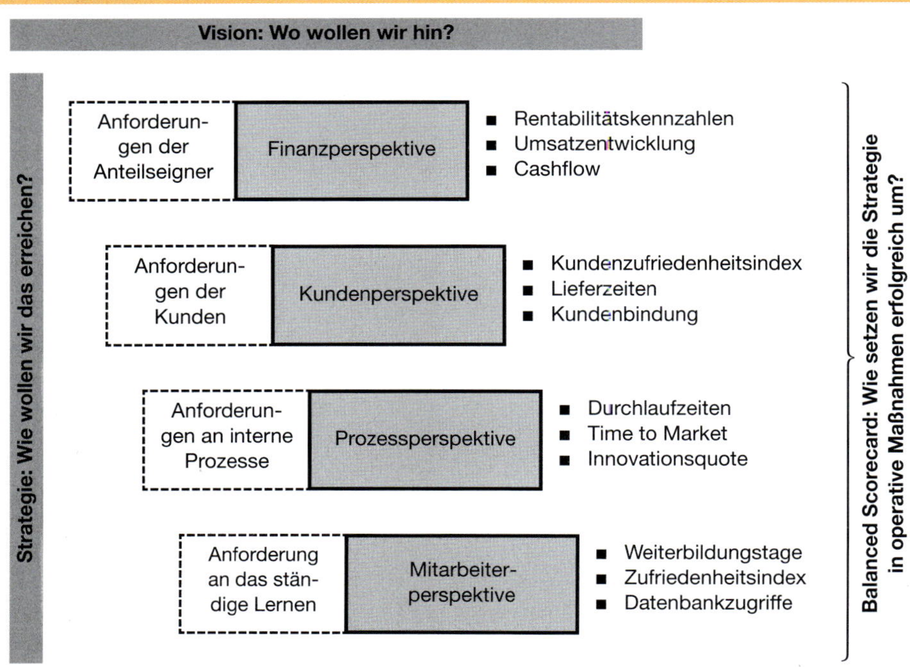

Wiederholung des Grundwissens

zu Kapitel 5.2 Balanced Scorecard: Instrument zur Umsetzung strategischer Ziele

5.2.1 Begriff und Ziele der Balanced Scorecard

1. Was ist unter einer Balanced Scorecard (BSC) zu verstehen?
2. Aus welchen Perspektiven betrachtet die BSC eine Unternehmung?
3. Ordnen Sie jeder Perspektive eine zentrale Fragestellung zu.
4. Welchen Mangel versucht die BSC zu überwinden?
5. Welche Hauptziele verfolgt das Steuerungskonzept BSC?
6. Warum wird die BSC als ausgewogenes System zur Messung der Zielerreichung bezeichnet?
7. Beschreiben Sie den Phasenverlauf bei der Erstellung einer BSC.

5.2.2 Ziele, Messgrößen und Maßnahmen

1. Ordnen Sie jeder der vier Perspektiven drei mögliche Messgrößen zu.
2. Erläutern Sie die Aussage: „Die BSC ist ein Instrument um strategische Ziele in operative Maßnahmen umzusetzen."

5.2.3 Ursache-Wirkungsbeziehungen

1. Beschreiben Sie Ursache-Wirkungsbeziehungen, die zwischen den vier Perspektiven der BSC bestehen.

5.2.4 Balanced Scorecard im Gesamtzusammenhang: Messung der Zielerreichung

1. Erläutern Sie, wie die Zielerreichung im Zusammenhang mit einer BSC gemessen werden kann.

5.2.5 Vor- und Nachteile der Balanced Scorecard

1. Nennen Sie Vorteile der BSC
2. Welche Schwierigkeiten können mit der Einführung der BSC verbunden sein?

Aufgaben und Probleme

zu Kapitel 5.2 Balanced Scorecard: Instrument zur Umsetzung strategischer Ziele

Hinweis: Zu diesem Kapitel liegt eine Fallstudie „Unternehmensführung und Controlling" vor (siehe Begleit-CD).

5.2.1 Wesen der Balanced Scorecard

Die „Erfinder" der BSC, R. Kaplan und D. Norton[1], Kaplan und Norton verwenden in einer ihrer Veröffentlichungen folgenden Vergleich: „Ebenso wenig wie man ein Flugzeug nur über den Höhenmesser steuern kann, kann die Unternehmung lediglich über Finanzkennzahlen gesteuert werden." Erläutern Sie, was mit diesem Vergleich gemeint ist.

5.2.2 Balanced Scorecard: Ursache – Wirkung – Zusammenhänge

PDF

Die Balanced Scorecard (BSC) ist in letzter Zeit zu einem beliebten Managementinstrument geworden.

1. Erläutern sie Ziele und Vorteile der BSC.

1 R. Kaplan, D. Norton, Balanced Scorecard. Strategien erfolgreich umsetzen, Stuttgart 1997

2. Die folgenden Ziel- und Messgrößen stehen in einem Ursache-Wirkungszusammenhang miteinander. Ordnen Sie die einzelnen Elemente so an, dass eine BSC entsteht.

Marktanteil	pünktliche Lieferung	Kundenzufriedenheit	Qualität
fehlerlose Prozesse	Kundentreue	ROI	Durchlaufzeit
neue Produkte entwickeln	Zugang der Mitarbeiter zu Informationen	schnelle Prozesse	Fachwissen der Mitarbeiter
Zufriedenheit der Mitarbeiter			

5.2.3 Balanced Scorecard: Die Shirt-Store GmbH plant den Internethandel

PDF

Das Planspielunternehmen Shirt-Store GmbH plant, zusätzlich zum Ladengeschäft auch den Handel mit T-Shirts im Internet aufzunehmen und auch andere Geschäftsprozesse verstärkt über elektronische Medien abzuwickeln (E-Business). Angesichts der hohen Investitionen für die Umsetzung dieses Projekts erscheint ein wirkungsvolles Controlling unerlässlich.

Die Controlling-Abteilung bedient sich für die Planung der strategischen und operativen Ziele der Balanced Scorecard. Für die vier Perspektiven wurden bereits die folgenden strategischen Ziele formuliert:

Finanzperspektive	Kundenperspektive	Prozessperspektive	Mitarbeiterperspektive
1. Steigerung des Umsatzes 2. Kosteneinsparung bei der Beschaffung	1. Erhöhung der Kundenbindung 2. Verbesserung des Kundenservices 3. hohe Anwenderfreundlichkeit des E-Business-Systems	1. Beschleunigung der Abläufe in Einkauf und Vertrieb 2. Erhöhung der Datensicherung 3. hohe Funktionsfähigkeit des E-Business-System	1. hoher Wissensstand der Mitarbeiter über E-Business 2. Einbindung der Mitarbeiter in die kontinuierliche Verbesserung des Systems

Ordnen Sie für alle vier Perspektiven den strategischen Zielen nach folgendem Muster entsprechende Messgrößen zu und formulieren Sie entsprechende operative Ziele.

Finanzperspektive		
strategische Ziele	**Messgrößen**	**operative Ziele**
Steigerung des Umsatzes	...	...
...		

5.2.4 Kennzahlen zur Ausgestaltung der BSC

Bearbeiten Sie die Fallstudie „Sports-Wear GmbH" zur Erstellung einer BSC.
Hinweis: Die entsprechenden Materialien befinden sich als PDF-Datei auf der Begleit-CD.

5.3 Produktlebenszyklus und Portfoliokonzept: Analyse- und Prognoseinstrumente für strategische Planung

5.3.1 Produktlebenszyklus: Phasenmodell für Umsatz- und Gewinnentwicklung

Um die Absatzchancen eines Produkts einschätzen zu können, ist es sehr bedeutsam zu wissen, dass viele Produkte einem wirtschaftlichen **Lebenszyklus** unterliegen. Er umfasst die Zeitdauer zwischen der Entwicklung des Produkts und seinem Verschwinden vom Markt. Der Produktlebenszyklus ist durch verschiedene **Phasen** gekennzeichnet.

Aufg. 5.3.1 S. 562

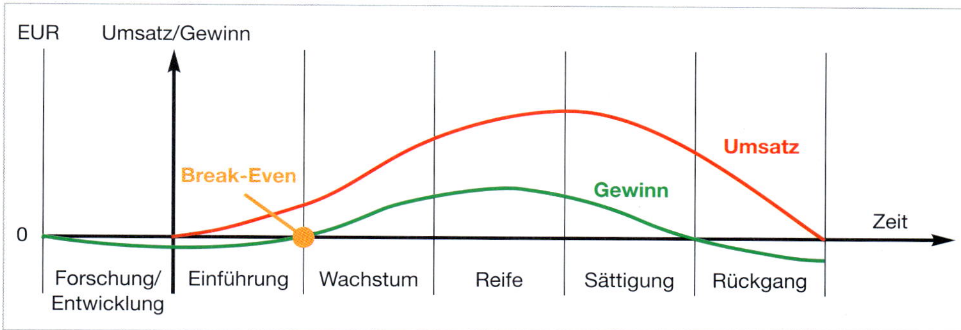

Phasen des Produktlebenszyklus					
Forschung/ Entwicklung	**Einführung**	**Wachstum**	**Reife**	**Sättigung**	**Rückgang**
Da noch kein Umsatz erzielt wird, sondern nur Kosten entstehen, ergeben sich Verluste.	Verluste, da die Umsätze noch gering sind und andererseits hohe Kosten für die Markterschließung entstehen.	Umsatz steigt überproportional. Das Produkt erzielt erstmals Gewinne. Der Erfolg lockt Konkurrenten auf den Markt.	Weitere Umsatzsteigerung mit niedrigeren Wachstumsraten. Das Produkt ist einem immer stärker werdenden Wettbewerb ausgesetzt.	Umsatz und Gewinn sinken. Negative Wachstumsraten. Versuche, durch Produktdifferenzierung den Lebenszyklus zu verlängern.	Starker Umsatzrückgang, der nicht mehr aufzuhalten ist. Es entstehen Verluste. Das Produkt muss vom Markt genommen werden.

Der Produktlebenszyklus beschreibt Gesetzmäßigkeiten der Umsatz- und Gewinnentwicklung während der sich über mehrere Phasen erstreckenden wirtschaftlichen Lebensdauer eines Produkts.

Kritik am Produktlebenszyklus

- Die Dauer des gesamten Zyklus und der einzelnen Phasen ist nicht genau bestimmbar, da der Zyklus durch
  - absatzpolitische Maßnahmen eines Unternehmens verkürzt oder verlängert werden kann,
  - den Markt beeinflusst werden kann (z. B. neue Produkte, technologische Entwicklungen, Nachfrageänderungen).
- Das Verhalten der Nachfrager und Konkurrenten ist kaum vorhersehbar.
- Es handelt sich um eine idealtypische Darstellung, die empirisch nicht nachweisbar ist.

Produktlebenszyklus als Grundlage der Portfolioanalyse

Trotz des Nachteils, dass sich Produktlebenszyklen selten exakt vorhersagen lassen, kann dieses Instrument dennoch als Denkmodell wertvolle Anregungen vermitteln. Da sich Umsatz und Gewinn eines Produkts in den einzelnen Phasen sehr unterschiedlich entwickeln, ist es offensichtlich, dass sich das **Produktionsprogramm** eines Unternehmens aus verschiedenen Produkten oder **Produktgruppen** zusammensetzen muss, die sich jeweils in **verschiedenen Phasen des Produktlebenszyklus** befinden. Ohne rechtzeitige Neuentwicklung von Erfolg versprechenden Produkten würde das Unternehmen Gefahr laufen, plötzlich nur noch auslaufende Produkte, die keinen Gewinn mehr abwerfen, anbieten zu können. Dieses Vorgehen wird beispielsweise in der Automobilindustrie sehr deutlich, wenn ein bestimmtes Automodell nicht mehr nachgefragt und durch ein neu entwickeltes Modell ersetzt wird. Die Erkenntnisse aus dem Produktlebenszyklus fließen in die sog. **Portfolioanalyse** ein, die zu den wichtigsten Instrumenten der **strategischen Planung** gehören.

5.3.2 Portfolioanalyse[1]: Grundlage für Strategieempfehlungen

Grundidee der Portfolioanalyse

Aufg. 5.3.2 S. 562
Aufg. 5.3.3 S. 563

Beim Portfoliokonzept wird die aus dem Bankwesen stammende Grundidee, ein Wertpapierdepot unter Risiko-, Rendite- und Liquiditätsgesichtspunkten optimal zusammenzustellen, auf Unternehmen mit verschieden Produkten und Produktgruppen übertragen. Für ein Unternehmen soll ein **optimales Produktportfolio** entwickelt werden.

> **Ziel der Produktportfolioanalyse ist es, die verfügbaren Mittel eines Unternehmens (Ressourcen) in solche Bereiche zu lenken, in denen die Marktaussichten besonders gut sind und das Unternehmen seine Stärken ausnutzen kann.**

Vorgehensweise zur Erstellung eines Produktportfolios

Dazu müssen zunächst Unternehmensbereiche bestimmt werden, in die Ressourcen gelenkt und solche, aus denen Ressourcen abgezogen werden sollen.

Die einzelnen Unternehmensbereiche werden als strategische **Geschäftsfelder** oder **strategische Geschäftseinheiten (SGE)** bezeichnet. Als Geschäftseinheiten kommen solche Teilbereiche eines Unternehmens in Frage, die einen bestimmten Produkt- oder Marktbereich bearbeiten (z. B. geografisch abgrenzbarer Markt, ausgewählte Kundengruppen) und für die es sinnvoll erscheint, eingeständige, von anderen Teilbereichen des Unternehmens unabhängige Strategien zu entwickeln und durchzusetzen.

Kap. E 5.1

Ausgangspunkt aller Portfoliokonzepte ist die Beschreibung der Erfolgsmöglichkeiten einzelner Unternehmensbereiche, die sich einerseits aus den **Chancen und Risiken im Wettbewerbsumfeld** und andererseits aus den **unternehmensinternen Stärken und Schwächen** ergeben. Die typische Darstellungsweise in Form eines Koordinatensystems weist daher immer eine **Umfeldachse** und eine **Unternehmensachse** auf. Häufig werden die Achsen so unterteilt, so dass sich das Analyseergebnis in Form einer Matrix darstellen lässt. Das bekannteste Portfoliomodell ist die im Folgenden beschriebene **Vier-Felder-Matrix** zur **Marktwachstums-/Marktanteilsanalyse.**

---

1 Portfolio *(lat.)*: zusammengesetzt aus folium „das Blatt" und portare „tragen". Ursprüngliche Bedeutung: Brieftasche. Im Bankenbereich Bezeichnung für eine Sammlung von Wertpapieren oder anderen Vermögensgegenständen. Im übertragenen Sinne wird der Begriff auch für eine Sammlung von hilfreichen Methoden, Verfahren oder Handlungsmöglichkeiten verwendet.

Marktwachstums-Marktanteils-Portfolio

Im Marktwachstums-Marktanteils-Portfolio wird eine Vier-Felder-Matrix verwendet, die durch die beiden Achsen **Marktwachstum** und **relativer Marktanteil** bestimmt wird.

Marktwachstum	Marktanteil
Das Marktwachstum drückt alle zukunftsbezogenen und vom Unternehmen selbst nicht beeinflussbaren Größen aus, die Auswirkungen auf die Marktentwicklung haben. Das Marktwachstum soll die Chancen und Risiken im Wettbewerbsumfeld erfassen (= Umfeldachse). Dabei wird davon ausgegangen, dass sich alle umfeldbedingten Chancen und Risiken durch einen einzigen Faktor, nämlich die Marktwachstumsrate abbilden lassen.	Der relative Marktanteil drückt den eigenen Marktanteil einer Geschäftseinheit im Verhältnis zum Marktanteil der Geschäftseinheit des stärksten Konkurrenten aus. Die Stärken und Schwächen der Unternehmung, der Geschäftseinheit oder der jeweiligen Produktgruppe sollen durch die Marktstellung erfasst werden (= Unternehmensachse). Dabei wird davon ausgegangen, dass sich die Stärken und Schwächen durch einen einzigen Faktor, nämlich den (relativen) Marktanteil abbilden lassen.

$$\text{Marktwachstum} = \frac{\text{erwartete Umsatzerhöhung des Gesamtmarktes in EUR}}{\text{derzeitiger Umsatz des Gesamtmarktes}} \cdot 100$$

$$\text{Relativer Marktanteil} = \frac{\text{Umsatz des Unternehmens in EUR}}{\text{Umsatz des stärksten Konkurrenten in EUR}} \cdot 100$$

$$\text{oder} \quad \frac{\text{eigener Marktanteil}}{\text{Marktanteil des stärksten Konkurrenten}} \cdot 100$$

Ist der relative Marktanteil größer als 100 %, so ist das betreffende Unternehmen **Marktführer**, da kein anderes Unternehmen einen größeren Umsatz bzw. Marktanteil haben kann.

In Abhängigkeit vom Marktanteil und vom Marktwachstum werden die verschiedenen Produkte und Produktgruppen eines Unternehmens entsprechend der Vier-Felder-Matrix in vier Kategorien **„Arme Hunde“** (Poor dogs), **„Fragezeichen“** (Question marks), **„Sterne“** (Stars), **„Milchkühe“** (Cash cows) eingeteilt. Bei der Zuordnung ist es von großer Bedeutung, in welcher Phase des **Produktlebenszyklus** sich die einzelnen Produkte und Produktgruppen jeweils befinden.

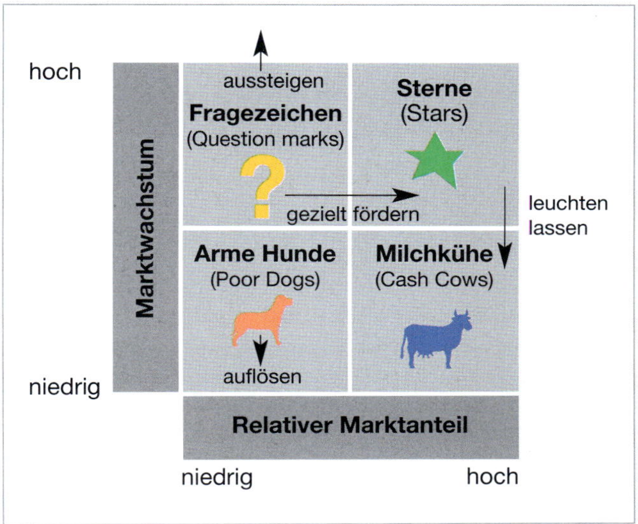

Strategieempfehlungen

Aus den vier Portfolio-Kategorien lassen sich **Strategien** ableiten, wie die finanziellen und personellen Ressourcen am sinnvollsten auf die einzelnen Geschäftsfelder verteilt werden sollen.

Matrixfeld	Position	Beurteilung		Strategieempfehlung	Ressourceneinsatz
Sterne (Stars) 	**hohes Marktwachstum** (MW) **hoher Marktanteil** (MA) **(Wachstumsphase)**	■ Marktführer auf einem schnell wachsenden Markt ■ MA verschlechtert sich, wenn Konkurrenz vom MW einen größeren Teil auf sich vereinigt ■ Bei einsetzender Marktsättigung können Sterne zu Milchkühen werden.		**Wachstumsstrategie** (Investitions- bzw. Offensivstrategie) ■ Marktanteil mindestens halten oder sogar ausbauen ■ Wettbewerbsvorteile verstärken	■ hohe Investitionen ■ Reinvestition des Cashflows
Milchkühe 	**niedriges Marktwachstum** (MW) **hoher Marktanteil** (MA) **(Reife- bzw. Sättigungsphase)**	■ hoher Marktanteil (Marktführer) auf einem nicht mehr stark wachsenden Markt ■ Produkte in der **Reife-/ Sättigungsphase**, die einen hohen Gewinn abwerfen		**Stabilisierungsstrategie** (Abschöpfungsstrategie) ■ Marktanteil halten und nach Möglichkeit festigen (ernten). ■ Marktstellung absichern	■ geringe Investitionen (nur Ersatz- und Rationalisierungsinvestitionen) ■ Cashflow für Nachfolgeprodukte verwenden
Arme Hunde 	**niedriges Marktwachstum** (MW) **niedriger Marktanteil** (MA) **(Sättigungs- bzw. Rückgangsphase)**	■ Produkte mit geringen MA bei geringem MW **(Sättigungsphase)** ■ Es wären unverhältnismäßig hohe Investitionen nötig, um auf dem gesättigten Markt (geringes MW) den MA zu erhöhen		**Schrumpfungsstrategie** (Desinvestitionsstrategie) ■ mittel- bis langfristig: Abbau, Verkauf, Liquidation der SGE ■ SGE halten, solange Deckungsbeitrag > 0	■ minimale Investitionen (Desinvestition)
Fragezeichen 	**hohes Marktwachstum** (MW) **niedriger Marktanteil** (MA) **(Einführungsphase)**	Produkte mit einem niedrigen MA in einem Markt mit hohem MW **(Einführungsphase).**	→ Um den niedrigen MA zu verbessern sind bei dem hohen MW hohe Investitionen nötig.	**Wachstumsstrategie** (Offensivstrategie) ■ Stärkung der Wettbewerbsvorteile	■ hohe Investitionen (Erweiterungsinvestitionen) ■ Finanzierung aus Cashflow der Milchkühe
			→ Unverhältnismäßig hohe Investitionen nötig, um den MA zu erhöhen.	**Schrumpfungsstrategie** (Desinvestitionsstrategie) ■ Abbau, Verkauf, Liquidation der SGE	■ keine Investitionen (Verkauf der SGE)

Erstellung eines Marktanteils-Marktwachstums-Portfolios

Die **Meditec AG** ist mit verschiedenen Produkten im Bereich der Medizintechnik vertreten. U. a. werden Ärzte, Krankenhäuser, Apotheken und über das Internet auch Privatkunden beliefert. Das Unternehmen ist in vier strategischen Geschäftseinheiten (SGE) eingeteilt: A: Großgeräte, B: Kleingeräte, C: Verbrauchsmaterial und Zubehör, D: Privatkunden (E-Commerce). Eine Analyse des Wettbewerbsumfelds, der eigenen Unternehmens- und der Marktentwicklung ergibt die folgenden Daten:

	Beträge in Mio. EUR			
	SGE A	**SGE B**	**SGE C**	**SGE D**
Meditec AG				
Umsatz 2018	10	5	3	4
Prognose 2020	11	7	3	5
Konkurrent X				
Umsatz 2018	5	4	9	6
Prognose 2020	6	6	10	8
Konkurrent Y				
Umsatz 2018	6	3	2	8
Prognose 2020	6	5	2	10
Gesamtmarkt				
Umsatz 2018	50	22	19	26
Prognose 2020	52	28	20	32

Berechnung der Positionen der SGE A in drei Schritten

1. Berechnung der relativen Marktanteile der einzelnen Geschäftseinheiten: Eigener Anteil wird ins Verhältnis zum Anteil des stärksten Konkurrenten gesetzt:

$$\text{z. B. relativer Marktanteil SGE A} = \frac{\text{Umsatz 2018 SGE A Meditec AG (10)} \cdot 100}{\text{Umsatz 2018 SGE A Konkurrent Y (6)}} = 167\,\%$$

(Marktführer, da relat. Marktanteil > 100 %)

2. Berechnung des Marktwachstums: Prozentuale Umsatzveränderung des Gesamtmarktes

$$\text{z. B. Marktwachstum SGE A} = \frac{\text{Umsatzsteigerung Gesamtmarkt SGE A (2)} \cdot 100}{\text{Umsatz Gesamtmarkt 2018 SGE A (50)}} = 4\,\%$$

3. Berechnung der Umsatzanteile der einzelnen SGE der Meditec AG am Gesamtumsatz der Meditec AG.

$$\text{z. B. Umsatzanteil SGE A} = \frac{\text{Umsatz 2018 SGE A Meditec AG (10)} \cdot 100}{\text{Gesamtumsatz 2018 Meditec AG (22)}} = 45\,\%$$

Ergebnis

	SGE A	**SGE B**	**SGE C**	**SGE D**
relativer Marktanteil	167 %	125 %	33 %	50 %
Wachstum des Gesamtmarktes	4 %	27 %	5 %	23 %
Anteil am Gesamtumsatz der Meditec AG	45 %	23 %	14 %	18 %

Darstellung der Positionen der strategischen Geschäftsfelder im 4-Felder-Portfolio

Der Anteil der einzelnen Geschäftseinheiten am Gesamtumsatz der Meditec AG kommt jeweils in der Größe der Kreise zum Ausdruck.

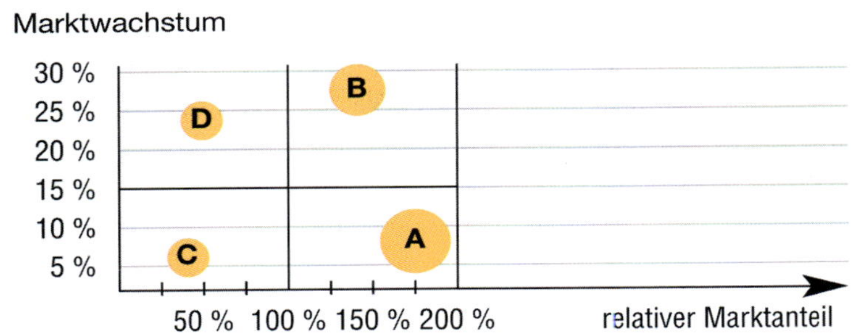

Strategien für die einzelnen SGE aufgrund der Portfolioanalyse

Fragezeichen: SGE D	Sterne: SGE B	Milchkühle: SGE A	Arme Hunde: SGE C
Die SGE D (Privatkunden-E-Commerce) lässt bei einem geringen relativen Marktanteil (50 %) ein starkes Marktwachstum (23 %) erkennen. In diesem Bereich muss überlegt werden, ob sich weitere, hohe Investitionen zum Ausbau des geringen relativen Marktanteils auf einem schnell wachsenden Markt lohnen (Wachstumsstrategie). Bei pessimistischer Einschätzung der weiteren Entwicklung dieser Geschäftseinheit sollte eine Rückzugsstrategie überlegt werden.	SGE B (Kleingeräte) ist durch einen recht hohen relativen Marktanteil (125 %) und starkes Marktwachstum (27 %) gekennzeichnet. Um die Position als Marktführer auf diesem schnell wachsenden Markt zu halten oder gar noch auszubauen, sind hohe Investitionen notwendig (Wachstumsstrategie), auch um so den Anteil dieses Produktes am Gesamtumsatz der Meditec AG (bisher 23 %) auszubauen. Die bestehenden Wettbewerbsvorteile sollten konsequent ausgenutzt werden.	SGE A (Großgeräte) zeichnet sich durch einen hohen relativen Marktanteil (167 %) bei einem allerdings geringen Marktwachstum (4 %) aus. Es besteht somit nur geringer Investitionsbedarf (evtl. zur Rationalisierung), um diese Position zu halten bzw. zu festigen (Stabilisierungsstrategie). Der hier erzielte Finanzmittelüberschuss (Cashflow) sollte in Nachwuchsprodukte investiert werden, um deren Position zu stärken.	SGE C (Verbrauchsmaterial, Zubehör) weist einen geringen relativen Marktanteil (33 %) und geringes Marktwachstum (5 %) auf. Es ist zu entscheiden, ob sich weitere Investitionen lohnen, um die SGE C z. B. über die Erschließung neuer Märkte zum Nachwuchsprodukt weiter zu entwickeln. Lohnt sich dies nicht, sollte dieses Produkt mit dem geringsten Anteil am Gesamtumsatz der Meditec AG (14 %) langsam eliminiert werden (Schrumpfungsstrategie).

Zusammenfassende Übersicht zu Kap. 5.3: Produktlebenszyklus: Phasenmodell für Umsatz und Gewinnentwicklung

Analyse- und Prognoseinstrumente für strategische Planung

Produktlebenszyklus

„Lebensweg" eines Produkts gemessen an Umsatz und Gewinn

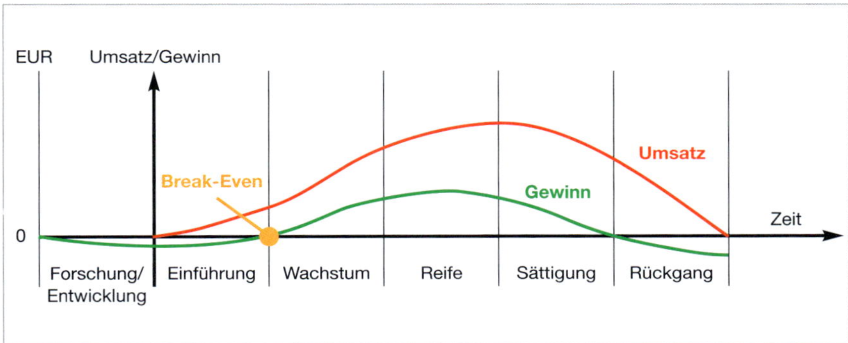

Portfolioanalyse

Bestimmung eines ausgewogenen Produktprogramms unter Berücksichtigung der Situation des eigenen Unternehmens und der zu erwartenden Entwicklungen der Umfeldbedingungen.

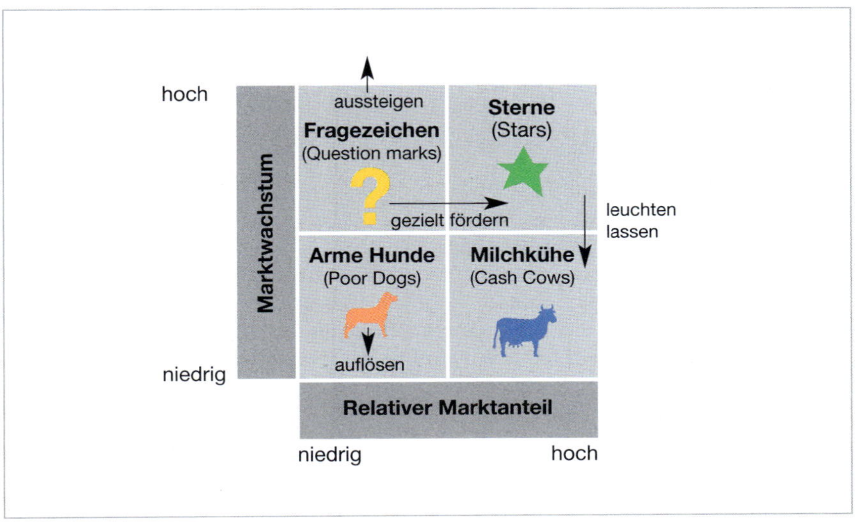

Wiederholung des Grundwissens

zu Kapitel 5.3 Produktlebenszyklus und Portfoliokonzept: Analyse- und Prognoseinstrument für strategische Planung

5.3.1 Produktlebenszyklus: Phasenmodell für Umsatz- und Gewinnentwicklung

1. Was ist unter dem Produktlebenszyklus zu verstehen?
2. Nennen sie sechs Phasen des Produktlebenszyklus und geben Sie für jede Phase die Umsatzentwicklung an.
3. Welche Bedeutung hat der Produktlebenszyklus für die strategische Planung?
4. Welche Kritik lässt sich am Konzept des Produktlebenszyklus üben?

5.3.2 Portfolioanalyse: Grundlage für Strategieempfehlungen

1. Beschreiben Sie das Portfolio-Konzept.
2. Stellen Sie das Marktwachstums-Marktanteils-Portfolio in einer Matrix dar und erläutern Sie den Aufbau.
3. Beschreiben Sie die vier Portfolio-Kategorien.
4. Welche Empfehlungen für strategische Verhaltensweisen lassen sich den Portfoliofeldern zuordnen?
5. Welche Stadien des Produktlebenszyklus lassen sich den Portfoliofeldern zuordnen?

Aufgaben und Probleme

zu Kapitel 5.3 Produktlebenszyklus und Portfoliokonzept: Analyse- und Prognoseinstrumente für strategische Planung

Hinweis: Zu diesem Kapitel liegt eine Fallstudie „Unternehmensführung und Controlling" vor (siehe Begleit-CD).

5.3.1 Produktlebenszyklus

PDF

Ein Hersteller von Foto- und Filmgeräten hat bei einem seiner Produkte für die Zeit von der Produktentwicklung bis zum Ausscheiden aus dem Markt folgende Entwicklung festgestellt:

Phase	1	2	3	4	5	6
Abgabepreis an den Fachhandel (EUR je Stück)	0	1 000	900	800	650	500
Absatzmenge	0	10 000	35 000	75 000	70 000	40 000

1. Stellen Sie die Umsatzentwicklung in Form eines Produktlebenszyklus grafisch dar.
2. Skizzieren Sie den Verlauf der zugehörigen Kurve für die Gewinnentwicklung.
3. Nennen Sie Beispiele für Produkte oder Branchen, die sich nach dem Produktlebenszykluskonzept derzeit in der
   a) Einführungsphase
   b) Wachstums-/Reifephase
   c) Sättigungs-/Rückgangsphase
   befinden.
4. Erläutern Sie die Bedeutung der Produktlebenszykluskurve für die strategische Unternehmensführung.
5. Welche Kritik kann am Produktlebenszykluskonzept geübt werden?

5.3.2 Erstellung eines Marktanteils-Marktwachstums-Portfolios

PDF

1. Die Glasbau AG ist ein bundesweit tätiges Unternehmen der Baubranche, dessen vier führende strategische Geschäftseinheiten (SGE) folgende Wachstumsraten aufweisen: Kunststofffenster (F) 5 %, Haustüren (H) 8 %, Wintergärten (W) 3 % und Fensterläden (L) 2 %. Der relative Marktanteil beträgt bei Fenstern 90 %, bei Haustüren 150 %, bei Wintergärten 190 % und bei Fensterläden 60 %.

a) Erstellen Sie das entsprechende Marktanteils-Marktwachstums-Portfolio.
Hinweis: X-Achse: relativer Marktanteil von 0 % bis 200 %
Y-Achse: Marktwachstum von 0 % bis 9 %.

b) Begründen Sie, in welcher Phase des Produktlebenszyklus sich die SGE Wintergärten befindet.

2. Die RAMAX AG stellt Haushaltsgeräte her. Ihre Hauptgeschäftsfelder sind Spül- und Waschmaschinen, Elektroherde und Kühlschränke. Im Zusammenhang mit der Expansion des Unternehmens nach Osteuropa soll ein Marktanteils-Marktwachstums-Portfolio erstellt werden. Dazu wurden folgende Marktdaten ermittelt:

	Spülmaschinen	Waschmaschinen	Kühlschränke	Elektroherde
Wachstum des Gesamtmarktes in %	7	8	2	2
relativer Marktanteil in %	60	150	190	40
Anteil des Marketingaufwands der einzelnen Produkte am gesamten Marketingbudget	20	35	6	39
Umsatzrentabilität des Produkts im abgelaufenen Geschäftsjahr	+ 0,5	+ 3,2	+ 15,3	− 3,9

Der Gesamtmarkt der Haushaltsgeräte wächst durchschnittlich mit 4 % pro Jahr. Der durchschnittliche Marktanteil der vier wichtigsten Mitbewerber auf diesem oligopolistischen Markt beträgt 10 %.

a) Ordnen Sie die Produkte der RAMAX AG den Feldern des Marktanteils-Marktwachstums-Portfolios zu.

b) Beurteilen Sie die Verteilung des Marketing-Budgets der RAMAX AG aufgrund der vorgegebenen Daten und entwickeln Sie daraus eine Empfehlung an die Geschäftsleitung.

c) Erläutern Sie mögliche Gründe, warum die Geschäftsleitung trotz der schlechten Zahlen die „Dogs" unter Umständen weiter am Markt anbietet.

5.3.3 Portfolioanalyse

Die Snowsport AG weist vier strategische Geschäftsfelder auf: Langlaufski (L), Alpinski (A), Snowboards (S) und Bigfoots (B). Neben den Wintersportgeräten werden auch die entsprechenden Schuhe und Bindungen hergestellt. Der Gesamtumsatz der Snowsport AG liegt bei 300 Mio. EUR. Die Snowsport AG weist das untenstehende Portfolio aus:

1. Mit einem Umsatz von 60 Mio. EUR erzielt die Snowsport AG bei den Bigfoots einen relativen Marktanteil von 50 %. Berechnen Sie für dieses Produkt den Umsatz des stärksten Konkurrenten.

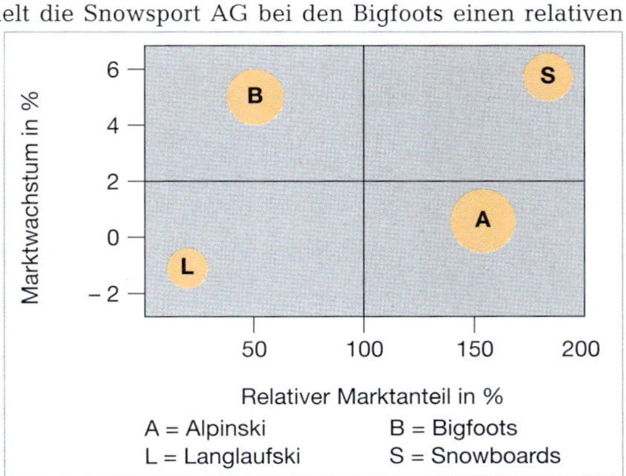

2. Beurteilen Sie die Bedeutung der SGE Alpinski im Hinblick auf den gesamten Unternehmenserfolg.
3. Erläutern Sie, in welcher Phase des Produktlebenszyklus sich die SGE Langlaufski befindet. Welche Strategie empfehlen Sie für dieses Geschäftsfeld?
4. Bei Markteinführung der Bigfoots blieben Marktwachstum und relativer Marktanteil zunächst weit unter den erwarteten Zahlen zurück. Die SGE befand sich als „Armer Hund" im Problemfeld. Aus kostenrechnerischen Sicht wurde aber damals eine Schrumpfungsstrategie (Desinvestitionsstrategie) nicht befürwortet. Welche Gründe können dafür maßgebend gewesen sein?
5. Aufgrund der globalen Klimaveränderungen zeichnet sich ab, dass die Winter in Europa künftig wesentlich schneeärmer und beliebte Wintersportgebiete nicht mehr schneesicher sein werden. Hätte die Snowsport AG Ihrer Meinung im Rahmen der strategischen Unternehmensführung diese Veränderungen frühzeitig erfassen und sich entsprechend darauf einstellen können?

Zusammenfassende Übersicht zu Teil E: Unternehmerische Ziele und ausgewählte Controllinginstrumente als Gegenstand der Unternehmensführung

Unternehmensführung

↓

Unternehmensziele

Unternehmenskultur

Vision/Leitbild

Strategische Ziele

Operationalisierung — **Operative Ziele** — Zielbeziehungen

Zielhierarchie:

Gewinn	**Eigenkapital-rentabilität**	**Shareholder Value**
Umsatz		**Kosten**
Produktivität	**Wirtschaftlichkeit**	**Wertschöpfung**

Anspruchsgruppen (Stakeholder)

Mitarbeiter	Manager	Fremdkapi-talgeber	Eigenkapital-geber (Shareholder)	Lieferer	Kunden	Staat und Gesellschaft

Shareholder Value-Ansatz	**Stakeholder Ansatz**
Ziel: Maximierung des Aktionärsvermögen	**Ziel:** Berücksichtigung der Interessen aller Stakeholder

Ethische Unternehmensführung

Corporate Governance — **Corporate Social Responsibility**

↓ erhöht Aktienkurs und Gewinn

Strategische Unternehmensführung

Controlling

Funktionsübergreifendes Steuerungskonzept

Planung | **Überwachung** | **Steuerung** | **Informationsbeschaffung**

Operatives Controlling | **Strategisches Controlling**

kurzfristige Erfolgssteuerung	← Ziel →	langfristige Erfolgssteuerung
▪ Liquidität ▪ Rentabilität ▪ Wirtschaftlichkeit	**Steuerungs-größen**	▪ (alte) Erfolgspotenziale sichern ▪ (neue) Erfolgspotenziale schaffen
▪ Kennzahlen ▪ Kennzahlensysteme (DuPont-System, ROI)	**(ausgewählte) Instrumente**	▪ SWOT-Analyse (Strategiefindung) ▪ BSC (Umsetzung strategischer Ziele) ▪ Produktlebenszyklus (Analyse und Prognose) ▪ Portfoliokonzept (Analyse und Prognose)

Stärken-Schwächen-Analyse
Strategiefindung

Umfeldanalyse	**Unternehmensanalyse**	
Markt, Branche, Kunden, Konkurrenz	Ressourcen	Kompetenzen

↓ **Chancen-Risiken** → **SWOT-Analyse** ← **Stärken-Schwächen** ↓

Strategien

Produkt-/Marktstrategien	**Entwicklungsstrategien**	**Wettbewerbsstrategien**

Umsetzung von Strategien
(Von der Vision zur Wirklichkeit)

↓

Balanced Scorecard

Finanz-perspektive	**Kunden-perspektive**	**Prozess-perspektive**	**Mitarbeiter-perspektive**

Strategische Ziele, Messgrößen, Zielwerte, Maßnahmen
Ursache-Wirkungs-Beziehungen

Analyse- und Prognoseinstrumente für strategische Planung

Produktlebenszyklus

„Lebensweg“ eines Produkts gemessen an Umsatz und Gewinn

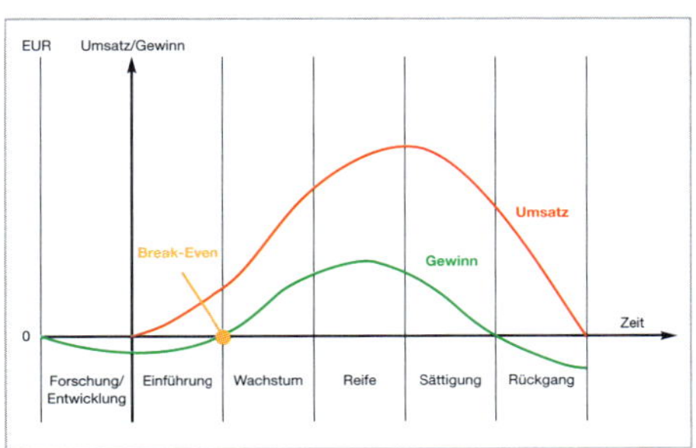

Portfolioanalyse

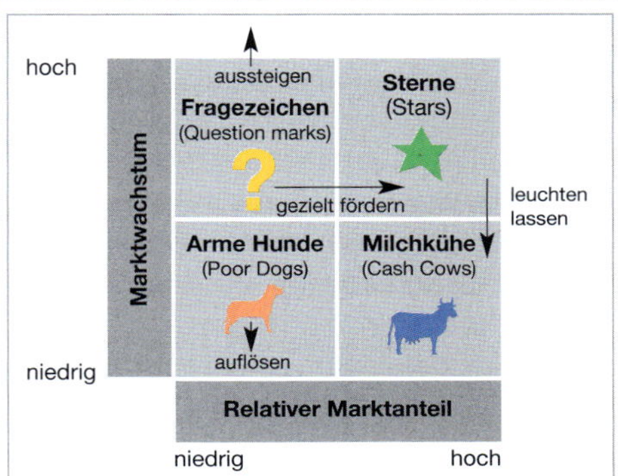

Zusammenfassende Aufgaben Teil E:

Unternehmensführung und Controlling

Aufgabe 1 Unternehmensvisionen und Strategieentwicklung

1. Formulieren Sie für jedes der folgenden Unternehmen je eine aus einem Satz bestehende „griffige" Vision.
   a) Automobilzulieferer
   b) Brauerei
   c) Hersteller von Haushaltsgeräten
   d) Kaufhauskette
2. Die folgenden drei Unternehmen haben jeweils die angegebene Vision entwickelt. Leiten Sie daraus jeweils eine Unternehmensstrategie ab.
   a) Versandhandel: „Wir haben zufriedene Kunden"
   b) Fahrradhersteller: „Mit der jeweils neuesten Technik sind wir in fünf Jahren der Marktführer"
   c) Private Regionalbank: „Wir haben in fünf Jahren in unserer Region von allen Privatbanken die höchste Eigenkapitalrentabilität".

Aufgabe 2 Unternehmensziele

1. Nennen und erläutern Sie mindestens vier Kennzahlen, die sich auf den Gewinn beziehen.
2. Für einen Industriebetrieb liegt folgende GuV-Rechnung vor:

Aufwendungen — **GuV-Rechnung (in 1 000 EUR)** — **Erträge**

Aufwendungen		Erträge	
Materialaufwand	350	Umsatzerlöse	800
Personalaufwand	200	Bestandserhöhungen	70
Abschreibungen	180	Selbsterstellte Anlagen	130
Zinsaufwand	70		
Mietaufwand	30		
Zuführung zu Pensionsrückstellungen	70		
Gewinn	100		
	1 000		1 000

   a) Ermitteln Sie den Brutto-Cashflow (Praktikerformel), wenn die Gewinnsteuerbelastung 30 % beträgt.
   b) Ermitteln Sie den Netto-Cashflow, wenn der Nettogewinn zu 50 % ausgeschüttet werden soll.
   c) Ermitteln Sie die Cashflow-Umsatzrate.
   d) Ermitteln Sie die Umsatzrentabilität.
   e) Wie hoch war die Wertschöpfung in diesem Unternehmen?
   f) Berechnen Sie die Wertschöpfungsquote (Wertschöpfung · 100 / Umsatz).
   g) Welcher Unterschied hinsichtlich der Höhe der Wertschöpfungsquote besteht normalerweise zwischen einem Industrie- und einem Handelsbetrieb? Begründen Sie Ihre Antwort.
3. Prüfen Sie, ob und ggf. unter welchen Voraussetzungen es sich bei den folgenden Formulierungen um betriebswirtschaftlich sinnvolle Unternehmensziele handelt:
   a) Maximierung des Umsatzes
   b) Maximierung des Absatzes
   c) Maximierung des Stückerlöses
   d) Minimierung der Gesamtkosten
   e) Minimierung der Stückkosten
   f) Maximierung des Gesamtgewinns
   g) Maximierung des Gesamtdeckungsbeitrags
   h) Maximierung des Unternehmenswertes
   j) Maximierung des Deckungsbeitrags je Stück
   k) Maximierung der Umsatzrentabilität
   l) Maximierung des Verhältnisses Deckungsbeitrag/Umsatz
   m) Erhöhung des Verschuldungsgrades
4. Nennen Sie Beispiele für Konflikte zwischen wirtschaftlichen Zielen eines Unternehmens.

Aufgabe 3 Produktivität – Wirtschaftlichkeit – Rentabilität – Liquidität

1. Produktivität, Wirtschaftlichkeit und Rentabilität sind wichtige Ziele eines Unternehmens und zugleich Steuerungsgrößen für das operative Controlling.
   a) Welche Beziehung besteht zwischen diesen drei Zielen?
   b) Welche Beziehung besteht zwischen Rentabilität und Liquidität?
2. Die Ice-Sport AG ist auf die Herstellung von Eishockeyschlägern spezialisiert. In der Produktionsabteilung arbeiten acht Personen, die jährlich 24 000 Stöcke produzieren. An Roh- und Hilfsstoffen werden pro Jahr 2 000 m^2 Holz und 500 kg Leim benötigt. Der Einkaufspreis für 100 m^2 Holz beträgt 1 200 EUR und für 100 kg Leim 200 EUR. Jeder Mitarbeiter der Produktionsabteilung arbeitet jährlich im Durchschnitt 1 800 Stunden. Die Lohnkosten betragen 25,00 EUR je Stunde. Die Kosten für den Energieverbrauch von 0,5 Mio. kWh betragen jährlich 15 000 EUR. Ein Hockeyschläger kann für 22,00 EUR an den Fachhandel verkauft werden.
   a) Ermitteln Sie Produktivität der Produktionsfaktoren Holz, Energie und Arbeit.
   b) Wie hoch ist die Wirtschaftlichkeit des Gesamtbetriebes, wenn die übrigen jährlichen Betriebskosten 68 000 EUR betragen?
   c) Wie hoch ist die Umsatzrentabilität? Erläutern Sie das Ergebnis.
   d) Wie verändert sich bei unveränderten Produktionsmengen die Produktivität der einzelnen Produktionsfaktoren, wenn **gleichzeitig** folgende Veränderungen eintreten:
      - Ein Mitarbeiter arbeitet aus Altersgründen nur noch halbtags.
      - Die Lohnkosten steigen um 4 %.
      - Die Energiekosten steigen bei gleichem Verbrauch auf 20 000 EUR.
      - Der Verkaufspreis für einen Stock kann auf 24,00 EUR erhöht werden.
   e) Wie verändern sich die Wirtschaftlichkeit des Gesamtbetriebs und die Umsatzrentabilität aufgrund der unter d) genannten Veränderungen?

Aufgabe 4 Anspruchsgruppen – Shareholder Value

Ordnen Sie den verschiedenen Stakeholdern eines Unternehmens die jeweiligen Ziele und Ansprüche zu.

PDF

Aufgabe 5 Strategisches Management – Umfeldanalyse

Eine Umfeldanalyse ist eine wesentliche Grundlage des strategischen Managements.

1. Erläutern sie Aufgabe und Bedeutung des strategischen Managements.
2. Erläutern Sie, was Gegenstand einer Umfeldanalyse ist und warum eine solche Analyse wichtig ist.
3. Skizzieren Sie für einen Fast-Food-Anbieter wie McDonalds oder Burger King eine Umfeldanalyse. Berücksichtigen Sie dabei die verschiedenen Umfeldbereiche, denen sich ein solches Unternehmen gegenüber sieht.
4. Welche Maßnahmen schlagen Sie einem Fast-Food-Anbieter aufgrund der Ergebnisse von Aufg. 3 vor?

Aufgabe 6 Produktlebenszyklus – Portfolioanalyse

Die badische Weinkellerei WEINSTUDIO 2000 ist erst seit wenigen Jahren mit ihren Erzeugnissen auf dem Markt vertreten. Sie stellt neben qualitativ hochwertigen Rot- und Weißweinen den Markensekt XLDry her.

1. Die Positionierung von Sekt im Lebenszyklus-Modell (hier: 5-Phasen) ergibt für eine repräsentative Auswahl badischer Weinkellereien, die ebenfalls qualitativ hochwertigen Sekt herstellen und für die Weinkellerei WEINSTUDIO 2000 nebenstehende Ergebnisse.
   a) Benennen und charakterisieren Sie jeweils anhand von zwei Kriterien die Lebenszyklusphase (vgl. angekreuzte Stelle), in der sich Sekt bei den ausgewählten badischen Weinkellereien und bei der Weinkellerei WEINSTUDIO 2000 befindet.

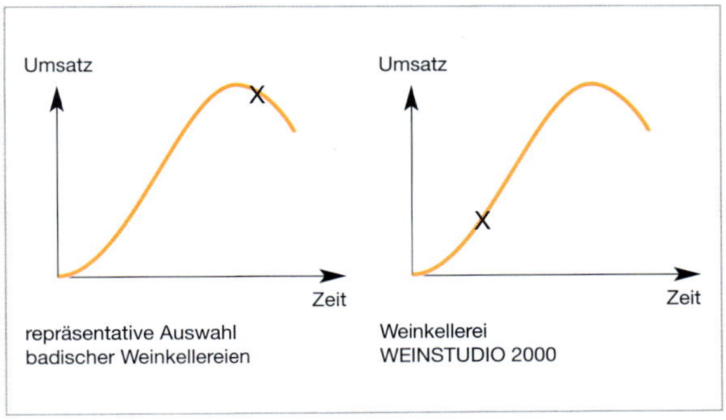

b) Erläutern Sie zwei mögliche Gründe für die von der Konkurrenz abweichende Positionierung des Sekts XLDry der Weinkellerei WEINSTUDIO 2000.

2. Da die Wachstumschancen für Weißwein weitgehend ausgeschöpft sind, bietet die Weinkellerei WEINSTUDIO 2000 neuerdings Traubensäfte an, die im Gegensatz zu handelsüblichen Traubensäften aus jeweils nur einer hochwertigen Rebsorte gepresst werden. Die Geschäftsleitung erstellt nach Einführung der Traubensäfte nebenstehendes Marktwachstums-Marktanteils-Portfolio.
Die strategische Geschäftseinheit (SGE) Traubensaft muss noch positioniert werden.
Folgende Angaben stehen zur Verfügung.

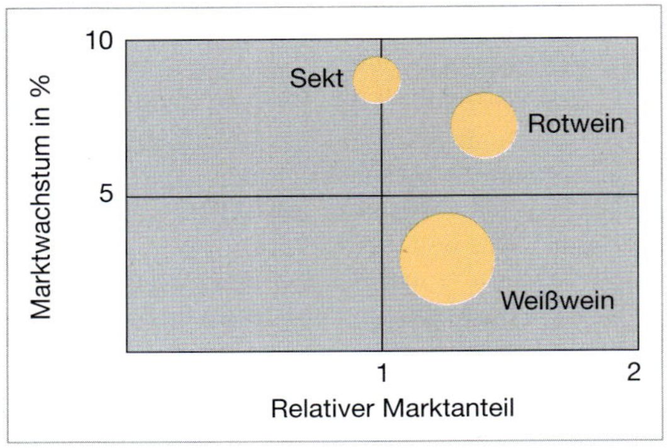

Umsatz Traubensaft Gesamtmarkt	2,6 Mio. EUR
Wachstum Traubensaft Gesamtmarkt	7,5 %
Marktanteil (Traubensaft) von WEINSTUDIO 2000	8 %
Marktanteil (Traubensaft) des stärksten Konkurrenten	10 %
Anteil des Sekts am Gesamtumsatz von WEINSTUDIO 2000	14 %
Anteil des Rotweins am Gesamtumsatz von WEINSTUDIO 2000	28 %
Anteil des Weißweins am Gesamtumsatz von WEINSTUDIO 2000	48 %

a) Beschreiben Sie die Position der SGE Traubensaft im Marktwachstums-Marktanteils-Portfolio.
b) Empfehlen Sie der Kellerei WEINSTUDIO 2000 eine geeignete Marktstrategie für die SGE Traubensaft.

Aufgabe 7 Marktanteils-Marktwachstum-Portfolio

PDF

Der Vorstand der europaweit tätigen Chocosweet AG erwartet Auskunft über die Positionierung der sieben Produktgruppen des Unternehmens am Markt. Dazu wurden folgende Umsatzzahlen (in Mio. EUR) ermittelt:

SGE / Unternehmen	Umsatz in Mio. EUR						
	Tafelschokolade	Schokoriegel	Pralinen	Bonbons	Biskuits	Marzipan	Müsliriegel
Chocosweet AG	150	32	15	40	15	6	28
Confiserie AG	100	35	15	80	30	3	35
Leckermaul AG	80	40	10	100	25	5	40
Gesamtmarkt							
Umsatz	500	300	50	300	100	20	200
Prognose	505	345	52	318	108	23,6	234

1. Erstellen Sie ein Marktanteils-Marktwachstums-Portfolio für die Chocosweet AG und tragen Sie die sieben Produktgruppen in die Matrix ein.
2. Ordnen Sie den vier Kategorien die jeweiligen Phasen des Produktlebenszyklus zu.
3. Erstellen Sie einen Bericht für den Vorstand in tabellarischer Form, aus dem für jede Produktgruppe die empfohlene Strategie sowie der Investitions- und Finanzbedarf hervorgehen.

Anwendung finanzmathematischer Funktionen eines Taschenrechners (GTR TI-84)[1]

1 Berechnung der Annuität

Beispiel S. 319

Annuitätendarlehen

- Darlehenssumme: 100 000 EUR,
- Zinssatz: 10 %,
- Laufzeit: 5 Jahre,
- Zins- und Tilgungszahlungen: jährlich am Jahresende

Die Höhe der Annuität lässt sich (wie viele andere finanzmathematische Fragestellungen) mit dem **TVM-Solver** (**T**ime-**V**alue-**M**oney-Solver) ermitteln.

1. Taste **APPS** drücken
2. **1: Finance** **ENTER** bestätigen
3. **Calc 1: TVM Solver** mit **ENTER** bestätigen.
4. Eingeben:
   N (Jahre) = 5
   I% (Zinssatz) = 10
   PV (Present Value, Barwert) = 100 000
   PMT (Payment Amount, Raten, Annuität) = gesucht (keine Eingabe oder 0)
   FV (Future Value, Endwert) = 0
   P/Y (Payment periods per year), regelmäßige Zahlungen pro Jahr) = 1
   C/Y (Compounding periods per year, Zinsperioden pro Jahr) = 1
   PM: End (nachschüssig, fällig am Jahresende)

5. Mit dem Cursor den gesuchten Wert **PMT** (Raten, Annuität) markieren
6. Taste **ALPHA** und danach **SOLVE** drücken
7. **PMT** (Raten, Annuität) wird mit – 26 379,75 ausgegeben.

1 Grafikfähiger Taschenrechner Texas Instruments T-84

2 Barwertberechnung

2.1 Barwert eines einzelnen Betrages: TVM-Solver

Beispiel S. 323

Barwert der Liquiditätsbelastung vor Steuern bei verschiedenen Darlehensformen

- Barwert des bei einem Festdarlehen nach fünf Jahren fälligen Betrages von 110 000 EUR. Kalkulationszinssatz 12 %.

Der **Barwert eines einzelnen Betrages** lässt sich ebenfalls mit dem **TVM-Solver** (**T**ime-**V**alue-**M**oney-Solver) ermitteln.

1. Taste **APPS** drücken
2. **1: Finance** mit **ENTER** bestätigen
3. **Calc 1: TVM Solver** mit **ENTER** bestätigen.
4. Eingeben:
   N (Jahre) = 5,
   I% (Kalkulationszinssatz) = 12
   PV (Present Value, Barwert) = gesucht (keine Eingabe oder 0),
   PMT (Payment Amount, Raten) = 0 (keine regelmäßigen Raten),
   FV (Future Value, Endwert) = (–) 110 000
   P/Y (Payment periods per year), regelmäßige Zahlungen pro Jahr) = 1
   C/Y (Compounding periods per year, Zinsperioden pro Jahr) = 1
   PM: End (nachschüssig, Fällig am Jahresende)

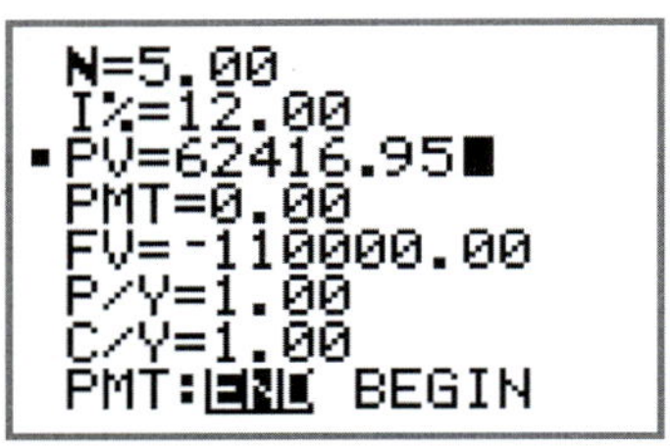

5. Mit dem Cursor den gesuchten Wert **PV** (Barwert) markieren
6. Taste **ALPHA** und danach **SOLVE** drücken
7. **PV** (Barwert) wird mit 62 416,95 ausgegeben.

1 Grafikfähiger Taschenrechner Texas Instruments T-84

2.2 Barwertsumme bei mehreren verschiedenen Beträgen

Die Berechnung von Barwertsummen erfolgt mit der Funktion **npv** (net present value).

Beispiel S. 323

Berechnung der Barwertsumme der Liquiditätsbelastung vor Steuern bei einem Abzahlungsdarlehen

- Kalkulationszinssatz: 12 %

Jahre	1	2	3	4	5
Liquiditätsbelastung in EUR	30 000	28 000	26 000	24 000	22 000

Barwertfunktion npv*(Zinssatz, heutige Zahlung, gespeicherte Liste)*

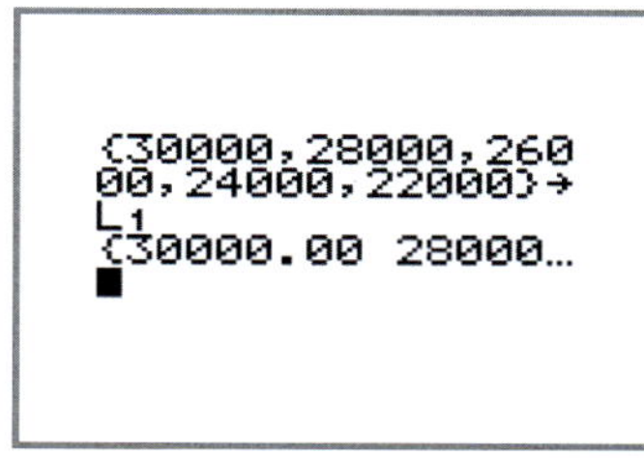

1. **Speichern der Einzahlungsüberschüsse als Liste**

   Zunächst müssen die künftigen Zahlungen, deren Barwertsumme ermittelt werden soll, mit [STAT] in einer Liste gespeichert werden. Oder: Alle Beträge in geschweiften Klammern durch Kommata getrennt eingegeben und mit [STO] einer Liste (z. B. L1) zuweisen.

   *2nd {*30 000, 28 000, 26 000, 24 000, 22 000 *2nd}* [STO] *2nd L1.* [ENTER]

2. **Anwendung der Barwertfunktion npv*(Zinssatz, heutige Zahlung, gespeicherte Liste)***

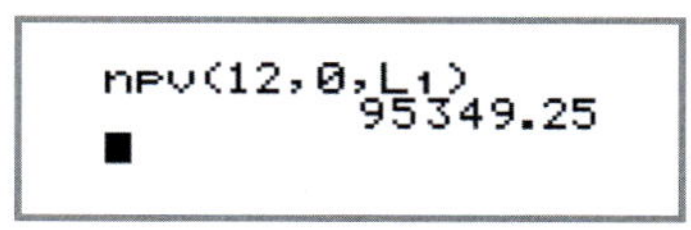

   1. Taste [APPS] drücken
   2. **1: Finance** mit [ENTER] bestätigen
   3. Mit der Taste „Pfeil nach unten" **CALC 7: npv** auswählen [ENTER]
   4. In runden Klammern durch Kommata getrennt Kalkulationszinssatz (5), heutige Zahlung (0), gespeicherte Liste der künftigen Zahlungen (L1) eingeben.
      nvp(5, 0, *2nd L1*) [ENTER]
   5. Die Barwertsumme wird mit 95 349,25 ausgegeben.

2.3 Barwertsumme bei mehreren gleichen Beträgen

Sind in zwei oder mehr aufeinander folgenden Jahren gleich hohe Beträge fällig, kann die Eingabe vereinfacht werden, da die wiederkehrenden Beträge nur einmal eingegeben werden müssen.

Beispiel S. 323

Berechnung der Barwertsumme der Liquiditätsbelastung vor Steuern bei einem Festdarlehen

- Kalkulationszinssatz: 12 %

Jahre	1	2	3	4	5
Liquiditätsbelastung in EUR	10 000	10 000	10 000	10 000	110 000

Barwertfunktion npv*(Zinssatz, heutige Zahlung, gespeicherte Liste der künftigen Zahlungen, {Häufigkeit der Zahlungen})*

1. Speichern der Einzahlungsüberschüsse als Liste

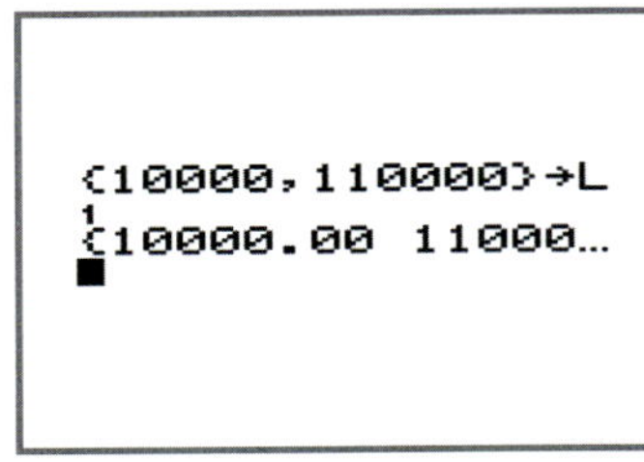

Da in vier aufeinander folgenden Jahren jeweils 10 000 EUR zu zahlen sind, muss dieser Betrag nur einmal eingegeben werden. Zusätzlich ist der im fünften Jahr fällige abweichende Betrag in Höhe von 110 000 EUR mit STAT in eine Liste einzugeben. Oder: Die Beträge stehen durch Kommata getrennt in geschweiften Klammern und werden mit STO einer Liste (z. B. L1) zugewiesen.

*2nd {*10 000, 110 000 *2nd}* STO *2nd L1.* ENTER

2. Anwendung der Barwertfunktion npv*(Zinssatz, heutige Zahlung, gespeicherte Liste)*

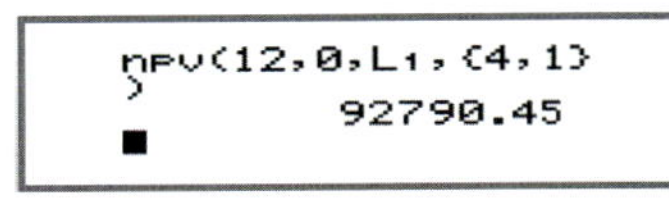

1. APPS **1: Finance CALC 7: npv (**
2. In runden Klammern durch Kommata getrennt Kalkulationszinssatz (5), heutige Zahlung (0), gespeicherte Liste der künftigen Zahlungen (L1) und in geschweiften Klammern Häufigkeit {4, 1} eingeben.
   nvp(5, 0, *2nd L1, 2nd* {4, 1 *2nd})* ENTER
3. Die Barwertsumme wird mit 92 790,45 ausgegeben.

3 Kapitalwertberechnung – Interner Zinsfluß[1]

Die Kapitalwertberechnung erfolgt mit der Funktion **npv** (net present value).

Beispiel S. 370

Berechnung des Kapitalwertes einer Investition

- Anschaffungszahlungen: 100 000 EUR,
- Kalkulationszinssatz: 10 %

Jahre	1	2	3	4	5
Einzahlungsüberschüsse in EUR	30 000	50 000	30 000	20 000	30 000

1. Speichern der Einzahlungsüberschüsse als Liste

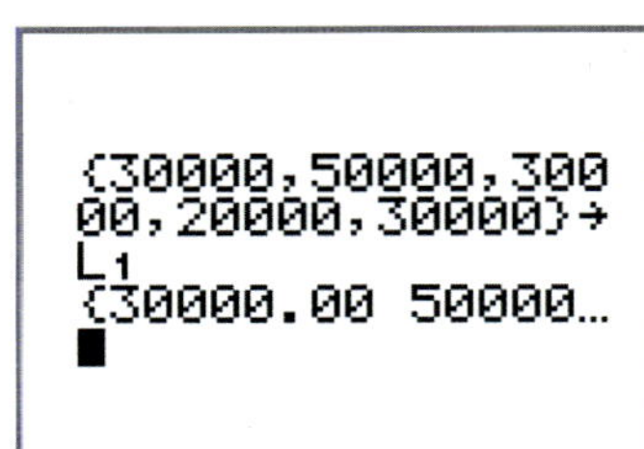

Zunächst müssen die künftigen Einzahlungsüberschüsse, deren Barwertsumme ermittelt werden soll, mit STAT in einer Liste gespeichert werden. **Negative Werte (Auszahlungsüberschüsse) werden mit (–) erfasst.** Oder: Alle Beträge stehen durch Kommata getrennt in geschweiften Klammern und werden mit STO einer Liste (z. B. L_1) zugewiesen.

*2nd {*30 000, 50 000, 30 000, 20 000, 30 000 *2nd}* STO *2nd* L_1. ENTER

1 Die Methode des internen Zinsfußes zur Beurteilung einer Investition ist nicht Gegenstand des Lehrplans.

2. Anwendung der Barwertfunktion npv*(Zinssatz, (–) Anschaffungszahlungen, gespeicherte Liste)*

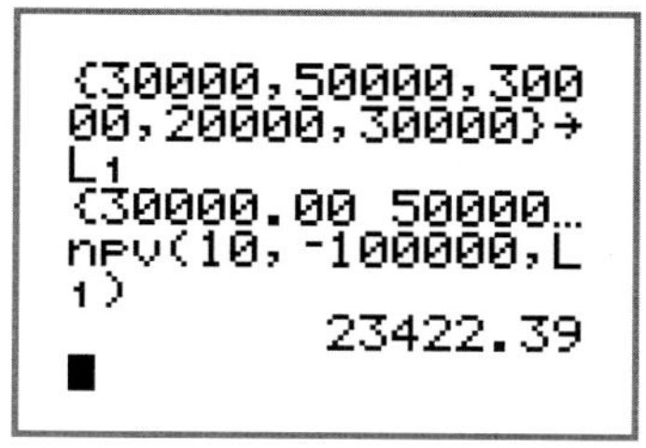

1. Taste APPS drücken
2. **1: Finance** mit ENTER bestätigen
3. Mit der Taste „Pfeil nach unten **CALC 7: npv(...** auswählen
4. In runden Klammern durch Kommata getrennt Kalkulationszinssatz, Anschaffungsauszahlungen **mit (–)**, gespeicherte Liste der Einzahlungsüberschüsse (L_1) eingeben.
   nvp(10, (–) 100 000, *2nd L_1)* ENTER
5. Der Kapitalwert wird mit 23 422,39 ausgegeben.
   Da der Kapitalwert positiv ist, ist die Investition vorteilhaft.

3. Berechnung des internen Zinsfußes
irr*((–) Anschaffungszahlungen, gespeicherte Liste)*

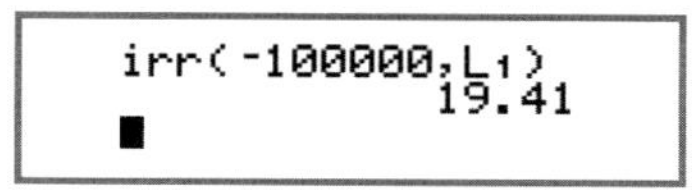

Der interne Zinsfuß ist der Zinssatz, bei dem der Kapitalwert 0 ist.

1. Taste APPS drücken
2. **1: Finance** mit ENTER bestätigen
3. Mit der Taste „Pfeil nach unten **CALC8: irr(...** auswählen
4. In runden Klammern durch Kommata getrennt Anschaffungszahlungen **mit (–)**, gespeicherte Liste der Einzahlungsüberschüsse (L_1) eingeben.
   irr((–) 100 000, *2nd L_1)* ENTER
5. Der interne Zinsfuß wird mit 19,41 ausgegeben.

   Da der interne Zinsfuß den Kalkulationszinsfuß übersteigt, ist die Investition vorteilhaft. Es gilt:

   interner Zinsfuß > Kalkulationszinssatz: Investition vorteilhaft
   interner Zinsfuß = Kalkulationszinssatz: indifferent
   interner Zinsfuß < Kalkulationszinssatz: Investition unvorteilhaft

Anhang: Tabellen mit Aufzinsungs-, Abzinsungs- und Annuitätenfaktoren für Zinssätze (p) von 5 % bis 10 % und Laufzeiten (n) von 1 bis 10 Jahren.

$i = p/100$ $q = 1 + p/100 = 1 + i$

Aufzinsungsfaktor: q^n

Abzinsungsfaktor: $\frac{1}{q^n} = q^{-n}$

Annuitätenfaktor: $\frac{q^n(q-1)}{q^n - 1}$

Zinseszinsformel: $K_n = K_0 \cdot (1 + p/100)^n$

$K_n = K_0 \cdot (1 + i)^n$

$K_n = K_0 \cdot q^n$ (Aufzinsungsfaktor: q^n)

Barwertformel: $K_0 = K_n \cdot 1/q^n$ (Abzinsungsfaktor: $1/q^n$)

n \ 5 %	q^n	$\frac{1}{q^n}$	$\frac{q^n(q-1)}{q^n-1}$
1	1,050000	0,952381	1,050000
2	1,102500	0,907029	0,537805
3	1,157625	0,863838	0,367209
4	1,215506	0,822702	0,282012
5	1,276282	0,783526	0,230975
6	1,340096	0,746215	0,197017
7	1,407100	0,710681	0,172820
8	1,477455	0,676839	0,154722
9	1,551328	0,644609	0,140690
10	1,628895	0,613913	0,129505

n \ 6 %	q^n	$\frac{1}{q^n}$	$\frac{q^n(q-1)}{q^n-1}$
1	1,060000	0,943396	1,060000
2	1,123600	0,889996	0,545437
3	1,191016	0,839619	0,374110
4	1,262477	0,792094	0,288591
5	1,338226	0,747258	0,237396
6	1,418519	0,704961	0,203363
7	1,503630	0,665057	0,179135
8	1,593848	0,627412	0,161036
9	1,689479	0,591898	0,147022
10	1,790848	0,558395	0,135868

n \ 7 %	q^n	$\frac{1}{q^n}$	$\frac{q^n(q-1)}{q^n-1}$
1	1,070000	0,934579	1,070000
2	1,144900	0,873439	0,553092
3	1,225043	0,816298	0,381052
4	1,310796	0,762895	0,295228
5	1,402552	0,712986	0,243891
6	1,500730	0,666342	0,209796
7	1,605781	0,622750	0,185553
8	1,718186	0,582009	0,167468
9	1,838459	0,543934	0,153486
10	1,967151	0,508349	0,142378

n \ 8 %	q^n	$\frac{1}{q^n}$	$\frac{q^n(q-1)}{q^n-1}$
1	1,080000	0,925926	1,080000
2	1,166400	0,857339	0,560769
3	1,259712	0,793832	0,388034
4	1,360489	0,735030	0,301921
5	1,469328	0,680583	0,250456
6	1,586874	0,630170	0,216315
7	1,713824	0,583490	0,192072
8	1,850930	0,540269	0,174015
9	1,999005	0,500249	0,160080
10	2,158925	0,463193	0,149029

n \ 9 %	q^n	$\frac{1}{q^n}$	$\frac{q^n(q-1)}{q^n-1}$
1	1,090000	0,917431	1,090000
2	1,188100	0,841680	0,568469
3	1,295029	0,772183	0,395055
4	1,411582	0,708425	0,308669
5	1,538624	0,649931	0,257092
6	1,677100	0,596267	0,222920
7	1,828039	0,547034	0,198691
8	1,992563	0,501866	0,180674
9	2,171893	0,460428	0,166799
10	2,367364	0,422411	0,155820

n \ 10 %	q^n	$\frac{1}{q^n}$	$\frac{q^n(q-1)}{q^n-1}$
1	1,100000	0,909091	1,100000
2	1,210000	0,826446	0,576190
3	1,331000	0,751315	0,402115
4	1,464100	0,683013	0,315471
5	1,610510	0,620921	0,263797
6	1,771561	0,564474	0,229607
7	1,948717	0,513158	0,205405
8	2,143589	0,466507	0,187444
9	2,357948	0,424098	0,173641
10	2,593742	0,385543	0,162745

Sachwortverzeichnis

Abkürzungsverzeichnis

a.a.O.	am angegebenen Ort
a.H.	auf Hundert (vermehrter Grundwert)
Abb.	Abbildung
AfA	Absetzung für Abnutzung
AG	Aktiengesellschaft
AGB	Allgemeine Geschäftsbedingungen
AHK	Anschaffungs- und Herstellungskosten
AktG	Aktiengesetz
AO	Abgabenordnung
Aufl.	Auflage
AV	Anlagevermögen
AW	Anschaffungswert
BAB	Betriebsabrechnungsbogen
Bd.	Band
BetrVG	Betriebsverfassungsgesetz
BGB	Bürgerliches Gesetzbuch
BSC	Balance Scorecard
BStBl	Bundessteuerblatt
ca.	circa (ungefähr)
CHF	Schweizer Franken
CNC	Computerized Numerical Control
d.h.	das heißt
d.J.	diesen Jahres
DAX	wichtigster deutscher Aktienindex
DCF	Discounted Cash Flow
div.	diverse (verschiedene)
DrittelbG	Drittelbeteiligungsgesetz
DRSC	Deutsches Rechnungslegungs Standards Committee
e.K., e.Kfm., e.Kffr.	eingetragener Kaufmann/ eingetragene Kauffrau
EBIT	Earnings before Interest and Taxes
EBITDA	Earnings before Interest, Taxes, Depreciation and Amortization
EStG	Einkommensteuergesetz
EStR	Einkommensteuerrichtlinien
EU	Europäische Union
EUR	Euro
EWWU	Europäische Wirtschafts- und Währungsunion
f., ff.	folgende
FCF	freier Cashflow
FE	Fertigerzeugnisse
FEK	Fertigungseinzelkosten
FGK	Fertigungsgemeinkosten
FL	Fertigungslöhne
FM	Fertigungsmaterial
franz.	französisch
GewO	Gewerbeordnung
GewStG	Gewerbesteuergesetz
gez.	gezeichnetes
GG	Grundgesetz für die Bundesrepublik Deutschland
ggf.	gegebenenfalls
GmbH	Gesellschaft mit beschränkter Haftung
GmbHG	GmbH-Gesetz
GoB	Grundsätze ordnungsmäßiger Buchführung
gr.	griechisch
GuV	Gewinn und Verlust
GWG	geringwertige Wirtschaftsgüter
HEKO	Herstellkosten
HGB	Handelsgesetzbuch
Hrsg.	Herausgeber
i.d.R.	in der Regel
i.H.	im Hundert (verminderter Grundwert)
IAS	International Accounting Standards
IASB	International Accounting Standards Board
IFRS	International Financial Reporting Standards
IHK	Industrie- und Handelskammer
InsO	Insolvenzordnung
kalk.	kalkulatorisch
Kap.	Kapitel
KG	Kommanditgesellschaft
KGV	Kurs-Gewinn-Verhältnis
KLR	Kosten- und Leistungsrechnung
KStG	Körperschaftsteuergesetz
kWh	Kilowattstunde
lat.	lateinisch
lt.	laut (entsprechend)
LeasErl	Leasingerlass
lmi	leistungsmengeninduziert
lmn	leistungsmengenneutral
LSt	Lohnsteuer
m.a.W.	mit anderen Worten
m^3	Kubikmeter

MEK	Materialeinzelkosten
MGK	Materialgemeinkosten
Min.	Minute
Mio.	Millionen
MitbestG	Mitbestimmungsgesetz
MJ	Mitarbeiterjahre
Mrd.	Milliarden
mtl.	monatlich
o. Ä.	oder Ähnliches
OHG	Offene Handelsgesellschaft
p. a.	per annum bzw. pro anno (pro Jahr)
POC	Percentage of Completion
PublG	Publikationsgesetz
PUGk	kurzfristige Preisuntergrenze
PUGl	langfristige Preisuntergrenze
RAP	Rechnungsabgrenzungsposten
ROI	Return on Investment
RW	Restwert
S.	Seite
s. u.	siehe unten
SEAG	Europäische Aktiengesellschaft
SF	Selbstfinanzierung
SGE	strategische Geschäftseinheit
sog.	so genannte
SWOT	Strength, Weakness, Opportunities, Threats
t	Tonne
Tsd.	Tausend
u. a.	unter anderem
u. U.	unter Umständen
UE	unfertige Erzeugnisse
US-$, USD	amerikanischer Dollar
UStG	Umsatzsteuergesetz
UV	Umlaufvermögen
v. H.	vom Hundert (reiner Grundwert)
vgl.	vergleiche
VtGK	Vertriebsgemeinkosten
VwGK	Verwaltungsgemeinkosten
z. B.	zum Beispiel
z. T.	zum Teil